AutoCAD 2000
Avanzado

Sham Tickoo

AutoCAD 2000
Avanzado

Paraninfo
Thomson Learning™

PARANINFO
THOMSON LEARNING™

AutoCAD 2000 Avanzado
© Sham Tickoo

Directora Editorial:
Mª Teresa Gómez-Mascaraque Pérez

Editora de Producción:
Clara Mª de la Fuente Rojo

Producción Industrial:
Susana Pavón Sánchez

Título original:
AutoCAD 2000:
A Problem-Solving
Approach

Traducido por:
Daniel Salvo, TemPRO

Diseño de cubierta:
Montytexto

Preimpresión:
Daniel Salvo, TemPRO

Impresión:
Closas Orcoyen, S.L.
Polígono Igarsa
nave 21, 22, 23 y 24
Paracuellos de Jarama
(Madrid)

Impreso en España
Printed in Spain

ISBN: 0-7668-1234-0
(edición U.S.A.)
ISBN: 84-283-2668-1
(edición española)
Depósito Legal: M-26.650-2000

(073/62/09)

Otras delegaciones:

México y América Central
Séneca, 53, Colonia Polanco
México, D. F. 11560
Tel: 525-281-2906 Fax: 525-281-2656
e-mail: clientes@mail.internet.com.mx
MEXICO

El Caribe
Tel: 787-758-7580 Fax: 787-758-7573
e-mail: 102154.1127@compuserve.com
Hato Rey, PUERTO RICO

América del Sur
Suipacha 774 piso 2 "C"
Tel. (54-11) 4325-2236
Fax. (54-11) 4328-1829
e-mail: thomson@pop.ba.net
Buenos Aires, ARGENTINA

Thomson Learning
International Division
290 Harbor Drive, 2nd Floor
Stamford, CT 06902-7447

Contenido

Capítulo 10: Ventanas gráficas en espacios modelo y papel, presentaciones y vista dinámica de objetos 3D

Capítulo 11: Modelado sólido

Capítulo 12: Modelizado

Capítulo 13: Calculadora geométrica

Capítulo 14: Acceso a bases de datos externas

Capítulo 15: AutoCAD en Internet

Capítulo 16: Plantillas de dibujo

Capítulo 17: Archivos de comandos y demostraciones de fotos

Capítulo 18: Creación de tipos de línea y patrones de sombreado

Capítulo 19: Personalización del archivo acad.pgp

Capítulo 20: Menús desplegables, contextuales y parciales; personalización de las barras de herramientas

Capítulo 21: Menús de tablero

Capítulo 22: Menús de imágenes, de botones y auxiliares

Capítulo 26: DIESEL: lenguaje de expresiones de cadenas

Apéndices

Índice alfabético **895**

Introducción

AutoCAD, desarrollado por Autodesk, es el sistema CAD más popular de entre los disponibles en el mercado para PC. Más de dos millones de personas en ochenta países a lo largo de todo el mundo utilizan AutoCAD para crear dibujos con diversos propósitos. La cuota de mercado de AutoCAD ha aumentado considerablemente, haciendo de este programa un estándar mundial para la creación de dibujos. Así mismo, su arquitectura abierta ha permitido que terceras personas creen software de aplicación, lo que ha aumentado significativamente su popularidad. AutoCAD también incorpora herramientas que permiten al usuario la personalización del programa para mejorar su eficiencia y obtener así una productividad mayor.

Este libro explica en detalle los comandos avanzados de AutoCAD 2000 y su utilización para resolver problemas de diseño. El libro también abarca y clarifica las herramientas disponibles para personalizar AutoCAD. Todo comando y técnica de personalización de AutoCAD aparece explicada con detenimiento por medio de ejemplos e ilustraciones que permiten comprender con mayor claridad su función y aplicación. Al concluir cada explicación de un comando, se ofrecen ejemplos prácticos sobre su función y cómo puede utilizarse en el dibujo. Cuando haya terminado la lectura de este libro, será capaz de utilizar con eficacia los comandos de AutoCAD para realizar un dibujo, crear e insertar símbolos, acotar el dibujo, crear objetos 3D y modelos sólidos, modelizar, escribir archivos de comandos, definir tipos de líneas y patrones de sombreado, escribir menús personalizados, definir nuevos comandos, escribir programas en los lenguajes de programación AutoLISP y Visual LISP, personalizar la línea de estado con DIESEL y editar el archivo de parámetros del programa (acad.pgp).

El libro también abarca conceptos básicos de diseño (como proyecciones ortogonales, principios de acotación, secciones, vistas auxiliares y dibujos de montaje) con los que podrá afrontar y resolver problemas de dibujo en AutoCAD. Durante la lectura de este libro descubrirá algunas aplicaciones nuevas de AutoCAD con las que podrá mejorar significativamente el trabajo en sus dibujos. Conforme lea este libro podrá llegar a comprender cómo AutoCAD ha llegado a ser un software tan popular y un estándar internacional en CAD para PC.

Tenga presente las siguientes convenciones utilizadas en este libro:

Convención	**Ejemplo**
• Los nombres de comando aparecen en mayúsculas y negrita.	El comando **DESPLAZA**.
• El icono [Intro] indica que debe pulsar la tecla INTRO.	Designe objetos: [Intro]

• Las secuencias de comandos aparecen con sangría y un tipo de letra distinto. Las respuestas a las solicitudes se indican en negrita. Las indicaciones aparecen en cursiva; los comentarios, además, van encerrados entre paréntesis.

Comando: **DESPLAZA**
Designe objetos: **G**
Indique nombre de grupo: *Indique un nombre de grupo (el nombre del grupo es grupo1).*

• Las distintas formas de seleccionar un comando (con barras de herramientas, menús desplegables o desde la línea de comando) se indican dentro de un recuadro gris.

Barra de herramientas:	Modificar II > Editar polilínea
Menú:	Modificar > Polilínea
Comando:	EDITPOL

• El libro destaca las funciones nuevas de AutoCAD 2000 con un asterisco situado al final del correspondiente título de sección.

AutoCAD Design Center*

Dedicatoria

A los docentes, aquellos que hacen posible la propagación del conocimiento para iluminar las jóvenes y curiosas mentes de nuestras generaciones futuras.

A los estudiantes, dedicados al aprendizaje de las nuevas tecnologías y que hacen del mundo un mejor lugar donde vivir.

Agradecimientos

Al profesorado y alumnos del departamento MET de la Universidad Purdue, Calumet, por su cooperación.

A Renu Muthoo, Anupama Pande y Santosh Tickoo, de CADCIM Technologies, por su inestimable ayuda.

Capítulo 1

Definición de atributos de bloque

Objetivos del estudio

Tras completar este capítulo, será capaz de:

- *Comprender qué son los atributos y cómo definirlos con un bloque.*
- *Editar identificadores de atributo.*
- *Insertar bloques con atributos y asignar valores a los atributos.*
- *Extraer valores de atributo de los bloques insertados.*
- *Controlar la visibilidad de los atributos.*
- *Realizar ediciones globales e individuales en los atributos.*
- *Insertar un archivo de texto en el dibujo para crear listas de materiales.*

ATRIBUTOS

Los usuarios de AutoCAD disponen de un sistema para asociar información a los bloques. Otros programas podrán acceder a dicha información y procesarla con fines diversos. Por ejemplo, podrá utilizar los datos para crear una lista de materiales, calcular el número total de ordenadores en un edificio o determinar la ubicación de cada bloque en el dibujo. También puede utilizar los atributos para crear bloques (como por ejemplo un cuadro de rotulación) que controlen la posición de un texto predefinido o con formato previo. La información asociada a un bloque se conoce como **valor de atributo** o simplemente **atributo**. AutoCAD hace referencia a los atributos de un bloque por medio de los nombres de identificador.

Antes de poder asignar atributos a un bloque, deberá crear una definición de atributo con el comando **ATRDEF**. La definición de atributo describe las características del atributo. Puede establecer varias definiciones de atributo (identificadores) e incluirlas en la definición del bloque. Siempre que inserte el bloque, AutoCAD solicitará que indique un valor para cada atributo. El valor del atributo reemplazará automáticamente al nombre de su identificador. La información (valores de atributo) asignada a un bloque puede extraerse y escribirse en un archivo con el comando **ATREXT** de AutoCAD. A continuación, el archivo creado podrá insertarse en el dibujo en forma de tabla o bien podrá trabajar con él utilizando otros programas para analizar sus datos. El comando **ATREDIT** permite editar los valores de atributo. La visualización de los atributos puede controlarse con el comando **ATRVIS**.

DEFINICIÓN DE ATRIBUTOS
Comando ATRDEF

Menú:	Dibujo > Bloque > Definir atributos
Comando:	ATRDEF

Al ejecutar el comando **ATRDEF** aparece el cuadro de diálogo **Definir atributos** (figura 1.1). Los atributos de bloque pueden definirse con este cuadro de diálogo. Para crear una definición de atributo deberá elegir los modos, la información del atributo, el punto de inserción y el formato del texto para cada atributo. Toda esta información puede introducirse en el cuadro de diálogo **Definir atributos**. A continuación se describe cada una de las secciones de este cuadro de diálogo.

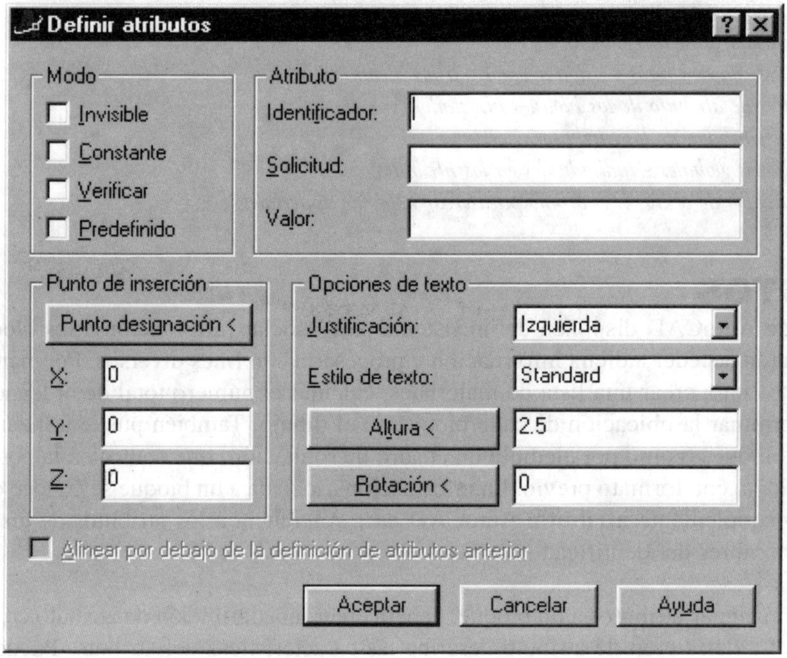

Figura 1.1. *Cuadro de diálogo* ***Definir atributos****.*

Modo. La sección **Modo** del cuadro de diálogo **Definir atributos** (figura 1.2) incluye cuatro opciones: **Invisible**, **Constante**, **Verificar** y **Predefinido**. Estas opciones determinan la visualización y las funciones de edición de los atributos de bloque. Por ejemplo, si un atributo es invisible, dicho atributo no aparecerá en pantalla. De forma equivalente, si un atributo es constante, su valor predefinido no podrá cambiar. Los siguientes puntos describen cada una de estas opciones:

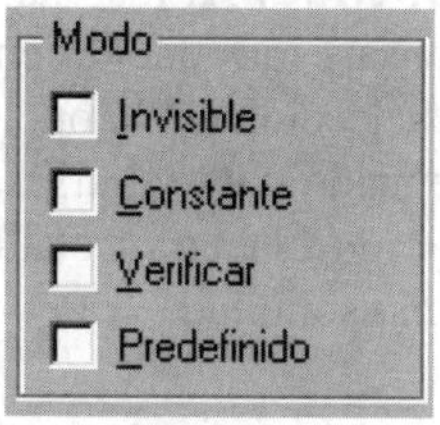

Figura 1.2. *Sección **Modo** del cuadro de diálogo **Definir atributos**.*

Invisible. Esta opción permite crear un atributo que no será visible en pantalla. Este modo resulta adecuado cuando, a fin de facilitar la visión del dibujo, desee ocultar de la pantalla los valores de atributo. Además, si los atributos son invisibles, llevará menos tiempo regenerar el dibujo. Si desea mostrar los atributos invisibles, utilice el comando **ATRVIS**, explicado más adelante en este capítulo (en la sección "Control de la visibilidad de los atributos").

Constante. Esta opción permite crear un atributo con un valor fijo que no podrá cambiar tras la inserción del bloque. Si selecciona este modo, AutoCAD atenuará el cuadro de texto **Solicitud** y las casillas de verificación **Verificar** y **Predefinido**.

Verificar. Esta opción permite verificar el valor de atributo introducido al insertar el bloque. AutoCAD solicitará que introduzca el valor por segunda vez. Si el valor es incorrecto, tendrá la oportunidad de corregir el error indicando un nuevo valor.

Predefinido. Esta opción permite crear un atributo configurado automáticamente a su valor por defecto. La solicitud no aparecerá; AutoCAD no requerirá un valor de atributo cuando inserte un bloque con atributos que utilicen esta opción en su definición. A diferencia de un atributo constante, los valores de atributo predefinidos pueden editarse posteriormente.

Atributo. La sección **Atributo** (figura 1.3) del cuadro de diálogo **Definir atributos** incluye tres cuadros de texto: **Identificador**, **Solicitud** y **Valor**. Para indicar un texto en cualquiera de los cuadros de texto, seleccione primero el cuadro correspondiente y después introduzca el texto. Puede introducir un máximo de 256 caracteres en estos cuadros.

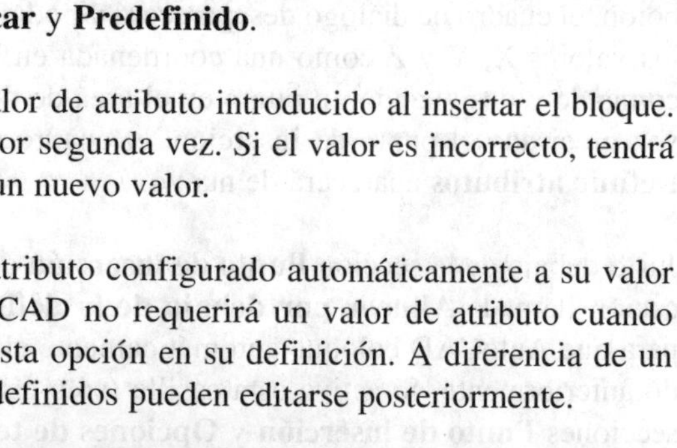

Figura 1.3. *Sección **Atributo** del cuadro de diálogo **Definir atributos**.*

Identificador. Es un texto distintivo que permite identificar un atributo. Por ejemplo, puede utilizar el identificador ORDENADOR para reconocer un elemento. Puede introducir identificadores en mayúsculas, en minúsculas o ambos. Sin embargo, AutoCAD convierte a mayúsculas cualquier letra en minúsculas. El identificador nunca puede quedar vacío. Así mismo, los identificadores no pueden incluir espacios en blanco. Por ejemplo, los identificadores ORD y ORDENADOR resultan adecuados para identificar ordenadores.

Solicitud. Al insertar un bloque que contiene una definición de atributo, AutoCAD utiliza el mensaje introducido en el cuadro de texto **Solicitud** para solicitar un valor para el atributo. Si ha seleccionado la opción Constante en la sección Modo, el cuadro de texto **Solicitud** aparecerá atenuado pues, al utilizarse el valor por defecto, AutoCAD no solicitará ningún valor nuevo. Si deja en blanco el cuadro de texto **Solicitud**, AutoCAD utilizará el nombre del identificador como solicitud.

Valor. La información introducida en el cuadro de texto **Valor** define el valor predeterminado para el atributo; es decir, si al insertar el bloque con la definición de atributo no especifica ningún valor, AutoCAD utilizará por defecto el valor introducido en este cuadro de texto. La introducción de un valor es opcional.

Punto de inserción. La sección **Punto de inserción** del cuadro de diálogo **Definir atributos** (figura 1.4) permite definir el punto de inserción del texto del atributo de bloque. Puede definir el punto de inserción introduciendo los valores deseados en los cuadros de texto **X**, **Y** y **Z** o haciendo clic en el botón **Punto designación**. Si hace clic en este botón, el cuadro de diálogo desaparecerá y podrá introducir los valores X, Y y Z como una coordenada en la línea de comando o designando un punto en el área de dibujo. Una vez precisado el punto de inserción, el cuadro de diálogo **Definir atributos** aparecerá de nuevo.

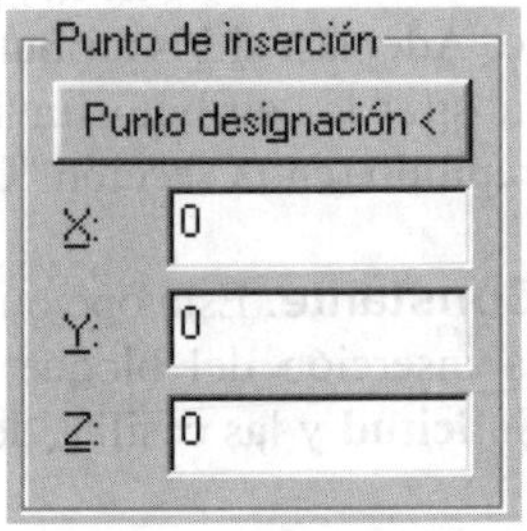

Figura 1.4. *Sección Punto de inserción del cuadro de diálogo **Definir atributos**.*

Justo debajo de la sección **Punto de inserción** del cuadro de diálogo aparece una casilla de verificación llamada **Alinear por debajo de la definición de atributos anterior**. Active esta casilla para que AutoCAD coloque automáticamente el texto del atributo justo debajo del atributo definido anteriormente. Si activa esta casilla (sólo estará disponible tras definir el primer atributo), las secciones **Punto de inserción** y **Opciones de texto** se atenúan (AutoCAD adoptará la configuración definida para el texto de los atributos anteriores. Además, el punto de inserción queda definido automáticamente en la siguiente línea). Una vez insertado el atributo, su texto resulta sensible a configuración de la variable de sistema **MIRRTEXT**.

Opciones de texto. La sección **Opciones de texto** del cuadro de diálogo **Definir atributos** (figura 1.5) permite definir la justificación, el estilo de texto, la altura y la rotación del texto del atributo. Para configurar la justificación del texto, escoja alguna de las opciones disponibles en el cuadro de lista desplegable **Justificación**. De igual forma, utilice el cuadro de lista desplegable **Estilo de texto** para definir el estilo del texto. También puede configurar la altura y la rotación del texto introduciendo respectivamente una longitud y un

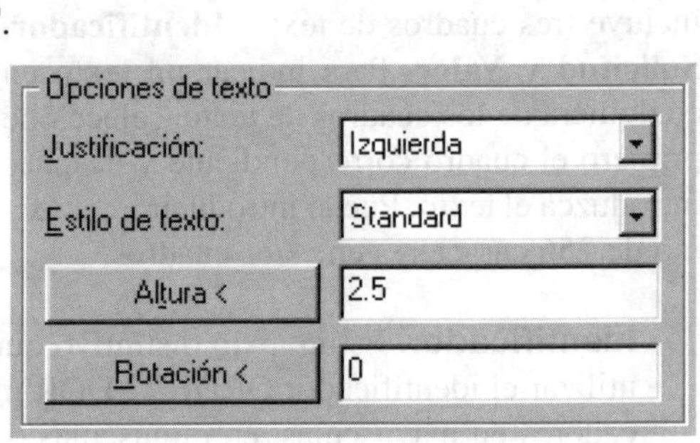

Figura 1.5. *Sección Opciones de texto del cuadro de diálogo **Definir atributos**.*

ángulo en los cuadros de texto **Altura** y **Rotación**. También puede definir la altura utilizando referencias en el área de dibujo; al hacer clic en el botón **Altura** desaparecerá el cuadro de diálogo. Designe dos puntos en pantalla para definir una línea. La altura del texto quedará definida por la longitud de la línea. De igual forma, haga clic en el botón **Rotación** y designe dos puntos en pantalla para precisar la rotación del texto. El ángulo de la línea definirá el ángulo de rotación del texto.

Nota

Si desea utilizar algún estilo de texto, no olvide definirlo en primer lugar.

Si selecciona un estilo que utiliza una altura predefinida, AutoCAD atenuará automáticamente el cuadro de texto ***Altura.***

Si selecciona la opción ***Alinear*** *en el cuadro de lista* ***Justificación,*** *los cuadros de texto* ***Altura*** *y* ***Rotación*** *se atenuarán, así como toda la sección* ***Punto de inserción.***

Si selecciona la opción aJustar en el cuadro de lista ***Justificación,*** *el cuadro de texto* ***Rotación*** *se desactivará, así como toda la sección* ***Punto de inserción.***

Una vez terminada la configuración del cuadro de diálogo **Definir atributos** y tras hacer clic en **Aceptar**, AutoCAD insertará en el dibujo el texto del identificador de atributo según el punto de inserción especificado.

Utilización de la línea de comando

Si introduce el comando **-ATRDEF**, podrá definir atributos de bloque desde la línea de comando.

```
Comando: -ATRDEF
Modos de atributo actual: Invisible=N  Constante=N  Verificable=N  Predefinido=N
Indique una opción que cambiar [Invisible/Constante/Verificable/Predefinido] <terminado>:
```

El valor por defecto para todos los modos de atributo es **N** (No). Para cambiar el modo por defecto, introduzca **I**, **C**, **V** o **P**. Si, por ejemplo, indica **I**, AutoCAD cambiará el modo Invisible de **N** a **S** (Sí). De esta forma, el atributo pasará a ser visible. Una vez configurados los modos, pulse INTRO para continuar con el resto de solicitudes. A continuación podrá introducir el identificador, el mensaje (la solicitud) y un valor predeterminado para el atributo.

```
Indique nombre de identificador de atributo:
Indique mensaje de atributo:
Indique valor de atributo por defecto:
```

El valor de atributo por defecto determina el valor que AutoCAD asignará al atributo en caso de que no introduzca ninguno. No es obligatorio introducir un mensaje ni un valor por defecto. Si ha seleccionado el modo Constante, AutoCAD mostrará las siguientes solicitudes, en lugar de las tres anteriores:

Indique nombre de identificador de atributo:
Indique valor de atributo:

A continuación, AutoCAD mostrará las siguientes solicitudes:

Estilo de texto actual: "*actual*" Altura de texto: *actual*
Precise punto inicial de texto o [jUstificar/Estilo]:
Precise altura <*actual*>:
Precise ángulo de rotación de texto <*actual*>:

Una vez respondidas todas las solicitudes, AutoCAD colocará el texto del identificador de atributo en la posición precisada. Si pulsa INTRO tras la solicitud Precise punto inicial de texto o [jUstificar/Estilo]:, AutoCAD situará automáticamente el texto del siguiente atributo justo debajo del anterior atributo definido y adoptará la configuración de texto definida previamente (justificación, estilo, altura y rotación). Además, el texto se coloca automáticamente en la siguiente línea.

Ejemplo 1

En el siguiente ejemplo, definiremos una serie de atributos para un ordenador y crearemos un bloque utilizando el comando BLOQUE. El nombre del bloque será ORD.

Modo	**Identificador**	**Solicitud (mensaje)**	**Valor por defecto**
Constante	ELEMENTO		Ordenador
Predefinido, Verificar	MARCA	Indique la marca	CAD-CIM
Verificar	PROCESADOR	Indique el tipo de procesador	Desconocido
Verificar	DD	Indique el tamaño de disco duro	100MB
Invisible, Verificar	RAM	Indique la memoria RAM	4MB

1. Dibuje el ordenador tal como aparece en la figura 1.6. Suponga las medidas o tómelas de algún ordenador.

2. Ejecute el comando **ATRDEF**. Aparecerá el cuadro de diálogo **Definir atributos** (figura 1.7).

3. Defina el primer atributo tal como aparece en la tabla anterior. Active la casilla **Constante** de la sección **Modo**, pues el primer atributo es constante. En el cuadro de texto Identificador introduzca el nombre del identificador, **ELEMENTO**. Igualmente, escriba Ordenador en el cuadro de texto **Valor**. Como el atributo es constante, AutoCAD atenuará el cuadro de texto **Solicitud**.

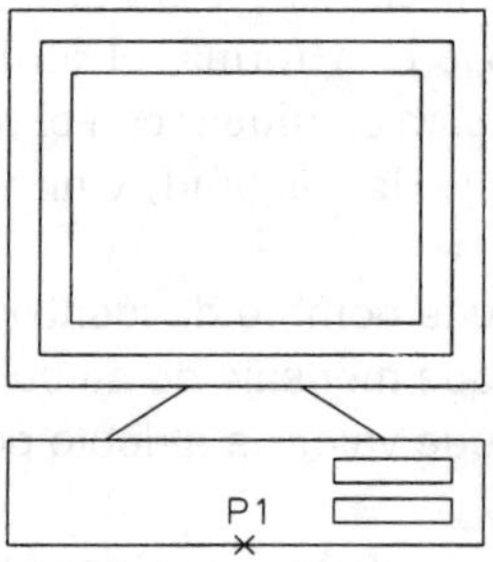

Figura 1.6. *Dibujo para el ejemplo 1.*

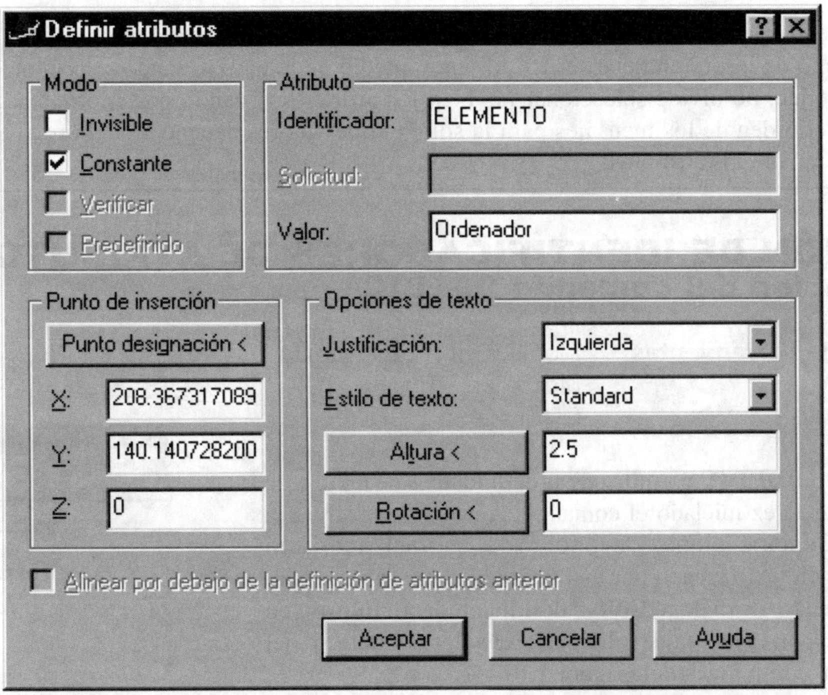

*Figura 1.7. Introduzca la información en el cuadro de diálogo **Definir atributos**.*

4. En la sección **Punto de inserción**, haga clic en el botón **Punto designación** para definir el punto de inserción del texto. Escoja un punto por debajo del dibujo del ordenador.

Figura 1.8. Defina los atributos debajo del dibujo del ordenador.

5. En la sección **Opciones de texto**, seleccione la justificación, estilo, altura y rotación del texto.

6. Haga clic en **Aceptar** cuando haya terminado de introducir la información para cerrar el cuadro de diálogo **Definir atributos**.

7. Introduzca el comando **ATRDEF** en la solicitud de comando para abrir el cuadro de diálogo **Definir atributos**. Introduzca la información relativa al segundo atributo de la tabla mostrada al comienzo del ejemplo. No necesita definir el punto de inserción y las opciones de texto. Active la casilla **Alinear por debajo de la definición de atributos anterior**, que aparece justo debajo de la sección **Punto de inserción**. Cuando active esta casilla, las secciones **Punto de inserción** y **Opciones de texto** quedarán atenuadas. AutoCAD situará el texto de atributo justo debajo del texto del atributo anterior.

8. Defina el resto de atributos. La figura 1.8 muestra el resultado en el dibujo.

9. Utilice el comando **BLOQUE** para crear un bloque. El nombre del bloque ha de ser ORD y su punto de inserción debe ser P1, el punto medio de la base. Cuando seleccione los objetos del bloque, no olvide seleccionar también los atributos. Cuando posteriormente inserte bloques, el orden de los mensajes para la solicitud de valores dependerá del orden en que haya seleccionado los atributos.

EDICIÓN DE IDENTIFICADORES DE ATRIBUTO

Utilización del comando DDEDIC

Barra de herramientas:	Modificar II > Editar texto
Menú:	Modificar > Texto.
Comando:	DDEDIC

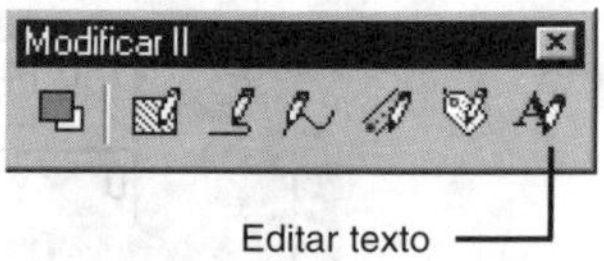

Figura 1.9. *Botón **Editar texto** de la barra de herramientas **Modificar II**.*

El comando **DDEDIC** permite editar definiciones de texto y de atributo. Una vez iniciado el comando, AutoCAD mostrará la solicitud Designe objeto de anotación o [desHacer]:. Si selecciona un texto creado por una definición de atributo, aparecerá el cuadro de diálogo **Editar definición de atributos** con el identificador, el mensaje (solicitud) y el valor por defecto del atributo, tal como muestra la figura 1.10.

Figura 1.10. *Cuadro de diálogo **Editar definición de atributos**.*

Puede seleccionar cualquiera de los cuadros de texto e introducir los cambios deseados. Una vez efectuados los cambios, haga clic en **Aceptar** para cerrar el cuadro de diálogo. AutoCAD solicitará de nuevo la designación de un objeto de anotación (objetos de texto o atributos). Si ya ha terminado la edición, pulse INTRO para terminar el comando.

Comando: **DDEDIC**
Designe objeto de anotación o [desHacer]: *Seleccione el identificador de atributo.*

Utilización del comando CAMBIA

También puede utilizar el comando **CAMBIA** para editar objetos de texto o atributos. A continuación se indica la secuencia de solicitudes del comando **CAMBIA**:

Comando: **CAMBIA**
Designe objetos: *Seleccione los atributos.*
Designe objetos: Intro
Precise punto del cambio o [Propiedades]: Intro
Precise nuevo punto de inserción de texto <sin cambio>: Intro
Indique nuevo estilo de texto <*actual*>: Intro
Precise la nueva altura <*actual*>: Intro
Precise nuevo ángulo de rotación <*actual*>: Intro
Indique nuevo identificador <*actual*>: *Introduzca un nuevo nombre de identificador o* Intro
Indique nuevo mensaje <*actual*>: *Introduzca un nuevo mensaje (solicitud) o* Intro
Indique nuevo valor por defecto <*actual*>: *Introduzca un nuevo valor por defecto o* Intro

INSERCIÓN DE BLOQUES CON ATRIBUTOS

Utilización del cuadro de diálogo

El valor de los atributos puede precisarse al insertar el bloque, bien desde la línea de comando, bien con el cuadro de diálogo **Indicar atributos**. El cuadro de diálogo aparece si la variable de sistema **ATTDIA** está definida en **1**. En tal caso, cuando inserte un bloque con el comando **INSERT**, AutoCAD solicitará los valores de atributo con el cuadro de diálogo **Indicar atributos**. La secuencia de solicitudes para el comando **INSERT** es la siguiente:

Comando: **ATTDIA**
Indique nuevo valor para ATTDIA <0>: **1**

Comando: **-INSERT**
Indique nombre de bloque o [?] <*actual*>: *Introduzca el nombre de un bloque que incluya definiciones de atributo.*
Precise punto de inserción o [Escala/X/Y/Z/Girar/PEscala/PX/PY/PZ/PGirar]: *Precise un punto.*
Indique factor de escala X, precise esquina opuesta, o [Esquina/XYZ] <1>: *Indique un factor de escala X.*
Indique factor de escala Y <usar factor de escala X>: *Indique un factor de escala Y.*
Precise ángulo de rotación <0>: *Introduzca un ángulo de rotación.*

Una vez respondidas estas solicitudes, AutoCAD mostrará el cuadro de diálogo **Indicar atributos** (figura 1.11). El cuadro de diálogo incluye los mensajes y sus valores predeterminados, introducidos al definir los atributos. Si el bloque incluye más atributos de los que puede mostrar el cuadro de diálogo, utilice los botones **Siguiente** y **Anterior** para acceder a ellos. Puede introducir el valor de cada atributo en el cuadro de texto que aparece a la derecha del mensaje correspondiente. El nombre del bloque aparece indicado en la parte superior del cuadro de diálogo. Haga clic en **Aceptar** cuando haya terminado; AutoCAD situará los valores de atributo en la posición precisada.

Nota

*Si utiliza el cuadro de diálogo para definir los valores de atributo, AutoCAD ignorará el modo Verificar, pues el cuadro de diálogo **Indicar atributos** facilita la comprobación y edición de los valores.*

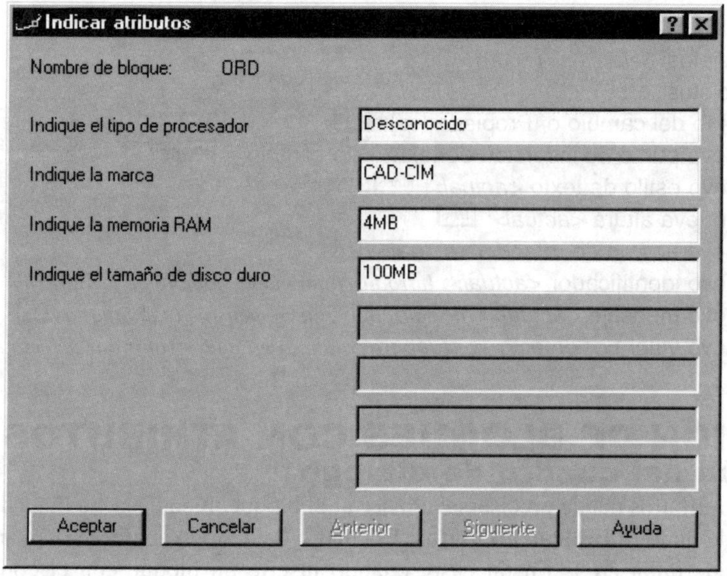

*Figura 1.11. Introduzca los valores de atributo en el cuadro de diálogo **Indicar atributos**.*

Utilización de la línea de comando

Si la variable de sistema **ATTDIA** está definida en **0** (así es por defecto), podrá indicar los atributos desde la línea de comando. En tal caso, al insertar el bloque con el comando **INSERT** AutoCAD no mostrará el cuadro de diálogo **Indicar atributos**. En su lugar, AutoCAD solicitará desde la línea de comando la introducción de valores para cada uno de los atributos definidos en el bloque. Para definir los atributos directamente desde la línea de comando, inicie el comando **-INSERT**. Una vez definido el punto de inserción, la escala y la rotación, AutoCAD mostrará el siguiente mensaje:

Indique valores de atributo

A continuación irán apareciendo las solicitudes creadas al definir los atributos incluidos en el bloque. Por ejemplo:

Indique el tipo de procesador <Desconocido>:
Indique la memoria RAM <4MB>:
Indique el tamaño de disco duro <100MB>:

Ejemplo 2

En el siguiente ejemplo, utilizaremos el comando **-INSERT** para insertar el bloque (ORD) definido en el ejemplo 1. La siguiente tabla recoge los valores de atributo para una serie de bloques de ordenador:

ELEMENTO	MARCA	PROCESADOR	DD	RAM
Ordenador	Gateway	486-60	150MB	16MB
Ordenador	Zenith	486-30	100MB	32MB
Ordenador	IBM	386-30	80MB	8MB
Ordenador	Del	586-60	450MB	64MB
Ordenador	CAD-CIM	Pentium-90	100 Min	32MB
Ordenador	CAD-CIM	Desconocido	600MB	Estándar

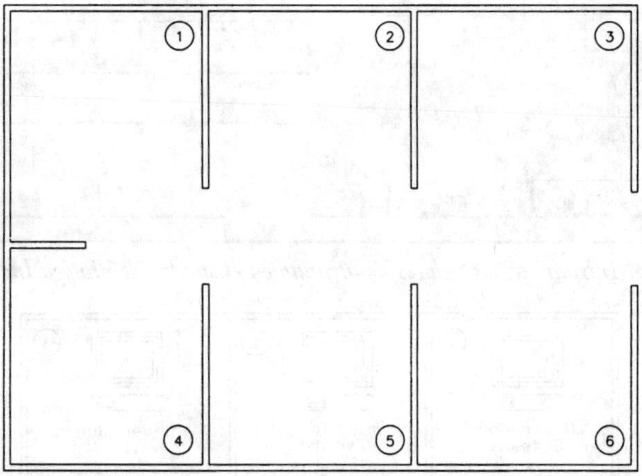

***Figura 1.12.** Dibujo en planta para el ejemplo 2.*

1. Realice el dibujo en planta mostrado en la figura 1.12 (suponga las medidas).

2. Defina en 1 la variable de sistema **ATTDIA**. Utilice el comando **-INSERT** para insertar los bloques y defina los valores de atributo en el cuadro de diálogo **Indicar atributos** (figura 1.13).

   Comando: **-INSERT**
   Indique nombre de bloque o [?] <actual>: **ORD**
   Precise punto de inserción o [Escala/X/Y/Z/Girar/PEscala/PX/PY/PZ/PGirar]: *Precise un punto.*
   Indique factor de escala X, precise esquina opuesta, o [Esquina/XYZ] <1>: Intro
   Indique factor de escala Y <usar factor de escala X>: Intro
   Precise ángulo de rotación <0>: Intro

3. Repita el comando **-INSERT** para insertar el resto de bloques y defina sus valores de atributo tal como muestra la figura 1.14.

4. Guarde el dibujo para utilizarlo más adelante.

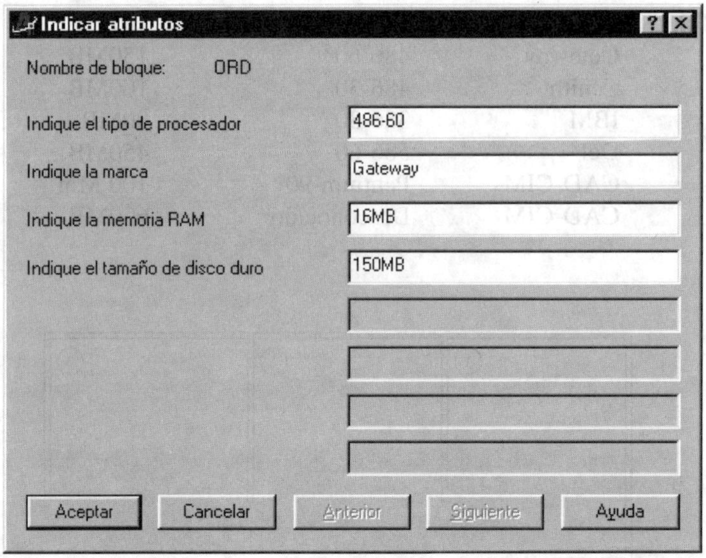

Figura 1.13. Introduzca los valores de atributo en el cuadro de diálogo ***Indicar atributos.***

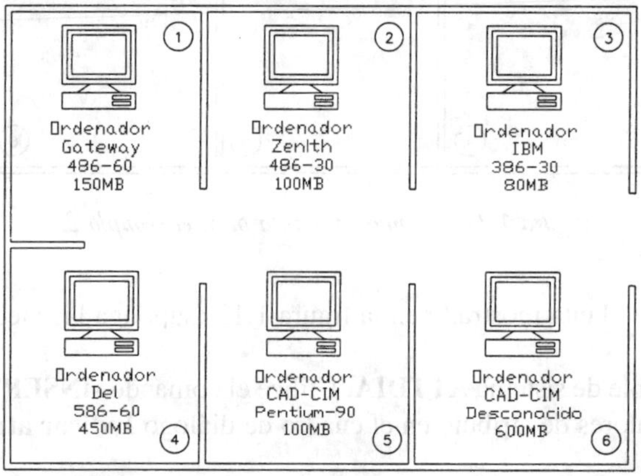

Figura 1.14. El dibujo en planta tras insertar los bloques y configurar sus atributos.

EXTRACCIÓN DE ATRIBUTOS
Utilización del cuadro de diálogo (ATREXT)

Comando: ATREXT

Introduzca **ATREXT** en la solicitud de comando para extraer atributos de un dibujo con el cuadro de diálogo **Extraer atributos** (figura 1.15). Deberá escoger un formato de archivo, así como un archivo de plantilla y un archivo de salida. Así mismo, deberá seleccionar aquellos objetos cuyos valores de atributo desee extraer.

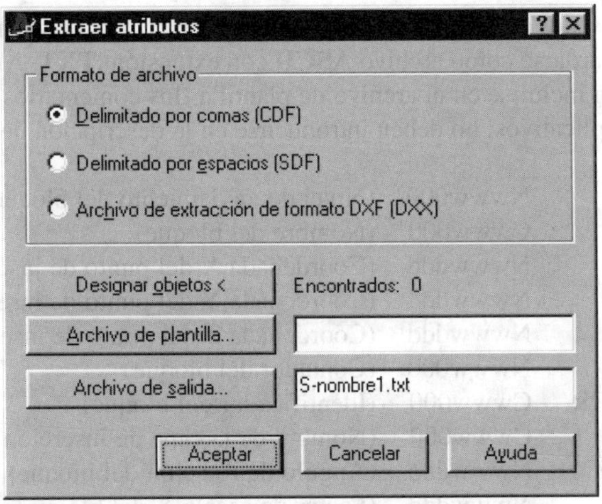

Figura 1.15. Cuadro de diálogo ***Extraer atributos.***

Formato de archivo. Esta sección del cuadro de diálogo permite seleccionar un formato de archivo para los datos extraídos. Puede escoger entre **Delimitado por comas (CDF)**, **Delimitado por espacios (SDF)** y **Archivo de extracción de formato DXF (DXX)**. La opción a elegir varía según cuál sea la aplicación que tenga pensado utilizar para procesar los datos.

Delimitado por comas (CDF). En el formato CDF, cada campo de carácter aparece encerrado entre apóstrofos y los registros separados por un delimitador (por defecto, una coma). Los archivos CDF son archivos de texto con la extensión **.TXT**.

Delimitado por espacios (SDF). En el formato SDF, los registros tienen una anchura constante según la definición del archivo de plantilla. Los registros no aparecen separados por comas y los campos de caracteres no están encerrados entre apóstrofos. Los archivos SDF son archivos de texto con la extensión **.TXT**.

Archivo de extracción de formato DXF (DXX). Si selecciona el Formato DXF (Archivo de intercambio de dibujo), se desactivan automáticamente el botón y el cuadro de texto Archivo de plantilla. El formato de extracción DXF no requiere ninguna plantilla. El archivo creado con esta opción contiene tan sólo referencias a bloque, valores de atributo y objetos de final de secuencia. La extensión de estos archivos es **.DXX**.

Designar objetos. Este botón cierra el cuadro de diálogo para permitir la selección de bloques con atributos. De vuelta en el cuadro de diálogo, a continuación del texto Encontrados podrán ver indicado el número de objetos seleccionados.

Archivo de plantilla. El botón y el cuadro de texto **Archivo de plantilla** permiten escoger un archivo de plantilla. El archivo de plantilla define los valores de atributo a extraer y la información del bloque que se obtendrá. También permite dar formato a la visualización de los datos extraídos. Puede crear el archivo de plantilla con un editor de texto, como el Bloc de notas o WordPad. También puede utilizar un procesador de textos o un programa de base de datos para crear el archivo. El archivo de plantilla debe guardarse como archivo **ASCII** con extensión **.TXT**. A continuación se indican los campos que pueden incluirse en el archivo de plantilla (los comentarios que aparecen a la derecha son meramente explicativos; no deben introducirse en la descripción del campo):

BL:NIVEL	Nwww000	(Nivel de anidamiento del bloque)
BL:NOMBRE	Cwww000	(Nombre del bloque)
BL:X	Nwwwddd	(Coordenada X del punto de inserción del bloque)
BL:Y	Nwwwddd	(Coordenada Y del punto de inserción del bloque)
BL:Z	Nwwwddd	(Coordenada Z del punto de inserción del bloque)
BL:NUMERO	Nwww000	(Contador del bloque)
BL:IDENTIFICADOR	Cwww000	(Identificador del bloque)
BL:CAPA	Cwww000	(Nombre de la capa de inserción del bloque)
BL:ORIENTACION	Nwwwddd	(Ángulo de rotación del bloque)
BL:ESCALAX	Nwwwddd	(Factor de escala X del bloque)
BL:ESCALAY	Nwwwddd	(Factor de escala Y del bloque)
BL:ESCALAZ	Nwwwddd	(Factor de escala Z del bloque)
BL:EXTRUSIONX	Nwwwddd	(Componente X de la dirección de extrusión del bloque)
BL:EXTRUSIONY	Nwwwddd	(Componente Y de la dirección de extrusión del bloque)
BL:EXTRUSIONZ	Nwwwddd	(Componente Z de la dirección de extrusión del bloque)
Identificador de atributo		(El nombre de identificador del atributo de bloque)

El archivo de salida puede contener varios campos. Por ejemplo, el primer campo puede ser el nombre del elemento y el segundo campo su precio. Cada línea del archivo de plantilla de extracción determina un campo en el archivo de salida. Cualquier línea de un archivo de plantilla consta del nombre del campo, la longitud máxima del campo en caracteres y una precisión por posiciones decimales (si fuese aplicable). Por ejemplo:

```
ELEMENTO      N015002
BL:NOMBRE     C015000
```

Donde

BL:NOMBRE	Nombre del campo.
Espacios en blanco	Espacios en blanco (no deben incluirse caracteres de tabulación).
C	Identifica a los campos de caracteres.
N	Identifica a los campos numéricos.
015	Longitud máxima del campo en caracteres.
002	Posiciones decimales.

BL:NOMBRE
o **ELEMENTO** — Indica los nombres de campo; pueden tener cualquier longitud.

C — Determina un campo de caracteres; es decir, el campo contiene caracteres o comienza con caracteres. Si el campo contiene números o comienza con números, la letra C se reemplazar por N. Por ejemplo, **N015002**.

015 Identifica un campo de 15 caracteres de longitud.

002 Determina una precisión numérica. En el ejemplo, la precisión es igual a 2, lo que indica dos posiciones decimales. El punto decimal y los dos dígitos decimales están **incluidos en la longitud de campo**. En el próximo ejemplo, la precisión numérica no es aplicable (igual a 000), pues los campos utilizados no incluyen valores numéricos (tan sólo contienen letras).

Una vez creado el archivo de plantilla, si hace clic en el botón **Archivo de plantilla** del cuadro de diálogo **Extraer atributos**, aparecerá el cuadro de diálogo **Archivo de plantilla** (figura 1.16), donde podrá buscar y seleccionar el archivo de plantilla deseado.

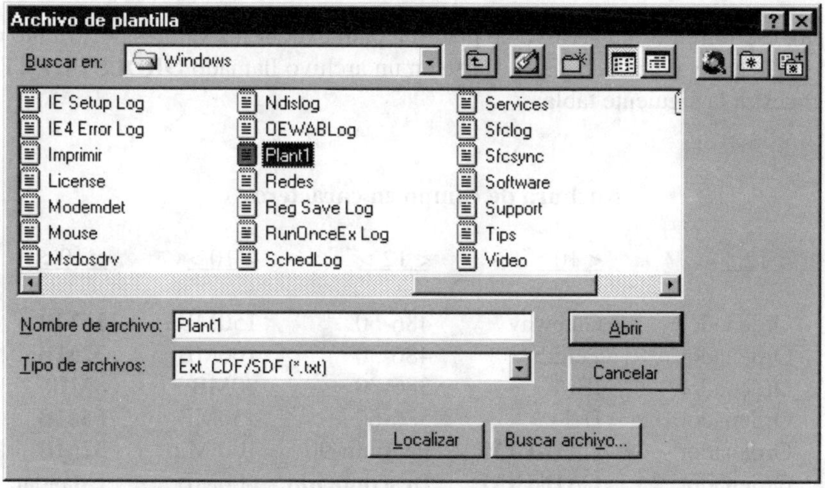

*Figura 1.16. Cuadro de diálogo **Archivo de plantilla**.*

Nota

Puede agregar cualquier cantidad de espacios en blanco entre el nombre del campo y los caracteres C o N. Sin embargo, no debe utilizar caracteres de tabulación. Si decide alinear los campos, deberá hacerlo insertando espacios en blanco detrás del nombre de campo.

En el archivo de plantilla cada nombre de campo sólo puede aparecer una vez. Los nombres de los archivos de plantilla y de salida deben ser diferentes.

El archivo de plantilla debe contener al menos un campo con un nombre de identificador de atributo, pues los identificadores determinan qué atributos extraer y de qué bloques. Si varios bloques con distinto nombre comparten un mismo identificador de atributo, AutoCAD extraerá los valores de atributo de todos los bloques seleccionados. Por ejemplo, si dos bloques del dibujo incluyen el atributo PRECIO, AutoCAD extraerá el valor de ambos bloques (si ambos estaban seleccionados). Para extraer el valor de un atributo, el nombre de su identificador debe coincidir con el nombre del campo en el archivo de plantilla. AutoCAD convierte automáticamente a mayúsculas los nombres de identificadores y campos antes llevar a cabo la comparación.

Archivo de salida. Introduzca el nombre del archivo de salida en el cuadro de texto o haga clic en el botón **Archivo de salida** para buscar un archivo de salida existente. Aparecerá un cuadro de diálogo idéntico al mostrado en la figura 1.16. AutoCAD añade la extensión de archivo **.TXT** para los archivos CDF y SDF; si elige un formato de archivo DXF, AutoCAD añadirá la extensión **.DXX**.

Ejemplo 3

En este ejemplo, escribiremos un archivo de plantilla para extraer los valores de atributo definidos en el ejemplo 2. Dichos valores deben guardarse en un archivo llamado **ORDLST1.TXT**, ordenados tal como muestra la siguiente tabla:

Anchura de campo en caracteres

< 10 >	< 12 >	< 10 >	< 12 >	< 10 >	< 10 >
ORD	Ordenador	Gateway	486-60	150MB	**16MB**
ORD	Ordenador	Zenith	486-30	100MB	**32MB**
ORD	Ordenador	IBM	386-30	80MB	**8MB**
ORD	Ordenador	Del	586-60	450MB	**64MB**
ORD	Ordenador	**CAD-CIM**	Pentium-90	100 Min	**32MB**
ORD	Ordenador	**CAD-CIM**	**Desconocido**	600MB	Estándar

1. Abra el dibujo que guardó en el ejemplo 2.

2. Utilice el Bloc de notas de Windows para escribir el siguiente archivo de plantilla. Puede utilizar cualquier editor de texto o procesador de textos si lo prefiere. Una vez escrito el archivo, guárdelo en formato ASCII con el nombre **PLANT1.TXT**. Cierre el Bloc de notas y entre en AutoCAD.

BL:NOMBRE	C010000	(Nombre de bloque; 10 espacios)
Elemento	C012000	(Elemento; 12 espacios)
Marca	C010000	(Marca del ordenador; 10 espacios)
Procesador	C012000	(Tipo de procesador; 12 espacios)
DD	C010000	(Tamaño de disco duro; 10 espacios)
RAM	C010000	(Tamaño de RAM; 10 espacios)

3. Utilice el comando **ATREXT** para abrir el cuadro de diálogo **Extraer atributos** (figura 1.17). Seleccione el botón de opción **Delimitado por espacios (SDF)**.

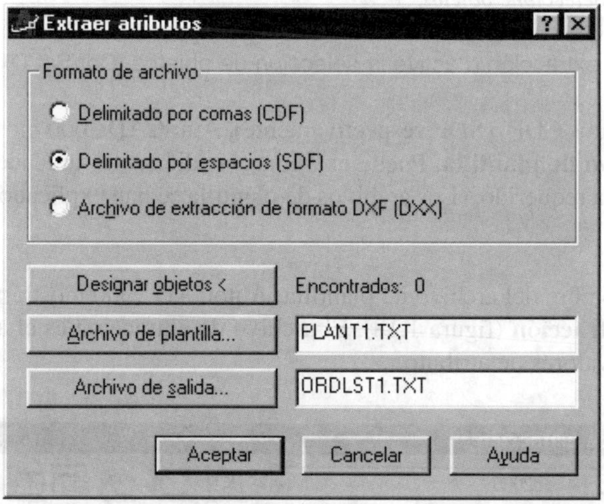

Figura 1.17. *Introduzca la información del cuadro de diálogo* ***Extraer atributos.***

4. Haga clic en el botón **Designar objetos** para seleccionar los objetos (bloques) presentes en la pantalla. Puede utilizar cualquier método de selección, como por ejemplo las opciones Ventana o Captura. Una vez terminada la selección, haga clic con el botón derecho del dispositivo de señalización para mostrar de nuevo el cuadro de diálogo.

5. En el cuadro de texto **Archivo de plantilla**, introduzca el nombre del archivo de plantilla, **PLANT1.TXT**.

6. En el cuadro de texto **Archivo de salida**, introduzca el nombre del archivo de salida, **ORDLST1.TXT**.

7. Pulse el botón **Aceptar** del cuadro de diálogo **Extraer atributos**.

8. Utilice de nuevo el Bloc de notas para comprobar el archivo de salida, **ORDLST1.TXT**. Su contenido será similar a la lista mostrada al comienzo de este ejemplo.

Utilización de la línea de comando (-ATREXT)

También puede extraer los atributos respondiendo a solicitudes desde la línea de comando. Utilice para ello el comando **-ATREXT**. Al ejecutar este comando, AutoCAD solicitará en primer lugar el tipo de archivo de salida. Puede escoger entre **Cdf**, **Sdf**, **Dxf** u **Objetos**. Si elije la opción **Objetos**, AutoCAD solicitará la selección de los objetos cuyos atributos desee extraer. Una vez seleccionados los objetos, aparecerá de nuevo la primera solicitud, esta vez sin la opción **Objetos**. A continuación se indica la secuencia de solicitudes del comando.

Comando: **-ATREXT**
Indique el tipo de extracción o active la selección de objetos [Cdf/Sdf/Dxf/Objetos] <C>: **O**
Designe objetos: *Seleccione objetos.*
Designe objetos: Intro
Indique el tipo de extracción o active la selección de objetos [Cdf/Sdf/Dxf] <C>: **C** o **S**

Si indica **C** o **S** (formatos CDF o SDF, respectivamente), AutoCAD 2000 mostrará el cuadro de diálogo **Designar archivo de plantilla**. Puede examinar las diferentes unidades y carpetas en busca del archivo de plantilla requerido. (Los archivos de plantilla se han explicado anteriormente en este mismo capítulo.)

Una vez elegido el nombre del archivo de plantilla, AutoCAD 2000 mostrará el cuadro de diálogo **Crear archivo de extracción** (figura 1.18). El archivo de extracción es el archivo de salida en el que se escribirán los valores de atributo.

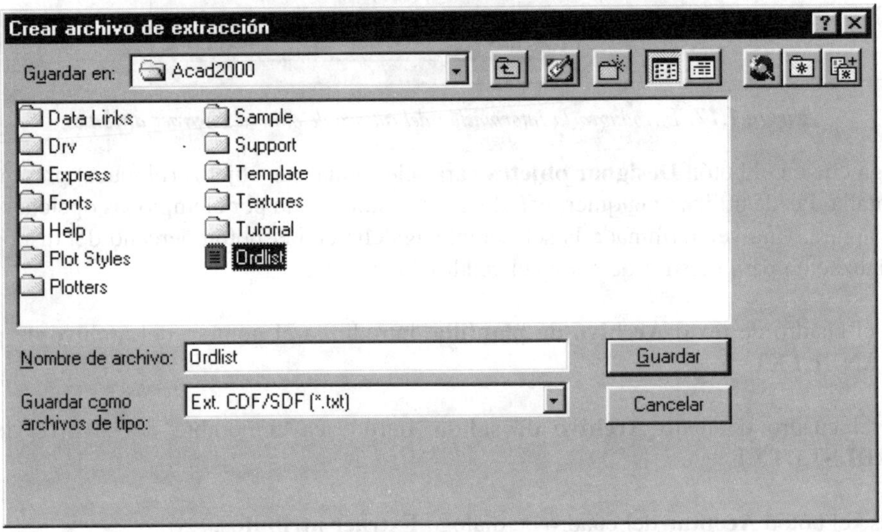

Figura 1.18. *Cuadro de diálogo* ***Crear archivo de extracción.***

Si no introduce un nombre de archivo, AutoCAD asignará al archivo de extracción el mismo nombre utilizado para el archivo de dibujo pero con la extensión **.TXT** o **.DXX**, según el formato escogido para la extracción de atributos. Si indica un nombre de archivo y ha elegido los formatos de extracción CDF o SDF, la extensión aplicada será **.TXT**; si elige el formato DXF, la extensión del archivo de salida será **.DXX**. Una vez introducido el nombre de archivo, AutoCAD extraerá los valores de atributo de los bloques y escribirá los datos en el archivo de salida.

CONTROL DE LA VISIBILIDAD DE LOS ATRIBUTOS (COMANDO ATRVIS)

Menú: Ver > Visualización > Visualizar atributos
Comando: ATRVIS

El comando **ATRVIS** permite cambiar la visibilidad de todos los valores de atributo. Normalmente, los atributos son visibles a menos que los haya definido expresamente el modo Invisible. AutoCAD no muestra los atributos invisibles, aun cuando forman parte de la definición del bloque. La secuencia de solicitudes es la siguiente:

Comando: **ATRVIS**
Indique parámetro de visibilidad de atributo [Normal/ACT/DES] <Normal>:

Si escribe **ACT** y pulsa INTRO, AutoCAD mostrará todos los valores de atributo, incluidos aquellos atributos que hayan sido definidos con el modo Invisible.

Si escoge **DES**, AutoCAD ocultará todos los valores de atributo. Finalmente, si elige la opción **Normal**, AutoCAD mostrará todos los atributos según su definición; es decir, los atributos definidos como invisibles permanecerán invisibles mientras que el resto podrán verse en pantalla. En el ejemplo 2, el atributo RAM se definió con el modo Invisible. Por tanto, dichos atributos no aparecen en los bloques. Si desea mostrar los valores RAM (figura 1.19), ejecute el comando **ATRVIS** y escoja **ACT**.

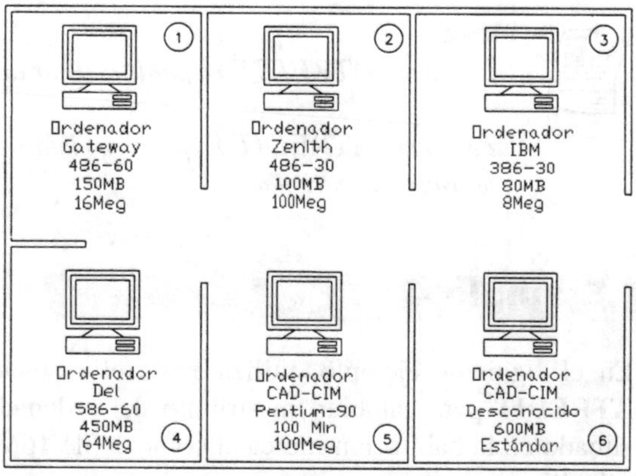

Figura 1.19. *Utilización del comando **ATRVIS** para hacer visible los valores de atributo RAM.*

EDICIÓN DE ATRIBUTOS (COMANDO ATREDIT)

Un único bloque

Barra de herramientas: Madificar II > Editar atributo
Menú: Modificar > Atributo > Editar
Comando: ATREDIT

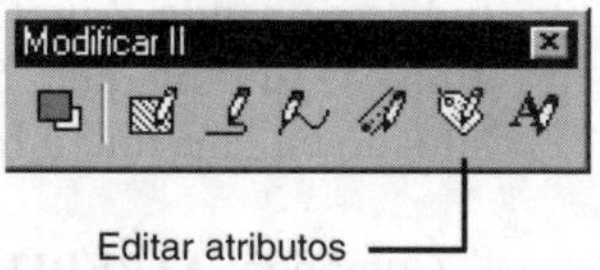

Figura 1.20. *Barra de herramientas **Modificar II**.*

El comando **ATREDIT** permite editar los valores de atributo de un bloque con el cuadro de diálogo **Editar atributos**. Al ejecutar este comando, AutoCAD solicitará la selección del bloque cuyos valores de atributo desee editar. Una vez designado el bloque, aparecerá el cuadro de diálogo **Editar atributos**. El cuadro de diálogo muestra las solicitudes y los valores de atributo incluidos en la definición del bloque seleccionado. Si alguno de los atributos utiliza el modo Constante, no aparecerá en el cuadro de diálogo, pues tales valores de atributo no pueden modificarse. Si desea realizar cualquier cambio, escoja el cuadro de texto correspondiente e introduzca el nuevo valor. Haga clic en **Aceptar** cuando haya terminado. AutoCAD actualizará los valores de atributo del bloque seleccionado.

Comando: **ATREDIT**
Designe referencia a bloque: *Seleccione un bloque con atributos.*

Si el bloque seleccionado no incluye atributos, AutoCAD mostrará el mensaje de advertencia Este bloque no tiene atributos editables. De igual forma, si el objeto designado no es un bloque, aparecerá el mensaje de advertencia Este objeto no es un bloque.

Nota

El comando ATREDIT no puede realizar cambios globales en los valores de atributo.

El comando ATREDIT no puede modificar la posición, la altura o el estilo del texto correspondiente a los valores de atributo.

Ejemplo 4

En el siguiente ejemplo, utilizaremos el comando **ATREDIT** para cambiar un atributo del ordenador situado en la habitación indicada como 1 (de 16MB a 16 Meg).

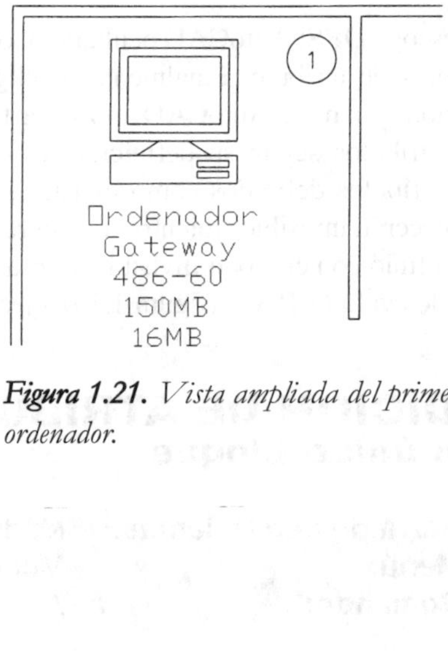

Figura 1.21. *Vista ampliada del primer ordenador.*

1. Abra el dibujo creado en el ejemplo 2. El dibujo incluye seis bloques con atributos. El nombre del bloque es ORD. Cada bloque incluye seis atributos, uno de ellos invisible. Amplíe el dibujo con el zoom para mostrar el ordenador de la primera habitación, tal como aparece en la figura 1.21.

2. Introduzca el comando **ATREDIT** en la solicitud de comando. AutoCAD solicitará la designación de un bloque. Seleccione el ordenador situado en la primera habitación.

   Comando: **ATREDIT**
   Designe referencia a bloque: *Seleccione el bloque.*

   AutoCAD mostrará el cuadro de diálogo **Editar atributos** (figura 1.22) con las solicitudes de atributo y los valores actuales.

3. Modifique los valores y haga clic en **Aceptar**. Cuando salga del cuadro de diálogo, podrá comprobar que AutoCAD ha actualizado los valores de atributo.

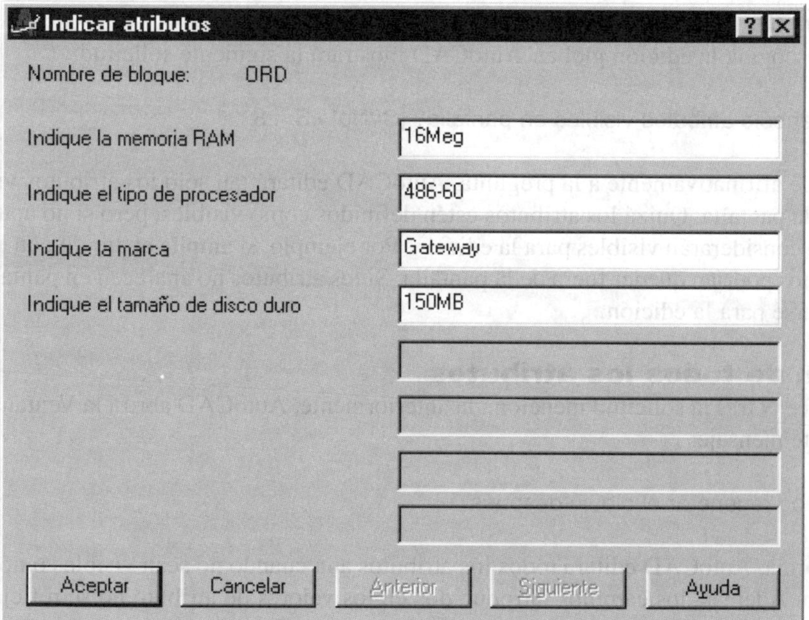

*Figura 1.22. Modificación de los valores de atributo con el cuadro de diálogo **Editar atributos**.*

Edición global de atributos

Menú:	Modificar > Atributo > Edición global
Comando:	-ATREDIT

El comando **-ATREDIT** permite editar los valores de atributo con independencia de los bloques que contengan las referencias a dichos atributos. Por ejemplo, si el dibujo contiene dos bloques, ORDENADOR y MESA, con el atributo PRECIO, puede editar globalmente dicho atributo con independencia de los bloques que hagan referencia a él. También puede modificar los valores de atributo por separado. En nuestro ejemplo, puede modificar el atributo PRECIO de los bloques MESA sin que se vean afectados los bloques ORDENADOR. Al ejecutar el comando **-ATREDIT** AutoCAD muestra la siguiente solicitud:

Comando: **-ATREDIT**
¿Editar atributos uno a uno? [Sí/No] <S>: **N**
Realizando edición global de valores de atributos.

Si introduce **N** tras esta solicitud, estará indicando a AutoCAD que desea realizar una edición global de los atributos. A pesar de todo, podrá restringir la edición de atributos según los nombres de bloque, los nombres de identificador, los valores de atributo o la visibilidad de los atributos en la pantalla.

Edición de tan sólo los atributos visibles

Una vez escogida la edición global, AutoCAD mostrará la siguiente solicitud:

¿Editar sólo atributos visibles en pantalla? [Sí/No] <S>: **S**

Si responde afirmativamente a la pregunta, AutoCAD editará tan sólo los atributos visibles y mostrados en la pantalla. Quizá los atributos estén definidos como visibles, pero si no aparecen en pantalla no se considerarán visibles para la edición. Por ejemplo, si amplía el dibujo con el zoom, algunos atributos podrían quedar fuera de la pantalla. Si los atributos no aparecen en pantalla, no podrán seleccionarse para la edición.

Edición de todos los atributos

Si introduce **N** tras la solicitud mencionada anteriormente, AutoCAD abrirá la Ventana de texto con el siguiente mensaje:

Se debe regenerar el dibujo después.

De esta forma, AutoCAD editará todos los atributos aun cuando no sean visibles o no aparezcan en la pantalla. Además, los cambios introducidos en los valores de atributo no se reflejarán inmediatamente. Una vez terminado el comando, AutoCAD actualizará los valores y regenerará el dibujo.

Edición de bloques específicos

Aun cuando haya escogido una edición global, puede limitar la edición de atributos a bloques determinados sin más que introducir el nombre del bloque en la línea de comando. Por ejemplo;

Indique especificación de nombre de bloque <*>: **ORD**

AutoCAD sólo editará los valores de los atributos incluidos en la definición del bloque elegido (ORD en el ejemplo). Puede utilizar los caracteres comodín para precisar varios nombres de bloque. Pulse INTRO si desea editar los atributos de todos los bloques.

Edición de atributos con nombres de identificador específicos

Además de limitar la edición a determinados bloques, puede precisar la edición de tan sólo aquellos atributos cuyos identificadores tengan determinado nombre. Por ejemplo, si desea editar los valores de atributo con el identificador MARCA, introduzca dicho nombre tras la siguiente solicitud:

Indique especificación de identificador de atributo <*>: **MARCA**

Si introduce un nombre de identificador, AutoCAD no editará los atributos con un identificador diferente al indicado, aun cuando los valores a editar sean los mismos. También puede utilizar los caracteres comodín para precisar los nombres de identificador. Si desea modificar los atributos cualquiera que sea su identificador, pulse INTRO.

Edición de atributos con valores de atributo específicos

Puede establecer un tercer criterio para limitar la edición de atributos, esta vez según el valor del atributo. Por ejemplo, si desea modificar aquellos atributos cuyo valor sea 100MB, introduzca dicho valor tras la siguiente solicitud:

Indique especificación de valor de atributo <*>: **100MB**

Si precisa un valor de atributo, AutoCAD no editará los atributos que tengan un valor diferente al indicado, aun cuando las especificaciones de identificador y de bloque coincidan. También puede utilizar los caracteres comodín para precisar varios valores de atributo. Si desea modificar los atributos, cualquiera que sea su valor, pulse INTRO.

En ocasiones, algunos atributos no tienen valor asignado y, por tanto, no son visibles. Si desea seleccionar para la edición los valores nulos, asegúrese de que no ha restringido la edición global a los atributos visibles. Para editar los atributos nulos, indique \ tras la siguiente solicitud:

Indique especificación de valor de atributo <*>: \

Una vez introducida toda la información descrita, AutoCAD solicitará la selección de los atributos. Puede designar los atributos individualmente o utilizar cualquiera de las opciones de selección de objetos (Ventana, Captura, etc.)

Designe atributos: *Seleccione tan sólo los valores de atributo paralelos al SCP actual.*

Una vez seleccionados los atributos, introduzca la cadena a cambiar y la nueva cadena. AutoCAD tomará la información de atributo, la modificará y actualizará los valores de atributo.

Indique cadena a cambiar:
Indique nueva cadena:

A continuación se muestra la secuencia completa de solicitudes del comando **-ATREDIT**. Se presupone una edición global de tan sólo los atributos visibles.

Comando: **-ATREDIT**
¿Editar atributos uno a uno? [Sí/No] <S>: **N**
Realizando edición global de valores de atributos.
¿Editar sólo atributos visibles en pantalla? [Sí/No] <S>: **N**
Se debe regenerar el dibujo después.
Indique especificación de nombre de bloque <*>:
Indique especificación de identificador de atributo <*>:
Indique especificación de valor de atributo <*>:
Designe atributos:
Indique cadena a cambiar:
Indique nueva cadena:

Nota

AutoCAD regenerará automáticamente el dibujo al terminar el comando aunque la variable de sistema REGENAUTO (que controla la regeneración automática del dibujo) esté desactivada.

Ejemplo 5

En este ejemplo, utilizaremos el dibujo del ejemplo 2 para editar los valores de atributo resaltados en la siguiente tabla. Los nombres de identificador aparecen indicados en la parte superior de la tabla (ELEMENTO, MARCA, PROCESADOR, DD y RAM). Los valores de RAM son invisibles en el dibujo.

	ELEMENTO	MARCA	PROCESADOR	DD	RAM
ORD	Ordenador	Gateway	486-60	150MB	**16MB**
ORD	Ordenador	Zenith	486-30	100MB	**32MB**
ORD	Ordenador	IBM	386-30	80MB	**8MB**
ORD	Ordenador	Del	586-60	450MB	**64MB**
ORD	Ordenador	**CAD-CIM**	Pentium-90	100 Min	**32MB**
ORD	Ordenador	**CAD-CIM**	**Desconocido**	600MB	Estándar

Realice los siguientes cambios en los valores de atributo **resaltados** (figura 1.23):

- Cambie Desconocido por Pentium.
- Cambie CAD-CIM por Compaq.
- Cambie MB por Meg en todos los avalores de atributo con el identificador RAM. (No deben cambiarse los valores cuyo identificador sea DD.)

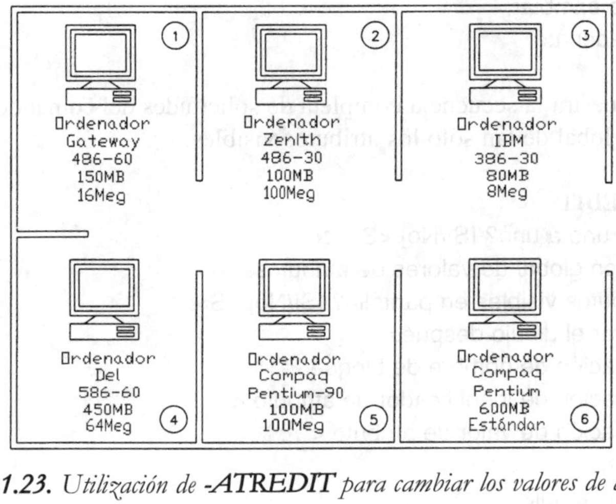

Figura 1.23. *Utilización de -ATREDIT para cambiar los valores de atributo.*

A continuación se indica, paso a paso, la secuencia de solicitudes para cambiar el valor **Desconocido** por **Pentium**.

1. Introduzca el comando **-ATREDIT** en la solicitud de comando. Indique **N** (No) tras la primera solicitud.

   Comando: **-ATREDIT**
   ¿Editar atributos uno a uno? [Sí/No] <S>: **N**
   Realizando edición global de valores de atributos.

2. Deseamos editar tan sólo aquellos atributos que son visibles en pantalla, así que pulse INTRO para aceptar la opción predeterminada (Sí).

   ¿Editar sólo atributos visibles en pantalla? [Sí/No] <S>: *Pulse INTRO.*

3. Tal como muestra la tabla, los atributos pertenecen a un único bloque, llamado ORD. En el caso de un dibujo más complejo, podrían existir otros bloques. Para restringir la edición de atributos tan sólo a los bloques ORD, indique el nombre del bloque (ORD) tras la siguiente solicitud.

   Indique especificación de nombre de bloque <*>: **ORD**

4. Tras las dos solicitudes siguientes, precise el nombre del identificador y el valor del atributo a modificar. De esta forma sólo se modificarán aquellos atributos con el identificador y el valor indicados.

   Indique especificación de identificador de atributo <*>: **Procesador**
   Indique especificación de valor de atributo <*>: **Desconocido**

5. A continuación, AutoCAD solicitará la selección de atributos. Utilice la opción Captura para seleccionar todos los bloques. AutoCAD buscará los atributos que satisfagan todos los criterios establecidos (atributos pertenecientes a los bloques ORD, con el identificador Procesador y el valor Desconocido). Una vez encontrados tales atributos, AutoCAD los resaltará.

   Designe atributos:

6. Tras las dos solicitudes siguientes, indique la cadena de texto a cambiar e introduzca la nueva cadena.

   Indique cadena a cambiar: **Desconocido**
   Indique nueva cadena: **Pentium**

7. A continuación se indica la secuencia de solicitudes para cambiar la marca de los ordenadores de **CAD-CIM** a **Compaq**.

Comando: **-ATREDIT**
¿Editar atributos uno a uno? [Sí/No] <S>: **N**
Realizando edición global de valores de atributos.
¿Editar sólo atributos visibles en pantalla? [Sí/No] <S>: *Pulse INTRO.*
Indique especificación de nombre de bloque <*>: **ORD**
Indique especificación de identificador de atributo <*>: **MARCA**
Indique especificación de valor de atributo <*>:
Designe atributos:
Indique cadena a cambiar: **CAD-CIM**
Indique nueva cadena: **Compaq**

8. A continuación se indica la secuencia de solicitudes para cambiar **MB** a **Meg**.

Comando: **-ATREDIT**
¿Editar atributos uno a uno? [Sí/No] <S>: **N**
Realizando edición global de valores de atributos.

Tras la siguiente solicitud debe indicar **N**, pues los atributos que desea editar (identificador RAM) no aparecen en pantalla.

¿Editar sólo atributos visibles en pantalla? [Sí/No] <S>: **N**
Se debe regenerar el dibujo después.
Indique especificación de nombre de bloque <*>: **ORD**

Tras la siguiente solicitud, acerca de la especificación de identificador, debe precisar el nombre del identificador, pues la cadena de texto MB también aparece en los valores del tamaño de disco duro (identificador DD). Si no indica el nombre de identificador, AutoCAD cambiará todos los valores de atributo MB a Meg.

Indique especificación de identificador de atributo <*>: **RAM**
Indique especificación de valor de atributo <*>:
Designe atributos:
Indique cadena a cambiar: **MB**
Indique nueva cadena: **Meg**

9. Utilice el comando **ATRVIS** para mostrar en pantalla los atributos invisibles.

Comando: **ATRVIS**
Indique parámetro de visibilidad de atributo [Normal/ACT/DES] <Normal>: **ACT**

Edición individual de atributos

También puede utilizar el comando **-ATREDIT** para editar valores de atributo individualmente. Al ejecutar el comando, AutoCAD muestra la solicitud ¿Editar atributos uno a uno? [Sí/No] <S>:. Pulse INTRO para aceptar de forma predeterminada la respuesta afirmativa. Las tres solicitudes siguientes permiten especificar el bloque, el identificador y el valor de atributo, tal como se ha explicado ya en la sección anterior de este capítulo. Estas opciones permiten limitar los atributos para la edición. Por ejemplo, si precisa un nombre de bloque, AutoCAD restringirá la edición a aquellos atributos que pertenezcan a la definición de bloque indicada. De igual forma, si también precisa un identificador, AutoCAD limitará la edición a aquellos atributos con el identificador elegido en el bloque indicado.

Comando: **-ATREDIT**
¿Editar atributos uno a uno? [Sí/No] <S>: Intro
Indique especificación de nombre de bloque <*>: Intro
Indique especificación de identificador de atributo <*>: Intro
Indique especificación de valor de atributo <*>: Intro
Designe atributos:

Tras la solicitud Designe atributos:, seleccione los objetos designando cada uno de ellos o utilizando cualquier opción de selección, tal como Ventana, Captura, PolígonOV, PolígonOC o Marco. Si utiliza alguna de estas opciones, podrá limitar todavía más los valores de atributo a editar. Una vez seleccionados los objetos, AutoCAD marcará con una X el primer atributo que encuentre y mostrará la siguiente solicitud:

Indique una opción [Valor/Posición/Altura/ángUlo/Estilo/Capa/cOlor/siGuiente] <No>:

Valor. La opción **Valor** permite cambiar el valor de un atributo. Para cambiar el valor indique **V** tras la solicitud. AutoCAD mostrará la siguiente solicitud:

Indique tipo de modificación de valor [Cambiar/Reemplazar] <R>:

La opción **Cambiar** permite cambiar algunos caracteres del valor del atributo. Para escoger esta opción, indique **Cambiar** o **C** tras la solicitud. AutoCAD mostrará dos nuevas solicitudes:

Indique cadena a cambiar:
Indique nueva cadena:

Tras la solicitud Indique cadena a cambiar:, introduzca los caracteres que desee cambiar y pulse INTRO. Tras la solicitud Indique nueva cadena:, introduzca la nueva cadena de texto.

Nota

*Puede utilizar los caracteres ? y * en la cadena de texto. Si utiliza tales caracteres dentro de una cadena de texto, AutoCAD no los identificará como caracteres comodín.*

Para utilizar la opción **Reemplazar**, indique **R** o pulse INTRO tras la solicitud Indique tipo de modificación de valor [Cambiar/Reemplazar] <R>:. AutoCAD mostrará la siguiente solicitud:

Indique nuevo valor de atributo:

Introduzca un nuevo valor de atributo tras dicha solicitud. AutoCAD reemplazará el valor indicado por la marca X con el nuevo valor indicado. Si no introduce ningún valor, AutoCAD asignará al atributo un valor nulo.

Posición, Altura, ángUlo y Estilo. Puede cambiar la posición, altura, rotación y estilo del texto de un valor de atributo indicando respectivamente **P**, **A**, **U** o **E** tras la siguiente solicitud:

Indique una opción [Valor/Posición/Altura/ángUlo/Estilo/Capa/cOlor/siGuiente] <No>:

La opción **Posición** permite definir la nueva posición del valor de atributo. AutoCAD solicitará la introducción de un nuevo punto inicial, punto central o punto medio para el texto. Si el texto está alineado, AutoCAD solicitará dos puntos. También puede definir una nueva altura, ángulo o estilo de texto indicando respectivamente **A**, **U** o **E** tras la solicitud.

Capa y cOlor. Las opciones **Capa** y **cOlor** permiten cambiar la capa y el color del atributo. En el caso del color, puede indicar un número de color (de 1 a 255), un nombre de color (rojo, verde, etc.), PORCAPA o PORBLOQUE.

Ejemplo 6

En este ejemplo, utilizaremos el dibujo del ejemplo 2 para editar los atributos individualmente (figura 1.24). Realice los siguientes cambios en los valores de atributo:

- Cambie el valor de atributo 100 Min por 100MB.
- Cambie la altura de todos los atributos con identificador RAM a 2 unidades.

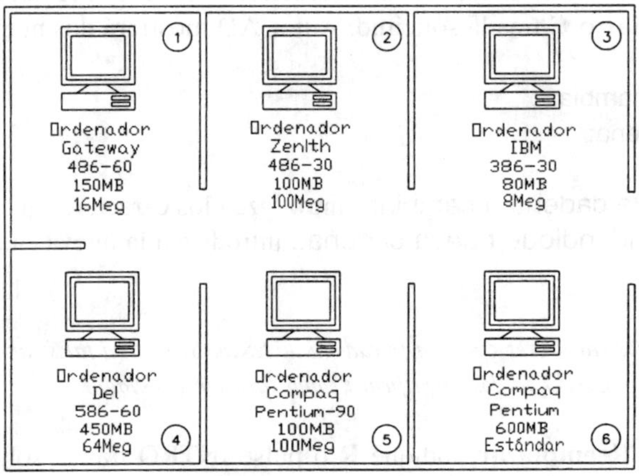

Figura 1.24. *Utilización de* ***-ATREDIT*** *para cambiar los valores de atributo individualmente.*

1. Abra el dibujo que guardó en el ejemplo 2.

2. Inicie el comando **-ATREDIT** desde la solicitud de comando. A continuación se indica la secuencia de solicitudes para cambiar el valor de 100 Min a 100MB.

    Comando: **-ATREDIT**
    ¿Editar atributos uno a uno? [Sí/No] <S>: Intro
    Indique especificación de nombre de bloque <*>: **ORD**
    Indique especificación de identificador de atributo <*>: Intro
    Indique especificación de valor de atributo <*>: Intro
    Designe atributos: *Seleccione el atributo.*
    Indique una opción [Valor/Posición/Altura/ángUlo/Estilo/Capa/cOlor/siGuiente] <No>: **V**
    Indique tipo de modificación de valor [Cambiar/Reemplazar] <R>: **C**
    Indique cadena a cambiar: **\ Min**
    Indique nueva cadena: **MB**

    Cuando AutoCAD muestre la solicitud Indique cadena a cambiar:, indique los caracteres que desea cambiar. En este ejemplo, la cadena **Min** está precedida por un espacio en blanco. Si introduce un espacio, AutoCAD mostrará la siguiente solicitud, Indique nueva cadena:. Si necesita iniciar la cadena con espacios en blanco, deberá anteponer una barra invertida (\) seguida por el número deseado de espacios en blanco.

3. Para cambiar la altura del texto del atributo, introduzca el comando **-ATREDIT** tal como se acaba de indicar. Cuando AutoCAD muestre la solicitud indicada a continuación, escoja la opción **Altura**.

    Indique una opción [Valor/Posición/Altura/ángUlo/Estilo/Capa/cOlor/siGuiente] <No>: **A**
    Precise la nueva altura *<actual>*: **2**

Una vez precisada la altura, AutoCAD actualizará la altura en el texto del atributo donde aparezca la marca X. AutoCAD volverá a solicitar una opción. Elija la opción **Siguiente** para desplazar la marca X al siguiente atributo. Repita los mismos pasos para cambiar la altura del texto en los valores de otros atributos.

INSERCIÓN DE ARCHIVOS DE TEXTO EN EL DIBUJO
Utilización del comando TEXTOM

Barra de herramientas:	Dibujo > Texto múltiple (TextoM)
Menú:	Dibujo > Texto > Texto de líneas múltiples
Comando:	TEXTOM

El botón Importar texto del cuadro de diálogo **Editor de texto de líneas múltiples** permite insertar un archivo de texto en un dibujo. Para abrir el Editor de texto de líneas múltiples puede ejecutar el comando **TEXTOM**.

Comando: **TEXTOM**

Una vez iniciado el comando, AutoCAD solicitará las dos esquinas que definen el cuadro del párrafo de texto. Tras designar ambos puntos aparecerá en pantalla el cuadro de diálogo **Editor de texto de líneas múltiples**. Para insertar el archivo de texto **ORDLST1.TXT** (creado en el ejemplo 3), haga clic en el botón **Importar texto**. AutoCAD mostrará el cuadro de diálogo **Abrir** (figura 1.25).

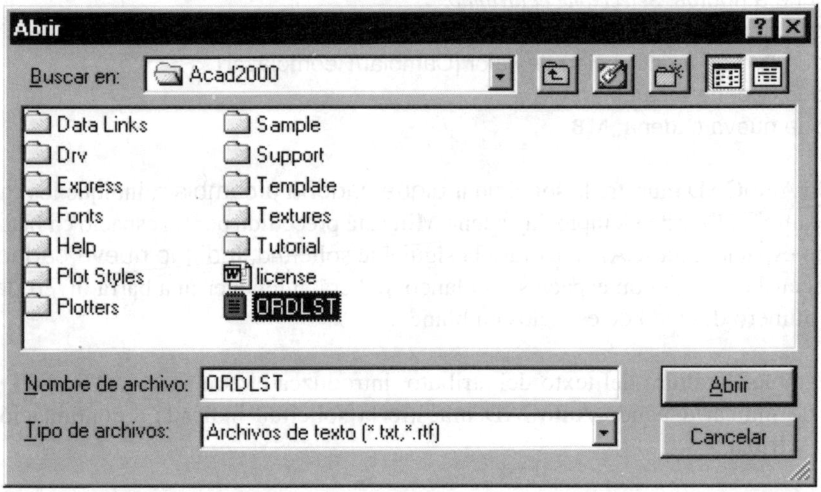

Figura 1.25. *Cuadro de diálogo **Abrir**.*

Busque y seleccione el archivo ORDLST1 en este cuadro de diálogo. Después haga clic en el botón **Abrir**. El texto importado aparecerá en el área de texto del **Editor de texto de líneas múltiples** (figura 1.26). Observe que tan sólo se interpretan correctamente los archivos ASCII.

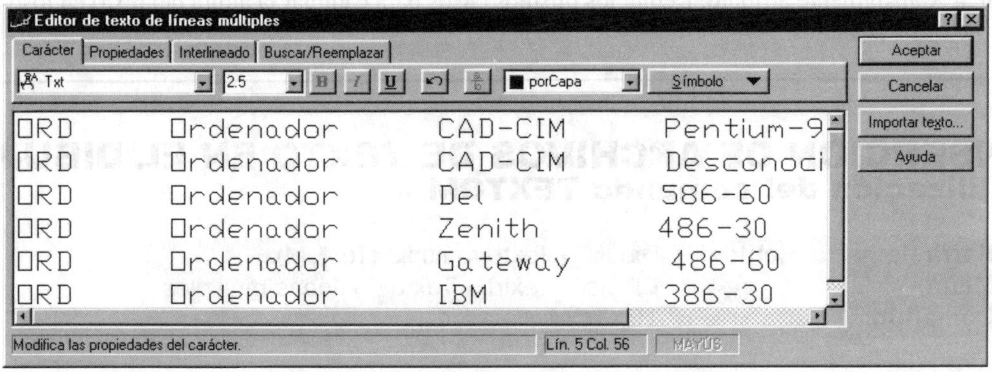

Figura 1.26. *Cuadro de diálogo **Editor de texto de líneas múltiples** con el texto importado.*

Haga clic en **Aceptar** para obtener el texto importado en el área seleccionada del dibujo (figura 1.27). También puede utilizar el **Editor de texto de líneas múltiples** para dar formato al texto.

ORD	Ordenador	CAD-CIM	Pentium-90	100 MIn
ORD	Ordenador	CAD-CIM	Desconocido	600MB
ORD	Ordenador	Del	586-60	450MB
ORD	Ordenador	Zenith	486-30	100MB
ORD	Ordenador	Gateway	486-60	150MB
ORD	Ordenador	IBM	386-30	80MB

Figura 1.27. *Archivo de texto importado en la pantalla.*

Test de autoevaluación

Conteste a las siguientes preguntas y compare sus respuestas con las respuestas correctas mostradas al final del capítulo.

1. La opción **Verificar** permite confirmar el valor de atributo introducido al insertar un bloque. (V/F)

2. A diferencia de los atributos constantes, no es posible editar ningún atributo **Predefinido**. (V/F)

3. En el caso de los nombres de identificadores, AutoCAD convierte a mayúsculas cualquier letra en minúsculas. (V/F)

4. La información introducida en el cuadro de texto **Valor** del cuadro de diálogo **Definir atributos** define el __________ del atributo especificado.

5. Si escoge la opción **Alinear** para la justificación del texto, los cuadros de texto **Altura** y **Rotación** aparecerán __________.

6. Puede utilizar el comando __________ para editar texto o definiciones de atributo.

7. El valor por defecto de la variable de sistema **ATTDIA** es __________, lo que desactiva el cuadro de diálogo.

8. Con el formato de archivo Delimitado por espacios, los registros tienen la anchura fija precisada en el archivo de __________.

9. En el formato de archivo __________, los registros no aparecen separados por comas y los campos de caracteres no están encerrados entre apóstrofos.

10. No debe utilizar el carácter __________ en los archivos de plantilla. Cualquier alineación debe realizarse por medio de espacios en blanco tras el nombre del campo.

11. El comando **ATREDIT** no puede modificar la posición, la altura o el estilo de texto de los valores de atributo. (V/F)

12. El comando __________ permite editar los valores de atributo con independencia de los bloques que contengan el atributo en su definición.

13. El comando **-ATREDIT** puede utilizarse para editar los valores de atributo individualmente. (V/F)

14. Puede utilizar los caracteres ? y * en la cadena de texto. Si utiliza tales caracteres dentro de una cadena de texto, AutoCAD no los identificará como caracteres comodín. (V/F)

15. Para insertar un archivo de texto en un dibujo, introduzca el comando __________ en la solicitud de comando.

Preguntas de revisión

1. Explique los dos motivos fundamentales para definir atributos de bloque ____.

2. La información asociada a un bloque se conoce como __________ o __________.

3. Puede definir los atributos de bloque introduciendo __________ en la solicitud de comando.

4. La forma más adecuada para definir los atributos de bloque pasa por utilizar el cuadro de diálogo **Definir atributos**, que puede abrirse ejecutando el comando __________.

5. ¿Cuáles son las opciones disponibles en la sección **Modo** del cuadro de diálogo **Definir atributos**? ____.

6. La opción **Constante** permite crear un atributo con un valor fijo que no podrá editarse posteriormente. (V/F)

7. ¿Cuál es la función de la opción **Predefinido**? ____.

8. Si utiliza la opción **Predefinido** para definir un atributo de bloque, AutoCAD solicitará un valor para el atributo al insertar el bloque. (V/F)

9. Nombre los tres cuadros de texto de la sección **Atributo** en el cuadro de diálogo **Definir atributos**. ____.

10. El identificador es un texto distintivo que permite identificar un atributo. (V/F)

11. Sólo pueden introducirse nombres de identificador en mayúsculas. (V/F)

12. El nombre de identificador no puede quedar vacío. (V/F)

13. El nombre de identificador puede incluir espacios en blanco. (V/F)

14. Si escoge la opción Constante en la sección Modo del cuadro de diálogo **Definir atributos**, el cuadro de texto **Solicitud** aparecerá __________ pues, al utilizarse el valor por defecto, AutoCAD no mostrará la solicitud.

15. Si deja en blanco el cuadro de texto **Solicitud**, AutoCAD utilizará el nombre de identificador como solicitud. (V/F)

16. ¿Qué opción debe escoger en el cuadro de diálogo **Definir atributos** para que AutoCAD sitúe el texto del siguiente atributo justo debajo del anterior atributo definido? ________________ ____.

17. Antes de poder aplicar determinado estilo de texto a un atributo deberá definir dicho estilo. (V/F)

18. Si selecciona un estilo que tiene una altura predefinida, AutoCAD desactivará automáticamente el cuadro de texto Altura del cuadro de diálogo Definir atributos. (V/F)

19. Si escoge la opción aJustar para la justificación del texto, el cuadro de texto _________ se desactivará. (V/F)

20. ¿Cuál es la diferencia entre los comandos **ATRDEF** y **-ATRDEF**? ____________________ ____.

21. El comando __________ permite editar texto y definiciones de atributo.

22. Puede precisar el valor de los atributos de bloque en el cuadro de diálogo **Editar definición de atributos**. (V/F)

23. El cuadro de diálogo **Editar definición de atributos** aparece con los comandos __________ y __________, si la variable de sistema __________ está definida en 1.

24. Si utiliza el cuadro de diálogo **Indicar atributos** para definir los valores de atributo, AutoCAD __________ el modo Verificar, pues el cuadro de diálogo facilita la comprobación y edición de los valores.

25. Si define la variable de sistema __________ en 0, podrá definir los atributos desde la línea de comando.

26. Si desea utilizar el cuadro de diálogo **Extraer atributos** para extraer los atributos de un dibujo, introduzca __________ en la solicitud de comando.

27. Puede escoger entre Delimitado por comas (CDF), Delimitado por espacios (SDF) y Archivo de extracción de formato DXF (DXX). El formato a elegir varía según cuál sea el editor de texto que tenga pensado utilizar. (V/F)

28. En el formato de archivo Delimitado por comas, cada campo de caracteres aparece encerrado entre __________ y los registros se separan con __________.

Ejercicios

Ejercicio 1 — *Electrónica*

Defina los siguientes atributos para una resistencia y cree un bloque utilizando el comando **BLOQUE**. El nombre del bloque debe ser RESIS.

Modo	Identificador	Solicitud	Valor por defecto
Verificar	RNOMBRE	Indique el nombre	RX
Verificar	RVALOR	Indique la resistencia	XX
Invisible, Verificar	RPRECIO	Indique el precio	00

1. Dibuje la resistencia tal como muestra la figura 1.28.
2. Introduzca el comando **ATRDEF** en la solicitud de comando de AutoCAD para abrir el cuadro de diálogo Definir atributos.

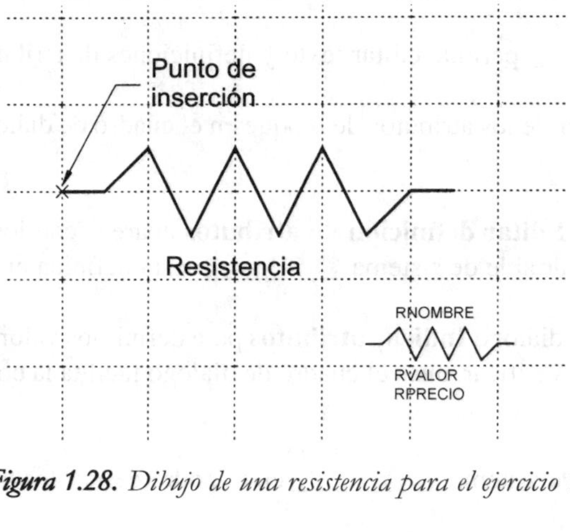

Figura 1.28. *Dibujo de una resistencia para el ejercicio 1.*

3. Defina los atributos indicados en la tabla anterior y sitúe el texto de atributo tal como muestra la figura 1.28.
4. Utilice el comando **BLOQUE** para crear un bloque. Llame RESIS al bloque y sitúe su punto de inserción en el extremo izquierdo de la resistencia. No olvide seleccionar también los atributos al crear la definición del bloque.

Ejercicio 2 *Electrónica*

Utilice el comando **INSERT** para insertar el bloque definido en el ejercicio 1 (RESIS). La siguiente lista muestra los valores de atributo para las resistencias del circuito.

RNOMBRE	RVALOR	RPRECIO
R1	35	0.32
R2	27	0.25
R3	52	0.40
R4	8	0.21
RX	10	0.21

1. Dibuje el diagrama de circuito eléctrico mostrado en la figura 1.29 (suponga las dimensiones).
2. Defina la variable de sistema **ATTDIA** en 1. Utilice el comando **INSERT** para insertar los bloques y defina los valores de atributo en el cuadro de diálogo **Definir atributos**.
3. Repita el comando **INSERT** para insertar el resto de bloques y defina sus valores de atributo según la tabla anterior. Guarde el dibujo con el nombre **ATREXR2.DWG** (figura 1.30).

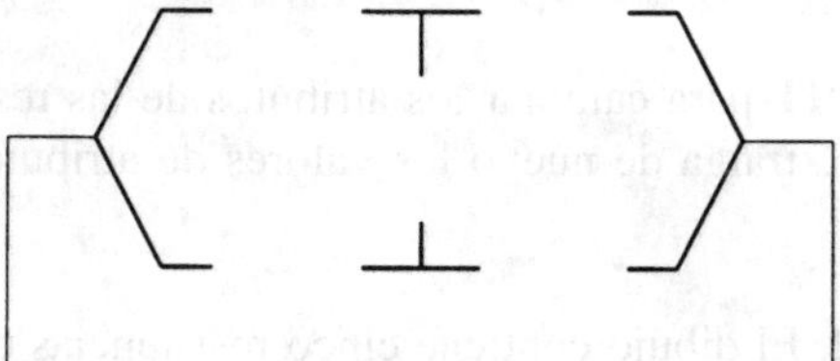

Figura 1.29. *Dibujo del diagrama de circuito eléctrico sin resistencias del ejercicio 2.*

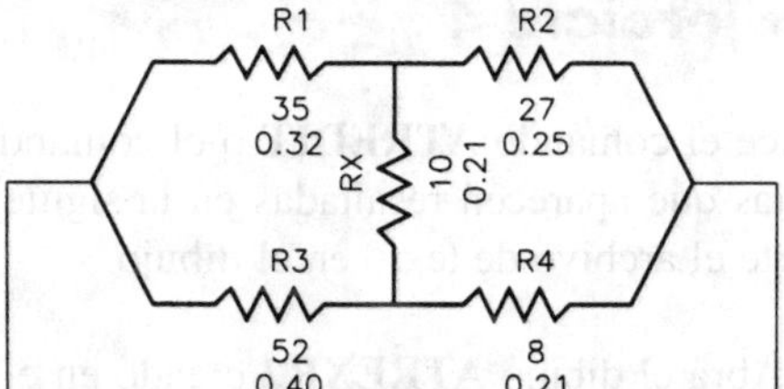

Figura 1.30. *Dibujo del diagrama de circuito eléctrico con resistencias del ejercicio 2.*

Ejercicio 3 *Electrónica*

Escriba un archivo de plantilla para la extracción de los valores de atributo definidos en el ejercicio 2. Dichos valores deben escribirse en un archivo llamado **RESISLST.TXT** con el orden mostrado en la siguiente tabla.

Anchura de campo en caracteres

< 10 >	< 10 >	< 10 >	< 10 >
RESIS	R1	35	0.32
RESIS	R2	27	0.25
RESIS	R3	52	0.40
RESIS	R4	8	0.21
RESIS	RX	10	0.21

1. Abra el dibujo **ATREXR2.DWG** guardado en el ejercicio 2.
2. Utilice el Bloc de notas de Windows para escribir el archivo de plantilla. Una vez escrito el archivo, guárdelo como archivo ASCII con el nombre **PLANT2.TXT**.
3. Utilice el comando **ATREXR** en AutoCAD para abrir el cuadro de diálogo **Extraer atributos**. Seleccione el botón de opción **Delimitado por espacios (SDF)**.
4. Seleccione los objetos (bloques). Puede designar cada uno de ellos o utilizar las opciones Ventana o Captura.
5. Indique el nombre del archivo de plantilla **PLANT2.TXT**, en el cuadro de texto **Archivo de plantilla**.
6. Indique el nombre del archivo de salida **RESISLST.TXT**, en el cuadro de texto **Archivo de salida**.
7. Haga clic en el botón **Aceptar** del cuadro de diálogo **Extraer atributos**.
8. Utilice el Bloc de notas de Windows para comprobar la lista del archivo de salida **RESISLST.TXT**. Debería ser similar a la lista mostrada al comienzo del ejercicio 3.

Ejercicio 4 — *Electrónica*

Utilice el comando **ATREDIT** o el comando **-ATREDIT** para cambiar los atributos de las resistencias que aparecen resaltadas en la siguiente tabla. Extraiga de nuevo los valores de atributo e inserte el archivo de texto en el dibujo.

1. Abra el dibujo **ATREXR2** creado en el ejercicio 2. El dibujo contiene cinco resistencias con atributos. El nombre del bloque es RESIS e incluye en su definición tres atributos, uno de ellos invisible.
2. Utilice el comando **ATREDIT** o el comando **-ATREDIT** de AutoCAD para editar los valores resaltados en la siguiente lista:

RESIS	R1	**40**	0.32
RESIS	R2	**29**	0.25
RESIS	R3	52	**0.45**
RESIS	R4	8	0.25
RESIS	**R5**	10	0.21

3. Extraiga los valores de atributo y escriba dichos valores en un archivo de texto.
4. Utilice el comando **TEXTOM** para insertar el archivo de texto en el dibujo.

Ejercicio 5 *Electrónica*

Utilice la información suministrada en el ejercicio 3 para extraer los valores de atributo y escribir los datos en el archivo de salida. El formato del archivo de salida debe ser Delimitado por comas (CDF). Utilice los comandos **ATREDIT** y **-ATREXT** para extraer los valores de atributo.

Ejercicio 6 *Electrónica*

Dibuje el diagrama de circuito mostrado en la figura 1.31, defina los atributos y extráigalos para crear una lista de materiales.

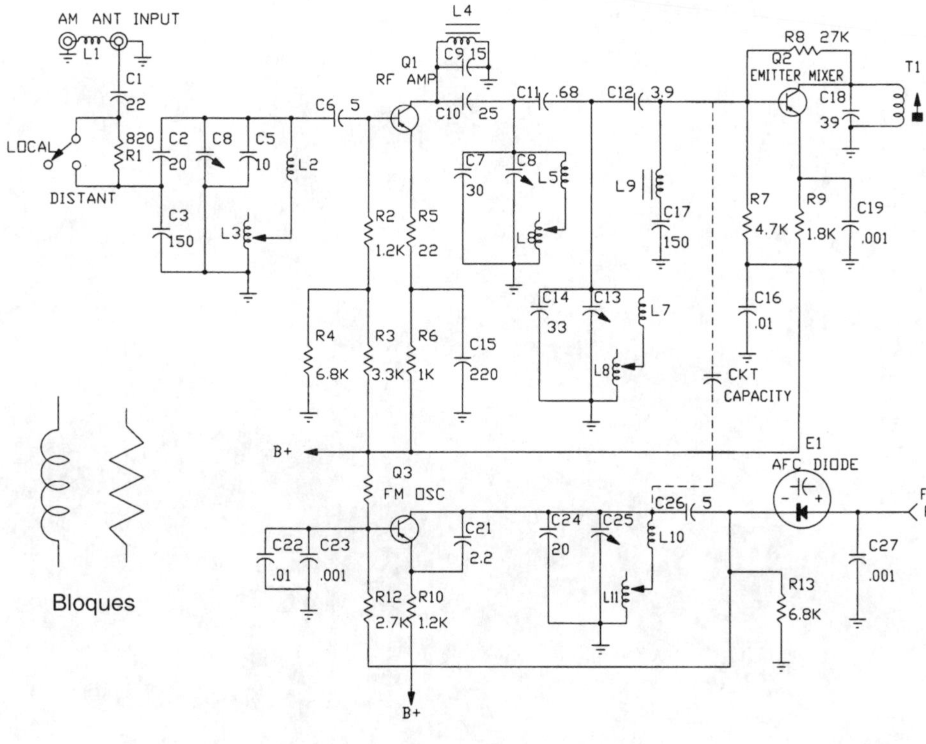

Figura 1.31. Dibujo del diagrama de circuito para el ejercicio 6.

Respuestas al test de autoevaluación

1- V; **2-** F; **3-** V; **4-** valor por defecto; **5-** atenuados; **6- CAMBIA**; **7-** 0; **8-** plantilla; **9-** Delimitado por espacios; **10-** de tabulación; **11-** V; **12- ATREDIT**; **13-** V; **14-** V; **15- TEXTOM**

Capítulo 2

Referencias externas

Objetivos del estudio

Tras completar este capítulo, será capaz de:

- *Comprender las referencias externas y sus aplicaciones.*
- *Comprender los símbolos dependientes.*
- *Utilizar el comando* REFX *y sus opciones.*
- *Utilizar las opciones* ***Enlazar, Descargar, Recargar, Desenlazar*** *y* ***Unir****.*
- *Cambiar la ruta de un dibujo.*
- *Utilizar el comando* UNIRX *para añadir símbolos dependientes.*
- *Utilizar el comando* DELIMITARX *para delimitar dibujos empleados como refx.*
- *Comprender la demanda de carga.*
- *Utilizar las variables de sistema* XCLIPFRAME *y* XLOADCTL *y el comando* ENLAZARX*.*
- *Utilizar el comando* EDITREF *para la edición in situ.*

REFERENCIAS EXTERNAS

Con la función de referencia externa puede referir un dibujo externo dentro de otro dibujo sin que por ello el primero pase a formar parte permanente del segundo. Por ejemplo, suponga que disponemos de un dibujo de montaje llamado Montaje1, formado por dos componentes, Eje y Rodamiento. Eje y Rodamiento son dibujos independientes obtenidos a través de dos fuentes distintas. Deseamos crear un dibujo de montaje a partir de ambos componentes. Una forma de conseguirlo consiste en insertar los dibujos como dos bloques con el comando **INSERT**. Ahora imagine que el diseño de Rodamiento ha variado debido a las exigencias del cliente o del producto. Para actualizar el dibujo de montaje debemos asegurar que insertamos el dibujo Rodamiento tras efectuar los cambios. Si olvidamos actualizar el dibujo de montaje, éste no reflejará los cambios introducidos en uno de los componentes. Si se trata de un proceso de producción, las consecuencias pueden ser graves.

Debe resolver este problema con la función de **referencia externa**, pues permite vincular el dibujo parcial de componente con el dibujo de montaje. Si se actualiza la referencia externa (el dibujo del componente), los cambios quedan automáticamente reflejados en el dibujo de montaje. De esta forma, el dibujo de montaje permanecerá actualizado cualquiera que sea el momento en que se efectúen cambios en algunos de sus dibujos parciales de componentes. Un dibujo puede incluir cualquier número de referencias externas. Así mismo, un dibujo puede también incluir **referencias anidadas**. Por ejemplo, el dibujo parcial Rodamiento puede incluirse como referencia dentro del dibujo Eje y, a continuación, éste como referencia en el dibujo Montaje1. Al abrir o imprimir el dibujo de montaje, AutoCAD carga automáticamente el dibujo referido Eje y el dibujo anidado Rodamiento.

Si utiliza el comando **INSERT** para insertar los componentes, tales componentes pasarán a formar parte permanente del dibujo y, por tanto, el dibujo adquirirá cierto tamaño. Sin embargo, si utiliza la función de referencia externa para vincular los dibujos, los dibujos parciales de componentes no se guardan con el dibujo de montaje. AutoCAD sólo guarda la información de la referencia, lo cual reduce al máximo el tamaño del dibujo. Al igual que los bloques, los dibujos de referencia externa pueden escalarse, girarse y colocarse en la posición deseada, si bien no podrá descomponerlos. También puede utilizar una parte inferior al total de una refx sin más que crear un contorno delimitador para dicha referencia externa.

SÍMBOLOS DEPENDIENTES

Si utiliza el comando **INSERT** para insertar un dibujo, la información acerca del objeto guardado se pierde en caso de que aparezcan nombres duplicados. Si el nombre es único, AutoCAD importará el objeto. El término objetos guardados hace referencia a elementos tales como bloques, capas o estilos de texto. Por ejemplo, supongamos que el dibujo de montaje tiene una capa llamada Oculto de color verde y tipo de línea LÍNEAS_OCULTAS; imagine ahora que el dibujo Rodamiento tiene una capa del mismo nombre, pero de color azul y tipo de línea LÍNEAS_OCULTAS2 (figura 2.1). Cuando inserte el dibujo Rodamiento en el dibujo de montaje, el conjunto de valores en este último prevalecerá sobre los del dibujo insertado. Por tanto, en el dibujo de montaje, la capa Oculto conservará el color verde y el tipo de línea LÍNEAS_OCULTAS2 e ignorará las propiedades de la capa del dibujo insertado. Tan sólo se ven afectadas las capas de igual nombre; AutoCAD añadirá normalmente el resto de capas en el dibujo actual.

A fin de no perder la información correspondiente a los objetos guardados cuyo nombre coincide con los ya existentes, AutoCAD crea objetos guardados adicionales (como por ejemplo las capas mostradas en la figura 2.2). En el caso de los dibujos de referencia externa, estos objetos guardados se convierten en símbolos dependientes (funciones tales como capas, tipos de línea, estilos de texto, etc.)

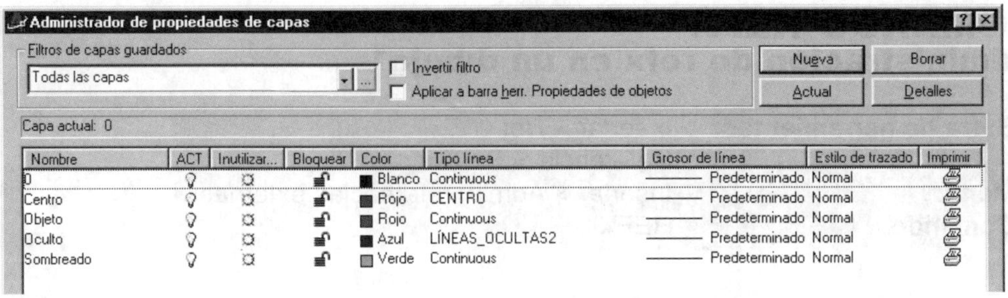

Figura 2.1. *Las propiedades de capa del dibujo actual prevalecen sobre las de las capas del dibujo insertado.*

La capa Oculto del dibujo de referencia externa (Rodamiento) cambia su nombre al incorporar como prefijo el nombre del dibujo seguido del símbolo de barra vertical (|). Además, estas capas aparecen atenuadas. El nombre de la capa Oculto pasa a ser Rodamiento|Oculto. De igual forma, Centro cambia su nombre por Rodamiento|Centro y Objeto toma el nombre Rodamiento|Objeto (figura 2.2). La información añadida al dibujo actual no es permanente. Tan sólo se agrega al cargar el dibujo de referencia externa. Si desenlaza el dibujo, AutoCAD elimina automáticamente del dibujo actual los símbolos dependientes.

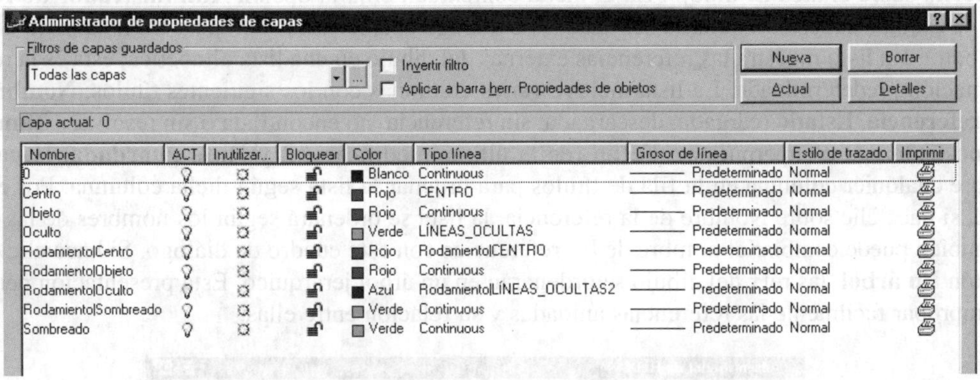

Figura 2.2. *Las referencias externas crean capas adicionales.*

Cuando hace referencia a un dibujo, AutoCAD no permite referir los símbolos directamente. Por ejemplo, no puede convertir en actual la capa dependiente Rodamiento|Oculto. Así pues, no podrá añadir ningún objeto a esta capa. No obstante, puede cambiar su color, tipo de línea, grosor de línea o visibilidad (activada/desactivada o reutilizada/inutilizada) en el dibujo actual. Si la variable de sistema **VISRETAIN** está definida en 0 (así es por defecto), las propiedades de la capa se conservan tan sólo en la sesión de dibujo actual. Cuando guarde y cierre el dibujo, los cambios se descartarán y las propiedades de la capa recuperarán su estado original. Si **VISRETAIN** está definida en 1, AutoCAD guarda las propiedades de capa (como el color o el tipo de línea) con el dibujo; las modificaciones permanecerán la próxima vez que abra el dibujo. Siempre que abra un dibujo o lo imprima, AutoCAD recargará todas sus referencias externas; de esta forma, el dibujo abierto o impreso incluirá automáticamente la última versión actualizada de las referencias externas.

COMANDO REFX
Administración de refx en un dibujo*

Barra de herramientas:	Insertar > RefX
	Referencia > RefX
Menú:	Insertar > Admin. referencias externas
Comando:	REFX

Al ejecutar el comando **REFX**, AutoCAD muestra el cuadro de diálogo **Administrador de RefX** (figura 2.4). Este cuadro de diálogo muestra el estado de todas las refx en el dibujo actual y la relación entre ellas. El **Administrador de RefX** permite enlazar una nueva referencia externa y desenlazar, descargar o cargar una ya existente. Así mismo, puede cambiar un enlace en una superposición o viceversa. Además, permite cambiar la ruta de una referencia externa y unir la definición de refx al dibujo. Para abrir el cuadro de diálogo **Administrador de RefX**, también puede seleccionar una referencia externa del dibujo actual y hacer clic con el botón derecho sobre el área de dibujo. En el menú contextual, elija la opción **Administrador de RefX**. En la esquina superior izquierda del cuadro de diálogo aparecen dos botones: **En lista** y **En árbol**. El botón **En lista** muestra las referencias externas del dibujo en una lista alfabética; ésta es la representación predeterminada. La lista incluye varias columnas con los siguientes títulos: **Nombre de la referencia**, **Estado** (cargada, descargada, sin referencia, no encontrada o sin resolver), **Tamaño**, **Tipo** (enlazada o superpuesta), **Fecha** (de la última modificación) y **Ruta guardada**. Haga clic sobre cualquier columna en la fila de títulos para ordenar la lista según dicha columna. Por ejemplo, si hace clic sobre Nombre de la referencia, la lista se ordenará según los nombres de las refx. También puede cambiar el nombre de las referencias con este cuadro de diálogo. Si hace clic en el botón **En árbol**, las refx del dibujo se ordenarán en un árbol jerárquico. Esta presentación permite comprobar fácilmente las referencias anidadas y su relación entre ellas.

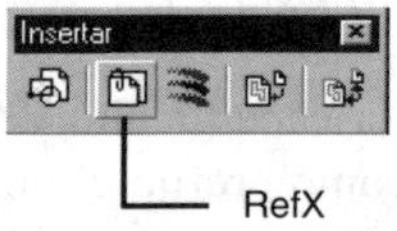

Figura 2.3. *Barra de herramientas* ***Insertar.***

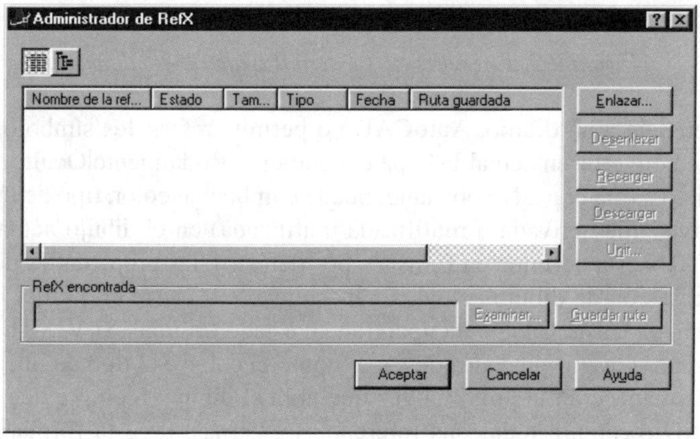

Figura 2.4. *Cuadro de diálogo* ***Administrador de RefX.***

Enlace de un dibujo de refx (opción Enlazar)

El botón Enlazar del cuadro de diálogo Administrador de RefX permite enlazar un dibujo de referencia externa al dibujo actual. Si lo prefiere, puede hacer clic directamente sobre el botón **Enlazar referencia externa** de la barra de herramientas **Referencia**. El siguiente ejemplo ilustra el proceso para enlazar una refx en el dibujo actual. En este ejemplo, se presupone que existen dos dibujos, Eje y Rodamiento. Eje es el dibujo actual, mostrado en la pantalla (figura 2.5); el dibujo Rodamiento está cerrado y almacenado en disco. Deseamos incluir el dibujo Rodamiento como referencia externa en el dibujo Eje.

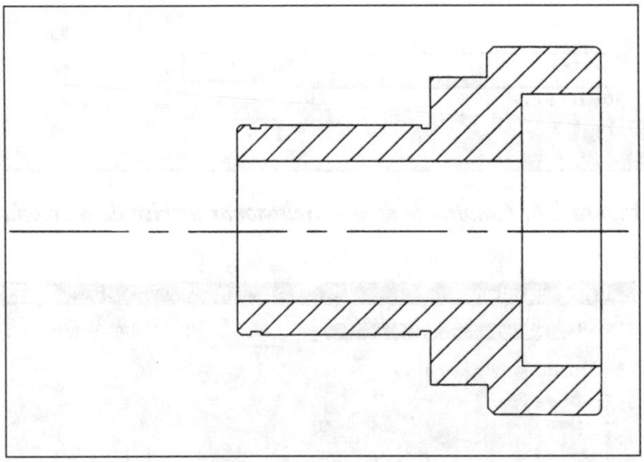

Figura 2.5. *Dibujo actual, Eje.*

1. En primer lugar, compruebe que el dibujo Eje aparece en pantalla (dibújelo suponiendo las medidas). (El dibujo Rodamiento no debe aparecer en pantalla. También podría enlazar ambos dibujos, Eje y Rodamiento, a un tercer dibujo existente, incluso aunque esté en blanco.)

2. Ejecute el comando **REFX** para abrir el cuadro de diálogo **Administrador de RefX**. En este cuadro de diálogo, haga clic en el botón **Enlazar**. Si elige **Referencia externa** en el menú **Insertar**, aparecerá directamente el cuadro de diálogo **Seleccionar archivo de referencia** (figura 2.6). Seleccione el dibujo que desea enlazar (Rodamiento) y haga clic en **Abrir**. AutoCAD mostrará el cuadro de diálogo **Referencia externa** (figura 2.7). En dicho cuadro de diálogo, puede utilizar el cuadro de lista desplegable **Nombre** para seleccionar el nombre del archivo a enlazar. El nombre de archivo seleccionado aparece reflejado en este cuadro de lista. La ruta del archivo aparece indicada bajo el nombre del mismo. En la sección **Tipo de referencia**, seleccione el botón de opción **Enlazar** si no estaba ya seleccionado (opción predeterminada). Puede precisar el **punto de inserción**, la **escala** y el **ángulo** de rotación en los respectivos cuadro de texto **X**, **Y**, **Z** y **Ángulo**. Si prefiere precisar en pantalla cualquiera de ellos con el dispositivo señalador, active la correspondiente casilla de verificación **Precisar en pantalla**. Haga clic en el botón **Aceptar** del cuadro de diálogo **Referencia externa** y precise, en su caso, el punto de inserción, la escala o el ángulo de

rotación en pantalla. Una vez enlazado el dibujo Rodamiento, guarde el dibujo actual con el nombre de archivo Eje (figura 2.8).

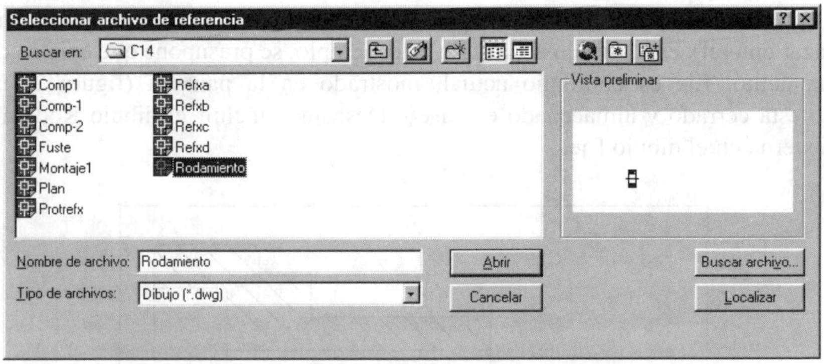

Figura 2.6. Cuadro de diálogo ***Seleccionar archivo de referencia.***

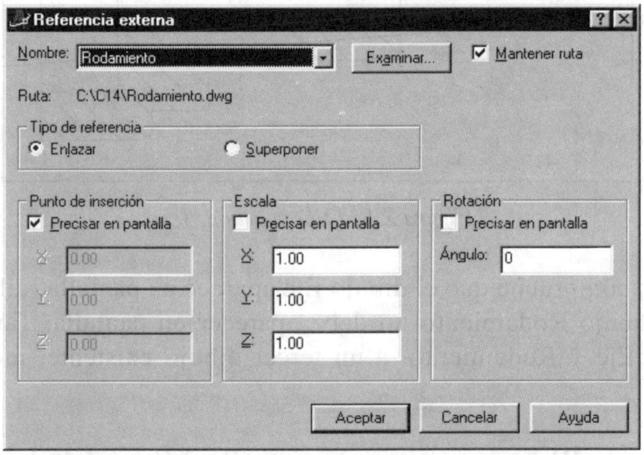

Figura 2.7. Cuadro de diálogo ***Referencia externa.***

También puede utilizar el comando **-REFX** para enlazar un dibujo desde la línea de comando. Si la variable de sistema **FILEDIA** está definida en 0, AutoCAD no mostrará el cuadro de diálogo **Seleccionar archivo de referencia**. Si en esta situación introduce el símbolo ~ (tilde) tras la solicitud Indique nombre de archivo a enlazar:, AutoCAD abrirá el cuadro de diálogo **Seleccionar archivo de referencia**. Si el nombre de archivo tiene más de 31 caracteres o si incluye espacios en blanco o caracteres no válidos, AutoCAD solicitará que indique un nombre diferente tras la solicitud Indique nombre de archivo a enlazar:. Indique *Nuevo nombre=Nombre anterior* tras dicha solicitud. Una vez indicado el nombre del archivo a enlazar, pulse INTRO. AutoCAD solicitará entonces que precise un punto de inserción, factor de escala y ángulo de rotación. Las solicitudes de comando son las siguientes:

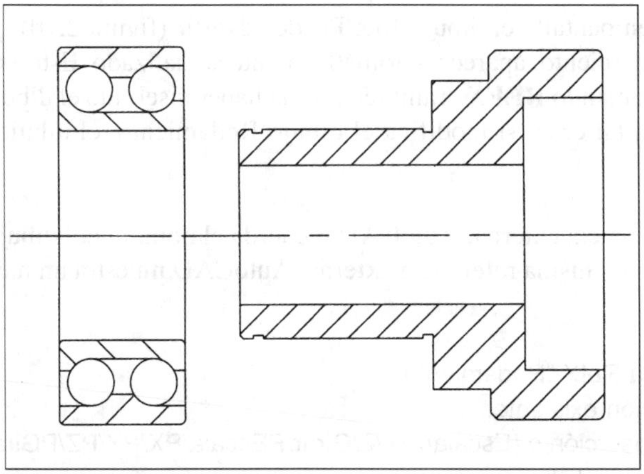

Figura 2.8. *Enlace del dibujo de referencia externa, Rodamiento.*

Comando: **-REFX**
Indique una opción
[?/Unir/desenlaZar/Camino/DEscargar/Recargar/Superponer/Enlazar] <Enlazar>: Intro
Indique nombre de archivo a enlazar: **Rodamiento** *(Estas solicitudes aparecen si **FILEDIA** está definida en 0.)*
Precise punto de inserción o [Escala/X/Y/Z/Girar/PEscala/PX/PY/PZ/PGirar]: *Designe un punto.*
Indique factor de escala X, precise esquina opuesta, o [Esquina/XYZ] <1>: *Precise un factor de escala.*
Precise ángulo de rotación <0>: *Precise un ángulo de rotación.*

3. Abra el dibujo Rodamiento y realice los cambios mostrados en la figura 2.9 (dibuje polilíneas en los laterales). A continuación, guarde el dibujo con el mismo nombre.

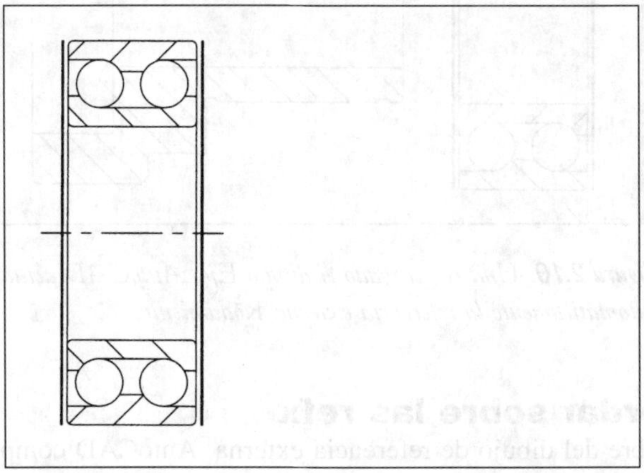

Figura 2.9. *Modificación del dibujo de referencia externa, Rodamiento.*

4. Cargue de nuevo en pantalla el dibujo Eje. Puede advertir (figura 2.10) que el dibujo de referencia externa, Rodamiento, aparece automáticamente actualizado. Ésta es la característica más sobresaliente del comando **REFX**. También podría haber insertado el dibujo Rodamiento como un bloque; pero en tal caso, si modifica el dibujo Rodamiento, el dibujo Eje no reflejará los cambios.

Al enlazar una referencia externa, AutoCAD recuerda el nombre del dibujo enlazado. Si intenta enlazar de nuevo la misma referencia externa, AutoCAD muestra un mensaje con el siguiente efecto:

Ya se ha definido la RefX "Rodamiento".
Se utiliza la definición existente.
Precise punto de inserción o [Escala/X/Y/Z/Girar/PEscala/PX/PY/PZ/PGirar]: *Indique dónde colocar una nueva copia de la refx.*
Indique factor de escala X, precise esquina opuesta, o [Esquina/XYZ] <1>: *Indique un factor de escala para la copia de la refx.*
Precise ángulo de rotación <0>: *Indique un ángulo de rotación para la copia de la refx.*

Nota
Si el dibujo de referencia externa que desea enlazar está siendo editado actualmente, AutoCAD enlazará el dibujo guardado anteriormente con el comando ***GUARDAR, BLOQUEDISC*** *o* ***QUITA***.

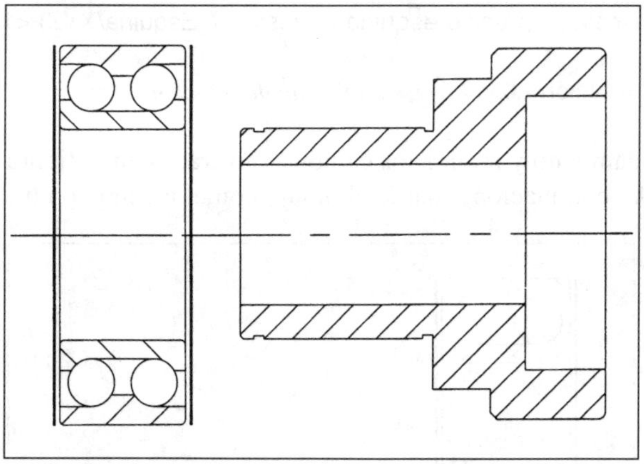

Figura 2.10. *Una vez cargado el dibujo Eje, AutoCAD actualiza automáticamente la referencia externa Rodamiento.*

Puntos a recordar sobre las refx

1. Al indicar el nombre del dibujo de referencia externa, AutoCAD comprueba los nombres de bloque y de refx. Si existe algún nombre duplicado, AutoCAD termina el comando **REFX** y muestra un mensaje de error.

2. Si utiliza el comando **-REFX** con **FILEDIA** definida en 0, puede introducir el símbolo ~ (tilde) tras la solicitud Indique nombre de archivo a enlazar:. De esta forma AutoCAD mostrará el cuadro de diálogo **Seleccionar archivo de referencia**. Si indica **?** tras la solicitud Indique una opción [?/Unir/desenlaZar/Camino/DEscargar/Recargar/Superponer/Enlazar] <Enlazar>:, AutoCAD mostrará una lista con los nombres, rutas y tipos de las refx presentes en el dibujo actual.
3. Al enlazar un dibujo, AutoCAD tan sólo incluye los objetos contenidos en el espacio papel. La referencia externa no incluye los objetos dibujados en espacio papel.
4. Las capas 0 y DEFPOINTS, así como y el tipo de líneas Continuous reciben un tratamiento especial. Las capas 0 y DEFPOINT y el tipo de línea Continuous del dibujo actual prevalecen sobre estos mismos elementos del dibujo de referencia externa. Por ejemplo, si la capa 0 del dibujo actual es blanca y la capa 0 del dibujo de referencia externa es roja, el color blanco prevalecerá sobre el rojo.
5. Los dibujos de referencia externa pueden ser anidados. Por ejemplo, si el dibujo Rodamiento contiene la referencia Cuadrot y enlaza el dibujo Rodamiento en el dibujo actual, Cuadrot también queda automáticamente enlazado en el dibujo actual. Si desenlaza el dibujo Rodamiento, también lo hará Cuadrot.
6. Al enlazar un dibujo de referencia externa con el comando **-REFX** y **FILEDIA** definida en 0, puede asignar un nombre diferente a la refx. Por ejemplo, si el nombre del dibujo de referencia externa es Rodamiento y desea asignarle el nombre Srodamiento, siga esta secuencia de solicitudes:

   Comando: **-REFX**
   Indique una opción
   [?/Unir/desenlaZar/Camino/DEscargar/Recargar/Superponer/Enlazar] <Enlazar>: Intro
   Indique nombre de archivo a enlazar: **Srodamiento=Rodamiento**
   Precise punto de inserción o [Escala/X/Y/Z/Girar/PEscala/PX/PY/PZ/PGirar]: *Designe un punto.*
   Indique factor de escala X, precise esquina opuesta, o [Esquina/XYZ] <1>: *Precise un factor de escala.*
   Precise ángulo de rotación <0>: *Precise un ángulo de rotación.*

7. Al enlazar un dibujo como referencia externa, AutoCAD almacena el nombre y la ruta de dicho dibujo. Si cambia el nombre del dibujo o la ruta en la que se encontraba ubicado originalmente (siempre que la nueva ruta no sea una de las rutas de búsqueda indicadas en el cuadro de diálogo **Opciones**), AutoCAD no podrá cargar el dibujo, imprimirlo o utilizar la opción **Recargar** del comando **REFX**.

Desenlace de un dibujo de refx (opción Desenlazar)

Puede utilizar la opción **Desenlazar** para desenlazar los dibujos de referencia externa. Si dichos dibujos incluyen a su vez alguna refx anidada, también se suprimirá su enlace. Una vez desenlazado un dibujo, desaparece de la pantalla. Para desenlazar un dibujo de referencia externa, selecciónelo en el cuadro de diálogo **Administrador de RefX** y haga clic en el botón **Desenlazar**. También puede utilizar el comando **-REFX**.

Comando: **-REFX**
Indique una opción
[?/Unir/desenlaZar/Camino/DEscargar/Recargar/Superponer/Enlazar] <Enlazar>: **Z**

Indique refX(s) a desenlazar: *Indique los nombres de los dibujos de referencia externa que desee desenlazar.*

Cuando AutoCAD solicita las refx a desenlazar, puede indicar el nombre de un único dibujo de referencia externa o de varios dibujos separados por comas. También puede indicar * (asterisco), en cuyo caso AutoCAD desenlazará todos los dibujos de referencia externa y sus refx anidadas.

Actualización de un dibujo de refx (opción Recargar)

Al abrir un dibujo, AutoCAD carga automáticamente todos los dibujos de referencia externa. La opción **Recargar** del comando **REFX** permite actualizar tales dibujos y todas las referencias anidadas en cualquier momento. No es necesario cerrar el dibujo y abrirlo de nuevo. Para volver a cargar una referencia externa, ejecute el comando **REFX**, seleccione el dibujo en el cuadro de diálogo **Administrador de RefX** y haga clic en **Recargar**. AutoCAD buscará el dibujo de referencia externa y todas las refx anidadas.

La opción **Recargar** se utiliza generalmente cuando el dibujo de referencia eterna está siendo modificado y desea cargar la versión actualizada dentro de una misma sesión. Las refx se actualizan según el contenido guardado en disco. Por tanto, antes de recargar un dibujo, debería guardar los cambios efectuados en éste. Si AutoCAD encuentra un error durante la carga de la referencia externa, termina el comando **REFX** y cancela la operación de recarga. También puede recargar los dibujos de referencia externa con el comando **-REFX**. Tras iniciar este comando, AutoCAD solicita el nombre del dibujo de referencia externa. Puede indicar el nombre de un único dibujo o varios nombres separados por comas. Si indica * (asterisco), AutoCAD volverá a cargar todas las referencias externas y sus refx anidadas.

Comando: **-REFX**
Indique una opción
[?/Unir/desenlaZar/Camino/DEscargar/Recargar/Superponer/Enlazar] <Enlazar>: **R**
Indique nombre(s) de refX a recargar: *Indique los nombres de los dibujos de referencia externa que desee cargar de nuevo.*

Descarga de un dibujo de refx (opción Descargar)

La opción **Descargar** permite descargar la definición de cualquier dibujo enlazado. Sin embargo, AutoCAD mantiene las referencias externas. Al descargar un dibujo de referencia externa, AutoCAD no lo muestra en pantalla. Puede volver a cargar los dibujos utilizando en cualquier momento la opción **Recargar**. Resulta recomendable descargar aquellas referencias que no esté utilizando. Además, una vez descargadas las referencias externas, el dibujo se abre con mayor rapidez y consume menos memoria.

Adición de un dibujo de refx (opción Unir)

La opción Unir permite convertir las referencias externas en bloques insertados en el dibujo actual. Los dibujos unidos, referencias anidadas incluidas (que dejan de ser refx), pasan a formar parte permanente del dibujo actual. Los dibujos unidos no pueden desenlazarse o recargarse. Para unir un dibujo de referencia externa, seleccione su nombre en el cuadro de diálogo **Administrador de**

RefX y haga clic en el botón **Unir**. Aparecerá el cuadro de diálogo **Unir referencias externas** (figura 2.11). AutoCAD ofrece dos métodos para unir el dibujo de referencia externa.

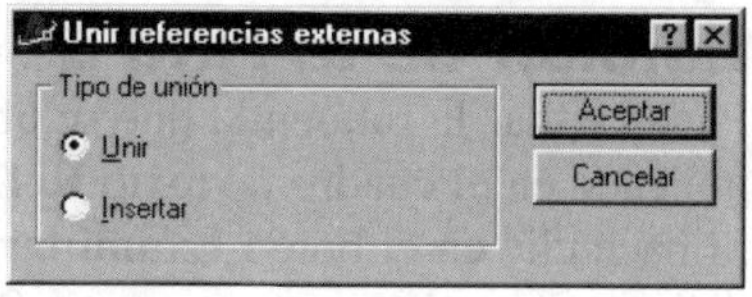

*Figura 2.11. Cuadro de diálogo **Unir referencias externas.***

Unir. Si utiliza la opción **Unir**, AutoCAD une al dibujo la definición de la refx seleccionada. Por ejemplo, si enlaza el dibujo Rodamiento, que tiene una capa llamada Objeto, AutoCAD creará una nueva capa, llamada Rodamiento|Objeto, en el dibujo actual. Al unir este dibujo, la capa dependiente de la refx Rodamiento|Objeto pasará a ser una capa definida localmente con el nombre Rodamiento0Objeto (figura 2.12). Si la capa Rodamiento0Objeto ya existe, AutoCAD incrementará el número y la capa se llamará Rodamiento1Objeto.

Insertar. Si utiliza la opción **Insertar**, AutoCAD inserta el dibujo de referencia externa. Por ejemplo, al enlazar el dibujo Rodamiento, creará una capa llamada Rodamiento|Objeto en el dibujo actual; si utiliza la opción **Insertar** para unir la referencia, la capa Rodamiento|Objeto pasará a tener el nombre Objeto (figura 2.12). Si la capa Objeto ya existe, las propiedades de la capa del dibujo actual prevalecen sobre las del dibujo insertado.

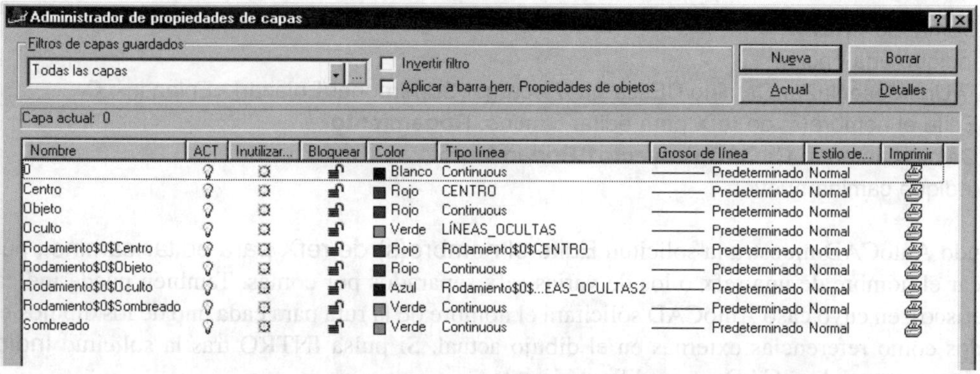

*Figura 2.12. Cuadro de diálogo **Administrador de propiedades de capas.***

Puede utilizar esta opción cuando desee enviar una copia del dibujo a un cliente para que lo revise. Como todas las referencias externas están incluidas en el dibujo actual, no necesita incluir los dibujos referidos o la ruta de la información. También puede utilizar esta opción para salvaguardar el dibujo principal de cualquier edición accidental en alguno de los dibujos parciales de componentes. El comando **-REFX** también permite unir referencias externas.

Comando: **-REFX**
Indique una opción
[?/Unir/desenlaZar/Camino/DEscargar/Recargar/Superponer/Enlazar] <Enlazar>: **U**
Indique nombre(s) de refX a recargar: *Indique los nombres de los dibujos de referencia externa.*

Edición de la ruta de una refx (opción Camino)

Puede editar la ruta en la que se ubica el dibujo de referencia externa sin más que cambiar la ruta indicada en el cuadro de texto **RefX encontrada** del cuadro de diálogo **Administrador de RefX**. Si hace clic en el botón **Examinar** podrá localizar el dibujo a utilizar como refx con el cuadro de diálogo **Seleccionar nueva ruta**. Seleccione el archivo deseado y haga clic en el botón **Abrir** para regresar al cuadro de diálogo **Administrador de RefX**. La nueva referencia aparecerá reflejada en la lista y el cuadro de texto **RefX encontrada** indicará su ruta. Para guardar la ruta, utilice el botón Guardar ruta. Por ejemplo, si el dibujo se encontraba originalmente en la subcarpeta C:\CAD\Proyecto1 y se ha desplazado a A:\Diccionario de componentes, debe cambiar la ruta para que AutoCAD pueda localizar y cargar dicho dibujo. Al indicar el nombre de la ruta, AutoCAD intenta localizar el archivo en la carpeta indicada. Si no aparece el dibujo en dicha carpeta, AutoCAD buscará automáticamente en las carpetas precisadas en el cuadro de diálogo **Opciones**. Si aun así AutoCAD no puede encontrar el archivo, mostrará un mensaje de error para solicitar una nueva ruta y mostrará el nuevo nombre de archivo en el dibujo como texto marcado. Utilice el botón **Examinar** del cuadro de diálogo **Administrador de RefX** para localizar el archivo o modifique la ruta en el cuadro de texto **RefX encontrada.** Después haga clic en el botón **Guardar ruta**. AutoCAD cargará el dibujo de refx y reemplazará el texto marcado mostrado en el dibujo actual. También puede utilizar el comando **-REFX** para cambiar la ruta.

Comando: **-REFX**
Indique una opción
[?/Unir/desenlaZar/Camino/DEscargar/Recargar/Superponer/Enlazar] <Enlazar>: **C**
Edite el nombre(s) de refX para editar camino: **Rodamiento**
Camino anterior: **C:\CAD\Proyecto1\Rodamiento**
Indique camino nuevo:

Cuando AutoCAD muestra la solicitud Edite el nombre(s) de refX para editar camino:, puede indicar el nombre de una refx o los de varias refx separados por comas. También puede indicar * (asterisco), en cuyo caso AutoCAD solicitará el nombre de la ruta para cada uno de los dibujos contenidos como referencias externas en el dibujo actual. Si pulsa INTRO tras la solicitud Indique camino nuevo:, AutoCAD no modificará la ruta.

LA OPCIÓN SUPERPONER

Uno de los problemas con la opción **Enlazar** es que no permite disponer de referencias circulares. Por ejemplo, suponga el diseño de la presentación en planta de una unidad de producción. Una persona trabaja en la vista en planta (vea la figura 2.13) y una segunda persona diseña el amueblado de las oficinas. Los nombres de los dibujos son, respectivamente, Visplan y Oficinas. La persona que trabaja en el diseño de las oficinas utiliza la opción **Enlazar** para insertar el dibujo Visplan a fin de disponer de la última versión de este dibujo. A su vez, la persona que trabaja en la vista en planta desea enlazar el dibujo Oficinas. Si utiliza la opción Enlazar referencia externa para referir dicho dibujo, AutoCAD mostrará un mensaje de advertencia (figura 2.14). El motivo es que al insertar el dibujo Oficinas, se creará una referencia circular. Para solucionar este problema, el segundo operario puede aplicar la opción **Superponer** con el dibujo Oficinas. La opción

Superponer resulta de gran utilidad, pues permite que varias personas eviten las referencias circulares y puedan compartir los datos de los dibujos sin que éstos se vean afectados. Para llevar a término esta opción, puede seleccionar el botón de opción Superponer del cuadro de diálogo **Referencia externa** o indicar **S** tras la solicitud Indique una opción [?/Unir/desenlaZar/Camino/DEscargar/Recargar/Superponer/Enlazar] <Enlazar>:. Tras elegir esta opción en la solicitud y si **FILEDIA** está definida en 1, aparecerá el cuadro de diálogo **Indique nombre de archivo a superponer**. Si **FILEDIA** está definida en 0, AutoCAD mostrará la siguiente solicitud:

Indique nombre de archivo a superponer:
Indique el nombre del archivo.

Si superpone un dibujo que incluye a su vez otra superposición, AutoCAD no mostrará en el dibujo actual la superposición anidada.

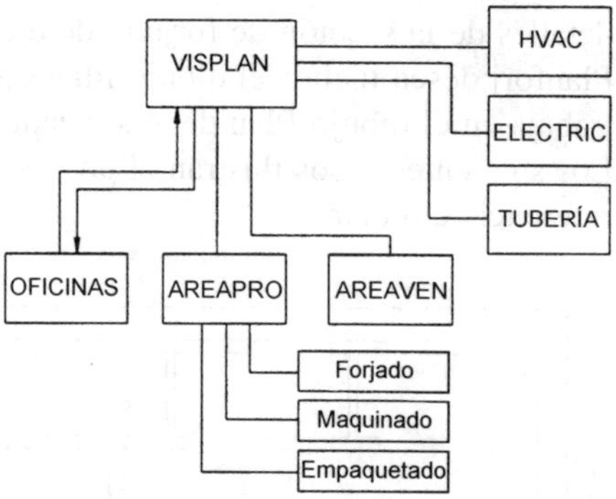

***Figura 2.13.** Jerarquía de archivos del dibujo.*

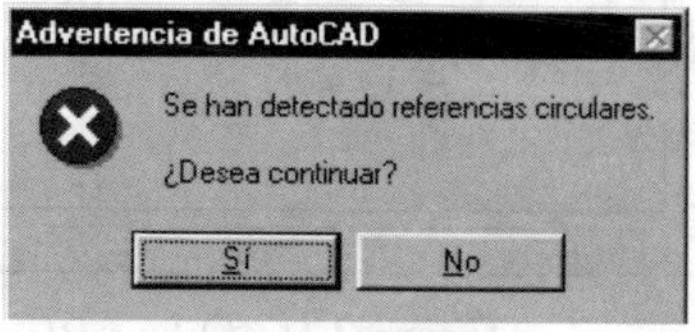

***Figura 2.14.** Mensaje de alerta de AutoCAD.*

***Figura 2.15.** Dibujo en planta de ejemplo.*

Ejemplo 1

En este ejemplo, utilizaremos las opciones **Enlazar** y **Superponer** para enlazar y referir los dibujos. Dispone de dos dibujos, Plan y Planforj. El dibujo Plan (figuras 2.15 y 2.16) es la presentación en planta de una unidad de producción. El dibujo Planforj (figura 20.17) tan sólo muestra los detalles de la sección de forjado de dicha unidad. El operario de diseño que trabaja en el dibujo Planforj desea incluir el dibujo Plan como referencia externa. Al mismo tiempo, el operario que trabaja en el dibujo Plan debe ser capaz de referir el dibujo Planforj para completar el proyecto. Los siguientes pasos ilustran el proceso a seguir para completar las tareas indicadas sin crear una referencia circular.

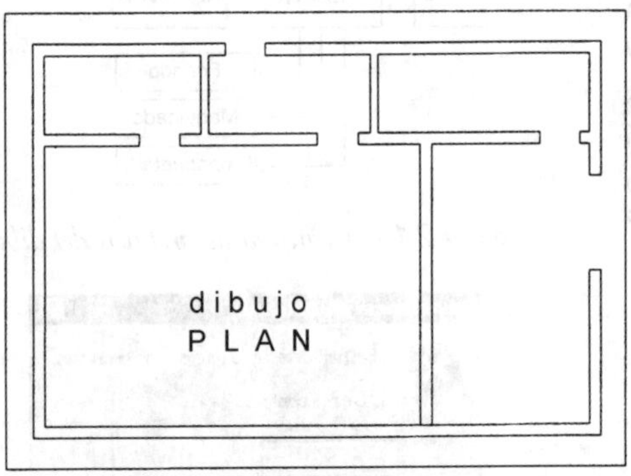

Figura 2.16. Dibujo Plan.

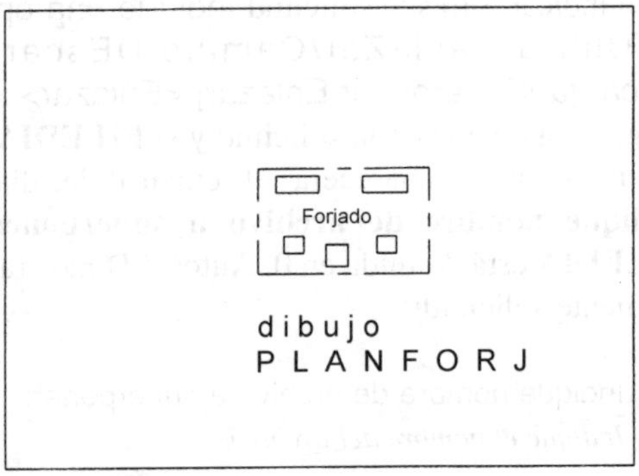

Figura 2.17. Dibujo Planforj.

Motivo por el que se genera la referencia circular:

1. Abra el dibujo Planforj y ejecute el comando **REFX**. Elija la opción Enlazar para enlazar el dibujo Plan. A continuación, el Planforj incluirá el dibujo plan como referencia externa.

2. Abra el archivo de dibujo Plan y ejecute el comando **REFX**. Enlace el dibujo Plan. AutoCAD impide el enlace del dibujo pues provoca una referencia circular.

   Una posible solución consiste en que el operario que trabaja en el dibujo Planforj desenlace el dibujo Plan. De esta forma, Planforj no contendrá ninguna referencia al dibujo Plan y no provocará ninguna referencia circular. La otra opción consiste en utilizar la opción Superponer del comando **-REFX**, tal como se describe a continuación.

Cómo evitar la referencia circular:

3. Abra el dibujo Planforj (figura 2.18) y utilice la opción **Superponer** del comando **-REFX** (o seleccione el botón de opción **Superponer** en el cuadro de diálogo **Referencia externa**) para superponer el dibujo Plan. El dibujo Plan se superpone en el dibujo Planforj (figura 2.19).

4. Abra el dibujo Plan (figura 2.20) y utilice la opción Enlazar del comando REFX para asociar el dibujo Planforj. Podrá comprobar que sólo se enlaza el dibujo Planforj (figura 2.21). El dibujo Plan, superpuesto en el dibujo Planforj, no aparece en el dibujo actual. De esta forma, la persona que trabaja en el dibujo Planforj superpone el dibujo Plan para que la persona que trabaja en el dibujo Plan pueda enlazar el dibujo Planforj sin provocar una referencia circular.

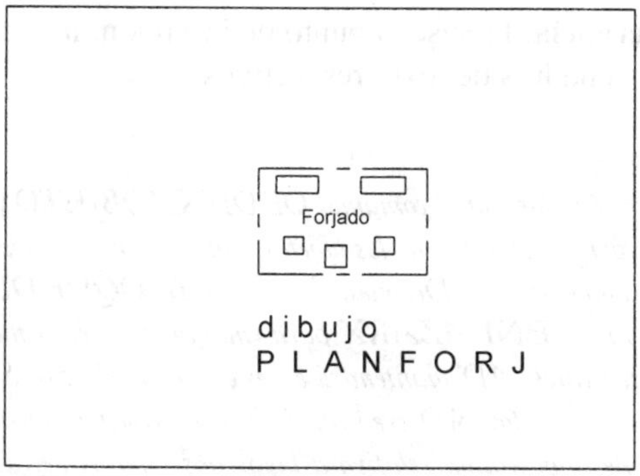

Figura 2.18. Dibujo Planforj.

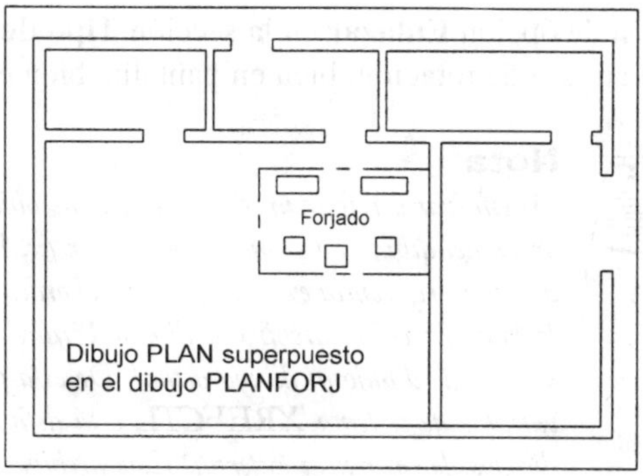

Figura 2.19. Dibujo Planforj tras superponer el dibujo Plan.

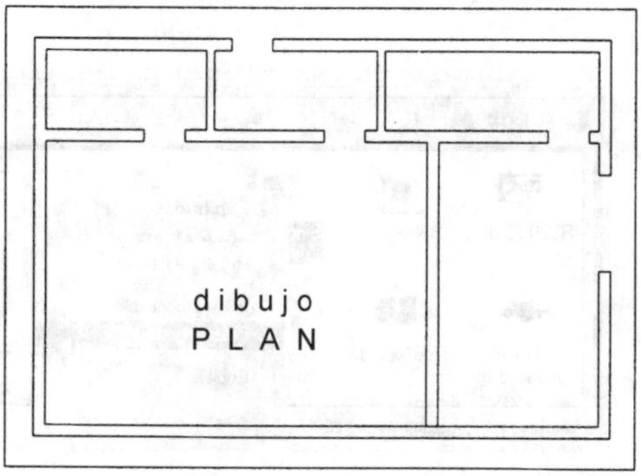

Figura 2.20. Dibujo Plan.

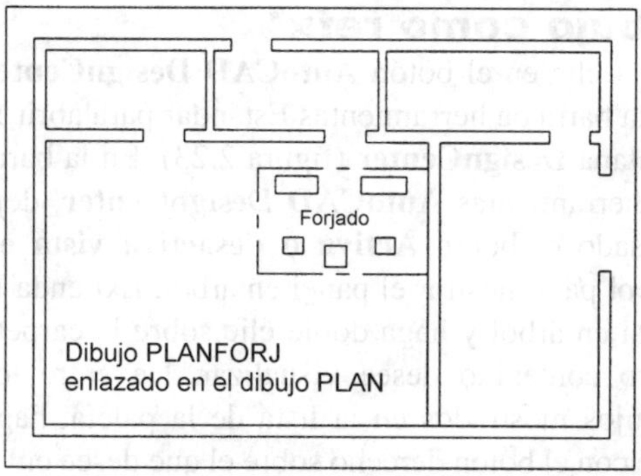

Figura 2.21. Dibujo Plan tras enlazar el dibujo Planforj.

COMANDO ENLAZARX

Barra de herramientas:	Referencia > Enlazar referencia externa
Menú:	Insertar > Referencia externa
Comando:	ENLAZARX

Si desea enlazar un dibujo sin abrir el cuadro de diálogo **Administrador de RefX**, puede utilizar el comando **ENLAZARX**. Al ejecutar este comando, AutoCAD muestra el cuadro de diálogo **Selecionar archivo de referencia**. Este comando hace más fácil el enlace de un dibujo, más si tenemos en cuenta que la mayoría de las operaciones con refx se limitan a enlazar archivos de dibujo. Una vez seleccionado el archivo de dibujo a enlazar, aparece el cuadro de diálogo **Referencia externa**. Seleccione el

*Figura 2.22. Barra de herramientas **Referencia**.*

botón de opción **Enlazar** en la sección **Tipo de referencia**. Precise el punto de inserción, la escala y el ángulo de rotación, bien en pantalla, bien en los cuadros de texto respectivos.

Nota

*Al enlazar o referir un dibujo que tiene objetos ordenados con el comando **ORDENAOBJETOS**, el orden del dibujo no se mantiene en la refx. Para corregir el orden de los objetos, abra en primer lugar el dibujo de referencia externa y precise el orden de los objetos en él. Después, el comando **BLOQUEDISC** lo convierte en un archivo de dibujo. Utilice el comando **ENLAZARX** para enlazar después el nuevo archivo de dibujo al dibujo actual. De esta forma, AutoCAD mantendrá el orden de los objetos. Si la variable de sistema **XREFCTL** está definida en 1, AutoCAD crea un archivo de registro para los dibujos de referencia externa. Este archivo contiene información relativa a las fechas y horas de carga, así como a otras operaciones llevadas a cabo.*

Utilización de AutoCAD DesignCenter para enlazar un dibujo como refx*

Haga clic en el botón **AutoCAD DesignCenter** de la barra de herramientas Estándar para abrir la ventana **DesignCenter** (figura 2.23). En la barra de herramientas **AutoCAD DesignCenter**, deje pulsado el botón **Activa o desactiva vista en árbol** para mostrar el panel en árbol. Extienda la vista en árbol y haga doble clic sobre la carpeta cuyo contenido desee visualizar. De entre los dibujos mostrados en la lista de la paleta, haga clic con el botón derecho sobre el que desee enlazar como referencia externa en el dibujo actual. Aparecerá un menú contextual. Elija la opción **Enlazar como refX**. AutoCAD abrirá el cuadro de diálogo Referencia externa. En el cuadro de lista desplegable **Nombre** aparece seleccionado el nombre del archivo a insertar como referencia externa. Justo debajo puede comprobar la ruta del archivo. Seleccione el botón de opción **Enlazar** en la sección Tipo de referencia, si no está ya seleccionado. En las secciones **Punto de inserción**, **Escala** y **Rotación**, configure los cuadros de texto correspondientes o active las casillas Precisar en pantalla para precisar la información en pantalla. Haga clic en **Aceptar** cuando haya terminado para cerrar el cuadro de diálogo.

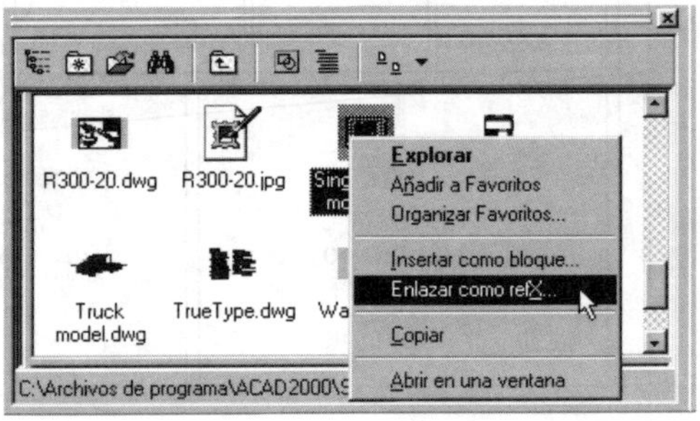

Figura 2.23. Ventana DesignCenter.

ADICIÓN DE SÍMBOLOS DEPENDIENTES EN UN DIBUJO (COMANDO UNIRX)

Barra de herramientas:	Referencia > Unir referencia externa
Menú:	Modificar > Objeto> Referencia externa > Unir
Comando:	UNIRX

Puede utilizar el comando **UNIRX** para agregar en el dibujo actual los símbolos dependientes seleccionados de la referencia externa. El siguiente ejemplo describe cómo utilizar el comando **UNIRX**:

Figura 2.24. *Barra de herramientas* ***Referencia.***

1. Abra el dibujo Rodamiento, creado anteriormente al describir la opción **Enlazar** del comando **REFX**. Asegúrese de que el dibujo tiene la siguiente configuración de capas; de no ser así realice los cambios que fueran necesarios.

Nombre de capa	**Color**	**Tipo de línea**
0	Blanco	Continuous
Objeto	Rojo	Continuous
Oculto	Azul	LÍNEAS_OCULTAS2
Centro	Blanco	CENTRO2
Sombreado	Verde	Continuous

2. Dibuje un círculo y utilice el comando **BLOQUE** para crear un bloque. El nombre del bloque es Lateral. Guarde el dibujo como Rodamiento.

3. Inicie un nuevo dibujo con la siguiente configuración de capas.

Nombre de capa	**Color**	**Tipo de línea**
0	Blanco	Continuous
Objeto	Rojo	Continuous
Oculto	Verde	LÍNEAS_OCULTAS

4. Utilice el comando **ENLAZARX** para enlazar el dibujo Rodamiento en el dibujo actual. Al crear la referencia externa, las capas del dibujo referido se añaden al dibujo actual, tal como se ha explicado anteriormente en este capítulo.

5. Ejecute el comando **UNIRX**. Aparecerá el cuadro de diálogo **Unir referencias externas** (figura 2.25). Si desea unir el bloque definido en el dibujo Rodamiento, haga doble clic en la entrada Rodamiento y, después, doble clic en el icono Bloque. AutoCAD indicará el bloque definido en el dibujo de referencia externa (Rodamiento). Seleccione el bloque Rodamiento|Lateral y haga clic en el botón **Añadir**. El nombre del bloque se añadirá al cuadro de lista **Definiciones a unir**. AutoCAD unirá el bloque con el dibujo actual y su nombre cambiará a Rodamiento0Lateral. Si desea insertar el bloque, debe indicar su nuevo nombre. También puede cambiar el nombre del bloque por otro que le resulte más fácil de utilizar. Si el bloque contiene una referencia a otro dibujo, AutoCAD unirá al dibujo actual dicha referencia externa y todos sus símbolos dependientes. Una vez unidos los símbolos dependientes con el comando **UNIRX**, AutoCAD ya no los suprimirá. Por ejemplo, no suprimirá el bloque Rodamiento|Lateral aunque desenlace el dibujo o termine la sesión.

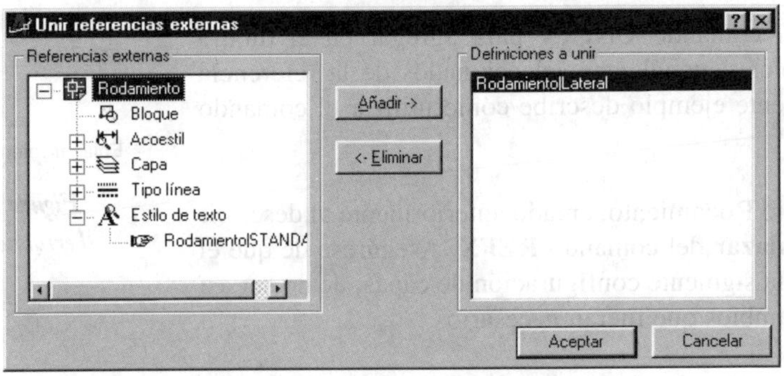

*Figura 2.25. Cuadro de diálogo **Unir referencias externas**.*

También puede utilizar el comando **-UNIRX** para unir símbolos dependientes de la referencia externa desde la línea de comando.

Comando: **-UNIRX**
Indique tipo de símbolo a unir [Bloque/ECot/Capa/Tlínea/Estilo]: **B**
Indique nombre(s) de bloque(s) dependiente(s): Rodamiento|Lateral
1 de bloque(s)(s) unido(s).

6. De igual forma, puede unir el resto de símbolos dependientes de la referencia externa: el estilo de texto Rodamiento|STANDARD y las capas Rodamiento|Oculto y Rodamiento|Objeto. También puede utilizar el comando **-UNIRX** de la siguiente manera:

Comando: **-UNIRX**
Indique tipo de símbolo a unir [Bloque/ECot/Capa/Tlínea/Estilo]: **C**
Indique nombre(s) de bloque(s) dependiente(s): Rodamiento|Oculto, Rodamiento|Objeto
2 de capa(s)(s) unido(s).

Los nombres de capa cambiarán a Rodamiento0Oculto y Rodamiento0Objeto. Si el nombre de capa Rodamiento0Oculto ya existía, la capa tomará el nombre Rodamiento1Oculto. Estas dos capas pasan a formar parte permanente del dibujo actual; AutoCAD conserva las capas aunque desenlace la referencia externa o guarde el dibujo actual. Otro método para añadir los símbolos dependientes en el dibujo actual consiste en utilizar la opción **Unir** del comando **REFX**. Con la opción **Unir**, los dibujos referidos y los símbolos dependientes pasan a formar parte permanente del dibujo actual.

DELIMITACIÓN DE REFERENCIAS EXTERNAS (COMANDO DELIMITARX)

Barra de herramientas:	Referencia > Delimitar referencia externa
Comando:	DELIMITARX

El comando **DELIMITARX** permite delimitar una referencia externa o bloque. Para ejecutar este comando, también puede seleccionar la referencia a delimitar y hacer clic con el botón derecho en el área de dibujo. En el menú contextual, elija la opción **Delimitar refX**. Si ejecuta el comando sin seleccionar primero ninguna referencia, AutoCAD solicitará la selección de los objetos a delimitar. Designe los objetos de referencia externa y defina el contorno delimitador. El comando **DELIMITARX** también define un marco delimitador frontal y posterior para objetos 3D. El contorno delimitador se crea en el mismo plano del objeto (vea la figura 2.27). A continuación se indica la secuencia de comandos:

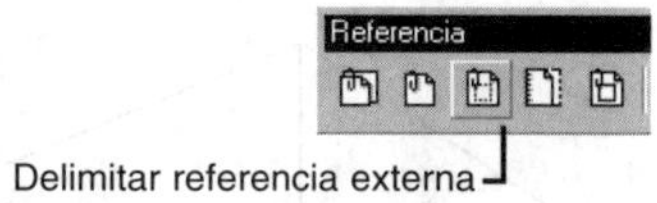

***Figura** 2.26 Barra de herramientas **Referencia**.*

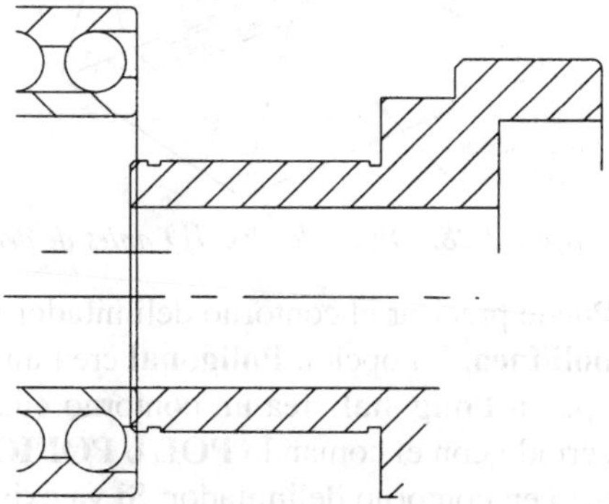

***Figura** 2.27. Utilización del comando **DELIMITARX** para delimitar la refx.*

Comando: **DELIMITARX**
Designe objetos: *Seleccione la referencia externa.*
Indique opción de delimitador
[ACT/DES/Profundidad/Suprimir/pOlilínea/Nuevo contorno] <Nuevo>: *Pulse INTRO para precisar el contorno delimitador.*
Determinar contorno delimitador:
[Designar polilínea/Poligonal/Rectangular] <Rectangular>: *Pulse INTRO para elegir la opción Rectangular y precise las dos esquinas que definirán el contorno rectangular.*

ACT/DES. Las opciones **ACT** y **DES** permiten, respectivamente, activar y desactivar el contorno delimitador. Cuando el contorno delimitador está desactivado, puede ver la referencia externa completa. Si lo activa, sólo podrá ver la parte de la referencia externa contenida entre los límites del contorno.

Suprimir. La opción **Suprimir** elimina el contorno delimitador previamente definido. No puede utilizar el comando **BORRA** con este propósito.

Polilínea. Esta opción muestra una polilínea coincidente con el contorno delimitador de la referencia externa. Puede editar la polilínea sin que por ello se vea afectado el dibujo delimitado. Por ejemplo, si estira el contorno, la referencia externa no sufrirá ningún cambio. Puede utilizar la polilínea modificada para crear más adelante un nuevo contorno delimitador.

Profundidad. Esta opción permite definir los planos delimitadores frontal y posterior. AutoCAD sólo mostrará en la vista los objetos contenidos entre ambos planos (figuras 2.28 y 2.29). La opción **Profundidad** solicita la precisión de dos puntos de inserción: uno frontal y otro posterior. Al designar ambos puntos conseguirá crear un marco delimitador que pasa por el contorno delimitador y perpendicular al mismo. Si, en lugar de precisar dos puntos de inserción, elige la opción **Distancia** para definir un plano frontal o uno posterior, conseguirá crear un plano delimitador a la distancia precisada a partir del contorno delimitador y paralelo al mismo. La opción **Suprimir** elimina ambos planos, frontal y posterior.

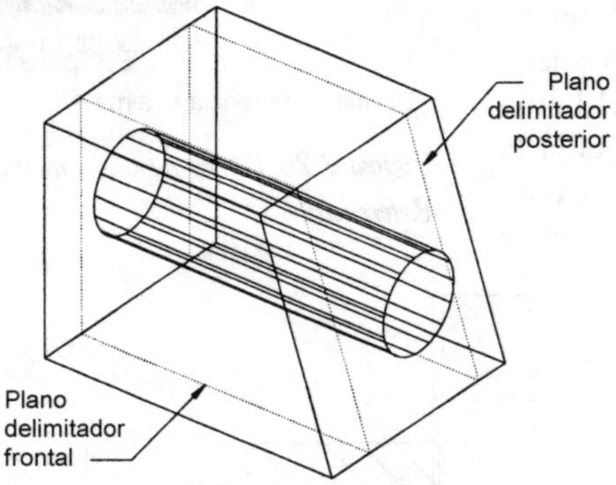

Figura 2.28. Objeto de refx 3D antes de delimitar.

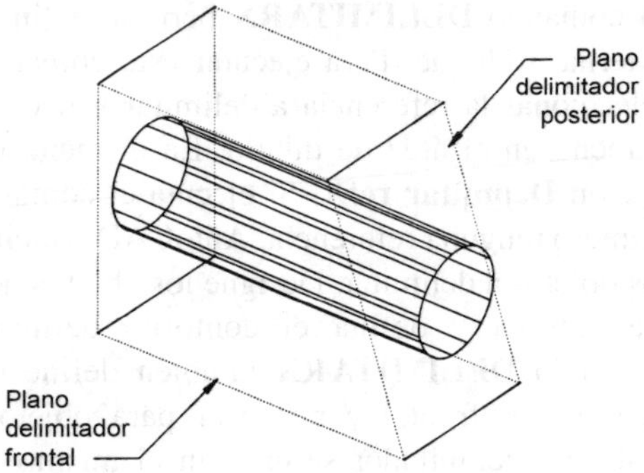

Figura 2.29. Objeto de refx 3D tras la delimitación.

Puede precisar el contorno delimitador mediante las opciones **Rectangular**, **Poligonal** o **Designar polilínea.** La opción **Poligonal** crea un contorno rectangular a partir de dos esquinas opuestas. La opción **Poligonal** crea un contorno cualquier número de lados. También puede dibujar un objeto cerrado con el comando **POL** o **POLIGONO** y utilizar la opción **Designar polilínea** para convertirlo en contorno delimitador. Si ya existe un contorno delimitador, AutoCAD mostrará la siguiente solicitud:

¿Suprimir antiguo contorno delimitador? [Sí/No] <Sí>:

Visualización de los contornos delimitadores (XCLIPFRAME)

Puede utilizar la variable de sistema **XCLIPFRAME** para activar o desactivar los contornos delimitadores. Para configurar esta variable de sistema, utilice el menú **Modificar** (**Modificar > Objeto > Referencia externa > Marco**), haga clic en el botón **Delimitar marco de referencia externa** de la barra de herramientas **Referencia** o introduzca la variable de sistema **XCLIPFRAME** directamente en la línea de comando. Cuando su valor es 0 (por defecto), el contorno delimitador no aparece en pantalla (invisible). Con un valor de 1, AutoCAD muestra el contorno.

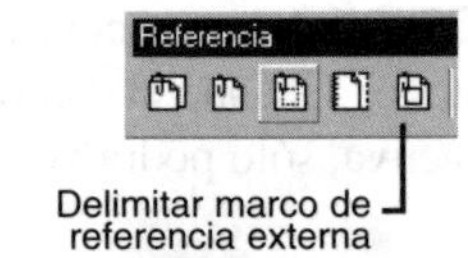

Figura 2.30. Barra de herramientas Referencia.

DEMANDA DE CARGA

La función de demanda de carga permite cargar en el dibujo actual tan sólo la parte necesaria de la referencia externa. Si, por ejemplo, ha enlazado un dibujo y, posteriormente, lo delimita, en pantalla sólo aparecerá la porción delimitada de la referencia externa. La demanda de carga proporciona un mecanismo por el que tan sólo se carga la porción delimitada de la referencia externa. De esta forma la operación con la refx resulta más eficiente, especialmente tras reabrir el dibujo. Las variables de sistema **XLOADPATH**, **XLOADCTL** e **INDEXCTL** controlan la función de demanda de carga. La variable de sistema **XLOADPATH** crea una ruta temporal donde almacenar las referencias externas para la demanda de carga.

Variable de sistema XLOADCTL

La variable de sistema **XLOADCTL** determina la forma en que AutoCAD carga el dibujo referido. A continuación se describen los tres posibles valores de **XLOADCTL**:

Valor	**Función**
0	1. Desactiva la demanda de carga.
	2. Carga el archivo de referencia externa completo.
	3. El archivo referido se bloquea en el servidor y ningún otro usuario puede editarlo.
1	1. Activa la demanda de carga.
	2. El archivo de referencia externa se mantiene abierto.
	3. El archivo de referencia es de sólo lectura para otros usuarios.
2	1. Activa la demanda de carga con la opción de copia.
	2. Se abre una copia del dibujo referido.
	3. Otros usuarios pueden acceder y editar el archivo de referencia original.

Puede configurar el valor de **XLOADCTL** desde la línea de comando o en la sección **Referencias externas** de la ficha **Abrir y guardar** en el cuadro de diálogo **Opciones** (figura 2.31).

Comando: **XLOADCRL**
Indique nuevo valor para XLOADCTL <1>: *Indique un nuevo valor.*

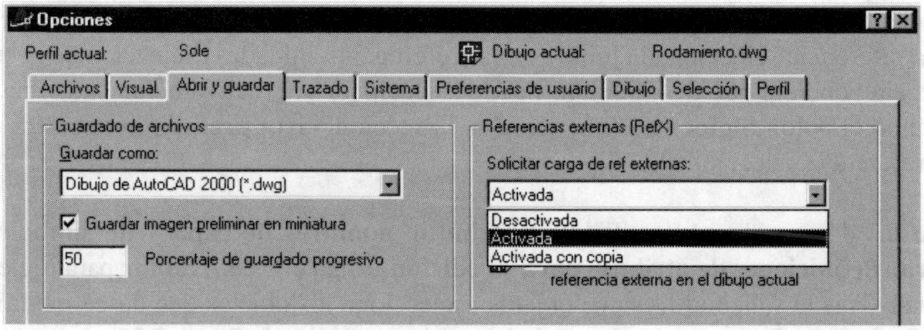

*Figura 2.31. Configuración de XLOADCTL con el cuadro de diálogo **Opciones**.*

Índices espacial y de capa

Tal como se ha mencionado anteriormente, la demanda de carga mejora el rendimiento al trabajar con dibujos que contienen archivos de referencia. Para conseguir un trabajo efectivo y sacar el mayor provecho a la demanda de carga, la variable de sistema **INDEXCTL** debe estar definida en 3, con lo que conseguirá almacenar los dibujos con índices espacial y de capa. La variable **INDEXCTL** controla la creación del índice de capa y del índice espacial. El índice de capa almacena una lista de objetos según sus distintas capas y el índice espacial contiene una lista de los objetos basada en su ubicación dentro del espacio tridimensional. A continuación se describen los distintos valores de la variable de sistema **INDEXCTL**.

Valor	Función
0	No crea ningún índice.
1	Crea índices de capa.
2	Crea índices espaciales.
3	Crea índices espaciales y de capa.

EDICIÓN IN SITU DE REFERENCIAS* (COMANDO EDITREF*)

Menú:	Modificar > Editar refX y bloques in situ > Editar referencia
Comando:	EDITREF

A menudo debe realizar pequeños cambios en los dibujos de referencia externa y desearía evitar la molestia de ir atrás y adelante entre los distintos dibujos. En tales situaciones, puede utilizar la edición de referencias in situ para seleccionar la refx, modificarla y guardarla tras realizar los cambios. La variable de sistema **XEDIT** controla si el dibujo actual puede o no editarse in situ mientras otro dibujo hace referencia a él. Los siguientes pasos explican el proceso de edición de referencias:

1. Para editar in situ, elija en el menú **Modificar** la opción **Editar refX y bloques in situ > Editar referencia**. Seleccione la refx que desea editar. AutoCAD abrirá el cuadro de diálogo **Edición de referencias**.

2. En el cuadro de lista **Nombre de referencia** del cuadro de diálogo **Edición de referencias** aparece la referencia seleccionada junto con las referencias anidadas. Seleccione en este cuadro la referencia concreta que desea editar. Puede seleccionar alternativamente cada una de las refx utilizando el botón **Siguiente**. A la derecha, la sección **Vista preliminar** muestra una imagen de la referencia seleccionada.

3. Active las dos casillas de verificación: **Admitir nombres de capa y de símbolos únicos** y **Mostrar definiciones de atributo para su edición**. Haga clic en **Aceptar** para regresar al dibujo actual. Tras la solicitud Designe objetos:, seleccione los objetos que desee modificar y pulse INTRO. AutoCAD mostrará la barra de herramientas **Editref** (figura 2.32). Los objetos que no haya seleccionado para su edición quedarán atenuados. La variable de sistema **XFADECTL** controla el nivel de atenuación, que puede modificar con la barra deslizante **Intensidad de difuminado en edición de referencias** que aparece en la ficha **Visualizar** del cuadro de diálogo **Opciones**. Puede añadir o suprimir objetos del conjunto de trabajo haciendo clic sobre los correspondientes botones de la barra de herramientas **Editref** o con el comando **CONJREF**. Puede modificar los objetos en la referencia externa con cualquier comando habitual de AutoCAD.

4. Si hace clic en el botón **Guardar cambios en referencia** de la barra de herramientas **Editref** (o si utiliza el comando **CERREF**), AutoCAD guardará las modificaciones en el dibujo utilizado como referencia externa y en el dibujo actual. Haga clic en el botón **Descartar cambios en referencia** de la misma barra de herramientas, si no desea guardar los cambios efectuados.

Una vez guardados los cambios en la refx, AutoCAD muestra un mensaje de advertencia que informa de que se guardarán todas las ediciones de referencias. Haga clic en **Aceptar** para cerrar el mensaje. El dibujo actual se mostrará de nuevo y el difuminado se desactivará.

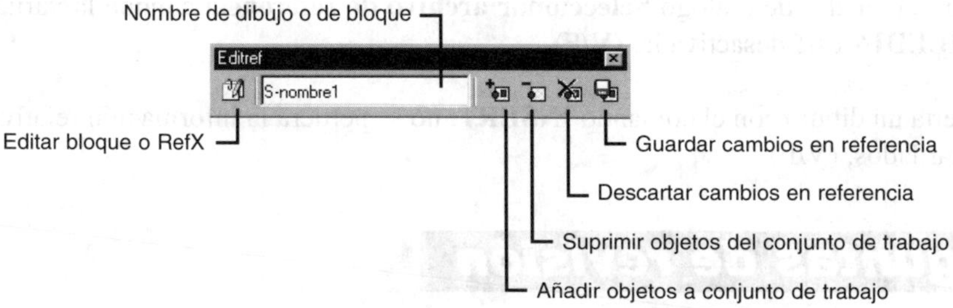

Figura 2.32. *Barra de herramientas* ***Editref.***

Test de autoevaluación

Conteste a las siguientes preguntas y compare sus respuestas con las respuestas correctas mostradas al final del capítulo.

1. Si crea el dibujo de montaje insertando otro dibujo en él, se actualizará automáticamente en el caso de que se produzca un cambio en el dibujo original que fue insertado. (V/F)

2. La herramienta de referencia externa permite mantener actualizado el dibujo con independencia del momento en que se produzcan los cambios en los dibujos parciales de componentes. (V/F)

3. AutoCAD guarda con el dibujo de montaje tan sólo la información de referencia y, por tanto, el tamaño del dibujo se minimiza. (V/F)

4. Los ____________________ son elementos tales como bloques, capas o estilos de texto.

5. ¿Qué son los símbolos dependientes? ____
____.

6. ¿Es posible añadir objetos en una capa dependiente? (S/N)

7. Si la variable de sistema **VISRETAIN** está definida en ________, se conservan las propiedades de capa, tal como el color o el tipo de línea. Las propiedades se guardan con el dibujo y se utilizan al cargar el dibujo la siguiente vez.

8. Si existe un bloque con el mismo nombre del dibujo de referencia externa, el comando **REFX** termina y aparece un mensaje de error en la pantalla. (V/F)

9. Si introduce ~ (tilde) tras la solicitud Indique nombre de archivo a enlazar:, AutoCAD muestra el cuadro de diálogo **Seleccionar archivo de referencia** aunque la variable de sistema **FILEDIA** esté desactivada. (V/F)

10. Si inserta un dibujo con el comando **INSERT**, no se perderá la información relativa a los objetos guardados. (V/F)

Preguntas de revisión

1. La función de referencia externa permite referir un dibujo externo dentro de otro dibujo sin que por ello el primero pase a formar parte permanente del segundo. (V/F)

2. Si crea el dibujo de montaje insertando otro dibujo, ¿qué debe hacer para actualizarlo en el caso de que se produzca algún cambio en el dibujo original que se insertó? ____.

3. La herramienta de referencia externa permite vincular los dibujos parciales de componentes con el dibujo de montaje. (V/F)

4. Si los dibujos de referencia sufren alguna modificación, los cambios no quedan automáticamente reflejados en el dibujo de montaje al abrir este dibujo. (V/F)

5. Existe un límite en el número de dibujos que pueden incluirse como referencias externas. (V/F)

6. No es posible la existencia de referencias anidadas. (V/F)

7. Si enlaza los dibujos como referencias externas, los componentes parciales se guardan con el dibujo de montaje. (V/F)

8. Al igual que con los bloques, los dibujos de referencia externa pueden escalarse, girarse y colocarse en la posición deseada. (V/F)

9. ¿Qué son los objetos guardados? ____.

10. ¿Qué sucede con la información relativa a los objetos guardados al insertar un dibujo? ____.

11. En aquellos dibujos con los que utilice el comando __________, no perderá la información relativa a los símbolos dependientes seleccionados.

12. En los dibujos de referencia externa, los ____________________ son elementos tales como capas, tipos de línea y estilos de texto.

13. La información añadida al dibujo actual no es permanente. Tan sólo se añade al cargar el dibujo de referencia externa. (V/F)

14. Si desenlaza el dibujo de referencia externa, AutoCAD no suprime automáticamente del dibujo actual los símbolos dependientes. (V/F)

15. Al enlazar un dibujo de referencia externa, AutoCAD no permite referir los símbolos directamente. Por ejemplo, no puede convertir en actual la capa dependiente Rodamiento|Oculto. (V/F)

16. Puede cambiar el color, el tipo de línea, el grosor de línea o la visibilidad (activada/desactivada o reutilizada/inutilizada) de las capas dependientes. (V/F)

17. Si la variable de sistema __________ está definida en 0 (por defecto), las propiedades de capa se conservan en la sesión de dibujo actual. Al guardar el dibujo, se descartan los cambios y las propiedades de la capa recuperan su estado original.

18. Puede utilizar la opción __________ del comando **REFX** para enlazar un dibujo de referencia externa en el dibujo actual.

19. Al enlazar un dibujo de referencia, AutoCAD almacena el nombre del dibujo enlazado. En el momento de enlazar el dibujo, el nombre de la refx previa se convierte el nombre predeterminado. (V/F)

20. Si otra persona está editando actualmente el dibujo de referencia que desea enlazar, AutoCAD no enlazará el dibujo. (V/F)

21. ¿Qué es la demanda de carga? ____
____
____.

22. ¿Cuál es la función de la variable de sistema **XLOADCTL**? ________________
____
____.

23. ¿Cuál es la función de la variable de sistema **XCLIPFRAME**? ______________
____
____.

Ejercicios

Ejercicio 1 — *Mecánica*

Inicie un nuevo dibujo e incluya como referencias externas en él los dibujos Comp-1 y Comp-2. Así mismo, edite uno de los componentes parciales para corregir su tamaño y utilice el comando **UNIRX** para unir al dibujo actual alguno de los símbolos dependientes. A continuación se indican las instrucciones precisas para completar este ejercicio.

1. Inicie un nuevo dibujo, Comp-1, y configure las siguientes capas.

Nombre de capa	Color	Tipo de línea
0	Blanco	Continuous
Objeto	Rojo	Continuous
Oculto	Azul	LÍNEAS_OCULTAS2
Centro	Blanco	Centro2
Acot-Comp1	Verde	Continuous

2. Dibuje el modelo mostrado en la figura 2.33, junto con las cotas. Guarde el dibujo con el nombre Comp-1.

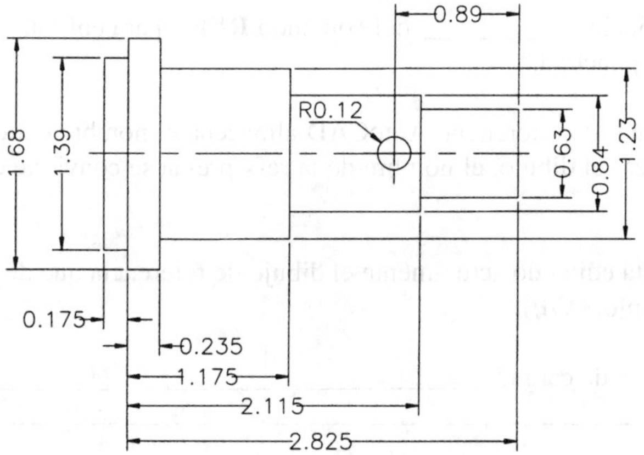

Figura 2.33. *Comp-1, dibujo para el ejercicio 1.*

3. Inicie un nuevo dibujo, Comp-2, y configure las siguientes capas:

Nombre de capa	Color	Tipo de línea
0	Blanco	Continuous
Objeto	Rojo	Continuous
Oculto	Azul	LÍNEAS_OCULTAS

Centro	Blanco	Centro
Acot-Comp2	Verde	Continuous
Sombreado	Magenta	Continuous

4. Dibuje el modelo mostrado en la figura 2.34, junto con las cotas. Guarde el dibujo con el nombre Comp-2.

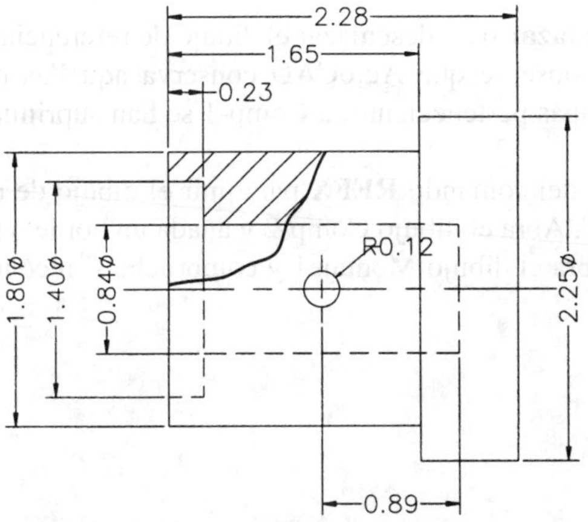

Figura 2.34. *Comp-2, dibujo para el ejercicio 1.*

5. Inicie un nuevo dibujo, Montaje1, y configure las siguientes capas:

Nombre de capa	Color	Tipo de línea
0	Blanco	Continuous
Objeto	Azul	Continuous
Oculto	Amarillo	LÍNEAS_OCULTAS

6. Enlace los dos dibujos, Comp-1 y Comp-2, de forma que coincidan los centros de los agujeros practicados. Observe el solape indicado en la figura 2.35. Guarde el dibujo de montaje con el nombre Montaje1 y ciérrelo.

7. Abra el dibujo Comp1 y corrija el error para que ambos componentes no se superpongan. Puede conseguirlo si modifica la línea indicada con la cota de 1.175 para que mida 1.160.

8. Abra de nuevo el dibujo de montaje Montaje1 y observe el cambio en el solape. El dibujo de montaje se ha actualizado automáticamente.

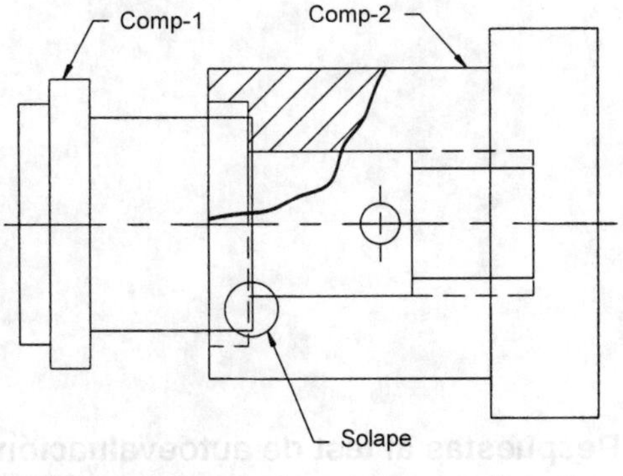

Figura 2.35. *Dibujo de montaje tras enlazar Comp-1 y Comp-2.*

9. Examine las capas. Observe cómo cambian los nombres de las capas y los tipos de línea asignados a cada una de ellas. Compruebe si puede o no definir como actuales las capas pertenecientes a Comp-1 o Comp-2.

10. Utilice el comando **UNIRX** para unir las capas Objeto y Oculto que pertenecen al dibujo Comp-1. Intente de nuevo definir como actual cualquiera de estas capas.

11. Utilice la opción **Desenlazar** para desenlazar el dibujo de referencia externa Comp-1. Examine de nuevo las capas y observe que AutoCAD conserva aquellas que editó con el comando **UNIRX**. El resto de capas pertenecientes a Comp-1 se han suprimido.

12. Utilice la opción **Unir** del comando **REFX** para unir el dibujo de referencia externa Comp-2 con el dibujo Montaje1. Abra el dibujo Comp-2 y añada un borde o realice cualquier otro cambio. A continuación, abra el dibujo Montaje1 y compruebe si recoge estos cambios.

Respuestas al test de autoevaluación

1- F; **2-** V; **3-** V; **4-** objetos guardados; **5-** En el caso de las referencias externas, los símbolos dependientes son funciones tales como capas, tipos de línea y estilos de texto; **6-** N; **7-** 1; **8-** V; **9-** V; **10-** F

Capítulo 3

Impresión y comandos de dibujo

Objetivos del estudio

Tras completar este capítulo, será capaz de:

- *Establecer configuraciones de trazado e imprimir dibujos.*
- *Utilizar estilos de trazado.*
- *Definir el estilo de línea múltiple y precisar las propiedades de las líneas múltiples con el comando ESTILOLM.*
- *Dibujar diferentes tipos de líneas múltiples con el comando LINEAM.*
- *Editar líneas múltiples con el comando EDITARLM.*
- *Dibujar líneas de construcción con los comandos LINEAX y RAYO.*
- *Dibujar splines NURBS con el comando EDITSPLINE.*
- *Emplear la utilidad BOCETO de AutoCAD.*
- *Digitalizar dibujos.*

IMPRESIÓN DE DIBUJOS EN AUTOCAD

Una vez terminado un dibujo, puede guardarlo en el dispositivo de almacenamiento de su ordenador, tal como el disco duro o en disquetes. Sin embargo, para obtener una copia deberá imprimir el dibujo en una hoja de papel con un trazador o una impresora. Con la ayuda de los trazadores de plumilla conseguirá obtener una copia de alta resolución.

Comando TRAZADOR

Barra de herramientas:	Estándar > Imprimir
Menú:	Archivo > Imprimir
Comando:	TRAZADOR

El comando **TRAZADOR** se utiliza para imprimir un dibujo. Una vez ejecutado el comando, aparece el cuadro de diálogo **Imprimir** (figura 3.1). También puede abrir este cuadro de diálogo con la opción **Imprimir** del menú contextual, el cual aparece al hacer clic con el botón derecho sobre la ficha **Modelo** o sobre cualquier ficha de **presentación**.

Comando: **TRAZADOR**

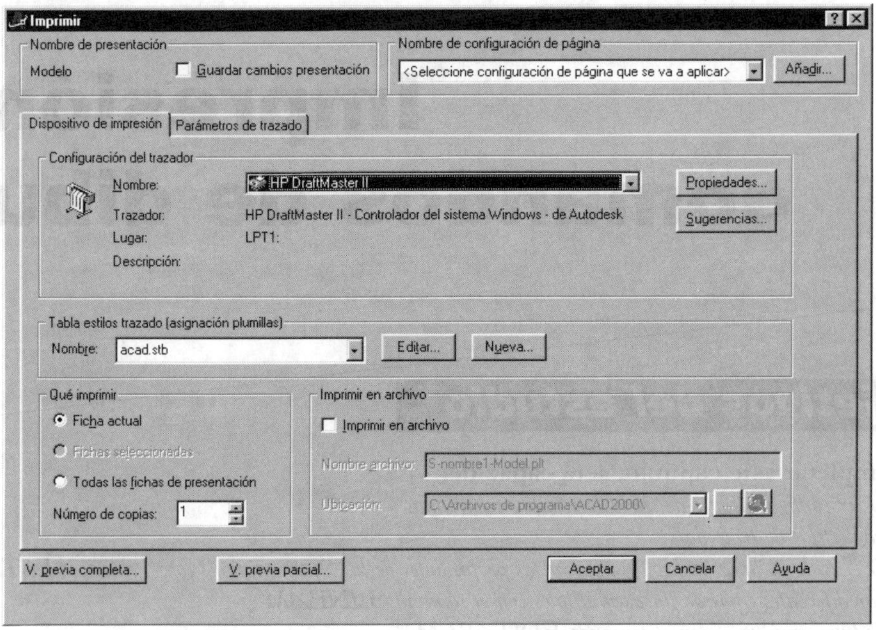

Figura 3.1. *Cuadro de diálogo* ***Imprimir.***

Algunos valores de este cuadro de diálogo se definen al configurar AutoCAD por primera vez. Examine estos valores; si se ajustan a sus necesidades, puede comenzar a imprimir directamente. En el caso de que desee modificar alguna especificación de trazado, podrá hacerlo mediante las opciones ofrecidas en el cuadro de diálogo **Imprimir**. A continuación se describen todas estas opciones.

Sección Nombre de presentación

Esta sección muestra el nombre de la presentación actual o, si ha seleccionado varias presentaciones, el texto genérico "Presentaciones". Por ejemplo, si la ficha **Modelo** está actualmente seleccionada y ejecuta el comando **TRAZADOR**, el cuadro de diálogo **Imprimir** mostrará "Modelo" como el nombre de la presentación.

Figura 3.2. *Sección* ***Nombre de presentación*** *del cuadro de diálogo* ***Imprimir.***

Guardar cambios presentación. Esta casilla de verificación guarda en la presentación los cambios efectuados en el cuadro de diálogo **Imprimir** (figura 3.2). Si ha seleccionado varias presentaciones, esta opción aparece atenuada.

Sección Nombre de configuración de página*

El cuadro de lista desplegable contenido en esta sección ofrece una lista con todas las configuraciones de página guardadas. Puede seleccionar una configuración de página guardada como base para la configuración de página actual. Si hace clic en el botón **Añadir** podrá agregar una nueva configuración de página.

Añadir. Pulse **Añadir** si desea agregar una nueva configuración de página para la presentación actual. Al hacer clic en este botón, AutoCAD 2000 muestra el cuadro de diálogo **Configuraciones de página definidas por el usuario** (figura 3.3). Puede crear, borrar, cambiar el nombre e importar configuraciones de página. Todas las modificaciones efectuadas en la presentación actual se guardan en el archivo de configuraciones de página definidas por el usuario. A continuación se describen los distintos elementos de este cuadro de diálogo.

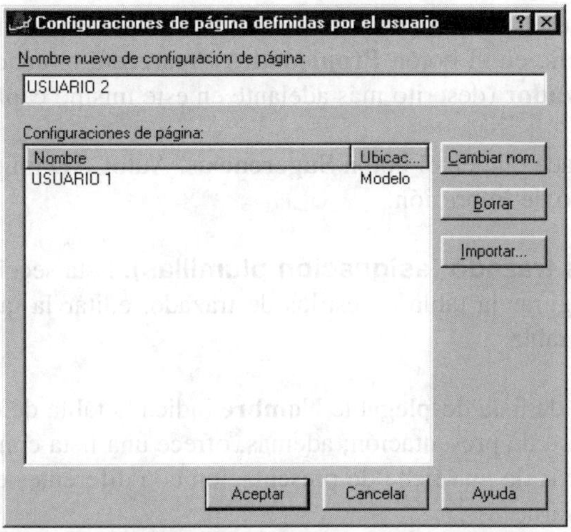

*Figura 3.3. Cuadro de diálogo **Configuraciones de página definidas por el usuario.***

Nombre nuevo de configuración de página. Puede utilizar este cuadro de texto para indicar el nombre de la nueva configuración de página. De esta forma, la configuración de página actual podrá basarse en la configuración guardada.

Configuraciones de página. Este cuadro de lista muestra todas las configuraciones de página definidas por el usuario. Puede seleccionar una configuración de página guardada de la lista para aplicarla a la presentación actual.

Cambiar nombre. Puede seleccionar en la lista cualquier configuración de página definida por el usuario y cambiar su nombre.

Borrar. Puede seleccionar en la lista una configuración de página y borrarla sin más que pulsar el botón **Borrar**.

Importar. Puede importar una configuración de página de otro dibujo y aplicarla a la presentación seleccionada en el dibujo actual. Si hace clic en el botón Importar, AutoCAD mostrará el cuadro de diálogo estándar para la selección de archivos. Podrá examinar las diferentes unidades y carpetas en busca de la configuración de página deseada.

Ficha Dispositivo de impresión (cuadro de diálogo Imprimir)

Esta ficha muestra información referente el trazador actualmente configurado y a la tabla de estilos de trazado, así como algunas opciones sobre la presentación o presentaciones a imprimir y la impresión en archivo. La ficha incluye las siguientes opciones:

Sección Configuración del trazador. Esta sección muestra el nombre del trazador o impresora actualmente seleccionado, así como su ubicación y descripción.

Propiedades. Si desea comprobar la información acerca de la configuración del trazador o la impresora, haga clic en el botón **Propiedades**. Aparecerá el cuadro de diálogo **Editor de parámetros del trazador** (descrito más adelante en este mismo capítulo).

Sugerencias. Si hace clic en el botón **Sugerencias**, AutoCAD muestra información general acerca del dispositivo de impresión.

Sección Tabla estilos trazado (asignación plumillas). Esta sección del cuadro de diálogo **Imprimir** permite configurar la tabla de estilos de trazado, editar la tabla de estilos de trazado actual o crear una nueva tabla.

Nombre. El cuadro de lista desplegable **Nombre** indica la tabla de estilos de trazado asignada a la ficha Modelo o de presentación; además, ofrece una lista con todas las tablas disponibles. Si selecciona más de una ficha de presentación con diferentes estilos de trazado, el cuadro de lista indica "Varias".

Editar. Si hace clic en el botón **Editar**, AutoCAD muestra el **Editor de tablas de estilos de trazado** (descrito más adelante en este capítulo). Podrá utilizar este cuadro de diálogo para editar las tablas de estilo de trazado seleccionadas. El **Editor de tablas de estilos de trazado** incluye tres fichas: **General**, **Vista de tabla** y **Vista de formulario**.

Nueva. Si hace clic en el botón **Nueva**, AutoCAD muestra el **Asistente para añadir tabla de estilos de trazado**. Puede utilizar este asistente para crear una nueva tabla de estilos de trazado.

Sección Qué imprimir. Esta sección del cuadro de diálogo **Imprimir** permite seleccionar las fichas a imprimir, según seleccione la ficha **Modelo**, una ficha de **presentación** o varias fichas. También puede definir el número de copias a realizar.

Ficha actual. Si selecciona este botón de opción, AutoCAD imprimirá la ficha actual, bien sea la ficha **Modelo** o una ficha de presentación. Si ha seleccionado varias fichas, se imprimirá la ficha mostrada en pantalla.

Fichas seleccionadas. Si selecciona este botón de opción, AutoCAD imprimirá las fichas seleccionadas previamente (con la tecla CONTROL o MAYÚS, tal como corresponde al método habitual de selección en Windows). Si sólo ha seleccionado una ficha, esta opción aparecerá atenuada.

Todas las fichas de presentación. Esta opción del cuadro de diálogo **Imprimir** permite imprimir todas las fichas de presentación, con independencia de las fichas de presentación seleccionadas previamente.

Número de copias. Este cuadro muestra el número de copias que imprimirá AutoCAD. Si ha seleccionado varias presentaciones y copias, cualquier presentación configurada para su impresión en archivo o con Autospool genera una sola copia. Puede imprimir el número deseado de copias cambiando el valor en este cuadro.

Sección Imprimir en archivo. Esta sección permite imprimir un dibujo en archivo en lugar de en trazador. AutoCAD guarda la información de impresión en un archivo en lugar de enviarla al trazador.

Imprimir en archivo. Si activa esta casilla de verificación, AutoCAD imprimirá el dibujo en un archivo.

Nombre archivo. Puede indicar el nombre del archivo en el que imprimir. El nombre de archivo predeterminado es el nombre del dibujo seguido del nombre de la ficha, separados por un guión. La extensión para estos archivos es .plt.

Ubicación. Este cuadro de lista desplegable muestra la ubicación de la carpeta que contiene el archivo de impresión. La ubicación predeterminada coincide con la carpeta en la que se encuentra el dibujo.

[...]. Si hace clic en este botón, AutoCAD muestra el cuadro de diálogo estándar **Buscar carpeta**. Utilice este cuadro de diálogo para seleccionar una carpeta en la que almacenar el archivo de impresión.

Buscar en la Web. Si hace clic en este botón, podrá examinar la Web y enviar el archivo de impresión a otra ubicación a través del correo electrónico.

Ficha Parámetros de trazado (Cuadro de diálogo Imprimir)

La ficha **Parámetros de trazado** del cuadro de diálogo **Imprimir** controla el tamaño y la orientación del papel, la escala de trazado, la equidistancia y otras opciones de impresión. A continuación se describen las opciones disponibles en esta ficha:

Sección Tamaño y unidades de papel. La sección **Tamaño y unidades de papel** ofrece una lista con los tamaños de papel normalizados disponibles para el dispositivo de impresión seleccionado. El tamaño del papel actual aparece indicado con su anchura (en la dirección del eje X) y su altura (en la dirección del eje Y). El tamaño de papel seleccionado se guarda con la presentación y anula la configuración precisada al respecto en el archivo PC3 creado con el **Asistente para añadir un trazador** (descrito más adelante en este capítulo). Si no ha seleccionado ningún trazador, AutoCAD mostrará la lista completa de tamaños normalizados de papel disponibles, entre los que podrá elegir. Si imprime una imagen de mapa de bits, como por ejemplo un archivo **BMP** o **TIFF**, el tamaño de la impresión se indica en términos de píxeles, no en milímetros o pulgadas.

Dispositivos de impresión. Muestra el nombre del dispositivo de impresión actualmente seleccionado.

Tamaño de papel. Este cuadro de lista desplegable muestra todos los tamaños de papel disponibles. Puede seleccionar cualquier tamaño de la lista para convertirlo en actual.

Área de impresión. Las medidas actuales del área de papel que se puede utilizar para la impresión en función del tamaño y del dispositivo de impresión seleccionados.

Pulgadas/mm. Seleccione el botón de opción correspondiente según cuáles sean las unidades que desee utilizar para configurar la impresión.

Sección Orientación de dibujo. Esta sección determina la orientación del dibujo en el papel para los trazadores que admiten las orientaciones vertical y horizontal. Puede cambiar la orientación del papel sin más que seleccionar los botones de opción **Vertical** u **Horizontal** y activar o desactivar la casilla **Imprimir girado 180 grados**. El icono del papel permite comprobar fácilmente la orientación elegida. El icono de la letra muestra la orientación del dibujo en la página.

Sección Área de trazado. En esta sección puede precisar la porción del dibujo a imprimir. También puede controlar la forma en que AutoCAD llevará a cabo el trazado. A continuación se describen las diversas opciones disponibles en esta sección.

Presentación. Si selecciona este botón de opción, AutoCAD imprimirá todos los elementos del dibujo contenidos entre los márgenes del tamaño de papel seleccionado. El origen se calcula desde la coordenada 0,0 en la presentación. Esta opción sólo estará disponible si ha seleccionado una presentación.

Límites. Si selecciona el botón de opción **Límites**, se imprimirá todo el área definida por los límites del dibujo. Como excepción, si la vista actual no es la vista superior, la opción **Límites** actuará de forma idéntica a la opción **Extensión**, escalando todos los objetos del dibujo para que se ajusten dentro del área de impresión. Esta opción sólo estará disponible si ha seleccionado la ficha **Modelo**.

Extensión. Si selecciona este botón de opción, se imprimirá el área del dibujo que actualmente contiene objetos. Así pues, resulta similar a la opción Extensión del zoom. Si añade objetos en el dibujo, también se incluirán en el trazado, pues la extensión del dibujo también puede cambiar. Si reduce la extensión del dibujo al suprimir, desplazar o escalar objetos, debe utilizar la opción Extensión o Todo del zoom. Sólo así la opción Extensión podrá reconocer la extensión del dibujo a imprimir. Si se encuentra en espacio modelo, la impresión se crea en función de la extensión del espacio modelo; con el mismo criterio, en espacio papel la impresión se crea según la extensión del espacio papel. Si realiza la impresión con la opción Extensión cuando la vista en perspectiva está activada y la posición de la cámara no está fuera de la extensión del dibujo, AutoCAD mostrará un mensaje para informar de que resulta imposible calcular la extensión. En tal caso, la impresión se realiza como si hubiese seleccionado la opción **Pantalla**. Si el dibujo actual no tiene extensión, esta opción aparece atenuada.

Pantalla. Si selecciona este botón de opción mientras está en espacio modelo, se imprimirá el dibujo mostrado en la ventana gráfica actual. Si está en espacio papel, se imprimirá la vista completa actual.

Vista. Si selecciona el botón de opción **Vista**, podrá imprimir una vista creada previamente con el comando **VISTA**. La vista debe estar definida en el dibujo actual. Si no ha creado ninguna vista, el botón de opción **Vista** y su cuadro de lista desplegable aparecerán atenuados. Puede activarlos si crea una vista en el dibujo actual. Para elegir una vista a imprimir, seleccione la vista guardada que desee en el cuadro de lista desplegable (figura 3.4) y haga clic en **Aceptar**. En este caso, la especificación del trazado queda determinado por la vista guardada.

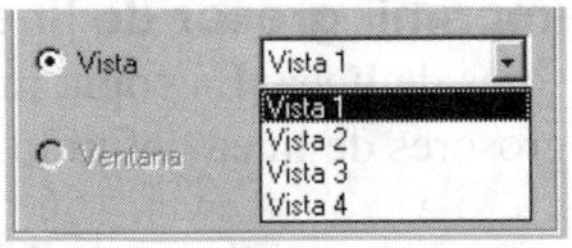

Figura 3.4. *Selección de una vista guardada para la impresión.*

Ventana. Esta opción permite precisar el área del dibujo a imprimir. El área queda definida por dos puntos que determinan dos esquinas opuestas de dicho área. Haga clic en el botón **Ventana** para definir el área de esta forma. A continuación se indica la secuencia de comandos:

Especifique ventana para impresión
Designe primera esquina: *Designe un punto.*
Designe esquina opuesta: *Designe un punto.*

Para definir la ventana, el cuadro de diálogo **Imprimir** desaparece temporalmente. Una vez designados los dos puntos, el cuadro aparece de nuevo.

Sección Escala de impresión. Esta sección controla la escala de dibujo del área a imprimir. Al imprimir una presentación, la escala predeterminada es **1:1**. Pero si va a imprimir en la ficha **Modelo**, la opción predeterminada es **Ajustar escala**. Si selecciona alguna de las escalas estándar ofrecidas en el cuadro de lista desplegable **Escala**, los cuadros de texto **Personalizada** indican su valor. Puede modificar manualmente el factor de escala con estos cuadros de texto. También puede escalar los grosores de línea en proporción con la escala de impresión; utilice para ello la casilla **Asignar escala al grosor de línea**. Generalmente, los grosores de línea se imprimen con un mismo grosor independiente de la escala de impresión.

Sección Desfase de impresión. Esta sección de la ficha Parámetros de trazado (cuadro de diálogo Imprimir) permite configurar un desfase para el área de impresión desde la esquina inferior izquierda del papel. En la ficha de presentación, la esquina inferior izquierda de un área de impresión determinada se sitúa en el margen inferior izquierdo del papel. Si activa la casilla de verificación **Centrar impresión**, AutoCAD centrará la impresión en el papel calculando automáticamente los valores X e Y del desfase. También puede definir un desfase desde el origen indicando un valor positivo o negativo en los cuadros de texto **X** e **Y**. Las unidades de impresión dependen de la unidad (milímetros o pulgadas) elegida en la sección Tamaño y unidades de papel.

Sección Opciones de impresión. Esta sección contiene varias casillas de verificación referentes a elementos tales como los grosores de línea o los estilos de trazado. A continuación se describen estas opciones.

Imprimir grosor de línea. Si activa esta casilla, AutoCAD imprimirá el dibujo con los grosores de línea. La copia impresa mostrará los objetos con líneas de diferente grosor según los grosores de línea definidos en el dibujo.

Imprimir con estilos trazado. Si activa la casilla de verificación **Imprimir con estilos trazado**, AutoCAD utilizará los estilos de trazado aplicados a los objetos del dibujo y definidos en la tabla de estilos de trazado. Las tablas de estilos de trazado contienen las características de propiedades asociadas a las diversas definiciones de estilo. Estas características pueden aplicarse fácilmente a la geometría. Esta configuración viene a sustituir la asignación de plumillas de las versiones anteriores de AutoCAD.

Imprimir espacio papel lo último. Si activa esta casilla de verificación, podrá optar por imprimir en primer lugar la geometría del espacio modelo. Normalmente, la geometría en espacio papel se imprime antes que la del espacio modelo. Esta opción sólo estará disponible si ha seleccionado varias presentaciones.

Ocultar objetos. Si activa la casilla **Ocultar objetos**, AutoCAD imprimirá las presentaciones sin las líneas ocultas de los objetos en el entorno de presentación (espacio papel). Pero, en el espacio modelo, el **Administrador de propiedades de objetos** es el encargado de controlar la ocultación de las líneas de los objetos en las ventanas gráficas. Las líneas se ocultarán en la vista previa de impresión, pero no en la presentación.

Vista preliminar de impresión

Puede comprobar el aspecto que tendrá el dibujo en la hoja de papel antes de imprimir realmente. Para ello, haga clic en los botones **V. previa completa** o **V. previa parcial** del cuadro de diálogo Imprimir. AutoCAD proporciona dos tipos de vista preliminar: completa y parcial.

Vista preliminar completa. Si hace clic en el botón **V. previa completa**, AutoCAD mostrará el dibujo en pantalla tal como se imprimirá en el papel. La vista preliminar completa lleva más tiempo que la parcial, pues debe realizarse una regeneración del dibujo. Una vez regenerado el dibujo, los cuadros de diálogo desaparecen temporalmente de la pantalla, que pasa a mostrar el diseño de la hoja de papel. La vista previa parcial (figura 3.5) incorpora el icono del **Zoom en tiempo real**. Puede utilizar este tipo de zoom para ampliar o reducir la vista previa del dibujo impreso sin más que hacer clic y arrastrar el dispositivo señalador. Puede hacer clic con el botón derecho para abrir un menú contextual en el que puede escoger el **Encuadre en tiempo real**, entre otras opciones. Elija **Salir** en este menú contextual o pulse ESC o INTRO para terminar la vista previa.

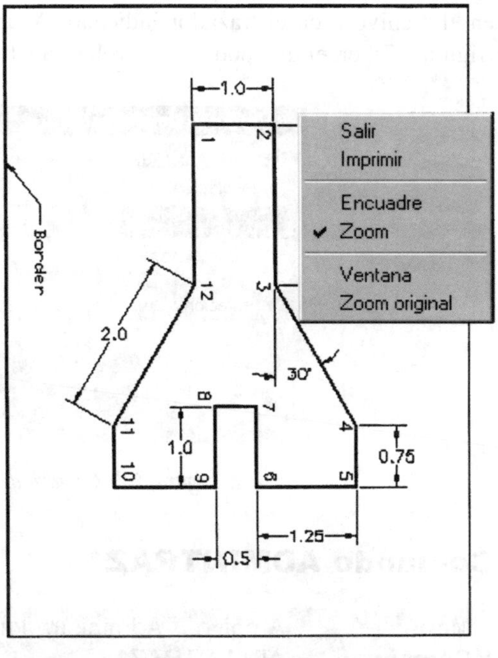

Figura 3.5. Vista previa completa junto con el menú contextual.

Vista preliminar parcial. Para generar una vista preliminar parcial antes de imprimir, haga clic en el botón **V. previa parcial** del cuadro de diálogo **Imprimir**. Aparecerá el cuadro de diálogo **Vista preliminar parcial** (figura 3.6). El tamaño del papel aparece representado gráficamente en blanco. Bajo esta representación, aparecen indicadas las dimensiones del papel. El rectángulo de trazos representa el área de impresión. Las dimensiones de este área también aparecen indicadas en la parte inferior del cuadro de diálogo. El rectángulo de color azul representa la sección del papel que ocupará la imagen impresa. Esta sección se conoce también con el nombre de **área efectiva**. Las dimensiones del área efectiva aparecen indicadas en la parte inferior. Si los límites del papel y del área efectiva se superponen en alguna parte, un rectángulo de color rojo advierte de este hecho. Si define el origen de la impresión de forma que el área efectiva no puede ajustarse por completo en el interior del área de impresión, AutoCAD muestra una advertencia. Por lo tanto, con la ayuda de la vista preliminar parcial puede comprobar con precisión la forma en que la impresión se ajustará en el papel. Si surge algún problema con la configuración de impresión, las advertencias de AutoCAD facilitan el reconocimiento de las correcciones necesarias antes de imprimir realmente el dibujo.

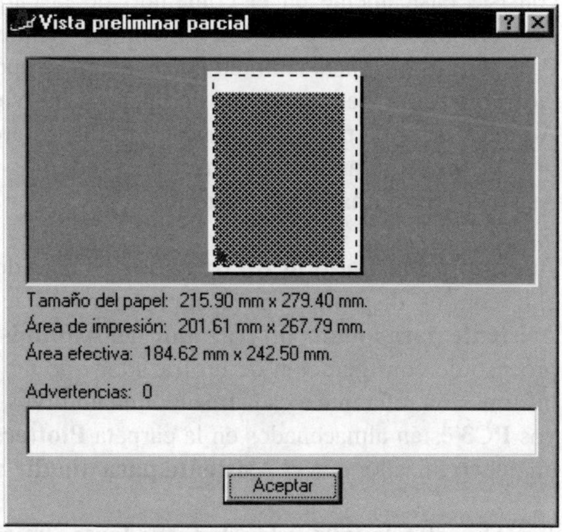

*Figura 3.6. Cuadro de diálogo **Vista preliminar parcial**.*

Una vez terminada la configuración de todos los parámetros, si hace clic en **Aceptar**, AutoCAD iniciará la impresión del dibujo en el archivo o en el trazador indicado. Aparecerá el cuadro de diálogo **Progreso de impresión** (figura 3.7), en el que podrá comprobar la situación actual del proceso de impresión.

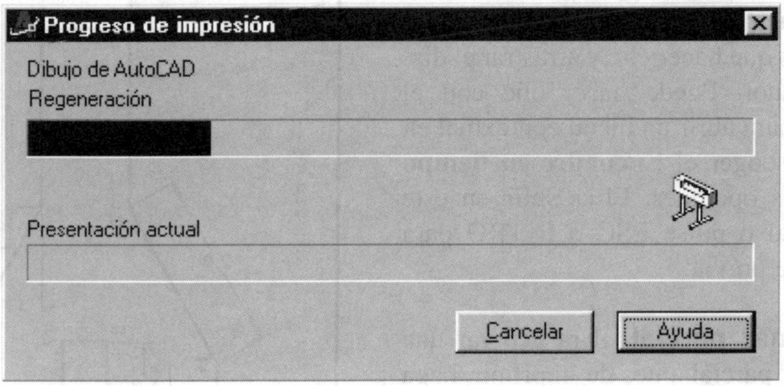

Figura 3.7. Cuadro de diálogo ***Progreso de impresión.***

Comando ADMINTRAZ*

Menú:	Archivo > Administrador de trazadores
Comando:	ADMINTRAZ

Ésta es una nueva función de AutoCAD 2000. Si ejecuta el comando **ADMINTRAZ** desde la solicitud de comando, AutoCAD mostrará el **Administrador de trazadores** (figura 3.8). Como puede comprobar, consiste básicamente en el contenido de la carpeta **Plotters** mostrado con el Explorador de Windows. Para abrir esta carpeta también puede elegir la opción **Administrador de trazadores** del menú **Archivo**. El Administrador de trazadores muestra todos los archivos de configuración de trazadores además del **Asistente para añadir un trazador**.

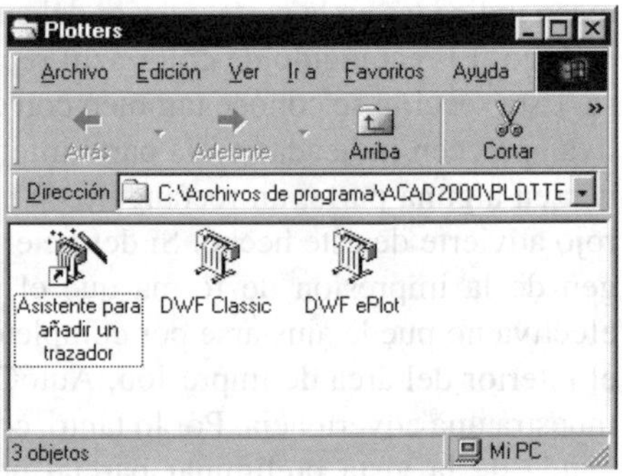

Figura 3.8. Ventana ***Administrador de trazadores.***

Asistente para añadir un trazador. Si hace doble clic con el dispositivo señalador sobre el icono **Asistente para añadir un trazador** del **Administrador de trazadores**, AutoCAD le guiará en el proceso de configuración de un trazador que no sea del sistema. AutoCAD 2000 guarda toda la información referente a cada trazador en archivos de configuración de trazadores (PC3). Los archivos **PC3** están almacenados en la carpeta **Plotters** de AutoCAD. Siga estos pasos para configurar un nuevo trazador con el **Asistente para añadir un trazador**:

1. Abra el **Administrador de trazadores** eligiendo dicha opción en el menú **Archivo**.

2. Haga doble clic en el icono **Asistente para añadir un trazador** de la carpeta **Plotters**.

3. Lea atentamente la información mostrada en la página de introducción del asistente. Haga clic en **Siguiente** para continuar.

4. En la página **Inicio**, seleccione el botón de opción **Mi PC** (opción predeterminada). Haga clic en **Siguiente**.

5. En la página **Modelo de trazador**, seleccione el fabricante y el modelo del trazador que desea configurar de entre los ofrecidos en la lista. Haga clic en **Siguiente**. Si el trazador no aparece reflejado en la lista pero dispone de un controlador proporcionado por el fabricante, haga clic en el botón **Disco**. Localice el archivo **HIF** en la unidad que corresponda y haga clic en **Abrir**.

6. Si desea importar información de configuración procedente de un archivo **PCP** o **PC2** creado con una versión anterior de AutoCAD, haga clic en el botón **Importar archivo** de la página **Importar Pcp o Pc2** y seleccione el archivo. Haga clic en **Siguiente** para continuar.

7. En la página **Puertos**, seleccione en la lista el puerto que utilizará el trazador. Haga clic en **Siguiente**.

8. En la ficha **Nombre del trazador**, puede precisar el nombre del trazador configurado actualmente o utilice el nombre predeterminado. Haga clic en **Siguiente**.

9. Una vez alcanzada la página **Terminar**, haga clic en **Finalizar** para salir del **Asistente para añadir un trazador**.

AutoCAD creará en la carpeta **Plotters** un archivo **PC3** para el nuevo trazador configurado. Podrá seleccionar el nuevo trazador en la lista de dispositivos para imprimir con él.

Edición de la configuración del trazador*

Puede cambiar la configuración predeterminada del trazador haciendo clic en el botón **Editar parámetros del trazador** que aparece en la página final del **Asistente para añadir trazador**. AutoCAD 2000 mostrará el **Editor para parámetros del trazador** (figura 3.9). También puede abrir este cuadro de diálogo de las siguientes formas:

- Desde el Explorador de Windows, seleccione el archivo **PC3** a editar. Por defecto, los archivos **PC3** se almacenan en la carpeta **Plotters** de AutoCAD. Haga doble clic sobre el archivo o haga clic con el botón derecho y elija **Abrir** en el menú contextual.

- Elija **Configurar página** en el menú **Archivo** y haga clic en el botón **Propiedades**.

- Elija **Imprimir** en el menú **Archivo** y haga clic en **Propiedades**.

El **Editor de parámetros del trazador** incluye tres fichas. A continuación se describe cada una de ellas.

Ficha General. Esta ficha contiene información básica referente al trazador configurado o al archivo PC3. Puede efectuar cambios en la sección **Descripción**. El resto de la información es de sólo lectura. Esta ficha contiene información relativa al nombre de archivo de configuración del trazador, el tipo de controlador del trazador, el número de versión del controlador HDI, el nombre de la impresora del sistema (si la hubiera) y la ubicación y nombre del archivo PMP (si hay algún archivo de calibración asociado al archivo PC3).

Ficha Puertos. Esta ficha contiene información referente a la comunicación entre el dispositivo de impresión y el ordenador. Puede optar entre un puerto serie (local), paralelo (local) o de red. El puerto paralelo predeterminado es **LPT1** y **COM1** en el caso del puerto paralelo. También puede cambiar el nombre del puerto, si el dispositivo está conectado a un puerto diferente.

Parámetros de dispositivos y documentos. La ficha **Parámetros de dispositivos y documentos** contiene opciones de impresión. Las opciones adicionales disponibles en esta ficha varían en función del dispositivo de impresión configurado. Por ejemplo, si configura un trazador que no es del sistema, tendrá la opción de modificar las características de las plumillas. Puede seleccionar cualquier propiedad del trazador en el árbol mostrado en la ficha y cambiar los valores correspondientes para ajustarlos a sus necesidades. También puede importar información y guardar los parámetros como un nuevo archivo PC3.

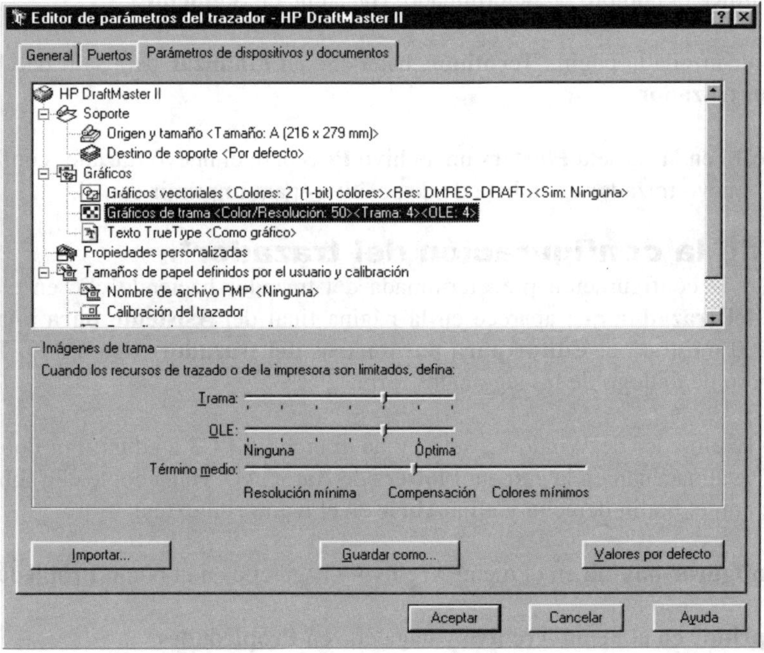

*Figura 3.9. Cuadro de diálogo **Editor de parámetros del trazador**.*

Comando PREPPAGINA*

Barra de herramientas: Presentaciones > Configurar página
Menú: Archivo > Configurar página
Comando: PREPPAGINA

Ésta es una nueva función en AutoCAD 2000. El comando **PREPPAGINA** permite precisar el diseño de página, el dispositivo de impresión, el tamaño de papel y los parámetros para las nuevas presentaciones. Para ejecutar el comando **PREPPAGINA**, también puede hacer clic con el botón derecho sobre la ficha Modelo o sobre alguna de las fichas de presentación y elegir **Configurar página** en el menú contextual.

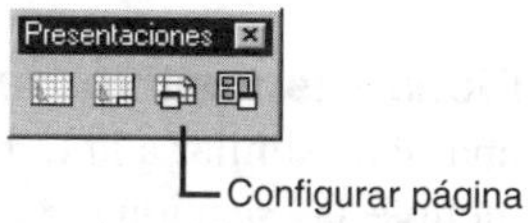

Figura 3.10. *Barra de herramientas* ***Presentaciones.***

Comando: **PREPPAGINA**

AutoCAD abrirá el cuadro de diálogo **Configurar página** (figura 3.11).

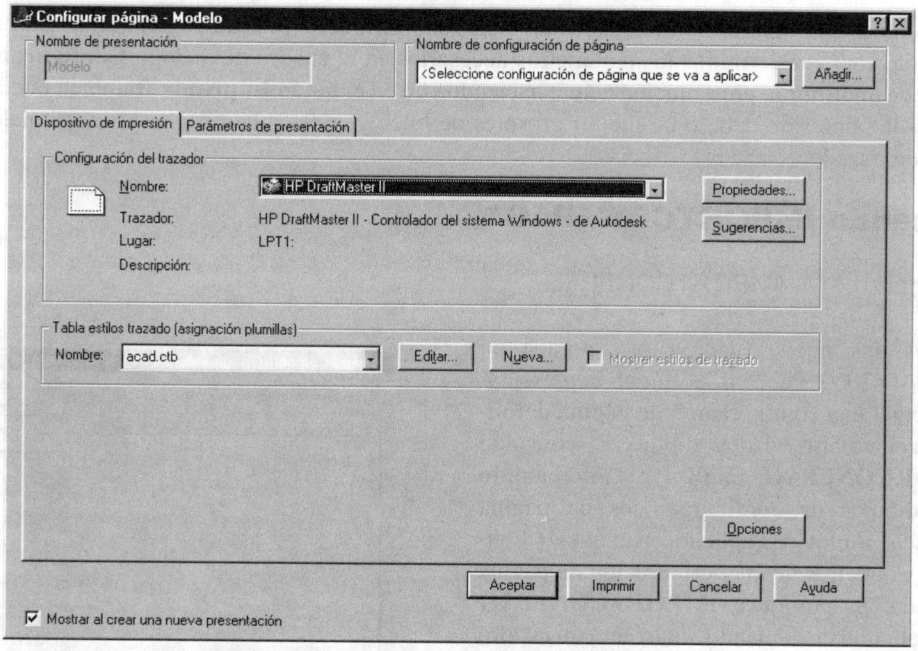

Figura 3.11. *Cuadro de diálogo* ***Configurar página.***

El cuadro de diálogo **Configurar página** determina el diseño de página y los parámetros del dispositivo de impresión actual. Este cuadro de diálogo siempre aparece al crear una nueva presentación en una sesión de dibujo. La configuración de la presentación se almacena con la presentación. El nombre de la presentación actual aparece indicado en el cuadro de texto **Nombre de la presentación**.

El cuadro de lista desplegable de la sección **Nombre de configuración de página** ofrece una lista con todas las configuraciones de página guardadas. Puede seleccionar cualquiera de ellas como base para la configuración de página actual. Si hace clic en Añadir, AutoCAD abrirá el cuadro de diálogo **Configuraciones de página definidas por el usuario** (ya descrita con anterioridad en la sección referente al comando **TRAZADOR**). El cuadro de diálogo Configurar página incluye dos fichas: **Dispositivo de impresión** y **Parámetros de presentación**.

Ficha Dispositivo de impresión. Esta ficha determina el dispositivo de impresión actual. Es una ficha similar a la ficha **Dispositivo de impresión** del cuadro de diálogo **Imprimir**, salvo que no incluye las secciones **Qué imprimir** e **Imprimir en archivo**. Como elemento adicional, la ficha incluye el botón **Opciones**. Si hace clic en **Opciones**, AutoCAD muestra la ficha Trazado del cuadro de diálogo **Opciones**. Puede hacer los cambios que sean necesarios en este cuadro de diálogo.

Ficha Parámetros de presentación. Esta ficha determina los parámetros de presentación del dibujo, tal como el tamaño del papel, la orientación del dibujo o el área, la escala y el desfase de la impresión, entre otras opciones de trazado. Esta ficha es similar a la ficha **Parámetros de trazado** del cuadro de diálogo **Imprimir** (explicado anteriormente en este capítulo).

Las opciones configuradas en el cuadro de diálogo **Configurar página** se almacenan con la presentación. Una vez definidos los parámetros necesarios en el cuadro de diálogo **Configurar página**, puede imprimir la presentación actual haciendo clic en el botón **Imprimir**. También puede controlar si la impresión debe o no incluir grosores de línea y si éstos han de ser proporcionales a la escala de trazado.

Comando IMPORTCONFPAG*

Comando: IMPORTCONFPAG

Ésta es una nueva función incorporada en AutoCAD 2000. Puede importar en la presentación actual una configuración de página definida por el usuario en otro dibujo. El comando **IMPORCONFPAG** facilita el intercambio entre dibujos de configuraciones de página guardadas. AutoCAD aplicará en el nuevo dibujo los parámetros de la configuración de página guardada. Si introduce **IMPORTCONFPAG** en la solicitud de comando, aparecerá un cuadro de diálogo estándar para la selección de archivos. Seleccione el dibujo (.dwg) cuyas configuraciones de página desea importar y haga clic en **Abrir**. AutoCAD mostrará el cuadro de diálogo **Importar configuraciones de página definidas por el usuario** (figura 3.12).

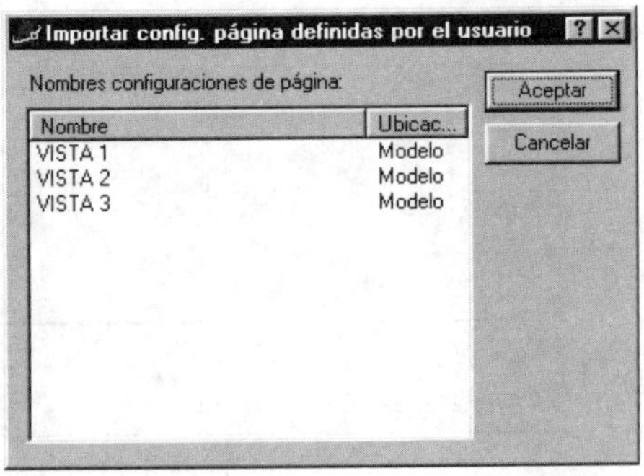

*Figura 3.12. Cuadro de diálogo **Importar configuraciones de página definidas por el usuario**.*

Para abrir un archivo de configuraciones de página desde la línea de comando, introduzca el siguiente comando:

Comando: **-IMPORTCONFPAG**

Si la variable de sistema **FILEDIA** está definida en 1, AutoCAD mostrará un cuadro de diálogo estándar para la selección de archivos. Si **FILEDIA** está definida en 0, AutoCAD mostrará la siguiente secuencia de comandos:

Indique nombre de archivo: *Precise el nombre del archivo a importar.*
Indique configuración(es) de página definida(s) por el usuario para importar o [?]: *Precise el nombre de la configuración de página guardada o indique ? para obtener una lista de las disponibles.*

Comando ASISTENTEPCP*

Menú:	Herramientas > Asistentes > Importar de R14 parámetros de trazado
Comando:	ASISTENTEPCP

Si desea importar en la ficha **Modelo** o en la presentación actual un archivo de configuración **PCP** o **PC2** o parámetros de trazado creados con versiones anteriores de AutoCAD, puede utilizar el comando **ASISTENTEPCP**. Este comando inicia el **Asistente para importar parámetros de trazado PCP o PC2**. Puede importar toda la información contenida en los archivos **PCP** o **PC2** relativa al área de impresión, rotación, desfase de impresión, optimización del trazado, impresión en archivo, tamaño del papel, escala de impresión y asignación de plumillas. Una vez indicado el nombre del archivo a importar, puede modificar los parámetros de trazado para la presentación actual.

UTILIZACIÓN DE LOS ESTILOS DE TRAZADO*

El estilo de trazado es una nueva propiedad de los objetos incorporada en AutoCAD 2000. Esta nueva función puede cambiar por completo el aspecto del dibujo impreso. Los estilos de trazado permiten anular el color, tipo de línea o grosor de línea de cualquier objeto del dibujo. Puede cambiar los estilos de final de línea, de junta de línea y de relleno en el dibujo, además de modificar efectos de salida tales como la simulación de color, la escala de grises, la asignación de plumillas y el tramado. En pocas palabras, puede utilizar los **estilos de trazado** para imprimir el mismo dibujo de varias formas.

Todo objeto y capa en un dibujo incorpora la propiedad de estilo de trazado. Las características de un estilo de trazado quedan definidas en las tablas de estilos de trazado asociadas a la ficha Modelo, a las fichas de presentación y a las ventanas flotantes incluidas en las presentaciones. Puede enlazar y desenlazar diferentes tablas de estilo de trazado para conseguir imprimir un mismo dibujo con diferentes aspectos. Existen dos modos de estilo de trazado: Estilos de trazado dependientes del color y Estilos de trazado guardados. Los **estilos de trazado dependientes del color** (archivos **.CTB**) se basan en el color de los objetos. Existen **255** estilos de trazado dependientes del color.

Los **estilos de trazado guardados** (archivos **.STB**) son independientes del color de los objetos, por lo que puede asignar cualquier estilo a un objeto con independencia de su color. Cualquier dibujo de AutoCAD 2000 utiliza uno de estos dos modos.

Comando ADMINESTILOS*

Menú:	Archivo > Administrador de estilos de trazado
Comando:	ADMINESTILOS

El comando **ADMINESTILOS** es una nueva función incorporada en AutoCAD 2000. Si introduce **ADMINESTILOS** en la solicitud de comando, AutoCAD mostrará la ventana **Administrador de estilos de trazado**.

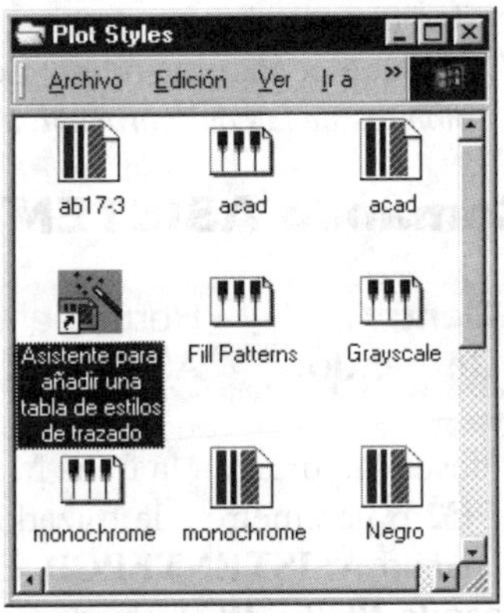

Figura 3.13. Ventana Administrador de estilos de trazado.

Asistente para añadir una tabla de estilos de trazado. Si desea añadir una nueva tabla de estilos de trazado en el dibujo, puede hacer doble clic en el icono **Asistente para añadir una tabla de estilos de trazado** de la ventana **Administrador de estilos de trazado**. AutoCAD abrirá el asistente. A continuación se indican los pasos a seguir para crear una nueva tabla de estilos de trazado con el asistente:

1. Lea la página **Introducción** y haga clic en **Siguiente**.
2. En la página **Inicio**, seleccione el botón de opción **Comenzar desde el principio** y haga clic en **Siguiente**.
3. En la página **Elegir tabla de estilos de trazado**, seleccione **Tabla de estilos de trazado que depende del color** o **Tabla de estilo de trazado guardada**, según cuáles sean sus necesidades. Haga clic en **Siguiente**.
4. En la página **Nombre de archivo**, indique un nombre de archivo para la nueva tabla de estilos de trazado. Haga clic en **Siguiente**.
5. El asistente creará una nueva tabla de estilos de trazado con parámetros predeterminados. Haga clic en **Finalizar**. La tabla aparecerá en el **Administrador de estilos de trazado**.

Editor de tablas de estilos de trazado. Si desea cambiar los parámetros de la nueva tabla creada con el **Asistente para añadir una tabla de estilos de trazado**, haga clic en el botón **Editor de tablas de estilos de trazado** que aparece en la página final de dicho asistente. AutoCAD abrirá el **Editor de tablas de estilos de trazado** (figura 3.14). Para editar una tabla creada con anterioridad, haga doble clic en el archivo correspondiente mostrado en el **Administrador de estilos de trazado**.

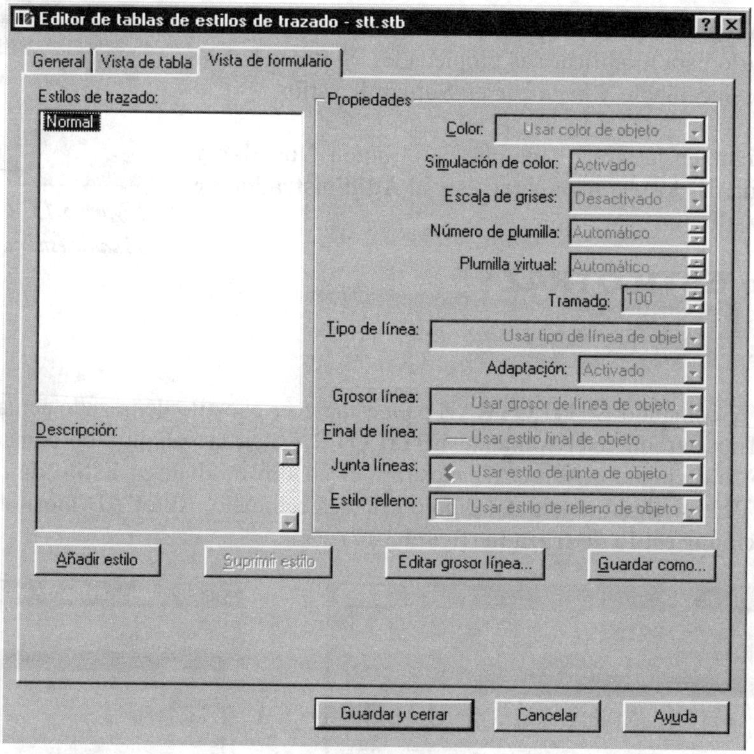

Figura 3.14. Cuadro de diálogo ***Editor de tablas de estilos de trazado.***

El **Editor de tablas de estilos de trazado** incluye tres fichas: **General**, **Vista de tabla** y **Vista de formulario**. Puede editar todas las propiedades de una tabla de estilos de trazado utilizando estas fichas. A continuación se describe cada una de las fichas.

Ficha General. Esta ficha proporciona la información referente al nombre de archivo, ubicación del archivo, versión y factor de escala. Toda la información, a excepción de la descripción, es de sólo lectura.

Ficha Vista de tabla. Esta ficha muestra los estilos de trazado disponibles junto con sus propiedades en una estructura de filas y columnas. Puede editar los estilos existentes o añadir estilos nuevos con el botón **Añadir estilo**. La tabla incorporará una nueva columna con el nombre de estilo predeterminado **Estilo 1**. Puede cambiar el nombre del estilo y las propiedades desde la tabla.

Ficha Vista de formulario. Esta ficha muestra todas las propiedades en un formulario. Todos los estilos disponibles aparecen recogidos en el cuadro de lista **Estilos de trazado**. Puede seleccionar cualquier estilo y editar sus propiedades en la sección Propiedades. Si desea añadir un nuevo estilo, haga clic en Añadir estilo. AutoCAD mostrará el cuadro de diálogo **Añadir estilo de trazado** (figura 3.15) con el nombre predeterminado **Estilo 1**. Si hace clic en el botón **Aceptar**, el nuevo estilo aparecerá en la lista y podrá seleccionarlo para modificar sus propiedades. Si desea borrar un estilo, selecciónelo y haga clic en **Suprimir estilo**.

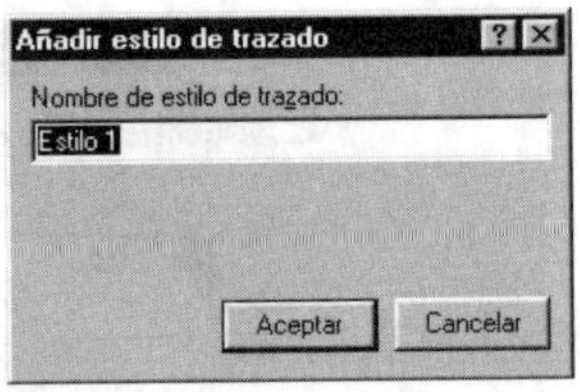

Figura 3.15. *Cuadro de diálogo* ***Añadir estilo de trazado.***

Una vez configurada la tabla, haga clic en el botón **Guardar y cerrar** para guardar los cambios y regresar al **Administrador de estilos de trazado**.

Comando ESTILOTRAZ*

Comando: ESTILOTRAZ

Puede utilizar el comando **ESTILOTRAZ** para establecer el estilo de trazado actual para los nuevos objetos. Tras introducir el comando **ESTILOTRAZ** en la solicitud de comando, si no hay ningún objeto seleccionado, AutoCAD mostrará el cuadro de diálogo **Estilo de trazado actual** (figura 3.16). Pero si algún objeto del dibujo está seleccionado, AutoCAD mostrará el cuadro de diálogo **Seleccionar estilo de trazado** (figura 3.17).

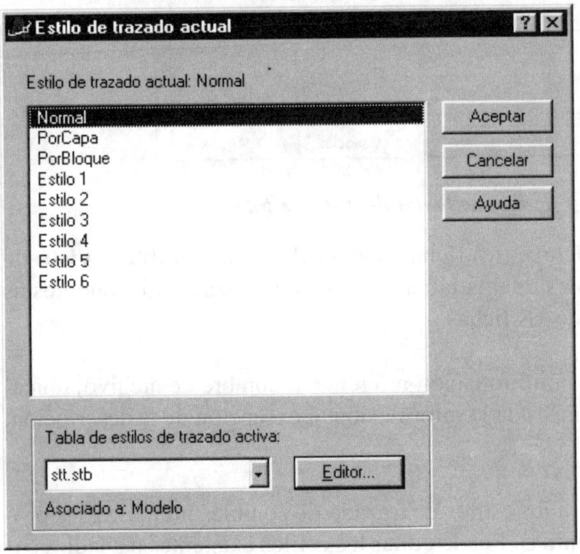

Figura 3.16. *Cuadro de diálogo* ***Estilo de trazado actual.***

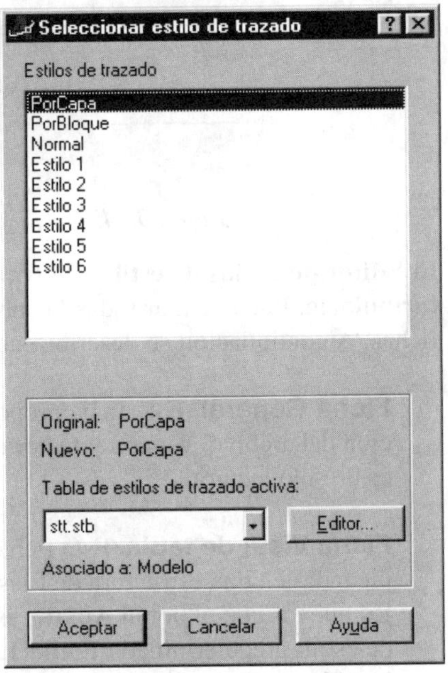

Figura 3.17. *Cuadro de diálogo* ***Seleccionar estilo de trazado.***

Los elementos disponibles en el cuadro de diálogo **Estilo de trazado actual** son las siguientes:

Estilo de trazado actual. Muestra el nombre del estilo de trazado actual.

Lista de estilos de trazado. Muestra todos los estilos de trazado disponibles que pueden asignarse a un objeto, incluido el estilo de trazado predeterminado, **Normal**.

Tabla de estilos de trazado activa. Este cuadro de lista desplegable muestra el nombre de la tabla de estilos de trazado asociada con la presentación o la ventana gráfica actual.

Editor. Si hace clic en el botón **Editor**, AutoCAD abrirá el **Editor de tablas de estilos de trazado**.

Asociado a. Muestra el nombre de la ficha (ya sea la ficha Modelo o una ficha de presentación) a la que está asociado el estilo de trazado.

El cuadro de diálogo **Seleccionar estilo de trazado** muestra además el nombre del estilo de trazado original y el del nuevo estilo que se asignará a los objetos seleccionados.

Si lo desea, puede seleccionar el estilo de trazado desde la línea de comando. La secuencia de solicitudes es la siguiente:

Comando: **-ESTILOTRAZ**
El estilo de trazado actual es "*estilo actual*"
Indique una opción [?/Actual]:

Tras la última solicitud, indique el nombre del estilo o escriba ? para que AutoCAD muestre una lista con todos los estilos disponibles en la **Ventana de texto de AutoCAD**.

Ejercicio 1 *General*

Realice el dibujo mostrado en la figura 3.18 y trácelo de acuerdo con las siguientes indicaciones. Se da por supuesto que el trazador admite seis plumillas.

1. Las líneas de los objetos deben trazarse con la plumilla 1.
2. Las líneas de cota y de centro deben trazarse con la plumilla 2.
3. El borde y el cuadro de rotulación deben trazarse con la plumilla 6.

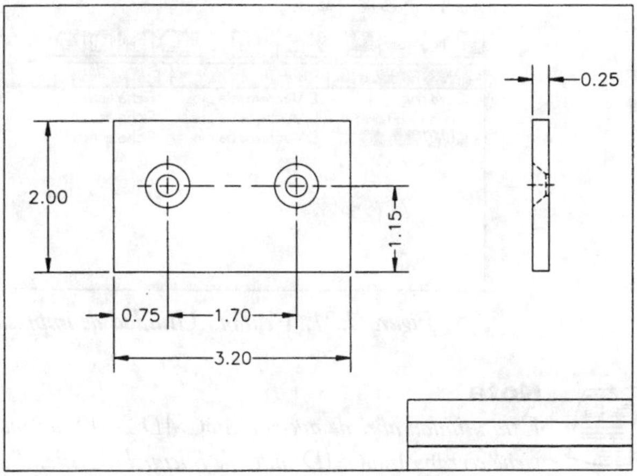

Figura 3.18. *Dibujo para el ejercicio 1.*

IMPRESIÓN POR LOTES

La impresión por lotes permite trazar varios dibujos con o sin los archivos de configuración asociados (archivos PC3). La impresión por lotes no es un comando de AutoCAD y no puede ejecutarse desde el programa. Se trata de una utilidad en Visual Basic que puede ejecutarse desde la solicitud de comandos del sistema. En los sistemas operativos Windows 95, 98 o NT, puede elegir la opción **Ejecutar** y seleccionar el archivo **Bartchplt.exe** contenido en la carpeta **Support\Batchplt** de AutoCAD (figura 3.19). También puede elegir la opción **Utilidad de impresión por lotes** que aparece en la carpeta de AutoCAD 2000 en los programas del menú **Inicio**.

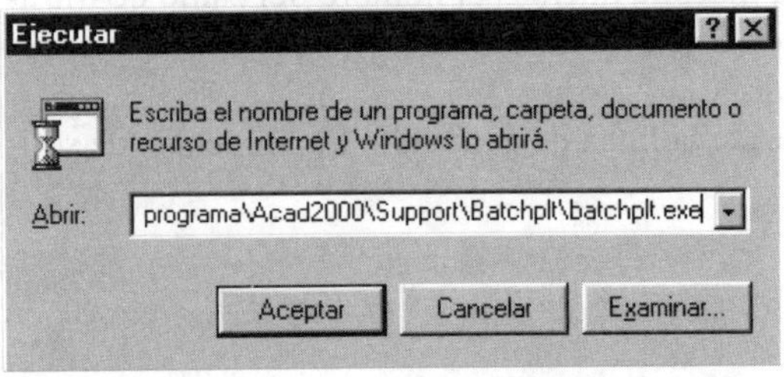

*Figura 3.19. Ejecución de la **Utilidad de impresión por lotes** con el cuadro de diálogo **Ejecutar**.*

*Figura 3.20. Ejecución de la **Utilidad de impresión por lotes** desde la carpeta de AutoCAD 2000 en los programas del menú **Inicio**.*

La impresión por lotes permite crear una lista con los archivos a imprimir. También puede asignar un archivo PC3 al nombre del dibujo. La lista puede guardarse en un archivo de impresión por lotes (**BP3**). La impresión por lotes permite cambiar la presentación a trazar, los parámetros de trazado o el dispositivo de impresión. Al iniciar la **Utilidad de impresión por lotes** con cualquiera de los métodos descritos arriba, aparece la ventana **Utilidad de impresión por lotes de AutoCAD** (figura 3.21).

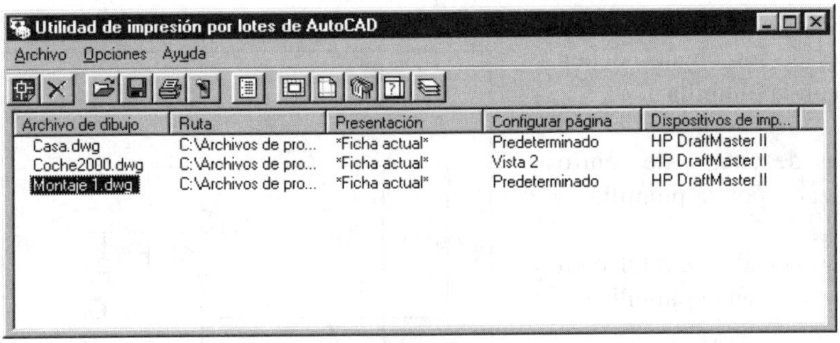

*Figura 3.21. Ventana **Utilidad de impresión por lotes de AutoCAD**.*

Nota

Esta utilidad abre de nuevo AutoCAD 2000 con independencia de si ya estaba abierto, por lo que conviene cerrar AutoCAD antes de iniciar la Utilidad de impresión por lotes.

La ventana **Utilidad de impresión por lotes** muestra la siguiente información para cada archivo de dibujo:

Archivo de dibujo. El nombre de archivo del dibujo a trazar.

Ruta. La ruta completa del archivo de dibujo.

Presentación. El nombre de la presentación que desea trazar.

Configurar página. El nombre de la configuración de página para imprimir el dibujo. En principio, muestra la configuración **Predeterminado**.

Dispositivo de impresión. El nombre del archivo **PC3** para el trazado del dibujo. En principio, muestra el dispositivo **Predeterminado**.

Menú Archivo (Ventana Utilidad de impresión por lotes)

Las siguientes opciones están disponibles en el menú **Archivo** de la ventana **Utilidad de impresión por lotes**.

Añadir dibujo. Abre el cuadro de diálogo **Añadir archivo de dibujo**, en el que puede seleccionar los archivos de dibujo que desee añadir al archivo de impresión por lotes.

Suprimir. Puede utilizar esta opción para eliminar de la lista de impresión por lotes los dibujos seleccionados.

Nueva lista. Puede utilizar esta opción para iniciar una nueva lista de impresión por lotes. Si ha realizado algún cambio desde la última vez que guardó la lista, AutoCAD le preguntará si desea guardarla antes de cerrarla.

Abrir lista. Muestra el cuadro de diálogo **Abrir archivo de lista de impresión por lotes**, en el que puede seleccionar y cargar un archivo **BP3**. El nuevo archivo reemplaza a la lista actual.

Añadir lista. Abre un cuadro de diálogo para añadir a la lista actual los dibujos guardados en un archivo de lista de impresión por lotes (BP3).

Guardar lista. Guarda la lista de impresión por lotes actual y la información PC3 en el archivo BP3.

Imprimir. Imprime los archivos de dibujo contenidos en la lista según las opciones configuradas en el correspondiente archivo PC3. La ventana de AutoCAD pasa a un primer plano y muestra cada uno de los dibujos conforme se vayan trazando. Si el dibujo se imprime sin problemas, aparecerá una marca de verificación junto al nombre del dibujo.

Prueba de impresión. AutoCAD abrirá los dibujos de la lista pero no los imprimirá. Puede comprobarlos en busca de refx, tipos de letra o formas perdidas. Puede utilizar la opción **Prueba de impresión** para corregir cualquier problema que pueda afectar a los dibujos durante su trazado.

Registro. Si elige **Registro**, la **Utilidad de impresión por lotes** muestra el cuadro de diálogo **Registro**. Puede crear un registro de impresión y un registro de errores. El **registro de impresión** almacena cuándo y quién imprimió cada uno de los dibujos. El **registro de errores** almacena la información correspondiente a cualquier error que pueda tener lugar durante la impresión por lotes.

Salir. La opción **Salir** cierra la **Utilidad de impresión por lotes**. Si no guarda la lista actual, perderá todos los cambios efectuados desde la última vez que la guardó.

Menú Opciones (Ventana Utilidad de impresión por lotes)

Las siguientes opciones están disponibles en el menú **Archivo** de la ventana **Utilidad de impresión por lotes**.

Presentaciones. Esta opción muestra el cuadro de diálogo **Presentaciones** (para uno o varios dibujos seleccionados). Puede utilizar este cuadro de diálogo para cambiar las presentaciones a imprimir. La presentación predeterminada es ***Ficha actual***, aquella en la que se encontraba el dibujo tras guardarlo por última vez.

Configuraciones de página. Esta opción abre el cuadro de diálogo **Configuraciones de página**, en el que aparece una lista con las configuraciones disponibles. También puede hacer clic en el botón **[...]** para importar nuevas configuraciones desde otros dibujos. Para convertir en actual cualquier configuración, selecciónela y haga clic en **Aceptar**.

Dispositivos de impresión. Esta opción ofrece una lista de todos los dispositivos de impresión con el cuadro de diálogo **Dispositivos de impresión**. Puede precisar un dispositivo de impresión diferente para trazar cada dibujo.

Parámetros de impresión. Esta opción muestra la ficha **Parámetros de impresión** del cuadro de diálogo **Parámetros de impresión**. Utilice esta ficha para precisar el área de impresión, la escala y otra información relacionada con la impresión del dibujo.

Capas. Esta opción muestra la ficha **Capas** del cuadro de diálogo **Parámetros de impresión**. Utilice esta ficha para precisar las capas a imprimir.

Archivos PC3

Los archivos **PC3** son los archivos de configuración que contienen la información referente al trazador y todos sus parámetros, así como el papel u otros medios de salida. Los archivos PC3 son totalmente independientes del dibujo y puede compartirlos con otros usuarios de AutoCAD. Esto permite utilizar la impresión por lotes para imprimir dibujos con diferentes trazadores e impresoras.

CREACIÓN DE LÍNEAS MÚLTIPLES

La función de líneas múltiples de AutoCAD permite dibujar líneas compuestas, formadas por un conjunto de líneas paralelas. Las líneas múltiples constan de entre 1 y 16 líneas paralelas llamadas **elementos**. Puede dibujar estas líneas con el comando **LINEAM**. Antes de dibujar líneas múltiples, debe definir el estilo de línea múltiple. Para ello puede utilizar el comando **ESTILOLM**. Además el comando **EDITARLM** permite editar las líneas múltiples.

DEFINICIÓN DEL ESTILO DE LÍNEA MÚLTIPLE (COMANDO ESTILOLM)

Menú:	Formato> Estilo de línea múltiple
Comando:	ESTILOLM

El comando **ESTILOLM** permite establecer el estilo de las líneas múltiples. Puede precisar el número de elementos en la línea múltiple y las propiedades de cada uno de ellos. El estilo también controla los finales de línea y el color de las líneas múltiples, así como el relleno. Al introducir este comando, AutoCAD muestra el cuadro de diálogo **Estilos de línea múltiple** (figura 3.22). Con este cuadro de diálogo puede configurar la separación entre las líneas paralelas, el patrón de tipo de línea, el color, el relleno sólido y el estilo de los extremos. El estilo de línea múltiple predeterminado (STANDARD) tiene dos líneas con equidistancias de 0.5 y -0.5 unidades respectivamente.

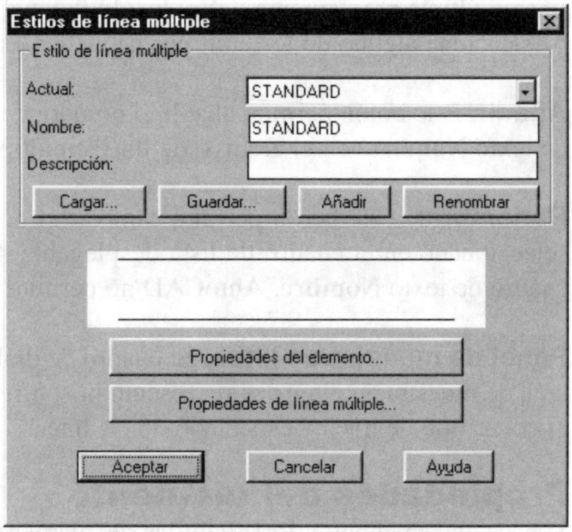

Figura 3.22. *Cuadro de diálogo* ***Estilos de línea múltiple.***

Sección Estilo de línea múltiple

La sección **Estilo de línea múltiple** del cuadro de diálogo **Estilos de línea múltiple** incluye las siguientes opciones.

Actual. Este cuadro de lista desplegable muestra el estilo de línea múltiple actual. Si ha definido varios estilos, el nombre del estilo actual aparece indicado en este cuadro. También puede elegir cualquiera de los estilos definidos previamente, incluidos en el cuadro de lista desplegable **Actual**. El estilo seleccionado pasará a ser el actual. La lista puede incluir los estilos de línea múltiple definidos en un dibujo de referencia externa.

Nombre. Este cuadro de texto permite indicar el nombre del estilo de línea múltiple que está definiendo. **STANDARD** es el estilo predeterminado. También puede utilizar este cuadro para cambiar el nombre de un estilo.

Descripción. Este cuadro de texto permite indicar una breve descripción para el estilo de línea múltiple. La descripción puede contener un máximo de 255 caracteres, espacios en blanco incluidos.

Cargar. Este botón permite cargar un estilo de línea múltiple desde un archivo de biblioteca de líneas múltiples externo (acad.mln). Al hacer clic en este botón, AutoCAD muestra el cuadro de diálogo Cargar estilos de línea múltiple. Con este cuadro de diálogo puede seleccionar el estilo que desee y convertirlo en actual. También puede hacer clic en Archivo para cargar un archivo de líneas múltiples (archivo .MLN) previamente definido. Una vez cargado el archivo, podrá seleccionar cualquier estilo definido en él.

Guardar. Este botón permite guardar o copiar el estilo de línea múltiple actual en un archivo externo (archivo .MLN). Si hace clic en este botón, AutoCAD mostrará el cuadro de diálogo **Guardar estilo de línea múltiple**. Este cuadro de diálogo muestra los nombres de los archivos de estilos de línea múltiple previamente definidos. Indique el nombre del archivo donde desea guardar el estilo o seleccione alguno de los archivos de estilos existentes.

Añadir. Este botón permite añadir el nombre del estilo de línea múltiple (el mostrado en el cuadro de texto **Nombre**) en el archivo de líneas múltiples actual (archivo .MLN).

Renombrar. Este botón permite cambiar el nombre del estilo de línea múltiple actual. El estilo seleccionado en el cuadro de lista desplegable **Actual** cambiará su nombre por el mostrado en el cuadro de texto **Nombre**. AutoCAD no permite cambiar el nombre del estilo STANDARD.

Panel de muestra de línea. El cuadro de diálogo **Estilos de línea múltiple** también incluye un área de muestra en el que se representa la configuración de línea múltiple actual. El panel muestra el color, tipo de línea y espaciado de las líneas.

Propiedades del elemento

Si hace clic en el botón **Propiedades del elemento** del cuadro de diálogo **Estilos de línea múltiple**, AutoCAD abrirá el cuadro de diálogo **Propiedades del elemento** (figura 3.23). Antes de efectuar cualquier cambio en este cuadro de diálogo, debería indicar un nombre nuevo en el cuadro de texto **Nombre** del cuadro de diálogo **Estilos de línea múltiple** y convertirlo en actual con el botón **Añadir**. Las opciones del cuadro del cuadro de diálogo Propiedades del elemento están destinadas a modificar las propiedades de las líneas individuales (elementos) que constituyen la línea múltiple. Se describen a continuación.

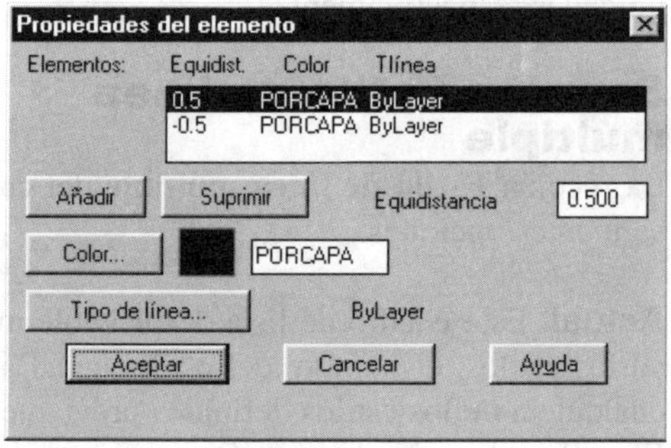

Figura 3.23. *Cuadro de diálogo* ***Propiedades del elemento.***

Elementos. Este cuadro muestra la equidistancia, el color y el tipo de línea de cada una de las líneas que constituyen el estilo de línea múltiple actual. Las líneas aparecen siempre indicadas en orden descendente según el valor de equidistancia. Por ejemplo, una línea con equidistancia de 0.5 aparece por encima de otra con 0.25.

Añadir. Este botón permite añadir nuevas líneas al estilo actual. Una línea múltiple puede contener un máximo de **16** elementos. Si hace clic en el botón **Añadir**, AutoCAD inserta una línea con un valor de equidistancia igual a **0**. Una vez insertada la línea, puede modificar sus propiedades con el cuadro de texto **Equidistancia** y los botones **Color** y **Tipo de línea**.

Suprimir. Este botón permite eliminar la línea seleccionada en el cuadro de lista **Elementos**.

Equidistancia. Este cuadro de texto permite modificar la distancia de desfase de la línea seleccionada en el cuadro de lista **Elementos**. La equidistancia se define con respecto a un punto de referencia (al que se asigna una equidistancia de cero) genérico, común para todas las líneas. La equidistancia puede tener un valor positivo o negativo, lo que permite modificar el espaciado entre las líneas por encima y por debajo de la referencia.

Color. Este botón permite asignar un color a la línea seleccionada. Al hacer clic en este botón, AutoCAD abre el cuadro de diálogo **Seleccionar color**. Puede optar por alguno de los colores mostrados en este cuadro de diálogo. También puede indicar el número o nombre del color deseado en el cuadro de texto que aparece a la derecha de la muestra del color en el cuadro de diálogo **Propiedades del elemento**.

Tipo de línea. Este botón permite asignar un tipo de línea al elemento seleccionado. Al hacer clic en este botón, AutoCAD muestra el cuadro de diálogo **Seleccionar tipo de línea**. Una vez seleccionado el tipo de línea, haga clic en **Aceptar** para salir de este cuadro de diálogo.

Propiedades de línea múltiple

Si hace clic en el botón **Propiedades de línea múltiple** del cuadro de diálogo **Estilo de líneas múltiples**, AutoCAD mostrará el cuadro de diálogo **Propiedades de línea múltiple** (figura 3.24). Puede utilizar este cuadro de diálogo para definir diversas propiedades tales como mostrar juntas, extremos finales y relleno de fondo. No resulta conveniente modificar el estilo STANDARD, por lo que, en primer lugar, debería indicar un nombre nuevo en el cuadro de texto **Nombre** del cuadro de diálogo **Estilos de línea múltiple** y convertirlo en actual con el botón **Añadir**. A continuación se describen las opciones disponibles.

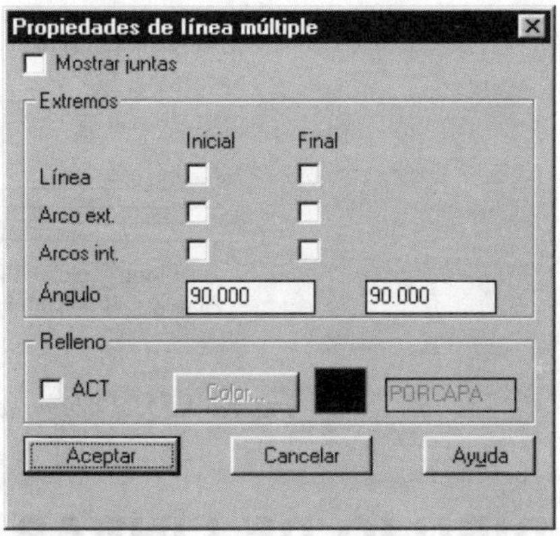

Figura 3.24. Cuadro de diálogo Propiedades de línea múltiple.

Mostrar juntas. Si activa la casilla de verificación **Mostrar juntas**, AutoCAD mostrará una línea de inglete (junta) a lo largo de todos los elementos de la línea múltiple en el punto donde dos líneas múltiples se encuentren. Si sólo dibuja un segmento de línea múltiple, no se crearán líneas de inglete (pues no existirá ningún punto de intersección).

Línea. Esta opción dibuja un extremo de línea al inicio o al final de cada línea múltiple. Incluye dos casillas de verificación para controlar el extremo inicial y el final (figura 3.25).

Arco exterior. Esta opción dibuja un arco (semicírculo) entre los extremos de los dos elementos más exteriores.

Arcos interiores. Esta opción controla la inserción o no de arcos al inicio o final de la línea múltiple. Los arcos se dibujan entre pares de elementos interiores. Por ejemplo, si hay dos líneas interiores, un arco unirá ambas en sus extremos. Sin embargo, si el número de líneas es impar, la línea central quedará desparejada y sin arco.

Ángulo. Esta opción controla el ángulo formado en los extremos inicial o final de la línea múltiple. Dicho ángulo puede tomar un valor entre 10 y 170 grados.

Relleno. Esta opción activa o desactiva el relleno. Si el relleno está activado, puede seleccionar su color con el botón **Color**. AutoCAD mostrará entonces el cuadro de diálogo estándar para la selección de color. También puede indicar un nombre o número de color en el cuadro de texto que aparece a la derecha de la muestra de color.

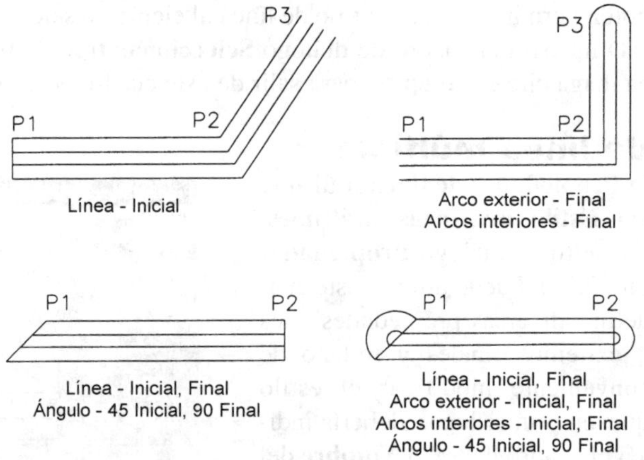

Figura 3.25. *Dibujo de líneas múltiples con diferentes tipos de extremos.*

DIBUJO DE LÍNEAS MÚLTIPLES (COMANDO LINEAM)

Barra de herramientas:	Dibujo > Línea múltiple
Menú:	Dibujo > Línea múltiple
Comando:	LINEAM

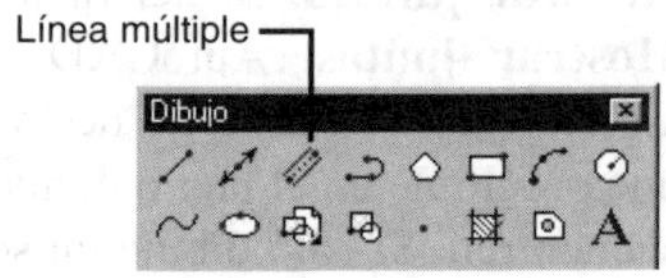

Figura 3.26. *Barra de herramientas **Dibujo**.*

Puede utilizar el comando **LINEAM** para dibujar líneas múltiples. A continuación se indica la secuencia de comandos para el comando **LINEAM**:

Comando: **LINEAM**
Parámetros actuales: Justificar = Máx, Escala = 20.00, Estilo = STANDARD
Precise punto inicial o [Justificar/eScala/Estilo]: *Precise un punto o indique **J**, **S** o **E** para modifica, respectivamente, la justificación, la escala o el estilo de línea múltiple.*
Precise el punto siguiente: *Precise el segundo punto.*
Precise siguiente punto o [desHacer]: *Precise un nuevo punto o indique **H** para deshacer el último segmento.*
Precise siguiente punto o [Cerrar/desHacer]: *Precise un nuevo punto, indique **H** o indique **C** para cerrar la línea múltiple y terminar el comando.*

Al iniciar el comando **LINEAM**, AutoCAD muestra en primer lugar el estado de la justificación, la escala y el estilo de la línea múltiple actual.

Opción Justificar

La justificación determina la forma en que se dibujará la línea entre los puntos precisados. El comando **LINEAM** puede disponer de tres justificaciones: **Máx**, **Cero** y **Mín** (figura 3.27).

Máx. Esta justificación da lugar a una línea múltiple cuya parte superior coincide con los puntos precisados cuando se dibuja de izquierda a derecha. Como la equidistancia de los elementos de una línea múltiple se ordena de forma descendente, la línea con el mayor valor positivo coincide con los puntos precisados.

Cero. Esta opción da lugar a una línea múltiple en la que la equidistancia cero coincide con los puntos precisados. Las líneas múltiples estarán centradas si las equidistancias positivas y negativas coinciden.

Mín. Esta opción da lugar a una línea múltiple cuyo elemento inferior (con el menor valor de equidistancia) coincide con los puntos precisados cuando la línea se dibuja de izquierda a derecha.

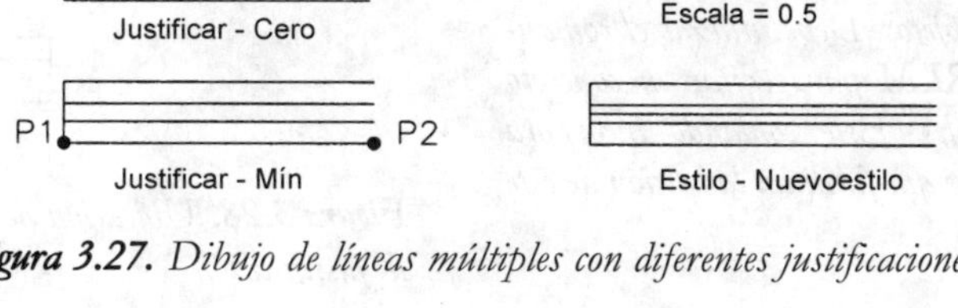

Figura 3.27. Dibujo de líneas múltiples con diferentes justificaciones.

Opción eScala

La opción **eScala** permite cambiar la escala de la línea múltiple. Por ejemplo, si el factor de escala es 0.5, la distancia entre las líneas (equidistancia) se reducirá a la mitad. Por tanto, el grosor de la línea múltiple será la mitad de la definición en el estilo. Un factor de escala negativo invierte el orden de las líneas de equidistancia. AutoCAD dibuja las líneas múltiples de forma que la línea con la mayor equidistancia aparece en la parte superior y la línea con la equidistancia menor se sitúa en la parte inferior. Si, por ejemplo, indica un factor de escala de -0.5, se invierte el orden en el que se dibujan los elementos, además de reducirse a la mitad el grosor de la línea múltiple. (La línea con la equidistancia menor aparecerá en la parte superior.) En esta explicación se supone que dibuja la línea múltiple de izquierda a derecha. Si dibuja las líneas de derecha a izquierda, el orden de los elementos es justo el inverso. Además, si el factor de escala es 0, AutoCAD forzará la línea múltiple en una única línea, que pese a todo conservará las propiedades de una línea múltiple. Esta escala no afecta a la escala de tipo de línea (variable de sistema **LTSCALE**).

Opción Estilo

La opción **Estilo** permite cambiar el estilo de línea múltiple actual. En primer lugar, debe definir el estilo antes de poder seleccionarlo con esta opción.

EDICIÓN DE LÍNEAS MÚLTIPLES (CON PINZAMIENTOS)

Puede utilizar los pinzamientos para editar las líneas múltiples (figura 3.28). Al seleccionar una línea múltiple, sus pinzamientos aparecen en los puntos finales, según la justificación utilizada al dibujar dicha línea. Por ejemplo, si ha dibujado una línea múltiple con la justificación **Máx**, sus pinzamientos aparecerán en los extremos del elemento superior (si la dibujó de izquierda a derecha). De igual forma, para las justificaciones **Cero** o **Mín**, los pinzamientos aparecerán en el elemento central o inferior, respectivamente.

Nota

Las líneas múltiples no admiten determinados comandos de edición, como PARTE, CHAFLAN, EMPALME, RECORTA y ALARGA. No obstante, puede utilizar comandos tales como COPIA, DESPLAZA, SIMETRIA, ESTIRA y DESCOMP, así como ciertos modos de referencia a objetos. Debe utilizar el comando EDITARLM para editar en concreto líneas múltiples. Este comando incorpora varias opciones que facilitan la edición de este tipo de líneas.

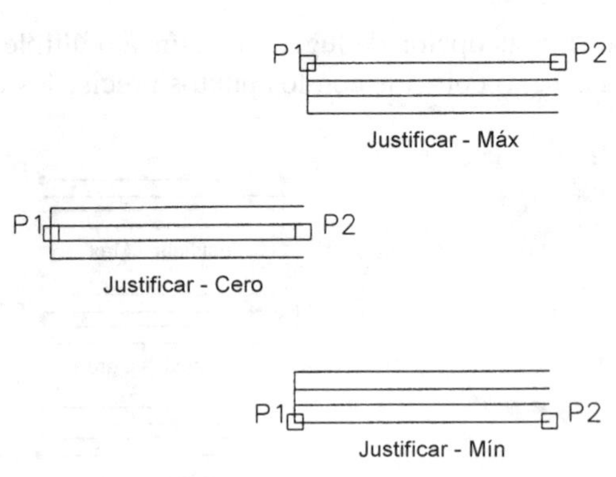

Figura 3.28. *Ubicación de los pinzamientos según la justificación.*

EDICIÓN DE LÍNEAS MÚLTIPLES (CON EL COMANDO EDITARLM)

Barra de herramientas:	Modificar II > Editar línea múltiple
Menú:	Modificar > Línea múltiple
Comando:	EDITARLM

Al ejecutar el comando **EDITARLM**, AutoCAD muestra el cuadro de diálogo **Herramientas de edición de líneas múltiples** (figura 3.30). Este cuadro de diálogo contiene cinco herramientas básicas de edición. Para editar una línea múltiple, elija en primer lugar la operación que desee realizar; haga doble clic sobre la casilla correspondiente o seleccione la casilla y haga clic en **Aceptar**. A continuación AutoCAD solicitará que seleccione el objeto al que aplicar la opción elegida. Si pulsa INTRO tras terminar la edición, el cuadro de diálogo aparecerá de nuevo y podrá seleccionar una nueva herramienta de edición. A continuación se indica la lista de opciones para la edición de líneas múltiples:

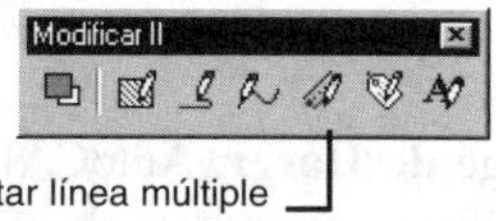

Figura 3.29. Barra de herramientas Modificar II.

Intersección en cruz
- Cruz cerrada
- Cruz abierta
- Fusión en cruz

Intersección en T
- T cerrada
- T abierta
- Fusión en T

Unión en esquina

Adición y eliminación de vértices
- Añadir vértice
- Eliminar vértice

Corte y soldado de líneas múltiples
- Cortar 1
- Cortar todo
- Soldar todo

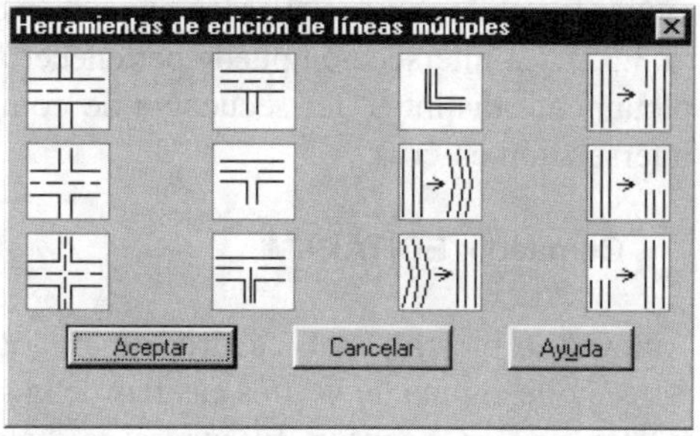

*Figura 3.30. Cuadro de diálogo **Herramientas de edición de líneas múltiples**.*

Intersección en cruz

Con las opciones del comando **EDITARLM** puede crear tres tipos de intersección en cruz: cerrada, abierta y fusión. Debe tener cuidado a la hora de seleccionar los objetos, pues el orden en que los designe determina la forma final de línea múltiple (figura 3.31). La intersección puede pertenecer a la misma línea múltiple o a dos líneas múltiples completamente distintas. A continuación se indica la secuencia de comandos para crear la intersección en cruz.

Comando: **EDITARLM**

AutoCAD mostrará el cuadro de diálogo **Herramientas de edición de líneas múltiples**. Seleccione alguna de las tres casillas de la primera columna (**Cruz cerrada**, **Cruz abierta** o **Fusión en cruz**) y haga clic en **Aceptar**. El cuadro de diálogo desaparecerá de la pantalla y la línea de comando mostrará las siguientes solicitudes:

Designe primera línea múltiple: *Seleccione la primera línea múltiple.*
Designe segunda línea múltiple: *Seleccione la segunda línea múltiple.*
Designe primera línea múltiple o [desHacer]:

Si elige **desHacer**, AutoCAD deshace la última operación y solicita que designe de nuevo la primera línea múltiple. Si designa otra línea múltiple, AutoCAD solicitará la segunda línea múltiple. De esta forma podrá repetir la misma operación tantas veces como desee con diferentes objetos. Si pulsa INTRO dos veces, aparecerá de nuevo el cuadro de diálogo **Herramientas de edición de líneas múltiples**.

Intersección en T

Con las opciones del comando **EDITARLM** puede crear tres tipos de intersección en cruz: cerrada, abierta y fusión. Al igual que con la intersección en T, debe tener cuidado a la hora de seleccionar los objetos, pues el orden en que los designe determina la forma final de línea múltiple (figura 3.32). La intersección puede pertenecer a la misma línea múltiple o a dos líneas múltiples completamente distintas. La secuencia de comandos para la intersección en T coincide con la de la intersección en cruz.

Comando: **EDITARLM**

AutoCAD mostrará el cuadro de diálogo **Herramientas de edición de líneas múltiples**. Seleccione alguna de las tres casillas de la segunda columna (**T cerrada**, T **abierta** o **Fusión en T**) y haga clic en **Aceptar**. El cuadro de diálogo desaparecerá de la pantalla y la línea de comando mostrará las siguientes solicitudes:

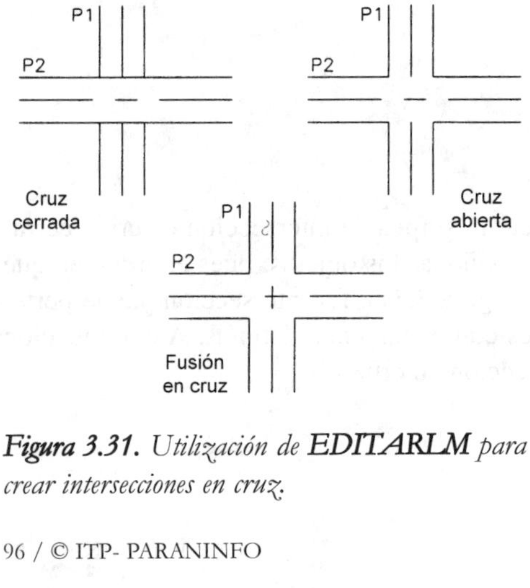

Figura 3.31. *Utilización de EDITARLM para crear intersecciones en cruz.*

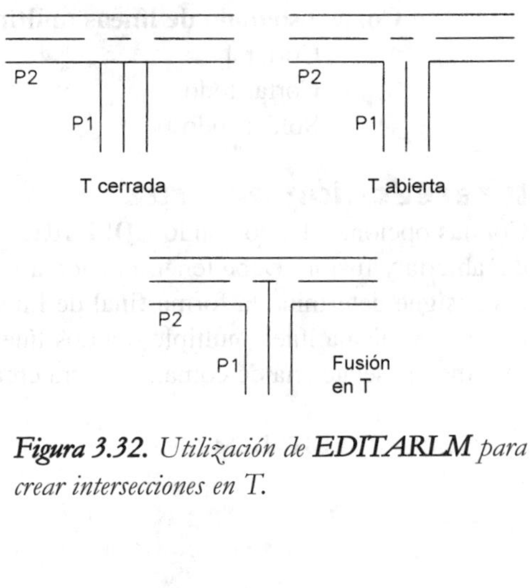

Figura 3.32. *Utilización de EDITARLM para crear intersecciones en T.*

Designe primera línea múltiple: *Seleccione la primera línea múltiple.*
Designe segunda línea múltiple: *Seleccione la segunda línea múltiple.*
Designe primera línea múltiple o [desHacer]: *Seleccione de nuevo una primera línea múltiple, indique **H** o pulse INTRO.*

Unión en esquina

La opción **Unión en esquina** crea una esquina en la intersección (real o ficticia) de las dos líneas múltiples seleccionadas. Las dos líneas múltiples deben ser objetos diferentes (figura 3.33). Tras designar las dos líneas múltiples, AutoCAD corta o alarga las líneas múltiples para que formen una esquina. A continuación se indica la secuencia de comandos para crear la unión en esquina.

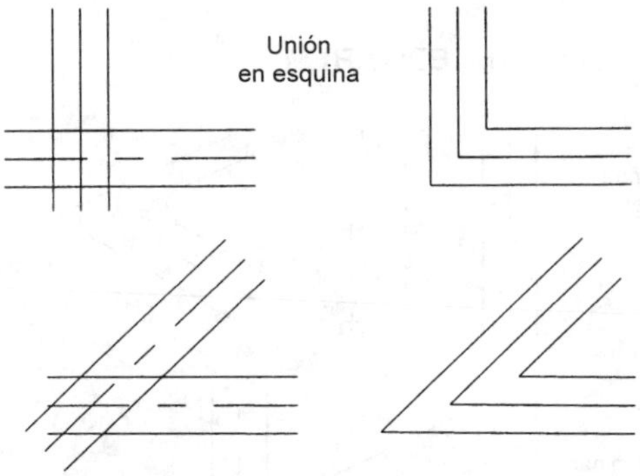

***Figura 3.33.** Utilización de EDITARLM para crear una unión en esquina.*

Comando: **EDITARLM**

AutoCAD mostrará el cuadro de diálogo **Herramientas de edición de líneas múltiples.** Seleccione la primera casilla de la tercera columna, **Unión en esquina**, y haga clic en **Aceptar**. El cuadro de diálogo desaparecerá de la pantalla y la línea de comando mostrará las siguientes solicitudes:

Designe primera línea múltiple: *Seleccione la primera línea múltiple.*
Designe segunda línea múltiple: *Seleccione la segunda línea múltiple.*
Designe primera línea múltiple o [desHacer]: *Seleccione de nuevo una primera línea múltiple, indique **H** o pulse INTRO.*

Adición y eliminación de vértices

Puede utilizar el comando **EDITARLM** para añadir o eliminar vértices de una línea múltiple (figura 3.34). Si elige **Añadir vértice** (la segunda casilla de la tercera columna), AutoCAD inserta un punto de vértice en el punto en el que designó la línea múltiple. Si elige **Eliminar vértice** (la tercera casilla de la tercera columna), designe la línea múltiple en la que desea eliminar un vértice. AutoCAD eliminará el vértice que aparece en la dirección positiva del segmento seleccionado de la línea múltiple.

Comando: **EDITARLM**

AutoCAD mostrará el cuadro de diálogo **Herramientas de edición de líneas múltiples**. Seleccione **Añadir vértice** o **Eliminar vértice** y haga clic en **Aceptar**. El cuadro de diálogo desaparecerá de la pantalla y la línea de comando mostrará las siguientes solicitudes:

Designe línea múltiple: *Seleccione la línea múltiple.*
Designe línea múltiple o [desHacer]: *Seleccione otra línea múltiple, indique **H** o pulse INTRO.*

Corte y soldado de líneas múltiples

Puede utilizar el comando **EDITARLM** para cortar o soldar los elementos de una línea múltiple. Si corta una línea múltiple, no conseguirá crear dos líneas múltiples independientes. Las dos porciones continuarán formando parte del mismo objeto. Además, los puntos designados para el corte de la línea múltiplc no tienen por qué pertenecer al mismo elemento (figura 3.35). Por su parte, la opción **Soldar todo** vuelve a unir la línea múltiple anteriormente cortada.

Comando: **EDITARLM**

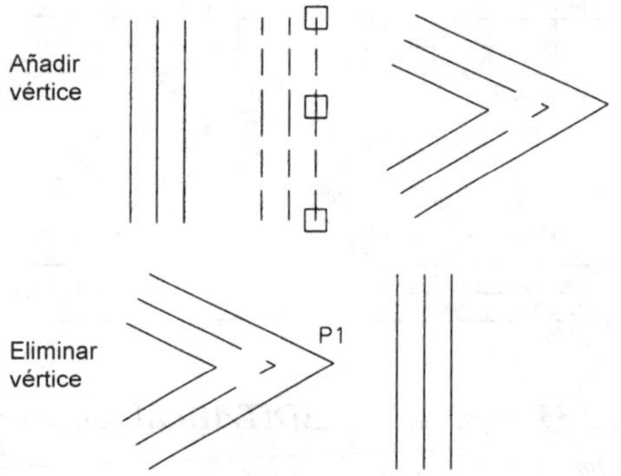

Figura 3.34. Utilización de EDITARLM para añadir o eliminar vértices.

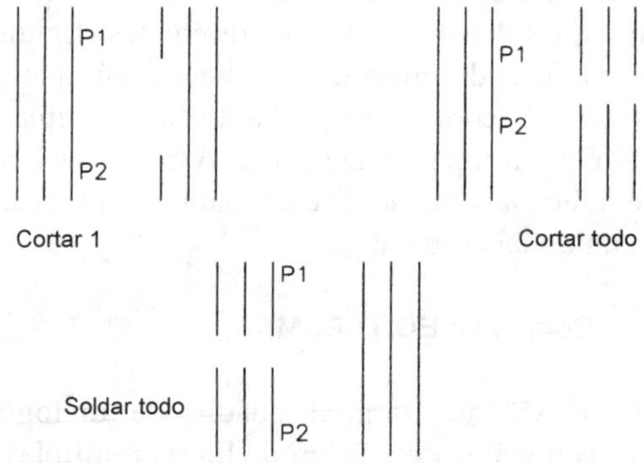

Figura 3.35. Utilización de EDITARLM para cortar o soldar líneas múltiples.

AutoCAD mostrará el cuadro de diálogo **Herramientas de edición de líneas múltiples**. Seleccione la casilla deseada de la cuarta columna (**Cortar 1**, **Cortar todo** o **Soldar todo**). El cuadro de diálogo desaparecerá de la pantalla y la línea de comando mostrará las siguientes solicitudes:

Designe línea múltiple: *Seleccione la línea múltiple.*
Designe segundo punto: *Seleccione el segundo punto.*
Designe línea múltiple o [desHacer]: *Seleccione otra línea múltiple, indique **H** o pulse INTRO.*

COMANDO -EDITARLM

También puede editar las líneas múltiples desde la línea de comando sin utilizar el cuadro de diálogo **Herramientas de edición de líneas múltiples**. Para conseguirlo, introduzca **-EDITARLM** en la solicitud de comando.

Comando: **-EDITARLM**
Indique la opción de edición de líneam [CC/CA/FC/TC/TA/FT/UE/AV/EV/C1/CT/ST]:

Una vez elegida una opción, AutoCAD mostrará sus correspondientes solicitudes, tal como se ha descrito para el caso del comando **EDITARLM**. Las opciones disponibles desde la línea de comando son las siguientes:

CC	Cruz cerrada	**UE**	Unión en esquina
CA	Cruz abierta	**AV**	Añadir vértice
FC	Fusión en cruz	**EV**	Eliminar vértice
TC	T cerrada	**C1**	Cortar 1
TA	T abierta	**CT**	Cortar todo
FT	Fusión en T	**ST**	Soldar todo

VARIABLES DE SISTEMA PARA LINEAM

CMLJUST Almacena la justificación de la línea múltiple actual (0-Máx, 1-Cero, 2-Mín).
CMLSCALE Almacena la escala de la línea múltiple actual (1.0000 es la escala por defecto).
CMLSTYLE Almacena el nombre del estilo de línea actual (STANDARD es predeterminado).

Ejemplo 1

En el siguiente ejemplo, crearemos un estilo de línea múltiple para representar una pared con estructura de madera. La estructura consiste en un panel de madera de 10 mm, un aglomerado de 70 mm y otro panel de 10 mm. Siga estos pasos:

1. Utilice el comando **ESTILOLM** para abrir el cuadro de diálogo **Estilos de línea múltiple**. Vamos a crear un nuevo estilo a partir del estilo actual STANDARD.

2. En el cuadro de texto **Nombre**, reemplace **STANDARD** por **paredmadera**.

3. En el cuadro de texto **Descripción**, escriba **Pared con estructura de madera**.

4. Haga clic en el botón **Añadir** para convertir el nuevo estilo en actual.

5. Haga clic en el botón **Propiedades del elemento**. Aparecerá el cuadro de diálogo **Propiedades del elemento**. Este cuadro de diálogo muestra todavía las propiedades del estilo STANDARD.

6. Seleccione la primera línea mostrada en el cuadro de lista **Elementos**. En el cuadro de texto **Equidistancia**, reemplace **0.500** por **35**. De esta forma conseguirá definir la primera línea 35 mm por encima de la línea de centro de la pared.

7. Seleccione la primera línea mostrada en el cuadro de lista **Elementos**. En el cuadro de texto **Equidistancia**, reemplace **-0.500** por **-35**. De esta forma conseguirá definir la primera línea 35 mm por debajo de la línea de centro de la pared.

8. Haga clic en el botón **Añadir** para incluir una nueva línea en el estilo.

9. En el cuadro de texto **Equidistancia**, reemplace el valor **0.0000** de la nueva línea por **45**.

10. En el cuadro de texto **Color**, reemplace **PORCAPA** por **amarillo**.

11. Repita los pasos 8 a 10. Esta vez, indique el valor **-45** en el paso 9.

12. Haga clic en **Aceptar** para aceptar los cambios realizados y regresar al cuadro de diálogo **Estilos de línea múltiple**. Podrá comprobar el aspecto del nuevo estilo de línea múltiple.

13. Haga clic en el botón **Guardar** para guardar el estilo de línea múltiple actual en un archivo externo y así poder utilizarlo de nuevo en posteriores sesiones de dibujo. En el cuadro de diálogo **Guardar estilo de línea múltiple**, seleccione el archivo (o indique el nombre del archivo) en el que desea guardar el estilo actual. Haga clic en **Guardar**.

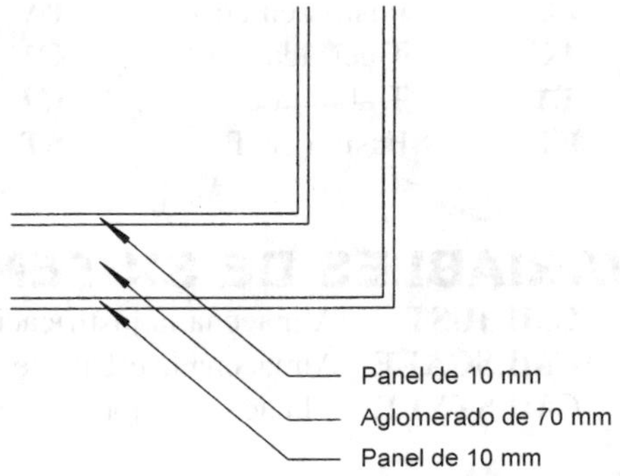

Figura 3.36. *Creación de un estilo de línea múltiple para una pared de madera.*

14. Haga clic en Aceptar para regresar al dibujo. Para comprobar el nuevo estilo, dibuje algunas líneas con el comando **LINEAM** (figura 3.36).

DIBUJO DE LÍNEAS AUXILIARES (COMANDOS LINEAX Y RAYO)

Barra de herramientas:	Dibujo > Línea auxiliar
Menú:	Dibujo > Línea auxiliar
Comando:	LINEAX

Los comandos **LINEAX** y **RAYO** permiten dibujar líneas infinitas. Una línea auxiliar (o líneax) es una línea 3D que se extiende hasta el infinito en ambas direcciones. Como la línea tiene longitud infinita, no tiene puntos finales. Por su parte, un rayo es una línea 3D que se extiende hasta el infinito en una sola dirección. Es decir, partiendo de un extremo, se extiende hasta el infinito. Las líneasx y los rayos tienen una extensión cero. Esto significa que tales líneas no afectan a comandos que trabajan con la extensión del dibujo, como por ejemplo la opción **Todo** del comando **ZOOM**. La mayoría de las referencias a objetos funcionan con las líneas x y los rayos, si bien hay que tener en cuenta algunas limitaciones: por ejemplo, no puede utilizar la referencia Punto final con una líneax pues, por definición, no posee puntos finales. En el caso de los rayos, podrá utilizar la referencia Punto final con uno de sus extremos. Además, las líneas auxiliares y los rayos adquieren las propiedades de la capa en la que se han dibujado. El tipo de línea será siempre continuo, con independencia del tipo de línea asignado a la capa

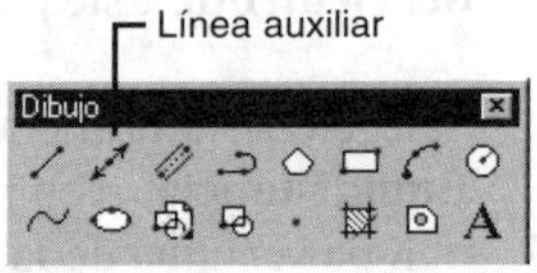

Figura 3.37. *Barra de herramientas* ***Dibujo****.*

(figura 3.38). El comando **RAYO** puede ejecutarse desde la solicitud de comando o con la opción **Rayo** del menú **Dibujo**.

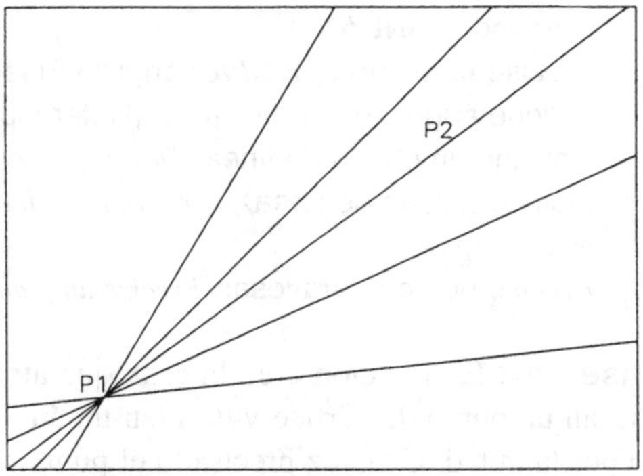

***Figura 3.38.** Dibujo de líneas auxiliares.*

Opciones de LINEAX

Precisar punto. Si elige la opción predeterminada, AutoCAD solicitará dos puntos para definir la línea auxiliar. Tras precisar el primer punto, la líneax girará dinámicamente en torno a dicho punto conforme desplace el cursor. Tras la siguiente solicitud, Precise punto a atravesar:, designe el segundo punto por el que pasará la líneax.

Comando: **LINEAX**
Precise un punto u [Hor/Ver/ángUlo/Bisectriz/Desfasar]: *Precise un punto.*
Precise punto a atravesar: *Precise el segundo punto.*

Horizontal. Esta opción crea líneasx horizontales que atraviesan los puntos designados. Cada línea queda definida por un único punto. Las líneasx serán paralelas al eje X del SCP actual (figura 3.39).

Vertical. Esta opción crea líneasx verticales que atraviesan los puntos designados. Cada línea queda definida por un único punto. Las líneasx serán paralelas al eje Y del SCP actual (figura 3.39).

Ángulo. Esta opción crea líneax que atraviesan el punto designado con un ángulo determinado (figura 3.40). Puede precisar el ángulo indicando un valor con el teclado. También puede utilizar la opción Referencia para precisar un ángulo relativo a un objeto de línea del dibujo. Una vez precisado el ángulo, bastará designar un punto para dibujar cada líneax. A continuación se muestra la secuencia de solicitudes para la opción **Ángulo**.

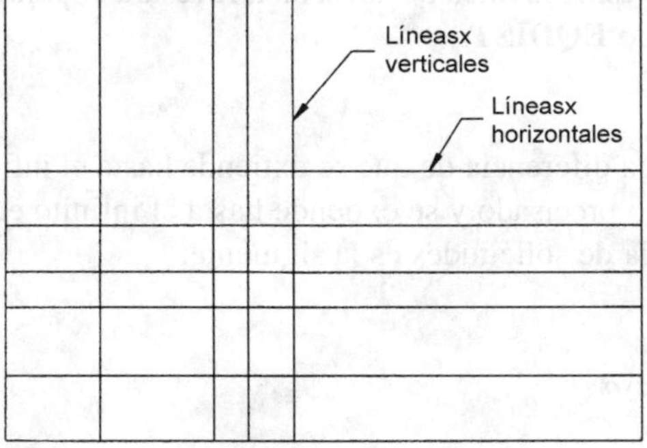

***Figura 3.39.** Utilización de las opciones **Horizontal** y **Vertical** del comando LINEAX.*

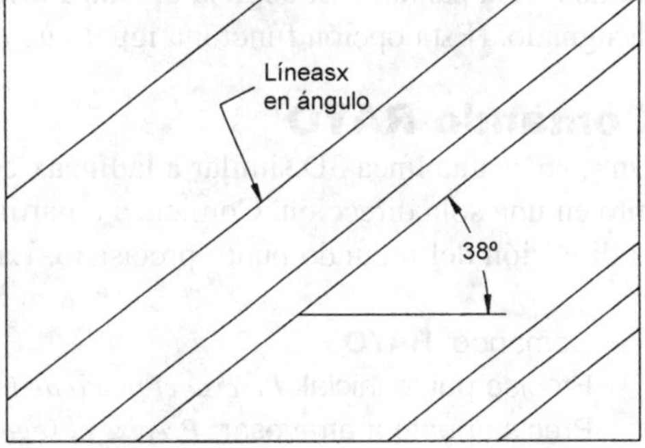

***Figura 3.40.** Utilización de la opción **Ángulo** del comando LINEAX.*

Comando: **LINEAX**
Precise un punto u [Hor/Ver/ángUlo/Bisectriz/Desfasar]: **U**
Indique ángulo de líneaX (0) o [Referencia]: **R**
Designe un objeto de línea: *Designe una línea.*
Indique ángulo de líneaX <0>: *Indique un ángulo (El sentido positivo de medición del ángulo es el antihorario.)*
Precise punto a atravesar: *Precise un punto.*

Bisectriz. Esta opción crea líneasx que atraviesan un punto de vértice y dividen un ángulo por la mitad. Una vez precisado el punto de vértice, precise dos puntos para definir el ángulo (figura 3.41). Puede utilizar las referencias a objetos para designar puntos sobre los objetos existentes. AutoCAD continuará solicitando puntos finales de ángulo para definir nuevas bisectrices. La secuencia de solicitudes es la siguiente:

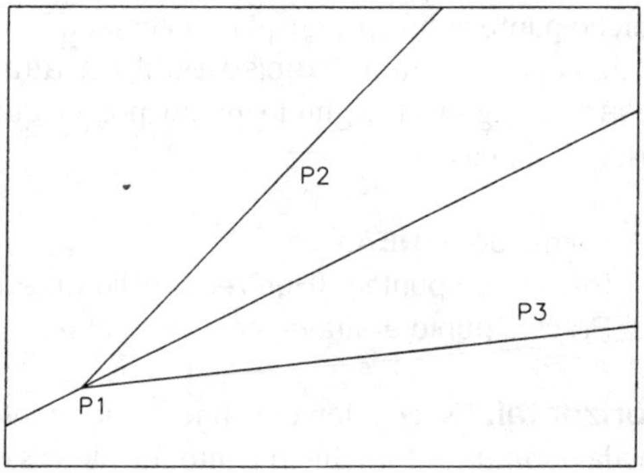

*Figura 3.41. Utilización de la opción **Bisectriz** del comando **LINEAX**.*

Comando: **LINEAX**
Precise un punto u [Hor/Ver/ángUlo/Bisectriz/Desfasar]: **B**
Precise punto de vértice de ángulo: *Precise un punto (P1).*
Precise punto inicial de ángulo: *Precise un punto (P2).*
Precise punto final de ángulo: *Precise un punto (P3).*
Precise punto final de ángulo: *Precise un nuevo punto P3 o pulse INTRO o ESC para terminar.*

Desfasar. La opción **Desfasar** crea líneasx paralelas a la línea designada, desfasada la distancia indicada. Puede definir la distancia de desfase indicando un valor con el teclado o designando dos puntos en la pantalla. Si elige la opción **Punto a atravesar**, la líneax desfasada atravesará el punto designado. (Esta opción funciona igual que el comando **EQDIST**.)

Comando RAYO

Un rayo es una línea 3D similar a la líneax con la única diferencia de que se extiende hasta el infinito en una sola dirección. Comienza a partir del punto precisado y se extiende hasta el infinito en la dirección del segundo punto precisado. La secuencia de solicitudes es la siguiente:

Comando: **RAYO**
Precise punto inicial: *Precise el punto de inicio del rayo.*
Precise punto a atravesar: *Precise el segundo punto.*
Precise punto a atravesar: *Precise un nuevo punto o pulse INTRO o ESC para terminar.*

CREACIÓN DE NURBS

Barra de herramientas:	Dibujo > Spline
Menú:	Dibujo > Spline
Comando:	SPLINE

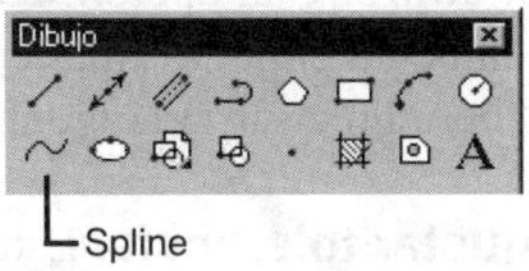

*Figura 3.42. Barra de herramientas **Dibujo**.*

Puede crear curvas **NURBS** con el comando **SPLINE**. NURBS es un acrónimo para **curvas Bezier-spline racionales no uniformes**. Las splines creadas con el comando **SPLINE** difieren de las polilíneas creadas con el comando **POL**. El aspecto no uniforme de la spline le permite disponer de esquinas suavizadas, pues el espacio entre los elementos que constituyen la spline puede ser irregular. El término "racional" indica que puede combinar geometría irregular (como arcos, círculos y elipses) con curvas de forma libre. La spline Bezier (B-spline) es el corazón que permite ajustar con precisión las curvas a los datos introducidos gracias a la interfaz Bezier de ajuste de curva. A continuación se indica la secuencia de solicitudes para dibujar la spline mostrada en la figura 3.43.

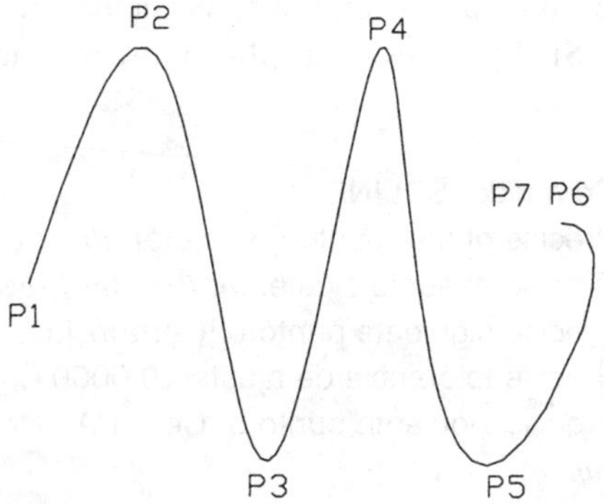

*Figura 3.43. Utilización del comando **SPLINE** para dibujar splines.*

Comando: **SPLINE**
Precise primer punto u [Objeto]: *Precise un punto (P1).*
Precise el punto siguiente: *Precise el siguiente punto (P2).*
Precise siguiente punto o [Cerrar/Ajustar tolerancia] <tangente inicial>: *Precise un punto (P3).*
Precise siguiente punto o [Cerrar/Ajustar tolerancia] <tangente inicial>: *Precise un punto (P4).*
Precise siguiente punto o [Cerrar/Ajustar tolerancia] <tangente inicial>: *Precise un punto (P5).*
Precise siguiente punto o [Cerrar/Ajustar tolerancia] <tangente inicial>: *Precise un punto (P6).*
Precise siguiente punto o [Cerrar/Ajustar tolerancia] <tangente inicial>: *Pulse INTRO.*
Precise tangente inicial: *Pulse INTRO para utilizar el valor predeterminado.*
Precise tangente final: *Precise un punto (P7).*

Opciones del comando SPLINE

Objeto. Esta opción permite convertir una polilínea uniforme 2D o 3D en una NURBS. AutoCAD suprime la polilínea original si la variable de sistema **DELOBJ** está definida en 1. Para convertir una polilínea en una polilínea uniforme, utilice el comando **EDITPOL**.

Comando: **SPLINE**
Precise primer punto u [Objeto]: **O**
Designe objetos para convertirlos en splines.
Designe objetos: *Designe la polilínea uniforme 2D o 3D.*

Cerrar. Esta opción permite cerrar la NURBS. Al utilizar esta opción, AutoCAD une automáticamente el punto final con el inicial. Tan sólo deberá precisar la tangente inicial.

Ajustar tolerancia. Esta opción permite controlar el ajuste de la polilínea entre los puntos precisados. Si indica un pequeño valor de ajuste de tolerancia, la spline pasará lo más próxima posible a los puntos precisados (figura 3.44). Si el valor es 0, la spline atravesará tales puntos.

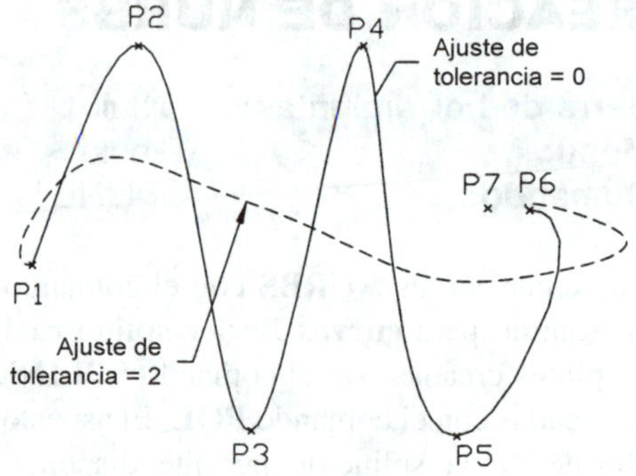

Figura 3.44. Creación de una spline con un ajuste de tolerancia igual a 2.

Comando: **SPLINE**
Precise primer punto u [Objeto]: *Precise el primer punto.*
Precise el punto siguiente: *Precise el segundo punto.*
Precise siguiente punto o [Cerrar/Ajustar tolerancia] <tangente inicial>: **A**
Precise tolerancia de ajuste <0.0000>: *Indique un valor.*
Precise siguiente punto o [Cerrar/Ajustar tolerancia] <tangente inicial>: *Continúe precisando puntos.*

Tangentes inicial y final. Estos valores permiten controlar el valor de la tangente de la spline en los puntos inicial y final. Si pulsa INTRO tras estas solicitudes, AutoCAD utilizará los valores por predeterminados. Por defecto, la tangente queda definida según su inclinación en el punto correspondiente.

EDICIÓN DE SPLINES (COMANDO EDITSPLINE)

Barra de herramientas:	Modificar II > Editar Spline
Menú:	Modificar > Spline
Comando:	EDITSPLINE

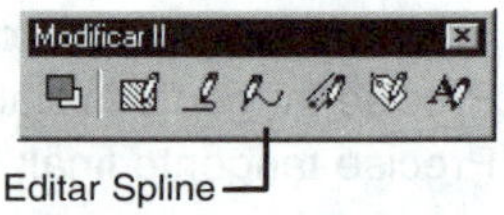

*Figura 3.45. Barra de herramientas **Modificar II**.*

El comando **EDITSPLINE** permite editar curvas NURBS. Con este comando puede ajustar los datos de la spline seleccionada, abrir o cerrar la spline, desplazar los puntos de vértice, precisar la spline e invertirla. Para ejecutar el comando **EDITSPLINE** con un menú contextual, seleccione la spline a modificar, haga clic con el botón derecho en el área de dibujo y elija **Editar Spline**. A continuación se muestra la secuencia de solicitudes para el comando **EDITSPLINE**:

Comando: **EDITSPLINE**
Designe spline:
Indique una opción [Ajustar datos/Cerrar/Desplazar vértices/Precisar/Invertir/desHacer]:

Opciones del comando EDITSPLINE

Ajustar datos. Al dibujar una spline, ésta se ajusta a los puntos precisados (puntos de ajuste). La opción **Ajustar datos** permite modificar la aproximación de la spline a dichos puntos (figura 3.46). Por ejemplo, si desea redefinir las tangentes de inicio y de final de la spline, seleccione **Ajustar datos** y elija después la opción **Tangentes**.

Comando: **EDITSPLINE**
Designe spline: *Designe una spline.*
Indique una opción [Ajustar datos/Cerrar/Desplazar vértices/Precisar/Invertir/desHacer]: **A**
Indique una opción de datos de ajuste
[añaDIr/Cerrar/sUprimir/Desplazar/Limpiar/Tangentes/tOlerancia/Salir] <Salir>: **T**
Precise tangente inicial o [Defecto sistema]: *Designe un punto (P0).*
Precise tangente final o [Defecto sistema]: *Designe un punto (P7).*

Cerrar. Esta opción permite cerrar o abrir una spline. Si elige la opción **Cerrar**, AutoCAD permite a continuación abrir, desplazar vértices, precisar o invertir la spline. A continuación se indica la secuencia de solicitudes para cerrar una spline (figura 3.47).

Indique una opción [Ajustar datos/Cerrar/Desplazar vértices/Precisar/Invertir/desHacer]: **C**
Indique una opción [aBrir/Desplazar vértices/Precisar/Invertir/desHacer/Salir] <Salir>: **S**

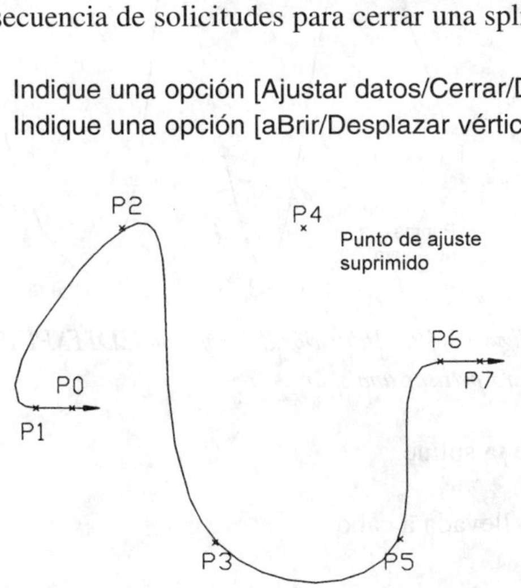

Figura 3.46. *Utilización del comando* **EDITSPLINE** *para ajustar puntos de ajuste.*

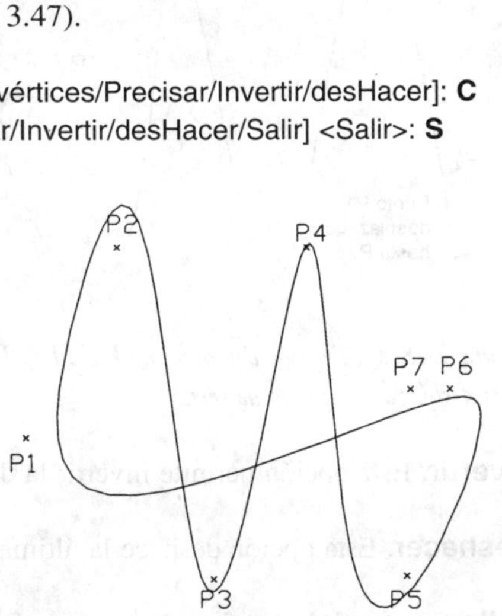

Figura 3.47. *Utilización del comando* **EDITSPLINE** *para cerrar una spline.*

Desplazar vértices. AutoCAD asocia las splines dibujadas al marco de control Bézier. La opción Desplazar vértices permite desplazar los vértices del marco de control. Para mostrar el marco con la spline, defina la variable de sistema **SPLFRAME** en 1. A continuación se indica la secuencia de comandos para desplazar uno de los puntos de vértice (figura 3.48):

Indique una opción [Ajustar datos/Cerrar/Desplazar vértices/Precisar/Invertir/desHacer]: **D**
Precise nueva ubicación o [siGuiente/Previo/Designar punto/Salir] <G>: *Indique una nueva ubicación (P0).*

Precise nueva ubicación o [siGuiente/Previo/Designar punto/Salir] <G>: **S**
Indique una opción [Cerrar/Desplazar vértices/Precisar/Invertir/desHacer/Salir] <Salir>: **S**

Precisar. Esta opción permite mejorar la forma de una spline añadiendo más puntos de apoyo, elevando el orden o aplicando grosor a los puntos de vértice. Por ejemplo, si desea añadir más puntos de apoyo a una spline, siga la siguiente secuencia de comandos (figura 3.49):

Indique una opción [Ajustar datos/Cerrar/Desplazar vértices/Precisar/Invertir/desHacer]: **P**
Indique una opción de precisión [Añadir punto apoyo/Elevar orden/Grosor/Salir] <Salir>: **A**
Precise un punto en la spline <salir>: *Precise un punto.*
Precise un punto en la spline <salir>: *Pulse INTRO.*
Indique una opción de precisión [Añadir punto apoyo/Elevar orden/Grosor/Salir] <Salir>: **S**

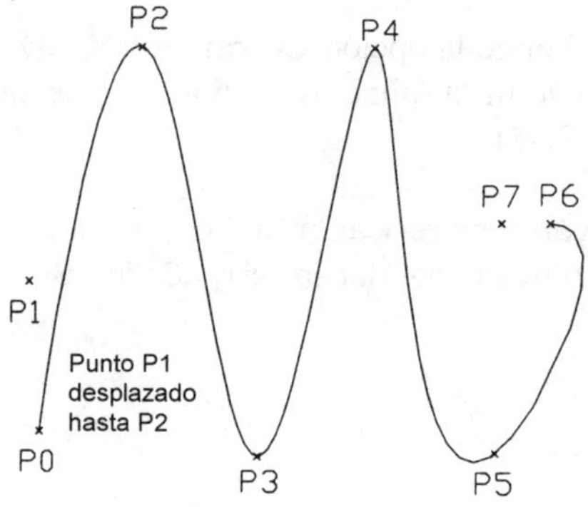

Figura 3.48. *Utilización del comando* **EDITSPLINE** *para desplazar un punto de vértice.*

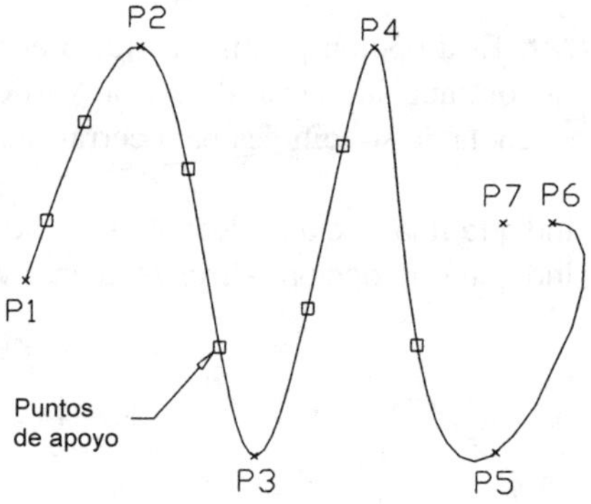

Figura 3.49. *Utilización del comando* **EDITSPLINE** *para precisar una spline.*

Invertir. Esta opción permite invertir la dirección de la spline.

Deshacer. Esta opción deshace la última operación llevada a cabo.

Salir. Esta opción permite regresar a la línea de comando.

Ejercicio 2 *General*

Realice el dibujo mostrado en la parte superior de la figura 3.50. Utilice después los comandos **SPLINE** y **EDITSPLINE**, así como los pinzamientos, para obtener el dibujo mostrado en la parte inferior. (Suponga las medidas no indicadas.)

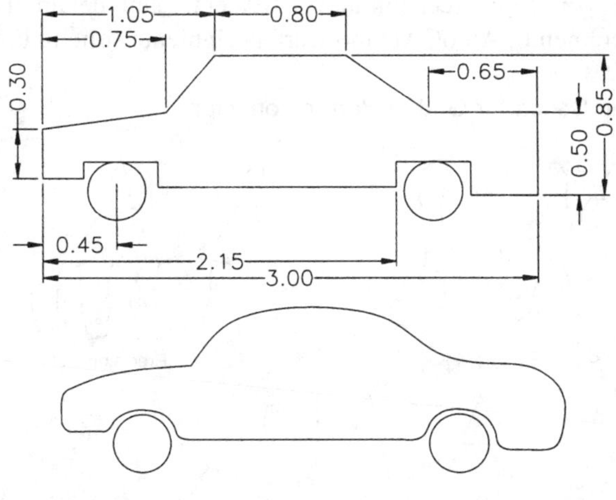

Figura 3.50. Dibujo para el ejercicio 2.

DIBUJO A MANO ALZADA EN AUTOCAD (COMANDO BOCETO)

Comando: BOCETO

En ocasiones quizá necesite dibujar objetos que no podrá obtener con el comando **LINEA** o con otros comandos de dibujo. Si desea conseguir, por ejemplo, el mapa de un país, mapas topográficos, diseños a mano alzada o firmas, puede utilizar el comando **BOCETO** de AutoCAD. El comando **BOCETO** permite desarrollar trazos a mano alzada. Para utilizar este comando debe disponer de un dispositivo señalador tal como un lápiz óptico, un ratón o un tablero digitalizador. Puesto que, como es lógico, deseará dibujar trazos a mano alzada lo más suaves posibles, debería desactivar el modo ortogonal y el forzado del cursor.

Comando: **BOCETO**

Una vez iniciado el comando, AutoCAD solicita un valor para la precisión, es decir, la longitud de los segmentos de línea que constituyen el elemento básico del boceto. A este valor también se le conoce como **incremento**. La variable de sistema **SKPOLY** controla el tipo de objeto utilizado para dibujar tales elementos básicos. Cuando **SKPOLY** está activada (1), genera segmentos de polilínea. Cuando **SKPOLY** está desactivada (0), genera segmentos de línea. Puede configurar la longitud de los segmentos de línea para el boceto tras la siguiente solicitud:

Precisión (incremento en unidades de dibujo) <*actual*>:

El incremento predeterminado es de 1 unidad de dibujo. Si desea aumentar la precisión del boceto y tener así mayor flexibilidad para el dibujo a mano alzada, reduzca este valor (figura 3.51). Como inconveniente, cuanto mayor sea la precisión mayor será el tamaño del archivo de dibujo. Una vez indicado el valor del incremento, AutoCAD mostrará la siguiente solicitud:

Boceto. Plumilla Salir Descartar Grabar Borrar Conectar

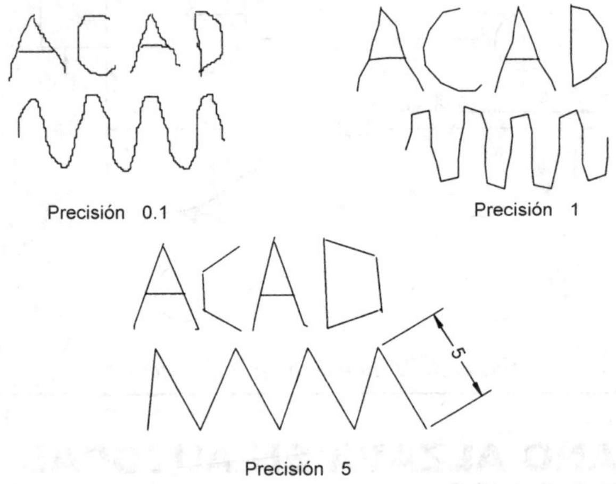

Figura 3.51. Dibujo a mano alzada con diferentes incrementos.

Opciones del comando BOCETO

Plumilla. Con esta opción puede iniciar o detener el dibujo a mano alzada. Al pulsar la tecla **P** tras la solicitud Boceto. Plumilla Salir Descartar Grabar Borrar Conectar, AutoCAD muestra el mensaje <Plumilla bajada>. En ese momento puede comenzar a dibujar desplazando el cursor. Si pulsa **P** de nuevo, AutoCAD mostrará el mensaje <Plumilla levantada> e interrumpirá el boceto.

. (punto). Esta opción dibuja una línea recta desde el punto final del último trazo dibujado hasta el punto en el que se encuentre actualmente el cursor. Desplace primero el cursor a la posición deseada y pulse después la tecla [.] (punto); AutoCAD dibujará la línea.

Conectar. Durante la utilización del comando BOCETO, en muchas ocasiones deberá "levantar la plumilla" para acceder al menú o para detener el dibujo a mano alzada. Tras acceder al menú, o cuando esté preparado para continuar el dibujo a mano alzada, puede continuar el boceto desde el último punto con la opción **Conectar**. Si borra una sección del boceto, la opción **Conectar** permite continuar desde el último punto del boceto restante. Para utilizar esta opción, pulse la tecla **C**.

Boceto. Plumilla Salir Descartar Grabar Borrar Conectar **C**
Conectar: Indique punto final de línea.

Acerque el cursor al último punto de la línea de boceto. En cuanto el cursor se aproxime a una distancia inferior al incremento de la precisión, AutoCAD mostrará el mensaje <Plumilla bajada> y podrá continuar el dibujo. Si no hay ninguna línea de boceto en pantalla pero elige esta opción, AutoCAD mostrará el mensaje:

No se conoce un último punto.

Si elige la opción **Conectar** cuando la plumilla está bajada, obtendrá el siguiente mensaje:

El comando de conexión carece de significado con la plumilla bajada.

Grabar. Esta opción convierte todas las líneas de boceto temporales en objetos permanentes del dibujo.

Borrar. Quizá cometa algún error durante el dibujo a mano alzada. La opción **Borrar** permite borrar el boceto desde el punto final hasta el punto deseado. Puede utilizar esta opción cuando la plumilla está bajada o levantada indistintamente. Si la plumilla está bajada, AutoCAD la levantará automáticamente.

Boceto. Plumilla Salir Descartar Grabar Borrar Conectar **B**
Borrar: Indique fin de borrado. <Plumilla levantada>

Lleve el cursor hasta el punto que desee borrar el boceto. Si, finalmente, no desea llevar a cabo el borrado, pulse de nuevo la tecla **B**. AutoCAD mostrará el siguiente mensaje:

Se ha interrumpido el borrado.

Si desea confirmar el borrado una vez indicada la sección a borrar, pulse la tecla **P** o el botón de designación del dispositivo señalador.

Salir. Con la opción **Salir** puede guardar todas las líneas temporales de boceto y regresar a la solicitud de comando. También puede pulsar INTRO o BARRA ESPACIADORA (ambas teclas tienen el mismo efecto que la opción **Salir**). AutoCAD mostrará un mensaje para indicar el número de líneas grabadas.

Descartar. Puede utilizar esta opción para salir del comando **BOCETO** sin grabar ninguna de las líneas temporales de boceto creadas tras la última vez que utilizó la opción **Grabar** o desde que inició el comando.

DIGITALIZACIÓN DE DIBUJOS

Durante la digitalización, la información del dibujo se transfiere al sistema CAD indicando los puntos del dibujo colocado en la superficie del tablero digitalizador. En ocasiones resulta más fácil digitalizar un dibujo existente que crearlo desde el principio en un sistema CAD. La digitalización de dibujos tiene una importante aplicación en la industria. Las ventajas que entraña disponer de los dibujos en un entorno CAD lleva a las empresas a digitalizar sus dibujos.

Si desea digitalizar un dibujo, debe disponer de un tablero de un tamaño igual al del dibujo más extenso que piense digitalizar. Sin embargo, a menudo nos encontramos con un tablero de menor tamaño que el del dibujo a digitalizar. En tales casos, una vez digitalizada una parte del dibujo (la máxima admitida por el tablero), continúe con el resto de las partes del dibujo. En AutoCAD, puede digitalizar dibujos con el modo Tablero. En el modo Tablero, AutoCAD utiliza el tablero como un digitalizador en lugar de como un dispositivo señalador. En este modo, el sistema de coordenadas del papel del dibujo puede trasladarse directamente hasta AutoCAD. Para activar el modo Tablero, ejecute el comando **TABLERO** o pulse la tecla de función F4.

Comando: **TABLERO**
Indique una opción [ACT/DES/CAL/CFG]: **ACT**

COMANDO TABLERO

Menú:	Herramientas > Tablero
Comando:	TABLERO

El primer paso para digitalizar un dibujo consiste en configurar el tablero para disponer del máximo área posible. Para ello puede utilizar el comando **TABLERO**.

Comando: **TABLERO**

Tras la siguiente solicitud, indique **CFG** (opción Configuración) para configurar el tablero.

Indique una opción [ACT/DES/CAL/CFG]: **ACT**

A continuación, AutoCAD solicitará que indique el número de menús de tablero que desea utilizar. Al digitalizar dibujos, la superficie total del tablero se destina a digitalizar el dibujo; por tanto, no utilice menús de tablero.

Número de menús de tablero que desea (0-4) <actual>: **0**

Tras la siguiente solicitud, indique **S** para cambiar la configuración del tablero

¿Desea precisar una nueva área fija de designación en pantalla? [Sí/No] <N>: **S**
Señale esquina inferior izquierda del área de designación: *Precise la esquina inferior izquierda del área de designación.*
Señale esquina superior derecha del área de designación: *Precise la esquina superior derecha del área de designación.*
¿Desea precisar el área flotante de designación en pantalla? [Sí/No] <N>: **N**

El siguiente paso para la digitalización de dibujos consiste en calibrar el tablero. Sujete sobre el tablero el dibujo a digitalizar con la ayuda de cinta adhesiva. Puede calibrar el tablero en espacio modelo y en espacio papel.

Comando: **TABLERO**
Indique una opción [ACT/DES/CAL/CFG]: **CAL**

A continuación, el modo Tablero se activará y el cursor en cruz desaparecerá de la pantalla. El proceso de calibración implica digitalizar dos o más puntos del dibujo e indicar sus coordenadas. Tales puntos pueden encontrarse en cualquier parte del dibujo. Una vez precisada la posición de los puntos y el valor de sus coordenadas, AutoCAD calibrará automáticamente el área de digitalización.

Digitalizar punto #1: *Digitalice el primer punto.*
Indique coordenadas para punto #1: *Indique las coordenadas del primer punto.*
Digitalizar punto #2: *Digitalice el segundo punto.*
Indique coordenadas para punto #2: *Indique las coordenadas del segundo punto.*
Digitalizar punto #3 (o INTRO para terminar): *Digitalice el tercer punto.*
Indique coordenadas para punto #3: *Indique las coordenadas del tercer punto.*
Digitalizar punto #4 (o INTRO para terminar): *Pulse INTRO para terminar.*

AutoCAD mostrará la Ventana de texto con la información de transformación.

Indique tipo de transformación [Ortogonal/Afín/Proyección/Repetir tabla] <Repetir>: **A**

Puede digitalizar tantos puntos de muestra como desee. Cuantos más puntos indique, más precisa será la digitalización. Si sólo digitaliza dos puntos, AutoCAD calculará automáticamente una transformación ortogonal. Si digitaliza tres o más puntos, AutoCAD calculará las transformaciones ortogonal, afín y de proyección. Tras configurar y calibrar el tablero, el cursor en cruz aparece de nuevo en pantalla. A continuación podrá utilizar el tablero para digitalizar el dibujo.

Área de designación flotante en pantalla

Puede configurar el tablero para dos áreas de designación: área de designación fija y área de designación flotante. Antes de configurar el tablero, el área de designación flotante en pantalla constituye toda su superficie. En ese momento, el tablero funciona como un dispositivo señalador. Puede utilizar la opción Configurar del comando **TABLERO** para modificar el área fija de designación en pantalla. Al iniciar el comando, AutoCAD solicita la digitalización de dos puntos: la esquina inferior izquierda y la superior derecha del nuevo área de designación en pantalla. Si desplaza el cursor digitalizador dentro del área de designación fija, el cursor de AutoCAD se desplazará dentro de la pantalla; el área de designación fija y la pantalla se corresponden directamente. También puede definir un área flotante con el mismo tamaño que el área de designación fija o con otras dimensiones. A continuación se indica la secuencia de solicitudes para precisar un área flotante de designación en pantalla.

Comando: **TABLERO**
Indique una opción [ACT/DES/CAL/CFG]: **CFG**
Número de menús de tablero que desea (0-4) <actual>: **0**
¿Desea precisar una nueva área fija de designación en pantalla? [Sí/No] <N>: **N**
¿Desea precisar el área flotante de designación en pantalla? [Sí/No] <N>: **S**

¿Desea que el área flotante de designación en pantalla tenga el mismo tamaño que el área fija? [Sí/No] <S>: **N**
Señale esquina inferior izquierda del área flotante del área de designación: *Precise la esquina inferior izquierda del área de designación.*
Señale esquina superior derecha del área flotante del área de designación: *Precise la esquina superior derecha del área de designación.*

A continuación, AutoCAD solicitará una tecla para activar/desactivar el área flotante de designación en pantalla. Por defecto, puede utilizar la tecla de función **F12** para cambiar entre el área fija y la flotante. También puede utilizar una tecla del cursor digitalizador. A su vez, la tecla **F4** permite activar o desactivar el modo Tablero para digitalizar dibujos.

Test de autoevaluación

Conteste a las siguientes preguntas y compare sus respuestas con las respuestas correctas mostradas al final del capítulo.

1. La configuración de los parámetros de trazado se almacena en archivos _________.

2. Si desea almacenar el trabajo de impresión en un archivo y no enviarlo directamente a una impresora, active la casilla de verificación ______________ en el cuadro de diálogo **Imprimir**.

3. La escala para la impresión puede establecerse con los cuadros de texto __________ del cuadro de diálogo **Imprimir**.

4. En la vista preliminar parcial, el __________ aparece representado gráficamente con un rectángulo blanco. El rectángulo azul indica el área del papel utilizado por la __________.

5. La opción Cero genera una línea múltiple de forma que su equidistancia cero coincide con el punto designado. (V/F)

6. Las líneas múltiples no pueden editarse con pinzamientos. (V/F)

7. También puede editar las líneas múltiples sin el cuadro de diálogo **Herramientas de edición de líneas múltiples**. Para conseguirlo, indique __________ en la solicitud de comando.

8. Cuanto __________ sea la precisión del boceto, mayor será el tamaño del archivo de dibujo.

9. La opción __________ permite salir del comando **BOCETO** tras guardar las líneas de boceto temporales.

10. Puede utilizar el cuadro de dista desplegable ______________ del cuadro de diálogo **Imprimir** para precisar el tamaño del papel en el que imprimir el dibujo.

11. Es posible imprimir los diferentes objetos de un dibujo con distintos colores, tipos de línea y grosores de línea. (V/F)

12. La vista preliminar completa lleva __________ tiempo que la parcial.

13. El comando __________ es exclusivo para la edición de líneas múltiples.

14. Si selecciona el botón de opción __________ del cuadro de diálogo **Imprimir**, AutoCAD sólo imprimirá el área del dibujo que contenga objetos.

Preguntas de revisión

Impresión

1. El comando __________ se utiliza para imprimir un dibujo.

2. Si selecciona el botón de opción **Vista** del cuadro de diálogo **Imprimir**, AutoCAD imprimirá una vista __________, creada previamente con el comando __________ en el dibujo actual.

3. Si, al imprimir, no desea mostrar las líneas ocultas de los objetos creados en espacio papel, active la casilla ________________ en la sección Parámetros de trazado del cuadro de diálogo **Imprimir**.

4. Para su impresión, los dibujos pueden girarse un ángulo de _____, _____, _____ ó _____ grados.

5. El botón __________ del cuadro de diálogo **Imprimir** permite comprobar el aspecto impreso del dibujo antes de imprimirlo realmente.

6. En la vista preliminar parcial, si los límites del __________ y del __________ se superponen en alguna parte, un rectángulo de color rojo advierte de este hecho.

Líneas múltiples

7. Puede dibujar líneas múltiples con el comando __________.

8. El comando __________ permite configurar estilos de línea múltiple.

9. El cuadro de texto Descripción permite describir el ________________.

10. Si hace clic en el botón Guardar podrá hacer una copia del estilo de línea múltiple actual en un archivo externo (archivo .mln). (V/F)

11. La justificación no determina la forma en que AutoCAD dibuja la línea múltiple entre los puntos precisados. (V/F)

12. La opción __________ permite cambiar la escala de una línea múltiple.

13. Con las opciones del comando __________ puede crear tres tipos de intersecciones en cruz: cerrada, abierta y fusión.

Líneasx, rayos y splines

14. Para dibujar líneas auxiliares y rayos utilice, respectivamente, los comandos __________ y __________.

15. Una línea auxiliar es una línea 3D que se extiende hasta el infinito en __________ direcciones.

16. Puede utilizar el comando __________ para crear NURBS. NURBS es un acrónimo para __________________________.

17. El comando __________ permite editar splines NURBS.

Dibujo a mano alzada y digitalización

18. El comando __________ permite dibujar a mano alzada en AutoCAD.

19. Para dibujar a mano alzada la plumilla debe estar __________.

20. La opción __________ del comando **BOCETO** se utiliza para dibujar una línea recta desde el punto final del último trazo hasta la posición actual del cursor.

21. La opción __________ del comando **BOCETO** permite salir del dibujo a mano alzada sin guardar las líneas temporales.

22. El comando __________ permite activar y desactivar el modo Tablero.

23. Para calibrar el tablero debe al menos _____ puntos y precisar sus valores de __________.

24. La digitalización permite trasladar un dibujo del papel a un sistema CAD. (V/F)

Ejercicios

Ejercicio 3 — *General*

Realice el dibujo mostrado en la figura 3.52 e imprímalo según las siguientes especificaciones. Se supone que el trazador admite seis plumillas.

1. El dibujo debe imprimirse en un papel de 210 x 297 mm.

2. Las líneas del marco deben tener un grosor de 0.25 mm.

3. Cambie **DIMSCALE** y el tamaño del texto de forma que la altura del texto de cota y la del texto sea de 3 mm al imprimir.

4. Las líneas de los objetos deben trazarse con la plumilla 1.

5. Las líneas de cota y de centro deben trazarse con la plumilla 2.

6. El borde y el cuadro de rotulación deben trazarse con la plumilla 3.

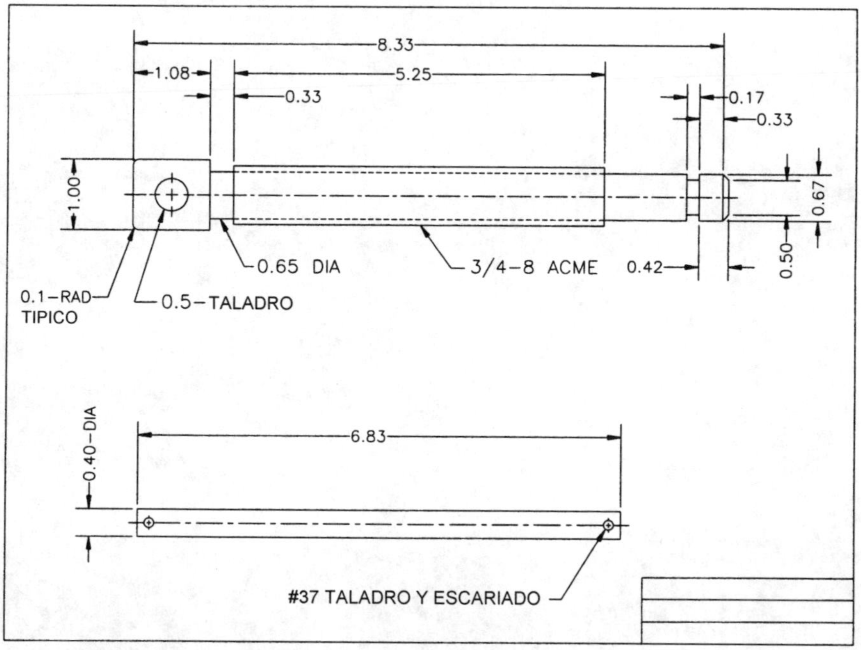

Figura 3.52. *Dibujo para el ejercicio 3.*

Respuestas al test de autoevaluación

1- PC3; **2-** Imprimir en archivo; **3-** Personalizada; **4-** papel, imagen; **5-** V; **6-** F; **7- -EDITARLM**; **8-** mayor; **9- Salir**; **10- Tamaño de papel**; **11-** V; **12-** más; **13- EDITARLM**; **14- Extensión**

Capítulo 4

Agrupación de objetos y comandos de edición

Objetivos del estudio

Tras completar este capítulo, será capaz de:

- *Utilizar el comando GRUPO para agrupar objetos.*
- *Seleccionar y alternar los grupos definidos.*
- *Cambiar las propiedades y los puntos de objetos con el comando CAMBIA.*
- *Efectuar operaciones de edición en polilíneas con el comando EDITPOL.*
- *Descomponer objetos compuestos con el comando DESCOMP.*
- *Deshacer comandos anteriores con el comando DESHACER.*
- *Cambiar el nombre de los objetos con el comando RENOMBRA.*
- *Utilizar el comando **LIMPIA** para suprimir los objetos guardados que no utilice.*
- *Cambiar el orden de visualización de los objetos con el comando ORDENAOBJETOS.*
- *Administrar el contenido de los dibujos con **AutoCAD DesignCenter**.*

AGRUPACIÓN DE OBJETOS (COMANDO GRUPO)

Comando: GRUPO

Puede utilizar el cuadro de diálogo **Agrupar objetos** (figura 4.1) para agrupar objetos de AutoCAD y asignar un nombre al grupo. Una vez creados los grupos, puede seleccionar los objetos según su nombre de grupo. Al formar grupos, las características individuales de cada objeto no se ven afectadas. La agrupación no es más que un mecanismo para facilitar el trabajo con varios objetos en conjunto. El proceso de selección se simplifica y resulta más rápido. Los objetos pueden formar parte de varios grupos distintos.

Aun cuando un objeto forme parte de un grupo, tendrá todavía la posibilidad de seleccionarlo como si no formara parte de ninguno. Para seleccionar un grupo puede indicar su nombre o designar cualquiera de los objetos que pertenecen a él. Puede comprobar qué objetos pertenecen a un grupo resaltándolos en el dibujo; también puede resaltar, uno tras otro, los diferentes grupos a los que pertenece un objeto. Utilice el comando **GRUPO** para abrir el cuadro de diálogo **Agrupar objetos**. Indique **-GRUPO** para utilizar su versión desde la línea de comando.

Comando: **-GRUPO**
Indique una opción de grupo
[?/Ordenar/Añadir/Suprimir/Descomponer/Renombrar/sEleccionable/Crear] <Crear>:

El cuadro de diálogo **Agrupar objetos** (figura 4.1) ofrece las siguientes opciones.

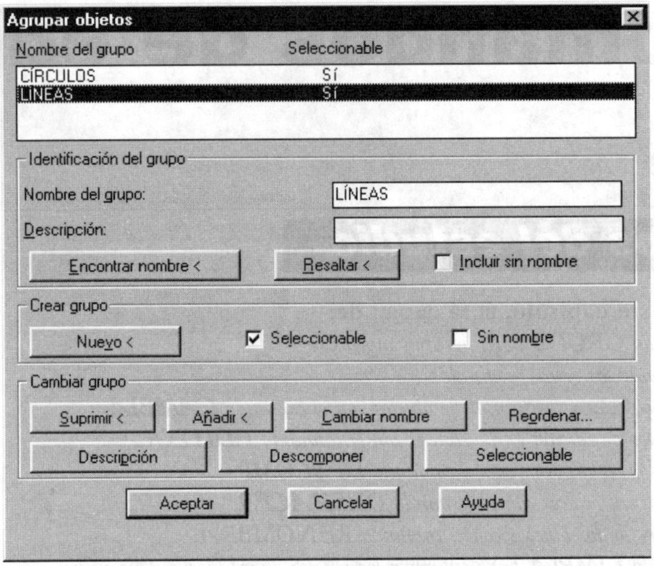

Figura 4.1. *Cuadro de diálogo **Agrupar objetos**.*

Nombre del grupo

El cuadro de lista **Nombre del grupo** del cuadro de diálogo **Agrupar objetos** muestra los nombres de los grupos existentes. Este cuadro también indica si cada grupo es o no **seleccionable**. Un grupo es **seleccionable** si para seleccionarlo basta con designar cualquiera de los objetos que lo componen.

Identificación del grupo

Esta sección del cuadro de diálogo **Agrupar objetos** muestra el nombre y la descripción del grupo seleccionado. También puede indicar el nombre y la descripción del nuevo grupo que desee crear.

Nombre del grupo. El cuadro de texto **Nombre del grupo** muestra el nombre del grupo existente o seleccionado. También puede utilizar el cuadro de texto **Nombre del grupo** para indicar el nombre de un grupo nuevo. Puede utilizar cualquier nombre, si bien resulta recomendable utilizar uno que refleje el tipo de objetos que forman el grupo. Por ejemplo, el nombre de grupo PAREDES puede incluir líneas que formen paredes. Los nombres de grupo pueden tener hasta 31 caracteres, incluidas letras, números y caracteres especiales ($, _ y -) que no se utilizan en AutoCAD con otros propósitos. Los nombres de grupo no pueden contener espacios en blanco.

Descripción. El cuadro de texto **Descripción** muestra la descripción del grupo existente o actual. Puede utilizarlo para indicar una descripción del nuevo grupo. El texto descriptivo puede contener un máximo de 448 caracteres, incluidos espacios en blanco.

Encontrar nombre. Utilice el botón **Encontrar nombre** para buscar el nombre o los nombres de grupo asociados a un objeto. Si hace clic en este botón, AutoCAD oculta temporalmente el cuadro de diálogo y solicita que designe el objeto. Una vez designado el objeto, aparece el cuadro de diálogo **Grupos a los que pertenece el objeto** (figura 4.2), donde puede comprobar la lista de los grupos a los que pertenece el objeto seleccionado.

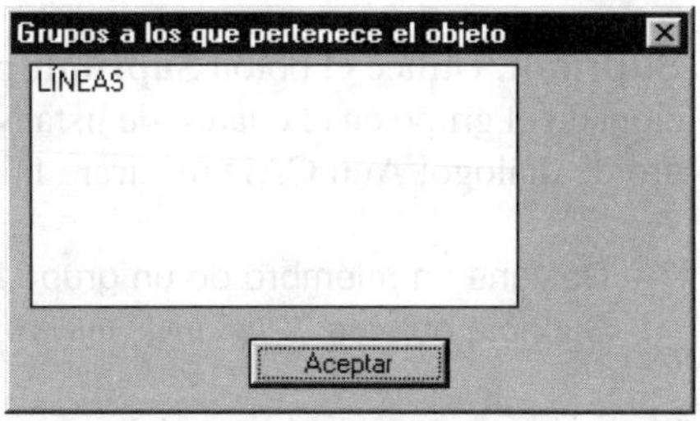

*Figura 4.2. Cuadro de diálogo **Grupos a los que pertenece el objeto**.*

Resaltar. El botón **Resaltar** permite resaltar los objetos pertenecientes al grupo elegido. Para elegir el grupo basta con seleccionar su nombre en el cuadro de lista **Nombres del grupo**.

Incluir sin nombre. La casilla de verificación **Incluir sin nombre** permite mostrar los nombres de los objetos no guardados. Los grupos no guardados aparecen al copiar todos los objetos de un objeto guardado. AutoCAD agrupa automáticamente los objetos copiados y les asigna un nombre. El formato que utiliza para tales nombres es An (por ejemplo, *A1, *A2, *A3, etc.) Si activa la casilla de verificación **Incluir sin nombre**, el cuadro de lista mostrará los nombres de los objetos no guardados. Los objetos no guardados aparecen también si no asigna nombre al grupo.

Crear grupo

Nuevo. Utilice el botón **Nuevo** para definir un nuevo grupo tras indicar su nombre en el cuadro de texto **Nombre del grupo**. Tras hacer clic en **Nuevo**, el cuadro de diálogo **Agrupar objetos** desaparece temporalmente; AutoCAD solicitará que designe los objetos. Tras seleccionar los objetos, el cuadro de diálogo aparecerá de nuevo. AutoCAD creará un nuevo grupo a partir de los objetos designados y del nombre y descripción indicados en los cuadros de texto correspondientes. El nombre del grupo aparecerá en el cuadro de lista **Nombre del grupo**. Los grupos en este cuadro de lista están ordenados alfabéticamente.

Seleccionable. La casilla de verificación **Seleccionable** permite definir si un grupo es o no seleccionable. Si el grupo es seleccionable, bastará con designar un objeto del grupo para seleccionar el grupo completo. La variable de sistema **PICKSTYLE** determina el sistema de selección. Si **PICKSTYLE** está definida en 0, podrá seleccionar por separado los elementos del grupo.

Sin nombre. Al definir un grupo, puede indicar un nombre para éste o no utilizar ninguno. Si activa la casilla de verificación **Sin nombre**, AutoCAD asignará automáticamente un nombre de grupo a los objetos seleccionados. Dicho nombre aparecerá en el cuadro de lista **Nombre del grupo**. El formato utilizado para los nombres es An (*A1, A2, A3, etc), donde n es un número que aumenta con cada nuevo grupo no guardado.

Cambiar grupo

Para acceder a las opciones de esta sección debe seleccionar primero el nombre de un grupo. Esta sección del cuadro de diálogo **Agrupar objetos** permite modificar las propiedades del grupo seleccionado.

Suprimir. Utilice el botón **Suprimir** para eliminar objetos del grupo seleccionado. Una vez seleccionado el grupo en el cuadro de lista Nombre del grupo, haga clic en **Suprimir** para ocultar el cuadro de diálogo; AutoCAD mostrará la siguiente solicitud en la línea de comando:

Designe un miembro de un grupo.Designe objetos que se van a suprimir del grupo...
Suprima objetos: *Seleccione objetos. (Designe los objetos que desee suprimir del grupo seleccionado.)*

Si suprime todos los objetos del grupo, el nombre del grupo todavía permanecerá. Utilice la opción **Descomponer** para eliminar la definición del grupo. Si suprime objetos de un grupo y vuelve a añadirlos posteriormente, dentro de la misma sesión de dibujo, los objetos conservarán su orden en el grupo.

Añadir. El botón **Añadir** permite agregar objetos al grupo seleccionado. Tras hacer clic en **Añadir**, desaparece el cuadro de diálogo y AutoCAD solicita que designe los objetos a añadir al grupo seleccionado. La solicitud mostrada por AutoCAD es similar a la que aparece con la opción **Suprimir**.

Cambiar nombre. Utilice el botón **Cambiar nombre** para cambiar el nombre del grupo seleccionado. Seleccione el grupo deseado en el cuadro de lista **Nombre del grupo** y escriba el nuevo nombre en el cuadro de texto **Nombre del grupo**. Después haga clic en **Cambiar nombre**.

Reordenar. El botón **Reordenar** permite cambiar el orden de los objetos en el grupo seleccionado. Los objetos se numeran según el orden en que los designó al seleccionar los objetos para el grupo. En ocasiones, al crear un camino de herramientas, quizá desee cambiar el orden de tales objetos para obtener una animación de herramientas continua. Para lograrlo, puede utilizar la opción **Reordenar**. Esta opción también resulta útil en algunas operaciones por lotes, en las que un objeto debe situarse por encima de otro por motivos de visualización. Al hacer clic en **Reordenar**, AutoCAD abre el cuadro de diálogo **Ordenar grupo** (figura 4.3). Utilice este cuadro de diálogo para modificar el orden de los componentes del grupo.

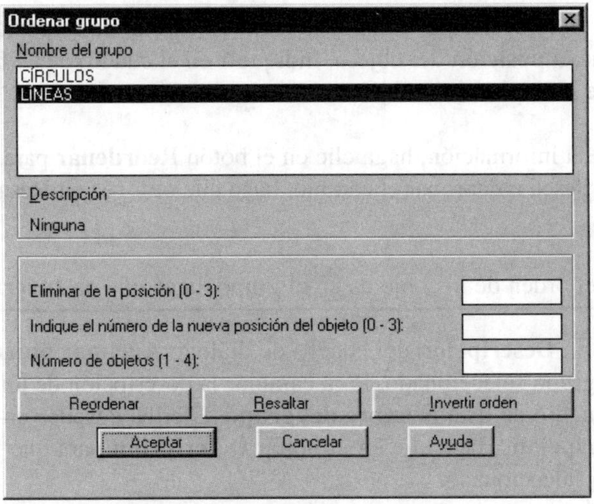

*Figura 4.3. Cuadro de diálogo **Ordenar grupo**.*

Ejemplo 1

La figura 4.4 muestra cuatro objetos que pertenecen al grupo G1. Determine el orden de los objetos y establezca un nuevo orden en el sentido de las agujas del reloj.

1. Abra el cuadro de diálogo **Agrupar objetos** y seleccione el grupo G1 en el cuadro de lista **Nombre del grupo** para convertirlo en actual.

2. Haga clic en el botón **Reordenar** del cuadro de diálogo. Aparecerá el cuadro de diálogo **Ordenar grupo**. Seleccione el grupo G1 si todavía no lo está.

3. Utilice el botón **Resaltar** para resaltar el orden actual de los objetos individuales en el grupo seleccionado. Aparecerá un nuevo cuadro de diálogo **Agrupar objetos**, esta vez con tres botones. Utilice los botones **Siguiente** y **Previo** para alternar entre los diferentes objetos del grupo. La figura 4.4 (a) muestra el orden de los objetos de G1. Para crear un camino de herramientas de forma que la herramienta se desplace en la dirección horaria, debe cambiar el orden de los objetos tal como indica la figura 4.4 (b).

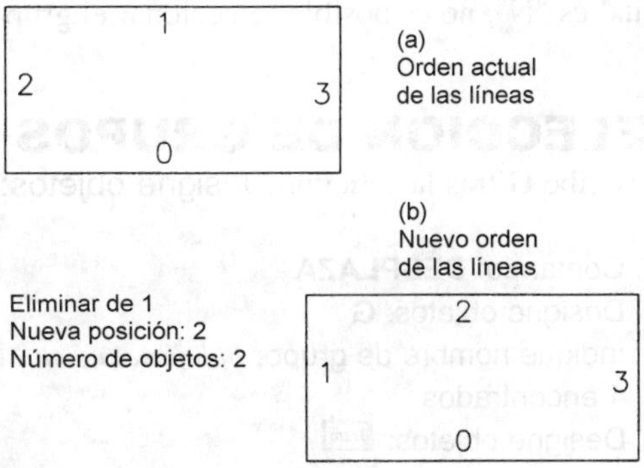

Figura 4.4. Cambio del orden de los objetos de un grupo.

4. Para obtener un camino de herramientas en el sentido horario, debe cambiar los números de objeto 1 y 2. Puede hacerlo indicando la información necesaria en el cuadro de diálogo

Ordenar grupo. Indique 1 en el cuadro de texto **Eliminar de la posición** y 2 en **Indique el número de la nueva posición** del objeto. Indique 1 en el cuadro de texto **Número de objetos**, pues sólo hay que reemplazar un objeto.

5. Una vez indicada la información, haga clic en el botón **Reordenar** para definir el nuevo orden de los objetos. Si desea comprobar el cambio, haga clic otra vez en **Resaltar** y alterne entre los objetos.

6. Si desea invertir el orden de los objetos en el grupo, haga clic en **Invertir orden**.

Descripción. El botón **Descripción** del cuadro de diálogo **Agrupar objetos** permite cambiar el texto que describe al grupo seleccionado. Para cambiar la descripción de un grupo, seleccione primero el grupo en el cuadro de lista **Nombre del grupo**. Escriba después un texto aclaratorio en el cuadro de texto **Descripción**. Haga clic en el botón **Descripción** para que AutoCAD actualice la descripción del grupo seleccionado.

Descomponer. El botón **Descomponer** suprime la definición del grupo seleccionado. Los objetos que formaban parte del grupo pasan a ser objetos de dibujo sin ninguna referencia al grupo original.

Seleccionable. El botón **Seleccionable** cambia el estado del grupo seleccionado en el cuadro de lista **Nombre del grupo**. Permite activar o desactivar el estado de grupo seleccionable. Si el grupo muestra "Sí" en la columna Seleccionable del cuadro de lista **Nombre del grupo**, puede seleccionar el grupo completo sin más que designar cualquiera de sus objetos componentes. Si el estado actual es "N", no es posible seleccionar el grupo designando un objeto del mismo.

SELECCIÓN DE GRUPOS

Si escribe **G** tras la solicitud Designe objetos:, podrá seleccionar un grupo por su nombre.

Comando: **DESPLAZA**
Designe objetos: **G**
Indique nombre de grupo: *Indique el nombre del grupo.*
4 encontrados
Designe objetos: [Intro]

Si tras la solicitud Designe objetos: selecciona cualquier objeto componente de un grupo seleccionable, AutoCAD también seleccionará el resto de objetos del grupo. La variable de sistema **PICKSTYLE** debería estar definida en 1 ó 3. Además, la selección de grupos se activa y desactiva con la combinación del teclado CONTROL-MAYÚS-A.

Comando: **BORRA**
Designe objetos: *Pulse CONTROL-MAYÚS-A*
<Grupo activado> Designe un objeto que pertenezca a un grupo. *(Si el grupo está definido como seleccionable, AutoCAD seleccionará todos sus objetos.)*

Aunque active la selección de grupos pulsando CONTROL-MAYÚS-A, si el grupo no está definido como selecionable no podrá seleccionar todos sus objetos de esta forma.

Nota

Utilice la combinación de las teclas CONTROL, MAYÚS y A como un selector para activar o desactivar la selección de grupos.

RESALTE CÍCLICO DE GRUPOS

Al utilizar el comando **GRUPO** para crear grupos, AutoCAD permite resaltar consecutivamente los grupos de los que el objeto seleccionado forma parte. Por ejemplo, supongamos que un mismo objeto pertenece a dos grupos distintos. Si desea resaltar los objetos de uno de estos grupos, mantenga pulsada la tecla CONTROL tras la solicitud Designe objetos: y designe el objeto que pertenece a diferentes grupos. AutoCAD resaltará los objetos pertenecientes a uno de ambos grupos; haga clic con el botón de designación del dispositivo señalador para cambiar cíclicamente entre los grupos (figura 4.5). La secuencia de solicitudes es la siguiente:

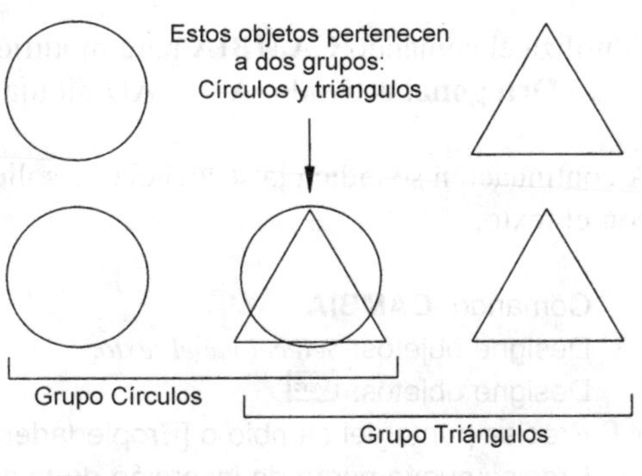

Figura 4.5. *Designación cíclica de objetos.*

Comando: **BORRA**
Designe objetos: *Designe el objeto común mientras mantiene pulsada la tecla CONTROL.*
<Ciclo activado> *Haga clic con el botón de designación del dispositivo señalador para alternar entre los diferentes grupos a los que pertenece el objeto.*
Designe objetos: Intro

Además, si los objetos están muy próximos o directamente unos sobre otros y varios objetos se mezclan dentro de la caja de selección del cursor, mantenga pulsada la tecla CONTROL mientras designa el punto confuso del dibujo y haga clic repetidamente hasta que AutoCAD resalte el objeto que desea seleccionar. Después pulse INTRO para designarlo.

CAMBIO DE PROPIEDADES Y PUNTOS DE UN OBJETO (COMANDO CAMBIA)

Comando: CAMBIA

Con la ayuda del comando **CAMBIA** puede modificar algunas de las características asociadas a un objeto, como su ubicación, color, capa, tipo de línea y grosor de línea. El comando **CAMBIA** tiene dos opciones: **Punto del cambio** y **Propiedades**.

Opción Punto del cambio

Puede cambiar varias características y la ubicación de un objeto con la opción **Punto del cambio** del comando **CAMBIA**. Por ejemplo, para cambiar el punto final de una línea o grupo de líneas, la secuencia de solicitudes es como sigue:

Comando: **CAMBIA**
Designe objetos: *Seleccione la línea.*
Designe objetos: Intro
Precise punto del cambio o [Propiedades]: *Precise el punto a utilizar como nuevo punto final.*

Si utiliza el comando **CAMBIA** para modificar el punto final de una línea o grupo de líneas con el modo **Ortogonal** activado, AutoCAD dibuja las líneas paralelas al eje X o Y.

A continuación se indica la secuencia de solicitudes para modificar diversas opciones relacionadas con el texto:

Comando: **CAMBIA**
Designe objetos: *Seleccione el texto.*
Designe objetos: Intro
Precise punto del cambio o [Propiedades]: Intro
Precise nuevo punto de inserción de texto <sin cambio>: *Precise el nuevo punto de inserción del texto (ubicación del texto) o pulse INTRO para no cambiar la posición.*
Indique nuevo estilo de texto <Standard>: *Indique el nombre del estilo que desea aplicar al texto o pulse INTRO para aceptar el estilo actual.*

La siguiente solicitud sólo aparecerá en el caso de que utilice un estilo de texto cuya altura no sea fija.

Precise la nueva altura <*actual*>: *Precise la nueva altura del texto o pulse INTRO para aceptar el valor actual.*
Precise nuevo ángulo de rotación <*actual*>: *Precise el nuevo ángulo de rotación del texto o pulse INTRO para aceptar el valor actual.*
Indique nuevo texto <*actual*>: *Indique un nuevo texto o pulse INTRO para aceptar el texto actual.*

Puede modificar el texto de la definición de un atributo exactamente igual que con cualquier otro texto. A continuación se indica la secuencia de solicitudes para cambiar las propiedades de la definición de un atributo:

Comando: **CAMBIA**
Designe objetos: *Seleccione el texto de la definición del atributo.*
Designe objetos: Intro
Precise punto del cambio o [Propiedades]: Intro
Precise nuevo punto de inserción de texto <sin cambio>: *Precise el nuevo punto de inserción para el texto de la definición del atributo (su ubicación).*
Indique nuevo estilo de texto <Standard>: *Indique el nombre del estilo que desea aplicar al texto.*

La siguiente solicitud sólo aparecerá en el caso de que utilice un estilo de texto cuya altura no sea fija.

Precise la nueva altura <*actual*>: *Precise la nueva altura del texto de la definición del atributo.*
Precise nuevo ángulo de rotación <*actual*>: *Precise el nuevo ángulo de rotación.*
Indique nuevo identificador <*actual*>: *Indique el nuevo identificador.*
Indique nuevo mensaje <*actual*>: *Indique la nueva solicitud.*
Indique nuevo valor por defecto <*actual*>: *Indique el nuevo valor por defecto.*

También puede cambiar la posición de un bloque existente y precisar un nuevo ángulo de rotación. La secuencia de solicitudes es la siguiente:

Comando: **CAMBIA**
Designe objetos: *Seleccione el bloque.*
Designe objetos: Intro
Precise punto del cambio o [Propiedades]: Intro
Precise nuevo punto de inserción de bloque <sin cambio>: *Precise el nuevo punto de inserción del bloque.*
Precise nuevo ángulo de rotación de bloque <0>: *Precise el nuevo ángulo de rotación del bloque.*

La opción **Cambiar** el punto del comando **CAMBIA** puede modificar el radio de un círculo. Para cambiar el radio de un círculo siga estas solicitudes:

Comando: **CAMBIA**
Designe objetos: *Seleccione el círculo.*
Designe objetos: Intro
Precise punto del cambio o [Propiedades]: *Precise un punto para determinar el nuevo radio del círculo.*

Si selecciona más de un círculo, el comando **CAMBIA** repetirá las mismas solicitudes para cada círculo.

Opción Propiedades

Puede utilizar la opción Propiedades para modificar las características asociadas a un objeto.

Cambiar la capa de un objeto. Si desea cambiar la capa en la que se encuentra un objeto, así como otras propiedades asociadas a las capas, utilice la opción **Capa** dentro de la opción **Propiedades** del comando **CAMBIA**. La secuencia de solicitudes es como sigue:

Comando: **CAMBIA**
Designe objetos: Seleccione el objeto que desea cambiar de capa.
Designe objetos: *Si ha terminado la selección, pulse INTRO.*
Precise punto del cambio o [Propiedades]: **P**
Indique propiedad que se va a cambiar
[cOlor/eLev/Capa/Tlínea/Escalatl/Grosorl/Alt-objeto/eStilotrazado]: **C**

Indique nuevo nombre de capa <0>: *Indique un nuevo nombre de capa.*
Indique propiedad que se va a cambiar
[cOlor/eLev/Capa/Tlínea/Escalatl/Grosorl/Alt-objeto/eStilotrazado]: Intro

AutoCAD situará en la capa deseada el objeto seleccionado.

Cambiar el color de un objeto. Puede cambiar el color del objeto seleccionado con la opción **cOlor** del comando **CAMBIA**. Si desea cambiar el color y tipo de línea para igualarlos con los de la capa, utilice la opción **Propiedades** del comando **CAMBIA**; después elija PorCapa, tal como se indica a continuación:

Comando: **CAMBIA**
Designe objetos: *Seleccione el objeto a cambiar.*
Designe objetos: *Si ha terminado la selección, pulse INTRO.*
Precise punto del cambio o [Propiedades]: **P**
Indique propiedad que se va a cambiar
[cOlor/eLev/Capa/Tlínea/Escalatl/Grosorl/Alt-objeto/eStilotrazado]: **O**
Indique nuevo color <*actual*>: **PorCapa** *(O indique el nombre o número del color.)*
Indique propiedad que se va a cambiar
[cOlor/eLev/Capa/Tlínea/Escalatl/Grosorl/Alt-objeto/eStilotrazado]: Intro

Los objetos creados originalmente en la capa 0 adoptan el color de la nueva capa; en otro caso, conservará el color de la capa en la que se creó.

Cambiar la altura de un objeto. Puede cambiar la altura del objeto seleccionado de la siguiente manera:

Comando: **CAMBIA**
Designe objetos: *Seleccione el objeto cuya altura desea modificar.*
Designe objetos: *Si ha terminado la selección, pulse INTRO.*
Precise punto del cambio o [Propiedades]: **P**
Indique propiedad que se va a cambiar
[cOlor/eLev/Capa/Tlínea/Escalatl/Grosorl/Alt-objeto/eStilotrazado]: **A**
Precise nueva alt-objeto <*actual*>: *Precise la nueva altura.*
Indique propiedad que se va a cambiar
[cOlor/eLev/Capa/Tlínea/Escalatl/Grosorl/Alt-objeto/eStilotrazado]: Intro

Cambiar el grosor de línea de un objeto. Puede utilizar la opción **Grosorl** del comando **CAMBIA** para modificar el grosor de línea de los objetos seleccionados. Como los grosores de línea sólo admiten valores predefinidos, si indica un valor no predefinido, AutoCAD asignará a los objetos seleccionados el valor más próximo. La secuencia de solicitudes es como sigue:

Comando: **CAMBIA**
Designe objetos: *Seleccione los objetos cuyos grosores de línea desea modificar.*

Designe objetos: *Si ha terminado la selección, pulse INTRO.*
Precise punto del cambio o [Propiedades]: **P**
Indique propiedad que se va a cambiar
[cOlor/eLev/Capa/Tlínea/Escalatl/Grosorl/Alt-objeto/eStilotrazado]: **G**
Indique el nuevo grosor de línea < PorCapa>: Precise el nuevo grosor de línea.
Indique propiedad que se va a cambiar
[cOlor/eLev/Capa/Tlínea/Escalatl/Grosorl/Alt-objeto/eStilotrazado]: Intro

Puede utilizar una vista 3D para comprobar el efecto de cambiar la altura de un objeto. De igual forma, puede utilizar el comando **CAMBIA** para modificar la elevación, el tipo de línea y la escala de tipo de línea de los objetos seleccionados. Si modifica la elevación en el eje Z de los objetos seleccionados podrá conseguir que todos los puntos de tales objetos tengan la misma coordenada Z.

COMANDO PROPIEDADES*

Barra de herramientas:	Estándar > Propiedades
Menú:	Herramientas > Propiedades
Comando:	PROPIEDADES

En lugar de utilizar la opción **Propiedades** del comando **CAMBIAR**, puede utilizar el comando **PROPIEDADES** para modificar las propiedades de un objeto. Si lo desea, puede ejecutar el comando **PROPIEDADES** desde un menú contextual; seleccione un objeto, haga clic con el botón derecho sobre el área de dibujo y elija **Propiedades**.

Comando: **PROPIEDADES**

Aparecerá la ventana **Propiedades de objetos** (figura 4.6), desde la que podrá cambiar las diferentes propiedades de los objetos seleccionados. Seleccione los objetos cuyas propiedades desee cambiar; la ventana Propiedades de objetos mostrará sus propiedades asociadas. Si hace clic con el botón derecho en la ventana Propiedades de objetos, aparecerá un menú contextual en el que puede optar por **Permitir anclaje** u **Ocultar** la ventana.

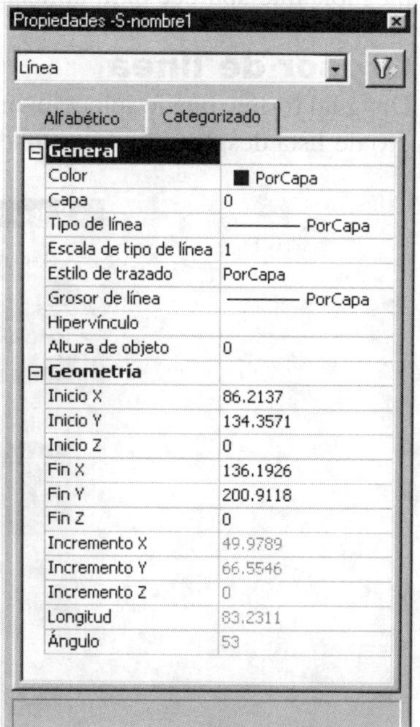

Figura 4.6. *Ventana **Propiedades de objetos**.*

Color

La entrada **Color** de la lista **General** muestra el color del objeto seleccionado. Al hacer clic sobre esta entrada aparece un cuadro de lista desplegable donde puede elegir otro color para asignarlo al objeto. La opción **Otros** abre el cuadro de diálogo **Seleccionar color** (figura 4.7). Haga clic sobre el color que desee asignar al objeto en este cuadro de diálogo y pulse después **Aceptar**.

Capa

La entrada **Capa** en la lista **General** de la ventana **Propiedades de objetos** muestra la capa actual del objeto seleccionado. Si hace clic sobre esta entrada, aparecerá un cuadro de lista desplegable donde podrá seleccionar una nueva capa para el objeto.

Tipo de línea

En la lista **General** de la ventana Propiedades de objetos, seleccione **Tipo de línea**. En el correspondiente cuadro de lista desplegable puede seleccionar el nuevo tipo de línea que desee asignar al objeto seleccionado.

Escala de tipo de línea

Puede utilizar la entrada **Escala de tipo de línea** para indicar el nuevo factor de escala de tipo de línea del objeto seleccionado.

Estilo de trazado

El estilo de trazado actual aparece indicado en la entrada **Estilo de trazado** bajo la lista **General** de la ventana **Propiedades de objetos**. Haga clic sobre esta entrada y utilice el cuadro de lista desplegable que aparece para aplicar un nuevo estilo de trazado al objeto seleccionado.

Grosor de línea

De igual forma, puede seleccionar un valor de grosor de línea para el objeto seleccionado en el cuadro de lista desplegable **Grosor de línea**.

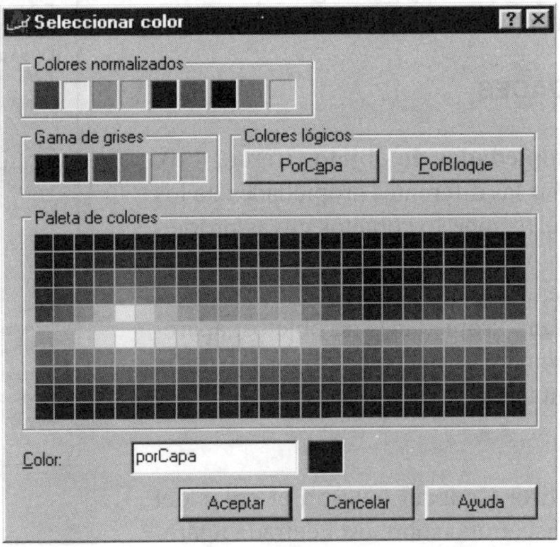

*Figura 4.7. Cuadro de diálogo **Seleccionar color**.*

Hipervínculo

Si selecciona esta opción, bajo la lista General, podrá asignar un hipervínculo a un objeto. Aparecerán indicados el nombre y la descripción asignados al hipervínculo. Si hace clic en el botón **[...]**, AutoCAD abrirá el cuadro de diálogo **Editar hipervínculo**, donde podrá indicar la ruta, el URL o el archivo que desea vincular al objeto seleccionado (figura 4.8).

Altura de objeto

Puede indicar la nueva altura de sólido 3D para el objeto seleccionado en el cuadro de texto **Altura de objeto**. AutoCAD muestra el valor actual del objeto seleccionado en el cuadro de texto **Altura de objeto**.

Puede utilizar el comando **CAMBPROP** para cambiar las propiedades de un objeto desde la línea de comando.

Comando: **CAMBPROP**
Designe objetos: *Seleccione los objetos cuyas propiedades desea cambiar.*
Designe objetos: Intro
Indique propiedad que se va a cambiar
[cOlor/Capa/TIínea/EscalatI/GrosorI/Alt-objeto/eStilotrazado]: *Precise la propiedad a cambiar.*

También puede utilizar la barra de herramientas **Propiedades de objetos** para modificar las propiedades de los objetos seleccionados.

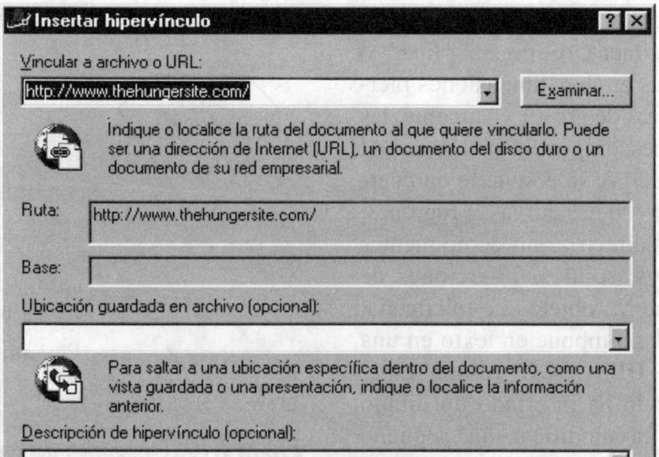

***Figura 4.8.** Cuadro de diálogo **Editar hipervínculo**.*

Ejercicio 1 *General*

Dibuje un hexágono de color rojo en la capa OBJ. Asígnele un tipo de línea LÍNEAS_ OCULTAS. A continuación, utilice el comando **PROPIEDADES** para cambiarlo a otra capa existente en el dibujo. Asigne al objeto el color amarillo y tipo de línea continua. Utilice el comando **LIST** para comprobar que los cambios han surtido efecto.

COMANDO DESCOMP

Barra de herramientas:	Modificar > Descomponer
Menú:	Modificar > Descomponer
Comando:	DESCOMP

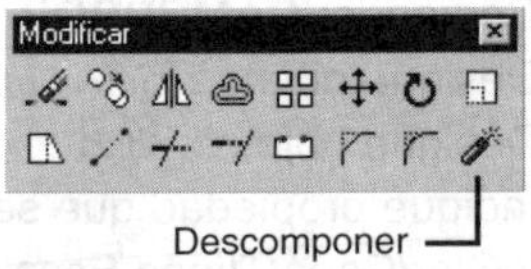

Figura 4.9. *Barra de herramientas* ***Modificar.***

El comando **DESCOMP** permite dividir los objetos compuestos (tal como bloques, regiones, mallas policara, mallas poligonales, líneas múltiples, sólidos 3D, mallas 3D, cuerpos o cotas) en los objetos que los forman (figura 4.10). Por ejemplo, si descompone una polilínea o una polilínea 3D, obtendrá como resultado líneas o arcos individuales (sus tangentes y grosor no se tienen en cuenta). Si descompone un polígono 3D, obtendrá como resultado caras 3D. Las mallas policara cambian a caras 3D, puntos y líneas. Al descomponer sólidos 3D, las superficies planares pasan a ser regiones; las no planares se transforman en cuerpos. Los elementos de las líneas múltiples pasan a ser líneas independientes. Las regiones se convierten en líneas, elipses, splines o arcos. Las polilíneas en dos dimensiones pierden sus características de grosor y tangente; las polilíneas 3D se descomponen en líneas. Al descomponer un cuerpo, se convierte en cuerpos de una sola superficie, curvas y regiones. Si descompone una directriz, sus componentes serán líneas, splines, sólidos, inserciones de bloque, texto o textoM, objetos de tolerancia, etc. El textoM se descompone en texto en una línea. El comando **DESCOMP** resulta especialmente útil cuando ha insertado un dibujo completo y necesita modificar un pequeño detalle.

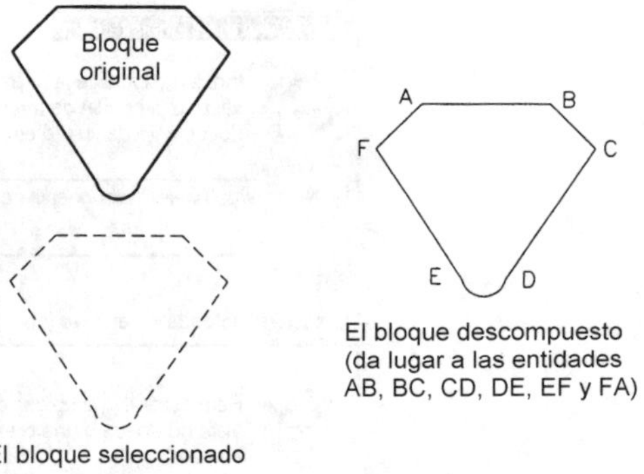

Figura 4.10. *Utilización del comando* ***DESCOMP.***

Comando: **DESCOMP**
Designe objetos: *Seleccione el objeto a descomponer.*

Si descompone un bloque o cota, no apreciará ningún cambio visible en el dibujo. El dibujo continúa siendo el mismo, si bien el color y tipo de línea pueden cambiar debido a las capas, los colores o los tipos de línea flotantes. El bloque descompuesto pasa a ser un conjunto de objetos que pueden modificarse por separado. Para comprobar que la descomposición del bloque ha tenido lugar, seleccione cualquier objeto que constituía una parte del bloque. Si el bloque está descompuesto, sólo conseguirá seleccionar el objeto designado. El comando **DESCOMP** sólo descompone un nivel de anidamiento cada vez. Así pues, si el bloque original contiene otro bloque o una polilínea anidadada, no se verán afectados por el comando **DESCOMP** cuando lo aplique por primera vez al bloque que los contiene. Los valores de atributo se suprimen al descomponer un bloque; AutoCAD muestra de nuevo la definición del atributo. Si un bloque no tiene una escala uniforme, los círculos se descomponen en elipses y los arcos en arcos elípticos.

Nota

No es posible descomponer ni las refx ni los bloques insertados con el comando INSERTM.

*Si inserta un bloque con el cuadro de diálogo **Insertar**, active la casilla de verificación **Descomponer** para insertarlo como objetos independientes; si utiliza el comando -INSERT, escriba * delante del nombre del bloque.*

EDICIÓN DE POLILÍNEAS (COMANDO EDITPOL)

Una polilínea puede adoptar diversas propiedades como grosor, tipo de línea o polilínea cerrada. Puede editar polilíneas, polígonos o rectángulos con el comando **EDITPOL** para ajustarlos a las características deseadas. En esta sección, describiremos el método de edición de polilíneas 2D sencillas. La siguiente lista describe las operaciones que se pueden llevar a cabo con el comando **EDITPOL**. Se describen con detalle más adelante en este capítulo.

1. Puede convertir una polilínea de grosor variable en una polilínea de grosor uniforme.
2. Puede cerrar una polilínea abierta y abrir una polilínea cerrada.
3. Puede suprimir todos los segmentos curvos entre dos vértices para crear una polilínea recta.
4. Una polilínea puede dividirse en dos.
5. Polilíneas, líneas o arcos consecutivos pueden juntarse en una única polilínea.
6. Puede cambiar el aspecto de una polilínea desplazando o añadiendo vértices.
7. Los arcos y curvas B-splines pueden ajustarse a todos los vértices de una polilínea, siendo opcional la indicación de la tangente en cada vértice.
8. Puede controlar la generación del tipo de línea en los vértices de una polilínea.

Comando EDITPOL

Barra de herramientas:	Modificar II > Editar polilínea
Menú:	Modificar > Polilínea
Comando:	EDITPOL

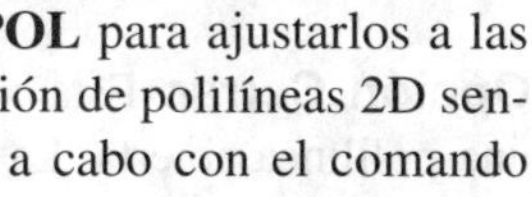

*Figura 4.11. Barra de herramientas **Modificar II**.*

También puede ejecutar el comando **EDITPOL** si selecciona la polilínea y hace clic con el botón derecho en el área de dibujo; elija después **Editar polilínea** en el menú contextual.

Utilice el comando **EDITPOL** para editar cualquier tipo de polilínea. La secuencia de solicitudes es la siguiente:

Comando: **EDITPOL**
Designe polilínea: *Utlice cualquier método de selección para designar la polilínea a editar.*

Si la línea seleccionada es un arco o una línea (no una polilínea), AutoCAD mostrará la siguiente solicitud:

El objeto designado no es una polilínea
¿Lo quiere transformar en una? <S>

Si desea transformar la línea o el arco en una polilínea, indique **S** y pulse INTRO o simplemente pulse INTRO para aceptar la respuesta afirmativa. En otro caso, indique N y pulse INTRO para salir de la solicitud de comando. Las siguientes solicitudes y opciones de edición dependen del tipo de polilínea seleccionada. En el caso de una polilínea 2D, aparecerá la solicitud:

Indique una opción [Cerrar/Juntar/Grosor/Editar vértices/cUrvar/Spline/estadoPreviocurva/generarTlínea/desHacer]: *Indique una opción o pulse INTRO para terminar el comando.*

Opción Cerrar. Esta opción permite cerrar una polilínea abierta. La opción **Cerrar** crea un segmento que conecta el punto final del último segmento de la polilínea con el primero. Esta opción sólo aparece si la polilínea no es cerrada. La figura 4.12 muestra un ejemplo.

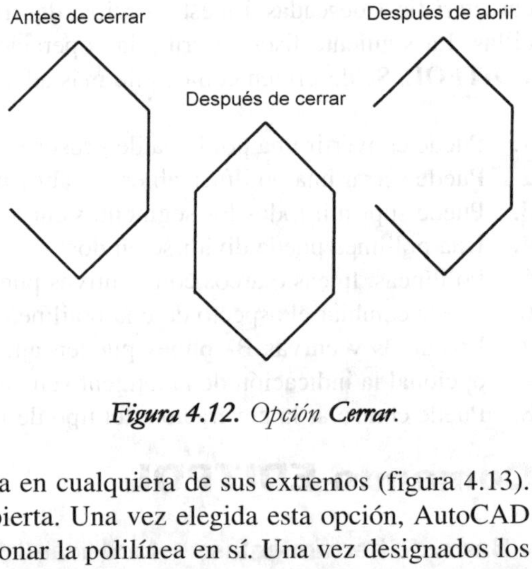

Figura 4.12. Opción Cerrar.

Opción Abrir. Si la polilínea seleccionada es cerrada, la opción **Abrir** sustituye a **Cerrar**. Si indica **A**, para abrir, AutoCAD suprimirá el segmento de cierre.

Opción Juntar. Esta opción une a la polilínea las líneas, polilíneas y arcos cuyos puntos finales coincidan con el de la polilínea seleccionada en cualquiera de sus extremos (figura 4.13). Sólo puede utilizar esta opción si la polilínea es abierta. Una vez elegida esta opción, AutoCAD solicita que designe objetos. También puede seleccionar la polilínea en sí. Una vez designados los objetos que desea unir a la polilínea original, AutoCAD los examina para determinar si alguno de ellos posee un punto final en común con ella y une tal objeto a la polilínea. A continuación AutoCAD repite la búsqueda utilizando los nuevos puntos finales de la polilínea. La unión sólo tendrá lugar si los puntos finales coinciden exactamente. AutoCAD tampoco unirá las líneas que toquen a la polilínea en su punto final con forma de T. Si dos líneas coinciden con una polilínea en forma de Y, AutoCAD tan sólo unirá una de ellas (no es posible determinar cuál será la línea seleccionada). Si desea comprobar qué líneas se han unido a la polilínea, utilice el comando **LIST** o seleccione una parte del objeto. Los segmentos unidos a la polilínea aparecerán resaltados. La figura 4.14 explica las condiciones necesarias para juntar polilíneas.

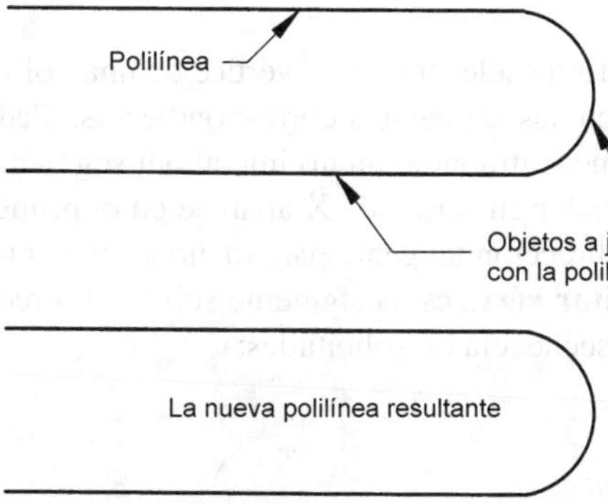

Figura 4.13. Utilización de la opción Juntar.

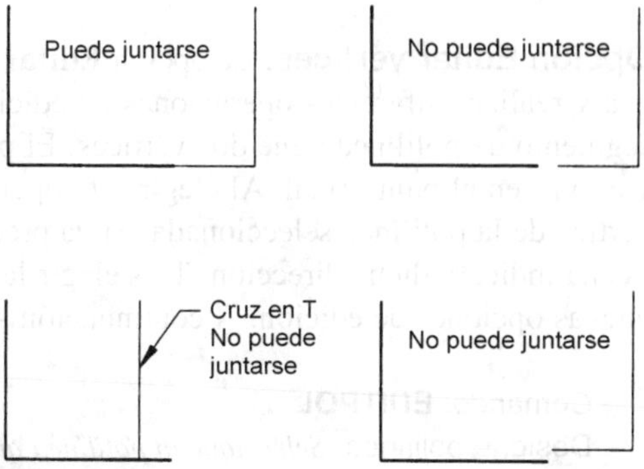

Figura 4.14. Condiciones para utilizar la opción Juntar.

Opción Grosor. La opción **Grosor** permite definir un grosor nuevo y uniforme a todos los segmentos de una polilínea (figura 4.15). Modifica el grosor de una polilínea que posea indistintamente un grosor fijo o variable. Puede precisar el nuevo grosor, bien indicando un valor con el teclado, bien designando dos puntos en la pantalla. La siguiente secuencia de solicitudes cambia el grosor de la polilínea mostrada en la figura 4.16 de 0.5 a 1.3 unidades.

Comando: **EDITPOL**
Designe polilínea: *Seleccione la polilínea.*
Indique una opción [Cerrar/Juntar/Grosor/Editar vértices/cUrvar/Spline/estadoPreviocurva/generarTlínea/desHacer]: **G**
Precise nuevo grosor para todos los segmentos: **1.3**

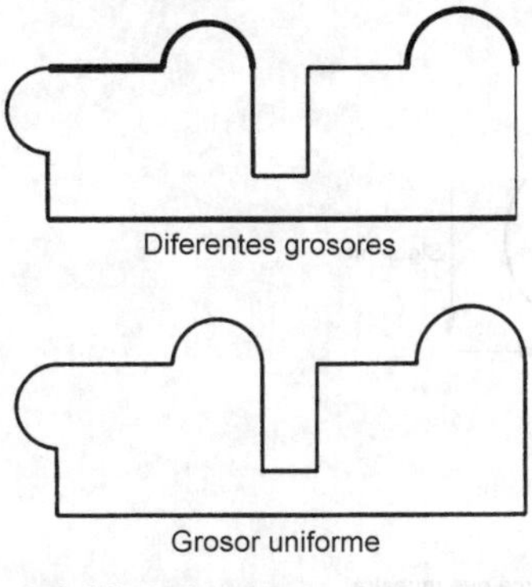

Figura 4.15. Polilínea con varios grosores y de grosor uniforme.

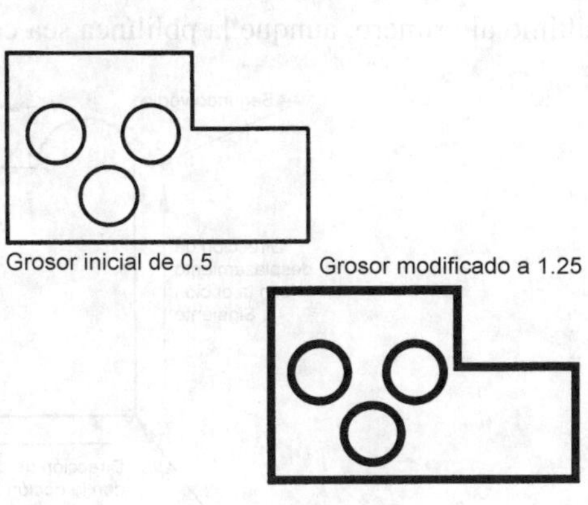

Figura 4.16. Indicación de un nuevo grosor para todos los segmentos.

Nota

*Los círculos dibujados con el comando **CIRCULO** no pueden cambiar a polilíneas. Puede dibujar polilíneas circulares con la opción **Arco** del comando **POL** (dibujando dos arcos semicirculares) o con el comando **ARANDELA**.*

Opción Editar vértices. La opción **Editar vértices** permite seleccionar un vértice de una polilínea y realizar diferentes operaciones de edición en él y en sus segmentos correspondientes. Cada segmento de polilínea tiene dos vértices. El primero se encuentra en el punto inicial del segmento y el otro en el punto final. Al elegir esta opción, un marcador en forma de X aparece en el primer vértice de la polilínea seleccionada. Si ha precisado una dirección tangente para dicho vértice, una flecha indicará dicha dirección. Tras elegir la opción **Editar vértices**, la siguiente solicitud ofrece nuevas opciones de edición. A continuación se indica la secuencia de solicitudes:

Comando: **EDITPOL**
Designe polilínea: *Seleccione la polilínea que desee editar.*
Indique una opción [Cerrar/Juntar/Grosor/Editar vértices/cUrvar/Spline/estadoPreviocurva/generarTlínea/desHacer]: **E**
Indique una opción de edición de vértices [sigUiente/Precedente/Cortar/Insertar/Desplazar/Regenerar/Alisar/Tangente/Grosor/Salir] <U>: *Indique una opción o pulse INTRO para aceptar la opción predeterminada.*

Éstas son las opciones disponibles dentro de la opción **Editar vértices**:

Opciones sigUiente y Precedente. Estas opciones desplazan el marcador X al siguiente o al anterior vértice de la polilínea. El valor predeterminado de **Editar vértices** es una de estas dos opciones, según cuál sea la última que haya elegido. De esta forma, las opciones **sigUiente** y **Precedente** permiten seleccionar cualquier vértice de la polilínea para su edición, sin más que elegir una opción y pulsar INTRO hasta alcanzar el vértice deseado. Puede alternar entre los distintos vértices, si bien no es posible retroceder del primer vértice al último ni avanzar del último al primero, aunque la polilínea sea cerrada (figura 4.17).

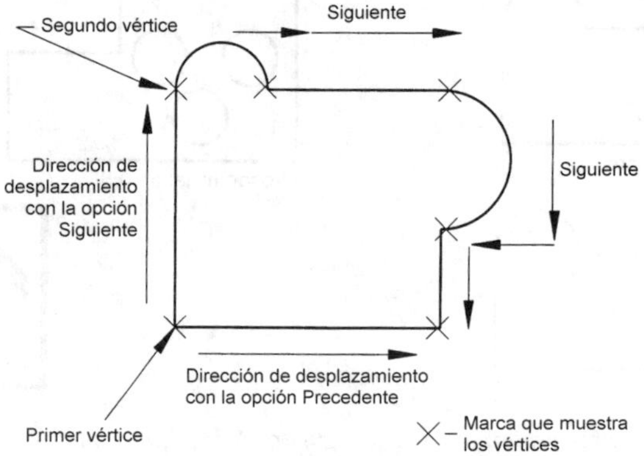

***Figura 4.17.** Opciones **sigUiente** y **Precedente**.*

La secuencia de solicitudes es la siguiente:

Comando: **EDITPOL**
Designe polilínea: *Seleccione la polilínea que desee editar.*
Indique una opción [Cerrar/Juntar/Grosor/Editar vértices/cUrvar/Spline/estadoPreviocurva/generarTlínea/desHacer]: **E**
Indique una opción de edición de vértices [sigUiente/Precedente/Cortar/Insertar/Desplazar/Regenerar/Alisar/Tangente/Grosor/Salir] <U>: *Indique U o P.*

Opción Cortar. La opción **Cortar** divide la polilínea en dos partes (figura 4.18). Puede precisar la división de la polilínea en un vértice o en dos vértices distintos. Si precisa dos vértices, AutoCAD suprimirá todos los segmentos comprendidos entre ambos vértices. Si uno de los vértices coincide con un punto final de la polilínea, la opción **Cortar** suprimirá todos los segmentos comprendidos desde el primer vértice hasta el punto final de la polilínea. Sin embargo, si ambos puntos delimitan la polilínea (ambos vértices coinciden con los puntos inicial y final de la polilínea), AutoCAD no suprimirá la polilínea. En este último caso o si sólo precisa un vértice en un extremo de la polilínea, ésta no sufrirá ningún cambio. AutoCAD mostrará el mensaje *No válido*.

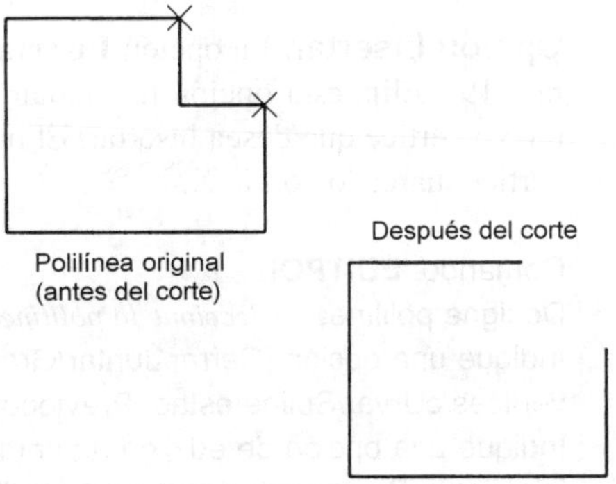

Figura 4.18. *Utilización de la opción* ***Cortar.***

Para utilizar la opción **Cortar** debe desplazar primero el marcador hasta el primer vértice donde desee que comience la división. Puede cambiar la posición del marcador con la ayuda de las opciones **sigUiente** y **Precedente**. Una vez elegido el primer vértice, inicie la opción **Cortar**. AutoCAD adoptará el vértice marcado como primer punto de corte. Tras la siguiente solicitud, indique la posición del segundo punto de corte con las opciones **sigUiente** y **Precedente** o indique directamente **Ejecutar** para realizar el corte con un solo vértice. La secuencia de solicitudes es:

Comando: **EDITPOL**
Designe polilínea: *Seleccione la polilínea que desee editar.*
Indique una opción [Cerrar/Juntar/Grosor/Editar vértices/cUrvar/Spline/estadoPreviocurva/generarTlínea/desHacer]: **E**
Indique una opción de edición de vértices [sigUiente/Precedente/Cortar/Insertar/Desplazar/Regenerar/Alisar/Tangente/Grosor/Salir] <U>: *Indique U o P hasta determinar el primer vértice de corte.*
Indique una opción de edición de vértices [sigUiente/Precedente/Cortar/Insertar/Desplazar/Regenerar/Alisar/Tangente/Grosor/Salir] <U>: **C**

Una vez elegida la opción **Cortar**, AutoCAD utiliza el vértice donde se encontraba el marcador X como primer punto de corte de la polilínea. La siguiente solicitud es:

Indique una opción [sigUiente/Precedente/Ejecutar/Salir] <U>: *Desplace el marcador X para precisar la posición del segundo vértice de corte.*

Indique **Ejecutar** para dividir la polilínea en un solo vértice o utilice las opciones **sigUiente** y **Precedente** para precisar la posición del segundo vértice de corte. Después indique **Ejecutar** para suprimir los segmentos de polilínea comprendidos entre los dos vértices precisados. Si elige **Salir**, regresará a la solicitud anterior sin efectuar el corte.

Opción Insertar. La opción **Insertar** permite agregar un nuevo vértice en la polilínea (figura 4.19). Elija esta opción tras situar el marcador X en el vértice inmediatamente anterior al nuevo vértice que desea insertar. El motivo es que AutoCAD inserta el vértice justo detrás del vértice marcado con la X.

Comando: **EDITPOL**
Designe polilínea: *Seleccione la polilínea que desee editar.*
Indique una opción [Cerrar/Juntar/Grosor/Editar vértices/cUrvar/Spline/estadoPreviocurva/generarTlínea/desHacer]: **E**
Indique una opción de edición de vértices [sigUiente/Precedente/Cortar/Insertar/Desplazar/Regenerar/Alisar/Tangente/Grosor/Salir] <U>: *Sitúe el marcador en el vértice anterior al nuevo vértice que desea insertsar.*
Indique una opción de edición de vértices [sigUiente/Precedente/Cortar/Insertar/Desplazar/Regenerar/Alisar/Tangente/Grosor/Salir] <U>: **I**
Precise ubicación del nuevo vértice: *Desplace el cursor y designe el punto donde desee situar el nuevo vértice.*

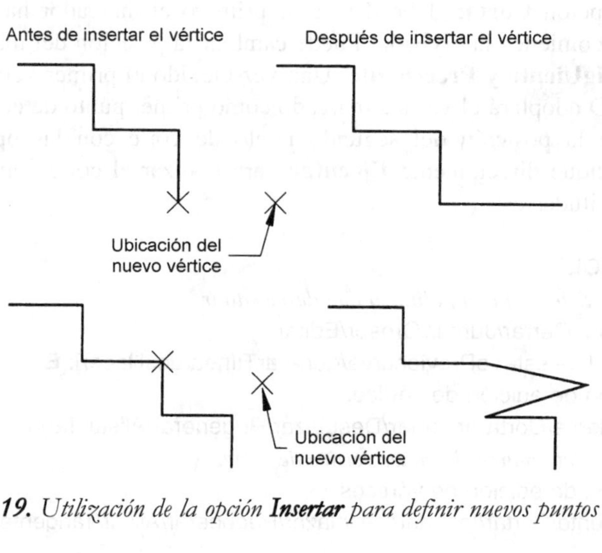

Figura 4.19. *Utilización de la opción **Insertar** para definir nuevos puntos de vértice.*

Opción Desplazar. Esta opción permite desplazar a una nueva posición el vértice marcado con la X (figura 4.20). Antes de iniciar la opción **Desplazar**, debe utilizar las opciones **sigUiente** o **Precedente** para situar el marcador X en el vértice cuya posición desea modificar La secuencia de solicitudes es:

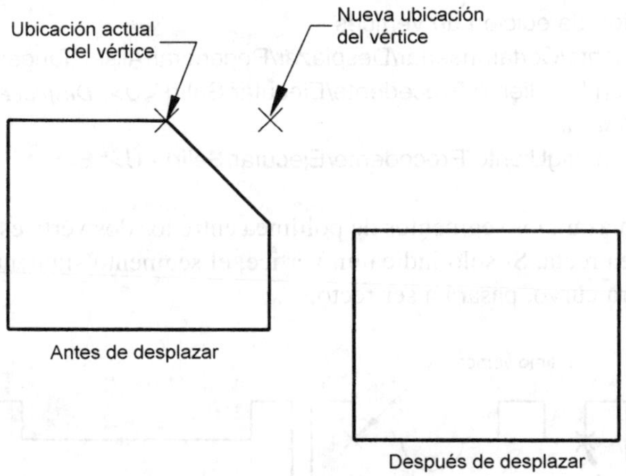

*Figura 4.20. Opción **Desplazar**.*

Comando: **EDITPOL**
Designe polilínea: *Seleccione la polilínea que desee editar.*
Indique una opción [Cerrar/Juntar/Grosor/Editar vértices/cUrvar/Spline/estadoPreviocurva/generarTlínea/desHacer]: **E**
Indique una opción de edición de vértices [sigUiente/Precedente/Cortar/Insertar/Desplazar/Regenerar/Alisar/Tangente/Grosor/Salir] <U>: *Indique U o P para desplazar el marcador X hasta el vértice cuya posición desee cambiar.*
Indique una opción de edición de vértices [sigUiente/Precedente/Cortar/Insertar/Desplazar/Regenerar/Alisar/Tangente/Grosor /Salir] <U>: **D**
Precise nueva ubicación del vértice marcado: *Precise la nueva ubicación del vértice seleccionado, bien designando un punto, bien indicando una coordenada.*

Opción Regenerar. La opción **Regenerar** regenera la polilínea para visualizar el efecto de los cambios realizados hasta el momento. Se utiliza principalmente con la opción **Grosor**.

Opción Alisar. La opción **Alisar** permite estirar segmentos de polilínea o arcos entre los vértices precisados (figura 4.21). AutoCAD suprime los arcos, segmentos de línea y vértices entre los dos vértices precisados y los sustituye por un único segmento de polilínea. La secuencia de solicitudes es:

Comando: **EDITPOL**
Designe polilínea: *Seleccione la polilínea que desee editar.*

Indique una opción [Cerrar/Juntar/Grosor/Editar vértices/cUrvar/Spline/estadoPreviocurva/generarTlínea/desHacer]: **E**
Indique una opción de edición de vértices [sigUiente/Precedente/Cortar/Insertar/Desplazar/Regenerar/Alisar/Tangente/Grosor/Salir] <U>: *Desplace el marcador hasta el vértice deseado con las opciones **sigUiente** o **Precedente**.*
Indique una opción de edición de vértices [sigUiente/Precedente/Cortar/Insertar/Desplazar/Regenerar/Alisar/Tangente/Grosor/Salir] <U>: **A**
Indique una opción [sigUiente/Precedente/Ejecutar/Salir] <U>: *Desplace el marcador hasta el siguiente vértice deseado.*
Indique una opción [sigUiente/Precedente/Ejecutar/Salir] <U>: **E**

AutoCAD reemplazará los segmentos de polilínea entre los dos vértices marcados por un único segmento de línea recta. Si sólo indica un vértice, el segmento siguiente al precisado, en caso de que antes fuera curvo, pasará a ser recto.

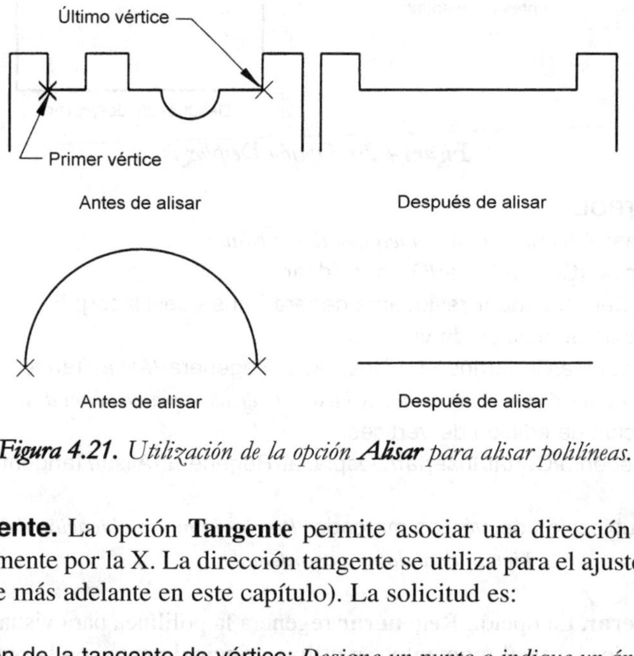

*Figura 4.21. Utilización de la opción **Alisar** para alisar polilíneas.*

Opción Tangente. La opción **Tangente** permite asociar una dirección tangente al vértice marcado actualmente por la X. La dirección tangente se utiliza para el ajuste de la curva (explicado con detalle más adelante en este capítulo). La solicitud es:

Precise dirección de la tangente de vértice: *Designe un punto o indique un ángulo.*

Para precisar la dirección, puede indicar un ángulo tras esta solicitud o designar un punto que define un ángulo en relación con el vértice actual.

Opción Grosor. La opción **Grosor** permite cambiar los grosores inicial y final del segmento de polilínea que sigue al vértice actual (figura 4.22). Por defecto, el grosor final coincide con el inicial; así pues, puede obtener un segmento de polilínea de grosor uniforme sin más que pulsar INTRO para aceptar el valor predeterminado tras la solicitud Precise grosor final de segmento siguiente <*grosor inicial*>:. Puede precisar grosores inicial y final distintos para obtener una polilínea de grosor variable. La secuencia de solicitudes es la siguiente:

Indique una opción [Cerrar/Juntar/Grosor/Editar vértices/cUrvar/Spline/estadoPreviocurva/generarTlínea/desHacer]: **E**
Indique una opción de edición de vértices [sigUiente/Precedente/Cortar/Insertar/Desplazar/Regenerar/Alisar/Tangente/Grosor/Salir] <U>:
Desplace el marcador hasta el vértice donde comienza el segmento cuyo grosor desea modificar.
Indique una opción de edición de vértices [sigUiente/Precedente/Cortar/Insertar/Desplazar/Regenerar/Alisar/Tangente/Grosor/Salir] <U>: **G**
Precise grosor inicial para nuevo segmento <*actual*>: *Indique el grosor inicial deseado.*
Precise grosor final de segmento siguiente <*grosor inicial*>: *Indique el grosor final deseado.*

AutoCAD mostrará el nuevo aspecto de la polilínea con el segmento cuyo grosor haya modificado después de utilizar la opción **Regenerar** o cuando salga del modo de edición de vértices.

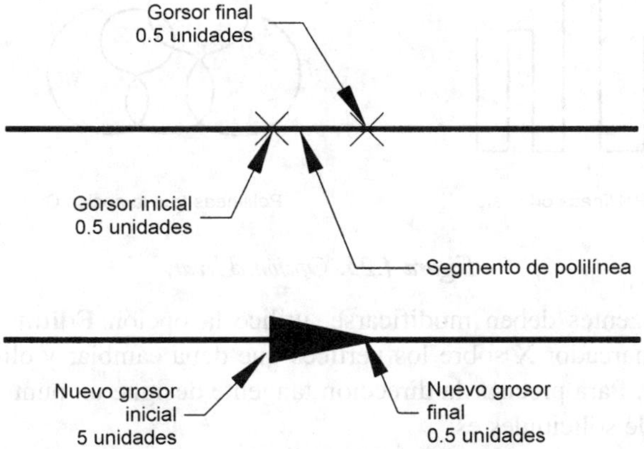

Figura 4.22. *Utilización del comando* ***Grosor*** *para cambiar el grosor de una polilínea.*

Opción Salir. Esta opción sale del modo de edición de vértices y regresa a la solicitud principal del comando **EDITPOL**.

Opción cUrvar. La opción **cUrvar** genera una curva que atraviesa todos los vértices de la polilínea según las direcciones tangentes definidas en tales vértices (figura 4.23). La curva está compuesta por una serie de arcos que pasan por todos los vértices de la polilínea. Esta opción permite convertir una polilínea con esquinas en una serie de curvas suavizadas. Un ejemplo de utilización es el caso de las gráficas. En una gráfica, debemos mostrar una curva a partir de un conjunto de puntos. A este proceso se le denomina ajuste de la curva. Los vértices de la polilínea se conocen también como puntos de apoyo. Cuanto más próximos estén dichos puntos, más suave será la curva. Por tanto, si la opción **cUrvar** no ofrece los mejores resultados, inserte más vértices en la polilínea o edite las direcciones tangentes de los existentes. Después utilice de nuevo la opción **cUrvar**. AutoCAD construirá la curva teniendo en cuenta las direcciones tangentes precisadas. La siguiente secuencia de solicitudes describe la opción **cUrvar**:

> Comando: **EDITPOL**
> Designe polilínea: *Seleccione la polilínea que desee editar.*
> Indique una opción [Cerrar/Juntar/Grosor/Editar vértices/cUrvar/Spline/estadoPreviocurva/generarTlínea/desHacer]: **U**

Polilíneas originales　　　Polilíneas tras la opción Curvar

Figura 4.23. *Opción* ***cUrvar***.

Si las direcciones tangentes deben modificarse, utilice la opción **Editar vértices** del comando **EDITPOL**. Sitúe el marcador X sobre los vértices que deba cambiar y elija la opción **Tangente** para cada uno de ellos. Para precisar la dirección tangente designe un punto o indique un valor en grados. La secuencia de solicitudes es:

> Comando: **EDITPOL**
> Designe polilínea: *Seleccione la polilínea que desee editar.*
> Indique una opción [Cerrar/Juntar/Grosor/Editar vértices/cUrvar/Spline/estadoPreviocurva/generarTlínea/desHacer]: **E**
> Indique una opción de edición de vértices [sigUiente/Precedente/Cortar/Insertar/Desplazar/Regenerar/Alisar/Tangente/Grosor/Salir] <U>: *Desplace el marcador hasta el vértice cuya dirección tangente desee modificar.*
> Indique una opción de edición de vértices [sigUiente/Precedente/Cortar/Insertar/Desplazar/Regenerar/Alisar/Tangente/Grosor/Salir] <U>: **T**
> Precise dirección de la tangente de vértice: *Indique un ángulo positivo o negativo o designe un punto en pantalla para precisar la dirección.*

Una vez precisadas las direcciones tangentes, utilice la opción **Salir** para regresar a la solicitud anterior y elija la opción **cUrvar**.

Opción Spline. La opción **Spline** (figura 4.24) también suaviza los vértices de los segmentos de polilínea. Pero, a diferencia de la opción **cUrvar**, la curva sólo coincide con los puntos de apoyo (vértices) inicial y final, salvo en el caso de una polilínea cerrada. La curva spline se ajusta en torno a los restantes puntos de apoyo (vértices), pero no pasa por ellos. Cuanto mayor sea el número de puntos de apoyo, mayor será el forzado de la curva respecto a ellos. La secuencia de solicitudes es como sigue:

Comando: **EDITPOL**
Designe polilínea: *Seleccione la polilínea que desee editar.*
Indique una opción [Cerrar/Juntar/Grosor/Editar vértices/cUrvar/Spline/estadoPreviocurva/generarTlínea/desHacer]: **S**

La curva generada es una curva B-spline. El **polígono de control** es la polilínea original sin ninguna curva en ella. Si la curva original incluye segmentos de arco, dichos segmentos pasan a ser líneas rectas al formar el polígono de control. Un polígono de control con grosor produce una curva spline que cambia suavemente de grosor desde el definido en el primer vértice al del último. AutoCAD no toma en consideración cualquier otro grosor definido entre ambos. Al crear una spline a partir de una polilínea, el polígono de control aparece representado como una polilínea sin grosor y con tipo de línea continua. Además, AutoCAD guarda el polígono de control para poder recuperar su forma original. Las direcciones tangentes definidas en los puntos de apoyo no afectan a la construcción de la spline. Por defecto, los polígonos de control de transformación en spline no aparecen representados en pantalla. Pero si desea mostrarlos como referencia, deberá modificar el valor de la variable de sistema **SPLFRAME**. El valor predeterminado de esta variable es cero. Si desea ver el polígono de transformación en spline, defínala en 1. La secuencia de solicitudes es:

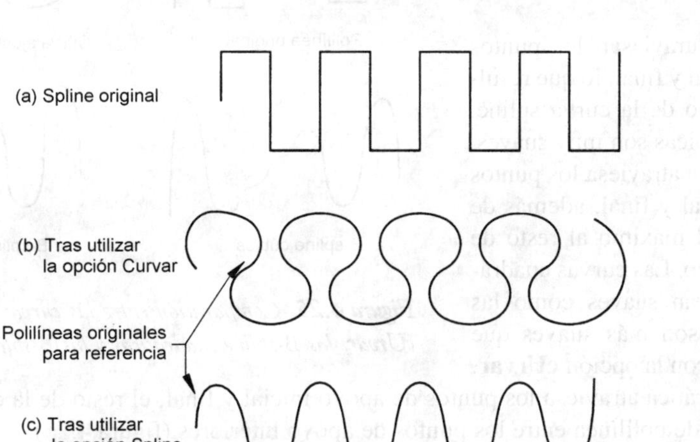

Figura 4.24. *Opción **Spline**.*

Comando: **SPLFRAME**
Indique nuevo valor para SPLFRAME <0>: **1**

A continuación, cuando utilice la opción **Spline** en una polilínea, AutoCAD también mostrará el polígono de control. La mayoría de los comandos de edición, como **DESPLAZA**, **BORRA**, **COPIA**, **SIMETRIA**, **GIRA** y **ESCALA** tratan de forma similar las curvas creadas con la opción **cUrvar** y con la opción **Spline**. Actúan sobre la curva y sobre su polígono de control, sea o no visible. El comando **ALARGA** cambia el polígono de control al añadir un vértice en el punto en el que el último segmento interseca con el contorno. Suponga que utiliza alguno de los comandos indicados arriba y, a continuación, elige la opción **estadoPreviocurva** del comando **EDITPOL** para recuperar la polilínea original. En tal caso, la próxima vez que utilice la opción **cUrvar** AutoCAD volverá a generar la misma curva spline modificada. Los comandos **PARTE**, **RECORTA** y **DESCOMP** suprimen el polígono de control. Los comandos **DIVIDE**, **GRADUA**, **EMPALME**, **CHAFLAN**, **AREA** y **SOMBREA** reconocen tan sólo la curva spline y no consideran el polígono de control. El comando **ESTIRA**, en primer lugar, estira el polígono de control y, después, ajusta la curva spline a él. Si utiliza la opción **Juntar** del comando **EDITPOL**, la curva spline se transforma de nuevo en polilínea, perdiéndose la información de la spline original. Las opciones **sigUiente** y **Precedente** de la opción **Editar vértices** (comando **EDITPOL**) desplazan el marcador tan sólo sobre los puntos del polígono de control, sea o no visible. La opción **Cortar** descarta la curva spline. Las opciones, **Insertar**, **Desplazar**, **Alisar** y **Grosor** reajustan la curva spline. Las referencias a objetos consideran la curva spline y no el polígono de control; por tanto, si desea hacer referencia a puntos del polígono de control, recupere el polígono original.

Hay dos tipos de curvas spline:

B-spline cuadrática
B-spline cúbica

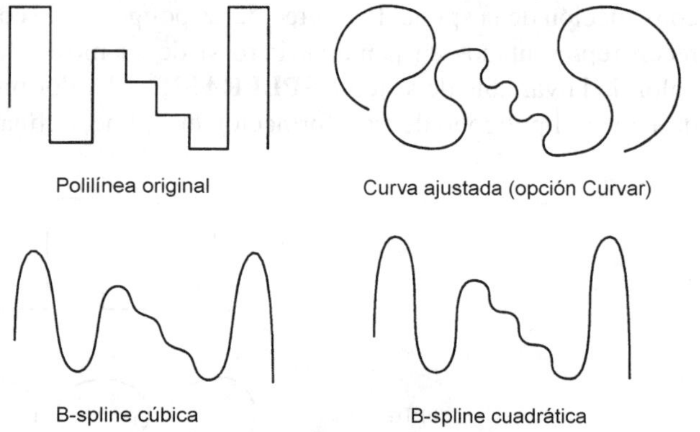

Figura 4.25. *Comparación entre las curvas creadas con la opción **cUrvar**, las B-spline cuadráticas y las B-spline cúbicas.*

Ambos tipos atraviesan los puntos de apoyo inicial y final, lo que resulta característico de la curva spline. Las curvas cúbicas son muy suaves. La curva cúbica atraviesa los puntos de apoyo inicial y final, además de aproximarse al máximo al resto de puntos de apoyo. Las curvas cuadráticas no son tan suaves como las cúbicas, pero son más suaves que las generadas con la opción **cUrvar**. La curva cuadrática atraviesa los puntos de apoyo inicial y final; el resto de la curva es tangente a los segmentos de polilínea entre los puntos de apoyo interiores (figura 4.25).

Generación de diferentes tipos de curvas spline. Si desea convertir una polilínea en una curva B-spline, AutoCAD solicitará en primer lugar que indique el valor pertinente para la variable de sistema **SPLINETYPE**. Un valor de 5 genera una curva cuadrática, mientras que un valor de 6 produce una curva cúbica. Para generar una malla Bézier, la variable de sistema **SURFTYPE** debe estar definida en 8.

Comando: **SPLINETYPE**
Indique nuevo valor para SPLINETYPE <6>: **5**

Comando: **SURFTYPE**
Indique nuevo valor para SURFTYPE <6>: **8**

También puede obtener diferentes tipos de spline si en el menú de pantalla elige **DIBUJO1 > Polin > Editpol > VarPoli**. Aparecerá el cuadro de diálogo **Definición de variables Spline** (figura 4.26). Puede seleccionar cualquier tipo de entre los ofrecidos en la lista. Las variables de sistema **SPLINETYPE** y **SURFTYPE** toman automáticamente los valores correspondientes al tipo seleccionado en este cuadro de diálogo. Por ejemplo, si elige **Malla Bézier**, la variable **SURFTYPE** quedará definida en 8.

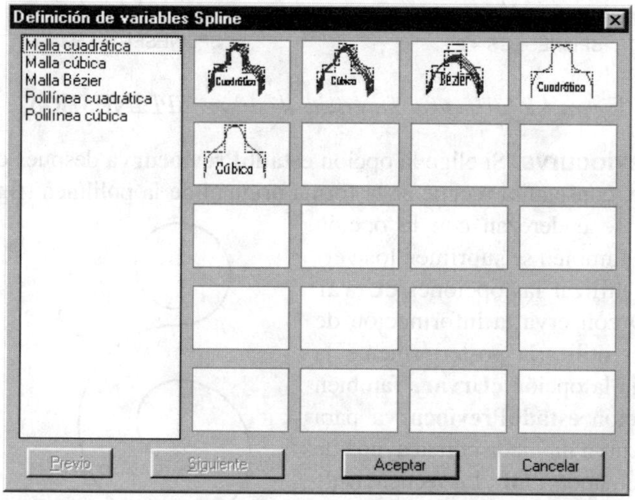

Dibujo 4.26. *Cuadro de diálogo* ***Definición de variables Spline.***

SPLINESEGS. La variable de sistema **SPLINESEGS** controla el número de segmentos de línea utilizados para construir las curvas spline. Por tanto, puede utilizar esta variable para determinar la suavidad de la curva. El valor predeterminado para esta variable es 8. Con este valor, AutoCAD genera una curva razonablemente suave y que no requiere un tiempo de regeneración excesivo. Cuanto mayor sea el valor de esta variable, más suave será la curva, mayor el tiempo de regeneración y mayor el espacio ocupado por el archivo de dibujo.

La figura 4.27 muestra varias curvas cúbicas con diferentes valores para la variable de sistema **SPLINESEGS**.

La secuencia de comandos para definir **SPLINESEGS** en 500 es:

Comando: **SPLINESEGS**
Indique nuevo valor para SPLINESEGS <8>: **500**

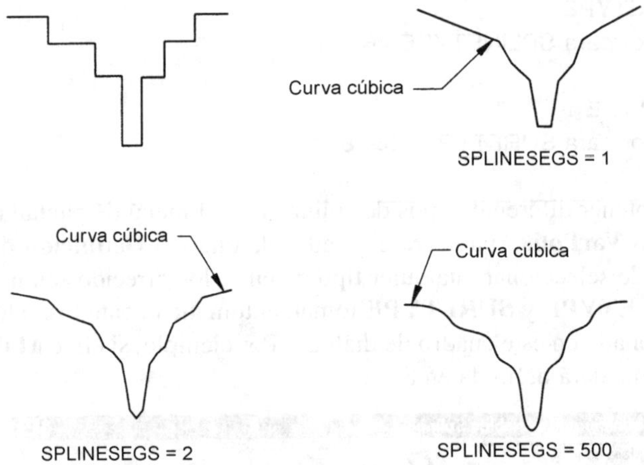

Figura 4.27. Efecto de la variable de sistema SPLINESEGS.

Opción estadoPreviocurva. Si elige la opción **estadoPreviocurva** después de utilizar las opciones **cUrvar** o **Spline**, conseguirá recuperar la forma original de la polilínea (figura 4.28). Los segmentos de polilínea se enderezan con la opción **estadoPreviocurva**. También se suprimen los vértices insertados tras utilizar las opciones **cUrvar** o **Spline**. AutoCAD conserva la información de tangentes para poder utilizarla posteriormente la próxima vez que elija la opción **cUrvar**. También puede utilizar la opción **estadoPreviocurva** para enderezar cualquier curva dibujada con la ayuda de la opción **Arco** del comando **POL**. La secuencia de solicitudes es:

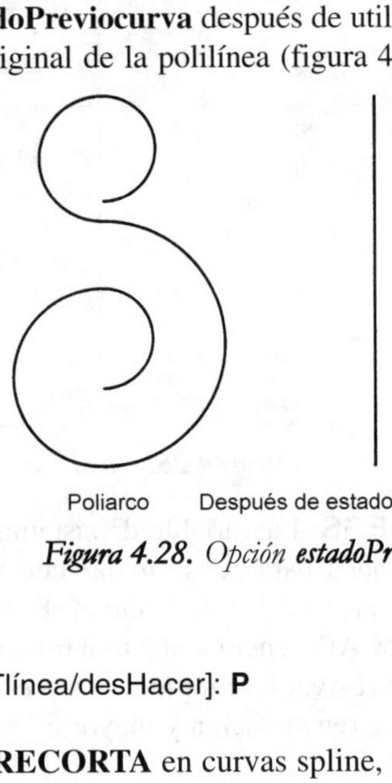

*Figura 4.28. Opción **estadoPreviocurva.***

Comando: **EDITPOL**
Designe polilínea: *Seleccione la polilínea que desee editar.*
Indique una opción [Cerrar/Juntar/Grosor/Editar vértices/cUrvar/Spline/estadoPreviocurva/generarTlínea/desHacer]: **P**

Si utiliza comandos de edición tales como **PARTE** o **RECORTA** en curvas spline, no podrá aplicar la opción **estadoPreviocurva**.

Opción generarTlínea. Puede utilizar esta opción para controlar la generación del patrón de tipo de línea respecto a los vértices de la polilínea cuando el tipo de línea no sea continua (figura 4.29). Esta opción ofrece dos modos: **ACT** y **DES**. Si activa esta opción, AutoCAD generará el patrón de tipo de línea de forma continua a lo largo de la polilínea. Si desactiva esta opción, AutoCAD iniciará el patrón del tipo de línea con un trazo en cada vértice. Esta opción no es aplicable a las polilíneas que incluyan segmentos de diferentes grosores en sus extremos. La variable de sistema **PLINEGEN** controla la generación del tipo de línea para las nuevas polilíneas. La secuencia de solicitudes es la siguiente:

Comando: **EDITPOL**
Designe polilínea: *Seleccione la polilínea que desee editar.*
Indique una opción [Cerrar/Juntar/Grosor/Editar vértices/cUrvar/Spline/estadoPreviocurva/generarTlínea/desHacer]: **T**
Indique opción de generación de tipo de línea de polilínea [ACT/DES] <DES>:

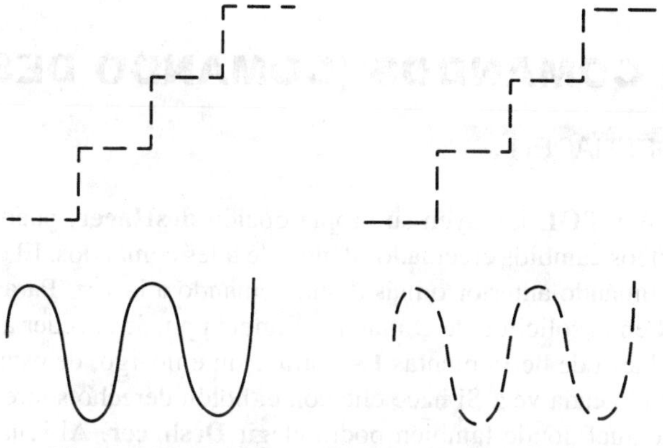

Figura 4.29. *Utilización de la opción* ***generarTlínea.***

Opción desHacer. La opción **Deshacer** rechaza el efecto de la operación más reciente con el comando **EDITPOL**. Puede retroceder tantas operaciones como necesite dentro de la misma sesión del comando **EDITPOL**; basta con elegir repetidamente la opción **desHacer** hasta obtener en pantalla la polilínea deseada. Si comenzó la edición convirtiendo un objeto en polilínea y desea recuperar el tipo del objeto original, no podrá utilizar la opción desHacer del comando **EDITPOL**. En este caso deberá terminar el comando **EDITPOL** y utilizar el comando **DESHACER**.

Ejercicio 2 — *General*

a. Dibuje una línea desde (0,0) al (6,6). Convierta la línea en polilínea con un grosor inicial de 7.6 y un grosor final de 0. A continuación, convierta de nuevo la polilínea en la línea original.

b. Dibuje varias polilíneas consecutivas con segmentos de grosor variable y utilice la opción Juntar para unir todos los segmentos en una sola polilínea. Antes de juntar los diferentes segmentos, haga uniforme el grosor de todos ellos.

Ejercicio 3 General

a. Dibuje una polilínea en forma de escalera y utilice diferentes opciones del comando EDITPOL para generar una curva de ajuste, una B-spline cuadrática y una B-spline cúbica. Convierta después las curvas en la polilínea original.

b. Dibuje una polilínea en forma de escalera y utilice diferentes opciones de la opción **Editar vértices** para desplazarse por la polilínea, cortarla en el tercer vértice, insertar más vértices en distintas posiciones de la polilínea original y convertir la escalera en una polilínea en forma de línea recta.

DESHACER COMANDOS (COMANDO DESHACER)

Comando: DESHACER

Los comandos **LINEA** y **POL** incluyen su propia opción **desHacer**; puede utilizar dicha opción para deshacer (anular) los cambios efectuados dentro de tales comandos. El comando **DESHACER** permite deshacer el comando anterior o más de un comando a la vez. Para ejecutar este comando escriba **DESHACER** en la solicitud de comando. También puede acceder a este comando desde el menú **Editar** y en la barra de herramientas **Estándar**; sin embargo, de esta forma sólo podrá deshacer el último comando cada vez. Si hace clic con el botón derecho sobre el área de dibujo, aparecerá un menú contextual donde también podrá elegir **Deshacer**. Al igual que en los dos casos anteriores, esto equivaldrá a indicar **DESHACER 1** o **H** en la solicitud de comando. El comando **H** sólo puede deshacer una operación cada vez. Puede utilizar **H** tantas veces como necesite, hasta que AutoCAD muestre el mensaje No hay nada que se pueda deshacer. Cuando no es posible deshacer una operación, el nombre del mensaje aparecerá indicado, pero no implicará ninguna acción real. Los comandos externos, como por ejemplo **TRAZADOR**, no pueden deshacerse. La secuencia de solicitudes para el comando **DESHACER** es como sigue:

Comando: **DESHACER**
Indique el número de operaciones a deshacer o
[Auto/Control/Inicio/Fin/Marca/Retorno] <1>: *Indique un número positivo, una opción o pulse INTRO para deshacer una sola operación.*

A continuación se describen las diversas opciones de este comando.

Opción Número

Ésta es la opción predeterminada. El valor indicado determina el número de operaciones que deshará el comando. Por ejemplo, si el número indicado es 1, sólo deshará el último comando; si el número indicado es 4, deshará los últimos cuatro comandos. Es exactamente igual que ejecutar el comando **H** tantas veces como el número indicado, salvo que sólo tendrá lugar una regeneración. AutoCAD muestra un mensaje tras pulsar INTRO para que pueda saber qué comandos ha deshecho. La secuencia de solicitudes es:

Comando: **DESHACER**
Indique el número de operaciones a deshacer o
[Auto/Control/Inicio/Fin/Marca/Retorno] <1>: **3**
POL LINEA CIRCULO

Opción Auto

Indique **A** para iniciar esta opción. Aparecerá la siguiente solicitud:

Indique modo automático de DESHACER [ACT/DES] <*actual*>: *Elija ACT o DES o pulse INTRO para aceptar el estado actual.*

Si la opción **Auto** está activada, AutoCAD deshace al mismo tiempo cualquier grupo de comandos asociados a un elemento de menú. AutoCAD los considerará un único grupo y los deshará como si de un solo comando se tratara. Si la opción Auto está desactivada, **DESHACER** tratará por separado cada comando del grupo.

Opción Control

Esta opción permite limitar e incluso anular el efecto del comando **DESHACER**. Para iniciar esta opción indique **C**. Aparecerá la siguiente solicitud:

Indique una opción de control DESHACER [Todas/Ninguna/Una] <Todas>:

A continuación se describen las opciones de esta solicitud.

Todas. La opción **Todas** activa todas las opciones (funciones) del comando **DESHACER.**

Ninguna. Esta opción desactiva los comandos **DESHACER** y **H**. Si ha utilizado las opciones **Inicio** y **Fin** o las opciones **Marca** y **Retorno** para crear información de **DESHACER**, perderá toda esta información.

Comando: **DESHACER**
Indique el número de operaciones a deshacer o
[Auto/Control/Inicio/Fin/Marca/Retorno] <1>: **C**
Indique una opción de control DESHACER [Todas/Ninguna/Una] <Todas>: **N**

Una vez elegida la opción Ninguna, la secuencia de solicitudes la próxima vez que inicie el comando **DESHACER** será:

Comando: **DESHACER**
Indique una opción de control DESHACER [Todas/Ninguna/Una] <Todas>:

Para activar de nuevo el comando **DESHACER**, debe elegir la opción **Todas** o **Una** tras la solicitud anterior. Si intenta utilizar el comando **H** tras desactivar el comando **DESHACER**, AutoCAD mostrará el siguiente mensaje:

Comando H desactivado. Utilice el comando DESHACER para activarlo

Una. Esta opción restringe la acción del comando **DESHACER** a una sola operación. Perderá cualquier información de **DESHACER** guardada anteriormente.

Comando: **DESHACER**
Indique el número de operaciones a deshacer o
[Auto/Control/Inicio/Fin/Marca/Retorno] <1>: **C**
Indique una opción de control DESHACER [Todas/Ninguna/Una] <Todas>: **U**

Si inicia de nuevo el comando **DESHACER**, obtendrá la siguiente solicitud:

Control/<1>:

En respuesta a esta última solicitud, puede pulsar INTRO para deshacer el comando anterior o indicar C para acceder a la opción **Control**. AutoCAD informa del último comando deshecho con mensajes del siguiente tipo:

Comando: **DESHACER**
Control/<1>:
CIRCULO
Ya se ha deshecho todo

Opciones Inicio y Fin

Puede conseguir que los comandos **DESHACER** y **H** traten un conjunto de comandos como si fuese uno solo. Para ello debe agrupar tal conjunto de comandos entre las opciones **Inicio** y **Fin** del comando **DESHACER**. Utilice esta opción si considera que quizá deba deshacer más adelante el conjunto de comandos que va a iniciar a continuación. Como todos los comandos incluidos entre las opciones **Inicio** y **Fin** como un único comando, podrá deshacerlos con tan sólo aplicar una vez el comando **H**. Por ejemplo, la siguiente secuencia describe la posibilidad de anular dos comandos:

Comando: **DESHACER**
Indique el número de operaciones a deshacer o
[Auto/Control/Inicio/Fin/Marca/Retorno] <1>: **I**
Comando: **CIRCULO**
Precise punto central para círculo o [3P/2P/Ttr (tangente tangente radio)]: *Precise el centro del círculo.*
Precise radio de círculo o [Diámetro] <62.6587>: *Precise el radio del círculo.*
Comando: **POL**
Precise punto inicial: *Precise el primer punto.*
El grosor de la línea actual es 0.0000
Precise punto siguiente o [Arco/Cerrar/Mitad grosor/Longitud/desHacer/Grosor]: *Precise el siguiente punto.*
Precise punto siguiente o [Arco/Cerrar/Mitad grosor/Longitud/desHacer/Grosor]: *Pulse INTRO.*

Comando: **DESHACER**
Indique el número de operaciones a deshacer o
[Auto/Control/Inicio/Fin/Marca/Retorno] <1>: **F**
Comando: **H**

Para iniciar el siguiente grupo una vez terminado el actual, utilice la opción **Fin**. Otro método consiste en elegir la opción Inicio para iniciar el siguiente grupo mientras el grupo anterior está todavía activo. Esto equivale a utilizar la opción **Fin** seguida de Inicio. Un grupo sólo estará terminado tras indicar una opción **Fin** para cada **Inicio**. Si ejecuta los comandos **H** o **DESHACER** tras iniciar un grupo pero antes de cerrarlo, sólo conseguirá deshacer los comandos individualmente hasta llegar al punto donde comenzó la opción **Inicio**. Así pues, si desea suprimir todos los comandos ejecutados tras la opción **Inicio**, deberá indicar la opción **Fin** para completar la definición del grupo. El ejemplo 2 demuestra este hecho.

Ejemplo 2

Lleve a cabo los siguientes comandos en el orden indicado y observe los cambios que tienen lugar en pantalla.

CIRCULO
POLIGONO
DESHACER Inicio
POL
TRAZO
H
ARANDELA
DESHACER Fin
TEXTODIN
H
H
H
H

El primer comando **H** deshará el comando **TRAZO**. Si repite el comando **H**, también deshará el comando **POL**. En ese momento, si vuelve a ejecutar el comando **H**, no conseguirá deshacer ningún objeto dibujado previamente (en nuestro ejemplo, **POLIGONO** y **CIRCULO**), pues justo antes del comando **POL** se ha elegido la opción **Inicio** del comando **DESHACER**. Mientras no elija la opción **Fin** del comando **DESHACER**, no podrá deshacer los comandos **POLIGONO** y **CIRCULO**. En el ejemplo, el segundo comando **H** deshace el comando **TEXTODIN**, el tercero deshará los comandos **ARANDELA** y **POL** (están encerrados en un grupo); el cuarto comando **H** deshará el comando **POLIGONO** y el quinto deshará el comando **CIRCULO**. Al deshacer los comandos de un grupo, AutoCAD no muestra sus nombres; todos ellos aparecen indicados como **GRUPO**.

Nota

Sólo puede utilizar la opción ***Inicio*** *si la opción* ***Control*** *de DESHACER está definida en* ***Todas.***

Opciones Marca y Retorno

La opción **Marca** inserta un marcador en la secuencia de control de **DESHACER**. La opción **Retorno** permite deshacer todas las operaciones realizadas hasta dicha marca. En otras palabras, la opción **Retorno** devuelve el dibujo al punto en el que se encontraba al insertar la marca anterior. Por ejemplo, si completa parte de un dibujo y a partir de ese momento desea realizar una serie de pruebas que quizá deba borrar, inserte un marcador y continúe el trabajo. De esta forma, cuando utilice la opción **Retorno** del comando **DESHACER**, deshará todas las operaciones llevadas a cabo anteriormente hasta el marcador. Puede insertar varias marcas y, con la ayuda de la opción **Retorno**, regresar sucesivamente a los diferentes puntos marcados. La secuencia de solicitudes es la siguiente:

Comando: **DESHACER**
Indique el número de operaciones a deshacer o
[Auto/Control/Inicio/Fin/Marca/Retorno] <1>: **M**

Cuando haya avanzado en el trabajo, indique la siguiente secuencia para regresar a la marca anterior:

Comando: **DESHACER**
Indique el número de operaciones a deshacer o
[Auto/Control/Inicio/Fin/Marca/Retorno] <1>: **R**
Marca encontrada

Tras utilizar varias veces la opción **Retorno** quizá alcance la primera marca; en tal caso, si vuelve a indicar la opción **Retorno**, AutoCAD mostrará la solicitud Esto lo deshará todo. ¿De acuerdo? <S>.

Si indica **S** (Sí) tras esta solicitud, AutoCAD deshará todas las operaciones efectuadas durante la sesión de dibujo actual. Si indica **N** (No), AutoCAD no efectuará ningún cambio. No es posible deshacer ciertos comandos y variables de sistema, como por ejemplo **DIST**, **LIST**, **RETARDA**, **NUEVO**, **ABRE**, **QUITA**, **AREA**, **AYUDA**, **TRAZADOR**, **GUARDARR** y **GUARDAR**, entre otros muchos. De hecho, ninguno de los efectos de tales comandos puede deshacerse. Sí es posible deshacer comandos que cambian los modos de operación (**REJILLA**, **UNIDADES**, **FORZCURSOR**, **ORTO**), si bien el efecto obtenido puede no resultar evidente en un principio. Éste es el motivo por el que AutoCAD muestra los nombres de los comandos deshechos.

COMANDO REHACER

Barra de herramientas:	Estándar > Rehacer
Menú:	Edición > Rehacer
Comando:	REHACER

Si hace clic con el botón derecho en el área de dibujo, aparecerá un menú contextual. Elija **Rehacer** en este menú contextual como otro método para ejecutar el comando **REHACER**. El comando **REHACER** recupera los objetos suprimidos previamente con los comandos **H** o **DESHACER**. Debe indicar este comando justo después de los comandos **H** o **DESHACER**.

Comando: **REHACER**

Los objetos deshechos previamente aparecerán de nuevo en la pantalla.

CAMBIO DEL NOMBRE DE LOS OBJETOS GUARDADOS (COMANDO RENOMBRA)

Menú:	Formato > Cambiar nombre
Comando:	RENOMBRA

Puede utilizar el cuadro de diálogo **Cambiar nombre** (figura 4.30) para editar los nombres de los objetos guardados, tal como bloques, estilos de cota, capas, tipos de línea, estilos de texto, SCP, vistas y ventanas gráficas. Seleccione el tipo de objeto guardado en el cuadro de lista **Objetos guardados**. El cuadro de lista **Elementos** mostrará todos los nombres correspondientes al tipo seleccionado y que pueden modificarse.

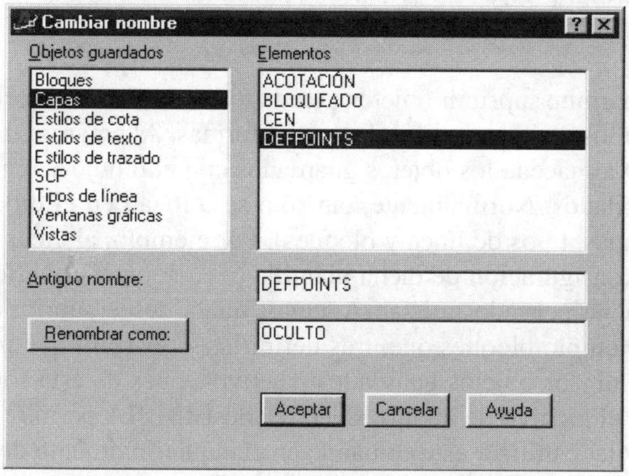

*Figura 4.30. Cuadro de diálogo **Cambiar nombre**.*

Por ejemplo, siga estos pasos para cambiar el nombre de la capa BLOQUEADO por OCULTO:

1. Seleccione **Capas** en el cuadro de lista **Objetos guardados**. El cuadro de lista **Elementos** mostrará todas las capas cuyos nombres pueden modificarse.
2. Seleccione **BLOQUEADO** en el cuadro de lista **Elementos**. El nombre de dicha capa aparecerá en el cuadro de texto **Antiguo nombre**.
3. Indique **OCULTO** en el cuadro de lista **Renombrar como** y haga clic en **Aceptar**.

AutoCAD cambiará el nombre de la capa BLOQUEADO por OCULTO. Puede utilizar el mismo procedimiento para cambiar el nombre de otros tipos de objetos guardados. Si lo desea, puede indicar **-RENOMBRA** en la solicitud de comando para utilizar la línea de comando en lugar de un cuadro de diálogo. A continuación se muestra la secuencia de comandos para cambiar de nombre el bloque CUADRADO por PLACA1:

Comando: **-RENOMBRA**
Indique el tipo de objeto al que va a cambiar el nombre
[Bloque/ECot/cApa/tLínea/estilotraZado/Estilotexto/Scp/vIsta/Ventana]: **B**
Indique nombre bloque antiguo: **CUADRADO**
Indique nombre bloque nuevo: **PLACA1**

Nota

No es posible utilizar comando RENOMBRA para cambiar el nombre de los comandos de dibujo creados con el comando BLOQUEDISC. Para cambiar el nombre de un archivo de dibujo, utilice las opciones propias del sistema operativo.

ELIMINACIÓN DE LOS OBJETOS GUARDADOS NO UTILIZADOS (COMANDO LIMPIA)

Menú:	Archivo > Ayudas al dibujo > Limpiar
Comando:	LIMPIA

El comando **LIMPIA** permite suprimir objetos guardados no utilizados en el dibujo, como bloques, capas, estilos de cota, tipos de línea, estilos de texto y formas. Al crear un dibujo nuevo o abrir uno ya existente, AutoCAD almacena los objetos guardados con el dibujo y registra otros dibujos para referir sus objetos guardados. Normalmente, tan sólo se utilizan en el dibujo unos pocos objetos guardados (tal como capas, tipos de línea y bloques). Por ejemplo, al crear un nuevo dibujo a partir de una plantilla, la configuración de dicha plantilla puede contener varios estilos de texto, bloques y capas que no tiene pensado utilizar. Además, quizá desee suprimir determinados objetos guardados, como por ejemplo bloques que, tras definirlos, considere que no va a utilizar. Resulta muy conveniente suprimir los objetos guardados inactivos, pues de esta forma conseguirá reducir el tamaño ocupado por el archivo de dibujo. El comando **LIMPIA** permite seleccionar los objetos guardados a suprimir. Puede utilizar este comando en cualquier momento de la sesión de dibujo. La secuencia de solicitudes para el comando **LIMPIA** es:

Comando: **LIMPIA**
Indique tipo de objetos sin utilizar para limpiar
[Bloques/estCotas/cApas/tLíneas/estilostraZado/Formas/Estilostexto/eStiloslm/Todos]: *Precise el tipo de objeto que desea suprimir.*

Como ejemplo, si desea limpiar el bloque llamado PLACA1 de un archivo de dibujo, la secuencia de solicitudes es:

Comando: **LIMPIA**
Indique tipo de objetos sin utilizar para limpiar
[Bloques/estCotas/cApas/tLíneas/estilostraZado/Formas/Estilostexto/eStiloslm/Todos]: **B**
Indique nombres que limpiar <*>: **PLACA1**
Verifique cada nombre que se va a limpiar? [Sí/No] <S>:

La opción **asterisco** del comando **-BLOQUEDISC** tiene el mismo efecto que el comando **LIMPIA**. La única diferencia es que, en el caso de la opción **asterisco** del comando **-BLOQUEDISC**, AutoCAD suprimirá automáticamente los objetos guardados sin utilizar.

Nota

*El comando **LIMPIA** no puede suprimir los objetos estándar creados por AutoCAD (como la capa 0, el estilo de texto Standard o el tipo de línea Continuous), aun cuando no utilice dichos estilos.*

MODOS DE SELECCIÓN DE OBJETOS

Menú: Herramientas > Opciones
Comando: OPCIONES

Al designar varios objetos, los objetos seleccionados pasan a formar un conjunto de selección. La ficha **Selección** del diálogo **Opciones** (figura 4.31) controla el modo de selección de los objetos. El comando **OPCIONES** abre este cuadro de diálogo. La ficha **Selección** proporciona cinco modos de selección. Puede activar cualquiera de estos modos o una combinación de ellos.

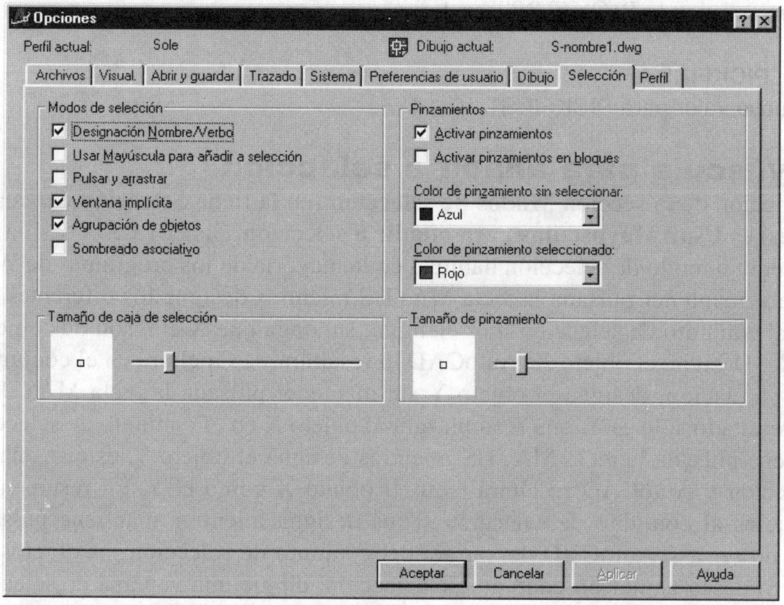

***Figura 4.31.** Ficha **Selección** del cuadro de diálogo **Opciones**.*

Designación Nombre/Verbo

Si activa la casilla de verificación **Designación Nombre/Verbo**, podrá seleccionar los objetos (nombre) en primer lugar, antes de iniciar el comando (verbo) que desea aplicar a tales objetos. Tras elegir este modo de selección, aparecerá una pequeña caja de selección en la intersección del cursor en cruz. Por defecto, este modo está activado. Si, por ejemplo, desea desplazar algunos objetos con el modo **Designación Nombre/Verbo** activo, designe primero los objetos a desplazar y ejecute después el comando **DESPLAZA**. AutoCAD no mostrará la solicitud Designe objetos:. Puede utilizar cualquiera de los siguientes comandos con el modo **Designación Nombre/Verbo**:

ALINEAR	**BLOQUE**	**BLOQUEDISC**	**BORRA**	**CAMBIA**
CAMBPROP	**COPIA**	**DESCOMP**	**DESPLAZA**	**ESCALA**
ESTIRA	**GIRA**	**LIST**	**MATRIZ**	**PROPIEDADES**
SIMETRIA	**VISTADIN**			

A continuación se indican algunos comandos que no se ven afectados por el modo **Designación Nombre/Verbo**. Deberá precisar los objetos (nombre) tras ejecutar el comando (verbo) que desea aplicarles:

ALARGA	**CHAFLAN**	**DIVIDE**	**EMPALME**	**EQDIST**
GRADUA	**PARTE**	**RECORTA**	**SUPLADOS**	**SUPREGLA**
SUPREV	**SUPTAB**			

Al activar la casilla de verificación **Designación Nombre/Verbo**, AutoCAD define la variable de sistema **PICKFIRST** en 1 (activada). Es otras palabras, puede activar el modo **Designación Nombre/Verbo** definiendo **PICKFIRST** en 1.

Comando: **PICKFIRST**
Indique nuevo valor para PICKFIRST <0>: **1**

Usar Mayúscula para añadir a selección

La siguiente opción de la sección **Modos de selección** (en la ficha **Selección** del cuadro de diálogo **Opciones**) es **Usar Mayúsculas para añadir a selección**. Si activa esta casilla de verificación, establecerá un modo de selección habitual en la mayoría de los programas de Windows. En este modo, debe mantener pulsada la tecla MAYÚS mientras designa los diferentes objetos que desee añadir al conjunto de selección. Por ejemplo, suponga que X e Y son dos objetos mostrados en pantalla. Designe el objeto X. AutoCAD lo resaltará y lo incluirá en el conjunto de selección. Si, a continuación, designa el objeto Y sin mantener pulsada la tecla MAYÚS, el objeto actualmente resaltado sólo es Y, que reemplazará al objeto X en el conjunto de selección. Si, por contra, mantiene pulsada la tecla MAYÚS mientras designa el objeto Y, éste se añadirá al conjunto de selección y AutoCAD resaltará tanto el objeto X como el Y. En resumen, AutoCAD añade los objetos al conjunto de selección si los designa mientras mantiene pulsada la tecla MAYÚS. De no ser así, AutoCAD descartará del conjunto de selección los objetos designados previamente. Si desea anular un conjunto de selección, dibuje una ventana de selección que no incluya ningún objeto. También puede hacer clic con el botón derecho en el área de dibujo; elija

Anular selección en el menú contextual para descartar todos los objetos del conjunto de selección actual.

La variable de sistema **PICKADD** controla este modo de selección. Puede definir **PICKADD** en 0 para activar el modo **Usar Mayúscula para añadir a selección**.

Comando: **PICKADD**
Indique nuevo valor para PICKADD <1>: **0**

Pulsar y arrastrar

Este modo de selección permite controlar la forma de definir una ventana de selección o de captura. Si activa esta casilla de verificación, podrá definir las ventanas de la siguiente forma: designe un punto como primera esquina de la ventana y mantenga pulsado el botón de designación mientras arrastra el cursor hasta definir la esquina opuesta. Si el modo Pulsar y arrastrar está desactivado, deberá hacer clic dos veces para designar las dos esquinas opuestas de la ventana a definir.

La variable de sistema **PICKDRAG** controla este modo de selección. Puede definir **PICKDRAG** en 1 para activar el modo **Pulsar y arrastrar**.

Comando: **PICKDRAG**
Indique nuevo valor para PICKDRAG <0>: 1

Ventana implícita

Con esta opción seleccionada, podrá crear automáticamente una ventana de captura o de selección cuando aparezca la solicitud Designe objetos:. En este caso, podrá crear la ventana de selección o de captura de la siguiente forma:

Tras la solicitud Designe objetos:, designe un punto en un espacio vacío de la pantalla. Dicho punto pasará a ser la primera esquina de la ventana. Después AutoCAD solicitará la esquina opuesta. Si la segunda esquina se sitúa a la izquierda de la primera, habrá definido una ventana de captura; si la segunda esquina se sitúa a la derecha de la primera, obtendrá una ventana de selección. Si el modo **Ventana implícita** no está activado o si debe seleccionar la primera esquina en una zona confusa del dibujo que puede conllevar la designación de un objeto, deberá elegir las opciones **Ventana** o **Captura** tras la solicitud Designe objetos: según sus necesidades.

La variable de sistema **PICKAUTO** controla este modo de selección. Puede definir **PICKAUTO** en 1 para activar el modo **Ventana implícita**.

Comando: **PICKAUTO**
Indique nuevo valor para PICKAUTO <0>: **1**

Agrupación de objetos

Esta casilla de verificación activa o desactiva la selección automática de grupos. Si selecciona el componente de un grupo con esta opción activada, AutoCAD seleccionará el grupo completo.

También puede activar este modo definiendo en 1 la variable de sistema **PICKSTYLE**. (Los grupos se han descrito anteriormente en este capítulo.)

Sombreado asociativo

Si la casilla de verificación **Sombreado asociativo** está activada en la ficha **Selección** del cuadro de diálogo **Opciones**, AutoCAD incluirá en la selección los objetos de contorno tras designar un sombreado asociativo. También puede activar este modo definiendo en 2 la variable de sistema **PICKSTYLE**.

Tamaño de caja de selección. La barra deslizante que aparece en esta sección controla el tamaño de la caja de selección. El tamaño varía de 0 a 20. El tamaño predeterminado es 3. También puede utilizar la variable de sistema **PICKBOX**.

CAMBIO DEL ORDEN DE VISUALIZACIÓN

Utilización del comando ORDENAOBJETOS

Barra de herramientas:	Modificar II > Orden de visualización
Menú:	Herramientas > Orden de visualización
Comando:	ORDENAOBJETOS

La visualización de los objetos entre sí depende del orden en que se dibujaron. Por ejemplo, si inserta una imagen de trama y, a continuación, dibuja sobre ella una polilínea gruesa, dicha polilínea aparecerá por encima de la imagen de trama. A la hora de imprimir el dibujo, el trazador dibujará primero la imagen de trama y después la polilínea. Puede utilizar el comando **ORDENAOBJETOS** para cambiar el orden de visualización y, al mismo tiempo, el orden de trazado.

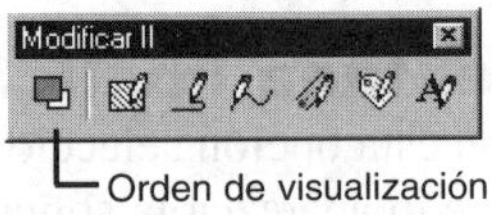

Figura 4.32. *Barra de herramientas* ***Modificar II.***

Comando: **ORDENAOBJETOS**
Designe objetos: *Designe los objetos cuyo orden desea cambiar con respecto a otros.*
Indique la opción de orden de objeto [Encima/deBajo/Delante/deTrás]: <deTrás> *Indique una opción o pulse INTRO.*

Encima. Con la opción **Encima**, el objeto seleccionado se situará encima del objeto utilizado como referencia. Si ha seleccionado varios objetos, AutoCAD mantiene el orden entre ellos. Por ejemplo, en la figura 4.33 la opción **Encima** sitúa los objetos 2, 3 y 5 sobre el objeto de referencia (4). Una vez elegida la opción **Encima** o **deBajo**, aparece la siguiente solicitud:

Orden original	Orden nuevo	Orden original	Orden nuevo
1	4	4	2
2	1	1	3
3	2	2	5
4	3	3	4
5	5	5	1
6	6	6	6

Delante: El objeto 4 se desplaza a la parte superior.

Encima: Los objetos 2, 3 y 5 se desplazan por encima del 4.

Figura 4.33. *Cambio del orden de visualización de los objetos con el comando* ***ORDENAOBJETOS.***

Designe objeto de referencia: *Designe el objeto con respecto al cual desea ordenar los objetos seleccionados.*

deBajo. La opción **deBajo** desplaza los objetos seleccionados por debajo del objeto designado como referencia. Por ejemplo, si un segmento de polilínea gruesa se superpone a una imagen (figura 4.34), puede traer la imagen al frente; para ello, cambie el orden de visualización de la imagen o de la polilínea.

Delante. La opción **Delante** sitúa los objetos seleccionados en la parte superior del orden de visualización. En la figura 4.33, por ejemplo, la opción **Delante** sitúa el objeto 4 al frente.

Figura 4.34. Efecto resultante de cambiar el orden de visualización.

deTrás. La opción **deTrás** sitúa los objetos seleccionados en la parte inferior dentro del orden de visualización.

Si modifica el orden de visualización de los objetos varias veces, éste puede acabar distorsionado. Utilice el comando **REGEN** para recuperar el orden de visualización configurado. AutoCAD no puede controlar el orden de visualización en el caso de objetos anidados en bloques y referencias externas. La visualización de tales objetos vendrá determinada por el orden en que se dibujaron. El comando **SALVAPS** ignora la información relativa al orden de visualización y muestra los objetos según el orden en que se crearon. Al cambiar el orden de visualización, el tamaño del archivo aumenta 16 bytes por cada objeto afectado por el orden de visualización. De esta forma, el tamaño del archivo aumentará entre un 1 y un 5 por ciento.

Utilización de la variable de sistema SORTENTS

El comando **ORDENAOBJETOS** activa todas las opciones ofrecidas en la sección **Métodos para ordenar objetos** que se encuentra en la ficha **Preferencias de usuario** del cuadro de diálogo **Opciones** (figura 4.35). Como resultado, el dibujo tardará más tiempo en regenerarse.

La variable de sistema **SORTENTS** controla la visualización de las operaciones de ordenación de objetos con los siguientes valores:

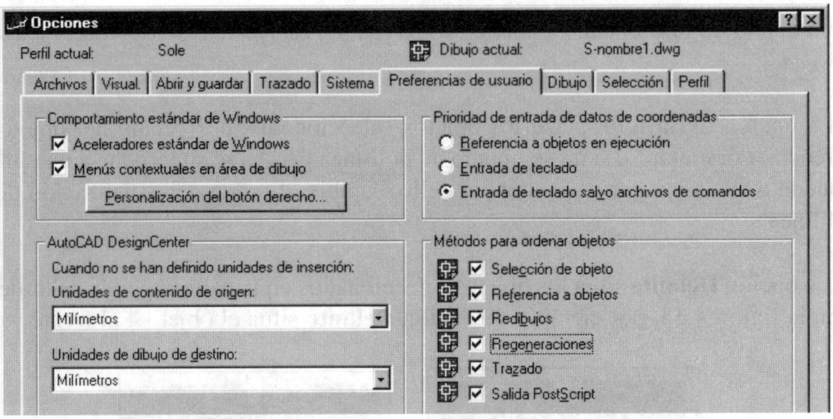

*Figura 4.35. Sección **Métodos para ordenar objetos** en la ficha **Preferencias** de usuario del cuadro de diálogo **Opciones**.*

0- **SORTENTS** está desactivada; 1- Ordena para la selección de objetos.; 2- Ordena para la referencia a objetos; 4- Ordena para el redibujado; 8- Ordena para la creación de fotos del comando **SACAFOTO**; 16- Ordena para el comando **REGEN**; 32- Ordena para la impresión; 64- Ordena para la salida PostScript. Puede activar más de una opción; basta con indicar un valor suma de los valores deseados. AutoCAD guarda esta variable de sistema en su archivo de configuración, no en el archivo de dibujo. El valor inicial para **SORTENTS** es igual a 96. Esto determina una ordenación para la impresión y para la salida PorstScript. Si define la variable **SORTENTS** en 0, AutoCAD mostrará los objetos de la forma más eficiente posible.

Al utilizar el comando **ORDENAOBJETOS**, el valor cambia a 127. Si indica cualquier otro valor diferente a 127, AutoCAD ignorará cualquier información referente al orden de visualización.

ADMINISTRACIÓN DE CONTENIDO*

Utilización de AutoCAD DesignCenter*

Barra de herramientas:	Estándar > AutoCAD DesignCenter
Menú:	Herramientas > AutoCAD DesignCenter
Comando:	ADCENTER

Tras hacer clic en el botón **AutoCAD DesignCenter** de la barra de herramientas **Estándar**, AutoCAD abre la ventana DesignCenter (figura 4.36). Como posición predeterminada, la ventana aparece bloqueada a la izquierda de la pantalla. Puede desplazarla a cualquier otra parte de la pantalla; haga clic sobre la barra de agarre que se encuentra en la parte superior de la ventana y arrástrela a su nueva posición, fija o flotante. También puede cambiar su tamaño sin más que hacer clic sobre algún límite lateral de la ventana y arrastrar a izquierda o derecha. Haga clic con el botón derecho sobre la barra de título para abrir un menú contextual con las opciones **Permitir anclaje**, **Ocultar**, **Mover** y **Tamaño**, según la ventana **DesignCenter** esté fija o flotante. La combinación CONTROL-2 permite mostrar u ocultar la ventana. Además, si hace doble clic en la barra de título de la ventana, podrá bloquear la ventana si actualmente está flotante y viceversa.

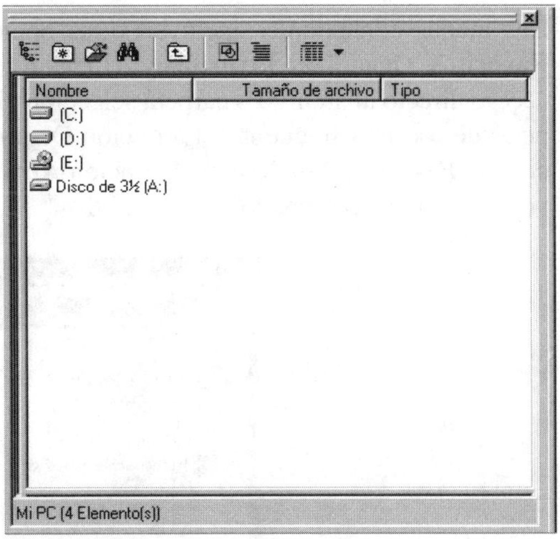

Figura 4.36. Ventana fija de **AutoCAD DesignCenter**.

La ventana **DesignCenter** permite buscar y organizar datos de dibujo. Podrá comprobar el contenido de los dibujos y, después, insertar bloques, capas, referencias externas u otro contenido personalizado. **AutoCAD DesignCenter** puede buscar la información en los archivos locales, en una red o en Internet.

Si hace clic en el botón **Activa o desactiva vista en árbol** de la barra de herramientas **AutoCAD DesignCenter**, aparecerá un panel a la izquierda con una vista en árbol del contenido de las unidades. También puede hacer clic con el botón derecho en la ventana y elegir la opción **Árbol** del menú contextual. De esta forma, habrá dividido la ventana en dos partes: el **panel en árbol** y la **paleta**. La paleta muestra carpetas, archivos, objetos de un dibujo, imágenes, contenido basado en la Web y contenido personalizado. Si lo desea, modifique el tamaño del panel en árbol y de la paleta arrastrando a derecha o izquierda la barra que los separa. En el panel en árbol puede examinar el contenido de cualquier carpeta; haga clic en el signo más que aparece junto al icono de la carpeta. Si hace clic en el signo más junto a un dibujo de AutoCAD, obtendrá una lista con el siguiente contenido: **Bloques**, **Capas**, **Estilos de cota**, **Estilos de texto**, **Presentaciones**, **RefX** y **Tipos de línea**. Si selecciona cualquiera de estas categorías, la paleta mostrará una lista con el contenido correspondiente en el dibujo seleccionado (figura 4.37). Si hace clic con el botón derecho sobre cualquier carpeta, archivo o categoría de los contenidos de dibujo, aparecerá un menú contextual con varias opciones. Elija **Explorar** en este menú contextual para desplegar el contenido respectivo de la carpeta, archivo o categoría. El botón **Vista preliminar** de la barra de herramientas **AutoCAD DesignCenter** abre un panel bajo la paleta donde podrá obtener una imagen del objeto o archivo seleccionado. Por su parte, el botón **Descripción** abre un nuevo panel donde aparecerá el texto descriptivo del elemento seleccionado (en caso de que se haya definido una descripción para él).

Puede arrastrar y colocar cualquier contenido de dibujo hasta el dibujo actual o bien hacer doble clic para añadirlo. AutoCAD pasará a utilizar el nuevo contenido como un elemento más del dibujo actual. Si hace doble clic sobre una referencia externa o bloque determinado, AutoCAD mostrará, respectivamente, el cuadro de diálogo **Referencia externa** o **Insertar** para facilitar el enlace de la refx o la inserción del bloque. Si hace clic con el botón derecho en la paleta sobre un determinado tipo de línea, capa, estilo de texto, presentación o estilo de cota, aparecerá un menú contextual con las opciones **Añadir** y **Copiar**. Si hace clic con el botón derecho sobre un bloque o una referencia externa, las opciones disponibles serán, respectivamente, **Enlazar refX** e **Insertar bloque**, además de **Copiar**.

Los menús contextuales incluyen otras opciones en AutoCAD DesignCenter, como **Añadir a Favoritos**, **Organizar favoritos** y **Abrir en una ventana**. La opción **Añadir a Favoritos** crea un acceso directo al archivo o carpeta seleccionada en la carpeta Favoritos (incluye los archivos y carpetas de uso más frecuente). La opción **Organizar favoritos** permite organizar el contenido de la carpeta Favoritos. Finalmente, la opción **Abrir en una ventana** abre como dibujo actual el archivo de dibujo seleccionado.

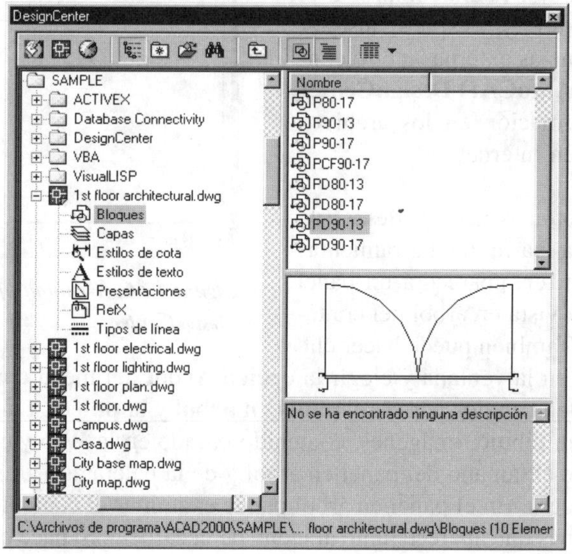

Figura 4.37. *Ventana **DesignCenter** con el panel en árbol, la paleta, el panel de vista preliminar y el cuadro de descripción.*

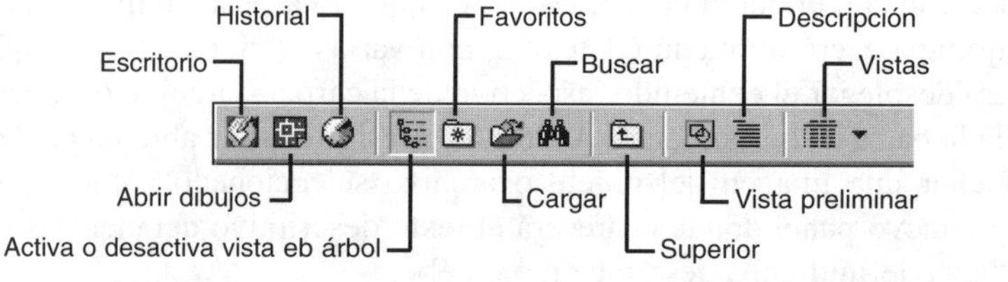

Figura 4.38. *Barra de herramientas **AutoCAD DesignCenter**.*

Haga clic en el botón **Escritorio** de la barra de herramientas **AutoCAD DesignCenter** para que el panel en árbol muestre el contenido del escritorio de su ordenador. El botón **Abrir dibujos** muestra los dibujos actualmente abiertos, incluido el dibujo actual sobre el que se está trabajando. El botón **Historial** informa de las 20 últimas ubicaciones examinadas con **AutoCAD DesignCenter**. El botón **activa o desactiva vista en árbol**, como su nombre indica, muestra u oculta el panel en árbol con la vista jerárquica del contenido. Si hace clic en **Historial**, AutoCAD desactiva automáticamente la vista en árbol. El botón **Favoritos** muestra el contenido de la carpeta Favoritos. Esta carpeta incluye accesos directos a los archivos y carpetas de uso más frecuente, lo que permite acceder rápidamente a ellos. Haga clic en el botón **Cargar** para abrir el cuadro de diálogo **Cargar la paleta de DesignCenter** (figura 4.39). Consiste en un cuadro de diálogo estándar para la selección de archivos. Seleccione un archivo y haga clic en **Abrir**. La ventana **DesignCenter** mostrará el archivo y su contenido.

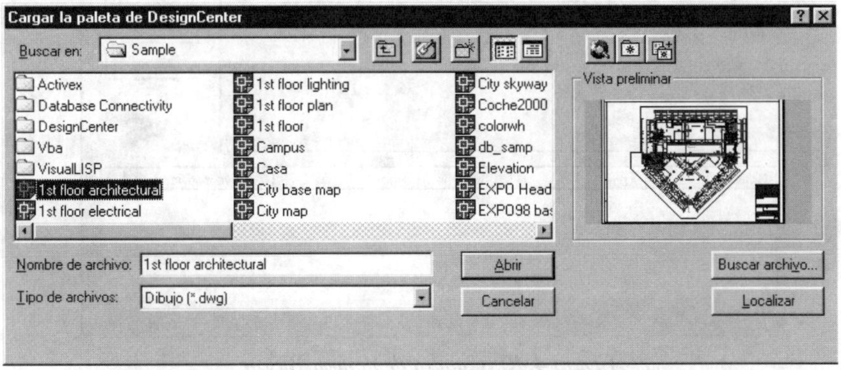

*Figura 4.39. Cuadro de diálogo **Cargar la paleta de DesignCenter**.*

El botón **Buscar** abre el cuadro de diálogo **Buscar** (figura 4.40). Puede utilizar este cuadro de diálogo para localizar los dibujos que contienen determinados bloques, estilos de texto y de cota, capas, presentaciones, referencias externas o tipos de línea. Indique el elemento deseado en el cuadro de lista desplegable **Buscar**. También puede iniciar una búsqueda basada en los siguientes criterios:

1. **Fecha de modificación.** Configure las opciones de la ficha **Fecha de modificación** según sus necesidades.

2. **Texto en el nombre del bloque, en la descripción del bloque o del dibujo, en el identificador o en el valor de atributo.** Seleccione la categoría deseada en el cuadro de lista desplegable **Contenido** de la ficha **Avanzadas**. Indique después la cadena a buscar en el cuadro de texto **Con texto**. También puede estrechar la búsqueda si indica en los cuadros **Tamaño** el tamaño mínimo o máximo de los archivos en los que buscar.

3. **Texto que forme parte del nombre del archivo o de su Título, Asunto, Autor o palabras clave, información almacenada en la ficha Resumen del cuadro de diálogo Propiedades del dibujo**. Indique las palabras a buscar en el cuadro combinado **Buscar palabra(s)** que aparece en la ficha **Dibujos** del cuadro de diálogo **Buscar**. Seleccione el campo de búsqueda en el cuadro de lista desplegable **En campo(s)**.

Una vez indicados los criterios de búsqueda adecuados para un archivo determinado, haga clic en el botón **Buscar ahora**. La parte inferior del cuadro de diálogo muestra el nombre, la ubicación, el tamaño de archivo, el tipo y la fecha de los archivos encontrados.

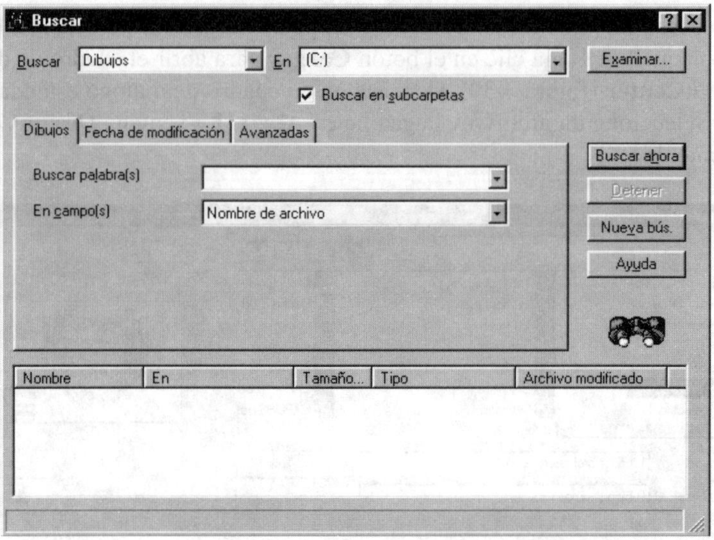

*Figura 4.40. Cuadro de diálogo **Buscar**.*

Continuando con la descripción de la barra de herramientas **AutoCAD DesignCenter**, el botón **Superior** accede al nivel superior desde la ubicación actual en la estructura jerárquica de carpetas. Los botones **Vista preliminar** y **Descripción**, antes descritos, muestran u ocultan los paneles correspondientes en DesignCenter. El botón desplegable **Vistas** ofrece varias opciones de formato para la paleta: **Iconos grandes**, **Iconos pequeños**, **Lista** y **Detalles**.

Si hace clic con el botón derecho sobre la paleta, aparecerá un menú contextual con todas las opciones proporcionadas por AutoCAD DesignCenter, además de **Añadir a Favoritos**, **Organizar Favoritos** y **Renovar**. La opción **Renovar** actualiza la vista en la paleta en caso de que haya efectuado algún cambio en ella.

Ejemplo 3

Utilice la ventana DesignCenter para localizar y visualizar el contenido del dibujo Kitchens.dwg. Utilice también AutoCAD DesignCenter para insertar un bloque desde este dibujo. Importe además una capa y un estilo de texto del dibujo 1st floor architectural.dwg, situado en la carpeta Sample de AutoCAD. Utilice estos elementos para realizar un dibujo correspondiente al plano de una cocina (Micocina.dwg). Añada texto y cotas al dibujo, tal como muestra la figura 4.41.

1. Abra un dibujo nuevo con la opción **Valores por defecto**. Asegúrese de que selecciona el botón de opción **Métrico** en la sección **Parámetros por defecto** del cuadro de diálogo.

2. Dibuje un rectángulo de 213 por 244.

3. Haga clic en el botón **AutoCAD DesignCenter** de la barra de herramientas **Estándar**. Aparecerá la ventana **DesignCenter**.

4. Si fuera necesario, haga clic en el botón **Activa o desactiva vista en árbol** de la barra de herramientas AutoCAD DesignCenter para mostrar la paleta.

5. A continuación, haga clic en el botón **Buscar**. Aparecerá el cuadro de diálogo **Buscar**. Seleccione **Dibujos** en el cuadro de lista desplegable **Buscar**. Seleccione la unidad en la que tenga instalado AutoCAD (normalmente **C:**) en el cuadro de lista desplegable **En**. Si no está activada todavía, active ahora la casilla de verificación **Buscar en subcarpetas**. En la ficha **Dibujos**, escriba **kitchens** en el cuadro combinado **Buscar palabra(s)**. Haga clic en el botón **Buscar ahora** para iniciar la búsqueda. Una vez localizado el dibujo, la parte inferior del cuadro de diálogo muestra detalles referentes al mismo, entre ellos su ruta.

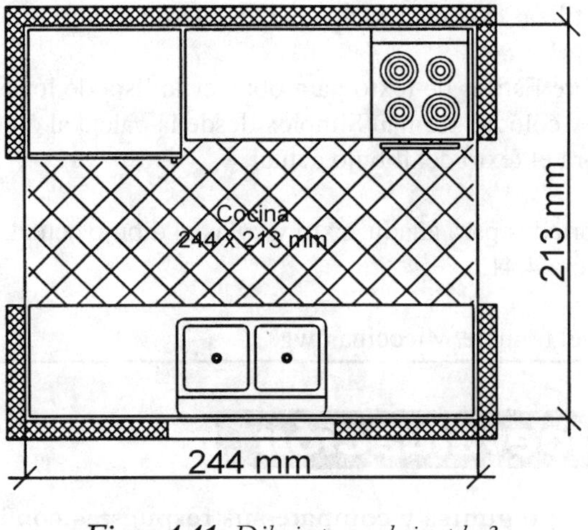

Figura 4.41. *Dibujo para el ejemplo 3.*

6. Amplíe el tamaño del panel en árbol para localizar con claridad la ruta del archivo (la carpeta de AutoCAD Sample\DesignCenter). Haga clic sobre dicha carpeta para mostrar su contenido en la paleta. También puede hacer clic con el botón derecho sobre la carpeta y elegir la opción **Explorar** del menú contextual.

7. Haga clic con el botón derecho sobre el dibujo Kitchens.dwg y elija **Abrir en una ventana** en el menú contextual. Kitchens pasará a ser el dibujo actual. Puede enlazar cualquier dibujo que desee utilizar como referencia externa en el dibujo actual con la opción **Enlazar como refX** del menú contextual. Utilice el zoom para comprobar el contenido del dibujo. Cierre después el dibujo.

8. Haga doble clic en el icono del dibujo Kitchens mostrado en la paleta para ver su contenido. Si lo prefiere, haga clic en el signo más que aparece junto al dibujo Kitchens del panel en árbol.

9. Haga doble clic en el icono Bloques mostrado en la paleta o doble clic en la categoría Bloques del panel en árbol. La paleta pasará a mostrar todos los bloques definidos en el dibujo Kitchens.dwg. Haga clic con el botón derecho sobre **Diseño de la cocina 213 x 244 cm** para que aparezca un menú contextual. Elija **Insertar bloque**; aparecerá el cuadro de diálogo **Insertar**. Active las casillas de verificación **Precisar en pantalla** de las secciones **Punto de inserción** y **Escala**. Active también la casilla **Descomponer**. Haga clic en **Aceptar** para cerrar el cuadro de diálogo. Inserte el bloque en la esquina inferior izquierda del rectángulo dibujado (utilice la referencia a objetos Punto final). Indique 2.54 como escalas X e Y.

10. A continuación, haga doble clic en el dibujo 1st floor architectural.dwg, localizado en la carpeta Sample de AutoCAD. La paleta mostrará su contenido.

11. Haga clic sobre la categoría Capas del panel en árbol para que la paleta muestre las capas definidas en el dibujo. Arrastre y coloque la capa Dimensions (COTAS) desde la paleta al dibujo actual. Ahora podrá utilizar esta nueva capa para acotar el dibujo tras convertirla en actual.

12. Haga clic después sobre Estilos de texto para obtener la lista de los estilos de texto definidos en el dibujo. Arrastre y coloque Roman Simplex desde la paleta al dibujo actual. Podrá utilizar este estilo de texto para el texto del dibujo actual.

14. Utilice los datos importados para añadir texto y cotas al dibujo actual, hasta obtener el resultado mostrado en la figura 4.41.

15. Guarde el dibujo con el nombre Micocina.dwg.

Test de autoevaluación

Conteste a las siguientes preguntas y compare sus respuestas con las respuestas correctas mostradas al final del capítulo.

1. El comando **CAMBIA** es el único método para cambiar las propiedades asociadas a un objeto. (V/F)

2. Sólo puede utilizar el comando **LIMPIA** antes de que la base de datos del dibujo cambie debido a operaciones que involucran la adición o supresión de objetos en el archivo de dibujo. (V/F)

3. Si indica 1 tras la primera solicitud del comando **DESHACER**, el efecto resultante será idéntico a utilizar el comando **H**. (V/F)

4. Si el segmento que cierra una polilínea se ha dibujado manualmente y no con la opción **Cerrar**, la opción **Abrir** del comando **EDITPOL** no tendrá ningún efecto visible. (V/F)

5. La opción **Control** del comando **DESHACER** permite limitar la acción de dicho comando. (V/F)

6. La opción **Grosor** del comando **EDITPOL** permite cambiar el grosor de una polilínea con un grosor constante o variable.

7. Puede pasar del último al primer vértice de una polilínea cerrada con la opción **Siguiente**. (V/F)

8. La variable de sistema __________ controla el número de segmentos de línea utilizados para construir las curvas spline.

9. Si desea dar a una polilínea la forma de una curva B-spline, debe configurar la variable de sistema __________. Un valor igual a _____ genera una curva __________, mientras que un valor igual a _____ genera una curva __________.

10. Los nombres de grupo pueden tener un máximo de _____ caracteres, incluidos los caracteres especiales __________.

11. La casilla de verificación **Incluir sin nombre** permite mostrar los nombres de los objetos no guardados en el cuadro de diálogo **Agrupar objetos**.

12. La casilla de verificación **Seleccionable** permite definir si un grupo es o no seleccionable. (V/F)

13. La opción **Juntar** del comando **EDITPOL** sólo puede utilizarse con polilíneas abiertas.

14. La opción **Grosor** en la solicitud principal del comando **EDITPOL** permite cambiar los grosores inicial y final de una polilínea al valor deseado. (V/F)

Preguntas de revisión

1. Puede utilizar el comando __________ para agrupar objetos de AutoCAD y asignar un nombre al grupo.

2. Si indica __________ en la solicitud de comando, podrá configurar las opciones de **GRUPO** mediante solicitudes en la línea de comando.

3. La opción __________ del comando **GRUPO** permite cambiar el orden de los objetos en el grupo seleccionado.

4. Para seleccionar un grupo puede indicar __________ tras la solicitud Designe objetos: de AutoCAD.

5. Al utilizar el comando **GRUPO** para formar grupos de objetos, AutoCAD puede resaltar uno tras otro los grupos de los que un objeto seleccionado forma parte. (V/F)

6. Puede modificar el color, el tipo de línea, el grosor de línea y la capa correspondiente a un bloque con la ayuda del comando **CAMBIA**. (V/F)

7. Tras descomponer un bloque, el aspecto en pantalla resulta idéntico, si bien el color o tipo de línea puede cambiar debido a las capas, los colores o los tipos de línea flotantes. (V/F)

8. El comando **LIMPIA** tiene el mismo efecto que la opción asterisco del comando **BLOQUEDISC**. La única diferencia es que con el comando **LIMPIA** la eliminación tiene lugar de forma automática. (V/F)

9. El comando **RENOMBRA** permite cambiar el nombre de un archivo de dibujo creado con el dibujo **BLOQUEDISC**. (V/F)

10. El comando **RENOMBRA** puede cambiar el nombre de un bloque. (V/F)

11. Si la opción **Auto** del comando **DESHACER** está desactivada, este comando deshará cualquier grupo de comandos utilizados para insertar un objeto. (V/F)

12. Si la polilínea seleccionada es cerrada, la opción **Abrir** sustituye a la opción **Cerrar** en el comando **EDITPOL**. (V/F).

13. Los círculos dibujados con el comando **CIRCULO** pueden transformarse en polilíneas. (V/F)

14. Al elegir la opción **Editar vértices** del comando **EDITPOL**, aparece un marcador con forma de X en el segundo vértice de la polilínea. (V/F)

15. Si precisa una dirección tangente para un vértice con la opción **Editar vértices**, aparece una flecha en la dirección correspondiente. (V/F)

16. Con la opción **Cortar** del comando **EDITPOL**, si hay vértices o segmentos entre los vértices precisados, AutoCAD los suprimirá. (V/F)

17. La opción **Cortar** resulta válida cuando los dos vértices precisados se encuentran en el punto final de la polilínea o cuando precisa un único vértice en dicha posición. (V/F)

18. La opción **Desplazar** permite desplazar el vértice marcado con la X a una nueva posición. (V/F)

19. La opción **Alisar** del comando **EDITPOL** suprime los arcos, segmentos de línea o vértices entre los vértices precisados y los sustituye con un único segmento de línea. (V/F)

20. La opción **Grosor** que aparece en la solicitud de la opción **Editar vértices** del comando **EDITPOL** permite cambiar los grosores inicial y final de un determinado segmento de polilínea.

21. La curva spline sólo pasa a través de los vértices inicial y final; a diferencia de la curva creada con la opción **Curvar**, no atraviesa el resto de vértices de la polilínea. (V/F)

22. La curva creada con la opción **Curvar** sólo pasa por los vértices inicial y final de la polilínea. (V/F)

23. La opción **Estadopreviocurva** suprime los vértices insertados tras utilizar las opciones Ajustar o Spline. (V/F)

24. La opción **Estadopreviocurva** no puede alisar ninguna curva dibujada con la ayuda de la opción Arco del comando POL. (V/F)

25. Las curvas cuadráticas son extremadamente suaves. La curva cuadrática atraviesa los puntos de apoyo inicial y final, además de aproximarse al máximo al resto de puntos de apoyo. (V/F)

26. El comando __________ puede deshacer el comando anterior o varios comandos a la vez.

27. Si indica 6 tras la solicitud Indique el número de operaciones a deshacer o [Auto/Control/Inicio/Fin/Marca/Retorno] <1>:, AutoCAD deshará los _____ comandos anteriores.

28. La opción __________ del comando **DESHACER** desactiva por completo los comandos **DESHACER** y **H**.

29. Para activar el comando **DESHACER** en caso de que estuviera desactivado, deberá indicar las opciones __________ o __________.

30. Con la acción combinada de las opciones __________ y __________ del comando **DESHACER**, conseguirá deshacer un grupo de comandos de una sola vez.

Ejercicios

Ejercicio 4 — *Gráficos*

Dibuje la parte (a) de la figura 4.42. Después, con los comandos **CAMBIA** y **EDITPOL**, conviértala en las formas mostradas en las partes (b), (c) y (d). El tipo de línea utilizada en (d) es LÍNEAS_OCULTAS.

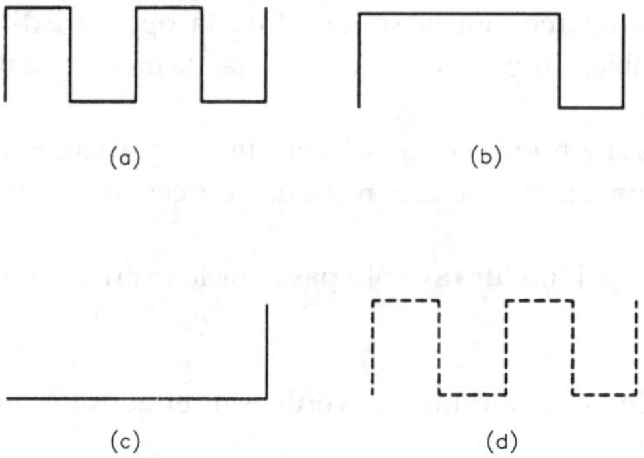

Figura 4.42. Dibujo para el ejercicio 4.

Ejercicio 5 — *Mecánica*

Dibuje con el comando **LINEA** el objeto mostrado en la figura 4.43. Convierta el objeto en una polilínea con grosor de 0.25.

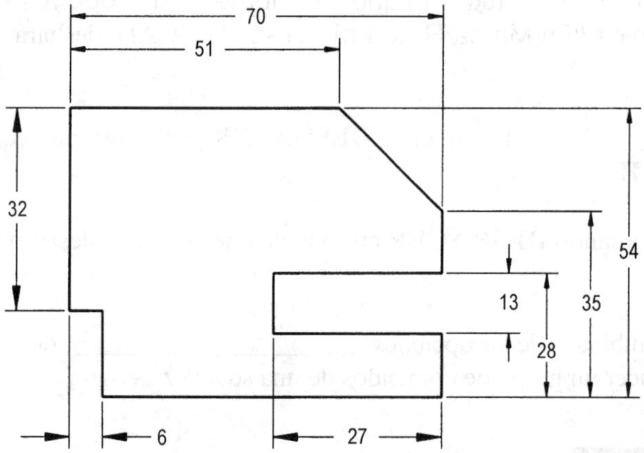

Figura 4.43. Dibujo para el ejercicio 5.

Ejercicio 6 — *Gráficos*

Dibuje la parte (a) mostrada en la figura 4.44. Utilice después las opciones adecuadas del comando **EDITPOL** para convertirla en el dibujo (b).

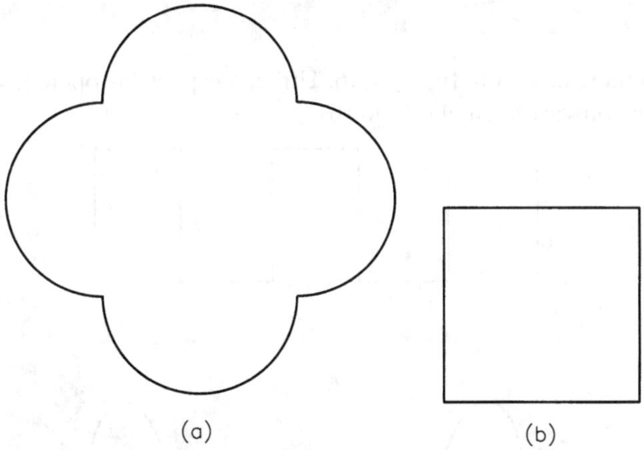

Figura 4.44. Dibujo para el ejercicio 6.

Ejercicio 7 — *Gráficos*

Dibuje la parte (a) mostrada en la figura 4.45. Utilice después las opciones adecuadas del comando **EDITPOL** para convertirla en los dibujos (b), (c) y (d). Identifique los diferentes tipos de curvas.

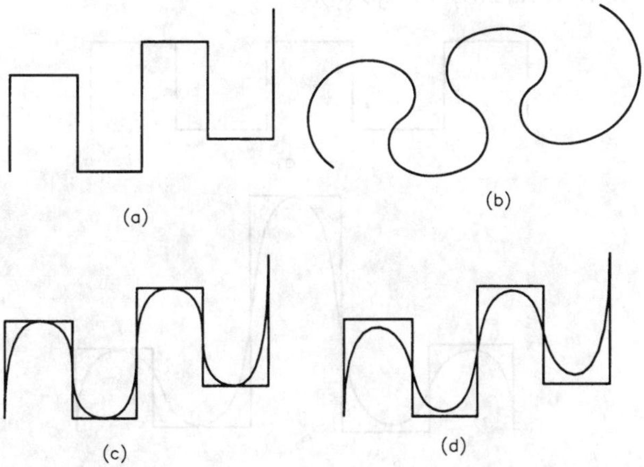

Figura 4.45. Dibujo para el ejercicio 7.

Ejercicio 8 *Gráficos*

Dibuje la parte (a) mostrada en la figura 4.46. Utilice después las opciones adecuadas del comando **EDITPOL** para convertirla en el dibujo (b).

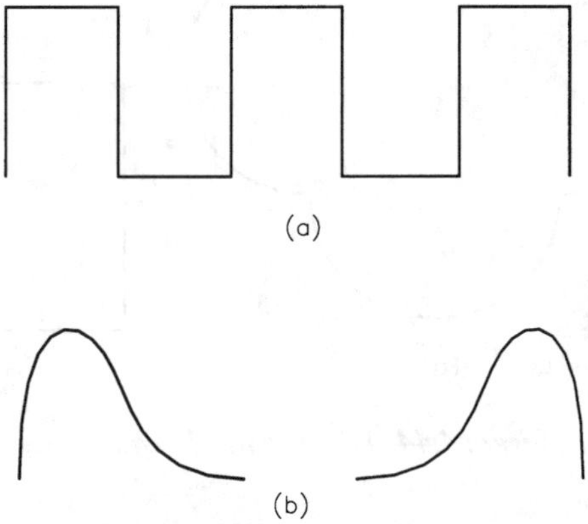

Figura 4.46. *Dibujo para el ejercicio 8.*

Ejercicio 9 *Gráficos*

Dibuje la parte (a) mostrada en la figura 4.47. Utilice después las opciones adecuadas del comando **EDITPOL** para convertirla en el dibujo (b).

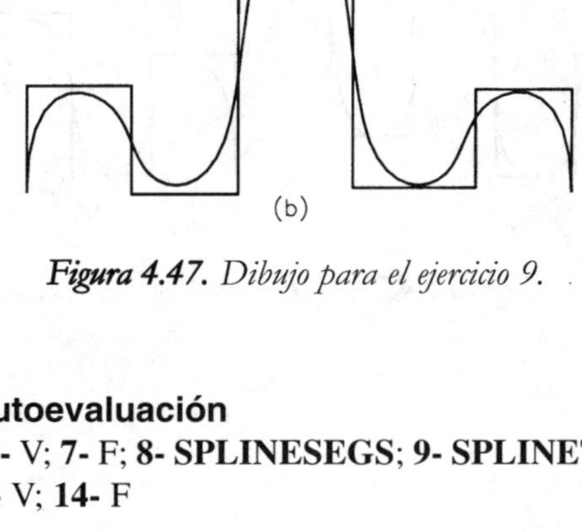

Figura 4.47. *Dibujo para el ejercicio 9.*

Respuestas al test de autoevaluación

1- F; **2-** F; **3-** V; **4-** V; **5-** V; **6-** V; **7-** F; **8- SPLINESEGS**; **9- SPLINETYPE**, 5, cuadrática, 6, cúbica; **10-** 31; **11-** V; **12-** V; **13-** V; **14-** F

Capítulo 5

Comandos de consulta, intercambio de datos, incrustación y vinculación de objetos

Objetivos del estudio

Tras completar este capítulo, será capaz de:

- *Hacer consultas acerca de dibujos y objetos.*
- *Calcular áreas con el comando AREA.*
- *Calcular distancias con el comando DIST.*
- *Identificar un posición en pantalla con el comando ID.*
- *Obtener información sobre dibujos y objetos con los comandos LISTDB y LIST.*
- *Obtener información relacionada con el dibujo con el comando ESTADO.*
- *Importar y exportar archivos .dxf con los comandos GUARDARCOMO y ABRE.*
- *Importar archivos DXB con el comando CARGADXB.*
- *Exportar archivos de trama con el comando GUARDARIMG.*
- *Comprender las herramientas de vinculación e incrustación con la herramienta OLE de Windows.*

CONSULTAS ACERCA DE UN DIBUJO (COMANDOS DE CONSULTA)

Al crear un dibujo o examinar uno ya existente, a menudo necesitará extraer de él alguna información. Si realiza un dibujo sobre papel, deberá tomar medidas y realizar cálculos manualmente. De igual forma, si dibuja en el entorno de AutoCAD, deberá realizar consultas referentes a datos propios del dibujo. Las consultas pueden estar encaminadas a calcular, por ejemplo, la distancia entre dos puntos determinados del dibujo, el área de un polígono o las coordenadas de una posición del dibujo. AutoCAD puede manejar todos los datos pertenecientes a un dibujo. Como la única misión de los comandos de consulta es obtener información acerca de los objetos seleccionados, dichos comandos no afectan al dibujo en modo alguno. A continuación se indica la lista de los comandos de consulta:

AREA	**DIST**	**ID**	**LIST**	**LISTDB**
PROPFIS	**ESTADO**	**TIEMPO**	**PROPSDIB**	

La mayoría de los comandos de consulta solicitan la designación de objetos. Una vez seleccionados los objetos correspondientes, AutoCAD cambiará del modo gráfico al modo texto para mostrar toda la información relativa a dichos objetos. Algunos comandos muestran la información en la Ventana de texto de AutoCAD. Puede ajustar la pantalla de texto con el dispositivo señalador para adaptarla a sus necesidades; por ejemplo, si desplaza a un lado la pantalla de texto, conseguirá ver al mismo tiempo la pantalla de dibujo y la de texto. Si hace clic en los iconos **Minimizar** o **Cerrar** de la Ventana de texto, conseguirá regresar a la pantalla gráfica. También puede regresar si indica el comando **PANTGRAF** en la solicitud de comando. De igual forma, puede abrir la Ventana de texto con el comando **PANTTEXT**. Finalmente, la tecla de función **F2** permite cambiar entre los modos gráfico y de texto.

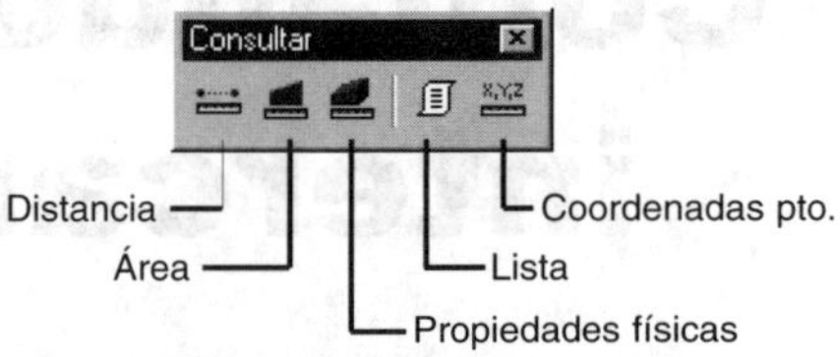

***Figura 5.1.** Comandos de consulta desde la barra de herramientas **Consultar**.*

COMANDO AREA

Barra de herramientas:	Consultar > Área
Menú:	Herramientas > Consultar > Área
Comando:	AREA

Comprobar manualmente el área de una forma o un objeto supone un gasto de tiempo. En AutoCAD, el comando **AREA** permite calcular de forma automática el área de un objeto en unidades cuadradas. Con este comando conseguirá ahorrar tiempo en el cálculo de las áreas de formas, especialmente si son complicadas.

Puede utilizar la opción predeterminada del comando **AREA** para calcular el área y el perímetro de un espacio cerrado, delimitado por una serie de puntos. Por ejemplo, para determinar el área de un objeto (formado a partir de varios objetos) creado con ayuda del comando **LINEA** (figura 5.2), deberá seleccionar todos los vértices del objeto. Con el conjunto de los puntos precisados conseguirá definir la forma o el objeto cuya área desea calcular. Éste es el método predeterminado para determinar el área de un objeto. Como única restricción, todos los puntos precisados deben hallarse en un plano paralelo al XY del SCP actual. Puede hacer uso de referencias a objetos (como Punto final, Intersección o Tangente) para facilitar así la designación rápida y exacta de los vértices. Para que AutoCAD pueda calcular el área de una forma, dicha forma no tiene por qué estar formada por polilíneas; además, las líneas no tienen por qué ser cerradas. Sin embargo, las curvas deben aproximarse por medio de pequeños segmentos rectos. En estos casos, AutoCAD determinará el área suponiendo que el primer punto y el último están unidos. La secuencia de solicitudes en este caso será:

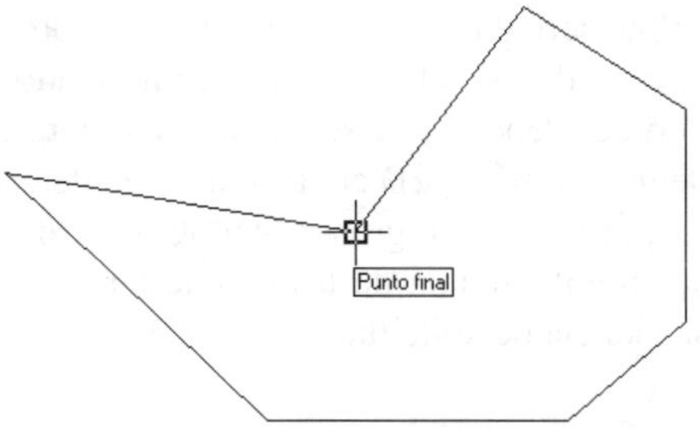

Figura 5.2. *Utilización del comando AREA.*

Comando: **AREA**
Precise primer punto de esquina u [Objeto/Añadir/Sustraer]: *Precise el primer punto.*
Precise punto de esquina siguiente o pulse INTRO para obtener total: *Precise el segundo punto.*
Precise punto de esquina siguiente o pulse INTRO para obtener total: *Continúe precisando puntos hasta definir el área con todos los puntos que la encierran.*
Precise punto de esquina siguiente o pulse INTRO para obtener total: Intro
Área = *X*, Perímetro = *Y*

En la secuencia anterior, X representa el valor numérico del área e Y el perímetro. No es posible determinar con precisión el área de un objeto curvo, como un arco, con la opción predeterminada. Sin embargo, para calcular el área aproximada que abarca un arco puede definir varios puntos sobre dicho arco. Si el objeto cuya área desea calcular no es cerrado (está formado por segmentos independientes) e incorpora líneas curvas, debería seguir los pasos siguientes para determinar con precisión su área:

1. Convierta todos los segmentos del objeto en polilíneas con el comando EDITPOL.

2. Junte todas las polilíneas individuales en una única polilínea. Una vez llevadas a cabo estas operaciones, habrá obtenido un objeto cerrado. A continuación podrá utilizar la opción **Objeto** del comando **AREA** para determinar el área.

Si designa dos puntos en pantalla, el comando **AREA** mostrará el valor del área como 0.00; el perímetro será la distancia entre ambos puntos.

Opción Objeto. Puede utilizar la opción **Objeto** del comando **AREA** para determinar el área de objetos tales como polígonos, círculos, polilíneas, regiones, sólidos y splines. Si el objeto seleccionado es una polilínea o un polígono, AutoCAD informará del área y perímetro de la polilínea. En el caso de polilíneas abiertas, el área se calcula suponiendo que el último punto está unido al primer punto; pero, a diferencia de la opción predeterminada, la longitud del segmento de unión no se añade a la longitud total de la polilínea. Si el objeto seleccionado es un círculo, elipse o curva spline cerrada planar, AutoCAD proporcionará información referente a su área y circunferencia. En el caso de un sólido, aparecerá indicado el área de la superficie. Para una polilínea 3D, todos los vértices deben hallarse en un plano paralelo al plano XY del SCP actual. La dirección de extrusión de una polilínea 2D cuya área desea determinar debe ser paralela al eje Z del SCP actual. En el caso de polilíneas con grosor, AutoCAD calcula el área y el grosor a partir de la línea de centro. Si no se cumple alguna de las condiciones indicadas, aparecerá un mensaje de error en la pantalla. La secuencia de solicitudes es:

> Comando: **AREA**
> Precise primer punto de esquina u [Objeto/Añadir/Sustraer]: **O**
> Designe objetos: *Designe un objeto.*
> Área = *X*, Circunferencia = *Y*

En la secuencia anterior, X representa el valor numérico del área e Y el perímetro.

Nota

*En muchos casos, la forma más fácil y rápida para calcular un área delimitada por varios objetos consiste en crear una polilínea con el comando CONTORNO y, a continuación, utilizar la opción **Objeto** del comando AREA.*

Opción Añadir. En ocasiones quizá deba sumar el área de varios objetos para determinar un área total. Por ejemplo, en el plano de una casa, debe sumar el área de todas las habitaciones y el pasillo para calcular los metros útiles. En tales casos, puede utilizar la opción **Añadir**. Una vez iniciada esta opción, AutoCAD activa el modo **Añadir**. Si a continuación utiliza la opción predeterminada tras la solicitud Precise primer punto de esquina u [Objeto/Sustraer]:, podrá calcular normalmente un área o perímetro designando puntos en pantalla. Pulse INTRO una vez precisados todos los puntos que definen un área para obtener el área total acumulada desde que inició el modo **Añadir**. Podrá repetir el proceso para seguir sumando áreas. La solicitud de comando es:

> Precise punto de esquina siguiente o pulse INTRO para obtener total (modo AÑADIR):

Si el polígono cuya área desea añadir no es cerrado, AutoCAD supondrá que una línea conecta el primer y el último punto del polígono; de esta forma calculará el área y el perímetro. El perímetro de este área se añade al perímetro total. La opción **Objeto** añade las áreas y perímetros de los objetos seleccionados. Tras elegir esta opción, si designa una polilínea abierta, AutoCAD considerará unidos los puntos inicial y final de la polilínea, si bien no incluirá en el perímetro la longitud del segmento añadido. Si designa un objeto, AutoCAD mostrará su área en pantalla, así como el área combinada (área total) del cálculo anterior y del objeto actualmente seleccionado. De esta forma conseguirá sumar áreas de diferentes objetos. Mientras el modo **Añadir** esté activo, las sucesivas solicitudes así lo indicarán para que no lo olvide. Cada vez que inicie el comando **AREA**, el área total parte de cero.

Opción Sustraer. La opción **Sustraer** es exactamente la inversa de la opción **Añadir**. Una vez elegida esta opción, AutoCAD activa el modo **Sustraer**. El cálculo de áreas por puntos funciona de forma similar a como lo hacía en el modo Añadir. Si designa un objeto, AutoCAD mostrará en pantalla el área de dicho objeto. En este momento, el área total coincidirá con la del objeto seleccionado. Si designa un nuevo objeto, AutoCAD mostrará su área, además del valor resultante tras sustraer el área del objeto actual de la última calculada. De esta forma, puede sustraer áreas de objetos a partir de un área inicial. Mientras el modo **Sustraer** esté activo, las sucesivas solicitudes así lo indicarán para que no lo olvide. Para salir del comando **AREA**, pulse INTRO tras la solicitud Precise primer punto de esquina u [Objeto/Añadir]:. A continuación se indica la secuencia de solicitudes para ambos modos, correspondiente a la figura 5.3:

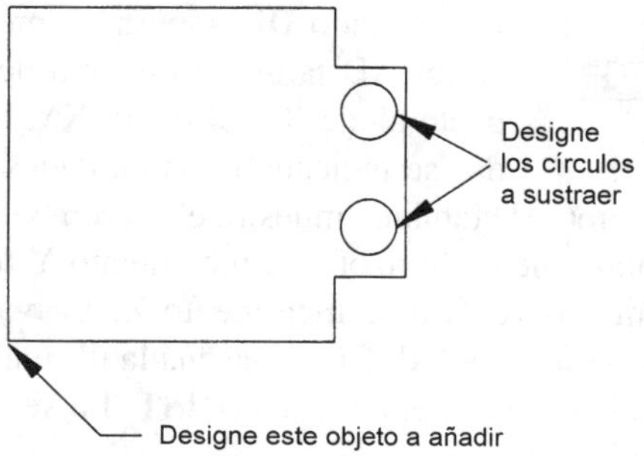

Figura 5.3. *Utilización de las opciones* ***Añadir*** *y* ***Sustraer.***

Comando: **AREA**
Precise primer punto de esquina u [Objeto/Añadir/Sustraer]: **A**
Precise primer punto de esquina u [Objeto/Sustraer]: **O**
(modo AÑADIR) Designe objetos: *Designe la polilínea.*
Área = 22688.5936, Longitud = 621.0669
Área total = 22688.5936
(modo AÑADIR) Designe objetos: Intro
Precise primer punto de esquina u [Objeto/Sustraer]: **S**
Precise primer punto de esquina u [Objeto/Añadir]: **O**
(modo SUSTRAER) Designe objetos: *Designe el círculo.*
Área = 313.1042, Circunferencia = 62.7263
Área total = 22375.4894
(modo SUSTRAER) Designe objetos: *Designe el segundo círculo.*
Área = 313.1042, Circunferencia = 62.7263
Área total = 22062.3853
(modo SUSTRAER) Designe objetos: Intro
Precise primer punto de esquina u [Objeto/Añadir]: Intro

Las variables de sistema **AREA** y **PERIMETER** almacenan el área y el perímetro de la última polilínea o círculo designado. Siempre que ejecute el comando **AREA**, AutoCAD define la variable **AREA** en cero.

Cálculo de la distancia entre dos puntos (Comando DIST)

Barra de herramientas:	Consultar > Distancia
Menú:	Herramientas > Consultar > Distancia
Comando:	DIST

El comando **DIST** permite medir la distancia entre dos puntos precisados (figura 5.4). AutoCAD también informa del ángulo formado por los puntos seleccionados con respecto al eje X y al plano XY. Las medidas se indican en las unidades actuales. AutoCAD también muestra el Incremento X (desplazamiento horizontal), Incremento Y (desplazamiento vertical) e Incremento Z. La variable de sistema **DISTANCE** almacena la última distancia calculada por el comando **DIST**. La secuencia de solicitudes es:

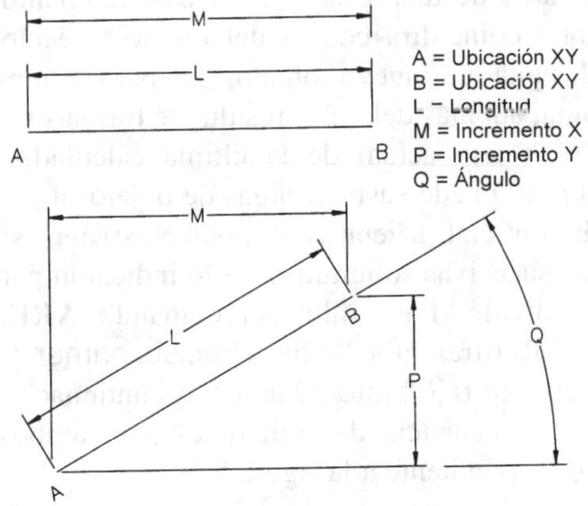

Figura 5.4. Utilización del comando DIST.

Comando: **DIST**
Precise primer punto: *Precise un punto.*
Designe segundo punto: *Precise un punto.*

AutoCAD responderá con la siguiente información:

Distancia = *Distancia calculada entre los dos puntos.*
Ángulo en el plano XY = *Ángulo que forman los puntos precisados en el plano XY.*
Ángulo a partir del plano XY = *Ángulo que forman los puntos precisados con el plano XY.*
Incremento X = *Cambio en X*, Incremento Y = *Cambio en Y*, Incremento Z = *Cambio en Z.*

Si indica un único número o fracción tras la solicitud Precise primer punto:, AutoCAD mostrará dicho número en la unidad de medida actual.

Comando: **DIST**
Precise primer punto: 3-3/4 *(Indique un número o una fracción.)*
Distancia = 3.7500

Nota

La coordenada Z se utiliza en distancias 3D. Si no precisa la coordenada Z de los dos puntos entre los que desea conocer la distancia, AutoCAD aplicará como coordenada Z la elevación actual.

Identificación de una posición en la pantalla (Comando ID)

Barra de herramientas:	Consultar > Coordenadas pto.
Menú:	Herramientas > Consultar > Coordenadas punto
Comando:	ID

El comando **ID** identifica la posición del punto precisado e informa de sus coordenadas.

Comando: **ID**
Precise punto: *Precise el punto a identificar.*
X = *Coordenada X* Y = *Coordenada Y* Z = *Coordenada Z*

AutoCAD toma la elevación actual como valor de la coordenada Z. Si tras la solicitud Precise punto: utiliza algún modo de referencia a objetos con un objeto 3D, la coordenada Z mostrada será la del punto del objeto 3D elegido con la referencia correspondiente. También puede utilizar el comando **ID** para identificar una ubicación en pantalla. Para lograrlo, indique el valor de las coordenadas que desee localizar. AutoCAD identificará el punto al insertar sobre él una marca auxiliar (la variable de sistema **BLIPMODE** debe estar activada). Por ejemplo, digamos que desea encontrar la posición en pantalla correspondiente a X = 263.12, Y= 184.27 y Z= 4. Siga esta secuencia de solicitudes:

Comando: **ID**
Precise punto: **263.12,184.27,4**
X = 263.1200 Y = 184.2700 Z = 4.0000

Las coordenadas del último punto precisado con el comando **ID** se almacenan en la variable de sistema **LASTPOINT**. Puede utilizar el sistema de coordenadas relativas o polares para localizar un punto respecto al punto calculado con el comando **ID**. También puede referir dicho punto si indica @ cuando AutoCAD solicita un punto.

Comando: **ID**
Precise punto: *Precise un punto.*
Comando: **LINEA**
Precise primer punto: **@** *(La línea comenzará en el punto localizado con el comando ID.)*

También puede utilizar los **filtros de puntos X/Y/Z** para precisar puntos en la pantalla. Cuando AutoCAD solicite un punto, indique la combinación deseada: .X, .Y, Z, .XY, .XZ, .YZ. Las coordenadas del punto 2D o 3D resultante se obtendrán a partir de las coordenadas X, Y y Z de puntos intermedios que debe precisar. Es decir, puede precisar un punto 2D o 3D combinando las coordenadas X, Y, Z de otros puntos. Por ejemplo, supongamos que desea identificar un punto cuyas coordenadas X, Y y Z forman parte de otros puntos accesibles del dibujo. Siga estas solicitudes:

Comando: **ID**
Precise punto: **.X**
de *Precise la ubicación cuya coordenada X es la coordenada X del punto final que desea identificar.*
(falta YZ): *Precise la ubicación del punto cuya coordenada YZ es la coordenada YZ del punto final que desea identificar.*
X = *Coordenada X* Y = *Coordenada Y* Z = *Coordenada Z*

AutoCAD insertará una marca auxiliar en el punto de intersección de las coordenadas X, Y y Z precisadas. La marca auxiliar identifica el punto deseado.

Información de lista acerca de objetos (Comando LIST)

Barra de herramientas:	Consultar > Lista
Menú:	Herramientas > Consultar > Lista
Comando:	LIST

El comando **LIST** muestra todos los datos relativos a los objetos seleccionados. La secuencia de solicitudes es:

Comando: **LIST**
Designe objetos: *Designe los objetos cuyos datos desee comprobar en una lista.*
Designe objetos: Intro

Una vez designados los objetos a listar, AutoCAD cambiará de la pantalla gráfica a la Ventana de texto. La información mostrada en la lista varía para cada objeto. No obstante, para cualquier objeto, AutoCAD informa de su tipo, las coordenadas de su posición con respecto al SCP (sistema de coordenadas personales) actual, el nombre de la capa en la que se encuentra y si el objeto se halla en el espacio modelo o en espacio papel. Si el color, tipo de línea y grosor de línea no están definidos como PorCapa, AutoCAD también muestra estas propiedades. Además, si la altura de un objeto es superior a 0, se indica su valor. El valor de la elevación se muestra en forma de coordenada Z (en el caso de objetos 3D). Si un objeto posee una dirección de extrusión diferente a la del eje Z del SCP actual, AutoCAD informa de dicha dirección.

AutoCAD muestra más información según el tipo de objeto. Por ejemplo, en el caso de una línea podrá obtener los siguientes datos:

1. Las coordenadas de los puntos finales de la línea.
2. Su longitud (en 3D).
3. El ángulo de la línea con respecto al eje X del SCP actual.
4. El ángulo de la línea con respecto al plano XY del SCP actual.
5. Los incrementos X, Y y Z. Estos valores representan la variación de las correspondientes coordenadas entre los extremos de la línea.
6. El nombre de la capa en la que se encuentra la línea.
7. Si la línea está dibujada en espacio papel o en espacio modelo.

AutoCAD informa del centro, radio, área real y perímetro de círculos. En el caso de polilíneas, el comando **LIST** muestra las coordenadas. Además, en el caso de una polilínea cerrada, también muestra su área real y su perímetro. Si la polilínea es abierta, AutoCAD indica su longitud y calcula el área suponiendo que un segmento imaginario conecta los extremos de la polilínea. Si las polilíneas tienen grosor, todos los cálculos se basan en las líneas de centro de los segmentos con grosor. Para una ventana gráfica seleccionada, el comando **LIST** indica si dicha ventana está o no activa. También muestra información acerca del estado de Ocultar al trazar y la escala relativa al espacio papel. Si utiliza el comando **LIST** en una malla poligonal, AutoCAD mostrará el tamaño de la malla (en términos de M, X y N), los valores de coordenada y todos los vértices de la malla, así como si la malla es abierta o cerrada en las direcciones M y N. Tal como se ha mencionado antes, si toda la información no cabe en una sola pantalla, AutoCAD hará una pausa; en tal caso, pulse INTRO para continuar la lista.

Información de lista acerca de todos los objetos del dibujo (Comando LISTDB)

Comando: LISTDB

El comando **LISTDB** ofrece información referente a todos los objetos del dibujo. Una vez ejecutado este comando, la información aparecerá en la Ventana de texto de AutoCAD. Si los datos no caben en una sola pantalla, AutoCAD hará una pausa; en tal caso, pulse INTRO para continuar la lista. Para terminar el comando, pulse ESC. Para regresar a la pantalla gráfica, cierre la Ventana de texto. Para obtener la lista, indique **LISTDB** en la solicitud de comando.

Ejercicio 1

Mecánica

Dibuje la figura 5.5 y guárdela como HEX1. Utilice los comandos de consulta para determinar los siguientes valores:

a. Área del hexágono.
b. Perímetro del hexágono.
c. Perímetro de cada círculo.
d. Perímetro del rectángulo interior.
e. Área del hexágono menos el rectángulo interior.
f. Utilice el comando **LISTDB** para obtener la lista de la base de datos del dibujo.

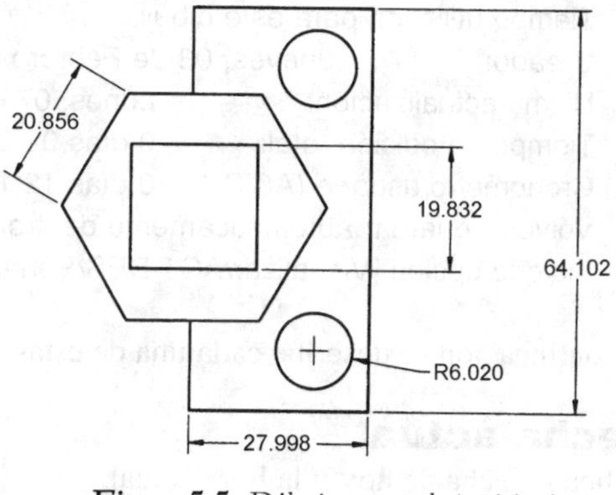

Figura 5.5. *Dibujo para el ejercicio 1.*

Información de lista acerca de sólidos y regiones (Comando PROPFIS)

Barra de herramientas:	Consultar > Propiedades físicas
Menú:	Herramientas > Consultar > Propiedades físicas
Comando:	PROPFIS

El comando **PROPFIS** puede extraer información volumétrica, tal como los momentos principales, el centro de gravedad o los momentos de inercia de objetos 2D y 3D.

Comando: **PROPFIS**
Designe objetos: *Designe un objeto (objeto sólido).*

Vea el capítulo 11 para obtener una explicación detallada del comando **PROPFIS**.

INFORMACIÓN DE TIEMPOS (COMANDO TIEMPO)

Menú:	Herramientas > Consultar > Fecha/Hora
Comando:	TIEMPO

AutoCAD utiliza la fecha y la hora del reloj de su sistema para proporcionar información respecto a varios factores de tiempo relacionados con los dibujos. Por tanto, debería configurar correctamente la fecha y la hora en su ordenador. Puede utilizar el comando **TIEMPO** para obtener información correspondiente a los tiempos en el dibujo y en la sesión actual. Obtendrá una serie de datos similares a los indicados a continuación:

Comando: **TIEMPO**

Hora actual: Miércoles, 09 de Febrero de 2000 a las 17:34:52:730 p.m.
Tiempo utilizado para este dibujo:
Creado: Jueves, 03 de Febrero de 2000 a las 15:33:11:980 p.m.
Última actualización: Lunes, 07 de Febrero de 2000 a las 19:14:23:480 p.m.
Tiempo de edición total: 0 días 02:01:41.850
Cronómetro usuario (ACT): 0 días 12:10:40.750
Volver a guardar automáticamente dentro de: 0 días 00:38:50.903
Indique opción [Visualizar/ACT/DES/Poner a cero]:

A continuación se describe cada una de estas informaciones.

Fecha actual

Indica la fecha de hoy y la hora actual.

Fecha de creación del dibujo

Indica la fecha y la hora en la que se creó el dibujo. La fecha de creación de un dibujo queda fijada tras crear el archivo de dibujo con los comandos **NUEVO**, **-BLOQUEDISC** o **GUARDAR**.

Fecha de la última actualización

Indica la fecha y hora en la que guardó por última vez el dibujo actual. Al principio, coincide con la fecha de creación del dibujo. Su valor cambia tras guardar el dibujo con los comandos **QUITA** o **GUARDAR**.

Tiempo total de edición

Informa del tiempo total empleado en la edición del dibujo desde que se creó. Si termina la sesión de dibujo sin guardar el dibujo, AutoCAD no añadirá al total el tiempo empleado en la edición del dibujo durante dicha sesión. Además, la fecha de la última actualización permanecerá intacta.

Cronómetro de usuario

Este cronómetro funciona mientras trabaja en AutoCAD. Para detenerlo, indique **DES** tras la solicitud Indique opción [Visualizar/ACT/DES/Poner a cero]:. Para activar el cronómetro, indique

ACT. Si desea saber cuánto tiempo emplea en la edición de un dibujo o parte de él durante una sesión de dibujo, utilice la opción **Poner a cero** en cuanto comience a trabajar. De esta forma conseguirá iniciar la medición del tiempo desde cero. Por defecto, el cronómetro está activado. Si desactiva el cronómetro, AutoCAD mostrará el tiempo acumulado en el cronómetro hasta el momento de desactivarlo.

Fecha de próximo guardado automático

Informa de la próxima fecha y hora en la que se efectuará un guardado automático. Puede configurar el intervalo de tiempo entre guardados con el cuadro de diálogo **Opciones** (ficha **Abrir y guardar**) o con la variable de sistema **SAVETIME**. Si el intervalo de tiempo está definido en cero, el comando **TIEMPO** mostrará el siguiente mensaje:

Volver a guardar automáticamente dentro de: <desactivado>

Si el intervalo de tiempo no está definido en cero y no se ha efectuado ninguna modificación desde el guardado anterior, el comando **TIEMPO** mostrará el siguiente mensaje:

Volver a guardar automáticamente dentro de: <sin modificaciones por ahora>

Si el intervalo no está definido en cero y ha realizado alguna modificación en el dibujo desde la última vez que lo guardó, el comando **TIEMPO** mostrará el siguiente mensaje:

Volver a guardar automáticamente dentro de: 0 días hh:mm:ss.ms

hh indica las horas restantes
mm representa los minutos
ss representa los segundos
ms hace referencia a los milisegundos

Una vez indicada toda la información relativa a los tiempos, el comando **TIEMPO** muestra la siguiente solicitud:

Indique opción [Visualizar/ACT/DES/Poner a cero]:

La información ofrecida por el comando **TIEMPO** es estática; es decir, las fechas y horas no se actualizan de forma dinámica en la pantalla. Si elige **Visualizar** tras la última solicitud, el comando mostrará de nuevo los datos actualizados.

Si elige **ACT**, iniciará la cuenta con el cronómetro de usuario (en caso de que antes estuviese parado). Tal como ya se ha mencionado, por defecto el cronómetro está activado en AutoCAD. La opción **DES** detiene el cronómetro, si antes estaba en marcha. Con la opción **Poner a cero** conseguirá que el cronómetro empiece a contar el tiempo desde cero.

INFORMACIÓN SOBRE EL ESTADO DEL DIBUJO (COMANDO ESTADO)

Menú:	Herramientas > Consultar > Estado
Comando:	ESTADO

El comando **ESTADO** muestra la información referente a la configuración actual de varios parámetros del dibujo, como la distancia de resolución, el intervalo de rejilla, los límites, la capa y el color actuales o diversos datos sobre la memoria.

Comando: **ESTADO**

Una vez ejecutado este comando, AutoCAD mostrará información similar a la siguiente:

```
122 objetos en Dibujo.dwg

Límites de Espacio modelo X: 0.0000      Y: 0.0000 (DES)
                          X: 420.0000    Y: 297.0000
Espacio papel usa         X: 36.0769     Y: 26.1672
                          X: 324.6922    Y: 235.5044
Extensión de visualiz.    X: 0.0000      Y: 0.0000
                          X: 539.7725    Y: 297.0000
Base inserción            X: 0.0000      Y: 0.0000     Z: 0.0000
Distancia de resolución   X: 10.0000     Y: 10.0000
Intervalo de rejilla      X: 10.0000     Y: 10.0000

Espacio actual:               Espacio modelo
Presentación actual:          Model
Capa actual:                  "0"
Color actual:                 PORCAPA -- 7 (blanco)
Tipo de línea actual:         PORCAPA -- "Continuous"
Grosor de línea actual:       PORCAPA
Estilo de trazado actual:     PorCapa
Elevación actual:             0.0000 Alt-objeto: 0.0000
Rellena ACT Rejilla DES Orto DES Loctexto DES Forzcursor DES Tablero DES
Modos de referencia a objetos: CENtro, ptoFINal, INTersección, Extensión
Espacio libre de dibujo en el disco (C:): 182.6 MBytes
Espacio libre temporal en el disco (C:): 182.6 MBytes
Memoria física libre: 0.0 Mbytes (de 63.5 M).
Espacio libre del archivo de intercambio: 193.3 Mbytes (de 246.6 M).
```

Todos los valores (coordenadas y distancias) de esta pantalla aparecen en el formato definido con el comando **UNIDADES**. En Espacio papel usa o Espacio modelo usa, puede aparecer el texto **Excede al final de la línea. Esto indica que el dibujo no está confinado dentro de los límites del dibujo. La cantidad de memoria disponible en disco aparece indicada en la línea Espacio libre de dibujo en el disco:. El comando **ESTADO** ofrece información referente al nombre de la capa, el color, el espacio, el tipo de línea, el grosor de línea, el estilo de trazado y la elevación actuales. Así mismo, indica la distancia de resolución, el intervalo de rejilla y varias funciones que pueden hallarse activadas o desactivadas (el modo de relleno, la rejilla, el modo Ortogonal, el texto rápido, el forzado del cursor y el tablero). También indica cuáles son las referencias a objetos en ejecución activadas actualmente.

Ejercicio 2 *General*

Utilice el comando **ESTADO** para comprobar el espacio libre en el disco duro.

Visualización de las propiedades del dibujo* (Comando PROPSDIB*)

Menú:	Archivo > Propiedades del dibujo
Comando:	PROPSDIB

Si elige **Propiedades del dibujo** en el menú **Archivo**, aparecerá el cuadro de diálogo **Propiedades del dibujo** (figura 5.6). Este cuadro de diálogo incluye cuatro fichas bajo las que puede encontrar e indicar diversa información relativa al dibujo. Esta información le ayudará a localizar el dibujo con mayor facilidad. Las fichas ofrecidas son las siguientes:

General. Esta ficha contiene las propiedades generales correspondientes al dibujo, como **Tipo**, **Tamaño** y **Ubicación**.

Resumen. La ficha **Resumen** muestra propiedades predefinidas, tales como el **Autor**, el **Título** o el **Asunto**.

Estadísticas. Esta ficha ofrece datos tales como el tamaño del archivo y las fechas en que el dibujo se guardó o modificó por última vez.

Personalizar. Esta ficha permite definir parámetros personalizados y asignarles valor.

INTERCAMBIO DE DATOS EN AUTOCAD

Diversas empresas desarrollan un software variado para aplicaciones tales como CAD o modelizado. Al no estar normalizado todo este software, se han desarrollado varios formatos de intercambio de datos que permiten intercambiar datos entre diferentes aplicaciones. A continuación se van a describir varios formatos de intercambio proporcionados con AutoCAD. AutoCAD utiliza el formato .DWG para almacenar los archivos de dibujo. El resto de los programas CAD no reconocen, en su mayoría, este formato. A fin de resolver este problema, AutoCAD proporciona varios formatos de intercambio de datos, como DXF (archivo de intercambio de datos) y DXB (intercambio

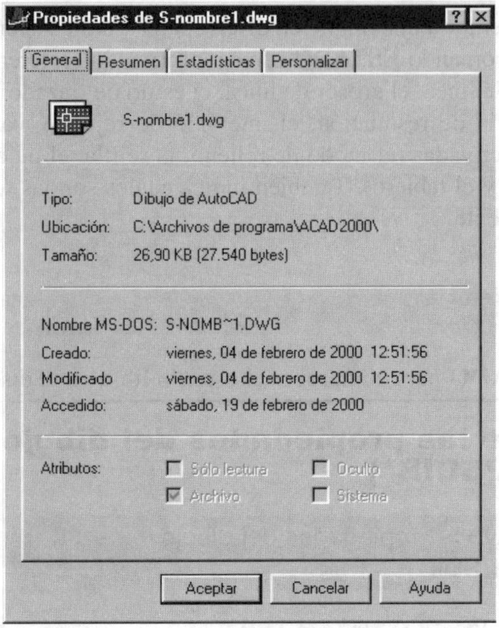

*Figura 5.6. Cuadro de diálogo **Propiedades del dibujo**.*

de dibujos binarios). De esta forma, podrá conseguir que los archivos creados en AutoCAD puedan importarse en otros programas CAD.

FORMATO DE ARCHIVO DXF (ARCHIVO DE INTERCAMBIO DE DATOS)

El formato de archivo DXF genera un archivo de texto en código ASCII a partir del dibujo original. De esta forma, es posible utilizar cualquier ordenador para manipular (leer o escribir) el archivo en el formato DXF. Normalmente, el formato DXF se utiliza en los programas comerciales de CAD basados en microordenadores.

Creación de un archivo de intercambio de datos

Puede utilizar los comandos **GUARDAR** y **GUARDARCOMO** para crear un archivo ASCII con la extensión .DXF a partir de un archivo de dibujo de AutoCAD. Una vez iniciado cualquiera de estos comandos, aparecerá el cuadro de diálogo **Guardar dibujo como** (figura 5.7). Por defecto, el archivo DXF adopta el nombre del archivo de dibujo del que proviene. Si lo desea, puede precisar un nombre para el archivo en el cuadro de texto **Nombre de archivo**. En el cuadro de lista desplegable **Guardar como archivos de tipo**, seleccione alguno de los formatos DXF disponibles. También puede utilizar el comando **-BLOQUEDISC**. Aparecerá el cuadro de diálogo **Crear archivo de dibujo**. Indique un nombre para el archivo en el cuadro de texto **Nombre de archivo**. Seleccione alguno de los formatos DXF disponibles en el cuadro de lista desplegable **Guardar como archivos de tipo**.

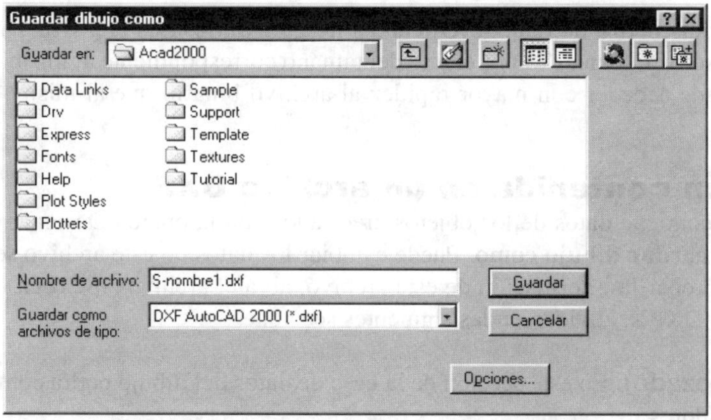

Figura 5.7. *Cuadro de diálogo* ***Guardar dibujo como.***

Haga clic en el botón **Opciones** para abrir el cuadro de diálogo **Opciones de guardado** (figura 5.8). Acceda a la ficha **Opciones DXF** de este cuadro de diálogo e indique el grado de precisión para los valores numéricos. La precisión predeterminada es de seis decimales; sin embargo, esto supone una precisión inferior a la del dibujo original (utiliza una precisión de 16 decimales). Puede indicar un valor entre 0 y 16.

En este cuadro de diálogo, también puede activar la casilla de verificación **Designar objetos**. Esta casilla permite precisar los objetos a incluir en el archivo DXF. En tal caso, no se exportarán las definiciones de objetos guardados, tales como bloques o estilos de texto. Si activa la casilla **Guardar imagen preliminar en miniatura**, AutoCAD guardará junto al archivo una imagen preliminar que aparecerá en el área **Vista preliminar** del cuadro de diálogo **Seleccionar archivo**.

Seleccione el botón de opción **ASCII**. Haga clic en **Aceptar** para regresar al cuadro de diálogo **Guardar dibujo como**. Haga clic en el botón **Guardar**. AutoCAD creará un archivo ASCII con la extensión DXF. Otros sistemas CAD podrán acceder a dicho archivo. Este archivo contiene datos sobre los objetos precisados. Por defecto, los archivos DXF utilizan el formato ASCII. No obstante, también puede crear archivos con formato binario si selecciona **Binario** en la ficha

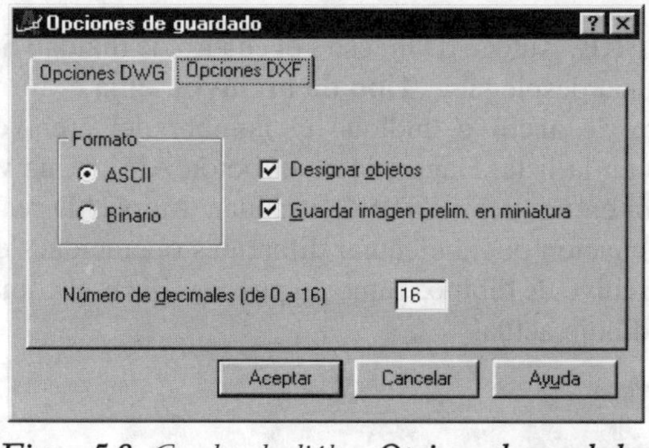

Figura 5.8. *Cuadro de diálogo* ***Opciones de guardado.***

Opciones DXF del cuadro de diálogo **Opciones de guardado**. Los archivos DXF binarios son más eficientes y sólo ocupan el 75 por ciento del tamaño correspondiente al mismo archivo en formato ASCII. Puede acceder con mayor rapidez al archivo binario que al mismo archivo en formato ASCII.

Información contenida en un archivo DXF

El archivo DXF contiene datos de los objetos precisados con la opción Designar objetos del cuadro de diálogo **Guardar dibujo como**. Puede cambiar los datos de este archivo según sus necesidades. Para comprobar la información de este archivo, abra el archivo ASCII en un editor de textos. Los archivos DXF se dividen en las siguientes secciones.

Header (encabezado). En esta sección de la base de datos del dibujo podrá comprobar todas las variables y sus valores.

Classes (clases). Esta sección hace referencia a la base de datos interna.

Tables (tablas). Esta sección describe todos los objetos guardados, como tipos de líneas, capas, bloques, estilos de texto, estilos de cota y vistas.

Blocks (bloques). Esta sección contiene los objetos que definen los bloques y sus respectivos valores.

Entities (entidades). Esta sección contiene todas las entidades del dibujo.

Objects (objetos). Esta sección describe los objetos contenidos en el dibujo.

Conversión de archivos DXF en archivos de dibujo (comando ABRE)

Puede convertir un archivo DXF en un archivo de dibujo de AutoCAD por medio del comando **ABRE**. En el menú **Archivo**, elija **Abrir**.

Comando:	**ABRE**

Al ejecutar el comando **ABRE**, AutoCAD muestra el cuadro de diálogo **Seleccionar archivo** (figura 5.9). En el cuadro de lista desplegable **Tipo de archivos**, elija el formato DXF deseado. En el cuadro de texto **Nombre de archivo**, indique el nombre del archivo que desea importar en AutoCAD o selecciónelo en la lista. Haga clic en el botón Abrir. Una vez hecho esto, el archivo DXF elegido se convertirá en un archivo DWG estándar. AutoCAD realizará una regeneración y abrirá el archivo. A continuación podrá efectuar diferentes operaciones en el archivo, igual que lo haría con cualquier otro archivo de dibujo. También puede utilizar el comando **INSERT** para insertar el archivo DXF en el dibujo actual.

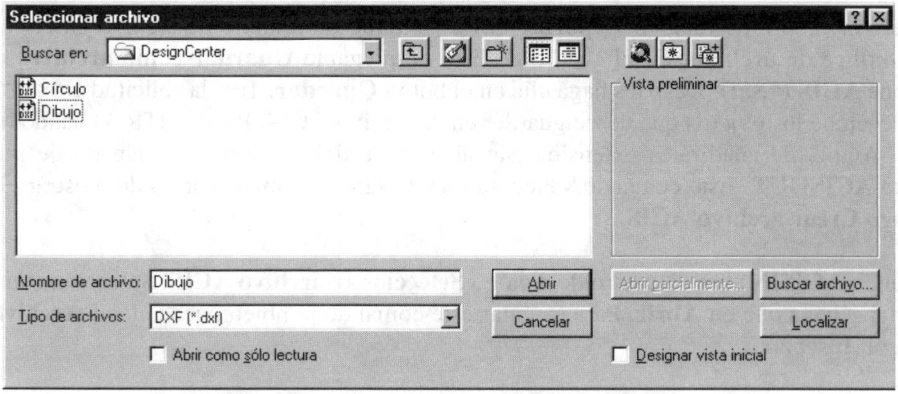

*Figura 5.9. Cuadro de diálogo **Seleccionar archivo**.*

Importación de archivos DXB

Menú:	Insertar > Intercambio binario de dibujos
Comando:	CARGADXB

AutoCAD ofrece otro formato de archivo para el intercambio de datos: DXB. Este formato está mucho más comprimido que el formato DXF binario. Se utiliza para comunicar grandes cantidades de datos entre distintos sistemas CAD. Este tipo de archivo alberga enormes cantidades de datos. El comando **CARGADXB** permite crear archivos de dibujo a partir de archivos con el formato DXB.

Comando: **CARGADXB**

Al ejecutar el comando **CARGADXB**, AutoCAD muestra el cuadro de diálogo **Seleccionar archivo DXB**. En el cuadro de texto **Nombre de archivo**, indique el nombre del archivo (en formato DXB) que desea importar en AutoCAD. Haga clic en el botón **Abrir**. Una vez hecho esto, AutoCAD convertirá el archivo DXB elegido en un archivo de dibujo y lo insertará en el dibujo actual.

Nota

Debe crear un nuevo archivo de dibujo antes de importar el archivo DXB. No es posible editar el dibujo ni modificar ninguno de sus parámetros (límites, unidades, etc). Esto es debido a que si importa un archivo DXB en un dibujo anterior, las definiciones de capas, bloques y demás elementos del archivo importado se verán anulados por las definiciones existentes en el dibujo donde se importa el archivo DXB.

Creación y utilización de archivos ACIS

Menú:	Archivo > Exportar
Comando:	EXPORTAR, ACISOUT, ACISIN

Puede exportar superficies NURBS recortadas, regiones y sólidos a un archivo ACIS con formato ASCII. Elija **Exportar** en el menú **Archivo** o indique **EXPORTAR** en la solicitud de comando.

Aparecerá el cuadro de diálogo **Exportar datos**. Indique un nombre de archivo en el cuadro de texto **Nombre de archivo**. En el cuadro de lista desplegable **Guardar como archivos de tipo**, seleccione **ACIS (*.sat)**. Después haga clic en el botón **Guardar**. Tras la solicitud Designe objetos:, seleccione los objetos que desee guardar en el archivo ACIS. Pulse INTRO cuando haya terminado. AutoCAD añadirá la extensión .sat al nombre del archivo. También puede utilizar el comando **ACISOUT**. Este comando solicitará que designe los objetos antes de mostrar el cuadro de diálogo **Crear archivo ACIS**.

El comando **ACISIN** abre el cuadro de diálogo **Seleccionar archivo ACIS**. Seleccione un archivo a importar y haga clic en **Abrir**. Para ejecutar este comando también puede elegir **Archivo ACIS** en el menú **Insertar**.

Creación y utilización de archivos 3D Studio

Menú:	Archivo > Exportar
Comando:	EXPORTAR, SALVAR3DS, CARGAR3DS

Puede utilizar el formato de 3D Studio para guardar geometría 3D, vistas, luces y objetos con características de superficie. Tras ejecutar el comando **EXPORTAR**, aparecerá el cuadro de diálogo **Exportar datos**. Indique el nombre del archivo en el cuadro de texto **Nombre de archivo**. En el cuadro de lista desplegable **Guardar como archivos de tipo**, seleccione **3D Studio (*.3ds)**. Haga clic en **Guardar**. Tras la solicitud Designe objetos:, seleccione los objetos que desee guardar en el formato de 3D Studio. Pulse INTRO cuando haya terminado. AutoCAD añadirá automáticamente la extensión .3ds al nombre del archivo. También puede utilizar el comando **SALVAR3DS**. AutoCAD solicitará que designe los objetos antes de mostrar el cuadro de diálogo **Archivo de salida 3D Studio**. Indique el nombre del archivo en el cuadro de texto y haga clic en **Guardar**.

El comando **CARGAR3DS** abre el cuadro de diálogo **Importar archivos 3D Studio**. Seleccione el archivo que desee importar y haga clic en **Abrir**. También puede ejecutar este comando con la opción **3D Studio** del menú **Insertar**.

Creación y utilización de archivos WMF de Windows

Menú:	Archivo > Exportar
Comando:	EXPORTAR, SALVAWMF, CARGAWMF

El formato Metarchivo de Windows consiste en un formato de gráficos de trama y vectoriales. Indique el nombre del archivo en el cuadro de diálogo **Exportar datos** o en **Crear archivo WMF**. Seleccione los objetos que desea guardar en este formato de archivo. En el cuadro de lista desplegable **Guardar como archivos de tipo**, seleccione **Metarchivo (*.wmf)**. AutoCAD añadirá la extensión .wmf al nombre del archivo.

El comando **CARGAWMF** muestra el cuadro de diálogo **Importar WMF**. AutoCAD importa los metarchivos de Windows como bloques. Seleccione el archivo WMF que desee importar y haga clic en **Abrir**. Precise el punto de inserción, ángulo de rotación y factor de escala. Para precisar el factor de escala puede indicar un factor de escala, elegir **Esquina** para precisar la esquina opuesta de un cuadro imaginario cuyas medidas corresponden al factor de escala o elegir **XYZ** para indicar por separado los factores de escala en cada dirección. Si lo desea, puede elegir **Metarchivo de Windows** en el menú **Insertar** para ejecutar el comando **CARGAWMF**.

Creación de archivos BMP

Menú:	Archivo > Exportar
Comando:	EXPORTAR, SALVABMP

Puede exportar objetos del dibujo con el formato de mapa de bits. En el cuadro de diálogo Exportar datos, indique el nombre del archivo. Seleccione **Mapa de bits** (*.bmp) en el cuadro de lista desplegable **Guardar como archivos de tipo**. Designe los objetos que desee guardar como mapa de bits y pulse INTRO. Si utiliza el comando **SALVABMP**, aparecerá el cuadro de diálogo **Crear archivo BMP**. Indique el nombre del archivo y haga clic en **Guardar**. Designe los objetos a guardar como mapa de bits. AutoCAD añadirá la extensión .bmp al nombre del archivo.

INTERCAMBIO DE DATOS ENTRE ARCHIVOS DE TRAMA

Hasta ahora, hemos descrito la importación y exportación de archivos en el formato DXF. Para mantener la precisión del dibujo, el archivo DXF incluye prácticamente toda la información referente al archivo del dibujo original. La precisión se conserva a expensas de un tamaño mayor para el archivo DXF, lo que da lugar a un mayor grado de complejidad en estos archivos. En muchas aplicaciones, la precisión no constituye un factor muy importante (por ejemplo, los programas de autoedición). En tales aplicaciones, debe prestar atención, en primer lugar, a la presentación de las imágenes. Un método sencillo y efectivo para almacenar una imagen para su importación o exportación consiste en utilizar los **archivos de trama**. En un archivo de trama, la información se almacena en forma de la matriz de puntos representada en pantalla. Esta trama recibe también el nombre de **mapa de bits**. En una imagen de trama, un dibujo se almacena mediante la información referida al color y posición de los píxeles de pantalla. AutoCAD permite añadir imágenes de trama a sus dibujos basados en el formato vectorial, así como ver e imprimir el archivo resultante. Vamos a describir tres tipos de archivos de trama: archivos TIFF, archivos TGA y archivos BMP. Estos formatos permiten trasladar un archivo de AutoCAD a otro software.

TIFF (tagged image file format)

TGA (targa format)

BMP (bitmap format)

Exportación de los archivos de trama (Comando GUARDARIMG)

Menú:	Herramientas > Visualizar imagen > Guardar
Comando:	GUARDARIMG

Si la pantalla muestra una imagen que desea guardar como archivo de trama, utilice el comando **GUARDARIMG**. Con este comando podrá guardar una imagen modelizada con los tipos de archivos de trama TIFF, TGA o BMP. La mayoría de los programas pueden utilizar este tipo de archivos de trama. En ocasiones, los archivos de trama deben convertirse en otro formato antes de que ciertos programas puedan utilizarlos. A tal fin puede utilizar algún programa de conversión de archivos.

Comando: **GUARDARIMG**

Una vez iniciado el comando, AutoCAD mostrará el cuadro de diálogo **Guardar imagen** (figura 5.10). Según la opción de destino seleccionada en el cuadro de diálogo **Preferencias de modelizado**, la sección **Porción** aparecerá de forma distinta.

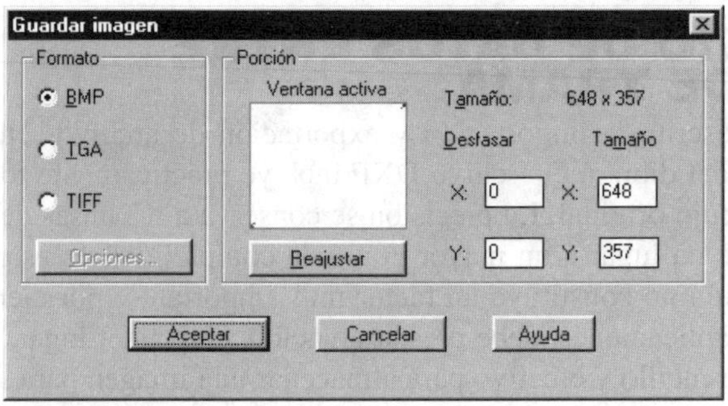

Figura 5.10. *Cuadro de diálogo* ***Guardar imagen.***

Formato. Esta sección del cuadro de diálogo **Guardar imagen** proporciona tres formatos de trama: BMP, TGA y TIFF. Seleccione el botón de opción correspondiente al formato en el que desee guardar la imagen. A continuación se ofrece una breve descripción de cada uno de estos formatos.

BMP (bitmap format). Estos archivos tienen la extensión **.bmp**.

TGA (formato predeterminado). Con este formato puede crear archivos RGBA Truevision v2.0 de 32 bits comprimidos o sin comprimir. Estos archivos tienen la extensión **.tga**.

TIFF (tagged image file format). Aldus y Microsoft desarrollaron este formato de archivo. Puede crear archivos RGBA Truevision v2.0 de 32 bits comprimidos o sin comprimir. La extensión de estos archivos es **.tif**.

Porción. En la sección Porción del cuadro de diálogo **Guardar imagen** puede precisar la porción de pantalla que desea guardar en el formato de archivo elegido, así como la porción de la imagen a modelizar. En el caso de que configure AutoCAD para modelizar en una ventana gráfica (en el cuadro de diálogo **Preferencias de modelizado**), la sección **Porción** ofrece opciones para guardar la ventana gráfica actual, el área de dibujo o la pantalla completa. La sección **Porción** contiene un área que muestra gráficamente la parte del dibujo a guardar. Puede comprobar que, por defecto, AutoCAD selecciona toda la pantalla para su guardado. Si sólo desea guardar una parte de la pantalla, deberá precisar la sección. Puede lograrlo si precisa dos esquinas opuestas en el área de muestra. AutoCAD creará un cuadro con las dos esquinas definidas para delimitar el área. Los valores de desfase y tamaño X e Y cambiarán automáticamente.

Desfasar. Incluye los cuadros de texto **X** e **Y**. Los valores indicados en estos cuadros de texto permiten determinar los desfases X e Y. Puede precisar la esquina inferior izquierda del área a guardar como archivo de trama mediante los valores de desfase X e Y. El valor predeterminado para los dos desfases es de cero. AutoCAD considera los valores indicados como valores de píxel. Los valores de desfase deben precisarse dentro del tamaño de la pantalla. Si modifica el desfase, el cambio en el punto inicial de la selección queda reflejado por medio de un margen formado por la intersección de dos líneas ortogonales en el área de muestra. El punto de intersección de ambas líneas constituye el punto de inicio del área seleccionada. AutoCAD no admite desfases superiores al tamaño de la pantalla.

Tamaño. Con la opción **Desfasar** puede precisar la esquina inferior izquierda del área a convertir en imagen de trama. Para definir el área completamente debe precisar su esquina superior derecha. A tal fin, utilice la opción **Tamaño** para indicar un valor relativo a partir del punto inicial. Por defecto, los valores de Tamaño se sitúan en la esquina superior derecha del área de muestra. Si cambia la ubicación de la esquina inferior derecha, dos líneas que se unen en un punto reflejarán este cambio.

Opciones. Si hace clic en el botón **Opciones**, obtendrá un cuadro de diálogo u otro en función del formato de archivo elegido. Las opciones para la compresión de la imagen sólo están disponibles en los formatos TGA y TIFF. Así pues, el botón **Opciones** aparece atenuado si elige el formato BMP.

> **Ninguna.** Ésta es la opción predeterminada. Si esta opción está seleccionada, AutoCAD no comprimirá los archivos.
>
> **EMPAQ.** Con esta opción, conseguirá comprimir con la codificación de longitud de ejecución, sólo disponible para los archivos TIFF (figura 5.11). Utiliza packbits de Macintosh.
>
> **RLE.** Esta opción sólo está disponible para los archivos de formato TGA (figura 5.12). Si selecciona esta opción, podrá realizar una compresión de codificación de longitud de ejecución.

Reajustar. Si hace clic en este botón del cuadro de diálogo **Guardar imagen**, AutoCAD recuperará los valores predeterminados para el desfase y el tamaño.

Figura 5.11. Cuadro de diálogo ***Opciones TIFF.***

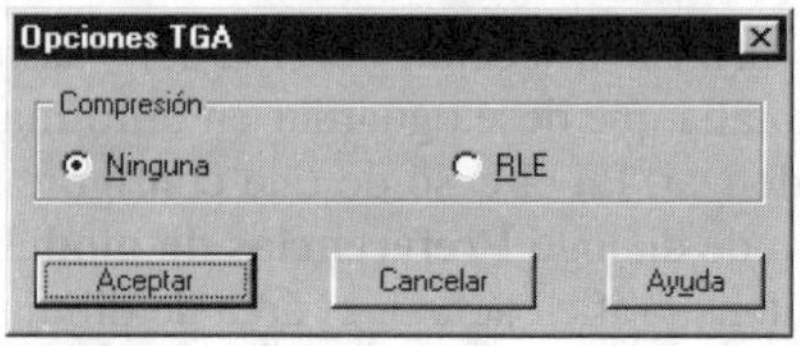

Figura 5.12. Cuadro de diálogo ***Opciones TGA.***

Ejemplo 1

En este ejemplo, dibujaremos una figura y utilizaremos el comando **GUARDARIMG** para guardar su imagen.

La creación de una imagen con el comando **GUARDARIMG** implica los siguientes pasos. Suponemos que ya ha dibujado o abierto el dibujo y que aparece en pantalla.

1. Ejecute el comando **GUARDARIMG** con cualquiera de los métodos explicados anteriormente. Aparecerá el cuadro de diálogo **Guardar imagen**.

2. Seleccione en la sección **Formato** el botón de opción correspondiente al formato de archivo deseado.

3. Defina el área que desea guardar en el archivo de imagen. Designe para ello dos puntos en el área de muestra o indique el desfase y el tamaño en los correspondientes cuadros de texto **X** e **Y**.

4. Haga clic en **Aceptar**.

5. Aparecerá el cuadro de diálogo **Archivo de imagen**. Indique el nombre que desee dar al archivo y haga clic en **Guardar**.

AutoCAD guardará el área seleccionada en el archivo con el nombre indicado. Una vez concluida la operación, AutoCAD mostrará el mensaje Se ha terminado de guardar la imagen.

IMÁGENES DE TRAMA

Las imágenes de trama están formadas por pequeños puntos de forma cuadrada llamados píxeles. En una imagen con color, puede definir un color diferente para cada píxel. Puede desplazar, copiar y delimitar las imágenes de trama. Además, puede utilizarlas como aristas de corte con el comando **RECORTA**. También puede editar las imágenes de trama por medio de sus pinzamientos. AutoCAD puede modificar el contraste, la transparencia y la calidad de la imagen. AutoCAD almacena las imágenes en un archivo de intercambio especial para imágenes temporales; su ubicación predeterminada es la carpeta Temp de Windows. Puede indicar otra ubicación si modifica la ruta para la opción **Ubicación de archivo de dibujo temporal**, en la ficha **Archivos** del cuadro de diálogo **Opciones**.

Las imágenes pueden ser bitono, grises de 8 bits, color de 8 bits o color de 24 bits. Si la transparencia de imagen está activada, AutoCAD reconocerá los píxeles transparentes de aquellas imágenes que utilicen un formato que admita esta función. Las imágenes transparentes pueden ser tanto en color como en escala de grises. AutoCAD admite los siguientes formatos de archivo.

Tipo	**Extensión de archivo**	**Descripción y versiones**
BMP	.bmp, .dib, .rle	Formato de mapa de bits de Windows y OS/2.
CALS-I	.gp4, .mil, .rst	Mil-R-Raster I.
FLIC	.flc, .fli	FLIC Autodesk Animator Animation.
GeoSPOT	.bil	GeoSPOT (los archivos BIL deben estar acompañados de archivos HDR y PAL con datos de correlación en el mismo directorio).
IG4	.ig4	Image Systems Group 4.
IGS	.igs	Image Systems Grayscale.
JFIF o JPEG	.jpg	Joint Photographics Expert Group.
PCX	.pcx	Picture PC Paintbrush Picture.
PICT	.pct	Picture Macintosh Picture.
PNG	.png	Portable Network Graphic.
RLC	.rlc	Run-Length Compressed.
TARGA	.tga	True Vision Raster-Based Data Format.
TIFF/LZW	.tif	Tagged Image File Format.

Si almacena las imágenes como imágenes etiquetadas (es decir, en el formato TIFF), podrá editar cualquier porción de la imagen; AutoCAD, para ahorrar tiempo, sólo regenerará la parte modificada de la imagen. Las imágenes etiquetadas se cargan mucho más rápido en comparación con las no etiquetadas.

Enlace de imágenes de trama

Barra de herramientas:	Referencia > Enlazar imagen
Menú:	Insertar > Imágenes de trama
Comando:	ENLAZARIMG

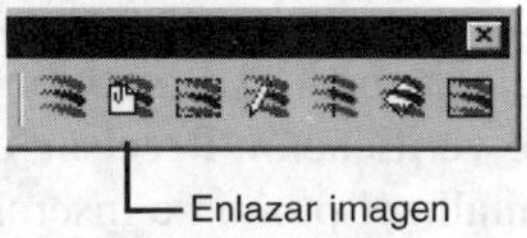

Figura 5.13. Barra de herramientas Referencia.

Al enlazar una imagen de trama, dicha imagen no pasará a formar parte del dibujo. También puede arrastrar y colocar imágenes desde otros archivos hasta el dibujo actual por medio de **AutoCAD DesignCenter**. Al ejecutar el comando **ENLAZARIMG**, AutoCAD abre el cuadro de diálogo **Seleccionar archivo de imagen** (figura 5.14). En el cuadro de texto **Nombre de archivo**, indique el nombre del archivo de imagen que desea enlazar en el dibujo actual o seleccione el archivo en el cuadro de lista. El nombre de archivo puede incluir un máximo de 255 caracteres, incluidos espacios en blanco, números y caracteres especiales no utilizados por AutoCAD o Windows. La sección **Vista preliminar** mostrará una imagen preliminar del archivo seleccionado. Si hace clic en **Ocultar vista preliminar**, la sección **Vista preliminar** no mostrará la imagen. Haga clic en **Abrir**.

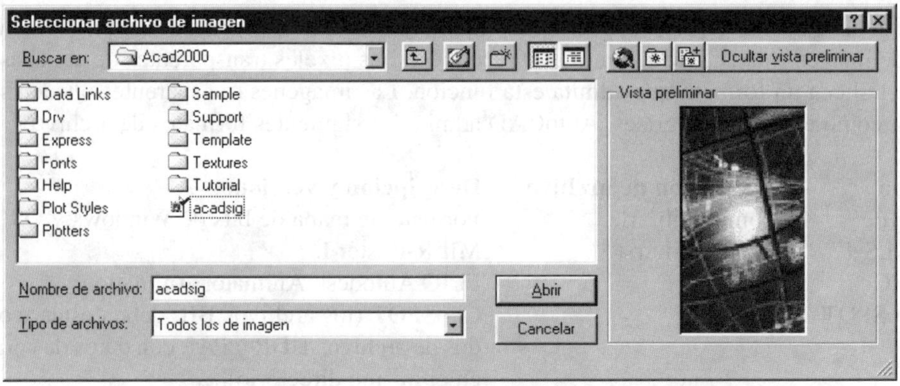

*Figura 5.14. Cuadro de diálogo **Seleccionar archivo de imagen.***

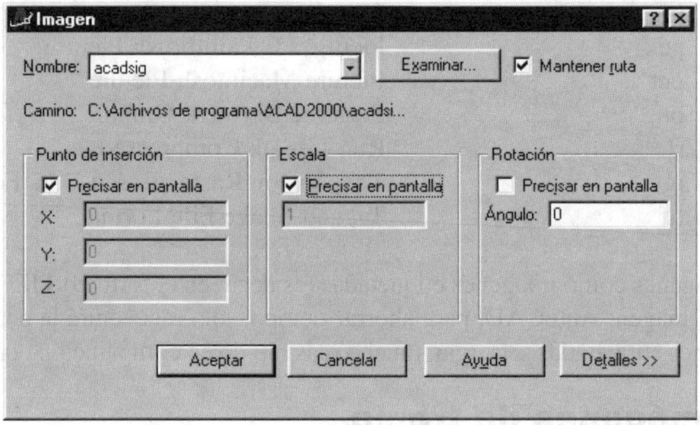

*Figura 5.15. Cuadro de diálogo **Imagen.***

AutoCAD mostrará el cuadro de diálogo Imagen (figura 5.15). El nombre de la imagen seleccionada aparece indicado en el cuadro de lista desplegable **Nombre**. Este cuadro de lista incluye también los nombres de todas las imágenes incluidas en el dibujo actual. Puede hacer clic en **Examinar** para seleccionar cualquier otro archivo. El cuadro también informa de la ruta correspondiente al archivo seleccionado. Las secciones **Punto de inserción**, **Escala** y **rotación** incorporan sus propias casillas de verificación **Precisar en pantalla**. Active la casilla correspondiente según desee precisar en pantalla el punto de inserción, la escala o el ángulo de rotación de la imagen. Si desactiva una de estas casillas, indique los valores necesarios en los cuadros de texto correspondientes. Si hace clic en el botón **Detalles**, el cuadro de diálogo desplegará la sección **Información de la imagen**. En esta sección podrá comprobar datos tales como los valores de resolución horizontal y vertical, las unidades actuales de AutoCAD o el tamaño de la imagen en píxeles o en unidades. Haga clic en **Aceptar** para regresar al área de dibujo.

Puede enlazar y escalar una imagen procedente de Internet. Haga clic en el botón **Buscar en la Web** del cuadro de diálogo **Seleccionar archivo de imagen**. Una vez localizado el archivo de imagen que desea enlazar en el dibujo actual, indique la dirección URL en el cuadro de texto **Buscar en**. En el cuadro de texto **Nombre del archivo**, indique el nombre del archivo de imagen. Haga clic en **Abrir**. Precise el punto de inserción, la escala y el ángulo de rotación en el cuadro de diálogo **Imagen**.

Administración de imágenes de trama* (Cuadro de diálogo Administrador de imágenes*)

Barra de herramientas:	Referencia > Imagen
	Insertar > Imagen
Menú:	Insertar > Administrador de imágenes
Comando:	IMAGEN

Figura 5.16. Barra de herramientas Insertar.

Tras ejecutar el comando **IMAGEN**, AutoCAD muestra el cuadro de diálogo **Administrador de imágenes** (figura 5.17). Para abrir este cuadro de diálogo, también puede seleccionar una imagen y hacer clic con el botón derecho sobre ella. Aparecerá un menú contextual. Elija **Imagen > Administrador de imágenes**. Puede ver la información de las imágenes como una lista o con una vista en árbol. Basta con hacer clic en el botón correspondiente en la parte superior izquierda del cuadro de diálogo **Administrador de imágenes**. El botón **Lista** muestra los nombres de todas las imágenes contenidas en el dibujo, así como el estado, el tamaño, la fecha de la última modificación y la ruta de búsqueda de cada imagen. El botón **Árbol** muestra los nombres de las imágenes en una estructura jerárquica que representa los niveles de anidamiento dentro de bloques o referencias externas. La vista en árbol no muestra ninguna otra información, como el estado o el tamaño de cada archivo de imagen. Puede utilizar este cuadro de diálogo para cambiar el nombre de los archivos de imagen. A continuación se describen las opciones disponibles.

Enlazar. Si desea enlazar un archivo de imagen, haga clic en el botón **Enlazar**; AutoCAD abrirá el cuadro de diálogo **Seleccionar archivo de imagen**. Seleccione el archivo que desee enlazar en

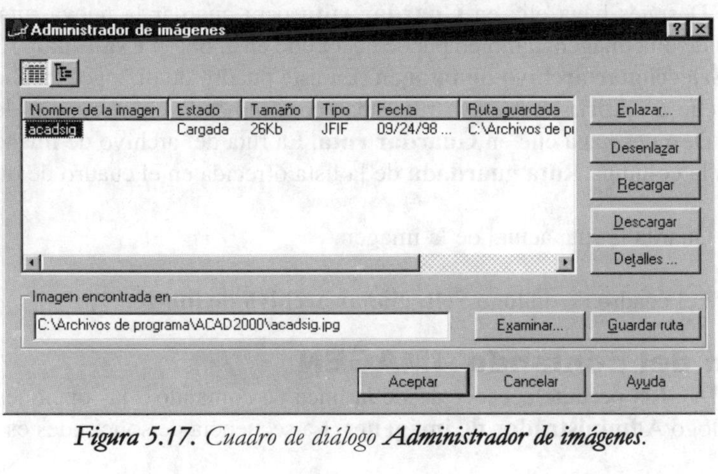

*Figura 5.17. Cuadro de diálogo **Administrador de imágenes**.*

el dibujo. La sección **Vista preliminar** permite comprobar la imagen antes de enlazarla. Haga clic en **Abrir**. Aparecerá el cuadro de diálogo **Imagen**. Este cuadro de diálogo muestra el nombre y la ruta de la imagen elegida. Puede utilizar el botón **Examinar** para seleccionar otro archivo. Configure las secciones **Punto de inserción**, **Escala** y **Rotación** según desee precisar estas opciones en pantalla o en el cuadro de diálogo. Después haga clic en **Aceptar**.

Desenlazar. Este botón desenlaza del dibujo actual la imagen seleccionada y todas sus imágenes de trama asociadas. Tras desenlazar la imagen, el dibujo no conservará ninguna información de la misma.

Recargar. Vuelve a cargar una imagen. AutoCAD actualizará los cambios efectuados en la imagen desde la última vez que la cargó en el dibujo. Para modificar el estado del archivo de imagen con el cuadro de diálogo **Administrador de imágenes**, haga doble clic sobre su estado actual. Cambiará de **Descargar** a **Recargar** y viceversa.

Descargar. Descarga una imagen. Puede descargar las imágenes que no sean necesarias en la sesión de dibujo actual. Tras descargar la imagen, AutoCAD conserva la información referente a su ubicación y tamaño. Además, mostrará el contorno de la imagen. Si recarga la imagen, volverá a aparecer con el mismo tamaño y en la misma posición en la que se encontraba antes de descargarla. Si descarga las imágenes de trama, conseguirá mejorar el rendimiento de AutoCAD. Además, AutoCAD no imprime las imágenes descargadas y, sin embargo, conseguirá mantener el vínculo con el archivo de imagen. Si carga varias imágenes y la memoria resulta insuficiente, AutoCAD las descargará automáticamente.

Detalles. Este botón muestra el cuadro de diálogo **Detalles del archivo de imagen**, el cual ofrece información referida a la imagen, tal como el nombre del archivo, la ruta de guardado, la fecha de creación del archivo, el tamaño, el tipo, el color, la ruta de color, la anchura y la altura en píxeles, la resolución y el tamaño por defecto.

Imagen encontrada en. Este cuadro de texto muestra la ruta del archivo seleccionado. Puede editar esta ruta. Después haga clic en **Guardar ruta** para guardar la nueva ruta indicada. Para modificar la ruta de una imagen, también puede hacer clic en el botón **Examinar**. Aparecerá el cuadro de diálogo **Seleccionar archivo de imagen**. En este cuadro de diálogo, localice el archivo de imagen y haga clic en **Abrir**. La nueva ruta aparecerá indicada en el cuadro de texto **Imagen encontrada en**. Después haga clic en **Guardar ruta**. La ruta del archivo de imagen también aparece indicada en la columna **Ruta guardada** de la lista ofrecida en el cuadro de diálogo.

Guardar ruta. Guarda la ruta actual de la imagen.

Examinar. Abre el cuadro de diálogo **Seleccionar archivo de imagen**.

Utilización del comando -IMAGEN

El comando **-IMAGEN** permite acceder desde la línea de comando a las opciones disponibles en el cuadro de diálogo **Administrador de imágenes**. La secuencia de solicitudes es como sigue:

Comando: **-IMAGEN**
Indique la opción de imagen [?/Desenlazar/Camino/Recargar/deScargar/Enlazar] <Enlazar>:
Indique una opción o pulse INTRO para enlazar una imagen.

Si indica **?** tras la solicitud anterior, aparecerá la siguiente solicitud:

Imagen (imágenes) que listar <*>: Intro

La Ventana de texto de AutoCAD mostrará una lista con información sobre las imágenes enlazadas en el dibujo actual.

EDICIÓN DE ARCHIVOS DE IMAGEN DE TRAMA

Delimitación de imágenes de trama

Barra de herramientas:	Referencia > Delimitar imagen
Menú:	Modificar > Delimitar > Imagen
Comando:	DELIMITARIMG

El comando **DELIMITARIMG** permite delimitar imágenes de trama. Para iniciar este comando también puede seleccionar la imagen a delimitar y hacer clic con el botón derecho. En el menú contextual, elija **Imagen > Delimitar**. Al ejecutar este comando, AutoCAD solicita que indique la imagen a delimitar (a menos que la imagen ya esté seleccionada). Para seleccionar la imagen debe designar su contorno. Por tanto, si el contorno de una imagen no es visible, no podrá seleccionarla. Puede activar o desactivar el contorno delimitador. Para mejorar el rendimiento, puede hacer que al seleccionar una imagen AutoCAD sólo resalte su contorno. A tal fin, active la casilla de verificación **Resaltar sólo marco de imagen de trama**, en la ficha **Visualizar** del cuadro de diálogo **Opciones**. También puede utilizar la variable de sistema **IMAGEHLT**. Por defecto, **IMAGEHLT** está definida en 0, lo que significa que AutoCAD sólo resaltará el marco de la imagen de trama. Tras la solicitud Indique la opción de delimitador de imagen [ACT/DES/Suprimir/Nuevo contorno delimitador]: <Nuevo>:,elija la opción **Nuevo contorno delimitador** y defina el contorno delimitador mediante un contorno rectangular o poligonal. El contorno delimitador debe hallarse en el mismo plano que la imagen o en un plano paralelo a la misma (vea la figura 5.18). A continuación se muestra la secuencia de solicitudes para el comando **DELIMITARIMG**:

Comando: **DELIMITARIMG**
Designe imagen que delimitar:
Indique la opción de delimitador de imagen [ACT/DES/Suprimir/Nuevo contorno delimitador]: <Nuevo>: *Pulse Intro para crear un nuevo contorno delimitador.*
Indique el tipo de delimitador [Poligonal/Rectangular] <Rectangular>: *Indique **P** para crear un contorno poligogonal y defina la forma del polígono.*

ACT/DES. Las opciones **ACT** y **DES** permiten, respectivamente, activar o desactivar el contorno delimitador. Cuando el delimitador esté desactivado, podrá ver la imagen completa; si el delimita-

Figura 5.18. Imagen antes y después de su delimitación.

dor está activado, sólo podrá ver la parte de la imagen contenida en el contorno delimitador. En la ventana **Propiedades de objetos**, bajo la sección **Varios**, puede escoger una opción en el cuadro de lista desplegable de la entrada **Mostrar delimitados**. Si elige **Sí**, AutoCAD mostrará la imagen delimitada. Si elige **No**, AutoCAD mostrará la imagen completa.

Suprimir. La opción **Suprimir** elimina el contorno delimitador actual.

Ajuste de las imágenes de trama

Barra de herramientas:	Referencia > Ajustar imagen
Menú:	Modificar > Objeto > Imagen > Ajustar
Comando:	AJUSTARIMG

El comando **AJUSTARIMG** permite ajustar el brillo, el contraste y el difuminado de las imágenes de trama. Si selecciona una imagen y hace clic con el botón derecho, aparece un menú contextual. Elija **Imagen > Ajustar** para ejecutar el comando **AJUSTARIMG**.

Una vez designadas las imágenes a ajustar, AutoCAD mostrará el cuadro de diálogo **Ajustar imagen** (figura 5.19). Conforme ajuste el brillo, el contraste y el difuminado, la sección

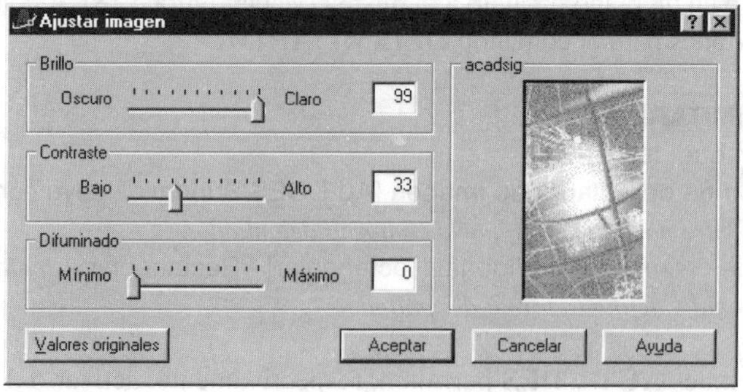

Figura 5.19. Cuadro de diálogo ***Ajustar imagen.***

de muestra reflejará automáticamente los cambios. Si hace clic en el botón **Valores originales**, la imagen recuperará los valores predeterminados (Brillo= 50, Contraste= 50 y Difuminado= 0). En el menú contextual de la imagen, también puede elegir **Propiedades**. Aparecerá la ventana **Propiedades de objetos**, desde la que podrá modificar los valores de **Brillo**, **Contraste** y **Difuminado**.

Calidad de imagen

Barra de herramientas:	Referencia > Calidad de imagen
Menú:	Modificar > Objeto > Imagen > Ajustar
Comando:	CALIDADIMG

El comando **CALIDADIMG** permite controlar la calidad de las imágenes. Esta opción afecta al rendimiento de la visualización. Las imágenes de alta calidad tardan más tiempo en mostrarse. Si modifica la calidad, la visualización cambiará automáticamente sin que por ello AutoCAD regenere el dibujo. Las imágenes siempre se imprimen con calidad alta. Aun cuando las imágenes mostradas en borrador tengan menor calidad, su representación será más rápida. La secuencia de solicitudes es como sigue:

Comando: **CALIDADIMG**
Indique parámetro de calidad de imagen [Alta/Borrador] <Alta>: *Indique **A** o **B**.*

Transparencia

Barra de herramientas:	Referencia > Transparencia de la imagen
Menú:	Modificar > Objeto > Imagen > Transparencia
Comando:	TRANSPARENCIA

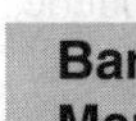

El comando **TRANSPARENCIA** permite activar o desactivar la transparencia del fondo en imágenes bitonales. Las imágenes bitonales consisten en dos únicos colores, uno de ellos de fondo. Al enlazar una imagen bitonal, la imagen toma el color de la capa actual. Además, la imagen bitonal y sus contornos tienen siempre el mismo color. También puede hacer clic con el botón derecho sobre la imagen y elegir Propiedades en el menú contextual. Aparecerá la ventana Propiedades. Bajo la sección **Varios**, puede elegir una opción de transparencia en el cuadro de lista desplegable que aparece al seleccionar la entrada **Transparencia**. La secuencia de solicitudes para el comando **TRANSPARENCIA** es:

Comando: **TRANSPARENCIA**
Designe imágenes: *Designe la imagen o imágenes.*
Indique modo de transparencia [ACT/DES] <DES>: *Indique **ACT** o **DES**.*

Marco de imagen

Barra de herramientas:	Referencia > Marco de imagen
Menú:	Modificar > Objeto > Imagen > Marco
Comando:	MARCOIMG

El comando **MARCOIMG** permite activar o desactivar el marco de las imágenes. Si los marcos están desactivados, será imposible designar las imágenes con el dispositivo señalador y, por tanto, no podrá desplazarlas o modificarlas accidentalmente. La secuencia de solicitudes es como sigue:

Comando: **MARCOIMG**
Indique parámetro de marco de imagen [ACT/DES] <ACT>:

Otros comandos de edición

Puede utilizar otros comandos para editar imágenes de trama, como por ejemplo **COPIA**, **DESPLAZA** o **ESTIRA**. También puede utilizar la imagen como arista de corte para recortar objetos. En cualquier caso, no es posible recortar una imagen. Puede insertar la imagen de trama varias veces o realizar varias copias de la misma. Cada copia dispondrá de su propio contorno delimitador. Los pinzamientos constituyen otro método para la edición de las imágenes. También puede utilizar la ventana **Propiedades de objetos** para cambiar la capa, el tipo de línea del marco y el color de la imagen, así como para indicar otras opciones de edición tales como cambiar la escala, el ángulo de rotación, la anchura o la altura de la imagen. Debe indicar para cada opción el valor deseado en la entrada correspondiente de la ventana. Dentro de la sección **Varios** de la ventana **Propiedades de objetos**, puede mostrar u ocultar una imagen seleccionando la opción deseada en el cuadro de lista desplegable **Mostrar imagen**. Si elige **Sí**, la imagen aparecerá en pantalla; si elige **No**, AutoCAD desactivará la visualización de la imagen. Puede ocultar las imágenes que no necesite para mejorar el rendimiento.

Escalado de imágenes de trama

La escala de la imagen insertada viene determinada por el tamaño real de la imagen y por la unidad de medida (milímetros, pulgadas, etc). Por ejemplo, si la imagen es de 30 x 40 mm y la inserta con un factor de escala de 1, el tamaño de la imagen en pantalla será de 30 por 40 unidades de dibujo de AutoCAD. Si el factor de escala es 5, la imagen será cinco veces más grande. La imagen a insertar debe incluir la información de su resolución (puntos por pulgada). Si la imagen no incluye esta información, AutoCAD la supondrá de anchura unitaria.

ARCHIVOS POSTSCRIPT

PostScript es un lenguaje de descripción de páginas desarrollado por Adobe Systems. Se utiliza principalmente en aplicaciones de autoedición. AutoCAD permite trabajar con archivos PostScript. Puede crear y exportar archivos PostScript, así como convertir archivos PostScript en archivos de dibujo habituales de AutoCAD (importación). Las imágenes PostScript poseen una resolución superior a las de las imágenes de trama. La extensión utilizada para este tipo de archivos es .EPS (PostScript encapsulado).

Comando SALVAPS

Menú: Archivo > Exportar
Comando: SALVAPS, EXPORTAR

Tal como se acaba de mencionar, es posible convertir cualquier archivo de dibujo de AutoCAD en archivo PostScript. Puede lograrlo con el comando **SALVAPS**. Tras ejecutar este comando, AutoCAD muestra el cuadro de diálogo **Crear archivo PostScript** (figura 5.20). También puede utilizar el comando **EXPORTAR** para abrir el cuadro de diálogo **Exportar datos**. Las opciones son parecidas en ambos cuadros de diálogo.

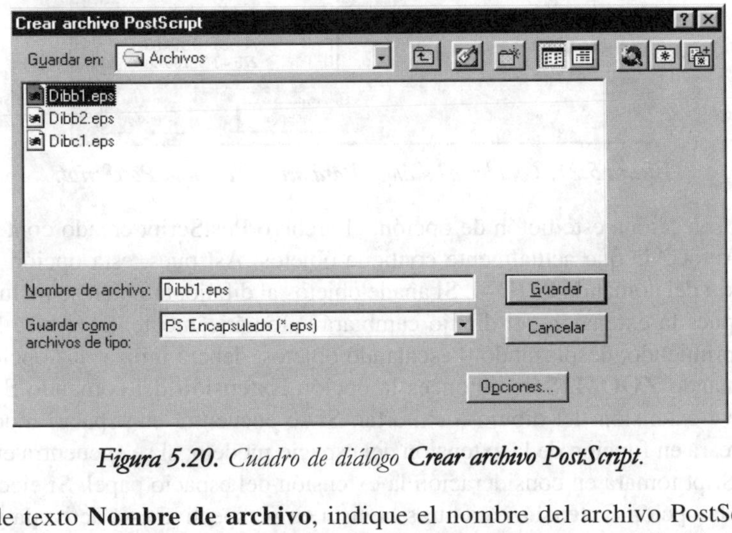

Figura 5.20. *Cuadro de diálogo* ***Crear archivo PostScript.***

En el cuadro de texto **Nombre de archivo**, indique el nombre del archivo PostScript (EPS) que desea crear. Si utiliza el comando **EXPORTAR**, seleccione **PS Encapsulado (*.eps)** en el cuadro de lista desplegable **Guardar como archivos de tipo**. Después puede hacer clic en el botón **Guardar** para aceptar la configuración predeterminada y crear el archivo PostScript. Si hace clic en el botón **Opciones** podrá modificar los parámetros en el cuadro de diálogo **Parámetros de salida PostScript** (figura 5.21) antes de guardar el archivo. El cuadro de diálogo **Parámetros de salida PostScript** incluye las siguientes opciones:

Nombre de la sección de inicio

En este cuadro de texto puede asignar un nombre para una sección de inicio a leer desde el archivo acad.psf.

Trazado de

La sección **Trazado de** del cuadro de diálogo incluye las siguientes opciones:

Pantalla. Si selecciona este botón de opción mientras se encuentra en el espacio modelo, AutoCAD guardará en el archivo EPS la imagen mostrada en la ventana gráfica actual. De igual forma, si se encuentra en el espacio papel, el archivo EPS almacenará la vista actual.

*Figura 5.21. Cuadro de diálogo **Parámetros de salida PostScript**.*

Extensión. Si selecciona este botón de opción, el archivo PostScript creado contendrá la sección del dibujo de AutoCAD que actualmente contiene objetos. Así pues, esta opción se asemeja a la opción **Extensión** del comando **ZOOM**. Si añade objetos al dibujo, también se incluirán en el archivo PostScript, pues la extensión del dibujo cambiará automáticamente. Si reduce la extensión del dibujo, bien suprimiendo, desplazando o escalando objetos, deberá utilizar las opciones **Extensión** o **Todo** del comando **ZOOM**. Sólo entonces la opción **Extensión** del comando **SALVAPS** podrá conocer la nueva extensión del dibujo a exportar. Si se encuentra en espacio modelo, el archivo PostScript se creará en función de la extensión del espacio modelo; si se encuentra en espacio papel, el archivo PostSript tomará en consideración la extensión del espacio papel. Si ejecuta el comando **SALVAPS** con la opción **Extensión** mientras la vista en perspectiva está activada y la posición de la cámara no se halla fuera de la extensión del dibujo, aparecerá el siguiente mensaje:

Imposible calcular límites de Extensión en TRAZADOR ; se utiliza pantalla

En tal caso, AutoCAD creará el archivo EPS como si hubiese seleccionado la opción Pantalla.

Límites. Con esta opción puede exportar toda el área definida por los límites del dibujo. Si la vista actual no es la vista en planta, correspondiente al punto de vista (0,0,1), la opción **Límites** funciona exactamente igual que la opción **Extensión**.

Vista. Esta opción permite exportar cualquier vista creada con el comando **VISTA**. Una vez seleccionado este botón de opción, haga clic en el botón **Vista** para abrir el cuadro de diálogo **Nombre de la vista**, donde podrá seleccionar la vista a exportar. Si el dibujo no contiene vistas guardadas, el botón de opción **Vista** aparecerá atenuado.

Ventana. Esta opción permite precisar el área a exportar con la ayuda de una ventana. Tras seleccionar este botón de opción, haga clic en el botón **Ventana**. Aparecerá el cuadro de diálogo **Designación**

por ventana. Haga clic en el botón **Designar** de este cuadro de diálogo para precisar en pantalla las dos esquinas opuestas de la ventana. También puede indicar las coordenadas de ambas esquinas en este cuadro de diálogo.

Vista preliminar

La sección **Vista preliminar** del cuadro de diálogo **Parámetros de salida PostScript** incluye dos tipos de formato para las imágenes preliminares: **EPSI** y **TIFF**. Si no desea indicar ninguna imagen preliminar, seleccione el botón de opción **Ninguna**. Si selecciona **TIFF** o **EPSI**, deberá indicar la resolución en píxeles de la vista preliminar en pantalla; utilice para ello la sección Píxeles. Puede definir una imagen preliminar de tamaño 128 x 128, 256 x 256 ó 512 x 512.

Unidades de tamaño

En esta sección puede definir las unidades de tamaño de papel en **Milímetros** o **Pulgadas**. Seleccione el botón de opción correspondiente.

Escala

En esta sección puede configurar una escala explícita; indique para ello la relación entre el número de unidades de dibujo y las unidades de impresión equivalentes. Puede activar la casilla de verificación **Escala hasta ajustar** para que la vista a exportar adquiera el mayor tamaño posible según las dimensiones indicadas del papel.

Tamaño de papel

Puede seleccionar alguno de los formatos ofrecidos en la lista o indicar un nuevo tamaño de papel para la imagen PostScript mediante los cuadros de texto **Anchura** y **Altura**.

Comando CARGAPS

Menú:	Insertar > PostScript encapsulado
Comando:	CARGAPS

AutoCAD permite importar archivos PostScript. Puede utilizar el comando **CARGAPS** para importar un archivo PostScript. AutoCAD importará el archivo PostScript como un bloque.

Comando: **CARGAPS**

Aparecerá el cuadro de diálogo **Seleccionar archivo PostScript** (figura 5.22).

Este cuadro de diálogo muestra todos los archivos EPS contenidos en la carpeta actual. Seleccione el archivo que desea importar en AutoCAD y haga clic en **Abrir**. El cuadro de diálogo desaparecerá de la pantalla. A continuación AutoCAD solicitará un punto de inserción y un factor de escala para el bloque insertado:

Precise punto de inserción<0,0,0>: *Precise la ubicación para el punto de inserción.*
Precise factor de escala: *Precise el factor de escala.*

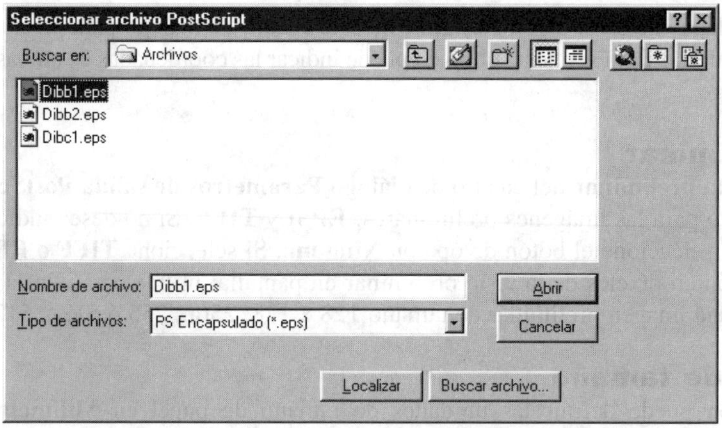

Figura 5.22. *Cuadro de diálogo* ***Seleccionar archivo PostScript.***

También puede indicar el factor de escala de forma dinámica, arrastrando el cursor en cruz. Una vez precisado el factor de escala, AutoCAD insertará cualquier elemento contenido en el archivo EPS. Dadas las solicitudes del comando **CARGAPS**, resulta evidente que la imagen se inserta en el dibujo de AutoCAD como un bloque. Por defecto, al insertar un archivo EPS aparece un cuadro en la pantalla. Este cuadro contiene la imagen importada, cuyo contenido no podrá ver mientras no precise el punto de inserción y el factor de escala. Si desea ver la imagen inmediatamente, en lugar del cuadro, defina la variable de sistema **PSDRAG** en 1. Por defecto, el valor de esta variable es 0, lo que determina la aparición del cuadro en lugar de la imagen. La calidad de modelizado del archivo PostScipt depende del valor de la variable de sistema **PSQUALITY**.

Comando: **PSQUALITY**
Indique nuevo valor para PSQUALITY <actual>:

A continuación se describen los diferentes valores de **PSQUALITY** y sus efectos:

PSQUALITY = 0. Al insertar un archivo EPS, aparece el cuadro rectangular que representa la imagen importada. En su interior se indica el nombre y la ruta del archivo EPS importado. El tamaño del cuadro rectangular se corresponde con el tamaño del archivo importado.

PSQUALITY = Valor positivo. En este caso, la imagen importada aparece representada con un número de píxeles por unidad de dibujo de AutoCAD equivalente al valor de esta variable de sistema. En otras palabras, el valor positivo de **PSQUALITY** determina la resolución de la imagen importada. Por defecto, su valor es de 75; esto significa que la imagen importada aparecerá representada con 75 píxeles por unidad de dibujo de AutoCAD. Los objetos PostScript aparecen rellenos.

PSQUALITY = Valor negativo. En esta situación, el valor absoluto de la variable de sistema **PSQUALITY** determina la resolución de la imagen importada. La única diferencia es que los objetos PostScript no aparecen rellenos, sino representados por su contorno.

Patrones de relleno PostScript (Comando RELLENAPS)

Comando: RELLENAPS

Con el comando **RELLENAPS** puede rellenar con patrones PostScript polilíneas 2D cerradas. Estos patrones de relleno están declarados en el archivo acad.psf. Las declaraciones para un patrón de relleno PostScript consisten en varios parámetros y argumentos necesarios para determinar la definición de un patrón de relleno en pantalla. Algunos de los patrones de relleno PostScript son:

Grayscale	**RGBcolor**	**AIlogo**	**Lineargray**
Radialgray	**Square**	**Waffle**	**Zigzag**
Stars	**Brick**	**Specks**	

También puede definir patrones de relleno personalizados en el archivo acad.psf mediante los procedimientos PostScript. Al asignar un patrón de relleno a una polilínea cerrada, dicho patrón no aparece representado en pantalla. Sin embargo, el comando **SALVAPS** reconoce el patrón de relleno. Si importa el archivo PostScript con un patrón de relleno mediante el comando **CARGAPS**, el patrón de relleno aparecerá en pantalla según el valor de la variable de sistema **PSQUALITY** y de los comandos **ARRASTRAPS** y **RELLENAR**. Además, si imprime un archivo de este tipo en un dispositivo PostScript, conseguirá imprimir el patrón de relleno. Según el patrón de relleno elegido, AutoCAD muestra las solicitudes correspondientes para obtener los parámetros y argumentos necesarios. Por ejemplo, si desea utilizar el patrón de relleno Stars, la secuencia de solicitudes es:

Comando: **RELLENAPS**
Designe polilínea: *Designe la polilínea a rellenar.*
Indique nombre de patrón de relleno PostScript (. = ninguno) o [?] <.>: **STARS**
Indique Scale <1>: *Precise el factor de escala para el patrón de relleno.*
Indique LineWidth <1>: *Precise el grosor de línea para el patrón de relleno.*
Indique ForegroundGray <100>: [Intro]
Indique BackgroundGray <0>: [Intro]

Para obtener una lista de patrones, indique ? tras la solicitud Indique nombre de patrón de relleno PostScript (. = ninguno) o [?] <.>:. Si precede el nombre del patrón con el símbolo *, el contorno de la polilínea no aparecerá.

Ejemplo 2

Dibuje un rectángulo y utilice el comando **RELLENAPS** para asignar el patrón Waffle al rectángulo (parte superior de la figura 5.23). Convierta el rectángulo en un archivo PostScript con la ayuda del comando **SALVAPS**. Importe después el archivo EPS con el comando **CARGAPS**.

1. Defina **PLINEWID** en 0 y utilice el comando **RECTANG** para dibujar un rectángulo como el mostrado en la parte superior de la figura 5.23.

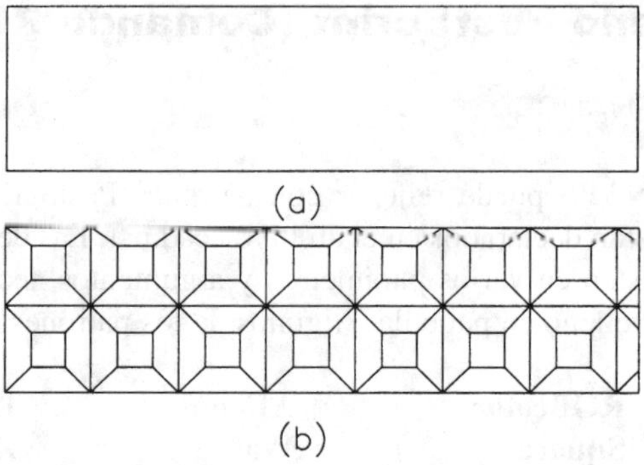

Figura 5.23. Asignación del patrón Waffle a una polilínea.

2. Utilice el comando **RELLENAPS** para asignar el patrón Waffle al rectángulo.

   Comando: **RELLENAPS**
   Designe polilínea:
   El patrón de relleno actual es Stars.
   Indique nombre de patrón de relleno PostScript (. = ninguno) o [?] <Stars>: **WAFFLE**
   Indique Scale <1>: [Intro]
   Indique Proportion <30>: [Intro]
   Indique LineWidth <1>: [Intro]
   Indique UpLeftGray <100>: [Intro]
   Indique BotRightGray <50>: [Intro]
   Indique TopGray <0>: [Intro]

3. Utilice el comando **SALVAPS** para convertir el dibujo en un archivo PostScript. Tras ejecutar el comando **SALVAPS**, AutoCAD mostrará el cuadro de diálogo **Crear archivo PostScript**. En el cuadro de texto **Nombre de archivo**, indique el nombre del archivo PostScript (EPS) que desea crear (Waffle). Después haga clic en **Opciones**. AutoCAD mostrará el cuadro de diálogo **Parámetros de salida PostScript**.

4. Seleccione el botón de opción **EPSI** en la sección **Vista preliminar** del cuadro de diálogo **Parámetros de salida PostScript**. Seleccione después **128** en la sección Píxeles.

5. En la sección **Escala**, active la casilla de verificación **Escala hasta ajustar**.

6. Seleccione el botón de opción **Ventana** en la sección **Trazado de**. Haga clic en el botón **Ventana**. Después haga clic en el botón **Designar** del cuadro de diálogo **Designación por ventana**.

7. Seleccione **Milímetros** en la sección **Unidades de tamaño**.

8. Indique 190.50 y 259.08, respectivamente, en las casillas de verificación **Anchura** y **Altura** de la sección **Tamaño de papel**.

9. Haga clic en el botón **Aceptar** del cuadro de diálogo **Parámetros de salida PostScript**. De vuelta al cuadro de diálogo **Crear archivo PostScript**, haga clic en **Guardar**.

10. AutoCAD mostrará las siguientes solicitudes en la línea de comando para definir la ventana.

    Indique la ventana que exportar
    Designe primera esquina: *Designe un punto próximo a la esquina inferior izquierda del rectángulo.*
    Designe esquina opuesta: *Designe un punto próximo a la esquina superior derecha del rectángulo.*

11. Defina **PSQUALITY** en -75 y **ARRASTRAPS** en 0. Utilice el comando **CARGAPS** para importar e insertar el archivo PostScript.

    Comando: **CARGAPS** *(Seleccione el archivo Waffle en el cuadro de diálogo.)*
    Precise punto de inserción<0,0,0>: *Precise la ubicación del punto de inserción.*
    Precise factor de escala: *Precise el factor de escala.*

VINCULACIÓN E INCRUSTACIÓN DE OBJETOS

En Windows, es posible trabajar con diferentes aplicaciones basadas en este sistema y transferir información entre ellas. Puede editar y modificar la información en la aplicación de Windows original y actualizar después dicha información en otras aplicaciones. Esto se consigue mediante la creación de vínculos entre las diferentes aplicaciones; puede actualizar los vínculos, lo que a su vez actualizará o modificará la información en las aplicaciones correspondientes. La vinculación es posible gracias a la herramienta OLE de Microsoft Windows. La herramienta OLE también puede juntar en un único documento fragmentos de información procedentes de diferentes aplicaciones. AutoCAD y otras aplicaciones basadas en Windows, como Microsoft Word, el Bloc de notas o WordPad, admiten la función OLE de Windows.

Para utilizar la herramienta OLE, debe disponer de un documento de origen en el que se creará el objeto real en forma de dibujo o documento. Este documento lo crea una aplicación llamada programa **servidor**. Por ejemplo, puede utilizar AutoCAD para Windows y Paintbrush como programas servidores. A continuación, el documento de origen se vincula (o incrusta) en el documento **compuesto** (de destino), creado en otra aplicación, llamada programa receptor. Por ejemplo, puede utilizar AutoCAD para Windows, Microsoft Word y WordPad como programas receptores.

Portapapeles

Para transferir la información desde una aplicación de Windows a otra, se copia desde el programa servidor el dibujo o el documento en el Portapapeles. A continuación, la información se pega en el programa receptor desde el Portapapeles. Así pues, el Portapapeles se utiliza como intermediario en la transferencia de la información de una aplicación de Windows a otra. El dibujo o el documento permanecerá en el Portapapeles mientras no copie una nueva información que anule a la anterior o hasta que salga de Windows. Puede guardar la información presente en el Portapapeles en un archivo con la extensión .CLP.

Incrustación de objetos

Utilice la función de incrustación de la herramienta OLE cuando desee estar seguro de que el documento de origen no se ve afectado en ningún caso, aun cuando modifique el documento de destino mediante el programa servidor. Tras incrustar un documento, éste no conservará conexión alguna con el origen. Aun cuando la edición del documento se lleva siempre a cabo en el programa servidor, el documento de origen se conserva intacto. A continuación se indican los pasos a seguir para incrustar objetos. En este ejemplo, AutoCAD para Windows es el programa servidor y WordPad de Windows es el programa receptor.

1. Cree un dibujo en el programa servidor (AutoCAD).

2. Abra WordPad, utilizado como programa receptor. Puede encontrarlo en el grupo **Accesorios** de **Inicio > Programas**.

3. Si lo desea, ordene las ventanas de ambos programas, servidor y receptor (figura 5.24).

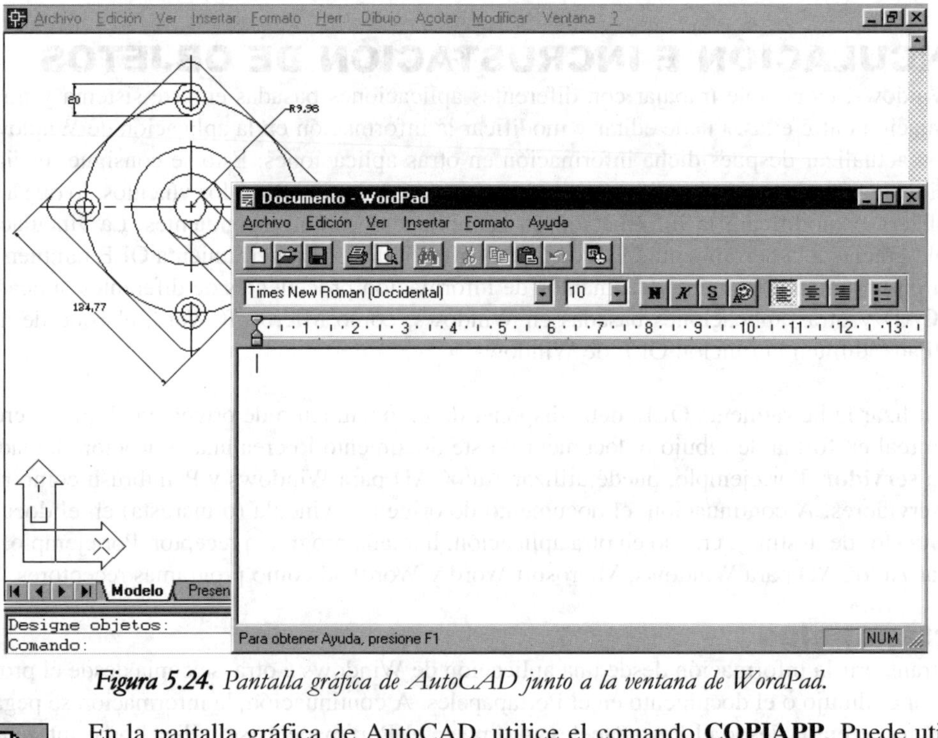

Figura 5.24. Pantalla gráfica de AutoCAD junto a la ventana de WordPad.

4.  En la pantalla gráfica de AutoCAD, utilice el comando **COPIAPP**. Puede utilizar este comando para incrustar objetos del dibujo. Para ejecutar este comando, haga clic en el botón **Copiar** de la barra de herramientas **Estándar**, elija **Copiar** en el menú **Edición** o indique **COPIAPP** en la solicitud de comando.

Comando: **COPIAPP**

La siguiente solicitud, Designe objetos:, permite seleccionar las entidades que desee transferir. Si desea incrustar el dibujo completo, indique **todo** y pulse INTRO. Puede utilizar cualquier método de selección de objetos. AutoCAD copiará en el Portapapeles todos los objetos seleccionados.

5. Una vez copiados los objetos en el Portapapeles, active la ventana de WordPad. Para insertar el dibujo contenido en el Portapapeles en el documento de WordPad (cliente), haga clic en el botón **Pegar** de la barra de herramientas de WordPad (o elija la opción **Pegar** del menú **Edición**). En el menú **Edición** también puede elegir **Pegado especial**, con lo que aparecerá el cuadro de diálogo **Pegado especial** (figura 5.26). Para incrustar los objetos, seleccione el botón de opción **Pegar** de este cuadro de diálogo (es opción por defecto). Haga clic en **Aceptar**. El dibujo se incrustará en el documento actual mostrado en la ventana de WordPad.

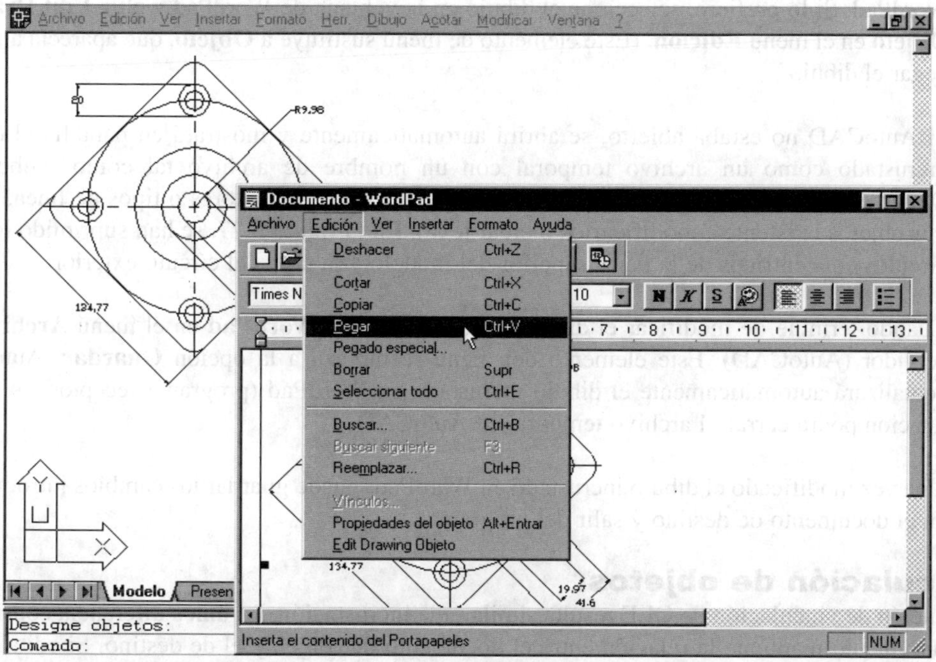

Figura 5.25. *Pegado de un dibujo en WordPad mediante la opción **Pegar** del menú **Edición**.*

6. El dibujo aparecerá ahora en la ventana de WordPad, si bien puede que no aparezca en la posición adecuada. Puede ajustar la visualización del documento en la ventana por medio de la barra de desplazamiento vertical. Si desea guardar el documento actual con el dibujo incrustado, elija **Guardar** en el menú **Archivo**. Aparecerá el cuadro de diálogo **Guardar como**, en el que podrá dar nombre al archivo. A continuación puede salir de AutoCAD.

7. La edición del dibujo incrustado en el documento de WordPad se lleva a cabo a través del programa servidor, que en nuestro caso es AutoCAD para Windows. Para acceder al dibujo incrustado desde el programa servidor, basta con hacer doble clic sobre el dibujo en el documento de

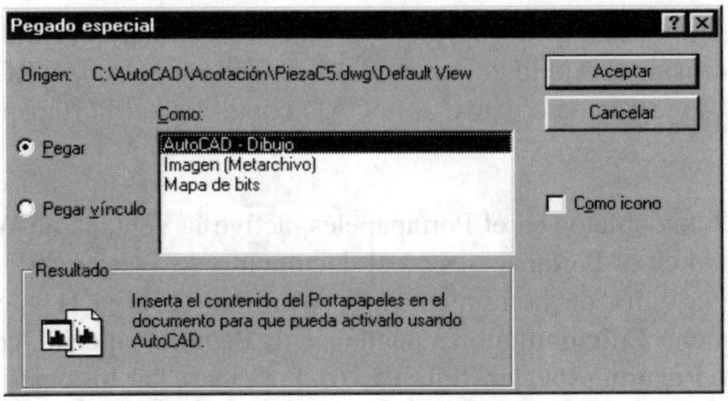

*Figura 5.26. Cuadro de diálogo **Pegado especial**.*

WordPad. Si lo prefiere, seleccione el dibujo en la ventana de WordPad y elija **Edit Drawing Objeto** en el menú **Edición**. (Este elemento de menú sustituye a **Objeto**, que aparecía antes de pegar el dibujo.)

8. Si AutoCAD no estaba abierto, se abrirá automáticamente y mostrará en pantalla el dibujo incrustado como un archivo temporal con un nombre de archivo tal como [Dibujo en Documento]. Pude editar el dibujo: por ejemplo, cambiar los colores o tipos de línea, suprimir objetos existentes, modificarlos o crear texto. En la figura 5.27, se han suprimido los dos círculos concéntricos de la parte superior del modelo y la cota del círculo exterior.

9. Cuando termine de modificar el dibujo, elija **Actualizar WordPad** en el menú **Archivo** del servidor (AutoCAD). Este elemento del menú reemplaza a la opción **Guardar**. AutoCAD actualizará automáticamente el dibujo incrustado en WordPad (programa receptor). A continuación podrá cerrar el archivo temporal en AutoCAD.

10. Una vez modificado el dibujo incrustado en WordPad, puede guardar los cambios introducidos en el documento de destino y salir del programa.

Vinculación de objetos

La función de vinculación de OLE resulta similar a la incrustación. La única diferencia consiste en que un vínculo mantiene la relación entre el documento de origen y el de destino. Si edita el origen, bastará con actualizar el vínculo para aplicar automáticamente los cambios en el documento de destino. Esto permite insertar el mismo documento en varias aplicaciones. Si introduce algún cambio en el documento de origen, los clientes también cambiarán sin más que actualizar los vínculos correspondientes. A continuación, utilizaremos AutoCAD para Windows como programa servidor y WordPad como programa receptor. Siga estos pasos para vincular un dibujo:

1. Abra un dibujo en el programa servidor (AutoCAD). Si crea un dibujo nuevo, deberá guardarlo primero antes de poder vincularlo con el programa receptor.

2. Abra WordPad, utilizado como programa receptor. Puede encontrarlo en el grupo **Accesorios** de **Inicio > Programas**.

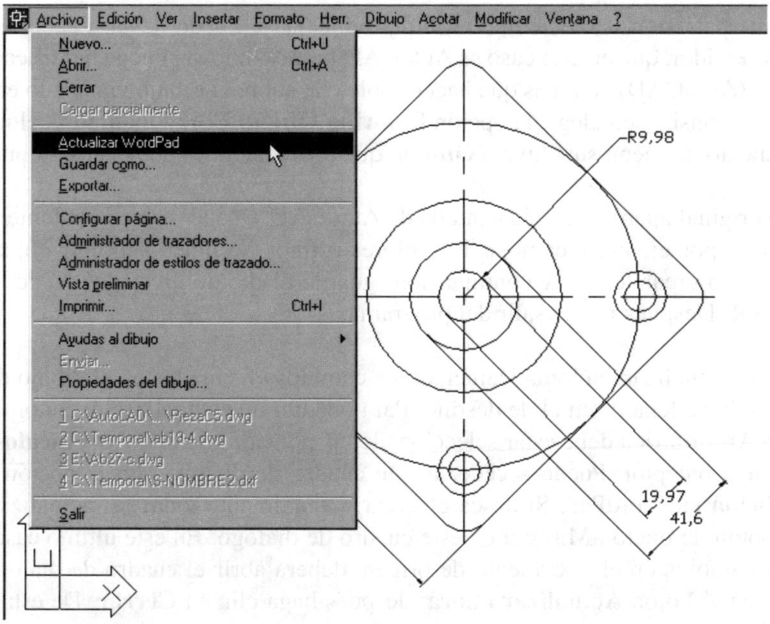

*Figura 5.27. Selección de **Actualizar WordPad** en el menú **Archivo**.*

3. Si lo desea, ordene las ventanas de ambos programas, servidor y receptor, de forma que ambos sean visibles.

4. En la pantalla gráfica de AutoCAD, utilice el comando **COPIAENLACE**. Puede utilizar este comando para vincular el dibujo. Para ejecutar este comando, elija **Copiar vínculo** en el menú **Edición** o indique **COPIAENLACE** en la solicitud de comando.

   Comando: **COPIAENLACE**

   El comando **COPIAENLACE** copia en el Portapapeles la vista del dibujo mostrada en la ventana gráfica actual. Así pues, no puede designar objetos individuales para su vinculación. Si sólo desea vincular una parte del dibujo, modifique primero el zoom de forma que la ventana gráfica actual muestre únicamente la sección del dibujo a vincular. Este comando crea una vista guardada del dibujo con el nombre OLE1. A continuación puede salir de AutoCAD.

5. Active la ventana de WordPad. Para incluir en el documento actual de WordPad el dibujo contenido en el Portapapeles, elija la opción **Pegado especial** del menú **Edición**. Aparecerá el cuadro de diálogo **Pegado especial**. Seleccione el botón de opción **Pegar vínculo** y haga clic en **Aceptar**. El dibujo quedará vinculado en el documento de WordPad.

6. Ahora el dibujo aparecerá en la ventana de WordPad. Si desea guardar el documento con el dibujo vinculado, elija **Guardar** en el menú **Archivo**. Aparecerá el cuadro de diálogo **Guardar como**, donde podrá indicar el nombre del archivo.

7. El siguiente paso consiste en editar el dibujo vinculado. Puede llevar a cabo la edición en el programa servidor, que en este caso es AutoCAD para Windows. Puede modificar el dibujo con el servidor (AutoCAD), sin más que hacer doble clic sobre el dibujo vinculado en WordPad. El otro método consiste en elegir la opción **Drawing Objeto Edit Vinculado** del menú **Edición**. (Este elemento de menú sustituye a **Objeto**, que aparecía antes de pegar el dibujo.)

8. El dibujo original aparecerá en la pantalla de AutoCAD. Puede realizar cualquier modificación en el dibujo: por ejemplo, cambiar los colores o tipos de línea, suprimir objetos existentes, modificarlos o crear texto. A continuación, guarde el dibujo en AutoCAD con el comando **GUARDAR**. Después puede salir del programa.

9. El dibujo se actualizará automáticamente; los cambios efectuados en el dibujo de origen también quedarán reflejados en el de destino. Para obtener una actualización automática, el botón de opción **Automática** debe estar seleccionado en el cuadro de diálogo **Vínculos** (figura 5.28) del programa receptor. Puede acceder a este cuadro de diálogo con la opción **Vínculos** del menú **Edición** en WordPad. Si desea efectuar manualmente todas las actualizaciones, seleccione el botón de opción **Manual** en este cuadro de diálogo. En este último caso, tras realizar y guardar cambios en el documento de origen, deberá abrir el cuadro de diálogo **Vínculos** y hacer clic en el botón **Actualizar ahora**; después haga clic en **Cerrar**. De esta forma conseguirá actualizar la información mostrada en el programa receptor (en nuestro caso, el dibujo de AutoCAD en WordPad).

10. Salga del programa receptor tras guardar el archivo actualizado.

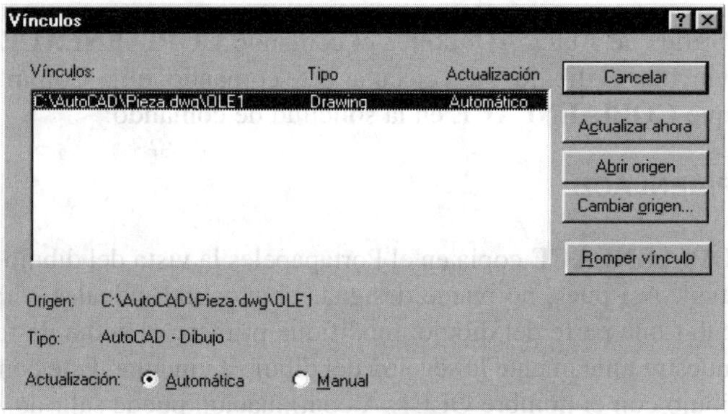

Figura 5.28. *Cuadro de diálogo* ***Vínculos.***

Vinculación e incrustación en AutoCAD*

De forma parecida, puede incrustar y vincular información en un dibujo de AutoCAD procedente de un programa servidor. También puede arrastrar los objetos OLE seleccionados desde otra aplicación hasta AutoCAD, siempre y cuando dicha aplicación admita Microsoft ActiveX y esté abierta y visible en la pantalla. Arrastrar y colocar resulta parecido a copiar y pegar. Si pulsa la tecla CONTROL mientras arrastra el objeto, conseguirá copiarlo en AutoCAD. Al arrastrar y colocar un objeto OLE en AutoCAD, el resultado será la incrustación del objeto.

Vinculación de objetos en AutoCAD*

Inicie cualquier programa servidor, como por ejemplo WordPad, y abra un documento en dicho programa. Seleccione con el dispositivo señalador la información que desee utilizar en AutoCAD. Elija **Copiar** en el menú **Edición** o haga clic en el botón **Copiar** de la barra de herramientas para copiar los datos seleccionados en el **Portapapeles**. Abra el dibujo de AutoCAD donde desee vincular los datos. Elija **Pegado especial** en el menú **Edición** o ejecute el comando **PEGAESP**. Aparecerá el cuadro de diálogo **Pegado especial** (figura 5.29). Seleccione el botón de opción **Pegar vínculo** para pegar el contenido del Portapapeles como un vínculo en el dibujo actual. Si selecciona el botón de opción **Pegar**, conseguirá incrustar los datos en lugar de vincularlos. Haga clic en **Aceptar** para cerrar el cuadro de diálogo. Los datos aparecerán en el dibujo y podrá ubicarlos donde desee.

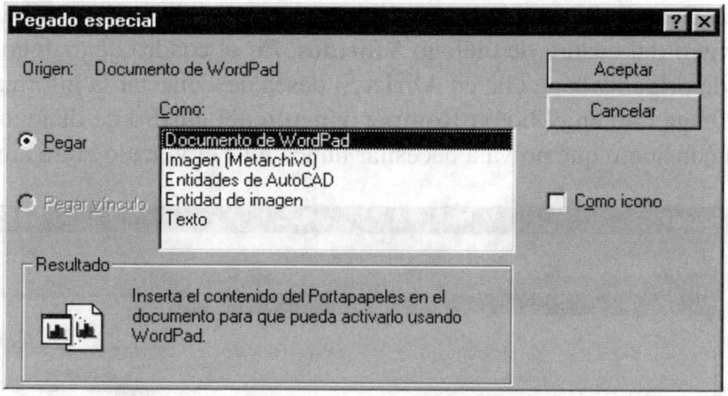

*Figura 5.29. Cuadro de diálogo **Pegado especial**.*

También puede utilizar el comando **INSERTOBJ**. Elija **Objeto OLE** en el menú o en la barra de herramientas **Insertar**. Si lo prefiere, ejecute el comando directamente desde la solicitud de comando. El comando **INSERTOBJ** vincula un archivo completo dentro de AutoCAD. Aparecerá el cuadro de diálogo **Insertar objeto** (figura 5.30).

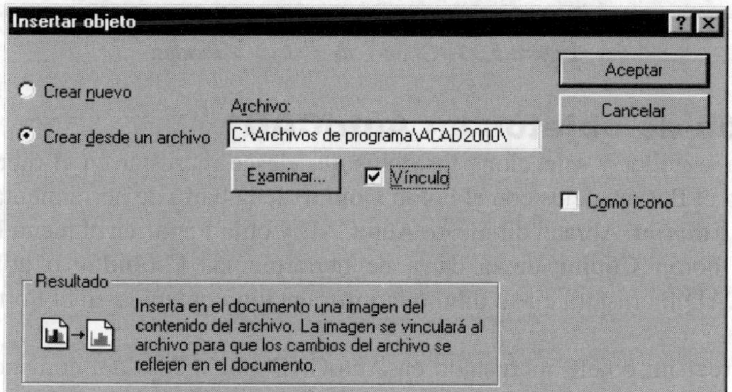

*Figura 5.30. Cuadro de diálogo **Insertar objeto**.*

Seleccione el botón de opción **Crear desde un archivo**. Active después la casilla de verificación **Vínculo**. Haga clic en el botón **Examinar** para localizar el archivo a vincular por medio del cuadro de diálogo **Examinar**. Seleccione el archivo en la lista o indique su nombre en el cuadro de texto **Nombre de archivo**. Haga clic en **Insertar**. La ruta del archivo aparecerá indicada en el cuadro de diálogo **Insertar objeto**. Haga clic en Aceptar para cerrar este cuadro de diálogo. AutoCAD vinculará en el dibujo el archivo seleccionado.

Por defecto, AutoCAD actualiza los vínculos automáticamente siempre que cambia el documento de origen. No obstante, puede utilizar el comando **VINCOLE** para mostrar el cuadro de diálogo **Vínculos** (figura 5.31), donde podrá modificar este parámetro (botón de opción **Automática** o **Manual**). Si lo prefiere, elija **Vínculos OLE** en el menú **Edición** puede abrir dicho cuadro de diálogo. Seleccione el vínculo que desee actualizar y haga clic en el botón **Actualizar ahora**. Después haga clic en el botón **Cerrar**. Si cambia la ubicación o el nombre del archivo original, haga clic en el botón **Cambiar origen** del cuadro de diálogo **Vínculos**. En el cuadro de diálogo **Cambiar origen**, localice el archivo de origen y haga clic en **Abrir**. Si desea desconectar la información insertada del programa servidor, haga clic en el botón **Romper vínculo** del cuadro de diálogo **Vínculos**. Utilice esta opción cuando considere que no va a necesitar nunca más el vínculo entre ambos programas.

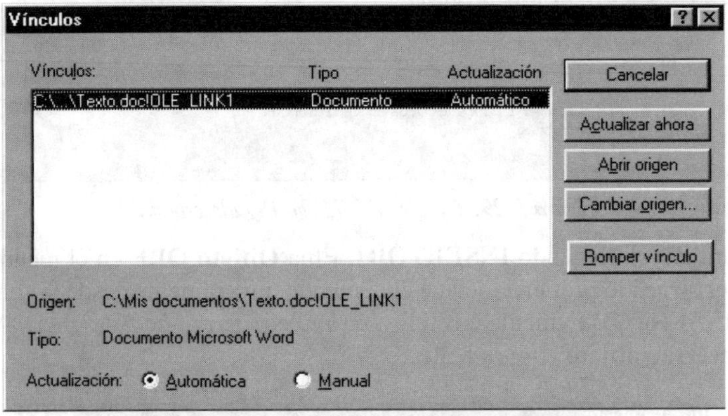

***Figura 5.31.** Cuadro de diálogo **Vínculos**.*

Incrustación de objetos en AutoCAD*

Abra el programa servidor y seleccione los datos que desee incrustar en el dibujo de AutoCAD. Copie los datos en el Portapapeles con el botón **Copiar** de la barra de herramientas o con la opción **Copiar** del menú **Edición**. Abra el dibujo de AutoCAD y elija **Pegar** en el menú **Edición**. También puede utilizar el botón **Copiar** de la barra de herramientas **Estándar** o utilizar el comando **PEGAPP**. AutoCAD incrustará en su dibujo la información contenida en el Portapapeles.

También puede crear un objeto incrustado en AutoCAD por medio del comando **INSERTOBJ**. Indique este comando desde la solicitud de comando, con la opción **Objeto OLE** del menú **Insertar** o con el botón **Objeto OLE** de la barra de herramientas **Insertar**. Aparecerá el cuadro de diálogo **Insertar objeto** (figura 5.32). Elija el botón de opción **Crear nuevo** y seleccione la aplicación que desee utilizar para crear el objeto en el cuadro de lista **Tipo de objeto**. Haga clic en **Aceptar**. La aplicación seleccionada se abrirá; puede crear y guardar la información a insertar en el dibujo de AutoCAD antes de cerrar la aplicación. Aparecerá el cuadro de diálogo **Propiedades OLE** (figura 5.33), donde podrá cambiar el tamaño o la escala de los objetos insertados. De forma predeterminada, siempre aparece este cuadro de diálogo. Si no desea mostrarlo, desactive la casilla de verificación **Visualizar diálogo al pegar nuevos objetos OLE** del cuadro de diálogo **Propiedades OLE**. También puede desactivar la casilla **Mostrar cuadro de diálogo de propiedades OLE** en la ficha **Sistema** del cuadro de diálogo **Opciones**. Para editar la información incrustada con el programa servidor, haga doble clic sobre el objeto OLE en el dibujo de AutoCAD. También puede seleccionar el objeto y hacer clic con el botón derecho para que aparezca un menú contextual. Elija **Objeto > Edición**. Una vez modificados los datos con el programa servidor, elija la opción correspondiente en el menú **Archivo** del programa servidor para actualizar la información o para salir y regresar al dibujo.

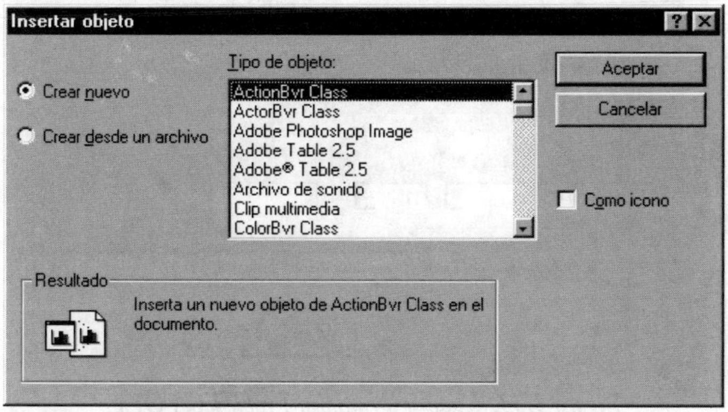

*Figura 5.32. Cuadro de diálogo **Insertar objeto**.*

Trabajo con objetos OLE*

Seleccione un objeto OLE y haga clic con el botón derecho para mostrar un menú contextual; elija **Propiedades**. Aparecerá el cuadro de diálogo **Propiedades OLE** (figura 5.33). También puede seleccionar el objeto OLE y utilizar el comando **ESCALAOLE**, nuevo en AutoCAD 2000. Precise una nueva altura y anchura con los cuadros de texto **Altura** y **Grosor** que se encuentran en la sección **Tamaño** del cuadro de diálogo **Propiedades OLE**. Si lo prefiere, indique un porcentaje sobre el tamaño original en los cuadros **Altura** y **Grosor** situados en la sección **Escala**. Si activa la casilla de verificación **Bloquear relación anchura/altura**, al cambiar la anchura variará automáticamente la altura y viceversa, a fin de mantener su relación. Si sólo desea modificar la altura o la anchura, desactive dicha casilla. Haga clic en **Aceptar** para aplicar los cambios.

Si hace clic en el botón **Restablecer** del cuadro de diálogo **Propiedades OLE**, conseguirá recuperar el tamaño original de los objetos OLE seleccionados (es decir, el tamaño que tenían cuando se insertaron). Supongamos que el dibujo de AutoCAD contiene un objeto OLE con texto en diferentes tipos de letra y que sólo desea seleccionar y modificar un texto determinado. Puede seleccionar un tipo de letra en el cuadro de lista desplegable que aparece en la sección **Tamaño de texto**; a la derecha indique el tamaño del tipo de letra en puntos y, en el cuadro de texto a continuación del signo =, el valor equivalente en unidades de dibujo. Por ejemplo, si desea seleccionar texto con el tipo de letra Times New Roman de 10 puntos y hacer que tenga una altura de texto de 0.5 unidades de dibujo, seleccione Times New Roman en el cuadro de lista desplegable; después indique 10 en el cuadro de texto situado a la derecha; finalmente, a la derecha del signo =, indique 0.5. Todo el texto que utilice el tipo de letra Times New Roman de tamaño 10 adquirirá una altura de 0.5 unidades de dibujo.

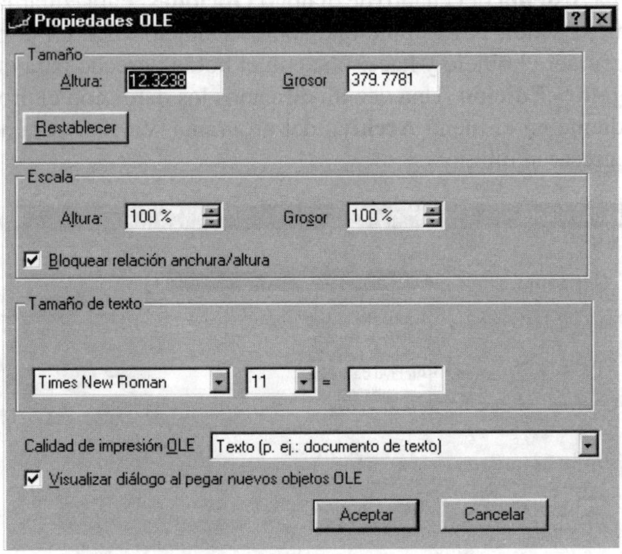

Figura 5.33. *Cuadro de diálogo* ***Propiedades*** *OLE.*

También puede utilizar el dispositivo señalador para modificar la escala de los objetos OLE en el dibujo de AutoCAD. Si selecciona el objeto, aparecerán controles de tamaño y el cursor de desplazamiento. El cursor de desplazamiento permite arrastrar y colocar el objeto en una nueva posición dentro del dibujo. Los controles centrales permiten estirar el objeto en una dirección. Con este método no conseguirá escalar los objetos proporcionalmente. Para mantener la relación anchura/altura, estire el objeto OLE por medio de los controles de las esquinas.

Seleccione un objeto OLE y haga clic con el botón derecho para mostrar el menú contextual. Si elige **Cortar**, AutoCAD suprimirá el objeto y lo pegará en el Portapapeles. La opción **Copiar** realiza una copia del objeto seleccionado en el Portapapeles; **Borrar** suprime el objeto del dibujo sin copiarlo en el Portapapeles. Si elige **Objeto**, aparecerá un nuevo menú con las opciones **Edición**, **Abrir** y **Convertir**. La opción **Convertir** abre el cuadro de diálogo **Convertir**, donde podrá cambiar el objeto de un tipo a otro, siempre que sea posible. La opción **Edición** abre el objeto en la aplicación de origen para que puede editarlo y actualizarlo en el dibujo actual. **Deshacer** cancela la última acción. Las opciones **Poner delante** y **Poner detrás** permiten, respectivamente, situar el objeto OLE por delante o por detrás del resto de objetos de AutoCAD. La opción **Selección** activa o desactiva la posibilidad de designar los objetos OLE.

Si desea cambiar la capa de un objeto OLE, seleccione el objeto, haga clic con el botón derecho y elija **Cortar**. Defina como actual la capa en la que desee situar el objeto OLE. Puede utilizar para ello el cuadro de lista desplegable **Control de capas** de la barra de herramientas **Propiedades de objetos**. Después elija **Pegar** en el menú **Edición** para pegar en el dibujo el objeto OLE guardado en el Portapapeles. AutoCAD insertará el objeto con el tamaño original en la capa definida como actual.

La variable de sistema **OLEHIDE** controla la visualización de los objetos OLE en AutoCAD. El valor por defecto es 0; esto significa que los objetos OLE serán visibles. A continuación se describen los diferentes valores de **OLEHIDE**:

0 Podrá ver todos los objetos OLE.
1 Sólo podrá ver los objetos OLE en espacio papel.
2 Sólo podrá ver los objetos OLE en espacio modelo.
3 Los objetos OLE permanecerán ocultos.

La variable de sistema **OLEHIDE** afecta tanto a la visualización como a la impresión.

Test de autoevaluación

Conteste a las siguientes preguntas y compare sus respuestas con las respuestas correctas mostradas al final del capítulo.

1. El objeto cuya área desee calcular con el comando **AREA** debe ser un objeto cerrado. (V/F)
2. Si abandona la sesión de dibujo sin guardar el dibujo, el tiempo empleado en la sesión se añade al tiempo total utilizado para la edición del dibujo. Además, se modifica la fecha de la última actualización. (V/F)
3. Puede medir el ángulo entre dos puntos con la ayuda del comando __________.
4. El comando __________ muestra toda la información perteneciente al objeto seleccionado.
5. La fecha de _______________ ofrece la fecha y hora en la que se editó el dibujo por última vez.
6. Puede configurar el intervalo para el guardado automático del dibujo con el cuadro de diálogo **Opciones** o con la variable de sistema __________.
7. El comando __________ permite importar un archivo DXF en un dibujo de AutoCAD.
8. Puede utilizar el comando __________ para crear dibujos con formato de archivo DXB.

9. Si importa un archivo DXB en un dibujo, la configuración de capas, bloques y otros elementos del archivo a importar quedan __________ por la configuración del dibujo en el que está importando el archivo DXB.

10. La variable de sistema __________ almacena el valor de la última distancia calculada.

11. El comando __________ permite identificar las coordenadas de un punto del área de dibujo.

12. Si utiliza el comando **CARGAPS** para importar un archivo PostScript con un patrón de relleno, dicho patrón no aparecerá en pantalla. (V/F)

13. El comando __________ muestra toda la información relativa a todos los objetos del dibujo.

14. El __________ se utiliza como medio para almacenar la información durante su transferencia de una aplicación de Windows a otra.

15. Puede utilizar el comando __________ para incrustar dibujos en AutoCAD.

16. Para editar el dibujo incrustado, puede utilizar el programa __________.

17. Para modificar el dibujo con el programa servidor, puede hacer __________ directamente sobre el dibujo incrustado en el programa receptor.

18. El comando __________ permite vincular un dibujo desde AutoCAD.

19. El comando **COPIAENLACE** copia en el Portapapeles el dibujo mostrado en la __________.

Preguntas de revisión

Consulta

1. Los comandos de consulta permiten obtener información de las figuras dibujadas. (V/F)

2. El método predeterminado para determinar el objeto cuya área desea calcular consiste en precisar todos los vértices del objeto (V/F)

3. El valor de las variables de sistema **AREA** y **PERIMETER** siempre se define en cero al ejecutar el comando **AREA**. (V/F)

4. Puede utilizar el comando __________ para calcular el perímetro de un objeto.

5. Si utiliza la opción __________, conseguirá añadir al total cada nueva área medida.

6. Si utiliza la opción __________, conseguirá sustraer del total cada nueva área medida.

7. El comando __________ permite medir la distancia entre dos puntos.

8. Puede utilizar el comando __________ para mostrar datos referentes a los tiempos de un dibujo y de una sesión de dibujo.

9. AutoCAD determina la fecha de creación de un dibujo según la fecha y hora del reloj del sistema al utilizar los comandos __________, __________ o __________ para crear el archivo de dibujo.

Intercambio de datos

10. El comando __________ crea un archivo de formato ASCII con la extensión .DXF a partir de un archivo de dibujo de AutoCAD.

11. La opción **Binario** del cuadro de diálogo **Opciones de guardado** permite crear también archivos con formato binario. Los archivos DFX binarios resultan __________ eficientes y sólo ocupan un 75 por ciento del correspondiente archivo DXF ASCII. El acceso a un archivo binario es __________ rápido que al mismo archivo en formato ASCII.

12. En un archivo __________, la información se almacena en forma de una matriz de puntos. Esta matriz de bits se conoce también como __________.

13. Si la pantalla muestra una imagen que desea guardar como mapa de bits, utilice el comando __________.

14. El comando **GUARDARIMG** puede crear archivos de trama de tipo _____, _____ o _____.

15. Si el modelizado se realiza en una ventana gráfica y selecciona la opción _________, el archivo de trama guardará todo el contenido de la ventana gráfica actual.

16. Si el modelizado se realiza en una ventana gráfica y selecciona la opción _________, el archivo de trama guardará la pantalla completa, menús y línea de comando incluidos.

Ejercicios

Ejercicio 3 — *Mecánica*

Dibuje la figura 5.34 sin cotas y utilice los comandos necesarios para calcular los datos solicitados. Ejecute el comando **LISTDB**. Ejecute el comando **TIEMPO** y observe el tiempo total de edición. Guarde el dibujo.

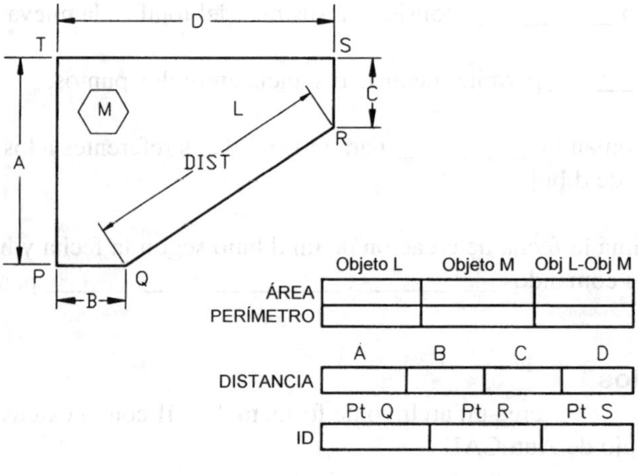

Figura 5.34. *Dibujo para el ejercicio 3.*

Ejercicio 4 *Gráficos*

Dibuje dos rectángulos y utilice el comando **RELLENAPS** para asignarles los patrones Stars y Brick (figura 5.35). Guarde los rectángulos en un archivo PostScript con el comando **SALVAPS**. Importe después el archivo PostScript con el comando **CARGAPS**.

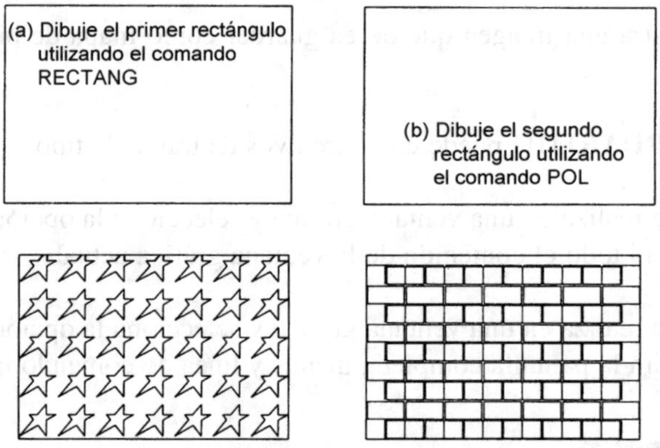

Figura 5.35. *Dibujo para el ejercicio 4.*

Respuestas al test de autoevaluación

1- F; **2-** F; **3- DIST**; **4- LIST**; **5-** Última actualización; **6- SAVETIME**; **7- ABRE**; **8- CARGADXB**; **9-** anulados; **10- DISTANCE**; **11- ID**; **12-** F; **13- LISTDB**; **14-** Portapapeles; **15- COPIAPP**; **16-** servidor; **17-** doble clic; **18- COPIAENLACE**; **19-** ventana gráfica actual

Capítulo 6

Dibujo técnico con AutoCAD

Objetivos del estudio

Tras completar este capítulo, será capaz de:

- *Comprender los conceptos de dibujos con varias vistas.*
- *Comprender los ejes X, Y, Z, los planos XY, YZ, XZ y los planos paralelos.*
- *Dibujar proyecciones ortogonales y situar las vistas.*
- *Acotar un dibujo.*
- *Comprender las reglas básicas de acotación.*
- *Dibujar vistas seccionadas utilizando distintos tipos de secciones.*
- *Sombrear superficies seccionadas.*
- *Comprender cómo utilizar y dibujar las vistas auxiliares.*
- *Crear dibujos de montaje y de detalle.*

DIBUJOS CON VARIAS VISTAS

Cuando los diseñadores idean un producto, visualizan la forma del producto en sus mentes. Para representar la forma en papel o para comunicar la idea a otras personas, resulta imprescindible obtener una imagen del producto o de sus vistas ortogonales. Las imágenes tridimensionales, como por ejemplo las isométricas, transmiten una idea general acerca de la forma del objeto; pero no es fácil mostrar todas las características y medidas del objeto con este tipo de vistas. Por tanto, en la industria, los dibujos con varias vistas están aceptados como un estándar para la representación de productos. Los dibujos con varias vistas también se conocen como **dibujos de proyección ortogonal**. Para dibujar diferentes vistas de un objeto es muy importante visualizar la forma del producto. Lo mismo puede decirse cuando se realiza una observación directa de un objeto desde distintos ángulos para determinar su forma. Para facilitar la comprobación de las formas, deberá dibujar el objeto en el espacio 3D con referencia a los ejes X, Y y Z. Estos ejes de referencia pueden utilizarse para proyectar la imagen en diferentes planos. Este proceso de visualización de objetos con referencia a diferentes ejes, en cierta forma, resulta natural en los humanos. Quizá haya observado que, al mirar un objeto orientado en ángulo, las personas ladean sus cabezas. Éste es un reflejo natural, un esfuerzo para alinear el objeto con respecto a un marco de referencia imaginario (ejes X, Y, Z).

CONCEPTOS BÁSICOS DE LOS EJES X, Y, Z

Para comprender los ejes X, Y y Z, imagine una superficie plana de papel en la mesa. El borde horizontal representa el eje X positivo, mientras que el borde vertical representa el eje Y positivo. El punto en el que ambos ejes intersecan es el origen. Si ahora dibuja una línea perpendicular la hoja de papel y que atraviesa el origen, dicha línea definirá el eje Z positivo (figura 6.1). Si proyecta los ejes X, Y y Z en la dirección opuesta más allá del origen, obtendrá los correspondientes ejes X, Y y Z negativos (figura 6.2).

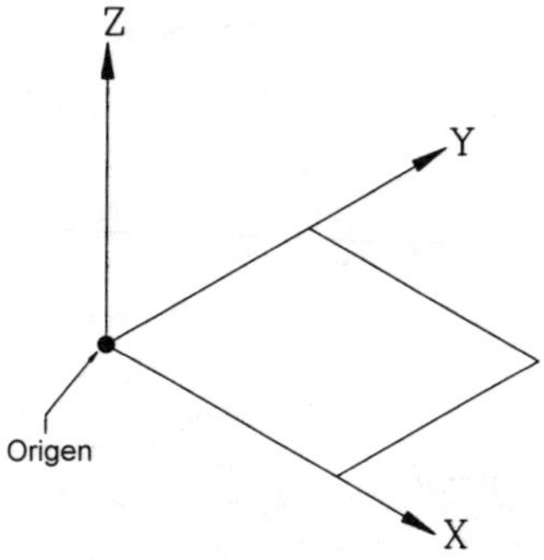

Figura 6.1. *Ejes X, Y, Z.*

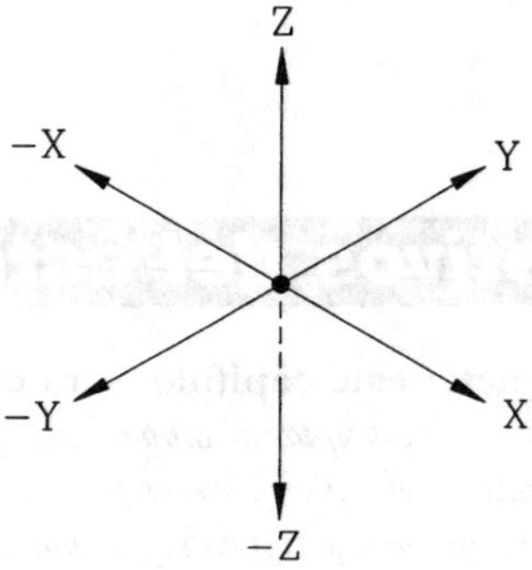

Figura 6.2. *Ejes positivos y negativos.*

La superficie situada entre los ejes X e Y recibe el nombre de plano XY. De igual forma, la superficie entre los ejes Y y Z se llama plano YZ, mientras que entre los ejes X y Z, recibe el nombre de plano XZ (figura 6.3). Cualquier plano paralelo a éstos es conocido como plano paralelo (figura 6.4).

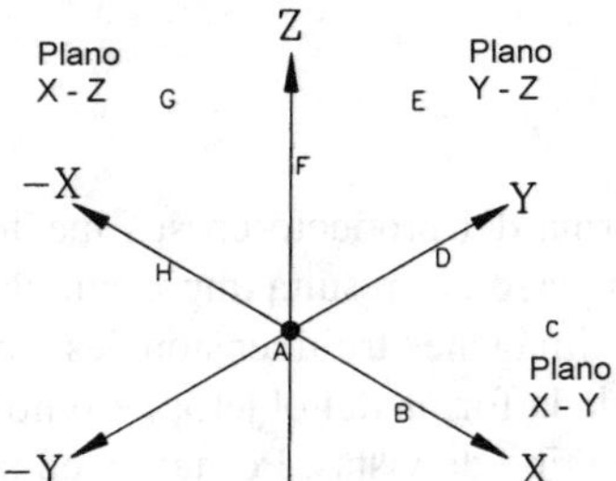

Figura 6.3. *Planos XY, YZ y XZ.*

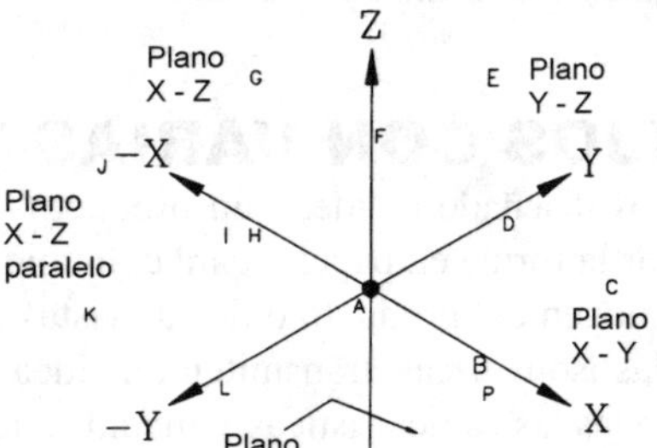

Figura 6.4. *Planos paralelos.*

PROYECCIONES ORTOGONALES

El primer paso para dibujar una proyección ortogonal consiste en colocar el objeto a lo largo de los ejes imaginarios X, Y y Z. Por ejemplo, si desea dibujar proyecciones ortogonales del bloque escalonado mostrado en la figura 6.5, sitúe dicho bloque de forma que la esquina izquierda más alejada coincida con el origen; después alinee el bloque con los ejes X, Y y Z.

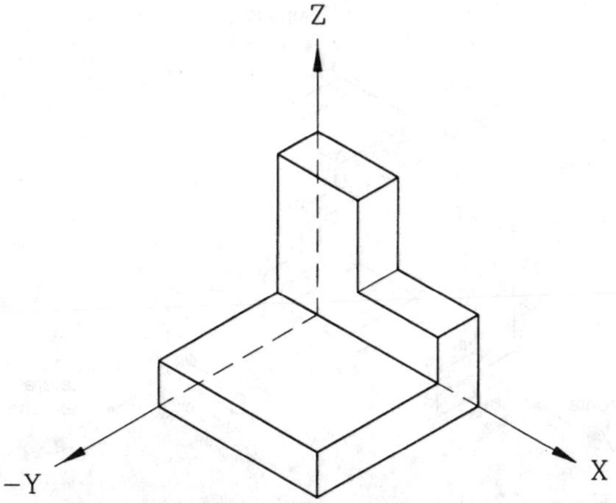

Figura 6.5. *Alineación del objeto con los ejes X, Y y Z.*

A continuación, podrá observar el objeto desde diferentes direcciones. Si observa el objeto desde el eje Y negativo hacia el origen, obtendrá la vista frontal. De forma similar, si observa al objeto desde el eje X positivo, obtendrá la vista lateral derecha. La vista superior corresponde a observar el objeto desde el eje Z positivo. Vea la figura 6.6.

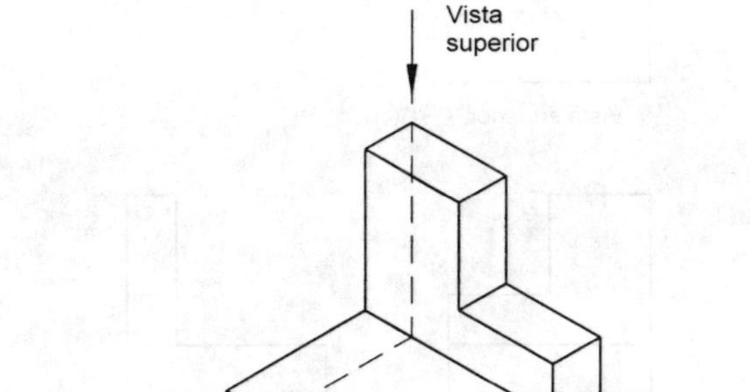

Figura 6.6. *Direcciones de mira para las vistas frontal, lateral y superior.*

Para dibujar las vistas frontal, lateral y superior, proyecte los puntos del objeto sobre los planos paralelos. Por ejemplo, si desea dibujar la vista frontal del bloque escalonado, imagine un plano paralelo al XZ y situado a cierta distancia frente al objeto. A continuación, proyecte los puntos del objeto sobre el plano paralelo (figura 6.7) y únalos para completar la vista frontal.

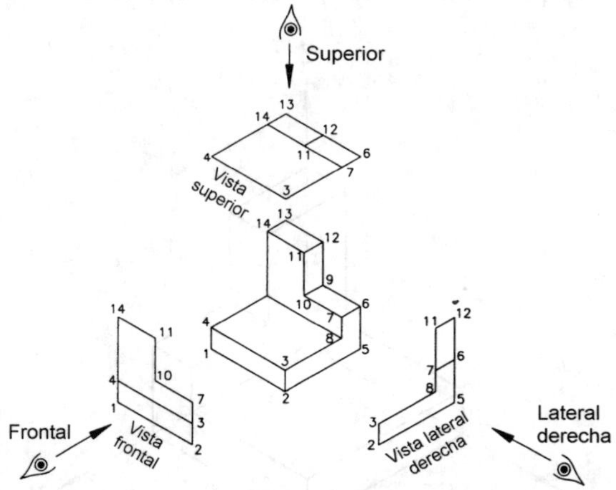

Figura 6.7. *Proyección de puntos sobre planos paralelos.*

Repita el mismo proceso para las vistas lateral y superior. Para representar estas vistas en papel, colóquelas tal como muestra la figura 6.8.

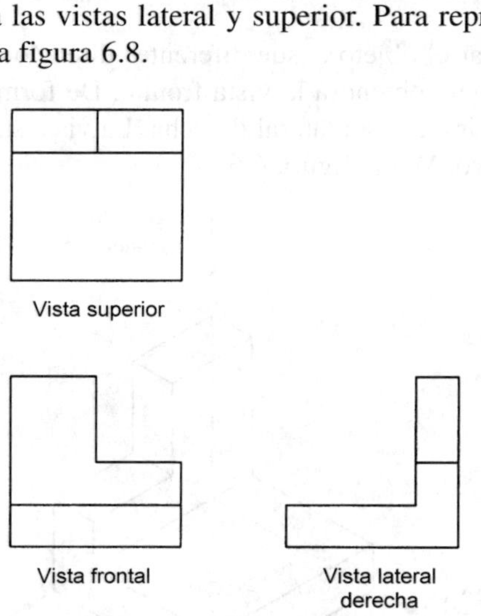

Figura 6.8. *Representación de vistas en papel.*

Otra forma para visualizar diferentes vistas consiste en imaginar que el objeto está encerrado en un prisma transparente (figura 6.9).

Observe el objeto a lo largo del eje Y negativo y dibuje la vista frontal en el panel frontal del prisma transparente. Repita el proceso, esta vez observando desde los ejes X e Y, y dibuje las vistas correspondientes en los paneles lateral derecho y frontal del prisma (figura 6.10).

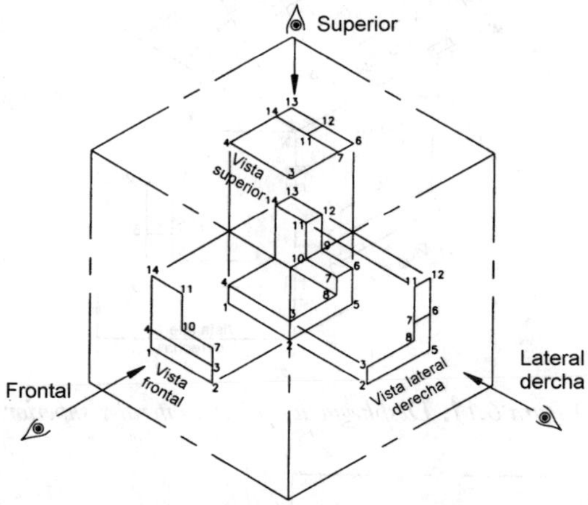

Figura 6.9. *Objetos en el interior de un prisma transparente.*

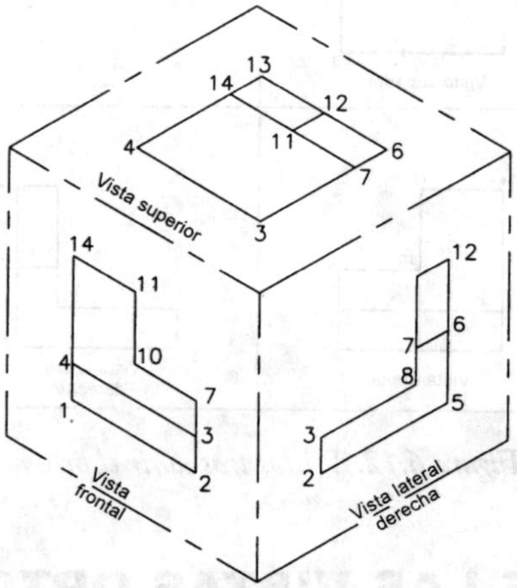

Figura 6.10. *Vistas frontal, superior y lateral.*

Para representar en papel las vistas frontal, lateral y superior, despliegue los paneles lateral y superior del prisma transparente (figura 6.11). El panel frontal se supone inmóvil.

Una vez desplegados los paneles 90 grados, habrá obtenido las vistas ortogonales, tal como muestra la figura 6.12.

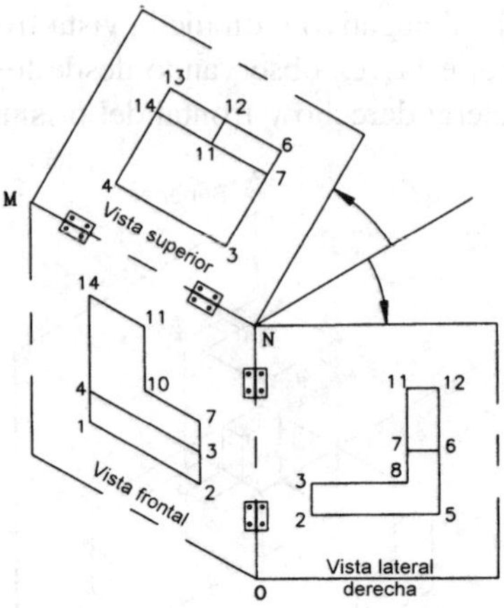

Figura 6.11. Despliegue los paneles lateral y superior.

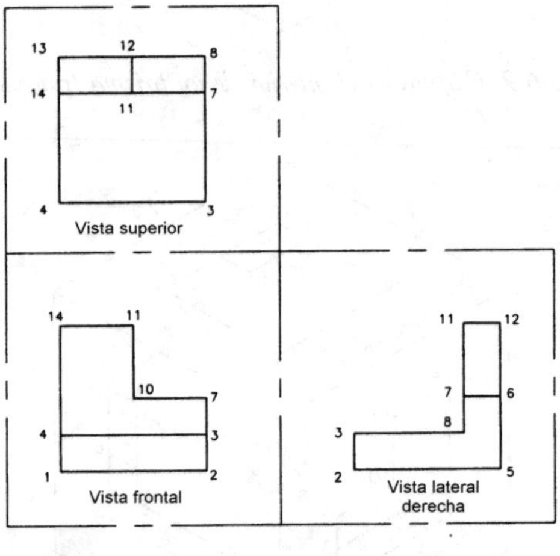

Figura 6.12. Vistas tras abrir el prisma.

COLOCACIÓN DE LAS VISTAS ORTOGONALES

Las vistas ortogonales deben ordenarse tal como muestra la figura 6.13.

La vista lateral derecha debe situarse directamente a la derecha de la vista frontal. De igual forma, la vista frontal debe hallarse justamente encima de la vista frontal. Si el objeto requiere vistas adicionales, deberán situarse tal como muestra la figura 6.14.

La figura 6.15 muestra las diferentes vistas del bloque escalonado.

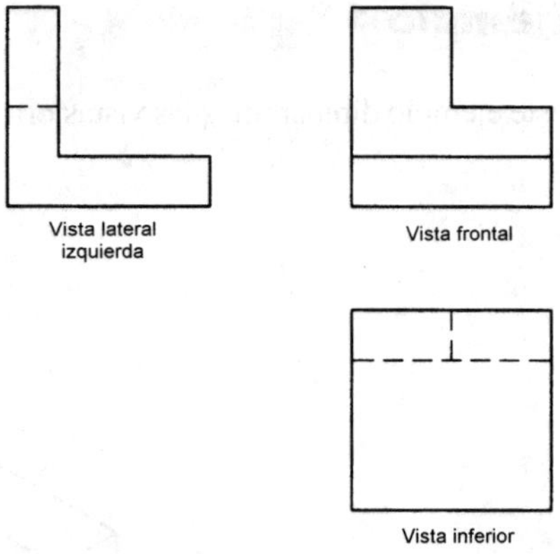

Figura 6.13. Colocación de las vistas ortogonales.

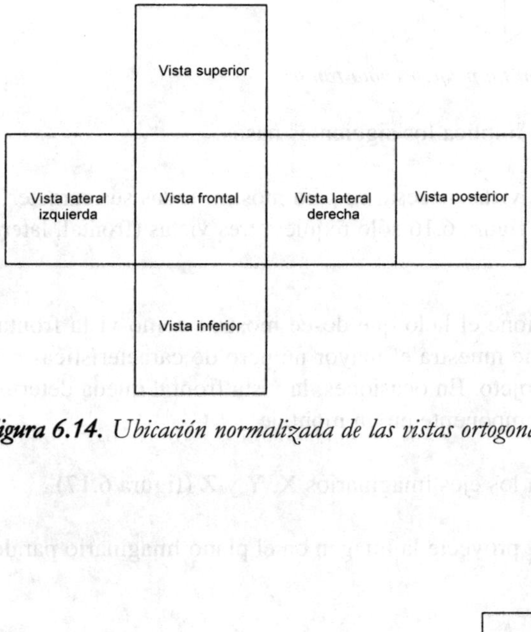

Figura 6.14. Ubicación normalizada de las vistas ortogonales.

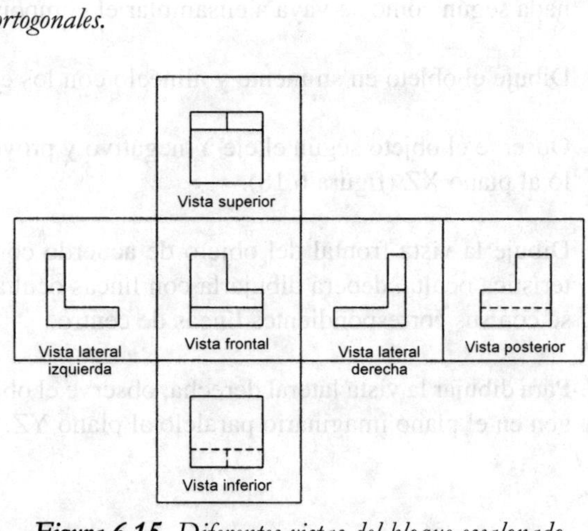

Figura 6.15. Diferentes vistas del bloque escalonado.

Ejemplo 1

En este ejemplo dibujaremos las vistas ortogonales necesarias para el objeto mostrado en la figura 6.16.

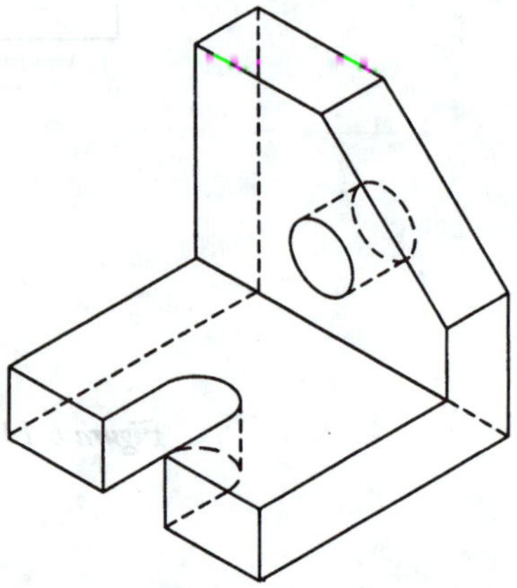

Figura 6.16. *Bloque con un agujero y una ranura.*

El dibujo de las vistas ortogonales de un objeto implica los siguientes pasos:

1. Observe el objeto y determine el número de vistas necesarias para mostrar todas sus características. Por ejemplo, el objeto mostrado en la figura 6.16 sólo requiere tres vistas (frontal, lateral y superior).

2. Según cuál sea la forma del objeto, seleccione el lado que desee mostrar como vista frontal. Generalmente, la vista frontal es aquella que muestra el mayor número de características o la que da una mejor idea sobre la forma del objeto. En ocasiones, la vista frontal queda determinada según cómo se vaya a ensamblar el componente en un montaje.

3. Dibuje el objeto en su mente y alinéelo con los ejes imaginarios X, Y y Z (figura 6.17).

4. Observe el objeto según el eje Y negativo y proyecte la imagen en el plano imaginario paralelo al plano XZ (figura 6.18).

5. Dibuje la vista frontal del objeto de acuerdo con las medidas dadas. Si hay cualquier característica oculta, deberá dibujarla con líneas ocultas. Los agujeros y las ranuras deben mostrarse con sus correspondientes líneas de centro.

6. Para dibujar la vista lateral derecha, observe el objeto según el eje X positivo y proyecte la imagen en el plano imaginario paralelo al plano YZ.

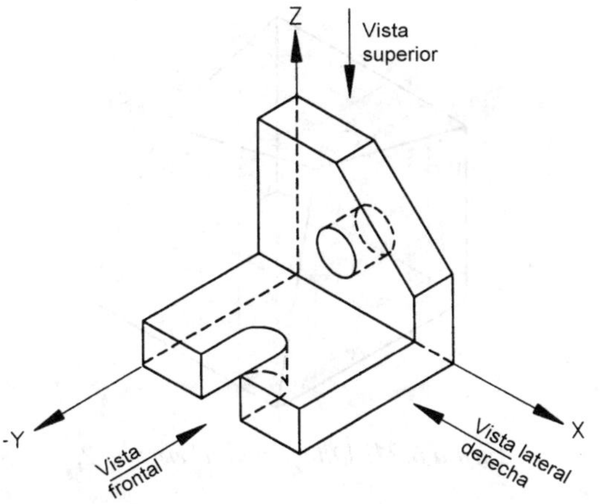

Figura 6.17. *Alineación del objeto con los ejes imaginarios X, Y y Z.*

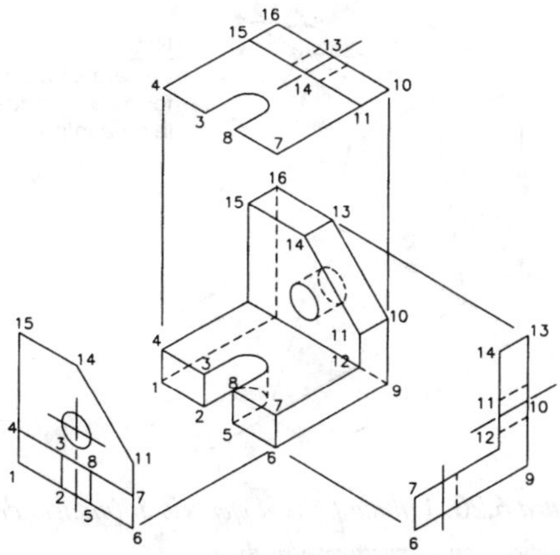

Figura 6.18. *Proyección de la imagen sobre los planos paralelos.*

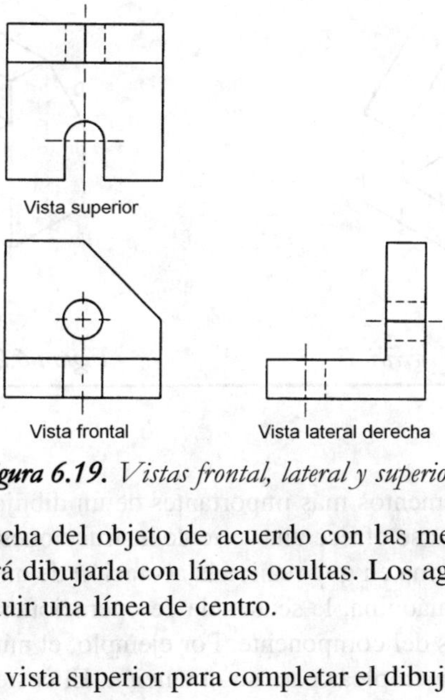

Figura 6.19. *Vistas frontal, lateral y superior.*

7. Dibuje la vista lateral derecha del objeto de acuerdo con las medidas dadas. Si hay cualquier característica oculta, deberá dibujarla con líneas ocultas. Los agujeros y las ranuras, al observarlos de perfil, deben incluir una línea de centro.

8. De forma similar, dibuje la vista superior para completar el dibujo. La figura 6.19 muestra diferentes vistas del objeto dado.

Ejercicios 1 a 4 *Mecánica*

Dibuje las vistas ortogonales necesarias para los objetos mostrados en las figuras 6.20 a 6.23 (en pulgadas). La distancia de entre las líneas de la cuadrícula es de 0.5 unidades.

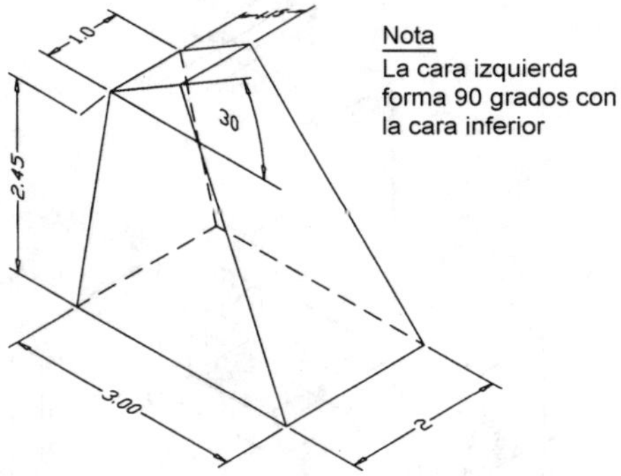

Figura 6.20. *Dibujo para el ejercicio 1 (modelo de superficie con estructura alámbrica).*

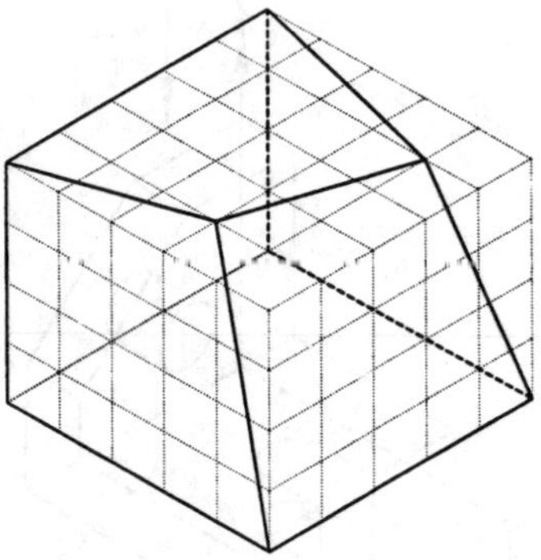

Figura 6.21. *Dibujo para el ejercicio 2.*

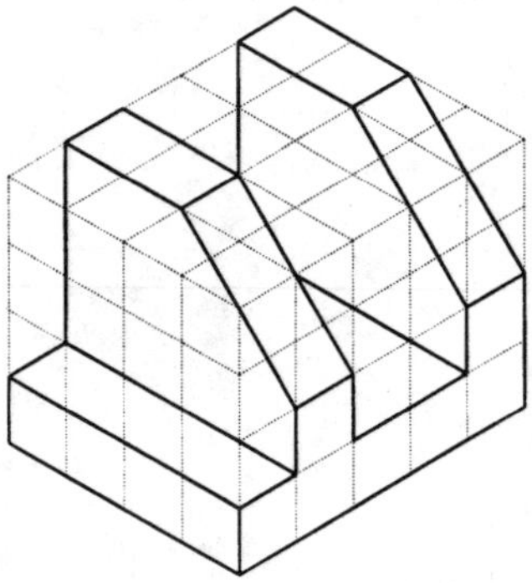

Figura 6.22. *Dibujo para el ejercicio 3.*

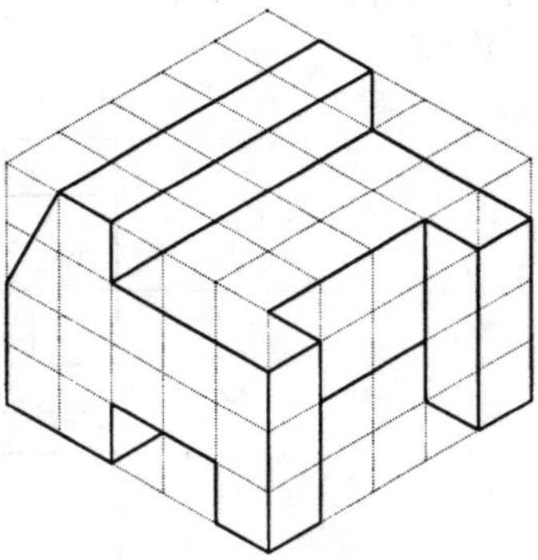

Figura 6.23. *Dibujo para el ejercicio 4.*

ACOTACIÓN

La acotación es uno de los elementos más importantes de un dibujo. Al acotar, no sólo se indican las medidas del dibujo; también se ofrece una serie de instrucciones para un mecánico, un ingeniero o un arquitecto. Según la forma en que realice la acotación de un componente, quedará definida la forma de colocarlo en una máquina, la secuencia de operaciones de mecanizado y la ubicación de las diferentes características del componente. Por ejemplo, el número de decimales en una cota determina el tipo de máquina a emplear para su obtención. El coste de mecanizado para una operación de gran precisión es significativamente mayor que, por ejemplo, en el caso de una precisión de un sólo decimal. Si utiliza una máquina de control numérico por ordenador, localizar la característica puede no ser el problema, sino el número de piezas que puedan mecanizarse sin cambiar de herramienta, lo que depende de la tolerancia asignada a una cota. Una tolerancia estrecha aumenta el coste de las herramientas y, en última instancia, el coste del producto. De igual forma, si un componente debe obtenerse por fundición, el radio de las aristas y la tolerancia proporcionada para estas cotas determina el coste del producto, el número de piezas defectuosas y el número de componentes a partir del molde.

Elementos de cota

Una cota consta de los siguientes componentes (figura 6.24):

Línea de referencia
Flechas o extremos de cota
Líneas de directriz
Texto de cota

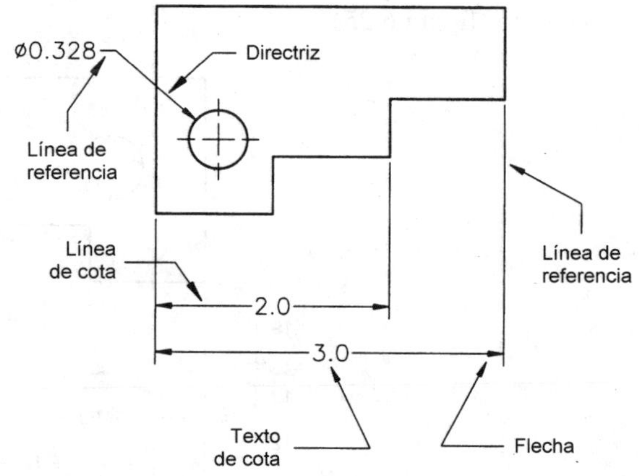

Figura 6.24. Elementos de cota.

Las **líneas de referencia** se dibujan para extender los puntos a acotar. La longitud de las líneas de referencia depende del número de cotas y la ubicación de las líneas de cota. Las líneas de referencia se dibujan a menudo perpendiculares a la superficie. Las **líneas de cota** se dibujan entre las líneas de referencia, a determinada distancia de las líneas del objeto. El **texto de cota** es un valor numérico que representa la distancia entre dos puntos. El texto de cota también puede consistir en una variable (A, B, X, Y12...), en cuyo caso el valor asignado a la variable se define en una tabla aparte. El texto de cota puede estar centrado en la línea de cota o por encima de ésta. Las **flechas o extremos de cota** se dibujan al final de la línea de cota para indicar el inicio y el final de la cota. Las **líneas de directriz** se utilizan para acotar círculos, arcos o cualquier otro elemento no lineal de un dibujo. También permiten asociar una nota a una característica o mostrar el número de componente en un dibujo de montaje.

Reglas básicas de acotación

1. Debería crear las cotas en una o varias capas independientes. Así podrá editar y controlar las cotas con facilidad (inutilizar, reutilizar, bloquear, desbloquear). Además, la capa de las cotas debería tener asignado un único color para que, a la hora de imprimir el dibujo, pueda asignar la plumilla deseada para su trazado. De esta forma podrá controlar el contraste y grosor de la línea en el momento del trazado.

2. La distancia de la primera línea de cota con respecto a la línea del objeto debería ser de al menos 10 unidades (0.375 unidades para dibujos con unidades inglesas). En el dibujo CAD, esta distancia puede oscilar entre 19 y 25 unidades (0.75 a 1 unidad para dibujos con unidades inglesas). Una vez decidida esta separación, debería mantenerse constante a lo largo de todo el dibujo.

3. La distancia entre la primera y la segunda línea de cota debe ser al menos de 6 unidades. En los dibujos CAD, esta distancia puede oscilar entre 6 y 12 unidades (0.25 a 0.5 para dibujos con unidades inglesas). Si hay más líneas de cota (cotas paralelas), la distancia entre ellas debe ser la misma (de 6 a 12 unidades). Una vez decidida esta separación, debería mantenerse constante a lo largo de todo el dibujo. Una correcta configuración de la resolución puede

ser útil para mantener este espacio. Si está utilizando acotación de línea base, puede modificar el valor de la variable de sistema **DIMDLI** para definir el espaciado. Debe ordenar las cotas de forma que no aparezcan demasiado juntas, especialmente cuando no hay demasiado espacio (figura 6.25).

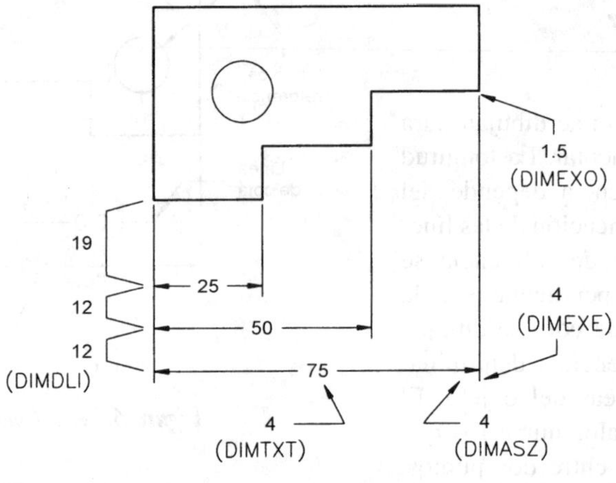

Figura 6.25. *Tamaño de flecha, altura de texto y espaciado entre líneas de cota.*

4. En el caso de líneas de cota paralelas, el texto de cota puede insertarse escalonadamente si no hubiera espacio suficiente para insertarlo entre las líneas de cota. Puede utilizar los pinzamientos de objetos de AutoCAD o el comando **ACOTEDIC** para escalonar el texto (figura 4.26).

Nota

Puede modificar el origen de la rejilla, de la resolución o del SCP, así como la distancia de la resolución, para facilitar la inserción de las cotas. También puede añadir las siguientes líneas al archivo de menú de AutoCAD:

FORZCURSOR;R\0;FORZCURSOR;6;REJILLA;6
FORZCURSOR;R;0,0,0;FORZCURSOR;6;REJILLA;12 unless

La primera línea configura la resolución a 6 unidades y permite que el usuario defina el nuevo origen de la resolución y de la rejilla. La segunda línea define la resolución en 6 unidades y la rejilla en 12 unidades. También configura (0,0) como el origen para la rejilla y la resolución.

5. Todas las cotas deberían crearse fuera de la vista. Sin embargo, las cotas pueden mostrarse dentro de la vista si pueden distinguirse con claridad y no provocan confusión con otras cotas (figura 6.27).

6. Las líneas de cota no deben cruzarse con las líneas de referencia (figura 6.28). Puede lograrlo acotando primero las medidas más pequeñas y, a continuación, las mayores (figura 6.29).

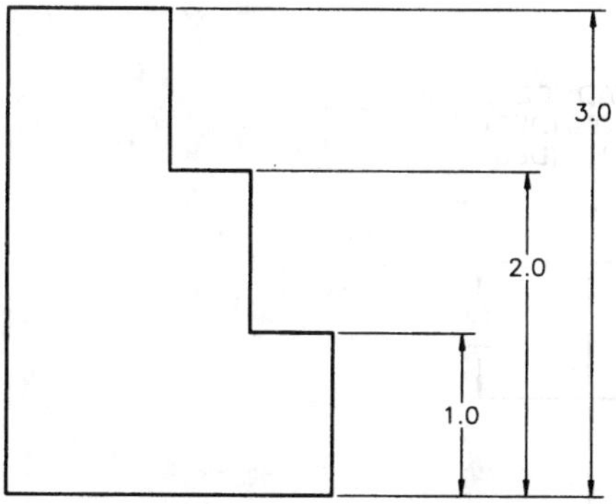

Figura 6.26. *Cotas escalonadas.*

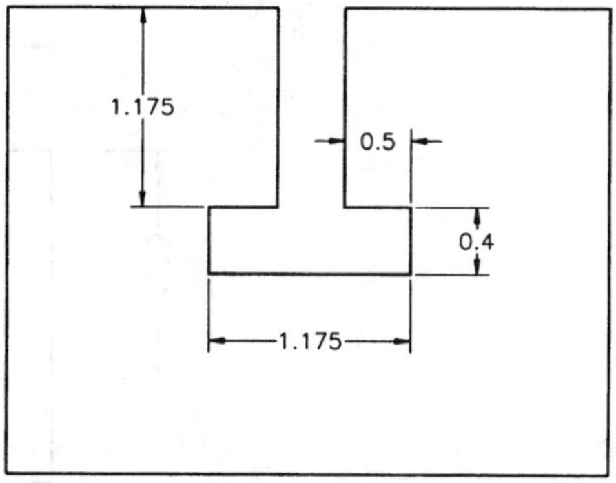

Figura 6.27. *Cotas en el interior de la vista.*

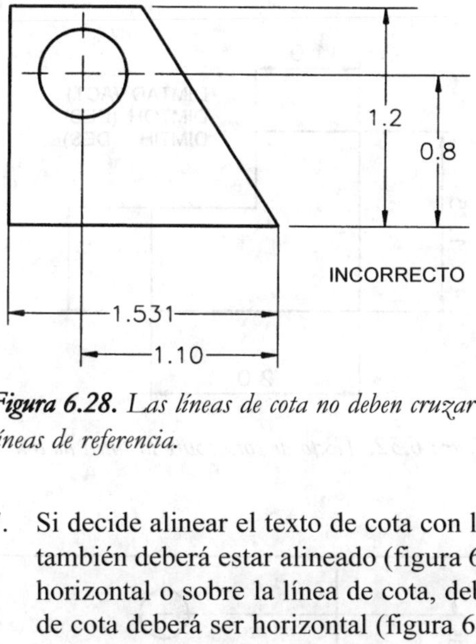

Figura 6.28. *Las líneas de cota no deben cruzar las líneas de referencia.*

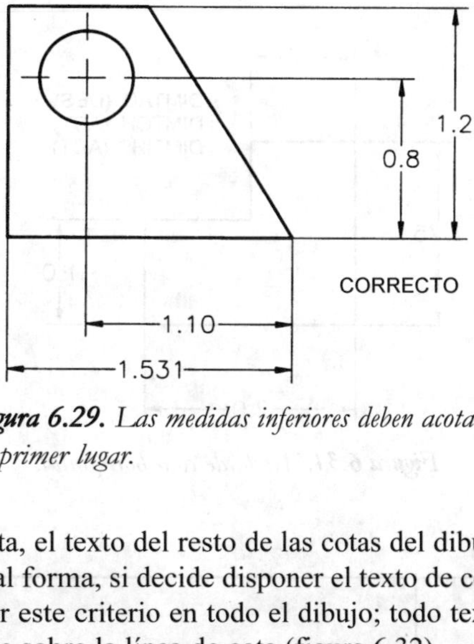

Figura 6.29. *Las medidas inferiores deben acotarse en primer lugar.*

7. Si decide alinear el texto de cota con la línea de cota, el texto del resto de las cotas del dibujo también deberá estar alineado (figura 6.30). De igual forma, si decide disponer el texto de cota horizontal o sobre la línea de cota, deberá mantener este criterio en todo el dibujo; todo texto de cota deberá ser horizontal (figura 6.31) y situarse sobre la línea de cota (figura 6.32).

8. Si dispone de una serie de cotas continuas, deberían colocarse en una línea continua (figura 6.33). En ocasiones puede ser imposible crear todas las cotas en una línea continua. En tal caso, cree cotas paralelas (figura 6.34).

9. No debería servirse de líneas ocultas para acotar. Las cotas deben indicarse cuando la característica sea visible (figura 6.35). En algunos dibujos complejos, sin embargo, puede justificarse la acotación de un detalle con una línea oculta.

10. Las cotas deben dibujarse cuando la característica que esté acotando resulte evidente y muestre su contorno (figura 6.36).

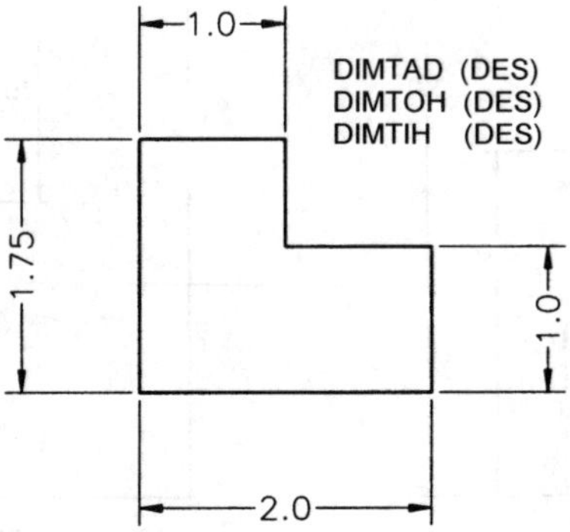

Figura 6.30. *Texto de cota alineado.*

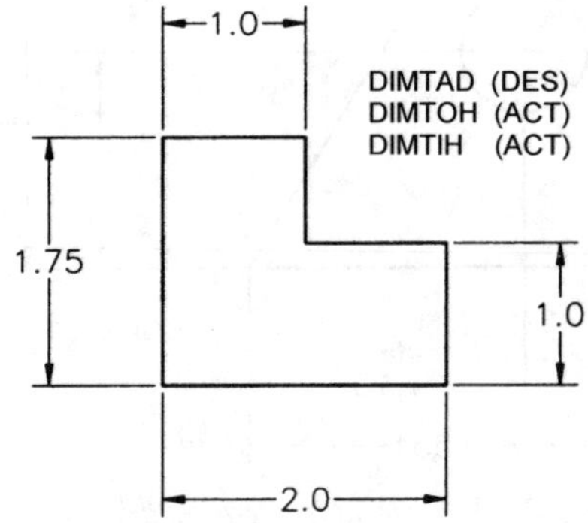

Figura 6.31. *Texto de cota horizontal.*

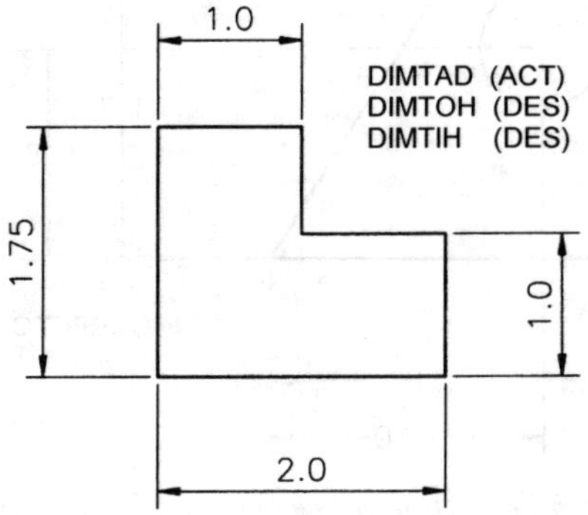

Figura 6.32. *Texto de cota sobre la línea de cota.*

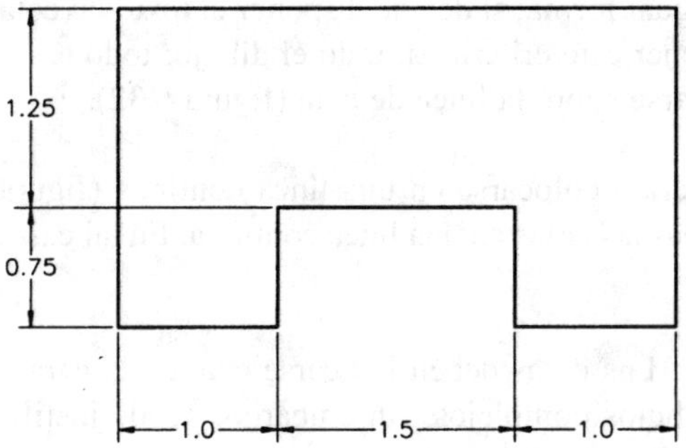

Figura 6.33. *Las cotas deberían ser continuas*

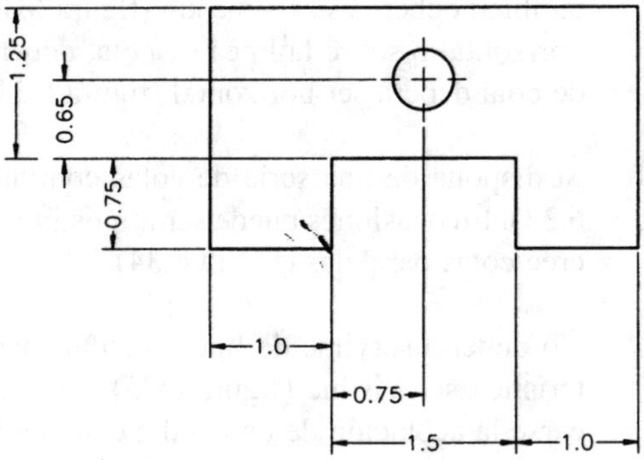

Figura 6.34. *Cotas paralelas.*

11. Las cotas no deben repetirse; esto dificulta la actualización de las cotas y, en ocasiones, la acotación del dibujo puede acabar siendo confusa (figura 6.37).

12. Las cotas deben crearse según cómo vaya a mecanizarse el componente y según la relación existente entre las distintas características del mismo (figura 6.38).

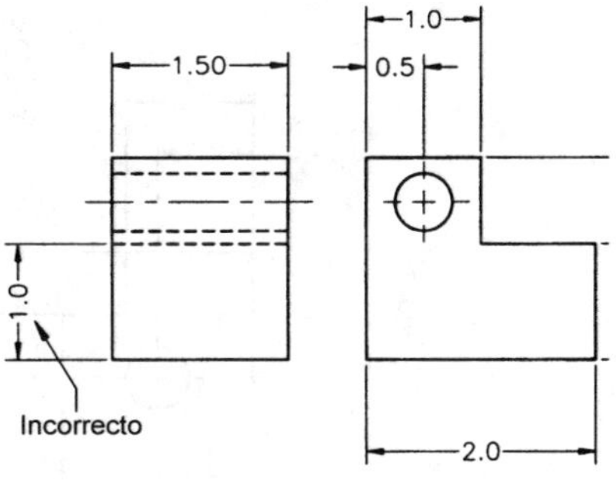

Figura 6.35. *No acote con líneas ocultas.*

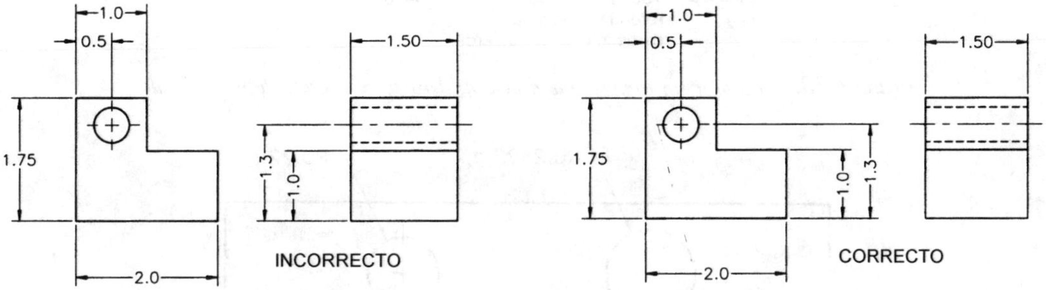

Figura 6.36. *Las cotas deben crearse allí donde resulten obvias.*

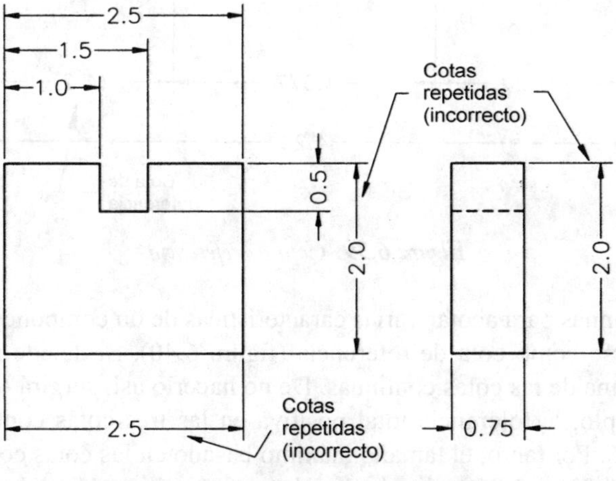

Figura 6.37. *Las cotas no deben repetirse.*

13. Cuando una cota no es necesaria pero desea mostrarla como referencia, deberá aparecer entre paréntesis. Las cotas de referencia deben aparecer encerradas entre paréntesis (figura 6.39).

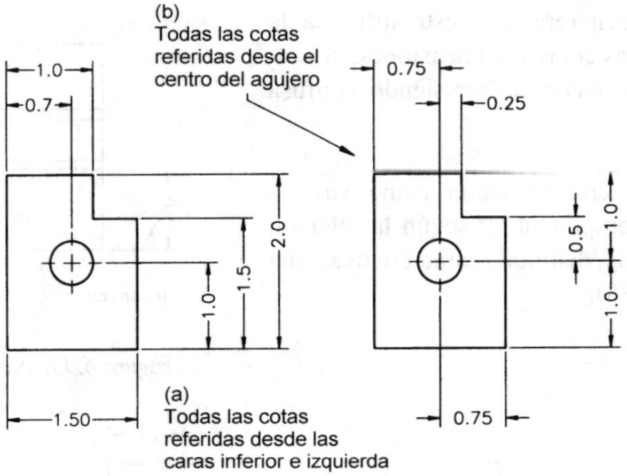

Figura 6.38. Al acotar un componente debe considerarse su proceso de mecanizado.

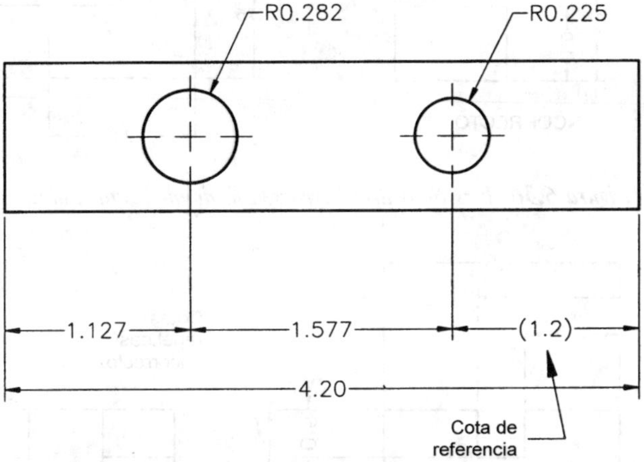

Figura 6.39. Cota de referencia.

14. Si crea cotas continuas para acotar varias características de un componente, la cota global debe omitirse o indicarse como cota de referencia (figura 6.40). Si decide insertar la cota global, deberá omitir alguna de las cotas continuas. De no hacerlo así, surgirá un conflicto en las tolerancias. Por ejemplo, la tolerancia total positiva en las tres cotas continuas mostradas en la figura 6.40 es 0.06. Por tanto, el tamaño máximo basado en las cotas continuas es (1 + 0.02) + (1 + 0.02) + (1 + 0.02) = 3.06. Además, la tolerancia positiva del global 3 es 0.02. Según esta cota, el tamaño global no puede pasar de 3.02. Así pues, se produce un conflicto entre las tolerancias; con las tolerancias continuas, la tolerancia global sería de 0.06, mientras que la tolerancia para la cota global es de tan sólo 0.02.

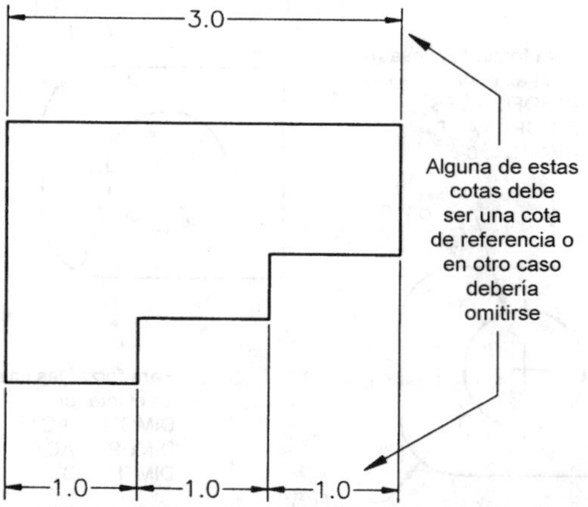

Figura 6.40. *Referencia a una tolerancia u omisión de la misma.*

15. Si la cota de una característica aparece en una vista seccionada, el sombreado no debe atravesar el texto de cota (figura 6.41). Para lograrlo, seleccione el objeto de cota al definir el contorno de sombreado. Si lo prefiere, puede dibujar un rectángulo en torno al texto de cota y, a continuación, sombrear el área no sin antes excluir el rectángulo del contorno de sombreado. (También puede utilizar el comando **DESCOMP** para descomponer la cota y así poder excluir el texto del sombreado. Este método no es recomendable, pues al descomponer la cota perderá su asociatividad.)

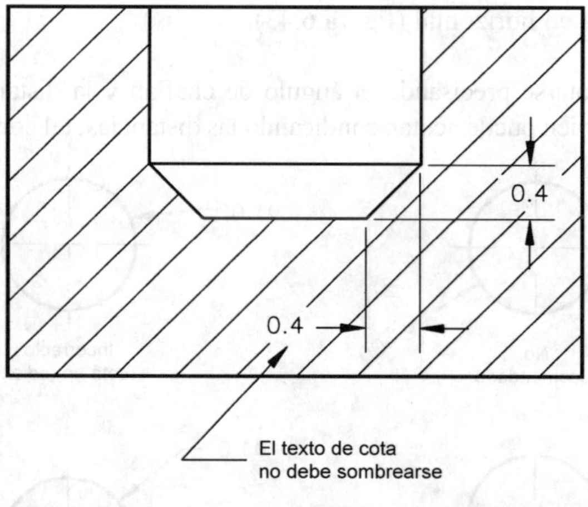

Figura 6.41. *El texto de cota no debe aparecer sombreado.*

16. Al acotar un círculo, el diámetro debería aparecer precedido del símbolo de diámetro (figura 6.42). AutoCAD inserta automáticamente el símbolo de diámetro delante del valor de diámetro. Sin embargo, si anula el valor predeterminado de diámetro, podrá utilizar %%c seguido del valor del diámetro (%%c1.25) a fin anteponer el símbolo de diámetro al texto de cota.

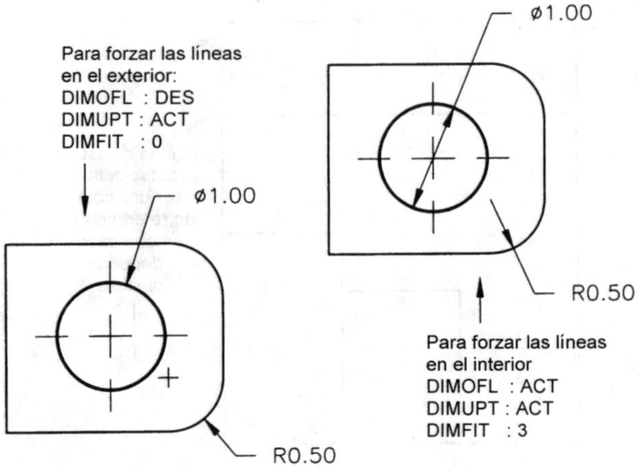

Figura 6.42. *El diámetro debe aparecer precedido del símbolo de diámetro.*

17. El círculo debe acotarse como diámetro, nunca como radio. La acotación de un arco puede precederse de la abreviatura R (R1.25); el centro del arco debe indicarse con una pequeña cruz. Puede utilizar la variable de sistema **DIMCEN** para controlar el tamaño de la cruz. Si el valor de esta variable es 0, AutoCAD no dibujará la cruz en el centro al acotar un arco o un círculo. También puede utilizar el comando **ACOCENTRO** o la opción **CENTRO** del comando **ACOTA** para dibujar una cruz en el centro del arco o del círculo.

18. Al acotar un arco o un círculo, la línea de cota (directriz) debe ser radial. Además, debería situar el texto de cota en horizontal (figura 6.43).

19. Un chaflán puede acotarse precisando el ángulo de chaflán y la distancia del chaflán desde el borde. El chaflán también puede acotarse indicando las distancias, tal como muestra la figura 6.44.

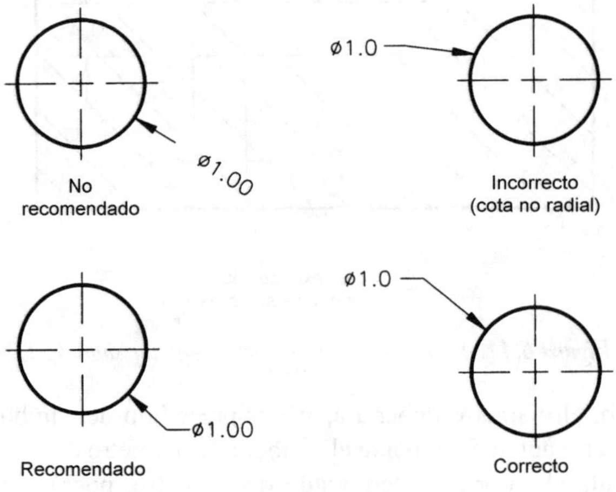

Figura 6.43. *Acotación de un círculo.*

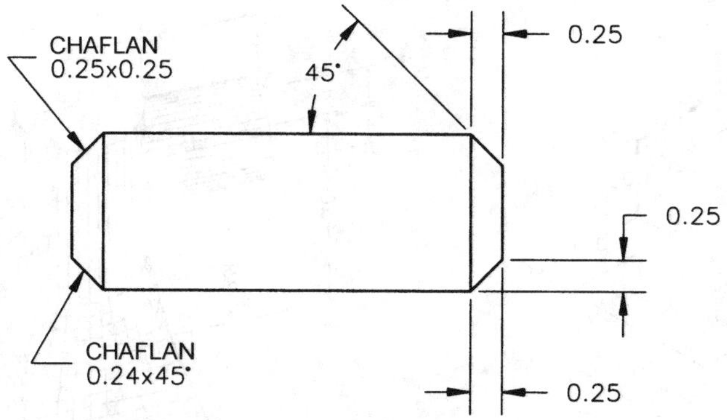

Figura 6.44. Diferentes formas de acotar un chaflán.

20. Una cota que no aparezca a escala debería indicarse por medio de una línea recta bajo el texto de cota (figura 6.45). Puede dibujar esta línea con el comando **DDEDIC**. Al ejecutar este comando, AutoCAD solicita que designe un objeto de anotación. Una vez designado el objeto, aparecerá el cuadro de diálogo Editor de texto de líneas múltiples. Seleccione el texto (representado por medio de los caracteres < >) y haga clic en el botón **Subrayado** (U).

21. Los círculos de pernos deben precisarse por medio del diámetro del círculo de pernos, el diámetro de los agujeros y el número total de éstos (figura 6.46).

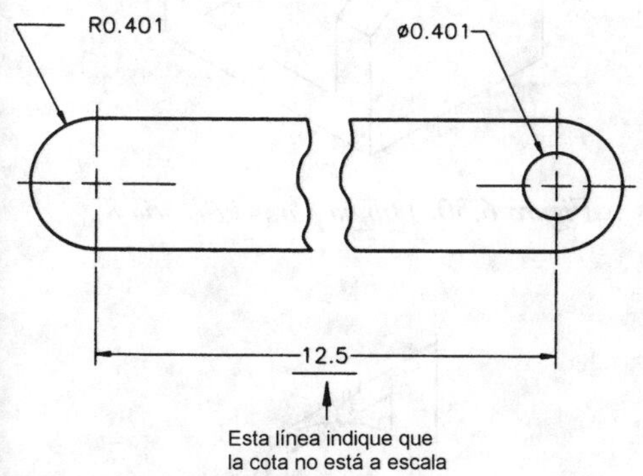

Figura 6.45. Precisión de cotas que no están a escala.

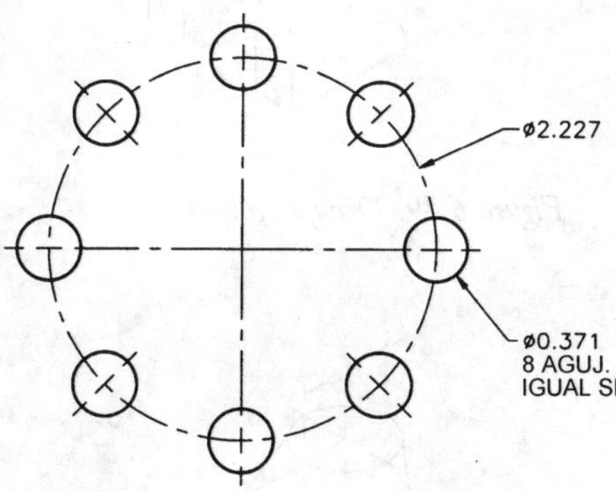

Figura 6.46. Acotación de un perno.

Ejercicios 5 a 10 — *Mecánica*

Dibuje las vistas ortogonales necesarias para los objetos mostrados en las figuras 6.47 a 6.52 (en pulgadas). Acote después dichas vistas.

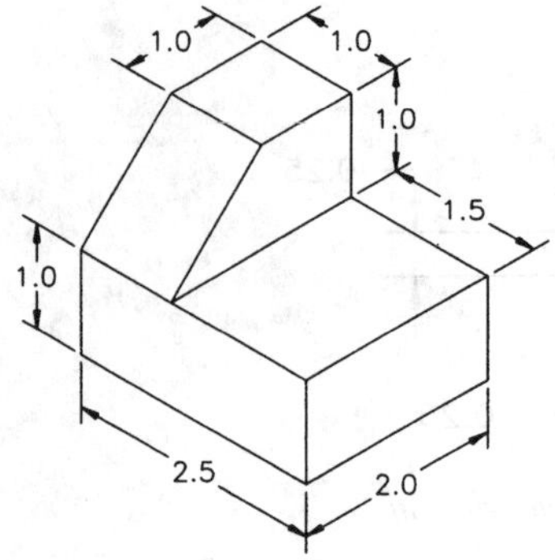

Figura 6.47. Dibujo para el ejercicio 5.

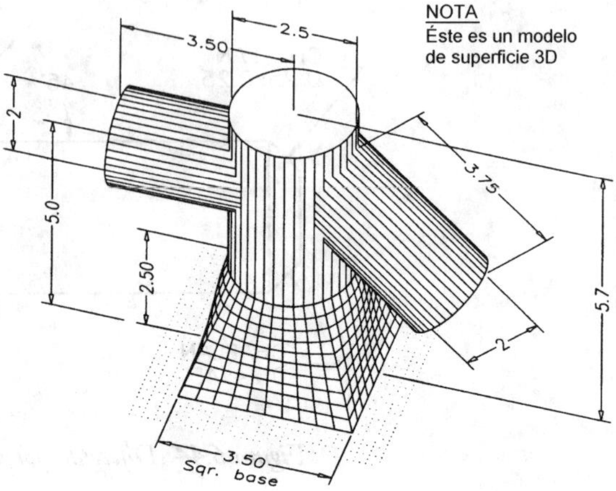

Figura 6.48. Dibujo para el ejercicio 6.

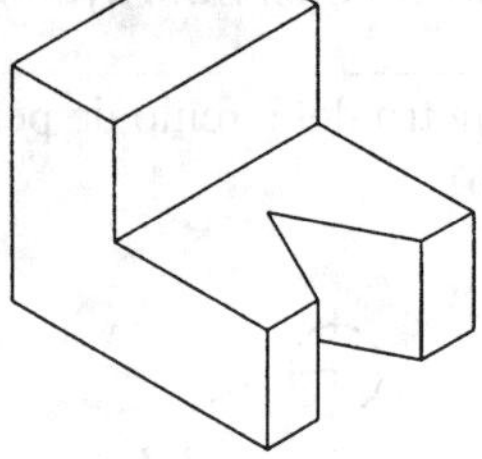

Figura 6.49. Dibujo para el ejercicio 7.

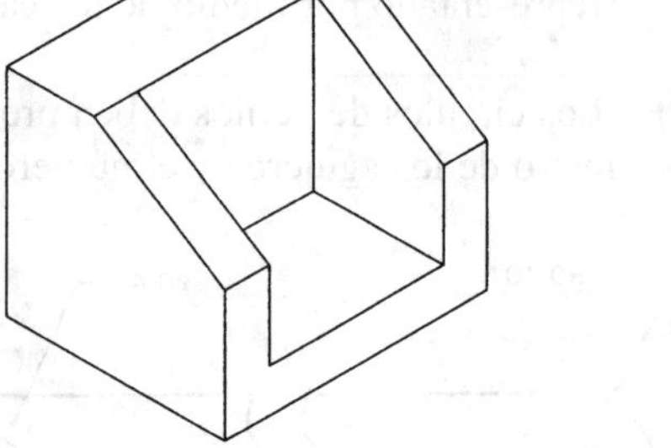

Figura 6.50. Dibujo para el ejercicio 8.

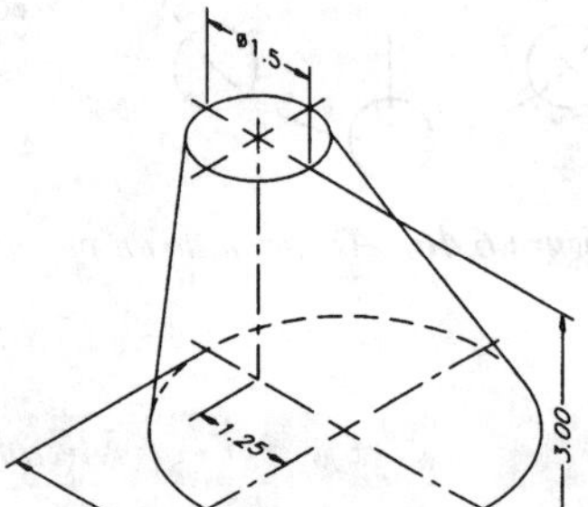

Figura 6.51. Dibujo para el ejercicio 9.

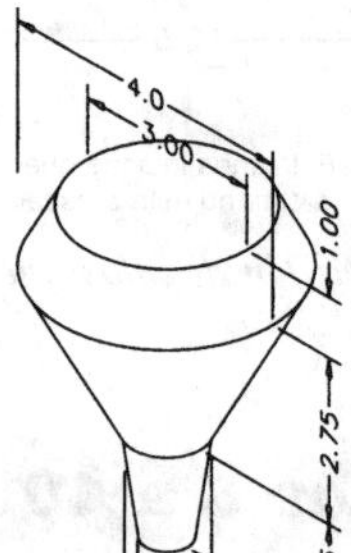

Figura 6.52. Dibujo para el ejercicio 10.

VISTAS SECCIONADAS

En las vistas ortogonales principales, las características ocultas aparecen representadas normalmente por medio de líneas ocultas. En algunos objetos, las líneas ocultas pueden no ser suficientes para mostrar la forma de la característica oculta. En tales situaciones, las vistas seccionadas permiten representar las características del objeto que no son apreciables desde el exterior. La ubicación de la sección y la dirección de mira dependen de la forma del objeto y de las características a mostrar. A continuación, se describen varias formas para cortar una sección del objeto.

Sección completa

La figura 6.53 muestra un objeto que incorpora un agujero taladrado con dos diámetros, incluyendo una zona cónica intermedia. Las vistas ortogonales muestran estas características por medio de líneas ocultas (figura 6.54).

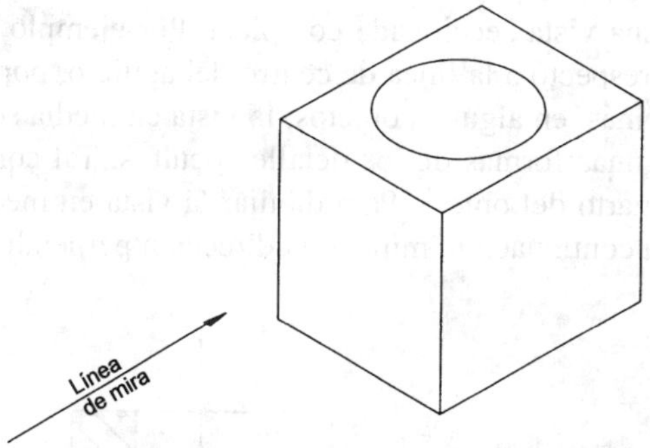

Figura 6.53. Objeto rectangular con un agujero.

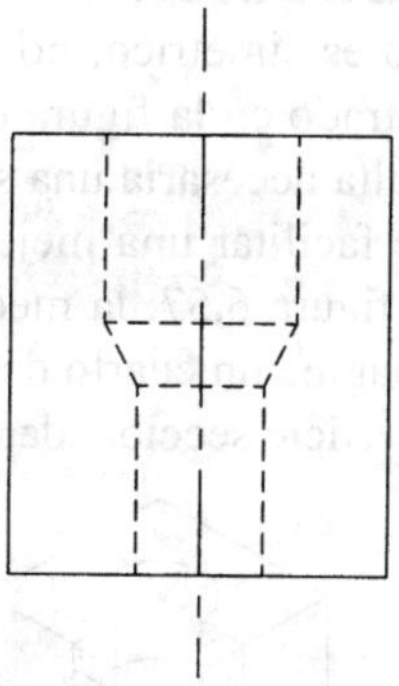

Figura 6.54. Vista frontal sin sección.

Para una mejor representación de las características ocultas, el objeto debe cortarse de forma que dichas características se hagan visibles.

En la **sección completa**, el objeto se corta a lo largo de la longitud total de dicho objeto. Para poder hacerse una mejor idea de la sección completa, imagine que el objeto se corta en dos mitades a lo largo de la línea de centro, tal como muestra la figura 6.55. Desprenda después la mitad izquierda del objeto y observe la mitad derecha en dirección perpendicular a la superficie seccionada. La vista obtenida tras cortar el objeto de esta forma se llama vista de **sección completa** (figura 6.56).

Con este tipo de sección podrá apreciar las características que en una vista ortogonal normal permanecerían ocultas. Además, la parte del objeto en la que el objeto está realmente cortado se representa con un sombreado por medio de líneas de sección. Allí donde el material no presenta un corte real, las líneas de sección no aparecen. Por ejemplo, si la sección incluye un agujero, en su interior no se produce ningún corte real de material y, por lo tanto, las líneas de sección no deben atravesar este área en la vista seccionada.

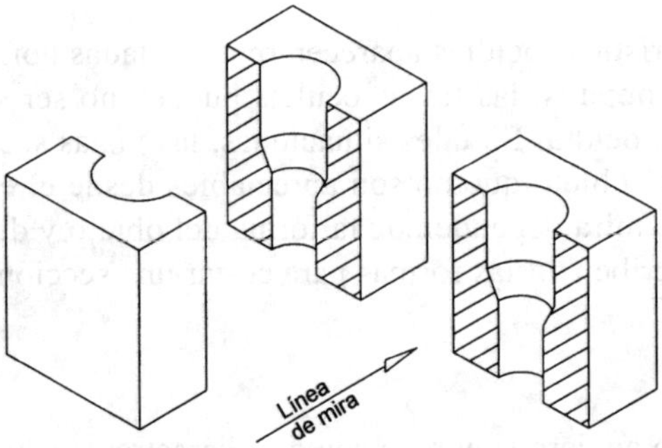

Figura 6.55. La mitad del objeto suprimido.

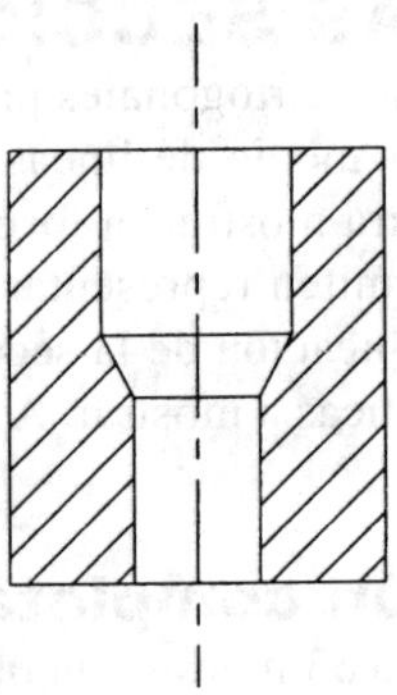

Figura 6.56. Vista frontal en sección completa.

Media sección

Si el objeto es simétrico, no es necesario dibujar una vista seccionada completa. Por ejemplo, el objeto mostrado en la figura 6.58 es simétrico con respecto a la línea de centro del agujero, por lo que no resulta necesaria una sección completa. Además, en algunos objetos, la vista en media sección puede facilitar una mejor comprensión de algunas formas de los detalles ocultos. Tal como muestra la figura 6.57, la media sección corta un cuarto del objeto. Para dibujar la vista en media sección, imagine un cuarto del objeto suprimido y, a continuación, mire en la dirección perpendicular a la superficie seccionada.

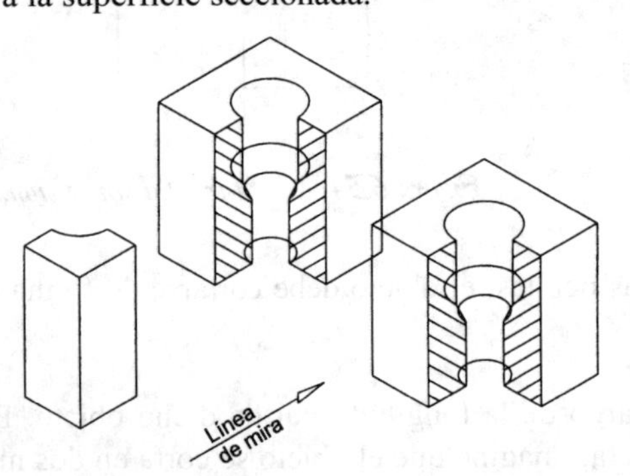

Figura 6.57. Un cuarto del objeto suprimido.

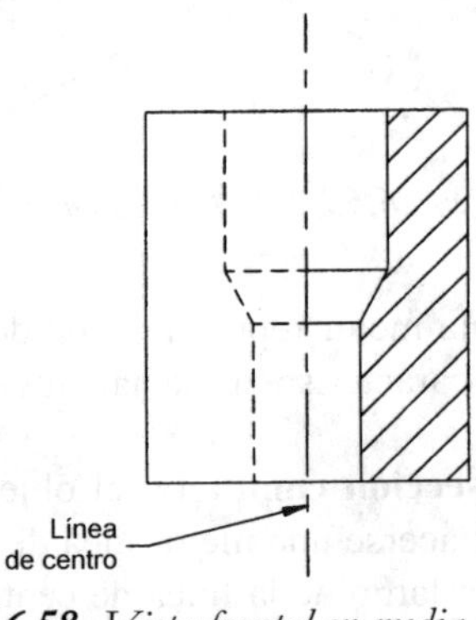

Figura 6.58. Vista frontal en media sección.

También puede mostrar la vista frontal con una línea sólida en el medio, tal como indica la figura 6.59. En ocasiones, como en el caso de la figura 6.60, no se dibujan las líneas ocultas que representan la parte restante de la característica oculta.

Sección rota

En la **sección rota**, se corta una pequeña porción del objeto para exponer la sección de tan sólo las características necesarias. La sección rota se identifica en la vista seccionada por medio de una gruesa línea en zigzag (figura 6.61).

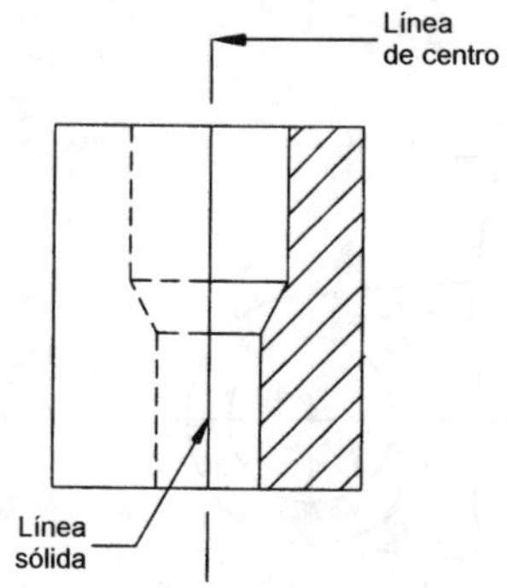

Figura 6.59. Vista frontal en media sección.

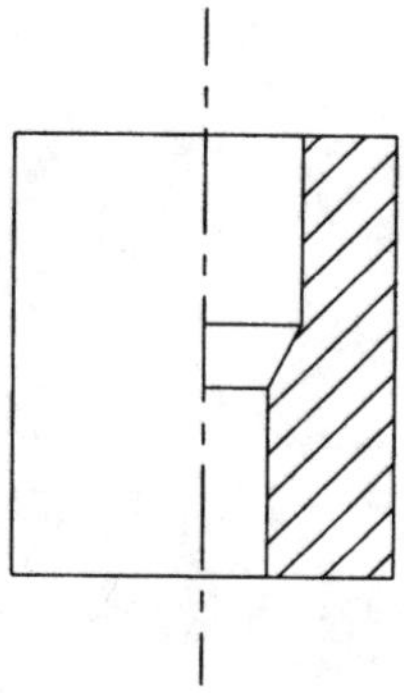

Figura 6.60. Vista frontal en media sección.

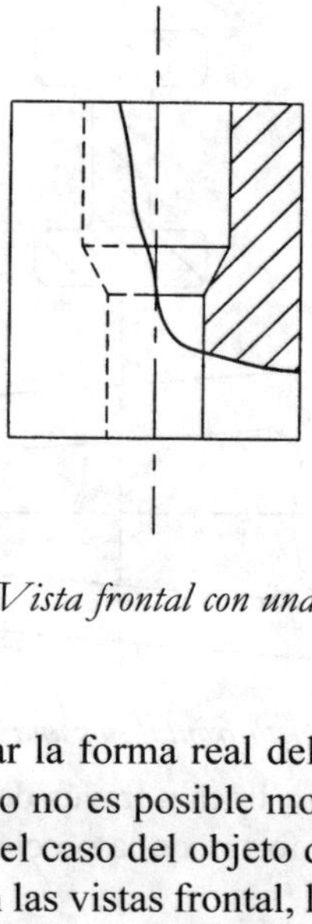

Figura 6.61. Vista frontal con una sección rota.

Sección girada

La **superficie girada** permite representar la forma real del objeto en el punto donde se realiza el corte. La sección girada se utiliza cuando no es posible mostrar con claridad las características en ninguna vista principal. Por ejemplo, en el caso del objeto de la figura 6.62 resulta imposible mostrar la forma real de la sección media con las vistas frontal, lateral o superior. Por tanto, en este caso debe utilizarse la sección girada para mostrar la forma de la zona media.

La sección girada supone el corte de una sección imaginaria a lo largo del objeto y su observación en una dirección perpendicular a ella. Para representar la forma, la vista se gira 90 grados y se dibuja en el plano del papel, tal como muestra la figura 6.62. Según cuál sea la forma del objeto, y para mayor claridad, se recomienda dejar un espacio en blanco para que las líneas del objeto no interfieran con la sección girada.

Sección desplazada

La **sección desplazada** es similar a la sección girada, salvo que se representa fuera del objeto. La sección desplazada resulta recomendable cuando no hay suficiente espacio en la vista para mostrar la sección girada o cuando la escala de sección difiere de la utilizada en el objeto. Para mostrar la

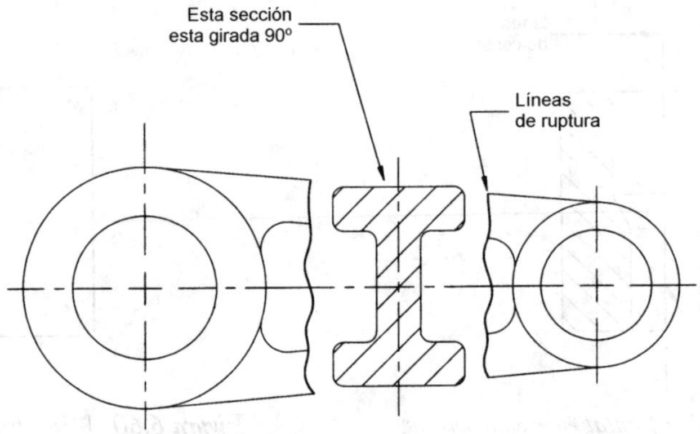

Figura 6.62. Vista frontal con una sección girada.

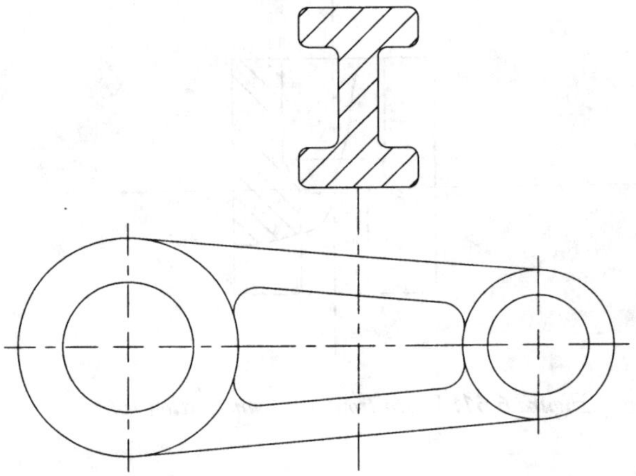

Figura 6.63. Vista frontal con una sección desplazada.

sección desplazada, puede dibujarse una línea a través del objeto en el punto donde se desea crear la sección y, a continuación, dibujar la forma de la sección (figura 6.63).

Otra forma para mostrar una sección desplazada consiste en dibujar una línea de plano de corte a través del objeto allí donde desee realizar el corte. Las flechas deberían apuntar según la dirección en la que esté mirando a la superficie seccionada. La sección puede dibujarse entonces en un lugar adecuado del dibujo. La sección desplazada puede identificarse tal como muestra la figura 6.64. Si se ha cambiado la escala, deberá mencionarse con la descripción de la vista.

Sección desfasada

La **sección desfasada** se utiliza cuando las características del objeto a seccionar no se ubican en un solo plano. La sección desfasada se designa por medio de una línea de plano de corte que está desfasada a lo largo del centro de cada una de las características que deben mostrarse en sección (figura 6.65). Las flechas indican la dirección desde la que se observa la sección.

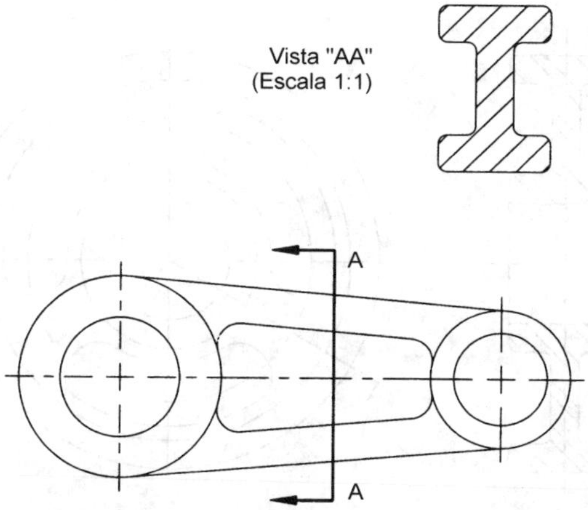

Figura 6.64. *Vista frontal con sección desplazada.*

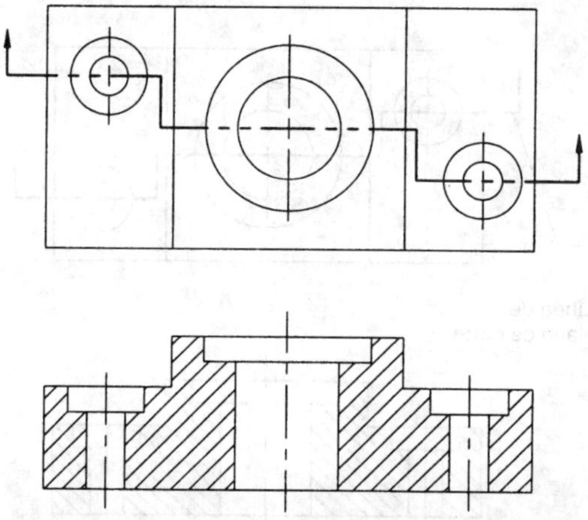

Figura 6.65. *Vista frontal con sección desfasada.*

Sección alineada

En algunos objetos, el corte de una sección recta puede provocar confusión a la hora de visualizar la forma de la sección. Por tanto, la sección alineada se utiliza para representar la forma a lo largo del plano de corte (figura 6.66). Estas secciones se utilizan frecuentemente con objetos circulares que incluyen picos, dientes o agujeros.

Líneas de plano de corte

Las líneas de plano de corte son más gruesas que las líneas de los objetos (figura 6.67). Puede utilizar el comando **POL** para dibujar polilíneas con el grosor deseado. Sin embargo, en aquellos dibujos que deban trazarse, debería asignar un único color a las líneas de plano de corte a fin de asignar dicho color a la plumilla del trazador con el grosor deseado. (Para obtener más detalles, vea el capítulo 3.)

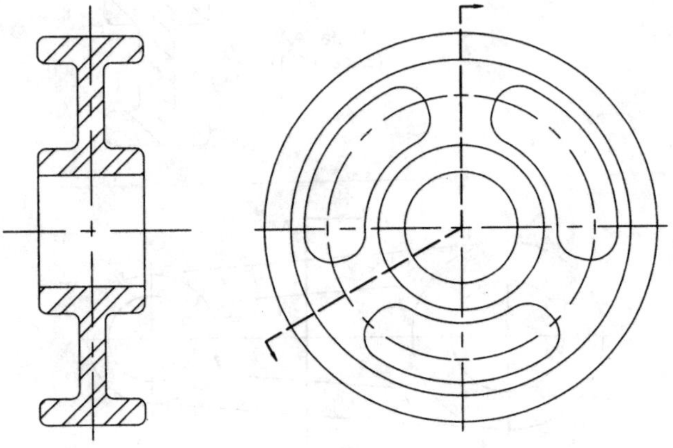

Figura 6.66. Vista lateral en sección (sección alineada).

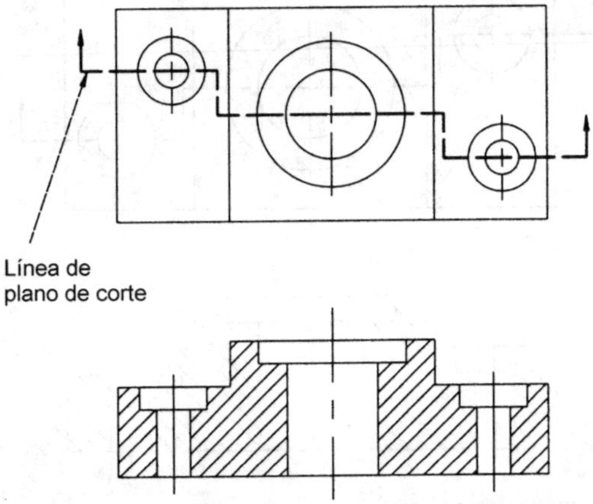

Figura 6.67. Línea de plano de corte.

En la industria, generalmente se utilizan tres tipos de líneas para mostrar el plano de corte. La primera línea consiste en una serie de trazos. El segundo tipo consiste en una serie de trazos largos separados por dos trazos cortos (figura 6.68).

En ocasiones, las líneas de plano de corte pueden crear confusión en el dibujo al interferir con otras líneas. Para evitar este problema, puede representarse el plano de corte por medio de dos pequeñas líneas, una a cada lado de la sección (figuras 6.68 y 6.69).

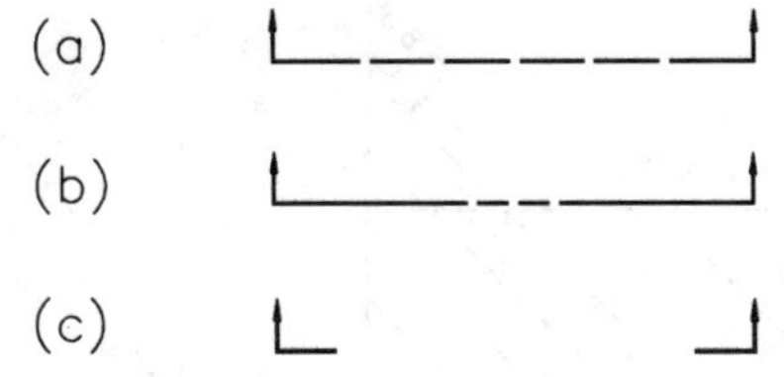

Figura 6.68. *Líneas de plano de cote.*

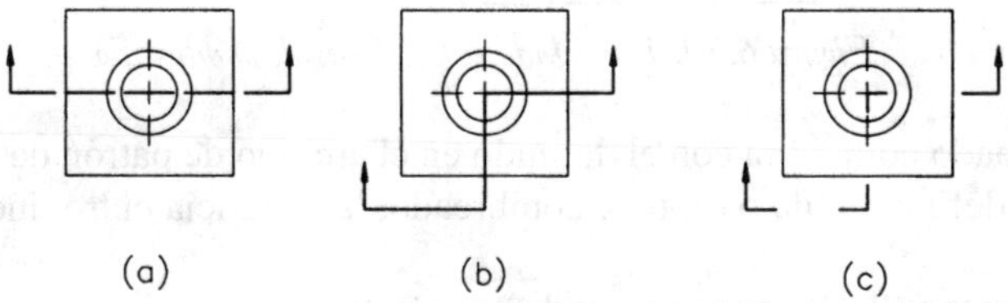

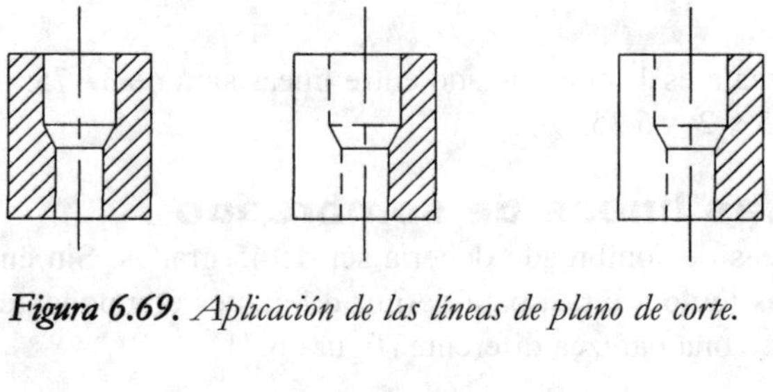

Figura 6.69. *Aplicación de las líneas de plano de corte.*

Nota

*Puede definir un nuevo tipo de línea en AutoCAD y utilizarlo para dibujar las líneas de plano de corte. Vea el capítulo 18, "Creación de tipos de línea y patrones de sombreado", para obtener más información sobre cómo definir tipos de línea. Añada las siguientes líneas al archivo **acadiso.lin** y cargue los tipos de línea antes de asignarlos a un objeto o a una capa.*

```
*PLANO_CORTE1,__ __ __ __
A,6.25,-0.75
*PLANO_CORTE2,__ __ __ __
A,25.4,-0.75,3,-0.75,3,-0.75
```

Espaciado para las líneas de sombreado

El espaciado entre las líneas de sombreado (de sección) depende del espacio a sombrear (figura 6.70). Si el área a sombrear es pequeña, el espaciado entre las líneas de sombreado debería ser menor que en el caso de un área de mayor amplitud.

AutoCAD permite controlar el espaciado entre las líneas de sombreado según el valor asignado como **factor de escala** en el momento de sombrear. Si el factor de escala es 1, el espaciado en un

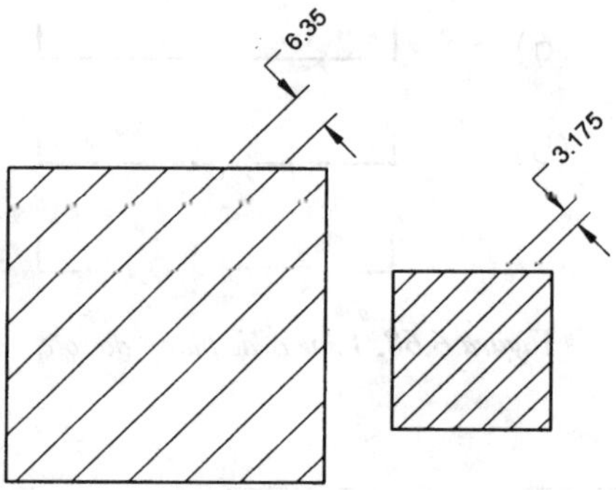

Figura 6.70. Espaciado entre líneas de sombreado.

sombreado determinado coincidirá con el definido en el archivo de patrón de sombreado. Por ejemplo, en la siguiente definición de patrón de sombreado, la distancia entre líneas es de 3.175:

***ANSI31, ANSI albañilería de acero, ladrillo, piedra**
45,0,0,0,3.175

Cuando el factor de escala es 1, el espaciado entre líneas será de 3.175; si el factor de escala es 2, el espaciado será 3.175 x 2 = 6.35.

Dirección de las líneas de sombreado

El ángulo para las líneas de sombreado debería ser de 45 grados. Sin embargo, si hay dos o más áreas sombreadas, unas junto a otras, para definir diferentes componentes, el ángulo deberá cambiar de forma que cada zona parezca diferente (figura 6.71).

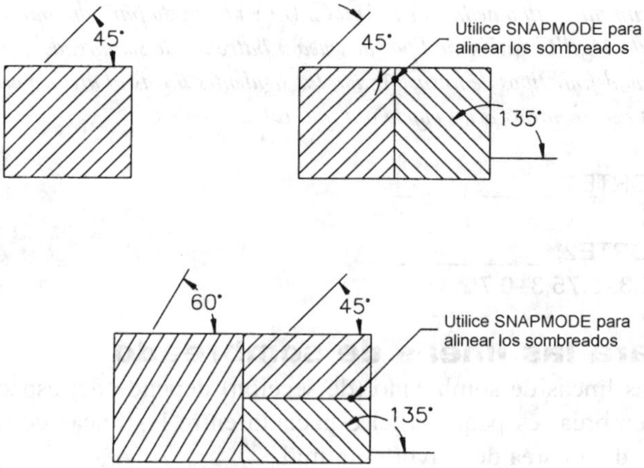

Figura 6.71. Ángulo de sombreado para componentes adyacentes.

Además, si las líneas de sombreado resultan paralelas a cualquiera de los límites del área sombreada, deberá modificarse el ángulo de las líneas; las líneas de sombreado no deben ser paralelas a ninguna línea del objeto (figura 6.72).

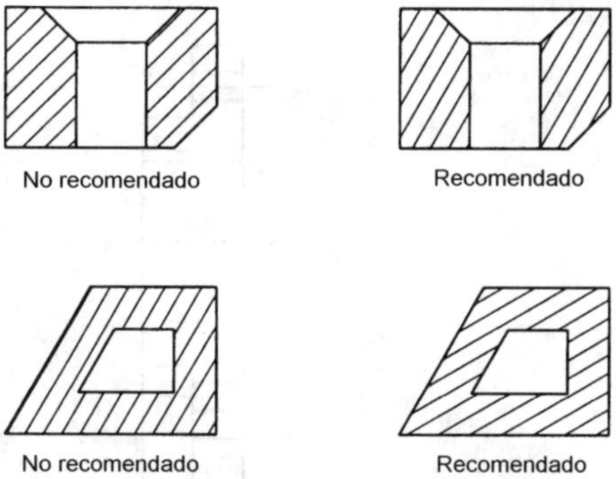

Figura 6.72. *Ángulo de sombreado.*

Puntos a recordar

1. Algunos componentes, como tornillos, tuercas, ejes, cerrojos, radios, llaves y otros elementos similares que no representan ninguna característica importante, al cortar, no deben mostrarse en la sección.
2. Los detalles ocultos no deberían mostrarse en la vista seccionada, a menos que las líneas ocultas representen un detalle importante o ayuden a comprender la forma del objeto.
3. Las líneas de sección (líneas de sombreado) deben ser más finas que las líneas del objeto. Para lograrlo puede aplicar un único color a estas líneas y asignar dicho color a una plumilla de menor grosor en el trazador.
4. Las líneas de sección deben dibujarse en una capa aparte con objeto de facilitar la visualización y edición del dibujo.

Ejercicios 11 y 12 — *Mecánica*

En los dibujos de las figuras 6.73 y 6.74 (medidas en pulgadas), las vistas se han dibujado sin la sección. Dibuje estas vistas seccionadas según las líneas de plano de corte de cada objeto.

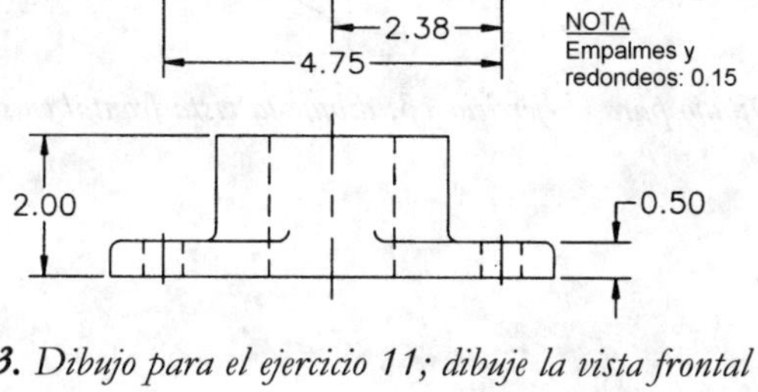

Figura 6.73. *Dibujo para el ejercicio 11; dibuje la vista frontal seccionada.*

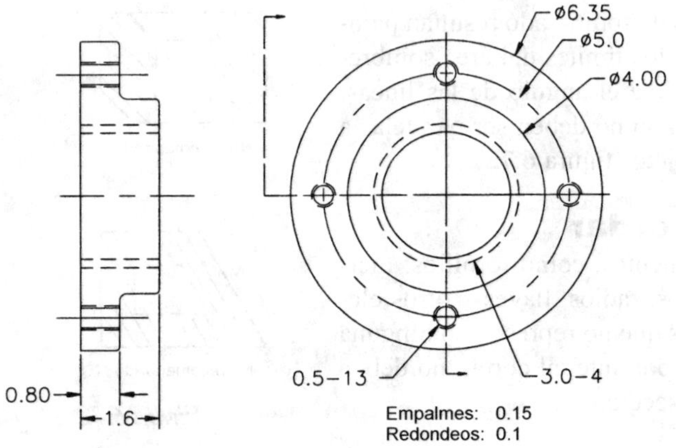

Figura 6.74. Dibujo para el ejercicio 12; dibuje la vista lateral izquierda seccionada.

Ejercicios 13 y 14 — *Mecánica*

Dibuje las vistas ortogonales necesarias para los objetos mostrados en las figuras 6.75 y 6.76 (medidas en pulgadas). Muestre la vista frontal seccionada con un plano de corte que atraviese los agujeros. Dibuje también las líneas de plano de corte en la vista superior.

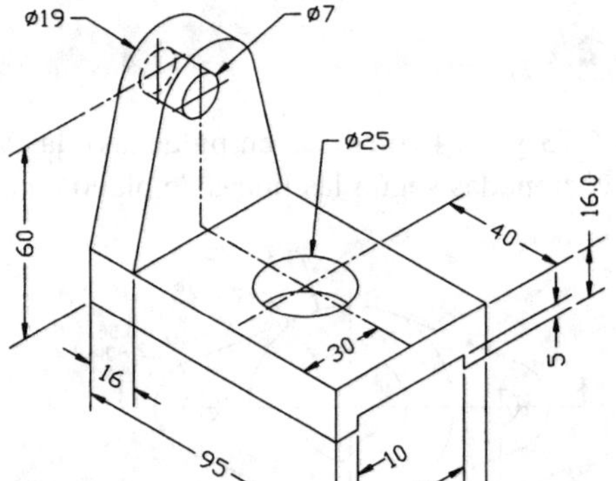

Figura 6.75. Dibujo para el ejercicio 13; dibuje la vista frontal en sección completa.

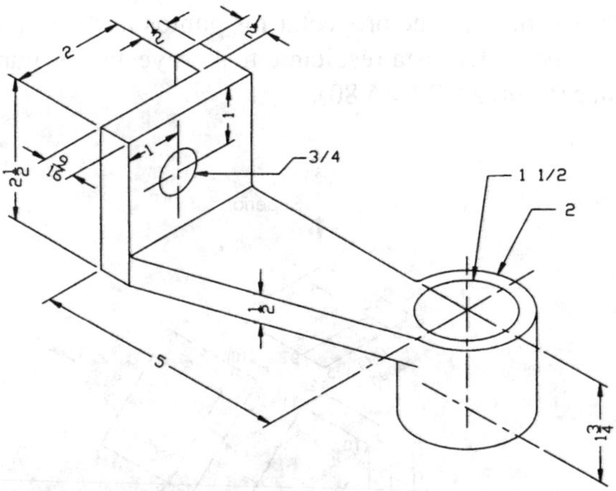

Figura 6.76. Dibujo para el ejercicio 14; dibuje la vista frontal con sección desfasada.

Ejercicio 15 *Mecánica*

Dibuje las vistas ortogonales necesarias para el objeto mostrado en las figuras 6.77 y 6.78; seccione la vista frontal. Para mostrar el plano de corte, dibuje también las líneas de plano de corte en la vista superior. El espesor del material es de 0.25 unidades. (El objeto se ha dibujado como un modelo de superficie 3D en representación alámbrica.)

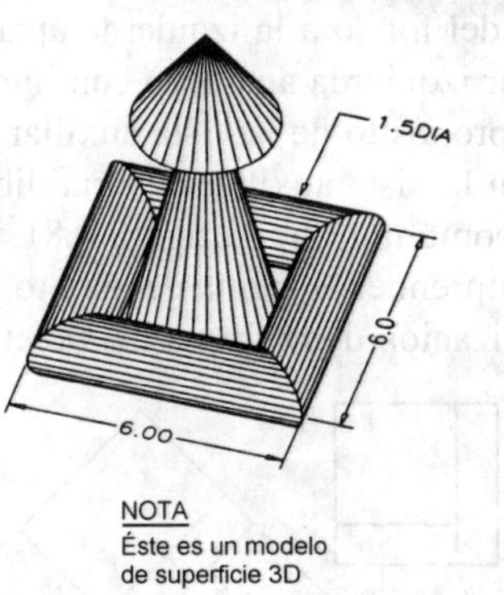

Figura 6.77. Dibuje la vista frontal en media sección.

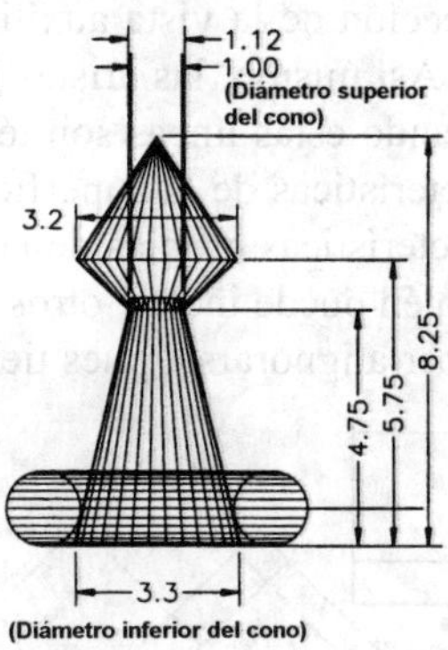

Figura 6.78. Dibuje la vista frontal en media sección.

VISTAS AUXILIARES

Ya hemos explicado que la mayoría de los objetos, generalmente, requieren tres vistas principales (frontal, lateral y superior) para mostrar todas las características del objeto. Los objetos redondeados pueden requerir tan sólo dos vistas. Algunos objetos incluyen superficies inclinadas. Quizá no sea posible mostrar la forma real de la superficie inclinada con ninguna de las vistas principales. Para obtener una visión realista de la superficie inclinada debería observar la superficie en la dirección perpendicular a ella. Después puede proyectar los puntos hasta un plano auxiliar imaginario, paralelo a la superficie inclinada. La vista resultante tras proyectar los puntos en este plano recibe el nombre de vista auxiliar (figuras 6.79 y 6.80).

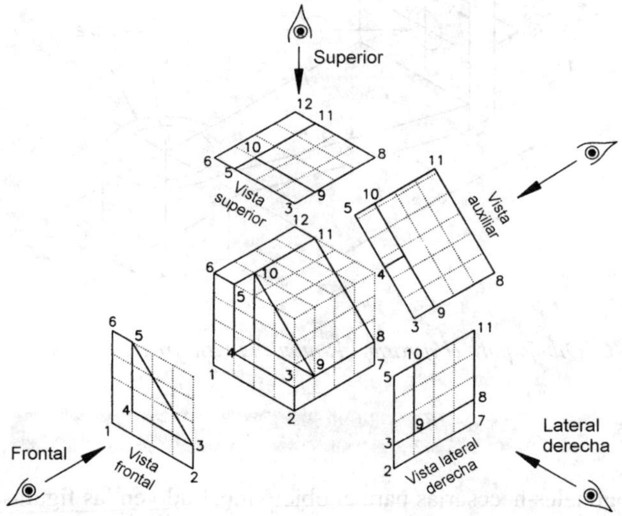

Figura 6.79. Proyección de los puntos en el plano auxiliar.

La vista auxiliar de la figura 6.80 muestra todas las características del objeto tal como se verían desde la dirección de la vista auxiliar. Por ejemplo, la arista del fondo a la izquierda aparece con línea oculta. Así mismo, las aristas inferior derecha y superior izquierda aparecen con línea continua. Aun cuando estas líneas son técnicamente correctas, el propósito de la vista auxiliar es mostrar las características de la superficie inclinada. Por tanto, en la vista auxiliar debería dibujar tan sólo las características propias de la superficie inclinada, tal como muestra la figura 6.81. La vista auxiliar también puede incluir otros detalles que ayuden a comprender la forma del objeto. El resto de líneas debería ignorarse, pues tienden a dificultar la visualización de la forma del objeto.

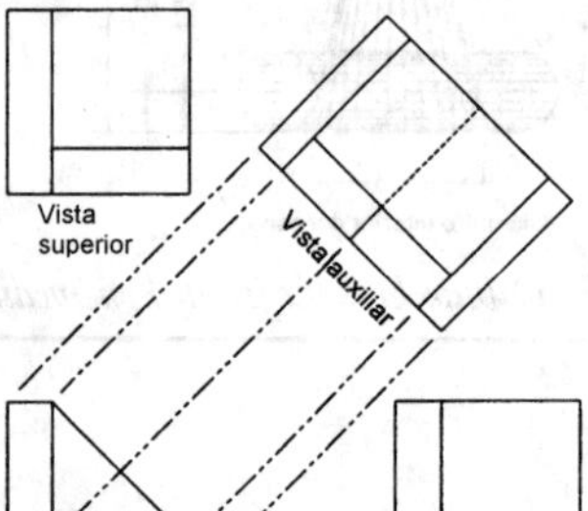

Figura 6.80. Vistas auxiliar, frontal, lateral y superior.

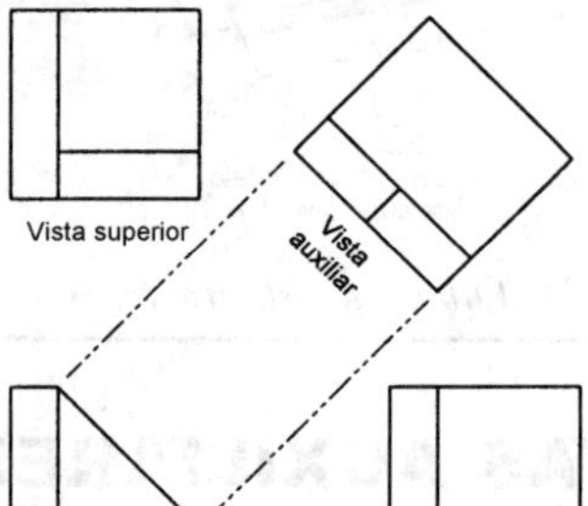

Figura 6.81. Vistas auxiliar, frontal, lateral y superior.

Cómo dibujar vistas auxiliares

El siguiente ejemplo explica cómo utilizar AutoCAD para crear una vista auxiliar.

Ejemplo 2

Dibujaremos las vistas necesarias del bloque triangular con agujero mostrado en la figura 6.82. (El bloque se ha creado como modelo sólido.)

Debe seguir los pasos indicados a continuación para dibujar diferentes vistas del objeto:

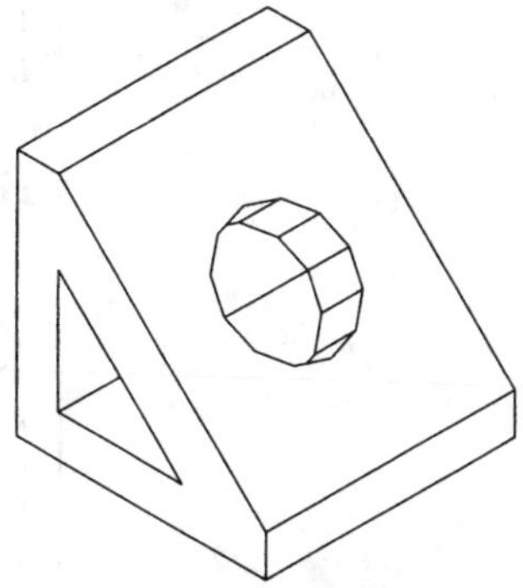

Figura 6.82. *Bloque triangular con agujero.*

1. Dibuje las vistas ortogonales necesarias: frontal, lateral y superior, tal como muestra la figura 6.83. Los círculos de la superficie inclinada aparecen como elipses en las vistas frontal y superior. Dichas elipses no deben mostrarse en las vistas ortogonales, pues tienden a dificultar la comprensión de las vistas (figura 6.84).

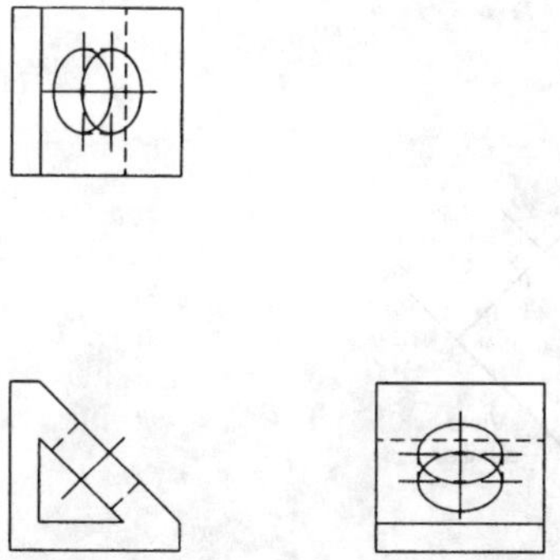

Figura 6.83. *Vistas frontal, lateral y superior.*

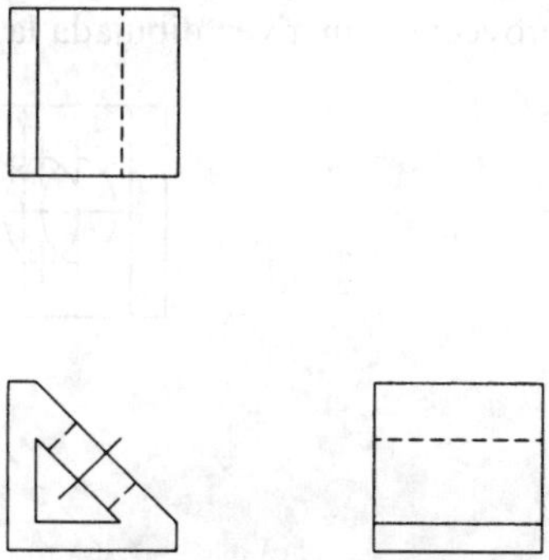

Figura 6.84. *Las elipses no deben mostrarse en las vistas ortogonales.*

2. Determine el ángulo de la superficie inclinada. En este ejemplo, el ángulo es de 45 grados. Utilice el comando **FORZCURSOR** para girar 45 grados la resolución (figura 6.85); si lo prefiere, gire el SCP 45 grados en torno al eje Z.

Comando: **FORZCURSOR**
Precise distancia de resolución o [ACT/DES/asPecto/Rotación/Estilo/Tipo] <10.0000>: **R**
Precise punto base <0.0000,0.0000>: *Precise el punto P1.*
Precise ángulo de rotación <0>: **45**

Si utiliza la opción Rotación del comando FORZCURSOR conseguirá girar la resolución 45 grados; las líneas de la rejilla también aparecerán inclinadas a 4 grados (si la rejilla está activada). Además, una de las líneas de la rejilla pasará por el punto P1, pues se ha definido como punto base.

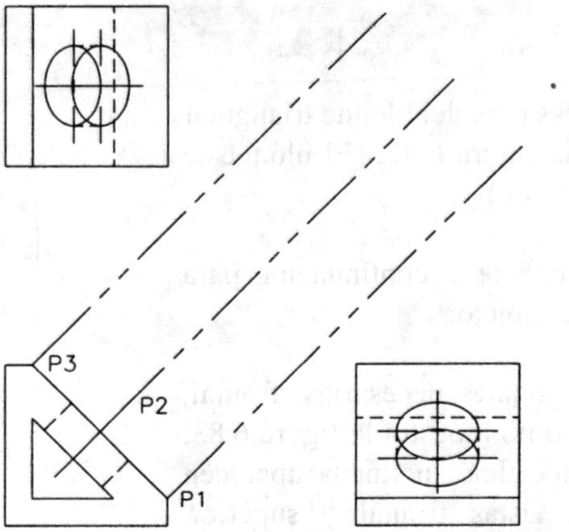

Figura 6.85. *Líneas de la rejilla a 45 grados.*

3. Active el modo Orto y proyecte los puntos P1, P2 y P3 desde la vista frontal hasta el plano auxiliar. Después puede completar la vista auxiliar y acotar el dibujo. Puede borrar las líneas de proyección una vez dibujada la vista auxiliar.

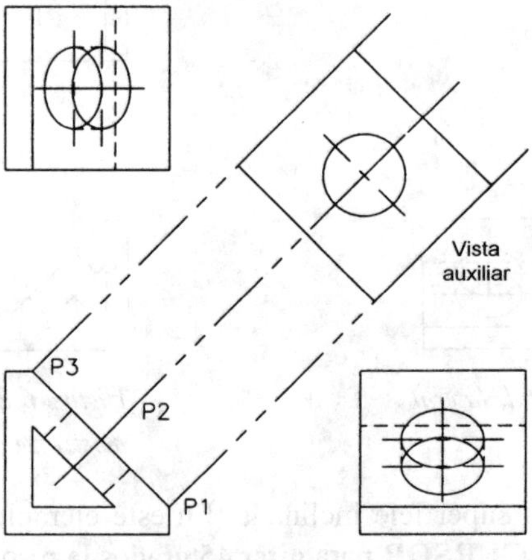

Figura 6.86. *Vistas auxiliar, frontal, lateral y superior.*

Ejercicio 16 — *General*

Dibuje las vistas ortogonales y auxiliares necesarias para el objeto mostrado en la figura 6.87. El objeto se ha dibujado como modelo de superficie 3D en representación alámbrica.

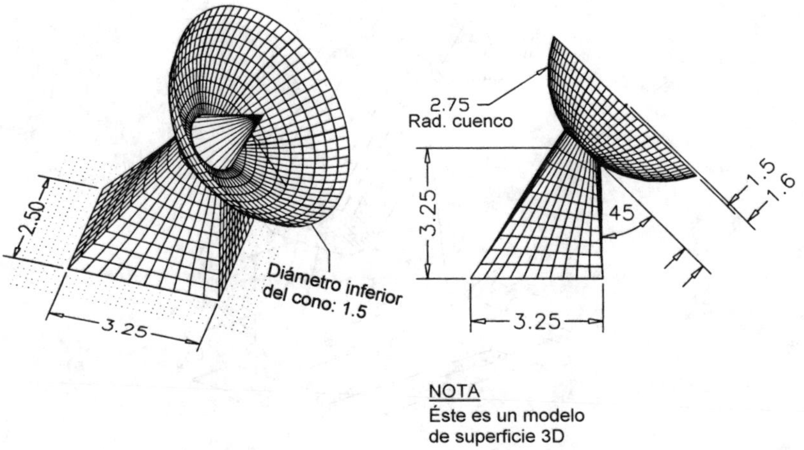

Figura 6.87. Dibujo para el ejercicio 16. Dibuje las vistas ortogonales y auxiliares necesarias.

Ejercicios 17 y 18 — *General*

Dibuje las vistas ortogonales y auxiliares necesarias para los objetos mostrados en las figuras 6.88 y 6.89. Los objetos están dibujados como modelos sólidos 3D y aparecen mostrados con diferentes ángulos (los puntos de vista son distintos).

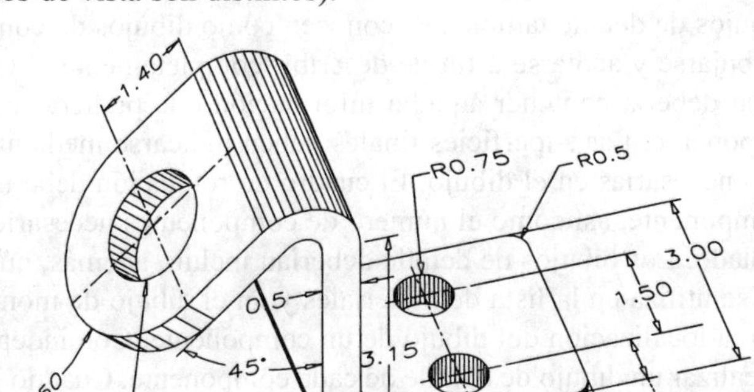

Figura 6.88. Dibujo para el ejercicio 17. Dibuje las vistas ortogonales y auxiliares necesarias.

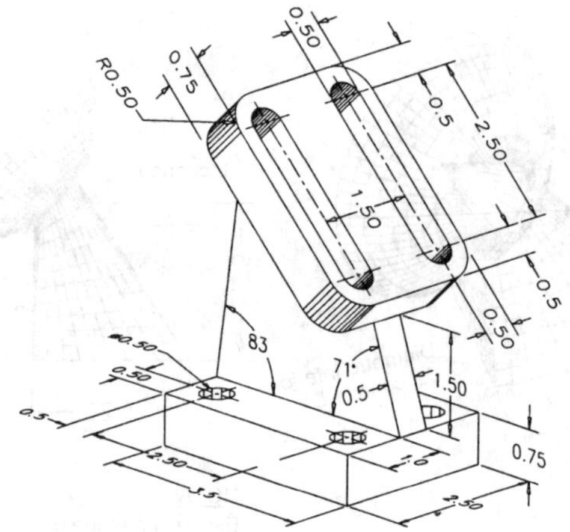

Figura 6.89. Dibujo para el ejercicio 18. Dibuje las vistas ortogonales y auxiliares necesarias.

DIBUJO DE DETALLE, DIBUJO DE MONTAJE Y LISTA DE MATERIALES

Dibujo de detalle

Un **dibujo de detalle** es el dibujo de un componente individual que forma parte de un producto ensamblado. Los dibujos de detalle también se conocen como dibujos de componente. Cada dibujo de detalle debe dibujarse y acotarse a fin de describir completamente el tamaño y la forma del componente. También debería contener aquella información que pudiera resultar necesaria en la elaboración del componente. Las superficies finales deben indicarse mediante símbolos o notas y todas las operaciones necesarias en el dibujo. El cuadro de rotulación debe indicar el material del que está hecho el componente, así como el número de componentes necesarios para la producción del producto ensamblado. Los dibujos de detalle deberían incluir, además, números de componente. Esta información se utiliza en la lista de materiales y en el dibujo de montaje. Los números de componente facilitan la localización del dibujo de un componente. Con independencia del tamaño de la pieza, debería realizar un dibujo de detalle de cada componente. Cuando fuera necesario, estos dibujos de detalle pueden insertarse en el dibujo de montaje mediante el comando **REFX**.

Dibujo de montaje

El dibujo de montaje permite mostrar los componentes y su posición relativa en un producto ensamblado o en una máquina. El dibujo de montaje debe dibujarse de forma que todas los componentes puedan mostrarse en un único dibujo. Generalmente recibe el nombre de vista principal. La vista principal puede dibujarse en sección completa, de forma que el dibujo de montaje muestre prácticamente todos los componentes individuales y su ubicación. Las vistas adicionales deben dibujarse tan sólo cuando alguno de los componentes no pueda apreciarse en la vista principal. Las líneas ocultas, siempre que sea posible, deben omitirse del dibujo de montaje, pues complican el dibujo y pueden causar confusión. Sin embargo, una línea oculta puede dibujarse si ayuda a comprender el producto. El dibujo de montaje sólo debe incluir las cotas para el ensamblaje. Cada componente en el dibujo de montaje debería estar identificado por medio del número utilizado en el dibujo de detalle y en la lista de materiales. Los números de componente deberían indicarse tal como muestra la figura 6.90. Consiste en una cadena de texto para el número, un círculo, una línea directriz y una flecha o punto. El texto debe tener una altura mínima de 5 mm (0.2 pulgadas) y estar encerrado en un círculo de 10 mm de diámetro (0.4 pulgadas). El centro del círculo debe situarse a no menos de 20 mm (0.8 pulgadas) dela línea más próxima del dibujo. Así mismo, la línea directriz debe ser radial con respecto al círculo. El dibujo de montaje puede incluir también una vista isométrica, descompuesta o no, de la unidad ensamblada.

Lista de materiales

La **lista de materiales** es una lista de los componentes insertados en el dibujo de montaje. Esta lista puede aparecer justo encima del cuadro de rotulación (figura 6.90). La lista de materiales contiene el número de componente, así como su descripción, material y cantidad necesaria. También informa del número de dibujo en el que aparece cada componente entre los distintos dibujos de detalle (figura 6.91). Si la lista de materiales se sitúa sobre el cuadro de rotulación, los componentes deben listarse en orden ascendente, de forma que el primer componente aparezca al final de la tabla (figura 6.92). La lista de materiales también puede colocarse en la parte superior del dibujo. En este caso, los componentes deben listarse en orden decreciente. Esta estructura dispone un espacio adicional para añadir nuevos elementos a la lista.

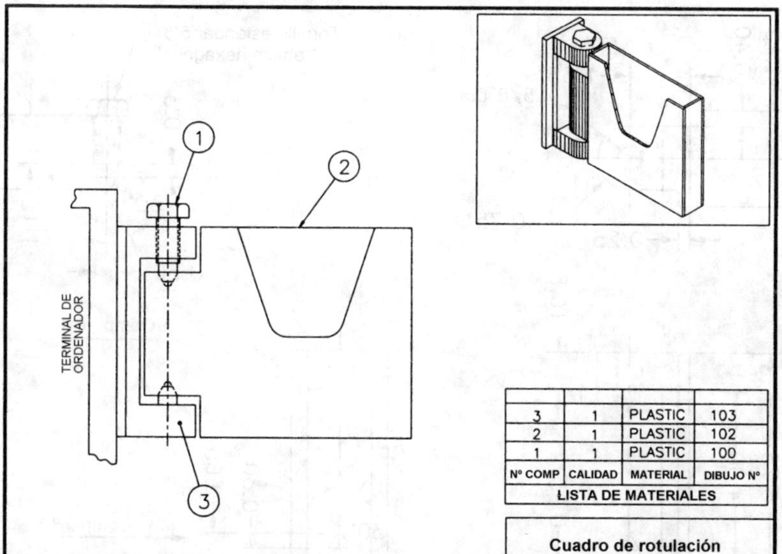

Figura 6.90. Dibujo de montaje con el cuadro de rotulación, la lista de materiales y un modelo en representación alámbrica con superficie 3D.

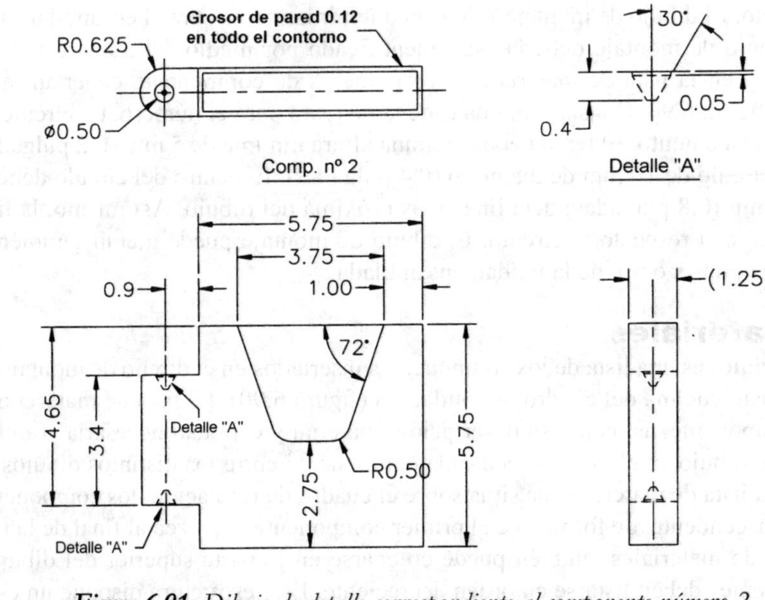

Figura 6.91. Dibujo de detalle correspondiente al componente número 2.

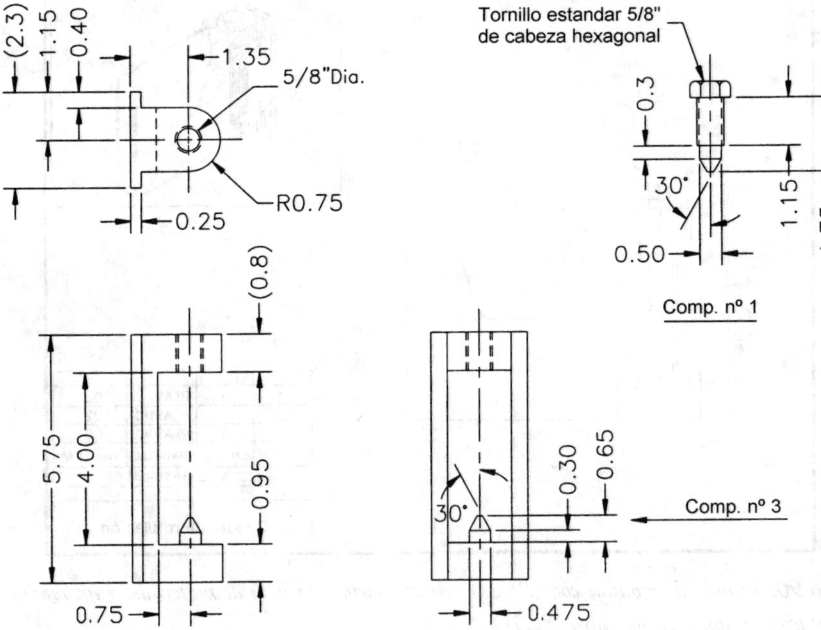

Figura 6.92. Dibujo de detalle correspondiente a los componentes número 1 y 3.

Test de autoevaluación

Conteste a las siguientes preguntas y compare sus respuestas con las respuestas correctas mostradas al final del capítulo.

1. Si dibuja una línea perpendicular a los ejes X e Y, dicha línea definirá el eje __________.

2. La vista frontal muestra el mayor número de características o da una mejor idea sobre la forma de un objeto (V/F).

3. El número de decimales en una cota (por ejemplo, 2.000) determina el tipo de máquina que se utilizará para realizar dicha operación de mecanizado. (V/F)

4. La capa o capas de acotación deben tener asignado un color distintivo de forma que, a la hora de imprimir, pueda asignar a las cotas la plumilla deseada. (V/F)

5. Las cotas pueden mostrarse dentro de la vista si pueden distinguirse fácilmente y no provocan ninguna confusión con otras líneas de los objetos. (V/F)

6. El círculo debe acotarse como un __________, nunca como un radio.

7. Si crea cotas continuas para acotar varias características de un componente, la cota global debe omitirse o indicarse como cota __________.

8. Si el objeto es simétrico, no es necesario dibujar una vista en sección completa. (V/F)

9. La sección desplazada es similar a la sección __________, salvo que la primera se muestra fuera del objeto.

10. En AutoCAD, para controlar el espaciado entre las líneas de sombreado puede precisar el __________ en el momento de sombreado.

11. Al acotar, debe considerar el proceso de fabricación de cada componente y la relación existente entre los diferentes componentes del montaje. (V/F)

12. La distancia entre la primera y la segunda línea de cota puede oscilar entre ______ y ______ unidades.

13. La cota de referencia debe estar encerrada entre __________.

14. Las cotas deben crearse allí donde las características resulten visibles. Sin embargo, en algunos dibujos complejos, puede estar justificada la acotación de un detalle con una línea oculta. (V/F)

Preguntas de revisión

1. Los dibujos con varias vistas también se conocen como dibujos ____________.

2. La superficie situada entre los ejes X e Y recibe el nombre de plano XY. (V/F)

3. Los planos paralelos al plano XY se llaman planos paralelos. (V/F)

4. Si observa el objeto según el eje Y negativo y hacia el origen, obtendrá la vista lateral. (V/F)

5. La vista superior debe situarse justo debajo de la vista frontal. (V/F).

6. Antes de dibujar vista ortogonales, debe observar el objeto y determinar el número de vistas necesarias para mostrar todas sus características. (V/F)

7. Al acotar, no sólo se indican las medidas del dibujo; también se ofrece una serie de instrucciones para un mecánico, un ingeniero o un arquitecto. (V/F)

8. ¿Cuáles son los elementos de una cota? ____
____.

9. ¿Por qué razón conviene crear las cotas en una o varias capas independientes? ____________
____.

10. La distancia de la primera línea de cota con respecto a la línea del objeto puede oscilar entre _____ y _____ unidades.

11. Puede modificar el origen de la rejilla, de la resolución o del SCP, así como la distancia de la resolución, para facilitar la inserción de las cotas. (V/F)

12. En el caso de líneas de cota paralelas, el texto de cota puede insertarse __________ si no hubiera espacio suficiente para insertarlo entre las líneas de cota.

13. No deberían utilizarse líneas ocultas en la acotación. (V/F)

14. Una cota que no aparezca a escala debería indicarse por medio de una línea recta bajo el texto de cota. (V/F)

15. Las cotas deben crearse allí donde la característica a acotar resulte evidente y muestre su contorno. (V/F)

16. Al acotar un círculo, el diámetro debe estar precedido del __________.

17. Al acotar un arco o un círculo, la línea de cota (directriz), la línea de cota debe ser __________.

18. En acotación radial, el texto de cota debería colocarse en horizontal. (V/F)

19. Si la cota de una característica aparece dentro de una vista seccionada, el texto de cota debe sombrearse. (V/F)

20. Las cotas no deben repetirse; esto dificulta la actualización de las cotas y, en ocasiones, la acotación del dibujo puede acabar siendo confusa. (V/F)

21. Los círculos de pernos deben precisarse por medio del __________ del círculo de pernos, el __________ de los agujeros y el __________ total de éstos.

22. En la sección __________, el objeto se corta a lo largo de toda su longitud.

23. La parte del objeto donde el material sufre un corte real aparece indicado por medio de líneas de__________.

24. La sección __________ se utiliza para mostrar la forma real del objeto en aquel punto donde se produce el corte.

25. La sección __________ se utiliza cuando las características del objeto a seccionar no se encuentran en un único plano.

26. Las líneas de plano de corte son más gruesas que las del objeto. Puede utilizar el comando **POL** de AutoCAD para dibujar polilíneas con el grosor deseado. (V/F)

27. El espaciado entre las líneas de sombreado (de sección) depende del espacio a sombrear. (V/F)

28. El ángulo para las líneas de sombreado debería ser de 45 grados. Sin embargo, si hay dos o más áreas sombreadas, unas junto a otras, para definir diferentes componentes, el ángulo deberá cambiar de forma que cada zona parezca diferente. (V/F)

29. Algunos componentes, como tornillos, tuercas, ejes, cerrojos, radios, llaves y otros elementos similares que no representan ninguna característica importante, al cortar, no deben mostrarse en la sección. (V/F)

30. Las líneas de sección (líneas de sombreado) deben ser más finas que las líneas del objeto. Para lograrlo puede aplicar un único color a estas líneas y asignar dicho color a una plumilla de menor grosor en el trazador. (V/F)

31. Las líneas de sección deben dibujarse en una capa aparte con objeto de facilitar la __________ y __________ del dibujo.

32. En la sección rota, se corta una pequeña __________ del objeto para __________ la sección de tan sólo las características necesarias.

33. El dibujo de montaje permite mostrar los __________ y su ______________ en un producto ensamblado o en una máquina.

34. En un dibujo de montaje, las vistas adicionales deben crearse tan sólo cuando alguno de los componentes no pueda apreciarse en la vista principal. (V/F)

35. ¿Por qué motivo las líneas ocultas no deben mostrarse en un dibujo de montaje? ____________ ____.

Ejercicios

Ejercicios 19 a 24 — *Mecánica*

Dibuje las vistas ortogonales necesarias de los siguientes objetos (las figuras 6.93 a 6.98 muestran las vistas isométricas de cada uno de ellos). Suponga las medidas. Finalmente, acote los dibujos.

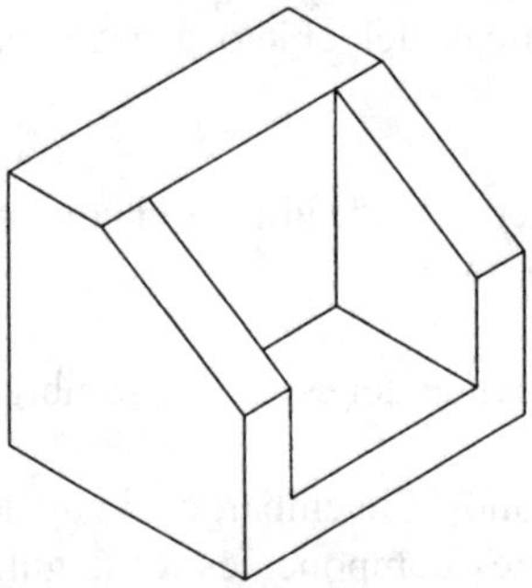

Figura 6.93. *Dibujo para el ejercicio 19.*

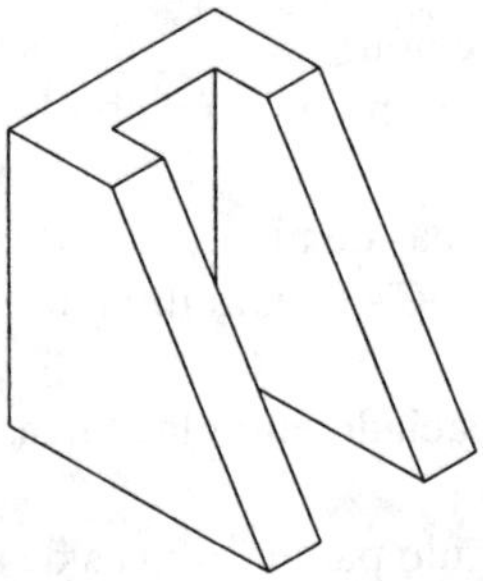

Figura 6.94. *Dibujo para el ejercicio 20.*

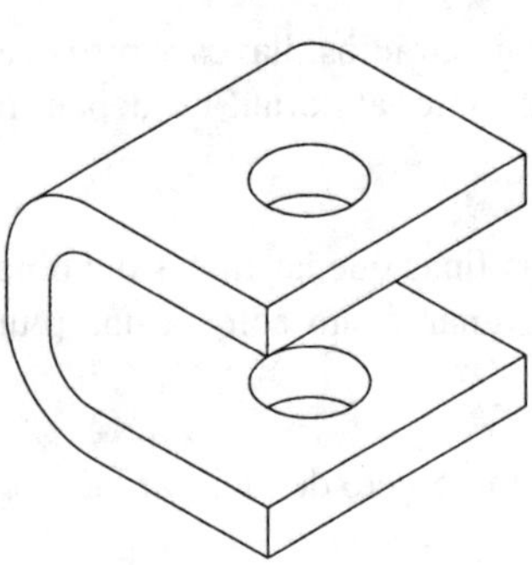

Figura 6.95. *Dibujo para el ejercicio 21.*

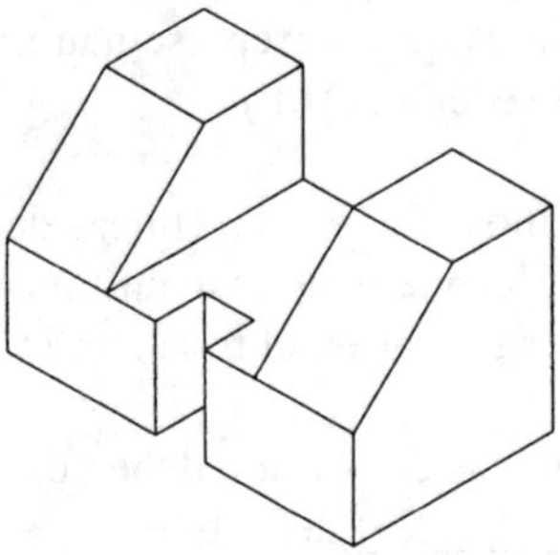

Figura 6.96. *Dibujo para el ejercicio 22.*

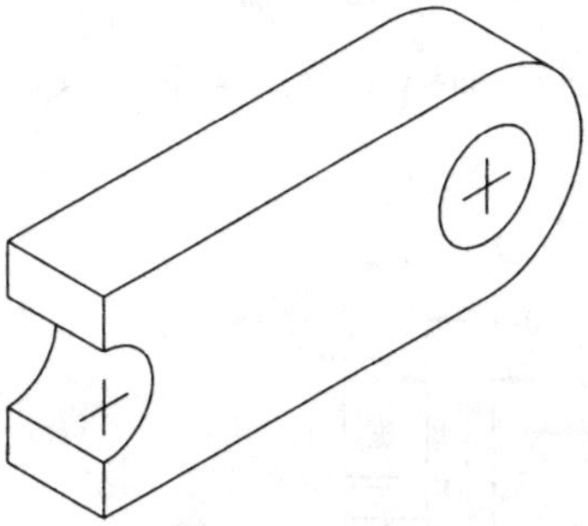

Figura 6.97. Dibujo para el ejercicio 23.

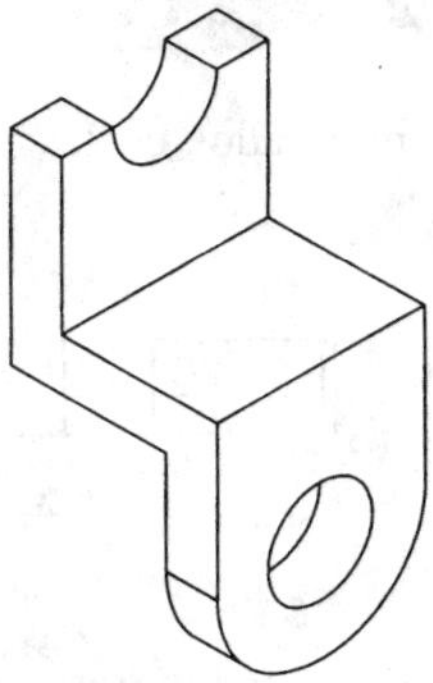

Figura 6.98. Dibujo para el ejercicio 24.

Ejercicio 25 — *Electrónica*

Realice el dibujo mostrado en la figura 6.99. Utilice capas y acote el dibujo tal como se indica.

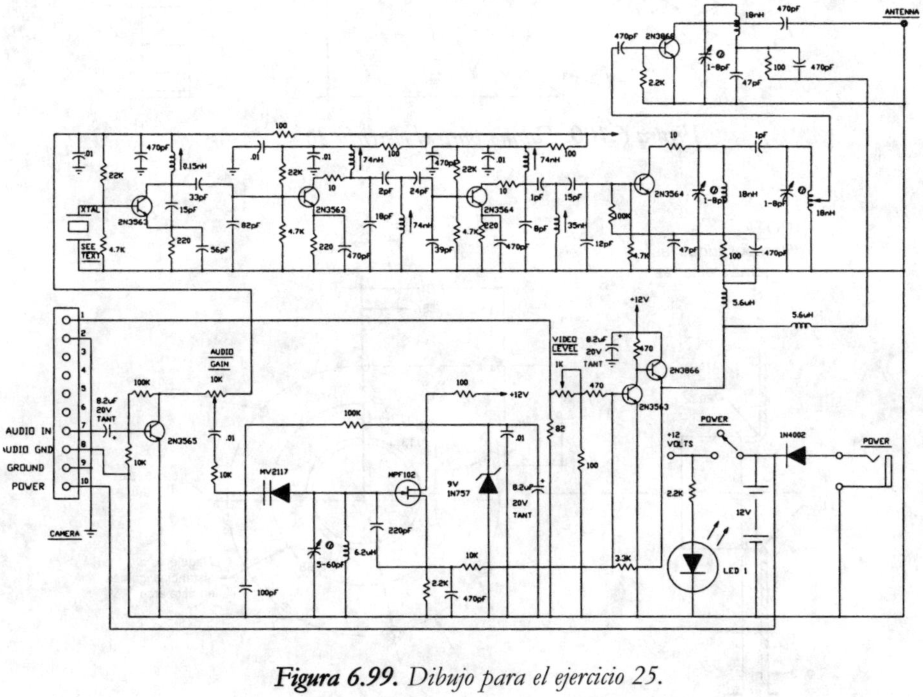

Figura 6.99. Dibujo para el ejercicio 25.

Ejercicios 26 a 29 — *Mecánica*

Realice los dibujos mostrados en las figuras 6.100 a 6.103. Utilice capas y acote los dibujos tal como aparecen.

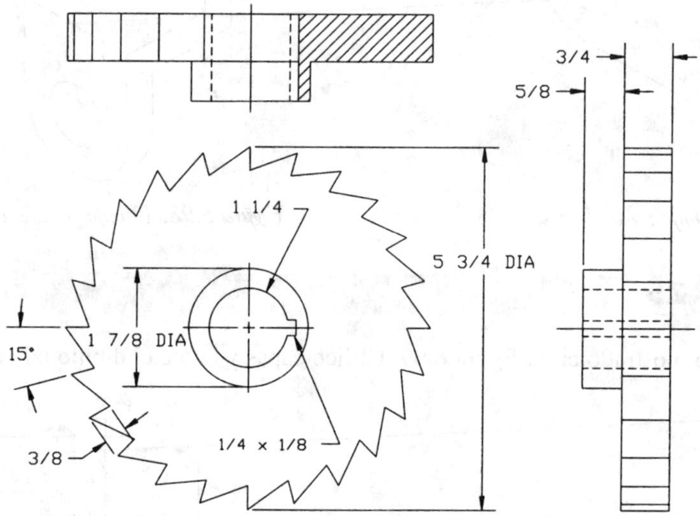

Figura 6.100. *Dibujo para el ejercicio 26.*

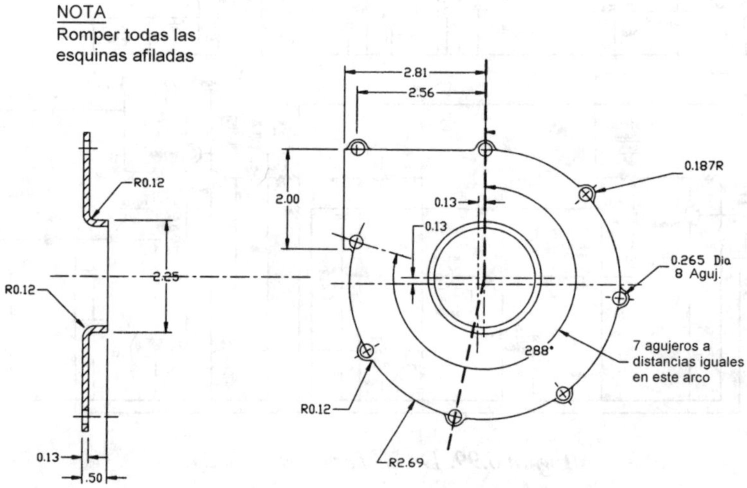

Figura 6.101. *Dibujo para el ejercicio 27.*

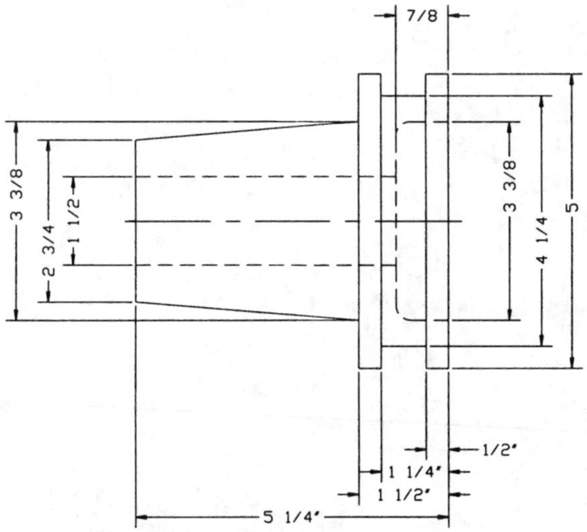

Figura 6.102. Dibujo para el ejercicio 28.

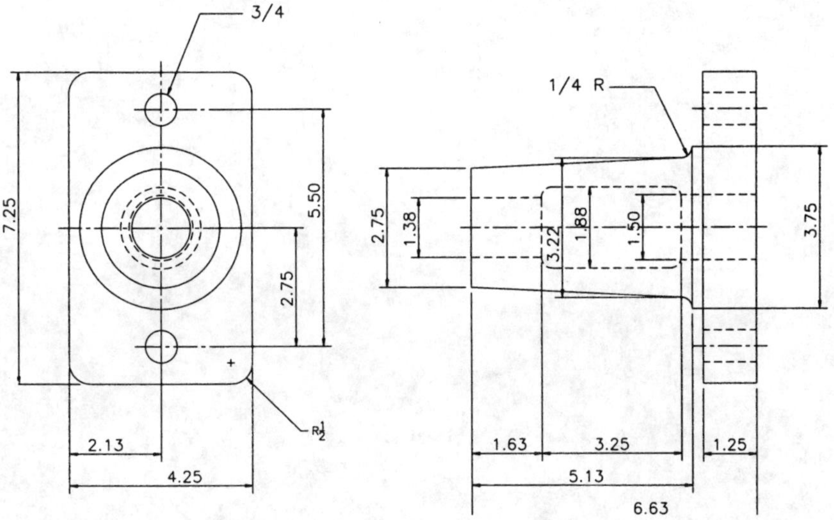

Figura 6.103. Dibujo para el ejercicio 29.

Respuestas al test de autoevaluación

1-Z; **2**- V; **3**- V; **4**- V; **5**- V; **6**- diámetro; **7**- de referencia; **8**- V; **9**- girada; **10**- factor de escala; **11**- V; **12**- 6, 12; **13**- paréntesis; **14**- V

Capítulo 7

Dibujo isométrico

Objetivos del estudio

Tras completar este capítulo, será capaz de:

- *Comprender los dibujos, ejes y planos isométricos.*
- *Configurar la rejilla y la resolución isométricas.*
- *Dibujar círculos isométricos en diferentes isoplanos.*
- *Acotar dibujos isométricos.*
- *Insertar texto en un dibujo isométrico.*

DIBUJOS ISOMÉTRICOS

Los **dibujos isométricos** se utilizan generalmente para permitir una visualización espacial sencilla de los objetos. Por ejemplo, si sólo dispone de las vistas ortogonales de un objeto (figura 7.1), lleva algo de tiempo agrupar toda la información para visualizar la forma. Sin embargo, si dispone de un dibujo isométrico (figura 7.2), resulta mucho más fácil comprender su forma. Por este motivo, la industria utiliza a menudo los dibujos isométricos para ayudar a mostrar los productos y sus características.

Los dibujos isométricos no deben confundirse con los dibujos en tres dimensiones (3D). Un dibujo isométrico es un dibujo bidimensional, en un solo plano 2D. Por contra, los dibujos 3D representan los objetos por medio de un modelo 3D real. El modelo puede girarse para observarlo desde cualquier dirección. Los modelos 3D pueden consistir en una estructura alámbrica, en un modelo de superficie o en un modelo sólido.

PROYECCIONES ISOMÉTRICAS

La palabra isométrico significa "**igual medida**". Esta palabra resulta adecuada, pues los tres ángulos entre los tres ejes principales de un dibujo isométrico están separados 120 grados entre sí (figura 7.3).

Figura 7.1. Vistas ortogonales de un objeto.

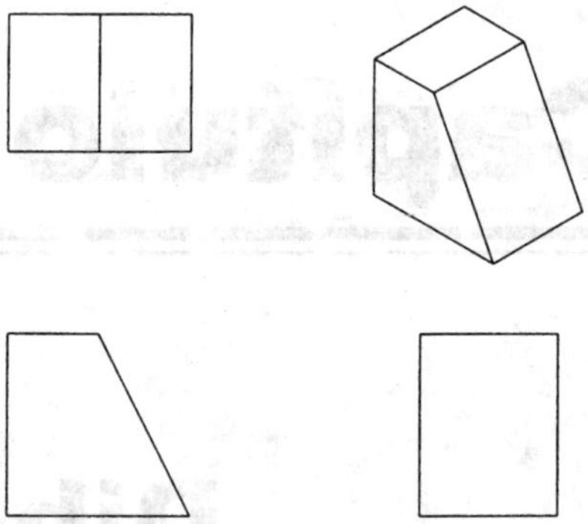

Figura 7.2. Dibujo isométrico junto a las vistas ortogonales.

Una vista isométrica se obtiene al rotar el objeto 45 grados en torno al eje imaginario vertical y tras facetar el objeto con un ángulo de 35º 16'. Si proyecta los puntos y las aristas del plano frontal, la longitud proyectada de las aristas será aproximadamente un 81 por ciento más cortas (longitud isométrica / longitud real = 9/11) que su longitud real. Sin embargo, los dibujos isométricos se realizan siempre a escala completa, pues no están destinados a describir el tamaño real de un objeto; su misión es ayudar al usuario a visualizar la forma del objeto. Las cotas, las tolerancias y los símbolos de características deben mostrarse en las vistas ortográficas. Además, debería evitar la representación de cualquier línea oculta en los dibujos isométricos, a menos que muestren una característica importante o ayuden a comprender la forma del objeto.

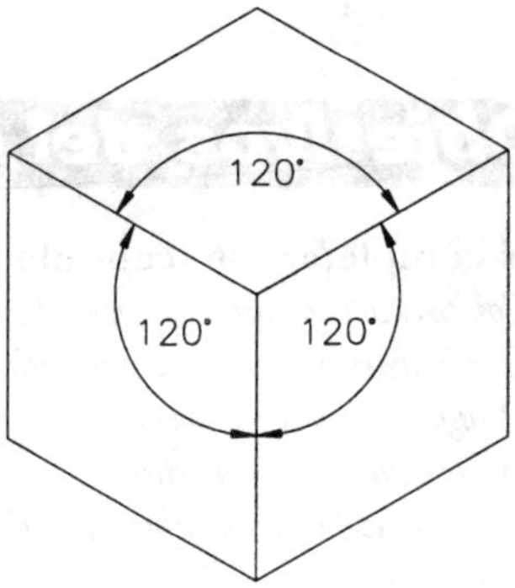

Figura 7.3. Ejes principales de un dibujo isométrico.

EJES Y PLANOS ISOMÉTRICOS

Los dibujos isométricos tienen tres ejes: **eje horizontal derecho** (P0, P1), **eje vertical** (P0, P2) y **eje horizontal izquierdo** (P0, P3). En realidad, los dos ejes horizontales están inclinados 30 grados respecto a la horizontal (X1, X2). Observe estas indicaciones en la figura 7.4.

Al realizar un dibujo isométrico, las líneas horizontales del objeto se dibujan a lo largo de los ejes horizontales o paralelas a ellos. De igual forma, las líneas verticales se dibujan en paralelo o coincidentes con el eje vertical. Por ejemplo, si desea realizar el dibujo isométrico de un bloque rectangular, las aristas verticales del bloque se dibujan paralelas al eje vertical. Las aristas horizontales en el lado derecho del bloque se dibujan paralelas al eje horizontal derecho (P0, P1) y las situadas en el lado izquierdo, paralelas al eje vertical izquierdo (P0, P3). Es importante recordar que, en los dibujos isométricos, **los ángulos no se muestran con sus medidas reales**. Así pues, las aristas o superficies situadas en ángulo se dibujan a partir de los puntos finales de las aristas. Las líneas paralelas a los ejes isométricos reciben el nombre de **líneas isométricas**. El resto de líneas son líneas no isométricas. De igual forma, los planos pueden ser o no isométricos.

Los dibujos isométricos, tal como puede observar en la figura 7.5, utilizan tres planos principales: **isoplano derecho**, **isoplano superior** e **isoplano izquierdo**. El isoplano derecho (P0, P4, P10, P6) es el plano definido por los ejes vertical y horizontal derecho. El isoplano superior (P6, P10, P9, P7) es el plano definido por los ejes horizontal izquierdo y horizontal derecho. Finalmente, el isoplano izquierdo (P0, P6, P7, P8) queda definido por los ejes vertical y horizontal izquierdo.

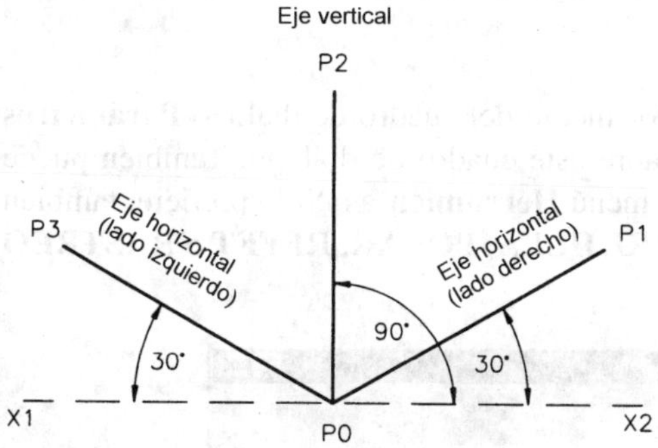

Figura 7.4. Ejes isométricos.

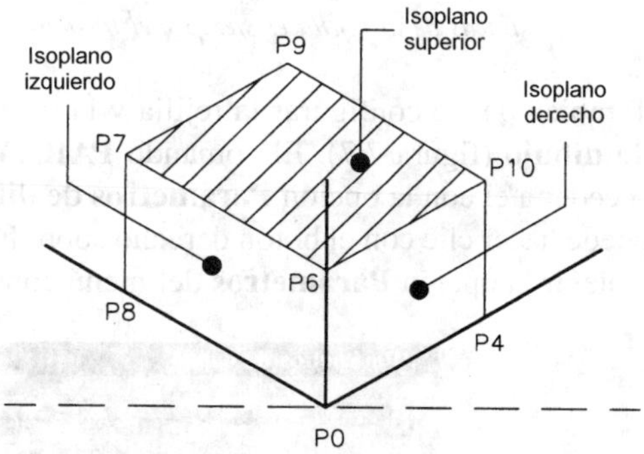

Figura 7.5. Planos isométricos.

CONFIGURACIÓN DE LA REJILLA Y LA RESOLUCIÓN ISOMÉTRICAS

Puede utilizar el comando **FORZCURSOR** para configurar la rejilla y la resolución isométricas. Las líneas de la rejilla isométrica aparecen a 30 grados respecto al eje horizontal. Además, la distancia entre las líneas de la rejilla queda determinada por el intervalo vertical, que puede definir con los comandos **REJILLA** o **FORZCURSOR**. Las líneas de la rejilla coinciden con los tres ejes isométricos, lo que facilita la creación de dibujos isométricos. La siguiente secuencia de comandos describe la utilización del comando **FORZCURSOR** para configurar la rejilla isométrica y la resolución en 10 unidades (figura 7.6).

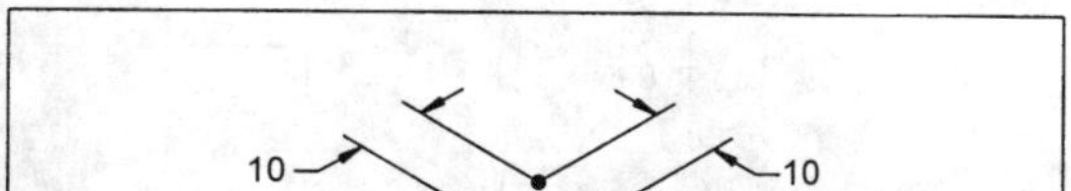

Figura 7.6. Configuración de la rejilla y resolución isométricas.

Comando: **FORZCURSOR**
Precise distancia de resolución o [ACT/DES/asPecto/Rotación/Estilo/Tipo] <10.0000>: **E**

Indique el estilo de malla de resolución [Normal/Isométrico] <N>: **I**
Precise intervalo vertical <10.0000>: *Indique un nuevo valor para la distancia de resolución.*

Nota

Si utiliza el comando **FORZCURSOR** *para configurar la rejilla isométrica, las líneas de la rejilla pueden no aparecer. Para mostrar la rejilla, actívela por medio del comando* **REJILLA** *o con la tecla de función F7.*

No es posible modificar la relación de aspecto para la rejilla isométrica; por tanto, el intervalo entre las líneas de la rejilla es siempre el mismo.

También puede configurar la rejilla y la resolución por medio del cuadro de diálogo **Parámetros de dibujo** (figura 7.7). El comando **PARAMSDIB** abre este cuadro de diálogo. También puede acceder a él con la opción **Parámetros de dibujo** del menú **Herramientas**. Si lo prefiere, también puede hacer clic con el botón derecho sobre **FORZC**, **REJILLA**, **POLAR**, **REFET** o **RASTREO** y elegir la opción **Parámetros** del menú contextual.

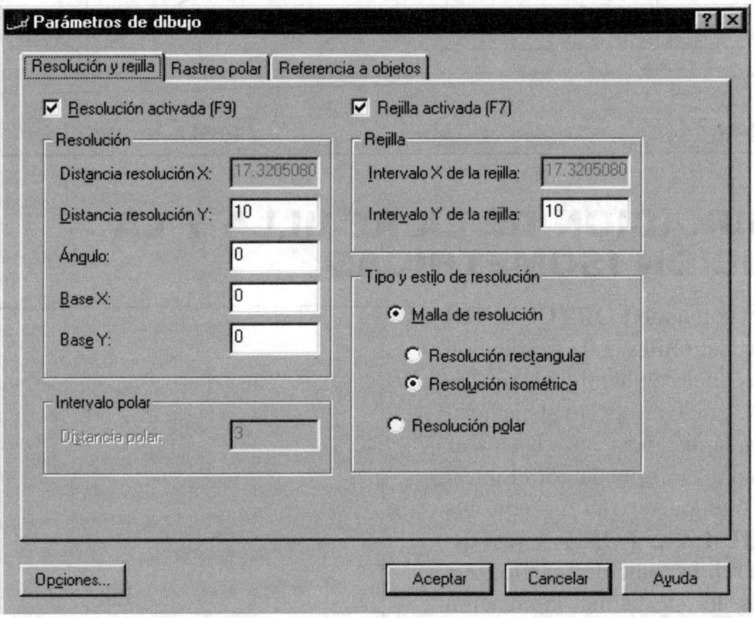

***Figura** 7.7. Ficha **Resolución y rejilla** del cuadro de diálogo **Parámetros de dibujo**.*

La resolución y la rejilla isométricas pueden activarse y desactivarse, respectivamente, con las casillas **Resolución activada** y **Rejilla activada**, en la ficha **Resolución y rejilla** del cuadro de diálogo **Parámetros de dibujo**. La ficha **Resolución y rejilla** también contiene varios botones de opción para definir el tipo y estilo de resolución. Si desea mostrar la rejilla en pantalla, no olvide activarla.

Una vez configurada la rejilla, el cursor en cruz también cambia su forma. Las dos líneas que forman el cursor en cruz adoptan un ángulo isométrico y su orientación depende del isoplano actual. Para cambiar alternativamente entre los isoplanos derecho, superior e izquierdo, pulse CONTROL-E o la tecla de función F5. También puede cambiar de isoplano con el cuadro de diálogo **Parámetros de dibujo** o el comando **ISOPLANO**.

Comando: **ISOPLANO**
Isoplano actual: Izquierdo
Indique parámetro de plano isométrico [Izquierdo/Superior/Derecho] <Superior>: **S**
Isoplano actual: superior

El modo Ortogonal suele resultar adecuado al dibujar en modo isométrico. En los dibujos isométricos, el modo Ortogonal se alinea con los ejes del isoplano actual.

Ejemplo 1

En este ejemplo crearemos el dibujo isométrico mostrado en la figura 7.8.

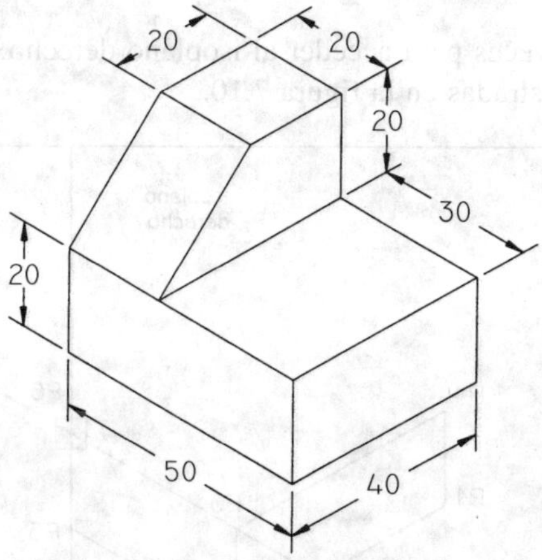

Figura 7.8. Dibujo para el ejercicio 1.

1. Utilice el comando **FORZCURSOR** para configurar la rejilla y la resolución isométricas. El valor de resolución debe ser de 10 unidades.

Comando: **FORZCURSOR**
Precise distancia de resolución o [ACT/DES/asPecto/Rotación/Estilo/Tipo] <10.0000>: **E**
Indique el estilo de malla de resolución [Normal/Isométrico] <N>: **I**
Precise intervalo vertical <10.0000>: **10**

2. Pulse CONTROL-E para cambiar de isoplano hasta acceder al isoplano izquierdo. Utilice el comando **LINEA** para dibujar líneas entre los puntos P1, P2, P3, P4, tal como muestra la figura 7.9.

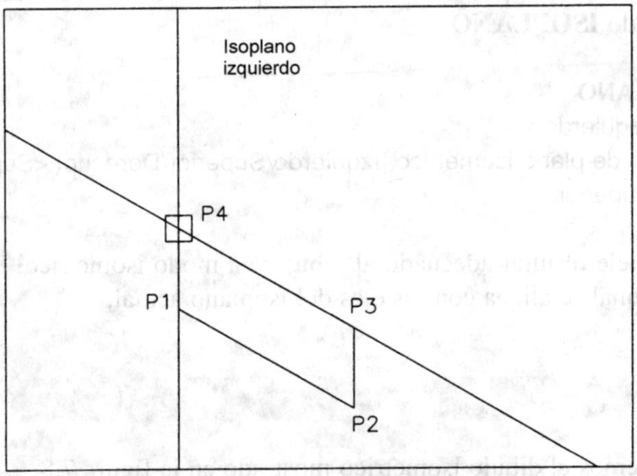

Figura 7.9. *Dibujo de la cara inferior izquierda.*

3. Pulse CONTROL-E dos veces para acceder al isoplano derecho. Utilice el comando **LINEA** para dibujar las líneas mostradas en la figura 7.10.

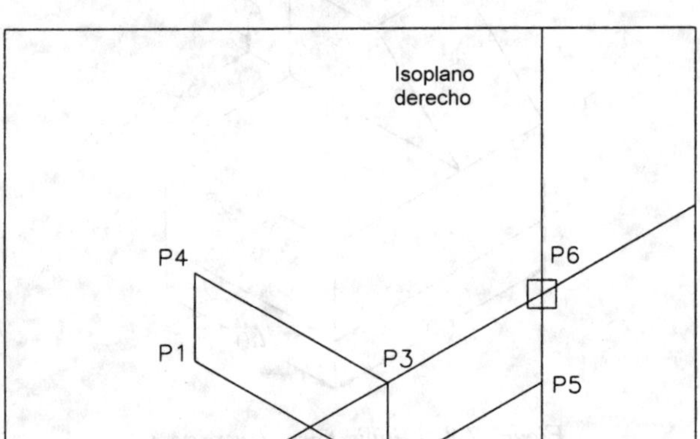

Figura 7.10. *Dibujo de la cara inferior derecha.*

4. Pulse CONTROL-E dos veces para acceder al isoplano superior. Utilice el comando **LINEA** para dibujar las líneas mostradas en la figura 7.11.

5. Dibuje las líneas restantes (figura 7.12) de acuerdo con las cotas indicadas en la figura 7.8.

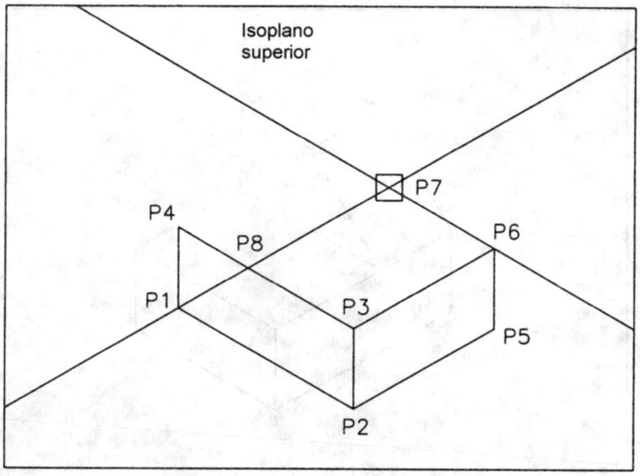

Figura 7.11. Dibujo de la cara superior.

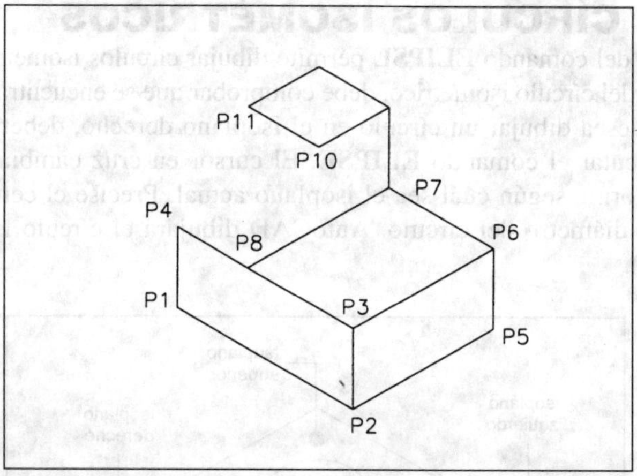

Figura 7.12. Dibujo de las líneas restantes.

6. La parte frontal izquierda del objeto está inclinada en un ángulo. En los dibujos isométricos, las superficies oblicuas (superficies que forman un ángulo con respecto a los ejes isométricos) no pueden dibujarse como el resto de líneas. En primer lugar debe localizar los puntos finales de las líneas que definen la superficie oblicua. Después puede dibujar las líneas entre dichos puntos. Para completar el dibujo mostrado en la figura 7.8, dibuje una línea de P10 a P8 y de P11 a P4 (figura 7.13).

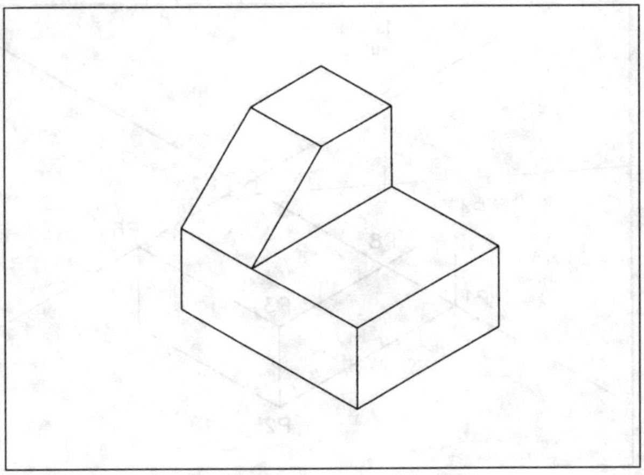

Figura 7.13. Dibujo de la superficie inclinada.

DIBUJO DE CÍRCULOS ISOMÉTRICOS

La opción **Isocírculo** del comando **ELIPSE** permite dibujar círculos isométricos. Antes de indicar el radio o el diámetro del círculo isométrico, debe comprobar que se encuentra en el isoplano correcto. Si, por ejemplo, desea dibujar un círculo en el isoplano derecho, deberá cambiar al isoplano derecho antes de ejecutar el comando **ELIPSE**. El cursor en cruz cambia de forma. El círculo obtenido variará de forma según cuál sea el isoplano actual. Precise el centro y, a continuación, indique el radio o el diámetro del círculo. AutoCAD dibujará el círculo isométrico en el plano correcto (figura 7.14).

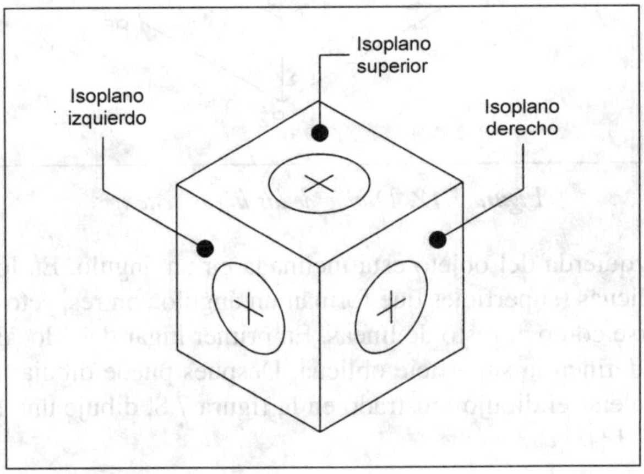

Figura 7.14. Dibujo de círculos isométricos.

Comando: **ELIPSE**
Precise punto final de eje de elipse o [Arco/Centro/Isocírculo]: **I**

Precise centro de isocírculo: *Precise un punto.*
Precise radio de isocírculo o [Diámetro] *Indique el radio del círculo o utilice la opción Diámetro.*

Nota

La resolución isométrica debe estar activada para que el comando ELIPSE *incluya la opción* ***Isométrico****.*
Si la resolución isométrica no está activada, no podrá dibujar círculos isométricos.

ACOTACIÓN DE OBJETOS ISOMÉTRICOS

La acotación isométrica implica dos pasos:

1. Acotar el dibujo con los comandos de acotación habituales.
2. Editar las cotas para convertirlas en cotas oblicuas.

El siguiente ejemplo describe el proceso a seguir para acotar un dibujo isométrico:

Ejemplo 2

En este ejemplo acotaremos el dibujo isométrico creado en el ejemplo 1.

1. Acote el dibujo tal como muestra la figura 7.15. Puede utilizar el comando de acotación alineada o vertical. Utilice las referencias a objetos Intersección o Punto final para designar con exactitud los puntos del objeto durante su acotación. AutoCAD dejará automáticamente un espacio entre el objeto y las líneas de referencia, según el valor establecido por la variable de sistema **DIMGAP**.

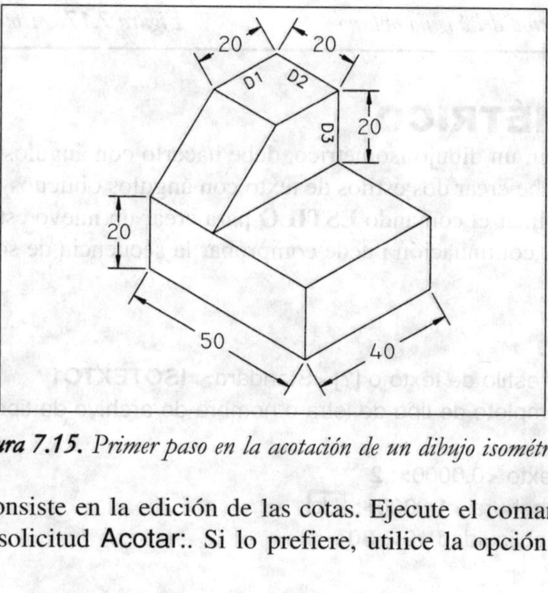

Figura 7.15. *Primer paso en la acotación de un dibujo isométrico.*

2. El siguiente paso consiste en la edición de las cotas. Ejecute el comando **ACOTA** e indique **OBLICUA** tras la solicitud Acotar:. Si lo prefiere, utilice la opción **Oblicua** del comando

ACOEDIC. Tras designar las cotas que desee editar, AutoCAD solicitará que indique el ángulo oblicuo. Su valor corresponde al ángulo formado por la línea de referencia de la cota isométrica con respecto a la dirección positiva del eje X.

Comando: **ACOTA**
Acotar: **OBLICUA**
Designe objetos: *Designe las cotas a editar.*
Indique ángulo oblicuo (INTRO para ninguno): *Indique el ángulo oblicuo.*

Por ejemplo, tomemos la línea de referencia de la cota llamada D1 en la figura 7.16 (a). Dicha cota forma un ángulo de 150 grados con la dirección positiva del eje X. Por tanto, su ángulo oblicuo será de 150 grados. En la figura 7.16 (b), las líneas de referencia de la cota D2 forman un ángulo de 30 grados con la dirección positiva del eje X, por lo que su ángulo oblicuo será igual a 30. Una vez editadas todas las cotas, el dibujo debería tener el aspecto mostrado en la figura 7.17.

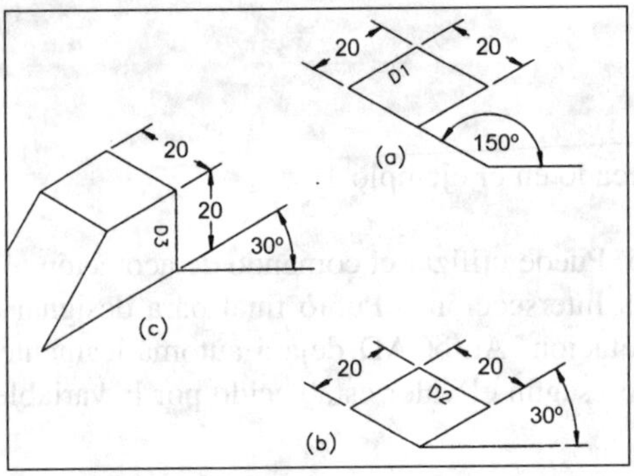

Figura 7.16. Cálculo del ángulo oblicuo.

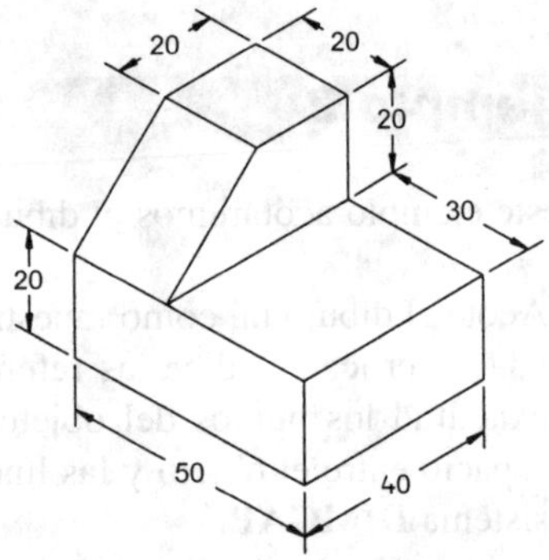

Figura 7.17. Acotación isométrica del modelo.

TEXTO ISOMÉTRICO

Si desea insertar texto en un dibujo isométrico, debe hacerlo con ángulos positivos o negativos de 30 grados. Por tanto, debe crear dos estilos de texto con ángulos oblicuos de, respectivamente, +30 y -30 grados. Puede utilizar el comando **ESTILO** para crear un nuevo estilo con el cuadro de diálogo **Estilo de texto**. A continuación puede comprobar la secuencia de solicitudes para el comando **-ESTILO**:

Comando: **-ESTILO**
Indique nombre de estilo de texto o [?] <Standard>: **ISOTEXTO1**
Precise nombre completo de tipo de letra o nombre de archivo de tipos de letra (TTF o SHX) <txt>: **ROMANS**
Precise altura de texto <0.0000>: **2**
Precise factor de anchura <1.0000>: Intro
Precise ángulo de oblicuidad <0>: **30**

¿Mostrar texto hacia la izquierda? [Sí/No] <N>: **N**
¿Mostrar texto cabeza abajo? [Sí/No] <N>: **N**
¿Vertical? <N> **N**

De igual forma, puede crear otro estilo de texto, llamado por ejemplo **ISOTEXTO2**, con un ángulo oblicuo de 30 grados negativos. Cuando inserte el texto en un dibujo isométrico, deberá indicar en primer lugar el ángulo de rotación del texto. El estilo de texto y el ángulo de rotación depende de su ubicación dentro del dibujo isométrico, tal como indica la figura 7.18.

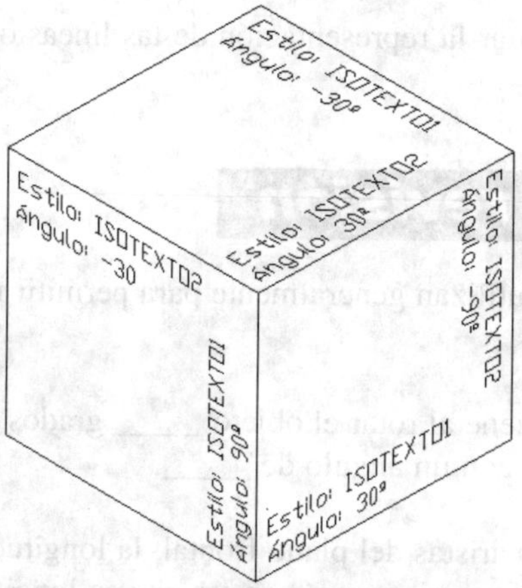

Figura 7.18. *Estilo y ángulo de rotación para el texto isométrico.*

Test de autoevaluación

Conteste a las siguientes preguntas y compare sus respuestas con las respuestas correctas mostradas al final del capítulo.

1. La palabra isométrico significa "_______________", pues los ángulos formados por los tres ejes principales de un dibujo isométrico miden cada uno de ellos _____ grados.

2. La relación longitud isométrica/longitud real en un dibujo isométrico es aproximadamente igual a _____.

3. En un dibujo isométrico, el ángulo entre el eje horizontal derecho y el eje X es de _____ grados.

4. Los dibujos isométricos tienen tres planos principales: derecho, superior e _________.

5. ¿Qué combinación de teclas y qué tecla de función permiten cambiar de isoplano en isoplano? _________.

6. Sólo es posible utilizar las cotas alineadas para acotar los dibujos isométricos. (V/F)

7. ¿La resolución isométrica debe estar activada para que aparezca la opción **Isocírculo** en el comando **ELIPSE**? (S/N)

8. ¿Debe precisar el ángulo de rotación al insertar texto en un dibujo isométrico? (S/N)

   En caso afirmativo, ¿cuáles son los ángulos posibles? ________.

9. Las líneas paralelas a los ejes isométricos reciben el nombre de ______________.

10. Por lo general, es mejor evitar la representación de las líneas ocultas en los dibujos isométricos. (V/F)

Preguntas de revisión

1. Los dibujos isométricos se utilizan generalmente para permitir una visualización espacial sencilla de los objetos. (V/F)

2. Una vista isométrica se obtiene al rotar el objeto _____ grados en torno al eje imaginario vertical y tras facetar el objeto con un ángulo de _____.

3. Si proyecta los puntos y las aristas del plano frontal, la longitud proyectada de las aristas será aproximadamente un _____ por ciento más cortas que su longitud real.

4. ¿En qué casos pueden mostrarse las líneas ocultas de un dibujo isométrico? ______________ ____.

5. Los dibujos isométricos tienen tres ejes: horizontal derecho, __________ y horizontal izquierdo.

6. Los ángulos mostrados en un dibujo isométrico no aparecen con sus mediadas reales. (V/F)

7. ¿Qué nombre reciben los planos paralelos a los planos isométricos? __________

8. ¿Qué comandos puede utilizar para configurar la rejilla y la resolución isométricas? __________.

9. Las líneas de la rejilla isométrica aparecen a _____ grados con respecto al eje horizontal.

10. Es posible configurar la relación de aspecto para la rejilla isométrica. (V/F)

11. Si ejecuta el comando __________ desde la solicitud de comando, aparecerá el cuadro de diálogo **Parámetros de dibujo**, con el que podrá configurar la rejilla y la resolución isométricas.

12. Los círculos isométricos se dibujan con la opción __________ del comando **ELIPSE**.

13. ¿Es posible realizar un dibujo isométrico sin activar la resolución isométrica? (S/N)

14. Sólo las cotas alineadas pueden modificarse para crear cotas oblicuas. (V/F)

15. Para insertar el texto en un dibujo isométrico, debe crear dos estilos de texto con ángulos oblicuos de _____ y de _____ grados.

Ejercicios

Ejercicios 1 a 6 — *General*

Realice los dibujos isométricos mostrados en las figuras 7.19 a 7.24. Se supone que la distancia entre las líneas de la rejilla es de 10 unidades. Acote las figuras impares.

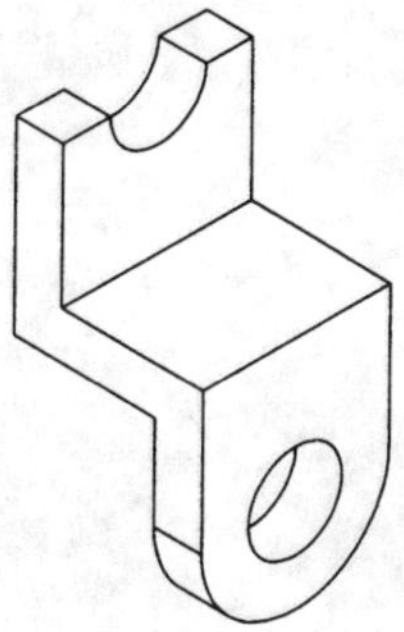

Figura 7.19. *Dibujo para el ejercicio 1.*

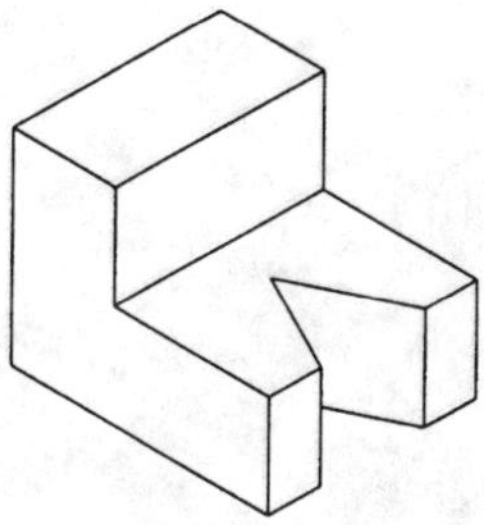

Figura 7.20. *Dibujo para el ejercicio 2.*

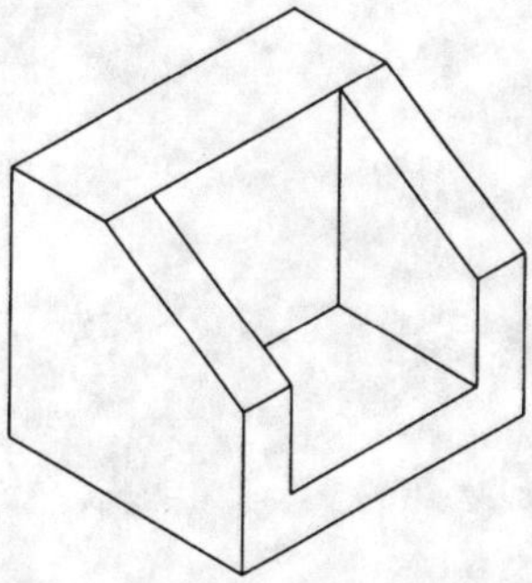

Figura 7.21. *Dibujo para el ejercicio 3.*

Figura 7.22. *Dibujo para el ejercicio 4.*

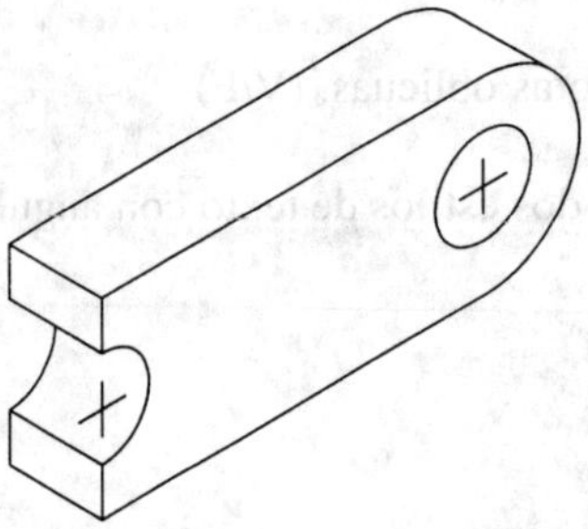

Figura 7.23. Dibujo para el ejercicio 5.

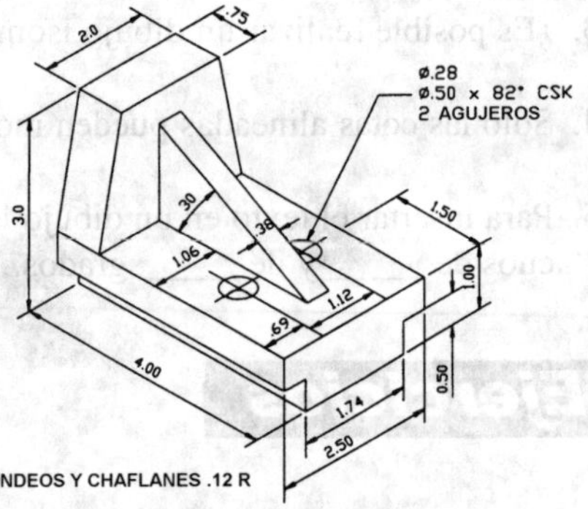

Figura 7.24. Dibujo para el ejercicio 6 (medidas en pulgadas).

Respuestas al test de autoevaluación

1- igual medida, 120; **2-** 9/11; **3-** 30; **4-** izquierdo; **5-** CONTROL-E y F5; **6-** F; **7-** Sí; **8-** Sí, 30º, -30º, 90º, etc.; **9-** líneas isométricas; **10-** V

Capítulo 8

Sistema de coordenadas personales

Objetivos del estudio

Tras completar este capítulo, será capaz de:

- *Comprender y utilizar el sistema de coordenadas personales (SCP) y el sistema de coordenadas universales (SCU).*
- *Situar el icono SCP utilizando las diferentes opciones del comando* ***SIMBSCP****.*
- *Utilizar el SCP para crear un dibujo 3D.*
- *Utilizar diferentes opciones para redefinir el SCP con el comando* ***SCP****.*
- *Utilizar las fichas del cuadro de diálogo SCP.*

EL SISTEMA DE COORDENADAS UNIVERSALES (SCU)

Al abrir AutoCAD, se establece por defecto el SCU (sistema de coordenadas universales). En el SCU, las coordenadas X, Y y Z de cualquier punto se calculan en referencia a un origen fijo (0,0,0). Por defecto, este origen se sitúa en la esquina inferior izquierda de la pantalla. Los dibujos realizados hasta ahora con este libro utilizan el SCU. Este sistema de coordenadas es fijo y no puede modificarse. El SCU se utiliza principalmente en dibujos 2D. Junto al sistema de coordenadas universales, el sistema de coordenadas personales (SCP) permite cambiar la posición y orientación del origen y de los ejes X, Y y Z. Estos sistemas de coordenadas se introdujeron en la versión 10 de AutoCAD. En versiones anteriores sólo se utilizaba el origen fijo (0,0,0).

COMANDO SIMSCP

Menú: Ver > Visualización > Icono SCP
Comando: SIMBSCP

La orientación del SCP actual queda representada por medio del icono SCP (figura 8.1). Este icono es un símbolo que recuerda al usuario la dirección de los ejes del SCP y la ubicación del origen. El icono también informa de cuál es la dirección de visualización, en relación con el plano XY del SCP. Por defecto, el icono SCP se encuentra ligeramente a la derecha y ligeramente por encima de la esquina inferior izquierda de la ventana gráfica. Si aparece un signo más en el icono, representa la posición del origen actual. Si no aparece la letra U en el eje Y, indica que el sistema de coordenadas actual no es el SCU. Un recuadro en la base del icono informa de que está mirando el SCP desde arriba; si no aparece el recuadro, estará mirando el SCP desde abajo. Elija **Visualización > Icono SCP > ACT** en el menú **Ver** cuando aparezca una marca de verificación junto a esta opción del menú. De esta forma conseguirá desactivar la visualización del icono SCP. La marca de verificación junto a la opción **ACT** desaparecerá. El comando SIMBSCP también controla la visualización del icono. La secuencia de solicitudes es:

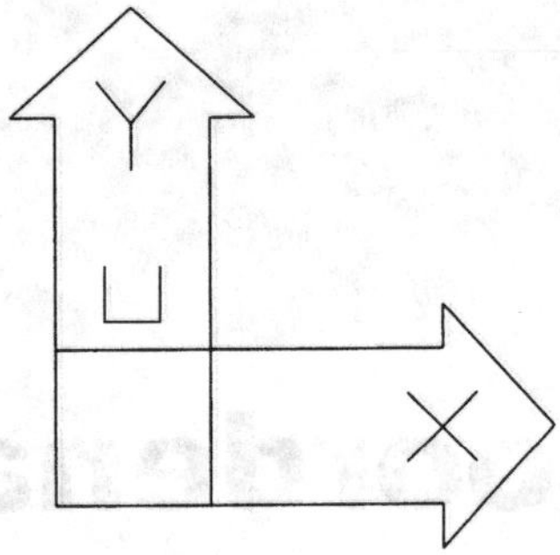

Figura 8.1. *Icono del sistema de coordenadas universales (SCU).*

Comando: **SIMBSCP**
Indique una opción [ACT/DES/Todas/Sin origen/Origen] <ACT>:

Observe en la figura 8.2 el aspecto que presenta el icono SCP en espacio modelo y en espacio papel.

Opción ACT. Esta opción muestra el icono SCP en la ventana gráfica actual.

Comando: **SIMBSCP**
Indique una opción [ACT/DES/Todas/Sin origen/Origen] <ACT>: **ACT**

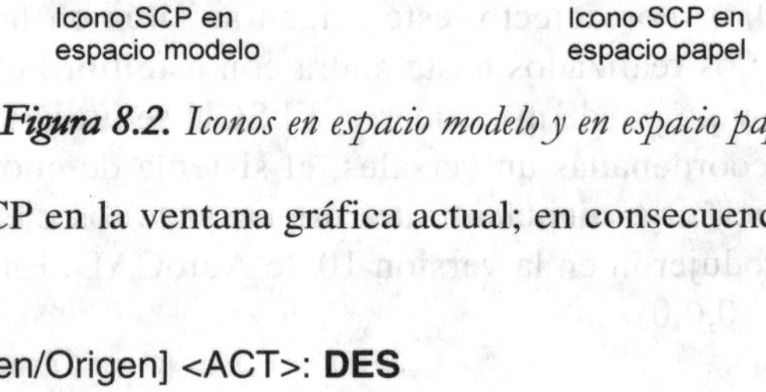

Figura 8.2. *Iconos en espacio modelo y en espacio papel.*

Opción DES. Esta opción desactiva el icono SCP en la ventana gráfica actual; en consecuencia, el icono quedará oculto.

Indique una opción [ACT/DES/Todas/Sin origen/Origen] <ACT>: **DES**

Opción Todas. Esta opción permite cambiar los iconos SCP en todas las ventanas gráficas activas. Normalmente, los cambios sólo afectan al icono de la ventana gráfica actual. Por ejemplo, para activar los iconos SCP en todas las ventanas gráficas, la secuencia de solicitudes es:

Indique una opción [ACT/DES/Todas/Sin origen/Origen] <ACT>: **T**
Indique una opción [ACT/DES/Sin origen/Origen] <ACT>: **ACT**

Opción Sin origen. Hace que AutoCAD muestre el icono (de estar activado) en la esquina inferior izquierda de la ventana gráfica, cualquiera que sea la posición del origen del SCP actual. Esta es una opción predeterminada.

Indique una opción [ACT/DES/Todas/Sin origen/Origen] <ACT>: **S**

Opción Origen. Esta opción hace que AutoCAD muestre el icono SCP (de estar activado) en el origen (0,0,0) del sistema de coordenadas actual. Si el origen se encuentra fuera de la ventana gráfica o si no es posible situar el icono sin que parte de él quede fuera de la ventana, AutoCAD colocará el icono SCP en la esquina inferior izquierda de la ventana gráfica. En ocasiones, la dirección de mira puede ser paralela al plano XY del SCP actual (o formar hasta 1 grado con respecto a él). En tales casos, AutoCAD reemplaza el icono SCP por un icono de lápiz roto; de esta forma se advierte que la designación de puntos con el dispositivo señalador se hace más complicada.

Indique una opción [ACT/DES/Todas/Sin origen/Origen] <ACT>: **O**

Si desea situar el icono SCP en el origen, también puede elegir la opción **Visualización > Icono SCP > Origen** del menú **Ver**. Una marca de verificación junto a esta opción indica que AutoCAD mostrará el icono SCP en el origen del sistema de coordenadas. La variable de sistema **UCSORG** almacena el valor del origen del SCP actual. Cada ventana gráfica puede utilizar un SCP distinto si la variable de sistema **UCSVP** está definida en 1. Si modifica el SCP de la ventana gráfica actual, los SCP de las restantes ventanas activas permanecerán intactos (siempre que la variable **UCSVP** esté definida en 1).

EL SISTEMA DE COORDENADAS PERSONALES (SCP)

El sistema de coordenadas personales (SCP) ayuda a establecer un sistema de coordenadas personalizado. Puede cambiar la ubicación del punto base del dibujo modificando la posición y orientación del sistema de coordenadas. Como ya se ha indicado, el SCU es fijo, mientras que el SCP puede desplazarse y girarse a cualquier posición para adaptarlo a la forma del dibujo que esté realizando. Las modificaciones en el sistema de coordenadas quedan reflejadas en la posición y orientación del icono SCP, originalmente situado en la esquina inferior izquierda de la ventana gráfica. El SCP se utiliza principalmente en dibujos 3D, donde puede necesitar la designación de puntos cuyas coordenadas X, Y y Z varíen entre sí. También resulta de gran ayuda para reubicar el origen o para girar los ejes XY durante el trabajo en 2D.

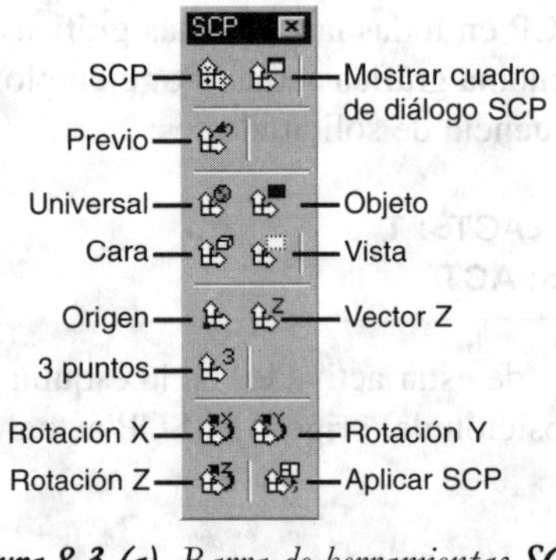

Figura 8.3 (a). Barra de herramientas SCP.

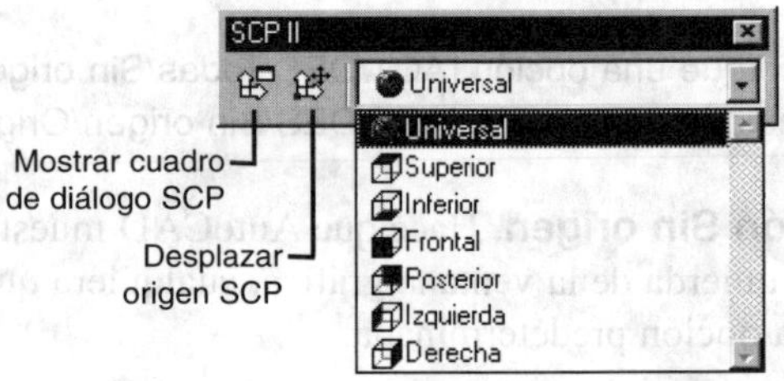

Figura 8.3 (b). Barra de herramientas SCP II.

Ejemplo 1

Para ilustrar la utilización del SCP, dibujaremos un bloque rectangular con una cara lateral inclinada y un círculo en dicha cara. El centro del círculo se sitúa a una distancia dada desde la esquina inferior izquierda del lado inclinado. Este problema puede dividirse en los siguientes pasos:

1. Dibujo de la base del bloque.
2. Dibujo de la cara superior.
3. Dibujo del resto de caras.
4. Dibujo del círculo en la cara inclinada del bloque.

Para facilitar la visualización del bloque, el objeto 3D aparece indicado en la figura 8.4. Seguiremos los pasos arriba indicados para dibujar una figura idéntica.

1. Empiece dibujando el rectángulo inferior (figura 8.5). Inicie el comando **LINEA** y designe un punto en la pantalla para dibujar la primera línea. Dibuje el resto de líneas para completar el rectángulo. A continuación se indica la secuencia de solicitudes:

   Comando: **LINEA**
   Precise primer punto: **20,20**
   Precise punto siguiente o [desHacer]: **@44,0**
   Precise punto siguiente o [desHacer]: **@0,26**
   Precise punto siguiente o [Cerrar/desHacer]: **@-44,0**
   Precise punto siguiente o [Cerrar/desHacer]: **C**

2. La esquina del rectángulo superior del bloque puede establecerse con el SCU, si bien quizá resulte algo difícil localizar los puntos, pues cada uno de ellos debe referirse respecto al origen. Con coordenadas relativas debe tener en cuenta la componente Z. Puede resolver este problema fácilmente gracias al SCP, sin más que desplazar el origen del sistema de coordenadas a un plano 28.9 unidades por encima y paralelo al plano inferior. Para lograrlo, utilice el coman-

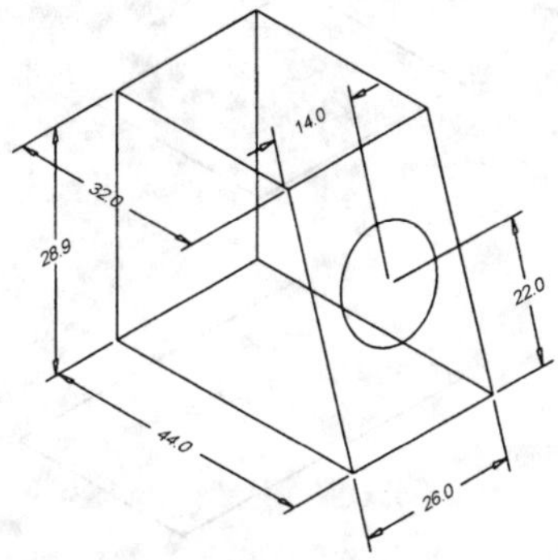

Figura 8.4. Modelo tridimensional a dibujar.

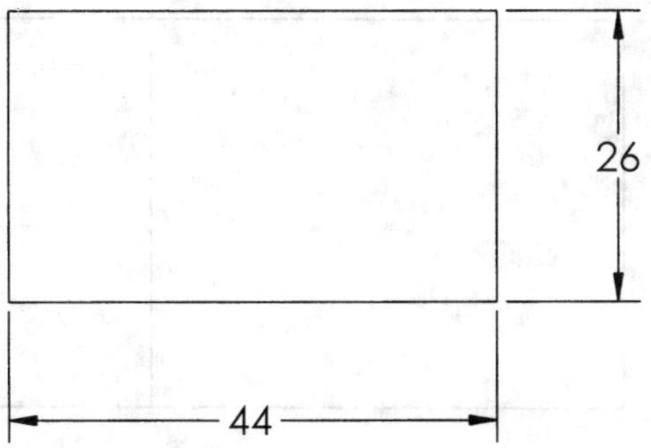

Figura 8.5. Dibujo del rectángulo inferior.

do SCP (descrito en detalle más adelante). Una vez fijado el nuevo origen, será mucho más fácil dibujar la cara superior, pues el plano de dibujo se hallará 28.9 unidades por encima del plano en el que se encuentra la cara inferior (la distancia entre las caras superior e inferior es de 28.9 unidades). La secuencia de solicitudes es:

Comando: **SCP**
Nombre de scp actual: *UNIVERSAL*
Indique una opción
[Nuevo/DEsplazar/Ortogonal/PRev/Rest/Guardar/Supr/Aplicar/?/Univ] <Univ>: **N**
Precise origen de nuevo SCP o [ejEZ/3p/oBjeto/Cara/Vista/X/Y/Z] <0,0,0>: **0,0,28.9**

Una vez modificado el SCP, dibujaremos el rectángulo superior (figura 8.6):

Comando: **LINEA**
Precise primer punto: **20,20**
Precise punto siguiente o [desHacer]: **@32,0**
Precise punto siguiente o [desHacer]: **@0,26**
Precise punto siguiente o [Cerrar/desHacer]: **@-32,0**
Precise punto siguiente o [Cerrar/desHacer]: **C**

3. Como está observando el dibujo desde arriba, los tres lados de la cara superior se superponen a los lados correspondientes de la cara inferior; por este motivo, no es posible ver las tres caras verticales. Una vez dibujadas las caras superior e inferior, puede utilizar el comando **PTOVISTA** (descrito con detalle en el próximo capítulo) para obtener una vista más clara de la forma tridimensional del modelo (figura 8.7):

Comando: **PTOVISTA**
*** Cambiando al SCU ***
Dirección de vista actual: VIEWDIR=0.0000,0.0000,1.0000
Precise un punto de vista o [Rotación] <muestra brújula y trípode>: **1,-1,1**

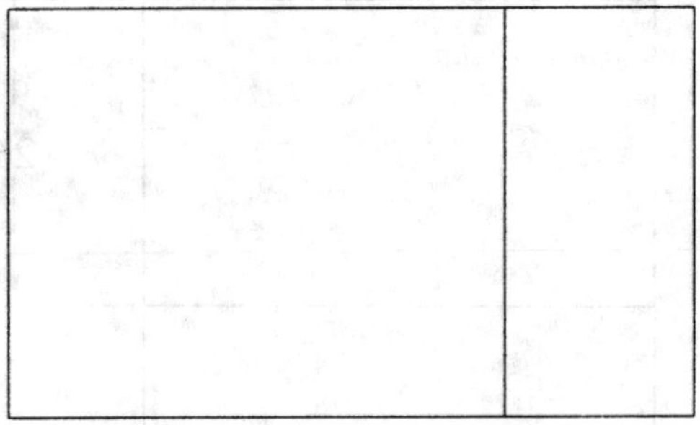

Figura 8.6. Dibujo del rectángulo superior.

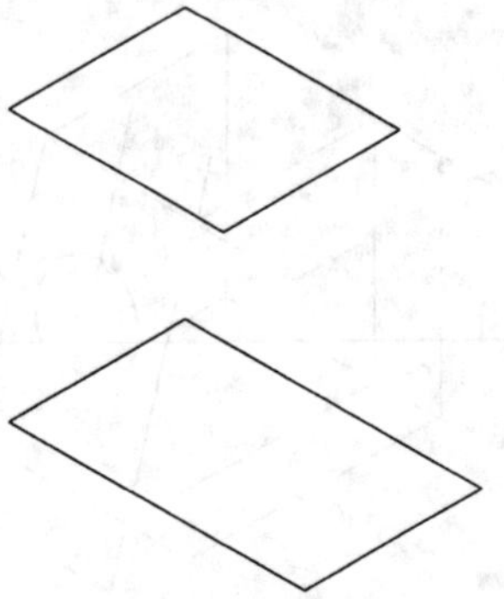

Figura 8.7. Cambio del punto de vista.

Una las esquinas correspondientes de los rectángulos superior e inferior (figura 8.8). Utilice el comando **LINEA** para dibujar las aristas. Puede configurar la referencia a objetos en ejecución Punto final o Intersección para designar los puntos.

4. El último paso consiste en dibujar el círculo en la cara inclinada del modelo (figura 8.9). Para conseguirlo, deberá establecer la superficie inclinada como plano actual de dibujo. Utilice para ello la opción **3p** del comando **SCP** (descrito más adelante en este capítulo). La secuencia de solicitudes es:

Comando: **SCP**
Nombre de scp actual: *SIN NOMBRE*
Indique una opción
[Nuevo/DEsplazar/Ortogonal/PRev/Rest/Guardar/Supr/Aplicar/?/Univ] <Univ>: **N**
Precise origen de nuevo SCP o [ejEZ/3p/oBjeto/Cara/Vista/X/Y/Z] <0,0,0>: **3**
Precise nuevo punto de origen <0,0,0>: *Utilice la referencia a objetos Intersección para designar la esquina inferior izquierda de la cara inclinada (P1) como punto de origen.*
Precise punto en parte positiva del eje X <84.0000,20.0000,-28.9000,>: *Utilice la referencia a objetos Intersección para designar la esquina inferior derecha de la cara inclinada (P2).*
Precise punto en parte Y positiva del plano XY del SCP <44.0000,20.0000,-28.9000>: *Utilice la referencia a objetos Intersección para* designar la esquina superior izquierda de la cara inclinada (P3).

Una vez alineado el plano actual de dibujo con la superficie inclinada, puede dibujar el círculo. Sabemos que los puntos designados en el plano XY actual se situarán en el plano de la superficie inclinada a partir de su esquina inferior izquierda. Precise de esta forma el centro del círculo y dibújelo. La secuencia de comandos es:

Comando: **CIRCULO**
Precise punto central para círculo o [3P/2P/Ttr (tangente tangente radio)]: **14,22**
Precise radio de círculo o [Diámetro]: *Precise el radio deseado.*

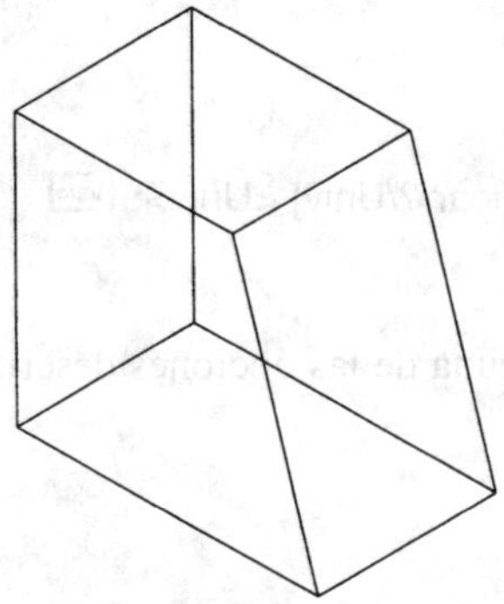

Figura 8.8. Unión de las esquinas correspondientes.

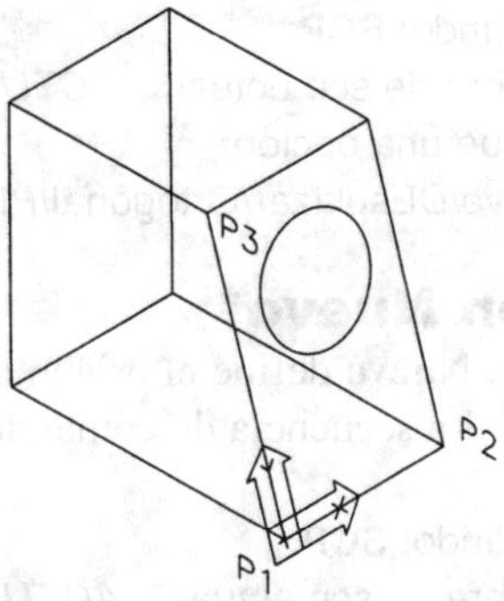

Figura 8.9. Ubicación del icono SCP y dibujo del círculo.

Gracias al sistema de coordenadas personales, el círculo puede situarse sobre el plano de la superficie inclinada sin más que indicar un desplazamiento respecto a los ejes X e Y del SCP actual.

COMANDO SCP

Barra de herramientas:	SCP >SCP
Menú:	Herramientas > SCP nuevo
Comando:	SCP

Tal como se ha explicado ya, el SCU es fijo, mientras que el SCP permite configurar un sistema de coordenadas personalizado. Para determinadas vistas de un dibujo, resulta mejor situar el origen de las medidas en algún otro punto en relación con los objetos del dibujo. Esto facilita la localización de puntos y la acotación de los objetos. El origen y la orientación del sistema de coordenadas pueden redefinirse con el comando **SCP**. La secuencia de solicitudes es:

Comando: **SCP**
Nombre de scp actual: **ACTUAL**
Indique una opción
[Nuevo/DEsplazar/Ortogonal/PRev/Rest/Guardar/Supr/Aplicar/?/Univ] <Univ>: *Indique una opción.*

Si la variable de sistema **UCSFOLLOW** está definida en 0, ningún cambio efectuado en el SCP afectará a la vista actual del dibujo.

Opción Univ

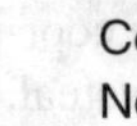

Con esta opción puede devolver el SCP al sistema de coordenadas universales. Para utilizar esta opción, haga clic en el botón **Universal** de la barra de herramientas **SCP** o elija **Universal** en el botón desplegable **SCP** de la barra de herramientas **Estándar**. Si lo prefiere, puede elegir **SCP nuevo > Universal** en el menú **Herramientas**. También puede pulsar **INTRO** o indicar **U** tras la solicitud principal del comando **SCP**:

Comando: **SCP**
Nombre de scp actual: **ACTUAL**
Indique una opción
[Nuevo/DEsplazar/Ortogonal/PRev/Rest/Guardar/Supr/Aplicar/?/Univ] <Univ>: Intro

Opción Nuevo*

La opción **Nuevo** define el origen de un nuevo SCP según alguna de las opciones descritas a continuación. La secuencia de comandos es:

Comando: **SCP**
Nombre de scp actual: **ACTUAL**
Indique una opción
[Nuevo/DEsplazar/Ortogonal/PRev/Rest/Guardar/Supr/Aplicar/?/Univ] <Univ>: **N**
Precise origen de nuevo SCP o [ejEZ/3p/oBjeto/Cara/Vista/X/Y/Z] <0,0,0>:

Opción Origen

Con esta opción puede cambiar el origen del SCP actual para definir un nuevo SCP (figura 8.10). AutoCAD no modifica las direcciones de los ejes X, Y y Z. Para ejecutar esta opción, haga clic en el botón **Origen** de la barra de herramientas **SCP** o elija **Origen** en el botón desplegable **SCP** de la barra de herramientas **Estándar**. Si lo prefiere, elija la opción **SCP nuevo > Origen** del menú **Herramientas** o siga la siguiente secuencia de solicitudes:

Comando: **SCP**
Nombre de scp actual: **ACTUAL**
Indique una opción
[Nuevo/DEsplazar/Ortogonal/PRev/Rest/Guardar/Supr/Aplicar/?/Univ] <Univ>: **N**
Precise origen de nuevo SCP o [ejEZ/3p/oBjeto/Cara/Vista/X/Y/Z] <0,0,0>: *Precise un punto como nuevo origen de coordenadas. (Por ejemplo, P4 en la figura 8.10.)*

Tras la solicitud Precise origen de nuevo SCP o [ejEZ/3p/oBjeto/Cara/Vista/X/Y/Z] <0,0,0>:, precise cualquier punto respecto al SCP actual. Dicho punto se convertirá en el nuevo origen de coordenadas. Por ejemplo, si desea precisar el nuevo origen en el punto (2,1,0) con respecto al SCP actual, indique **2,1,0** tras la solicitud Precise origen de nuevo SCP o [ejEZ/3p/oBjeto/Cara/Vista/X/Y/Z] <0,0,0>:. También puede designar un punto con el dispositivo señalador para determinar la ubicación del nuevo origen. En el ejemplo de la figura 8.10, repita el comando y designe el punto P3 como nuevo origen.

Nota

Si no indica una coordenada Z para el origen, AutoCAD asumirá como coordenada Z el valor de la elevación actual.

Opción ejEZ

Con esta opción del comando **SCP** puede cambiar el sistema de coordenadas precisando el origen y un punto correspondiente a la dirección positiva del eje Z (figura 8.11). A partir

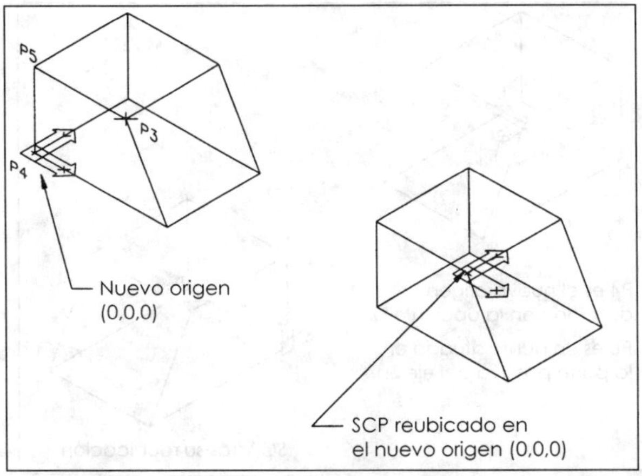

Figura 8.10. *Reubicación del origen con la opción* ***Origen.***

de estos datos AutoCAD deduce los ejes X e Y del nuevo sistema de coordenadas. Para ejecutar esta opción, haga clic en el botón **Vector Z** de la barra de herramientas **SCP** o elija **Vector Z** en el botón desplegable **SCP** de la barra de herramientas **Estándar**. También puede elegir **SCP nuevo > Vector Z** en el menú **Herramientas** o indicar **EZ** tras la siguiente solicitud:

Comando: **SCP**
Nombre de scp actual: **ACTUAL**
Indique una opción
[Nuevo/DEsplazar/Ortogonal/PRev/Rest/Guardar/Supr/Aplicar/?/Univ] <Univ>: **N**
Precise origen de nuevo SCP o [ejEZ/3p/oBjeto/Cara/Vista/X/Y/Z] <0,0,0>: **EZ**
Precise nuevo punto de origen <0,0,0>: *Precise el punto de origen. (Por ejemplo, P4 en la figura 8.11.)*
Precise punto en parte positiva del eje Z <*actual*>: *Precise un punto en la dirección positiva del eje Z. (P6 en la figura 8.10.)*

Si da respuesta nula a la solicitud Precise punto en parte positiva del eje Z <*actual*>:, el eje Z del nuevo sistema de coordenadas será paralelo al eje Z del sistema de coordenadas anterior. Si da respuesta nula tanto al origen como a la parte positiva del eje Z, establecerá un nuevo SCP cuyo eje Z tendrá la misma dirección que la del anterior sistema de coordenadas, si bien podrá rotar los ejes X e Y en torno al eje Z. La dirección positiva del eje Z se conoce también como dirección de extrusión. En la figura 8.11, se ha indicado un origen y un punto en la parte positiva del eje Z para reubicar el SCP.

Opción 3p

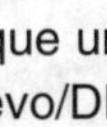

Con esta opción puede establecer un nuevo sistema de coordenadas a partir de un nuevo origen, un punto en el eje X positivo y otro punto en el eje Y positivo (figura 8.12). AutoCAD determina la dirección del eje Z con la regla de la mano derecha. Alinee el pulgar con la dirección positiva del eje X y el índice con la dirección positiva del eje Y. A continuación, oriente su dedo corazón de forma que sea perpendicular al pulgar y al índice. El dedo corazón

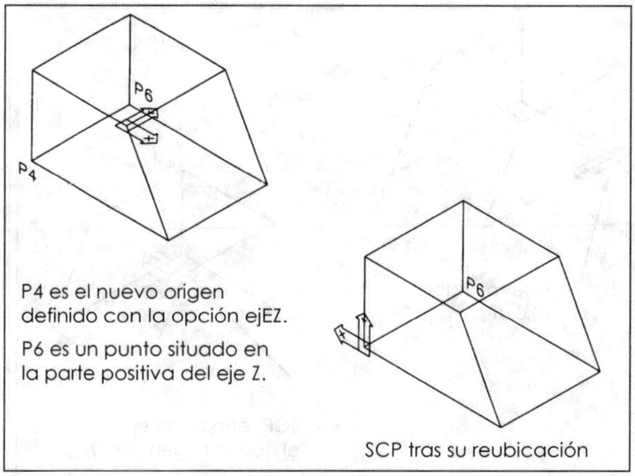

Figura 8.11. Reubicación del SCP con la opción ejEZ.

indicará la dirección positiva del eje Z. La opción **3p** del comando **SCP** cambia la orientación del SCP para adaptarlo a cualquier superficie en ángulo. Para ejecutar esta opción, haga clic en el botón **3 puntos** de la barra de herramientas **SCP** o elija **3 puntos** en el botón desplegable **SCP** de la barra de herramientas **Estándar**. También puede elegir **SCP nuevo > 3 puntos** en el menú **Herramientas** o indicar **3** tras la siguiente solicitud:

> Comando: **SCP**
> Nombre de scp actual: **ACTUAL**
> Indique una opción
> [Nuevo/DEsplazar/Ortogonal/PRev/Rest/Guardar/Supr/Aplicar/?/Univ] <Univ>: **N**
> Precise origen de nuevo SCP o [ejEZ/3p/oBjeto/Cara/Vista/X/Y/Z] <0,0,0>: **3**
> Precise nuevo punto de origen <0,0,0>: Precise el origen.
> Precise punto en parte positiva del eje X *<actual>*: *Precise un punto en el eje X positivo.*
> Precise punto en parte Y positiva del plano XY del SCP *<actual>*: *Precise un punto en el eje Y positivo.*

Si da una respuesta nula a la solicitud Precise nuevo punto de origen <0,0,0>:, creará un SCP cuyo origen coincidirá con el del sistema de coordenadas anterior. De igual forma, una respuesta nula tras la solicitud de puntos para los ejes X e Y dará lugar a un SCP cuyos ejes X e Y serán paralelos a los del sistema de coordenadas anterior. En la figura 8.12, se han precisado tres puntos para reubicar el SCP.

Opción oBjeto

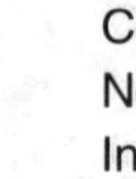

La opción **oBjeto** del comando **SCP** permite crear un nuevo sistema de coordenadas a partir de la orientación de un objeto. Puede designar cualquier objeto de AutoCAD, a excepción de polilíneas 3D, sólidos 3D, mallas 3D, objetos de ventana gráfica, textoM, líneasx, rayos, directrices, elipses, regiones o splines. AutoCAD orientará el eje Z del nuevo SCP según la dirección positiva del eje Z en el objeto seleccionado. A partir de los ejes X y Z, el eje Y se calcula con la regla

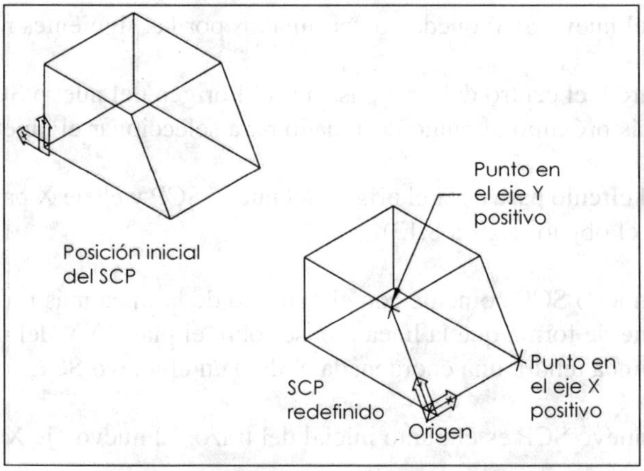

Figura 8.12. Reubicación del SCP con la opción 3p.

de la mano derecha. Para ejecutar esta opción, haga clic en el botón **Objeto** de la barra de herramientas **SCP** o elija **Objeto** en el botón desplegable **SCP** de la barra de herramientas **Estándar**. También puede elegir **SCP nuevo > Objeto** en el menú **Herramientas** o indicar **B** tras la siguiente solicitud:

Comando: **SCP**
Nombre de scp actual: **ACTUAL**
Indique una opción
[Nuevo/DEsplazar/Ortogonal/PRev/Rest/Guardar/Supr/Aplicar/?/Univ] <Univ>: **N**
Precise origen de nuevo SCP o [ejEZ/3p/oBjeto/Cara/Vista/X/Y/Z] <0,0,0>: **B**
Designe el objeto a alinear con el SCP: *Designe un objeto.*

En la figura 8.13, el SCP se ha alineado según el círculo con la opción **oBjeto**.

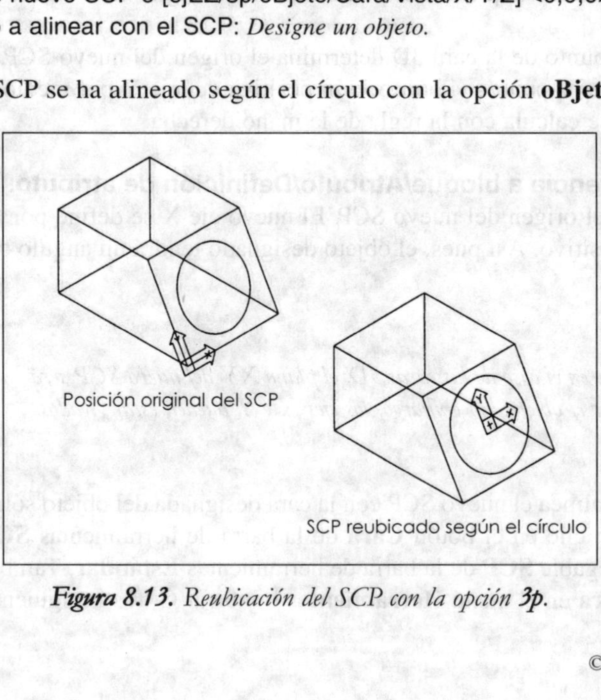

Figura 8.13. Reubicación del SCP con la opción 3p.

El origen y el eje X del nuevo SCP quedan determinados por las siguientes reglas:

Arco. Si designa un arco, el centro del arco pasa a ser el origen del nuevo SCP. El eje X atraviesa el extremo del arco más próximo al punto designado para seleccionar el objeto.

Círculo. El centro del círculo pasa a ser el origen del nuevo SCP y el eje X pasa por el punto designado para seleccionar el objeto (figura 8.13).

Línea. El origen del nuevo SCP coincide con el extremo de la línea más próximo al punto designado. El eje X se define de forma que la línea repose sobre el plano XY del nuevo SCP. Por tanto, el otro extremo de la línea tendrá una coordenada Y de 0 en el nuevo SCP.

Trazo. El origen del nuevo SCP es el punto inicial del trazo. El nuevo eje X coincide con la línea de centro del trazo.

Cota. El punto medio del texto de cota pasa a ser el nuevo origen. La dirección del eje X coincide con la del eje X del SCP que era actual al crear la cota.

Punto. La posición del punto pasa a ser el nuevo origen.

Sólido. El origen del nuevo SCP es el primer punto del sólido. El eje X del nuevo SCP coincide con la línea que une el primer y el segundo punto del sólido.

Polilínea 2D. El punto inicial de la polilínea se considera origen del nuevo SCP. El eje X se extiende a lo largo de la línea que une el punto inicial y el siguiente vértice.

Cara 3D. El primer punto de la cara 3D determina el origen del nuevo SCP. El eje X queda definido por los dos primeros puntos y la dirección positiva del eje Y por medio de los puntos primero y cuarto. El eje Z se calcula con la regla de la mano derecha.

Forma/Texto/Referencia a bloque/Atributo/Definición de atributo. El punto de inserción del objeto pasa a ser el origen del nuevo SCP. El nuevo eje X se define por la rotación del objeto en torno a su eje Z positivo. Así pues, el objeto designado tendrá un ángulo de rotación de cero en el nuevo SCP.

Nota

A excepción de en el caso de las caras 3D, el plano XY del nuevo SCP será paralelo al plano XY existente al dibujar el objeto; sin embargo, los ejes X e Y pueden estar girados.

Opción Cara*

Esta opción alinea el nuevo SCP con la cara designada del objeto sólido. Para ejecutar esta opción, haga clic en el botón **Cara** de la barra de herramientas **SCP** o elija **Cara** en el botón desplegable **SCP** de la barra de herramientas **Estándar**. También puede elegir **SCP nuevo > Cara** en el menú **Herramientas** o indicar **C** tras la siguiente solicitud:

Comando: **SCP**
Nombre de scp actual: **ACTUAL**
Indique una opción
[Nuevo/DEsplazar/Ortogonal/PRev/Rest/Guardar/Supr/Aplicar/?/Univ] <Univ>: **N**
Precise origen de nuevo SCP o [ejEZ/3p/oBjeto/Cara/Vista/X/Y/Z] <0,0,0>: **C**
Designe la cara del objeto sólido: *Designe el contorno o la arista de la cara a seleccionar.*
Indique una opción [Siguiente/volverX/volverY] <aceptar>:

La opción **Siguiente** sitúa el nuevo SCP en función de la cara adyacente o posterior a la arista designada. La opción **volverX** gira el SCP 180 grados en torno al eje X y **volverY** lo gira 180 grados en torno al eje Y. Pulse INTRO tras la solicitud Indique una opción [Siguiente/volverX/volverY] <aceptar>: para aceptar la ubicación del nuevo SCP.

Opción Vista*

La opción **Vista** del comando **SCP** permite definir un nuevo SCP cuyo plano XY será perpendicular a la dirección de mira actual. En otras palabras, el nuevo plano XY será paralelo a la pantalla. El origen del SCP definido seguirá siendo el mismo. Esta opción se utiliza principalmente para ver un dibujo desde una dirección de visualización oblicua. Para ejecutar esta opción, haga clic en el botón **Vista** de la barra de herramientas **SCP** o elija **Vista** en el botón desplegable **SCP** de la barra de herramientas **Estándar**. También puede elegir **SCP nuevo > Vista** en el menú **Herramientas** o indicar **V** tras la siguiente solicitud:

Comando: **SCP**
Nombre de scp actual: **ACTUAL**
Indique una opción
[Nuevo/DEsplazar/Ortogonal/PRev/Rest/Guardar/Supr/Aplicar/?/Univ] <Univ>: **N**
Precise origen de nuevo SCP o [ejEZ/3p/oBjeto/Cara/Vista/X/Y/Z] <0,0,0>: **V**

Nota

*A menudo resulta más fácil utilizar las opciones **oBjeto** o **Vista** para establecer la orientación y la opción **Origen** para determinar su posición en lugar de configurar a la vez ambos valores con otras opciones del comando SCP.*

Opciones X/Y/Z*

Con estas opciones podrá girar el SCP actual en torno al eje deseado.

Comando: **SCP**
Nombre de scp actual: **ACTUAL**
Indique una opción
[Nuevo/DEsplazar/Ortogonal/PRev/Rest/Guardar/Supr/Aplicar/?/Univ] <Univ>: **N**
Precise origen de nuevo SCP o [ejEZ/3p/oBjeto/Cara/Vista/X/Y/Z] <0,0,0>: *Indique X, Y o Z según cual sea el eje en torno al cual desee rotar el SCP.*
Precise ángulo de rotación sobre eje Z <90>: *Precise el ángulo de rotación respecto al eje seleccionado.*

Puede precisar el ángulo indicando un valor tras la solicitud Precise ángulo de rotación sobre eje Z <90>:. Si lo prefiere, designe dos puntos en la pantalla para definir el ángulo con la ayuda de un dispositivo señalador. El ángulo puede ser positivo o negativo. Dicho ángulo se medirá a partir del eje X del SCP actual. La variable de sistema **UCSAXISANG** almacena el ángulo predeterminado para la rotación con las opciones **X**, **Y** o **Z** del comando **SCP**. La regla de la mano derecha permite calcular la dirección positiva de rotación en torno a un eje. Como ya se ha indicado, la regla de la mano derecha nos dice que si toma con la mano derecha el eje respecto al que desea efectuar la rotación (con el dedo pulgar apuntando en la dirección positiva de dicho eje), la dirección del resto de dedos de la mano determina el ángulo positivo de rotación.

En la figura 8.14, el SCP se ha reubicado con la opción **X** según un ángulo de 90 grados. La parte izquierda muestra el SCP anterior y la parte derecha el SCP tras utilizar la opción **X**. La secuencia de solicitudes es:

Comando: **SCP**
Nombre de scp actual: **ACTUAL**
Indique una opción
[Nuevo/DEsplazar/Ortogonal/PRev/Rest/Guardar/Supr/Aplicar/?/Univ] <Univ>: **N**
Precise origen de nuevo SCP o [ejEZ/3p/oBjeto/Cara/Vista/X/Y/Z] <0,0,0>: **X**
Precise ángulo de rotación sobre eje X <*actual*>: **90**

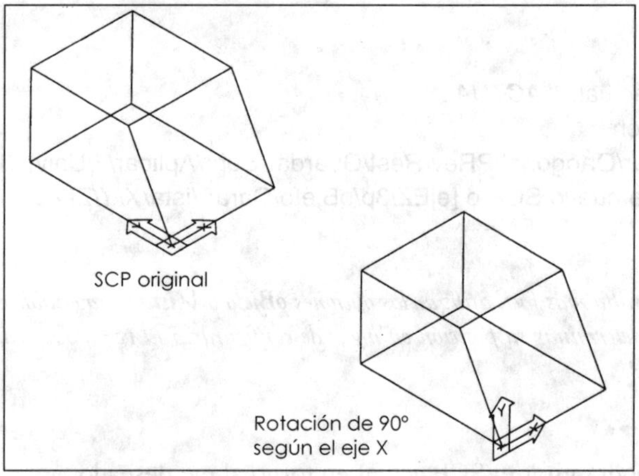

Figura 8.14. *Rotación del SCP respecto al eje X con la opción X.*

En la figura 8.15, el SCP se ha reubicado con la opción **Y** según un ángulo de 90 grados. La parte izquierda muestra el SCP anterior y la parte derecha el SCP tras utilizar la opción **Y**. La secuencia de solicitudes es:

Comando: **SCP**
Nombre de scp actual: **ACTUAL**
Indique una opción

[Nuevo/DEsplazar/Ortogonal/PRev/Rest/Guardar/Supr/Aplicar/?/Univ] <Univ>: **N**
Precise origen de nuevo SCP o [ejEZ/3p/oBjeto/Cara/Vista/X/Y/Z] <0,0,0>: **Y**
Precise ángulo de rotación sobre eje Y <*actual*>: **90**

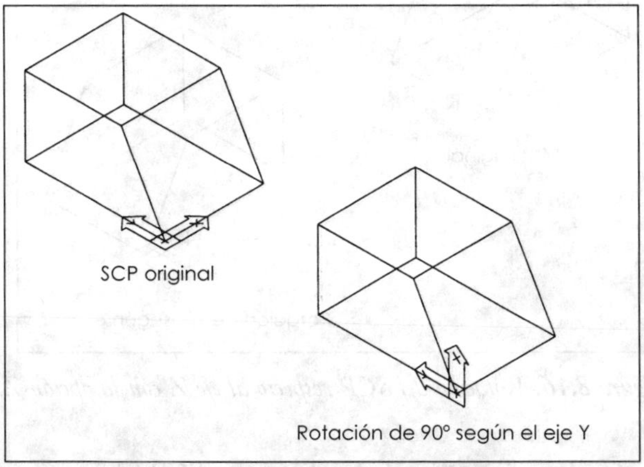

Figura 8.15. *Rotación del SCP respecto al eje Y con la opción Y.*

En la figura 8.16, el SCP se ha reubicado con la opción **Z** según un ángulo de 90 grados. La parte izquierda muestra el SCP anterior y la parte derecha el SCP tras utilizar la opción **X**. La secuencia de solicitudes es:

Comando: **SCP**
Nombre de scp actual: **ACTUAL*
Indique una opción
[Nuevo/DEsplazar/Ortogonal/PRev/Rest/Guardar/Supr/Aplicar/?/Univ] <Univ>: **N**
Precise origen de nuevo SCP o [ejEZ/3p/oBjeto/Cara/Vista/X/Y/Z] <0,0,0>: **Z**
Precise ángulo de rotación sobre eje Z <*actual*>: **90**

Opción DEsplazar*

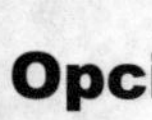

Esta opción redefine el SCP al desplazar el origen cierta distancia en la dirección positiva o negativa del eje Z con respecto al origen del SCP actual. La orientación del plano XY continuará siendo la misma. Para ejecutar esta opción, haga clic en el botón **Desplazar origen SCP** de la barra de herramientas **SCP II**. También puede elegir **Desplazar SCP** en el menú **Herramientas** o indicar **DE** tras la siguiente solicitud:

Comando: **SCP**
Nombre de scp actual: **ACTUAL*
Indique una opción
[Nuevo/DEsplazar/Ortogonal/PRev/Rest/Guardar/Supr/Aplicar/?/Univ] <Univ>: **DE**
Precise nuevo punto de origen o [profundidadZ]<0,0,0>: Precise un punto o indique un valor con el que se desplazará el SCP a lo largo del eje Z.

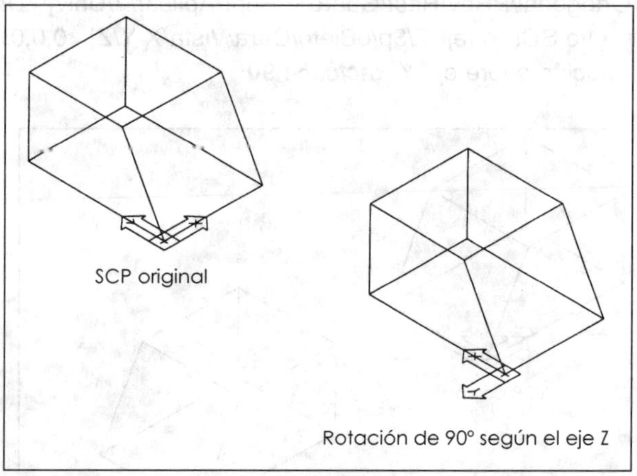

Figura 8.16. Rotación del SCP respecto al eje Z con la opción Z.

La opción **Nuevo punto de origen** desplaza el origen SCP al punto precisado. La opción **profundidadZ** determina la distancia de desplazamiento del origen SCP a lo largo del eje Z. Si utiliza la opción **DEsplazar** en el caso de que disponga de varias ventanas gráficas, el cambio sólo afecta al SCP de la ventana gráfica actual.

Opción Ortogonal

Esta opción permite configurar como actual cualquiera de los seis SCP ortogonales proporcionados por AutoCAD. Los SCP ortogonales son: **Superior**, **Inferior**, **Frontal**, **Posterior**, **Izquierda** y **Derecha**. Puede precisar alguno de estos SCP con el cuadro de lista desplegable de la barra de herramientas **SCP II**. Los SCP ortogonales se utilizan normalmente durante la visualización y edición de modelos. También puede seleccionar cualquiera de los SCP ortogonales a través de la ficha **SCP ortogonales** del cuadro de diálogo **SCP**; seleccione algún SCP de la lista y haga clic en **Definir actual** para aplicarlo. También puede elegir **SCP ortogonal** en el menú **Herramientas** o indicar **O** tras la siguiente solicitud:

Comando: **SCP**
Nombre de scp actual: **ACTUAL*
Indique una opción
[Nuevo/DEsplazar/Ortogonal/PRev/Rest/Guardar/Supr/Aplicar/?/Univ] <Univ>: **O**
Indique una opción
[SUperior/Inferior/Frontal/Posterior/IZquierda/Derecha]<Superior>: *Elija el SCP ortogonal deseado.*

Los SCP ortogonales se configuran a partir del SCU. La variable de sistema **UCSBASE** determina el SCP utilizado como base para la configuración de los parámetros ortográficos. Su valor inicial es el sistema de coordenadas universales. El SCP configurado de esta forma no se guarda en la lista de SCP previos.

Opción PRev

La opción **Prev** recupera el SCP anterior. AutoCAD guarda los 10 últimos sistemas de coordenadas utilizados. Puede definir como actual la configuración utilizada anteriormente por cualquiera de estos diez últimos SCP. Si **TILEMODE** está desactivada, AutoCAD guardará los últimos 10 sistemas de coordenadas tanto en espacio papel como en espacio modelo. Para ejecutar esta opción, haga clic en el botón **Previo** de la barra de herramientas **SCP** o elija **Previo** en el botón desplegable **SCP** de la barra de herramientas **Estándar**. También puede seleccionar la opción **Previo** en el cuadro de lista desplegable de la barra de herramientas **SCP II** o con el cuadro de lista que aparece en la ficha **SCP guardados** del cuadro de diálogo **SCP**. Si utiliza el comando **SCP**, siga esta secuencia de solicitudes:

Comando: **SCP**
Nombre de scp actual: **ACTUAL**
Indique una opción
[Nuevo/DEsplazar/Ortogonal/PRev/Rest/Guardar/Supr/Aplicar/?/Univ] <Univ>: **PR**

Opción REst

Con esta opción del comando SCP podrá recuperar un SCP previamente guardado. Una vez restituido el SCP guardado, pasará a ser el actual. AutoCAD no recupera la dirección de mira del SCP guardado. Elija **SCP guardado** en el menú **Herramientas** para abrir el cuadro de diálogo **SCP** en la ficha **SCP guardados**. Esta ficha ofrece un cuadro de lista con los SCP guardados. Seleccione el SCP que desee definir como actual y haga clic en **Definir actual**. También puede restituir un SCP seleccionando su nombre en el cuadro de lista desplegable de la barra de herramientas **SCP II**. Si utiliza el comando **SCP**, siga esta secuencia de solicitudes:

Comando: **SCP**
Nombre de scp actual: **ACTUAL**
Indique una opción
[Nuevo/DEsplazar/Ortogonal/PRev/Rest/Guardar/Supr/Aplicar/?/Univ] <Univ>: **RE**

A continuación, AutoCAD mostrará la siguiente solicitud:

Indique nombre de SCP para restaurarlo o [?]: *Indique el nombre del SCP a recuperar.*

Puede obtener una lista con los nombres de los SCP guardados si indica **?** tras la solicitud anterior. AutoCAD mostrará la siguiente solicitud:

Indique nombre(s) del SCP que enumerar<*>:

Puede utilizar caracteres comodín o, si desea una lista con todos los nombres, de una respuesta nula.

Opción Guardar

Con esta opción puede nombrar y guardar el SCP actual. Tenga en cuenta lo siguiente a la hora de nombrar un SCP:

1. El nombre puede tener un máximo de 255 caracteres.
2. El nombre puede contener letras, dígitos, espacios en blanco y los caracteres especiales $ (dólar), - (guión) y _ (subrayado).

A continuación se indica la secuencia de solicitudes:

Comando: **SCP**
Nombre de scp actual: **ACTUAL**
Indique una opción
[Nuevo/DEsplazar/Ortogonal/PRev/Rest/Guardar/Supr/Aplicar/?/Univ] <Univ>: **G**

Tras la siguiente solicitud, indique un nombre válido para el SCP.

Indique nombre para guardar SCP actual o [?]:

Tal como ya se ha comentado en el caso de la opción **REst**, puede indicar **?** tras la solicitud anterior para obtener una lista de los SCP guardados. En tal caso, AutoCAD solicitará:

Indique nombre(s) del SCP que enumerar <*>: *Pulse INTRO para enumerar todos los SCP.*

Opción Supr

La opción **Supr** permite suprimir el SCP seleccionado de entre los sistemas de coordenadas guardados. Para ejecutar esta opción, indique **S** tras la siguiente solicitud:

Comando: **SCP**
Nombre de scp actual: **ACTUAL**
Indique una opción
[Nuevo/DEsplazar/Ortogonal/PRev/Rest/Guardar/Supr/Aplicar/?/Univ] <Univ>: **S**
Indique el nombre del SCP que se borrará <ninguno>:

AutoCAD suprime el SCP indicado tras la última solicitud. Para suprimir a la vez varios SCP, indique sus nombres separados por comas o utilice caracteres comodín. Si suprime un SCP que es actual, AutoCAD cambiará su nombre por **S-nombre**. En la ficha **SCP guardados** del cuadro de diálogo **SCP**, puede hacer clic con el botón derecho sobre cualquier SCP guardado para que aparezca un menú contextual. Elija **Suprimir** para borrar el SCP seleccionado.

Opción Aplicar*

La opción **Aplicar** aplica los parámetros del SCP actual a una ventana gráfica determinada o a todas las ventanas gráficas activas en una sesión de dibujo. Si la variable de sistema **UCSVP** está definida en 1, cada ventana guarda sus parámetros SCP. Para ejecutar esta opción, haga clic en el botón **Aplicar SCP** de la barra de herramientas **SCP** o elija **Aplicar SCP** en el botón desplegable **SCP** de la barra de herramientas **Estándar**. También puede elegir **SCP nuevo > Aplicar** en el menú **Herramientas**. Si utiliza el comando **SCP**, puede indicar **A** tras la siguiente solicitud:

Comando: **SCP**
Nombre de scp actual: **ACTUAL**
Indique una opción
[Nuevo/DEsplazar/Ortogonal/PRev/Rest/Guardar/Supr/Aplicar/?/Univ] <Univ>: **S**
Designe ventana en la que aplicar SCP actual o [Todas]<actual>: *Designe una ventana gráfica haciendo clic en ella, indique **T** para aplicar la configuración del SCP actual a todas las ventanas activas o pulse INTRO.*

Opción ?

Si elige esta opción, podrá obtener el nombre de un determinado SCP. Esta opción muestra el nombre, origen y ejes X Y y Z del sistema de coordenadas relativo al SCP actual. Si el SCP actual no tiene nombre, aparecerá como UNIVERSAL o SIN NOMBRE. Aparecerá uno u otro nombre según el SCP coincida o no, respectivamente, con el SCU. Para ejecutar esta opción, indique **?** tras la siguiente solicitud:

Comando: **SCP**
Nombre de scp actual: **ACTUAL**
Indique una opción
[Nuevo/DEsplazar/Ortogonal/PRev/Rest/Guardar/Supr/Aplicar/?/Univ] <Univ>: **?**
Indique nombre(s) del SCP que enumerar <*>:

UTILIZACIÓN DEL CUADRO DE DIÁLOGO SCP (COMANDO ADMINSCP)

Barra de herramientas:	SCP > Mostrar cuadro de diálogo SCP
Menú:	Herramientas > SCP guardado
Comando:	ADMINSCP

El comando **ADMINSCP** muestra el cuadro de diálogo SCP (figura 8.17). Puede utilizar este cuadro de diálogo para recuperar SCP guardados y ortogonales, para precisar el icono y los parámetros del SCP y para guardar y cambiar el nombre de los SCP. Contiene tres fichas: **SCP guardados**, **SCP ortogonales** y **Parámetros**.

Ficha SCP guardados

El cuadro de lista mostrado en la ficha SCP guardados muestra los nombres de todos los SCP definidos (guardados) en el sistema. La entrada **Universal** corresponde al sistema de coordenadas universales. Si ha definido cualquier otro SCP en la sesión de dibujo actual, podrá encontrar la entrada **Previo**. Si selecciona **Previo** y hace clic en **Aceptar**, recuperará el último SCP utilizado en la sesión de dibujo actual. Puede repetir este proceso un total de 10 veces. Si el sistema de coordenadas actual no tiene asignado ningún nombre, aparecerá la entrada **S-nombre**. Si el dibujo incluye varias ventanas gráficas con distintos SCP sin guardar, el cuadro de diálogo sólo mostrará la entrada correspondiente a la ventana actual. El sistema de coordenadas actual aparece indicado por medio de un pequeño triángulo que señala a la izquierda el nombre del SCP. El SCP actual también

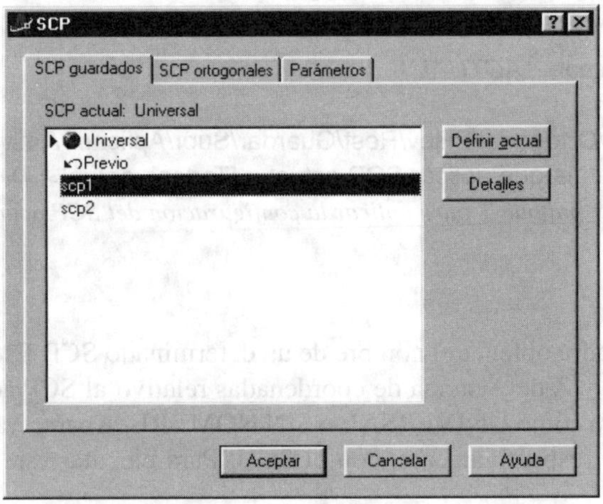

Figura 8.17. Cuadro de diálogo SCP.

aparece indicado a continuación del texto **SCP actual**, encima del cuadro de lista. Si desea convertir en actual cualquier otro sistema de coordenadas, seleccione su nombre en la lista y haga clic en **Definir actual**. Para suprimir un sistema de coordenadas, selecciónelo y haga clic con el botón derecho sobre él. Aparecerá un menú contextual con las opciones **Definir actual**, **Cambiar nombre**, **Suprimir** y **Detalles**. Elija **Suprimir** para eliminar el SCP seleccionado. Para cambiar el nombre de un sistema de coordenadas, selecciónelo y haga clic con el botón derecho sobre él; elija la opción **Cambiar nombre** del menú contextual. A continuación, indique el nombre deseado. También puede hacer doble clic sobre el nombre del SCP para modificar su nombre.

Nota

Cualquier cambio y actualización efectuada en la información de los SCP del dibujo sólo tendrá lugar tras hacer clic en el botón Aceptar.

Si desea comprobar el origen o los ejes X, Y y Z de un sistema de coordenadas, selecciónelo y haga clic en el botón **Detalles**. Aparecerá el cuadro de diálogo **Detalles sobre el SCP** (figura 8.18), el cual ofrece dicha información. También puede seleccionar el SCP deseado y elegir la opción **Detalles** de su menú contextual.

Figura 8.18. Cuadro de diálogo ***Detalles sobre el SCP****.*

Ficha SCP ortogonales

La ficha **SCP ortogonales** del cuadro de diálogo **SCP** también aparece si elige **SCP ortogonal > Predefinido** en el menú **Herramientas**. Puede seleccionar cualquiera de los SCP predefinidos que muestra la ficha **SCP ortogonales** del cuadro de diálogo **SCP** (figura 8.19). Si selecciona **Superior** y hace clic en **Definir actual**, AutoCAD creará el icono SCP en la vista superior, también conocida como vista en planta. También puede hacer doble clic sobre el nombre de cualquier SCP para convertirlo en actual. Si lo prefiere, haga clic con el botón derecho sobre el SCP deseado y elija **Definir actual** en el menú contextual. Tras el texto **SCP actual** situado sobre el cuadro de lista, aparece indicado el nombre del SCP actual. Si el SCP actual no tiene nombre, AutoCAD lo llamará **S-nombre**.

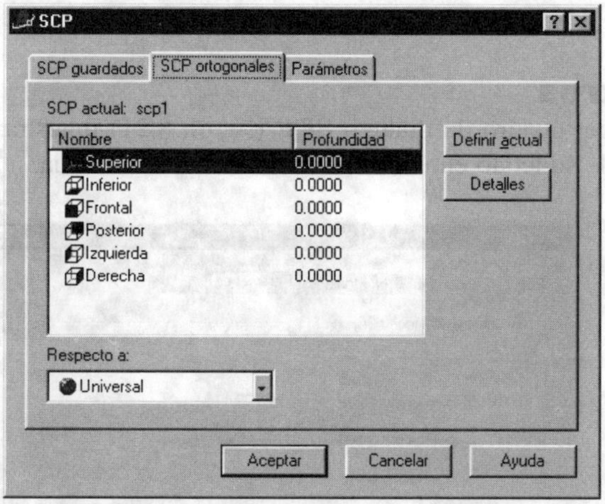

*Figura 8.19. Ficha **SCP ortogonales** del cuadro de diálogo **SCP**.*

La columna **Profundidad** de la lista ofrecida en el cuadro de diálogo muestra la distancia entre el plano XY del SCP ortográfico con respecto a un plano paralelo que atraviese el origen del SCP utilizado como base. La variable de sistema **UCSBASE** almacena el nombre del SCP cuyos parámetros se consideran como base; es decir, define el origen y la orientación. Para indicar o modificar un valor de profundidad, haga doble clic sobre la columna **Profundidad** en la fila del SCP deseado. Aparecerá el cuadro de diálogo **Profundidad del SCP ortogonal** (figura 8.20), donde podrá precisar un valor de profundidad. También puede hacer clic con el botón derecho sobre cualquier SCP ortogonal de la lista para mostrar un menú contextual. Elija **Profundidad** para que aparezca el cuadro de diálogo **Profundidad del SCP ortogonal**. Indique un valor en el cuadro de texto o haga clic en el botón **Designar nuevo origen** para precisar un nuevo origen o profundidad en la pantalla.

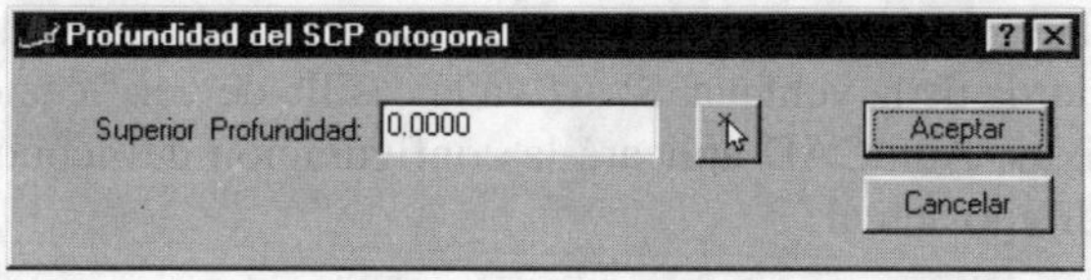

*Figura 8.20. Cuadro de diálogo **Profundidad del SCP ortogonal**.*

En la ficha **SCP ortogonales** del cuadro de diálogo **SCP**, puede optar por establecer un nuevo SCP relativo a un SCP guardado o al SCU. El cuadro de lista desplegable **Respecto a** ofrece esta posibilidad. Este cuadro incluye el nombre de todos los SCP guardados en el dibujo actual. Por defecto, **Universal** es el sistema de coordenadas de base. Si ha definido como actual cualquiera de los SCP ortogonales y selecciona un SCP distinto de **Universal** en el cuadro de lista desplegable **Respecto a**, el SCP actual pasará a llamarse **S-nombre**. Si hace clic en el botón **Detalles**, aparecerá el cuadro de diálogo **Detalles sobre el SCP** con el origen y los valores de las coordenadas X, Y y Z del SCP seleccionado. También puede elegir **Detalles** en el menú contextual que aparece al hacer clic con el botón derecho sobre un SCP de la lista. El menú contextual incluye además la opción **Restablecer**. La opción **Restablecer** devuelve el origen del SCP ortogonal seleccionado a su posición predeterminada (0,0,0).

Ficha Parámetros

La ficha **Parámetros** del cuadro de diálogo **SCP** (figura 8.21) muestra y permite modificar los parámetros del SCP y de su icono en una ventana gráfica determinada.

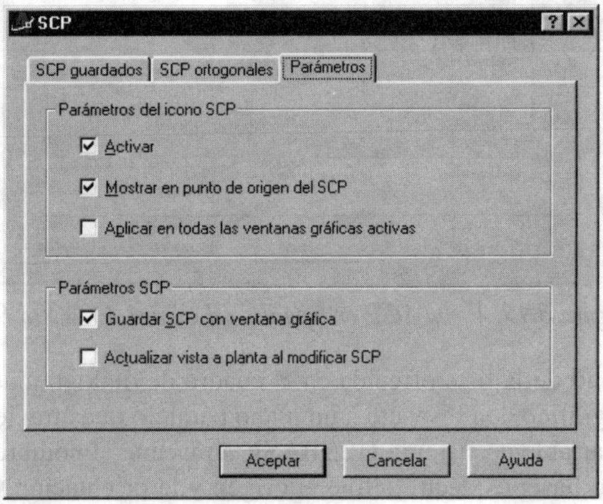

***Figura 8.21**. Ficha **Parámetros** del cuadro de diálogo **SCP**.*

Parámetros del icono SCP

Si activa la casilla de verificación **Activar**, el icono SCP aparecerá en la ventana gráfica actual. Esta opción resulta similar a utilizar el comando **SIMBSCP** para activar o desactivar la visualización del icono SCP. Si activa la casilla de verificación **Mostrar en punto de origen del SCP**, el icono SCP se situará en el origen del sistema de coordenadas utilizado en la ventana gráfica actual. Si el origen no es visible en la ventana actual o si la casilla está desactivada, el icono SCP ocupará la esquina inferior izquierda de la ventana. Si activa la casilla de verificación **Aplicar en todas las ventanas gráficas activas**, AutoCAD aplicará la configuración del icono SCP actual a todas las ventanas activas en el dibujo actual.

Parámetros SCP

Esta sección de la ficha Parámetros determina los parámetros SCP para la ventana gráfica actual. Si activa la casilla de verificación **Guardar SCP con ventana gráfica**, AutoCAD guardará el SCP con la ventana gráfica. El valor se almacena en la variable de sistema **UCSVP**. Al desactivar esta casilla, la variable **UCSVP** queda definida en 0 y el SCP de la ventana gráfica refleja el SCP de la ventana gráfica actual. Si activa la casilla de verificación **Actualizar vista a planta al modificar SCP**, AutoCAD recupera la vista en planta cuando el SCP de la ventana gráfica actual cambia. Esta opción se almacena en la variable de sistema **UCSFOLLOW**.

VARIABLES DE SISTEMA

La variable de sistema **UCSORG** almacena las coordenadas del origen correspondiente al SCP actual. Las direcciones de los ejes X e Y del SCP actual se almacenan, respectivamente, en las variables de sistema **UCSXDIR** y **UCSYDIR**. La variable de sistema **UCSNAME** conserva el nombre del SCP actual. Todas estas variables son de sólo lectura. Si el SCP coincide con el SCU, la variable de sistema **WORLDUCS** queda definida en 1; en cualquier otro caso, toma el valor de 0. Los parámetros del icono SCP actual pueden examinarse y modificarse con la ayuda de la variable de sistema **UCSICON**. Esta variable conserva los parámetros del icono SCP de la ventana gráfica actual. Si hay más de una ventana gráfica activa, cada una puede tener un valor distinto para la variable **UCSICON**. En espacio papel, la variable **UCSICON** contiene los parámetros del icono SCP en espacio papel. La variable de sistema **UCSFOLLOW** controla la visualización automática de la vista en planta al cambiar de un SCP a otro. Si **UCSFOLLOW** está definida en 1, AutoCAD mostrará la vista en planta inmediatamente después de cambiar de SCP. La variable de sistema **UCSAXISANG** almacena el ángulo predeterminado para los ejes X, Y y Z según el cual rotará el SCP al utilizar las opciones **X**, **Y** o **Z** de la opción **Nuevo** en el comando **SCP**. La variable de sistema **UCSBASE** almacena el nombre del SCP que actúa como base; es decir, define el origen y orientación de los SCP ortogonales. La variable de sistema **UCSVP** determina si los parámetros SCP se guardan o no con la ventana gráfica.

Test de autoevaluación

Conteste a las siguientes preguntas y compare sus respuestas con las respuestas correctas mostradas al final del capítulo.

1. Al entrar en el entorno de AutoCAD, el ____________________ se establece como sistema de coordenadas predeterminado.

2. El sistema de coordenadas __________ puede desplazarse y rotarse a cualquier posición.

3. El comando _________ controla la visualización del icono SCP.

4. El icono SCP sólo permite recordar la posición del origen SCP. (V/F)

5. La opción __________ del comando **SIMBSCP** activa (muestra) el icono SCP en la ventana gráfica actual.

6. Con la opción __________ del comando **SIMBSCP** pueden efectuarse los cambios en los iconos de todas las ventanas gráficas activas.

7. La opción **Origen** del comando **SIMBSCP** hace que AutoCAD muestre el icono (de estar activado) en la esquina inferior izquierda de la pantalla, cualquiera que sea la posición del origen del SCP actual. (V/F)

8. Al utilizar la opción **Origen** del comando **SIMBSCP**, si el origen se encuentra fuera de la ventana gráfica o si no es posible situar el icono sin que quede en parte fuera de la ventana, AutoCAD colocará el icono SCP en la esquina inferior izquierda de la ventana gráfica. (V/F)

9. El origen y orientación del sistema de coordenadas puede definirse con el comando __________.

10. Al cambiar el SCP con la opción **Origen** del comando **SCP**, es posible modificar las direcciones de los ejes X, Y y Z. (V/F)

11. En la opción **ejEZ** del comando **SCP**, si da una respuesta nula a la solicitud Precise punto en parte positiva del eje Z *<actual>*:, el eje Z del nuevo SCP será __________ al eje Z del anterior sistema de coordenadas.

12. La opción **Objeto** del comando **SCP** puede establecer un nuevo sistema de coordenadas designando cualquier objeto de un dibujo de AutoCAD, incluyendo polilíneas 3D, sólidos 3D, mallas 3D, objetos de ventana gráfica, textoM, líneasx, rayos, directrices, elipses, regiones y splines. (V/F)

13. La opción **Vista** del comando **SCP** permite definir un nuevo SCP cuyo plano XY será paralelo a la dirección de mira actual. (V/F)

14. Si **TILEMODE** está desactivada, AutoCAD guardará los últimos 10 sistemas de coordenadas tanto en espacio papel como en espacio modelo. (V/F)

15. Tras restituir un SCP guardado, pasa a ser el __________. AutoCAD no recupera la dirección de mira del SCP guardado.

Preguntas de revisión

1. El sistema de coordenadas personales (SCP) ayuda a establecer un sistema de coordenadas personalizado. (V/F)

2. Para generar el icono SCP en una nueva posición precisada con el comando **SCP**, puede utilizar el comando **SIMBSCP**. (V/F)

3. La orientación y origen del SCP actual se representan gráficamente con el _________.

4. El signo más en el icono indica que el icono SCP está situado en el __________ del sistema de coordenadas actual.

5. La ausencia de _________ en el eje Y significa que el sistema de coordenadas actual no es el SCU.

6. La opción _________ del comando **SIMBSCP** desactiva el icono SCP de la ventana gráfica actual.

7. La opción **Sin origen** hace que AutoCAD muestre el icono SCP (de estar activado) en el origen (0,0,0) del sistema de coordenadas actual. (V/F)

8. En ocasiones, la dirección de mira del usuario puede ser paralela al plano XY del SCP actual (o formar hasta 1 grado con respecto a él). En tal situación, AutoCAD reemplaza el icono SCP por un icono de _________, como indicación de que la designación de puntos se hace complicada.

9. La opción **Origen** del comando **SCP** permite definir un nuevo SCP cambiando el _________ del SCP actual.

10. La opción _________ del comando **SCP** permite establecer el origen y un punto sobre el eje Z positivo para cambiar el sistema de coordenadas.

11. La dirección positiva del eje X también se conoce como dirección de extrusión. (V/F)

12. Con la opción _________ del comando **SCP** puede establecer un nuevo sistema de coordenadas indicando un origen, un punto en el eje X positivo y un punto en el eje Y positivo.

13. Si cambia el sistema de coordenadas con la opción **oBjeto** del comando **SCP**, el eje Z del nuevo SCP tendrá la misma dirección que la del eje Z positivo del objeto seleccionado. (V/F)

14. La opción _________ del comando SCP permite indicar un ángulo tras la solicitud Precise ángulo de rotación sobre eje Z <90>: para rotar el SCP actual en torno al eje Z.

15. La opción _________ recupera el SCP anterior.

16. La opción **REst** del comando **SCP** permite restituir un SCP previamente guardado. (V/F)

17. El nombre de un SCP sólo puede tener un máximo de 21 caracteres. (V/F)

18. La opción Supr del comando **SCP** permite suprimir el SCP seleccionado de la lista de sistemas de coordenadas __________.

19. Con la opción __________ del comando **SCP** podrá obtener una lista con el nombre de los SCP precisados.

20. La opción __________ del comando SCP proporciona el nombre, origen y ejes X, Y y Z de todos los sistemas de coordenadas respecto al SCP actual.

21. La ficha **SCP ortogonales** del cuadro de diálogo **SCP** da la oportunidad de establecer un nuevo SCP relativo a cualquier SCP guardado o al __________.

22. Si el SCP actual coincide con el SCU, la variable de sistema **WORLDUCS** quedará definida en 0; de no ser así, su valor será 1. (V/F)

23. La variable de sistema __________ conserva los parámetros del icono SCP en la ventana gráfica actual.

24. La variable de sistema __________ controla la visualización automática de una vista en planta al cambiar de un SCP a otro. (V/F)

25. Si **UCSFOLLOW** está definida en 0, AutoCAD mostrará automáticamente un vista en planta al cambiar de un SCP a otro. (V/F)

26. Con la opción __________ del comando **SCP** puede nombrar y guardar el SCP actual.

27. Con la opción __________ del comando **SCP** puede configurar el SCP actual para que coincida con el sistema de coordenadas __________.

28. Puede establecer cualquiera de los SCP ortográficos contenidos en el cuadro de diálogo **SCP** con la ayuda del comando __________.

29. La variable de sistema __________ almacena las coordenadas del origen para el SCP actual.

30. El cuadro de diálogo __________ muestra todos los sistemas de coordenadas.

Ejercicios

Ejercicios 1 a 4

Mecánica

Realice las figuras 8.22 a 8.25 con la ayuda del comando **SCP** y de sus opciones; sitúe el icono SCP de forma que pueda dibujar las líneas de las diferentes caras. Se supone que la distancia entre las líneas de la rejilla isométrica es de 10 ó 20 unidades. Los siguientes dibujos no muestran las aristas ocultas; no obstante, dibuje los modelos con todas las líneas ocultas.

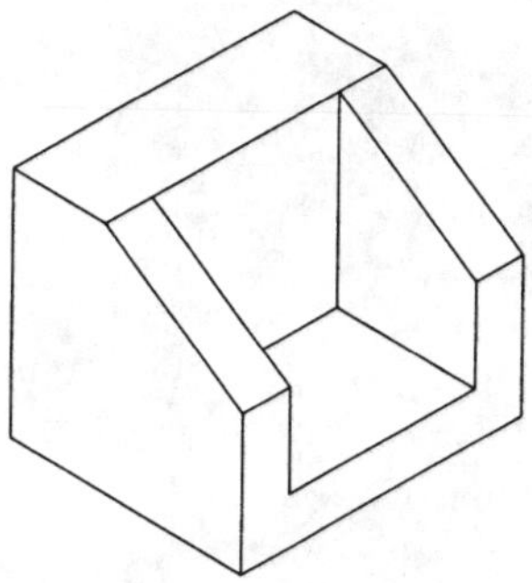

Figura 8.22. *Dibujo para el ejercicio 1.*

Figura 8.23. *Dibujo para el ejercicio 2.*

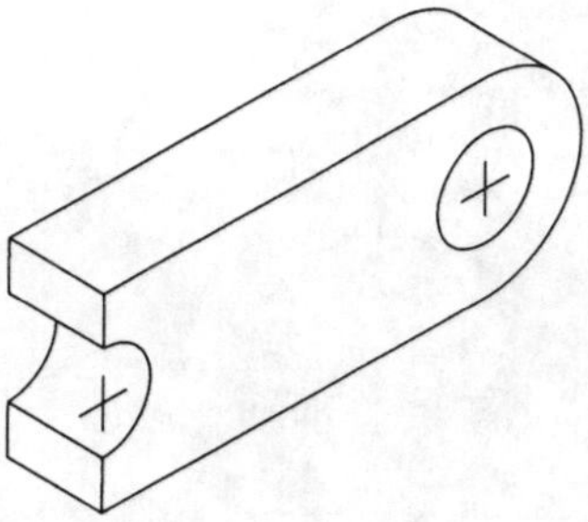

Figura 8.24. *Dibujo para el ejercicio 3.*

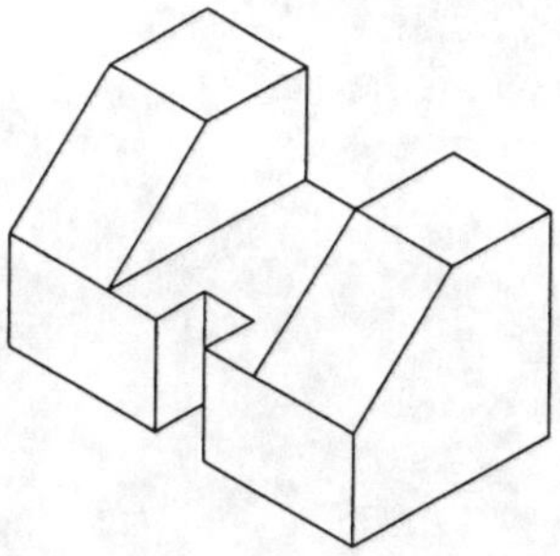

Figura 8.25. *Dibujo para el ejercicio 4.*

Respuestas al test de autoevaluación

1- sistema de coordenadas universales; **2-** personales; **3- SIMBSCP**; **4-** F; **5- ACT**; **6- Todas**; **7-** F; **8-** V; **9- SCP**; **10-** F; **11-** paralelo; **12-** F; **13-** F; **14-** V; **15-** actual

Capítulo 9

Dibujo de objetos 3D predefinidos, edición de objetos 3D y dibujo de superficies 3D

Objetivos del estudio

Tras completar este capítulo, será capaz de:

- *Crear objetos de superficie 3D predefinidos: esfera, cono, cúpula, cuenco, toroide, cuña, prisma rectangular y malla.*
- *Configurar puntos de vista con los comandos PTOVISTA y PLANTA.*
- *Crear matrices 3D con el comando 3DARRAY.*
- *Editar objetos 3D con los comandos SIMETRIA3D, GIRA3D y ALINEAR.*
- *Crear superficies 3D con los comandos SUPREGLA, SUPREV, SUPTAB y SUPLADOS.*
- *Creación de superficies 3D con los comandos 3DMALLA, PCARA y 3DCARA.*

DIBUJOS 3D

Hasta el capítulo anterior, todos los dibujos mostrados eran bidimensionales. Dichos dibujos se han realizado en el plano XY. Además, los dibujos se observaban desde el eje Z; esta forma de ver los dibujos recibe el nombre de vista en planta. Al comenzar a trabajar con objetos 3D, con frecuencia deberá observar el dibujo desde distintos ángulos. Por ejemplo, quizá necesite la vista 3D, la superior o la frontal de un objeto en el espacio. AutoCAD permite observar un objeto desde cualquier posición en el espacio modelo. El punto desde el que se observa el dibujo se conoce como punto de vista. Puede definir el punto de vista para la ventana gráfica actual con la ayuda del comando **PTOVISTA**. Existen tres tipos de objetos 3D que se pueden dibujar en AutoCAD: estructuras alámbricas, superficies y sólidos. Un modelo alámbrico se corresponde al esqueleto estructural de un objeto 3D. No contiene superficies y consta de puntos, líneas y curvas que forman las aristas del objeto. Cada uno de los objetos que forman el modelo alámbrico 3D debe colocarse por separado y, por tanto, estas estructuras implican un mayor tiempo de elaboración. Puede crear estructuras alámbricas colocando objetos 2D en el espacio tridimensional con diferentes valores para la coordenada Z; para lograrlo, puede utilizar varios SCP con diferentes planos XY o utilizar líneas, polilíneas o splines 3D. Los modelos de superficie incluyen la definición tanto de su superficie como de su contorno. Tales superficies se crean por medio de mallas poligonales que pueden ser planas o aproximar curvas. Se conocen con el término de mallas. Puede utilizar los comandos **OCULTA**, **MODOSOMBRA** y **RENDER** con estos objetos, si bien no poseen las propiedades físicas de los sólidos.

DIBUJO DE OBJETOS 3D PREDEFINIDOS

En este capítulo, aprenderá en primer lugar a crear algunos objetos 3D predefinidos, proporcionados por AutoCAD. Más adelante, utilizará tales objetos 3D para probar diferentes operaciones de edición que pueden aplicarse a ellos. AutoCAD incorpora una biblioteca de objetos 3D. Para dibujar estos objetos predefinidos, basta con precisar los valores necesarios para determinar diversos parámetros pertenecientes al objeto 3D seleccionado. Una vez indicada esta información, AutoCAD dibujará automáticamente el objeto en la pantalla. De esta manera puede crear una serie de objetos 3D con el menor esfuerzo. Puede crear mallas de superficie (estructuras alámbricas con superficie) o tipos sólidos (sólidos primitivos) con formas 3D predefinidas.

MALLAS DE SUPERFICIE 3D

Barra de herramientas:	Superficies
Menú:	Dibujo > Superficies > Superficies 3D
Comando:	3D

Los modelos de malla de superficie definen los contornos y las superficies de un objeto 3D. Dentro de la categoría de mallas de superficie, puede crear formas como un prisma rectangular, cono, cúpula, cuenco, esfera, toroide, cuña, pirámide o malla 3D. Todos estos objetos están formados por mallas poligonales. Una vez creados los modelos de superficie en la pantalla, podrá comprobar que parecen como estructuras alámbricas. Si utiliza los comandos **MODOSOMBRA**, **OCULTA** o **RENDER** apreciará que tales objetos son realmente superficies.

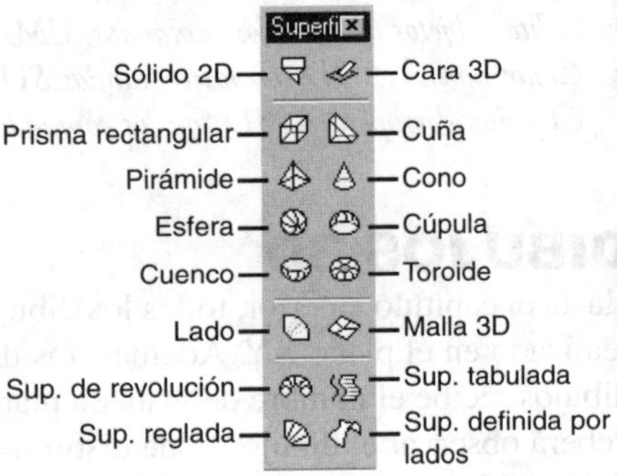

Figura 9.1. *Barra de herramientas* ***Superficies.***

También puede crear un objeto de superficie 3D añadiendo el prefijo **AI_** al nombre en inglés del objeto deseado. Por ejemplo, si desea dibujar una esfera con este método, indique **AI_SPHERE** en la solicitud de comando. AI viene a significar Autodesk Inc. Puede encontrar la definición AutoLISP del comando en el archivo 3D.LSP. AutoCAD creará el objeto elegido según las especificaciones indicadas por el usuario. También puede hacer clic en el botón correspondiente a la figura que desee dibujar en la barra de herramientas **Superficies**. Si elige la opción **Superficies > Superficies 3D** del menú **Dibujo**, aparecerá el cuadro de diálogo **Objetos 3D** (figura 9.2). Seleccione el dibujo que desee realizar en la imagen preliminar de la lista. Haga clic en **Aceptar** para cerrar el cuadro de diálogo y dibujar la superficie con la información indicada desde la línea de comando.

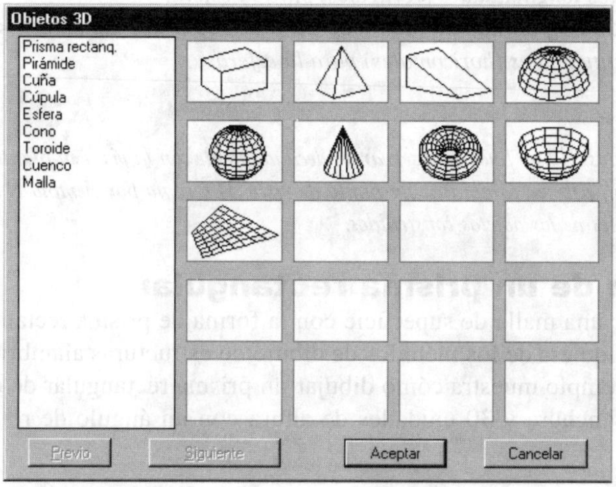

Figura 9.2. *Cuadro de diálogo* ***Objetos 3D***.

Sólidos

En la categoría de sólidos, puede crear un prisma rectangular, cono, esfera, toroide, cuña o cilindro. Al igual que con los modelos de superficie, los modelos sólidos parecen ser en principio estructuras alámbricas. Sólo tras utilizar los comandos **MODOSOMBRA, OCULTA** o **RENDER** podrá comprobar que tales objetos realmente son sólidos. Los objetos sólidos tienen propiedades físicas, tal como volumen o momento de inercia. El modelo sólido puede convertirse en objeto de superficie al descomponerlo (la esfera sólida es una excepción, pues no puede descomponerse). Para crear un sólido, indique su nombre en la solicitud de comando, haga clic en el botón correspondiente de la barra de herramientas **Sólidos** o elija alguna de las opciones del submenú **Sólidos** en el menú **Dibujo**.

Construcción de una esfera

Barra de herramientas:	Superficies > Esfera
Menú:	Dibujo > Superficies > Superficies 3D
Comando:	3D

La malla de superficie esférica (figura 9.3) tiene su eje central paralelo al eje Z y sus líneas de latitud son paralelas al plano XY del SCP actual. También puede utilizar **AI_SPHERE**, como si de un comando se tratara. La secuencia de solicitudes es como sigue:

Comando: **3D**
Indique una opción
[pRisma rectangular/cOno/cUenco/Cúpula/Malla/Pirámide/Esfera/Toroide/cuñA]: **E**
Precise centro de esfera: *Precise la ubicación del centro de la esfera.*
Precise radio de esfera o [Diámetro]: *Precise el radio de la esfera o indique **D** para el diámetro.*
Indique número de segmentos longitudinales para la superficie de esfera <16>: *Precise el número de segmentos longitudinales (verticales) para la esfera.*
Indique número de segmentos latitudinales para la superficie de esfera <16>: *Precise el número de segmentos latitudinales (horizontales) para la esfera.*

Nota

Como los objetos 3D no pueden observarse adecuadamente con la vista en planta (0,0,1) o cualquier otra vista ortogonal, debería cambiar a un punto de vista 3D, como por ejemplo (1,-1,1), para poder ver las tres dimensiones de los objetos construidos.

Construcción de un prisma rectangular

Puede crear una malla de superficie con la forma de prisma rectangular (figura 9.4) utilizando cualquiera de los métodos de dibujo de estructuras alámbricas con superficie. El siguiente ejemplo muestra cómo dibujar un prisma rectangular de 60 unidades de longitud, 80 unidades de anchura y 30 unidades de altura con un ángulo de rotación de 0 grados en torno al eje Z.

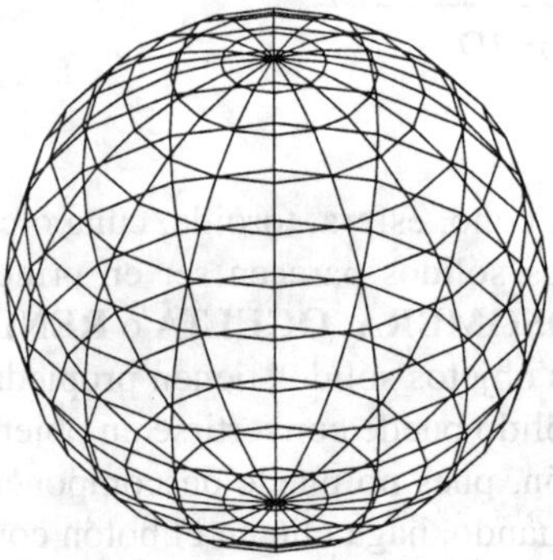

Figura 9.3. *Malla de superficie esférica.*

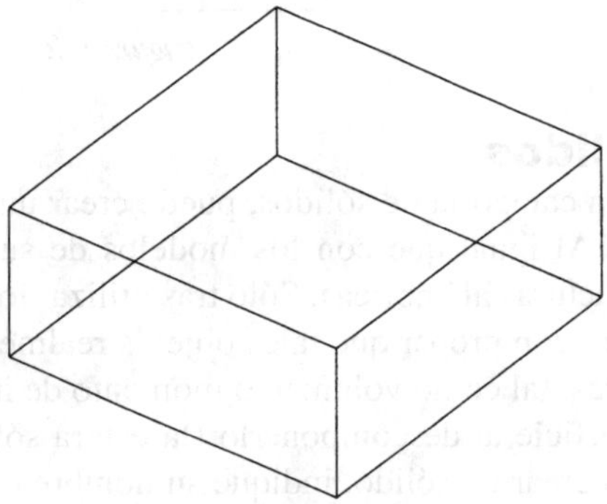

Figura 9.4. *Prisma rectangular.*

Comando: **3D**
Indique una opción
[pRisma rectangular/cOno/cUenco/Cúpula/Malla/Pirámide/Esfera/Toroide/cuñA]: **R**
Precise esquina de prisma rectangular: *Designe la ubicación de la esquina del prisma rectangular.*
Precise longitud de prisma rectangular: **60**
Precise anchura de prisma rectangular o [Cubo]: **80**

Precise la altura de prisma rectangular: **30**
Precise ángulo de rotación de prisma rectangular sobre el eje Z o [Referencia]: **0**

La rotación se lleva a cabo sobre el primer vértice del prisma rectangular. La base es paralela al plano XY del SCP actual. La opción **Referencia** alinea el prisma rectangular con otros objetos del dibujo o respecto al ángulo precisado. Para dibujar un cubo cuyo lado coincida con el valor precisado tras la solicitud Precise longitud de prisma rectangular:, indique **C** tras la solicitud Precise anchura de prisma rectangular o [Cubo]:. Por ejemplo, para dibujar un cubo cuya longitud de sus lados sea igual a 30 unidades y sin ángulo de rotación sobre el eje Z, utilice la siguiente secuencia de solicitudes:

Comando: **3D**
Indique una opción
[pRisma rectangular/cOno/cUenco/Cúpula/Malla/Pirámide/Esfera/Toroide/cuñA]: **R**
Precise esquina de prisma rectangular: *Designe la ubicación de la esquina del prisma rectangular.*
Precise longitud de prisma rectangular: **20**
Precise anchura de prisma rectangular o [Cubo]: **C**
Precise ángulo de rotación de prisma rectangular sobre el eje Z o [Referencia]: **0**

Construcción de una pirámide

Puede crear la malla de superficie correspondiente a una pirámide utilizando cualquiera de los métodos descritos para el dibujo de superficies de malla. Por ejemplo, puede hacer clic en el botón **Pirámide** de la barra de herramientas **Superficies** o indicar **AI_PYRAMID** en la solicitud de comando.

Comando: **3D**
Indique una opción
[pRisma rectangular/cOno/cUenco/Cúpula/Malla/Pirámide/Esfera/Toroide/cuñA]: **P**
Precise primera esquina de la base de la pirámide: *Precise la ubicación del primer punto de la base.*
Precise segunda esquina de la base de la pirámide: *Precise la ubicación del segundo punto de la base.*
Precise tercera esquina de la base de la pirámide: *Precise la ubicación del tercer punto de la base.*
Precise cuarta esquina de la base de la pirámide o [Tetraedro]: *Precise la ubicación del cuarto punto de la base o indique **T** para crear un tetraedro.*

Tras esta última solicitud, tendrá la opción de precisar el cuarto punto de la base o bien construir un tetraedro (prisma rectangular). La siguiente solicitud será:

Precise punto de vértice de la pirámide o [Arista/Superior]:

En realidad, una pirámide es cualquier poliedro con base poligonal (de tres lados o más) y con el resto de caras formadas por triángulos que se encuentran en un punto común en la parte superior. Por tanto, si utilizamos los términos exactos de la geometría, las pirámides de base triangular o cuadrangular no son sino un tipo determinado de pirámides que, en ningún caso, pueden acabar en una superficie plana. Una explicación más clara respecto al caso de la superficie superior (opción

Superior) consistiría en decir que AutoCAD permite la construcción de troncos de pirámide. También la opción **Arista** contradice la definición exacta de pirámide, aun cuando puede crearse con la opción **Pirámide** del comando **3D**. Tras la solicitud anterior, podrá crear alguna de las siguientes formas:

Pirámide acabada en punta: Opción Punto de vértice. La opción predeterminada es **Punto de vértice** (figura 9.5). Con esta opción puede precisar la ubicación del vértice superior de la pirámide. Debe precisar una coordenada o utilizar los filtros de puntos .X, .Y o .Z. Si se limita a designar un punto en la pantalla, las coordenadas X e Y del vértice coincidirán con las del punto designado, mientras que la coordenada Z (o elevación) coincidirá con la coordenada Z de los puntos de la base. Es decir, el vértice superior de la pirámide tendrá la misma elevación que su base. Sólo si utiliza un punto de vista espacial, como por ejemplo el (1,-1,1), podrá designar el punto de vértice en la pantalla.

Pirámide acabada en arista: Opción Arista. Puede ejecutar esta opción (figura 9.6) indicando **A** tras la solicitud Precise punto de vértice de la pirámide o [Arista/Superior]:. AutoCAD resaltará la última línea dibujada de la base. Esto indica que el primer punto de la arista será perpendicular a la línea resaltada. Después aparecerán las siguientes solicitudes:

Precise punto final de la primera arista de la pirámide: *Precise un punto dentro de la línea resaltada.*
Precise punto final de la segunda arista de la pirámide: *Precise un punto dentro de la línea resaltada.*

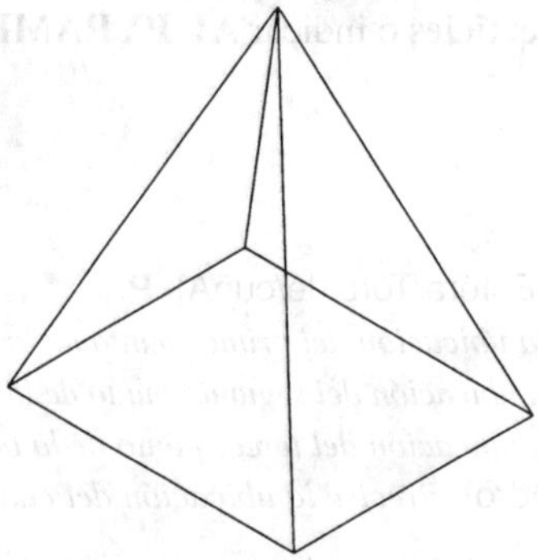

Figura 9.5. *Pirámide acabada en punta.*

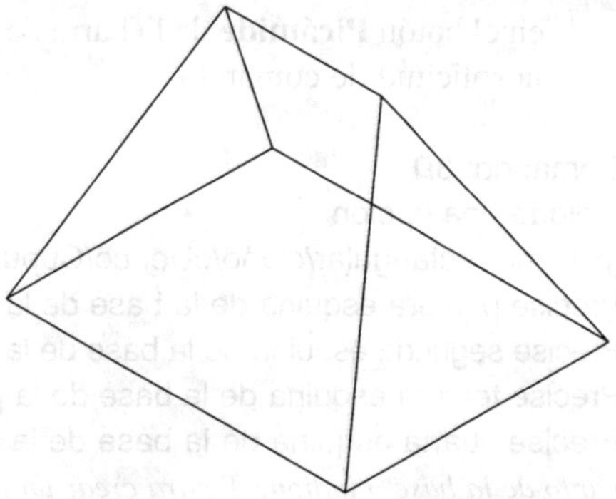

Figura 9.6. *Pirámide acabada en arista.*

Pirámide acabada en superficie: Opción Superior. Para ejecutar esta opción (figura 9.7) indique S tras la solicitud Precise punto de vértice de la pirámide o [Arista/Superior]:. AutoCAD mostrará una línea elástica desde el punto de una de las esquinas de la base hasta el cursor en cruz. Esta ayuda visual facilita la precisión de cada una de los puntos de la superficie superior con respecto a las esquinas correspondientes de la base. Debería utilizar filtros de puntos para localizar los puntos. Si precisa las mismas coordenadas para los cuatro puntos, AutoCAD creará una pirámide acabada en punta, cuyo vértice coincidirá con la coordenada de los cuatro puntos superiores.

Precise primera esquina superior de pirámide: *Precise la ubicación del primer punto superior.*
Precise segunda esquina superior de pirámide: *Precise la ubicación del segundo punto superior.*
Precise tercera esquina superior de pirámide: *Precise la ubicación del tercer punto superior.*
Precise cuarta esquina superior de pirámide: *Precise la ubicación del cuarto punto superior.*

En lugar de indicar los cuatro puntos de la base de la pirámide cuadrangular, puede indicar T tras la solicitud Precise cuarta esquina de la base de la pirámide o [Tetraedro]:. De esta forma conseguirá dibujar una pirámide triangular (o tetraedro). Puede construir dos tipos de tetraedros. El primero tiene cuatro caras y acaba en punta. El segundo no es propiamente un tetraedro, sino un tronco de pirámide triangular, pues dispone de cinco caras al acabar en una superficie superior.

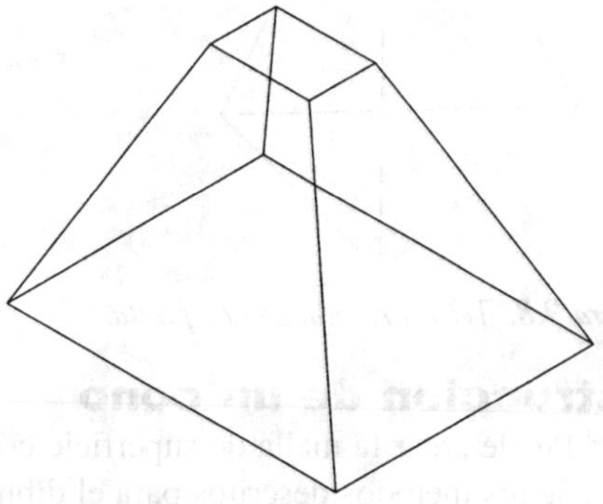

Figura 9.7. *Pirámide acabada en superficie.*

Pirámide triangular acabada en punta: Opción Arista. Tal como se ha mencionado antes, esta opción puede dibujar un tetraedro con cuatro caras triangulares y acabado en punta (figura 9.8). A continuación se muestra la secuencia de solicitudes:

Comando: **3D**
Indique una opción
[pRisma rectangular/cOno/cUenco/Cúpula/Malla/Pirámide/Esfera/Toroide/cuñA]: **P**
Precise primera esquina de la base de la pirámide: *Precise la ubicación del primer punto de la base.*
Precise segunda esquina de la base de la pirámide: *Precise la ubicación del segundo punto de la base.*
Precise tercera esquina de la base de la pirámide: *Precise la ubicación del tercer punto de la base.*
Precise cuarta esquina de la base de la pirámide o [Tetraedro]: **T**
Precise punto de vértice de tetraedro o [Superior]: *Precise el punto de vértice.*

Pirámide triangular acabada en superficie: Opción Superior. Esta opción permite dibujar un prisma rectangular del que se ha suprimido la parte superior, dando lugar a una superficie (figura 9.9). Para ejecutar esta opción indique **S** tras la solicitud Precise punto de vértice de tetraedro o [Superior]:, tal como se muestra a continuación:

Precise punto de vértice de tetraedro o [Superior]: **S**
Precise primera esquina superior de tetraedro: *Precise la ubicación del primer punto superior.*
Precise segunda esquina superior de tetraedro: *Precise la ubicación del segundo punto superior.*
Precise tercera esquina superior de tetraedro: *Precise la ubicación del tercer punto superior.*

Nota

Precise el vértice y todos los puntos superiores con los filtros **.X, .Y** *y* **.Z** *o bien indicando las coordenadas exactas.*

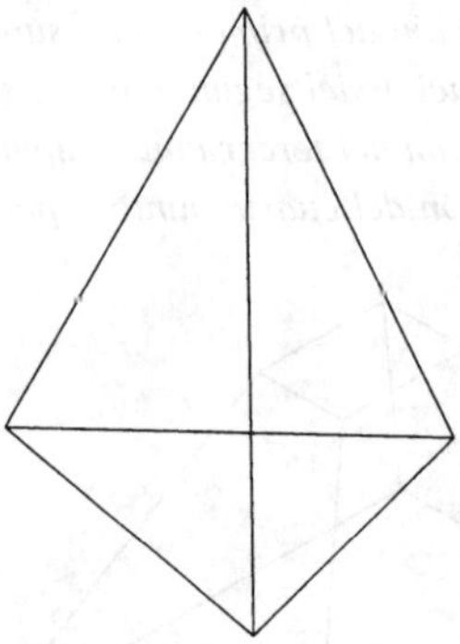

Figura 9.8. Tetraedro acabado en punta.

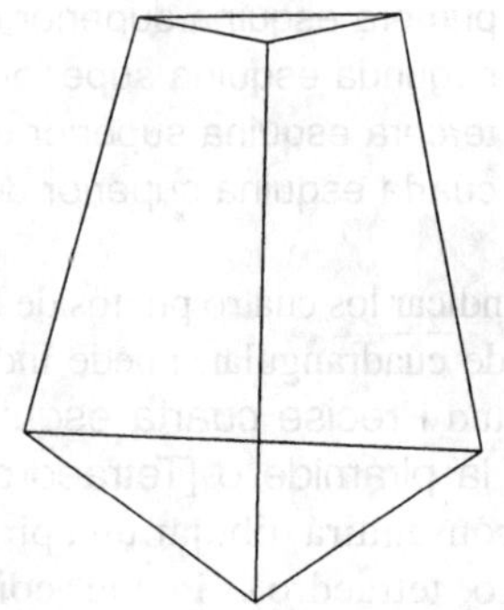

Figura 9.9. Tronco de prisma rectangular.

Construcción de un cono

Puede crear la malla de superficie correspondiente a un cono (figura 9.10) con cualquiera de los métodos descritos para el dibujo de superficies de malla. Si utiliza el comando **3D**, la secuencia de solicitudes será:

Comando: **3D**
Indique una opción
[pRisma rectangular/cOno/cUenco/Cúpula/Malla/Pirámide/ Esfera/Toroide/cuñA]: **O**

Cono acabado en punta. AutoCAD requiere tres parámetros para dibujar un cono acabado en punta:

1. Centro de la base del cono.
2. Radio o diámetro de la base del cono.
3. Altura del cono.

A continuación se indica la secuencia de solicitudes para dibujar un cono con **AI_CONE**:

Comando: **AI_CONE**
Precise centro para la base del cono: *Precise el centro de la base.*
Precise radio de la base del cono o [Diámetro]: *Precise el radio de la base o indique **D** para precisar su diámetro.*

Tras la siguiente solicitud, precise el radio o diámetro de la superficie superior. El valor predeterminado es 0, lo que da lugar a un cono acabado en punta. A continuación precise la altura del cono y el número de segmentos en los que dividir su superficie.

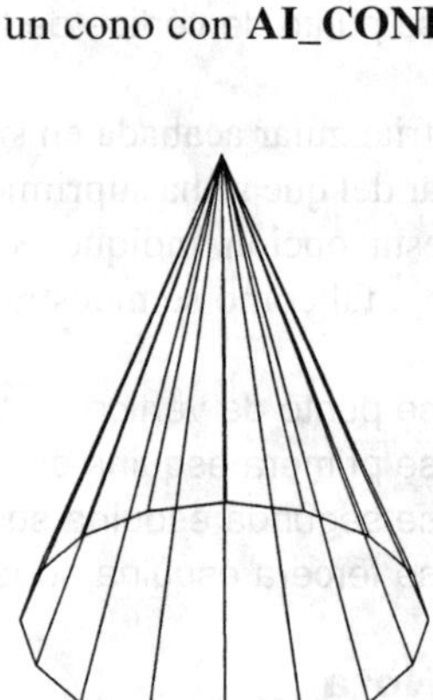

Figura 9.10. Cono acabado en punta.

Precise radio superior del cono o [Diámetro] <0>: Intro
Precise altura de cono: *Precise la altura del cono.*
Indique el número de segmentos para la superficie del cono <16>: *Precise el número de segmentos para el cono.*

Tronco de cono. Un tronco de cono es un cono del que se ha desprendido su parte superior (figura 9.11). AutoCAD requiere los siguientes parámetros para dibujar un tronco de cono:

1. Centro de la base del tronco de cono.
2. Radio o diámetro de la base.
3. Radio o diámetro de la superficie superior.
4. Altura del tronco de cono.

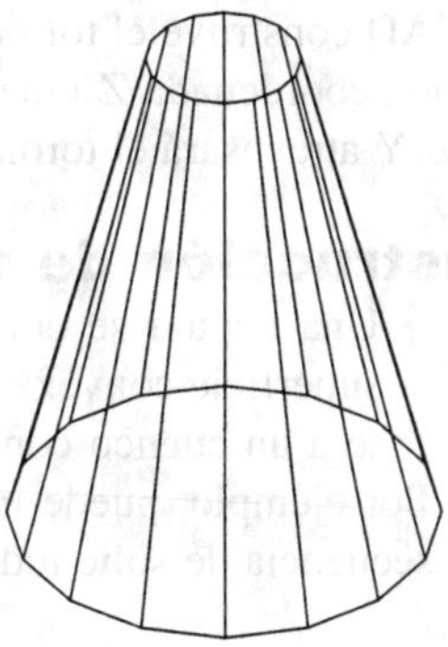

Figura 9.11. *Tronco de cono.*

La secuencia de solicitudes para dibujar un cono es:

Comando: **AI_CONE**
Precise centro para la base del cono: *Precise el centro de la base.*
Precise radio de la base del cono o [Diámetro]: *Precise el radio de la base o indique **D** para precisar su diámetro.*
Precise radio superior del cono o [Diámetro] <0>: *Precise el radio de la superficie superior o indique **D** para precisar su diámetro.*
Precise altura de cono: *Precise la altura del tronco de cono.*
Indique el número de segmentos para la superficie del cono <16>: *Precise el numero de segmentos para el tronco de cono.*

Nota

Para construir un cilindro, dibuje un tronco de cono con idénticos valores de radio o diámetro para la base y para la superficie superior.

Construcción de un toroide

Un toroide es algo parecido a un anillo grueso (figura 9.12). Puede crear la malla de superficie correspondiente a un toroide con cualquiera de los métodos descritos para el dibujo de superficies de malla. Por ejemplo, puede indicar **AI_TORUS** en la solicitud de comando. Si utiliza el comando **3D**, la secuencia de solicitudes será:

Comando: **3D**
Indique una opción
[pRisma rectangular/cOno/cUenco/Cúpula/Malla/Pirámide/Esfera/Toroide/cuñA]: **T**
Precise centro de toroide: Precise el centro del toroide.
Precise radio de toroide o [Diámetro]: *Precise el radio del toroide o indique **D** para precisar su diámetro.*
Precise radio de la sección o [Diámetro]: *Precise el radio del tubo (sección) o indique **D** para precisar su diámetro.*

Indique número de segmentos alrededor de la circunferencia de la sección <16>: *Precise el número de segmentos para el tubo.*

Indique número de segmentos alrededor de la circunferencia del toroide <16>: *Precise el número de segmentos para el toroide.*

AutoCAD construye el toroide en un plano paralelo al XY del SCP actual. Si el centro del toroide tiene una coordenada Z igual a cero (el centro del toroide reposa en el plano de construcción), el plano XY atravesará el toroide por la mitad.

Construcción de una cúpula

Una cúpula se corresponde al hemisferio norte de la esfera (figura 9.13); es decir, la superficie convexa apunta hacia arriba. Puede crear la malla de superficie correspondiente a un cuenco con cualquiera de los métodos descritos para el dibujo de superficies de malla. Por ejemplo, puede indicar **AI_DOME** en la solicitud de comando. Si utiliza el comando **3D**, la secuencia de solicitudes es:

Comando: **3D**

Indique una opción

[pRisma rectangular/cOno/cUenco/Cúpula/Malla/Pirámide/Esfera/Toroide/cuñA]: **C**

Precise centro de cúpula: *Precise la ubicación del centro de la cúpula (el centro de la esfera).*

Precise radio de cúpula o [Diámetro]: *Precise el radio de la cúpula o indique **D** para precisar su diámetro.*

Indique número de segmentos longitudinales para la superficie de cúpula <16>: *Precise el número de segmentos longitudinales (verticales) para la cúpula.*

Indique número de segmentos latitudinales para la superficie de cúpula <8>: *Precise el número de segmentos latitudinales (horizontales) para la cúpula.*

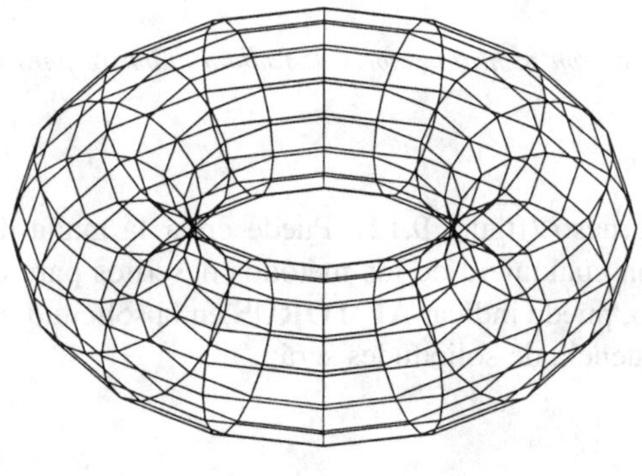

Figura 9.12. *Toroide.*

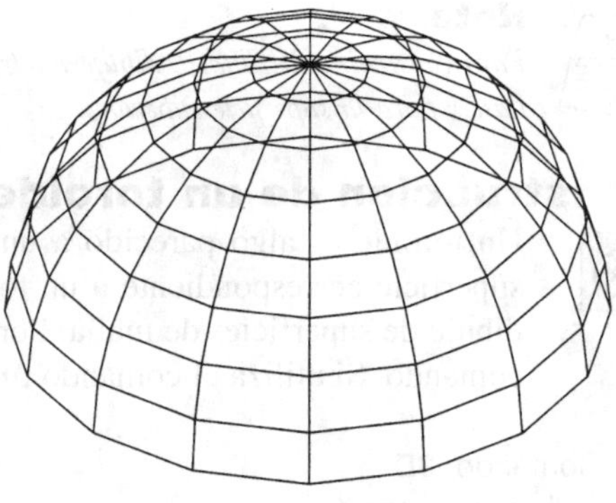

Figura 9.13. *Cúpula.*

Construcción de un cuenco

Un cuenco se corresponde al hemisferio sur de la esfera (figura 9.14); es decir, la superficie convexa apunta hacia abajo. Puede crear la malla de superficie correspondiente a un cuenco con cualquiera de los métodos descritos para el dibujo de superficies de malla. Por ejemplo, puede indicar **AI_DISH** en la solicitud de comando. Si utiliza el comando **3D**, la secuencia de solicitudes es:

Comando: **3D**
Indique una opción
[pRisma rectangular/cOno/cUenco/Cúpula/Malla/Pirámide/Esfera/Toroide/cuñA]: **O**
Precise centro de cuenco: *Precise la ubicación del centro del cuenco (el centro de la esfera).*
Precise radio de cuenco o [Diámetro]: *Precise el radio del cuenco o indique **D** para precisar su diámetro.*
Indique número de segmentos longitudinales para la superficie de cuenco <16>: *Precise el número de segmentos longitudinales (verticales) para la cúpula.*
Indique número de segmentos latitudinales para la superficie de cuenco <8>: *Precise el número de segmentos latitudinales (horizontales) para la cúpula.*

Construcción de una cuña

Puede crear la malla de superficie correspondiente a una cuña con cualquiera de los métodos descritos para el dibujo de superficies de malla. Por ejemplo, puede elegir la opción **cuñA** del comando **3D** o indicar **AI_WEDGE** en la solicitud de comando. También puede hacer clic en el botón **Cuña** en la barra de herramientas **Superficies**. En el siguiente ejemplo, dibujaremos una cuña con el comando 3D. Supondremos una longitud de 100 unidades, un grosor de 60 y una altura de 20, así como un ángulo de rotación de 0 grados.

Comando: **3D**
Indique una opción
[pRisma rectangular/cOno/cUenco/Cúpula/Malla/Pirámide/Esfera/Toroide/cuñA]: **A**
Precise esquina de cuña: *Precise la esquina de la cuña.*
Precise longitud de cuña: **100**
Precise anchura de cuña: **60**
Precise la altura de cuña: **20**
Precise ángulo de rotación de cuña sobre el eje Z: **0**

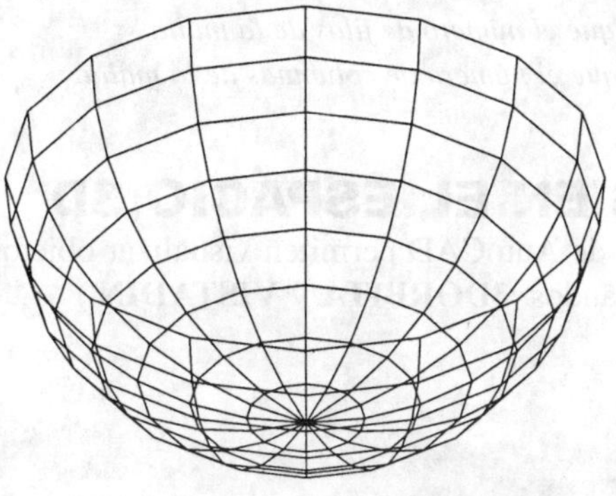

Figura 9.14. Cuenco.

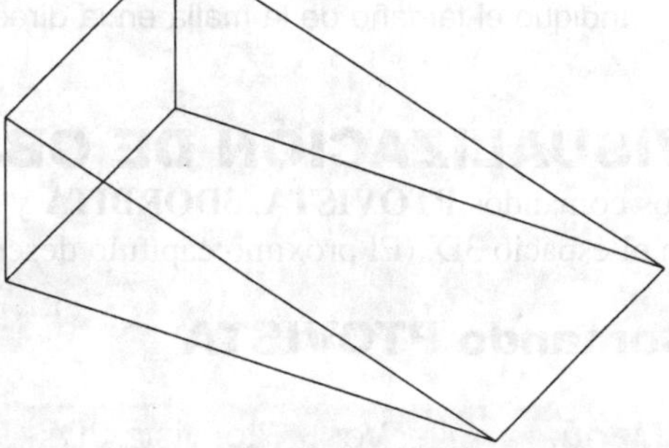

Figura 9.15. Cuña.

El lado donde comienza la inclinación siempre coincide con la esquina precisada tras la solicitud Precise esquina de cuña:. La base de la cuña es siempre paralela al plano de construcción (plano XY) del SCP actual. La altura se mide en paralelo al eje Z.

Nota

Si desea construir una cuña cuyos lados triangulares no sean paralelos, dibuje una pirámide con la opción Arista.

Construcción de una malla de superficie plana

Puede crear el modelo plano de una malla (figura 9.16) con cualquiera de los métodos utilizados para dibujar objetos de malla de superficie. El tipo de malla obtenida también se conoce como malla plana, pues la malla ocupa un único plano. La secuencia de solicitudes es:

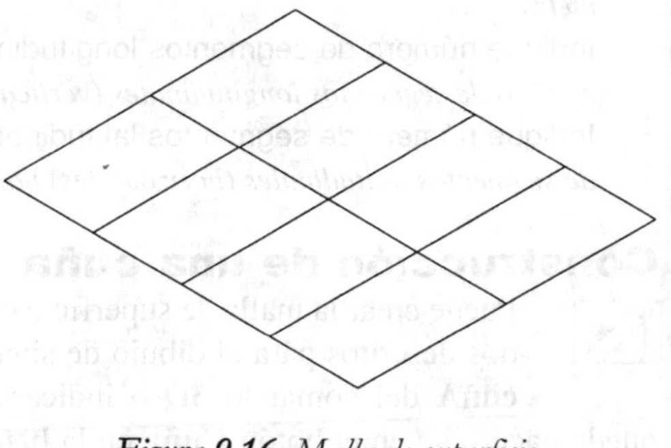

Figura 9.16. Malla de superficie.

Comando: **3D**
Indique una opción
[pRisma rectangular/cOno/cUenco/Cúpula/
Malla/Pirámide/Esfera/Toroide/cuñA]: **M**

En las siguientes cuatro solicitudes, AutoCAD requiere las cuatro esquinas de la malla.

Precise primera esquina de malla: *Precise la primera esquina.*
Precise segunda esquina de malla: *Precise la segunda esquina.*
Precise tercera esquina de malla: *Precise la tercera esquina.*
Precise cuarta esquina de malla: *Precise la cuarta esquina.*

Una vez precisadas las cuatro esquinas, AutoCAD solicita que indique el número de filas (M) y el número de columnas (N) de vértices. El número de vértices en ambas direcciones debe comprenderse entre 2 y 256; es decir, los valores para M y N admiten un rango entre 2 y 256.

Indique el tamaño de la malla en la dirección M: *Indique el número de filas de la malla.*
Indique el tamaño de la malla en la dirección N: *Indique el número de columnas de la malla.*

VISUALIZACIÓN DE OBJETOS EN EL ESPACIO 3D

Los comandos **PTOVISTA**, **3DORBITA** y **VISTADIN** de AutoCAD permiten visualizar objetos en el espacio 3D. (El próximo capítulo describe los comandos **3DORBITA** y **VISTADIN**.)

Comando PTOVISTA

Menú:	Ver > Pto. vista 3D > PTOVISTA
Comando:	PTOVISTA

Como se ha mencionado antes, el comando **PTOVISTA** permite definir un punto de vista. Una vez configurado el punto de vista, AutoCAD regenerará todos los objetos en la ventana gráfica actual; tales objetos aparecerán como si los estuviera observando desde la nueva línea de mira definida.

Comando: **PTOVISTA**
Dirección de vista actual: VIEWDIR=*actual*
Precise un punto de vista o [Rotación] <muestra brújula y trípode>:

Tras la solicitud anterior, indique las coordenadas del punto de vista. Con indiferencia del método o punto realmente utilizado, la vista resultante atraviesa todo el dibujo pasando por el origen (0,0,0); la línea de mira queda determinada por el vector definido desde dicho punto hasta el origen o mediante el ángulo precisado con la opción **Rotación**. Tras la solicitud Precise un punto de vista o [Rotación] <muestra brújula y trípode>:, puede indicar un valor para las coordenadas X, Y y Z correspondientes al punto de vista elegido. A continuación se indican algunos valores de punto de vista y el tipo de vista obtenido con cada uno de ellos. Esta tabla puede darle una idea clara de las direcciones de mira y de los puntos de vista en el espacio 3D.

Valor del punto de vista	**Vista mostrada**
0,0,1	Superior
0,0,-1	Inferior
0,-1,0	Frontal
0,1,0	Posterior
1,0,0	Derecha
-1,0,0	Izquierda
1,-1,-1	Inferior, frontal derecha
-1,-1,-1	Inferior, frontal, izquierda
1,1,-1	Inferior, posterior, derecha
-1,1,-1	Inferior, posterior, izquierda
1,-1,1	Superior, frontal derecha
-1,-1,1	Superior, frontal, izquierda
1,1,1	Superior, posterior, derecha
-1,1,1	Superior, posterior, izquierda

Nota

Los comandos PTOVISTA, 3DORBITA y VISTADIN no pueden utilizarse en espacio papel. Sólo puede utilizarlos en espacio modelo.

Utilización del trípode de ejes y de la brújula para configurar el punto de vista

Si no está muy familiarizado con la visualización de objetos en el espacio tridimensional y le parece complicado imaginar puntos en el espacio 3D, de una respuesta nula a la solicitud Precise un punto de vista o [Rotación] <muestra brújula y trípode>:. De esta forma, en lugar de tener que indicar coordenadas, AutoCAD mostrará la brújula y el trípode de ejes (figura 9.17). Podrá precisar el punto de vista desplazando el dispositivo señalador. Podrá observar que, conforme desplace el dispositivo señalador sobre la brújula, los ejes X, Y y Z del trípode también se desplazarán; el punto apuntado sobre la brújula aparece indicado por un pequeño cursor en cruz. Así pues, podrá seleccionar un punto de vista con respecto a la posición de los ejes X, Y y Z del trípode. La brújula es en realidad la representación 2D de una esfera. El centro del círculo corresponde al polo norte (0,0,1); si sitúa el cursor en cruz sobre el polo norte, obtendrá en la pantalla la vista superior del dibujo. El círculo interior de la brújula representa el ecuador de la esfera (n,n,0). El círculo exterior representa el polo sur (0,0,-1). Designando puntos sobre la brújula (esfera) de esta forma, conseguirá definir cualquier punto de vista (figuras 9.18 y 9.19).

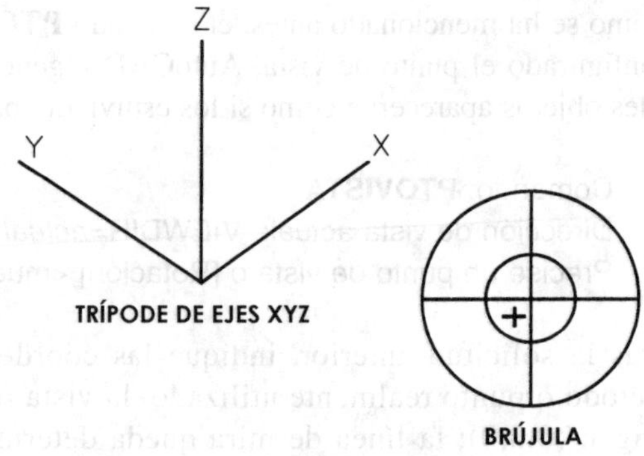

Figura 9.17. Trípode de ejes y brújula.

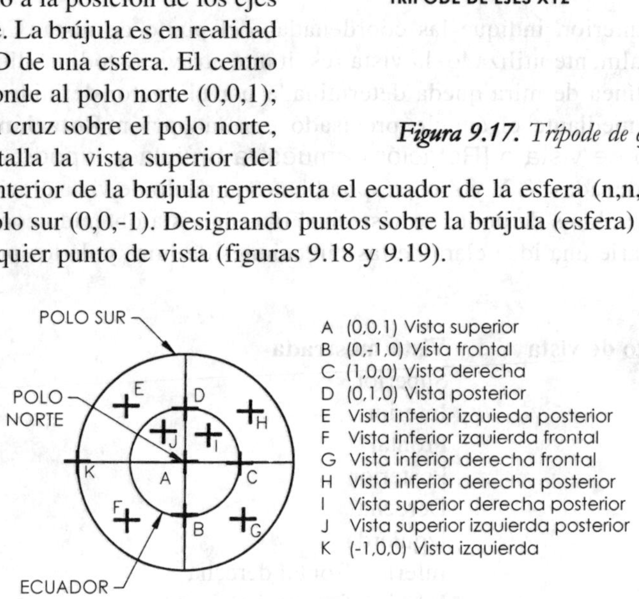

Figura 9.18. Varias posiciones del cursor en la brújula y sus vistas respectivas.

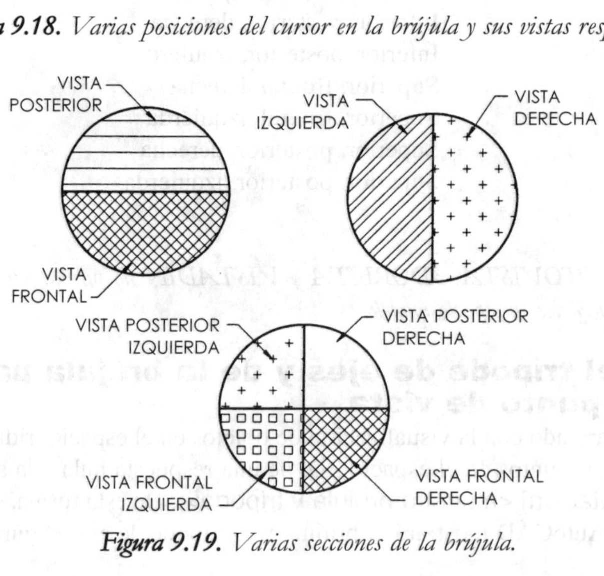

Figura 9.19. Varias secciones de la brújula.

Utilización de la opción Rotación para configurar el punto de vista

Con la opción **Rotación** del comando **PTOVISTA** podrá configurar un nuevo punto de vista precisando el valor de dos ángulos. El primer ángulo precisado establece la rotación (en sentido horario o antihorario) sobre el plano XY a partir del eje X. Por defecto, el eje X adopta un ángulo de 0 grados. El segundo ángulo precisado establece la inclinación de la línea de mira con respecto al plano XY. Si elige la opción **Rotación**, AutoCAD mostrará las siguientes solicitudes:

Ángulo a partir del eje X en el plano XY <270>:
Ángulo a partir del plano XY <90>:

Por ejemplo, si precisa un valor de 0 grados para el ángulo a partir del eje X en el plano XY y un valor de 90 grados para el ángulo a partir del plano XY, el punto de vista resultante se situará en el eje Z, por lo que obtendrá la vista superior del dibujo.

Utilización del cuadro de diálogo Parámetros del punto de vista para configurar el punto de vista

Menú:	Ver > Pto. vista 3D > Parámetros pto. vista
Comando:	DDVPOINT

También puede cambiar el punto de vista con el cuadro de diálogo Parámetros del punto de vista (figura 9.20). En este cuadro de diálogo puede precisar un ángulo a partir del eje X y un ángulo a partir del plano XY, valores suficientes para determinar el punto de vista. Ambos ángulos pueden precisarse en las imágenes de muestra o indicando los valores requeridos en los correspondientes cuadros de texto, justo debajo de las imágenes de muestra. La imagen mostrada en el lado izquierdo del cuadro de diálogo es la vista en planta y la imagen de la derecha recibe el nombre de vista en elevación. Si designa un punto dentro del círculo de la vista en planta, podrá seleccionar un ángulo próximo al valor deseado. Si designa un punto dentro de los sectores de la zona exterior, obtendrá alguno de los ángulos predeterminados a incrementos de 45 grados (comenzando desde 0 grados). De igual forma, dentro de la vista en elevación, puede designar puntos dentro del arco o, si designa alguno de los sectores, precisar un ángulo predeterminado a intervalos de 15 grados desde el plano XY. El ángulo precisado aparece indicado por medio de la saeta negra; la saeta roja señala el ángulo correspondiente al punto de vista actual. Haga clic en el botón **Establecer vista en planta** para mostrar la planta tal como se vería con el sistema de coordenadas seleccionado. Como no es posible precisar con precisión todos los ángulos por medio de las imágenes de muestra, puede indicar valores en los cuadros de texto

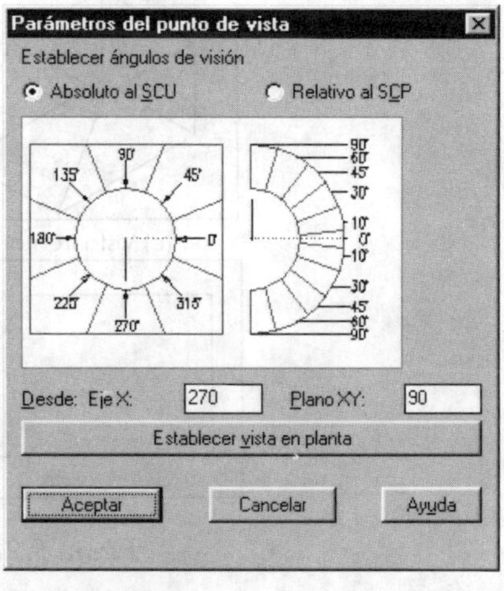

Figura 9.20. *Cuadro de diálogo Parámetros del punto de vista.*

Eje X y **Plano XY**. También se le ofrece la opción de configurar el punto de vista en relación al SCP actual o al SCU. Para tal fin, seleccione el botón de opción **Absoluto al SCU** o **Relativo al SCP**, en la parte superior del cuadro de diálogo.

Una vez precisados ambos ángulos, haga clic en **Aceptar** para cerrar el cuadro de diálogo **Parámetros del punto de vista** y modificar el punto de vista de acuerdo con los parámetros elegidos. La figura 9.21 muestra el efecto de diversos puntos de vista sobre un objeto 3D. En el siguiente ejemplo, el punto de vista se ha configurado al introducir las coordenadas de punto de vista en la línea de comando, así como con la ayuda del cuadro de diálogo **Parámetros del punto de vista**.

La figura 9.21 (a) es la vista 3D del objeto. Esta vista puede mostrarse cambiando a (1,-1,1). El observador se sitúa en un punto que forma idénticos ángulos con los ejes X, Y y Z. El comando **PTOVISTA** permite cambiar a este punto de vista.

En este caso, la secuencia de solicitudes es:

Comando: **PTOVISTA**
Dirección de vista actual: VIEWDIR=*actual*
Precise un punto de vista o [Rotación] <muestra brújula y trípode>: **1,-1,1**

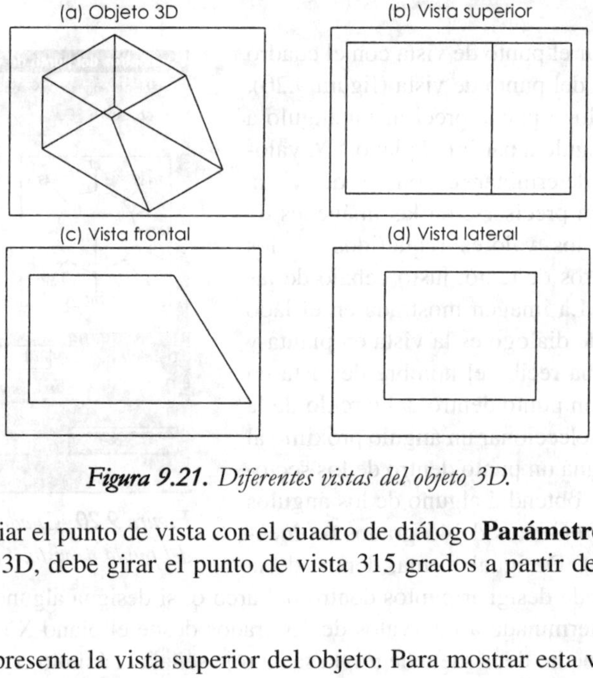

Figura 9.21. *Diferentes vistas del objeto 3D.*

También puede cambiar el punto de vista con el cuadro de diálogo **Parámetros del punto de vista**. Para obtener la vista 3D, debe girar el punto de vista 315 grados a partir del eje X y 45 grados a partir del plano XY.

La figura 9.21 (b) representa la vista superior del objeto. Para mostrar esta vista puede cambiar el punto de vista a (0,0,1). Verá el objeto desde un punto situado sobre el eje Z positivo (la línea de mira está alineada con el eje Z positivo). Puede utilizar el comando **PTOVISTA** para cambiar a este punto de vista. En este caso, la secuencia de solicitudes es:

Comando: **PTOVISTA**
Dirección de vista actual: VIEWDIR=*actual*
Precise un punto de vista o [Rotación] <muestra brújula y trípode>: **0,0,1**

Si desea cambiar el punto de vista con el cuadro de diálogo **Parámetros del punto de vista**, gire el punto de vista 0 grados a partir del eje X y 90 grados a partir del plano XY.

La figura 9.21 (c) corresponde a la vista frontal del objeto. Para mostrar esta vista puede cambiar el punto de vista a (0,-1,0). Verá el objeto desde un punto situado sobre el eje Y negativo (la línea de mira está alineada con el eje Y negativo). Puede utilizar el comando **PTOVISTA** para cambiar a este punto de vista. En este caso, la secuencia de solicitudes es:

Comando: **PTOVISTA**
Dirección de vista actual: VIEWDIR=*actual*
Precise un punto de vista o [Rotación] <muestra brújula y trípode>: **0,-1,0**

Si desea cambiar el punto de vista con el cuadro de diálogo **Parámetros del punto de vista**, gire el punto de vista 270 grados a partir del eje X y 0 grados a partir del plano XY.

La figura 9.21 (d) muestra una vista lateral del objeto. Puede cambiar el punto de vista a (1,0,0) para obtener esta vista. En otras palabras, verá el objeto desde un punto situado sobre el eje X positivo (la línea de mira está alineada con el eje X positivo). Puede utilizar el comando **PTOVISTA** para cambiar a este punto de vista. En este caso, la secuencia de solicitudes es:

Comando: **PTOVISTA**
Dirección de vista actual: VIEWDIR=*actual*
Precise un punto de vista o [Rotación] <muestra brújula y trípode>: **1,0,0**

Si desea cambiar el punto de vista con el cuadro de diálogo **Parámetros del punto de vista**, gire el punto de vista 0 grados a partir del eje X y 0 grados a partir del plano XY.

Cambio del punto de vista con las vistas predefinidas

Barra de herramientas:	Vista Estándar > Botón desplegable Vista
Menú:	Ver > Pto. vista 3D
Comando:	VISTA

También puede cambiar el punto de vista por cualquiera de las siguientes diez opciones: **Superior**, **Inferior**, **Izquierda**, **Derecha**, **Frontal**, **Posterior**, **Isométrica SO**, **Isométrica SE**, **Isométrica NE** e **Isométrica NO**. A continuación se indica el efecto resultante de aplicar cada uno de los puntos de vista predefinidos:

Opción de punto de vista	Punto de vista equivalente
Superior	(0,0,1)
Inferior	(0,0,-1)
Izquierda	(-1,0,0)
Derecha	(1,0,0)
Frontal	(0,-1,0)
Posterior	(0,1,0)
Isométrica SO	(-1,-1,1)
Isométrica SE	(1,-1,1)
Isométrica NE	(1,1,1)
Isométrica NO	(-1,1,1)

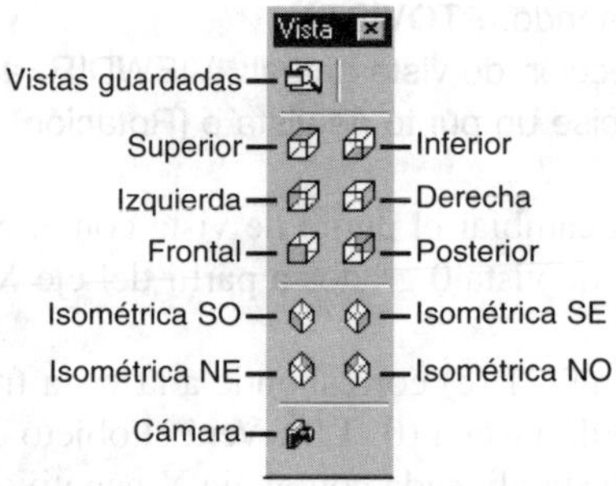

Figura 9.22. *Barra de herramientas* ***Vista.***

Al ejecutar el comando **VISTA** aparece el cuadro de diálogo **Vistas**. La ficha **Vistas guardadas** de este cuadro de diálogo permite nombrar y guardar vistas personalizadas. Por su parte, la ficha **Vistas ortogonal e isométrica** (figura 9.23) permite recuperar vistas ortográficas e isométricas, las cuales corresponden a las vistas predefinidas de AutoCAD. Puede precisar cualquiera de las vistas ortogonales e isométricas ofrecidas en el cuadro de lista. A continuación del texto **Vista actual**, sobre el cuadro de lista, aparece indicado el nombre de la vista configurada como actual. Además, AutoCAD incluye un pequeño icono a la izquierda del nombre de la vista seleccionada, en el cuadro de lista de cualquiera de las dos fichas del cuadro de diálogo **Vistas**. Tras seleccionar una vista determinada, haga clic en el botón **Definir actual** y, después, en **Aceptar** para utilizarla en la ventana gráfica actual. También puede hacer doble clic sobre la vista deseada. Si lo prefiere, haga clic con el botón derecho sobre la vista deseada para poder elegir la opción **Definir actual** de su menú contextual. Tras definir como actual una vista ortogonal, AutoCAD aplica un zoom a la extensión del dibujo. El cuadro de lista desplegable **Respecto a** permite seleccionar cualquier SCP guardado, con respecto al cual AutoCAD definirá la vista ortogonal elegida; la opción predeterminada es **Universal**. La variable de sistema **UCSBASE** almacena el valor para el nombre del SCP seleccio-

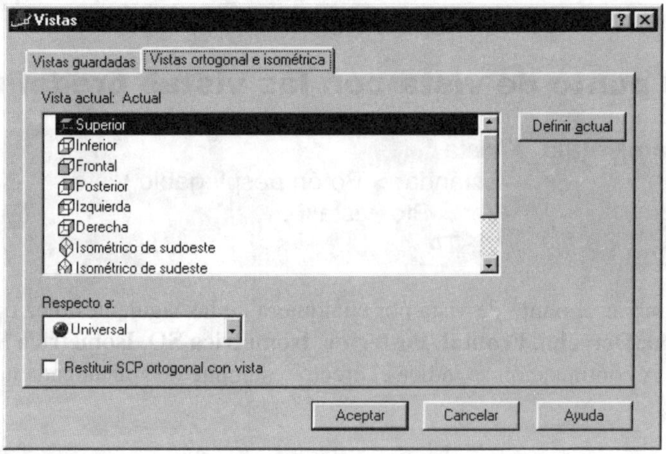

Figura 9.23. *Ficha* ***Vistas ortogonal e isométrica*** *del cuadro de diálogo* ***Vistas.***

nado como base de la vista seleccionada. Active la casilla de verificación **Restituir SCP ortogonal con vista** si desea recuperar un SCP asociado con la vista concreta al definirla como actual. La variable de sistema **UCSORTHO** almacena el valor de esta opción. Para obtener información detallada respecto al SCP asociado con una determinada vista guardada u ortogonal, haga clic en el botón **Detalles** de la ficha **Vistas guardadas**.

CONFIGURACIÓN DE VISTAS EN PLANTA (COMANDO PLANTA)

Menú:	Ver > Pto. vista 3D > Vista en planta
Comando:	PLANTA

El comando **PLANTA** puede generar la vista en planta de un objeto. El punto de vista utilizado para obtener la vista en planta es siempre el (0,0,1), relativo al SCP actual, al SCU o al SCP previamente guardado. En otras palabras, la vista en planta se define como la vista obtenida al observar el objeto a lo largo del eje Z. Recuerde que la vista en planta no es necesariamente la vista obtenida al observar el dibujo desde arriba. Si utiliza el SCU, la vista en planta se consigue al observar el objeto desde la parte superior. Si desea utilizar una vista en planta relativa al SCP actual, el resultado dependerá totalmente de la dirección del eje Z. Como puede cambiar la orientación de los ejes X, Y y Z con el comando SCP, podrá obtener diferentes vistas en planta para un mismo objeto según la orientación de los ejes de cada SCP utilizado.

Comando: **PLANTA**
Indique una opción [scp Actual/SCP/Universal] <Actual>:

Si dispone de varias ventanas gráficas, el comando **PLANTA** sólo genera la vista en planta en la ventana gráfica actual. Si el modo Perspectiva está activado, la utilización del comando **PLANTA** lo desactiva. La delimitación también queda desactivada. El comando **PLANTA** no puede utilizarse en espacio papel. La secuencia de solicitudes para el comando **PLANTA** ofrece estas tres opciones.

SCP actual. Ésta es la opción predeterminada. Si elige esta opción, AutoCAD generará la vista en planta correspondiente al SCP actual. Se regenerará la visualización para ajustar el dibujo a su extensión en la ventana gráfica actual.

SCP. Con la ayuda de esta opción, puede generar la vista en planta relativa al SCP definido previamente. El comando solicitará que indique el nombre del SCP. Puede indicar **?** tras la solicitud para obtener una lista de todos los sistemas de coordenadas guardados.

Universal. Esta opción genera la vista en planta correspondiente al SCU. AutoCAD regenerará la visualización para ajustar el dibujo a su extensión en la pantalla.

Si la variable de sistema **UCSFOLLOW** está definida en 1, al realizar cualquier cambio en el SCP AutoCAD mostrará la vista en planta correspondiente.

CREACIÓN DE SUPERFICIES

AutoCAD ofrece una amplia gama de comandos para crear superficies 3D. A continuación se describen los comandos utilizados en AutoCAD para crear diferentes tipos de superficies.

Comando SUPREGLA

Barra de herramientas:	Superficies > Sup. reglada
Menú:	Dibujo > Superficies > Sup. reglada
Comando:	SUPREGLA

El comando **SUPREGLA** puede generar una malla poligonal entre dos objetos. Los objetos pueden ser puntos, líneas, arcos, círculos, polilíneas 2D, polilíneas 3D, splines, elipses o arcos elípticos (figura 9.24). Los dos objetos precisados actúan como aristas de la superficie reglada. La única condición necesaria para trabajar con este comando es que, si uno de los objetos es abierto, el otro también debe ser abierto (por ejemplo, línea o arco); de igual forma, si uno de los objetos es cerrado, el otro también deberá serlo (por ejemplo, círculo o polígono). El caso especial corresponde al objeto de punto, pues puede utilizarse tanto como objeto abierto como cerrado. Para poder crear una superficie, ambos objetos no pueden ser puntos. **SUPREGLA** viene a significar superficie reglada; es decir, la superficie entre los dos objetos está dividida uniformemente mediante líneas regladas.

Comando: **SUPREGLA**

Las dos solicitudes siguientes requieren que designe el primer y el segundo objeto, respectivamente. La única cuestión que debe tener en cuenta es que ambas entidades deben designarse en el mismo lado; es decir, si designa la primera entidad en la parte de la izquierda, la segunda también debe designarse en su parte izquierda. En caso contrario, obtendrá una superficie cruzada, como una malla poligonal que interseca consigo misma.

Densidad de estructura alámbrica actual: SURFTAB1=6
Designe primera curva de definición:
Designe segunda curva de definición:

En el caso de curvas cerradas, la ubicación del punto a designar para seleccionar la curva de definición resulta irrelevante, pues la superficie reglada, en tales casos, comienza en la ubicación del cuadrante de 0 grados; este punto depende del eje X actual y del valor de la variable de sistema **SNAPANG**. Si las entidades seleccionadas son polilíneas cerradas, la superficie reglada comenzará en el último vértice y avanzará en retroceso. Puede utilizar el comando **GIRA** si desea alinear los puntos de inicio utilizados. El comando **SUPREGLA** se utiliza con frecuencia para generar superficies de diferentes formas, curvas en el interior o el exterior de algún objeto, etc. El comando **SUPREGLA** crea la malla en términos de 2 x N (2 es debido a que **SUPREGLA** crea una malla poligonal entre dos objetos). El valor de N representa la densidad de la malla; es un número variable que puede ajustar según sus necesidades. La variable de sistema **SURFTAB1** controla el valor de N. El valor de N coincidirá con el de **SURFTAB1** cuando las dos curvas de definición sean cerradas o si una de ellas es abierta y la otra es un punto. Si ambas curvas de definición son cerradas, N será igual al valor de **SURFTAB1** más 1. El valor predeterminado para la densidad de la malla es 6. Puede cambiar el valor de N con la variable de sistema **SURFTAB1**, de la siguiente forma:

Comando: **SURFTAB1**
Indique nuevo valor para SURFTAB1 <6>: *Precise un nuevo valor para SURFTAB1.*

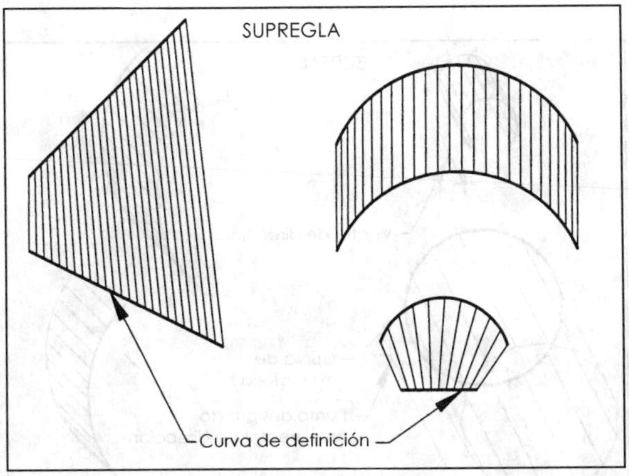

Figura 9.24. *Superficies creadas con el comando* SUPREGLA.

La mitad de los vértices de la malla se sitúan a igual espacio a lo largo de una de las curvas de definición; el resto se alinean según la otra curva de definición.

Comando SUPTAB

El comando **SUPTAB** permite generar una superficie de extrusión (superficie tabulada) a partir de un objeto (figura 9.25). Existe un buen número de similitudes entre el trabajo con el comando **SUPTAB** y con **SUPREGLA**. La diferencia estriba en que el comando **SUPTAB** sólo requiere un objeto, mientras que **SUPREGLA** necesita dos. Tal objeto también se conoce como curva de trayectoria o perfil. La curva de trayectoria puede ser una línea, arco, elipse, arco elíptico, círculo, polilínea 2D o polilínea 3D. La dirección y longitud de la extrusión quedan definidas por la longitud y dirección de una segunda línea o polilínea, conocida como vector de dirección. Para determinar la dirección de extrusión, AutoCAD considera el extremo del vector de dirección más próximo al punto designado en tal objeto. La dirección de extrusión queda definida desde dicho extremo hacia el extremo opuesto. La variable de sistema **SURFTAB1** controla el número de intervalos (superficies tabuladas) a lo largo de la curva de trayectoria. Si la curva de trayectoria es una línea, arco, círculo, elipse o polilínea ajustada a spline, quedará dividida por las líneas de tabulación en el número de intervalos definido por **SURFTAB1**. Si la curva de trayectoria es una polilínea (no ajustada a spline), AutoCAD generará las líneas de tabulación en los vértices de los segmentos de la polilínea; si hay algún segmento de arco, cada segmento se dividirá con líneas de tabulación en intervalos según el valor de **SURFTAB1**. Puede ejecutar el comando con el botón

Sup. tabulada de la barra de herramientas **Superficies**. También puede elegir la opción **Superficies > Sup. tabulada** del menú **Dibujo**. La secuencia de solicitudes para el comando **SUPTAB** es:

Comando: **SUPTAB**
Designe objeto para el perfil: *Designe la curva de trayectoria.*
Designe objeto para vector de dirección: *Designe el vector de dirección.*

Una vez creada la malla, puede suprimir el objeto utilizado como vector de dirección.

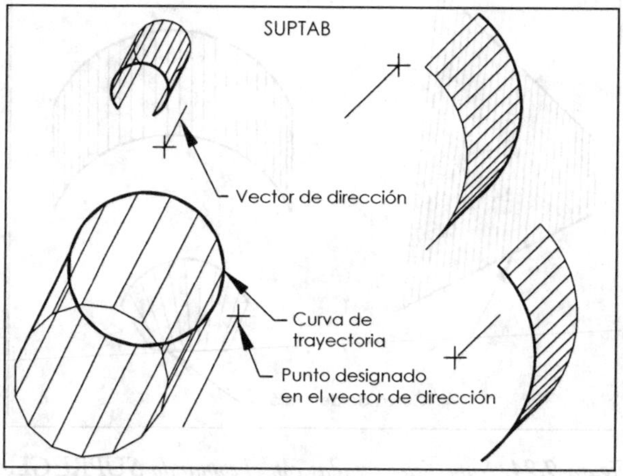

Figura 9.25. Superficies creadas con el comando SUPTAB.

Comando SUPREV

Con la ayuda del comando **SUPREV** puede crear mallas 3D que construyen el rastro de la curva de trayectoria (perfil) girando en torno al eje precisado (figura 9.26). La curva de trayectoria o perfil puede ser un arco, línea, polilínea 2D, elipse, arco elíptico o círculo. El eje de revolución puede ser una línea o una polilínea 2D o 3D abierta. Las variables de sistema **SURFTAB1** y **SURFTAB2** controlan el tamaño (M x N) de la malla. El valor de **SURFTAB1** determina el número de caras que AutoCAD colocará en la dirección de rotación en torno al eje (M caras). **SURFTAB1** puede adoptar un valor entre 3 y 1.024 caras. El valor de **SURFTAB2** determina el número de segmentos iguales que dividen la curva de trayectoria (N segmentos). El valor predeterminado para **SURFTAB1** y **SURFTAB2** es 6. Si la curva de trayectoria es una línea, arco, círculo, elipse o polilínea ajustada a spline, quedará dividida por las líneas de tabulación en el número de intervalos definido por **SURFTAB2**. Si la curva de trayectoria es una polilínea (no ajustada a spline), AutoCAD generará las líneas de tabulación en los vértices de los segmentos de la polilínea; si hay algún segmento de arco, cada segmento se dividirá con líneas de tabulación en intervalos según el valor de **SURFTAB2**. Puede ejecutar el comando con el botón **Sup. de revolución** de la barra de herramientas **Superficies**. También puede elegir la opción **Superficies > Sup. de revolución** del menú **Dibujo**. La secuencia de solicitudes para el comando **SUPREV** es:

Comando: **SUPREV**

Densidad de estructura alámbrica actual: SURFTAB1=6 SURFTAB2=6

Designe objeto que se va a resolver: *Designe la línea, polilínea, arco o círculo que define la curva de trayectoria.*

Designe objeto que defina el eje de revolución: *Designe la línea o polilínea abierta a utilizar como eje de revolución.*

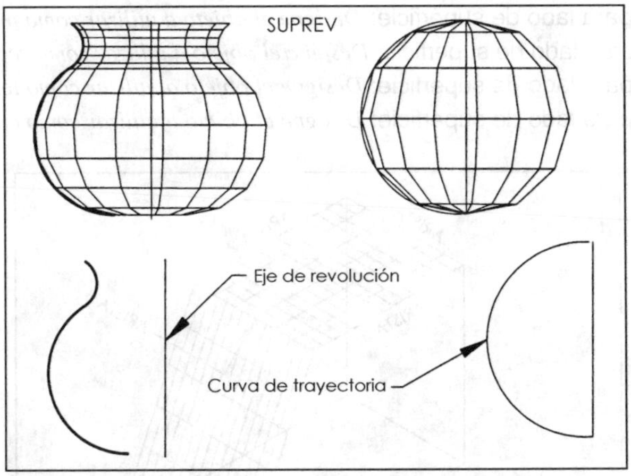

Figura 9.26. *Superficies creadas con el comando* ***SUPREV****.*

Una vez designado el perfil y el eje de revolución, AutoCAD solicitará que precise el ángulo de desfase inicial a partir del cual comenzará la revolución.

Precise ángulo inicial <0>: *Precise el ángulo de inicio.*

Tras la siguiente solicitud, puede optar entre efectuar una revolución parcial o crear la superficie completa de 360 grados.

Precise ángulo incluido (+=trigon., -=horario) <360>: *Precise el ángulo incluido.*

Comando SUPLADOS

El comando **SUPLADOS** permite crear mallas 3D con cuatros objetos conectados como contorno; también se conocen como mallas de segmento de superficie de Coons, que consiste en una superficie bicúbica (figura 9.27). Básicamente, esta malla es una matriz de caras 3D. El número de filas y columnas queda determinado por las variables de sistema **SURFTAB1** y **SURFTAB2**. Los cuatro lados pueden estar formados por líneas, arcos, polilíneas, splines, arcos elípticos o cualquier combinación de ellos. Estos lados deben formar una figura cerrada, además de coincidir sus puntos finales. La única condición para crear una malla con el comando **SUPLADOS** es que debe tener cuatro lados. Puede seleccionar los objetos en cualquier orden. La dirección M de la malla depende del objeto seleccionado en primer lugar. La malla progresa desde el punto final más próximo al punto designado hasta el extremo opuesto de dicho objeto. Los N lados de la malla están formados por los dos lados que tocan al primer objeto. Puede ejecutar este comando con el botón **Sup. definida por lados** de la barra de herramientas **Superficies**. También puede elegir la opción **Superficies > Sup. definida por lados** del menú **Dibujo**. La secuencia de solicitudes para el comando **SUPLADOS** es:

Comando: **SUPLADOS**
Densidad de estructura alámbrica actual: SURFTAB1=6 SURFTAB2=6
Designe objeto 1 para lado de superficie: *Designe el objeto a utilizar como primer lado del contorno.*
Designe objeto 2 para lado de superficie: *Designe el objeto a utilizar como segundo lado del contorno.*
Designe objeto 3 para lado de superficie: *Designe el objeto a utilizar como tercer lado del contorno.*
Designe objeto 4 para lado de superficie: *Designe el objeto a utilizar como cuarto lado del contorno.*

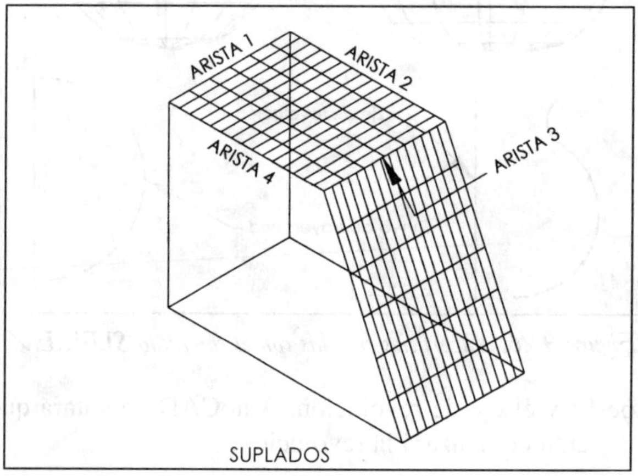

Figura 9.27. *Superficies creadas con el comando SUPLADOS.*

Comando 3DMALLA

El comando **3DMALLA** permite crear mallas poligonales de forma libre. La malla se define en términos de filas (M) y columnas (N). La malla está abierta en ambas direcciones, M y N. Si desea cerrar la malla, utilice la opción **Cerrar** del comando **EDITPOL**. El comando **3DMALLA** puede utilizarse para crear superficies muy irregulares. Si los puntos de la malla son conocidos, podrá utilizar el comando **3DMALLA** dentro de archivos de comandos y rutinas AutoLISP. Allí donde una fila interseca con una columna aparece un vértice. En consecuencia, el número total de vértices de una malla es el producto de M por N. Todos los vértices de la malla se precisan por sus coordenadas X, Y y Z. Puede precisar los vértices como puntos 2D o 3D. Según el valor de las coordenadas del vértice, cada uno de ellos puede situarse a cualquier distancia del resto. Los puntos para definir la malla son sus vértices. El número de vértices en ambas direcciones debe variar entre 2 y 256. En otras palabras, no puede haber menos de 2 vértices ni más de 256 en cada dirección. Para ejecutar este comando, haga clic en el botón **Malla 3D** de la barra de herramientas **Superficies**. También puede elegir la opción **Superficies > Malla 3D** del menú **Dibujo**.

Ejemplo 1

En este ejemplo crearemos una malla tridimensional 6 x 6 (figura 9.28). La secuencia de solicitudes es:

Comando: **3DMALLA**
Indique tamaño de malla en dirección M: **6**
Indique tamaño de malla en dirección N: **6**
Precise ubicación de vértice (0, 0): *Precise la coordenada de ubicación del vértice (0,0,0).*
Precise ubicación de vértice (0, 1): *Precise la coordenada de ubicación del vértice (0,1,0).*
Precise ubicación de vértice (0, 2): *Precise la coordenada de ubicación del vértice (0,2,0).*
Precise ubicación de vértice (0, 3): *Precise la coordenada de ubicación del vértice (0,3,0).*
Precise ubicación de vértice (0, 4): *Precise la coordenada de ubicación del vértice (0,4,0).*
Precise ubicación de vértice (0, 5): *Precise la coordenada de ubicación del vértice (0,5,0).*
Precise ubicación de vértice (1, 0): *Precise la coordenada de ubicación del vértice (1,0,0).*
Precise ubicación de vértice (1, 1): *Precise la coordenada de ubicación del vértice (1,1,2).*
Precise ubicación de vértice (1, 2): *Precise la coordenada de ubicación del vértice (1,2,0).*
Precise ubicación de vértice (1, 3): *Precise la coordenada de ubicación del vértice (1,3,0).*
Precise ubicación de vértice (1, 4): *Precise la coordenada de ubicación del vértice (1,4,0).*
Precise ubicación de vértice (1, 5): *Precise la coordenada de ubicación del vértice (1,5,0).*

Indique los restantes vértices para completar la malla.

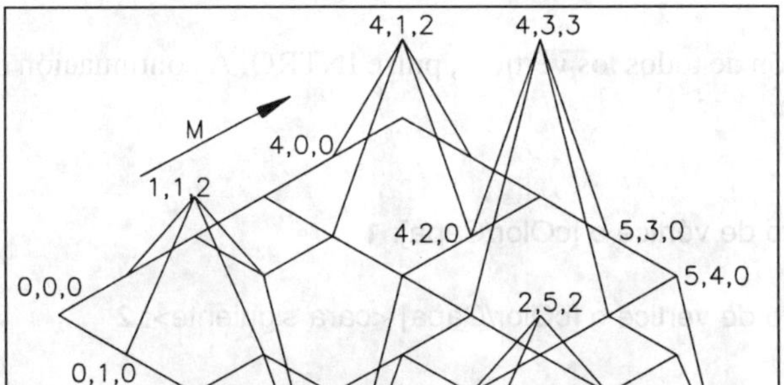

Figura 9.28. *Superficie creada con el comando **3DMALLA**.*

Nota

*Los comandos **3DMALLA** y **PCARA** se pensaron en un principio para crear superficies a través de elementos de menú y programas. Utilizarlo desde la línea de comando resulta complicado y, en consecuencia, no es difícil cometer errores.*

Comando PCARA

Comando: PCARA

El comando **PCARA** es similar a **3DCARA**, en cuanto que ambos permiten crear una malla con la forma de superficie deseada a partir de las coordenadas de los vértices y asignando dichos vértices a las caras de la malla. La diferencia entre ambos comandos consiste en que, al utilizar **3DCARA**, no es posible seleccionar dos veces los vértices que unen otra cara; con el comando **PCARA**, deberá seleccionar todos los vértices de la cara, incluso aunque coincidan con los de otra cara. De esta forma, podrá evitar la generación de caras 3D no relacionadas que contengan vértices coincidentes. Además el comando **PCARA** no restringe el número de caras ni el número de vértices que puede tener la malla.

Comando: **PCARA**
Precise ubicación de vértice 1: *Precise la ubicación del primer vértice.*
Precise ubicación de vértice 2 o <definir caras>: *Precise la ubicación del segundo vértice.*
Precise ubicación de vértice 3 o <definir caras>: *Precise la ubicación del tercer vértice.*
Precise ubicación de vértice 4 o <definir caras>: *Precise la ubicación del cuarto vértice.*
Precise ubicación de vértice 5 o <definir caras>: *Precise la ubicación del quinto vértice.*
Precise ubicación de vértice 6 o <definir caras>: *Precise la ubicación del sexto vértice.*
Precise ubicación de vértice 7 o <definir caras>: *Precise la ubicación del séptimo vértice.*
Precise ubicación de vértice 8 o <definir caras>: *Precise la ubicación del octavo vértice.*
Precise ubicación de vértice 9 o <definir caras>: Intro

Tras definir la ubicación de todos los vértices, pulse INTRO. A continuación deberá asignar los vértices a la primera cara.

Cara 1, vértice 1:
Indique un número de vértice o [cOlor/Capa]: **1**
Cara 1, vértice 2:
Indique un número de vértice o [cOlor/Capa] <cara siguiente>: **2**
Cara 1, vértice 3:
Indique un número de vértice o [cOlor/Capa] <cara siguiente>: **3**
Cara 1, vértice 4:
Indique un número de vértice o [cOlor/Capa] <cara siguiente>: **4**

Una vez asignados los vértices a la primera cara, dé una respuesta nula tras la siguiente solicitud.

Cara 1, vértice 5:
Indique un número de vértice o [cOlor/Capa] <cara siguiente>: Intro

Sin salir del comando **PCARA**, también puede cambiar el color y la capa de la primera cara. Por ejemplo, si desea cambiar a rojo el color de la primera cara, la secuencia de solicitudes es:

Cara 1, vértice 5:
Indique un número de vértice o [cOlor/Capa] <cara siguiente>: **O**
Indique un número de color o nombre de color estándar <PORCAPA>: **rojo**

Ahora la primera cara será roja.

Una vez asignados los vértices, dé una respuesta nula tras la siguiente solicitud. AutoCAD mostrará una secuencia de comandos en la que deberá asignar vértices a la segunda capa:

Cara 2, vértice 1:
Indique un número de vértice o [cOlor/Capa]: **1**
Cara 2, vértice 2:
Indique un número de vértice o [cOlor/Capa] <cara siguiente>: **4**
Cara 2, vértice 3:
Indique un número de vértice o [cOlor/Capa] <cara siguiente>: **5**
Cara 2, vértice 4:
Indique un número de vértice o [cOlor/Capa] <cara siguiente>: **8**

Una vez asignados los vértices a la segunda cara, dé una respuesta nula tras la siguiente solicitud.

Cara 2, vértice 5:
Indique un número de vértice o [cOlor/Capa] <cara siguiente>: [Intro]

Siga el mismo procedimiento para asignar vértices a todas las caras. Si desea hacer visible algún lado, precise un número negativo para el primer vértice del lado. La variable de sistema **SPLFRAME** controla la visualización de los lados invisibles de las superficies sólidas 3D. Si **SPLFRAME** está definida en 0, AutoCAD no muestra los lados invisibles. Si su valor es 1, AutoCAD mostrará todas las caras invisibles. Puede utilizar los comandos **OCULTA** y **MODOSOMBRA** para comprobar el efecto del comando **PCARA**.

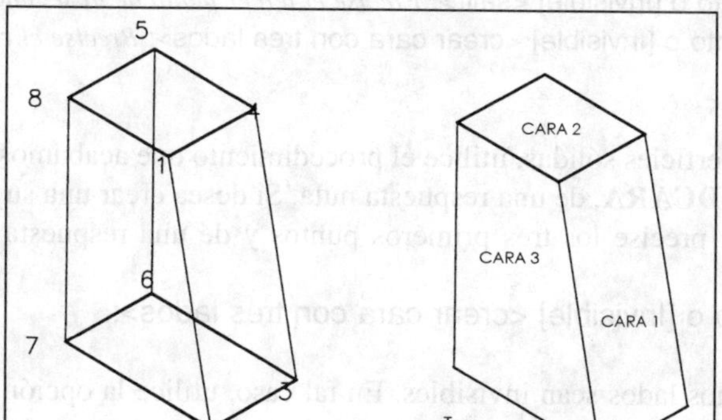

Figura 9.29. *Utilización del comando* ***PCARA.***

Comando 3DCARA

Barra de herramientas: Superficies > Cara 3D
Menú: Dibujo > Superficies > Cara 3D
Comando: 3DCARA

A menudo, los modelos 3D necesitan superficies sólidas; por ejemplo, para el sombreado o la ocultación. El comando **3DCARA** permite crear superficies con caras de tres o cuatro lados. La secuencia de solicitudes para el comando **3DCARA** es algo parecido al del comando **SOLID**. La diferencia estriba en que la superficie con el comando **SOLID** es paralela al SCP actual, mientras que el comando **3DCARA** puede crear superficies en cualquier lugar del espacio tridimensional. Este comando permite precisar diferentes coordenadas Z para cada esquina de una cara, dando lugar a un plano en el espacio.

Comando: **3DCARA**
Precise primer punto o [Invisible]: *Precise el primer punto de la primera cara.*
Precise segundo punto o [Invisible]: *Precise el segundo punto de la primera cara.*
Precise tercer punto o [Invisible] <salir>: *Precise el tercer punto de la primera cara.*
Precise cuarto punto o [Invisible] <crear cara con tres lados>: *Precise el cuarto punto de la primera cara.*

Una vez designados los cuatro puntos, AutoCAD cerrará la cara uniendo el cuarto punto con el primero (vea la figura 9.30). La siguiente solicitud volverá a solicitar un tercer punto. Tras esta solicitud, puede pulsar INTRO si no desea crear más de una superficie sólida. AutoCAD terminará el comando **3DCARA**. Si desea crear más de una superficie sólida, los puntos tercero y cuarto de la cara anterior pasarán a ser el primero y segundo de la nueva cara. Así pues, una vez definidos los dos primeros puntos, deberá precisar los puntos tercero y cuarto para crear la superficie sólida. AutoCAD solicitará dichos puntos:

Precise tercer punto o [Invisible] <salir>: *Precise el tercer punto de la segunda cara.*
Precise cuarto punto o [Invisible] <crear cara con tres lados>: *Precise el cuarto punto de la segunda cara.*

Si desea crear más superficies sólidas, utilice el procedimiento que acabamos de describir; si desea terminar el comando **3DCARA**, de una respuesta nula. Si desea crear una superficie sólida de sólo tres lados (triangular), precise los tres primeros puntos y dé una respuesta nula tras la solicitud

Precise cuarto punto o [Invisible] <crear cara con tres lados>:.

Quizá desee que algunos lados sean invisibles. En tal caso, utilice la opción **Invisible** del comando **3DCARA**. Utilice esta opción justo antes de precisar el primer punto del lado que desee hacer invisible. Puede hacer invisibles todos los lados de una cara 3D. Como ya se ha mencionado antes, la variable de sistema **SPLFRAME** controla la visualización de los lados invisibles de las superficies sólidas. Si **SPLFRAME** está definida en 0, AutoCAD no muestra los lados invisibles. Si su valor es 1, AutoCAD mostrará todas las caras invisibles. Puede modificar esta variable indicando **SPLFRAME** en la solicitud de comando. También puede utilizar las opciones **MostLado** y **OculLado** del menú de pantalla (en **DIBUJO 2 > SUPERFIC > 3Dcara**). Con estas opciones podrá activar y desactivar, respectivamente, la visualización de los lados invisibles. Si define la variable **SPLFRAME** en 1 con la opción **MostLado**, AutoCAD mostrará el siguiente mensaje en un cuadro de diálogo:

Las aristas no visibles se mostrarán una vez regenerado el dibujo.

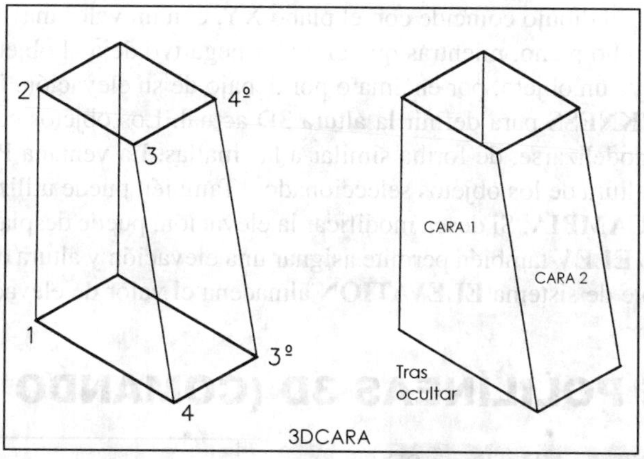

Figura 9.30. *Utilización del comando 3DCARA para crear caras.*

Puede utilizar la opción **OculLado** para ocultar todos los lados dibujados con la opción **Invisible** del comando **3DCARA**. Si utiliza esta opción, AutoCAD mostrará el siguiente mensaje:

Las aristas no visibles se ocultarán una vez regenerado el dibujo.

Si desea modificar el estado visible o invisible de un determinado lado tras dibujar la cara 3D, puede utilizar el cuadro de diálogo **Propiedades de objetos**. Designe una cara 3D y haga clic en el botón **Propiedades** de la barra de herramientas **Estándar**. Bajo **Geometría**, seleccione la entrada correspondiente al lado (arista) cuya visibilidad desee modificar. Aparecerá a la derecha un cuadro de lista desplegable, en el que podrá elegir **Visible** u **Oculta**, según desee. También puede utilizar el comando **EDGE**, bien desde la solicitud de comando, bien con el botón **Lado** de la barra de herramientas **Superficies**.

Comando: **EDGE**
Precise arista de 3dcara para activar o desactivar visibilidad o [Visualizar]: *Designe un lado de la cara 3D o indique V para la opción **Visualizar**.*

Si utiliza la opción **Visualizar**, podrá seleccionar la arista de la cara 3D que desee volver a mostrar. El comando mostrará la siguiente solicitud:

Indique método de selección para visualizar aristas ocultas [Seleccionar/Todo] <Todo>: *Indique una opción o pulse INTRO.*

La opción **Todo** muestra los lados ocultos de todas las caras 3D del dibujo. La opción **Seleccionar** permite designar determinados lados ocultos para mostrarlos.

Configuración de elevación y altura

Puede utilizar la elevación y la altura para crear y mostrar objetos 3D. La elevación se basa en el valor Z correspondiente al plano, paralelo al XY, en el que está dibujado el objeto. Con un valor de elevación igual a cero, el dibujo coincide con el plano XY; con un valor mayor de cero, el dibujo se sitúa por encima de dicho plano, mientras que un valor negativo deja al objeto por debajo. La altura con la que se extruye un objeto, por encima o por debajo de su elevación. Puede utilizar la variable de sistema **THICKNESS** para definir la altura 3D actual. Los objetos con altura pueden ocultarse, sombrearse o modelizarse, de forma similar a las mallas. La ventana Propiedades de objetos permite modificar la altura de los objetos seleccionados. También puede utilizar a tal fin los comandos **CAMBPROP** y **CAMBIA**. Si desea modificar la elevación, puede desplazar el objeto a lo largo del eje Z. El comando **ELEV** también permite asignar una elevación y altura de extrusión a los objetos nuevos. La variable de sistema **ELEVATION** almacena el valor de elevación actual.

DIBUJO DE POLILÍNEAS 3D (COMANDO 3DPOL)

Menú: Dibujo > Polilínea 3D
Comando: 3DPOL

Puede dibujar polilíneas en el espacio tridimensional gracias al comando **3DPOL** (figura 9.31). Los comandos **3DPOL** y **POL** funcionan de forma similar. La diferencia estriba en que el comando **3DPOL** añade una tercera coordenada (Z) a la polilínea, si bien sólo puede crear segmentos rectos y sin grosores variables.

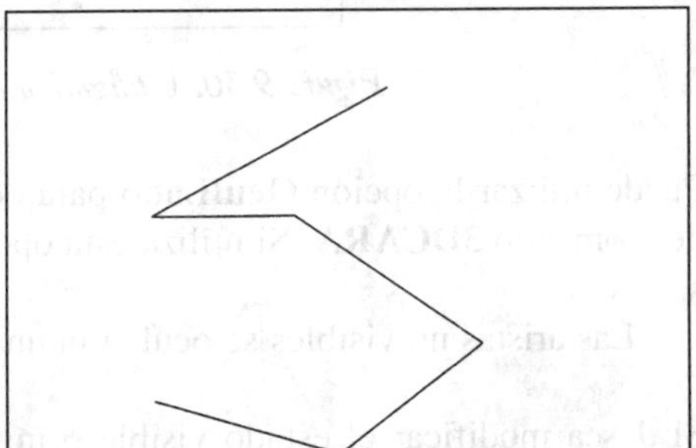

Figura 9.31. *Utilización del comando 3DPOL.*

Comando: **3DPOL**

Precise punto inicial de polilínea: Precise el punto donde desee comenzar el dibujo de la polilínea 3D.

Precise punto final de línea o [desHacer]: *Precise en pantalla el punto final del primer segmento.*

Precise punto final de línea o [desHacer]: *Precise en pantalla el punto final del segundo segmento.*

Precise punto final de línea o [Cerrar/desHacer]: *Continúe precisando nuevos puntos finales, indique una opción o pulse INTRO para terminar el comando.*

El comando **3DPOL** ofrece las opciones **Cerrar** y **desHacer**.

Opción Cerrar

Esta opción dibuja el segmento que conecta el punto inicial del primer segmento con el punto final del último segmento de la polilínea. Por esta razón, es imprescindible disponer al menos de dos segmentos ya dibujados.

Opción desHacer

La opción **desHacer** anula el efecto de la operación anterior. Si utiliza la opción **desHacer**, AutoCAD suprimirá el último segmento dibujado y una línea elástica quedará unida desde el punto anterior hasta el cursor sin salir del comando **3DPOL**.

Algunas operaciones de edición no pueden llevarse a cabo en las polilíneas 3D: juntar, crear curvas de ajuste con segmentos de arco y precisar direcciones de tangencia en los vértices de la polilínea 3D. Si desea editar una polilínea 3D, puede utilizar el comando **EDITPOL**.

CREACIÓN DE MATRICES EN EL ESPACIO 3D (COMANDO 3DARRAY)

Menú:	Modificar > Operación en 3D > Matriz 3D
Comando:	3DARRAY

Puede crear matrices de objetos en el espacio tridimensional igual que lo haría en dos dimensiones. El comando **3DARRAY** permite crear estas matrices. Básicamente, el comando **3DARRAY** es similar al comando **MATRIZ**. La diferencia, por supuesto, es la tercera dimensión (Z). La tercera dimensión no es más que un plano paralelo al plano XY, según el valor de Z. Hay dos tipos de matrices 3D: rectangulares y polares.

Matriz rectangular 3D

Una vez iniciado el comando **3DARRAY**, AutoCAD solicita que designe los objetos con los que desea formar la matriz 3D:

Comando: **3DARRAY**
Designe objetos: *Designe los objetos cualquier método de selección de objetos.*

Una vez seleccionados todos los objetos, de una respuesta nula tras la solicitud Designe objetos:.

La siguiente solicitud mostrada será:

Indique el tipo de matriz [Rectangular/Polar] <R>):

Tras la solicitud anterior, elija el tipo de matriz que desee crear, entre matriz rectangular o matriz polar. Deseamos crear una matriz rectangular, por lo que deberá indicar **R** tras dicha solicitud. Tras las dos solicitudes siguientes deberá indicar el número de filas y el número de columnas que constituirán la matriz 3D:

Indique el número de filas (---) <1>: *Precise el número de filas deseadas en la matriz 3D.*
Indique número de columnas (|||) <1>: *Precise el número de columnas deseadas en la matriz 3D.*

La siguiente solicitud marca la diferencia del comando **3DARRAY** con respecto a las solicitudes del comando **MATRIZ**. Tras dicha solicitud debe precisar el número de niveles de los que debe constar la matriz.

Indique número de niveles (...) <1>: *Precise el número de niveles deseados en la matriz 3D.*

Tras las siguientes tres solicitudes deberá precisar la distancia entre las filas, la distancia entre las columnas y la distancia entre los niveles.

Precise distancia entre filas (---): *Precise la separación entre las filas de la matriz 3D.*
Precise distancia entre columnas (|||): *Precise la separación entre las columnas de la matriz 3D.*
Precise distancia entre niveles ( ): *Precise la separación entre los niveles de la matriz 3D.*

Si precisa valores negativos, AutoCAD creará la matriz en los ejes X, Y y Z negativos. Si los valores son positivos, la matriz se situará a lo largo de los ejes X, Y y Z positivos. Finalmente, si desea comprobar el aspecto tridimensional de la matriz 3D, utilice el comando **PTOVISTA** y cambie, por ejemplo, al punto de vista (1,-1,1).

Ejemplo 2

En este ejemplo crearemos una matriz 3D de conos 3D (figura 9.32). Los valores necesarios para crear la matriz de conos son:

Número de filas = 3
Número de columnas = 3
Número de niveles = 2
Distancia entre filas = 20
Distancia entre columnas = 30
Distancia entre niveles = 100
Radio de la base del cono = 6
Radio de la superficie del cono = 0
Altura del cono = 16

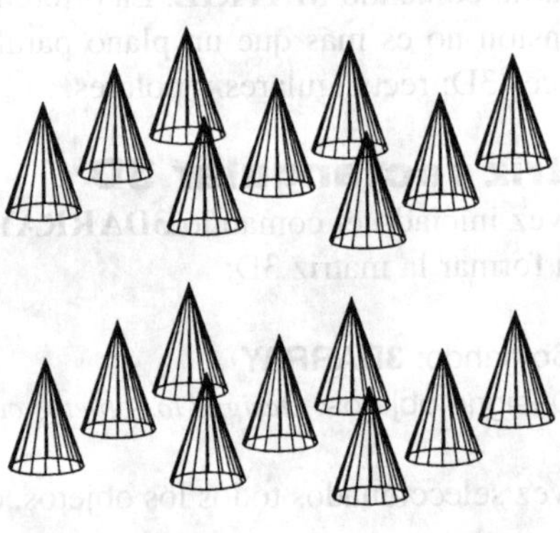

Figura 9.32. *Creación de una matriz rectangular 3D.*

1. En primer lugar, dibujaremos un cono 3D. La secuencia de solicitudes para crear un cono de malla de superficie es la siguiente:

Comando: **3D**
Indique una opción
[pRisma rectangular/cOno/cUenco/Cúpula/Malla/Pirámide/Esfera/Toroide/cuñA]: **O**

Precise centro para la base del cono: *Precise un punto como centro de la base del cono.*
Precise radio de la base del cono o [Diámetro]: **6**
Precise radio superior del cono o [Diámetro] <0>: **0**
Precise altura de cono: **16**
Indique el número de segmentos para la superficie del cono <16>: [Intro]

2. Una vez dibujado el objeto, podremos crear la matriz 3D. La secuencia de solicitudes es:

Comando: **3DARRAY**
Designe objetos: *Designe el cono.*
Designe objetos: [Intro]
Indique el tipo de matriz [Rectangular/Polar] <R>): **R**
Indique el número de filas (---) <1>: **3**
Indique número de columnas (|||) <1>: **3**
Indique número de niveles (...) <1>: **2**
Precise distancia entre filas (---): **20**
Precise distancia entre columnas (|||): **30**
Precise distancia entre niveles ( ): **100**

3. Una vez completada la secuencia de solicitudes, AutoCAD creará la matriz 3D. Si está observando el dibujo desde arriba, utilice el comando **PTOVISTA** para cambiar al punto de vista (1,-1,1) para obtener una vista 3D de la matriz.

Creación de una matriz polar 3D

Puede utilizar el comando **3DARRAY** para crear una matriz polar 3D. La diferencia entre una matriz polar 2D y una 3D consiste en que la matriz polar 3D requiere un eje de rotación.

Comando: **3DARRAY**
Designe objetos: *Designe los objetos.*
Designe objetos: [Intro]

Para crear una matriz polar, elija la opción **Polar** tras la siguiente solicitud:

Indique el tipo de matriz [Rectangular/Polar] <R>): **P**

Tras la siguiente solicitud deberá indicar el número de elementos en la matriz; es decir, cuántas copias de los objetos seleccionados formarán la matriz.

Indique el número de elementos de la matriz:

Tras la siguiente solicitud, indique el ángulo a abarcar con la matriz. Si el ángulo indicado es positivo, la matriz girará en el sentido antihorario; si el ángulo es negativo, la rotación tendrá lugar en el sentido de las agujas del reloj.

Precise el ángulo a rellenar (+=trigon., -=horario) <360>: *Indique un valor para el ángulo.*
¿Girar objetos de matriz? [Sí/No] <S>: *Indique si desea o no que los elementos giren según su posición dentro de la matriz 3D.*
Precise centro de matriz: *Precise el centro de la matriz.*
Precise segundo punto del eje de rotación: *Precise un segundo punto del eje.*

Ejemplo 3

En este ejemplo crearemos una matriz polar 3D compuesta por esferas 3D (figura 9.33). Los valores necesarios para crear la matriz de esferas son:

Radio de la esfera = 10
Número de elementos en la matriz = 5
Ángulo a rellenar = 360 grados
Los objetos de la matriz deben girarse.

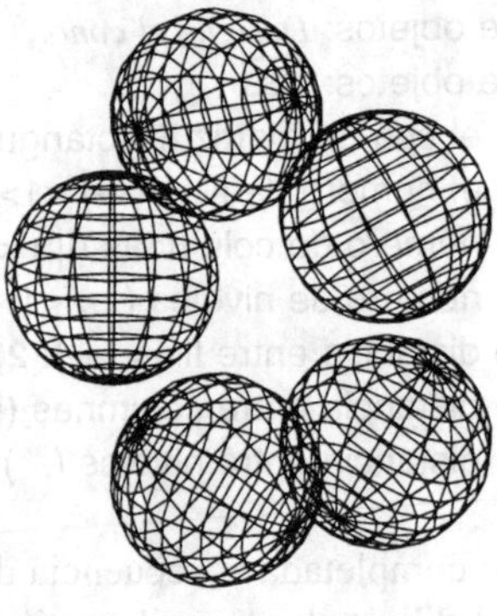

***Figura 9.33.** Creación de una matriz polar 3D.*

1. En primer lugar dibujaremos una esfera de malla de superficie a partir de la cual crear la matriz. La secuencia de solicitudes para dibujar la esfera es:

   Comando: **3D**
   Indique una opción
   [pRisma rectangular/cOno/cUenco/Cúpula/Malla/Pirámide/Esfera/Toroide/cuñA]: **E**
   Precise centro de esfera: *Precise un punto como centro de la esfera.*
   Precise radio de esfera o [Diámetro]: **10**
   Indique número de segmentos longitudinales para la superficie de esfera <16>: **Intro**
   Indique número de segmentos latitudinales para la superficie de esfera <16>: **Intro**

2. Una vez dibujada la esfera, crearemos la matriz polar. La secuencia de solicitudes es:

   Comando: **3DARRAY**
   Designe objetos: *Designe la esfera.*
   Designe objetos: **Intro**
   Indique el tipo de matriz [Rectangular/Polar] <R>): **P**
   Indique el número de elementos de la matriz: **5**
   Precise el ángulo a rellenar (+=trigon., -=horario) <360>: **Intro**
   ¿Girar objetos de matriz? [Sí/No] <S>: **Intro**
   Precise centro de matriz: *Precise el centro de la matriz 3D.*
   Precise segundo punto del eje de rotación: *Precise un punto del eje.*

3. Una vez formada la matriz, cambie al punto de vista (1,-1,1) para obtener de una vista 3D de la matriz.

REFLEXIÓN EN SIMETRÍA DE OBJETOS 3D (COMANDO SIMETRIA3D)

Menú:	Modificar > Operación en 3D > Simetría 3D
Comando:	SIMETRIA3D

A continuación aprenderá cómo utilizar el comando **SIMETRIA3D** para reflejar en simetría objetos dentro del espacio tridimensional, con independencia de la orientación del SCP actual. La secuencia de solicitudes es:

Comando: **SIMETRIA3D**
Designe objetos: *Designe los objetos a reflejar en simetría.*
Designe objetos: *Pulse INTRO cuando haya terminado la selección.*
Precise primer punto del plano de simetría (3 puntos) o
[Objeto/úLTimo/ejeZ/Vista/XY/YZ/ZX/<3puntos>]: *Indique una opción o pulse INTRO.*

Opción 3 puntos

Ésta es la opción predeterminada. Puede definir el plano de simetría con la ayuda de tres puntos pertenecientes a dicho plano. AutoCAD solicitará que precise los tres puntos del plano.

Precise primer punto del plano de simetría: *Precise el primer punto.*
Precise segundo punto del plano de simetría: *Precise el segundo punto.*
Precise tercer punto del plano de simetría: *Precise el tercer punto.*
¿Borrar objetos originales? [Sí/No] <N>: *Indique **S** o **N** para suprimir o conservar, respectivamente, los objetos originales.*

Opción Objeto

Con esta opción podrá designar un objeto. AutoCAD alineará el plano de simetría con el plano de la entidad seleccionada.

Comando: SIMETRIA3D
Designe objetos: *Designe los objetos a reflejar en simetría.*
Designe objetos: *Pulse INTRO cuando haya terminado la selección.*
Precise primer punto del plano de simetría (3 puntos) o
[Objeto/úLTimo/ejeZ/Vista/XY/YZ/ZX/<3puntos>]: **O**
Designe un círculo, arco o segmento de polilínea 2D: *Seleccione el objeto.*
¿Borrar objetos originales? [Sí/No] <N>: *Indique **S** o **N** para suprimir o conservar, respectivamente, los objetos originales.*

Opción úLTimo

Al igual que en el caso de la opción **úLTimo** del comando **GIRA3D**, la opción **úLTimo** del comando **SIMETRIA3D** refleja los objetos según el último plano de simetría definido.

Opción ejeZ

Esta opción solicita la designación de dos puntos. El plano de simetría queda definido por un punto situado en el plano y por otro punto que con el primero determina una línea perpendicular al plano de simetría.

Precise punto en plano de simetría: *Precise un punto situado en el plano.*
Precise punto en el eje Z (normal) del plano de simetría: *Precise un punto en el eje Z del plano.*
¿Borrar objetos originales? [Sí/No] <N>: *Indique **S** o **N** para suprimir o conservar, respectivamente, los objetos originales.*

Opción Vista

Esta opción solicita un punto. El plano de simetría pasará por el punto precisado y será perpendicular a la dirección de la vista.

Precise punto en el plano de vista <0,0,0>: *Precise un punto.*
¿Borrar objetos originales? [Sí/No] <N>: *Indique **S** o **N** para suprimir o conservar, respectivamente, los objetos originales.*

Opción XY

Esta opción solicita un punto. El plano de simetría será paralelo al plano XY y pasará por el punto precisado.

Precise punto en el plano XY <0,0,0>: *Precise un punto.*
¿Borrar objetos originales? [Sí/No] <N>: *Indique **S** o **N** para suprimir o conservar, respectivamente, los objetos originales.*

Opción YZ

Esta opción solicita un punto. El plano de simetría será paralelo al plano YZ y pasará por el punto precisado.

Precise punto en el plano YZ <0,0,0>: *Precise un punto.*
¿Borrar objetos originales? [Sí/No] <N>: *Indique **S** o **N** para suprimir o conservar, respectivamente, los objetos originales.*

Opción ZX

Esta opción solicita un punto. El plano de simetría será paralelo al plano ZX y pasará por el punto precisado.

Precise punto en el plano ZX <0,0,0>: *Precise un punto.*
¿Borrar objetos originales? [Sí/No] <N>: *Indique **S** o **N** para suprimir o conservar, respectivamente, los objetos originales.*

Ejemplo 4

En el siguiente ejemplo, la figura 9.34 (a) muestra el objeto original. Vamos a efectuar algunas operaciones de simetría utilizando las opciones **XY**, **ZX** e **YZ**.

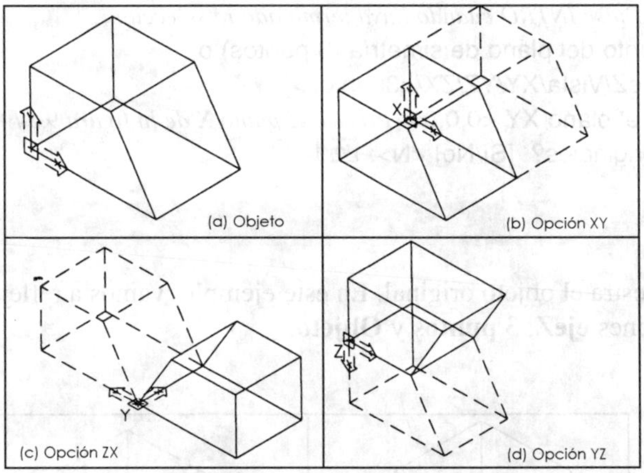

Figura 9.34. *Opciones XY, ZX e YZ del comando **SIMETRIA3D**.*

La figura 9.34 (b) muestra el objeto reflejado en simetría con la opción **XY**. El objeto original aparece indicado con líneas de trazos. La secuencia de solicitudes es:

Comando: **SIMETRIA3D**
Designe objetos: *Designe el objeto mostrado en la figura 9.34 (a) para reflejarlo en simetría.*
Designe objetos: *Pulse INTRO cuando haya terminado la selección.*
Precise primer punto del plano de simetría (3 puntos) o
[Objeto/úLTimo/ejeZ/Vista/XY/YZ/ZX/<3puntos>]: **XY**
Precise punto en el plano XY <0,0,0>: *Precise el punto X de la figura 9.34 (b).*
¿Borrar objetos originales? [Sí/No] <N>: [Intro]

La figura 9.34 (c) muestra el objeto reflejado en simetría con la opción **ZX**. El objeto original aparece indicado con líneas de trazos. La secuencia de solicitudes es:

Comando: **SIMETRIA3D**
Designe objetos: *Designe el objeto mostrado en la figura 9.34 (a) para reflejarlo en simetría.*
Designe objetos: *Pulse INTRO cuando haya terminado la selección.*
Precise primer punto del plano de simetría (3 puntos) o
[Objeto/úLTimo/ejeZ/Vista/XY/YZ/ZX/<3puntos>]: **ZX**
Precise punto en el plano XY <0,0,0>: *Precise el punto Y de la figura 9.34 (c).*
¿Borrar objetos originales? [Sí/No] <N>: [Intro]

La figura 9.34 (d) muestra el objeto reflejado en simetría con la opción **YZ**. El objeto original aparece indicado con líneas de trazos. La secuencia de solicitudes es:

Comando: **SIMETRIA3D**
Designe objetos: *Designe el objeto mostrado en la figura 9.34 (a) para reflejarlo en simetría.*
Designe objetos: *Pulse INTRO cuando haya terminado la selección.*
Precise primer punto del plano de simetría (3 puntos) o
[Objeto/úLTimo/ejeZ/Vista/XY/YZ/ZX/<3puntos>]: **YZ**
Precise punto en el plano XY <0,0,0>: *Precise el punto X de la figura 9.34 (d).*
¿Borrar objetos originales? [Sí/No] <N>: Intro

Ejemplo 5

La figura 9.35 (a) muestra el objeto original. En este ejemplo, vamos a reflejar en simetría el objeto utilizando las opciones **ejeZ**, **3 puntos** y **Objeto**.

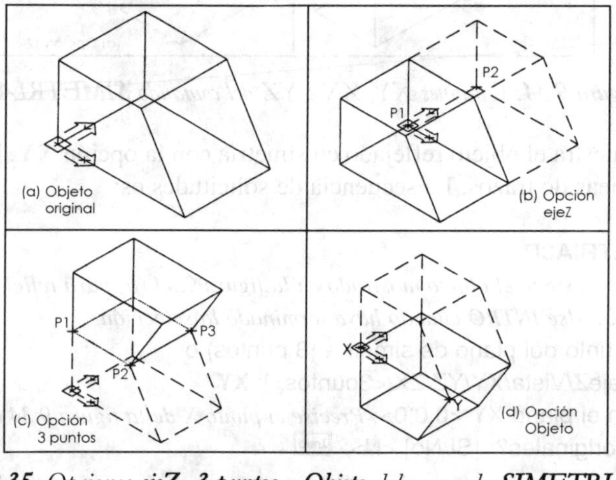

Figura 9.35. *Opciones **ejeZ**, **3 puntos** y **Objeto** del comando **SIMETRIA3D**.*

La figura 9.35 (b) muestra el objeto reflejado en simetría con la opción **ejeZ**. El objeto original aparece indicado con líneas de trazos. La secuencia de solicitudes es:

Comando: **SIMETRIA3D**
Designe objetos: *Designe el objeto mostrado en la figura 9.35 (a) para reflejarlo en simetría.*
Designe objetos: *Pulse INTRO cuando haya terminado la selección.*
Precise primer punto del plano de simetría (3 puntos) o
[Objeto/úLTimo/ejeZ/Vista/XY/YZ/ZX/<3puntos>]: **ejeZ**
Precise punto en plano de simetría: *Precise el punto P1 de la figura 9.35 (b).*
Precise punto en el eje Z (normal) del plano de simetría: *Precise el punto P2.*
¿Borrar objetos originales? [Sí/No] <N>: Intro

La figura 9.35 (c) muestra el objeto reflejado en simetría con la opción **3 puntos**. El objeto original aparece indicado con líneas de trazos. La secuencia de solicitudes es:

Comando: **SIMETRIA3D**
Designe objetos: *Designe el objeto mostrado en la figura 9.35 (a) para reflejarlo en simetría.*
Designe objetos: *Pulse INTRO cuando haya terminado la selección.*
Precise primer punto del plano de simetría (3 puntos) o
[Objeto/úLTimo/ejeZ/Vista/XY/YZ/ZX/<3puntos>]: Intro
Precise primer punto del plano de simetría: *Precise el punto P1 de la figura 9.35 (c).*
Precise segundo punto del plano de simetría: *Precise el punto P2.*
Precise tercer punto del plano de simetría: *Precise el punto P3.*
¿Borrar objetos originales? [Sí/No] <N>: Intro

La figura 9.35 (d) muestra el objeto reflejado en simetría con la opción **Objeto**. El objeto original aparece indicado con líneas de trazos. La secuencia de solicitudes es:

Comando: **SIMETRIA3D**
Designe objetos: *Designe el objeto mostrado en la figura 9.35 (a) para reflejarlo en simetría.*
Designe objetos: *Pulse INTRO cuando haya terminado la selección.*
Precise primer punto del plano de simetría (3 puntos) o
[Objeto/úLTimo/ejeZ/Vista/XY/YZ/ZX/<3puntos>]: **O**
Designe un círculo, arco o segmento de polilínea 2D: *Designe el segmento de línea entre los puntos X e Y de la figura 9.35 (d).*
¿Borrar objetos originales? [Sí/No] <N>: Intro

ROTACIÓN DE OBJETOS 3D (COMANDO GIRA3D)

Menú:	Modificar >Operación en 3D > Girar 3D
Comando:	GIRA3D

Con la ayuda del comando **GIRA3D**, podrá rotar un objeto en el espacio 3D, en torno a cualquier eje, con indiferencia de la orientación del SCP actual.

Comando **GIRA3D**
Ángulo positivo actual: ANGDIR=contrario al sentido horario ANGBASE=0
Designe objetos: *Designe los objetos a girar.*
Designe objetos: *Pulse INTRO cuando haya terminado la selección.*

Tras la siguiente solicitud, AutoCAD ofrecerá diferentes opciones para definir del eje de rotación.

Precise primer punto del eje o defínalo mediante
[Objeto/úLTimo/Vista/ejeX/ejeY/ejeZ/<2 puntos>]: *Indique una opción o pulse INTRO.*

A continuación se describen las opciones disponibles.

Opción 2 puntos

Ésta es la opción predeterminada. Deberá precisar dos puntos. El eje de rotación quedará definido por la línea que une ambos puntos. La dirección del primer punto al segundo es positiva; la dirección del segundo punto al primero es negativa. El giro sigue la regla de la mano derecha.

Precise primer punto del eje o defínalo mediante
[Objeto/úLTimo/Vista/ejeX/ejeY/ejeZ/<2 puntos>]: Intro
Precise primer punto del eje: *Precise el primer punto.*
Precise segundo punto del eje: *Precise el segundo punto.*
Precise ángulo de rotación o [Referencia]: *Precise el ángulo de rotación o indique **R**.*

Opción Objeto

Es este caso, objetos tales como líneas, polilíneas, círculos y arcos pueden definir el eje de rotación. El eje del círculo o arco será perpendicular a su plano y atravesará su centro. En el caso de segmentos de polilínea, AutoCAD determinará el eje de rotación considerando el segmento como línea o como arco, según su tipo.

Designe una línea, círculo, arco o un segmento de polilínea 2D: *Designe un objeto.*
Precise ángulo de rotación o [Referencia]: *Precise el ángulo de rotación o indique **R**.*

Si el objeto designado es una línea, AutoCAD alineará el eje de rotación con la línea. Si el objeto designado es un círculo, AutoCAD definirá el eje de rotación como perpendicular al plano del círculo y que atraviesa su centro. Si el objeto designado es un arco, el eje de rotación será perpendicular al plano del arco y atravesará su centro. Si el objeto seleccionado es una polilínea, AutoCAD tratará como líneas los segmentos rectos y como arcos los segmentos de arco.

Opción úLTimo

Si ejecuta esta opción, AutoCAD utilizará el último eje seleccionado. Sin embargo, si no ha seleccionado ningún eje anteriormente, AutoCAD mostrará un mensaje que informa de este hecho y aparecerá de nuevo la solicitud para indicar una opción.

Opción Vista

Esta opción permite precisar un punto en el espacio. El eje de rotación atravesará el punto precisado y será perpendicular a la vista actual.

Precise primer punto del eje o defínalo mediante
[Objeto/úLTimo/Vista/ejeX/ejeY/ejeZ/<2 puntos>]: **V**
Precise un punto en eje de dirección de vista <0,0,0>: *Precise un punto.*
Precise ángulo de rotación o [Referencia]: *Precise el ángulo de rotación o indique **R**.*

Opción ejeX

Con esta opción, el eje de rotación será paralelo al eje X y pasará por el punto precisado.

Precise primer punto del eje o defínalo mediante
[Objeto/úLTimo/Vista/ejeX/ejeY/ejeZ/<2 puntos>]: **X**
Precise un punto del eje X <0,0,0>: *Precise un punto.*
Precise ángulo de rotación o [Referencia]: *Precise el ángulo de rotación o indique **R**.*

Opción eje Y

Con esta opción, el eje de rotación será paralelo al eje Y y pasará por el punto precisado.

Precise primer punto del eje o defínalo mediante
[Objeto/úLTimo/Vista/ejeX/ejeY/ejeZ/<2 puntos>]: **Y**
Precise un punto del eje Y <0,0,0>: *Precise un punto.*
Precise ángulo de rotación o [Referencia]: *Precise el ángulo de rotación o indique **R**.*

Opción eje Z

Con esta opción, el eje de rotación será paralelo al eje Z y pasará por el punto precisado.

Precise primer punto del eje o defínalo mediante
[Objeto/úLTimo/Vista/ejeX/ejeY/ejeZ/<2 puntos>]: **Z**
Precise un punto del eje Z <0,0,0>: *Precise un punto.*
Precise ángulo de rotación o [Referencia]: *Precise el ángulo de rotación o indique **R**.*

Si utiliza la opción **Referencia** para precisar el ángulo de rotación, AutoCAD mostrará estas solicitudes:

Precise ángulo de referencia <0>: *Precise el ángulo inicial.*
Precise el nuevo ángulo: *Precise el ángulo final.*

En el siguiente ejemplo utilizaremos varias opciones del comando **GIRA3D** para que pueda hacerse una idea más clara sobre cómo trabaja este comando.

Ejemplo 6

En este ejemplo, la posición original de los objetos a girar aparece indicada con líneas de trazos. Los objetos aparecen representados con línea continua en su nueva posición.

En la figura 9.36 (a), el objeto se ha girado con la opción **Objeto** del comando **GIRA3D**. El ángulo de rotación es de 180 grados. La secuencia de solicitudes es:

Comando: **GIRA3D**
Ángulo positivo actual: ANGDIR=contrario al sentido horario ANGBASE=0
Designe objetos: *Precise los objetos a girar.*
Designe objetos: *Pulse INTRO cuando haya terminado la selección.*
Precise primer punto del eje o defínalo mediante
[Objeto/úLTimo/Vista/ejeX/ejeY/ejeZ/<2 puntos>]: **O**

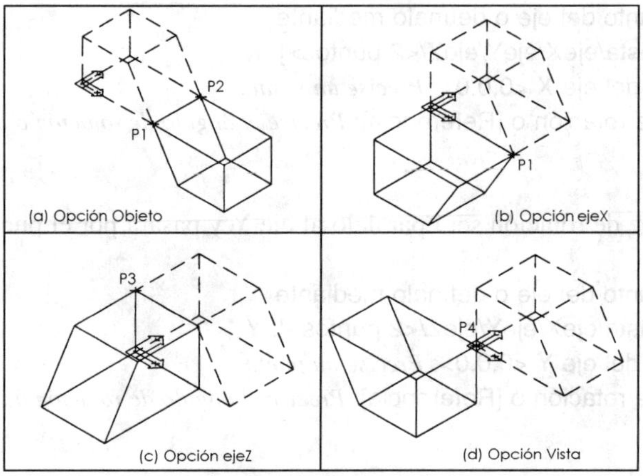

Figura 9.36. *Opciones **Objeto**, **ejeX**, **ejeZ** y **Vista** del comando GIRA3D.*

Designe una línea, círculo, arco o un segmento de polilínea 2D: *Precise la línea entre los puntos P1 y P2.*
Precise ángulo de rotación o [Referencia]: **180**

En la figura 9.36 (b), el objeto se ha girado con la opción **ejeX** del comando **GIRA3D**. El ángulo de rotación es de 180 grados.

Comando: **GIRA3D**
Ángulo positivo actual: ANGDIR=contrario al sentido horario ANGBASE=0
Designe objetos: *Precise los objetos a girar.*
Designe objetos: *Pulse INTRO cuando haya terminado la selección.*
Precise primer punto del eje o defínalo mediante
[Objeto/úLTimo/Vista/ejeX/ejeY/ejeZ/<2 puntos>]: **X**
Precise un punto del eje X <0,0,0>: *Precise el punto P1.*
Precise ángulo de rotación o [Referencia]: **180**

En la figura 9.36 (c), el objeto se ha girado con la opción **ejeZ** del comando **GIRA3D**. El ángulo de rotación es de -90 grados.

Comando: **GIRA3D**
Ángulo positivo actual: ANGDIR=contrario al sentido horario ANGBASE=0
Designe objetos: *Precise los objetos a girar.*
Designe objetos: *Pulse INTRO cuando haya terminado la selección.*
Precise primer punto del eje o defínalo mediante
[Objeto/úLTimo/Vista/ejeX/ejeY/ejeZ/<2 puntos>]: **Z**
Precise un punto del eje Z <0,0,0>: *Precise el punto P3.*
Precise ángulo de rotación o [Referencia]: **180**

En la figura 9.36 (d), el objeto se ha girado con la opción **Vista** del comando **GIRA3D**. El ángulo de rotación es de 180 grados.

Comando: **GIRA3D**
Ángulo positivo actual: ANGDIR=contrario al sentido horario ANGBASE=0
Designe objetos: *Precise los objetos a girar.*
Designe objetos: *Pulse INTRO cuando haya terminado la selección.*
Precise primer punto del eje o defínalo mediante
[Objeto/úLTimo/Vista/ejeX/ejeY/ejeZ/<2 puntos>]: **V**
Precise un punto en eje de dirección de vista <0,0,0>: *Precise el punto P4.*
Precise ángulo de rotación o [Referencia]: **180**

ALINEACIÓN DE OBJETOS 3D (COMANDO ALINEAR)

Menú:	Modificar > Operación en 3D > Alinear
Comando:	ALINEAR

El comando **ALINEAR** permite desplazar (trasladar y girar) objetos en el espacio 3D con independencia de la alineación y posición del SCP actual. Para llevar a cabo el desplazamiento deben precisarse tres puntos en el objeto original (puntos de origen) e indicar la nueva posición deseada para tales puntos (puntos de mira).

Comando: **ALINEAR**
Designe objetos: *Designe los objetos a reubicar.*
Designe objetos: *Pulse INTRO para dar una respuesta nula al terminar la selección.*
Precise el primer punto de origen: *Precise el primer punto en el objeto a alinear.*
Precise el primer punto de mira: *Precise la nueva ubicación para el primer punto.*
Precise el segundo punto de origen: *Precise el segundo punto en el objeto a alinear.*
Precise el segundo punto de mira: *Precise la nueva ubicación para el segundo punto.*
Precise el tercer punto de origen o <continuar>: *Precise el tercer punto en el objeto a alinear.*
Precise el tercer punto de mira: *Precise la nueva ubicación para el tercer punto.*

Podrá observar que al precisar un punto de mira, AutoCAD dibuja una línea que une dicho punto con su correspondiente punto de origen. Estas líneas sirven sólo como referencia y tienen un carácter temporal. Los objetos pueden alinearse de tres formas:

1. Si precisa los tres puntos de origen y sus correspondientes puntos de mira, el desplazamiento del objeto desde su posición original hasta su posición de destino será la combinación de una traslación y dos rotaciones basadas en los tres puntos precisados. El primer punto de origen se desplaza hasta el primer punto de mira. La línea definida por los puntos de origen primero y segundo se alinea con la definida por los puntos de mira primero y segundo. El plano definido por los tres puntos de origen se alinea con el plano definido por los tres puntos de destino.

2. Si sólo precisa dos puntos de origen y sus correspondientes puntos de mira (pulsando INTRO tras la solicitud Precise el tercer punto de origen o <continuar>:), el desplazamiento del objeto se lleva a cabo mediante una operación de traslación y otra de rotación. Utilizando la operación de traslación, el primer punto de origen se desplaza al primer punto de destino. Por otro lado, la línea que atraviesa los dos puntos de origen queda alineada con la que atraviesa los dos puntos de mira. En este caso, AutoCAD mostrará la siguiente solicitud:

   ¿Desea atribuir una escala a los objetos según los puntos de alineación? [Sí/No] <No>:

   Indique **S** para modificar la escala del objeto de origen basándose en los puntos de alineación.

3. Si precisa tan sólo un par de puntos, el desplazamiento del objeto se llevará a cabo por la traslación desde el punto de origen hasta el punto de destino. Este método es idéntico a utilizar el comando **DESPLAZA**, si bien el comando **DESPLAZA** permite un arrastre dinámico conforme se desplaza el cursor para definir la nueva posición.

Ejemplo 7

La figura 9.37 muestra los objetos a alinear y los puntos de origen y de mira utilizados. La figura también muestra el dibujo resultante tras alinear el objeto.

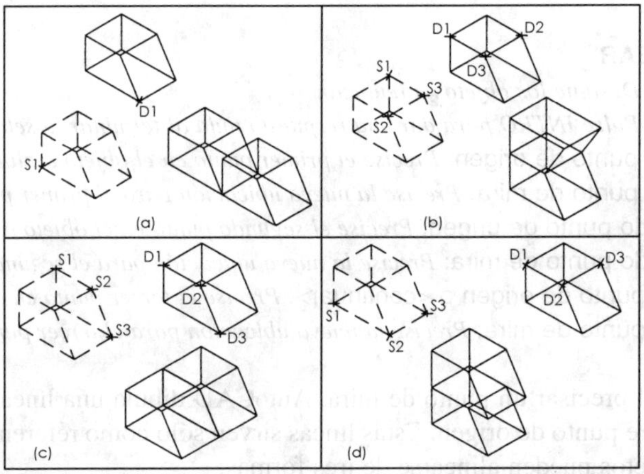

Figura 9.37. *Utilización del comando ALINEAR para alinear objetos.*

En la figura 9.37 (a), la operación de alineación se ha llevado a cabo precisando un único punto de origen (S1) y su respectivo punto de mira (D1). La secuencia de solicitudes es:

Comando: **ALINEAR**
Designe objetos: *Designe el objeto mostrado con líneas de trazos.*
Designe objetos: *Pulse INTRO para dar una respuesta nula al terminar la selección.*

Precise el primer punto de origen: *Precise el primer punto de origen (S1) en el objeto a alinear.*
Precise el primer punto de mira: *Precise la ubicación para el primer punto de mira (D1).*
Precise el segundo punto de origen: Intro

En la figura 9.37 (b), (c) y (d), la operación de alineación se ha llevado a cabo precisando tres puntos de origen (S1, S2, S3) y sus respectivos puntos de mira (D1, D2, D3). La secuencia de solicitudes es:

Comando: **ALINEAR**
Designe objetos: *Designe el objeto mostrado con líneas de trazos.*
Designe objetos: *Pulse INTRO para dar una respuesta nula al terminar la selección.*
Precise el primer punto de origen: *Precise el primer punto de origen (S1) en el objeto a alinear.*
Precise el primer punto de mira: *Precise la ubicación para el primer punto de mira (D1).*
Precise el segundo punto de origen: *Precise el segundo punto de origen (S2).*
Precise el segundo punto de mira: *Precise la ubicación para el segundo punto de mira (D2).*
Precise el tercer punto de origen o <continuar>: *Precise el tercer punto de origen (S3).*
Precise el tercer punto de mira: *Precise la ubicación para el tercer punto de mira (D3).*

COMANDOS RECORTA, ALARGA Y EMPALME EN 3D

Puede utilizar las diversas opciones de estos comandos en el espacio tridimensional. También puede utilizar las variables de sistema **PROJMODE** y **EDGEMODE**. La variable **PROJMODE** configura el modo de proyección para recortar o alargar. Un valor de 0 determina el **modo tridimensional verdadero** (es decir, sin proyección). En este modo, los objetos deben intersecar en el espacio 3D para recortarlos o alargarlos. Es similar a utilizar la opción **Ninguna** dentro de la opción **Proyección** de los comandos **ALARGA** o **RECORTA**. Con un valor de 1, determina la proyección en el plano XY del SCP actual y resulta similar a utilizar la opción **SCP** dentro de la opción **Proyección** de los comandos **RECORTA** o **ALARGA**. Si **PROJMODE** está definida en 2, se realiza la proyección en el plano de la vista actual y equivale a la opción **Vista** dentro de la opción **Proyección** de los comandos **RECORTA** o **ALARGA**. El valor de la variable de sistema **EDGEMODE** controla la forma de determinar las aristas de corte y los contornos. Con un valor de 0, se considera la arista seleccionada sin alargarla; también puede utilizar la opción **No alargar** dentro de la opción **Arista** de los comandos **RECORTA** o **ALARGA**. Un valor de 1 considera una extensión imaginaria de la arista seleccionada; es igual que utilizar la opción Alargar dentro de la opción Arista de los comandos **RECORTA** o **ALARGA**.

El comando **EMPALME** puede rellenar objetos que compartan un mismo plano y cuyas direcciones de extrusión no sean paralelas al eje Z del SCP actual. El arco de empalme se sitúa en el mismo plano y comparte con los objetos la misma dirección de extrusión. Si los objetos a empalmar utilizan direcciones opuestas, el arco de empalme se situará en el mismo plano, pero se inclinará hacia el eje X positivo.

COMANDO OCULTA

Barra de herramientas:	Render > Ocultar
Menú:	Ver > Ocultar
Comando:	OCULTA

En la mayoría de los objetos de estructura alámbrica 3D, algunas de las líneas se sitúan por detrás de otras líneas de objetos. En ocasiones, quizá no desee ver en pantalla dichas líneas ocultas para mejorar la claridad del dibujo. A tal fin puede utilizar el comando **OCULTA**.

Comando: **OCULTA**

AutoCAD regenerará la pantalla y suprimirá todas las líneas ocultas del dibujo. Las líneas ocultas aparecerán de nuevo en el dibujo cuando tenga lugar la siguiente regeneración. AutoCAD trata los siguientes objetos como superficies opacas: círculos, sólidos, segmentos de polilínea con grosor, trazos, mallas poligonales y policara, caras 3D y aristas extrudidas con altura distinta de cero. Por lo tanto, AutoCAD ocultará cualquier objeto situado por detrás cuando utilice el comando **OCULTA**. Los círculos, trazos, sólidos y segmentos de polilínea con grosor se consideran objetos sólidos sólo en el caso de que estén extrudidos. En tal situación, también se considerarán las superficies superior e inferior. El comando **OCULTA** no toma en consideración aquellos objetos situados en capas inutilizadas o desactivadas. Si sólo desea ocultar determinados objetos del dibujo, utilice la opción **Ocultar** del comando **VISTADIN**.

SISTEMA DE COORDENADAS CILÍNDRICAS

El **sistema de coordenadas cilíndricas** (figura 9.38) es una modificación del sistema de coordenadas polares. La localización de cualquier punto queda descrita por tres valores:

1. Distancia desde el origen del SCP actual.
2. Ángulo en el plano XY.
3. Dimensión Z.

Este sistema de coordenadas se utiliza principalmente para localizar puntos en una forma cilíndrica. Por ejemplo, un punto situado a 4 unidades del origen SCP, con un ángulo de 25 grados a partir del eje X y cuya dimensión Z es de 6 unidades debería representarse en el siguiente formato:

<Distancia desde el origen SCP> <Ángulo a partir del eje X> <Dimensión Z>
@4<25,6

SISTEMA DE COORDENADAS ESFÉRICAS

El **sistema de coordenadas esféricas** (figura 9.39) es también una modificación del sistema de coordenadas polares. La ubicación de cualquier punto queda descrita por tres valores:

1. Distancia desde el origen del SCP actual.
2. Ángulo en el plano XY.
3. Ángulo a partir del plano XY.

Este sistema de coordenadas es en cierta forma similar a utilizar longitud, latitud y distancia desde el centro para la localización de cualquier punto de la tierra. La distancia desde el origen del SCP actual resulta análoga a la distancia desde el centro de la tierra. El ángulo en el plano XY equivale a las medidas longitudinales. El ángulo a partir del plano XY es equivalente a las medidas latitudinales. El sistema de coordenadas esféricas se utiliza principalmente para localizar puntos en una superficie esférica. Por ejemplo, un punto situado a 7 unidades del origen SCP, con un ángulo de 60 grados a partir del eje X y un ángulo de 50 grados a partir del plano XY debería representarse en el siguiente formato:

<Distancia desde el origen SCP> <Ángulo a partir del eje X> <Ángulo a partir del plano XY>
@7<60<50

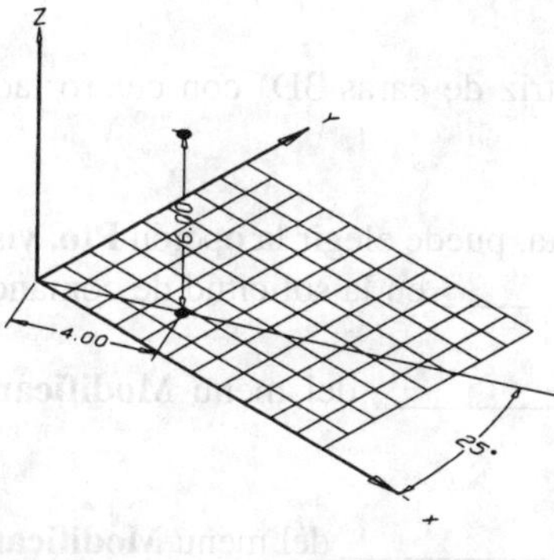

Figura 9.38. Sistema de coordenadas cilíndricas.

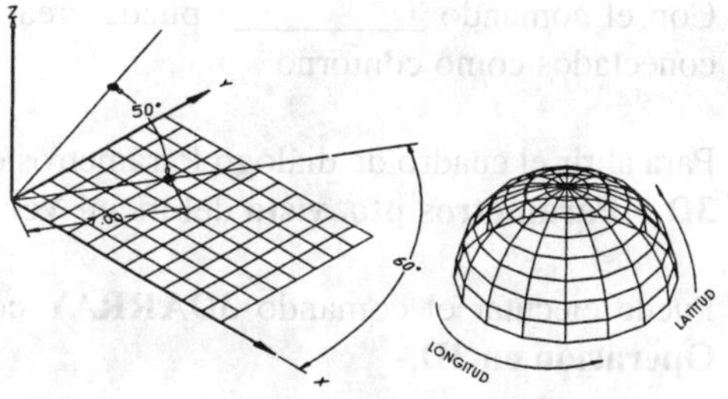

Figura 9.39. Sistema de coordenadas esféricas.

Test de autoevaluación

Conteste a las siguientes preguntas y compare sus respuestas con las respuestas correctas mostradas al final del capítulo.

1. Para construir un modelo de superficie 3D, debe utilizar el comando __________ e indicar el nombre del objeto tras la siguiente solicitud.

2. El punto de vista predeterminado es el __________; la vista obtenida con este punto de vista recibe el nombre de vista en planta.

3. En el cuadro de diálogo **Parámetros del punto de vista**, puede configurar un punto de vista precisando el ________________ y el ángulo a partir del plano XY.

4. En una matriz 3D, la tercera dimensión representa los __________ de la matriz.

5. Para seleccionar el __________ plano de simetría definido, como plano de simetría actual, utilice la opción **úLTimo**.

6. El comando __________ permite desplazar (trasladar y rotar) objetos en el espacio 3D, con independencia de la alineación y posición del SCP actual.

7. Con la opción __________ del comando **GIRA3D**, el eje de rotación atraviesa el punto precisados y es perpendicular a la vista actual.

8. Si dispone de varias ventanas gráficas, el comando **PLANTA** sólo genera la vista en planta en la ventana gráfica __________.

9. El número de secciones (superficies) formadas entre las dos superficies depende de la variable de sistema __________.

10. Con el comando __________ puede crear una malla (matriz de caras 3D) con cuatro lados conectados como contorno.

11. Para abrir el cuadro de diálogo Parámetros del punto de vista, puede elegir la opción **Pto. vista 3D > Parámetros pto. vista** del menú **Ver** o indicar __________ en la solicitud de comando.

12. Puede ejecutar el comando **3DARRAY** con la opción __________ del menú **Modificar > Operación en 3D**.

13. El comando **SIMETRIA3D** puede ejecutarse con la opción __________ del menú **Modificar > Operación en 3D** o indicando __________ en la solicitud de comando.

Preguntas de revisión

Objetos de malla poligonal 3D

1. Para construir un modelo de estructura alámbrica con superficie, puede indicar __________ en la solicitud de comando junto con el nombre inglés del objeto 3D.

2. Puede utilizar el comando __________ para dibujar el modelo deseado de estructura alámbrica con superficie.

3. Para construir un modelo sólido 3D, debe indicar el __________ del objeto en la solicitud de comando.

4. Si precisa cualquier objeto 3D a construir con la barra de herramientas **Superficies**, AutoCAD creará un modelo ______________.

Puntos de vista

5. El comando __________ permite definir un punto de vista.

6. Una vez configurado un punto de vista, AutoCAD regenerará __________ en la ventana gráfica actual y los objetos se mostrarán como si se observasen desde la dirección del nuevo punto de vista definido.

7. El punto de vista predeterminado es el __________; la vista obtenida con este punto de vista recibe el nombre de vista en planta.

8. Si da una respuesta nula a la solicitud Precise un punto de vista o [Rotación] <muestra brújula y trípode>:, AutoCAD mostrará la __________ y el __________ en la pantalla.

9. Puede precisar el punto de vista con el método del trípode de ejes desplazando el __________ en la __________ con el dispositivo señalador.

10. Conforme desplace el pequeño cursor en cruz de la brújula, el __________ también cambiará para reflejar la modificación del punto de vista.

11. Puede configurar el punto de vista precisando la ubicación de sus coordenadas o precisando la rotación en el plano XY y la rotación a partir del __________.

12. En el cuadro de diálogo **Parámetros del punto de vista** puede precisar los ángulos de la vista con las __________ o indicando el valor del ángulos respectivos en los __________.

13. En el cuadro de diálogo **Parámetros del punto de vista**, el ángulo precisado se indica con la __________, mientras que la saeta roja indica __________.

Matrices 3D

14. Puede crear matrices de objetos en el espacio 3D con el comando __________.
15. La diferencia entre una matriz 3D y otra 2D, es que la matriz 3D, además de filas y columnas, puede incluir varios __________ en el espacio 3D.

16. Los niveles de una matriz 3D representan la __________ dimensión.

Reflexión en simetría 3D

17. El comando __________ permite reflejar en simetría objetos dentro del espacio 3D, con independencia de la orientación del SCP actual.

18. Con la opción __________ del comando **SIMETRIA3D** puede definir el plano de simetría mediante tres puntos.

19. La opción **Objeto** del comando **SIMETRIA3D** permite alinear el plano de simetría con el plano del __________.

20. Para definir el __________ plano de simetría precisado como plano de simetría actual, debe utilizar la opción **úLTimo**.

21. Si desea definir el plano de simetría con la opción **ejeZ**, deberá precisar un punto del plano y un segundo punto que, con el primero, determinará una línea __________ al plano de simetría.

22. Con la opción **Vista**, el plano de simetría contiene al punto precisado y es perpendicular a la __________.

23. Para crear un plano de simetría paralelo al plano XY y que pase por un punto precisado, deberá utilizar la opción __________.

Alineación en 3D

24. El comando __________ se utiliza para desplazar (trasladar y rotar) objetos en el espacio 3D, con independencia de la alineación y posición del SCP actual.

25. El desplazamiento con el comando **ALINEA** se lleva a cabo precisando puntos __________ en el objeto original y puntos __________ para la nueva ubicación.

Rotación en 3D

26. El comando __________ puede utilizarse para girar un objeto en torno a cualquier eje 3D, con independencia de la orientación del SCP actual.

27. Si desea definir el eje de rotación según una línea entre dos puntos, deberá utilizar la opción __________ del comando **GIRA3D**.

28. Con la opción __________ del comando **GIRA3D** podrá definir el eje de rotación a partir de objetos tales como líneas, polilíneas, círculos y arcos.

29. Con la opción __________ del comando **GIRA3D**, el eje de rotación atraviesa el punto precisado y es perpendicular a la vista.

Vista en planta

30. El comando __________ permite generar la vista en planta de un objeto en relación con __________, __________ o __________.

31. Si dispone de varias ventanas gráficas, el comando **PLANTA** genera la vista tan sólo en planta en la ventana gráfica __________.

32. Si la variable de sistema __________ está definida en 1, AutoCAD generará automáticamente una vista en planta si cambia el SCP en una ventana gráfica.

Ocultación

33. Puede utilizar el comando __________ para suprimir la visualización de aquellas líneas situadas por detrás de otras líneas de los objetos.

UCSFOLLOW

34. La proyección en perspectiva y su delimitación quedan __________ al utilizar el comando **PLANTA**.

SUPREGLA, SUPTAB, SUPREV y SUPLADOS

35. El comando __________ puede generar una malla poligonal (superficie reglada) entre dos objetos __________ o __________.

36. El número de secciones (superficies) creadas entre dos superficies depende de la variable de sistema __________.

37. El comando __________ puede generar una superficie de extrusión (superficie tabulada) a partir de un objeto conocido como curva de trayectoria.

38. Con la ayuda del comando __________ puede crear mallas 3D que construyen el rastro de la curva de trayectoria (perfil) girando en torno a una línea de centro, también conocida como eje.

39. En el caso de **SUPREV**, el valor de la variable __________ determina el número de segmentos iguales que dividirán la curva de trayectoria.

40. El comando __________ permite crear una malla (matriz de caras 3D) con cuatros lados conectados como contorno.

Malla 3D

41. El comando __________ permite crear una malla poligonal cuyos vértices se precisan según sus coordenadas X, Y y Z.

Polilínea 3D

42. Las polilíneas 3D pueden dibujarse utilizando el comando __________.

43. La diferencia entre los comandos **3DPOL** y **POL** estriba en que el comando **3DPOL** añade una ________ a la polilínea, si bien sólo puede crear segmentos ________ y sin ________ variables.

Mallas policara y caras 3D

44. Con el comando __________ puede crear una malla con cualquier cantidad de superficies precisando todos los vértices de una cara, sean éstos coincidentes o no con los vértices de otra cara.

45. Puede crear superficies 3D con el comando __________.

Coordenadas cilíndricas y esféricas

46. Para localizar la ubicación de un punto utilizando el sistema de coordenadas cilíndricas, deberá conocer:
    1. ______________________________.
    2. ______________________________.
    3. ______________________________.

47. Utilice el sistema de coordenadas cilíndricas para iniciar una línea a una distancia de 60 unidades a partir del origen del SCP actual, con un ángulo de 45 grados en el plano XY y una dimensión Z de 80 unidades. Sitúe el punto final a un ángulo de 20 grados y a una distancia de 40 unidades respecto al punto inicial.

48. Para localizar la ubicación de un punto utilizando el sistema de coordenadas esféricas, deberá conocer:
    1. ______________________________.
    2. ______________________________.
    3. ______________________________.

49. Utilice el sistema de coordenadas esféricas para localizar la ubicación de un punto a 100 unidades del origen del SCP actual, con un ángulo de 45 grados en el plano XY y un ángulo de 70 grados a partir del plano XY.

50. En la opción XZ, el plano de simetría es una plano paralelo al plano __________ y que incluye el punto precisado.

Ejercicios

Ejercicios 1 a 5 — *General*

1. Dibuje una esfera de malla de superficie situando su centro en la posición deseada y con un radio de 20 unidades.
2. Construya un toroide con un diámetro de 80 unidades y un diámetro de sección de 10 unidades.
3. Dibuje tres pirámides de malla de superficie. La primera debe alzarse 60 unidades hasta su vértice. La segunda debe ser un tronco de pirámide. La tercera debe acabar en arista en lugar de en vértice.
4. Dibuje un tronco de cono. El diámetro inferior debe ser de 30 unidades, la altura de 60 unidades y el diámetro superior de 5 unidades.
5. Construya una malla de superficie con 4 filas y 7 columnas.

Problema 1 *Mecánica*

Construya un sólido compuesto tal como muestra la figura 9.40. El modelo consta de cuatro partes. La parte inferior es una transición de rectángulo a círculo (malla de superficie). El resto de componentes son cilindros sólidos situados en diferentes posiciones a lo largo del plano central vertical del sólido compuesto. Las medidas aparecen indicadas en las cotas de las vistas frontal y superior. La altura del cilindro central es de 90. El ángulo de inclinación para el cilindro de la derecha es de 45 grados. Suponga las medidas que no aparezcan indicadas.

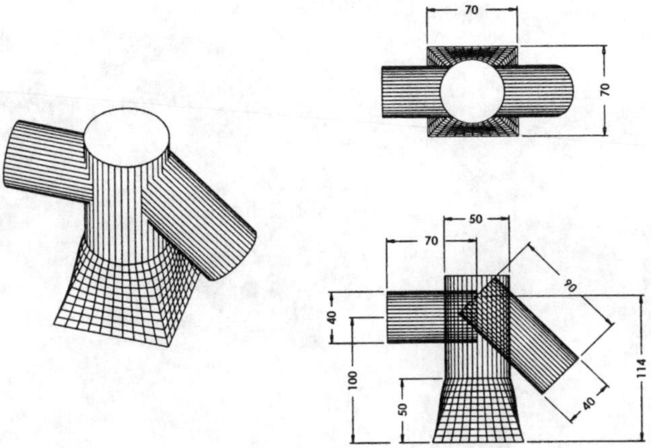

Figura 9.40. Dibujo para el problema 1.

Respuestas al test de autoevaluación

1- 3D; **2-** (0,0,1); **3-** ángulo a partir del eje; **4-** niveles; **5-** último; **6- ALINEAR**; **7- Vista**; **8-** actual; **9- SURFTAB1**; **10- SUPLADOS**; **11- DDVPOINT**; **12- Matriz 3D**; **13- Simetría 3D**, **SIMETRIA3D**

Capítulo 10

Ventanas gráficas en espacios modelo y papel, presentaciones y vista dinámica de objetos 3D

Objetivos del estudio

Tras completar este capítulo, será capaz de:

- *Crear ventanas gráficas en espacio modelo y en espacio papel con el comando VENTANAS.*
- *Crear ventanas gráficas en espacio papel con los comandos -VENTANAS y VMULT.*
- *Utilizar espacio papel y espacio modelo en espacio papel.*
- *Cambiar de espacio papel a espacio modelo con el comando ESPACIOM.*
- *Cambiar de espacio modelo a espacio papel con el comando ESPACIOP.*
- *Controlar la visibilidad de las capas en ventanas gráficas con el comando VGCAPA.*
- *Configurar la escala de tipo de línea en espacio papel con la variable de sistema PSLTSCALE.*
- *Visualización dinámica de objetos 3D con los comandos VISTADIN y 3DORBITA.*

VENTANAS GRÁFICAS EN ESPACIO MODELO

Normalmente, AutoCAD muestra una única ventana gráfica en la pantalla. Sin embargo, puede crear varias ventanas y utilizarlas para mostrar diferentes vistas del mismo objeto (figura 10.1). Una ventana gráfica es un componente rectangular del área gráfica de la pantalla. Las ventanas pueden utilizarse de diferentes formas. La primera razón para crear ventanas gráficas y dividir la pantalla en una serie de partes consiste en crear un modelo o presentación. A tal fin puede utilizar el comando **VENTANAS**. Al utilizar este comando entrará el modo **ventanas gráficas en mosaico**. Éste es el modo predeterminado de AutoCAD. Cuando desee utilizar el comando **VENTANAS** para crear varias ventanas en mosaico, la variable de sistema **TILEMODE** debe estar definida en 1 (valor por defecto). Una ordenación con ventanas en mosaico sólo tiene como objetivo la visualización del dibujo; no podrá imprimir dicha estructura. El segundo motivo para utilizar varias ventanas gráficas consiste en disponer de varias partes o vistas del mismo dibujo. Cada ventana puede contener una vista 2D o 3D diferente del dibujo; podrá utilizar los comandos **ENCUADRE** y **ZOOM** para mostrar diferentes secciones o diferentes niveles de detalle del dibujo en cada ventana. La resolución, la rejilla y el icono SCP pueden configurarse por separado en cada ventana. Con la ayuda de la variable **UCSVP** podrá hacer que el SCP de la ventana coincida con el SCP actual.

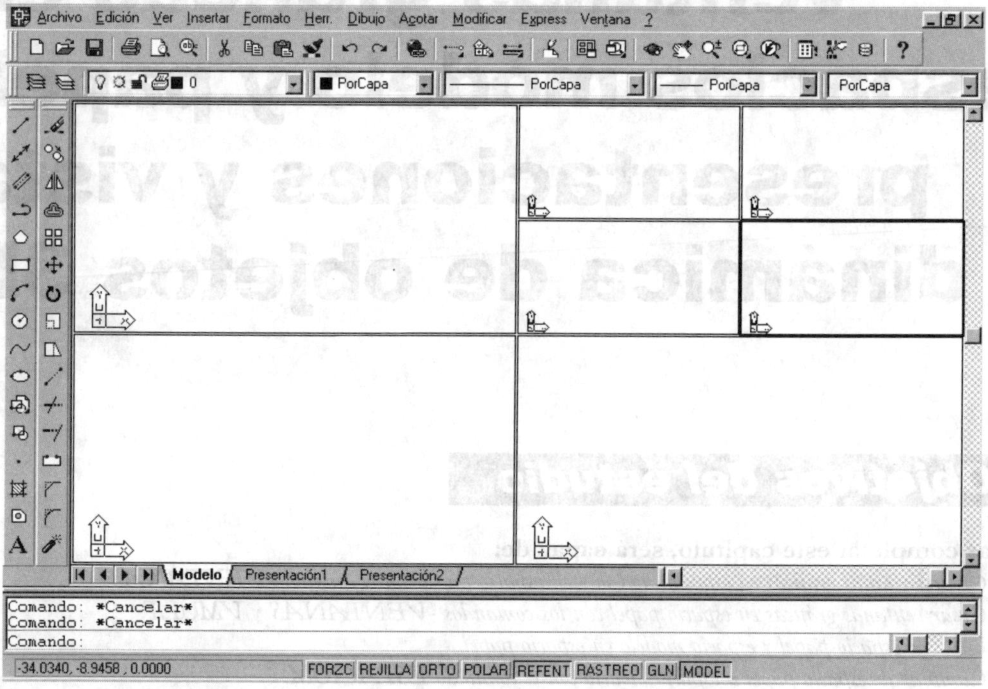

Figura 10.1. Pantalla dividida en varias ventanas gráficas.

VENTANAS GRÁFICAS EN MOSAICO (COMANDO VENTANAS)

Barra de herramientas:	Presentaciones > Cuadro de diálogo Ventanas gráficas
Menú:	Ver > Ventanas > Nuevas ventanas
Comando:	VENTANAS

*Figura 10.2. Barra de herramientas **Presentaciones**.*

Como se ha mencionado antes, la pantalla puede dividirse en varias ventanas dispuestas unas junto a otras en mosaico; su número dependerá del equipo y del sistema operativo en el que trabaje AutoCAD. Cada ventana en mosaico contiene una vista del dibujo. Las ventanas en mosaico deben tener sus bordes en contacto, pero sin solaparse. Mientras utilice varias ventanas gráficas en mosaico no podrá ni editar, ni reordenar ni activar o desactivar las ventanas individualmente. Dichas ventanas se crean a través del comando **VENTANAS** cuando la variable de sistema **TILEMODE** está definida en 1; la ficha **Modelo** está activa. La secuencia de solicitudes es:

Comando: **TILEMODE**
Indique nuevo valor para TILEMODE <0>: **1**

Para definir esta variable en 1 también puede pulsar el indicador **PAPEL**, situado en la barra de estado, o seleccionar la ficha Modelo. A continuación podremos utilizar el comando **VENTANAS.**

Comando: **VENTANAS**

Aparecerá el cuadro de diálogo **Ventanas gráficas**. Puede utilizar este cuadro de diálogo para crear y guardar nuevas configuraciones de ventanas gráficas. Las opciones de este cuadro varían según la ficha seleccionada sea la ficha Modelo o alguna ficha de presentación. El cuadro de diálogo **Ventanas gráficas** incluye las siguientes dos fichas: **Nuevas ventanas** (figura 10.3) y **Ventanas guardadas**.

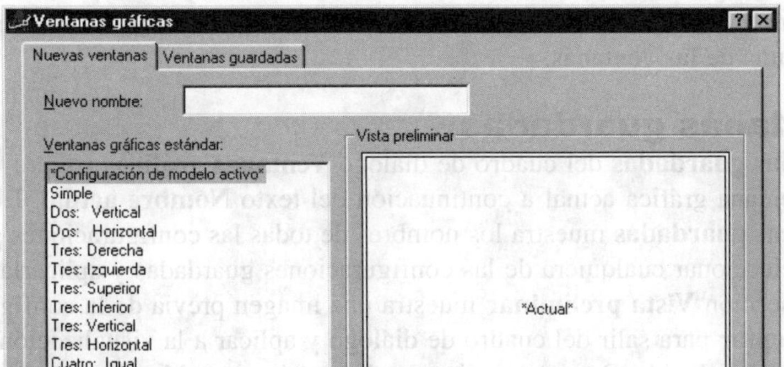

*Figura 10.3. Ficha **Nuevas ventanas** del cuadro de diálogo **Ventanas gráficas**.*

Ficha Nuevas ventanas

Puede indicar un nombre para la configuración de ventanas que desee crear en el cuadro de texto **Nuevo nombre**. Si no indica ningún nombre en este cuadro de texto, la configuración de ventanas creadas no se guardará y, en consecuencia, no podrá utilizarla en presentación. El cuadro de lista **Ventanas gráficas estándar** ofrece una serie de configuraciones predefinidas. La lista también incluye la opción ***Configuración de modelo activo***, que se corresponde con la configuración de ventanas actual. Puede seleccionar cualquiera de las configuraciones ofrecidas en el cuadro de lista **Ventanas gráficas estándar**; en la sección **Vista preliminar** podrá comprobar una imagen previa de la configuración elegida. El cuadro de lista desplegable **Aplicar a** incluye dos opciones: **Visualizar** y **Ventana actual**. La opción **Visualizar** aplica la configuración de ventanas seleccionada a toda el área de dibujo, mientras que la opción **Ventana actual** tan sólo aplica la configuración a la ventana gráfica actual. En el cuadro de lista desplegable **Configuración** puede seleccionar **2D** o **3D**. La opción **2D** crea la nueva configuración de ventanas, inicialmente, con la misma vista actual del dibujo en todas las ventanas gráficas. Si utiliza la opción **3D**, AutoCAD asignará vistas ortogonales e isométricas a las ventanas gráficas. Por ejemplo, si crea una configuración de cuatro ventanas, AutoCAD asignará a cada una de ellas, respectivamente, las vistas **Derecha**, **Frontal**, **Isométrica SE** y **Superior**. Si desea cambiar alguna de estas vistas asignadas a las ventanas, seleccione la ventana a modificar en la sección **Vista preliminar** y cambie la vista con el cuadro de lista desplegable **Cambiar vista a**. Por ejemplo, podría seleccionar la ventana que tiene asignada la vista **Superior** y elegir, después, **Inferior** en el cuadro de lista **Cambiar vista a**. La imagen preliminar refleja los cambios efectuados. Si está utilizando la opción **2D**, podrá optar por una configuración de ventanas guardada para reemplazar a la seleccionada. Haga clic en **Aceptar** para salir del cuadro de diálogo. AutoCAD aplicará la configuración creada o seleccionada para la visualización actual del dibujo. Al nombrar y guardar una configuración de ventanas, AutoCAD guardará información referente al número y a la disposición de las ventanas gráficas, así como la dirección de la vista, el factor del zoom, la rejilla, la resolución y el SCP a utilizar en cada una de las ventanas.

Ficha Ventanas guardadas

La ficha **Ventanas guardadas** del cuadro de diálogo **Ventanas gráficas** (figura 10.4) muestra el nombre de la ventana gráfica actual a continuación del texto **Nombre actual**. El cuadro de lista **Ventanas gráficas guardadas** muestra los nombres de todas las configuraciones guardadas en un dibujo. Puede seleccionar cualquiera de las configuraciones guardadas y aplicarla en la visualización actual. La sección **Vista preliminar** muestra una imagen previa de la configuración elegida. Haga clic en **Aceptar** para salir del cuadro de diálogo y aplicar a la visualización actual la configuración de ventanas elegida. Puede seleccionar y hacer clic con el botón derecho sobre cualquiera de las configuraciones del cuadro de lista **Ventanas gráficas guardadas** para abrir un menú contextual. Si elige **Suprimir** conseguirá borrar la configuración seleccionada; si desea cambiar el nombre de dicha configuración, elija **Cambiar nombre**.

A continuación, una vez descrita la forma de convertir en actual una ventana gráfica, describiremos todas las opciones del comando **-VENTANAS**. Debe saber cómo convertir en actual una ventana antes de utilizar cualquiera de las opciones de este comando.

Cómo convertir en actual una ventana gráfica

La ventana sobre la que esté trabajando en un momento dado recibe el nombre de ventana gráfica actual. Puede mostrar varias ventanas gráficas en pantalla dentro del espacio modelo, pero sólo puede trabajar en una de ellas cada vez. Es posible cambiar de una ventana a otra, incluso cuando se encuentre en mitad de un comando. La ventana actual queda indicada por medio de su borde, pues resulta más grueso comparado con el del resto de las ventanas. Además, el cursor gráfico sólo aparece como un cursor de dibujo (el cursor en cruz) cuando se sitúa en el interior de la ventana actual. Fuera de esta ventana, el cursor toma la forma de flecha. Tan sólo podrá precisar puntos y designar objetos desde la ventana gráfica actual. Para convertir en actual una ventana gráfica, puede seleccionarla con el dispositivo señalador. Otro método consiste en aplicar su número identificador como valor a la variable de sistema **CVPORT**. Los números identificadores de las configuraciones de ventanas no aparecen indicados en la visualización. A continuación se describen las opciones del comando **-VENTANAS**.

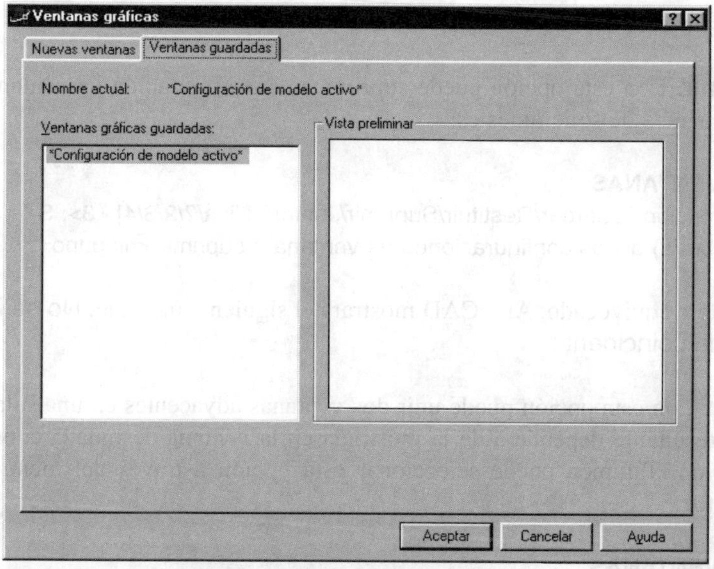

Figura 10.4. *Ficha **Ventanas guardadas** del cuadro de diálogo **Ventanas gráficas**.*

Opciones del comando -VENTANAS

Opción Guardar. Esta opción permite nombrar y guardar la configuración de ventanas actual. La secuencia de solicitudes es:

Comando: **-VENTANAS**
Indique una opción [Guardar/Restituir/Suprimir/Juntar/úNica/?/2/3/4] <3>: **G**
Indique nombre de la nueva configuración de ventanas o [?]: *Indique el nombre.*

Las convenciones para el nombre coinciden con las utilizadas anteriormente. El nombre puede tener un máximo de 31 caracteres, además de caracteres comodín. Si indica el símbolo **?**, aparecerá la siguiente solicitud:

Indique nombre(s) de la(s) configuración(es) de ventana a enumerar <*>:

En respuesta a esta solicitud, puede pulsar INTRO para obtener una lista de todas las configuraciones de ventanas guardadas.

Opción Restituir. Esta opción recupera cualquier configuración previamente guardada. Puede indicar el nombre de la configuración de ventanas a restituir; también puede indicar **?** para obtener una lista de todas las configuraciones guardadas. La secuencia de solicitudes es:

Comando: **-VENTANAS**
Indique una opción [Guardar/Restituir/Suprimir/Juntar/úNica/?/2/3/4] <3>: **R**
Indique nombre de configuración de ventanas a restituir o [?]: *Indique el nombre.*

Puede utilizar el símbolo **?** de la misma forma que con la opción **Guardar**.

Opción Suprimir. Con esta opción puede suprimir una configuración de ventanas previamente guardada. La secuencia de solicitudes es:

Comando: **-VENTANAS**
Indique una opción [Guardar/Restituir/Suprimir/Juntar/úNica/?/2/3/4] <3>: **S**
Indique nombre(s) de las configuraciones de ventana a suprimir <ninguno>: *Indique el nombre.*

Si indica un nombre equivocado, AutoCAD mostrará el siguiente mensaje: No se ha encontrado ninguna ventana coincidente.

Opción Juntar. Con esta opción puede unir dos ventanas adyacentes en una sola. La vista en la ventana gráfica resultante dependerá de la mostrada en la ventana designada como dominante al utilizar esta opción. También puede seleccionar esta opción a través del menú **Ver**, eligiendo **Ventanas > Juntar**.

Comando: **-VENTANAS**
Indique una opción [Guardar/Restituir/Suprimir/Juntar/úNica/?/2/3/4] <3>: **J**
Designe la ventana dominante <ventana actual>: *Designe la ventana gráfica dominante.*
Designe la ventana a unir: *Designe la otra ventana.*

Opción úNica. Esta opción puede mostrar una única ventana en la pantalla. La vista en dicha ventana dependerá de la mostrada en la ventana que era actual al iniciar esta opción. Como alternativa, puede elegir la opción **Ventanas > 1 Ventana** del menú **Ver**.

Opción ?. Esta opción muestra el número identificador y la posición en pantalla de todas las ventanas gráficas activas, así como los nombres y las posiciones en pantalla de las configuraciones de ventanas guardadas. La posición de las ventanas queda definida por sus esquinas inferior izquierda y superior derecha. El valor de estas esquinas se sitúa entre el (0,0) para la esquina inferior izquierda del área gráfica y la (1,1) para la superior derecha. La ventana gráfica actual es la primera de la lista. También puede utilizar caracteres comodín para filtrar nombres. Por ejemplo, si indica **ve*** obtendrá una lista con todas las configuraciones cuyos nombres comiencen por **ve**.

Opción 2. Esta opción permite dividir la ventana gráfica actual en dos ventanas iguales. También puede elegir **Ventanas > 2 Ventanas** en el menú **Ver**.

Indique una opción [Guardar/Restituir/Suprimir/Juntar/úNica/?/2/3/4] <3>: **2**
Indique una opción de configuración [Horizontal/Vertical] <Vertical>:

Si pulsa INTRO tras esta solicitud, la ventana actual se dividirá verticalmente. Si utiliza la opción **Horizontal**, las dos ventanas gráficas se ordenaran una sobre otra, horizontalmente.

Opción 3. Puede utilizar la opción 3 para dividir la ventana actual en tres ventanas gráficas de la siguiente manera:

Indique una opción [Guardar/Restituir/Suprimir/Juntar/úNica/?/2/3/4] <3>: **3**
Indique una opción de configuración
[Horizontal/Vertical/Superior/INferior/IZquierda/Derecha] <Derecha>:

Si indica **Horizontal** tras esta solicitud, la ventana gráfica actual se dividirá horizontalmente en tres ventanas iguales. La opción **Vertical** divide la ventana verticalmente en tres partes iguales. Las opciones **Superior**, **INferior**, **IZquierda** y **Derecha** dividen la ventana gráfica actual en una ventana de mayor tamaño y otras dos ventanas de tamaño mitad. Por ejemplo, si elige la opción Superior, la ventana gráfica actual se dividirá horizontalmente en dos ventanas y la ventana inferior, a su vez, se dividirá verticalmente en otras dos ventanas iguales. También puede elegir la opción **Ventanas > 3 Ventanas** del menú **Ver**.

Opción 4. Esta opción divide la ventana gráfica actual en cuatro ventanas iguales. También puede elegir la opción **Ventanas > 4 Ventanas** del menú **Ver**.

Nota

Dividiendo, subdividiendo y juntando ventanas gráficas puede crear prácticamente cualquier configuración que desee, con la única limitación de que todas serán rectangulares.

OBTENCIÓN AUTOMÁTICA DE VISTAS EN PLANTA (VARIABLE DE SISTEMA UCSFOLLOW)

Como ya se indicado, el comando **PLANTA** permite obtener la vista en planta de un objeto. Si dispone de varias ventanas gráficas, para obtener la vista en planta relativa al SCP actual puede activar una ventana, configurar el SCP según lo requerido y utilizar el comando **PLANTA**. Con la ayuda de la variable de sistema **UCSFOLLOW** podrá automatizar esta operación. Si **UCSFOLLOW** está definida en 1, AutoCAD generara una vista en planta siempre que se modifica el SCP. Por defecto, esta variable está definida en 0. **UCSFOLLOW** puede aplicarse a cada ventanas gráfica; así pues, debe configurarse por separado el valor de **UCSFOLLOW** para cada ventana gráfica.

Comando: **UCSFOLLOW**
Indique nuevo valor para UCSFOLLOW <0>: **1**

TRABAJO CON VENTANAS GRÁFICAS FLOTANTES (COMANDO VENTANAS)

Si ejecuta el comando **VENTANAS** en alguna ficha de **presentación** también aparecerá el cuadro de diálogo **Ventanas gráficas**. Este cuadro de diálogo permite crear configuraciones de ventanas gráficas flotantes. Las ventanas flotantes pueden superponerse entre sí e imprimirse al mismo tiempo. Se utilizan para organizar la presentación final de un dibujo. El cuadro de diálogo **Ventanas gráficas** incluye las mismas fichas del correspondiente cuadro de diálogo mostrado en espacio **modelo**; sin embargo, las opciones cambian.

Ficha Nuevas ventanas

En esta ficha del cuadro de diálogo **Ventanas gráficas** (figura 10.5), el nombre de la configuración de ventanas actual aparece indicado a continuación del texto **Nombre actual**. El cuadro de lista **Ventanas gráficas estándar** muestra todas las configuraciones estándar. Al seleccionar cualquiera de las configuraciones ofrecidas en la lista, la sección **Vista preliminar** mostrará una imagen previa de la configuración elegida junto con las vistas predeterminadas asignadas a cada una de las ventanas. En el cuadro de texto **Intervalo de ventana gráfica** puede indicar un valor para la distancia de separación que desee mantener entre las ventanas. Si seleccione **2D** en el cuadro de lista desplegable **Configuración**, la nueva configuración de ventanas mostrará inicialmente en todas las ventanas la vista actual del dibujo. Si utiliza la opción **3D**, AutoCAD asignará vistas ortogonales e isométricas a las ventanas gráficas. Puede cambiar la vista a mostrar en la ventana seleccionada eli-

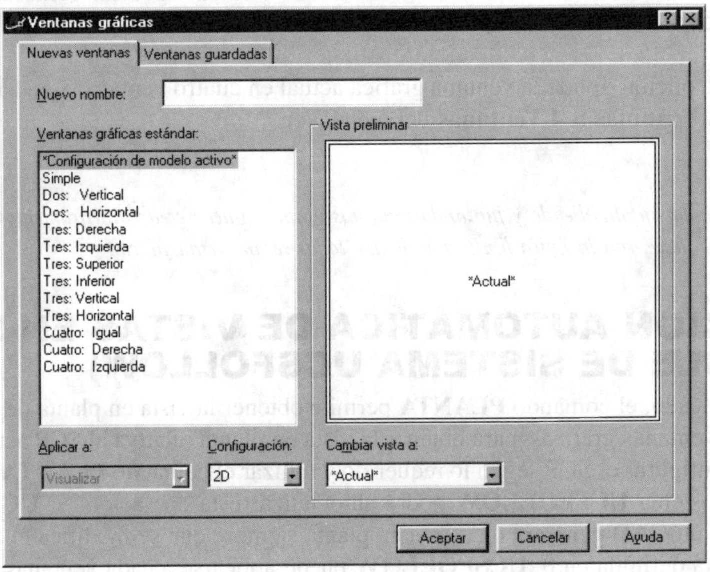

*Figura 10.5. Ficha **Nuevas ventanas** del cuadro de diálogo **Ventanas gráficas**.*

giendo alguna de las vistas ofrecidas en el cuadro de lista desplegable **Cambiar vista a**. Por ejemplo, en el caso de una configuración 3D, puede reemplazar una vista predeterminada asignada a cualquiera de las ventanas sin más que seleccionar dicha ventana en la imagen preliminar y elegir la vista deseada en el cuadro de lista desplegable **Cambiar vista a**.

Ficha Ventanas guardadas

La ficha **Ventanas guardadas** muestra cualquier configuración de ventanas en mosaico guardadas para poder utilizarla en la presentación actual. AutoCAD no permite nombrar y guardar las configuraciones de ventanas flotantes.

COMANDO -VENTANAS

En AutoCAD, puede crear ventanas en mosaico o ventanas flotantes. El comando **VENTANAS** crea ventas gráficas en mosaico con cuando la variable de sistema **TILEMODE** está definida en 1 (espacio modelo). El mismo comando permite crear ventanas gráficas flotantes en espacio papel (figura 10.6) cuando está seleccionada alguna ficha de presentación. El comando **-VENTANAS** puede utilizarse en las fichas de presentación para crear y utilizar ventanas flotantes. Si ejecuta este comando en el espacio modelo flotante (**TILEMODE** definida en 0), AutoCAD cambiará del espacio modelo al espacio papel. Una vez terminado el comando **-VENTANAS**, AutoCAD regresará al espacio modelo. A continuación se indica la secuencia de solicitudes:

Comando: **-VENTANAS**
Precise esquina de ventana o
[ACT/DES/Ajustar/Ocultar al trazar/Bloquear/obJeto/Poligonal/Restituir/2/3/4] <Ajustar>:

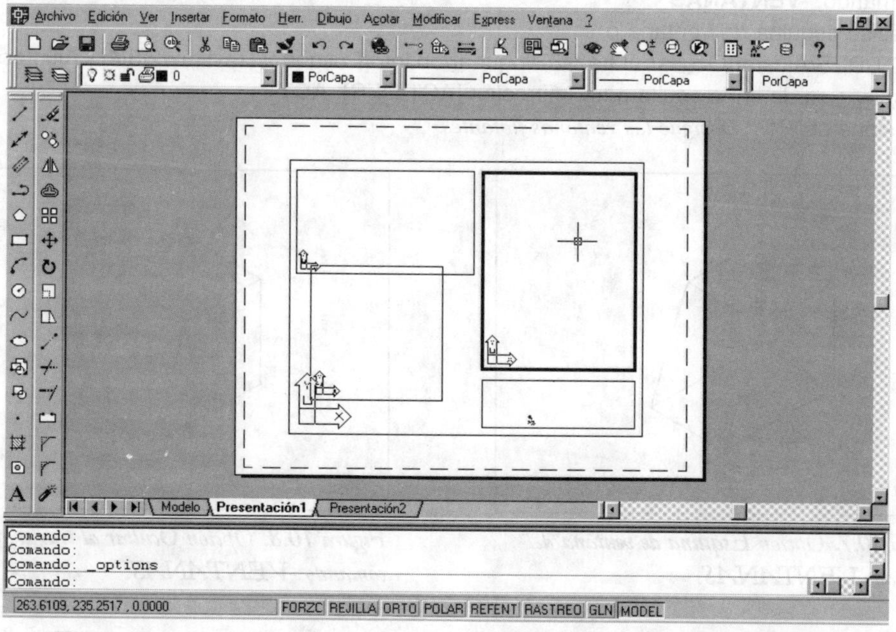

Figura 10.6. *Ventanas gráficas flotantes creadas con el comando* ***-VENTANAS***.

Las ventanas flotantes, creadas en espacio papel con el comando **-VENTANAS**, pueden editarse como si de objetos de dibujo se tratara. Diversos parámetros correspondientes a la primera ventana creada con el comando **-VENTANAS** (como la resolución, la rejilla o la vista actual) se toman de la anterior ventana actual en el espacio modelo. También puede modificar el tamaño de las ventanas flotantes y ajustarlas a la pantalla. Dado que las ventanas gráficas en espacio papel son como objetos, resulta imposible modificar el modelo en espacio papel. Para poder efectuar la edición deberá cambiar de espacio papel al espacio modelo flotante con la ayuda del comando **ESPACIOM** o pulsando el indicador **PAPEL** de la barra de estado.

Al iniciar el comando **-VENTANAS**, AutoCAD solicita que precise la primera esquina de la ventana flotante en espacio papel o que indique alguna de las opciones ofrecidas.

Opciones del comando -VENTANAS

Opción Esquina de ventana. Esta opción (figura 10.7) es la predeterminada. Con esta opción puede crear una única ventana gráfica. El tamaño de la ventana queda definido por los dos puntos diagonales precisados. Una vez precisados los dos puntos correspondientes a las esquinas opuestas, AutoCAD crea la ventana.

Opción Ocultar al trazar. La opción **Ocultar al trazar** (figura 10.8) permite designar las ventanas de las que desea suprimir las líneas ocultas al imprimir en espacio papel. Si activa esta opción, AutoCAD no imprimirá las líneas ocultas. Si por el contrario desactiva esta opción, AutoCAD imprimirá las líneas ocultas.

Comando: **-VENTANAS**
Precise esquina de ventana o
[ACT/DES/Ajustar/Ocultar al trazar/Bloquear/obJeto/Poligonal/Restituir/2/3/4] <Ajustar>: **O**
Eliminación de línea oculta para impresión [ACT/DES]: **ACT**
Designe objetos: *Designe las ventanas flotantes.*

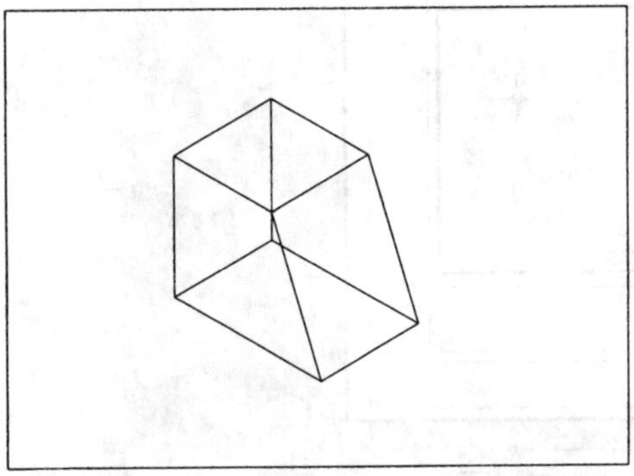

Figura 10.7. *Opción **Esquina de ventana** del comando -VENTANAS.*

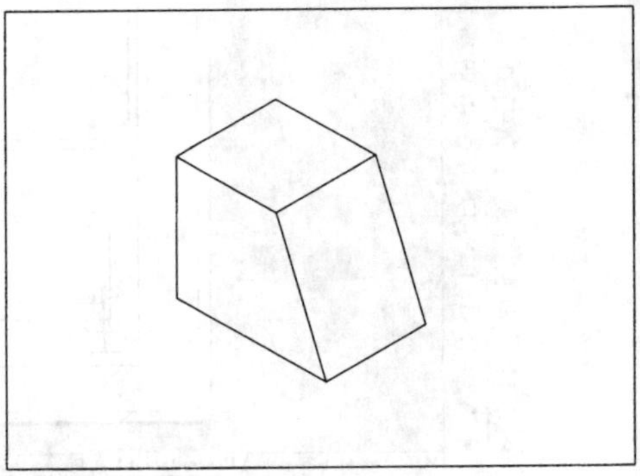

Figura 10.8. *Opción **Ocultar al trazar** del comando -VENTANAS.*

Nota

*Al activar la opción **Ocultar al trazar**, la supresión de las líneas ocultas sólo tiene lugar a la hora de imprimir el dibujo. No afecta a la visualización de las líneas en pantalla (AutoCAD mostrará las líneas ocultas). Si desea comprobar el efecto de ocultar las líneas, puede utilizar el comando* **OCULTA**.

Opciones ACT/DES. Estas opciones permiten activar o desactivar, respectivamente, la visualización en las ventanas flotantes seleccionadas. Por defecto, las ventanas muestran su contenido. Debería desactivar aquellas ventanas que no necesite para que la regeneración lleve menos tiempo. Los objetos no aparecerán en aquellas ventanas que estén desactivadas.

Nota

La variable de sistema **MAXACTVP** *controla el número de ventanas gráficas que muestran los objetos. Por ejemplo, si* **MAXACTVP** *está definida en 16, sólo 16 ventanas podrán mostrar objetos simultáneamente. El resto de las ventanas no mostrarán su contenido a menos que una o más de las ventanas que muestran objetos estén desactivadas o que la variable* **MAXACTVP** *se defina en un valor superior.*

Si modifica el zoom o utiliza el comando **REGEN** *en una ventana que no muestra objetos, AutoCAD forzará la desactivación de alguna de las ventanas restantes para permitir la visualización de los objetos en dicha ventana.*

Le será imposible trabajar en el espacio modelo flotante si todas las ventanas flotantes están desactivadas; deberá crear una nueva ventana o activar alguna de las existentes.

Opción Ajustar. Esta opción genera una ventana flotante que se ajusta al tamaño visualizado actualmente en la pantalla. Por ejemplo, si desea crear una única ventana flotante, utilice la opción **Ajustar**. El tamaño de la ventana puede controlarse modificando los límites o utilizando el comando **ZOOM** hasta mostrar el área deseada.

Opción 2. Puede ejecutar la opción 2 para crear dos ventanas flotantes en el área deseada. Esta opción equivale a elegir **Ventanas > 2 Ventanas** en el menú **Ver**. AutoCAD mostrará la siguiente solicitud:

Indique organización de ventana [Horizontal/Vertical] <Vertical>:

Puede optar entre dividir horizontal o verticalmente el área rectangular. La organización predeterminada es vertical (figura 22.9), pero puede indicar **Horizontal** para definir una división horizontal (figura 10.10). Una vez establecida la organización, AutoCAD mostrará las dos solicitudes siguientes:

Precise primera esquina o [Ajustar] <Ajustar>:
Precise esquina opuesta:

Si precisa la primera esquina, tras la siguiente solicitud deberá precisar la esquina opuesta del área rectangular donde se crearán las dos ventanas. Una vez definidos ambos puntos, AutoCAD ajustará las dos ventanas en el área establecida. La opción **Ajustar** permite ajustar las dos ventanas en la visualización actual de la pantalla.

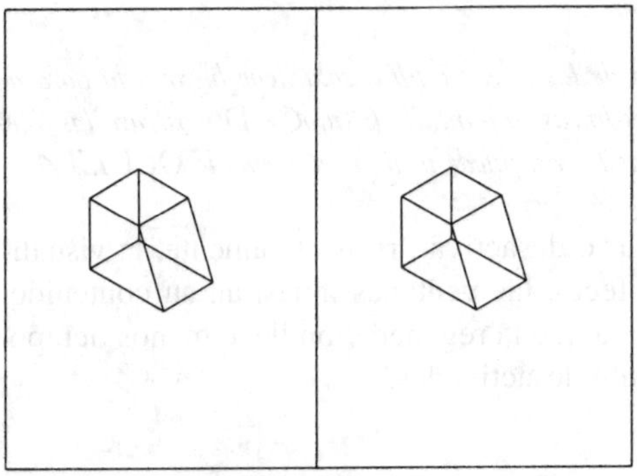

Figura 10.9. Opción 2 del comando -VENTANAS con dos ventanas verticales.

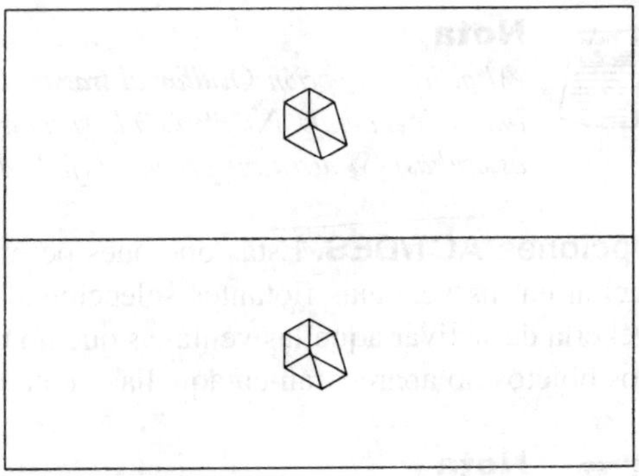

Figura 10.10. Opción 2 del comando -VENTANAS con dos ventanas horizontales.

Opción 3. Puede ejecutar la opción 3 para crear tres ventanas gráficas en el área precisada. Esta opción equivale a elegir **Ventanas > 3 Ventanas** en el menú **Ver**. AutoCAD solicitará una opción para la organización y ubicación de las ventanas:

Indique organización de ventana
[Horizontal/Vertical/Superior/INferior/IZquierda/Derecha] <Derecha>:

Tras esta solicitud podrá optar por dividir el área rectangular precisada en tres ventanas iguales, horizontal o verticalmente. También puede elegir que la ventana mayor se sitúe a la derecha, a la izquierda, encima o debajo de las otras dos ventanas de tamaño mitad (figuras 10.11 a 10.16) La opción predeterminada es **Derecha** (la ventana mayor situada a la derecha de las otras dos ventanas). Si elige la opción **Horizontal**, el espacio precisado para las ventanas quedará dividido horizontalmente en tres ventanas iguales.

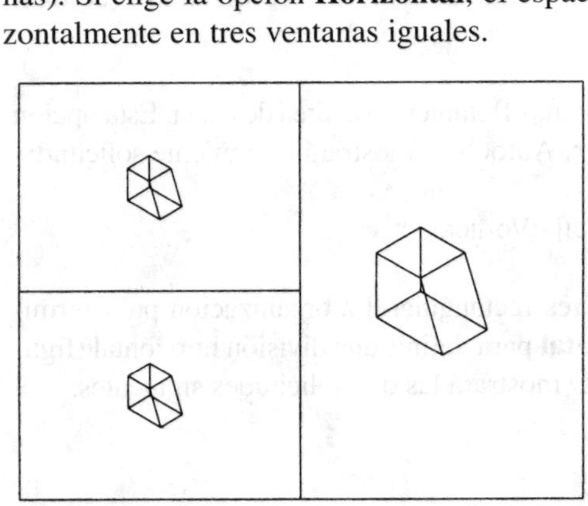

Figura 10.11. Opción 3 del comando -VENTANAS (ventana mayor a la derecha).

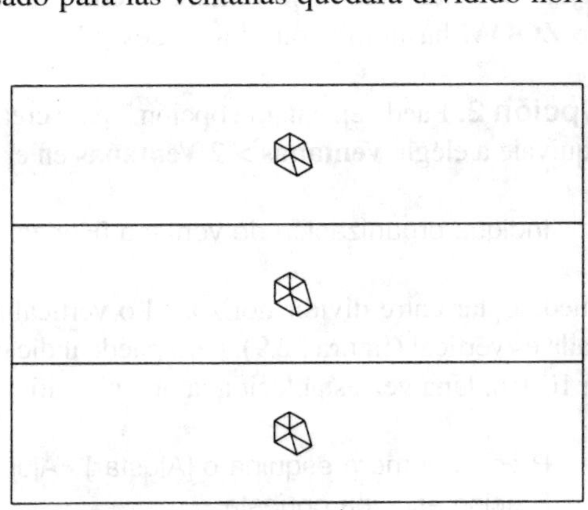

Figura 10.12. Opción 3 del comando -VENTANAS (ventanas horizontales).

Si elige la opción **Vertical**, el espacio precisado para las ventanas quedará dividido verticalmente en tres ventanas iguales. La opción **Superior** sitúa la ventana mayor encima de las otras dos ventanas. La opción **INferior** sitúa la ventana mayor debajo de las otras dos. Si utiliza la opción **IZquierda**, la ventana mayor quedará a la izquierda de las dos ventanas menores. Una vez precisada la organización, AutoCAD mostrará las dos solicitudes siguientes:

Precise primera esquina o [Ajustar] <Ajustar>:
Precise esquina opuesta:

Si precisa la primera esquina, tras la siguiente solicitud deberá precisar la esquina opuesta del área rectangular donde se crearán las tres ventanas. Una vez definidos ambos puntos, AutoCAD ajustará las tres ventanas en el área establecida. La opción **Ajustar** permite ajustar las tres ventanas en la visualización actual de la pantalla.

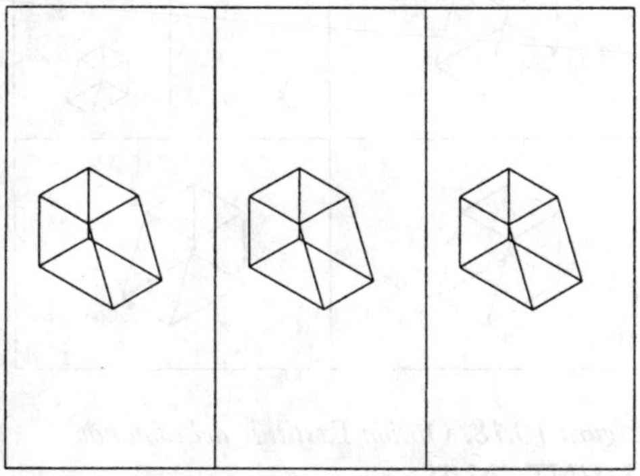

Figura 10.13. *Opción **3** del comando -VENTANAS (ventanas verticales).*

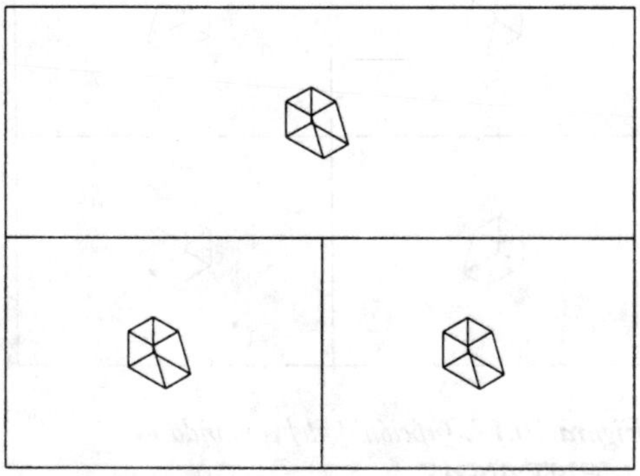

Figura 10.14. *Opción **3** del comando -VENTANAS (ventana mayor arriba).*

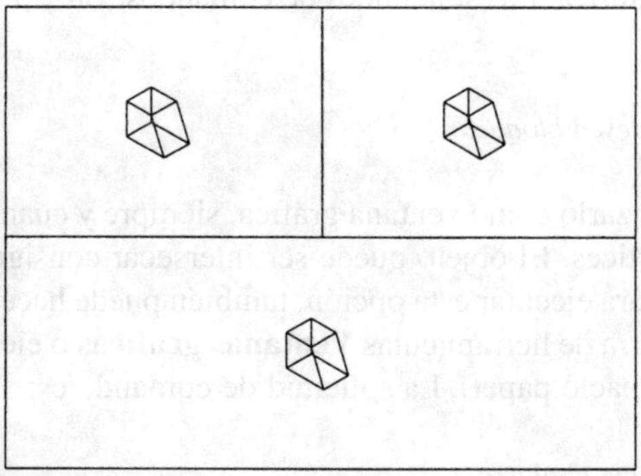

Figura 10.15. *Opción **3** del comando -VENTANAS (ventana mayor abajo).*

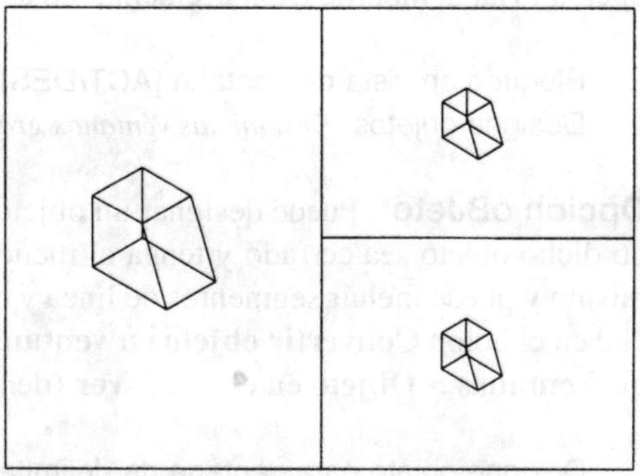

Figura 10.16. *Opción **3** del comando -VENTANAS (ventana mayor a la izquierda).*

Opción 4. Si utiliza la opción **4** podrá dividir el área rectangular precisada en cuatro ventanas iguales. Si utiliza la opción **Ajustar**, el área gráfica de la pantalla quedará dividida en cuatro ventanas iguales (figura 10.17). También puede elegir la opción **Ventanas > 4 Ventanas** del menú **Ver**.

Opción Restituir. Si ha utilizado el comando **VENTANAS** para crear y guardar una configuración de ventanas, la opción **Restituir** del comando **-VENTANAS** permite obtener dicha configuración precisando su nombre (figura 10.18). Una vez indicado el nombre de la configuración, podrá precisar la ubicación y tamaño de las ventanas gráficas con las opciones **Ajustar** o **Primera esquina**.

> Indique nombre de configuración de ventana o [?] <*Active>: *Indique el nombre de la configuración que desea recuperar.*
> Precise primera esquina o [Ajustar] <Ajustar>: *Precise la primera esquina.*
> Precise esquina opuesta: *Precise la segunda esquina.*

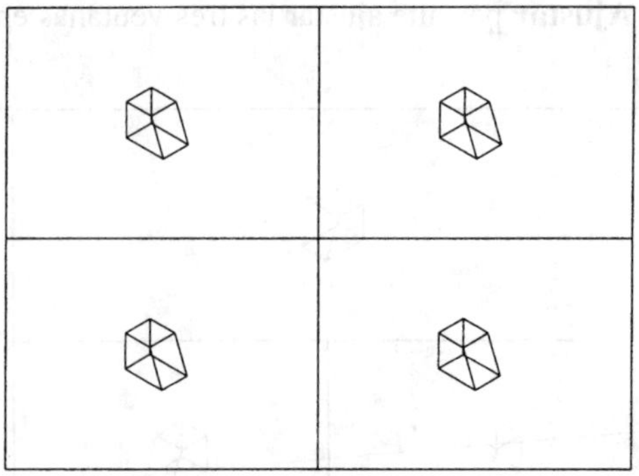

Figura 10.17. Opción 4 del comando -VENTANAS.

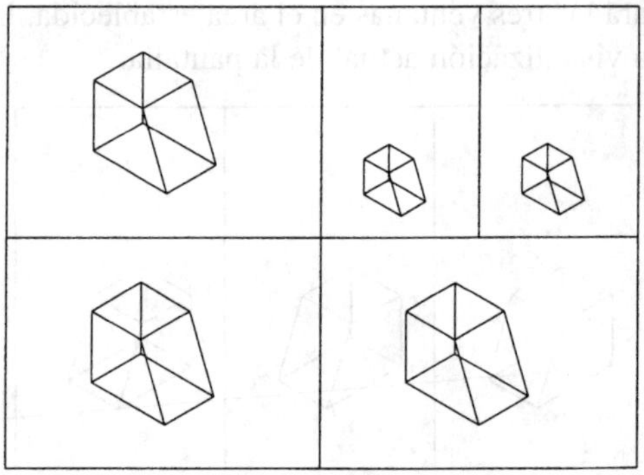

Figura 10.18. Opción Restituir del comando -VENTANAS.

Opción Bloquear*. Puede activar o desactivar el bloqueo de una determinada ventana gráfica. Esta opción evita la modificación accidental de la ventana gráfica. Las solicitudes de comandos son:

> Bloqueo en vista de ventana [ACT/DES]: **ACT**
> Designe objetos: *Designe las ventanas gráficas que desea bloquear.*

Opción oBJeto*. Puede designar un objeto para utilizarlo como ventana gráfica, siempre y cuando dicho objeto sea cerrado y tenga al menos tres vértices. El objeto puede ser intersecar consigo mismo y puede incluir segmentos de línea y de arco. Para ejecutar esta opción, también puede hacer clic en el botón **Convertir objeto en ventana** de la barra de herramientas **Ventanas gráficas** o elegir **Ventanas > Objeto** en el menú **Ver** (dentro del espacio papel). La solicitud de comando es:

> Designe objeto para ventana de delimitador: *Designe el objeto.*

Opción Poligonal*. Esta opción crea una ventana gráfica de forma irregular, arcos incluidos. Puede ejecutar esta opción con el botón **Ventana poligonal** de la barra de herramientas **Ventanas gráficas** o eligiendo **Ventanas > Poligonal** en el menú **Ver**. Las solicitudes son:

> Precise punto inicial:
> Precise punto siguiente o [Arco/Cerrar/Longitud/desHacer]:

Arco. La opción **Arco** permite añadir un arco a la ventana poligonal. En la siguiente solicitud AutoCAD mostrará todas las opciones disponibles para dibujar un arco.

[ángUlo/cEntro/Cerrar/Dirección/líNea/Radio/Segundo/desHacer/Punto final del arco]<punto final>: *Indique una opción o pulse INTRO para precisar el punto final del arco.*

Cerrar. La opción **Cerrar** cierra el contorno de la ventana gráfica; es decir, conecta el primer punto con el último. Una vez precisados tres puntos de la ventana poligonal, si pulsa INTRO AutoCAD cerrará la ventana.

Longitud. Esta opción dibuja un segmento de línea de longitud determinada con el mismo ángulo que el segmento anterior. Si el segmento anterior era un arco, AutoCAD dibujará el segmento de línea tangente al arco. La solicitud de comando es:

Precise longitud de línea:

desHacer. Esta opción cancela el último segmento de línea o de arco dibujado.

Barra de herramientas Ventanas gráficas*

El botón **Cuadro de diálogo Ventanas gráficas** abre el cuadro de diálogo **Ventanas gráficas** correspondiente a la ficha seleccionada, según sea ésta la ficha **Modelo** o una ficha de **presentación**. El botón **Una ventana** crea una única ventana gráfica en mosaico o flotante según la ficha seleccionada sea, respectivamente, la ficha **Modelo** o una ficha de **presentación**. El botón **Ventana poligonal** crea una ventana gráfica de forma irregular, tal como se ha descrito en la opción **Poligonal** del comando **-VENTANAS** (tan sólo en el caso de las fichas de presentación). El botón **Convertir objeto en ventana** crea ventanas gráficas a partir de objetos existentes y equivale a la opción **Objeto** del comando **-VENTANAS** (tan sólo en las fichas de presentación). El botón **Delimitar ventana existente** delimita una ventana existente según otro objeto también existente o solicita la creación de una forma cerrada con la que delimitar la ventana. Esta opción ejecuta el comando **VGDELIM**, tal como se describe más adelante. El cuadro de lista desplegable **Control de escala de impresión** ofrece una lista de factores de escala entre los que elegir y que puede aplicarse a una ventana gráfica seleccionada.

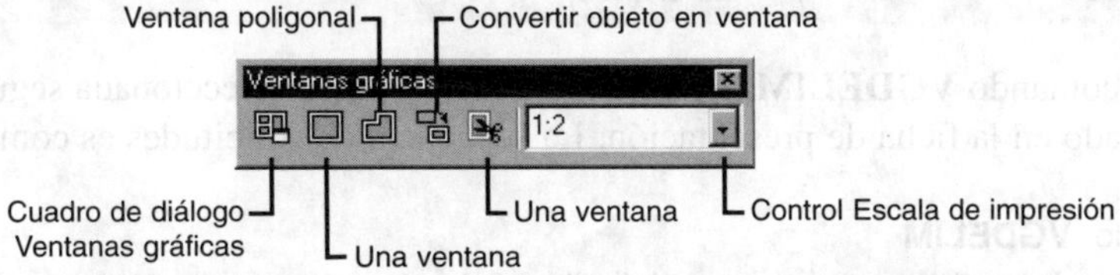

Figura 10.19. *Barra de herramientas **Ventanas gráficas**.*

Tras seleccionar una ventana flotante, si hace clic con el botón derecho, aparecerá un menú contextual. La opción **Delimitar ventana** permite delimitar la ventana flotante seleccionada según un objeto existente o permite crear una nueva forma de ventana con que reemplazarla. La opción **Visualizar**

objetos en ventana ofrece la posibilidad de mostrar o no los objetos en la ventana seleccionada. **Inmovilizar vista** permite bloquear o desbloquear la ventana seleccionada. **Ocultar al trazar** permite activar o desactivar la impresión de las líneas ocultas. Si elige **Propiedades**, aparecerá la ventana **Propiedades de objetos**. Bajo la categoría **Varios** puede encontrar una lista con todas las propiedades de la ventana flotante seleccionada. Podrá activar o desactivar la ventana gráfica según elija **Sí** o **No**, respectivamente, en el cuadro de lista desplegable de la entrada **Act**. De igual forma, tendrá la opción de activar o desactivar otras propiedades, como **Delimitado, Inmovilizar vista, SCP por ventana** (para guardar el SCP por separado en cada ventana) y **Ocultar al trazar**.

COMANDO VMULT

Menú:	Ver > Ventanas > 1 Ventana, 2 Ventanas, 3 Ventanas o 4 Ventanas
Comando:	VMULT

El comando **VMULT** crea ventanas gráficas flotantes y ofrece varias opciones para trabajar con ellas. La variable de sistema **TILEMODE** debe estar definida en 0. Si ejecuta este comando en el espacio modelo flotante, dentro de una ficha de presentación, AutoCAD cambiará a espacio papel. Una vez acabado el comando **VMULT**, AutoCAD regresará al espacio modelo. La secuencia de solicitudes es:

Comando: **VMULT**
Precise esquina de ventana o
[ACT/DES/Ajustar/Ocultar al trazar/Bloquear/obJeto/Poligonal/Restituir/2/3/4] <Ajustar>:
Indique una opción o defina la ventana en pantalla precisando dos puntos con el dispositivo señalador.

Las opciones mostradas por el comando **VMULT** coinciden con las del comando **-VENTANAS** en una ficha de presentación; dichas opciones ya se han descrito anteriormente en este capítulo.

COMANDO VGDELIM*

Barra de herramientas:	Ventanas gráficas > Delimitar ventana existente
Comando:	VGDELIM

El comando **VGDELIM** delimita la ventana gráfica seleccionada según el contorno precisado en la ficha de presentación. La secuencia de solicitudes es como sigue:

Comando: **VGDELIM**
Seleccione la ventana que se va a delimitar: *Seleccione la ventana flotante a delimitar.*
Seleccionar objeto de delimitador o [Poligonal/Suprimir] <Poligonal>: *Indique objeto u opción.*

Opción Objeto. Permite designar un objeto para que actúe como contorno delimitador de la ventana seleccionada. Tales objetos deben ser cerrados. Pueden designarse polilíneas, círculos, elipses, splines cerradas y regiones.

Opción Poligonal. Permite dibujar un contorno delimitador a partir de segmentos de línea y arcos. Las solicitudes son:

Precise punto inicial: *Precise el punto inicial.*
Precise punto siguiente o [Arco/Cerrar/Longitud/desHacer]: *Precise el punto siguiente o indique alguna de las opciones.*

Las opciones ofrecidas dentro de la opción **Poligonal** del comando **VGDELIM** coinciden con las opciones disponibles dentro de la opción **Poligonal** del comando **-VENTANAS**.

Opción Suprimir. Suprime el contorno delimitador de la ventana flotante seleccionada siempre que ésta haya sido previamente delimitada. AutoCAD eliminará el contorno delimitador original y lo reemplazará por el nuevo contorno.

ESPACIO MODELO Y ESPACIO PAPEL

Espacio modelo (comando ESPACIOM)

Barra de estado:	PAPEL
Comando:	ESPACIOM

El comando **ESPACIOM** permite cambiar del espacio papel al espacio modelo flotante; es decir, sin abandonar la ficha de presentación (figura 10.20). Antes de utilizar este comando, la variable de sistema **TILEMODE** debe estar definida en 0 (desactivada); debe hallarse en la ficha de presentación. Para cambiar de espacio papel a espacio modelo, al menos una ventana flotante debe estar activada.

Comando: **ESPACIOM**

AutoCAD informará del cambio ha espacio modelo mostrando el mensaje de **ESPACIOM** en la línea de comando. Además, el indicador PAPEL de la barra de estado cambiará a MODEL. También puede cambiar a espacio modelo haciendo doble clic sobre una ventana flotante en espacio papel.

Espacio papel (Comando ESPACIOP)

Barra de estado:	MODEL
Comando:	ESPACIOP

Este comando permite cambiar de espacio modelo a espacio papel (figura 10.21). Antes de utilizar este comando, la variable de sistema **TILEMODE** debe estar definida en 0 (desactivada); debe hallarse en la ficha de presentación.

Comando: **ESPACIOP** Intro

También puede cambiar a espacio papel haciendo doble clic sobre un área de espacio papel.

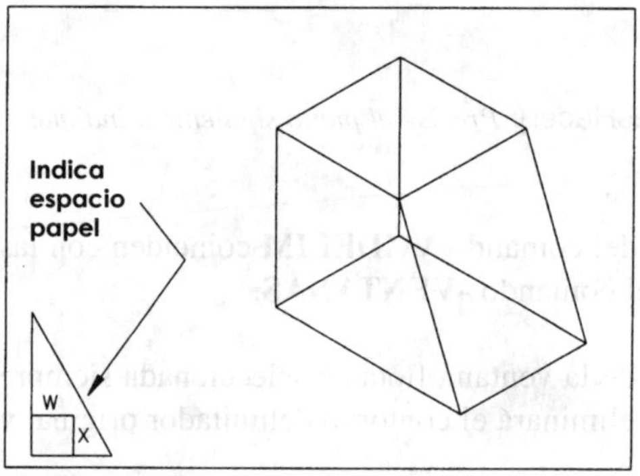

Figura 10.20. Utilización de ESPACIOM para cambiar a espacio modelo.

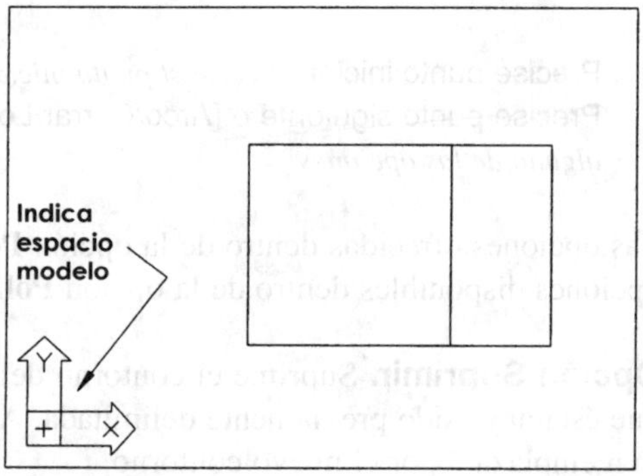

Figura 10.21. Utilización de ESPACIOP para cambiar a espacio papel.

VISIBILIDAD DE CAPAS EN VENTANAS GRÁFICAS (COMANDO VGCAPA)

Comando: VGCAPA

Puede controlar la visibilidad de las capas dentro de una ventana gráfica con la ayuda de los comandos **VGCAPA** o **CAPA**. Las opciones **ACT** e **Inutilizar en todas las ventanas** del comando **CAPA** controlan la visibilidad de las capas globalmente, en todas las ventanas gráficas. El comando **VGCAPA** permite controlar la visibilidad de las capas por separado en cada ventana flotante. Por ejemplo, puede utilizar el comando **VGCAPA** para inutilizar una capa en la ventana seleccionada. El contenido de dicha capa no aparecerá en la ventana seleccionada, aunque las ventanas restantes sí aparezca. Puede utilizar este comando tanto en espacio modelo como en espacio papel. La única restricción es que la variable de sistema **TILEMODE** debe estar definida en 0 (desactivado); es decir, sólo puede utilizar este comando desde una ficha de presentación.

Comando: **VGCAPA**
Indique una opción [?/Inutilizar/reUtilizar/reStablecer/Creainut/Vgvisdef]: *Indique una opción.*

Opciones del comando VGCAPA

Al indicar el comando **VGCAPA** en la solicitud de comando, AutoCAD muestra una solicitud que ofrece varias opciones:

Comando: **VGCAPA**
Indique una opción [?/Inutilizar/reUtilizar/reStablecer/Creainut/Vgvisdef]: *Indique una opción.*

Opción ?. Puede utilizar esta opción para obtener una lista de las capas inutilizadas en la ventana gráfica actual. Tras elegir esta opción AutoCAD mostrará la siguiente solicitud:

Designe una ventana:

Designe la ventana para la que desee obtener una lista de capas inutilizadas. Si se halla en espacio modelo, AutoCAD cambiará temporalmente a espacio papel para permitir la selección de la ventana. La secuencia de solicitudes completa para esta opción es:

Comando: **VGCAPA**
Indique una opción [?/Inutilizar/reUtilizar/reStablecer/Creainut/Vgvisdef]: **?**
Conmutando a Espacio papel.
Designe una ventana: *Designe una ventana flotante.*
Capas actualmente inutilizadas en la ventana 1:
"ACO1"
"ACO2"
Cambiando a Espacio modelo.
Indique una opción [?/Inutilizar/reUtilizar/reStablecer/Creainut/Vgvisdef]: Intro

Opción Inutilizar. La opción **Inutilizar** permite inutilizar una capa (o capas) en una o más ventanas (figura 10.22). Al elegir esta opción, AutoCAD muestra la siguiente solicitud:

Indique nombre(s) de capa a inutilizar:

En respuesta a esta solicitud, indique el nombre de la capa que desee inutilizar. Si desea precisar más de una capa, debe separar por comas los nombres de cada capa. También puede utilizar caracteres comodín en los nombres de las capas a inutilizar. A continuación, AutoCAD solicitará que indique la ventana o ventanas en las que desea inutilizar las capas precisadas. La solicitud es:

Indique una opción [Todas/Seleccionar/Actual] <Actual>: *Indique una opción o pulse INTRO para aceptar la predeterminada.*

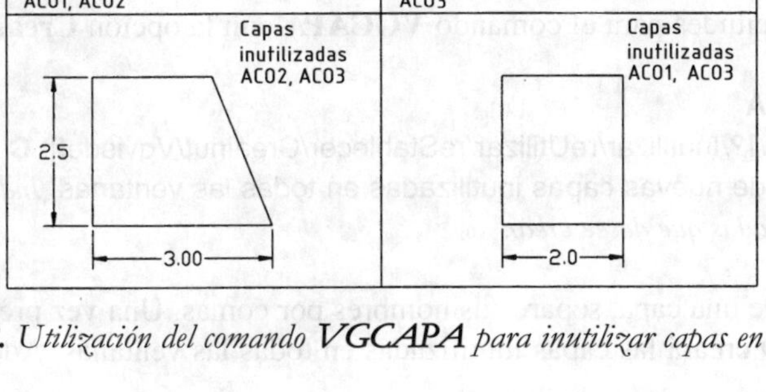

Figura 10.22. *Utilización del comando VGCAPA para inutilizar capas en ventanas flotantes.*

La opción **Todas** aplica los cambios a todas las ventanas. **Seleccionar** permite indicar una ventana determinada para aplicar los cambios. La opción **Actual** aplica los cambios sólo a la ventana actual.

Opción reUtilizar. Esta opción permite reutilizar las capas previamente inutilizadas en ventanas gráficas con la opción **Inutilizar** del comando **VGCAPA** o con el comando **CAPA**. La opción **reUtilizar** no afecta a las capas inutilizadas o desactivadas globalmente. Por ejemplo, si una capa se ha inutilizado, sus objetos no se regenerarán en ninguna ventana, aunque utilice la opción **reUtilizar** del comando **VGCAPA**. La secuencia de solicitudes para el comando **VGCAPA** con la opción **reUtilizar** es:

Comando: **VGCAPA**
Indique una opción [?/Inutilizar/reUtilizar/reStablecer/Creainut/Vgvisdef]: **U**
Indique nombre(s) de capa a reutilizar: *Indique las capas a reutilizar.*

Si desea indicar más de una capa, separe sus nombres por comas. También puede utilizar caracteres comodín. Tras la siguiente solicitud deberá indicar la ventana o ventanas en las que desee reutilizar las capas precisadas:

Indique una opción [Todas/Seleccionar/Actual] <Actual>: *Indique las ventanas flotantes.*

Opción reStablecer. Con la opción **reStablecer** podrá devolver la visibilidad de las capas precisadas a su actual valor predeterminado en la ventana o ventanas indicadas. Estos valores por defecto pueden configurarse con la opción **Vgvisdef** del comando **VGCAPA**. A continuación, se muestra la secuencia de solicitudes para el comando **VGCAPA** con la opción **reStablecer**:

Comando: **VGCAPA**
Indique una opción [?/Inutilizar/reUtilizar/reStablecer/Creainut/Vgvisdef]: **S**
Indique nombre(s) de capa a restablecer: *Precise los nombres de las capas a restablecer.*
Indique una opción [Todas/Seleccionar/Actual] <Actual>: *Indique las ventanas en las que desee restablecer los valores predeterminados de las capas precisadas.*

Opción Creainut (crear inutilizada). Esta opción permite crear nuevas capas inutilizadas en todas las ventanas. Su principal aplicación tiene lugar cuando resulta necesaria una capa visible tan sólo en una ventana determinada. Podrá conseguirlo creando la capa con la opción **Creainut** y liberándola después en la ventana concreta donde desee que sea visible. A continuación se muestra la secuencia de solicitudes para el comando **VGCAPA** con la opción **Creainut**:

Comando: **VGCAPA**
Indique una opción [?/Inutilizar/reUtilizar/reStablecer/Creainut/Vgvisdef]: **C**
Indique nombre(s) de nuevas capas inutilizadas en todas las ventanas: *Indique el nombre de la capa o capas inutilizadas que desee crear.*

Si desea precisar más de una capa, separe sus nombres por comas. Una vez precisado los nombres de las capas, AutoCAD creará las capas inutilizadas en todas las ventanas. Además, la visibilidad predeterminada de las nuevas capas quedará definida en Inutilizada; por tanto, las capas creadas con la opción **Creainut** estarán inutilizadas en cualquier nueva ventana.

Opción Vgvisdef (visibilidad por defecto en ventana). Con esta opción puede configurar un valor predeterminado para la visibilidad de las capas en las nuevas ventanas. Al crear una nueva ventana gráfica, su estado Inutilida/Reutilizada dependerá del valor asignado con la opción **Vgvisdef** del comando **VGCAPA**.

Comando: **VGCAPA**
Indique una opción [?/Inutilizar/reUtilizar/reStablecer/Creainut/Vgvisdef]: **V**
Indique nombre(s) de capas en las que modificar la visibilidad por defecto: *Precise el nombre de las capas cuya visibilidad por defecto desee modificar.*

Una vez precisado el nombre de la capa o capas, AutoCAD solicitará:

Indique opción de visibilidad [Inutilizada/Reutilizada] <Reutilizada>:

Indique **I** si desea definir la visibilidad por defecto en Inutilizada. Para definir la visibilidad por defecto en Reutilizada, indique **R** o pulse INTRO.

Control de las ventanas con el cuadro de diálogo Administrador de propiedades de capas

Puede utilizar el cuadro de diálogo **Administrador de propiedades de capas** (figura 10.23) para configurar algunas de las opciones disponibles en el comando **VGCAPA**, como por ejemplo inutilizar o reutilizar capas en una ventana.

Inutilizar en la ventana actual. Cuando **TILEMODE** está desactivada, puede inutilizar o reutilizar la capa seleccionada para la ventana flotante actual a través del icono **Inutilizar en la ventana actual**. Las capas inutilizadas continuarán siendo visibles en el resto de las ventanas.

Inutilizar en las ventanas nuevas. Si desea inutilizar algunas capas en las nuevas ventanas flotantes, utilice los correspondientes iconos **Inutilizar en las ventanas nuevas**. AutoCAD inutilizará dichas capas en las ventanas creadas a partir de ese momento, sin afectar a las ya existentes.

Si comienza a dibujar en una capa inutilizada, los objetos dibujados en la ventana nueva no se mostrarán en dicha ventana; sin embargo, el objeto dibujado en la ventana nueva sí aparecerá en otras ventanas.

ESCALA DE TIPO DE LÍNEA EN ESPACIO PAPEL (VARIABLE DE SISTEMA PSLTSCALE)

Por defecto, la escala de tipo de línea está controlada por la variable de sistema **LTSCALE**. Por tanto, el tamaño de visualización de los trazos dependerá del factor de **LTSCALE**, de los límites del dibujo o de las unidades del dibujo. Si dispone de varias ventanas con diferentes factores de zoom, el tamaño de los trazos cambiará de una ventana a otra. La figura 10.24 muestra tres ventanas con diferentes tamaños y diferentes factores de zoom. Puede observar que la longitud de los trazos varía en cada una de estas tres ventanas.

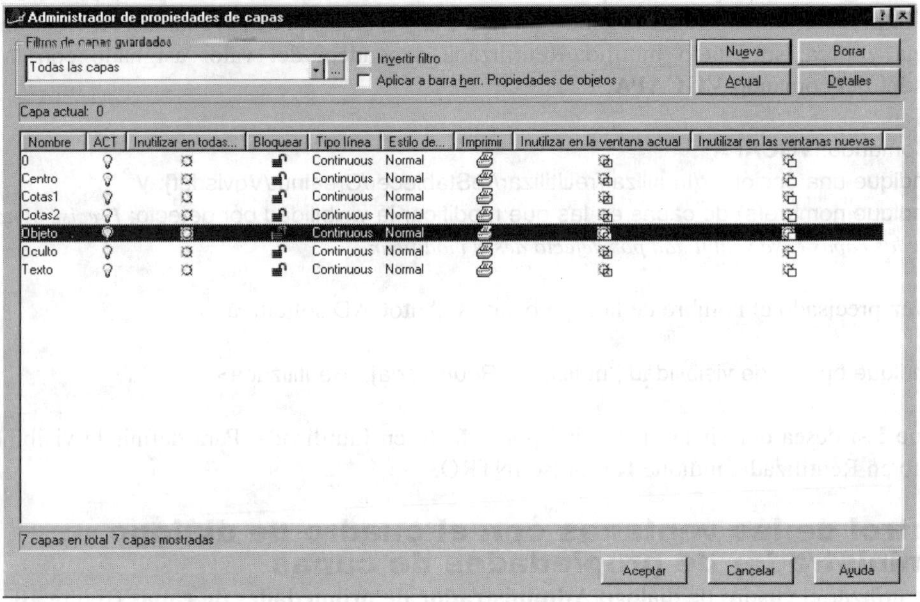

*Figura 10.23. Control de la visualización de ventanas con el cuadro de diálogo **Administrador de propiedades de capas**.*

Generalmente, resulta deseable disponer de idéntico espaciado de líneas en todas las ventanas. Para lograrlo puede utilizar la variable de sistema **PSLTSCALE**. Por defecto, **PSLTSCALE** está definida en 0. En este caso, el tamaño de los trazos dependerá de la variable de sistema **LTSCALE** y del factor del zoom en la ventana donde se han dibujado los objetos. Si define **PSLTSCALE** en 1 y **TILEMODE** en 0, el tamaño de los trazos en los objetos en espacio modelo se ajustará al valor de **LTSCALE** en los objetos de las ventanas en espacio papel, con indiferencia de la escala del zoom en las ventanas. En otras palabras, si **PSLTSCALE** está definida en 1, aunque cada ventana tenga diferente tamaño y factor de zoom, la longitud de los trazos será idéntica en todas ellas. La figura 10.25 muestra tres ventanas gráficas con diferentes límites. Observe que la longitud de los trazos es idéntica en las tres ventanas.

CREACIÓN Y TRABAJO CON PRESENTACIONES (COMANDO PRESENTACION*)

Barra de herramientas:	Presentaciones > Nueva
Menú:	Insertar > Presentación > Nueva

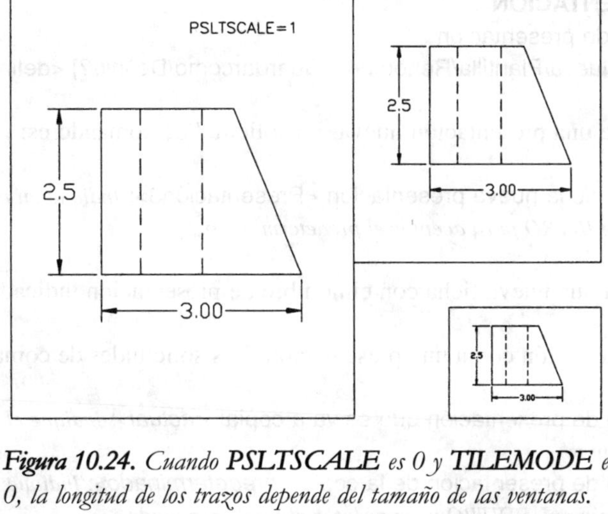

Figura 10.24. Cuando PSLTSCALE es 0 y TILEMODE es 0, la longitud de los trazos depende del tamaño de las ventanas.

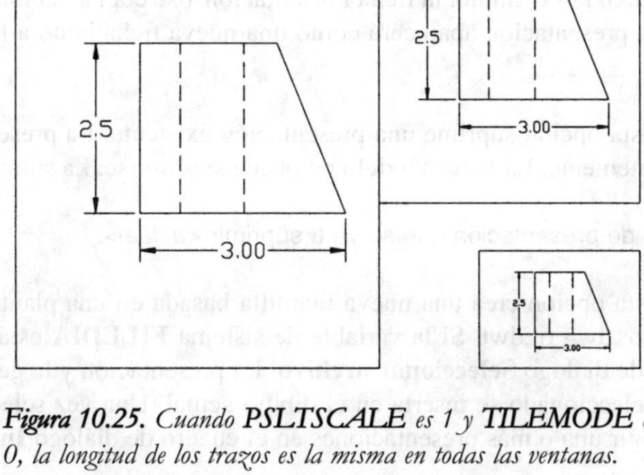

Figura 10.25. Cuando PSLTSCALE es 1 y TILEMODE es 0, la longitud de los trazos es la misma en todas las ventanas.

El comando **PRESENTACION** permite crear una nueva presentación. También puede renombrar, copiar, guardar y suprimir presentaciones existentes. Un dibujo diseñado en la ficha **Modelo** puede componerse para su impresión en alguna ficha de **presentación**. Además, también puede añadir cuadros de rotulación, varias ventanas y otras anotaciones.

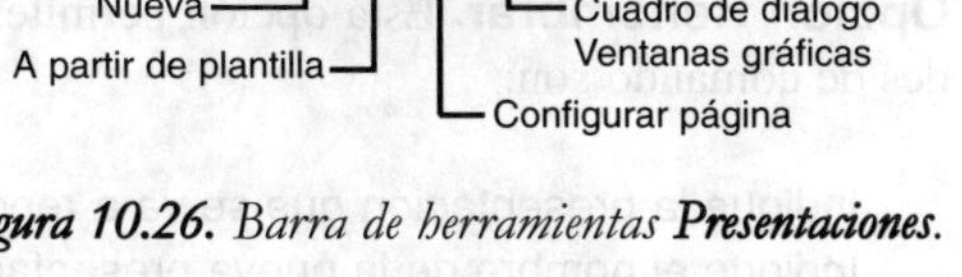

*Figura 10.26. Barra de herramientas **Presentaciones**.*

Comando: **PRESENTACION**
Indique la opción de presentación
[Copiar/Suprimir/Nueva/Plantilla/Renombrar/Guardarcomo/Definir/?] <definir>:

Opción Nueva. Crea una presentación nueva. La solicitud de comando es:

Indique el nombre de la nueva presentación <Presentación3>: *Indique un nuevo nombre para la presentación o pulse INTRO para aceptar el predeterminado.*

En el dibujo aparecerá una nueva ficha con el nombre de presentación indicado.

Opción Copiar. Esta opción copia una presentación. Las solicitudes de comando son:

Indique el nombre de presentación que se va a copiar <*actual*>: *Indique el nombre de la presentación que desee copiar.*
Indique el nombre de presentación de la copia <*predeterminado*>: *Indique un nuevo nombre para la presentación o pulse INTRO para aceptar el predeterminado.*

Si da una respuesta nula a la solicitud anterior, la nueva presentación incluirá un número entre paréntesis a continuación del nombre anterior (en principio dicho número es 2 y aumenta conforme realice nuevas copias). Por ejemplo, la ficha Presentación 1 se copiará como Presentación 1 (2). El nombre de la nueva presentación aparecerá como una nueva ficha junto a la ficha de presentación copiada.

Opción Suprimir. Esta opción suprime una presentación existente. La presentación por defecto es la creada más recientemente. La ficha **Modelo** no puede suprimirse. La solicitud de comando es:

Indique el nombre de presentación que se va a suprimir <*actual*>:

Opción Plantilla. Esta opción crea una nueva plantilla basada en una plantilla de presentación existente en un archivo .dwg o .dwt. Si la variable de sistema **FILEDIA** está definida en 1, esta opción abre el cuadro de diálogo **Seleccionar archivo**. La presentación y la geometría del archivo de plantilla o dibujo seleccionado se inserta en el dibujo actual. Una vez seleccionado el archivo .dwg o .dwt, podrá elegir una o más presentaciones en el cuadro de diálogo **Insertar**.

Si hace clic en el botón **A partir de plantilla** de la barra de herramientas **Presentaciones**, AutoCAD creará una presentación utilizando un archivo de plantilla o de dibujo existente. También puede elegir la opción **Presentación > A partir de plantilla** del menú **Insertar**.

Opción Renombrar. Esta opción permite cambiar el nombre de una presentación. Las solicitudes de comando son:

Indique la presentación que se va a renombrar <*actual*>:
Indique el nombre de la nueva presentación:

Los nombres de presentación deben ser únicos y pueden incluir un máximo de 255 caracteres, de los cuales sólo 32 aparecerán indicados en la ficha. Los caracteres admiten la distinción entre mayúsculas y minúsculas.

Opción Guardarcomo. Guarda una presentación en el archivo de plantilla del dibujo. Si la variable de sistema **FILEDIA** está definida en 1, aparecerá el cuadro de diálogo **Crear archivo de dibujo**. Podrá indicar el nombre de archivo en el cuadro de texto **Nombre de archivo**. Las solicitudes en la línea de comando son:

Indique la presentación que se va a guardar en la plantilla <*actual*>:
Indique nombre de archivo de salida:

Opción Definir. Define una presentación como actual. La solicitud de comando es:

Indique presentación para convertirla en la actual <*última*>:

Opción ?. Esta opción ofrece una lista de todas las presentaciones en el dibujo actual.

Puede acceder a cualquiera de las opciones del comando **PRESENTACION** arriba indicadas a través de un menú contextual. Haga clic con el botón derecho sobre las fichas de presentación seleccionadas para mostrar su menú contextual.

COMANDO PREPPAGINA*

Barra de herramientas:	Presentaciones > Configurar página
Menú:	Archivo > Configurar página
Comando:	PREPPAGINA

También puede pulsar el botón derecho sobre la ficha Modelo o alguna de las fichas de presentación y elegir **Configurar página** del menú contextual. Este comando permite precisar por separado los parámetros de la presentación y de trazado para cada presentación. Al iniciar este comando aparecerá el cuadro de diálogo **Configurar página**. En el capítulo 3 se describe este cuadro .

Cada vez que acceda por primera vez a una nueva presentación, aparecerá automáticamente el cuadro de diálogo **Configurar página**. Puede configurar los parámetros por defecto en la sección **Elementos de presentación** de la ficha **Visualizar**, dentro del cuadro de diálogo **Opciones**.

COMANDO ASISTPRES*

Menú:	Insertar > Presentación > Asistente para crear presentaciones
	Herramientas > Asistentes > Crear presentación
Comando:	ASISTPRES

Este comando inicia el **Asistente para crear presentaciones**, el cual le guiará paso a paso en el proceso de crear una nueva presentación.

Ejemplo 1

En este ejemplo crearemos un dibujo en el espacio modelo y, después, utilizaremos el espacio papel para imprimirlo.

1. Según el tamaño del dibujo, calcule sus límites. Como el dibujo tiene unas dimensiones de 15.25 metros por 14.64 metros, los límites deberían ser de unos 22 por 18 metros.

2. Configure los límites y las capas y, a continuación, dibuje la vista en planta tal como muestra la figura 10.27. Suponga las dimensiones del dibujo, teniendo en cuenta las medidas globales indicadas en el paso 1.

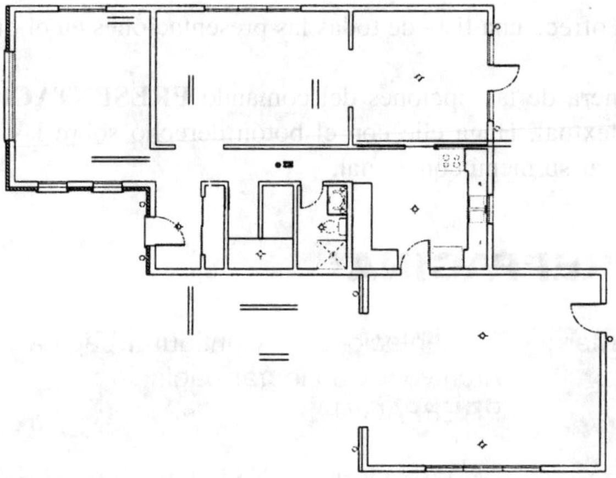

Figura 10.27. *Vista en planta del dibujo para el ejemplo 1.*

3. Utilice el comando **PRESENTACION** para crear una nueva presentación. Si lo prefiere, puede hacer clic con el botón derecho sobre la ficha **Modelo** o una de las dichas de presentación y elegir **Nueva presentación** en el menú contextual.

   Comando: **PRESENTACION**
   Indique la opción de presentación
   [Copiar/Suprimir/Nueva/Plantilla/Renombrar/Guardarcomo/Definir/?] <definir>: **N**
   Indique el nombre de la nueva presentación <Presentación 3>: *Indique un nombre nuevo o pulse INTRO para aceptar el predeterminado.*

   El nombre de la nueva ficha aparecerá junto a la última ficha de **presentación**.

4. A continuación, seleccione la ficha de presentación (**Presentación 3**). AutoCAD mostrará el cuadro de diálogo **Configurar página - Presentación 3**. Acceda a la ficha **Dispositivo de impresión** y seleccione la impresora o trazador que desee utilizar en el cuadro de lista desplegable **Nombre**. Acceda a la ficha Parámetros de presentación y seleccione en el cuadro de lista desplegable **Tamaño de papel** el tamaño admitido por el dispositivo de impresión. Haga clic en el botón **Aceptar** para aceptar los valores indicados y salir del cuadro de diálogo. AutoCAD mostrará la nueva presentación (Presentación 3) en la pantalla con la ventana predeterminada. Utilice el comando **BORRA** para suprimir la ventana predeterminada.

5. Utilice el comando **VMULT** para crear una ventana cuyo tamaño se ajuste al tamaño del papel. Una vez creada, el dibujo aparecerá automáticamente en la ventana. Dibuje el cuadro de rotulación de acuerdo con sus necesidades.

6. Utilice el comando **ESPACIOM** haga doble clic en la ventana para cambiar al espacio modelo. Utilice el comando **ZOOM** para ampliar el dibujo a 1/96XP. En este dibujo, se supone que el factor de escala es 1:96; por tanto, el factor del zoom es 1/96XP.

7. Cree un estilo de cota cuya altura de texto sea igual a 3.175 milímetros, con el texto por encima de la línea de cota.

   Además, según el dibujo dado, cambie otros parámetros de acotación y seleccione el botón de opción **Escalar cotas en presentación (espacio papel)**, en la ficha **Ajustar** del cuadro de diálogo **Crear estilo de cota**.

8. A continuación, acote las dos medidas globales, tal como se muestra en el dibujo. Al acotar, AutoCAD ajustará automáticamente las cotas. Por ejemplo, el tamaño del texto de cota aumentará de forma que el texto, al imprimir el dibujo, tendrá una altura de 3.175 mm.

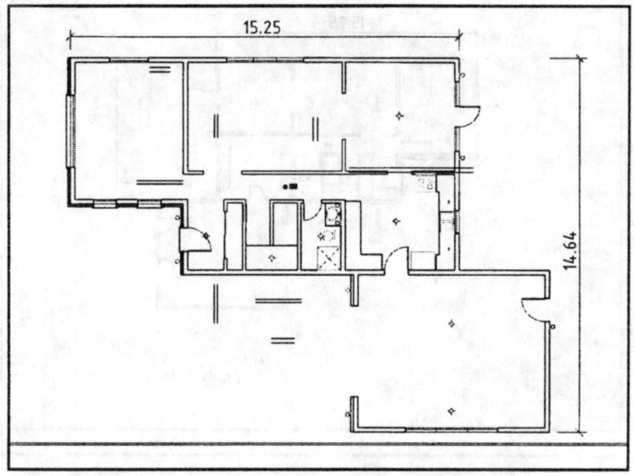

Figura 10.28. *Dibujo trazado en espacio papel con escala 1:1.*

9. Utilice el comando **ESPACIOP** o haga doble clic en el área de papel para cambiar al espacio papel e imprimir el dibujo con una escala de 1:1 (figura 10.28).

10. Utilice el comando **ESPACIOM** haga doble clic en la ventana para cambiar al espacio modelo. Utilice después el comando **ZOOM** para ampliar con un factor 1/144XP. La visualización del dibujo quedará reducida.

11. Para ajustar las cotas al tamaño correcto, utilice el comando **ACTUALIZA** tras la solicitud **ACOTA** y designe las cotas a actualizar. AutoCAD cambiará automáticamente las cotas para que tengan el tamaño correcto al imprimir.

12. Imprima el dibujo (figura 10.29) y compare los dos dibujos. Puede comprobar que la altura del texto es el mismo en ambos dibujos.

De esta forma, puede utilizar el espacio modelo para dibujar y acotar los dibujos. Después podrá utilizar el espacio papel para imprimir el cuadro de rotulación y otras anotaciones. Cuando haya terminado, podrá imprimir el dibujo con escala 1:1 desde el espacio papel.

VISUALIZACIÓN DINÁMICA DE OBJETOS 3D (COMANDO VISTADIN)

Comando: VISTADIN

Con el comando **VISTADIN** puede crear en la pantalla una vista de los objetos en proyección paralela o en perspectiva. Básicamente, **VISTADIN** es una versión mejorada del comando **PTOVISTA**, en cuanto que **VISTADIN** permite maniobrar visualmente en torno a objetos 3D para obtener dife-

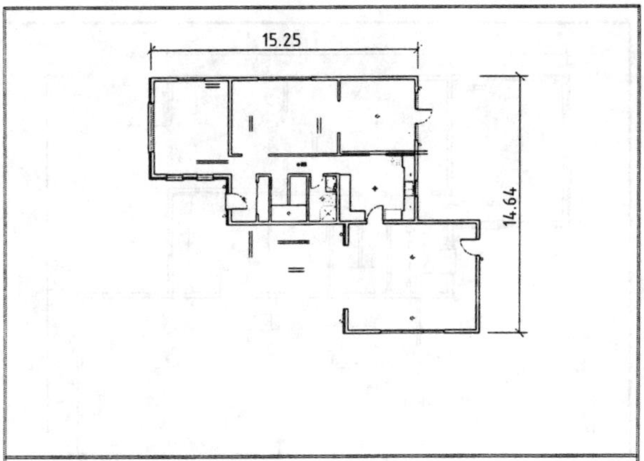

Figura 10.29. *Dibujo trazado en espacio papel con escala 1:1.*

rentes vistas. Como se acaba de mencionar, el comando **VISTADIN** permite optar entre una visualización paralela o en perspectiva. La diferencia entre ambas consiste en que, en una vista en paralelo, las líneas paralelas de los objetos 3D permanecen siempre paralelas, mientras que con una vista en perspectiva, las líneas paralelas coinciden en un punto lejano. Estas definiciones sugieren que el comando **PTOVISTA** tan sólo admite vistas paralelas. Cuando la vista Perspectiva está activada, los comandos **ZOOM**, **ENCUADRE**, **'ZOOM**, **'ENCUADRE** y **VISTAEREA** no están disponibles, así como tampoco las barras de desplazamiento. El comando **VISTADIN** utiliza los conceptos de cámara y el objetivo para visualizar un objeto desde cualquier posición deseada en el espacio 3D. La posición desde la que se observa el objeto (el ojo del observador) es la cámara y el punto enfocado es el objetivo. La línea formada entre estos dos puntos es la línea de mira, también conocida como dirección de vista. Para obtener diferentes líneas de mira, deberá desplazar la cámara, el objetivo o ambos. Una vez obtenida la dirección de vista deseada, puede cambiar la distancia entre la cámara y el objetivo desplazando la cámara a lo largo de la línea de mira. Puede modificar el campo de visión asociando unas lentes gran angular o un teleobjetivo a la cámara. Puede encuadrar o ladear (girar) la imagen. También es posible suprimir las líneas ocultas del objeto que se esté observando. Puede delimitar aquellas porciones del modelo que no desee ver. Todas estas opciones de **VISTADIN** demuestran hasta qué punto es útil este comando. Con el comando **VISTADIN** no pueden utilizarse ni las barras de desplazamiento ni los comandos **ZOOM**, **VISTAEREA** o **ENCUADRE**.

> Comando: **VISTADIN**
> Designe objetos o <utilizar DBLOQVISTA>: *Designe los objetos que desee ver dinámicamente o pulse INTRO para utilizar el bloque DBLOQVISTA.*
> Indique una opción
> [Cámara/obJetivo/dIstancia/Puntos/eNcuadre/Zoom/lAdeo/deLim/Ocultar/DES/desHacer]:
> *Precise un punto o indique una opción.*

El punto que precise será el punto inicial para el arrastre. Conforme desplace el cursor, la dirección de vista cambiará. La solicitud de comando es:

> Indique la dirección y magnitud de los ángulos: *Indique ángulos entre 0 y 360 grados o precise un punto.*

El ángulo de dirección determina el frontal de la vista y el ángulo de magnitud determina el giro de la vista. A continuación se describen las diferentes opciones del comando **VISTADIN**.

Opción Cámara

Con la opción **Cámara** puede girar la cámara en torno al objetivo. Para elegir esta opción, indique **C** tras la solicitud Indique una opción [Cámara/obJetivo/dIstancia/Puntos/eNcuadre/Zoom/lAdeo/deLim/Ocultar/DES/desHacer]:. El dibujo permanecerá, pero podrá maniobrar la cámara arriba y abajo (por encima o por debajo del objetivo) o bien desplazarla a izquierda o derecha (en el sentido horario o antihorario en torno al objetivo). Recuerde que el objetivo está fijo mientras desplaza la cámara y que la cámara permanece fija mientras desplaza el objetivo. La siguiente solicitud será:

Precise ubicación de cámara, o indique ángulo del plano XY,
o [Conmutar el ángulo en] <*actual*>:

Por defecto, esta solicitud requiere el ángulo a partir del plano XY de la cámara según el SCP actual. Este ángulo no representa otra cosa que el desplazamiento vertical (arriba o abajo) de la cámara respecto al objetivo. Hay dos métodos para precisar el ángulo:

1. Puede precisar el ángulo de rotación desplazando el cursor en el área gráfica hasta obtener el giro deseado. Después haga clic con el botón de designación del dispositivo señalador. Podrá apreciar que conforme desplace el cursor en el área gráfica, la barra de estado reflejará el valor del ángulo de rotación. Además, conforme desplace el cursor, el objeto también girará dinámicamente. Si precisa un desplazamiento horizontal tras la solicitud Precise ubicación de cámara, o indique ángulo del plano XY, o [Conmutar el ángulo en] <*actual*>:, observe que el ángulo mostrado en la barra de estado no varía. Esto se debe a que tras la solicitud Precise ubicación de cámara, o indique ángulo del plano XY, o [Conmutar el ángulo en] <*actual*>: debe precisar el desplazamiento vertical.
2. El otro método para precisar el ángulo de rotación consiste en indicar tras la solicitud el ángulo de rotación necesario. Un ángulo de 90 grados (valor por defecto) a partir del plano XY hace que la cámara observe el objeto directamente desde arriba, desde el lado superior del objeto; es decir, obtendrá la vista superior (vista en planta). En este caso, la línea de mira es perpendicular al plano XY del SCP actual. Un ángulo de 90 grados negativos da lugar a la vista inferior, pues la cámara observa al objeto directamente desde abajo. Conforme desplace la cámara hacia la parte superior del objeto, el valor del ángulo aumentará. Pulse INTRO si no desea precisar un movimiento vertical.

Una vez precisado el ángulo a partir del plano XY, la siguiente solicitud será:

Precise ubicación de cámara, o indique ángulo en plano XY del eje X,
o [Conmutar el ángulo desde] <*actual*>:

Esta solicitud requiere el ángulo de la cámara en el plano XY a partir del eje X. Esto no es otra cosa que el desplazamiento horizontal (izquierda o derecha) de la cámara. Puede indicar un ángulo comprendido entre -180 y 180 grados. Para lograr el desplazamiento de la cámara hacia el lado derecho del objeto (sentido contrario a las agujas del reloj) puede incrementar el valor del ángulo; para desplazar la cámara hacia la izquierda reduzca el ángulo. También puede conmutar entre las solicitudes anteriores utilizando las opciones **Conmutar el ángulo desde** o **Conmutar el ángulo en**. La utilización de estas dos opciones puede explicarse de la siguiente manera:

Supongamos que desea indicar tan sólo el ángulo en el plano XY a partir del eje X. Hay dos formas de hacerlo. En primer lugar puede dar una respuesta nula a la solicitud Precise ubicación de cámara, o indique ángulo del plano XY, o [Conmutar el ángulo en] <*actual*>:. La otra forma consiste en utilizar la opción **Conmutar el ángulo en**. Así pues, para cambiar de la solicitud Precise ubicación de cámara, o indique ángulo del plano XY, o [Conmutar el ángulo en]

<*actual*>: a la solicitud Precise ubicación de cámara, o indique ángulo en plano XY del eje X, o [Conmutar el ángulo desde] <*actual*>:, podrá seguir la siguiente secuencia de comandos:

Precise ubicación de cámara, o indique ángulo del plano XY,
o [Conmutar el ángulo en] <*actual*>: **C**
Precise ubicación de cámara, o indique ángulo en plano XY del eje X,
o [Conmutar el ángulo desde] <*actual*>:

De igual forma, si desea cambiar de la solicitud Precise ubicación de cámara, o indique ángulo en plano XY del eje X, o [Conmutar el ángulo desde] <*actual*>: a la solicitud Precise ubicación de cámara, o indique ángulo del plano XY, o [Conmutar el ángulo en] <*actual*>:, la secuencia de comandos será:

Precise ubicación de cámara, o indique ángulo en plano XY del eje X,
o [Conmutar el ángulo desde] <*actual*>: **C**
Precise ubicación de cámara, o indique ángulo del plano XY,
o [Conmutar el ángulo en] <*actual*>:

Hasta aquí se han explicado los principios fundamentales de la opción **Cámara** en el comando **VISTADIN**. A continuación veremos algunos ejemplos para aplicar el concepto de cámara.

Nota

El bloque DBLOQVISTA aparece automáticamente al ejecutar VISTADIN sin designar objetos. Puede definir o modificar un bloque DBLOQVISTA propio que sustituya al predefinido, al igual que con cualquier otro bloque de símbolo. Simplemente asegúrese de que lo define con un tamaño unitario (1×1×1) de forma que el comando VISTADIN pueda escalarlo apropiadamente.

Ejemplo 2

La figura 10.30 está dividida en cuatro secciones. La casa mostrada puede obtenerse pulsando INTRO tras la solicitud Designe objetos o <utilizar DBLOQVISTA>:. El dibujo de la casa con una ventana, una puerta abierta y una chimenea corresponde al bloque llamado **DBLOQVISTA**.

Conforme se utilizan las diversas opciones del comando **VISTADIN**, el bloque cambia para reflejar las modificaciones. Al salir del comando **VISTADIN**, AutoCAD regenera todo el dibujo y la vista obtenida dependerá de la vista elegida con las distintas opciones del comando **VISTADIN**. En el presente capítulo utilizaremos este bloque para ilustrar el efecto de las opciones del comando **VISTADIN**. Sin embargo, puede crear un bloque personalizado. El bloque debe tener un tamaño unitario. Configure la esquina inferior izquierda del bloque como su punto de origen. Las distintas vistas de la casa mostradas en figura 10.30 se han obtenido con la opción **Cámara** del comando **VISTADIN**. En primer lugar, utilizaremos el comando **VISTADIN** para mostrar en pantalla la imagen de una casa.

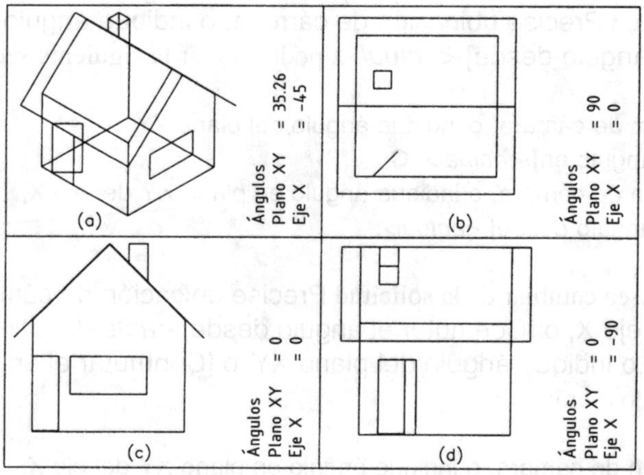

Figura 10.30. *Opción* ***Cámara*** *del comando* ***VISTADIN.***

Comando: **VISTADIN**
Designe objetos o <utilizar DBLOQVISTA>: Intro

En pantalla aparecerá la imagen de una casa. A continuación se indica la secuencia de solicitudes para obtener la imagen mostrada en la figura 10.30 (a) (vista 3D):

Indique una opción
[Cámara/obJetivo/dIstancia/Puntos/eNcuadre/Zoom/lAdeo/deLim/Ocultar/DES/desHacer]: **C**
Precise ubicación de cámara, o indique ángulo del plano XY,
o [Conmutar el ángulo en] <*actual*>: **35.26**
Precise ubicación de cámara, o indique ángulo en plano XY del eje X,
o [Conmutar el ángulo desde] <*actual*>: **-45**
Indique una opción
[Cámara/obJetivo/dIstancia/Puntos/eNcuadre/Zoom/lAdeo/deLim/Ocultar/DES/desHacer]: Intro
Regenerando modelo.

Una vez terminado el comando **VISTADIN**, AutoCAD suprimirá la figura de la casa. Para obtener la imagen de la figura 10.30 (b) (vista superior), la secuencia de solicitudes es:

Comando: **VISTADIN**
Designe objetos o <utilizar DBLOQVISTA>: Intro
Indique una opción
[Cámara/obJetivo/dIstancia/Puntos/eNcuadre/Zoom/lAdeo/deLim/Ocultar/DES/desHacer]: **C**
Precise ubicación de cámara, o indique ángulo del plano XY,
o [Conmutar el ángulo en] <*actual*>: **90**
Precise ubicación de cámara, o indique ángulo en plano XY del eje X,
o [Conmutar el ángulo desde] <*actual*>: **0**
Indique una opción

[Cámara/obJetivo/dIstancia/Puntos/eNcuadre/Zoom/IAdeo/deLim/Ocultar/DES/desHacer]: Intro
Regenerando modelo.

Para obtener la imagen de la figura 10.30 (c) (vista lateral derecha), la secuencia de solicitudes es:

Comando: **VISTADIN**
Designe objetos o <utilizar DBLOQVISTA>: Intro
Indique una opción
[Cámara/obJetivo/dIstancia/Puntos/eNcuadre/Zoom/IAdeo/deLim/Ocultar/DES/desHacer]: **C**
Precise ubicación de cámara, o indique ángulo del plano XY,
o [Conmutar el ángulo en] <*actual*>: **0**
Precise ubicación de cámara, o indique ángulo en plano XY del eje X,
o [Conmutar el ángulo desde] <*actual*>: **0**
Indique una opción
[Cámara/obJetivo/dIstancia/Puntos/eNcuadre/Zoom/IAdeo/deLim/Ocultar/DES/desHacer]: Intro
Regenerando modelo.

Para obtener la imagen de la figura 10.30 (d) (vista frontal), la secuencia de solicitudes es:

Comando: **VISTADIN**
Designe objetos o <utilizar DBLOQVISTA>: Intro
Indique una opción
[Cámara/obJetivo/dIstancia/Puntos/eNcuadre/Zoom/IAdeo/deLim/Ocultar/DES/desHacer]: **C**
Precise ubicación de cámara, o indique ángulo del plano XY,
o [Conmutar el ángulo en] <*actual*>: **0**
Precise ubicación de cámara, o indique ángulo en plano XY del eje X,
o [Conmutar el ángulo desde] <*actual*>: **-90**
Indique una opción
[Cámara/obJetivo/dIstancia/Puntos/eNcuadre/Zoom/IAdeo/deLim/Ocultar/DES/desHacer]: Intro
Regenerando modelo.

Opción obJetivo

Con la opción **obJetivo** puede girar el objetivo respecto a la cámara. Para elegir esta opción, indique **J** tras la solicitud Indique una opción [Cámara/obJetivo/dIstancia/Puntos/eNcuadre/Zoom/IAdeo/deLim/Ocultar/DES/desHacer]:. El dibujo permanecerá, pero podrá maniobrar la cámara arriba y abajo o a izquierda y derecha respecto a la cámara. La cámara permanece fija mientras desplaza el objetivo. A continuación se muestra la secuencia de solicitudes para la opción **obJetivo**:

Comando: **VISTADIN**
Designe objetos o <utilizar DBLOQVISTA>: Intro
Indique una opción
[Cámara/obJetivo/dIstancia/Puntos/eNcuadre/Zoom/IAdeo/deLim/Ocultar/DES/desHacer]: **J**
Precise ubicación de cámara, o indique ángulo del plano XY,

o [Conmutar el ángulo en] <actual>: *Precise el ángulo según al cual el objetivo se situará por encima o por debajo de la cámara.*
Precise ubicación de cámara, o indique ángulo en plano XY del eje X,
o [Conmutar el ángulo desde] <actual>: *Precise el ángulo según al cual el objetivo se situará por a izquierda o a derecha de la cámara.*
Indique una opción
[Cámara/obJetivo/dIstancia/Puntos/eNcuadre/Zoom/lAdeo/deLim/Ocultar/DES/desHacer]: Intro

La secuencia de solicitudes no revela la diferencia entre la opción **Cámara** y la opción **obJetivo**. La diferencia radica en el ángulo real de la vista. Por ejemplo, si precisa un ángulo de 90 grados tras la solicitud Precise ubicación de cámara, o indique ángulo del plano XY, o [Conmutar el ángulo en] <actual>: de la opción **Cámara**, la línea de mira se orientará de la parte superior del objeto hacia la inferior; si precisa el mimo ángulo en la solicitud correspondiente de la opción **obJetivo**, la línea de mira irá desde la parte inferior del objeto hacia la superior.

Ejemplo 3

Las distintas vistas de la casa mostradas en la figura 10.31 pueden obtenerse con la opción **obJetivo** del comando **VISTADIN**.

En primer lugar, utilizaremos el comando **VISTADIN** para mostrar la imagen de la casa en pantalla.

Comando: **VISTADIN**
Designe objetos o <utilizar DBLOQVISTA>: Intro

Para obtener la imagen de la figura 10.31 (a) (vista 3D), la secuencia de solicitudes es:

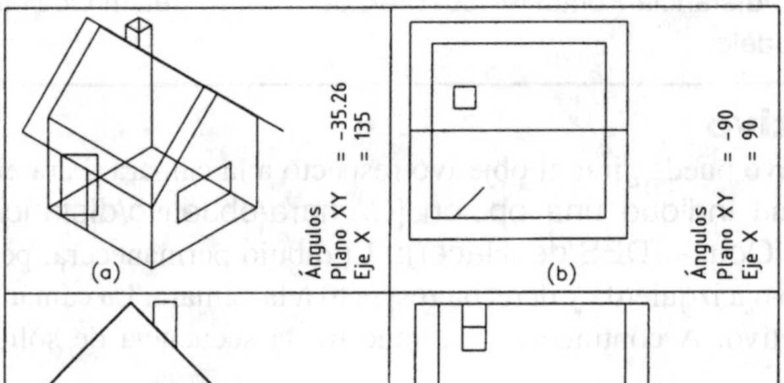

Figura 10.31. *Opción **obJetivo** del comando VISTADIN.*

Indique una opción
[Cámara/obJetivo/dIstancia/Puntos/eNcuadre/Zoom/lAdeo/deLim/Ocultar/DES/desHacer]: **J**
Precise ubicación de cámara, o indique ángulo del plano XY,
o [Conmutar el ángulo en] <*actual*>: **-35.26**
Precise ubicación de cámara, o indique ángulo en plano XY del eje X,
o [Conmutar el ángulo desde] <*actual*>: **135**
Indique una opción
[Cámara/obJetivo/dIstancia/Puntos/eNcuadre/Zoom/lAdeo/deLim/Ocultar/DES/desHacer]: Intro
Regenerando modelo.

Para obtener la imagen de la figura 10.31 (b) (vista superior), la secuencia de solicitudes es:

Comando: **VISTADIN**
Designe objetos o <utilizar DBLOQVISTA>: Intro
Indique una opción
[Cámara/obJetivo/dIstancia/Puntos/eNcuadre/Zoom/lAdeo/deLim/Ocultar/DES/desHacer]: **J**
Precise ubicación de cámara, o indique ángulo del plano XY,
o [Conmutar el ángulo en] <*actual*>: **-90**
Precise ubicación de cámara, o indique ángulo en plano XY del eje X,
o [Conmutar el ángulo desde] <*actual*>: **90**
Indique una opción
[Cámara/obJetivo/dIstancia/Puntos/eNcuadre/Zoom/lAdeo/deLim/Ocultar/DES/desHacer]: Intro
Regenerando modelo.

Para obtener la imagen de la figura 10.31 (c) (vista lateral derecha), la secuencia de solicitudes es:

Comando: **VISTADIN**
Designe objetos o <utilizar DBLOQVISTA>: Intro
Indique una opción
[Cámara/obJetivo/dIstancia/Puntos/eNcuadre/Zoom/lAdeo/deLim/Ocultar/DES/desHacer]: **J**
Precise ubicación de cámara, o indique ángulo del plano XY,
o [Conmutar el ángulo en] <*actual*>: **0**
Precise ubicación de cámara, o indique ángulo en plano XY del eje X,
o [Conmutar el ángulo desde] <*actual*>: **180**
Indique una opción
[Cámara/obJetivo/dIstancia/Puntos/eNcuadre/Zoom/lAdeo/deLim/Ocultar/DES/desHacer]: Intro
Regenerando modelo.

Para obtener la imagen de la figura 10.31 (d) (vista frontal), la secuencia de solicitudes es:

Comando: **VISTADIN**
Designe objetos o <utilizar DBLOQVISTA>: Intro
Indique una opción
[Cámara/obJetivo/dIstancia/Puntos/eNcuadre/Zoom/lAdeo/deLim/Ocultar/DES/desHacer]: **J**

Precise ubicación de cámara, o indique ángulo del plano XY,
o [Conmutar el ángulo en] <*actual*>: **0**
Precise ubicación de cámara, o indique ángulo en plano XY del eje X,
o [Conmutar el ángulo desde] <*actual*>: **90**
Indique una opción
[Cámara/obJetivo/dIstancia/Puntos/eNcuadre/Zoom/lAdeo/deLim/Ocultar/DES/desHacer]: Intro
Regenerando modelo.

Opción dIstancia

Tal como ya se ha explicado, la línea obtenida al unir los puntos de cámara y objetivo recibe el nombre de línea de mira. La opción **dIstancia** permite desplazar la cámara a lo largo de la línea de mira para acercarla o alejarla del objetivo. Al elegir la opción **dIstancia**, AutoCAD activa la vista en perspectiva. Como no hemos utilizado hasta ahora la opción **dIstancia**, todas las vistas anteriores utilizaban una proyección paralela. Con la vistas en perspectiva, los objetos más próximos a la cámara parecen de mayor tamaño que los objetos más alejados de su posición. En otras palabras, las líneas paralelas en una vista en perspectiva acaban encontrándose en un punto lejano. Otra diferencia apreciable consiste en que el icono habitual del sistema de coordenadas queda reemplazado por el icono de perspectiva. Este icono permite recordar que la vista en perspectiva está activada. La opción **dIstancia** puede elegirse indicando **I** tras la solicitud Indique una opción [Cámara/obJetivo/dIstancia/Puntos/eNcuadre/Zoom/lAdeo/deLim/Ocultar/DES/desHacer]:. AutoCAD solicitará que precise la nueva distancia entre la cámara y el objetivo.

Precise nueva distancia de motivo de cámara <*actual*>: *Indique la distancia deseada entre la cámara y el objetivo.*

En la parte superior de la pantalla aparecerá una barra deslizante, graduada entre 0x y 16x. La distancia actual aparece indicada con la marca 1x. La barra deslizante puede desplazarse a izquierda o derecha con respecto a la marca 1x. Conforme desplace la barra a la derecha, aumentará la distancia entre la cámara y el objetivo; si el desplazamiento es a la izquierda, la distancia entre cámara y objetivo disminuirá. Por ejemplo, si desplaza la barra hasta la marca 16x, la distancia aumentará 16 veces (la cámara se alejará del objetivo una distancia equivalente a 16 veces la distancia anterior). La línea de estado refleja continuamente dicha distancia. Si aun llevando la barra a la marca 16x no puede observar el objeto completo en la pantalla, indique una distancia mayor con el teclado. Para regresar a una vista en paralelo, elija la opción **DES**. Si desea ampliar el dibujo sin activar la vista en perspectiva, utilice la opción **Zoom**.

Ejemplo 4

Vamos a utilizar la figura 10.32 (a) como punto de partida. En dicha figura, la distancia entre la cámara y el objetivo es de 4 unidades, lo que se corresponde con la marca 1x de la barra deslizante. Puede cambiar la distancia entre la cámara y el objetivo y obtener diferentes vistas.

En el caso de la figura 10.32 (b):

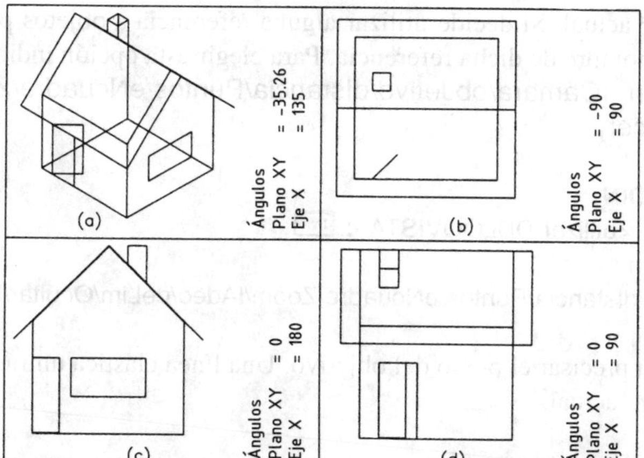

Figura 10.32. *Opción* ***dIstancia*** *del comando* *VISTADIN.*

Comando: **VISTADIN**
Designe objetos o <utilizar DBLOQVISTA>: Intro
Indique una opción
[Cámara/obJetivo/dIstancia/Puntos/eNcuadre/Zoom/lAdeo/deLim/Ocultar/DES/desHacer]: **I**
Precise nueva distancia de motivo de cámara <4.0000>: **2**

Para la figura 10.32 (c):

Comando: **VISTADIN**
Designe objetos o <utilizar DBLOQVISTA>: Intro
Indique una opción
[Cámara/obJetivo/dIstancia/Puntos/eNcuadre/Zoom/lAdeo/deLim/Ocultar/DES/desHacer]: **I**
Precise nueva distancia de motivo de cámara <4.0000>: **16** *(O desplace la barra deslizante hasta la marca 4x)*

Para la figura 10.32 (d):

Comando: **VISTADIN**
Designe objetos o <utilizar DBLOQVISTA>: Intro
Indique una opción
[Cámara/obJetivo/dIstancia/Puntos/eNcuadre/Zoom/lAdeo/deLim/Ocultar/DES/desHacer]: **I**
Precise nueva distancia de motivo de cámara <4.0000>: **36** *(O desplace la barra deslizante hasta la marca 9x)*

Opción Puntos

La opción **Puntos** permite precisar la posición de la cámara y del objetivo (puntos) en coordenadas X, Y, Z. Puede precisar las coordenadas de estos puntos utilizando cualquier método de precisión de coordenadas, incluidas las referencias a objetos y los filtros de puntos. Dichas coordenadas están referidas al SCP actual. Si decide utilizar alguna referencia a objetos para precisar los puntos, deberá indicar el nombre de dicha referencia. Para elegir esta opción indique **P** tras la solicitud Indique una opción [Cámara/obJetivo/dIstancia/Puntos/eNcuadre/Zoom/IAdeo/deLim/Ocultar/DES/desHacer]:.

Comando: **VISTADIN**
Designe objetos o <utilizar DBLOQVISTA>: Intro
Indique una opción
[Cámara/obJetivo/dIstancia/Puntos/eNcuadre/Zoom/IAdeo/deLim/Ocultar/DES/desHacer]: **P**

A continuación deberá precisar el punto del objetivo. Una línea elástica unirá el cursor en cruz con la posición del objetivo actual.

Precise punto del motivo <*actual*>: *Precise la ubicación del objetivo o pulse INTRO.*

Una vez precisada la nueva posición del objetivo, la siguiente solicitud requerirá el punto de la cámara. Una línea elástica unirá el punto del objetivo con el cursor en cruz. Ésta es la nueva línea de mira.

Precise punto de cámara <*actual*>: *Precise la ubicación de la cámara o pulse INTRO.*

La precisión de dos nuevos puntos para la cámara y el objetivo debe llevarse a cabo en proyección paralela. Si elige la opción **Puntos** mientras la vista en perspectiva está activada, AutoCAD regresará temporalmente a la vista paralela para precisar los dos puntos. Después el objeto volverá a mostrarse en perspectiva. Si la dirección de vista varía debido a las nuevas posiciones de la cámara y el objetivo, AutoCAD regenerará la imagen preliminar para mostrar el cambio.

Ejemplo 5

En la figura 10.33, el objetivo está situado en la esquina inferior de la casa y la cámara en la esquina de la chimenea.

En la figura 10.34, la cámara se sitúa en la esquina inferior de la casa y el objetivo en la esquina de la chimenea. Ambos puntos aparecen indicados por cruces en el dibujo.

Opción eNcuadre

La opción **eNcuadre** del comando **VISTADIN** se asemeja al comando **ENCUADRE**. Esta opción permite cambiar el dibujo completo con respecto al área de visualización gráfica. Al igual que con el comando **ENCUADRE**, debe precisar la distancia y dirección del encuadre mediante dos puntos. Si la vista en perspectiva está activada, deberá utilizar un dispositivo señalador para precisar ambos puntos. La secuencia de solicitudes para esta opción es:

Comando: **VISTADIN**

Designe objetos o <utilizar DBLOQVISTA>: Intro
Indique una opción
[Cámara/obJetivo/dIstancia/Puntos/eNcuadre/Zoom/IAdeo/deLim/Ocultar/DES/desHacer]: **N**
Precise punto base de desplazamiento: *Precise el primer punto.*
Precise segundo punto: *Precise el segundo punto.*

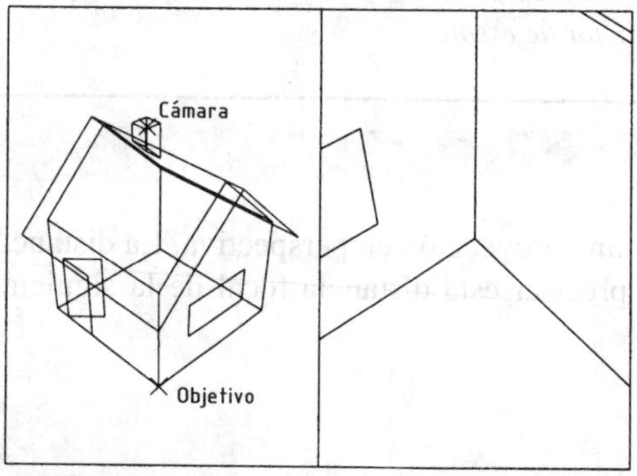

*Figura 10.33. Opción **Puntos** del comando VISTADIN.*

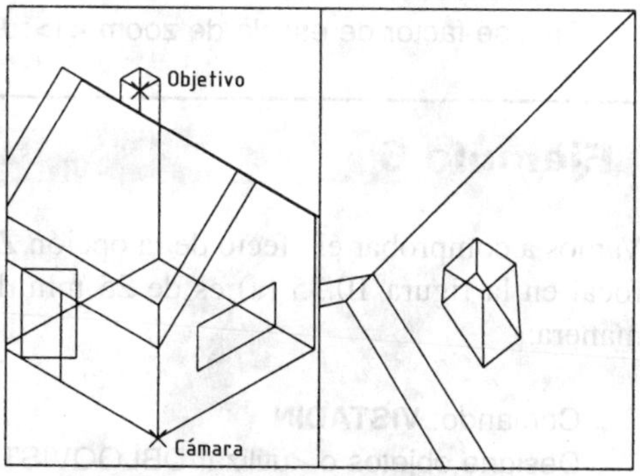

*Figura 10.34. Opción **Puntos** del comando VISTADIN.*

Opción Zoom

La opción **Zoom** del comando **VISTADIN** se asemeja al comando **ZOOM**. Con la ayuda de esta opción podrá ampliar o reducir el dibujo. Para elegir esta opción debe indicar **Z** tras la siguiente solicitud:

Indique una opción
[Cámara/obJetivo/dIstancia/Puntos/eNcuadre/Zoom/IAdeo/deLim/Ocultar/DES/desHacer]: **Z**
Precise distancia focal <actual>: *Precise la nueva distancia focal.*

Al igual que con la opción **dIstancia**, la opción **Zoom** muestra una barra deslizante, graduada entre 0x y 16x, en la parte superior de la pantalla. La posición predeterminada de la barra es 1x. Puede utilizar dos métodos para precisar el zoom. El primero se utiliza cuando la vista en perspectiva está activada. En este caso, el zoom se define como distancia focal. Por defecto, la distancia focal inicial es de 50 mm y se corresponde con la marca 1x. Conforme desplace la barra a la derecha, la longitud focal aumenta; un desplazamiento a la derecha la reduce. Por ejemplo, si desplaza la barra hasta la marca 16x, la distancia focal aumentará 16 veces. Puede simular el efecto de teleobjetivo aumentando la distancia focal; si reduce la distancia focal podrá simular el efecto de gran angular. La barra de estado muestra dinámicamente el valor de la distancia focal. Si la perspectiva no está activada, el zoom se define como factor de escala. En este caso, la opción **Zoom** se asemeja a la opción **Centro** del comando **ZOOM**. El punto central se sitúa en el centro de la ventana gráfica actual. La marca 1x (posición predeterminada) corresponde a una factor de escala igual a 1. Al desplazar el cursor a la derecha, el factor de escala del zoom aumenta; un desplazamiento a la izquierda reduce este factor de escala. Por ejemplo, si lleva el cursor hasta la marca 16x, el nuevo factor de escala será 16. La barra de estado muestra el factor de escala de forma dinámica.

Comando: **VISTADIN**
Designe objetos o <utilizar DBLOQVISTA>: Intro
Indique una opción
[Cámara/obJetivo/dIstancia/Puntos/eNcuadre/Zoom/lAdeo/deLim/Ocultar/DES/desHacer]: **Z**
Precise factor de escala de zoom <1>: *Precise el factor de escala.*

Ejemplo 6

Vamos a comprobar el efecto de la opción **Zoom** con una proyección en perspectiva. La distancia focal en la figura 10.35 (a) es de 25 mm. Podemos precisar esta distancia focal de la siguiente manera:

Comando: **VISTADIN**
Designe objetos o <utilizar DBLOQVISTA>: Intro
Indique una opción
[Cámara/obJetivo/dIstancia/Puntos/eNcuadre/Zoom/lAdeo/deLim/Ocultar/DES/desHacer]: **Z**
Precise distancia focal <actual>: **25**

De igual forma, para obtener las imágenes 10.35 (b), (c) y (d) podemos configurar, respectivamente, distancias focales de 50 mm, 75 mm y 125 mm.

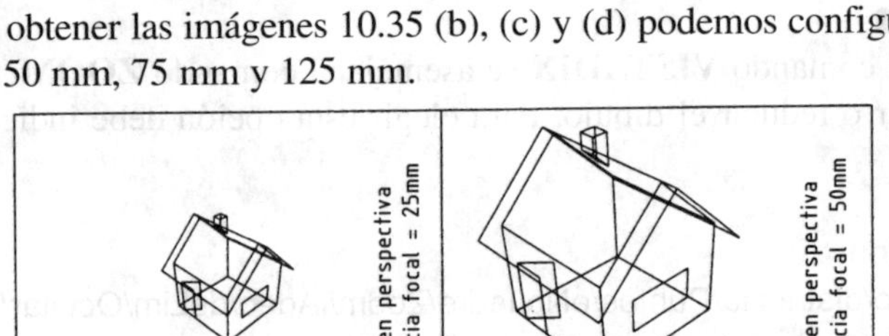

Figura 10.35. *Opción* ***Zoom*** *del comando* *VISTADIN.*

Opción lAdeo

La opción **lAdeo** permite girar (ladear) la vista utilizando como eje la línea de mira. Podría decirse también que el objeto mostrado en pantalla gira según el centro de la pantalla, pues la visualización está siempre ajustada de tal forma que el objetivo ocupa el centro de la pantalla. Si utiliza un dispositivo señalador para precisar el ángulo, la barra de estado reflejará el valor del ángulo conforme desplace dicho dispositivo. AutoCAD une con una línea elástica el centro (punto del objetivo) con el cursor en cruz. Además, conforme desplace el cursor en cruz con un dispositivo señalador, el objeto mostrado en pantalla girará en torno a la línea de mira. También puede indicar el ángulo de ladeo con el teclado. Dicho ángulo se mide en el sentido contrario de las agujas del reloj empezando por el lado derecho.

Comando: **VISTADIN**
Designe objetos o <utilizar DBLOQVISTA>: Intro
Indique una opción
[Cámara/obJetivo/dIstancia/Puntos/eNcuadre/Zoom/IAdeo/deLim/Ocultar/DES/desHacer]: **A**
Precise ángulo de giro de vista <*actual*>: *Precise el ángulo de giro (ladeo).*

Ejemplo 7

En la figura 10.36 se han precisado diferentes ángulos de ladeo. En (a), el ángulo de giro es 0, en (b) es de 338 grados, en (c) es de 37 grados y en (d) es de 360 grados.

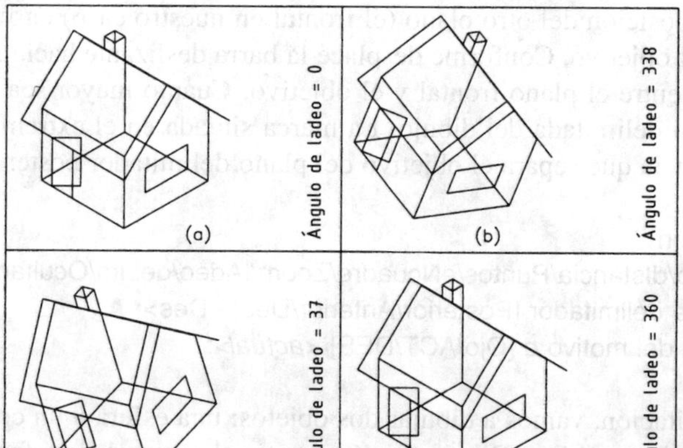

Figura 10.36. Opción *lAdeo* del comando *VISTADIN*.

Opción deLim

La opción **deLim** permite delimitar determinadas secciones de un dibujo (figura 10.37). A tal fin, AutoCAD utiliza dos planos delimitadores invisibles. Ambos planos pueden situarse en cualquier parte de la pantalla y siempre son perpendiculares a la línea de mira (la línea que une la cámara con el objetivo). Una vez ubicados los planos delimitadores, AutoCAD cancela todas las líneas situadas por delante del plano delimitador frontal y por detrás del plano delimitador posterior. La opción **deLim** puede utilizarse tanto con las proyecciones en perspectiva como paralelas. Al activar la vista en perspectiva, AutoCAD también activa automáticamente el plano delimitador frontal.

Nota

Si precisa una distancia positiva, el plano delimitador se situará entre el objetivo y la cámara. Si la distancia precisada es negativa, el plano delimitador se situará más allá del objetivo.

La secuencia de solicitudes para la opción **deLim** es:

Indique una opción
[Cámara/obJetivo/dIstancia/Puntos/eNcuadre/Zoom/IAdeo/deLim/Ocultar/DES/desHacer]: **L**
Indique opción de delimitador [Posterior/Anterior/Des] <Des>: **P**
Precise distancia de motivo o [ACT/DES] <*actual*>:

Una vez indicado cuál es el plano delimitador que deseamos configurar (en nuestro caso es el plano posterior), aparecerá una barra deslizante en la parte superior de la pantalla. Conforme desplace la barra hacia la derecha, aumentará la distancia negativa entre el objetivo y el plano delimitador posterior. Un desplazamiento a la izquierda hace aumentar la distancia positiva entre el objetivo y el plano; en consecuencia, una porción mayor del dibujo queda delimitada. La marca situada más a la derecha de la barra deslizante corresponde a una distancia igual a la que separa el objetivo del punto más alejado del objeto a delimitar. Una vez precisada la distancia entre uno de los planos delimitadores (el plano posterior en la secuencia de solicitudes anterior), deberá elegir de nuevo la opción **deLim** y precisar la posición del otro plano (el frontal en nuestro caso) en función de la distancia entre dicho plano y el objetivo. Conforme desplace la barra deslizante hacia la derecha, aumentará la distancia negativa entre el plano frontal y el objetivo. Cuanto mayor sea la distancia negativa, mayor será la porción delimitada del dibujo. La marca situada en el extremo derecho de la barra coincide con la distancia que separa el objetivo del plano delimitador posterior.

Indique una opción
[Cámara/obJetivo/dIstancia/Puntos/eNcuadre/Zoom/IAdeo/deLim/Ocultar/DES/desHacer]: **L**
Indique opción de delimitador [Posterior/Anterior/Des] <Des>: **A**
Precise distancia del motivo o [Ojo/ACT/DES] <*actual*>:

Para ilustrar la delimitación, vamos a dibujar dos objetos: una esfera y un cono. Dejemos una distancia de 10 unidades entre ambos. Dibuje una línea entre el centro de la esfera y el centro del cono, tal como muestra la figura 10.37 (a). Utilice la opción **Puntos** para situar el objetivo en el centro de la esfera y la cámara en el punto medio de la línea que une ambos centros. De esta forma, la línea entre los dos centros quedará definida como línea de mira.

Una vez definido el objetivo y la cámara, podrá ver que en dicha vista la esfera y el cono se solapan, pues ambos están alineados según la línea de mira. Quizá se pregunte cómo es posible que pueda ver el cono si éste se sitúa por detrás de la cámara (que es análoga al ojo). Esto es debido a que en proyección paralela, la cámara no se comporta como un ojo, aun cuando existe una línea de mira. Por lo tanto, podrá ver cualquier objeto situado en el campo de visión (determinado por la opción **Zoom**) según la línea de mira. A continuación, al utilizar la opción **deLim** con la subopción **Anterior** para definir la posición del plano delimitador frontal, dicho plano se situará, por defecto, en el punto de la cámara. En tal caso, no podrá ver ningún objeto situado detrás de la cámara (en

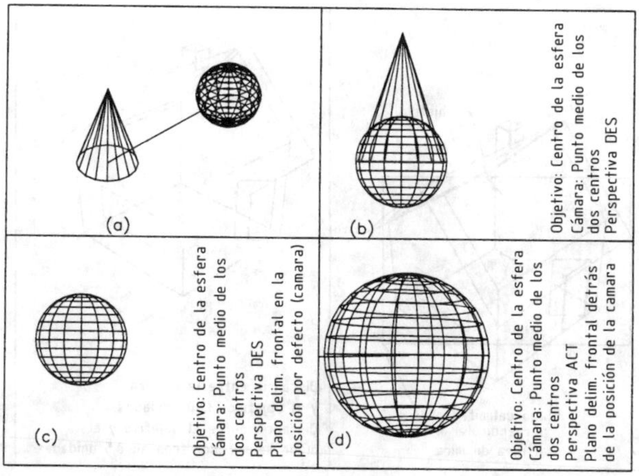

Figura 10.37. *Utilización de la opción* ***deLim*** *para delimitar la vista.*

nuestro caso el cono), pues AutoCAD delimita todos los objetos situados por delante del plano delimitador frontal. Además, el plano frontal se halla por detrás de la cámara y la vista en perspectiva está activada, AutoCAD utilizará la posición de la cámara como plano delimitador frontal.

Si cambia la posición del plano delimitador frontal y en algún momento desea recuperar la posición predeterminada de este plano, puede utilizar la opción **Ojo**. En perspectiva, sin necesidad de elegir la opción **deLim**, el plano delimitador frontal se desplaza a la posición de la cámara; de esta forma sólo podrá ver aquellos objetos situados frente a la cámara.

Ejemplo 8

En la figura 10.38, el plano delimitador frontal se ha establecido a una distancia de 0.5 unidades. La distancia entre la cámara y el objetivo es de 3.5 unidades. Una vez elegida la opción **deLim**, la secuencia de solicitudes es:

Indique opción de delimitador [Posterior/Anterior/Des] <Des>: **A**
Precise distancia del motivo o [Ojo/ACT/DES] <3.5000>: **0.5**

En la figura 10.39, el plano delimitador posterior se ha establecido a una distancia de 0.5 unidades. La distancia entre la cámara y el objetivo es de 3.5 unidades. Una vez elegida la opción deLim, la secuencia de solicitudes es:

Indique opción de delimitador [Posterior/Anterior/Des] <Des>: P
Precise distancia de motivo o [ACT/DES] <1.0000>: **0.5**

Quizá se haya dado cuenta de que si combina la forma delimitada de la figura 22.38 con la mostrada en la figura 10.39, obtendrá la forma original de la casa. La razón es que en la primera figu-

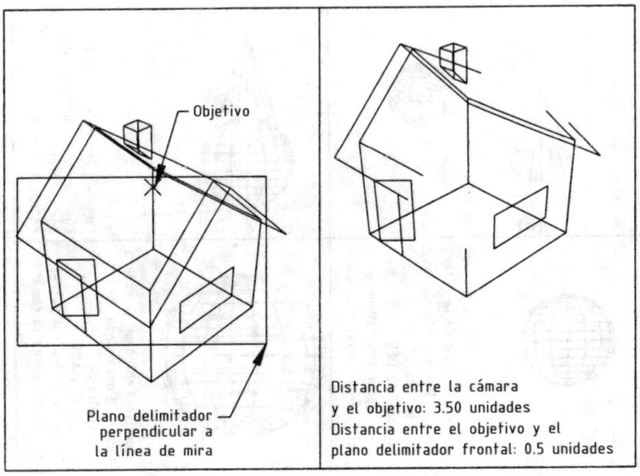

Figura 10.38. *Delimitación frontal con el comando* ***VISTADIN.***

ra, AutoCAD ha delimitado todo el contenido entre la cámara y el plano delimitador frontal, mientras que en la segunda ha delimitado el contenido más allá del plano posterior. Como la distancia entre los planos delimitadores y el objetivo, así como entre la cámara y el objetivo son idénticas en ambas figuras, su combinación da lugar a la imagen original.

Opción Ocultar

En la mayoría de los dibujos 3D, algunas de sus líneas se hallan por detrás de otras líneas de objetos. En ocasiones quizá no desee mostrar en la pantalla dichas líneas ocultas, en cuyo caso podrá utilizar la opción **Ocultar** (figura 10.40). Esta opción es similar al comando **OCULTA**. Para elegir esta opción, indique **O** tras la solicitud Indique una opción [Cámara/obJetivo/dIstancia/Puntos/eNcuadre/Zoom/lAdeo/deLim/Ocultar/DES/desHacer]:.

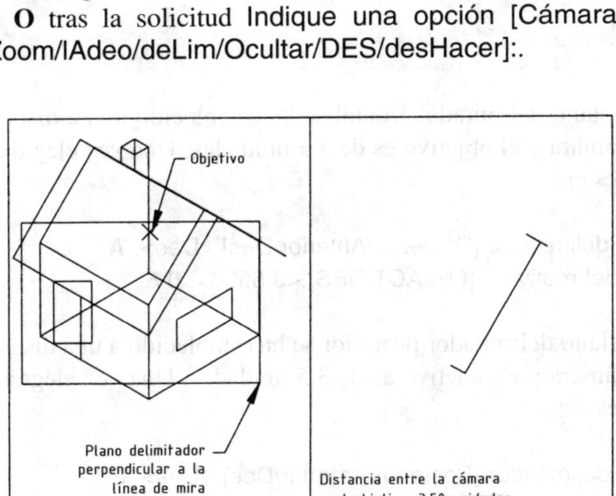

Figura 10.39. *Delimitación posterior con el comando* ***VISTADIN.***

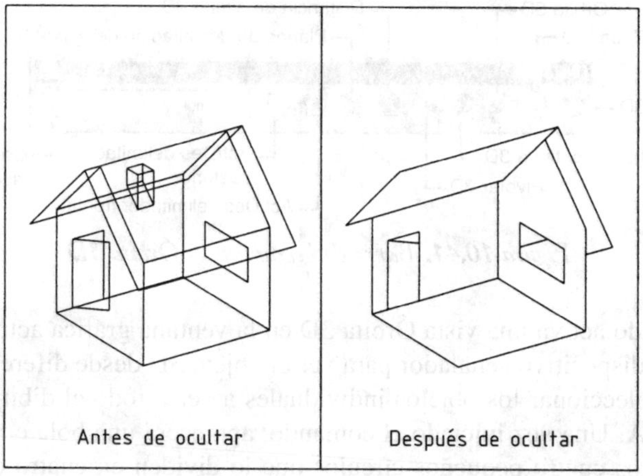

*Figura 10.40. Opción **Ocultar** del comando VISTADIN.*

Opción DES

La opción **DES** desactiva la proyección en perspectiva. Para elegir esta opción, debe indicar **DES** tras la siguiente solicitud:

Indique una opción
[Cámara/obJetivo/dIstancia/Puntos/eNcuadre/Zoom/IAdeo/deLim/Ocultar/DES/desHacer]: **DES**

Una vez desactivada la vista en perspectiva, podrá observar que el icono de perspectiva queda reemplazado por el habitual icono SCP.

Opción desHacer

La opción **desHacer** es similar al comando **DESHACER**. La opción **desHacer** anula el resultado de la anterior operación efectuada por **VISTADIN**. Al igual que en el caso del comando **DESHACER**, puede utilizar esta opción tantas veces como desee para deshacer una serie de operaciones consecutivas. Para elegir esta opción, indique **H** tras la siguiente solicitud:

Indique una opción
[Cámara/obJetivo/dIstancia/Puntos/eNcuadre/Zoom/IAdeo/deLim/Ocultar/DES/desHacer]: **H**

COMANDO 3DORBITA*

Barra de herramientas:	Estándar > Órbita 3D
	Órbita 3D > Órbita 3D
Menú:	Ver > Órbita 3D
Comando:	3DORBITA

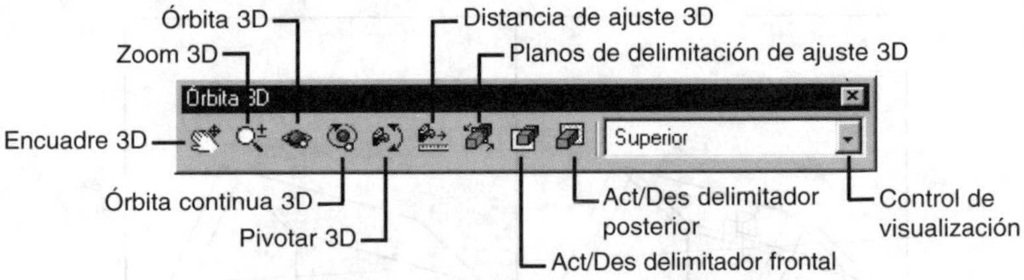

***Figura 10.41.** Barra de herramientas **Órbita 3D**.*

Este comando activa una vista Órbita 3D en la ventana gráfica actual. Puede hacer clic y arrastrar el dispositivo señalador para ver el objeto 3D desde diferentes puntos en torno a él. Puede seleccionar los objetos individuales a ver o todo el dibujo antes de ejecutar el comando **3DORBITA**. Una vez iniciado el comando, aparecerá una bola en arco. La bola en arco es un círculo con otros cuatro pequeños círculos que lo dividen en cuatro cuadrantes. AutoCAD sustituye el icono SCP por el icono SCP 3D, en color (figura 10.42). En la vista Órbita 3D, el objetivo se considera fijo y la cámara puede girar a su alrededor. El objetivo es el centro de la bola en arco. Los objetos no pueden editarse mientras el comando **3DORBITA** se está utilizando.

El icono del cursor cambia según su posición dentro de la vista en Órbita 3D. Los diferentes iconos describen cada una de las direcciones en las que se podrá rotar el objeto. Los iconos disponibles son los siguientes:

Modo órbita. Al desplazar el cursor en el interior de la bola en arco, éste toma la forma de una esfera rodeada por dos líneas. Este icono es el cursor **Modo órbita**; si hace clic y arrastra el dispositivo señalador podrá rotar la vista libremente, como si prendiera la esfera circunscrita al objeto y la hiciera girar según su centro (el objetivo). Podrá realizar desplazamientos horizontales, verticales y diagonales.

Modo giro. Si desplaza el cursor fuera de la bola en arco, toma la forma de una esfera rodeada por una flecha circular. Si hace clic y arrastra en esta situación, la vista girará en torno al eje que pasa por el centro de la bola en arco y es perpendicular a la pantalla.

Órbita izquierda-derecha. Si desplaza el cursor hasta los pequeños círculos situados a izquierda y derecha de la bola en arco, éste tomará la forma de una esfera rodeada por una elipse horizontal. Si hace clic y arrastra, la vista rotará en torno al eje Y de la pantalla que atraviesa la bola en arco.

Órbita arriba-abajo. Al desplazar el cursor hasta los pequeños círculos situados en la parte superior e inferior de la bola en arco, éste toma la forma de una esfera rodeada por una elipse vertical. Si hace clic y arrastra el cursor, la vista rotará en torno al eje horizontal (eje X de la pantalla) que atraviesa el centro de la bola en arco.

Cuando el comando **3DORBITA** está en curso, puede hacer clic con el botón derecho en el área de dibujo para que aparezca un menú contextual. Este menú ofrece todas las opciones disponibles del comando **3DORBITA**. Para terminar el comando **3DORBITA**, elija **Salir** en el menú contextual o pulse las teclas ESC o INTRO. También puede sombrear objetos durante la operación con **3DORBITA**; elija **Modos de sombreado** en el menú contextual y seleccione alguna de las opciones disponibles.

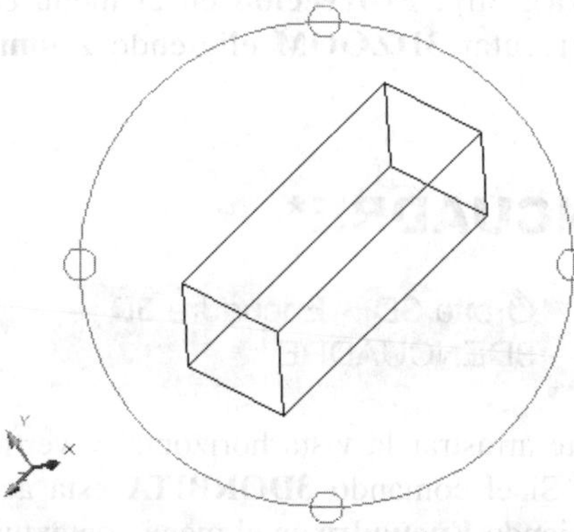

Figura 10.42. *Vista Órbita 3D con la bola en arco los pequeños círculos y el icono SCP 3D.*

COMANDO CAMARA*

Barra de herramientas:	Vista > Cámara
Comando:	CAMARA

Antes de iniciar el comando **3DORBITA** para la visualización 3D del objeto, puede configurar la ubicación de la cámara y del objetivo con el comando **CAMARA**. Las solicitudes de comando son:

Comando: **CAMARA**

Precise nueva posición de cámara <*actual*>: ***Indique el valor de las coordenadas o designe un punto en pantalla.***

Precise nuevo objetivo de cámara < *actual* >: ***Indique el valor de las coordenadas o designe un punto en pantalla.***

COMANDO 3DZOOM*

Barra de herramientas:	Órbita 3D > Zoom 3D
Comando:	3DZOOM

La utilización de este comando es similar a utilizar las lentes de zoom de una cámara. Este comando hace que el objeto parezca estar más próximo o más alejado sin que por ello varíe la posición de la cámara. Este comando también inicia la vista 3D interactiva. Si hace clic con el botón derecho aparecerá un menú contextual que incluye todas las opciones de **Órbita 3D**. El icono SCP 3D sustituye al icono SCP. Si está activada la proyección en perspectiva, la utilización de **3DZOOM** exagera la perspectiva, lo que en ocasiones provoca una ligera distorsión de los objetos. Para acceder a las opciones de proyección (**Paralela** o **Perspectiva**), elija **Proyección** en el menú contextual. Con el comando **3DORBITA** activo, puede ejecutar **3DZOOM** eligiendo **Zoom** en el menú contextual del área de dibujo.

COMANDO 3DENCUADRE*

Barra de herramientas:	Órbita 3D > Encuadre 3D
Comando:	3DENCUADRE

Este comando permite arrastrar la vista horizontal y verticalmente, así como iniciar la vista 3D interactiva. Si el comando **3DORBITA** está activo, también puede ejecutar **3DENCUADRE** eligiendo **Encuadre** en el menú contextual del área de dibujo (clic con el botón derecho).

COMANDO 3DDIST*

Barra de herramientas:	Órbita 3D > Distancia de ajuste 3D
Comando:	3DDIST

Este comando es similar a acercar o alejar la cámara del objetivo; es decir, hace que el objeto observado aparezca más próximo o más lejano. Este comando también inicia la vista 3D interactiva. El comando **3DDIST**, a diferencia del comando **3DZOOM,** no exagera la perspectiva de una vista. Con el comando **3DORBITA** activo, puede ejecutar **3DDIST** eligiendo **Más > Ajustar distancia** en el menú contextual del área de dibujo (clic con el botón derecho). El icono del cursor toma la forma de una línea con una flecha que apunta hacia arriba y otra hacia abajo. Si hace clic y arrastra hacia arriba o hacia abajo conseguirá, respectivamente, acercarse o alejarse del objeto; es decir, modificará la distancia entre la cámara y el objetivo.

COMANDO 3DPIVOTAR*

Barra de herramientas:	Órbita 3D > Pivotar 3D
Comando:	3DPIVOTAR

Este comando trabaja de forma similar a girar la cámara en un trípode sin cambiar la distancia entre la cámara y el objetivo. Con el comando **3DORBITA** activo, puede ejecutar **3DPIVOTAR** eligiendo **Más > Pivotar cámara** en el menú contextual del área de dibujo (clic con el botón derecho). Al utilizar este comando, el icono del cursor tomará la forma de una flecha arqueada. Este comando también inicia la vista 3D interactiva.

AYUDAS VISUALES EN EL COMANDO 3DORBITA*

Puede optar por mostrar cualquiera de las siguientes ayudas visuales: **Brújula**, **Rejilla** o **Icono SCP** en la vista Órbita 3D; para ello puede elegir **Ayudas visuales > Brújula**, **Rejilla** o **Icono SCP** en el menú contextual que aparece al hacer clic con el botón derecho sobre el área de dibujo mientras el comando **3DORBITA** está activo. Una marca de verificación aparece junto a las opciones actualmente seleccionadas.

Si elige **Brújula**, AutoCAD dibujará tres líneas sobre la superficie de la bola en arco para representar los ejes X, Y y Z. Si elige **Rejilla**, aparecerá una rejilla en el plano XY actual. Puede precisar la altura con la variable de sistema **ELEVATION**. La variable de sistema **GRID** controla las opciones de visualización de la rejilla antes de utilizar el comando **3DORBITA**. Si elige **Icono SCP**, AutoCAD mostrará el icono SCP. Si desactiva esta opción (seleccionando **Icono SCP** cuando ya incluye la marca de verificación), AutoCAD ocultará el icono SCP. Mientras utilice cualquiera de las opciones de Órbita 3D, la vista 3D interactiva estará activada. AutoCAD reemplazará el icono SCP por el icono SCP 3D, que utiliza tres colores: el eje X es rojo, el eje Y es verde y el eje Z es azul.

COMANDO 3DORBITAC*

Barra de herramientas:	Órbita 3D > Órbita continua 3D
Comando:	3DORBITAC

El comando **3DORBITAC** inicia la vista 3D interactiva y permite configurar el movimiento continuo de los objetos seleccionados en una vista 3D según una órbita de forma libre. Con el comando **3DORBITA** activo, puede ejecutar **3DORBITAC** eligiendo **Más > Órbita continua** en el menú contextual del área de dibujo (clic con el botón derecho). Mientras utilice **3DORBITAC**, el icono del cursor cambiará al cursor de **órbita continua**, el cual es una esfera rodeada por dos líneas continuas. Si hace clic en el área de dibujo y arrastra con el dispositivo señalador en una determinada dirección, el objeto u objetos comenzarán a desplazarse según la dirección precisada. Cuando suelte el botón del dispositivo señalador, el objeto continuará desplazándose en su órbita según la dirección indicada. La velocidad con que se efectuó el arrastre determina la velocidad con la que girará el objeto. Puede hacer clic y arrastrar de nuevo para precisar una nueva dirección de rotación en la órbita continua.

En cualquier momento mientras utilice este comando puede hacer clic con el botón derecho para abrir un menú contextual. Elija **Ayudas visuales** para activar o desactivar las ayudas según desee. También podrá elegir **Modos de sombreado**, **Vistas predefinidas** o **Restablecer vista** sin salir por ello del comando. Si elige **Encuadre**, **Zoom**, **Órbita** o **Ajustar planos delimitadores**, la órbita continua concluirá.

COMANDO 3DDELIM*

Barra de herramientas:	Órbita 3D > Planos de delimitación de ajuste 3D
Comando:	3DDELIM

Para ejecutar este comando, también puede elegir **Más > Ajustar planos delimitadores** en el menú contextual del área de dibujo (clic con el botón derecho) mientras está activo alguno de los comandos de vista 3D. Este comando también inicia la vista 3D interactiva y abre la ventana **Ajustar planos delimitadores** (figura 10.43), con el que podrá determinar la ubicación de los planos delimitadores frontal y posterior, así como activarlos o desactivarlos. También puede crear un corte del objeto seleccionado en la vista 3D.

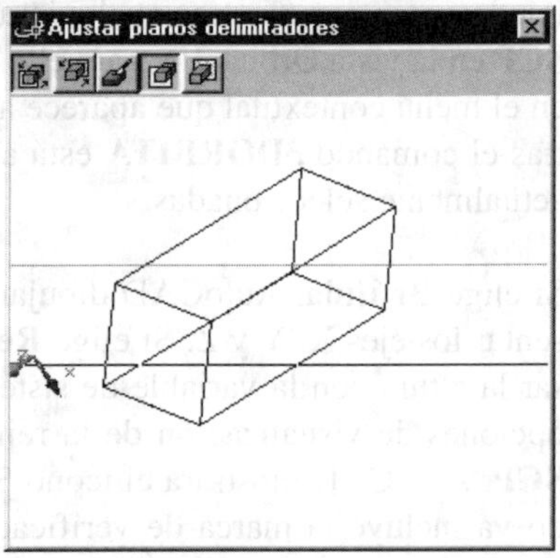

*Figura 10.43. Ventana **Ajustar planos delimitadores**.*

En esta ventana, el objeto aparece girado a 90 grados, desde la parte superior según la vista actual. Esto facilita la representación de los planos delimitadores. Cualquier modificación en la posición de los planos delimitadores desde esta ventana queda reflejada como resultado en la vista actual. La barra de herramientas de la ventana **Ajustar planos delimitadores** incluye todas las opciones del comando **3DDELIM**. También puede hacer clic con el botón derecho dentro de la ventana y elegir cualquiera de estas opciones con el menú contextual que aparece.

Ajustar delimitadores frontales. Ésta es la opción predeterminada y permite definir la posición del plano delimitador frontal. Al desplazar la línea próxima al borde inferior de la ventana **Ajustar planos delimitadores**, podrá ver el resultado en la vista actual de Órbita 3D. Al utilizar esta opción, asegúrese de que la opción **Delimitador frontal activado** está seleccionada (ha de aparecer junto a ella una marca de verificación en el menú contextual o ha de estar pulsado el botón correspondiente de la barra de herramientas **Ajustar planos delimitadores**).

Ajustar delimitadores posteriores. Esta opción permite ubicar el plano delimitador posterior. Si desplaza arriba o abajo la línea situada en las proximidades del borde superior de la ventana **Ajustar planos delimitadores**, en la vista 3D actual quedará reflejado el resultado. Al utilizar esta opción, asegúrese de que la opción **Delimitador posterior activado** está seleccionada.

Crear corte. Si elige esta opción conseguirá desplazar al mismo tiempo los planos delimitadores frontal y posterior. La vista 3D actual reflejará el corte creado entre ambos planos. En primer lugar puede configurar por separado los planos delimitadores frontal y posterior eligiendo sus respectivas opciones. Después puede hacer clic en el botón **Crear corte** de la barra de herramientas para activar ambos planos al mismo tiempo y mostrar el resultado en la vista actual.

Delimitador frontal activado. Permite activar o desactivar el plano delimitador frontal. Una marca de verificación junto a esta opción en el menú contextual de la ventana **Ajustar planos delimitadores** indica que dicho plano está activado. También puede hacer clic en el botón **Act/Des delimitador frontal** de la barra de herramientas **Órbita 3D** o de la ventana **Ajustar planos delimitadores**.

Delimitador posterior activado. Permite activar o desactivar el plano delimitador posterior. Una marca de verificación junto a esta opción en el menú contextual de la ventana **Ajustar planos delimitadores** indica que dicho plano está activado. También puede hacer clic en el botón **Act/Des delimitador posterior** de la barra de herramientas **Órbita 3D** o de la ventana **Ajustar planos delimitadores**.

Haga clic en el botón **Cerrar (X)** para cerrar la ventana **Ajustar planos delimitadores**. Si utiliza el comando **3DORBITA** para girar la vista de un objeto, el objeto se verá delimitado en diferentes porciones según atraviese los planos delimitadores que estén activados.

Vistas predefinidas*

Mientras utilice cualquiera de los comandos de Órbita 3D para obtener la vista 3D interactiva, puede hacer clic con el botón derecho sobre el área de dibujo para acceder a un menú contextual que incluye todas las opciones disponibles. Si elige **Vistas predefinidas**, podrá optar por alguna de las seis vistas ortogonales o cualquiera de las cuatro vistas isométricas predefinidas. También puede utilizar el cuadro de lista desplegable **Control de visualización** de la barra de herramientas **Órbita 3D**. Si elige **Restablecer vista** en el menú contextual, conseguirá recuperar la vista mostrada en el momento de iniciarse el comando **3DORBITA**.

Test de autoevaluación

Conteste a las siguientes preguntas y compare sus respuestas con las respuestas correctas mostradas al final del capítulo.

1. ¿Cuáles son los dos tipos de ventanas gráficas en AutoCAD? ______________________.
2. AutoCAD puede crear ventanas en mosaico con el comando __________ cuando la variable de sistema __________ está definida en 1 (espacio modelo).
3. La opción __________ permite seleccionar las ventanas flotantes en las que se eliminarán las líneas ocultas en el momento de la impresión.
4. Si desactiva la opción **Ocultar al trazar**, las líneas ocultas no se imprimirán. (V/F)
5. Para cambiar de espacio papel a espacio modelo, al menos dos ventanas deben estar activas. (V/F)

6. El comando **VGCAPA** puede utilizarse tanto en espacio modelo como en espacio papel. (V/F)

7. Para poder utilizar el comando **VGCAPA**, la única condición es que **TILEMODE** debe estar definida en 1 (activada). (V/F)

8. La opción **reUtilizar** del comando **VGCAPA** se emplea para reutilizar una o más capas en tan sólo una ventana gráfica. (V/F).

9. El comando __________ no afecta a las inutilizadas o desactivadas globalmente.

10. La posición desde la que se desea ver el objeto (el ojo del observador) es la __________ y el punto observado es el __________.

11. La línea que une los puntos de la cámara y del objetivo recibe el nombre de __________ o ______________.

12. La opción __________ permite girar la cámara según el punto del objetivo.

13. El __________ está fijo mientras desplaza la cámara y la __________ permanece fija mientras desplaza el objetivo.

14. Si la perspectiva está desactivada, el zoom se define como __________.

15. La marca 1x (posición predeterminada) corresponde a un factor de escala de __________.

16. Al desplazar la barra deslizante hasta la marca 16x, el factor de escala aumenta __________.

17. La opción __________ del comando **VISTADIN** permite girar (ladear) la vista en torno a la línea de mira.

18. La opción __________ puede utilizarse para cambiar de la vista en perspectiva a la vista paralela.

19. Con la opción __________ del comando **VISTADIN** puede precisar la posición de la cámara y el objetivo (puntos) según sus coordenadas X, Y, Z.

20. La opción __________ permite cambiar el dibujo completo con respecto al área de visualización gráfica.

21. Los objetos pueden editarse mientras el comando **3DORBITA** está en curso. (V/F)

22. El comando __________ permite configurar un movimiento continuo de los objetos según una órbita de forma libre.

Preguntas de revisión

Ventanas gráficas

1. El comando __________ puede utilizarse para crear ventanas gráficas y dividir la pantalla en una serie de partes (ventanas).

2. Una organización de ventanas creada con el comando **VENTANAS** tiene como único objeto la visualización y no puede imprimirse. (V/F)

UCSFOLLOW

3. Cuando la variable de sistema __________ está definida en 1, AutoCAD genera automáticamente una vista en planta al cambiar el SCP en una ventana.

VMULT, -VENTANAS

4. El comando **VMULT** permite crear __________ en espacio papel.

5. Antes de utilizar el comando **-VENTANAS**, debe definir la variable de sistema __________ en 0.

6. Si ejecuta el comando **VMULT** en el espacio modelo flotante, (**TILEMODE** definida en 0), AutoCAD cambiará de __________ a __________ hasta que termine el comando **VMULT**.

7. Es posible modificar el tamaño de las ventanas flotantes y ajustarlas en la pantalla. (V/F)

8. Nombre cinco opciones del comando **VGCAPA**: __________, __________, __________, __________, __________.

9. ¿Por qué motivo es recomendable desactivar las ventanas que no necesite utilizar? __________ __________.

10. La variable de sistema __________ controla el número de ventanas que mostrarán los objetos.

11. No es posible trabajar en el espacio modelo flotante si todas las ventanas están desactivadas. (V/F)

12. ¿Qué sucede si activa la opción **Ocultar al trazar**? __________.

Cambio entre espacio modelo y espacio papel

13. El comando __________ permite cambiar de espacio papel a espacio modelo.

14. Antes de utilizar el comando **ESPACIOM**, la variable de sistema __________ debe estar definida en 0 (desactivada).

15. El comando __________ permite cambiar de espacio modelo a espacio papel.

Visibilidad de las capas

16. Puede controlar la visibilidad de las capas dentro de la ventana con el comando __________.
17. El comando __________ permite controlar la visibilidad de capas en determinadas ventanas.
18. Con la opción __________ puede configurar al valor predeterminado la visibilidad de una o más capas en las ventanas precisadas.
19. La visibilidad predeterminada para las nuevas capas puede definirse con la opción __________ del comando **VGCAPA**.
20. La opción __________ permite crear nuevas capas inutilizadas en todas las ventanas.
21. Con la opción __________, puede configurar la visibilidad predeterminada para las nuevas capas.

VISTADIN

22. El comando __________ puede generar en pantalla diferentes vistas de los objetos 3D.
23. El comando **VISTADIN** ofrece optar entre una vista paralela o __________.
24. Con la vista __________, las líneas paralelas de los objetos 3D se mantienen paralelas.
25. Con la vista __________, las líneas paralelas se encuentran en un punto lejano.
26. El ángulo a partir del plano XY de la cámara, respecto al SCP actual, permite controlar el desplazamiento __________ de la cámara.
27. Puede utilizar la opción __________ del comando **VISTADIN** para girar el punto del objetivo a izquierda, a derecha, por encima o por debajo con respecto a la cámara.
28. La opción __________ del comando **VISTADIN** permite acercar o alejar la cámara del objetivo a lo largo de la línea de mira.
29. Al elegir la opción **dIstancia**, AutoCAD activa la vista __________.
30. En perspectiva, los objetos más cercanos a la cámara parecen de __________ tamaño en comparación con los objetos más alejados de la posición de la cámara.
31. Al desplazar la barra deslizante hasta la marca 16x, la distancia entre la cámara y el objetivo aumenta __________.

32. Si la vista en perspectiva está activada, el zoom se define como __________.

33. La marca 1x (posición predeterminada) corresponde por defecto a una distancia focal de _____.

34. Con la opción **lAdeo** del comando **VISTADIN**, el ángulo de ladeo se mide la dirección __________ comenzando por el lado derecho.

35. La opción __________ del comando **VISTADIN** permite delimitar secciones de un dibujo.

36. Los planos delimitadores son perpendiculares a la línea de mira; AutoCAD cancela todas las líneas situadas __________ del plano delimitador frontal y __________ del plano delimitador posterior.

37. Con el plano delimitador frontal, conforme más se aumente la distancia negativa, AutoCAD delimita una porción __________ del dibujo.

38. Con el plano delimitador posterior, cuanto mayor sea la distancia negativa, __________ será la porción delimitada del dibujo.

39. Si cambia la posición del plano delimitador frontal, puede utilizar la opción __________ para regresar en cualquier momento al plano frontal predeterminado.

Visualización con Órbita 3D

40. Al ejecutar el comando **3DORBITA**, el __________ reemplaza al icono SCP.

41. El comando **3DORBITAC** permite ____.

42. El comando **3DDELIM** abre la ventana ______________________.

43. Si elige la opción __________ conseguirá desplazar al mismo tiempo los planos delimitadores frontal y posterior.

44. Si está activada la proyección en perspectiva, la utilización del comando __________ exagera la perspectiva, lo que en ocasiones provoca una ligera distorsión de los objetos.

Ejercicios

Ejercicio 1 — *General*

a. Dibuje el ordenador mostrado en la figura 10.44. Suponga las medidas. Para facilitar la tarea, se ofrecen dos imágenes del mismo ordenador. En la figura 10.45 se muestran las líneas ocultas, situadas por detrás de las superficies visibles.

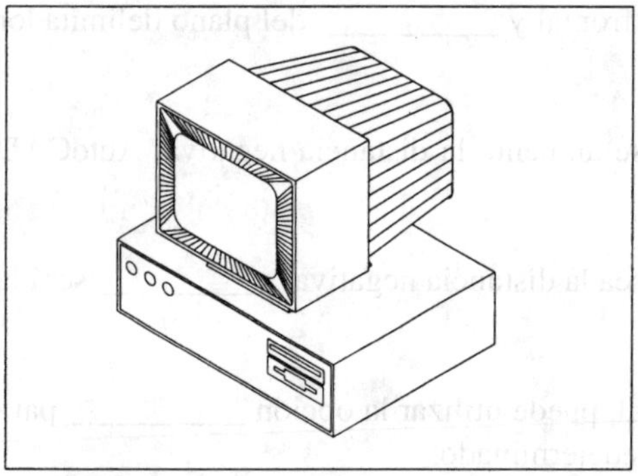

Figura 10.44. *Vista 3D del ordenador sin líneas ocultas.*

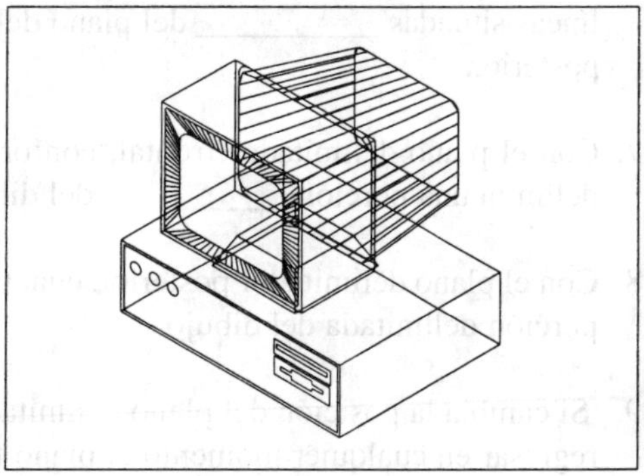

Figura 10.45. *Vista 3D del ordenador con líneas ocultas.*

La construcción de la figura dada puede dividirse en los siguientes pasos:

1. Dibujo de la caja CPU (unidad central de proceso).
2. Dibujo de la base del monitor.
3. Dibujo del monitor.

b. Una vez dibujado el ordenador, cree cuatro ventanas en mosaico dentro del espacio modelo y obtenga diferentes vistas del ordenador, tal como muestra la figura 10.46. Puede utilizar el comando **PTOVISTA** para obtener las diferentes vistas.

c. A continuación, utilice el comando **VMULT** para crear cuatro ventanas, tal como muestra la figura 10.47. Centre en todas las ventanas la imagen del ordenador en vista 3D. Utilice la opción **Cámara** del comando **VISTADIN** para obtener la vista mostrada en la ventana superior izquierda.

Utilice la opción **dIstancia** del comando **VISTADIN** para obtener la vista mostrada en la ventana superior derecha. Utilice la opción **deLim** del comando **VISTADIN** para obtener la vista mostrada en la ventana inferior izquierda. Utilice la opción **lAdeo** del comando **VISTADIN** para obtener la vista mostrada en la ventana inferior derecha.

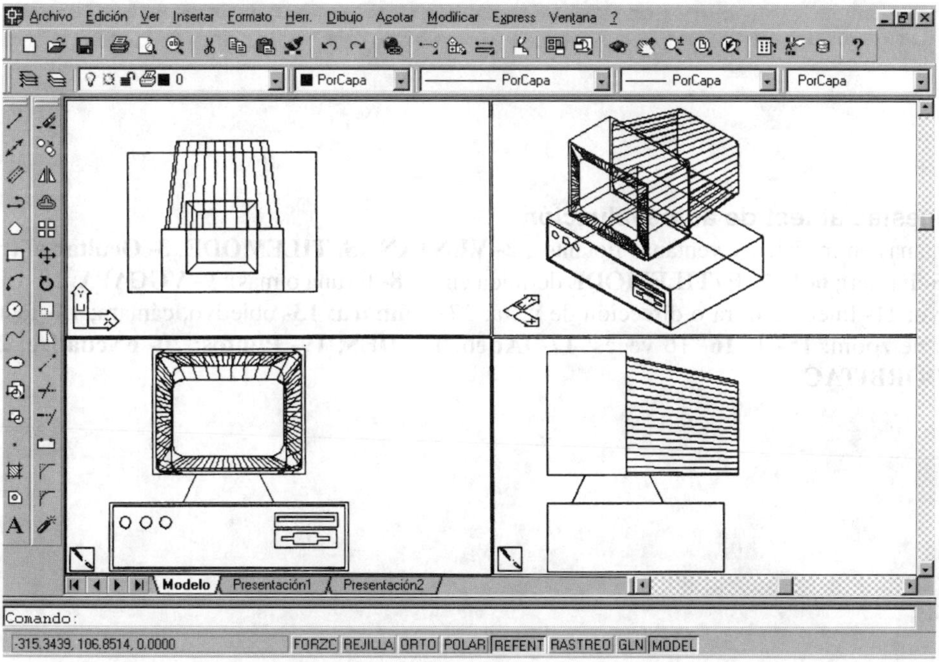

Figura 10.46. *Cuatro ventanas gráficas en espacio modelo.*

d. ¿Cuál es la diferencia entre la proyección paralela y la proyección en perspectiva?

e. Utilice el comando **3DORBITA** para ver el objeto en Órbita 3D.

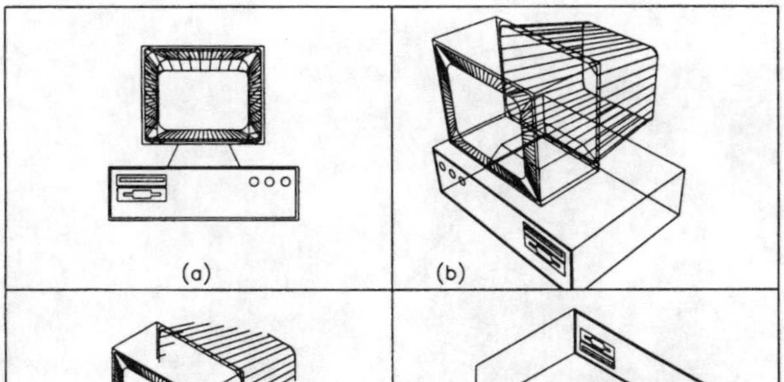

Figura 10.47. *Utilización de las opciones del comando* ***VISTADIN*** *para obtener diferentes vistas del ordenador.*

Respuestas al test de autoevaluación

1- Ventanas en mosaico y ventanas flotantes; **2- VENTANAS**, **TILEMODE**; **3- Ocultar al trazar**; **4-** F; **5-** F (una); **6-** F; **7-** F (**TILEMODE** definida en 0); **8-** F (una o más); **9- VGCAPA**; **10-** cámara, objetivo; **11-** línea de mira o dirección de vista; **12- Cámara**; **13-** objetivo, cámara; **14-** factor de escala de zoom; **15-** 1; **16-** 16 veces; **17- lAdeo**; **18- DES**; **19- Puntos**; **20- eNcuadre**; **21-** F; **22- 3DORBITAC**

Capítulo 11

Modelado sólido

Objetivos del estudio

Tras completar este capítulo, será capaz de:

- *Comprender el modelado sólido.*
- *Comprender las razones para utilizar el modelado sólido.*
- *Crear sólidos primitivos.*
- *Comprender las regiones y cómo crearlas.*
- *Construir sólidos compuestos.*
- *Analizar sólidos.*
- *Crear secciones de corte de sólidos.*
- *Utilizar las opciones de EDITSOLIDO para editar caras y aristas de sólidos.*
- *Utilizar los comandos SOLVIEW y SOLDRAW para crear vistas ortogonales.*
- *Utilizar el comando SOLPERFIL para crear perfiles.*
- *Crear imágenes sombreadas.*
- *Configurar el método de sombreado y la reflexión difusa.*

¿QUÉ ES EL MODELADO SÓLIDO?

El modelado sólido es el proceso de construcción de objetos que poseen todos los atributos de los objetos sólidos reales. Por ejemplo, si dibuja una estructura alámbrica o un modelo de superficie de un cojinete, basta con definir la forma y el tamaño del objeto. Sin embargo, en ingeniería, la forma y el tamaño no son de por sí suficientes para describir al objeto. Para el análisis de ingeniería se requiere más información, como volumen, masa, momento de inercia y propiedades del material (densidad, módulo de Young, radio de Poissons y conductividad térmica, entre otros). Una vez conocidos estos atributos físicos del objeto, puede someterse a diversos ensayos para verificar que se comporta según las especificaciones del producto. De esta forma puede evitarse la construcción de costosos prototipos y así acortar el ciclo de desarrollo del producto. El modelado sólido, además, facilita la visualización de los objetos, pues siempre podemos ver y pensar en los objetos como sólidos. Al disponer de ordenadores cada vez más rápidos y de software más sofisticado y asequible, el modelado sólido se está convirtiendo en el corazón del proceso productivo. El modelado sólido en AutoCAD está basado en el modelador sólido ACIS, el cual forma parte de la tecnología fundamental del programa.

SÓLIDOS PRIMITIVOS PREDEFINIDOS

Barra de herramientas:	Sólidos
Menú:	Dibujo > Sólidos
Comando:	(Nombre del objeto)

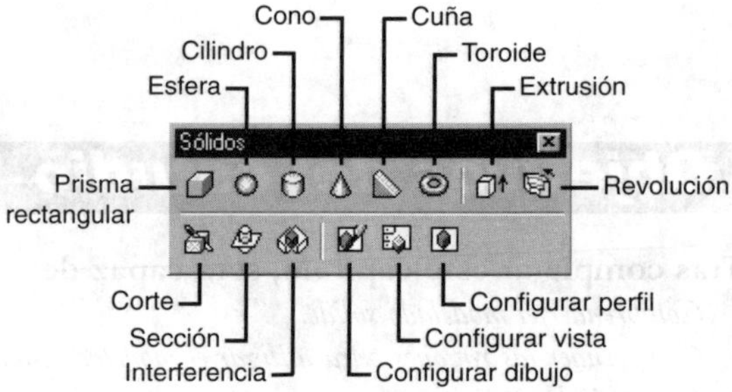

*Figura 11.1. Barra de herramientas **Sólidos**.*

Los sólidos primitivos constituyen los bloques básicos para construir sólidos complejos. ACIS posee seis sólidos primitivos, ya predefinidos, que puede utilizar para crear un modelo sólido (prisma rectangular, cuña, cono, cilindro, esfera y toroide). El valor asignado a la variable de sistema **ISOLINES** controla el número de líneas en la representación de un modelo sólido. Estas líneas reciben el nombre de líneas de triangulación. El número de líneas determina el número de cálculos necesarios para generar el sólido. Si el valor es elevado, la generación del sólido en pantalla llevará un tiempo significativamente mayor. Pero, además, el valor asignado a la variable **ISOLINES** debe ser realista. Al indicar alguno de los comandos para crear sólidos primitivos, AutoCAD solicitará que precise la información necesaria según la geometría. La altura del sólido primitivo siempre se mide a lo largo del eje Z, perpendicular al plano de construcción. Al igual que con las mallas de superficie, los sólidos también se muestran en representación alámbrica a menos que los oculte, los modelice o los sombree. La variable de sistema **FACETRES** controla la suavidad en el modelizado y sombreados de los objetos.

Creación de un prisma rectangular sólido (PRISMARECT)

Barra de herramientas:	Sólidos > Prisma rectangular
Menú:	Dibujo > Sólidos > Prisma rectangular
Comando:	PRISMARECT

Puede utilizar el comando **PRISMARECT** para crear un prisma rectangular sólido (figura 11.2). El comando incluye dos opciones en su solicitud principal: **Esquina** y **Centro**. La opción **Esquina** es la predeterminada. Con esta opción, deberá precisar la primera esquina, la segunda esquina y la altura del prisma rectangular. A continuación se indica la secuencia de solicitudes para el comando **PRISMARECT**:

Comando: **PRISMARECT**
Precise esquina de prisma o [Centro] <0,0,0>: **20,20,0**
Precise esquina o [Cubo/Longitud]: **60,50,0**
Precise altura: **50**

Creación de un cono sólido (CONO)

Barra de herramientas:	Sólidos > Cono
Menú:	Dibujo > Sólidos > Cono
Comando:	CONO

El comando **CONO** crea un cono sólido con base elíptica o circular (figura 10.3). Puede seleccionar este comando como cualquier otro comando para crear objetos sólidos primitivos. Incluye dos opciones: **Centro de base** y **Elíptico**. La opción **Centro de base** es la predeterminada. La base del cono reposa en el plano de construcción actual. La altura del cono se orienta a lo largo del eje Z. Puede cambiar el plano de la base (plano XY) utilizando las opciones del comando **SCP**. También puede precisar el vértice para definir la altura del cono. A continuación se muestra la secuencia de solicitudes para el comando **CONO**:

Comando: **CONO**
Densidad de estructura alámbrica actual: ISOLINES=*actual*
Precise centro de base de cono o [Elíptico] <0,0,0>: **100,40**
Precise radio para base de cono o [Diámetro]: **20**
Precise altura de cono o [Vértice]: **30**

La opción **Elíptico** crea un cono de base elíptica. La solicitud es:

Precise punto final de eje de elipse para base de cono o [Centro]: *Precise un punto para el punto final del eje o indique **C** para precisar el centro de la base.*

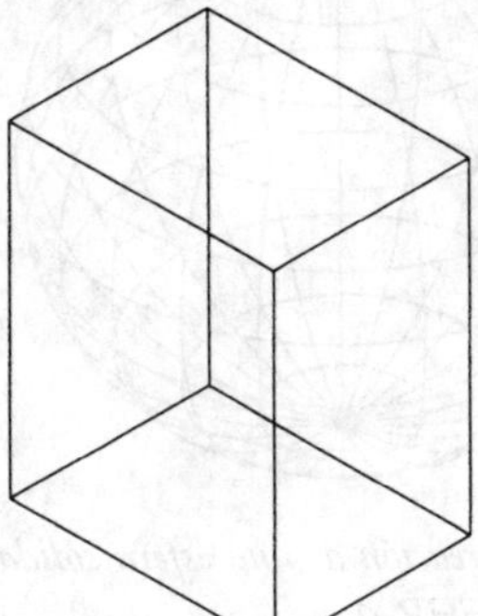

Figura 11.2. *Creación de un prisma rectangular sólido con el comando PRISMARECT.*

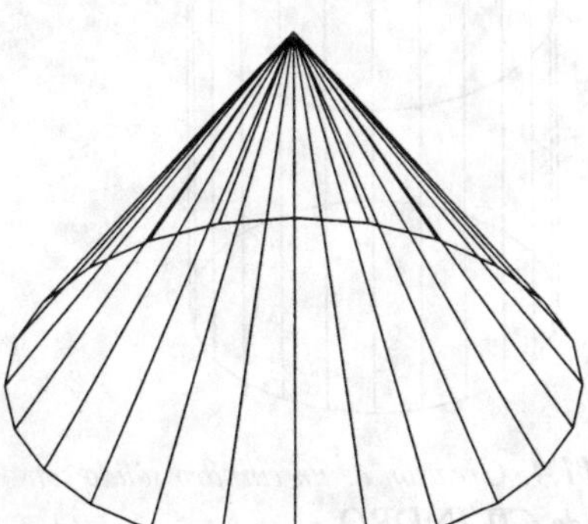

Figura 11.3. *Creación de un cono sólido con el comando CONO.*

Creación de un cilindro sólido (CILINDRO)

Puede utilizar el comando **CILINDRO** para construir un cilindro sólido (figura 11.4). Puede seleccionar este comando como cualquier otro comando para crear objetos sólidos primitivos. Al igual que el comando **CONO**, incluye dos opciones: **Centro de base** y **Elipse**. La opción **Centro de base** es la predeterminada. La base del cilindro reposa en el plano de construcción actual. La altura del cilindro se orienta a lo largo del eje Z. Puede cambiar el plano de la base (plano XY) utilizando las opciones del comando **SCP**. A continuación se indica la secuencia de solicitudes para el comando **CILINDRO**:

Comando: **CILINDRO**
Densidad de estructura alámbrica actual: ISOLINES=*actual*
Precise centro de base de cilíndro o [Elíptico] <0,0,0>: **160,40**
Precise radio para base de cilíndro o [Diámetro]: **20**
Precise altura de cilindro o [Centro del otro extremo]: **50**

Creación de una esfera sólida (ESFERA)

El comando **ESFERA** puede utilizarse para crear una esfera sólida (figura 11.5). Puede seleccionar este comando como cualquier otro comando para crear objetos sólidos primitivos. El comando sólo tiene una opción: **Centro de esfera**. El centro de la esfera se alinea automáticamente con el eje Z del SCP actual. A continuación se indica la secuencia de solicitudes para el comando **CILINDRO** con la opción **Centro Radio**.

Comando: **ESFERA**
Densidad de estructura alámbrica actual: ISOLINES=*actual*
Precise centro de esfera <0,0,0>: **20,100**
Precise radio de esfera o [Diámetro]: **25**

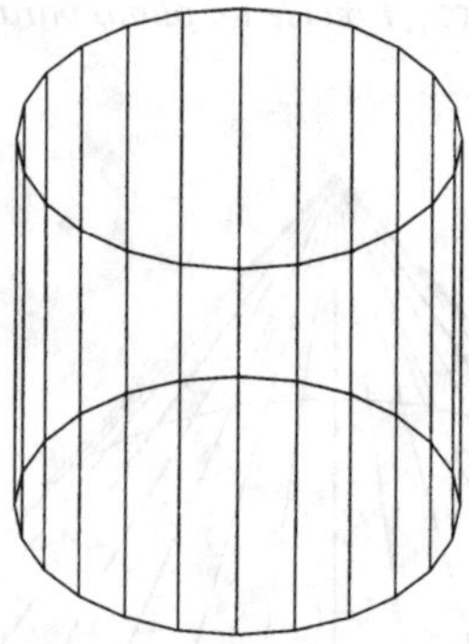

Figura 11.4. *Creación de un cilindro sólido con el comando CILINDRO.*

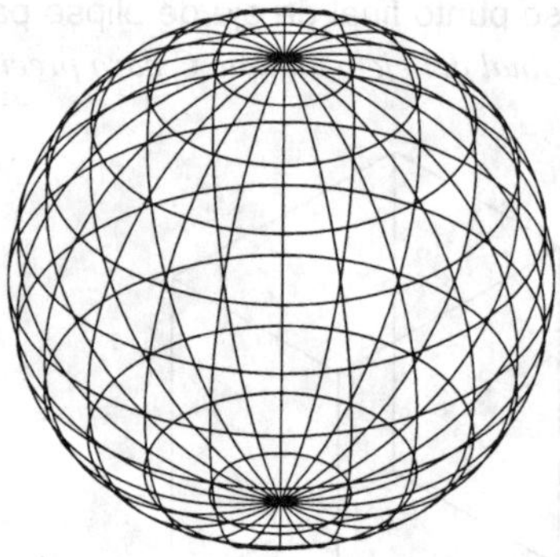

Figura 11.5. *Creación de una esfera sólida con el comando ESFERA.*

Creación de un toroide sólido (TOROIDE)

Puede utilizar el comando **TOROIDE** para crear un toroide (forma similar a un anillo, tal como muestra la figura 11.6). Puede seleccionar este comando como cualquier otro comando para crear objetos sólidos primitivos. Tras iniciar este comando, AutoCAD solicitará que precise el radio o diámetro del toroide y el radio o diámetro de la sección (tubo). El radio del toroide es la distancia entre el centro del toroide y la línea de centro del tubo. El valor para este radio puede ser positivo o negativo. Si el valor es negativo, el toroide tendrá una forma similar a un balón de rugby. Un toroide puede intersecar consigo mismo. Si tanto el radio del tubo como el del toroide son positivos y el radio del tubo es mayor que el del toroide, el sólido resultante se asemejará a una esfera achatada en ambos extremos. El toroide está centrado en el plano de construcción (la mitad del toroide se sitúa por encima de dicho plano y la otra mitad por debajo). A continuación se indica la secuencia de solicitudes para el comando **TOROIDE**:

Comando: **TOROIDE**
Densidad de estructura alámbrica actual: ISOLINES=*actual*
Precise centro de toroide <0,0,0>: **100,80**
Precise radio de toroide o [Diámetro]: **35**
Precise radio de sección o [Diámetro]: **10**

Creación de una cuña sólida (CUÑA)

El comando **CUÑA** permite crear una cuña sólida (figura 11.7). El comando **CUÑA** puede seleccionarse como cualquier otro comando para crear objetos sólidos primitivos. Tras iniciar este comando, AutoCAD solicitará que precise la primera y la segunda esquina de la cuña. Con ambos puntos queda definida la base de la cuña, la cual se dibuja siempre en el plano de construcción actual. El comando también solicitará la altura de la cuña. La cuña se inclinará hacia el eje X positivo. A continuación se indica la secuencia de solicitudes para el comando **CUÑA**:

Comando: **CUÑA**
Precise primera esquina de cuña o [Centro] <0,0,0>: **20,20,0**
Precise esquina o [Cubo/Longitud]: **60,50,0**
Precise altura: **50**

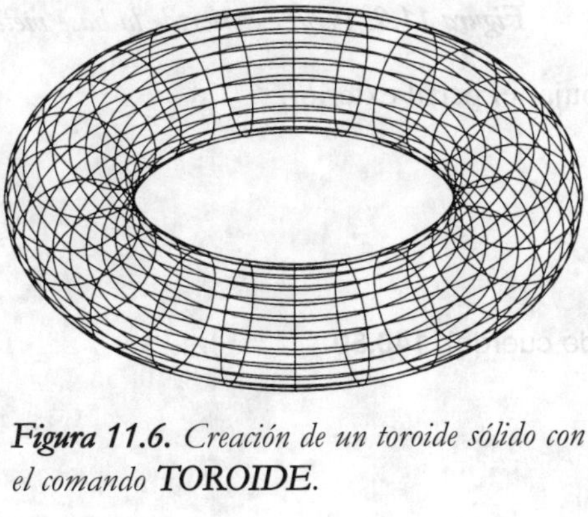

Figura 11.6. *Creación de un toroide sólido con el comando TOROIDE.*

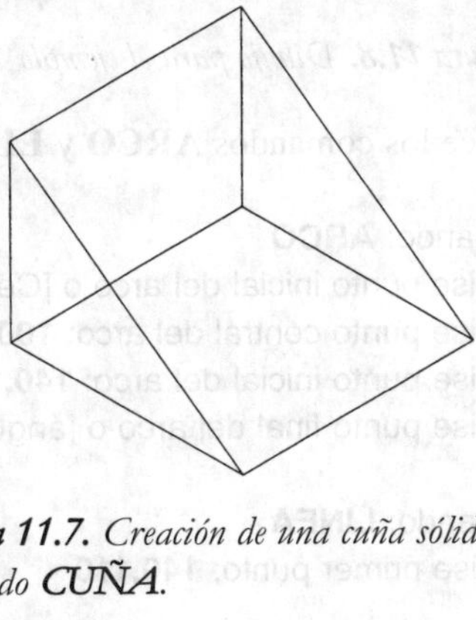

Figura 11.7. *Creación de una cuña sólida con el comando CUÑA.*

CONSTRUCCIÓN DE UNA REGIÓN

El siguiente ejemplo explica algunos comandos que pueden utilizarse para crear sólidos y regiones.

Ejemplo 1

Utilizaremos los comandos de sólidos de AutoCAD para crear una región. Después extrudiremos dicha región para crear un modelo sólido del objeto (una base metálica), tal como muestra la figura 11.8.

Creación de una región 2D primitiva

Una región es un sólido con altura cero. La creación de una región 2D primitiva involucra dos pasos:

1. Crear un perfil utilizando los comandos de AutoCAD.
2. Crear la región convirtiendo en sólido el perfil.

Para crear regiones se utiliza el comando **REGION**. Los siguientes pasos explican el proceso de creación de la región para el ejemplo 1.

1. En primer lugar utilizaremos los comandos de dibujo y edición de AutoCAD para crear el dibujo de la base metálica mostrada en la figura 11.9.

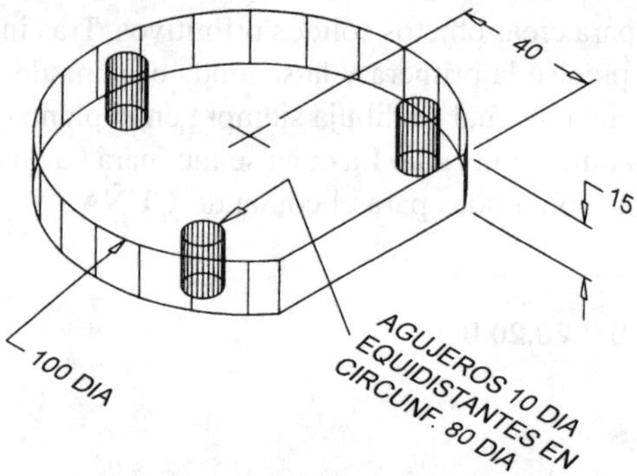

Figura 11.8. Dibujo para el ejemplo 1.

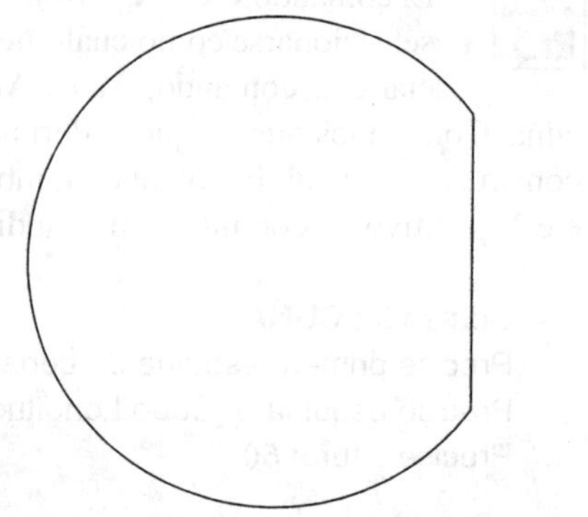

Figura 11.9. Perfil exterior de la base metálica.

Utilice los comandos **ARCO** y **LINEA** para dibujar el perfil exterior:

Comando: **ARCO**
Precise punto inicial del arco o [Centro]: **C**
Precise punto central del arco: **100,80**
Precise punto inicial del arco: **140,110**
Precise punto final del arco o [ángUlo/Longitud de cuerda]: **140,50**

Comando: **LINEA**
Precise primer punto: **140,110**

Precise punto siguiente o [desHacer]: **140,50**
Precise punto siguiente o [desHacer]: Intro

2. Utilice el comando **EDITPOL** para transformar la línea en polilínea. Después utilice la opción **Juntar** para unir la línea y el arco en una única polilínea:

Comando: **EDITPOL**
Designe polilínea: *Designe la línea.*
El objeto designado no es una polilínea
¿Lo quiere transformar en una? <S> Intro
Indique una opción [Cerrar/Juntar/Grosor/Editar vértices/cUrvar/Spline/estadoPreviocurva/generarTlínea/desHacer]: **J**
Designe objetos: *Designe la línea.*
Designe objetos: *Designe el arco.*
Designe objetos: Intro
Se han añadido 1 segmentos a la polilínea
Indique una opción [Abrir/Juntar/Grosor/Editar vértices/cUrvar/Spline/estadoPreviocurva/generarTlínea/desHacer]: Intro

Creación de una región 2D (Comando REGION)

Barra de herramientas:	Dibujo > Región
Menú:	Dibujo > Región
Comando:	REGION

Puede utilizar el comando **REGION** para crear una región (figura 11.10) a partir del objeto designado. Tal objeto puede ser una polilínea cerrada, línea, arco, elipse o spline. A continuación el comando suprimirá el objeto original del dibujo, a menos que la variable de sistema **DELOBJ** esté definida en 0. Continuando con el ejemplo 1, seguiremos estos pasos:

1. Utilice el comando **REGION** para crear una región.

Comando: **REGION**
Designe objetos: *Designe la polilínea.*
Designe objetos: Intro
1 bucle extraído(s).
1 región creada(s).

2. Utilice el comando **SCP** para desplazar el origen al centro del arco (100,80). (Cuando AutoCAD solicita el origen, también puede utilizar la referencia a objetos **Centro** a fin de localizar el centro del arco.)

Comando: **SCP**
Nombre de scp actual: *UNIVERSAL*

Indique una opción
[Nuevo/DEsplazar/Ortogonal/PRev/Rest/Guardar/Supr/Aplicar/?/Univ] <Univ>: **N**
Precise origen de nuevo SCP o [ejEZ/3p/oBjeto/Cara/Vista/X/Y/Z] <0,0,0>: **100,80**

3. Dibuje tres círculos de 10 unidades de diámetro, con centros situados en un círculo de 80 unidades de diámetro y dispuestos tal como muestra la figura 11.11. (Puede dibujar un círculo y utilizar el comando **MATRIZ** para crear los círculos restantes.)

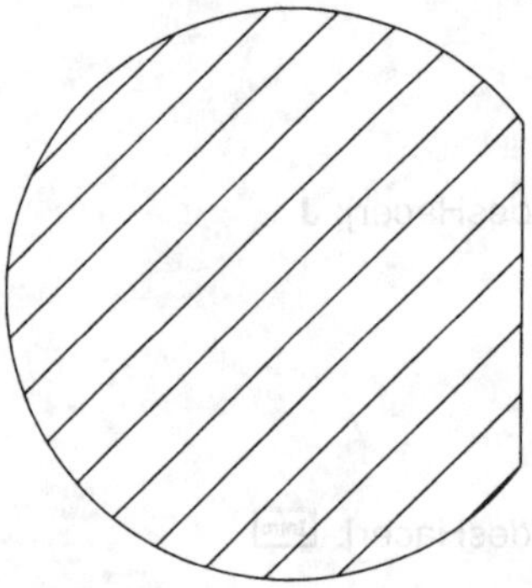

Figura 11.10. *Creación de una región 2D.*

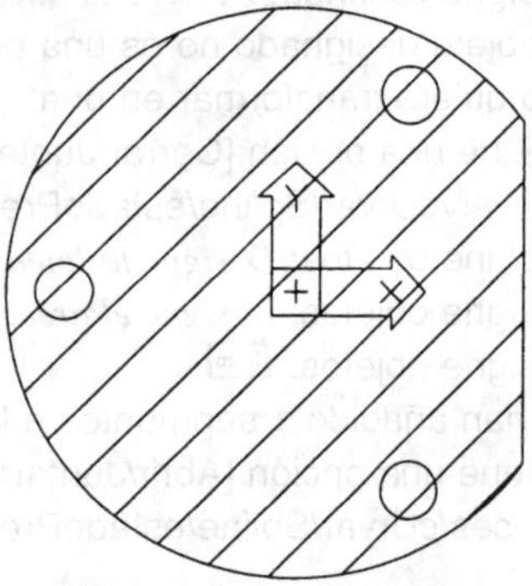

Figura 11.11. *Creación de una matriz circular.*

Comando: **CIRCULO**
Precise punto central para círculo o [3P/2P/Ttr (tangente tangente radio)]: **40<60**
Precise radio de círculo o [Diámetro]: **D**
Precise diámetro de círculo: **10**

Comando: **MATRIZ**
Designe objetos: *Designe el círculo de diámetro 10.*
Designe objetos: Intro
Indique el tipo de matriz [Rectangular/Polar] <R>: **P**
Precise el punto central de la matriz: **0,0**
Indique el número de elementos de la matriz: **3**
Precise el ángulo que se va a rellenar (+=ccw (en sentido contrario), -=cw (en el sentido de las agujas del reloj)) <360>: **240**
¿Girar objetos de matriz? [Sí/No] <S>: Intro

4. Utilice el comando **REGION** para crear una región a partir de los círculos.

Sustracción de regiones (Comando DIFERENCIA)

Barra de herramientas:	Editar sólidos > Diferencia
Menú:	Modificar > Editar sólidos > Diferencia
Comando:	DIFERENCIA

Puede utilizar el comando **DIFERENCIA** para sustraer regiones o sólidos. Al iniciar este comando, AutoCAD solicita que designe dos conjuntos de selección. Una vez designados los objetos, aquellos que pertenezcan al segundo grupo se sustraerán del primer conjunto de selección (figura 11.12).

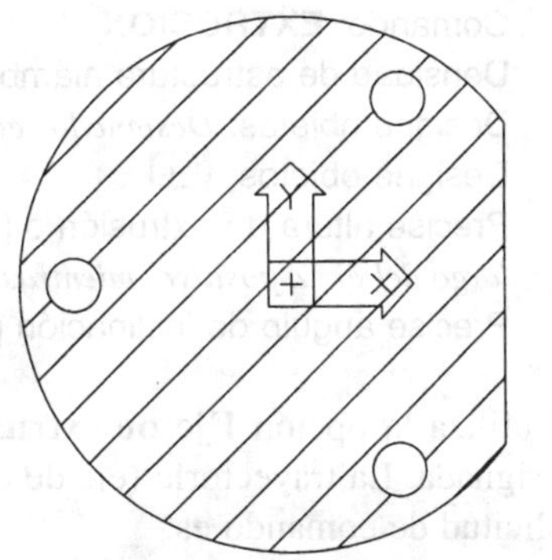

Figura 11.12. Sustracción de regiones con el comando DIFERENCIA.

Comando: **DIFERENCIA**
Designe sólidos y regiones de las que sustraer...
Designe objetos: *Designe la región.*
Designe objetos: Intro
Designe sólidos y regiones a sustraer...
Designe objetos: *Designe los círculos de diámetro 10.*
Designe objetos: Intro

Las líneas de sombreado quizá no desaparezcan de los pequeños círculos mientras no utilice el comando **DESPLAZA** para desplazar el perfil exterior.

Sombreado de una región (comando SOMBCONT). Al crear una región, las líneas de malla no son visibles. Para sombrear una región, puede utilizar el comando **SOMBCONT**. En el cuadro de diálogo **Sombreado por contornos** podrá configurar el patrón, el ángulo y el tamaño del sombreado. Puede utilizar cualquiera de los patrones de sombreado definidos en el archivo acad.pat. Para obtener el sombreado mostrado en la figura 11.12, utilice el patrón **ANSI31** con un factor de escala igual a 3.5. También puede crear regiones con los comandos **CONTORNO** y **SOMBCONT**.

Creación de sólidos extrudidos (EXTRUSION)

Barra de herramientas:	Sólidos > Extrusión
Menú:	Dibujo > Sólidos > Extrusión
Comando:	EXTRUSION

El siguiente paso consiste en añadir altura a la región por medio del comando **EXTRUSION** (figura 11.13). Al indicar este comando, AutoCAD solicita que designe los objetos a extrudir, así como la altura de extrusión y el ángulo de inclinación para la extrusión. Una vez indicada toda esta información, AutoCAD evaluará los contornos y realizará los cálculos precisos para cada elemento de la región compuesta. También puede utilizar la variable de sistema **ISOLINES** para determinar el número de líneas de triangulación. Es posible extrudir objetos cerrados como polilíneas, polígonos, rectángulos, círculos, elipses, splines cerradas, arandelas y regiones. AutoCAD no puede extrudir objetos 3D, objetos contenidos en bloques y polilíneas con segmentos que se corten entre sí.

Reanudando el comando **ISOLINES**
Indique nuevo valor para ISOLINES <4>: **10**

Comando: **EXTRUSION**
Densidad de estructura alámbrica actual: ISOLINES=10
Designe objetos: *Designe la región.*
Designe objetos: Intro
Precise altura de extrusión o [Eje de extrusión]: **15** *(Un valor positivo realiza una extrusión a lo largo del eje Z positivo, mientras que un valor negativo lo hace a lo largo del eje Z negativo.)*
Precise ángulo de inclinación para extrusión <0>: Intro

Si utiliza la opción **Eje de extrusión**, AutoCAD extrudirá el objeto a lo largo de la trayectoria designada. La trayectoria (eje de extrusión) no debe hallarse en el mismo plano que el objeto. La solicitud de comando es:

Seleccione eje de extrusión: *Designe el eje de extrusión.*

Una vez completados los comandos **REGION** o **CONTORNO**, AutoCAD suprimirá o conservará el objeto original según el estado de la variable de sistema **DELOBJ**.

A continuación, puede utilizar el comando **PTOVISTA** para obtener una vista 3D de la región extrudida (figura 11.14). Utilice el comando **BORRA** para borrar las líneas de sombreado. Guarde una copia de este dibujo con el nombre Base. En el ejemplo 2 utilizaremos de nuevo este dibujo para construir otro sólido.

Comando: **PTOVISTA**
Dirección de vista actual: VIEWDIR=*actual*
Precise un punto de vista o [Rotación] <muestra brújula y trípode>: **1,-1,1**

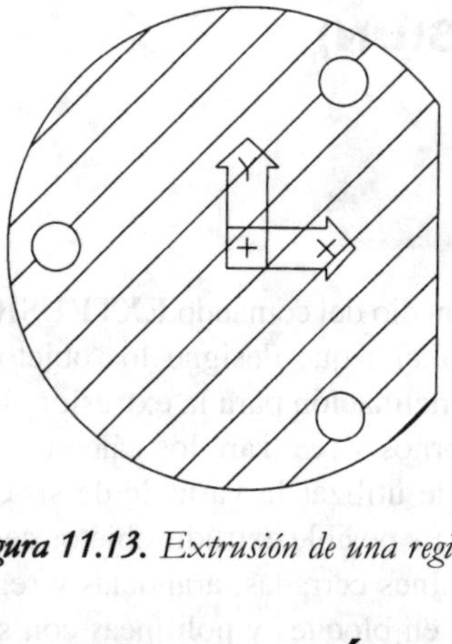

Figura 11.13. *Extrusión de una región.*

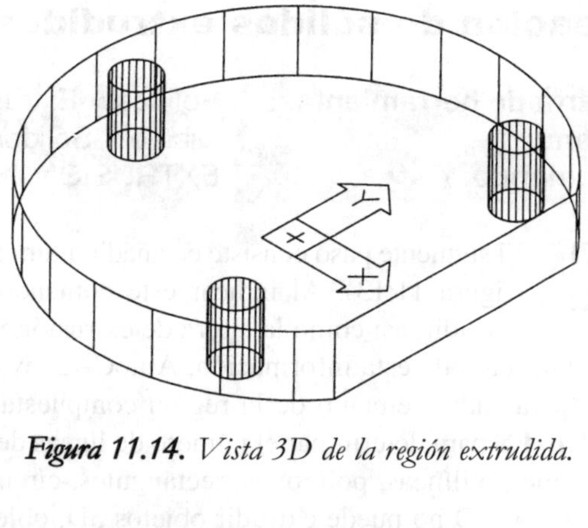

Figura 11.14. *Vista 3D de la región extrudida.*

CONSTRUCCIÓN DE SÓLIDOS COMPUESTOS

Un sólido compuesto consta de dos o más sólidos primitivos. El siguiente ejemplo explica algunos de los comandos más frecuentemente utilizados en AutoCAD para la creación de sólidos compuestos. El ejemplo también ilustra la aplicación de estos comandos.

Ejemplo 2

Utilizaremos los comandos de sólidos de AutoCAD para crear el modelo sólido del objeto mostrado en la figura 11.15. El radio tanto de chaflán como de redondeo es de 3 unidades. Para ahorrar tiempo, puede utilizar el dibujo de la base (Base.dwg), creado en el ejemplo 1.

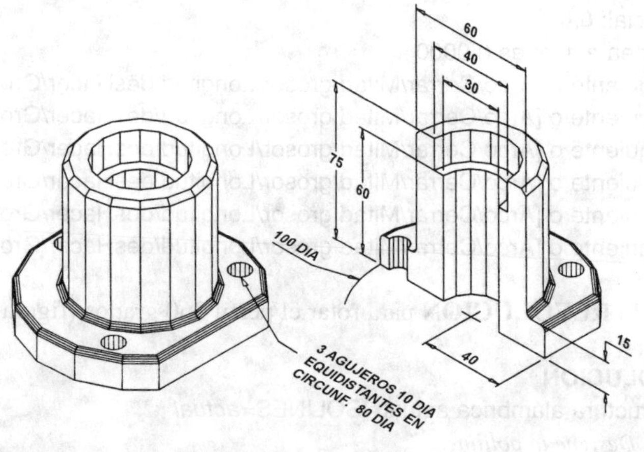

Figura 11.15. Dibujo para el ejemplo 2.

Creación de un sólido de revolución (REVOLUCION)

Barra de herramientas:	Sólidos > Revolución
Menú:	Dibujo > Sólidos > Revolución
Comando:	REVOLUCION

El comando **REVOLUCION** crea un sólido realizando el barrido de un objeto cerrado (como una polilínea o un círculo) en torno a un eje. El objeto seleccionado puede girarse cualquier ángulo, de 0 a 360 grados. Antes de utilizar el comando **REVOLUCION**, debe dibujar la polilínea o la superficie a la que aplicar la revolución. Utilice el comando **SCP** para girar el icono SCP 90 grados y dibuje después el perfil.

Nota

Asegúrese de que el icono SCP se encuentra en el centro de la base. De no ser así, utilice el comando SCP para definir el nuevo origen.

1. Utilice el comando **SCP** para girar 90 grados el icono SCP.

Comando: **SCP**
Nombre de scp actual: **ACTUAL**
Indique una opción
[Nuevo/DEsplazar/Ortogonal/PRev/Rest/Guardar/Supr/Aplicar/?/Univ] <Univ>: **N**

Precise origen de nuevo SCP o [ejEZ/3p/oBjeto/Cara/Vista/X/Y/Z] <0,0,0>: **X**
Precise ángulo de rotación sobre eje X <0>: **90**

2. Utilice el comando **POL** para dibujar el perfil de la superficie (figura 11.16).

Comando: **POL**
Precise punto inicial: **0,0**
El grosor de la línea actual es 0.0000
Precise punto siguiente o [Arco/Cerrar/Mitad grosor/Longitud/desHacer/Grosor]: **@15,0**
Precise punto siguiente o [Arco/Cerrar/Mitad grosor/Longitud/desHacer/Grosor]: **@0,60**
Precise punto siguiente o [Arco/Cerrar/Mitad grosor/Longitud/desHacer/Grosor]: **@5,0**
Precise punto siguiente o [Arco/Cerrar/Mitad grosor/Longitud/desHacer/Grosor]: **@0,15**
Precise punto siguiente o [Arco/Cerrar/Mitad grosor/Longitud/desHacer/Grosor]: **@-20,0**
Precise punto siguiente o [Arco/Cerrar/Mitad grosor/Longitud/desHacer/Grosor]: **C**

3. Utilice el comando **REVOLUCION** para rotar el perfil 360 grados (figura 11.17).

Comando: **REVOLUCION**
Densidad de estructura alámbrica actual: ISOLINES=*actual*
Designe objetos: *Designe la polilínea.*
Designe objetos: Intro
Precise punto inicial de eje de revolución o
defina eje mediante [Objeto/Abscisas/oRdenadas]: **0,0**
Precise punto final de eje: **0,60**
Precise ángulo de revolución <360>: Intro

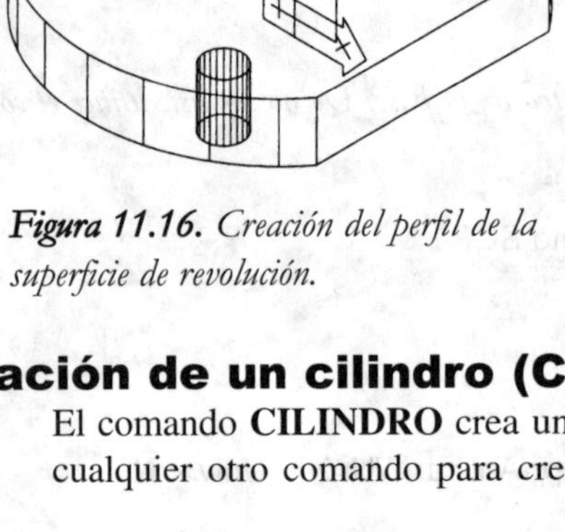

Figura 11.16. Creación del perfil de la superficie de revolución.

Figura 11.17. Creación del sólido de revolución.

Creación de un cilindro (CILINDRO)

El comando **CILINDRO** crea un cilindro sólido. Puede seleccionar este comando como cualquier otro comando para crear objetos sólidos primitivos. Al iniciar este comando,

AutoCAD solicitará que indique el diámetro y la altura del cilindro. El número de líneas de la superficie cilíndrica (líneas de triangulación) depende del valor de la variable de sistema **ISOLINES**. Siga estos pasos para dibujar el cilindro sólido:

1. Utilice el comando **SCP** para girar el icono SCP -90 grados a partir del eje X, de forma que el icono sea paralelo a la cara inferior. A continuación, redefina el origen 15 unidades por encima, según el eje Z.

   Comando: **SCP**
   Nombre de scp actual: **ACTUAL**
   Indique una opción
   [Nuevo/DEsplazar/Ortogonal/PRev/Rest/Guardar/Supr/Aplicar/?/Univ] <Univ>: **N**
   Precise origen de nuevo SCP o [ejEZ/3p/oBjeto/Cara/Vista/X/Y/Z] <0,0,0>: **X**
   Precise ángulo de rotación sobre eje X <90>: **-90**

   Comando: **SCP**
   Nombre de scp actual: **ACTUAL**
   Indique una opción
   [Nuevo/DEsplazar/Ortogonal/PRev/Rest/Guardar/Supr/Aplicar/?/Univ] <Univ>: **N**
   Precise origen de nuevo SCP o [ejEZ/3p/oBjeto/Cara/Vista/X/Y/Z] <0,0,0>: **@0,0,15**

2. Utilice el comando **CILINDRO** para crear un cilindro sólido (figura 11.18).

   Comando: **CILINDRO**
   Densidad de estructura alámbrica actual:
   ISOLINES=*actual*
   Precise centro de base de cilíndro o [Elíptico] <0,0,0>: Intro
   Precise radio para base de cilíndro o [Diámetro]: **30**
   Precise altura de cilindro o [Centro del otro extremo]: **60**

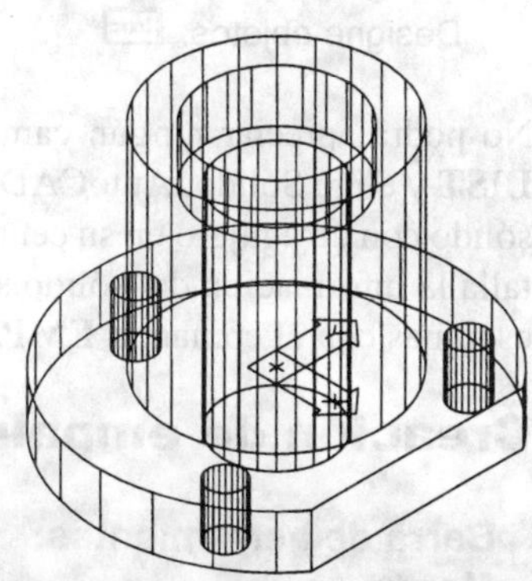

Figura 11.18. Creación de un cilindro sólido.

Hasta este momento hemos creado tres sólidos: la base, el sólido exterior y el cilindro interior. El siguiente paso consiste en unir la base y el cilindro exterior por medio del comando **UNION**. Después utilizaremos el comando **DIFERENCIA** para sustraer el sólido interior del sólido compuesto.

Creación de regiones o sólidos compuestos (UNION)

Barra de herramientas:	Editar sólidos > Unión
Menú:	Modificar > Editar sólidos > Unión
Comando:	UNION

Puede utilizar el comando **UNION** para crear regiones o sólidos compuestos. Es posible combinar varios sólidos y regiones en el mismo comando. Sin embargo, los sólidos no pueden combinarse con las regiones. Si el conjunto de selección contiene tanto regiones como sólidos, AME unirá automáticamente los sólidos y las regiones por separado.

1. Utilice el comando **UNION** para crear un sólido compuesto a partir de la base y el cilindro exterior.

   Comando: **UNION**
   Designe objetos: *Designe la base.*
   Designe objetos: *Designe el cilindro.*
   Designe objetos: Intro

2. Utilice el comando **DIFERENCIA** para sustraer el cilindro interior del sólido compuesto.

   Comando: **DIFERENCIA**
   Designe sólidos y regiones de las que sustraer...
   Designe objetos: *Designe el sólido compuesto.*
   Designe objetos: Intro
   Designe sólidos y regiones a sustraer...
   Designe objetos: *Designe el sólido interior.*
   Designe objetos: Intro

No podrá apreciar ningún cambio aparente en el resultado. Sin embargo, si ejecuta el comando **LIST** y elige Sólido, AutoCAD resaltará el sólido completo, lo cual indica que se trata de un único sólido con un agujero en su centro. Cancele el comando **LIST** o pulse **INTRO** para mostrar en pantalla la información del sólido seleccionado. El siguiente paso será empalmar y redondear algunas esquinas con el comando **EMPALME**.

Creación de empalmes y redondeos (EMPALME)

Barra de herramientas:	Modificar > Empalme
Menú:	Modificar > Empalme
Comando:	EMPALME

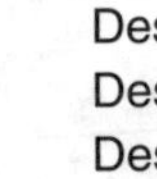

El comando **EMPALME** se utiliza para empalmar y redondear aristas. Este comando une automáticamente los empalmes y sustrae los redondeos del sólido. El comando **EMPALME** no posee ninguna opción especial de empalme o redondeo en sólidos. Puede utilizar el mismo comando **EMPALME** tanto para sólidos como para cualquier otro objeto. AutoCAD tiene la inteligencia necesaria para determinar, según la geometría del sólido, si debe crear un empalme o un redondeo para las aristas seleccionadas. Si las líneas de triangulación están demasiado próximas, utilice el comando **ISOLINES** para reducir su número. A continuación, utilice el comando **EMPALME** para crear empalmes y redondeos en las aristas, tal como muestran las figuras 11.19 y 11.20.

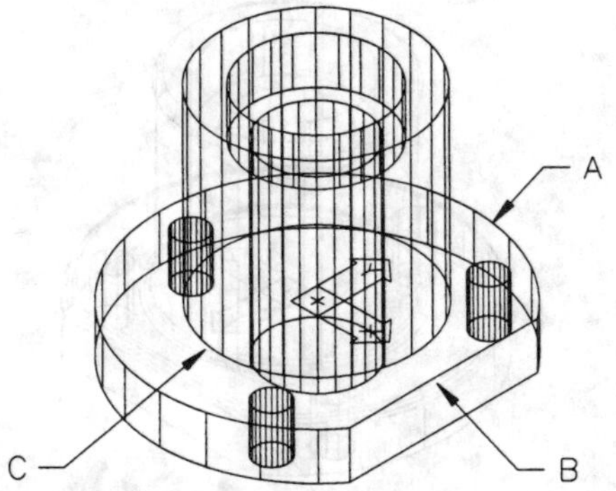

Figura 11.19. *Aristas A, B y C.*

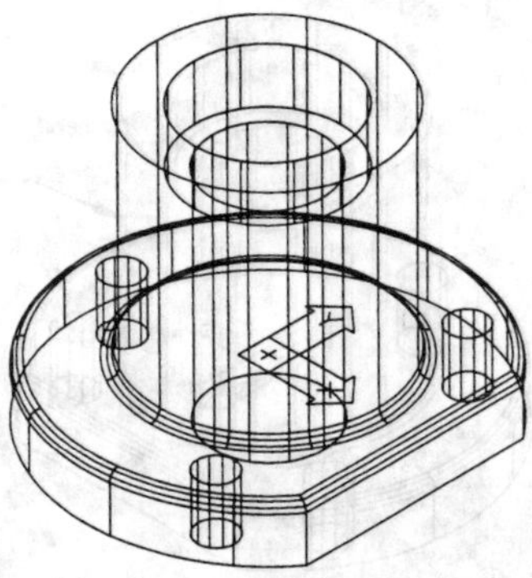

Figura 11.20. *Creación de empalmes y redondeos.*

Comando: **EMPALME**
Parámetros actuales: Modo = Recortar, Radio = *actual*
Designe el primer objeto o [Polilínea/RAdio/Recortar]: *Designe la arista A.*
Indique radio de empalme <*actual*>: **2.5**
Designe una arista o [Cadena/Radio]: *Designe la arista B.*
Designe una arista o [Cadena/Radio]: *Designe la arista C.*
Designe una arista o [Cadena/Radio]: Intro
3 arista(s) seleccionadas para empalme.

Creación de chaflanes (CHAFLAN)

Barra de herramientas:	Modificar > Chaflán
Menú:	Modificar > Chaflán
Comando:	CHAFLAN

El comando **CHAFLAN** permite crear un chaflán; es decir, puede biselar las aristas de un sólido una distancia determinada. Este comando sustrae automáticamente del sólido el volumen achaflanado. Al iniciar el comando **CHAFLAN**, AutoCAD solicita que designe la superficie a biselar. Designe la arista en la que deba crear el chaflán. A continuación deberá indicar la distancia de chaflán de las superficies de base y adyacente (figuras 11.21 y 11.22). Si ambas aristas a biselar se hallan en la misma capa, el chaflán resultante adoptará la misma capa. En el caso de que dos aristas se sitúen en capas diferentes, el chaflán resultante se creará en la capa actual.

Comando: **CHAFLAN**
(Modo Recortar) Primera distancia de chaflán actual = *actual*, Segunda distancia = *actual*
Designe la primera línea o [Polilínea/Distancia/ángUlo/Recortar/Método]: *Designe la arista E.*
Selección de superficie base...
Indique opción de selección de superficie [Siguiente/Aceptar] <Aceptar>: *Indique siguiente, si fuera necesario, hasta que el contorno del cilindro aparezca resaltado; después pulse INTRO.*

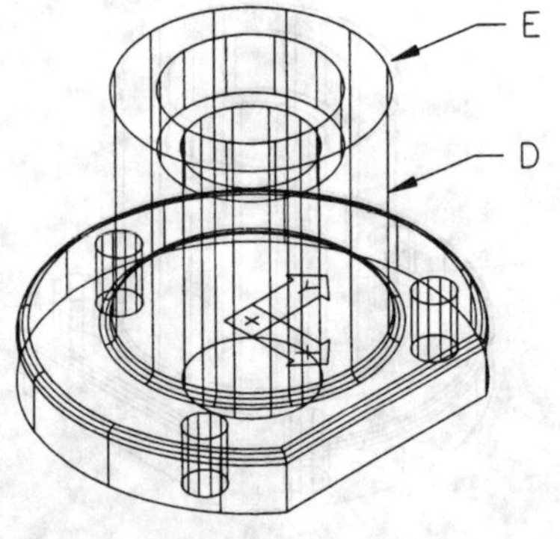

Figura 11.21. Designe la superficie base para crear un chaflán.

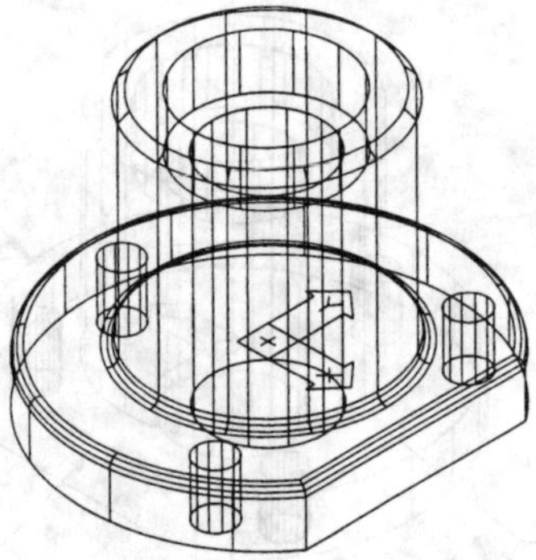

Figura 11.22. Utilización del comando CHAFLAN para crear un chaflán en modelado sólido.

Precise superficie de base distancia de chaflán <*actual*>: **2.5**
Precise otra superficie distancia de chaflán <*actual*>: **2.5**
Designe una arista o [Bucle]: *Designe la arista E.*
Designe una arista o [Bucle]: Intro

Puede guardar una copia de este dibujo con el nombre **VISTASM**.

Análisis de sólidos (PROPFIS)

Barra de herramientas:	Consultar > Propiedades físicas
Menú:	Herramientas > Consultar > Propiedades físicas
Comando:	PROPFIS

El comando **PROPFIS** puede utilizarse para analizar un modelo sólido. Este comando calcula automáticamente las propiedades físicas del sólido. Se presupone que la densidad del sólido es 1. Al iniciar este comando, AutoCAD mostrará las propiedades del sólido.

Comando: **PROPFIS**
Designe objetos: *Designe el sólido.*

---------------- SOLIDOS ----------------
Masa: 219337.3870
Volumen: 219337.3870
Cuadro delimitador: X: -50.0000 -- 40.0000
Y: -50.0000 -- 50.0000
Z: -15.0000 -- 60.0000
Centro de gravedad: X: -1.2273
Y: 0.0000
Z: 11.8197

Momentos de inercia: X: 241142287.4412
Y: 230397385.9467
Z: 200793976.4391
Productos de inercia: XY: 0.0000
YZ: 0.0000
ZX: 2024613.6426
Radios de giro: X: 33.1574
Y: 32.4103
Z: 30.2565
Momentos principales y direcciones X-Y-Z alrededor del centro de gravedad:
I: 212712519.2233 a lo largo de [0.9203 0.0000 -0.3912]
J: 199424185.1959 a lo largo de [0.0000 1.0000 0.0000]
K: 198250543.9062 a lo largo de [0.3912 0.0000 0.9203]

¿Escribir análisis en un archivo? [Sí/No] <N>: *Indique **S** o **N**.*

Si indica **S** (Sí) tras la última solicitud, aparecerá el cuadro de diálogo **Crear archivo propiedades físicas y de área** (figura 11.23). Este cuadro muestra todos los archivos con extensión .MRP. Puede indicar el nombre del archivo en el cuadro de texto **Nombre de archivo**. AutoCAD le asignará automáticamente la extensión .MPR.

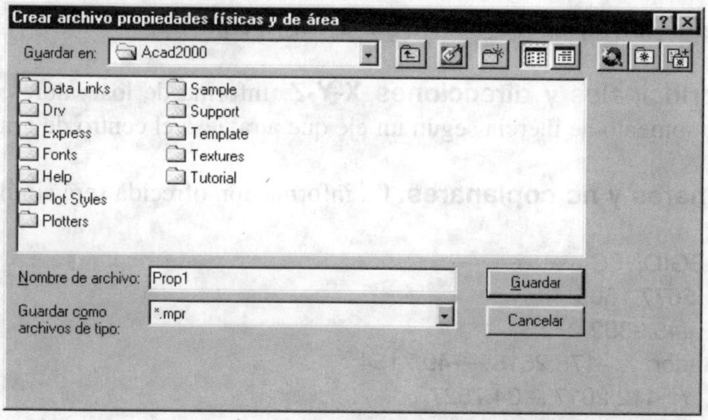

*Figura 11.23. Cuadro de diálogo **Crear archivo propiedades físicas y de área**.*

A continuación se explican los diferentes términos que aparecen en la pantalla como consecuencia de ejecutar el comando **PROPFIS**.

Sólidos. La información mostrada en el caso de sólidos es similar a la siguiente:

Masa. Esta propiedad proporciona el valor de la masa de un sólido.

Volumen. Informa del espacio ocupado por el sólido. AutoCAD asigna una densidad de 1 a los sólidos; por tanto, la masa y el volumen coinciden.

Cuadro delimitador. Si el sólido se encerrase en un prisma rectangular, esta propiedad proporciona las coordenadas de las esquinas diagonalmente opuestas.

Centro de gravedad. Proporciona las coordenadas del centro de masa del objeto seleccionado. Se supone que la densidad del sólido no varía.

Momentos de inercia. Esta propiedad informa de los momentos de inercia de un sólido con respecto a los tres ejes. La ecuación utilizada para calcular este valor es:

momento_de_inercia=masa_del_objeto*(radio_ del_eje)2

El radio del eje no es otra cosa que el radio de giro. Los valores obtenidos permiten calcular la fuerza requerida para girar un objeto según los tres ejes.

Productos de inercia. El valor ofrecido por esta propiedad ayuda a determinar la fuerza resultante en el movimiento del objeto. La ecuación utilizada para calcular este valor es:

producto_de_inercia_YX,XZ=masa*dist_centro_gravedad-YZ* dist_centro_gravedad-XZ

Radios de giro. La ecuación utilizada para calcular este valor es:

radio_de_giro=(momento_de_inercia/masa_del_cuerpo)1/2

Momentos principales y direcciones X-Y-Z. Informa de los valores mayor, inferior y medio para el momento de inercia según un eje que atraviesa el centro de gravedad del objeto.

Regiones coplanares y no coplanares. La información ofrecida será similar a la siguiente:

```
---------------- REGIONES ----------------
Área:             6677.1605
Perímetro:        445.2352
Cuadro delimitador: X: -175.2515 -- -49.7154
                  Y: -112.2017 -- 34.7527
Centro de gravedad: X: -110.8373
                  Y: -30.8612
Momentos de inercia: X: 15876099.6647
                  Y: 86594410.2662
Producto de inercia: XY: 17782821.9770
Radios de giro: X: 48.7614
                  Y: 113.8804
Momentos principales y direcciones X-Y alrededor del centro de gravedad:
                  I: 1411233.1977 a lo largo de [0.5293 -0.8484]
                  J: 12671599.1204 a lo largo de [0.8484 0.5293]
¿Escribir análisis en un archivo? [Sí/No] <N>: Indique S o N.
```

Corte de objetos (CORTE)

Barra de herramientas:	Sólidos > Corte
Menú:	Dibujo > Sólidos > Corte
Comando:	CORTE

El comando **CORTE** secciona un sólido a lo largo del plano precisado. Este comando no puede utilizarse con regiones. Tras iniciar el comando, AutoCAD solicita que designe el objeto a cortar y el lado del objeto que desea conservar (en caso de que no desee conservar ambos lados). Para indicar la parte a conservar, designe un punto del objeto correspondiente a dicha parte. Siga los siguientes pasos para cortar el sólido tal como muestra la figura 11.24:

1. Utilice el comando **SCP** para girar el icono SCP 90 grados a partir del eje X.

   Comando: **SCP**
   Nombre de scp actual: **ACTUAL**
   Indique una opción
   [Nuevo/DEsplazar/Ortogonal/PRev/Rest/Guardar/Supr/Aplicar/?/Univ] <Univ>: **N**
   Precise origen de nuevo SCP o [ejEZ/3p/oBjeto/Cara/Vista/X/Y/Z] <0,0,0>: **X**
   Precise ángulo de rotación sobre eje X <90>: **90**

2. Utilice el comando **CORTE** para seccionar el sólido según el plano XY (figura 11.25).

   Comando: **CORTE**
   Designe objetos: *Designe el sólido.*
   Designe objetos: Intro
   Precise primer punto en plano cortante mediante
   [Objeto/ejeZ/Vista/XY/YZ/ZX/3puntos] <3puntos>: **XY**
   Precise un punto en el plano XY <0,0,0>: Intro
   Precise un punto en lado deseado del plano o [mantener Ambos lados]: *Designe el punto F utilizando la referencia a objetos Puntofinal.*

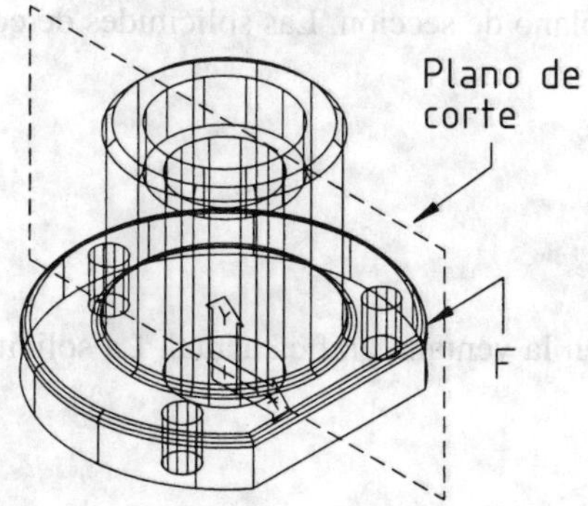

Figura 11.24. *Corte de un sólido según el plano XY.*

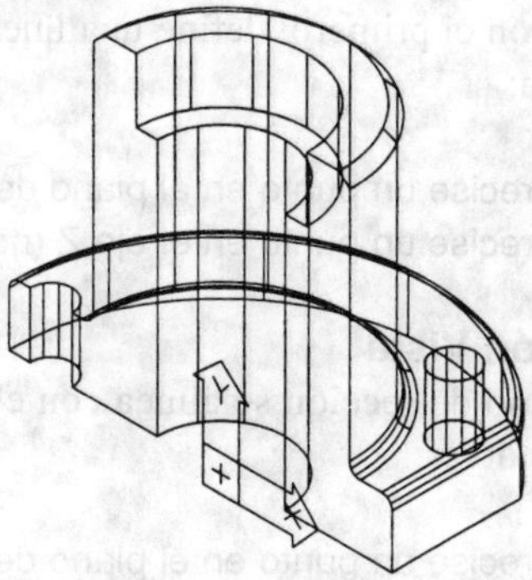

Figura 11.25. *Aspecto del sólido tras el corte.*

Creación de una sección de corte (SECCION)

El comando **SECCION** crea la sección de corte de un sólido según el plano precisado (figura 11.26). Para ejecutar este comando, puede hacer clic en el botón **Sección** de la barra de herramientas **Sólidos**. Desde el menú **Dibujo**, también puede elegir **Sólidos > Sección**. Si lo prefiere, indique **SECCION** en la solicitud de comando. Los bloques o regiones que constituyen la sección de corte no se sitúan en la capa del objeto seccionado, sino en la actual.

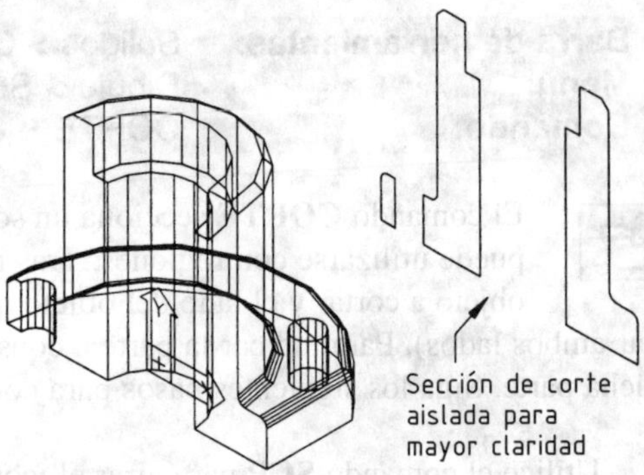

Figura 11.26. *Creación de la sección de corte de un sólido.*

Comando: **SECCION**
Designe objetos: *Designe el sólido.*
Designe objetos: Intro
Precise primer punto en plano de sección mediante
[Objeto/ejeZ/Vista/XY/YZ/ZX/3puntos] <3puntos>: **XY**
Precise un punto en el plano XY <0,0,0>: Intro

Opción Primer punto, 3puntos

Esta opción define el plano de sección mediante tres puntos. Una vez precisado el primer punto, AutoCAD solicitará que precise los otros dos puntos del plano de sección.

Opción Objeto

Alinea el plano de sección con el objeto precisado. Dicho objeto puede ser un círculo, elipse, arco elíptico o circular, segmento de polilínea 2D o spline. AutoCAD mostrará la siguiente solicitud:

Seleccionar un círculo, elipse, arco, spline 2D o polilínea 2D:

Opción ejeZ

El plano de sección queda determinado mediante un punto de dicho plano y otro punto cualquiera que, con el primero, define una línea perpendicular al plano de sección. Las solicitudes de comando son:

Precise un punto en el plano de sección:
Precise un punto en el eje Z (normal) del plano:

Opción Vista

El plano de sección se alinea con el plano de la vista en la ventana gráfica actual. La solicitud de comando es:

Precise un punto en el plano de vista actual <0,0,0>:

Opciones XY/YZ/ZX

El plano de sección queda alineado, respectivamente, con los planos XY, YZ o ZX. Debe precisar un punto del plano de sección para determinar su ubicación. En el caso de la opción **XY**, la solicitud es:

Precise un punto en el plano XY <0,0,0>:

Si desea comprobar con claridad la sección creada con el comando **SECCION**, utilice el comando **DESPLAZA** para cambiar su posición.

OTROS COMANDOS DE SÓLIDOS

INTERSEC (Creación de sólidos compuestos)

El comando **INTERSEC** crea una región o sólido compuesto a partir de objetos que intersecan entre sí (figura 11.27). Puede ejecutar este comando con el botón **Intersección** de la barra de herramientas **Editar sólidos**. También puede elegir la opción **Editar sólidos > Intersección** del menú **Modificar**. Si lo prefiere, indique **INTERSEC** en la solicitud de comando. Si los objetos no intersecan, no tendrán ninguna superficie o volumen común; por tanto, no podrá utilizar el comando **INTERSEC** con ellos, si bien AutoCAD suprimirá los objetos y mostrará el mensaje Región nula creada - eliminada. Además, los objetos pueden hallarse en cualquier plano.

INTERF (Localización de interferencia)

El comando **INTERF** puede utilizarse para localizar la interferencia de dos o más sólidos (figura 11.28). Este comando crea un sólido compuesto a partir del volumen compartido por los objetos. Si los objetos no intersecan, no existirá ningún volumen común; por tanto, el comando **INTERF** no puede utilizarse con ellos. Además, los objetos pueden hallarse en cualquier plano. Puede ejecutar este comando con el botón **Interferencia** de la barra de herramientas **Sólidos**. También puede elegir la opción **Sólidos > Interferencia** del menú **Dibujo**. Si lo prefiere, indique **INTERF** en la solicitud de comando.

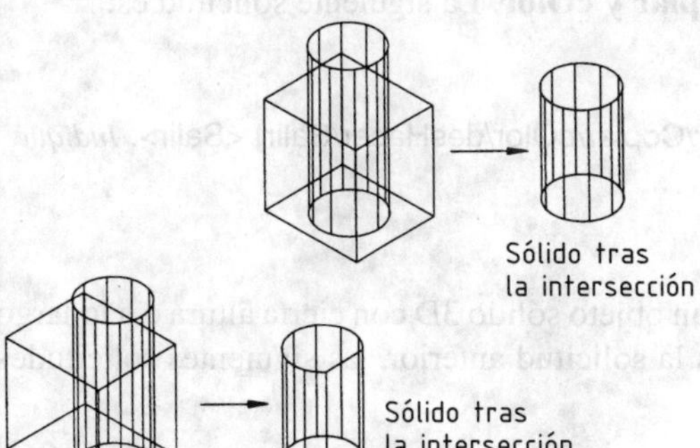

Figura 11.27. Creación de sólidos compuestos con el comando INTERSEC.

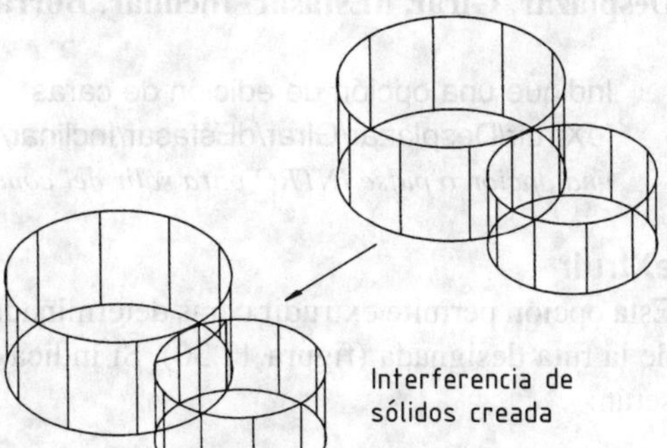

Figura 11.28. Localización de interferencia con el comando INTERF.

COMANDO EDITSOLIDO*

Menú: Modificar > Editar sólidos
Comando: EDITSOLIDO

Las distintas opciones del comando **EDITSOLIDO** permiten editar las caras y aristas de los objetos sólidos 3D. También puede acceder a cualquiera de las opciones y subopciones del comando **EDITSOLIDO** a través de la barra de herramientas **Editar sólidos** (figura 11.29). A continuación se muestra la secuencia de solicitudes:

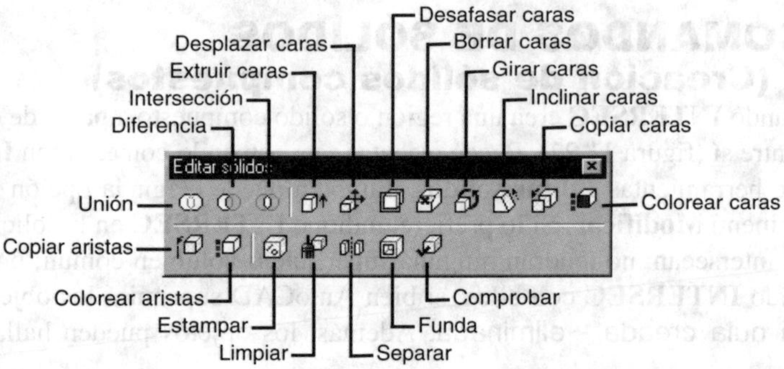

Figura 11.29. Barra de herramientas ***Editar sólidos.***

Comando: **EDITSOLIDO**
Comprobación automática de edición de sólidos: SOLIDCHECK=1
Indique una opción de edición de sólidos [Cara/Arista/cUerpo/desHacer/Salir] <Salir>: *Indique una opción o pulse INTRO para salir del comando.*

Opción Cara

Esta opción permite editar las caras de sólidos 3D. Incluye las siguientes opciones: **eXtruir**, **Desplazar**, **Girar, dEsfasar**, **Inclinar**, **Borrar**, **Copiar** y **cOlor**. La siguiente solicitud es:

Indique una opción de edición de caras
[eXtruir/Desplazar/Girar/dEsfasar/Inclinar/Borrar/Copiar/cOlor/desHacer/Salir] <Salir>: *Indique una opción o pulse INTRO para salir del comando.*

eXtruir

Esta opción permite extrudir caras determinadas de un objeto sólido 3D con cierta altura o a lo largo de la ruta designada (figura 11.30). Si indica **X** tras la solicitud anterior, las siguientes solicitudes serán:

Designe caras o [desHacer/Suprimir]: *Designe caras a extrudir o indique una opción.*
Designe caras o [desHacer/Suprimir/Todas]: *Designe otra cara, una opción o pulse INTRO.*

La opción **desHacer** cancela la selección de la última cara designada. La opción **Suprimir** permite eliminar del conjunto de selección una cara previamente designada para la extrusión. La opción **Todas** selecciona todas las caras del sólido precisado. Una vez designadas las caras a extruir, la siguiente solicitud será:

> Precise altura de extrusión o [Eje de extrusión]: *Precise un valor para la altura o indique **P**.*

Un valor positivo para la altura de extrusión determina generalmente una extrusión hacia el exterior; un valor negativo determina con frecuencia una extrusión hacia el interior. Una vez precisada la altura de extrusión, la siguiente solicitud es:

> Precise ángulo de inclinación para extrusión <0>: *Precise un valor entre -90 y +90 grados o pulse INTRO para aceptar el valor predeterminado de 0.*

Un valor positivo de ángulo inclina la cara seleccionada hacia el interior, mientras que un valor negativo produce una inclinación hacia el exterior. Con 0 grados, la inclinación coincide con la de la cara.

La opción **Eje de extrusión** permite designar una trayectoria basada en una línea o curva determinada. Tras la solicitud Seleccione eje de extrusión:, designe la línea, círculo, arco, elipse, arco elíptico, polilínea o spline a utilizar como eje de extrusión. El eje de extrusión no puede descansar sobre el mismo plano que la cara seleccionada y no debe incluir zonas de gran curvatura.

Desplazar

Esta opción permite desplazar caras de una posición a otra sin cambiar la orientación del sólido (figura 11.31). Por ejemplo, puede desplazar agujeros de un lugar a otro.

Tras elegir esta opción, las solicitudes de comando serán:

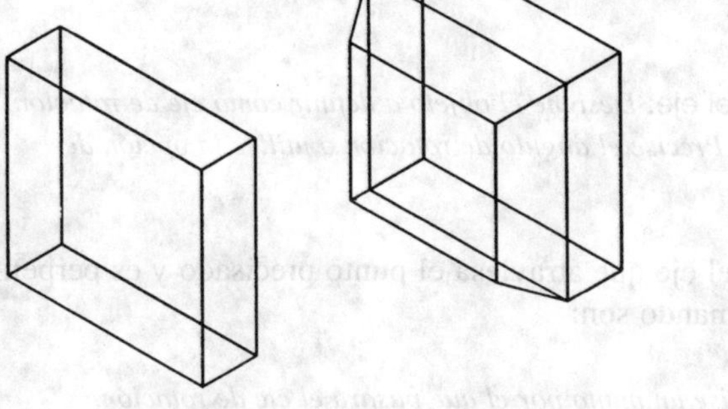

Figura 11.30. *Utilización de la opción **Cara eXtruir** para extrudir la cara de un sólido con un ángulo de inclinación positivo.*

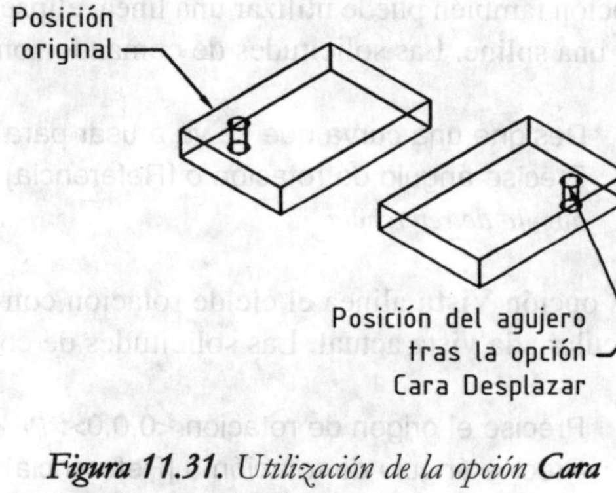

Figura 11.31. *Utilización de la opción **Cara Desplazar** para desplazar un agujero de un lugar a otro.*

Designe caras o [desHacer/Suprimir]: *Designe una cara o indique una opción.*
Designe caras o [desHacer/Suprimir/Todas]: *Designe una o más caras, indique una opción o pulse INTRO.*
Precise un punto base de desplazamiento: *Precise un punto base.*
Precise un segundo punto de desplazamiento: *Precise un punto o pulse INTRO.*

La cara se desplazará a la ubicación indicada.

Girar

Esta opción permite girar las caras seleccionadas según determinado ángulo. Por ejemplo, puede girar agujeros en torno a un punto base y según un ángulo absoluto o relativo (figura 11.32). La dirección en la que tiene lugar el giro queda determinada en función del SCP actual y de la variable de sistema **AGDIR**. El valor por defecto es contrario al de las agujas del reloj con respecto al SCP actual. Las solicitudes de comando son:

Designe caras o [desHacer/Suprimir/Todas]: *Designe caras o indique una opción.*
Precise un punto de eje o [Eje por objeto/Vista/ejeX/ejeY/ejeZ] <2puntos>: *Designe un punto, indique una opción o pulse INTRO.*

Si pulsa INTRO para utilizar la opción **2puntos**, AutoCAD solicitará que precise dos puntos que definan el eje de rotación. Las solicitudes de comando son:

Precise el primer punto en el eje de rotación: *Precise el primer punto del eje.*
Precise el segundo punto en el eje de rotación: *Precise el segundo punto.*
Precise ángulo de rotación o [Referencia]: *Precise el ángulo de rotación o indique **R** para utilizar la opción **Referencia**.*

La opción **Eje por objeto** permite designar un objeto para definir el eje de rotación. El eje de rotación se alineará con el objeto seleccionado. Por ejemplo, si selecciona un círculo, el eje de rotación quedará definido como aquel que atraviesa el centro del círculo y es normal a su plano. Con esta opción también puede utilizar una línea, elipse, arco, polilínea 2D, 3D y con grosor, así como incluso una spline. Las solicitudes de comando son:

Designe una curva que se va a usar para el eje: *Designe el objeto a definir como eje de rotación.*
Precise ángulo de rotación o [Referencia]: *Precise el ángulo de rotación o utilice la opción de ángulo de referencia.*

La opción **Vista** alinea el eje de rotación con el eje que atraviesa el punto precisado y es perpendicular a la vista actual. Las solicitudes de comando son:

Precise el origen de rotación <0,0,0>: *Precise un punto por el que pasará el eje de rotación.*
Precise ángulo de rotación o [Referencia]: *Precise el ángulo de rotación o utilice la opción de ángulo de referencia.*

Las opciones **ejeX**, **ejeY** y **ejeZ** alinean el eje de rotación con el eje que atraviesa el punto precisado. Las solicitudes de comando son:

> Precise el origen de rotación <0,0,0>: *Precise un punto por el que pasará el eje de rotación.*
> Precise ángulo de rotación o [Referencia]: *Precise el ángulo de rotación o utilice la opción de ángulo de referencia.*

dEsfasar

La opción **dEsfasar** permite desfasar caras uniformemente a lo largo de determinada distancia en un sólido 3D. El desfase tiene lugar en la dirección del lado positivo de la cara. Por ejemplo, puede desfasar agujeros hacia un tamaño mayor o menor en un objeto 3D a lo largo de cierta distancia. Un valor positivo incrementa el tamaño del sólido; un valor negativo reduce el tamaño del sólido. En la figura 11.33, el agujero del sólido se ha desfasado a un tamaño menor.

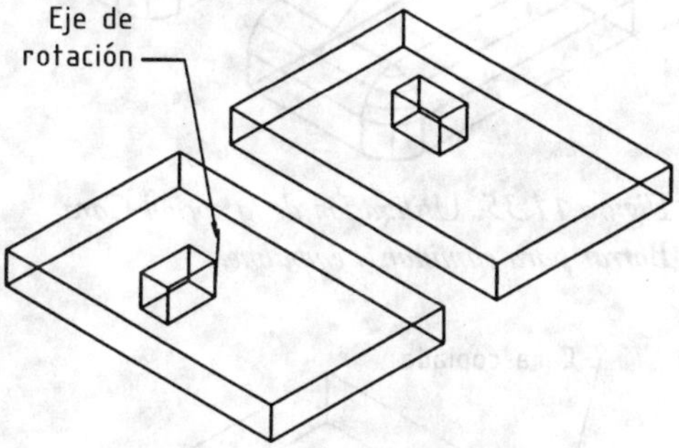

Figura 11.32. *Utilización de la opción* ***Cara Girar*** *para girar el agujero en el sólido 3D.*

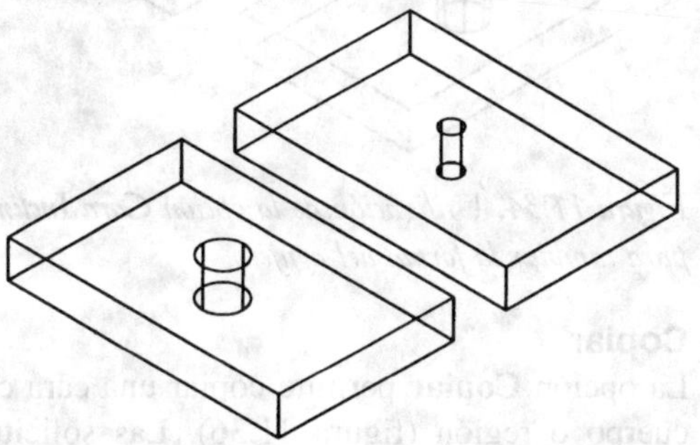

Figura 11.33. *Utilización de la opción* ***Cara dEsfasar*** *para desfasar el agujero del objeto 3D a un tamaño menor.*

Inclinar

Esta opción permite inclinar las caras seleccionadas el ángulo precisado (figura 11.34). La inclinación tendrá lugar en función de la secuencia de punto base y segundo punto en la cara seleccionada. También depende de que el ángulo de inclinación sea positivo o negativo. Un valor positivo inclina la cara hacia el interior; un valor negativo la inclina hacia el exterior. Puede indicar un valor entre -90 y +90 grados. Con el valor predeterminado de 0, AutoCAD extrude la cara a lo largo del eje perpendicular a la misma. Si ha seleccionado más de una capa, todas se inclinarán el mismo ángulo. Las solicitudes de comando son:

> Designe caras o [desHacer/Suprimir/Todas]: *Designe una o más caras, indique una opción o pulse INTRO.*
> Precise el punto base: *Precise un punto base.*
> Precise otro punto en el eje de inclinación: *Precise un punto.*
> Precise ángulo de inclinación: *Indique un ángulo entre -90 y +90 grados.*

Borrar

Elimina del sólido 3D las caras seleccionadas. También elimina chaflanes y empalmes (figura 11.35). Las solicitudes de comando son:

> Designe caras o [desHacer/Suprimir/Todas]: *Designe caras, indique una opción o pulse INTRO.*
> Validación de sólido iniciada.
> Validación de sólido finalizada.

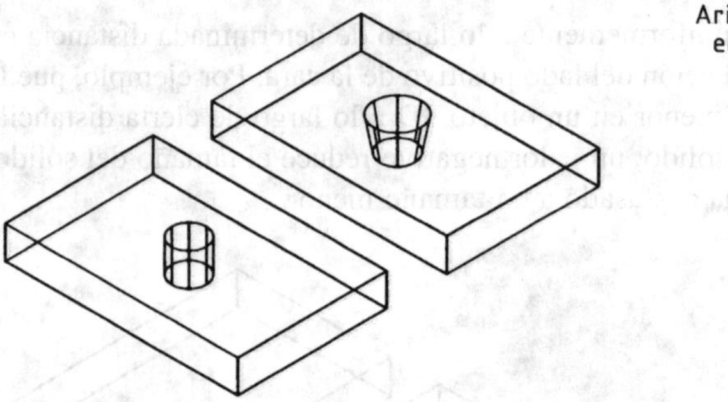

Figura 11.34. Utilización de la opción ***Cara Inclinar*** *para cambiar la forma del agujero.*

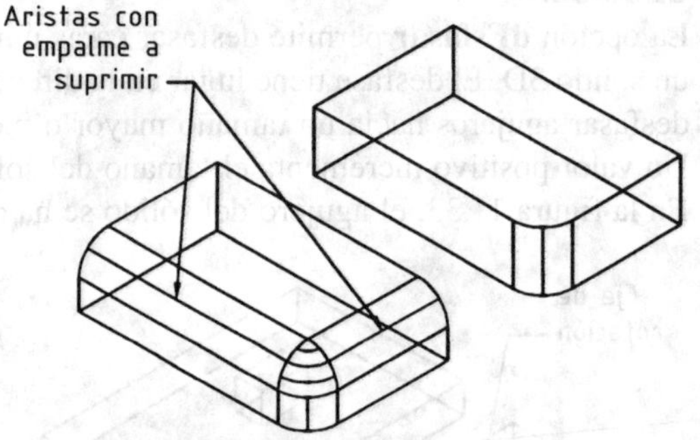

Figura 11.35. Utilización de la opción ***Cara Borrar*** *para eliminar el empalme.*

Copiar

La opción **Copiar** permite copiar una cara como un cuerpo o región (figura 11.36). Las solicitudes de comando son:

> Designe caras o [desHacer/Suprimir/Todas]:
> *Designe caras, indique una opción o pulse INTRO.*
> Precise un punto base de desplazamiento:
> *Precise un punto base.*
> Precise un segundo punto de desplazamiento:
> *Precise un punto.*

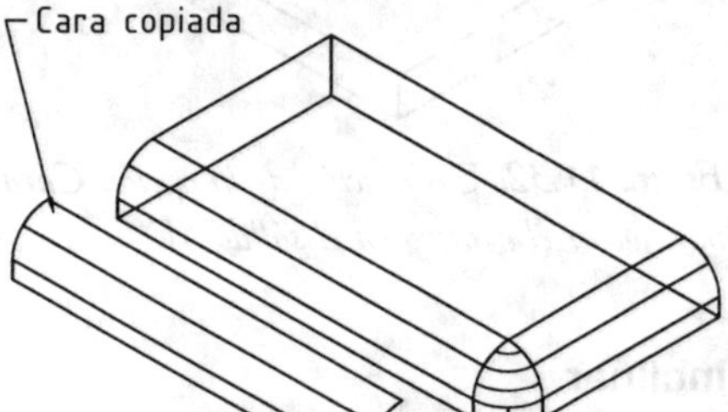

Figura 11.36. Utilización de la opción ***Cara Copiar*** *para copiar una cara del sólido 3D.*

cOlor

Cambia el color de la cara designada. Al pulsar INTRO, AutoCAD muestra el cuadro de diálogo **Seleccionar color**. Elija el color que desee aplicar a la capa designada. La solicitud en la línea de comando es:

> Designe caras o [desHacer/Suprimir/Todas]: *Designe caras, indique una opción o pulse INTRO.*

desHacer

Esta opción permite cancelar los cambios efectuados en las caras durante la utilización del comando **EDITSOLIDO**.

Salir

Esta opción permite regresar a la solicitud principal del comando **EDITSOLIDO**.

Opción Arista

Con la opción Arista puede modificar propiedades de las aristas de sólidos. Es posible copiar aristas y cambiar su color. Las solicitudes de comando son:

Comando: **EDITSOLIDO**
Comprobación automática de edición de sólidos: SOLIDCHECK=1
Indique una opción de edición de sólidos [Cara/Arista/cUerpo/desHacer/Salir] <Salir>: **A**
Indique una opción de edición de aristas [Copiar/cOlor/desHacer/Salir] <Salir>: *Indique una opción o pulse INTRO.*

A continuación se describen las opciones correspondientes a la edición de aristas.

Copiar

Esta opción permite copiar las aristas deseadas de un sólido 3D (figura 11.37). AutoCAD copia las aristas como líneas, arcos, círculos, elipses o splines. Tras indicar **C** como opción de edición de aristas, AutoCAD solicitará lo siguiente:

Designe aristas o [desHacer/Suprimir]: *Designe la arista o aristas que desee copiar.*
Precise un punto base de desplazamiento: *Precise un punto base.*
Precise un segundo punto de desplazamiento: *Precise otro punto*
Indique una opción de edición de aristas [Copiar/cOlor/desHacer/Salir] <Salir>: Intro
Comprobación automática de edición de sólidos: SOLIDCHECK=1
Indique una opción de edición de sólidos [Cara/Arista/cUerpo/desHacer/Salir] <Salir>: Intro

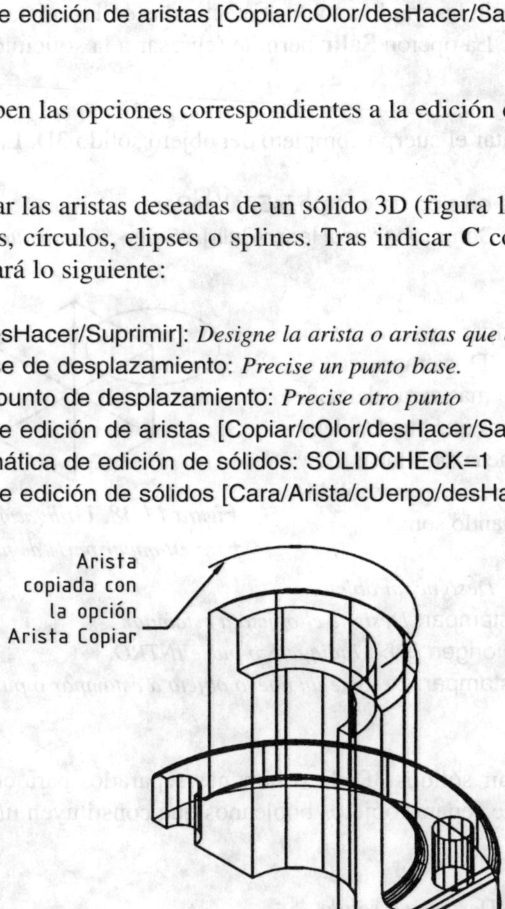

Figura 11.37. *Utilización de la opción **Arista Copiar** para copiar la arista superior del sólido 3D.*

cOlor

Puede utilizar la opción **cOlor** para cambiar el color de la arista designada en un sólido 3D. La solicitud de comando es:

Designe aristas o [desHacer/Suprimir]: *Designe las aristas deseadas o indique una opción.*

Cuando pulse INTRO tras designar las aristas, aparecerá el cuadro de diálogo **Seleccionar color**. Seleccione un color para aplicarlo a las aristas seleccionadas. También puede asignar un color indicando su nombre o número. Cada arista del sólido puede tener asignado un color diferente.

La opción **desHacer** cancela las modificaciones efectuadas en las aristas durante la utilización del comando **EDITSOLIDO**. La opción **Salir** permite regresar a la solicitud principal del comando.

Opción cUerpo

Estas opciones pueden editar el cuerpo completo del objeto sólido 3D. La solicitud de comando es:

Indique una opción de edición de cuerpo [sEñal/sePararsólidos/Funda/Limpiar/Comprobar/desHacer/Salir] <Salir>: *Indique una opción o pulse INTRO.*

sEñal

Esta opción permite estampar la señal de un objeto en el objeto sólido 3D, siempre que el objeto interseque con una o más caras del sólido (figura 11.38). Los objetos que pueden dejar señal son arcos, círculos, líneas, polilíneas 2D y 3D, elipses, splines, regiones, cuerpos y sólidos 3D. Las solicitudes de comando son:

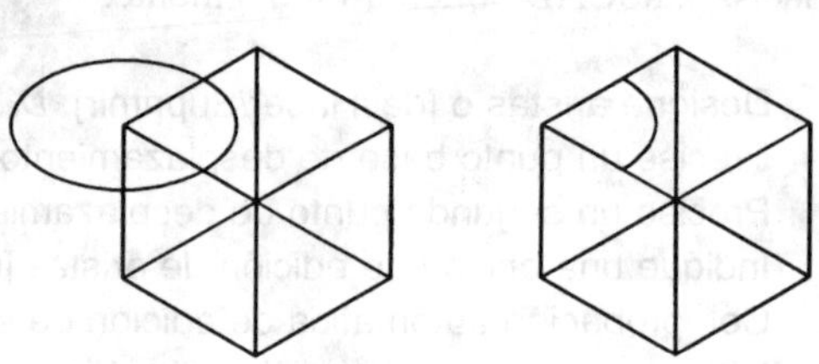

Figura 11.38. *Utilización de la opción **cUerpo sEñal** para estampar parte de un círculo en la cara del cubo.*

Designe un sólido 3D: *Designe un objeto.*
Designe objeto que estampar: *Designe el objeto a estampar.*
¿Suprimir el objeto de origen <N>: *Indique S o pulse INTRO.*
Designe objeto que estampar: *Designe un nuevo objeto a estampar o pulse INTRO.*

sePararsólidos

Esta opción permite desunir sólidos 3D de volúmenes separados para convertirlos en sólidos 3D independientes. No permite separar objetos booleanos que constituyen un único volumen. La solicitud de comando es:

Designe un sólido 3D: *Designe un sólido.*

Funda

Esta opción permite crear la funda de un determinado sólido 3D. Una funda es una pared de determinado grosor creada en el perímetro exterior o interior del sólido, quedando vacío el interior (figura 11.39). A cada objeto 3D puede aplicarse tan sólo una funda. Puede extrudir ciertas caras antes de que tenga lugar el desfase de las caras. Las solicitudes de comando son:

Designe un sólido 3D: *Designe un objeto.*
Suprima caras o [desHacer/Añadir/Todas]: *Designe caras, indique una opción o pulse INTRO.*
Indique la distancia de desfase de funda: *Precise una distancia.*

Si precisa una distancia positiva, AutoCAD creará la funda hacia el perímetro interior del sólido 3D; una distancia negativa crea la funda hacia el perímetro exterior del sólido.

Limpiar

Esta opción permite suprimir aristas y vértices que compartan la misma definición de superficie o de curva en cualquier lado de la arista o vértice. Elimina todas las aristas y vértices redundantes, la geometría estampada y la que no se utiliza (figura 11.40). También combina las caras que comparten la misma superficie. La solicitud de comando es:

Designe un sólido 3D: *Designe un objeto.*

Comprobar

Esta opción puede utilizarse para comprobar si un objeto sólido previamente dibujado es realmente un objeto sólido 3D válido. Esta opción es independiente de la variable de sistema **SOLIDCHECK**. La variable **SOLIDCHECK** activa o desactiva la validación de sólidos en la sesión de dibujo actual cuando se utilizan las opciones del comando **EDITSOLIDO**. El valor por defecto es 1 (validación de sólidos activada). Si el objeto sólido es un objeto sólido 3D válido, podrá utilizar con él las opciones de edición de sólidos sin que AutoCAD muestre ningún mensaje de error ACIS. La edición de sólidos sólo puede llevarse a cabo en sólidos 3D válidos. Las solicitudes de comando son:

Designe un sólido 3D: *Designe un sólido que desee comprobar.*
Este objeto es un sólido ACIS válido.

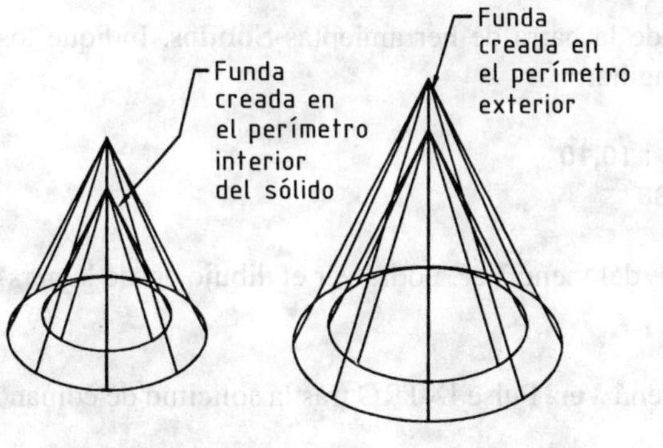

Figura 11.39. *Utilización de la opción* ***cUerpo Funda*** *para crear una funda en un cono 3D.*

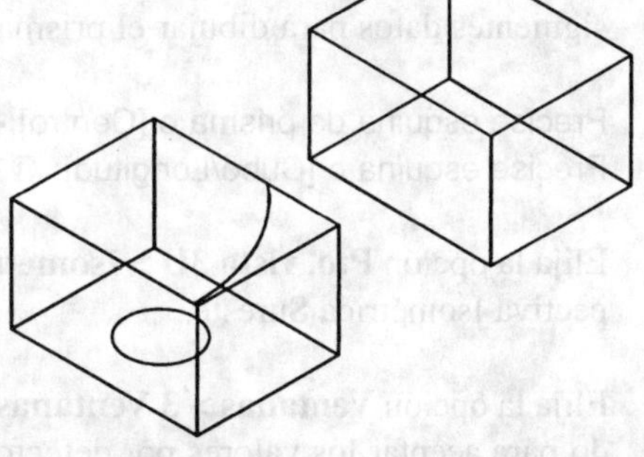

Figura 11.40. *Utilización de la opción* ***cUerpo Limpiar*** *para eliminar geometría redundante y estampada.*

Por último, la opción **desHacer** cancela las modificaciones efectuadas y la opción **Salir** permite regresar a la solicitud principal del comando **EDITSOLIDO**.

Opción desHacer

En la solicitud principal del comando **EDITSOLIDO**, esta opción permite cancelar o deshacer la acción de edición efectuada.

Opción Salir

Esta opción permite salir del comando **EDITSOLIDO**.

Ejemplo 3

Crearemos un sólido 3D como el que aparece en la figura 11.41. Después utilizaremos la barra de herramientas **Editar sólidos** para modificarlo hasta obtener el sólido mostrado en la figura 11.42.

Figura 11.41. Dibujo para el ejemplo 3.

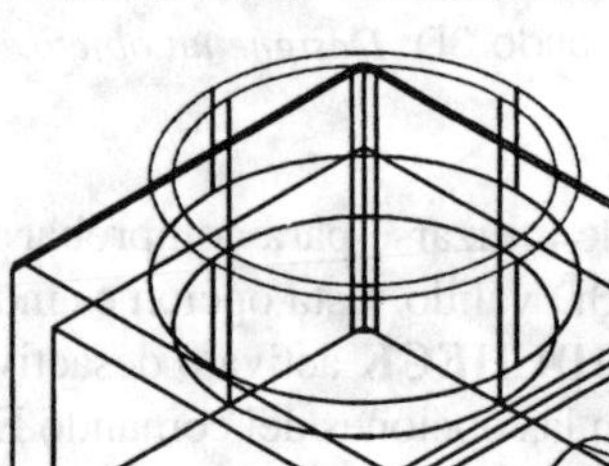

Figura 11.42. Dibujo tras utilizar las opciones de edición de sólidos.

1. Haga clic en el botón **Prisma rectangular** de la barra de herramientas **Sólidos**. Indique los siguientes datos para dibujar el prisma rectangular:

   Precise esquina de prisma o [Centro] <0,0,0>: **10,10**
   Precise esquina o [Cubo/Longitud]: **@76,76,38**

2. Elija la opción **Pto. vista 3D > Isométrico SE** del menú **Ver**. Podrá ver el dibujo desde la perspectiva Isométrica Sureste.

3. Elija la opción **Ventanas > 3 Ventanas** del menú **Ver**. Pulse INTRO tras la solicitud de comando para aceptar los valores por defecto.

4. Haga clic en la ventana superior izquierda para convertirla en actual. Elija **Mostrar cuadro de diálogo SCP** en el botón desplegable **SCP** de la barra de herramientas **Estándar**. Aparecerá el

cuadro de diálogo **SCP**. Acceda a la ficha **SCP ortogonales** y seleccione **Derecha** en la lista. Haga clic en **Definir actual** y después en **Aceptar**. De igual forma, configure a **Superior** el SCP de la ventana inferior izquierda.

5. En la ventana superior izquierda, configure la resolución en 1 y haga clic en el botón **Cilindro** de la barra de herramientas **Sólidos**. Indique la siguiente información tras las solicitudes:

   Densidad de estructura alámbrica actual: ISOLINES=4
   Precise centro de base de cilíndro o [Elíptico] <0,0,0>: *Utilice el rastreo para localizar el centro de la base del cilindro, a 52 mm en dirección X y 14 mm en dirección Y a partir del vértice inferior.*
   Precise radio para base de cilíndro o [Diámetro]: **D**
   Precise diámetro para base de cilíndro: **22**
   Precise altura de cilindro o [Centro del otro extremo]: **10**

6. De igual forma, dibuje un cilindro de mayor tamaño en la cara superior. Convierta en actual la ventana inferior izquierda y utilice el rastreo de referencia a objetos para localizar el centro de la base del cilindro en el centro de la cara superior del prisma rectangular.

   Precise radio para base de cilíndro o [Diámetro]: **D**
   Precise diámetro para base de cilíndro: **54**
   Precise altura de cilindro o [Centro del otro extremo]: **38**

7. Amplíe el zoom hasta la extensión del dibujo en la ventana gráfica actual. Podrá ver un dibujo semejante al mostrado en la figura 11.42. Haga clic en el botón **Unión** de la barra de herramientas **Editar sólidos** y designe los tres sólidos para unirlos en un único sólido compuesto.

8. Haga clic en el botón Funda de la barra de herramientas Editar sólidos.

   Designe un sólido 3D:
   Suprima caras o [desHacer/Añadir/Todas]: *Suprima la cara superior del cilindro mayor, la cara frontal del cilindro menor y la cara lateral del prisma rectangular para obtener el resultado mostrado en la figura 11.42.*
   Indique la distancia de desfase de funda: **-10**
   Validación de sólido iniciada.
   Validación de sólido finalizada.

9. Convierta en actual la ventana derecha y utilice Órbita 3D y los modos de sombreado para ver el sólido. A continuación, muéstrelo con la vista Isométrica SE y en representación alámbrica.

10. En la ventana inferior izquierda, amplíe el dibujo en el pequeño agujero cilíndrico y haga clic en el botón **Inclinar caras** de la barra de herramientas **Editar sólidos**.

    Designe caras o [desHacer/Suprimir]: *Designe las caras del agujero menor.*
    Designe caras o [desHacer/Suprimir/Todas]: Intro

Precise el punto base: *Precise el centro de la base del agujero cilíndrico.*
Precise otro punto en el eje de inclinación: *Precise el centro del agujero cilíndrico en el interior.*
Precise ángulo de inclinación: **10**
Validación de sólido iniciada.
Validación de sólido finalizada.

11. Haga clic en el botón **Colorear caras** de la barra de herramientas **Editar sólidos**. Designe la cara curvada del agujero y pulse INTRO. Seleccione el color azul en el cuadro de diálogo **Seleccionar color**.

12. En la ventana inferior izquierda, amplíe el dibujo en el cilindro superior. Elija la opción **dEsfasar** e indique -6 como distancia de desfase. Elija después la opción **cOlor**. Designe la cara superior y seleccione el color rojo en el cuadro de diálogo **Seleccionar color**.

13. Modifique el zoom a la extensión del dibujo. Haga clic en el botón **Empalme** de la barra de herramientas **Modificar**. Configure un valor de 3 para el radio. Seleccione todas las aristas a empalmar y pulse INTRO. El modelo se asemejará ahora al mostrado en la figura 11.42.

14. Puede revisar el modelo con Órbita 3D en cualquiera de las ventanas gráficas.

COMANDO SOLVIEW

Barra de herramientas:	Sólidos > Configurar vista
Menú:	Dibujo > Sólidos > Configurar > Vista
Comando:	SOLVIEW

SOLVIEW es una aplicación ARX definida externamente (acsolids.arx). Este comando le guiará en el proceso de creación de vistas ortogonales o auxiliares. El comando **SOLVIEW** crea ventanas gráficas flotantes mediante proyección ortogonal para presentar dibujos con varias vistas y secciones de sólidos, dentro de una ficha de presentación.

El comando **SOLVIEW** crea automáticamente capas separadas para las líneas visibles, las líneas ocultas y el sombreado de sección de cada vista. **SOLVIEW** también crea capas para la acotación en cada ventana gráficas. Puede utilizar estas capas para dibujar cotas en distintas ventanas gráficas. A continuación se muestra la convención de nombres para las capas:

Nombre de capa	**Tipo de objeto**
Nombre de la vista-VIS	Líneas visibles.
Nombre de la vista-HID	Líneas ocultas.
Nombre de la vista-DIM	Cotas.
Nombre de la vista-HAT	Patrones de sombreado (para secciones).

El nombre de la vista es el nombre de capa definido por el usuario para la vista al crearla.

Nota

La información almacenada en estas capas se suprime y actualiza al ejecutar SOLDRAW. Por lo tanto, no sitúe ninguna información permanente del dibujo en estas capas.

Las solicitudes de comando son:

Comando: **SOLVIEW**
Regenerando presentación.
Regenerando modelo.
Indique una opción [SCP/Orto/Auxiliar/sEcción]: *Indique una opción o pulse INTRO para salir del comando.*

Opción SCP

Esta opción permite crear un perfil relativo al SCP. Aun cuando otras opciones requieren la existencia de ventanas gráficas, esta opción puede utilizarse incluso aunque no existan. El SCP puede ser el SCP actual o cualquiera de los SCP guardados. La ventana flotante creada será paralela al plano XY del SCP actual. La siguiente solicitud es:

Indique una opción [Memorizada/Universal/?/Actual] <Actual>: *Indique una opción o pulse INTRO para aceptar el SCP actual.*

Si utiliza la opción **Memorizada**, podrá utilizar un SCP guardado para crear una vista de perfil. Las solicitudes de comando son:

Indique nombre del SCP a restituir: *Indique el nombre del SCP que desea utilizar.*
Indique la escala de la vista<1>: *Indique un factor de escala positivo.*

El valor indicado para el factor de escala es equivalente a modificar el zoom en una ventana por un factor relativo al espacio papel. La relación predeterminada es 1:1. La siguiente solicitud es:

Precise centro de la vista <precisar ventana>: *Precise un punto o pulse INTRO.*

Dicho punto se basa en la extensión del espacio modelo. Las siguientes solicitudes son:

Precise primera esquina de la ventana: *Precise un punto.*
Precise esquina opuesta de la ventana: *Precise un punto.*
Indique nombre de la vista: *Indique un nombre para la vista.*

La opción **Universal** utiliza el plano XY del SCU para crear una vista de perfil. Las solicitudes coinciden con las de la opción **Memorizada**. La opción **?** ofrece una lista de todos los SCP disponibles. La solicitud de comando es:

Indique nombres de SCP a listar <*>: *Indique un nombre(con o sin caracteres comodín) o pulse INTRO para obtener una lista de todos los SCP.*

La opción **Actual** utiliza el plano XY del SCP actual para crear la vista de perfil. Ésta es la opción por defecto.

Opción Orto

La opción **Orto** crea una vista ortogonal plegada a partir de una vista existente. AutoCAD solicita que precise el lado de la ventana desde el que desea proyectar la vista. Las solicitudes de comando son:

Designe el lado de la ventana para la proyección: *Designe el borde de una ventana gráfica.*
Indique centro de la vista: *Precise un punto.*
Precise centro de la vista <precisar ventana>: Intro
Precise primera esquina de la ventana: *Precise un punto.*
Precise esquina opuesta de la ventana: *Precise un punto.*
Indique nombre de la vista: *Indique un nombre para la vista.*

Opción Auxiliar

Esta opción crea una vista auxiliar a partir de una vista existente. Una vista auxiliar es aquella que se proyecta sobre un plano perpendicular a una de las vistas ortogonales y que se inclina en la vista adyacente. AutoCAD solicita que defina el plano inclinado utilizado para la proyección auxiliar. Las solicitudes de comando son:

Precise primer punto de plano inclinado: *Precise un primer punto.*
Precise segundo punto del plano inclinado: *Precise un segundo punto.*
Precise lado para la vista: *Precise un punto.*
Indique centro de la vista: *Precise un punto.*
Precise centro de la vista <precisar ventana>: Intro
Precise primera esquina de la ventana: *Precise la primera esquina.*
Precise esquina opuesta de la ventana: *Precise la esquina opuesta.*
Indique nombre de la vista: *Indique un nombre para la vista.*

Opción sEcción

Esta opción crea una vista seccionada del sólido 3D. La sección también incluye sombreado. Al utilizar el comando **SOLDRAW** con la vista seccionada, se creará una copia temporal del dibujo y se utilizará el comando **CORTE**. A continuación, **SOLDRAW** creará la mitad visible y descartará la copia. La capa *Nombre de la vista*-HID quedará inutilizada. AutoCAD solicitará que designe el plano de corte; las solicitudes son:

Precise primer punto del plano de corte: *Precise un primer punto.*
Precise segundo punto del plano de corte: *Precise un segundo punto.*

Una vez definido el plano de corte, puede precisar el lado para la vista y la escala de la vista, relativo a espacio papel. Las solicitudes de comando son:

Precise lado para la vista: *Precise un punto.*
Indique la escala de la vista<*actual*>: *Indique un valor positivo.*
Indique centro de la vista: *Precise un punto.*
Precise centro de la vista <precisar ventana>: Intro
Precise primera esquina de la ventana: *Precise la primera esquina.*
Precise esquina opuesta de la ventana: *Precise la esquina opuesta.*
Indique nombre de la vista: *Indique un nombre para la vista.*

COMANDO SOLDRAW

Barra de herramientas:	Sólidos > Configurar dibujo
Menú:	Dibujo > Sólidos > Configurar > Dibujo
Comando:	SOLDRAW

El comando **SOLDRAW** genera vistas de perfil y de sección en las ventanas creadas con el comando **SOLVIEW**. Crea las líneas visibles y ocultas que representan la silueta y aristas de los sólidos en una ventana gráfica y, después, las proyecta en un plano perpendicular a la dirección de vista. En el caso de vistas de sección, el sombreado cruzado se crea automáticamente utilizando el patrón de sombreado actual (variable de sistema **HPNAME**), el ángulo de sombreado (**HPANG**) y la escala de sombreado (**HPSCALE**). Si existe algún perfil o sección en las ventanas gráficas seleccionadas, se suprimen y reemplazan con los nuevos. Las solicitudes de comando son:

Designe las ventanas a dibujar:
Designe objetos: *Designe las ventanas gráficas a dibujar.*

Nota

No debe situar ninguna información en las capas Nombre de la vista-VIS, Nombre de la vista-HID y Nombre de la vista-HAT, pues AutoCAD suprime y actualiza la información contenida en dichas capas al utilizar el comando SOLDRAW.

Para redibujar con SOLDRAW dibujos creados con el comando SOLVIEW en la versión 12 de AutoCAD, realice primero una conversión de sólidos AME a sólidos 3D de AutoCAD; utilice para ello el comando CONVERTAME.

Ejemplo 4

En este ejemplo utilizaremos el comando **SOLVIEW** para dibujar las vistas superior y lateral derecha de un objeto sólido (figura 11.43).

1. Dibuje un prisma rectangular y dos cilindros. Una el prisma rectangular y el cilindro exterior. Sustraiga el cilindro interior del sólido resultante. El resultado debe asemejarse al mostrado en la figura 11.43.

2. Ejecute el comando **SOLVIEW**. AutoCAD cambiará automáticamente a espacio papel (**TILEMODE** = 0), creará una ventana flotante y mostrará la solicitud Indique una opción [SCP/Orto/Auxiliar/sEcción]:. Indique **O** para iniciar la opción **Orto**.

3. AutoCAD mostrará la solicitud Designe el lado de la ventana para la proyección:. Designe el lado derecho de la ventana flotante. Después precise un punto (centro de la vista) en el que desee situar la vista.

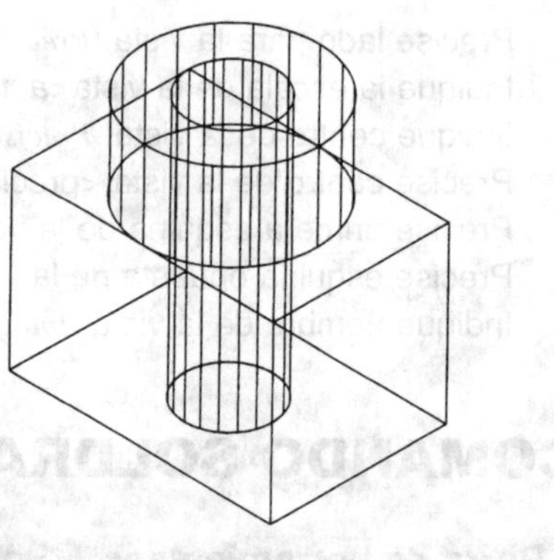

Figura 11.43. *Objeto de modelo sólido para el ejemplo 4.*

4. Una vez definido el centro de la vista, AutoCAD solicitará que precise dos esquinas de la ventana flotante. Ambas esquinas definen la ventana flotante para la vista y delimita los objetos incluidos dentro de la ventana precisada.

5. A continuación, AutoCAD solicitará que indique el nombre de la vista, el cual se utilizará para crear capas. Indique **VistaLatDer** para vista lateral derecha.

6. Repita los pasos anteriores para obtener la vista superior (**VistaSup**), mostrada en la figura 11.44. Observe que algunas líneas atraviesan el objeto tanto en la vista lateral como en la superior.

7. Ejecute el comando **SOLDRAW**. AutoCAD mostrará la siguiente solicitud:
   Designe las ventanas a dibujar:
   Designe objetos:

   Designe las ventanas flotantes lateral y superior. Las líneas de malla desaparecerán de las vistas seleccionadas y las líneas ocultas se situarán en las capas VistaLatDer-HID y VistaSup-HID. En el cuadro de diálogo **Administrador de propiedades de capas** (botón **Capas** de la barra de herramientas **Propiedades de objetos**), cambie el tipo de línea de VistaLatDer-HID y VistaSup-HID a LÍNEAS_OCULTAS. La figura 11.45 muestra la vista resultante con líneas ocultas.

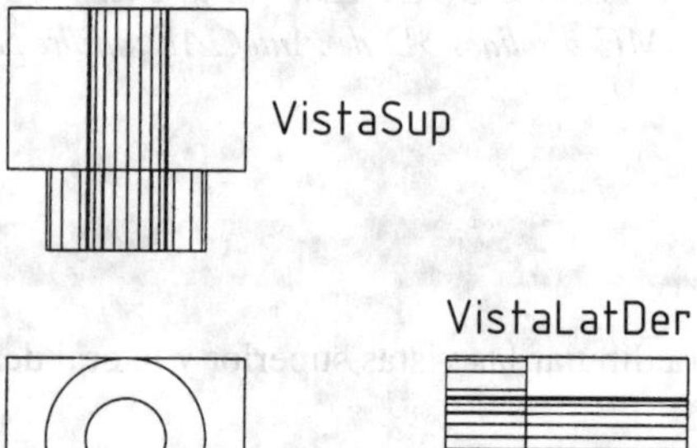

Figura 11.44. *Utilización del comando SOLVIEW para crear vistas.*

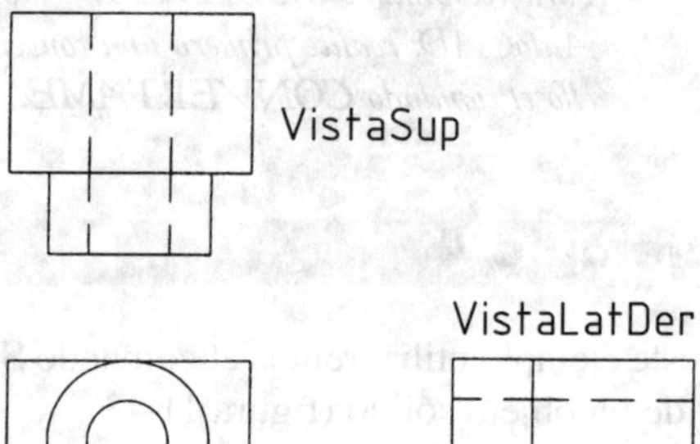

Figura 11.45. *Utilización del comando SOLDRAW para aclarar el dibujo.*

COMANDO SOLPERFIL

Barra de herramientas: Sólidos > Configurar perfil
Menú: Dibujo > Sólidos > Configurar > Perfil
Comando: SOLPERFIL

El comando **SOLPERFIL** crea imágenes de perfil de sólidos 3D; muestra tan sólo la silueta y las aristas de las superficies curvas de los sólidos en la vista actual. Antes de poder utilizar este comando, debe definir **TILEMODE** en 0 (configurar una ficha de presentación y crear una ventana flotante). Con el siguiente ejemplo podrá comprobar la utilización del comando **SOLPERFIL**.

Ejemplo 5

En este ejemplo utilizaremos el comando **SOLPERFIL** para crear los perfiles lateral derecho y superior del objeto sólido mostrado anteriormente en la figura 11.43.

1. Dibuje un prisma rectangular y dos cilindros. Una el prisma rectangular y el cilindro exterior. Sustraiga el cilindro interior del sólido resultante. El resultado debe asemejarse a la figura 11.43.

2. Configure la ficha de presentación. Ahora se encontrará en espacio papel. Utilice los comandos **-VENTANAS** o **VMULT** para crear tres ventanas flotantes, tal como muestra la figura 11.46.

3. Utilice el comando **ESPACIOM** para cambiar a espacio modelo. Utilice el comando **PTOVISTA** para modificar los puntos de vista en las ventanas; configure (0,-1,0), (1,0,0) y (0,0,1) para las ventanas inferior izquierda, inferior derecha y superior izquierda, respectivamente.

4. Active la ventana inferior izquierda y utilice el comando **SOLPERFIL** para crear la imagen de perfil. Al iniciar este comando, AutoCAD mostrará las siguientes solicitudes:

   Designe objetos: *Designe un objeto de modelo sólido.*
   ¿Mostrar en una capa distinta las líneas de perfil ocultas? [Sí/No] <S>: *Indique S o N.*

   Si responde afirmativamente a la solicitud anterior, AutoCAD generará dos bloques, uno para las líneas visibles y otro para las líneas ocultas. Si responde negativamente, AutoCAD considerará todas las líneas de perfil como líneas visibles y creará un único bloque para las líneas de perfil del sólido o sólidos designados.

   ¿Proyectar las líneas del perfil en un plano? [Sí/No] <S>: *Indique S o N.*

   Si indica **S,** AutoCAD creará las líneas de perfil con objetos 2D en un plano perpendicular a la dirección de vista y que pasa por el origen del SCP actual. Si indica **N**, AutoCAD creará las líneas de perfil con objetos 3D.

¿Suprimir aristas tangenciales? [Sí/No] <S>: *Indique **S** o **N**.*

Una línea tangencial es una línea de transición entre dos caras tangenciales.

5. Repita el paso 4 con las otras ventanas flotantes para crear los perfiles necesarios. Después inutilice la capa que contiene el objeto sólido original. La figura 11.47 muestra los perfiles resultantes.

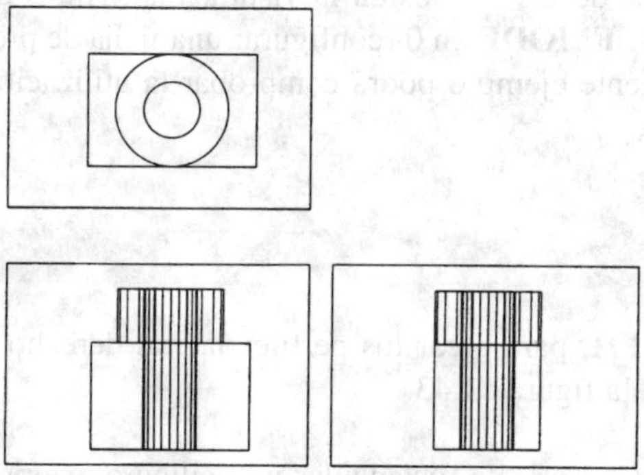

Figura 11.46. *Utilización del comando VMULT y PTOVISTA para crear ventanas con diferentes vistas.*

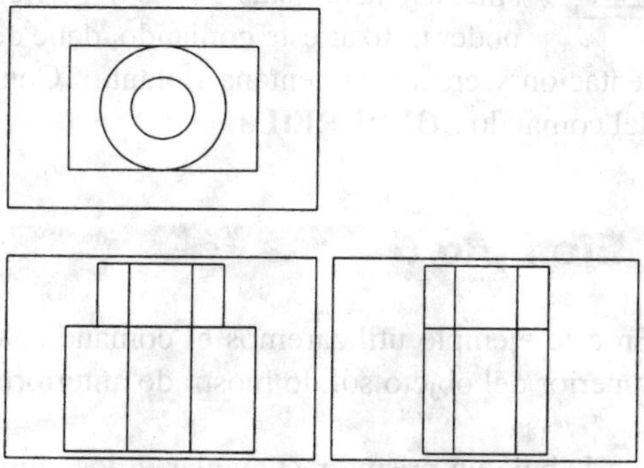

Figura 11.47. *Utilización del comando SOLPERFIL para crear perfiles.*

Importación de un archivo ACIS (ACISIN)

El comando **ACISIN** permite importar un modelo almacenado en un archivo ACIS. Una vez leído el archivo, AutoCAD crea los objetos, sólidos o regiones a partir de los datos contenidos en el archivo ACIS. ACIS es un formato de archivo para el modelado de sólidos. AutoCAD utiliza este formato para almacenar información (datos) de objetos sólidos. El archivo puede guardarse como un archivo ASCII con la extensión .sat. Para abrir el cuadro de diálogo **Seleccionar archivo ACIS** (figura 11.48), puede elegir la opción **Archivo ACIS** del menú **Insertar**. Si lo prefiere, puede indicar **ACISIN** en la solicitud de comando. Si utiliza el comando **IMPORTAR**, aparecerá el cuadro de diálogo **Importar archivo de texto** (figura 11.49).

Exportación de objetos sólidos en un archivo ACIS (ACISOUT)

El comando **ACISOUT** se utiliza para exportar un sólido o una región de AutoCAD al formato ACIS de modelado sólido. ACIS es un formato de archivo para el modelado de sólidos. AutoCAD utiliza este formato para almacenar información de objetos sólidos. El archivo puede guardarse como archivo ASCII de extensión .sat. Para abrir el cuadro de diálogo **Crear archivo ACIS** (figura 11.50), puede elegir la opción indique **ACISOUT** en la solicitud de comando. AutoCAD solicitará que designe los objetos a exportar. Pulse INTRO para terminar la selección y mostrar el cuadro de diálogo.

También puede crear un archivo ACIS con la opción **Exportar** del menú **Archivo**. Aparecerá el cuadro de diálogo **Exportar datos** (figura 11.51). Seleccione **ACIS (*.sat)** en el cuadro de lista desplegable **Guardar como archivos de tipo**.

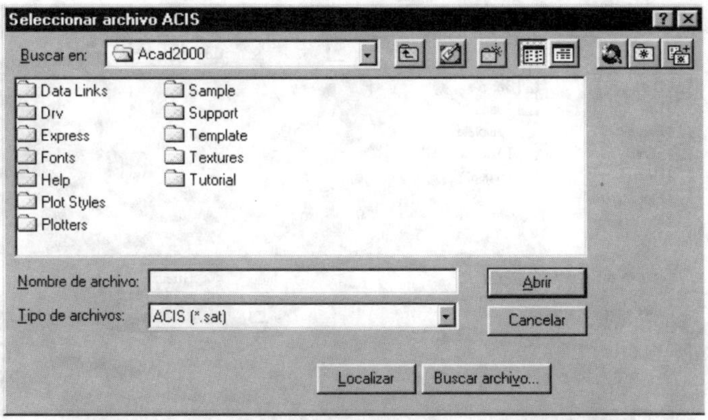

Figura 11.48. Cuadro de diálogo ***Seleccionar archivo ACIS.***

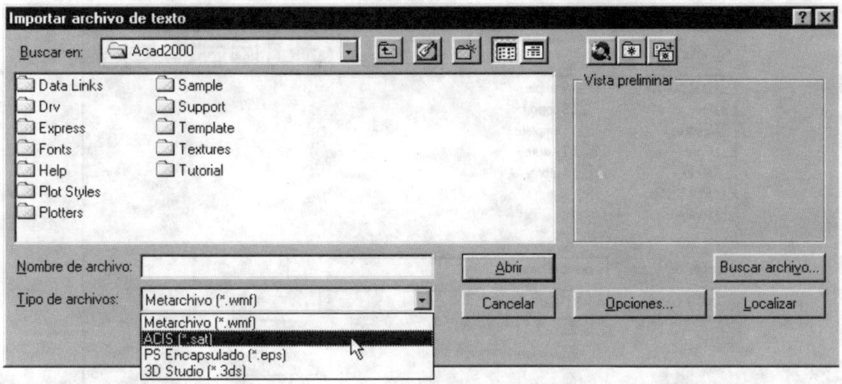

Figura 11.49. Cuadro de diálogo ***Importar archivo de texto.***

Almacenamiento de un dibujo en formato estereolitográfico (SALVASTL)

El comando **SALVASTL** permite escribir los datos del modelo sólido en un archivo ASCII o binario con extensión .stl. El formato de archivo STL es compatible con aparatos de estereolitografía (SLA). La estación de trabajo SLA utiliza estos datos para construir un componente en una serie de capas; cada capa define un contorno del modelo sólido. Puede abrir el cuadro de diálogo **Crear archivo STL** (figura 11.52) indicando **SALVASTL** en la solicitud de comando.

Comando: **SALVASTL**
Designe un sólido para salida estereolitográfica (STL):
Designe objetos: *Designe el objeto u objetos.*
Designe objetos: Intro
¿Crear un archivo STL binario? [Sí/No] <S>: *Indique **S** o **N**.*

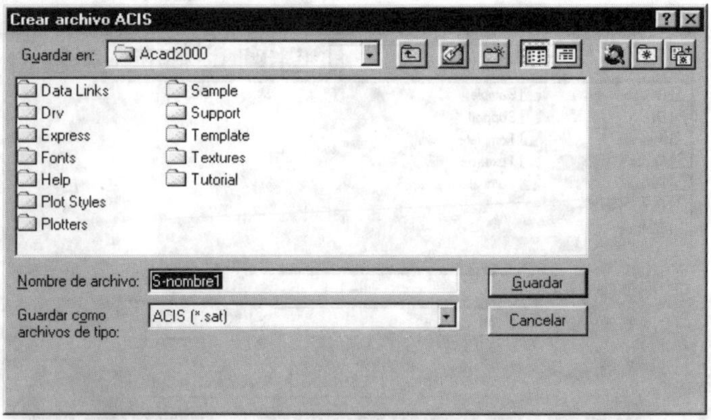

*Figura 11.50. Cuadro de diálogo **Crear archivo ACIS**.*

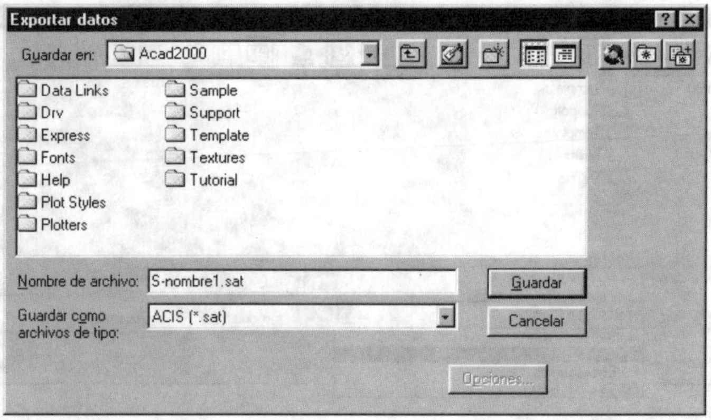

*Figura 11.51. Cuadro de diálogo **Exportar datos**.*

Si lo prefiere, puede utilizar el cuadro de diálogo **Exportar datos**. Indique el nombre del archivo en el cuadro de texto **Nombre de archivo**. En el cuadro de lista desplegable **Guardar como archivos de tipo**, Seleccione **Litografía (*.stl)**.

Ajuste de la nitidez (FACETRES)

La variable de sistema **FACETRES** permite ajustar la nitidez de los objetos sombreados, modelizados o sin líneas ocultas. El valor por defecto es 0.5; puede definir un valor entre 0.01 y 10.

Control de la visualización de la silueta (DISPSILH)

Al igual que **FACETRES** e **ISOLINES**, **DISPSLIH** es una variable de sistema que controla la visualización de las curvas de silueta de un objeto en representación alámbrica. El valor por defecto es 0 (desconectada).

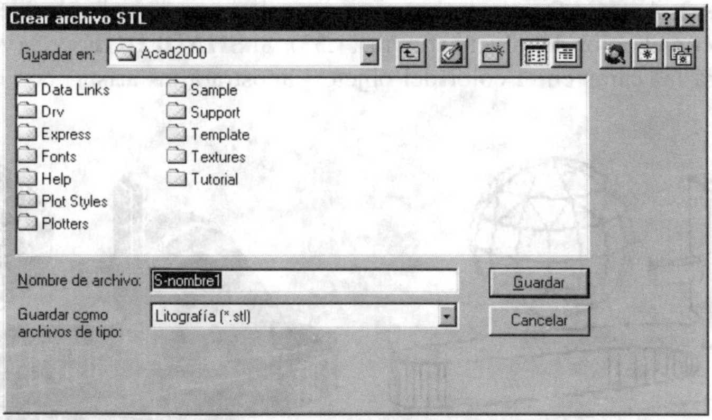

*Figura 11.52. Cuadro de diálogo **Crear archivo STL**.*

Conversión de sólidos AME existentes (CONVERTAME)

Este comando puede utilizarse para convertir un sólido AME en un modelo sólido de AutoCAD. Para ejecutarlo, indique **CONVERTAME** en la solicitud de comando. Este comando sólo puede convertir los sólidos y regiones AME creados con las versiones 2.0 y 2.1 de AME. AutoCAD ignora los objetos restantes. Como la tecnología utilizada por AutoCAD (ACIS) es diferente a la utilizada por AME (PADL), quizá no consiga una conversión exacta.

CREACIÓN DE IMÁGENES SOMBREADAS

En un objeto 3D, el comando **OCULTA** esconde las líneas ocultas del objeto. Al ocultar las líneas, podrá hacerse una idea más clara de la forma del objeto. Si desea obtener una imagen más realista del objeto, utilice el comando **MODOSOMBRA**. El comando **MODOSOMBRA** efectúa una ocultación y crea una sombreado uniforme del objeto en la ventana gráfica actual. El sombreado utiliza una única fuente de luz, que se supone situada justo detrás del observador, sobre su espalda. La imagen sombreada puede modificarse. El comando **DESHACER** no puede cancelar el sombreado. Utilice los comandos **REGEN** o **ZOOM** para regenerar el dibujo y mostrar el objeto en representación alámbrica 3D. También puede ejecutar este comando con la opción **Sombra** del menú **Ver**.

Comando: **MODOSOMBRA**
Modo actual: *actual*
Indique opción [estructura alámbrica 2D/estructura alámbrica 3D/Oculto/Plano/Gouraud/pLano+aristas/GOuraud+aristas] <Estructura alámbrica 2D>:
Indique una opción.

Configuración del método de sombreado

Puede utilizar la variable de sistema **SHADEDGE** para configurar el método de sombreado. Si su valor es 0, AutoCAD crea una imagen sombreada resaltar las aristas. Si **SHADEDGE** es 1, AutoCAD crea una imagen sombreada con las aristas resaltadas con el color de fondo. Para comprobar el efecto de estos dos métodos de sombreado, necesita al menos una visualización en 256 colores.

Si **SHADEDGE** es 2, AutoCAD colorea la superficie del objeto con el color de fondo y muestra las aristas visibles con el color del objeto (figura 11.53). Si **SHADEDGE** es 3 (valor por defecto), AutoCAD coloreará las caras en el color del objeto y mostrará las aristas con el color de fondo (figura 11.54).

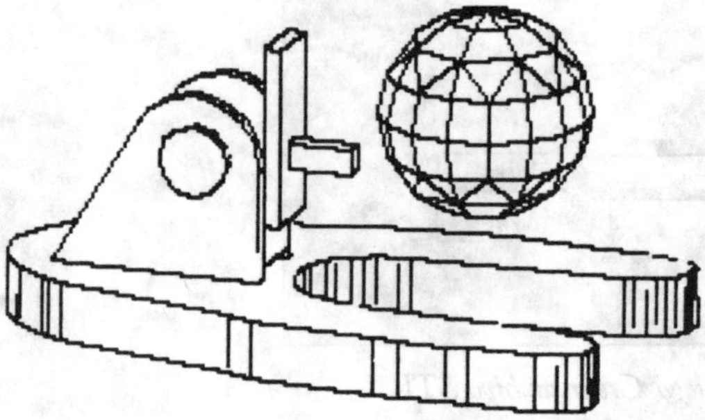

Figura 11.53. *Sombreado con SHADEDGE igual a 2, objetos blancos y fondo blanco.*

Figura 11.54. *Sombreado con SHADEDGE igual a 3, objetos rojos y fondo blanco.*

Configuración de reflexión difusa

La variable de sistema **SHADEDIF** controla la cantidad de luz difusa que AutoCAD utiliza para calcular el sombreado de cada superficie. El valor por defecto para es 70. **SHADEDIF** puede adoptar valores entre 0 y 100.

Test de autoevaluación

Conteste a las siguientes preguntas y compare sus respuestas con las respuestas correctas mostradas al final del capítulo.

1. ¿Qué es el modelado sólido? ____.

2. ACIS puede utilizarse para crear modelos y mallas de superficie. (V/F)

3. ACIS no incorpora ningún sólido primitivo predefinido. (V/F)

4. ¿Qué comando puede utilizarse para comprobar la interferencia entre sólidos? ________.

5. El comando **CONO** crea un cono sólido con una base elíptica o circular. (V/F)

6. La base de la cuña siempre se dibuja perpendicular al plano de construcción actual. (V/F)

7. Puede crearse una región convirtiendo en sólido el perfil. (V/F)

8. Un sólido compuesto siempre consiste en dos sólidos primitivos. (V/F)

9. El comando **CORTE** corta un sólido tan sólo a lo largo del plano XY. (V/F)

10. No es posible escribir en archivo las propiedades obtenidas con el comando **PROPFIS**. (V/F)

11. Puede utilizar el comando __________ para editar las caras, las aristas y el cuerpo de los sólidos existentes.

Preguntas de revisión

1. AutoCAD incorpora _____ sólidos primitivos predefinidos. Nómbrelos: ________________ ____.

2. El valor asignado a la variable de sistema __________ controla el número de líneas de triangulación en un modelo sólido.

3. Puede utilizar el comando __________ para sustraer sólidos.

4. El comando __________ crea un sólido realizando un barrido en torno a un eje con una polilínea o un círculo.

5. Puede utilizar el comando __________ para obtener una lista con las propiedades de un sólido.

6. El comando __________ puede crear empalmes y redondeos.

7. El comando __________, automáticamente, une los empalmes y sustrae los redondeos en un sólido.

8. Puede utilizar el comando __________ para construir un cilindro sólido.

9. El comando __________ permite generar una imagen de sección del objeto designado.

10. Las regiones pueden crearse con el comando __________.

11. Los comandos de sólidos de AutoCAD están basados en la tecnología PADL. (V/F)

12. Puede utilizar el comando **CILINDRO** para construir un cilindro sólido. (V/F)

13. El comando **CILINDRO** sólo incorpora una opción. (V/F)

14. Una región es un sólido de altura unitaria. (V/F)

15. La variable de sistema **ISOLINES** puede tomar un valor entre 1 y 25. (V/F)

16. AutoCAD sombrea automáticamente la sección de corte creada con el comando **SECCION**. (V/F)

17. Los sólidos AME pueden convertirse en sólidos de AutoCAD. (V/F)

18. ¿Qué variable de sistema controla la visualización de las aristas de silueta? __________.

19. El comando **CHAFLAN** puede crear chaflanes en objetos sólidos. (V/F)

20. La opción __________ para la edición de cuerpos con el comando **EDOTSOLIDO** permite crear una funda en el sólido designado.

Ejercicios

Ejercicio 1 — *Mecánica*

Construya un sólido compuesto del objeto mostrado en la figura 11.55. Debe seguir las siguientes instrucciones para construir este sólido:

1. Dibuje el perfil exterior de la base y transforme el perfil en polilínea.
2. Dibuje los círculos.
3. Construya una región con la base.
4. Extruda la región.
5. Construya el tubo sólido.
6. Dibuje un sólido rectangular con altura igual al grosor de la ranura; después sustráigalo del tubo.
7. Una el tubo y la base.
8. Dibuje un cilindro sólido equivalente al diámetro interior del agujero. Sustraiga después el cilindro del objeto.
9. Utilice los comandos **SOLVIEW** y **SOLDRAW** para generar las vistas frontal, lateral y superior.

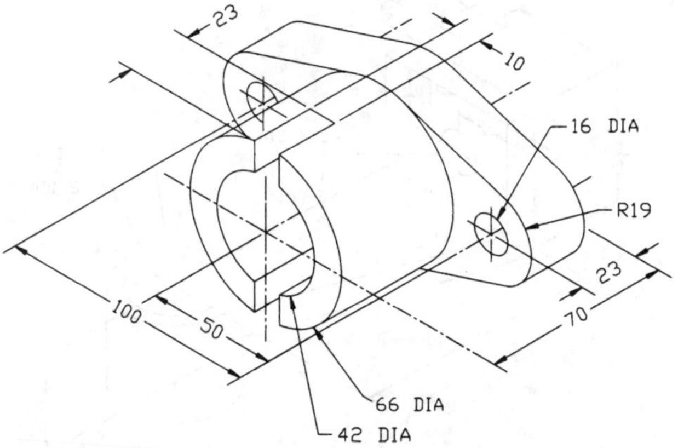

Figura 11.55. Dibujo para el ejercicio 1.

Ejercicio 2 *Mecánica*

Construya un sólido compuesto con el objeto mostrado en la figura 11.56. Utilice el comando **SOLPERFIL** para generar los perfiles frontal, lateral y superior.

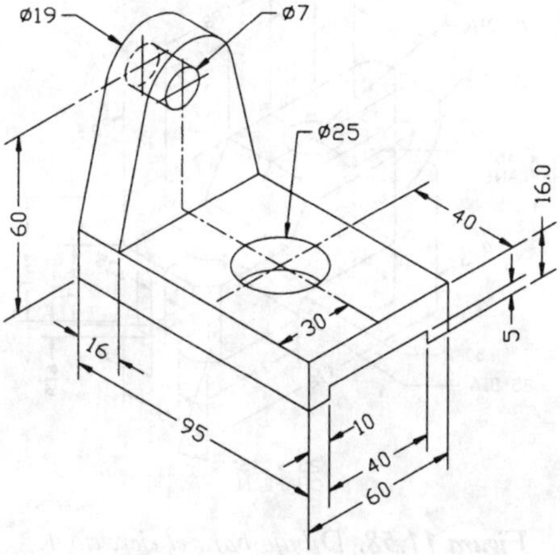

Figura 11.56. Dibujo para el ejercicio 2.

Ejercicio 3 *Mecánica*

Construya un sólido compuesto con el objeto mostrado en la figura 11.57. Utilice el comando **SOLPERFIL** para generar los perfiles frontal, lateral y superior.

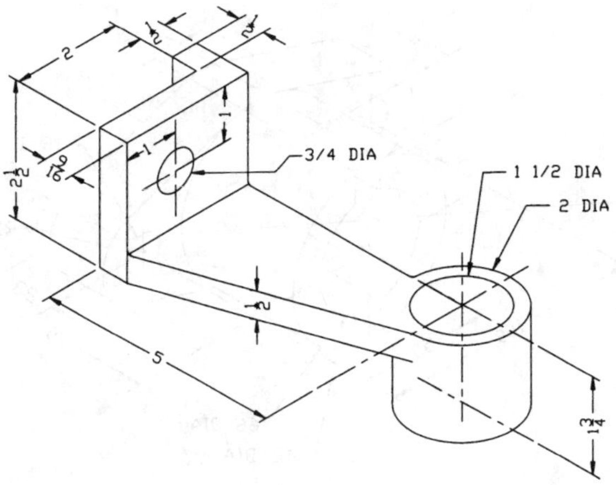

Figura 11.57. Dibujo para el ejercicio 3.

Ejercicio 4 — *Mecánica*

Construya un sólido compuesto del objeto mostrado en la figura 11.58.

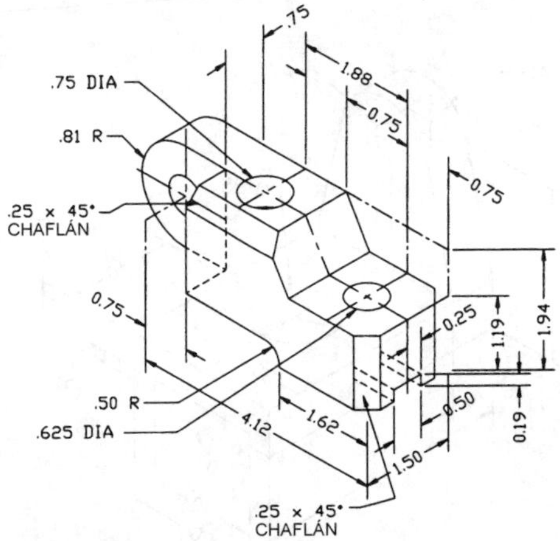

Figura 11.58. Dibujo para el ejercicio 4.

Ejercicio 5 — *Mecánica*

Construya un sólido compuesto con el objeto mostrado en la figura 11.59. Utilice el comando **SOLPERFIL** para generar los perfiles frontal, lateral, auxiliar y superior.

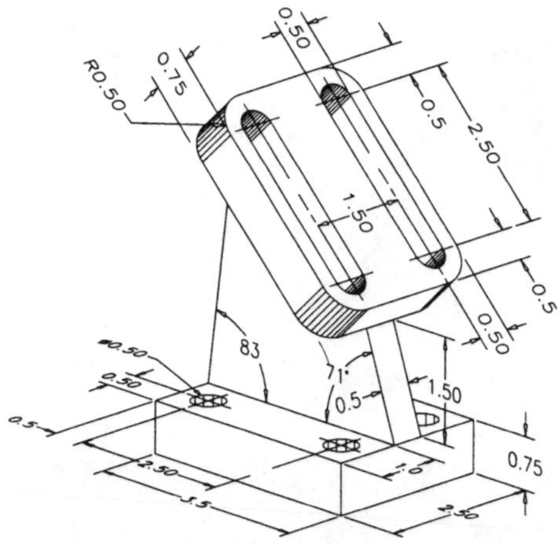

Figura 11.59. Dibujo para el ejercicio 5.

Problema 1

Mecánica

Construya un sólido compuesto del objeto mostrado en el ejercicio 15 del capítulo 6 (figura 6.77 del capítulo 6). El modelo consiste en un soporte inferior, un cilindro inclinado y un conjunto de conos en la parte superior. El soporte inferior está formado por cuatro cilindros huecos unidos en sus extremos. El grosor de la funda es de 0.125. El cilindro inclinado es también un tubo hueco con una funda de 0.125. De los dos conos superiores, el inferior crece a partir del diámetro superior del cilindro. El grosor de la funda de los conos es de 0.25. Utilice los comandos **SOLVIEW** y **SOLDRAW** para generar las vistas frontal y superior. Acote el dibujo y utilice las ventanas flotantes para mostrar las diferentes vistas del objeto. Imprima después el dibujo desde espacio papel en una hoja A4.

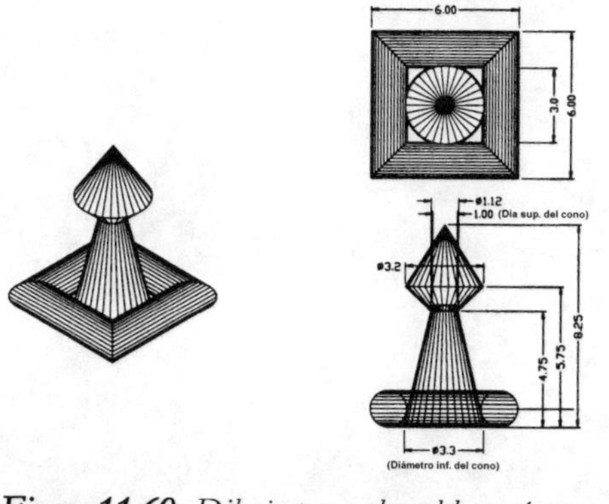

Figura 11.60. Dibujo para el problema 1.

Respuestas al test de autoevaluación

1-El proceso de construcción de aquellos objetos que poseen todas las propiedades de un sólido real; **2-** F; **3-** F; **4- INTERF**; **5-** V; **6-** F (paralela); **7-** V; **8-** F (dos o más); **9-** F (cualquier plano precisado); **10-** F; **11- EDITSOLIDO**

Capítulo 12

Modelizado

Objetivos del estudio

Tras completar este capítulo, será capaz de:

- *Comprender el modelizado y las razones para modelizar los objetos.*
- *Configurar, cargar y descargar AutoCAD Render.*
- *Insertar y modificar fuentes de luz.*
- *Seleccionar el tipo de modelizado y modelizar objetos.*
- *Definir y modelizar escenas.*
- *Modificar escenas.*
- *Utilizar las fuentes de luz de AutoCAD Render.*
- *Enlazar materiales a los objetos.*
- *Definir materiales y modificar los materiales existentes.*
- *Volver a mostrar e imprimir modelizados.*

MODELIZADO

Las imágenes modelizadas permiten una visualización más fácil de la forma y el tamaño de los objetos tridimensionales (3D), en comparación con las representaciones alámbricas o las imágenes sombreadas. Un objeto modelizado también permite mostrar a otras personas las ideas de diseño de forma más clara. Por ejemplo, si desea realizar la presentación de un proyecto o un diseño, no es necesario construir un prototipo. Puede utilizar la imagen modelizada para explicar el diseño con mucha mayor claridad, pues tendrá control total sobre la forma, tamaño, color y material de superficie de la imagen modelizada. Así mismo, cualquier cambio requerido puede incorporarse en el objeto y demostrar o comprobar su efecto al realizar un nuevo modelizado. Por tanto, el modelizado es una herramienta realmente efectiva para la comunicación de ideas y para demostrar la forma de un objeto. Puede crear una imagen modelizada de un objeto 3D utilizando el comando **RENDER** de AutoCAD. Este comando permite controlar la apariencia del objeto, pues podrá definir el material de superficie y la calidad de reflexión en la superficie, así como añadir luces para obtener el efecto deseado.

Determinación de las caras a modelizar en un modelo

No es necesario modelizar algunas caras de un modelo 3D, como las caras posteriores y las caras ocultas, pues puede suponer un gasto innecesario de tiempo. En el proceso de modelizado, AutoCAD determina las caras frontales y las caras posteriores del modelo 3D con la utilización de vectores normales en cada cara. Los **vectores normales** son vectores perpendiculares a cada cara del modelo 3D y cuya dirección se dirige hacia el exterior a través del espacio. Si una cara se ha dibujado en dirección contraria a las agujas del reloj, el vector normal apuntará hacia el interior; si la cara se ha dibujado en el sentido de las agujas del reloj, el vector normal apuntará hacia el exterior. Según la ubicación del punto de vista actual, si la normal de una se aleja del punto de vista, la cara será una cara posterior. Como ya se ha mencionado antes, el modelizado de tales caras no es conveniente (pues tales caras no son visibles desde el punto de vista) y puede evitarse con la opción **Descartar caras posteriores** (explicada más adelante en este capítulo). AutoCAD descarta las caras tapadas por otras caras. De esta forma, al descartar las caras que no deben modelizarse, es posible reducir el tiempo necesario para modelizar los objetos.

Puntos a recordar a la hora de definir un modelo

1. Para reducir al máximo el tiempo de modelizado, debe utilizar el menor número posible de caras para definir un plano.

2. Debe mantener la coherencia en su técnica de diseño. Conviene evitar los modelos formados por una compleja mezcla de caras, líneas extrudidas y mallas alámbricas.

3. Si modeliza círculos, elipses o arcos, defina la variable de sistema **VIEWRES** en un número alto. De esta manera, los círculos, arcos y elipses aparecerán más suaves y el modelizado de tales objetos será mejor. Pero al incrementar el valor de **VIEWRES** también aumenta el tiempo necesario para modelizar los objetos. La suavidad de los objetos sólidos curvos depende de la variable de sistema **FACETRES**.

4. Si utiliza la opción **Sombreado suave** (disponible en los cuadros de diálogo **Render** y **Preferencias de modelizado**, explicados más adelante), debería precisar la densidad de malla de tal forma que el ángulo descrito por las normales de dos caras adyacentes sea inferior a 45 grados. Esto se debe a que en el caso de que el ángulo supere los 45 grados, una arista aparecerá entre las caras tras el modelizado, aunque la opción **Sombreado suave** esté activada.

CARGA Y DESCARGA DE AUTOCAD RENDER

Al iniciar cualquier comando de modelizado de AutoCAD, AutoCAD Render se carga automáticamente. AutoCAD mostrará el siguiente mensaje en la ventana de comando:

Comando: **RENDER**
Cargando módulo de objetos paisajísticos.

Inicializando Render...
Inicializando preferencias...hecho.

Si no necesita AutoCAD Render, para descargarlo puede indicar el comando **ARX** en la solicitud de comando. AutoCAD reconoce la descarga de Render por medio del mensaje ACRENDER successfully unloaded (ACRENDER descargado con éxito). Una vez descargado, podrá ejecutar el comando **RENDER** o cualquier otro comando asociado con el modelizado (como **ESCENA** o **LUZ**) para cargar de nuevo AutoCAD Render.

Comando: **ARX**
Enter an option [?/Load/Unload/Commands/Options]: **U**
Enter ARX/DBX file name to unload: **ACRENDER**
ACRENDER successfully unloaded.

MODELIZADO BÁSICO

Barra de herramientas:	Render > Render
Menú:	Ver > Render > Render
Comando:	RENDER

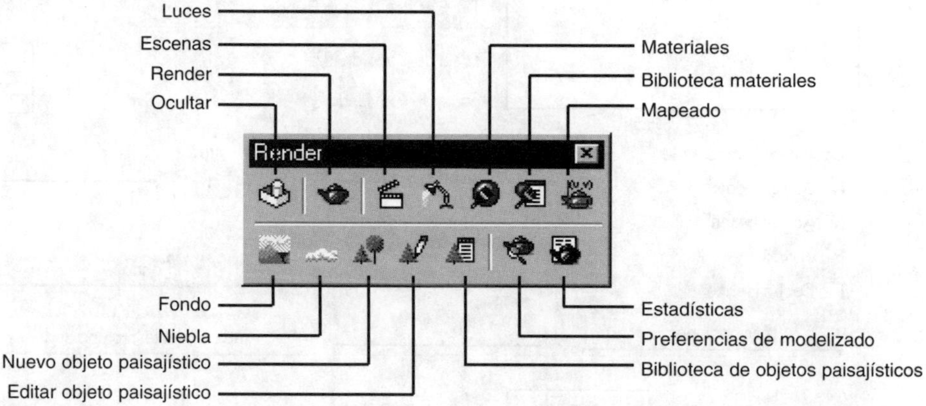

Figura 12.1. *Barra de herramientas* ***Render***.

En esta sección aprenderá a efectuar un modelizado elemental. Van a aparecer una serie de términos que hasta el momento no conocía, pero no deberá preocuparse por ellos en este punto. Todos los nuevos conceptos se explican más adelante en este capítulo. En este modelizado no se aplicarán luces, materiales y otras funciones avanzadas del modelizado. Tan sólo se utilizará una luz distante predeterminada. El objetivo es obtener una idea aproximada del modelizado resultante de la forma más sencilla posible. Siga estos pasos:

1. Utilice el comando **ESFERA** para crear cuatro esferas en la pantalla, tal como muestra la figura 12.2.
2. Ejecute el comando **RENDER** para abrir el cuadro de diálogo **Render** (figura 12.3).
3. Haga clic en el botón **Modelizar** del cuadro de diálogo **Render** (figura 12.3). AutoCAD modelizará todos los objetos mostrados en la pantalla.

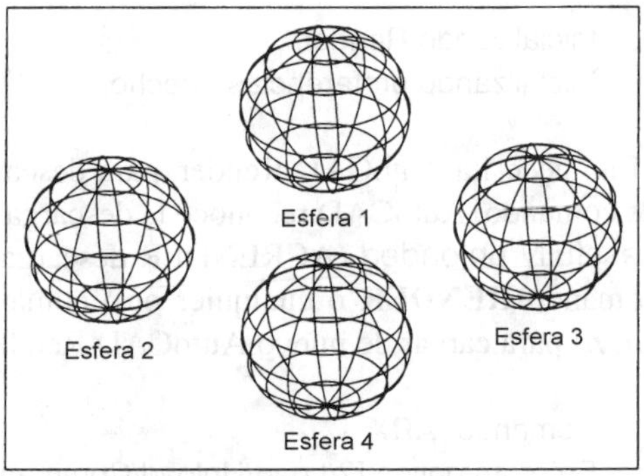

Figura 12.2. *Dibujo a modelizar.*

Después de algún tiempo, AutoCAD mostrará en la pantalla todas las esferas modelizadas (figura 12.4). Pulse cualquier tecla para salir de la pantalla de imagen modelizada y regresar a la pantalla de dibujo de AutoCAD.

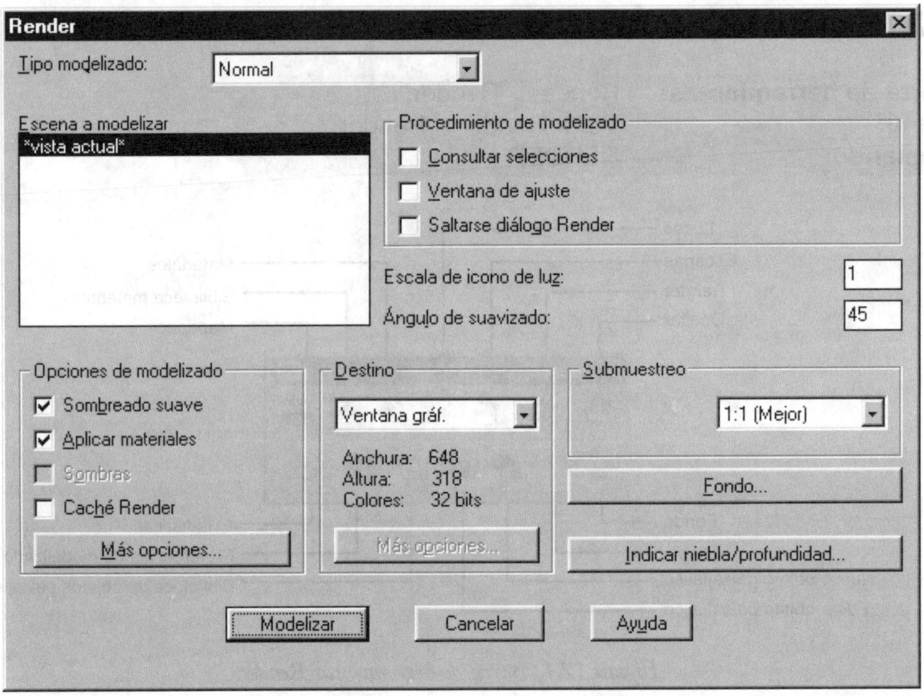

Figura 12.3. *Cuadro de diálogo* ***Render****.*

Si tan sólo desea modelizar algunas esferas (por ejemplo, las esferas 2 y 3), active la casilla de verificación **Consultar selecciones** del cuadro de diálogo **Render**. Al hacer clic en **Modelizar**, AutoCAD solicitará que designe los objetos a modelizar. Designe los objetos y pulse INTRO; podrá observar que AutoCAD sólo modeliza y muestra en pantalla las esferas seleccionadas.

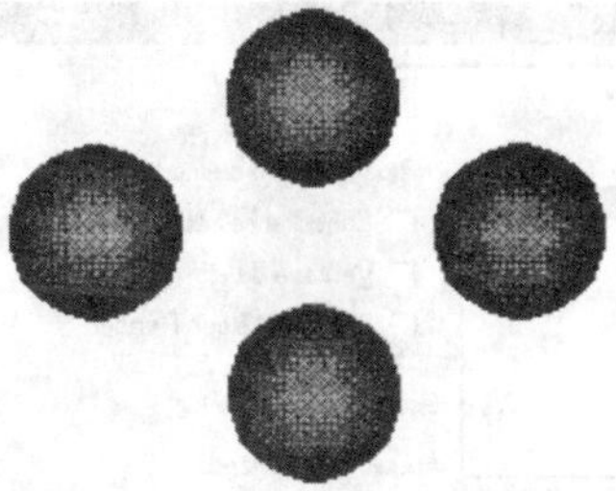

Figura 12.4. Modelizado de todas las esferas.

Ejercicio 1 — *Mecánica*

En este ejercicio deberá modelizar el dibujo creado en el ejemplo 2 del capítulo 11, "Modelado sólido". Abra y modelice el dibujo. La figura 12.5 muestra el objeto antes del modelizado; en la figura 12.6 puede comprobar el resultado tras modelizar el dibujo.

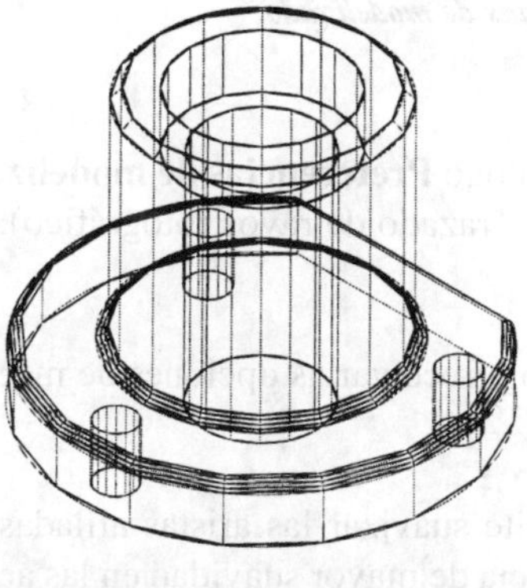

Figura 12.5. Dibujo para el ejercicio 1.

Figura 12.6. Dibujo modelizado.

SELECCIÓN DE DIFERENTES PROPIEDADES PARA EL MODELIZADO

Barra de herramientas:	Render > Preferencias de modelizado
Menú:	Ver > Render > Preferencias
Comando:	RPREF

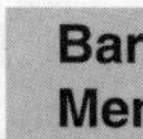

AutoCAD Render permite seleccionar varias propiedades para el modelizado. A tal fin AutoCAD ofrece el cuadro de diálogo **Preferencias de modelizado** (figura 12.7). A continuación se describen las diferentes secciones de este cuadro de diálogo.

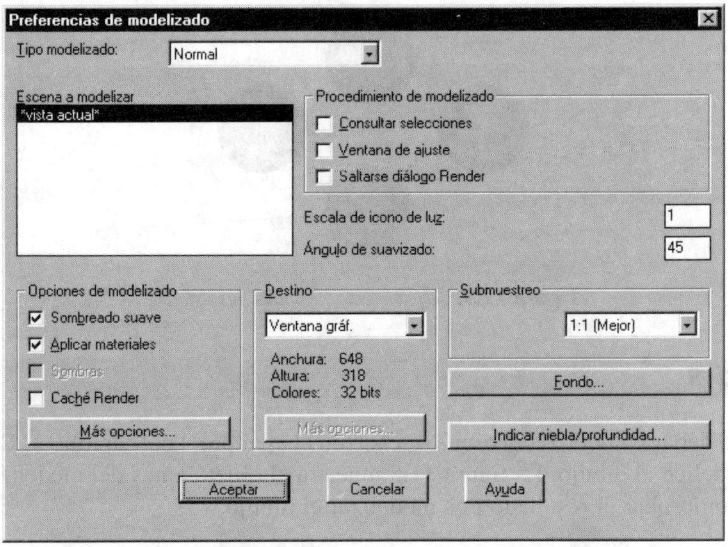

*Figura 12.7. cuadro de diálogo **Preferencias de modelizado**.*

Tipo modelizado

Utilice el cuadro de lista **Tipo modelizado** del cuadro de diálogo **Preferencias de modelizado** para seleccionar el tipo de modelizado (normal, Fotorealístico o Trazado de rayos fotográfico).

Opciones de modelizado

La sección **Opciones de modelizado** del cuadro de diálogo ofrece varias opciones de modelizado. Estas opciones se describen a continuación.

Sombreado suave. La opción **Sombreado suave** permite suavizar las aristas afiladas. Si esta casilla de verificación está activada, conseguirá una apariencia de mayor suavidad en las aristas afiladas de una superficie facetada. Esta opción sólo afecta a las mallas poligonales. AutoCAD determina las normales de las superficies y combina los colores de dos o más caras adyacentes.

Aplicar materiales. La opción **Aplicar materiales** permite asignar materiales de superficie a los objetos. Si esta casilla de verificación está desactivada, AutoCAD asignará el material ***GLOBAL*** a los objetos del dibujo.

Sombras. Al activar esta opción, AutoCAD genera sombras. Esta casilla sólo está disponible en el caso de los modelizados Fotorealístico y Trazado de rayos fotográfico.

Caché Render. Si activa esta opción, guardará la información de modelizado en un archivo caché; podrá utilizar este archivo del disco duro para modelizados posteriores. De esta forma AutoCAD evita recalcular los objetos para el modelizado. Conseguirá ahorrar tiempo, especialmente en el modelizado de sólidos.

Más opciones. Si hace clic en el botón **Más opciones**, aparecerá el cuadro de diálogo **Opciones de Render** (figura 12.8). A continuación puede encontrar una breve descripción de estas opciones adicionales.

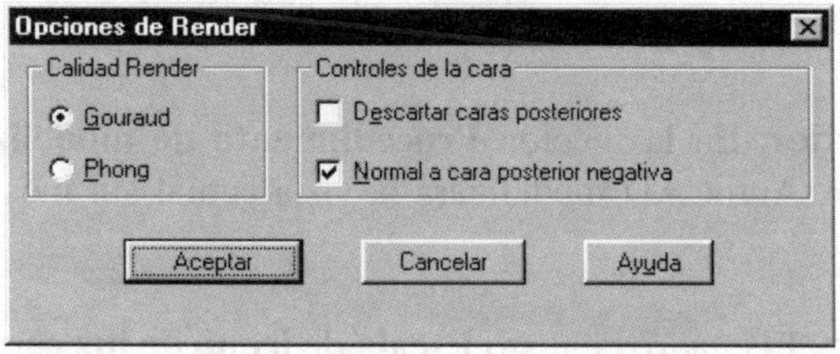

*Figura 12.8. Cuadro de diálogo **Opciones de Render**.*

Sección Calidad Render. En la sección **Calidad Render** de este cuadro de diálogo puede optar entre **Gouraud** y **Phong**. Estas opciones determinan la calidad de sombreado en caso de que active la casilla de verificación **Sombreado suave**.

Phong. La opción **Phong** crea una imagen modelizada de alta calidad. AutoCAD calcula la intensidad de luz en todos los píxeles y, en consecuencia, se consigue una mayor precisión de los resaltes.

Gouraud. Por otro lado, la opción **Gouraud** genera una imagen modelizada de calidad inferior. AutoCAD determina la intensidad de luz en cada vértice e interpola las intensidades intermedias. Como ventaja, la opción de modelizado **Gouraud** produce un modelizado más rápido comparado con la opción **Phong**.

Sección Controles de la cara. La sección **Controles de la cara** determina la definición de las caras en los sólidos 3D.

Descartar caras posteriores. Si activa la casilla de verificación **Descartar caras posteriores**, AutoCAD no tomará en consideración las caras posteriores de los objetos sólidos 3D (es decir, se harán invisibles). En consecuencia, no entrarán en los cálculos para el modelizado. Si activa esta opción podrá reducir el tiempo de modelizado.

Normal a cara posterior negativa. La opción **Normal a cara posterior negativa** puede utilizarse para definir las caras posteriores de un dibujo. Si esta casilla de verificación está activada, AutoCAD tratará las caras con vectores normales negativos como caras posteriores y las descartará. Si esta opción está desactivada, se invertirán las caras tratadas como caras posteriores por AutoCAD.

Procedimiento de modelizado

La sección **Procedimiento de modelizado** del cuadro de diálogo **Preferencias de modelizado** incluye las siguientes opciones:

Consultar selecciones. Si activa la opción **Consultar selecciones**, AutoCAD solicitará que designe los objetos a modelizar.

Ventana de ajuste. Si activa esta opción, deberá precisar una ventana. AutoCAD sólo modelizará los objetos contenidos en dicha ventana.

Saltarse diálogo Render. En la sección **Procedimiento de modelizado**, si activa la opción **Saltarse diálogo Render**, AutoCAD modelizará la vista actual sin mostrar el cuadro de diálogo **Render**.

Escala de icono de luz. El cuadro de texto **Escala de icono de luz** permite configurar el tamaño de los iconos que representan las distintas luces en el dibujo.

Ángulo de suavizado. El cuadro de texto **Ángulo de suavizado** permite precisar el ángulo definido por dos aristas. El valor predeterminado para el ángulo de suavizado es de 45 grados. AutoCAD suavizará los ángulos inferiores a 45 grados. AutoCAD mostrará aristas en los ángulos de más de 45 grados.

Destino

La sección **Destino** del cuadro de diálogo **Preferencias de modelizado** permite precisar el destino de salida para la imagen modelizada.

Opción Ventana gráfica. Si selecciona la opción **Ventana gráfica**, AutoCAD mostrará el modelizado en la ventana gráfica actual.

Opción Ventana Render. Esta opción realiza el modelizado en la ventana Render de AutoCAD para Windows.

Opción Archivo. La opción **Archivo** permite modelizar la imagen directamente en un archivo.

Más opciones. Puede utilizar el botón **Más opciones** para configurar el archivo de salida. Aparecerá el cuadro de diálogo **Configuración del archivo de salida** (figura 12.9).

> **Sección Tipo de archivo.** En esta sección puede precisar el tipo de archivo de salida y la resolución del modelizado. Los formatos de archivo admitidos son BMP, PCX, PostScript, TGA y TIFF. También puede configurar la resolución de la pantalla en esta sección. Si decide utilizar una resolución personalizada, podrá configurar dicha resolución y la relación de aspecto del archivo de salida con los cuadros de texto correspondientes.
>
> **Sección Colores.** Puede precisar los colores del archivo de salida en esta sección.
>
> **Sección opciones TGA.** La opción **Comprimido** permite comprimir el archivo de salida en el caso de aquellos formatos de archivo que admitan compresión. La opción **Al revés** precisa el punto inicial de la línea de barrido abajo a la izquierda en lugar de arriba a la izquierda.

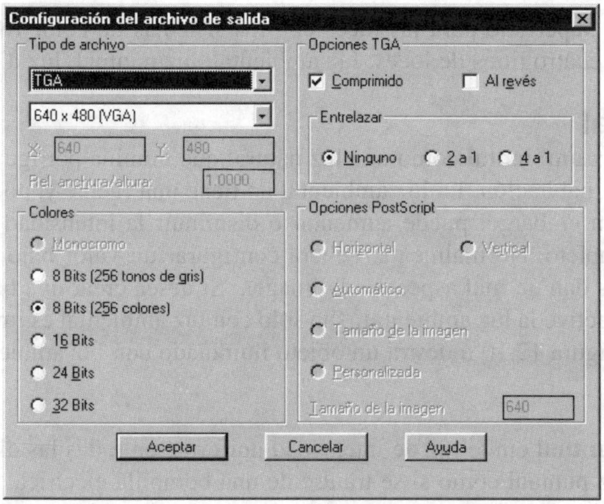

*Figura 12.9. Cuadro de diálogo **Configuración del archivo de salida.***

Sección Entrelazar. Si selecciona el botón de opción **Ninguno**, desactivará el entrelazado. Las opciones **2 a 1** y **4 a 1** activan el entrelazado.

Sección Opciones PostScript. Las opciones **Horizontal** y **Vertical** de esta sección definen la orientación del archivo. La opción **Automático** permite que sea AutoCAD quien decida la escala. La opción **Tamaño de la imagen** utiliza el tamaño exacto de la imagen. La opción **Personalizada** permite definir el tamaño de la imagen (en píxeles) con el cuadro de texto **Tamaño de la imagen**.

Submuestreo

El cuadro de texto **Submuestreo** controla la calidad y el tiempo de modelizado por medio del número de píxeles a modelizar. Una relación 1:1 (por defecto) produce un modelizado de máxima calidad. Si tan sólo está realizando una prueba, puede modificar el valor para reducir el tiempo de modelizado.

Fondo

La opción **Fondo** permite añadir un fondo al modelizado. Como fondo puede utilizar colores sólidos, gradiente de colores o un archivo de imagen.

Indicar niebla/profundidad

Puede utilizar la opción **Indicar niebla/profundidad** para añadir un efecto de niebla al modelizado. También puede asignar un color a la niebla.

FUENTES DE LUZ DE AUTOCAD RENDER

Las luces son vitales para modelizar el objeto de forma realista. Sin una iluminación adecuada, la imagen modelizada quizá no muestre las características que esperaba. Puede configurar los colores y la refracción de la superficie para las luces con los sistemas de color RGB y HLS. AutoCAD Render admite estos cuatro tipos de luces: luz ambiental, luz puntual, luz distante y foco.

Luz ambiental

Puede imaginar la **luz ambiental** como una luz natural que ilumina por igual todas las superficies de los objetos en una habitación. La luz ambiental no tiene una fuente y, por tanto, no tiene ubicación ni dirección. Sin embargo, puede aumentar o disminuir la intensidad de la luz ambiental o desactivarla por completo. Normalmente, deberá configurar un valor bajo para la luz ambiental, pues los valores altos dan un mal aspecto a la imagen. Si desea crear una habitación oscura o una escena nocturna, desactive la luz ambiental. Tan sólo con luz ambiental es imposible modelizar una imagen realista. La figura 12.10 muestra un objeto iluminado con luz ambiental.

Luz puntual

Una fuente de **luz puntual** emite luz de intensidad uniforme en todas las direcciones. Puede imaginar la fuente de luz puntual como si se tratase de una bombilla eléctrica. En AutoCAD Render, la luz puntual no produce sombras, pues se supone que la luz **atraviesa** el objeto. La intensidad de la luz radiada por una fuente de luz puntual decrece con la distancia. Este fenómeno recibe el nombre de atenuación. La figura 12.11 muestra una fuente que emite luz en todas las direcciones.

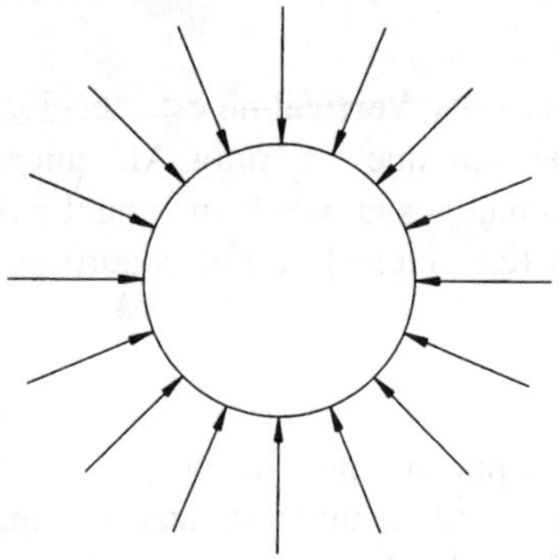

Figura 12.10. *La luz ambiental proporciona una iluminación uniforme.*

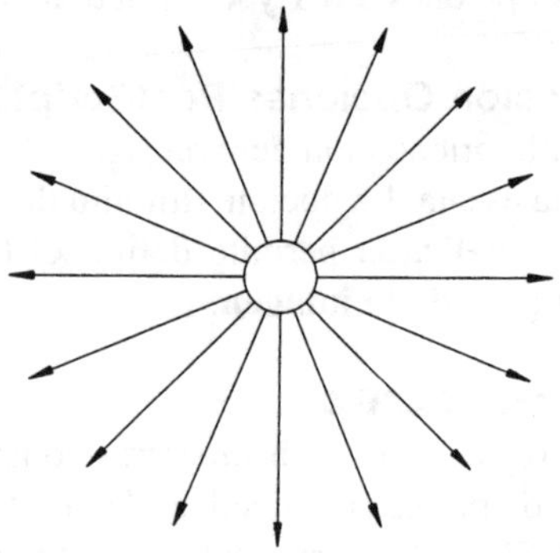

Figura 12.11. *La luz puntual emite luz en todas las direcciones.*

Foco

Un **foco** emite luz en la dirección definida, con una radiación de luz en forma cónica (figura 12.12). Puede precisar la dirección de la luz y el tamaño del cono. El fenómeno de **atenuación** (difuminación) también se aplica a los focos. Esta luz se utiliza principalmente para resaltar determinadas características y porciones del modelo. Si desea simular el efecto de una luz suave, utilice un ángulo para el cono de difuminación unos grados mayor que el del haz de luz.

Atenuación

La **intensidad de la luz** es la cantidad de luz incidente por unidad de superficie. La intensidad de la luz es directamente proporcional al grado de brillo del objeto. La intensidad de la luz decrece conforme aumenta la distancia. Este fenómeno, llamado **atenuación**, se da sólo en las luces puntuales y en los focos. La figura 12.13 representa la luz emitida por una fuente de luz puntual. Supongamos que la luz incidente en el área 1 es **I**. En consecuencia, la intensidad de la luz en el área 1 es igual a **I/Área-1**. Conforme la luz se aleja de la fuente, cubre un área mayor. La cantidad de luz incidente en el área 2 coincide con la del área 1, pero la superficie es mayor. En consecuencia, la intensidad de la luz en el área 2 es inferior (**I/Área-2**). Así pues, el área 1 será más brillante que el área 2 debido a la mayor intensidad de la luz. AutoCAD Render incorpora tres opciones para controlar la atenuación de la luz: Ninguna, Inversamente lineal e Inversa del cuadrado.

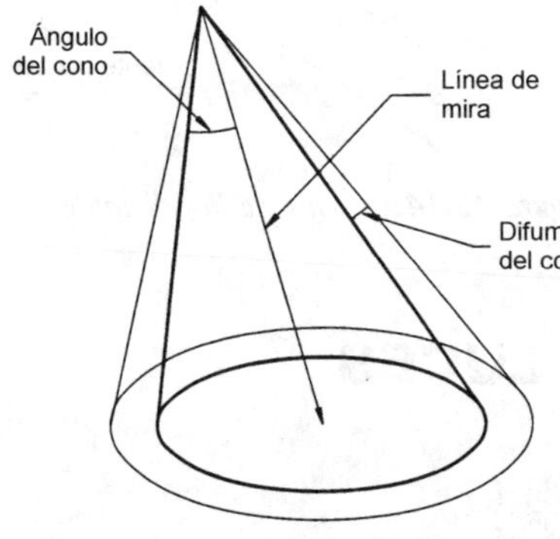

Figura 12.12. *Foco.*

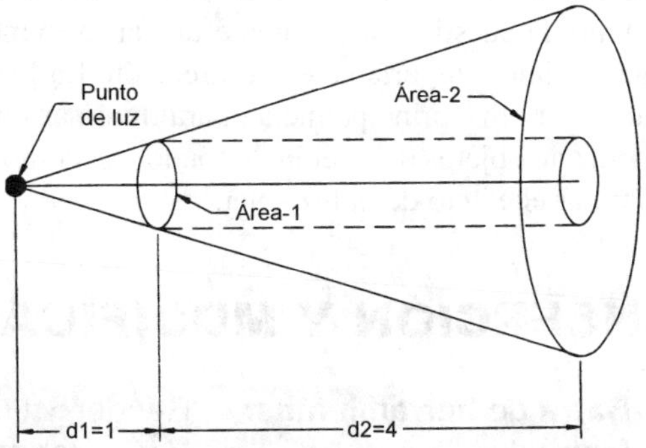

Figura 12.13. *La intensidad de la luz decrece con la distancia.*

Ninguno

Si selecciona la opción **Ninguno** para la atenuación de la luz, el brillo de los objetos será independiente de la distancia. Esto significa que los objetos más alejados de la fuente de luz tendrán el mismo brillo que los objetos más próximos a ella.

Inversamente lineal

En esta opción, la luz incidente en el objeto (brillo) es inversamente proporcional a la distancia entre el objeto y la fuente de luz (Brillo = 1/Distancia). Conforme aumenta la distancia, el brillo disminuye. Por ejemplo, supongamos que la intensidad de la fuente de luz es **I** y que el objeto está situado a **2** unidades de la fuente; en este caso, el brillo o intensidad es igual a **I/2**. Si la distancia es de 8 unidades, la intensidad (luz incidente en el objeto por unidad de superficie) es igual a **I/8**. El brillo es una función lineal de la distancia entre el objeto y la fuente de luz.

Inversa del cuadrado

En esta opción, la luz incidente en el objeto (brillo) es inversamente proporcional al cuadrado de la distancia que separa al objeto de la fuente de luz (Brillo = 1/Distancia^2). Por ejemplo, supongamos que la intensidad de la fuente de luz es **I** y que el objeto está situado a una distancia de **2** unidades de la fuente; el brillo o intensidad será igual a **I/(2)^2**, es decir, **I/4**. Si la distancia es de 8 unidades, la intensidad (luz incidente en el objeto por unidad de superficie) es igual a **I/(8)^2**, es decir, **I/64**.

Luz distante

Una fuente de **luz distante** emite una haz de luz uniforme de rayos paralelos en una única dirección (figura 12.14). La intensidad del haz de luz no decrece con la distancia, sino que se mantiene constante. Por ejemplo, la luz del sol pueden considerarse como una luz distante, pues sus rayos de luz son paralelos. Al utilizar una fuente de luz distante en un dibujo, la cuestión no es dónde ubicar la fuente de luz, lo único importante es la dirección. La luz distante se utiliza principalmente para iluminar uniformemente objetos o un telón de fondo, así como para simular el efecto de la luz solar.

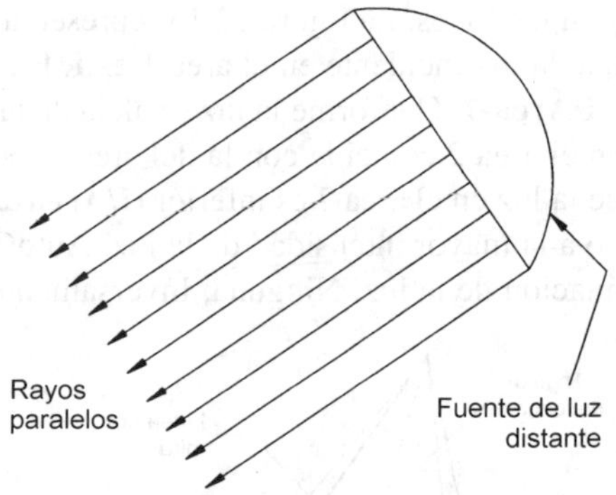

Figura 12.14. *Fuente de luz distante.*

INSERCIÓN Y MODIFICACIÓN DE LUCES

Barra de herramientas:	Render > Luces
Menú:	Ver > Render > Luces
Comando:	LUZ

En el modelizado, las luces y los efectos de iluminación son importantes a fin de obtener una representación realista de un objeto. Las caras de un objeto enfrentadas a la luz deben aparecer más brillantes con respecto al resto de caras, que han de aparecer más oscuras. Esta graduación suave de la luz produce una imagen realista del objeto. Si la intensidad de la luz es uniforme sobre toda la superficie, posiblemente el objeto modelizado no parecerá realista. Por ejemplo, si utiliza el comando **SOMBRA** para sombrear un objeto, dicho objeto no parecerá realista, pues el modelo mostrado carece de cualquier graduación de luz. Puede insertar en el dibujo el número deseado de luces. Podrá precisar por separado el color, la ubicación y la dirección de cada una de las luces. Como ya se ha mencionado antes, puede precisar una atenuación para las luces puntuales y los focos. AutoCAD también permite cambiar el color, la posición y la intensidad de cualquier fuente de luz. La única limitación es que los tipos de luz no pueden intercambiarse; por ejemplo, no es posible convertir una luz distante en una luz puntual. Las siguientes secciones describen la forma de insertar, ubicar y modificar luces.

Inserción de una luz distante

Como ya se ha indicado antes, las luces representan un papel importante para generar una imagen realista de un modelo 3D. El efecto de graduación producido por las luces hace que el objeto tenga un aspecto real. En este ejemplo, insertaremos una fuente de luz distante y a continuación modelizaremos el objeto.

1. Utilice el comando **PTOVISTA** para cambiar al punto de vista (1,-1,1).
   Comando: **PTOVISTA**

Precise un punto de vista o [Rotación] <muestra brújula y trípode>: **1,-1,1**

2. Puede utilizar cualquiera de los métodos antes descritos para abrir el cuadro de diálogo **Luces** (figura 12.15). Por ejemplo, puede elegir la opción **Render > Luces** del menú **Ver**.

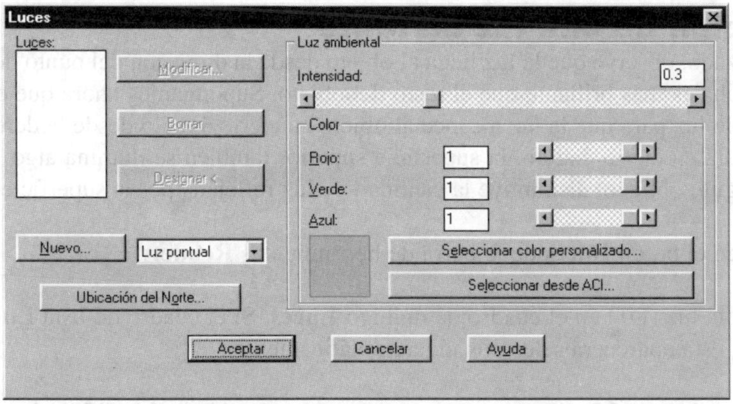

Figura 12.15. Cuadro de diálogo ***Luces.***

3. Seleccione la opción **Luz distante** en el cuadro de lista desplegable. Después haga clic en **Nuevo** para insertar una nueva luz distante. Aparecerá el cuadro de diálogo **Nueva luz distante** (figura 24.16).

4. Indique el nombre de la luz distante (D1) en el cuadro de texto **Nombre de la luz** del cuadro de diálogo **Nueva luz distante**. Deje la intensidad en su valor predeterminado (1).

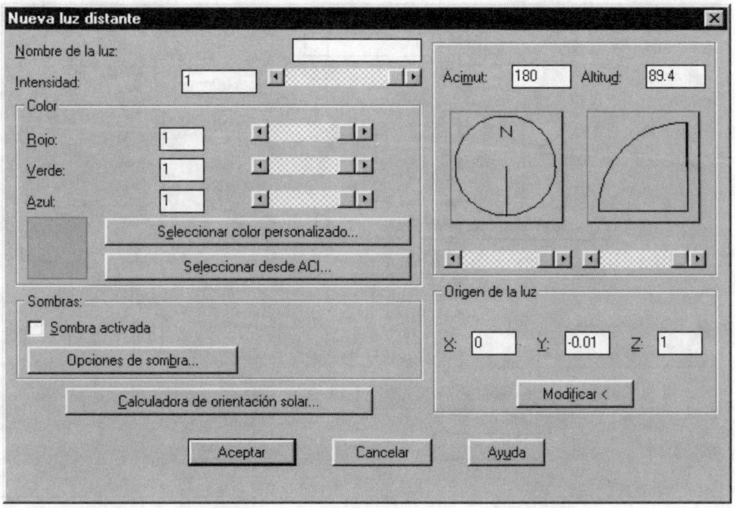

Figura 12.16. Cuadro de diálogo ***Nueva luz distante.***

5. Haga clic en el botón **Aceptar** para cerrar el cuadro de diálogo. Haga clic de nuevo en **Aceptar** para salir del cuadro de diálogo **Luces**.

6. Modelice la imagen.

Modificación de una luz distante

En este modelizado, observe que la luz llega al objeto desde la dirección del punto de vista; la esquina frontal derecha es más brillante que el resto del objeto. Supongamos ahora que deseamos modificar la fuente de luz para que la luz alcance al objeto en cierto ángulo desde la derecha. Cuando la fuente de luz está en cierto ángulo, la superficie superior también se ilumina algo. Observe que al aumentar el ángulo oblicuo, disminuye la cantidad de luz reflejada por la superficie oblicua.

1. Haga clic en el botón **Luces** de la barra de herramientas **Render**.

2. Seleccione la luz (D1) en el cuadro de diálogo **Luces**. Si el cuadro de lista **Luces** sólo contiene una luz, ésta aparecerá seleccionada automáticamente.

3. Haga clic en el botón **Modificar**. Aparecerá el cuadro de diálogo **Modificar luz distante** (figura 12.17).

Nota

Hacer doble clic en el nombre de una luz equivale a seleccionarla y pulsar el botón ***Modificar****.*

4. Haga clic en el botón **Calculadora de orientación solar** para mostrar el cuadro de diálogo del mismo nombre (figura 12.18). Si fuese necesario, cambie la fecha y hora del reloj.

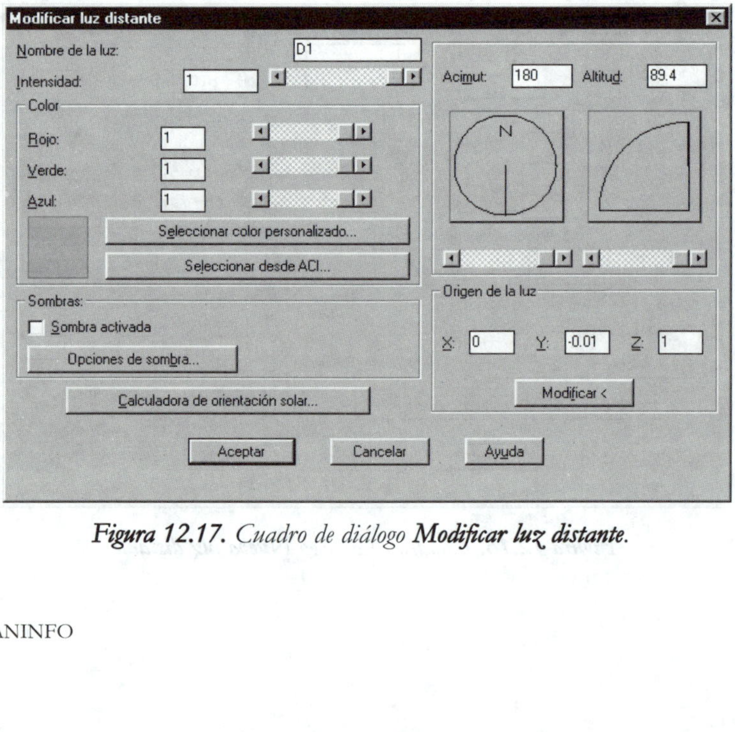

Figura 12.17. *Cuadro de diálogo* ***Modificar luz distante****.*

Figura 12.18. Cuadro de diálogo ***Calculadora de orientación solar.***

5. Haga clic en el botón **Ubicación geográfica**. Aparecerá el cuadro de diálogo **Ubicación geográfica** (12.19). Puede precisar la ubicación seleccionando una ciudad en el cuadro de lista **Ciudad** o designando un punto en el mapa.

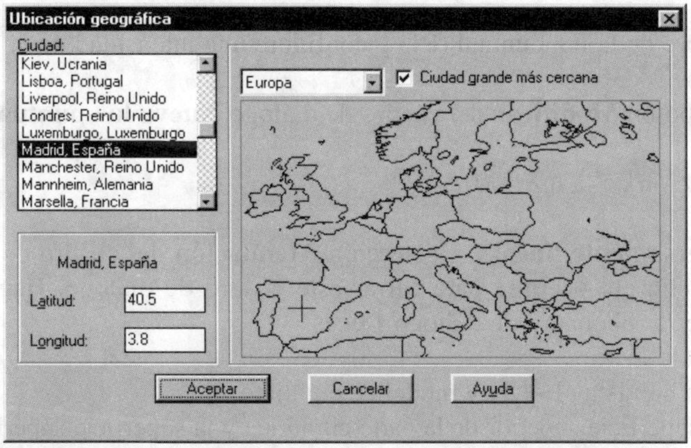

Figura 12.19. Cuadro de diálogo ***Ubicación geográfica.***

6. Haga clic en **Aceptar** dos veces para salir de los cuadros de diálogo **Ubicación geográfica** primero y **Calculadora de orientación solar** después.

7. Haga clic en **Aceptar** para cerrar el cuadro de diálogo **Modificar luz distante** y clic de nuevo en **Aceptar** para cerrar el cuadro de diálogo **Luces**.

8. Modelice el objeto.

Observe que las caras verticales del objeto y las superficies horizontales tienen diferentes grados de brillo. Esto es debido a que el ángulo oblicuo que las superficies verticales forman con la dirección de los rayos de luz es inferior al ángulo oblicuo formado por las superficies horizontales. El brillo máximo tiene lugar cuando el objeto es perpendicular a la dirección de los rayos de luz.

Inserción de una luz puntual

En el ejemplo 1 vamos a insertar una fuente de luz puntual. Después modelizaremos el objeto.

Ejemplo 1

Insertaremos una fuente de luz puntual y modelizaremos el objeto del ejercicio 1 con las opciones **Inversamente lineal** e **Inversa del cuadrado**.

1. Abra el dibujo del ejercicio 1.

2. Haga clic en el botón **Luces** de la barra de herramientas **Render**. Aparecerá el cuadro de diálogo **Luces**.

3. Seleccione la opción **Luz puntual** en el cuadro de lista desplegable.

4. Haga clic en el botón **Nuevo**. AutoCAD mostrará el cuadro de diálogo **Nueva luz puntual**.

5. Indique el nombre de la luz puntual (P1) y configure una intensidad de 6.

6. Haga clic en el botón **Modificar** del cuadro de diálogo **Nueva luz puntual**.

7. Indique la ubicación de la luz (-2,0,5).

8. Seleccione **Inversamente lineal** en la sección **Atenuación** del cuadro de diálogo **Nueva luz puntual**. Haga clic en **Aceptar** para cerrar este cuadro de diálogo. Haga clic de nuevo en **Aceptar** para cerrar el cuadro de diálogo **Luces**.

9. Cambie al punto de vista (1,-1,1) y modelice el objeto.
   Observe que la superficie superior de la parte cilíndrica y la superficie superior de la base brillan de con la misma intensidad. A continuación, cambiaremos la atenuación a **Inversa del cuadrado**:

10. Haga clic en el botón **Luces** de la barra de herramientas **Render**.

11. Seleccione la luz puntual (P1) y haga clic en **Modificar**. Aparecerá el cuadro de diálogo **Modificar luz puntual**.

12. Seleccione la opción **Inversa del cuadrado**. Haga clic en **Aceptar** para cerrar el cuadro de diálogo **Modificar luz puntual** y clic de nuevo en **Aceptar** para salir del cuadro de diálogo **Luces**.

13. Modelice el objeto de nuevo.
    En esta ocasión podrá observar que la superficie superior de la parte cilíndrica es más brillante que la superficie superior de la base.

DEFINICIÓN Y MODELIZADO DE UNA ESCENA

Barra de herramientas: Render > Escenas
Menú: Ver > Render > Escenas
Comando: ESCENA

El modelizado depende de la vista actual y de las luces definidas en el dibujo. En ocasiones, la vista actual o la iluminación no son suficientes para mostrar todas las características de un objeto. Quizá necesite utilizar varias vistas con diferentes luces para poder mostrar todas las características del objeto. Si cambia de vista o define las luces para un modelizado, perderá la configuración anterior. Para guardar la información del modelizado puede crear una **escena**. Podrá asignar una vista y unas luces diferentes a cada escena. Al modelizar una vista determinada, AutoCAD Render utilizará la información de la vista y las luces que se asignaron a la escena. AutoCAD Render ignorará las luces no definidas en dicha escena. La definición de escenas es conveniente para modelizar diferentes vistas con una ordenación de luces distinta para cada una de ellas. El siguiente ejemplo describe el proceso de definición de escenas y la asignación de vista y luces a las mismas.

Ejemplo 2

En este ejemplo dibujaremos un prisma rectangular y una esfera situada sobre dicho prisma. A continuación insertaremos luces y definiremos vistas y escenas. Finalmente, modelizaremos las escenas. Puede iniciar un nuevo dibujo o continuar con el dibujo actual.

Antes de definir una escena, siga los siguientes pasos en un nuevo dibujo:

1. Dibuje un prisma rectangular de longitud = 60, anchura = 60 y altura = 30.
2. Utilice el comando SCP para definir el nuevo origen en el centro de la superficie superior.
3. Dibuje una esfera de radio 30.
4. Desplace la esfera de forma que su parte inferior repose en la superficie superior del prisma rectangular, tal como muestra la figura 12.19.

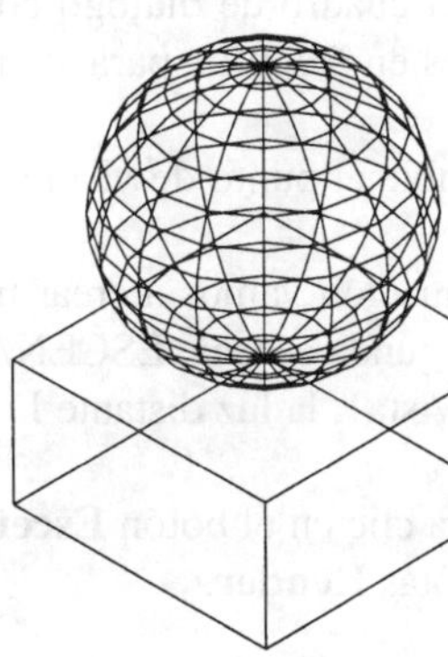

Figura 12.20. *Dibujo para el ejemplo 2.*

A continuación, insertaremos las luces. En este ejemplo, utilizaremos una luz puntual y una luz distante. Vamos a insertar primero la fuente de luz distante.

1. Seleccione la opción **Render > Luces** del menú **Ver**. Aparecerá el cuadro de diálogo **Luces**.

2. Seleccione la opción **Luz distante** en el cuadro de lista desplegable y haga clic en **Nuevo**. AutoCAD abrirá el cuadro de diálogo **Nueva luz distante**.

3. Indique el nombre de la luz distante (D1) en el cuadro de texto **Nombre de la luz**. Deje la intensidad a 1. Después haga clic en el botón **Modificar** del cuadro de diálogo **Nueva luz distante**.

4. Precise el punto (0,0,0) y a continuación el punto (3,-3,4) para definir con ambos puntos la dirección y sentido de la luz.

5. Haga clic en **Aceptar** para salir del cuadro de diálogo. Haga clic de nuevo en **Aceptar** para cerrar esta vez el cuadro de diálogo **Luces**.

6. Cambie el punto de vista a (1,-1,1) y modelice el objeto.

Una vez insertada la luz distante, insertaremos la luz puntual.

1. Haga clic en el botón **Luces** de la barra de herramientas **Render**.

2. Seleccione la opción **Luz puntual** en el cuadro de lista desplegable y haga clic en **Nuevo**. AutoCAD abrirá el cuadro de diálogo **Nueva luz puntual**.

3. Indique el nombre de la luz puntual (P1) y configure una intensidad de 6.

4. Haga clic en el botón **Modificar** del cuadro de diálogo y precise la ubicación (0,0,4).

5. En el cuadro de diálogo **Nueva luz puntual**, seleccione **Inversamente lineal**. Haga clic dos veces en **Aceptar** para salir de este cuadro de diálogo y del cuadro de diálogo **Luces**.

6. Cambie el punto de vista a (1,-1,1) y modelice el objeto.

A continuación vamos a crear tres escenas. La primera escena, ESCENA1, contiene la luz distante D1; la segunda escena, ESCENA2, contiene la luz puntual P1; la tercera escena, ESCENA3, incluye la vista Vista1, la luz distante D1 y la luz puntual P1. Siga estos pasos para crear la primera escena:

1. Haga clic en el botón **Escenas** de la barra de herramientas **Render**.

2. Haga clic en el botón **Nuevo** del cuadro de diálogo **Escenas** (figura 12.21). Aparecerá el cuadro de diálogo **Nueva escena** (figura 12.22).

3. Indique el nombre de la escena (ESCENA1) en el cuadro de texto **Nombre de escena**. Seleccione la luz distante D1 en el cuadro de lista **Luces** y haga clic en **Aceptar**.

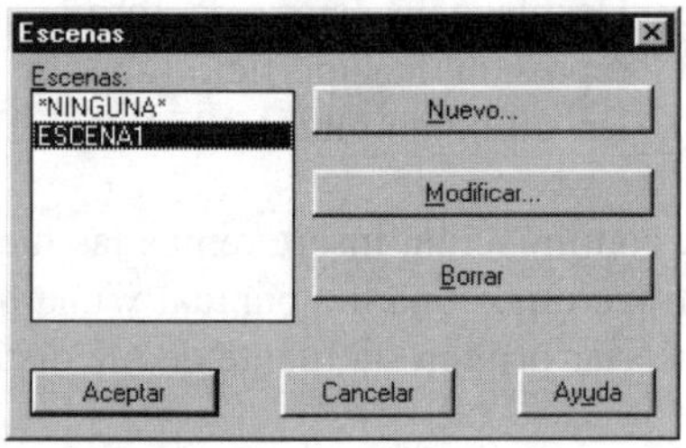

Figura 12.21. *Cuadro de diálogo* ***Escenas****.*

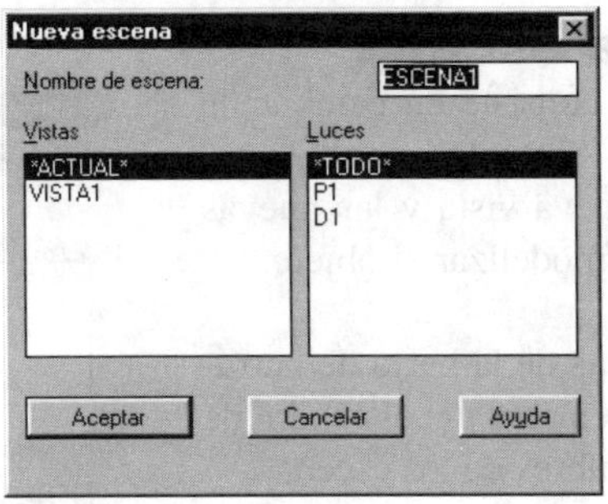

Figura 12.22. Cuadro de diálogo ***Nueva escena.***

4. Haga clic en **Aceptar** del cuadro de diálogo **Escenas**.

De igual forma, cree la segunda escena, ESCENA2, y asígnele la luz puntual P1. Haga clic en **Aceptar** para cerrar el cuadro de diálogo **Escenas**.

A continuación, crearemos la tercera escena, ESCENA3:

1. Utilice el comando **PTOVISTA** para cambiar al punto de vista (1,-0.5,1). Utilice el comando **VISTA** para guardar la vista con el nombre **VISTA1**. Haga clic en **Aceptar**.

2. Elija la opción **Render > Escenas** del menú **Ver**. Haga clic en **Nuevo** para mostrar el cuadro de diálogo **Nueva escena**.

3. Indique el nombre de la escena (ESCENA3) en el cuadro de texto **Nombre de escena**. Seleccione ***TODO*** para asignar la luz distante D1 y la luz puntual P1 a la escena. Después seleccione VISTA1. Haga clic en **Aceptar**.

4. Haga clic en **Aceptar** para cerrar el cuadro de diálogo **Escenas**.

Ya hemos creado las tres escenas y hemos asignado algunas luces a cada una. La escena 3 incorpora una vista además de las luces. Puede modelizar cualquier escena después de convertirla en actual, de la siguiente forma:

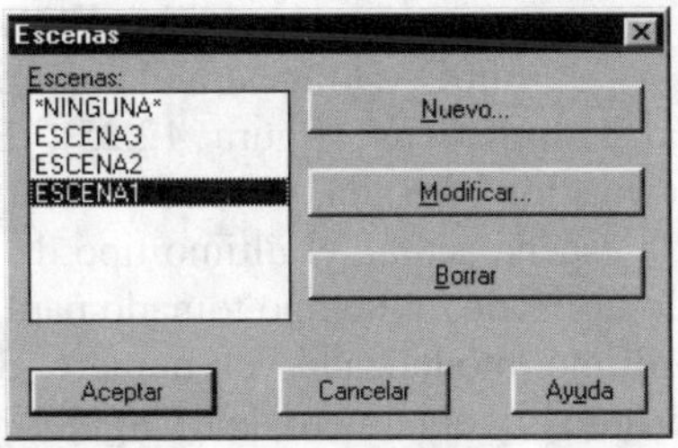

Figura 12.23. Cuadro de diálogo ***Escenas*** *con los nombres de las escenas creadas.*

1. Abra el cuadro de diálogo **Escenas** (figura 12.23).

2. Seleccione el nombre de la escena que desee modelizar y haga clic en **Aceptar** para salir del cuadro de diálogo.

3. Modelice el objeto.

Modificación de una escena

La modificación de una escena consiste en cambiar la vista y las luces asignadas a ella. Al modelizar el objeto, AutoCAD Render utilizará la nueva vista y las nuevas luces asignadas a la escena para modelizar el objeto.

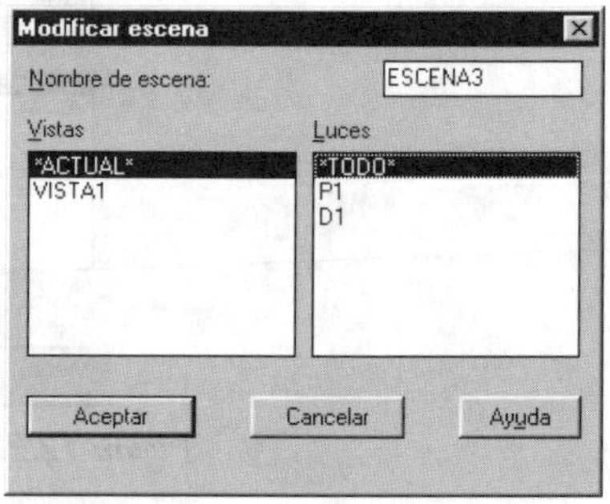

__Figura 12.24.__ Cuadro de diálogo __Modificar escena__ con las vistas y luces disponibles.

1. Haga clic en el botón **Escenas** de la barra de herramientas **Render**. Aparecerá en pantalla el cuadro de diálogo **Escenas** con los nombres de las escenas.

2. Seleccione ESCENA3 y haga clic en **Modificar**. AutoCAD mostrará el cuadro de diálogo **Modificar escena** (figura 12.24).

3. Seleccione ***ACTUAL*** y haga clic en **Aceptar** para salir del cuadro de diálogo **Modificar escena**. De esta forma, la nueva vista para ESCENA3 será la vista actual.

4. Haga clic en **Aceptar** para cerrar el cuadro de diálogo **Escenas**.

5. Modelice el objeto.

OBTENCIÓN DE INFORMACIÓN DE MODELIZADO

Barra de herramientas:	Render > Estadísticas
Menú:	Ver > Render > Estadísticas
Comando:	ESTADIST

Es posible obtener información acerca del último modelizado. Al iniciar el comando **ESTADIST**, AutoCAD muestra el cuadro de diálogo **Estadísticas** (figura 12.25). Entre la información ofrecida, se encuentra el nombre de la escena actual, el último tipo de modelizado utilizado, el tiempo tomado para realizar el último modelizado, el número de caras suprimidas y el número de triángulos procesados. La información contenida en este cuadro de diálogo no puede modificarse. Sin embargo, puede activar la casilla de verificación **Guardar estadísticas en archivo** para obtener un archivo ASCII con dicha información. En tal caso, indique el nombre del archivo en el cuadro de texto o haga clic en **Buscar archivo** para localizarlo entre las diferentes unidades y carpe-

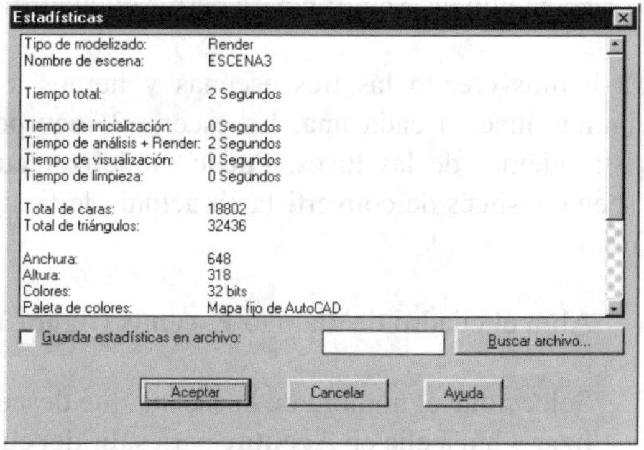

__Figura 12.25.__ Cuadro de diálogo __Estadísticas__.

tas. Si AutoCAD descubre que el archivo indicado ya existe, añadirá la nueva información al final de dicho archivo. Puede utilizar la función **EDIT** o cualquier editor de texto para leer el archivo.

ENLACE DE MATERIALES

Puede asignar materiales a objetos, a bloques o a un **índice de color de AutoCAD** (ACI). Las siguientes secciones explican cada uno de estos casos.

Enlace de materiales a objetos

Barra de herramientas:	Render > Biblioteca materiales
Menú:	Ver > Render > Biblioteca de materiales
Comando:	BIBLIOMAT

Todos los objetos están formados por algún material. Así pues, para obtener un modelizado realista de un objeto, es necesario asignar materiales a su superficie. AutoCAD incorpora diferentes materiales, como bronce, cobre, latón, acero y plástico. Estos materiales se encuentran almacenados en bibliotecas de materiales tales como **render.mli**. Puede asignar materiales a objetos, bloques, capas o a un índice de color de AutoCAD (ACI). Por defecto, AutoCAD sólo asigna el material ***GLOBAL*** a un nuevo dibujo. Sin embargo, si dispone de un objeto en la pantalla al que desea enlazar un material ya definido en la biblioteca de materiales proporcionada por AutoCAD (**render.mli**), deberá importar dicho material en el dibujo y, a continuación, enlazarlo en el objeto. Por ejemplo, si dispone de una esfera en el dibujo actual y desea enlazarle el material AQUA GLAZE, deberá seguir estos pasos:

1. Abra el cuadro de diálogo **Biblioteca de materiales** (figura 12.26).

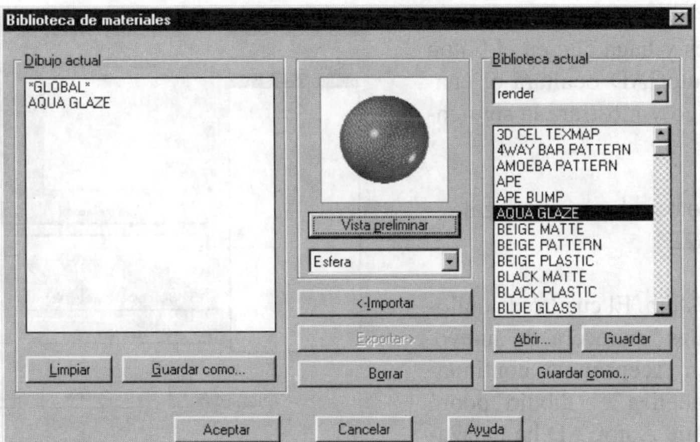

Figura 12.26. *Cuadro de diálogo* ***Biblioteca de materiales.***

2. Seleccione el material deseado en el cuadro de lista de la derecha (en nuestro caso, seleccione el material AQUA GLAZE). (Si el material a importar se encuentra en una biblioteca diferente a **render.mli**, haga clic en el botón **Abrir**; aparecerá el cuadro de diálogo **Archivo de biblioteca**, donde podrá precisar el archivo de biblioteca en el que se encuentra el material deseado.) Para comprobar el aspecto que tendrá el material tras el modelizado, haga clic en el botón **Vista preliminar**. El área de muestra ofrecerá la imagen de una esfera con el material seleccionado.

3. A continuación, haga clic en el botón Importar para importar el material AQUA GLACE en el dibujo. Una vez hecho esto, la entrada AQUA GLACE aparecerá automáticamente en el cuadro de lista **Dibujo actual**, a la izquierda del cuadro de diálogo. Puede hacer clic en **Guardar como** para guardar la lista de materiales con otro nombre. Aparecerá el cuadro de diálogo **Archivo de biblioteca**. Indique el nombre del archivo y haga clic en **Aceptar**.

Nota

*Al abrir un nuevo dibujo, el cuadro de lista Dibujo actual sólo contiene la entrada *GLOBAL*, que corresponde al material asignado por defecto al nuevo dibujo.*

*Al importar un material de la biblioteca al dibujo, AutoCAD no elimina en ningún caso el material de la biblioteca. Los materiales no enlazados a ningún objeto pueden suprimirse del dibujo haciendo clic en el botón **Limpiar** del cuadro de diálogo **Biblioteca de materiales**.*

4. Haga clic en el botón **Materiales** de la barra de herramientas **Render**. (Si lo prefiere, indique **MATERIALR** en la solicitud de comando.) Aparecerá el cuadro de diálogo **Materiales** (figura 12.27). Puede observar que en el cuadro de lista **Materiales** aparece ahora el material AQUA GLAZE junto con *GLOBAL*.

5. Seleccione AQUA GLAZE de la lista de materiales y haga clic en el botón **Enlazar**. AutoCAD ocultará el cuadro de diálogo y mostrará la siguiente solicitud:

Designe objetos a los que enlazar "AQUA GLAZE":

6. Designe la esfera. El cuadro de diálogo **Materiales** aparecerá de nuevo. Haga clic en **Aceptar**. A continuación, si modeliza el dibujo podrá comprobar que AutoCAD ha enlazado el material AQUA GLAZE a la esfera.

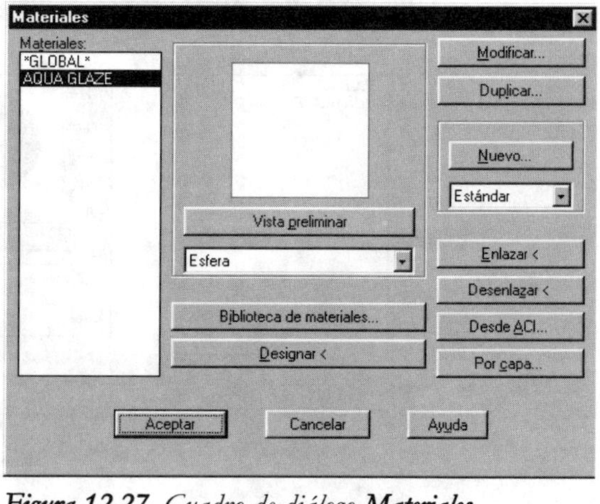

Figura 12.27. *Cuadro de diálogo **Materiales**.*

Enlace de materiales al índice de color de AutoCAD (ACI)

Es posible enlazar materiales al índice de color de AutoCAD (ACI). Puede conseguirlo de la siguiente manera:

1. Abra el cuadro de diálogo **Materiales** (figura 12.27).

2. Haga clic en el botón **Desde ACI**. Aparecerá el cuadro de diálogo **Enlazar por índice de color de AutoCAD** (figura 12.28).

*Figura 12.28. Cuadro de diálogo **Enlazar por índice de color de AutoCAD**.*

3. Seleccione en el cuadro de lista **Materiales** el material a enlazar a un ACI.

4. Seleccione el color ACI deseado en el cuadro de lista **Designe ACI** y haga clic en **Enlazar**.

5. Haga clic en **Aceptar** para completar el proceso de enlazar el material elegido a los objetos con el ACI seleccionado.

Enlace de materiales a capas

Los materiales pueden enlazarse con capas. Esta opción resulta muy conveniente cuando desee que todos los objetos de una determinada capa adopten el mismo material. Siga estos pasos para lograrlo:

1. Abra el cuadro de diálogo **Materiales**.

2. Haga clic en el botón **Por capa**. Aparecerá el cuadro de diálogo **Enlazar por capa** (figura 12.29).

3. Seleccione el material a enlazar a todos los objetos de una determinada capa.

4. Seleccione la capa deseada y haga clic en **Enlazar**.

5. Haga clic en **Aceptar**.

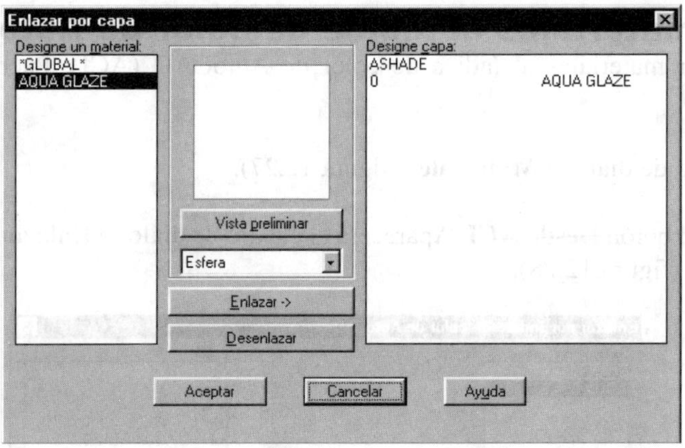

*Figura 12.29. Cuadro de diálogo **Enlazar por capa**.*

De esta forma, AutoCAD enlazará el material elegido con todos los objetos de la capa seleccionada. AutoCAD enlaza un material a un objeto durante el modelizado de acuerdo con el siguiente orden:

1. Los materiales enlazados expresamente a objetos del dibujo tienen la mayor prioridad.
2. A continuación, se consideran los materiales enlazados por ACI.
3. Finalmente, se consideran los materiales enlazados por capa.
4. El material *GLOBAL* se utiliza en caso de que no se haya enlazado ningún material al objeto.

Si asigna un material diferente a cada objeto y, a continuación, los combina en un único bloque, AutoCAD modeliza los distintos componentes del bloque de acuerdo con los respectivos materiales asignados a cada uno de ellos. Supongamos ahora un bloque cuyos componentes se han creado en diferentes capas a las que se han enlazado distintos materiales; si enlaza un material a la capa en la que se encuentra el bloque, el bloque se modelizará de acuerdo con los materiales enlazados a las diferentes capas en las que se encuentran los componentes. Sin embargo, si existe algún componente del bloque al que no se haya enlazado ningún material, AutoCAD le asignará el material enlazado al bloque; si no se ha enlazado ningún material al bloque, AutoCAD le asignará el material *GLOBAL*.

DESENLACE DE MATERIALES

Si desea asignar un material distinto a un objeto, es importante desenlazar primero el material asignado previamente; sólo entonces podrá asignarle otro material. Además, en ocasiones puede ser necesario que ningún material esté enlazado al objeto. Para romper el enlace entre un objeto y su material asignado, haga clic en el botón **Desenlazar** del cuadro de diálogo **Materiales**. Si ha enlazado un material por ACI (Índice de color de AutoCAD), para poder desenlazarlo deberá hacer clic en el botón **Desde ACI** del cuadro de diálogo **Materiales**. Aparecerá el cuadro de diálogo **Enlazar por índice de color de AutoCAD**. Haga clic en el botón **Desenlazar** de este cuadro de diálogo. De igual forma, si desea desenlazar un material enlazado por capa, haga clic en el botón **Por capa** del cuadro de diálogo **Materiales**; en el cuadro de diálogo **Enlazar por capa**, haga clic en **Desenlazar**.

CAMBIO DE LOS PARÁMETROS DE UN MATERIAL

Es posible cambiar los parámetros de un material, como el color y las propiedades de reflexión, a fin de adaptarlos a sus necesidades. Puede utilizar el cuadro de diálogo **Modificar material normalizado** para cambiar los parámetros. Deberá seguir los pasos indicados a continuación:

1. Abra el cuadro de diálogo **Materiales**.

2. Seleccione el nombre del material que desee modificar en la lista de materiales.

3. Haga clic en el botón **Modificar**. Aparecerá el cuadro de diálogo **Modificar material normalizado** (figura 12.30). Si se ha equivocado al seleccionar el material, puede solucionar este error indicando el nombre del material a modificar en el cuadro de texto **Nombre del material**.

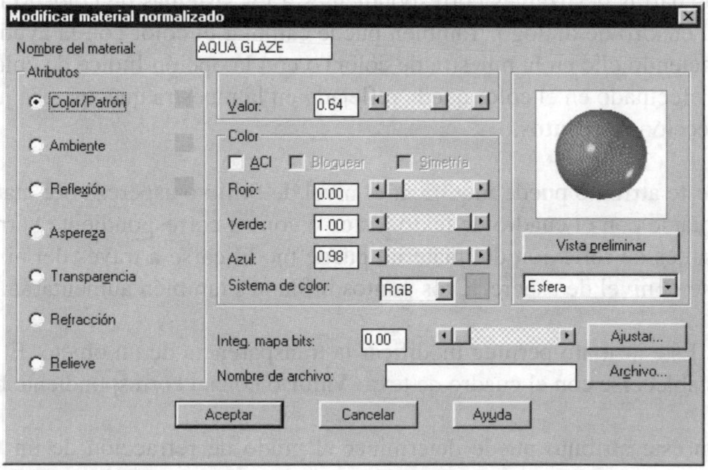

*Figura 12.30. Cuadro de diálogo **Modificar material normalizado**.*

El cuadro de diálogo **Modificar material normalizado** comprende las siguientes opciones.

Sección Atributos

La sección **Atributos** precisa los atributos del material. Para modificar un atributo de un material, seleccione el botón de opción correspondiente en la sección **Atributos** y realice los cambios oportunos. Esta sección incluye los siguientes atributos.

Color/Patrón. Este atributo permite cambiar el color difuso (principal) del material. Puede cambiar la intensidad del color indicando una intensidad en el cuadro de texto **Valor** o desplazando la correspondiente barra deslizante. Para cambiar el color, utilice los cuadros de texto o las barras deslizantes correspondientes a los sistemas de color RGB o HLS, en la sección **Color** del cuadro de diálogo. También puede cambiar el color con la ayuda del cuadro de diálogo **Color** (haciendo clic en la muestra de color) o con la opción Índice de color de AutoCAD (ACI). El cambio efectuado en el color queda reflejado en la muestra que aparece junto a la opción **Color/Patrón** de la sección **Atributos**.

Ambiente. Si selecciona este atributo, podrá cambiar el color ambiente (sombras) del material. Puede cambiar la intensidad del color indicando una intensidad en el cuadro de texto **Valor** o desplazando la correspondiente barra deslizante. Para cambiar el color, utilice los cuadros de texto o las barras deslizantes correspondientes a los sistemas de color RGB o HLS, en la sección **Color** del cuadro de diálogo. También puede cambiar el color con la ayuda del cuadro de diálogo **Color** (haciendo clic en la muestra de color) o con la opción Índice de color de AutoCAD (ACI). El cambio efectuado en el color queda reflejado en la muestra que aparece junto a la opción **Ambiente** de la sección **Atributos**.

Reflexión. Con este atributo puede modificar el color de reflexión (brillante o especular) del material. Puede cambiar la intensidad del color indicando una intensidad en el cuadro de texto **Valor** o desplazando la correspondiente barra deslizante. Para cambiar el color de reflexión, utilice los cuadros de texto o las barras deslizantes correspondientes a los sistemas de color RGB o HLS, en la sección **Color** del cuadro de diálogo. También puede cambiar el color con la ayuda del cuadro de diálogo **Color** (haciendo clic en la muestra de color) o con la opción Índice de color de AutoCAD (ACI). El cambio efectuado en el color queda reflejado en la muestra que aparece junto a la opción **Reflexión** de la sección **Atributos**.

Aspereza. Con este atributo puede modificar el nivel de brillo o aspereza del material. Los cambios pueden efectuarse con el cuadro de texto **Valor** o con su correspondiente barra deslizante. El tamaño de los resaltes de reflexión del material puede modificarse a través del nivel de aspereza. Conforme aumente el nivel de aspereza, los puntos brillantes también aumentarán.

Transparencia. Este atributo permite modificar la transparencia de un objeto. El grado de transparencia puede establecerse con el cuadro de texto **Valor** o con su correspondiente barra deslizante.

Refracción. Con este atributo puede determinar el grado de refracción de un material. Puede modificar este atributo con el cuadro de texto **Valor** o con su correspondiente barra deslizante.

Relieve. Si selecciona esta opción, podrá utilizar el cuadro de texto **Nombre de archivo** para indicar el nombre del mapa de relieve que desee asignar al objeto.

Nota

Si desea ver el efecto que los cambios provocan en las propiedades de un objeto tras el modelizado, haga clic en el botón ***Vista preliminar****. Una esfera en el área de muestra reflejará el efecto de las propiedades actuales del material.*

DEFINICIÓN DE NUEVOS MATERIALES

Quizá en algún momento desee definir un nuevo material. Para definir un nuevo material en AutoCAD deberá seguir estos pasos:

1. Abra el cuadro de diálogo **Materiales**.

2. Haga clic en **Nuevo**. Aparecerá el cuadro de diálogo **Nuevo material normalizado** (figura 12.31).

3. Indique el nombre que desee dar al nuevo material en el cuadro de texto **Nombre del material**. Debe utilizar un nombre exclusivo de no más de 16 caracteres.

4. Configure el color y los valores para los atributos Color, Ambiente, Reflexión y Aspereza, tal como lo haría para un material previamente definido con el cuadro de diálogo **Modificar material normalizado**.

5. Para comprobar el efecto del modelizado con el material definido, haga clic en el botón **Vista preliminar**. Una esfera modelizada en el área de muestra representa el efecto del modelizado con el nuevo material.

6. Una vez definidos los atributos, haga clic en **Aceptar**. De esta forma habrá conseguido definir un nuevo material.

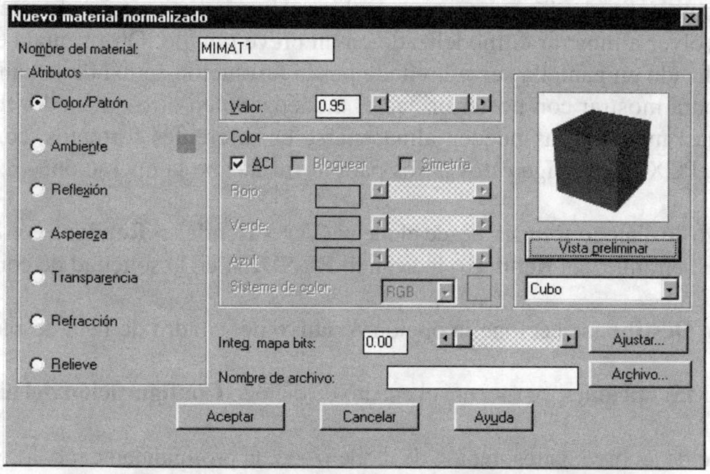

*Figura 12.31. Cuadro de diálogo **Nuevo material normalizado**.*

EXPORTACIÓN DE UN MATERIAL DESDE UN DIBUJO A LA BIBLIOTECA DE MATERIALES

En ocasiones quizá disponga de un material enlazado en el dibujo pero no presente en la biblioteca de materiales. Esta situación puede darse, por ejemplo, al transferir un dibujo que incorpora materiales de un sistema a otro que no incluye dichos materiales en sus bibliotecas de materiales. AutoCAD permite exportar un material desde un dibujo a una biblioteca de materiales. Deberá seguir estos pasos:

1. Abra el dibujo que incorpora el material que desea exportar.

2. Abra el cuadro de diálogo **Biblioteca de materiales.**

3. Seleccione el material a exportar en el cuadro de lista **Dibujo actual**.

4. Haga clic en el botón **Exportar**. Podrá apreciar que el nombre del material se añade al final del cuadro de lista **Biblioteca actual**.

5. Si hace clic en el botón **Guardar**, justo debajo del cuadro de lista, conseguirá guardar el material desde el dibujo a la biblioteca actual.

GUARDADO DE UN MODELIZADO

Una imagen modelizada puede guardarse bien realizando un modelizado en archivo, bien guardado la imagen tras modelizar en la pantalla. Volver a mostrar una imagen modelizada requiere un tiempo mínimo en comparación con el tiempo necesario para el modelizado.

Guardado directo de un modelizado

Puede guardar un modelizado directamente en archivo. Una de las ventajas de este método consiste en que podrá volver a mostrar el modelizado en un breve tiempo. Otra ventaja es que la resolución de un modelizado en pantalla se ve limitada por la resolución actual de la pantalla; si modeliza en archivo, podrá mostrar con posterioridad el modelizado en otro ordenador de mayor resolución. Las imágenes modelizadas pueden almacenarse en diferentes formatos, como TGA, TIFF, BMP, PostScript, PCX e IFF. Siga estos pasos para llevar a cabo la operación:

1. Abra el cuadro de diálogo **Render** desde el menú (**Ver > Render > Render**), con el botón **Render** de la barra de herramientas **Render** o indicando **RENDER** en la solicitud de comando.

2. En la sección **Destino**, seleccione la opción **Archivo** del cuadro de lista desplegable.

3. Haga clic en **Más opciones**. Aparecerá el cuadro de diálogo **Configuración del archivo de salida**.

4. Precise el tipo de archivo, la resolución de modelizado, la profundidad del color y otras opciones. Después haga clic en **Aceptar** para cerrar el cuadro de diálogo.

5. Haga clic en el botón **Modelizar** del cuadro de diálogo **Render**. Aparecerá el cuadro de diálogo Archivo de modelizado. Precise el nombre del archivo y haga clic en **Aceptar**.

Guardado de un modelizado generado en ventana gráfica

Menú:	Herramientas > Visualizar imagen > Guardar
Comando:	GUARDARIMG

El comando **GUARDARIMG** puede guardar en archivo una imagen previamente modelizada en una ventana gráfica. En este caso, los formatos de archivo admitidos son TGA, TIFF y BMP. Siga estos pasos para llevar a cabo la operación:

1. Abra el cuadro de diálogo **Render** y haga clic en **Modelizar** para modelizar el objeto.

2. Abra el cuadro de diálogo **Guardar imagen**.

3. Precise el formato de archivo (TGA, TIFF o BMP), el tamaño y el desfase para la imagen. Haga clic en **Aceptar**. Aparecerá el cuadro de diálogo **Archivo de imagen**.

4. Precise el nombre del archivo donde guardar el modelizado y haga clic en **Aceptar**. De esta forma, la imagen modelizada en la pantalla puede guardarse en el formato de archivo seleccionado.

Guardado de un modelizado generado la ventana Render

La opción **Guardar** de la ventana **Render** puede guardar en archivo una imagen modelizada en la ventana **Render**. En este caso, el único formato de archivo en el que se puede guardar la imagen modelizada es mapa de bits (BMP). Siga estos pasos para llevar a cabo la operación:

1. Abra el cuadro de diálogo **Render** y seleccione la opción **Ventana Render** en el cuadro de lista desplegable de la sección **Destino**. Haga clic en **Modelizar** para modelizar el objeto. La ventana **Render** mostrará el objeto modelizado.
2. Seleccione la opción **opciones** en el menú **Archivo** de la ventana **Render**. Aparecerá el cuadro de diálogo **Opciones de la ventana Render**, donde podrá configurar el tamaño y profundidad de color de la imagen modelizada.

3. A continuación. elija **Guardar** en el menú **Archivo** de la ventana **Render**. Aparecerá el cuadro de diálogo **Guardar BMP**. Indique el nombre del archivo en el cuadro de texto **Nombre de archivo** y haga clic en **Aceptar**.

El problema con las imágenes de mapa de bits consiste en que al aumentar su escala la calidad empeora y no puede imprimirse adecuadamente. Por otro lado, si se reduce su escala, la imagen pierde información.

REPRODUCCIÓN DE UNA IMAGEN MODELIZADA

En la sección anterior se ha explicado cómo guardar de una imagen modelizada. En esta sección explicaremos cómo mostrar de nuevo una imagen modelizada y guardada en archivo.

Reproducción en ventana gráfica de una imagen modelizada

Menú:	Herramientas > Visualizar imagen > Ver
Comando:	REPRODUCIR

Si ha guardado la imagen modelizada en un formato de archivo TGA, TIFF o BMP, podrá utilizar el comando **REPRODUCIR** para mostrar de nuevo la imagen en pantalla. Esta operación puede llevarse a cabo de la siguiente manera:

1. Ejecute el comando **REPRODUCIR** para que aparezca el cuadro de diálogo **Reproducir**.

2. Seleccione el archivo a mostrar y haga clic en **Aceptar**.

3. A continuación aparecerá el cuadro de diálogo **Especificaciones de la imagen** (figura 12.32). Puede definir el tamaño y el desfase o utilizar, por defecto, el tamaño completo de la pantalla para visualizar la imagen modelizada.

4. Haga clic en **Aceptar**. La imagen seleccionada aparecerá en pantalla con el tamaño y desfase precisado.

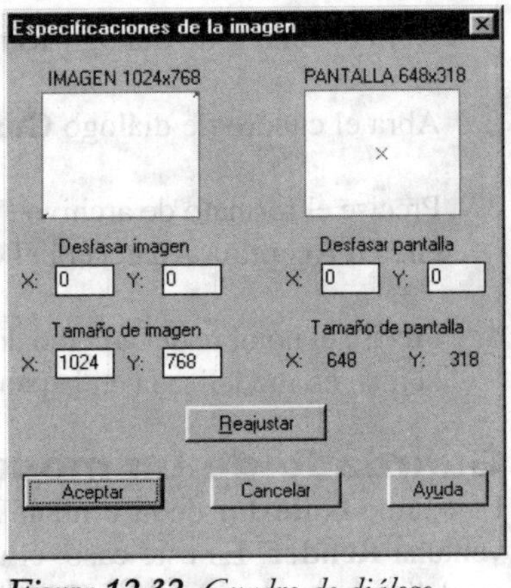

Figura 12.32.** Cuadro de diálogo **Especificaciones de la imagen.

Reproducción en la ventana Render de una imagen modelizada

1. Seleccione la opción **Abrir** en el menú **Archivo** de la ventana **Render**.

2. Aparecerá el cuadro de diálogo **Abrir** (figura 12.33). Seleccione el archivo que desee reproducir en la ventana y haga clic en **Aceptar**. AutoCAD mostrará la imagen seleccionada.

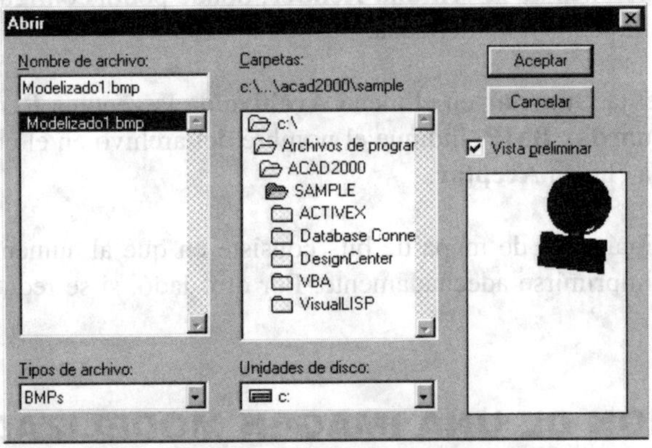

***Figura 12.33.** Cuadro de diálogo **Abrir**.*

Test de autoevaluación

Conteste a las siguientes preguntas y compare sus respuestas con las respuestas correctas mostradas al final del capítulo.

1. Las imágenes modelizadas permiten una visualización más fácil de la forma y del tamaño de los objetos 3D. (V/F)

2. Puede ejecutar el comando **ARX** para descargar AutoCAD Render. (V/F)

3. La atenuación tiene lugar tan sólo con las fuentes de luz distantes. (V/F)

4. No es posible asignar una vista a una escena. (V/F)

5. Una escena no puede modificarse cambiando las luces asignadas a ella. (V/F)

6. Puede utilizar un foco para crear una fuente que emite luz de estilo cónico en la dirección definida. (V/F)

7. La opción de modelizado **Phong** realiza unos cálculos __________ precisos y produce una imagen de __________ calidad; sin embargo, lleva más tiempo visualizar la imagen.

8. Nombre los tres métodos proporcionados por AutoCAD Render para controlar la atenuación de la luz: 1. __________ 2. __________ 3. __________

9. Una fuente de luz __________ emite luz de intensidad uniforme en todas las direcciones.

10. El comando __________ puede guardar en archivo una imagen modelizada en una ventana gráfica.

11. Los materiales pueden importarse desde un archivo __________.

12. Los materiales predefinidos no pueden modificarse. (V/F)

13. Por defecto, AutoCAD sólo asigna el material __________ a los nuevos dibujos.

14. Los materiales, una vez enlazados a un objeto, no pueden desenlazarse. (V/F)

15. En el caso de que haya guardado la imagen en un archivo de formato TGA, TIFF o BMP, puede utilizar el comando __________ para mostrar la imagen.

Preguntas de revisión

1. El modelizado no es una herramienta efectiva para comunicar ideas de diseño. (V/F)

2. Al ejecutar cualquier comando de modelizado, AutoCAD Render se carga automáticamente. (V/F)

3. No es posible modelizar un dibujo sin insertar ninguna luz o sin definir características de reflexión en la superficie. (V/F).

4. La opción de modelizado **Gouraud** ahorra tiempo de cálculo, pero no permite obtener una imagen de buena calidad. (V/F)

5. Puede aumentarse o reducirse la intensidad de la luz ambiente, pero no es posible desactivarla por completo. (V/F)

6. AutoCAD permite controlar la apariencia de un objeto por medio de la calidad de reflexión en la superficie y añadiendo luces para obtener el efecto deseado. (V/F)

7. El efecto de graduación generado por las luces no tiene ningún efecto en la apariencia del objeto. (V/F)

8. Por defecto, AutoCAD Render utiliza sombreado suave para modelizar la imagen. (V/F)

9. Con la opción ____________, la luz incidente sobre el objeto (brillo) es inversamente proporcional a la distancia entre el objeto y la fuente de luz (Brillo = 1/Distancia).

10. La luz ________ no tiene una fuente y, por tanto, no se precisa su ubicación en el dibujo.

11. La intensidad de la luz radiada por una fuente de luz puntual __________ con la distancia.

12. Puede crear una imagen modelizada de un objeto 3D por medio del comando __________.

13. Para cargar AutoCAD Render, puede indicar __________ desde la solicitud de comando.

14. La intensidad de la luz __________ conforme la distancia aumenta.

15. Con la opción ______________, la luz incidente en el objeto (brillo) es inversamente proporcional al cuadrado de la distancia entre el objeto y la fuente de luz (Brillo = 1/Distancia^2).

16. La luz distante emite __________ de luz en una única dirección.

17. La intensidad de la luz __________ no cambia con la distancia.

18. ¿Cuáles son los nombres de los dos tipos de sombreado para el modelizado en AutoCAD Render? 1. __________ 2. __________

19. Conforme el ángulo oblicuo __________, la cantidad de luz reflejada por la superficie oblicua disminuye.

20. Si desea modelizar varias vistas con una organización de luces distinta en cada una, resulta conveniente definir __________.

21. Los materiales sólo pueden asignarse explícitamente a los objetos. (V/F)

22. Al importar un material desde una biblioteca de materiales a un dibujo, AutoCAD copia el material y sus propiedades en la lista de materiales del dibujo. (V/F)

23. Al importar un material desde una biblioteca de materiales a un dibujo, se suprime de la biblioteca de materiales. (V/F)

24. Es posible definir nuevos materiales. (V/F)

25. Un material existente en un dibujo puede exportarse a la biblioteca de materiales (archivo MLI). (V/F)

26. Una imagen modelizada puede guardarse ______________________________.

27. Volver a mostrar una imagen modelizada lleva __________ tiempo comparado con el tiempo necesario para el modelizado.

28. Nombre los tipos de luces admitidos por AutoCAD Render. ______________________.

29. Defina intensidad. ____.

30. ¿Qué es la atenuación? ____.

Ejercicios

Ejercicio 2 — *Mecánica*

Realice el dibujo mostrado en la figura 12.34; después lo utilizaremos para el modelizado. A continuación se describe uno de los métodos posibles para realizar el dibujo.

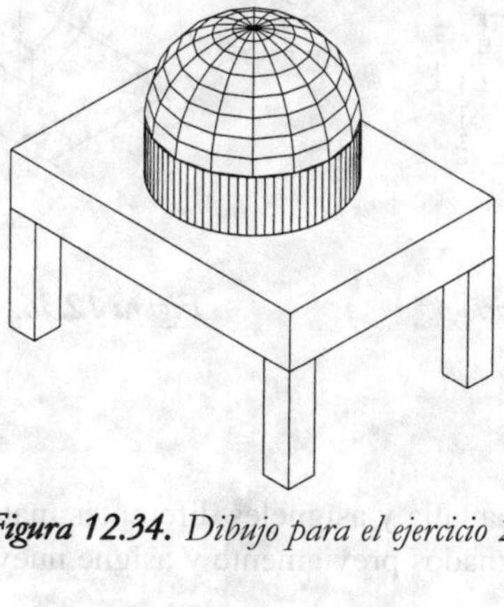

Figura 12.34. *Dibujo para el ejercicio 2.*

1. Dibuje un rectángulo de 55 x 40.
2. Utilice el comando **CAMBIA** para modificar su altura a 5.
3. Utilice el comando **3DCARA** para dibujar una cara 3D en la parte superior del prisma rectangular.
4. Dibuje otro rectángulo de 5 x 5.
5. Utilice el comando **CAMBIA** para modificar su altura a 20.
6. Copie la pata de la mesa en las cuatro esquinas.
7. Defina el centro de la mesa como el nuevo origen.
8. Dibuje un círculo de diámetro 30 en la superficie superior de la mesa. El centro del círculo debe coincidir con el centro de la mesa.
9. Utilice el comando **CAMBIA** para modificar su altura a 10.
10. Dibuje una cúpula con un diámetro de 30. La parte inferior de la cúpula debe coincidir con la parte superior del cilindro, tal como muestra la figura 12.34.
11. Para modelizar el dibujo, defina primero una luz distante; precise primero el punto (3,-2,5) y después el punto (0,0,0) para definir la dirección y sentido de los rayos.
12. Sitúe una fuente de luz puntual en (-1,0,5) con la atenuación **Inversa del cuadrado**. Modelice el objeto.
13. Modifique las luces distante y puntual para estudiar su efecto en la iluminación del modelizado.

Ejercicio 3 *General*

Realice los dibujos 3D mostrados en las figuras 12.35 (medidas en pulgadas) y 12.36 (medidas en milímetros). A continuación, modelice la vista 3D del dibujo tras insertar luces en la ubicación apropiada para obtener una imagen realista del objeto.

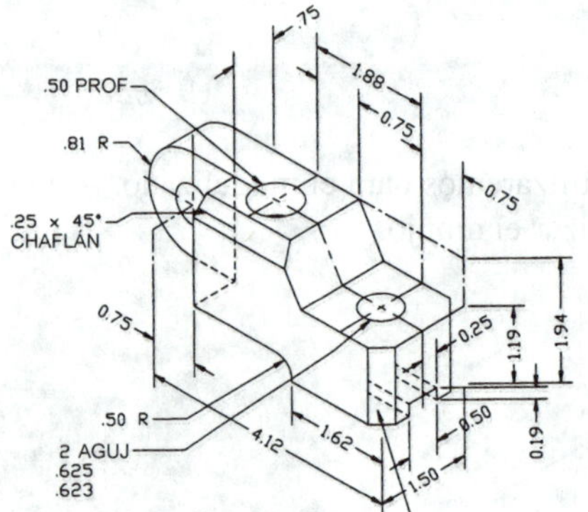

Figura 12.35. *Dibujo para el ejercicio 3.*

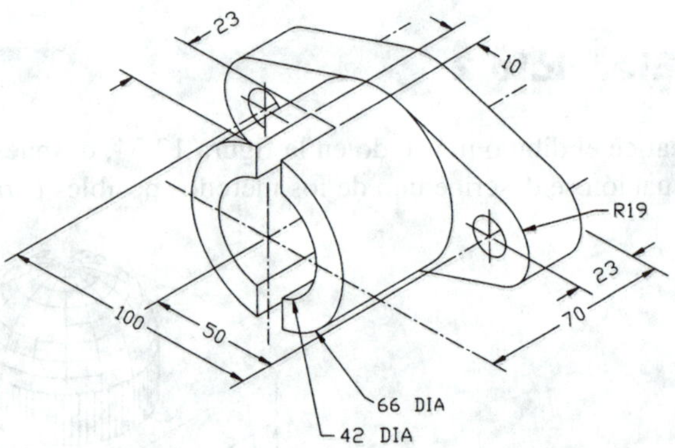

Figura 12.36. *Dibujo para el ejercicio 3.*

Ejercicio 4 *General*

a. Dibuje varios objetos en la pantalla y asígneles diferentes materiales. Modelice el dibujo.
b. Desenlace los materiales asignados previamente y asigne nuevos materiales.

Ejercicio 5 — *General*

Enlace el material de cobre (COPPER) a alguna capa del dibujo. Dibuje objetos en dicha capa y modelice el dibujo. Observe los resultados detenidamente.

Ejercicio 6 — *General*

a. Defina un nuevo material llamado NUEVOMAT. Asígnele los valores deseados a cada uno de sus atributos en el cuadro de diálogo Nuevo material normalizado. Enlace después el material a un objeto y modelícelo en una ventana gráfica.
b. Guarde la imagen modelizada con el tamaño y desfase deseados.
c. Vuelva a mostrar en pantalla la imagen guardada.

Ejercicio 7 — *Mecánica*

Realice el dibujo mostrado en la figura 12.37, cuyas medidas aparecen en pulgadas. (Suponga el valor de las cotas no indicadas.) A continuación, modelice la vista 3D del dibujo tras insertar luces en la ubicación apropiada para obtener una imagen realista del objeto.

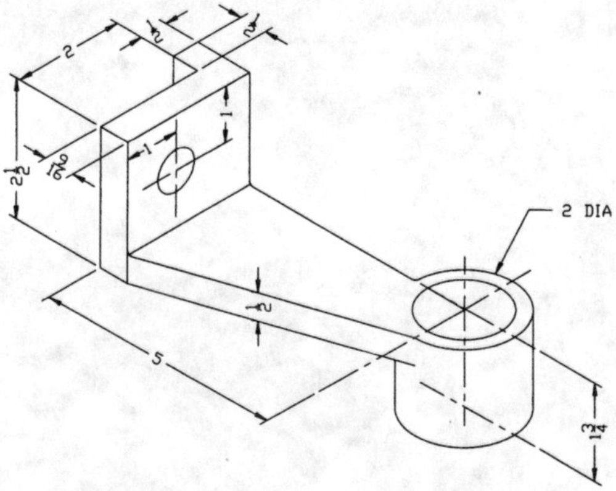

Figura 12.37. *Dibujo para el ejercicio 3.*

Respuestas al test de autoevaluación

1- V; **2-** V; **3-** F; **4-** F; **5-** V; **6-** V; **7-** más, mayor; **8-** Ninguno, Inversamente lineal, Inversa del cuadrado; **9-** puntual; **10- GUARDARIMG**; **11-** MLI; **12-** F; **13-** *GLOBAL*; **14-** F; **15- REPRODUCIR**

Capítulo 13

Calculadora geométrica

Objetivos del estudio

Tras completar este capítulo, será capaz de:

- *Comprender el funcionamiento de la calculadora geométrica.*
- *Utilizar expresiones reales, enteras o vectoriales.*
- *Utilizar los modos de referencia con la calculadora geométrica.*
- *Obtener el radio de un objeto y localizar un punto en una línea.*
- *Comprender las aplicaciones de la calculadora geométrica.*
- *Utilizar variables AutoLISP y filtrar coordenadas X, Y y Z.*

CALCULADORA GEOMÉTRICA

La **calculadora geométrica** es una aplicación ADS que puede utilizar para realizar cálculos sin salir de AutoCAD. La calculadora puede evaluar expresiones vectoriales, reales y enteras. También puede acceder a la geometría existente; utiliza para ello los tres primeros caracteres en inglés de las funciones estándar de AutoCAD para la referencia a objetos (por ejemplo, MID, CEN, END). Puede utilizar la calculadora para evaluar expresiones aritméticas y vectoriales. Por ejemplo, puede utilizar la calculadora para evaluar una expresión como 3.5 ^ 12.5 * [234 * log(12.5) - 3.5 * cos(30)]. El resultado de un cálculo puede utilizarse como entrada en la solicitud actual de AutoCAD.

Otra aplicación de la calculadora consiste en aplicar un valores a variables AutoLISP. Por ejemplo, puede utilizar una variable AutoLISP en la expresión aritmética y, a continuación, asignar el valor de la expresión a otra variable AutoLISP. Para emplear la calculadora geométrica, indique el comando **CAL** (o **'CAL** para su utilización en modo transparente) en la solicitud de comando de AutoCAD.

EXPRESIONES REALES, ENTERAS Y VECTORIALES

Expresiones reales y enteras

Una **expresión real** está formada por números y funciones reales combinados con operadores numéricos. De igual forma, una **expresión entera** está formada por números y funciones enteras combinados con operadores numéricos. La siguiente lista describe los distintos operadores numéricos:

Operador	Operación	Ejemplo
+	Suma números	2 + 3
-	Resta números	15.5 - 3.754
*	Multiplica números	12.34 * 4
/	Divide números	345.5/2.125
^	Eleva un número a un exponente	25.5 ^ 2.5
()	Agrupa de expresiones	4.5 + (4.35 ^ 2)

Ejemplo

Comando: **CAL**

Inicializando...>> Expresión: **(4.5 + (4.35 ^ 2))**

23.4225

Expresiones vectoriales

Una **expresión vectorial** está formada por puntos, vectores, números y funciones combinados con los siguientes operadores:

Operador	Operación / Ejemplo
+	Suma vectores [a,b,c] + [x,y,z] = [a + b, b + y, c + z] [2,4,3] + [5,4,7] = [2 + 5, 4 + 4, 3 + 7] = [7.0 8.0 10.0]
-	Resta vectores [a,b,c] - [x,y,z] = [a - b, b - y, c - z] [2,4,3] - [5,4,7.5] = [2 - 5, 4 - 4, 3 - 7.5] = [-3.0 0.0 -4.5]
*	Multiplica un vector por un número real a * [x,y,z] = [a * x, a * y, a * z] 3 * [2,8,3.5] = [3 * 2, 3 * 8, 3 * 2.5] = [6.0 24.0 10.5]
/	Divide un vector por un número real [x,y,z] / a = [x / a, y / a, z/ a] [4,8,4.5] / 2 = [4 / 2, 8 / 2, 4.5/ 2] = [2.0 4.0 2.25]

&	Multiplica vectores	
	[a,b,c] & [x,y,z] = [(b * z) - (c * y), (c * x) - (a * z), (a * y) - (b * x)] [2,4,6] & [3,5,8] = [(4 * 8) - (6 * 5), (6 * 3) - (2 * 8), (2 * 5) - (4 * 3)] = [2.0 2.0 -2.0]	
()	Agrupa expresiones	a + (b ^ c)

Ejemplo
Comando: **CAL**
>> Expresión: [2,4,3] - [5,4,7.5]
(-3.0 0.0 -4.5)

FUNCIONES NUMÉRICAS

La **calculadora geométrica** (**CAL**) admite las siguientes funciones numéricas:

Función	Descripción
sin(ángulo)	Calcula el **seno** de un ángulo.
cos(ángulo)	Calcula el **coseno** de un ángulo.
tang(ángulo)	Calcula la **tangente** de un ángulo.
asin(real)	Calcula el **arcoseno** de un número. (El número debe estar comprendido entre -1 y 1.)
acos(real)	Calcula el **arcocoseno** de un número (El número debe estar comprendido entre -1 y 1.)
atan(real)	Calcula la **arcotangente** de un número.
ln(real)	Calcula el **logaritmo natural** de un número.
log(real)	Calcula el **logaritmo en base 10** de un número.
exp(real)	Calcula el **exponente natural** de un número.
exp10(real)	Calcula **exponente en base 10** de un número.
sqr(real)	Calcula el **cuadrado** de un número.
sqrt(real)	Calcula la **raíz cuadrada** de un número.
abs(real)	Calcula el **valor absoluto** de un número.
round(real)	Redondea un número al **valor entero más próximo**.
trunc(real)	Devuelve la **parte entera** de un número.
r2d(ángulo)	Convierte un **ángulo en radianes** a grados.
d2r(ángulo)	Convierte un **ángulo en grados** a radianes.
pi	El número pi tiene un **valor constante** (**3.14149**).

Ejemplo
Comando: **CAL**
>> Expresión: sin (60)
0.866025

UTILIZACIÓN DE LOS MODOS DE REFERENCIA

Es posible utilizar los modos de referencia de AutoCAD con las funciones de la calculadora para evaluar una expresión. Al utilizar referencias en una expresión, AutoCAD solicitará que designe un objeto; el valor obtenido se utilizará en la expresión. Por ejemplo, si la función **CAL** es **(cen+end)/2**, la calculadora solicitará en primer lugar que designe un objeto para el modo de referencia **Centro** y, a continuación, otro objeto para la referencia **Punto final**. Las correspondientes coordenadas de ambos puntos se sumarán y el valor obtenido se dividirá por **2**. El valor resultante es un punto situado a mitad del camino entre el centro del primer objeto (por ejemplo un círculo) y el punto final del segundo objeto designado. La siguiente lista muestra los **modos de referencia CAL** y los correspondientes modos de referencia a objetos de AutoCAD.

Modos de referencia CAL	**Modos de referencia de AutoCAD**
END	Punto final
EXT	Extensión
INS	Inserción
INT	Intersección
MID	Punto medio
CEN	Centro
NEA	Cercano
NOD	Punto
QUA	Cuadrante
PAR	Paralelo
PER	Perpendicular
TAN	Tangente

Ejemplo 1

En este ejemplo utilizaremos los **modos de referencia CAL** para obtener los valores de los puntos (coordenadas). Después utilizaremos dichos valores para dibujar una línea (P3,P4). Se presupone que el círculo y la línea (P1,P2) ya están dibujadas (figura 13.1).

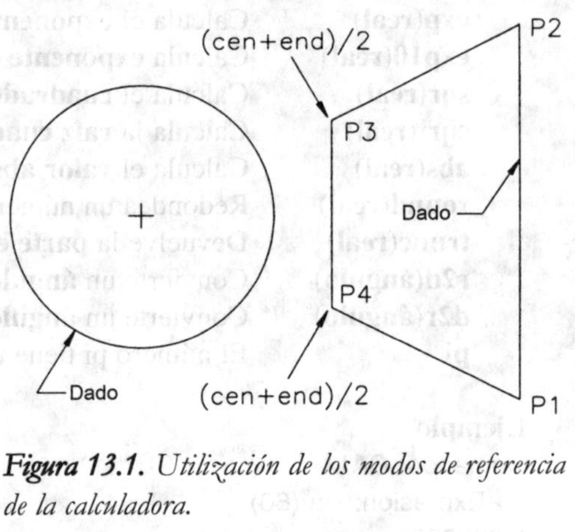

Figura 13.1. *Utilización de los modos de referencia de la calculadora.*

Comando: **LINEA**
Precise primer punto: **'CAL**
>> Expresión: **(cen+end)/2**
>> Designe entidad para CEN forzcursor:
Designe el círculo.
>> Designe entidad para END forzcursor:
Designe un extremo de la línea (P1,P2).
(*punto resultante*)

Precise punto siguiente o [desHacer]: **'CAL**
>> Expresión: **(cen+end)/2**
>> Designe entidad para CEN forzcursor: *Designe el círculo.*
>> Designe entidad para END forzcursor: *Designe el otro extremo de la línea (P1,P2).*
(*punto resultante*)

A continuación, para completar el dibujo mostrado en la figura 13.1, dibuje una línea entre los puntos P4 y P1 y otra entre P3 y P2. La función **'CAL** inicia la calculadora geométrica de forma transparente. La comilla simple que precede al comando **CAL** permite utilizar este comando en modo transparente. La expresión **(cen+end)/2** solicitará la designación de dos objetos para **CEN forzacursor** y **END forzacursor**. Una vez designados los objetos para ambas referencias, la calculadora sumará las coordenadas correspondientes a los puntos obtenidos y dividirá por 2 el resultado. El valor de punto que devuelve esta función corresponde al punto medio entre el centro del círculo y uno de los puntos finales de la línea.

OBTENCIÓN DEL RADIO DE UN OBJETO

Puede utilizar la función **rad** para obtener el radio de un objeto. El objeto puede ser un círculo, un arco o un segmento de arco en una polilínea 2D.

Ejemplo 2

En este ejemplo, partimos de un círculo de cierto radio (R). Tal como muestra la figura 13.2, dibujaremos un segundo círculo cuyo radio será 0.75 veces el radio del círculo dado (0.75 * R).

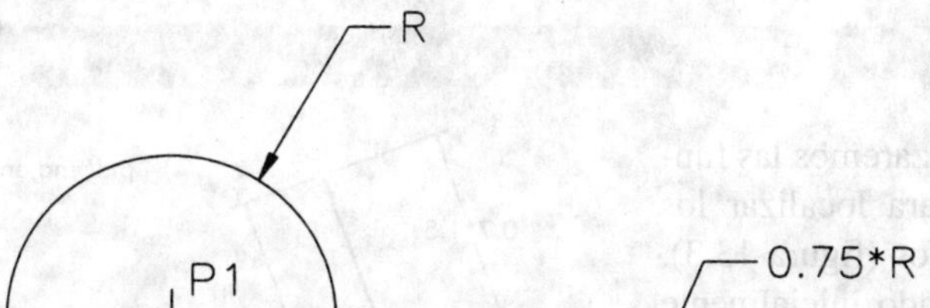

Figura 13.2. *Obtención del radio de un objeto.*

Comando: **CIRCULO**
Precise punto central para círculo o [3P/2P/Ttr (tangente tangente radio)]: *Precise un punto (P2).*

Precise radio de círculo o [Diámetro] <*actual*>: **'CAL**
>> Expresión: **0.75*rad**
>> Designe círculo, radio o segmento de polilínea para la función RAD: *Designe el círculo dado.*

En respuesta a la solicitud >> Expresión: de la calculadora, podrá indicar la expresión **0.75*rad**. La función **rad** solicita que el usuario designe un objeto, del cual extrae su radio. Según la expresión utilizada, la calculadora multiplicará el radio por 0.75; el resultado de este producto determina el radio del nuevo círculo como respuesta a la solicitud Precise radio de círculo o [Diámetro] <*actual*>: del comando **CIRCULO**.

LOCALIZACIÓN DE UN PUNTO EN UNA LÍNEA

Puede utilizar las funciones **pld** y **plt** para localizar un punto a una distancia precisada a lo largo de la línea que une otros dos puntos. El formato de la función **pld** es **pld(p1,p2,dis)**. Esta función localizará un punto situado en la línea (P1,P2) y a una distancia **dist** del punto P1. Por ejemplo, si la función es pld(p1,p2,10) y la longitud de la línea es 25, la calculadora localizará la coordenada del punto situado sobre la línea (P1, P2) a una distancia 10 del punto P1.

El formato para la función **plt** es **plt(p1,p2,t)**. Esta función localizará un punto en la línea (P1,P2) a una distancia proporcional a partir de P1 determinada por el parámetro **t**. Si t = 0, el punto localizado por esta función será P1. Si t = 1, el punto localizado será P2. Para un valor de t comprendido entre 0 y 1, la ubicación del punto se calcula de forma proporcional. Por ejemplo, si la función es plt(p1,p2,0.3) y la longitud de la línea es 25, la calculadora localizará el punto a una distancia 0.3 * 25 = 7.5 del punto P1.

Ejemplo 3

En este ejemplo utilizaremos las funciones **plt** y **pld** para localizar los centros de los círculos (figura 13.3). El dibujo está formado inicialmente por las líneas (P1,P2) y (P3,P4).

La figura 13.3 ilustra la utilización de las funciones **plt** y **pld**. La función **PLT**, **plt(end,end,0.3)**, solicitará del usuario la designación de los dos extremos de la línea (P3,P4). La función devolverá un punto situado a una distancia 0.3 * 1.5 del punto P3.

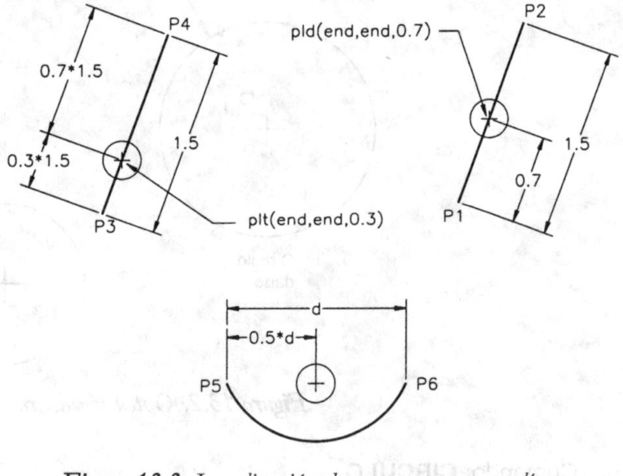

***Figura 13.3.** Localización de un punto en una línea.*

Comando: **CIRCULO**
Precise punto central para círculo o [3P/2P/Ttr (tangente tangente radio)]: **'CAL**
>> Expresión: **plt(end,end,0.3)**
>> Designe entidad para END forzcursor: *Designe el primer punto final de la línea (P3,P4).*
>> Designe entidad para END forzcursor: *Designe el segundo punto final de la línea (P3,P4).*
(*punto resultante*)
Precise radio de círculo o [Diámetro] <*actual*>: *Indique el radio.*

De forma similar, la función **pld**, **pld(end,end,0.7)**, solicitará del usuario la designación de los dos extremos de la línea (P1,P2); devolverá un punto situado a 0.7 unidades de distancia del punto P1.

Comando: **CIRCULO**
Precise punto central para círculo o [3P/2P/Ttr (tangente tangente radio)]: **'CAL**
>> Expresión: **pld(end,end,0.7)**
>> Designe entidad para END forzcursor: *Designe el primer punto final de la línea (P1,P2).*
>> Designe entidad para END forzcursor: *Designe el primer punto final de la línea (P1,P2).*
(*punto resultante*)
Precise radio de círculo o [Diámetro] <*actual* >: *Indique el radio.*

También puede utilizar la función **plt** para localizar el punto medio del arco; designe para ello los dos puntos finales del arco, tal como se indica a continuación:

Comando: **CIRCULO**
Precise punto central para círculo o [3P/2P/Ttr (tangente tangente radio)]: **'CAL**
>> Expresión: **plt(end,end,0.5)**
>> Designe entidad para END forzcursor: *Designe el primer punto final del arco (P5,P6).*
>> Designe entidad para END forzcursor: *Designe el segundo punto final del arco (P5,P6).*
(*punto resultante*)
Precise radio de círculo o [Diámetro] <*actual*>: **'CAL**
>> Expresión: **0.125*dee**
>> Designe un punto final para DEE: *Designe el primer punto final del arco (P5,P6).*
>> Designe otro punto final para DEE: *Designe el segundo punto final del arco (P5,P6).*

OBTENCIÓN DE UN ÁNGULO

Puede utilizar la función **ang** para obtener el ángulo entre dos líneas. También puede utilizar esta función para obtener el ángulo formado por una línea con el eje X positivo. La función admite los siguientes formatos (figura 13.4):

ang(v)
ang(p1,p2)
ang(vértice,p1,p2)
ang(vértice,p1,p2,p)

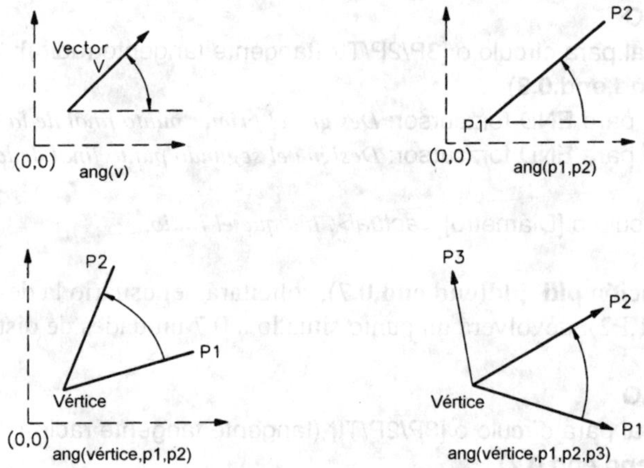

Figura 13.4. Obtención de un ángulo.

ang(v)

La función **ang(v)** permite obtener el ángulo formado por un vector con el eje X positivo. Supongamos el vector [2,2,0]. Podemos utilizar la función ang(v) para obtener el ángulo.

Comando: **CAL**
>> Expresión: **v=[2,2,0]**
(2.0 2.0 0.0)
Comando: **CAL**
>> Expresión: **ang(v)**
45.0

El vector v forma un ángulo de 45 grados con el eje X positivo.

ang(p1,p2)

La función **ang(p1,p2)** puede utilizarse para obtener el ángulo que la línea (P1,P2) forma con el eje X positivo. Por ejemplo, supongamos el caso de una línea cuyos puntos inicial y final corresponden a las coordenadas (1,1,0) y (4,4,0), respectivamente:

Comando: **CAL**
>> Expresión: **p1=[1,1,0]**
(1.0 1.0 0.0)
Comando: **CAL**
>> Expresión: **p2=[4,4,0]**
(4.0 4.0 0.0)
Comando: **CAL**
>> Expresión: **ang(p1,p2)**
45.0

Si la línea existe, puede obtener el ángulo de la siguiente manera:

Comando: **CAL**
>> Expresión: **ang(end,end)**
>> Designe entidad para END forzcursor: *Designe el primer punto final de la línea.*
>> Designe entidad para END forzcursor: *Designe el segundo punto final de la línea.*
Ángulo resultante

ang(vértice,p1,p2)

La función **ang(vértice,p1,p2)** permite obtener el ángulo que la línea (vértice,P1) forma con la línea (vértice,P2). Por ejemplo, supongamos el caso mostrado en el dibujo inferior izquierdo de la figura 13.4:

Comando: **CAL**
>> Expresión: **ang(end,end,end)**
>> Designe entidad para END forzcursor: *Designe el primer punto final (vértice).*
>> Designe entidad para END forzcursor: *Designe el segundo punto final (P1).*
>> Designe entidad para END forzcursor: *Designe el tercer punto final (P2).*
Ángulo resultante

ang(vértice,p1,p2,p)

La función **ang(vértice,p1,p2,p)** permite obtener el ángulo que la línea (vértice,P1) forma con la línea (Vértice,P2). El último punto, **p**, permite determinar la orientación del ángulo.

LOCALIZACIÓN DEL PUNTO DE INTERSECCIÓN

Puede obtener el punto de intersección de dos líneas, (P1,P2) y (P3,P4), utilizando la siguiente función:

ill(p1,p2,p3,p4)

Tal como muestra la figura 13.5, P1 y P2 son dos puntos de la primera línea, mientras que P3 y P4 son dos puntos de la segunda línea.

Ejemplo 4

En este ejemplo dibujaremos un círculo cuyo centro se sitúa en la intersección de dos líneas, (P1,P2) y (P3,P4). El punto de partida son las dos líneas, que se suponen ya dibujadas, tal como muestra la figura 13.5.

Utilice los siguientes comandos para obtener el punto de intersección y dibujar un círculo cuyo centro coincida con dicho punto.

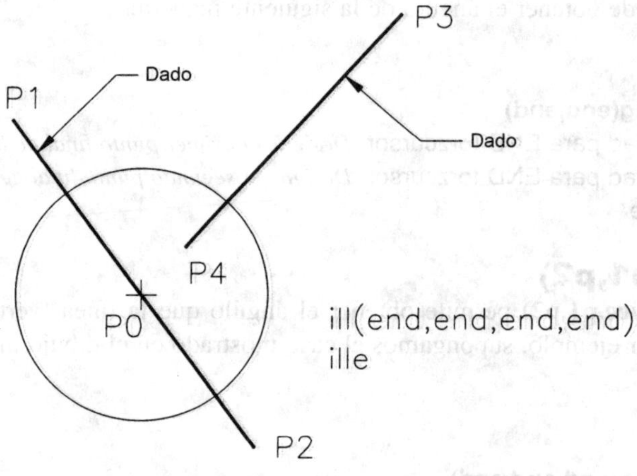

Figura 13.5. *Obtención del punto de inserción.*

Comando: **CIRCULO**
Precise punto central para círculo o [3P/2P/Ttr (tangente tangente radio)]: **'CAL**
>> Expresión: **ill(end,end,end,end)**
>> Designe entidad para END forzcursor: *Precise el primer punto de la línea (P1,P2).*
>> Designe entidad para END forzcursor: *Precise el segundo punto de la línea (P1,P2).*
>> Designe entidad para END forzcursor: *Precise el primer punto de la línea (P3,P4).*
>> Designe entidad para END forzcursor: *Precise el segundo punto de la línea (P3,P4).*
(*Punto resultante*)
Precise radio de círculo o [Diámetro] <*actual*>: *Indique el radio.*

La expresión **ill(end,end,end,end)** puede reemplazarse por la función abreviada **ille**. Si utiliza esta última función, la calculadora solicitará automáticamente que designe cuatro puntos finales para localizar la intersección.

APLICACIONES DE LA CALCULADORA GEOMÉTRICA

Los siguientes ejemplos describen algunas aplicaciones adicionales de la calculadora geométrica.

Ejemplo 5

En este ejemplo dibujaremos un círculo cuyo centro P0 se sitúa a mitad de camino entre los puntos finales P4 y P2 (figura 13.6).

El centro del círculo puede localizarse mediante los modos de referencia de la calculadora. Por ejemplo, puede utilizar la expresión **(end+end)/2**. El otro método para localizar el centro consiste en utilizar la función abreviada **mee**, tal como se indica a continuación (figura 13.6):

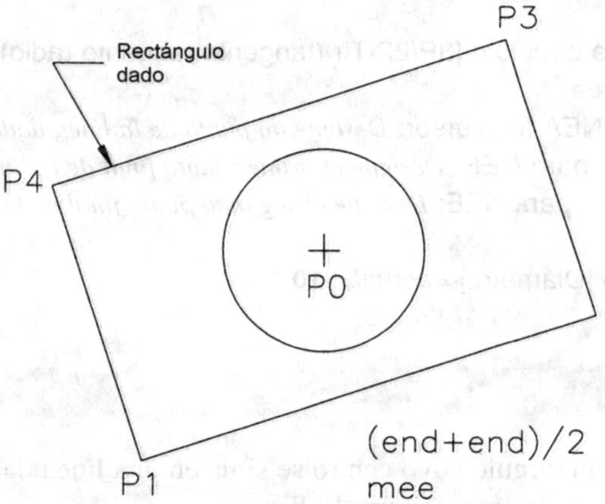

Figura 13.6. Utilización de la función abreviada ***mee.***

Comando: **CIRCULO**
Precise punto central para círculo o [3P/2P/Ttr (tangente tangente radio)]: **'CAL**
>> Expresión: **mee**
>> Designe un punto final para MEE: *Designe el primer punto final (P2).*
>> Designe otro punto final para MEE: *Designe el segundo punto final (P4).*
(*Punto resultante*)
Precise radio de círculo o [Diámetro] <*actual*>: *Indique el radio.*

Ejemplo 6

En este ejemplo dibujaremos un círculo tangente a una línea dada. El radio del círculo es de 10 unidades y debe pasar por el punto seleccionado de la línea, tal como muestra la figura 13.7.

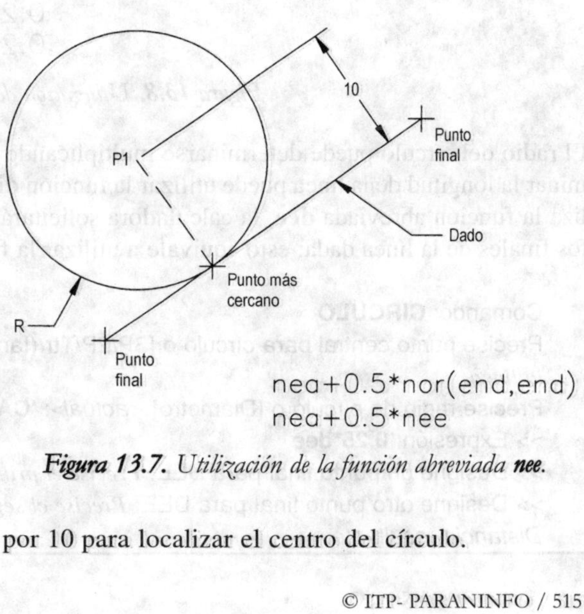

Figura 13.7. Utilización de la función abreviada ***nee.***

Para dibujar el círculo tangente a la línea, deberá situar el centro del círculo a una distancia de 10 unidades a partir del punto seleccionado. Puede lograrlo con la función **nor(p1,p2)**, la cual devuelve un vector unitario normal a la línea (P1,P2). También puede utilizar la función abreviada **nee**. Esta función solicitará automáticamente la designación de dos puntos de la línea dada. El vector unitario debe multiplicarse por 10 para localizar el centro del círculo.

Comando: **CIRCULO**
Precise punto central para círculo o [3P/2P/Ttr (tangente tangente radio)]: **'CAL**
>> Expresión: **NEA+10*nee**
>> Designe entidad para NEA forzcursor: *Designe un punto de la línea dada.*
>> Designe un punto final para NEE: *Designe el primer punto final de la línea dada.*
>> Designe otro punto final para NEE: *Designe el segundo punto final de la línea dada.*
(*Punto resultante*)
Precise radio de círculo o [Diámetro] <*actual*>: **10**

Ejemplo 7

En este ejemplo dibujaremos un círculo cuyo centro se sitúa en una línea dada. El radio del círculo es de 0.25 veces la longitud de la línea (figura 13.8).

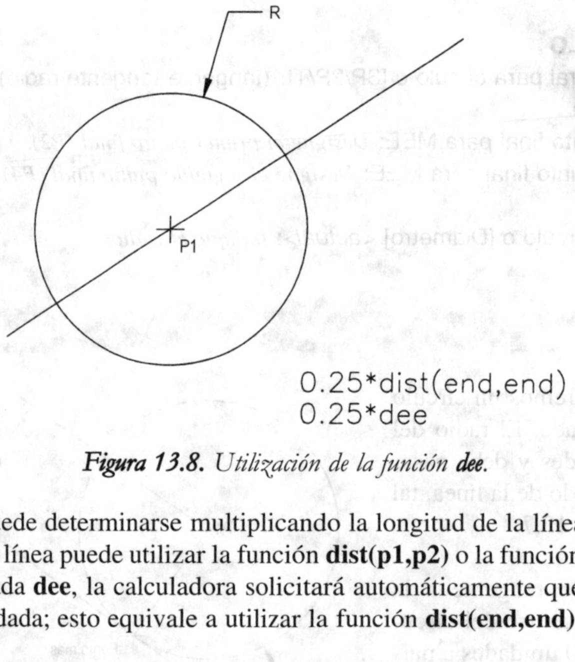

Figura 13.8. *Utilización de la función* ***dee.***

El radio del círculo puede determinarse multiplicando la longitud de la línea por 0.25. Para determinar la longitud de la línea puede utilizar la función **dist(p1,p2)** o la función abreviada **dee**. Si utiliza la función abreviada **dee**, la calculadora solicitará automáticamente que designe los dos puntos finales de la línea dada; esto equivale a utilizar la función **dist(end,end)**.

Comando: **CIRCULO**
Precise punto central para círculo o [3P/2P/Ttr (tangente tangente radio)]: *Precise un punto de la línea.*
Precise radio de círculo o [Diámetro] <*actual*>: **'CAL**
>> Expresión: **0.25*dee**
>> Designe un punto final para DEE: *Precise el primer punto final de la línea dada.*
>> Designe otro punto final para DEE: *Precise el segundo punto final de la línea dada.*
Distancia resultante

UTILIZACIÓN DE VARIABLES AUTOLISP

La calculadora geométrica permite que el usuario utilice variables AutoLISP en la expresión aritmética. También puede utilizar la calculadora para asignar un valor a una variable AutoLISP. Las variables pueden ser números enteros o reales y puntos 2D o 3D. El siguiente ejemplo describe cómo hacer uso de variables AutoLISP.

Ejemplo 8

En este ejemplo dibujaremos dos círculos situados a mitad del camino entre dos círculos dados. El desfase entre el centro de cada círculo a dibujar será de 10 unidades con respecto al centro de los círculos dados (figura 13.9).

Para localizar el centro del círculo superior deberá determinar el punto situado a mitad del camino entre los círculos dados. Para lograrlo puede definir una variable, **puntomedio**, cuyo valor será **puntomedio=(cen+cen)/2**. De igual forma, puede definir otra variable para la distancia de desfase: **desfase=[0,10]**. El centro del círculo puede obtenerse con la suma de ambas variables (**puntomedio+desfase**).

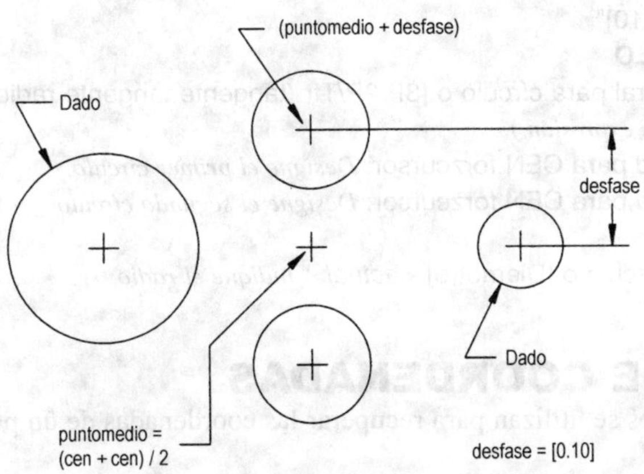

Figura 13.9. *Suma de dos vectores predefinidos.*

Comando: **CAL**
>> Expresión: **puntomedio=(cen+cen)/2**
>> Designe entidad para CEN forzcursor: *Designe el primer círculo dado.*
>> Designe entidad para CEN forzcursor: *Designe el segundo círculo dado.*
(*Punto resultante*)

Comando: **CAL**
>> Expresión: **desfase=[0,10]**
(0.0 10.0 0.0)

Comando: **CIRCULO**
Precise punto central para círculo o [3P/2P/Ttr (tangente tangente radio)]: **'CAL**
>> Expresión: **puntomedio+desfase**
(*Punto resultante*)
Precise radio de círculo o [Diámetro] <*actual*>: *Indique el radio.*

Con objeto de localizar el centro del círculo inferior, deberá restar la variable **desfase** de la variable **puntomedio**.

Comando: **CIRCULO**
Precise punto central para círculo o [3P/2P/Ttr (tangente tangente radio)]: **'CAL**
>> Expresión: **puntomedio-desfase**
(*Punto resultante*)
Precise radio de círculo o [Diámetro] <*actual*>: *Indique el radio.*

Puede llegar al mismo resultado utilizando expresiones AutoLISP, de la siguiente manera:

Comando: **(Setq NUEVOPTO"(CEN+CEN)/2+[0,10]")** *(Define una expresión con el nombre NUEVOPTO.)*
"(CEN+CEN)/2+[0,10]"
Comando: **CIRCULO**
Precise punto central para círculo o [3P/2P/Ttr (tangente tangente radio)]: **(cal NUEVOPTO)** *(Vuelve a llamar a la expresión.)*
>> Designe entidad para CEN forzcursor: *Designe el primer círculo.*
>> Designe entidad para CEN forzcursor: *Designe el segundo círculo.*
(*Punto resultante*)
Precise radio de círculo o [Diámetro] <*actual*>: *Indique el radio.*

FILTRADO DE COORDENADAS

Las siguientes funciones se utilizan para recuperar las coordenadas de un punto.

Función	Descripción
xyof(p)	Recupera las **coordenadas X e Y** de un punto (p); devuelve un punto cuya coordenada Z se establece en 0.
xzof(p)	Recupera las **coordenadas X y Z** de un punto (p); devuelve un punto cuya coordenada Y se establece en 0.
yzof(p)	Recupera las **coordenadas Y y Z** de un punto (p); devuelve un punto cuya coordenada X se establece en 0.
xof(p)	Recupera las **coordenada X** de un punto (p); devuelve un punto cuyas coordenadas Y y Z se establecen en 0.
yof(p)	Recupera las **coordenada Y** de un punto (p); devuelve un punto cuyas coordenadas X y Z se establecen en 0.

zof(p)	Recupera las **coordenada Z** de un punto (p); devuelve un punto cuyas coordenadas X e Y se establecen en 0.
rxof(p)	Recupera las **coordenada X** de un punto (p).
ryof(p)	Recupera las **coordenada Y** de un punto (p).
rzof(p)	Recupera las **coordenada Z** de un punto (p).

Ejemplo 9

En este ejemplo dibujaremos una línea utilizando filtros para extraer coordenadas y puntos. Partimos de dos líneas dadas, tal como muestra la figura 13.10.

Para dibujar la línea, deberá determinar las coordenadas de sus dos puntos finales. La coordenada X del primer punto puede extraerse del punto P1 y la coordenada Y del punto P2. Puede utilizar la función **rxof(end)** para extraer la coordenada X y la función **ryof(end)** para extraer la coordenada Y. Para determinar las coordenadas del punto final de la línea, puede filtrar las coordenadas XY del punto P3 y, a continuación, sumar el desfase de 5 unidades mediante el vector [5,0,0].

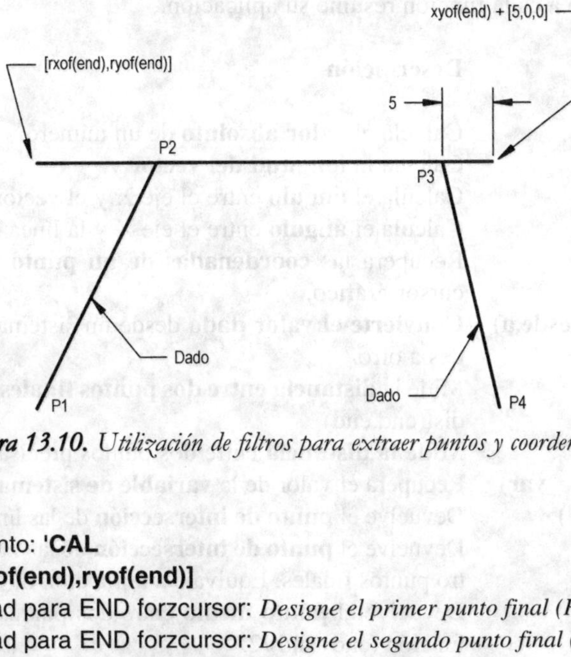

Figura 13.10. Utilización de filtros para extraer puntos y coordenadas.

Comando: **LINEA**
Precise primer punto: '**CAL**
>> Expresión: **[rxof(end),ryof(end)]**
>> Designe entidad para END forzcursor: *Designe el primer punto final (P1).*
>> Designe entidad para END forzcursor: *Designe el segundo punto final (P2).*
(*Punto resultante*)
Precise punto siguiente o [desHacer]: '**CAL**
>> Expresión: **xyof(end)+[5,0,0]**
>> Designe entidad para END forzcursor: *Designe el punto final P3.*
(*Punto resultante*)
Precise punto siguiente o [desHacer]: *

CONVERSIÓN DE UNIDADES

Puede utilizar la función **cvunit** de la calculadora para cambiar un valor dado de un sistema de unidades a otro. También puede utilizar esta función para cambiar el formato de las unidades. Por ejemplo, puede cambiar las unidades de milímetros a pulgadas y viceversa. El valor puede ser un número o un punto. Las unidades disponibles están definidas en el archivo acad.unt; éste es un archivo ASCII cuyo contenido puede examinar. El formato para la expresión **cvunit** es:

cvunit(valor, de unidad, a unidad)

Ejemplos
cvunit(100,cm,pulgada)
cvunit(100,pulgada,metro)
cvunit(1,milla,kilometro)

FUNCIONES ADICIONALES

A continuación se ofrece una lista de funciones adicionales de la calculadora geométrica. La descripción mostrada junto a cada función resume su aplicación.

Función	Descripción
abs(real)	Calcula el **valor absoluto** de un número.
abs(v)	Calcula la **longitud del vector v**.
ang(v)	Calcula el **ángulo** entre el eje X y el vector v.
ang(p1,p2)	Calcula el **ángulo** entre el eje X y la línea (P1,P2)
cur	Recupera las **coordenadas de un punto** desde la posición del cursor gráfico.
cvunit(valor,desde,a)	**Convierte el valor dado** desde un sistema de medida de unidades a otro.
dee	Mide la **distancia entre dos puntos finales**; equivale a la función dist(end,end).
dist(p1,p2)	**Mide la distancia** entre dos puntos precisados (P1 y P2).
getvar(nombre_var)	Recupera el valor de la **variable de sistema** indicada.
ill(p1,p2,p3,p4)	Devuelve el **punto de intersección** de las líneas (P1,P2) y (P3,P4).
ille	Devuelve el **punto de intersección** de las líneas definidas por cuatro puntos finales. Equivale a la función ill(end,end,end,end).
mee	Devuelve el **punto medio** entre dos puntos finales; equivale a la función (end+end)/2.
nee	Devuelve el **vector unitario** normal a la línea definida por dos puntos finales; equivale a la función nor(end,end).
nor	Devuelve un **vector unitario** normal a un círculo o a un arco.
nor(v)	Devuelve un **vector unitario** normal al vector v en el plano **XY**.
nor(p1,p2)	Devuelve un **vector unitario** normal a la línea (P1,P2) en el plano **XY**.

nor(p1,p2,p3)	Devuelve un **vector unitario** normal al plano definido por los tres puntos (P1,P2 y P3).
pld(p1,p2,dist)	**Localiza un punto** en la línea (P1,P2), a **dist** unidades del punto P1.
plt(p1,p2,t)	**Localiza un punto** en la línea (P1,P2), alejada un **porcentaje t*100** del punto P1 sobre la longitud total de la línea. (El valor de t varía entre 0 y 1.)
rad	**Recupera el radio** del objeto designado.
rot(p,orig,ang)	**Localiza un punto** a partir del punto p, realizando un giro de **ang** grados y utilizando como centro de giro el punto **orig**.
u2w(p)	Localiza un **punto con respecto al SCU** desde el SCP actual.
vec(p1,p2)	**Calcula un vector** desde el punto P1 al punto P2.
vec1(p1,p2)	**Calcula un vector** unitario desde el punto P1 al punto P2.
vee	**Calcula un vector** entre dos puntos finales; equivale a utilizar la función vec(end,end).
vee1	**Calcula un vector unitario** entre dos puntos finales; equivale a utilizar la función vec1(end,end).
w2u(p)	Localiza un **punto con respecto al SCP** actual desde el SCU.

Test de autoevaluación

Conteste a las siguientes preguntas y compare sus respuestas con las respuestas correctas mostradas al final del capítulo.

1. La longitud de una línea puede calcularse con la función **dist(p1,p2)** o utilizando la función abreviada ________.

2. La función **xzof(p)** recupera las coordenadas __________ de un punto (p) y devuelve un punto cuya coordenada Y se establece en 0.

3. ¿Qué función puede utilizarse para recuperar la coordenada X de un punto p? __________.

4. La función **nor(v)** devuelve un ______________ normal al vector v en el plano XY.

5. ¿Qué función calcula el valor absoluto de un número? __________.

6. La función **ang(v)** permite obtener el ángulo que un vector forma con el eje _________.

7. ¿Qué función puede utilizarse para obtener el ángulo que una línea (P1,P2) forma con el eje X positivo? __________.

8. ¿Cómo puede obtener el punto de intersección de dos líneas, (P1,P2) y (P3,P4)? __________.

9. ¿Cuál es la función abreviada para **(end+end)/2**? __________.

10. ¿A qué otra función equivale la función **nee**? __________.

Preguntas de revisión

1. ¿Para qué puede utilizarse la calculadora? ______________________________.
2. La calculadora puede acceder a la geometría existente por medio de las referencias a objetos de AutoCAD. (V/F)
3. La calculadora no puede utilizarse para asignar valores a variables AutoLISP. (V/F)
4. ¿Qué es una expresión real? ______________________________.
5. ¿Qué es una expresión vectorial y en qué consiste? ______________________________
______________________________.
6. Evalúe la expresión 3 * [72,18,13.5]. ______________________________.
7. Evalúe la expresión [14,8,14.5] / 2. ______________________________.
8. Evalúe la expresión [12,15.5,0.5] + [2.5,11,7]. ______________________________.
9. Evalúe la expresión [2.5.3] & [7,3,5]. ______________________________.
10. Las funciones de la calculadora no pueden utilizar los modos de referencia a objetos de AutoCAD para evaluar una expresión. (V/F)
11. ¿Qué función puede utilizar para calcular el radio de un objeto? __________.
12. ¿Qué funciones pueden utilizarse para localizar un punto en un objeto? __________.
13. ¿Cuál es el formato de la función **pld**? __________.
14. ¿Cuál es el formato de la función **plt**? __________.
15. ¿Cómo puede obtenerse el ángulo entre dos líneas dadas? __________.

Ejercicios

Ejercicio 1 — *General*

Realice el dibujo mostrado en la figura 13.11. Utilice los operadores reales de la calculadora geométrica para calcular los valores de L, A y TL.

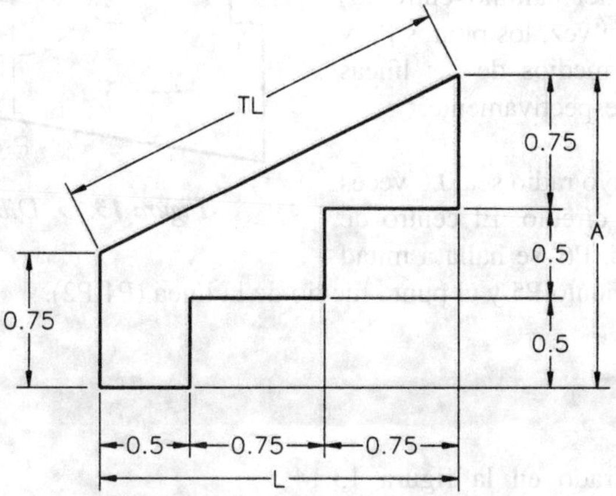

Figura 13.11. *Dibujo para el ejercicio 1.*

Ejercicio 2 — *General*

Realice el dibujo mostrado en la figura 13.12 (suponga las medidas). Dibuje después un círculo cuyo centro se sitúe en el punto P3. Utilice la calculadora geométrica para localizar el centro del círculo, el cual se encuentra a mitad del camino entre los puntos P1 y P2. A su vez, los puntos P1 y P2 son los puntos medios de las líneas superior e inferior, respectivamente.

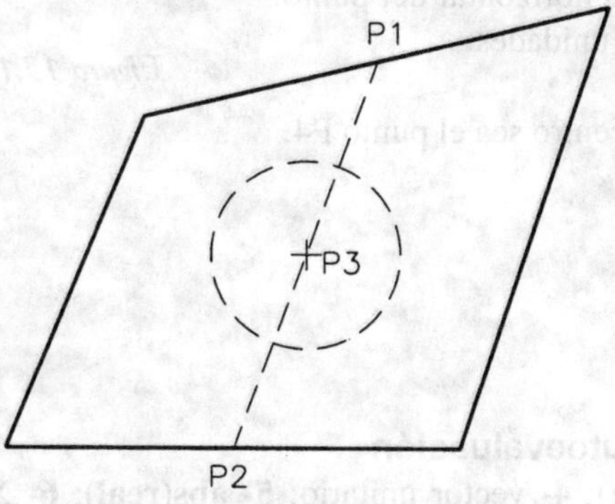

Figura 13.12. *Dibujo para el ejercicio 2.*

Ejercicio 3

General

Realice el dibujo mostrado en la figura 13.13 (suponga las medidas).

1. Dibuje un círculo cuyo centro sea el punto P5. Utilice la calculadora geométrica para localizar el centro del círculo, el cual se encuentra a mitad del camino entre los puntos P3 y P4. A su vez, los puntos P3 y P4 son los puntos medios de las líneas superior e inferior, respectivamente.

2. Dibuje un círculo cuyo radio sea 0.6 veces el radio del primer círculo. El centro de este segundo círculo, P6, se halla a mitad del camino entre el punto P5 y el punto medio de la línea (P1,P2).

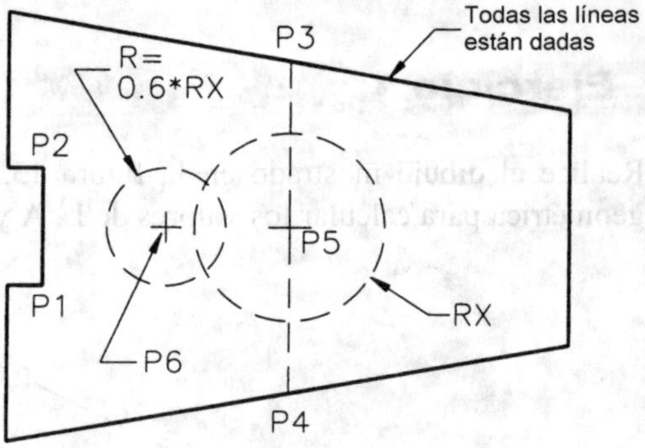

Figura 13.13. *Dibujo para el ejercicio 3.*

Problema 1

General

Realice el dibujo mostrado en la figura 13.14 (suponga las medidas).

1. Utilice la calculadora geométrica para localizar el punto P3, el cual se encuentra a mitad del camino entre los puntos P1 y P2. A su vez, los puntos P1 y P2 son los puntos medios de las líneas superior e inferior, respectivamente.

2. Utilice la calculadora para localizar el punto P4, el cual se halla en la horizontal del punto P3, a una distancia de 5 unidades.

3. Dibuje un círculo cuyo centro sea el punto P4.

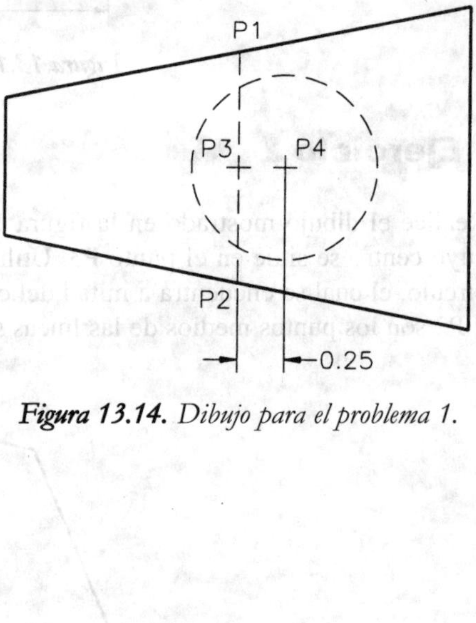

Figura 13.14. *Dibujo para el problema 1.*

Respuestas al test de autoevaluación

1- dee; **2-** X y Z; **3- rxof(p)**; **4-** vector unitario; **5- abs(real)**; **6-** X positivo; **7- ang(p1,p2)**; **8- ill(p1,p2,p3,p4)**; **9- mee**; **10- nor(p1,p2)**

Capítulo 14

Acceso a bases de datos externas

Objetivos del estudio

Tras completar este capítulo, será capaz de:

- *Comprender las bases de datos y el sistema de gestión de bases de datos (DBMS).*
- *Comprender la función de **conectividad de bases de datos de AutoCAD**.*
- ***Configurar** bases de datos externas.*
- *Acceder a una base de datos y editarla por medio del **Administrador de Conexión BD**.*
- *Crear **vínculos** con objetos gráficos.*
- *Crear y mostrar **rótulos** en un dibujo.*
- *Comprender el **Entorno SQL de AutoCAD** (ASE) y crear consultas con el **Editor de consultas**.*
- *Formar conjuntos de selección con **Selección de vínculos**.*
- *Convertir vínculos ASE al formato de AutoCAD 2000.*

FUNDAMENTOS DE LAS BASES DE DATOS

Base de datos

Una base de datos es una colección de datos dispuestos en un orden lógico. Por ejemplo, supongamos que en una oficina hay seis ordenadores y deseamos mantener un registro de tales ordenadores en una hoja de papel. En una base de datos, las columnas se conocen como **campos** y las filas como **registros**; cada una de las entradas en una tabla de la base de datos recibe el nombre de **celda**, la cual almacena un dato correspondiente a una determinada variable. Uno de los métodos para registrar la información de los ordenadores consiste en crear una tabla con las filas y columnas mostradas en la figura 14.1. Cada columna dispondrá de un encabezado que precisa una cierta característica del ordenador, como por ejemplo ORD_NUM, CPU, DISCOD o RAM.

Una vez creado el título para cada columna, los datos de cada ordenador pueden introducirse en las columnas creando una fila para cada uno de ellos. De esta forma habremos creado una base de datos en una hoja de papel con la información correspondiente a nuestros ordenadores. La misma información puede guardarse en archivo.

ORDENADOR					
ORD_NUM	CPU	DISCOD	RAM	GRAFICOS	DISP_ENT
1	PENTIUM350	4300MB	64MB	SUPER VGA	TABLERO
2	PENTIUM233	2100MB	32MB	SVGA	RATON
3	MACIIC	40MB	2MB	STANDARD	RATON
4	386SX/16	80MB	4MB	VGA	RATON
5	386/33	300MB	6MB	VGA	RATON
6	SPARC2	600MB	16MB	STANDARD	RATON

Figura 14.1. *Tabla con información de ordenadores.*

La mayoría de los sistemas de bases de datos resultan extremadamente flexibles; permiten efectuar con facilidad cualquier modificación en los campos o en los registros. También permiten definir relaciones entre varias tablas; de esta forma, al cambiar un dato en una tabla, el los valores correspondientes en otra tabla con relaciones predefinidas también cambiarán en concordancia.

Sistema de gestión de bases de datos

El sistema de gestión de bases de datos (DBMS) es un programa o conjunto de programas (software) utilizado para gestionar los datos de una base de datos. Por ejemplo, PARADOX, dBASE, INFORMIX y ORACLE son sistemas de gestión de bases de datos.

Componentes de una tabla

Una tabla de base de datos es una estructura de datos en dos dimensiones (figura 14.2) formada por filas y columnas.

Fila. El grupo de datos en horizontal recibe el nombre de **fila**. La figura 14.2 muestra una tabla y, por ejemplo, justo debajo de la tabla completa, aparecen indicadas dos filas de la misma. Cada valor de una fila define un atributo del elemento. Por ejemplo, en la figura 14.2, los atributos asignados a ORD_NUM (1) incluyen PENTIUM350, 4300MB y 64MB, entre otros. Estos atributos están ordenados en la primera fila de la tabla.

Columna. Un grupo de datos en vertical (atributo) recibe el nombre de **columna**. La figura 14.3 muestra tres de las columnas incluidas en la tabla de la figura 14.2. DISCOD es el encabezado de columna que representa una característica del ordenador. Los atributos DISCOD de cada ordenador están ordenados verticalmente en esta columna.

COMPUTER

NUM_ORD	CPU	DISCOD	RAM	GRAFICOS	DISP_ENT
1	PENTIUM350	4300MB	64MB	SUPER VGA	TABLERO
2	PENTIUM233	2100MB	32MB	SVGA	RATON
3	MACIIC	40MB	2MB	STANDARD	RATON
4	386SX/16	80MB	4MB	VGA	RATON
5	386/33	300MB	6MB	VGA	RATON
6	SPARC2	600MB	16MB	STANDARD	RATON

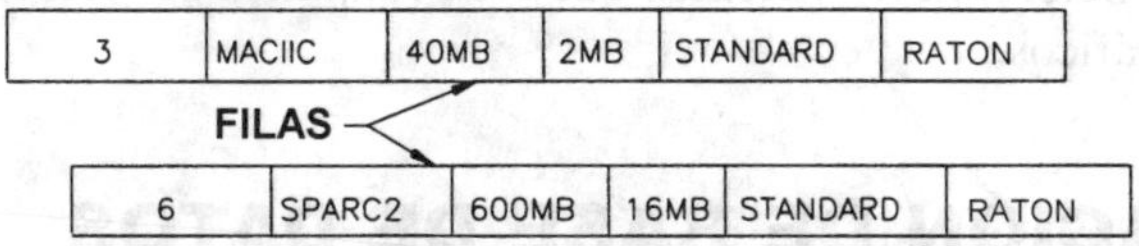

Figura 14.2. Filas en una tabla (los grupos de datos en horizontal).

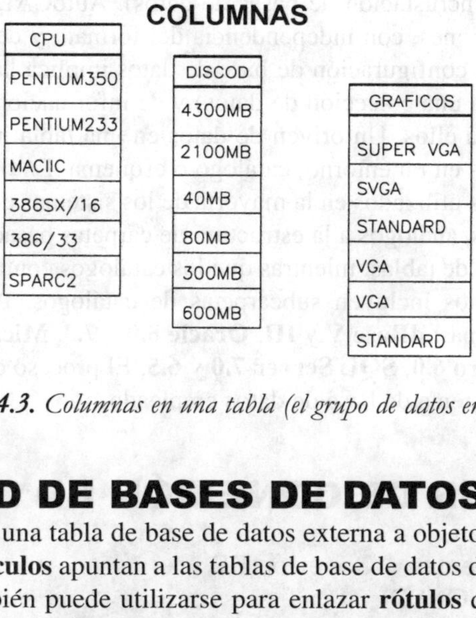

Figura 14.3. Columnas en una tabla (el grupo de datos en vertical).

CONECTIVIDAD DE BASES DE DATOS DE AUTOCAD

Es posible enlazar datos de una tabla de base de datos externa a objetos gráficos de AutoCAD por medio de vínculos. Los **vínculos** apuntan a las tablas de base de datos desde las cuales pueden referirse datos. AutoCAD también puede utilizarse para enlazar **rótulos** que mostrarán como objetos de texto los datos extraídos de las tablas seleccionadas. La conectividad de bases de datos de AutoCAD ofrece las siguientes herramientas:

1. Un **Administrador de Conexión DB** que puede utilizarse para enlazar vínculos, rótulos y consultas con dibujos de AutoCAD.

2. Una **utilidad de configuración externa** que facilita de AutoCAD a los datos desde un sistema de base de datos.

3. Una **ventana Visor de datos** que muestra los registros de una tabla de base de datos dentro de la sesión de AutoCAD.

4. Un **Editor de consultas** que puede utilizarse para construir, almacenar y ejecutar consultas SQL (Lenguaje de consulta estructurado).

5. Una **utilidad de migración** para convertir al formato de AutoCAD 2000 vínculos y otros atributos o archivos visualizables procedentes de versiones anteriores.

6. Una operación de **Selección de vínculos** que crea conjuntos de selección interactivos en consultas y objetos gráficos.

CONFIGURACIÓN DE BASE DE DATOS

Para acceder desde AutoCAD a bases de datos externas deberá configurar en primer lugar AutoCAD por medio de los programas Microsoft **ODBC** (Conectividad de base de datos abierta) y **OLE DB** (Vinculación e incrustación de bases de datos). AutoCAD es capaz de utilizar datos procedentes de otras aplicaciones, con independencia del formato y de la plataforma en la que el archivo esté almacenado. La configuración de base de datos implica la creación de un nuevo **origen de datos** (para apuntar a una colección de datos) y de información respecto a los controladores necesarios para acceder a ellos. Un origen de datos en una tabla individual o un conjunto de tablas creadas y almacenadas en un entorno, catálogo o esquema. Entornos, catálogos y esquemas son los elementos jerárquicos utilizados en la mayoría de los sistemas de gestión de bases de datos; resultan, en muchos aspectos, análogos a la estructura de carpetas basada en Windows. Los esquemas contienen una colección de tablas, mientras que los catálogos contienen subcarpetas de esquemas. Finalmente, los entornos incluyen subcarpetas de catálogos. AutoCAD 2000 admite las siguientes aplicaciones externas: **dBase V** y **III**, **Oracle 8.0** y **7.3**, **Microsoft Access**, **PARADOX 7.0**, **Microsoft Visual FoxPro 6.0**, **SQL Server 7.0** y **6.5**. El proceso de configuración varía ligeramente según cuál sea el sistema de base de datos empleado.

ADMINISTRADOR DE CONEXIÓN BD*

Menú: Herramientas > Conexión BD
Comando: CONEXIONBD

Ésta es una nueva función incorporada en AutoCAD 2000. Comparada con las versiones anteriores de AutoCAD, permite acceder con mayor efectividad a la información procedente de bases de datos externas. El **Administrador de Conexión BD** (figura 14.4) es una ventana que incluye un conjunto de botones y una vista en árbol de todas las bases de datos configuradas y disponibles. Si lo desea, puede anclar la ventana o modificar su tamaño. Puede utilizar el **Administrador de Conexión BD** para enlazar varios

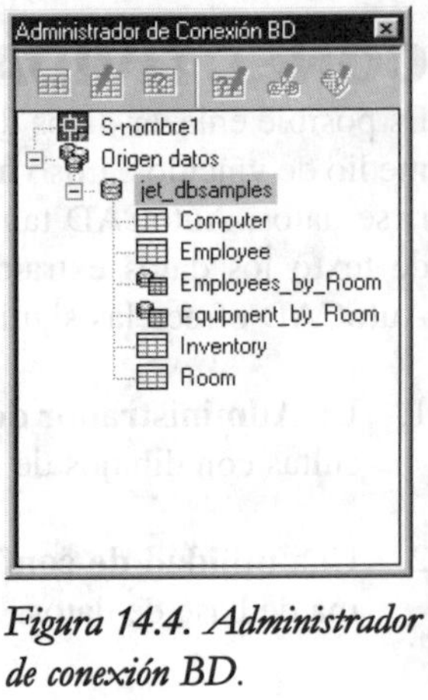

Figura 14.4. Administrador de conexión BD.

objetos de base de datos con un dibujo de AutoCAD. Para abrir la ventana **Administrador de Conexión BD**, indique **CONEXIONBD** en la solicitud de comando de AutoCAD o elija la opción **Conexión BD** del menú **Herramientas**. El Administrador de Conexión BD contiene dos entradas principales dentro de la vista en árbol. Las entradas de **dibujo** muestran todos los dibujos abiertos; cada entrada muestra todos los objetos de base de datos enlazados con el dibujo. La entrada de **origen de datos** muestra todos los datos configurados en el sistema.

AutoCAD 2000 incluye varias tablas de base de datos de ejemplo, así como un controlador directo (*jet_dbsamples.udl*). El siguiente ejemplo describe el procedimiento para configurar una base de datos con el dibujo mediante el **Administrador de Conexión BD**.

Ejemplo 1

Configuraremos un origen de datos de Microsoft Access con el diagrama. Actualizaremos y utilizaremos el archivo de configuración **jet_samples.udl** con nueva información

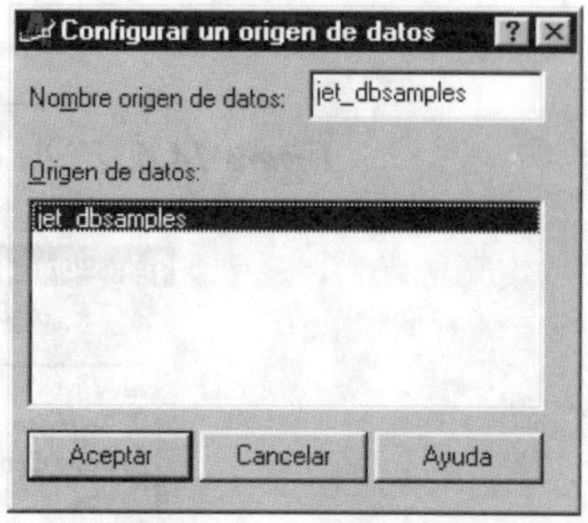

Figura 14.5. *Cuadro de diálogo* ***Configurar un origen de datos.***

1. Abra la ventana **Administrador de Conexión BD**, bien indicando **CONEXIONBD** en la solicitud de comando, bien eligiendo la opción **Conexión BD** del menú **Herramientas**. La barra de menús incluirá el menú **Conexión BD** entre los menús **Modificar** y **Ventana**.

2. Elija la opción **Origen datos > Configurar** del menú **Conexión BD**. Aparecerá el cuadro de diálogo **Configurar un origen de datos** (figura 14.5). Para abrir este cuadro de diálogo también puede seleccionar la entrada **Origen datos** de la ventana **Administrador de Conexión BD** y, tras hacer clic con el botón derecho, elegir la opción **Configurar origen de datos** del menú contextual.

3. En el cuadro de diálogo **Configurar un origen de datos**, seleccione la opción **jet_dbsamples** del cuadro de lista **Origen de datos**. Haga clic en **Aceptar**. AutoCAD mostrará el cuadro de diálogo **Propiedades de Data Link**. La figura 14.6 muestra la ficha **Conexión** de este cuadro de diálogo.

4. Haga clic en el botón **[...]** de la ficha **Conexión** del cuadro de diálogo **Propiedades de Data Link** (junto al cuadro de texto **Seleccione o introduzca el nombre de una base de datos**). Aparecerá el cuadro de diálogo **Seleccione la base de datos de Access** (figura 14.7). Seleccione **db_samples** (archivo con extensión .mdb) y haga clic en **Abrir**. También puede introducir directamente la ruta del archivo en el cuadro de texto.

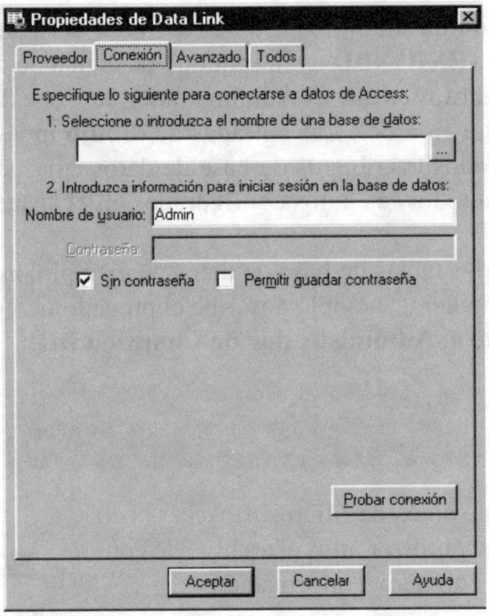

Figura 14.6. *Ficha* ***Conexión*** *del cuadro de diálogo* ***Propiedades de Data Link.***

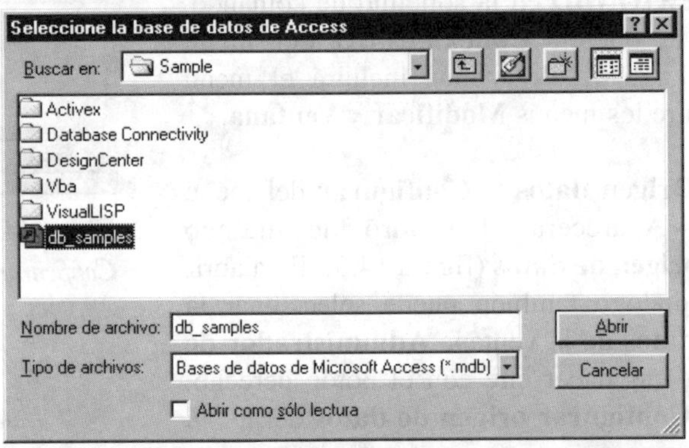

Figura 14.7. *Cuadro de diálogo* ***Seleccione la base de datos Access.***

Nota

Si desea configurar cualquier otro controlador que no sea ***Microsoft Jet*** *en la vinculación de base de datos, debería consultar la documentación apropiada para el proceso de configuración.*

Las fichas restantes del cuadro de diálogo ***Propiedades de Data Link*** *permiten configurar diferentes proveedores de bases de datos admitidos por AutoCAD 2000.*

5. Haga clic en el botón **Probar conexión** de la ficha **Conexión** en el cuadro de diálogo **Propiedades de Data Link**. AutoCAD comprobará que el origen de datos está configurado correctamente y mostrará el mensaje **Microsoft Data Link** (figura 14.8). Haga clic en **Aceptar** para cerrar el mensaje y de nuevo clic en **Aceptar** para completar el proceso de configuración.

Una vez configurado el origen de datos, cuando haga doble clic sobre **jet_dbsamples** en el **Administrador de Contexión BD**, aparecerán todas las tablas dentro de la vista en árbol. Podrá conectar con cualquier tabla y vincular sus registros al diagrama.

Figura 14.8. *Cuadro de mensaje Microsoft Data Link.*

COMPROBACIÓN Y EDICIÓN DE DATOS DESDE AUTOCAD

Una vez configurado un origen de datos con el **Administrador de Conexión BD**, podrá tanto ver como editar sus tablas dentro de la sesión de AutoCAD. La ventana **Visor de datos** puede utilizarse para ver y editar una tabla de base de datos. Puede abrir las tablas en modo de **sólo lectura** para comprobar su contenido. Sin embargo, en modo de **sólo lectura** no es posible editar sus registros. Algunos sistemas de base de datos pueden requerir un nombre de usuario y una contraseña antes de efectuar la conexión con archivos de dibujo de AutoCAD. Los registros de una tabla de base de datos pueden editarse en el modo de **edición**. A continuación se indica cómo abrir una tabla en cada modo.

Modo de sólo lectura. Elija la opción **Ver datos > Ver tabla externa** del menú **Conexión BD**. Aparecerá el cuadro de diálogo **Seleccionar objeto de datos**. Seleccione la tabla deseada y haga clic en **Aceptar** para abrirla en modo de **sólo lectura**. También puede seleccionar la tabla en el **Administrador de Conexión BD** y elegir **Ver tabla** en el menú contextual que aparece al hacer clic con el botón derecho.

Modo de edición. Elija la opción **Ver datos > Editar tabla externa** del menú **Conexión BD**. Aparecerá el cuadro de diálogo **Seleccionar objeto de datos**. Seleccione la tabla deseada y haga clic en **Aceptar** para abrirla en modo de **edición**. También puede seleccionar la tabla en el **Administrador de Conexión BD** y elegir **Editar tabla** en el menú contextual que aparece al hacer clic con el botón derecho.

Ejemplo 2

Desde el origen de datos **jet_dbsamples**, seleccionaremos la tabla **Computer** y editaremos cada fila de la tabla. Añadiremos un nuevo ordenador, reemplazaremos otro y guardaremos los cambios.

1. Seleccione la tabla **Computer** del origen **jet_dbsamples** en el **Administrador de Conexión BD**. Haga clic con el botón derecho para abrir el menú contextual. Elija **Editar tabla** (figura 14.9). Puede llegar al mismo resultado haciendo doble clic sobre la tabla **Computer**.

2. AutoCAD mostrará la ventana **Visor de datos** con la tabla **Computer** contenida en ella. En la ventana **Visor de datos** puede cambiar el tamaño de las columnas, así como ordenarlas, ocultarlas o bloquearlas.

3. Para **añadir un nuevo elemento** en la tabla, haga doble clic sobre la primera fila vacía. Escriba **24675** en la columna TAG_NUM. Después escriba:

Manufacturer:	**IBM**
Equipment_Description.	**PIII/450, 4500GL, NETX**
Item_Type:	**CPU**
Room:	**6035**

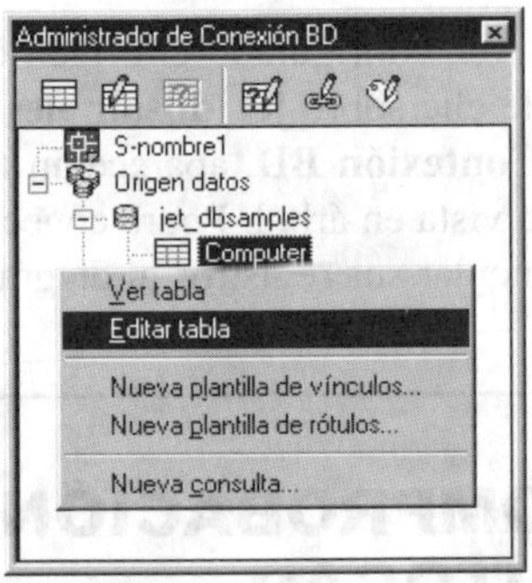

Figura 14.9. *Elección de* ***Editar tabla*** *con el menú contextual.*

4. Para **editar el registro** cuyo TAG_NUM es **60298** y obtener el resultado mostrado en la figura 14.10, haga doble clic sobre cada celda y escriba:

Manufacturer:	**CREATIVE**
Equipment_Description:	**INFRA 6000, 40XR**
Item_Type:	**CD DRIVE**
Room:	**6996**

5.  Una vez modificada la tabla de base de datos, deberá guardar los cambios para poder utilizarlos más adelante. Para **guardar los cambios** en la tabla, haga clic en el **encabezamiento de rejilla del Visor de datos** y elija la opción **Validar** del menú contextual. AutoCAD guardará los cambios.

Nota

Tras realizar los cambios, si no desea guardarlos, elija la opción ***Restituir*** *en el menú contextual arriba indicado. AutoCAD recuperará los valores originales.*

Si sale de la ventana ***Visor de datos*** *sin validar, AutoCAD validará automáticamente todos los datos efectuados durante la sesión de edición.*

Figura 14.10. *Ventana* ***Visor de datos*** *tras la edición.*

CREACIÓN DE VÍNCULOS CON OBJETOS GRÁFICOS

La principal misión de la función de conectividad de bases de datos de AutoCAD consiste en enlazar datos desde un origen externo a los objetos gráficos de AutoCAD. Puede establecer el enlace de la tabla con los objetos de dibujo por medio de un **vínculo**. Un vínculo hace referencia a uno o más registros de la tabla. Sin embargo, **no es posible** vincular objetos no gráficos, como capas o tipos de línea, con la base de datos externa. Los vínculos están estrechamente relacionados con los objetos gráficos y cambian al cambiar dichos objetos.

Para desarrollar vínculos entre tablas de base de datos y objetos gráficos deberá crear una **plantilla de vínculos**, la cual identificará los campos de las tablas con las que los vínculos están enlazados para compartir la plantilla. Por ejemplo, puede crear una plantilla de vínculos que utilice el valor de **Tag_number** de la tabla de base de datos **Computer**. Los vínculos también actúan como un método abreviado para acceder a las tablas de base de datos enlazadas. Puede enlazar varios vínculos a un único objeto gráfico por medio de diferentes plantillas de vínculos. Esto resulta muy útil para enlazar varias tablas de base de datos con un único objeto de dibujo. El siguiente ejemplo describe el procedimiento de vinculación con la creación de una plantilla de vínculos.

Ejemplo 3

Crearemos una plantilla de vínculos entre la tabla **Computer** del origen de datos **jet_dbsamples** y el dibujo. Utilizaremos **Tag_Number** como el **campo clave** para la vinculación.

1. Abra un dibujo a vincular con la tabla de base de datos **Computer**.

2.  Elija **Conexión BD** en el menú **Herramientas** para abrir el **Administrador de Conexión BD**. Seleccione **Computer** en el origen de datos **jet_dbsamples** y haga clic con el botón derecho para mostrar el menú contextual.

3. Seleccione la opción **Nueva plantilla de vínculos** del menú contextual para abrir el cuadro de diálogo de mismo nombre (figura 14.11). Si lo prefiere, para mostrar este cuadro de diálogo también puede seleccionar la tabla dentro de la vista en árbol y hacer clic en el botón **Nueva plantilla de vínculos**.

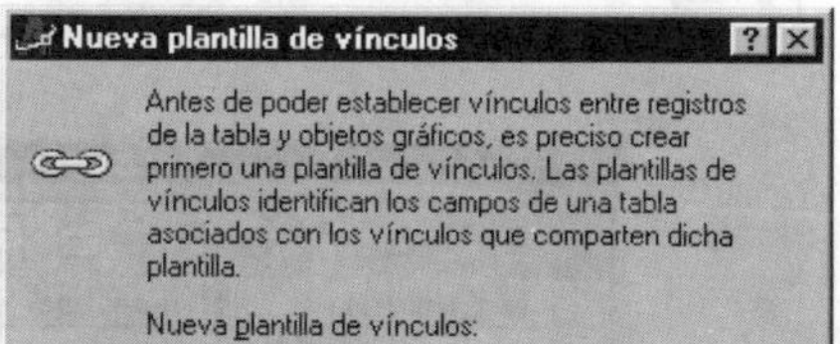

*Figura 14.11. Cuadro de diálogo **Nueva plantilla de vínculos**.*

4. Haga clic en **Continuar** para aceptar el nombre de plantilla de vínculos predeterminado (**ComputerVínculo1**). AutoCAD mostrará el cuadro de diálogo **Plantilla de vínculos** (figura 14.12). Active la casilla de verificación correspondiente a **Tag_Number** para así aceptarla como campo clave al enlazar la plantilla con la referencia de bloque en el diagrama.

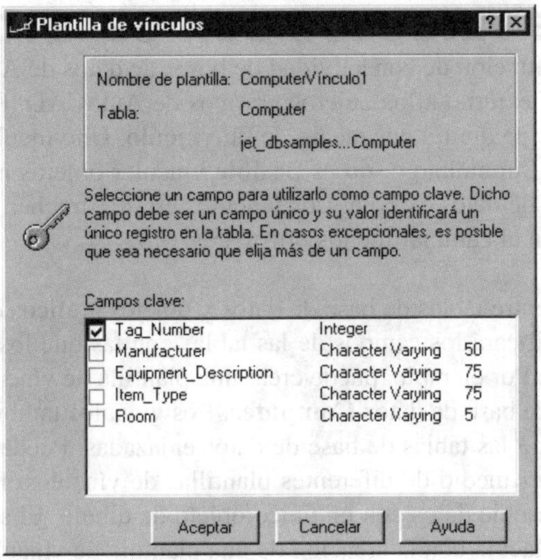

*Figura 14.12. Cuadro de diálogo **Plantilla de vínculos**.*

5. Haga clic en **Aceptar** para completar la nueva plantilla de vínculos; el nombre de la plantilla aparecerá bajo el nombre del dibujo, dentro de la vista en árbol del **Administrador de Conexión BD**.

6. Para **vincular un registro con la referencia de bloque**, haga doble clic en la tabla **Computer**. Aparecerá la ventana **Visor de datos** (modo de edición). Acceda a la fila cuyo valor para Tag_number es **24675** y resalte el registro (la fila).

7.  Haga clic con el botón derecho en el encabezamiento de fila y elija la opción **Vincular** del menú contextual (figura 14.13). Si lo prefiere, también puede hacer clic en el botón **Vincular** de la barra de herramientas de la ventana **Visor de datos**.

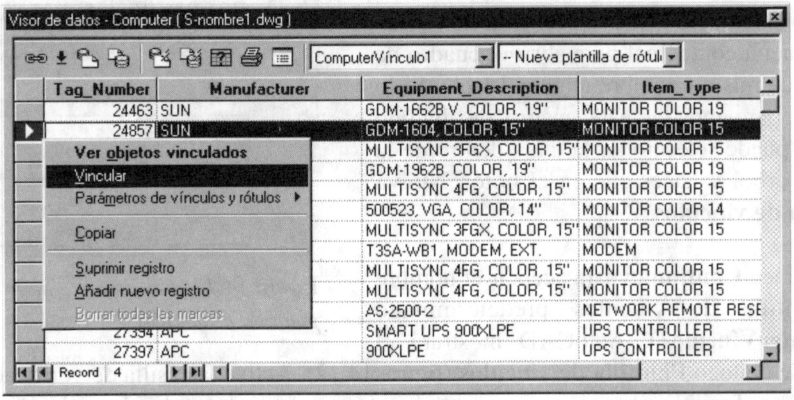

*Figura 14.13. Elección de la opción **Vincular** del menú contextual en la ventana **Visor de datos**.*

8. Cuando AutoCAD muestre la solicitud Designe objetos:, podrá designar las referencias de bloque que desee vincular con el registro. Repita el proceso para vincular todos los registros con las referencias de bloque correspondientes en el diagrama.

9.  Tras crear los vínculos, puede ver los objetos vinculados haciendo clic en el botón **Ver objetos vinculados en dibujo** de la ventana **Visor de datos**. AutoCAD seleccionará y mostrará los objetos vinculados en el área de dibujo.

Opciones adicionales de visualización de vínculos

El cuadro de diálogo **Opciones del visor de datos y de consulta** permite configurar una serie de opciones para los objetos gráficos vinculados y para los registros vinculados (figura 14.14).

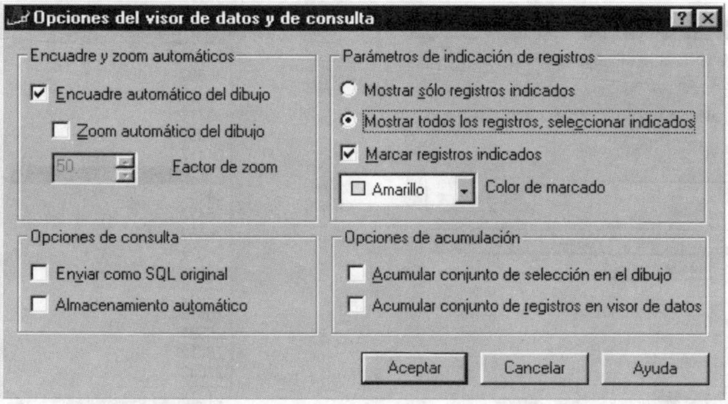

Figura 14.14. *Cuadro de diálogo* ***Opciones del visor de datos y de consulta.***

Puede activar la opción **Encuadre automático del dibujo**; AutoCAD encuadrará el dibujo automáticamente para mostrar los objetos vinculados al conjunto de registros actualmente seleccionados en la ventana **Visor de datos**. Podrá configurar las opciones **Zoom automático del dibujo** y **Factor de zoom**. También podrá cambiar los parámetros de indicación de registros y el color de marcado para la indicación.

Edición de datos vinculados

Una vez vinculados los datos con los objetos de dibujo, quizá necesite editar los datos o actualizar sus valores de **registro clave**. Por ejemplo, puede que necesite reubicar el número identificador (Tag_Number) de ordenador o la room para cada uno de los elementos vinculados. El **Administrador de vínculos** permite modificar los valores clave. El siguiente ejemplo describe el proceso de edición de los datos vinculados.

Ejemplo 4

Utilizaremos el **Administrador de vínculos** para editar los datos vinculados desde la tabla Computer y cambiar el valor clave de **24352** a **24463**.

1. Abra el diagrama que se vinculó con la tabla Dibujo. Elija **Vínculos > Admin. de vínculos** en el menú **Conexión BD**. AutoCAD solicitará que designe el objeto vinculado.

2. Designe el objeto vinculado. Aparecerá el cuadro de diálogo **Administrador de vínculos** para la tabla Computer (figura 14.15).

3. Seleccione **ComputerVínculo1** en el cuadro de lista desplegable **Vínculos**.

4. Seleccione el campo **24352** en la columna **Valor** y haga clic en el botón **[...]**. Aparecerá el cuadro de diálogo **Valores de columna** (figura 14.16). Seleccione **24463** en la lista y haga clic en **Aceptar**.

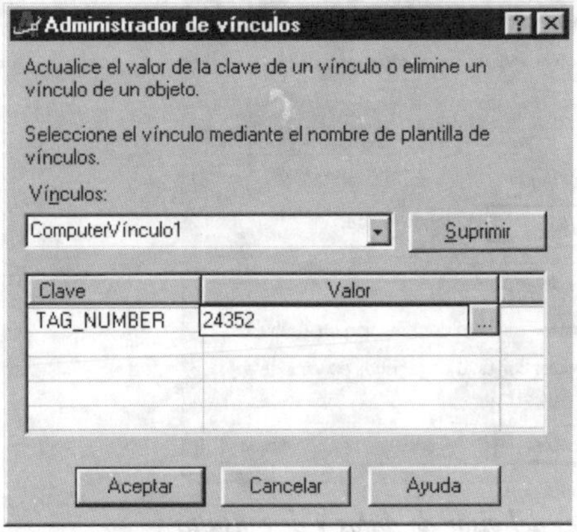

Figura 14.15. Cuadro de diálogo ***Administrador de vínculos.***

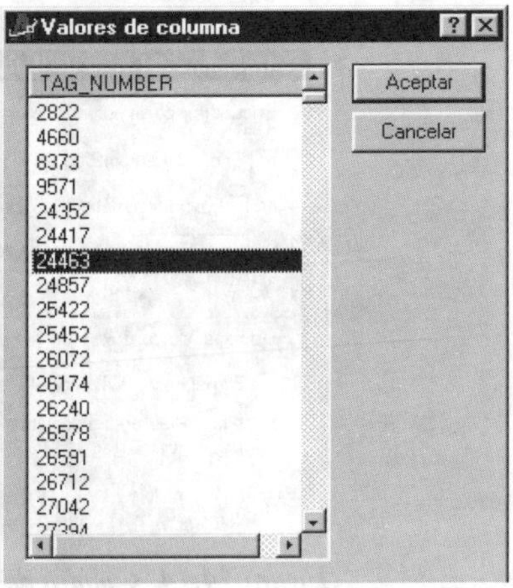

Figura 14.16. Cuadro de diálogo ***Valores de columna.***

5. Haga clic en **Aceptar** del cuadro de diálogo **Administrador de vínculos** para aplicar los cambios.

CREACIÓN DE RÓTULOS*

Puede utilizar la vinculación como un poderoso mecanismo para enlazar objetos de dibujo con tablas de base de datos externas. Puede acceder directamente a registros enlazados de la tabla seleccionando objetos vinculados en el dibujo. No obstante, la vinculación presenta algunas limitaciones. Suponga que desea incluir con los objetos de dibujo el dato externo enlazado. Puesto que, durante el trazado, los vínculos tan sólo señalan a la tabla de base de datos externa, no aparecerán en el dibujo impreso. Para estas situaciones AutoCAD ofrece los **rótulos**. Los rótulos son una herramienta que permite obtener una representación visible de los datos externos incluidos en un dibujo. Los rótulos pueden ser generalmente de dos tipos:

Rótulos independientes. Los rótulos independientes se hallan en el dibujo de AutoCAD con independencia de los objetos gráficos. Sus propiedades no cambian pese a cualquier modificación de los objetos gráficos contenidos en el dibujo.

Rótulos enlazados. Los rótulos enlazados están estrechamente ligados con los objetos gráficos a los que están asociados. Si el objeto gráfico se desplaza, el rótulo también cambia su posición; si el objeto se suprime, AutoCAD también suprime los rótulos enlazados a él.

Los rótulos enlazados con los objetos gráficos de un dibujo de AutoCAD aparecen indicados con una directriz. Los rótulos se crean y muestran por medio de **plantillas de rótulos**. El cuadro de diálogo Plantilla de rótulos controla todas las propiedades de visualización de los rótulos. El siguiente ejemplo mostrará el procedimiento completo para crear y mostrar rótulos en un dibujo de AutoCAD por medio de una plantilla de rótulos.

Ejemplo 5

Crearemos una nueva plantilla de rótulos en la tabla de base de datos Computer y utilizaremos las siguientes indicaciones para mostrar los rótulos en el dibujo:

a. El rótulo incluye los campos **Tag_Number**, **Manufacturer** e **Item_Type**.
b. Los campos del rótulo tienen una altura de **6**, fuente **Times New Roman**, color **negro** (**color 18**) y justificación **Medio Izquierda**.
c. El desfase de rótulo comienza con justificación **Medio Centro** y desfase de directriz **X=38** e **Y=38**.

Siga los pasos descritos a continuación:

1. Abra el dibujo donde desee enlazar un rótulo con los objetos de dibujo.

2. Elija la opción **Conexión BD** del menú **Herramientas** para abrir el **Administrador de Conexión BD**. Seleccione la tabla **Computer** en el origen de datos **jet_dbsamples**.

3.  Haga clic con el botón derecho en la tabla y elija **Nueva plantilla de rótulos** en el menú contextual. Aparecerá el cuadro de diálogo **Nueva plantilla de rótulos** (figura 14.17). Si lo prefiere, haga clic en el botón **Nueva plantilla de rótulos** en la barra de herramientas **Administrador de Conexión BD** para abrir dicho cuadro de diálogo.

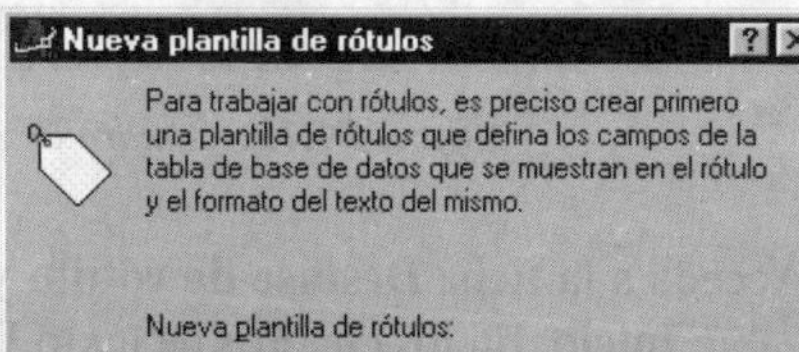

Figura 14.17. *Cuadro de diálogo* ***Nueva plantilla de rótulos.***

4. Haga clic en el botón **Continuar** del cuadro de diálogo Nueva plantilla de rótulos para aceptar el nombre de plantilla predeterminado (**ComputerRótulo1**). AutoCAD mostrará el cuadro de diálogo Plantilla de rótulos.

5. Acceda a la ficha **Campos de rótulo** del cuadro de diálogo **Plantilla de rótulos**. Seleccione el campo **Tag_Number** en el cuadro de lista desplegable **Campo** y haga clic en el botón **Añadir**. Haga lo mismo con los campos **Manufacturer** e **Item_Type** (figura 14.18).

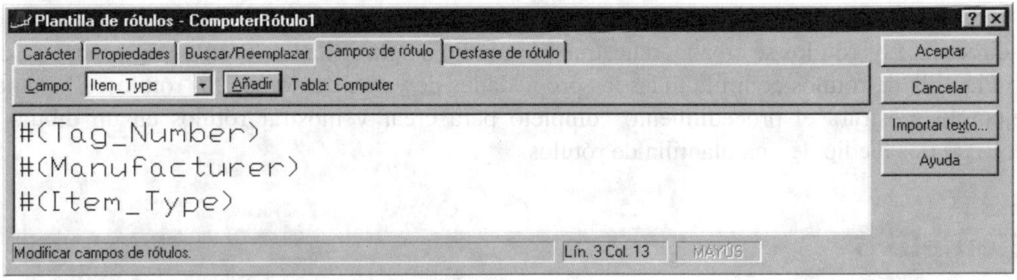

Figura 14.18. Cuadro de diálogo ***Plantilla de rótulos*** *(ficha* ***Campos de rótulo****).*

6. Resalte los nombres de campo en el área de texto y acceda a la ficha **Carácter**. Seleccione el tipo de letra **Times New Roman** con una altura de **6** y color negro (**color 18**), tal como muestra la figura 14.19. Seleccione también la justificación **Medio Izquierda** en la ficha **Propiedades**.

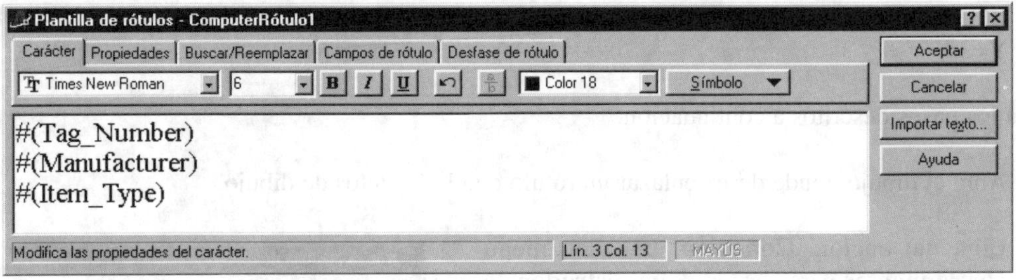

Figura 14.19. Cuadro de diálogo ***Plantilla de rótulos*** *(ficha* ***Carácter****).*

7. Acceda a la ficha **Desfase de rótulo** y seleccione **Medio Centro** en el cuadro de lista desplegable **Inicio**. En los cuadros de texto **Desfase directriz** indique los valores **X: 38** e **Y: 38** (figura 14.20). Haga clic en **Aceptar**.

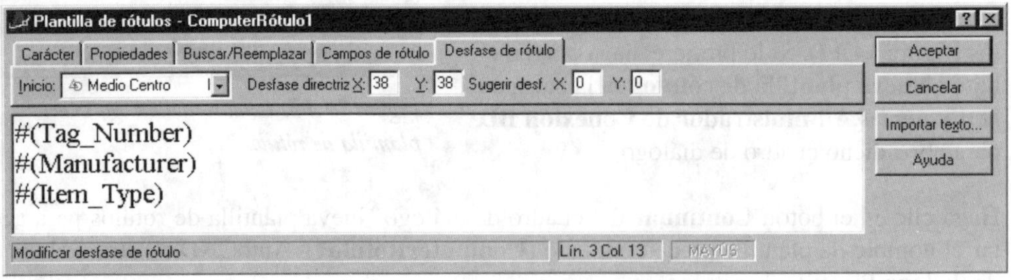

Figura 14.20. Cuadro de diálogo ***Plantilla de rótulos*** *(ficha* ***Desfase de rótulo****).*

8. Para mostrar el rótulo en el dibujo, seleccione la tabla Computer dentro de la vista en árbol del **Administrador de Conexión BD**. Haga clic con el botón derecho y elija la opción **Editar tabla** del menú contextual.

9. Seleccione **ComputerVínculo1** (creado en un ejemplo anterior) en el cuadro de lista desplegable **Seleccione una plantilla de vínculos** de la ventana **Visor de datos**. Seleccione después **ComputerRótulo1** en el cuadro de lista desplegable **Seleccione una plantilla de rótulos.**

10. Seleccione el registro (fila) que desee utilizar como un rótulo. A continuación haga clic en el botón **Parámetros de vínculos y rótulos** y elija la opción **Crear rótulos enlazados** del menú (figura 14.21). Después haga clic en el botón **Crear rótulo enlazado** (a la izquierda del botón **Parámetros de vínculos y rótulos**) y designe el objeto del dibujo a rotular.

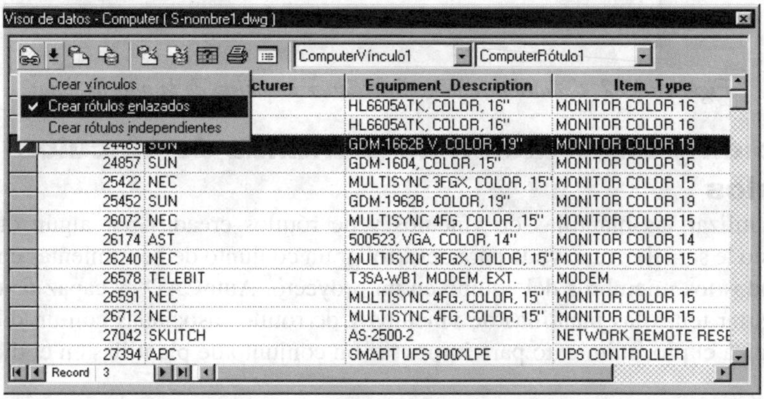

*Figura 14.21. Elección de **Crear rótulos enlazados** en la ventana **Visor de datos**.*

AutoCAD mostrará el rótulo en el dibujo con las especificaciones dadas.

Nota

*Puede crear rótulos independientes de la misma forma. En este caso deberá elegir **Crear rótulos independientes** en el menú **Parámetros de vínculos y rótulos** de la ventana **Visor de datos**.*

Actualización de rótulos con nuevos valores de base de datos

Es muy posible que, tras añadir un rótulo en el dibujo de AutoCAD, los valores de los datos en la tabla de base de datos deban modificarse por cualquier causa. En tal caso debería actualizar los rótulos contenidos en el dibujo tras realizar cualquier alteración en la tabla de base de datos con la que esté vinculado el dibujo. A continuación se indica el procedimiento a seguir para actualizar todos los rótulos incluidos en el dibujo de AutoCAD:

1. Una vez editada la tabla de base de datos, abra el dibujo que deba actualizarse.

2. Elija la opción **Rótulos > Volver a cargar rótulos** del menú **Conexión BD**. Aparecerá el cuadro de diálogo **Seleccionar un objeto de la base de datos** (figura 14.22).

3. Seleccione la plantilla de rótulos en el cuadro de lista y haga clic en **Aceptar**. AutoCAD actualizará los rótulos con los nuevos valores de la base de datos.

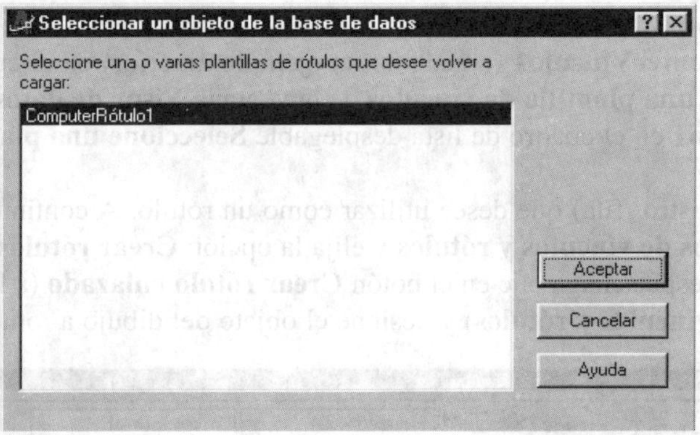

Figura 14.22. Cuadro de diálogo ***Seleccionar un objeto de la base de datos.***

Importación y exportación de plantillas de vínculos y de rótulos

Quizá desee utilizar las plantillas de vínculos y de rótulos creadas por algún otro usuario de AutoCAD. Esto le será de gran ayuda para desarrollar un conjunto de herramientas comunes a compartir entre todos los miembros del equipo en un proyecto. AutoCAD es capaz tanto de importar como de exportar todas las plantillas de vínculos y de rótulos asociadas con un dibujo. A continuación se indica el procedimiento para **importar** un conjunto de plantillas en el dibujo actual:

1. Elija la opción **Plantillas > Importar conjunto de plantillas** del menú **Conexión BD**. Aparecerá el cuadro de diálogo **Importar conjunto de plantillas**.

2. Seleccione en este cuadro de diálogo el conjunto de plantillas a importar.

3. Haga clic en **Abrir** para importar el conjunto de plantillas en el dibujo actual.

En el caso de que existiese alguna plantilla de vínculos o de rótulos de igual nombre ya asociada con el dibujo actual, AutoCAD mostrará un cuadro de advertencia para que asigne un nombre exclusivo a dicha plantilla.

A continuación se indica el procedimiento para **exportar** un conjunto de plantillas desde el dibujo actual:

1. Elija la opción **Plantillas > Exportar conjunto de plantillas** del menú **Conexión BD**. Aparecerá el cuadro de diálogo **Exportar conjunto de plantillas**.

2. Seleccione en este cuadro de diálogo la carpeta donde desee guardar el conjunto de plantillas.

3. En el cuadro de texto **Nombre de archivo**, indique un nombre para el conjunto de plantillas. Haga clic en **Guardar** para guardar la plantilla en la carpeta precisada.

ENTORNO SQL DE AUTOCAD (ASE)

SQL es un acrónimo en inglés para **lenguaje de consulta estructurado**. SQL es un lenguaje de programación que permite al usuario realizar preguntas relativas a una base de datos de acuerdo con determinadas reglas. El **Entorno SQL de AutoCAD** (ASE) permite acceder y manipular los datos almacenados en la tabla de base de datos externa, así como vincular datos de la base de datos con objetos en un dibujo de AutoCAD. Tras acceder a la tabla, podrá manipular sus datos. La conexión se lleva a cabo mediante un sistema de gestión de base de datos (DBMS). El programa DBMS posee su propia metodología para trabajar con las bases de datos. Sin embargo, los comandos ASE funcionan de igual forma con independencia de la base de datos que se esté utilizando. Esto es posible gracias al controlador ASE incorporado en el software de AutoCAD. AutoCAD 2000 incluye el lenguaje SQL. Por ejemplo, supongamos que desea preparar un informe que incluya todo equipamiento informático cuyo coste supere las 5000 pesetas; podrá utilizar el **Editor de consultas de AutoCAD** para construir fácilmente una consulta que devuelva un subconjunto de registros u objetos gráficos vinculados que cumplan el criterio mencionado.

EDITOR DE CONSULTAS DE AUTOCAD*

El **Editor de consultas de AutoCAD** consta de cuatro fichas con la que pueden crearse nuevas consultas. Las fichas están ordenadas de menor a mayor complejidad. Por ejemplo, si no está familiarizado con **SQL** (Lenguaje de consulta estructurado), puede utilizar las fichas **Consulta rápid**a y **Rango consulta** para adquirir las primeras nociones acerca de la sintaxis de consulta.

Puede comenzar desarrollando una consulta en una ficha y, posteriormente, añadir y depurar las condiciones de consulta en las siguientes fichas. Por ejemplo, supongamos que tras crear una consulta en la ficha **Consulta rápida** decide incorporar una condición adicional con la ficha **Constructor de consultas**. Al acceder a la ficha **Constructor de consultas**, ésta incluirá todos los valores inicialmente seleccionados en las fichas anteriores y podrá añadir nuevas condiciones a la consulta. Sin embargo, no es posible volver a una ficha anterior tras crear una consulta en una ficha avanzada, pues las fichas de consultas sencillas no pueden incorporar condiciones más complejas. Si intenta retroceder a una ficha de consulta anterior, AutoCAD mostrará una advertencia para informar de que la consulta se restablecerá a los valores por defecto.

El **Editor de consultas** de AutoCAD incluye las siguientes fichas para la construcción de consultas:

Consulta rápida. Esta ficha ofrece un entorno donde podrá desarrollar consultas sencillas, basadas en un único campo de la base de datos, un único operador y un único valor. Por ejemplo, puede localizar todos los registros de la tabla actual cuyo valor para el campo "**Item_Type**" coincida con "**CPU**".

Rango de consulta. Esta ficha ofrece un entorno donde podrá desarrollar una consulta que devuelva todos los registros comprendidos dentro de un determinado rango de valores. Por ejemplo, podrá localizar todos los registros de la tabla actual cuyo valor para el campo "**Room**" sea **superior o igual a 6050** e **inferior o igual a 6150**.

Constructor de consultas. Esta ficha ofrece un entorno donde podrá desarrollar consultas más complejas, basadas en varios criterios de búsqueda. Por ejemplo, puede localizar todos los registros de la tabla actual cuyos valores para "**Item_Type**" coincidan con "**CPU**" y sus valores para "**Room**" sean **superiores a 6050**.

Consulta SQL. Esta ficha ofrece un entorno en el que poder desarrollar sofisticadas consultas, conforme al protocolo SQL 92.

El siguiente ejemplo describe el procedimiento completo para crear una consulta utilizando todas las fichas del **Editor de consultas.**

Ejemplo 6

Crearemos una nueva consulta para la tabla de base de datos Computer y utilizaremos todas las fichas del **Editor de Consultas de AutoCAD** para preparar una consulta SQL.

1. Para crear una nueva consulta, elija la opción **Consultas > Nueva consulta en una tabla externa** del menú **Conexión BD**. En el cuadro de diálogo **Seleccionar objeto de datos**, seleccione la tabla (Computer) sobre la que desee realizar la consulta dentro de un origen de datos (jet_dbsamples). Haga clic en **Continuar** para que aparezca el cuadro de diálogo **Nueva consulta** (figura 14.23). Para abrir este cuadro de diálogo, si lo prefiere, puede elegir Nueva consulta en el menú contextual que aparece al hacer clic con el botón derecho sobre la tabla en el **Administrador de conexión BD**.

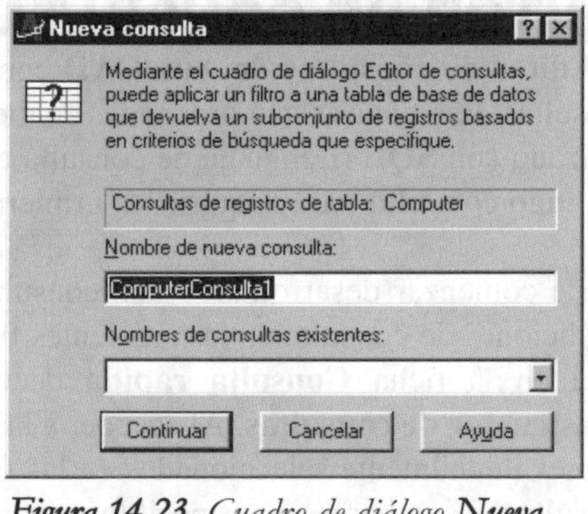

Figura 14.23. *Cuadro de diálogo* ***Nueva consulta.***

2. En el cuadro de diálogo **Nueva consulta**, haga clic en **Continuar** para aceptar el nombre de consulta por defecto (**ComputerConsulta1**). Aparecerá el **Editor de Consultas de AutoCAD**.

3. Dentro de la ficha **Consulta rápida** del **Editor de consultas**, seleccione **Item_Type** en el cuadro de lista **Campo**. Seleccione **= Igual** en el cuadro de lista desplegable **Operador** y escriba **CPU** en el cuadro de texto **Valor**. Si no recuerda qué valores existen en el campo elegido, haga clic en **Buscar valores**. Aparecerá el cuadro de diálogo **Valores de columna**, donde podrá seleccionar un valor. Haga clic en el botón **Almacenar** para guardar la consulta (figura 14.24).

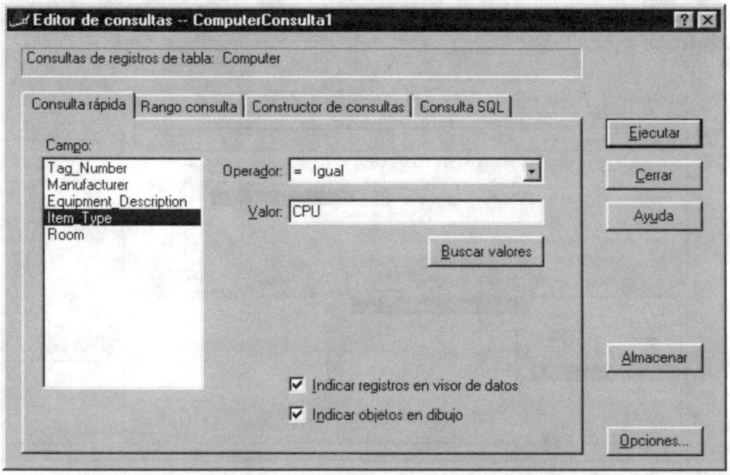

*Figura 14.24. Ficha **Consulta rápida** del **Editor de consultas**.*

4. Acceda a la ficha **Rango consulta** y seleccione **Room** en el cuadro de lista **Campo**. Indique **6050** en el cuadro de texto **Desde** y **6150** en el cuadro de texto **Punto a atravesar**. También puede hacer clic en los botones **Buscar valores** (figura 14.25) para seleccionar valores con el cuadro de diálogo **Valores de columna**. Haga clic en el botón **Almacenar** para guardar la consulta.

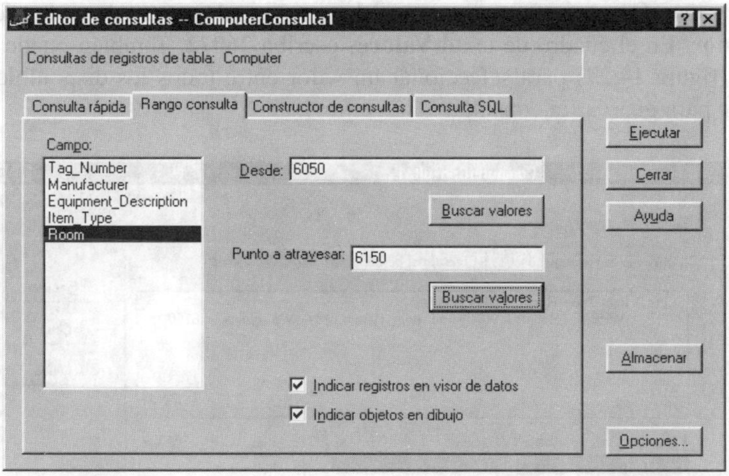

*Figura 14.25. Ficha **Rango consulta** del **Editor de consultas**.*

5. Acceda a la ficha **Constructor de consultas** y añada **Item_Type** en el cuadro de lista **Mostrar campos**. Para lograrlo, seleccione **Item_Type** en el cuadro de lista **Campos de tabla** y haga clic en el botón **Añadir**. En la zona de tabla cambie las entradas de Campo, Operador, Valor, Lógico y los paréntesis de agrupación hasta que aparezca tal como muestra la figura 14.26. A

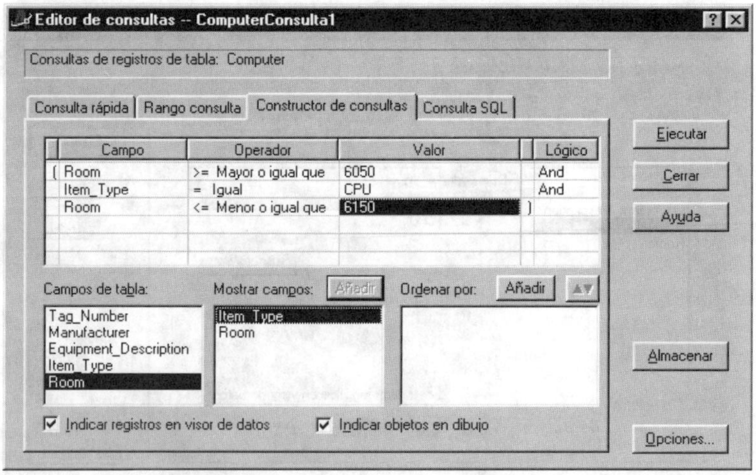

Figura 14.26. Ficha ***Constructor de consultas*** *del* ***Editor de consultas.***

tal fin, seleccione cada celda y elija los valores con los respectivos cuadros de lista desplegable o con las opciones ofrecidas. Haga clic en el botón **Almacenar** para guardar la consulta.

6. Acceda a la ficha Consulta SQL; las condiciones de consulta precisadas en los pasos anteriores quedarán automáticamente reflejadas en esta ficha. En esta ficha podrá crear una consulta utilizando varias tablas. Seleccione **Computer** en el cuadro de lista **Tabla** y **Tag_Number** en el cuadro de lista **Campos**. Seleccione **>= Mayor o igual que** en el cuadro de lista desplegable **Operador**. En el cuadro de texto **Valores** escriba **26072**. También puede hacer clic en el botón **[...]** (figura 14.27) para seleccionar un valor entre todos los disponibles. Haga clic en **Almacenar** para guardar la consulta.

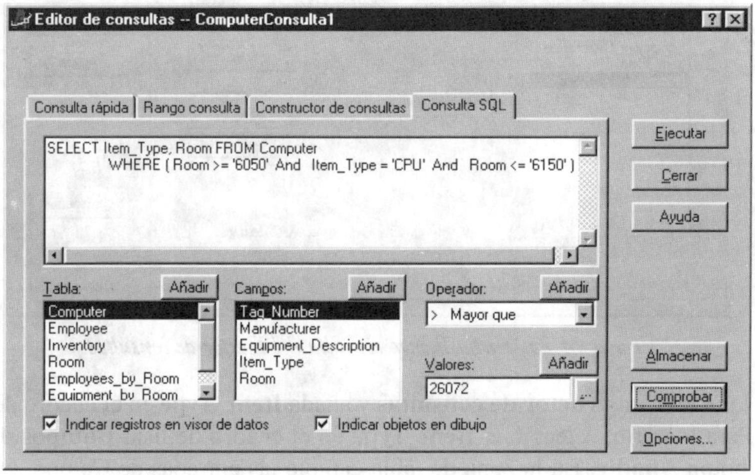

Figura 14.27. Ficha ***Consulta SQL*** *del* ***Editor de consultas.***

7. Para comprobar si la sintaxis SQL es correcta, haga clic en el botón **Comprobar**. Aparecerá un **cuadro de información** (figura 14.28) para determinar si la sintaxis es correcta.

Figura 14.28. Cuadro de información.

8. Haga clic en el botón **Ejecutar** para mostrar la ventana **Visor de datos** con el subconjunto de registros que cumplan los criterios de consulta precisados.

Nota

Puede acceder al subconjunto de registros que cumplen unos determinados criterios desde cualquiera de las cuatro fichas mientras crea las condiciones.

Importación y exportación de consultas SQL

Quizá deba utilizar, en alguna u otra ocasión, las consultas realizadas por algún otro usuario, o viceversa. AutoCAD permite importar o exportar consultas almacenadas. Compartir consultas puede resultar de gran utilidad mientras desarrolle herramientas comunes utilizadas por todos los miembros de un equipo en un proyecto. A continuación se indica el procedimiento a seguir para **importar un conjunto de consultas** en el dibujo actual:

1. Elija la opción **Consultas > Importar conjunto de consultas** del menú **Conexión BD**. Aparecerá el cuadro de diálogo **Importar conjunto de consultas**.

2. Seleccione en el cuadro de diálogo el conjunto de consultas a importar.

3. Haga clic en **Abrir** para importar el conjunto de consultas en el dibujo actual.

En el caso de que existiese alguna consulta de igual nombre ya asociada con el dibujo actual, AutoCAD mostrará un cuadro de advertencia para informarle de que debe asignar un nombre exclusivo a dicha consulta.

A continuación se indica el procedimiento para **exportar un conjunto de consultas** desde el dibujo actual:

1. Elija la opción **Consultas > Exportar conjunto de consultas** del menú **Conexión BD**. Aparecerá el cuadro de diálogo **Exportar conjunto de consultas**.

2. Seleccione en este cuadro de diálogo la carpeta donde desee guardar el conjunto de consultas.

3. En el cuadro de texto **Nombre de archivo**, indique un nombre para el conjunto de consultas. Haga clic en **Guardar** para guardar el conjunto de consultas en la carpeta precisada.

CREACIÓN DE CONJUNTOS DE SELECCIÓN CON SELECCIÓN DE VÍNCULOS*

Es posible localizar objetos de un dibujo basándose en la información no gráfica vinculada. Por ejemplo, puede localizar el objeto vinculado con la primera fila de la tabla Computer o con la primera y segunda fila de esta misma tabla. Puede resaltar determinados objetos o crear conjuntos de selección de los objetos designados. **Selección de vínculos** es una avanzada función del **Editor de consultas**. Puede utilizar esta función para crear conjuntos de selección interactivos de objetos gráficos de AutoCAD y de registros de la base de datos. En el proceso de selección interactiva, puede comenzar construyendo una consulta o designando objetos gráficos de AutoCAD. El conjunto de selección inicial recibe el nombre de **conjunto A**. Posteriormente puede crear un conjunto adicional de consulta o de objetos gráficos para depurar el conjunto de selección. El segundo conjunto de selección se identifica como **conjunto B**. Para depurar el conjunto de selección final, deberá establecer una relación entre los conjuntos A y B. A continuación se indica una lista de las relaciones u operaciones de conjuntos disponibles (figura 14.29):

Seleccionar. Esta opción crea una consulta o un conjunto de selección de objetos inicial. Este conjunto de selección puede depurarse o modificarse con posteriores operaciones de Selección de vínculos.

Unión. Esta operación añade el resultado del nuevo conjunto de selección o consulta al conjunto de selección existente. Unión devuelve todos los registros que formen parte del conjunto A **o** del conjunto B.

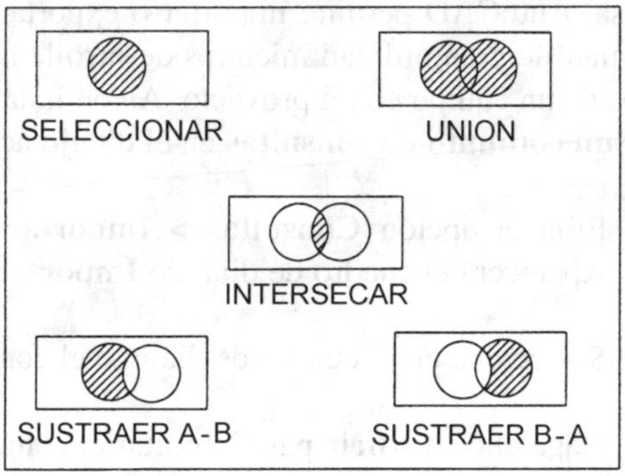

Figura 14.29. *Relaciones u operaciones de conjuntos disponibles.*

Intersecar. Esta operación devuelve la intersección del nuevo conjunto de selección con el conjunto de selección existente o en curso. Unión sólo devuelve los registros comunes en ambos conjuntos A **y** B.

Sustraer A - B. Esta operación sustrae del conjunto de selección existente el resultado del nuevo conjunto de selección o consulta.

Sustraer B - A. Esta operación sustrae del conjunto de selección actual el resultado del conjunto de selección o consulta existente.

Una vez ejecutada cualquiera de las operaciones de Selección de vínculos, el resultado de la operación pasa a ser el nuevo conjunto de selección en curso para el conjunto A. Puede depurar el conjunto de selección creando un nuevo conjunto B y continuando el proceso interactivo.

A continuación se indica el procedimiento a seguir para refinar el conjunto de selección con **Selección de vínculos**:

1. Elija **Vínculos > Seleccionar vínculos** en el menú **Conexión BD**. Aparecerá el cuadro de diálogo **Selección de vínculos** (figura 14.30).

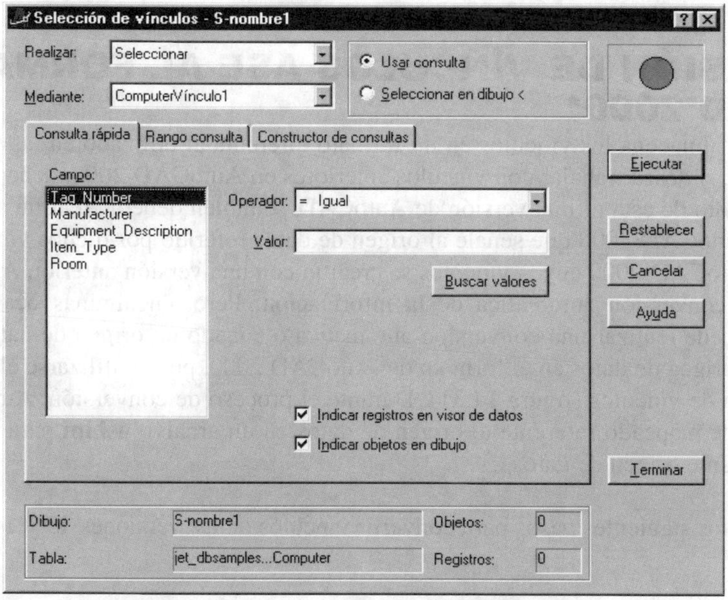

*Figura 14.30. Cuadro de diálogo **Selección de vínculos**.*

2. Elija la opción **Seleccionar** en el cuadro de lista desplegable **Realizar** para crear un nuevo conjunto de selección. Seleccione también una plantilla de vínculos en el cuadro de lista desplegable **Mediante**.

3. Seleccione el botón de opción **Usar consulta** o **Seleccionar en dibujo** para crear, respectivamente, una nueva consulta o un nuevo conjunto de selección de objetos de dibujo.

4. Haga clic en el botón **Ejecutar**. AutoCAD llevará a cabo la operación seleccionada en el cuadro de lista desplegable **Realizar**.

5. Seleccione de nuevo cualquier operación de Selección de vínculos en el cuadro de lista desplegable **Realizar**.

6. Repita los pasos de 2 a 4 para crear un conjunto B de operación y haga clic en **Terminar** para completar la operación.

Nota

*Puede seleccionar la opción **Usar consulta** para construir una nueva consulta o **Seleccionar en dibujo** para designar un objeto gráfico en el dibujo como conjunto de selección.*

Si activa la casilla de verificación ***Indicar registros en visor de datos****, el resultado de la operación aparecerá en la ventana* ***Visor de datos****. Si activa la casilla de verificación* ***Indicar objetos en dibujo****, AutoCAD mostrará en el dibujo un conjunto de objetos gráficos vinculados.*

CONVERSIÓN DE VÍNCULOS ASE AL FORMATO DE AUTOCAD 2000*

AutoCAD 2000 almacena los vínculos en un formato diferente al utilizado en las versiones anteriores. Por tanto, si desea trabajar con vínculos anteriores en AutoCAD 2000, deberá primero convertirlos al formato de esta última versión de AutoCAD. También deberá crear un archivo de configuración de AutoCAD 2000 que señale al origen de datos referido por dichos vínculos. Al abrir un dibujo en AutoCAD 2000 cuyos vínculos se crearon con una versión anterior, AutoCAD intenta realizar una conversión automática de la información. Pero, en algunas ocasiones, cuando AutoCAD no puede realizar una conversión automática o cuando un origen de datos no se ajusta exactamente al origen de datos en el formato de AutoCAD 2000, puede utilizarse el cuadro de diálogo Conversión de vínculos (figura 14.31). Durante el proceso de conversión, AutoCAD escribe la información de mapeado referente al origen de datos en un archivo **asi.ini** para una utilización posterior del mismo origen de datos.

Puede observar los siguientes pasos para convertir vínculos de las versiones 13 y 14 al formato de AutoCAD 2000:

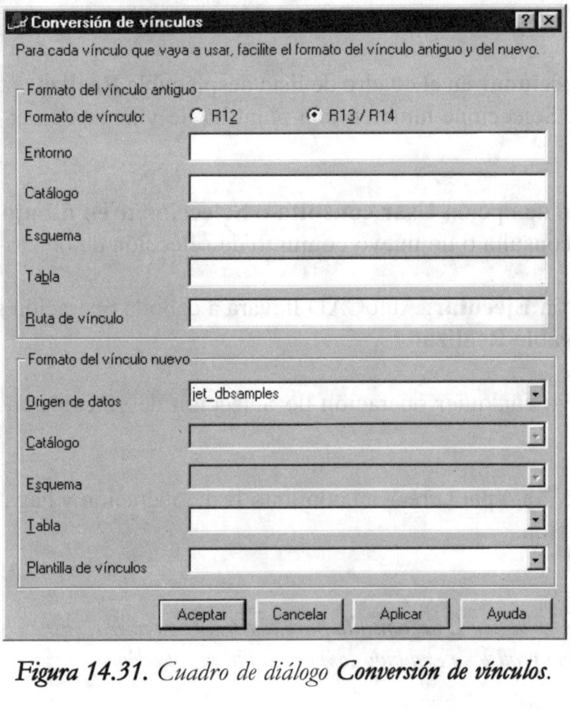

Figura 14.31. *Cuadro de diálogo* ***Conversión de vínculos.***

1. Elija **Conversión de vínculos** en el menú **Conexión BD** para abrir el cuadro de diálogo **Conversión de vínculos**.

2. En la sección **Formato del vínculo antiguo** indique la siguiente información:

   R13 o R14 como formato de vínculo a convertir.
   Nombre del entorno, catálogo, esquema y tabla.
   Nombre de la ruta de vínculo a la que debe darse formato.

3. En la sección **Formato del vínculo nuevo** indique la siguiente información:

   Nombre del origen de datos de AutoCAD (por ejemplo, **jet_dbsamples**).
   Nombre del nuevo catálogo, esquema y tabla en AutoCAD 2000.
   Nombre de la plantilla de vínculos en AutoCAD 2000.

4. Haga clic en **Aplicar** y después en **Aceptar** para completar el procedimiento de conversión.

5. Abra el dibujo que desee convertir y guárdelo en el formato de dibujo de AutoCAD 2000.

Guardado de vínculos de AutoCAD 2000 en formato R13/R14*

Puede convertir los vínculos creados con el formato de AutoCAD 2000 al formato de las versiones 13 ó 14. Sin embargo, no es posible convertir dichos vínculos al formato de la versión 12. Al ejecutar el comando **GUARDARCOMO** para guardar un dibujo que incluye vínculos en los formatos R13 o R14, AutoCAD los convertirá automáticamente al formato correspondiente de las versiones anteriores.

Preguntas de revisión

1. Un grupo de datos en horizontal recibe el nombre de __________.

2. Un grupo de datos en vertical (atributo) recibe el nombre de __________.

3. AutoCAD puede acceder a los datos almacenados en un determinado sistema de base de datos por medio de ____.

4. Puede conectar con tablas de base de datos externa mediante el administrador __________.

5. Es posible editar tablas de base de datos externas dentro de una sesión de AutoCAD. (V/F)

6. Puede modificarse el tamaño de la ventana **Visor de datos**, así como anclarse u ocultarse. (V/F)

7. Una vez definido un vínculo, AutoCAD no almacena esta información con el dibujo. (V/F)

8. AutoCAD ofrece __________ para mostrar los registros asociados con los objetos del dibujo.

9. Los rótulos pueden ser de dos tipos: __________ y __________.

10. Las plantillas de vínculos y de rótulos pueden tanto importarse como exportarse. (V/F)

11. El lenguaje SQL permite buscar en la base de datos y recuperar la información que cumpla los criterios indicados en sus instrucciones. (V/F)

12. ¿Cuál es el significado de ASE? ____.

13. ¿Qué es una base de datos? ____.

14. ¿Qué es un sistema de gestión de base de datos (DBMS)? __________________________ ____.

15. Las filas también se conocen como __________.

16. Las columnas reciben en ocasiones el nombre de __________.

17. El ______________ actúa como un identificador para localizar y vincular una fila.

18. Tan sólo puede manipularse una fila cada vez. Dicha fila se conoce como _________.

19. El **Editor de consultas** de AutoCAD incluye cuatro fichas. Nómbrelas. ________________ ____.

20. Es posible volver a una ficha anterior del **Editor de consultas** sin restablecer los valores por defecto. (V/F)

21. Puede ejecutar la consulta después de configurar cualquier ficha del **Editor de consultas**. (V/F)

22. Selección de vínculos es una función avanzada del **Editor de consultas** que permite construir conjuntos de selección de objetos gráficos o de registros de base de datos. (V/F)

23. AutoCAD escribe información de mapeado de origen de datos en el archivo __________ durante el proceso de conversión de vínculos.

24. Los vínculos de AutoCAD 2000 no pueden convertirse al formato de AutoCAD R12. (V/F)

Ejercicios

Ejercicio 1 *General*

En este ejercicio, seleccione la tabla **Employee** del origen de datos **jet_dbsamples** en el **Administrador de Conexión BD**. A continuación edite la sexta fila de la tabla (EMP_ID=1006, Keyser). Añada también una nueva fila y conviértala en actual.

La fila a añadir tiene los siguientes valores:

Emp_Id	**1064**
Last_Name	**Joel**
First_Name	**Billy**
Gender	**M**
Title	**Marketing Executive**
Department	**Marketing**
Room	**6071**

Ejercicio 2 *General*

Construya una consulta SQL a partir de la tabla **Inventory** del origen de datos **jet_dbsamples**. Utilice todas las fichas del **Editor de consultas**. Las condiciones a cumplir son todas las siguientes:

1. Type = **Furniture**
2. Rango para Price = **200 a 650**
3. Manufacturer = **Office Master**

Capítulo 15

AutoCAD en Internet

Objetivos del estudio

Internet se ha convertido en el medio más importante para el intercambio de información en el mundo. AutoCAD puede comunicarse con Internet de diversas formas. Podrá abrir y guardar archivos ubicados en Internet, abrir un explorador Web (AutoCAD 2000 incorpora un sencillo explorador Web) y crear archivos en formato Web (DWF) para observarlos como dibujos en páginas Web. Tras completar este capítulo, será capaz de:

- *Abrir un explorador Web desde AutoCAD.*
- *Comprender la importancia del localizador uniforme de recursos (URL).*
- *Abrir y guardar dibujos en y desde Internet.*
- *Insertar hipervínculos en un dibujo.*
- *Convertir dibujos al formato de archivo DWF.*
- *Ver dibujos DWF con un explorador Web.*
- *Aprender acerca del módulo de conexión WHIP! y del formato de archivo DWF.*

INTRODUCCIÓN

Antes de que pueda utilizar las funciones de Internet en AutoCAD 2000, el ordenador deberá tener instalados algunos componentes de Microsoft Internet Explorer. Si Internet Explorer v4.0 (o posterior) está instalado en el ordenador, ya dispondrá de estos componentes necesarios. En caso contrario, dichos componentes se instalarán automáticamente junto con AutoCAD 2000 si selecciona una **instalación completa** o la opción **Herramientas de Internet** durante la **instalación personalizada**.

Este capítulo le introduce en los siguientes comandos relacionados con la Web:

EXAMINAR
Abre un explorador Web desde AutoCAD.

HIPERVINCULO*
Enlaza o suprime un URL a un objeto o a un área del dibujo.

HVADELANTE*
Avanza al siguiente hipervínculo (comando no documentado).

HVATRAS*
Retrocede al hipervínculo anterior (comando no documentado).

HVSTOP*
Detiene la acción de acceso a hipervínculo (comando no documentado).

PASTEASHYPERLINK*
Enlaza un URL a un objeto del dibujo a partir del texto almacenado en el Portapapeles de Windows (comando no documentado).

HIPERLINKBASE*
Variable de sistema que configura la ruta utilizada para los hipervínculos relacionados con el dibujo.

Cambios desde la versión 14 de AutoCAD

Si utilizaba las funciones de Internet en la versión 14 de AutoCAD, deberá tener presentes los cambios introducidos en AutoCAD 2000.

URL enlazados desde R14

En AutoCAD R14, los URL enlazados no se activaban hasta que el dibujo se convertía al formato DWF; en AutoCAD 2000, los URL del dibujo están activos.

Si enlazó los URL a un dibujo en la versión 14 (al igual que como LT 97 y LT 98), la primera vez que guarde el dibujo con el formato DWG de AutoCAD 2000 pasarán a ser hipervínculos de estilo AutoCAD 2000.

Cuando utilice el comando **GUARDARCOMO** para guardar un dibujo de AutoCAD 2000 en el formato R14, cada hipervínculo se convertirá de nuevo en un URL de estilo R14. Las descripciones de hipervínculos se almacenan como datos proxy y no se muestran en R147LT. (Esto asegura que las descripciones de hipervínculo estarán disponibles de nuevo cuando el dibujo se devuelva al formato de AutoCAD 2000.)

Limitaciones de WHIP! v3.1

AutoCAD 2000 puede crear archivos DWF compatibles con el módulo de conexión WHIP v3.1. Resulta recomendable, sin embargo, que descargue WHIP! v4.0 desde el sitio Web de Autodesk. WHIP! v3.1 no muestra las siguientes funciones propias de AutoCAD 2000:

- El formato DWF en v3.1 no guarda las descripciones de hipervínculo.
- Todos los objetos, excepto polilíneas y los trazos, aparecen con el mínimo grosor de línea.

- Los tipos de línea definidos por una tabla de estilos de trazado aparecen como líneas continuas.
- Las ventanas gráficas no rectangulares se muestran como ventanas gráficas rectangulares.

Comandos de Internet modificados

Muchos de los comandos relacionados con Internet de la versión 14 se han descartado o reemplazado en AutoCAD 2000. El siguiente resumen describe el estado de todos los comandos de Internet de la versión 14:

EXAMINAR (abre un explorador Web desde AutoCAD): continúa funcionando en AutoCAD 2000; la página predeterminada es ahora home.htm, una página Web ubicada en la carpeta de AutoCAD.

ENLAZURL (enlaza un URL a un objeto o a un área del dibujo): continúa funcionando en AutoCAD 2000, pero se ha incluido en el comando **-HIPERVINCULO** a través de la opción **Insertar**.

SELECURL (selecciona todos los objetos que tengan algún URL enlazado): continúa funcionando en AutoCAD 2000, pero se ha incluido en la opción **Hipervínculo** del cuadro de diálogo **Selección rápida**.

LISTURL (lista los URL incrustados en el dibujo): eliminado de AutoCAD 2000. En su lugar, utilice la opción **Hipervínculo** del cuadro de diálogo **Propiedades**.

DESENLAZARURL (elimina el URL de un objeto): continua funcionando en AutoCAD 2000, pero se ha incluido en la opción **Suprimir** del comando **-HIPERVINCULO**.

SALVADWF (exporta el dibujo y los URL incrustados como un archivo DWF): continúa funcionando en AutoCAD 2000, pero se ha incluido mediante el trazador **ePlot** del cuadro de diálogo **Imprimir**.

DWFOUTD (exporta un dibujo en formato DWF sin cuadro de diálogo): eliminado de AutoCAD 2000. En su lugar, utilice el trazador **ePlot** del comando **-TRAZADOR**.

INETCFG (configura AutoCAD para el acceso a Internet): eliminado de AutoCAD 2000. Se ha sustituido por la aplicación **Opciones de Internet** del panel de control de Windows (acceda a la ficha **Conexiones**).

INSERTARURL (inserta en el dibujo un bloque desde Internet): ejecuta automáticamente el comando **INSERT** y muestra el cuadro de diálogo **Insertar**. Puede indicar un URL como nombre del bloque.

ABREURL (abre un dibujo desde Internet): ejecuta automáticamente el comando **ABRE** y muestra el cuadro de diálogo **Seleccionar archivo**. Puede indicar un URL como nombre de archivo.

GUARDARURL (guarda el dibujo en Internet): ejecuta automáticamente el comando **GUARDAR** y muestra el cuadro de diálogo **Guardar dibujo como**. Puede indicar un URL como nombre de archivo.

Seguramente ya esté familiarizado con las formas más conocidas de utilizar Internet: email (correo electrónico) y la Web (World Wide Web). El correo electrónico permite que los usuarios intercambien mensajes y datos con un coste muy bajo. La Web ofrece en un solo bloque texto, gráficos, audio y vídeo en un formato de fácil utilización. Otras posibilidades de Internet incluyen FTP (protocolo de transferencia de archivos) para transferir archivos sin ningún esfuerzo, Gopher (presenta los datos en un formato estructurado similar a las carpetas) y USENET (una colección de más de 10000 grupos de noticias).

AutoCAD permite trabajar con Internet de varias formas. El comando **EXAMINAR** puede abrir un explorador Web desde AutoCAD. El comando **HIPERVINCULO** permite insertar hipervínculos en los dibujos, lo que facilita la vinculación del dibujo con otros documentos del ordenador o de Internet. El comando **TRAZADOR** incluye un trazador ePlot. Con la opción ePlot (palabra inglesa que viene a significar "trazado electrónico"), AutoCAD crea archivos DWF (Formato Web de dibujo) para la visualización de dibujos en páginas Web con formato 2D. AutoCAD puede abrir, insertar y guardar dibujos en y desde Internet por medio de los comandos **ABRE**, **INSERT** y **GUARDARCOMO**.

Conceptos de los URL

El localizador uniforme de recursos, conocido como URL, es el sistema para dar nombre a los archivos en Internet. El sistema URL permite localizar cualquier recurso (un archivo) en Internet. Como ejemplo de recursos podemos nombrar archivos de texto, páginas Web, archivos de programa y clips de audio o vídeo (es decir, cualquier cosa que pueda encontrarse también en el ordenador local). La diferencia fundamental es que dichos recursos se hallan en un ordenador diferente al del usuario. Un URL típico tiene el aspecto indicado en los siguientes ejemplos:

URL de ejemplo	**Significado**
http://www.autodesk.com	Sitio Web principal de Autodesk.
news://adesknews.com	Servidor de noticias de Autodesk.
ftp://ftp.autodesk.com	Servidor FTP de Autodesk.

Observe que el prefijo http:// no es necesario. La mayoría de los exploradores Web actuales lo añaden automáticamente como prefijo, lo que permite ahorrar unas cuantas teclas.

Los URL pueden acceder a diferentes tipos de recursos (como sitios Web, email, grupos de noticias), si bien siempre utilizan el mismo formato general:

esquema://locred

El esquema accede a un recurso concreto de Internet, entre los que se encuentran:

Esquema	**Significado**
file://	Situado en el disco duro del ordenador del usuario o en la red local.
ftp://	Protocolo de transferencia de archivos (utilizado para descargar archivos).
http://	Protocolo de transferencia de hipertexto (la base de los sitios Web).
mailto://	Correo electrónico (email).
news://	Noticias Usenet (grupos de noticias).
gopher://	Protocolo Gopher.

Los caracteres :// indican una dirección de red. Autodesk recomienda el siguiente formato para precisar los nombres de archivo de estilo URL con AutoCAD:

Recurso	**Formato URL**
Sitio Web	**http:**//*nombreservidor/nombreruta/nombrearchivo*
Sitio FTP	**ftp:**//*nombreservidor/nombreruta/nombrearchivo*
Archivo local	**file:**//*unidad:/nombreruta/nombrearchivo*
o	*unidad:\nombreruta\nombrearchivo*
o	**file:**///*unidad|/nombreruta\nombrearchivo*
o	**file:**//*PClocal\nombreruta\nombrearchivo*
o	**file:**////*PClocal/nombreruta/nombrearchivo*
Archivo de red	**file:**//*hostlocal/unidad:/nombreruta/nombrearchivo*
o	\\hostlocal\unidad:*\nombreruta\nombrearchivo*
o	**file:**//*hostlocal/unidad|/nombreruta/nombrearchivo*

La terminología puede resultar confusa. Las siguientes definiciones pueden clarificar estos términos.

Término	**Significado**
Nombreservidor	El nombre o ubicación de un ordenador en Internet. Por ejemplo *www.autodesk.com.*
nombreruta	La ruta de carpetas para acceder al recurso.
unidad	La letra de la unidad, como por ejemplo C o D.
PClocal	Archivo situado en el ordenador del usuario.
hostlocal	El nombre del ordenador de red.

Si no está seguro del ordenador de red, utilice el Explorador de Windows para comprobar los nombres de los ordenadores de la red.

Apertura de un explorador Web

El comando **EXAMINAR** permite iniciar en explorador Web sin salir de AutoCAD. Entre los exploradores Web normalmente utilizados podemos encontrar Netscape Navigator y Microsoft Internet Explorer.

Por defecto, el comando **EXAMINAR** utiliza el explorador Web registrado en el sistema operativo Windows, cualquiera que sea éste. AutoCAD solicita el localizador uniforme de recursos

(URL), como por ejemplo *http://www.autodesk.com*. El comando **EXAMINAR** puede utilizarse para acceder automáticamente a Internet dentro de archivos de comandos, macros de barra de herramientas o de menú y en rutinas AutoLISP.

Comando: **EXAMINAR**
Indicar ubicación Web (URL) <C:\ARCHIVOS DE PROGRAMA\ACAD2000\Home.htm>:
Indique el URL.

El URL por defecto es un archivo HTML incluido en la carpeta Acad2000 durante la instalación de AutoCAD. Una vez indicado el URL y tras pulsar INTRO, AutoCAD abre el explorador Web y accede al sitio Web precisado. La figura 15.1 muestra el popular Netscape Navigator con el sitio Web de Autodesk en España, *http://www.autodesk.es*.

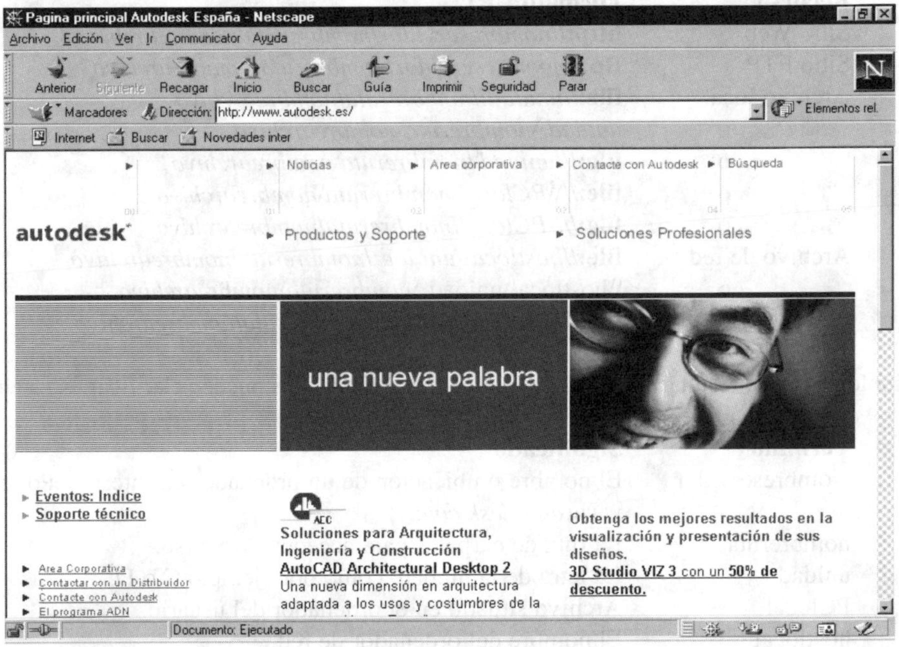

Figura 15.1. Netscape Navigator con el sitio Web de Autodesk en España.

Cambio del sitio Web predeterminado

Para cambiar la página Web predeterminada, aquella con la que se inicia el explorador desde AutoCAD, modifique la variable de sistema **INETLOCATION**. Esta variable almacena la URL utilizada por el comando **EXAMINAR** y por el cuadro de diálogo **Explorar la Web**. Realice el cambio tal como se indica a continuación:

Comando: **INETLOCATION**
Indique nuevo valor para INETLOCATION
<"C:\ARCHIVOS DE PROGRAMA\ACAD2000\Home.htm">: *Indique el nuevo URL.*

DIBUJOS EN INTERNET

Cuando un dibujo esté almacenado en Internet, podrá acceder a él desde AutoCAD por medio de los comandos estándar **ABRE**, **INSERT** y **GUARDAR**. (En la versión 14, estos comandos se conocían como **ABREURL**, **INSERTURL** y **GUARDARURL**.) En lugar de precisar la ubicación del archivo con el formato habitual de unidad-subcarpetas-archivo (como por ejemplo C:\acad14\nombrearchivo.dwg), utilice el formato URL. (Recuerde que URL es el sistema universal de nombrar a los archivos; Internet utiliza este sistema para acceder a cualquier archivo ubicado en cualquier ordenador conectado a Internet.)

Apertura de dibujos desde Internet

Para abrir un dibujo contenido en Internet (o en una Intranet), utilice el comando **ABRE** (**Archivo > Abrir**). Observe los tres botones que aparecen en la parte superior derecha del cuadro de diálogo **Seleccionar archivo** (figura 15.2).

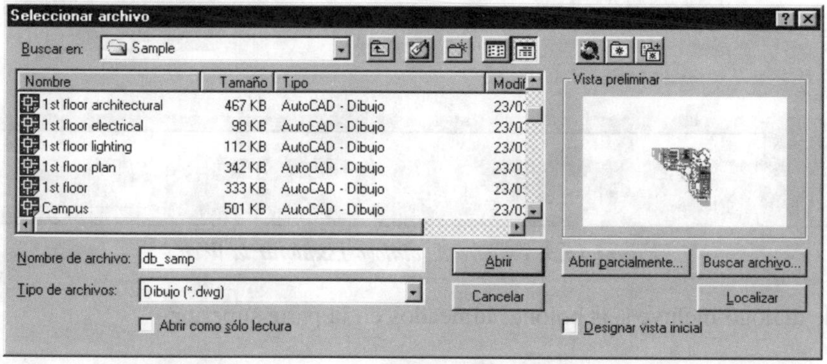

Figura 15.2. Cuadro de diálogo ***Seleccionar archivo.***

Dichos botones están especialmente dedicados a Internet. De izquierda a derecha, son:

Buscar en la Web. Muestra el cuadro de diálogo **Explorar la Web**, consistente en un explorador Web simplificado.

Buscar en Favoritos. Abre la carpeta **Favoritos**, donde se almacenan direcciones Web.

Añadir a Favoritos. Guarda el URL actual (hipervínculo) en la carpeta **Favoritos**.

Al hacer clic en el botón **Buscar en la Web**, AutoCAD abre el cuadro de diálogo **Abrir**, también conocido como **Explorar la Web** (en la figura 15.3). Este cuadro de diálogo es la versión simplificada de un explorador Web. Su misión es permitir examinar archivos en un sitio Web.

Por defecto, el cuadro de diálogo **Explorar la Web** muestra el contenido del URL almacenado en la variable de sistema **INETLOCATION**. Puede cambiar fácilmente este URL a cualquier otro sitio Web, tal como se ha mencionado anteriormente.

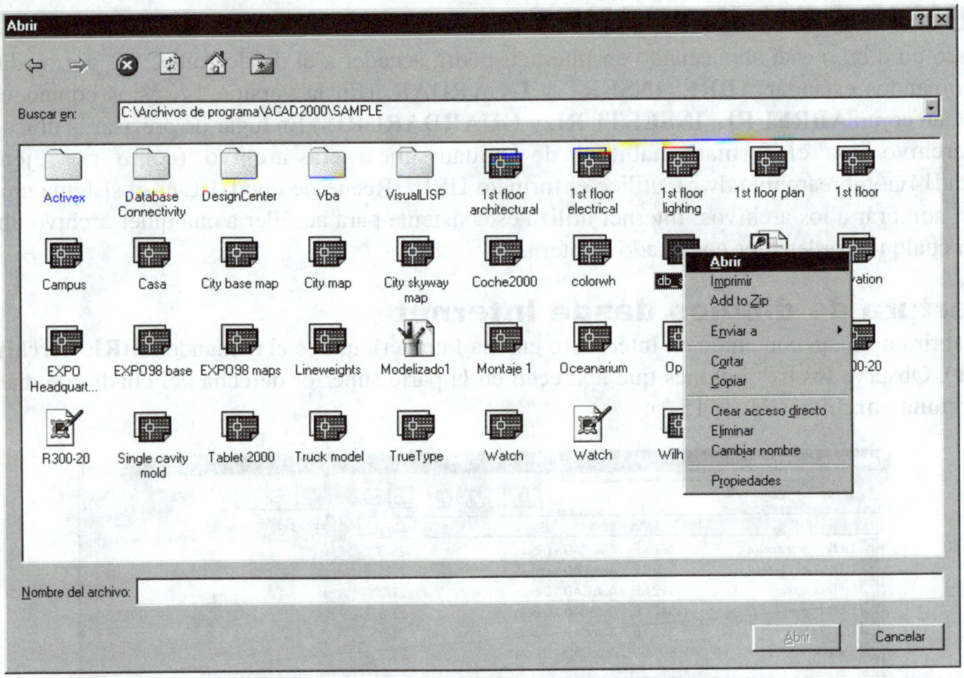

*Figura 15.3. Cuadro de diálogo **Explorar la Web**.*

El cuadro de diálogo incluye seis botones alineados en la parte superior:

Atrás. Retrocede al URL anterior.

Adelante. Avanza al siguiente URL.

Detener. Interrumpe la visualización de la página Web (útil cuando la conexión es lenta o la página es muy extensa).

Renovar. Vuelve a mostrar la página Web actual.

Inicio. Recupera la ubicación precisada en la variable de sistema **INETLOCATION**.

Favoritos. Muestra los URL (hipervínculos) o marcadores almacenados. Si ha utilizado anteriormente Internet Explorer, podrá encontrar aquí todos sus favoritos. Los favoritos están recogidos en la carpeta **Favoritos** de Windows.

El cuadro combinado **Buscar en** permite escribir el URL. Si lo prefiere, puede hacer clic en la flecha para seleccionar alguno de los destinos anteriores. Si ha guardado direcciones de sitios Web en la carpeta Favoritos, seleccione un URL en dicha lista.

Puede hacer doble clic sobre un nombre de archivo en la ventana o indicar un URL en el cuadro combinado **Buscar en**. La siguiente tabla ofrece plantillas con las que escribir el URL para abrir un archivo de dibujo:

Ubicación del dibujo	**Plantilla URL**
Sitio Web o HTTP	http:*//nombreservidor/nombreruta/nombrearchivo.dwg*
Sitio FTP	ftp:*//nombreservidor/nombreruta/nombrearchivo.dwg*
Archivo local	*unidad:\nombreruta\nombrearchivo.dwg*
Archivo de red	\\hostlocal\unidad:*\nombreruta\nombrearchivo.dwg*

Para abrir un dibujo desde Internet, probablemente tardará mucho más tiempo que si el archivo se encontrara en su ordenador. AutoCAD muestra un cuadro de diálogo para informar del progreso de transferencia del archivo (figura 15.4).

Figura 15.4. *Cuadro de diálogo* ***Descarga de archivo.***

Puede ser importante comprender que el comando **ABRE** no copia el archivo desde la ubicación de Internet directamente en AutoCAD. En su lugar, copia el archivo desde Internet en la carpeta designada como temporal (por ejemplo, C:\Windows\Temp) y, a continuación, AutoCAD carga el dibujo desde el disco duro. Este proceso acelera el procesado del dibujo, pues el archivo se encontrará ahora en el disco duro, mucho más rápido que el relativamente lento Internet.

Observe que los botones **Localizar** y **Buscar archivo** (en el cuadro de diálogo **Seleccionar archivo**) no permiten buscar archivos en Internet.

Ejemplo 1

En este ejemplo, abriremos un archivo de dibujo ubicado en un sitio Web.

1. Inicie AutoCAD.

2. Asegúrese de que dispone de una conexión activa a Internet. Si normalmente accede a Internet por medio de una conexión telefónica (un módem), marque el número correspondiente a su proveedor de servicios Internet.

3. Haga clic en el botón **Abrir** de la barra de herramientas **Estándar** o elija la opción **Abrir** del menú **Archivo**. AutoCAD mostrará el cuadro de diálogo **Seleccionar archivo**.

4. Haga clic en el botón **Buscar en la Web**. Aparecerá el cuadro de diálogo **Explorar la Web**.

5. En el cuadro combinado **Buscar en**, escriba:
practicewrench.autodeskpress.com
y pulse INTRO. Tras algunos segundos, el cuadro de diálogo **Explorar la Web** mostrará el sitio Web (figura 15.5).

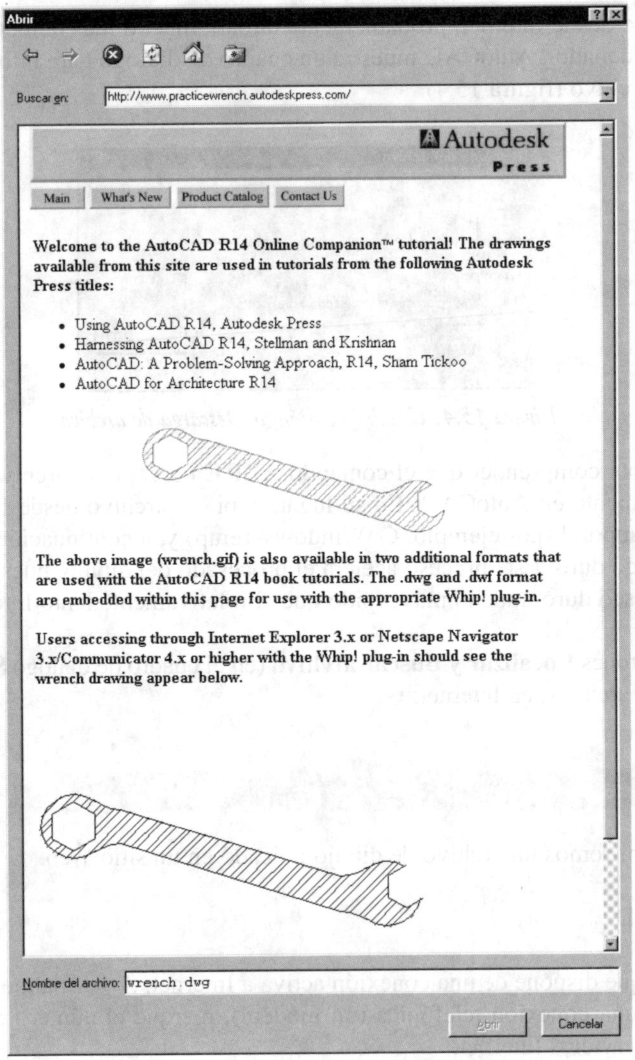

Figura 15.5. Sitio Web Practice Wrench.

6. En el cuadro de texto nombre de archivo, escriba:
wrench.dwg
y pulse INTRO. AutoCAD comenzará la transferencia del archivo. Según la velocidad de su conexión a Internet, este proceso llevará desde unos pocos segundos a medio minuto. Observe el dibujo de la llave mecánica en AutoCAD (figura 15.6).

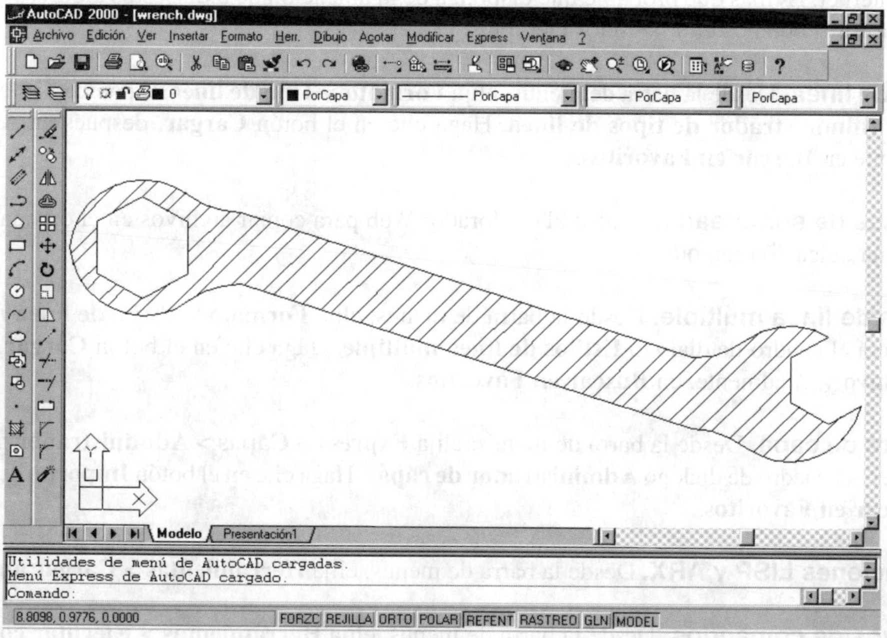

Figura 15.6. Dibujo de la llave mecánica en AutoCAD.

Inserción de un bloque desde Internet

Cuando un bloque (símbolo) está almacenado en Internet, puede acceder a él desde AutoCAD utilizando el comando **INSERT**. Aparecerá el cuadro de diálogo **Insertar**. Haga clic en el botón **Examinar** para mostrar el cuadro de diálogo **Seleccionar archivo de dibujo**. Este cuadro es idéntico al mencionado anteriormente.

Una vez seleccionado el archivo a través del botón **Buscar en la Web**, AutoCAD descargará el archivo y continuará con las solicitudes habituales del comando **INSERT**.

El proceso es idéntico al acceso a archivos de referencia externa (refx) y de imagen de trama. Entre otros archivos a los que AutoCAD puede acceder a través de Internet encontramos: 3D Studio, SAT (modelado sólido ACIS), DXB (intercambio binario de dibujos), WMF (metarchivo de Windows) y EPS (PostScript encapsulado). Todas estas opciones se encuentran en el menú **Insertar** de la barra de menús.

Acceso a otros archivos en Internet

Los restantes cuadros de diálogo relacionados con archivos permiten, en su mayoría, acceder a archivos de Internet o de una Intranet. Esto hace posible disponer de una ubicación centralizada en la que una empresa o agencia puede almacenar todos los estándares de dibujo. Cuando necesite utilizar un tipo de línea o un patrón de sombreado, por ejemplo, podrá acceder al archivo LIN o PAT desde Internet. Es más que probable que disponga de la ubicación de todos estos archivos en la lista de Favoritos. Podemos citar algunos ejemplos:

Tipos de línea. Desde la barra de menús, elija **Formato > Tipo de línea**. Aparecerá el cuadro de diálogo **Administrador de tipos de línea**. Haga clic en el botón **Cargar**, después en **Archivo** y finalmente en **Buscar en Favoritos**.

Patrones de sombreado. Utilice el explorador Web para copiar archivos en el ordenador .PAT desde una ubicación remota.

Estilos de línea múltiple. Desde la barra de menús, elija **Formato > Estilo de línea múltiple**. Aparecerá el cuadro de diálogo **Estilos de línea múltiple**. Haga clic en el botón **Cargar**, después en **Archivo** y, finalmente, en **Buscar en Favoritos**.

Nombre de capa. Desde la barra de menús, elija **Express > Capas > Administrador de capas**. Aparecerá el cuadro de diálogo **Administrador de capas**. Haga clic en el botón **Importar** y, después, en **Buscar en Favoritos**.

Aplicaciones LISP y ARX. Desde la barra de menús, elija **Herramientas > Cargar aplicación**.

Archivos de comandos. Desde la barra de menús, elija **Herramientas > Ejecutar comandos**.

Menús. Desde la barra de menús, elija **Herramientas > Personalizar menús**. Aparecerá el cuadro de diálogo **Personalización de menús**. Haga clic en el botón **Examinar** y, después, en **Buscar en Favoritos**.

Imágenes. Desde la barra de menús, elija **Herramientas > Visualizar imagen > Ver**.

No es posible acceder desde Internet a archivos de texto, tipos de letra (SHX y TTF), configuraciones de color, grosores de línea, estilos de cota, estilos de trazado, objetos OLE o SCP guardados.

Guardado del dibujo en Internet

Una vez concluida la edición de un dibujo en AutoCAD, puede guardarlo en un servidor de archivos de Internet por medio del comando **GUARDAR**. Si insertó el dibujo desde Internet (con el comando **INSERT**) en el dibujo por defecto, AutoCAD insistirá en que guarde primero el dibujo en el disco duro de su ordenador.

Cuando en el URL precisado ya existe un dibujo con el mismo nombre, AutoCAD advierte de este hecho, igual que lo hace al utilizar el comando **GUARDARCOMO**. Recuerde, como ya se explicó para el comando **ABRE**, que AutoCAD utiliza la carpeta temporal del sistema de su ordenador; de aquí la referencia a ella en el cuadro de diálogo.

UTILIZACIÓN DE HIPERVÍNCULOS CON AUTOCAD*

Los URL también se conocen como hipervínculos, término que utilizaremos a partir de este momento. AutoCAD 2000 permite utilizar hipervínculos de dos formas:

1. Directamente desde el dibujo de AutoCAD.
2. Indirectamente mediante archivos DWF mostrados en un explorador Web.

Los comandos **HIPERVINCULO** (muestra un cuadro de diálogo) e **-HIPERVINCULO** (ofrece solicitudes en la línea de comando) permiten crear, editar y suprimir hipervínculos. El comando **HIPERVINCULO** (**Insertar > Hipervínculo**) solicita en primer lugar que designe objetos y, a continuación, muestra el cuadro de diálogo **Insertar hipervínculo** (figura 15.7). Como método abreviado para abrir este cuadro de diálogo, puede pulsar CONTROL-K o hacer clic en el botón **Insertar hipervínculo** de la barra de herramientas **Estándar**.

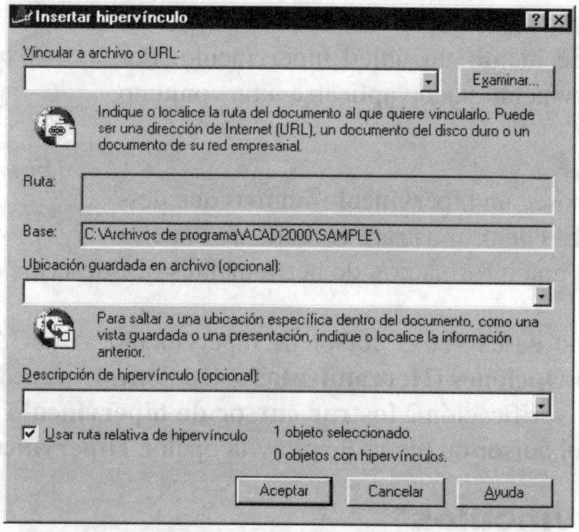

Figura 15.7. *Cuadro de diálogo* ***Insertar hipervínculo.***

Comando: **-HIPERVINCULO**
Indique una opción [Suprimir/Insertar] <Insertar>: Intro
Indique opción de inserción de hipervínculo [áRea/Objeto] <Objeto>: Intro
Designe objetos: *Designe un objeto.*
1 encontrados Designe objetos: Intro
Indique el hipervínculo <dibujo actual>: *Indique el nombre del documento o sitio Web.*
Indique la ubicación guardada <ninguna>: *Indique el nombre del marcador o vista de AutoCAD.*
Indique la descripción <ninguna>: *Indique una descripción para el hipervínculo.*

Observe que el comando también permite suprimir un hipervínculo. Sin embargo, no permite editar hipervínculos. En su lugar, elija la opción **Insertar** y vuelva a indicar los datos del hipervínculo.

Así mismo, este comando permite crear *áreas* de hipervínculo; es decir, un área rectangular que puede recordarse como un hipervínculo 2D (el comando **HIPERVINCULO**, basado en un cuadro de diálogo, no permite crear áreas de hipervínculo). Al seleccionar la opción **áRea**, el rectángulo se sitúa automáticamente en la capa URLLAYER, de color rojo (figura 15.8).

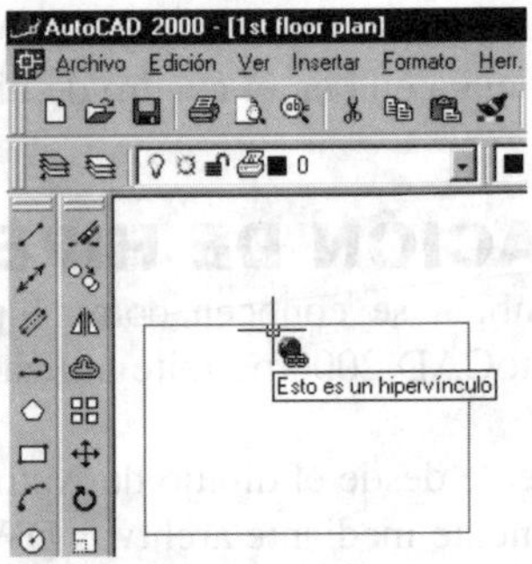

Figura 15.8. *Área rectangular de hipervínculo.*

En las siguientes secciones aprenderá cómo aplicar y utilizar hipervínculos en un dibujo de AutoCAD y en un explorador Web a través del comando **HIPERVINCULO.**

Hipervínculos dentro de AutoCAD*

AutoCAD permite añadir un hipervínculo a cualquier objeto del dibujo. Cada objeto puede incluir un único hipervínculo. Por otro lado, un mismo hipervínculo puede aplicarse a un conjunto de selección de objetos.

Figura 15.9. *El cursor revela la existencia de un hipervínculo.*

Puede saber si un objeto posee un hipervínculo sin más que desplazar el cursor sobre él. El cursor mostrará el icono de la tierra con una cadena, así como una información de herramientas que describe el vínculo (figura 15.9).

Si, por cualquier razón, no desea ver el cursor de hipervínculo, AutoCAD permite desactivarlo. Abra el cuadro de diálogo **Opciones** (**Herramientas > Opciones**) y acceda a la ficha **Preferencias de usuario**. La casilla de verificación **Mostrar cursor de hipervínculo y menú contextual** permite activar o desactivar el cursor de hipervínculo y la opción **Hipervínculo** del menú contextual.

Enlace de hipervínculos*

Veamos cómo trabaja el enlace de hipervínculos por medio de un ejemplo.

Ejemplo 2

En este ejemplo disponemos del dibujo en planta de una casa. Añadiremos hipervínculos a otros dibujos de AutoCAD, a un documento de Word y a un sitio Web. Los hipervínculos deben enlazarse a objetos. Por este motivo insertaremos algún texto en el dibujo y enlazaremos los hipervínculos al texto.

1. Inicie AutoCAD 2000.

Figura 15.10. *Texto creado en el dibujo.*

2. Abra el dibujo **1st floor plan.dwg**, situado en la carpeta **Sample** de AutoCAD 2000. (Si fuera necesario, seleccione la ficha Modelo para mostrar el dibujo en espacio modelo.)

3. Ejecute el comando **TEXTO** y coloque el siguiente texto en el dibujo (figura 15.10):

   Comando: **TEXTO**
   Estilo de texto actual: "Standard" Altura de texto: 0.2000
   Precise punto inicial de texto o [jUstificar/Estilo]: *Precise un punto del dibujo.*
   Precise altura <0.2000>: **2**
   Precise ángulo de rotación de texto <0>: [Intro]
   Escriba texto: **Plano de situación**
   Escriba texto: **Alumbrado**
   Escriba texto: **Reglamento eléctrico**
   Escriba texto: [Intro]

4. Designe el texto "Plano de situación" para seleccionarlo.

5. Haga clic en el botón **Insertar hipervínculo** de la barra de herramientas **Estándar**. Aparecerá el cuadro de diálogo **Insertar hipervínculo**.

6. Haga clic en el botón **Examinar**, a la izquierda del cuadro combinado **Vincular a archivo o URL**. Aparecerá el cuadro de diálogo **Explorar la Web - Seleccionar hipervínculo** (figura 15.11).

*Figura 15.11. Cuadro de diálogo **Explorar la Web - Seleccionar hipervínculo**.*

7. Acceda a la carpeta **Sample** y seleccione el archivo **City base map.dwg**. Haga clic en **Abrir**. AutoCAD no abre el dibujo, sino que indica su nombre en el cuadro de diálogo **Insertar hipervínculo** (figura 15.12). Observe que en el cuadro combinado **Vincular a archivo o URL** aparece el nombre del dibujo seleccionado.

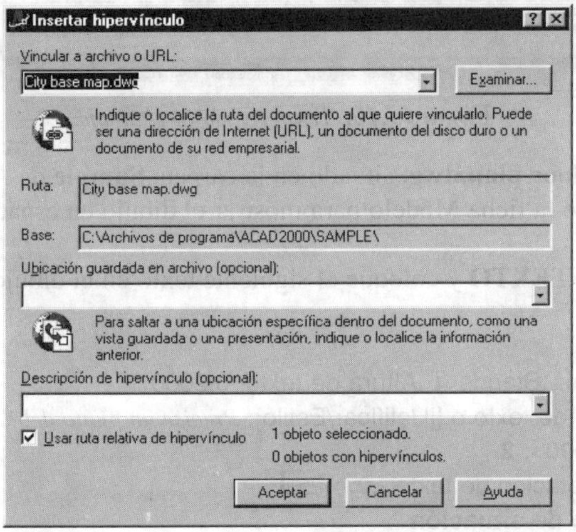

*Figura 15.12. Cuadro de diálogo **Insertar hipervínculo**.*

Puede rellenar otros dos campos en este cuadro de diálogo:

Ubicación guardada en archivo. Cuando el archivo vinculado está abierto, accede a una determinada ubicación, llamada "marcador". En AutoCAD, el marcador es una vista guardada (creada con el comando **VISTA**).

Descripción de hipervínculo. Puede indicar una descripción para el hipervínculo. La información de herramientas mostrará dicha descripción. Si deja esta opción en blanco, la información de herramientas mostrará el URL.

8. Haga clic en **Aceptar** para cerrar el cuadro de diálogo. Desplace el cursor sobre el texto "Plano de situación". Podrá apreciar que aparece el icono de hipervínculo; un momento después, la información de herramientas indicará "City base map.dwg" (figura 15.13).

Figura 15.13. *El cursor y la información de herramientas de hipervínculo.*

9. Repita el comando **HIPERVINCULO** dos veces más para enlazar los siguientes archivos al texto indicado:

Texto	**URL**
Alumbrado	license.rtf (situado en la carpeta de AutoCAD 2000)
Reglamento eléctrico	home.htm (también situado en la carpeta de AutoCAD 2000)

En este punto, habrá conseguido enlazar un dibujo, un documento de texto y un documento Web a objetos del dibujo. Vamos a probar los hipervínculos.

10. Designe el objeto de texto "Plano de situación" para seleccionarlo. Haga clic con el botón derecho y elija **Hipervínculo > Abrir "City base map.dwg"** (figura 15.14).

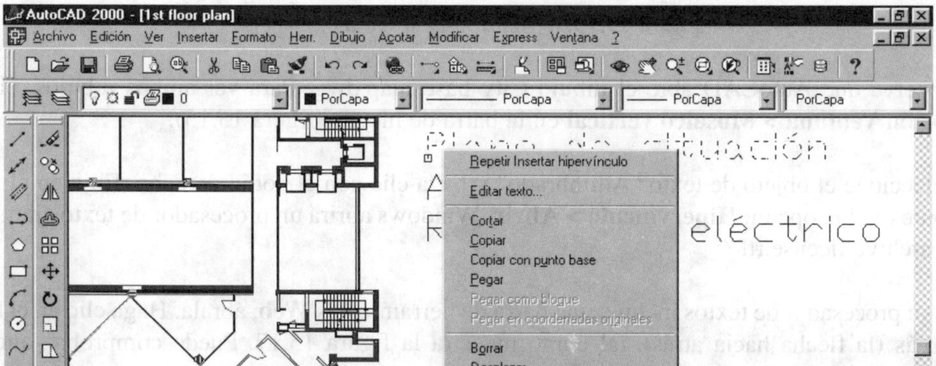

Figura 15.14. *Selección de un hipervínculo desde el menú contextual.*

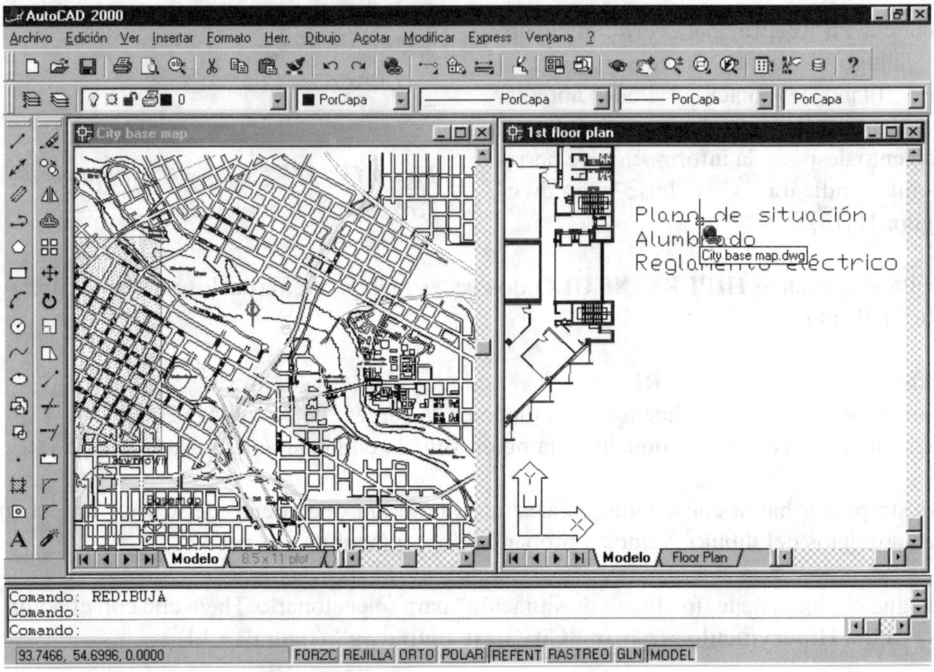

Figura 15.15. Visualización de los dos dibujos.

Observe que AutoCAD abre el dibujo City base map.dwg. Para ver ambos dibujos, elija la opción **Ventana > Mosaico vertical** en la barra de menús (figura 15.15).

11. Seleccione el objeto de texto "Alumbrado" y haga clic con el botón derecho. Elija en el menú contextual la opción **Hipervínculo > Abrir**. Windows abrirá un procesador de textos junto con el archivo license.rtf.

12. Si su procesador de textos incluye una barra de herramientas **Web**, ábrala. Haga clic en el botón **Atrás** (la flecha hacia atrás), tal como muestra la figura 15.17. Puede comprobar que esta acción le hará regresar de nuevo a AutoCAD.

13. Seleccione el objeto de texto "Reglamento eléctrico" y haga clic con el botón derecho. Elija **Hipervínculo > Abrir**. Windows abrirá un explorador Web y cargará el archivo home.htm (figura 15.18).

14. De vuelta en AutoCAD, haga clic con el botón derecho sobre cualquier barra de herramientas y elija **Web**.

    La barra de herramientas **Web** (figura 15. 16) incluye cuatro botones, que de izquierda a derecha son:

Figura 15. 16. Barra de herramientas Web de AutoCAD.

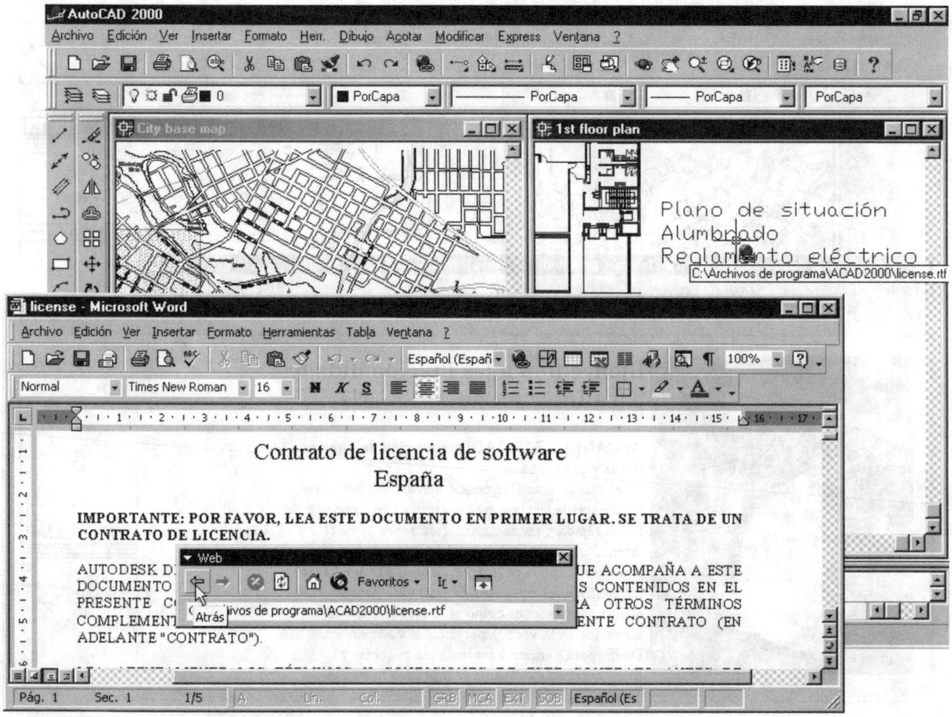

Figura 15.17. Visualización de un documento de Word.

Botón	Comando	Función
Atrás	**HVATRAS**	Retrocede al hipervínculo anterior.
Siguiente	**HVADELANTE**	Avanza al siguiente hipervínculo.
Interrumpir	**HVSTOP**	Detiene la acción de acceso al hipervínculo.
Explorar la Web	**EXAMINAR**	Abre el explorador Web.

15. Pruebe el funcionamiento de los botones Atrás y Siguiente. Puede comprobar que estos botones permiten navegar entre los dos dibujos, el documento RTF y la página Web.

Mientras trabaje con hipervínculos en AutoCAD, quizá se tope con las siguientes limitaciones:

- AutoCAD no comprueba que el URL indicado sea válido.
- Si enlaza un hipervínculo a un bloque, tenga presente que los datos del hipervínculo se pierden al escalar el bloque desigualmente, al estirarlo o al descomponerlo.
- Las polilíneas con grosor y las áreas rectangulares de hipervínculo sólo son "sensibles" en su contorno.

Figura 15.18. Visualización de un sitio Web.

Pegado como hipervínculo*

AutoCAD 2000 incorpora un método abreviado para crear hipervínculos en un dibujo. El comando no documentado **PASTEASHYPERLINK** pega cualquier texto contenido en el Portapapeles de Windows como un hipervínculo en cualquier objeto del dibujo. Funciona de la siguiente forma:

1. Seleccione algún texto en un procesador de textos y cópielo en el Portapapeles (pulsando CONTROL-C o eligiendo **Edición > Copiar**). El texto puede ser un URL (como por ejemplo *http://www.autodesk.com*) o cualquier otro texto.

2. Cambie a AutoCAD y elija **Edición > Pegar como hipervínculo** desde la barra de menús. Esta opción aparecerá atenuada si el contenido del Portapapeles es cualquier otra cosa, como una imagen.

3. Seleccione uno o más objetos, tal como se indica a continuación:

   Comando: **PASTEASHYPERLINK**
   Designe objetos: *Designe un objeto.*
   1 encontrados Designe objetos: Intro

4. Desplace el cursor por encima del objeto y observe que aparece el icono y la información de herramientas de hipervínculo. La información de herramientas muestra el mismo texto que copió del documento.

Si el texto copiado desde el Portapapeles es demasiado largo, AutoCAD sólo mostrará porciones del mismo en la información de herramientas, mostrando puntos suspensivos (...) para acortar el texto. No es posible seleccionar texto en un dibujo de AutoCAD para pegarlo como un hipervínculo.

Sin embargo, es posible copiar el hipervínculo de un objeto a otro. Seleccione el objeto, haga clic con el botón derecho y elija **Hipervínculo > Copiar hipervínculo** en el menú contextual. El hipervínculo pasará al Portapapeles. A continuación podrá pegar el hipervínculo en otro documento o utilizar la opción **Edición > Pegar como hipervínculo** para enlazarlo a otro objeto del dibujo.

Nota

El comando IGUALARPROP no funciona con hipervínculos.

Resalte de objetos con hipervínculos*

Aun cuando es posible ver el rectángulo de los URL de área, los hipervínculos son de por sí invisibles. Por este motivo AutoCAD ofrece el comando **SELECR**, el cual resalta todos los objetos que cumplan determinadas características. Desde la barra de menús, elija **Herramientas > Selección rápida**. AutoCAD mostrará el cuadro de diálogo **Selección rápida** (figura 15.19).

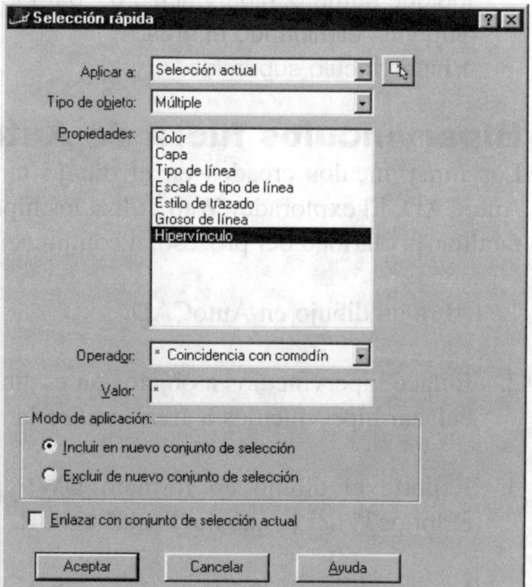

Figura 15.19. *Cuadro de diálogo* ***Selección rápida.***

Indique los siguientes valores en cada campo:

Aplicar a	**Todo el dibujo**
Tipo de objeto	**Múltiple**
Propiedades	**Hipervínculo**
Operador	*** Coincidencia con comodín**
Valor	*****

Haga clic en **Aceptar** y AutoCAD resaltará todos los objetos que dispongan de un hipervínculo. Según el sistema de visualización configurado en su ordenador, AutoCAD resaltará los objetos mediante líneas de trazos o mediante otro color.

Edición de hipervínculos*

Una vez conocida la ubicación de los objetos con hipervínculos, puede utilizar el comando **HIPERVINCULO** para editar los hipervínculos y los datos relacionados. Seleccione el objeto y ejecute el comando **HIPERVINCULO**. Aparecerá el cuadro de diálogo **Editar hipervínculo** (idéntico al cuadro de diálogo **Insertar hipervínculo**). Realice los cambios oportunos y haga clic en **Aceptar**.

Supresión de hipervínculos de objetos*

Para suprimir un URL de un objeto, utilice el comando **HIPERVINCULO** en dicho objeto. Cuando aparezca el cuadro de diálogo **Editar hipervínculo**, haga clic en el botón **Suprimir vínculo**.

Para suprimir un hipervínculo de área rectangular, basta con utilizar el comando **BORRA**; designe el rectángulo y AutoCAD lo suprimirá. (A diferencia de lo que sucedía en la versión 14, AutoCAD no limpia la capa URLLAYER.)

Como alternativa, puede utilizar la opción **Suprimir** del comando **-HIPERVINCULO**. La secuencia de solicitudes es:

Comando: **-HIPERVINCULO**
Indique una opción [Suprimir/Insertar] <Insertar>: **S**
Designe objetos: **TODO**
1 encontrados Designe objetos: Intro
1. www.autodesk.com
2. www.autodeskpress.com
Indique número, hipervínculo o * para todo: **1**
Suprimir, eliminando el área.
1 hipervínculo suprimido.

Hipervínculos fuera de AutoCAD*

Los hipervínculos creados en el dibujo también están disponibles para su uso desde fuera de AutoCAD. El explorador Web utiliza los hipervínculos al exportar el dibujo en formato DWF. Para facilitar la claridad del proceso, a continuación se indican los pasos a seguir:

1. Abra un dibujo en AutoCAD.

2. Enlace hipervínculos a objetos en el dibujo por medio del comando **HIPERVINCULO**. Para enlazar hipervínculos a áreas, utilice la opción **áRea** del comando **-HIPERVINCULO**.

3. Exporte el dibujo en formato DWF por medio de la configuración de trazador "DWF ePlot.pc3" del comando **TRAZADOR**.

4. Copie el archivo DWF en el sitio Web.

5. Inicie el explorador Web con el comando **EXAMINAR**.

6. Vea el archivo DWF y haga clic sobre cualquier hipervínculo.

EL FORMATO WEB DE DIBUJO

A fin de mostrar los dibujos de AutoCAD en Internet, AutoCAD inventó un nuevo formato de archivo llamado formato Web de dibujo (DWF). El archivo DWF presenta algunas ventajas y algunos inconvenientes respecto a los archivos DWG. El archivo DWF está comprimido de forma que resulta tanto como ocho veces más pequeño que el archivo de dibujo DWG original; esto reduce el tiempo necesario para la transmisión por Internet, especialmente en el caso de conexiones lentas. El formato DWF resulta más seguro, pues no se muestra el dibujo original; otros usuarios no pueden manipular indebidamente el archivo DWG original.

Sin embargo, el formato DWF tiene algunas desventajas:

- Deberá realizar los pasos extra que supone la conversión del formato DWG al DWF.
- Los archivos DWF no pueden mostrar dibujos modelizados o sombreados.
- DWF es un formato de archivo 2D plano; por tanto, a pesar de que puede exportar una vista 3D, no conserva los datos 3D.
- AutoCAD no puede mostrar por sí mismo los archivos DWF.
- Los archivos DWF no pueden convertirse de nuevo en formato DWG sin utilizar software de conversión procedente de un tercer fabricante.
- Las versiones anteriores de DWF no manejaban objetos en espacio papel (versión 2.x y anteriores) o grosores de línea y ventanas gráficas no rectangulares (versión 3.x y anteriores).

Para ver un archivo DWF en Internet, el explorador Web necesita un módulo de conexión (una extensión de software que permite al explorador trabajar con una serie de formatos de archivo). Autodesk ofrece de forma gratuita el módulo de conexión DWF en español en el sitio Web *http://www.autodesk.com/whip/spanish*. No es mala idea comprobar periódicamente este sitio en busca de actualizaciones, que tienen lugar unas dos veces cada año.

Otras opciones de visualización DWF

Además de WHIP! con un explorador Web, AutoCAD proporciona otras dos opciones para visualizar archivos DWF. Ambos productos pueden descargarse gratuitamente en el sitio Web de Autodesk.

CADViewer Light está diseñado para ser un visor DWF que trabaja en todo sistema operativo y hardware, pues está escrito en Java. Siempre que su ordenador basado en Windows, Mac o Unix tenga aceso a Java (incluido con la mayoría de exploradores Web), podrá ver archivos DWF.

Volo View Express es un visor autónomo que muestra e imprime archivos DWG, DWF y DXF.

Creación de un archivo DWF*

Siga los pasos indicados a continuación para crear un archivo DWF desde AutoCAD 2000:

1. Inicie el comando **TRAZADOR** desde la solicitud de comando, con el botón **Imprimir** de la barra de herramientas **Estándar** o con la opción **Imprimir** del menú **Archivo**. AutoCAD abrirá el cuadro de diálogo **Imprimir** (figura 15.20).

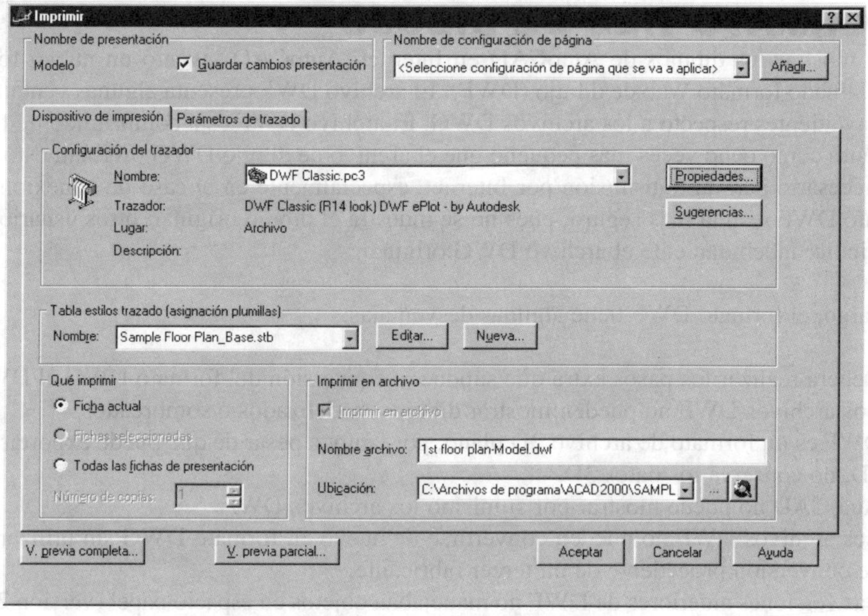

Figura 15.20. *Cuadro de diálogo* ***Imprimir****.*

2. En el cuadro de lista desplegable **Nombre** de la sección **Configuración del trazador** (ficha **Dispositivo de impresión**), seleccione **DWF ePlot.pc3**.

3. Haga clic en el botón **Propiedades**. Aparecerá el cuadro de diálogo **Editor de parámetros del trazador** (figura 15.21).

4. Seleccione la entrada **Propiedades personalizadas** de la vista en árbol. Observe el botón **Propiedades personalizadas** que aparecerá en la mitad inferior del cuadro de diálogo.

5. Haga clic en el botón **Propiedades personalizadas**. Aparecerá el cuadro de diálogo **Propiedades DWF** (figura 15.22).

   Este cuadro de diálogo incluye las siguientes opciones:

Resolución

A diferencia de los archivos DWG, que están basados en números reales, los archivos DWF utilizan números enteros. La precisión **Media** utiliza enteros de 16 bits, lo que resulta adecuado para guardar cualquier dibujo, excepto aquellos de mayor complejidad. La resolución **Alta** guarda el archivo DWF con enteros de 20 bits, mientras que la resolución **Extrema** utiliza enteros de 32 bits. La figura 15.23 muestra un primer plano de un dibujo exportado en formato DWF. La parte de la izquierda se ha guardado con resolución media y presenta algunas irregularidades en los arcos. La parte de la derecha se ha guardado con resolución extrema.

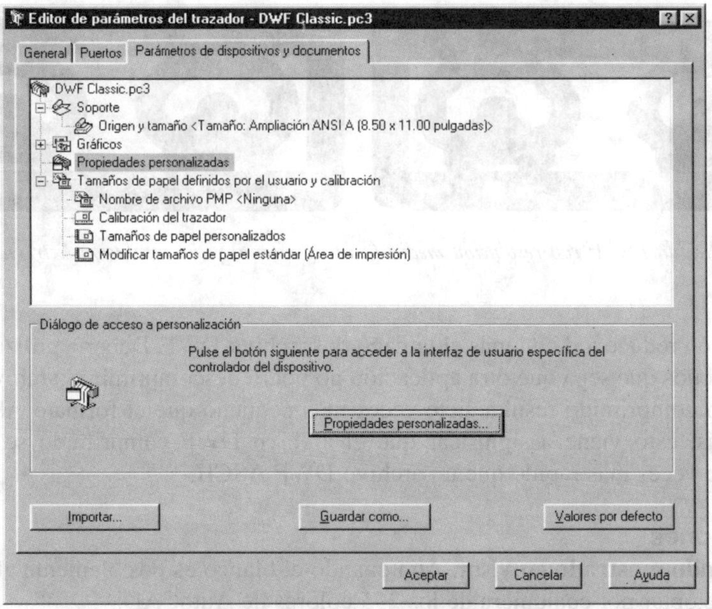

Figura 15.21. Cuadro de diálogo ***Editor de parámetros del trazador.***

Figura 15.22. Cuadro de diálogo ***Propiedades DWF.***

Más significativa resulta la diferencia entre el tamaño de los archivos. Por ejemplo, si creamos un archivo DWF a partir del dibujo "1st floor plan.dwg" (342KB), el archivo DWF de resolución media tiene un tamaño de 27KB, mientras que con resolución extrema su tamaño es de 1100KB (unas 40 veces mayor). Esto significa que el archivo DWF de resolución media se transmitirá por Internet 40 veces más rápido, lo que supone un significativo ahorro de tiempo.

Figura 15.23. Salida DWF con resolución media (a la izquierda) y con resolución extrema (a la derecha).

Formato

La compresión reduce todavía más el tamaño del archivo DWF. Debería utilizar siempre compresión, a menos que sepa que otra aplicación no podrá descomprimir el archivo DWF. El formato binario comprimido resulta siete veces más pequeño que el formato ASCII (7700KB). Una vez más, esto viene a significar que el archivo DWF comprimido se transmitirá por Internet siete veces más rápido que un archivo DWF ASCII.

Otras opciones

Color de fondo mostrado en visor. Aun cuando el blanco es posiblemente el mejor color de fondo, puede optar por cualquiera de los 255 colores de AutoCAD.

Incluir información de capas. Esta opción incluye las capas, lo que permite activarlas o desactivarlas por separado al mostrar el dibujo en el explorador Web.

Incluir información de escala y medida. Esta opción permite utilizar la opción **Ubicación** del módulo de extensión WHIP! del explorador Web para mostrar información de coordenadas.

Mostrar límites del papel. Incluye un contorno rectangular en la extensión del dibujo.

Convertir extensión de hipervínculo .DWG en .DWF. Incluye hipervínculos en el archivo DWF.

En la mayoría de los casos puede activar todas estas opciones.

7. Haga clic en **Aceptar** dos veces para regresar al cuadro de diálogo **Imprimir**.

8. En la sección **Imprimir en archivo**, acepte el nombre de archivo DWF mostrado en el cuadro de texto **Nombre de archivo** o indique un nombre nuevo. Si fuese necesario, cambie la ubicación en la que se guardará el archivo. Puede apreciar que esta sección incluye dos botones. Si hace clic en **[...]** aparecerá el cuadro de diálogo **Buscar carpeta**. El segundo botón abre el explorador Web propio de AutoCAD, una versión simplificada del de Microsoft.

9. Haga clic en **Aceptar** para guardar el dibujo en formato DWF.

Visualización de archivos DWF

Para ver un archivo DWF necesitará utilizar un explorador Web con un módulo de conexión especial que permite al explorador interpretar correctamente el archivo. (Recuerde: no es posible ver archivos DWF con AutoCAD.) Autodesk ha dado en llamar WHIP! a su módulo de conexión DWF.

Autodesk actualiza el módulo de conexión DWF aproximadamente dos veces al año. Cada actualización incluye algunas funciones nuevas. En resumen, todas las versiones de WHIP! presentan las siguientes características:

- Muestra desde un explorador los archivos DWF creados por AutoCAD.
- Al hacer clic con el botón derecho sobre la imagen DWF aparece un menú contextual con varias opciones.
- El zoom y el encuadre en tiempo real permiten cambiar la vista del archivo DWF tan rápido como en un archivo de dibujo con AutoCAD.
- Los hipervínculos incrustados permiten mostrar otros documentos y archivos.
- La compresión de archivo se traduce en que el archivo DWF aparece en el explorador Web mucho más rápido de lo que lo haría el archivo DWG equivalente.
- Imprime el archivo DWF por separado o junto con toda la página Web.
- Funciona con Netscape Navigator o con Microsoft Internet Explorer. Según cuál de los dos exploradores utilice, deberá utilizar un módulo de conexión u otro.
- Permite "arrastrar y colocar" un archivo DWG desde un sitio Web hasta AutoCAD como un nuevo dibujo o como un bloque.
- Muestra una vista guardada almacenada en el archivo DWF.
- Puede precisar una vista utilizando coordenadas XY.
- Activa o desactiva capas.

Si no sabe si el módulo de conexión DWF está instalado en Netscape Navigator, elija **Ayuda > Acerca de los Conectores** en la barra de menús del explorador. Quizá deba desplazarse a través de la lista de los módulos de conexión instalados hasta encontrar algo parecido a lo mostrado en la figura 15.24.

Si el módulo de conexión no está instalado o si se trata de una versión vieja, deberá descargarlo desde el sitio Web de Autodesk:

http://www.autodesk.com/whip

Para los usuarios de Netscape, el archivo es bastante extenso, 3.5MB. El archivo descargado del sitio Web de Autodesk es un archivo de autoinstalación (tiene extensión .JAR) o un archivo de instalación con autoextracción, con un nombre del tipo Whip4.exe. Una vez completada la descarga, siga las instrucciones en pantalla.

Para los usuarios de Internet Explorer, el módulo de conexión DWF es un control ActiveX que se instala automáticamente en Explorer al instalar AutoCAD 2000.

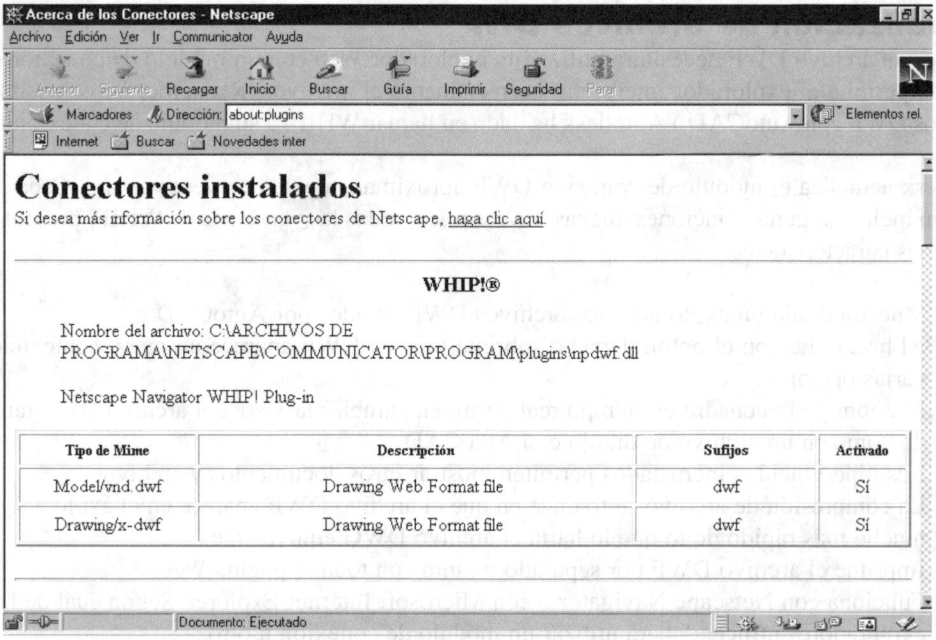

Figura 15.24. Comprobación del estado de los módulos de conexión del explorador.

Opciones del módulo de conexión DWF

Desplace el cursor sobre la imagen DWF y pulse el botón derecho del ratón para acceder a las opciones del módulo de conexión DWF. Aparecerá un menú contextual con opciones tales como **Encuadre**, **Zoom** y **Vistas con nombre** (figura 15.25).

Encuadre es la opción predeterminada. Mantenga pulsado el botón izquierdo y arrastre el ratón. El cursor tomará la forma de una mano abierta, lo que significa que puede encuadrar la vista del dibujo. Esta opción coincide exactamente con el encuadre en tiempo real de AutoCAD. Obviamente, el encuadre no funciona con el modo de vista completa, sino tras ampliar el dibujo con el zoom.

Zoom coincide con el comando **ZOOM** de AutoCAD. El cursor tomará la forma de una lupa. Mantenga pulsado el botón izquierdo del ratón y arrastre el cursor hacia arriba (para ampliar) o hacia abajo (para reducir).

Zoom rectángulo coincide con la opción **Ventana** del comando **ZOOM** en AutoCAD. El cursor cambia a un signo más. Haga clic con el botón izquierdo del ratón en una esquina y sin soltar arrastre la esquina opuesta del rectángulo para precisar el tamaño de la nueva vista.

Ajustar a ventana coincide con la opción **Extensión** del comando **ZOOM** en AutoCAD. Podrá ver el dibujo completo.

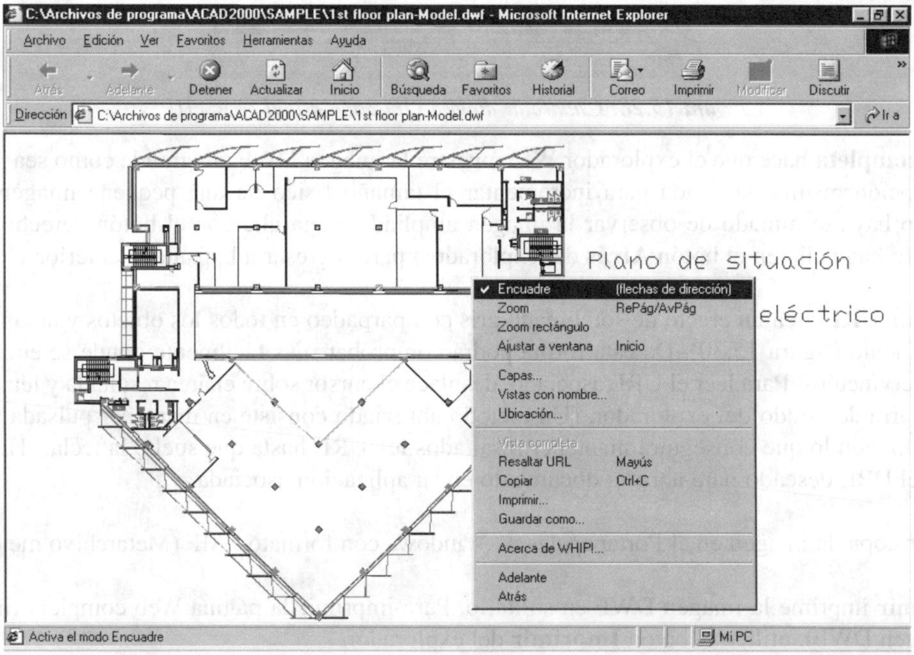

Figura 15.25. Menú contextual de WHIP!

Capas muestra un cuadro de diálogo no modal (figura 15.26) con una lista de todas las capas existentes en el dibujo. (Un cuadro de diálogo no modal, a diferencia de los cuadros de diálogo modales de AutoCAD, permite continuar el trabajo sin necesidad de cerrarlo previamente.) Haga clic sobre un nombre de capa para cambiar su visibilidad entre activada (icono de una bombilla encendida) o desactivada (icono de una bombilla apagada).

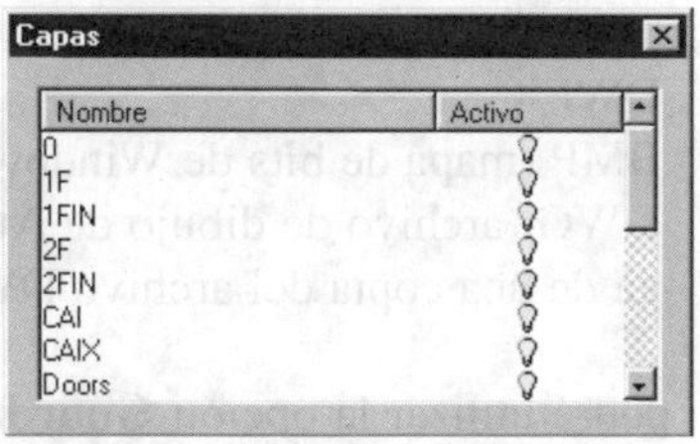

Figura 15.26. Cuadro de diálogo ***Capas*** *de WHIP!*

Vistas con nombre sólo funciona si el archivo de dibujo DWG original contiene vistas guardadas, creadas con el comando **VISTA**. Si elige **Vistas con nombre**, aparecerá un cuadro de diálogo no modal con el que podrá seleccionar una vista guardada (figura 15.27). Haga clic en el nombre de una vista guardada para seleccionarla y mostrarla en el explorador; haga clic en el botón **Cerrar** situado en la esquina superior derecha para ocultar el cuadro de diálogo.

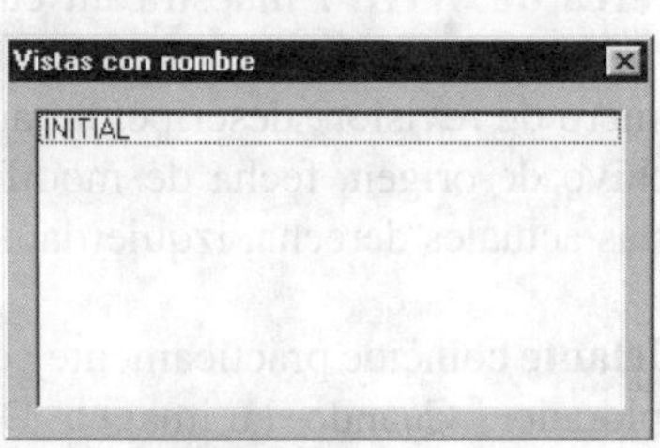

Figura 15.27. Cuadro de diálogo ***Vistas con nombre*** *de WHIP!*

Ubicación muestra un cuadro de diálogo no modal que muestra las coordenadas XYZ de la ubicación del cursor (figura 15.28). Como los archivos DWF son sólo 2D, la coordenada Z será siempre 0.

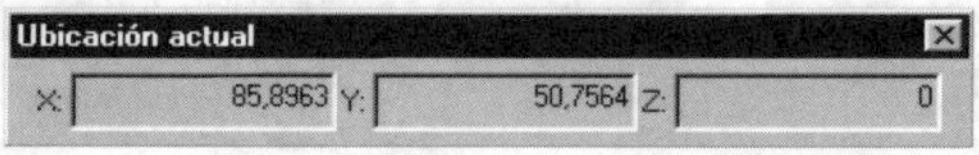

*Figura 15.28. Cuadro de diálogo **Ubicación actual** de WHIP!*

Vista completa hace que el explorador Web muestre la imagen DWF tan grande como sea posible. Esta opción resulta adecuada para incrementar el tamaño físico de una pequeña imagen DWF. Cuando haya terminado de observar la imagen ampliada, haga clic con el botón derecho y elija **Atrás** (o haga clic en el botón **Atrás** del explorador) para regresar a la pantalla anterior.

Resaltar URL crea un efecto de sombreado gris con parpadeo en todos los objetos y áreas con un hipervínculo (figura 15.30). De esta forma podrá comprobar más fácilmente dónde se encuentran los hipervínculos. Para leer el URL asociado, desplace el cursor sobre el área resaltada y lea el URL en la barra de estado del explorador. (Un método abreviado consiste en mantener pulsada la tecla MAYÚS, con lo que conseguirá mantener resaltados los URL hasta que suelte la tecla.) Haga clic sobre el URL deseado para abrir el documento en su aplicación asociada.

Copiar copia la imagen en el Portapapeles de Windows con formato EMF (Metarchivo mejorado).

Imprimir imprime la imagen DWF en solitario. Para imprimir la página Web completa (incluida la imagen DWF), utilice el botón **Imprimir** del explorador.

Guardar como guarda el archivo DWF en el disco duro, pudiendo elegir entre tres formatos:

DWF
BMP (mapa de bits de Windows)
DWG (archivo de dibujo de AutoCAD). Esta opción sólo estará disponible cuando se disponga de una copia del archivo DWG en la misma subcarpeta del archivo DWF.

No podrá utilizar la opción **Guardar como** mientras el archivo DWF no se haya trasmitido completamente a su ordenador.

Acerca de WHIP! muestra un cuadro de diálogo (figura 15.29) con información referente al archivo DWF, incluido número de revisión, descripción, autor, creador, nombre de archivo de origen, fecha de modificación del origen y las vistas actuales derecha, izquierda, inferior y superior.

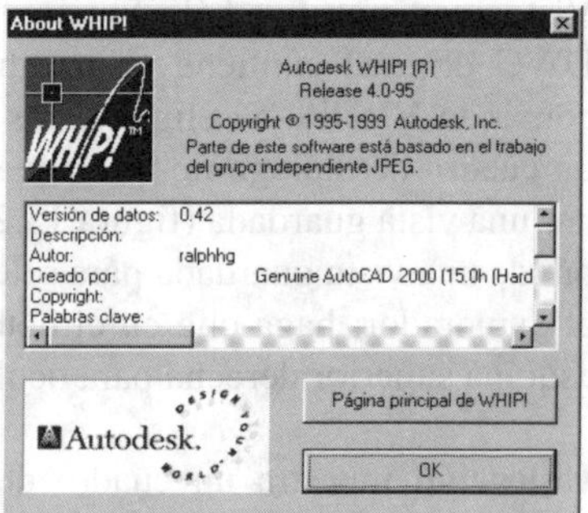

Figura 15.29. Cuadro de diálogo con información de WHIP!

Adelante coincide prácticamente con el botón **Adelante** del explorador. Cuando la imagen DWF se muestra en un marco, tan sólo avanzará el contenido de dicho marco.

Atrás coincide prácticamente con el botón **Atrás** del explorador. Trabaja de forma distinta cuando la imagen DWF se muestra en un marco.

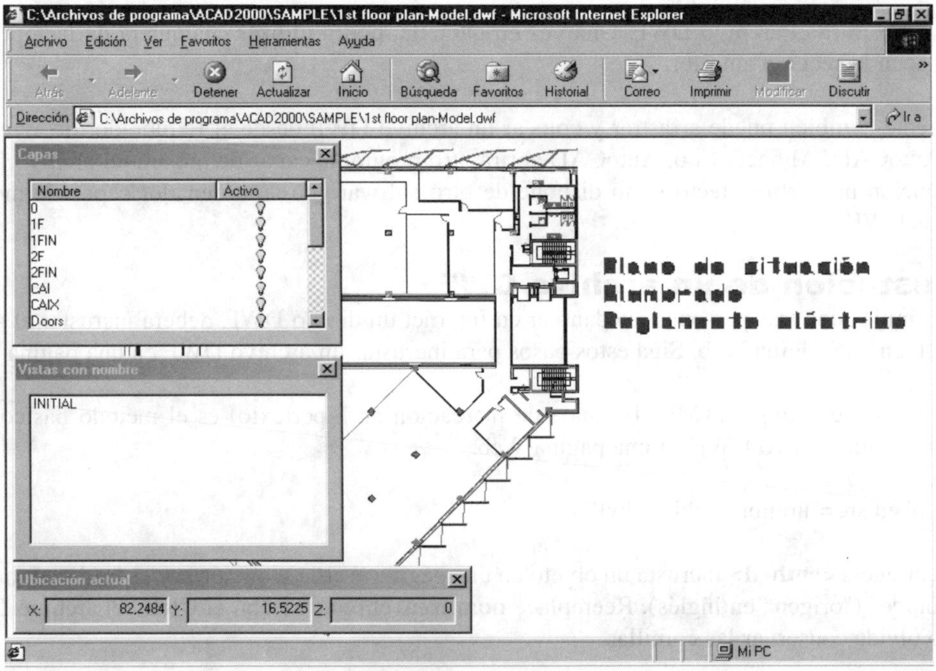

Figura 15.30. Resalte de hipervínculos.

Arrastrar y colocar del explorador al dibujo

El módulo de conexión DWF permite "arrastrar y colocar" de varias formas. La función *Arrastrar y colocar* se utiliza para arrastrar un objeto de una aplicación a otra con el ratón.

Mantenga pulsada la tecla CONTROL para arrastrar un archivo DWF desde el explorador hasta el área de dibujo de un dibujo de AutoCAD. Recuerde que AutoCAD no puede traducir un archivo WF al formato de dibujo DWG. Por este motivo, este método de arrastrar y colocar sólo funciona cuando el archivo DWG original se encuentra en la misma subcarpeta que el archivo DWF. AutoCAD ejecutará el comando **-INSERT** de la siguiente manera:

Comando: _.-insert
Indique nombre de bloque o [?]: C:\Archivos de programa\ACAD2000\SAMPLE\1st floor plan.dwg
Precise punto de inserción o [Escala/X/Y/Z/Girar/PEscala/PX/PY/PZ/PGirar]: **0,0**
Indique factor de escala X, precise esquina opuesta, o [Esquina/XYZ] <1>: Intro
Indique factor de escala Y <usar factor de escala X>: Intro
Precise ángulo de rotación <0>: Intro

Para ver el dibujo insertado quizá deba utilizar la opción **Extensión** del comando **ZOOM**.

Otra función de arrastrar y colocar consiste en arrastrar un archivo DWF desde el Explorador de Windows hasta el explorador Web. De esta forma el explorador cargará el módulo de conexión

DWF y mostrará el archivo DWF. Una vez en pantalla, podrá utilizar cualquiera de las opciones descritas en la sección anterior.

Finalmente, también puede arrastrar y colocar un archivo DWF desde el Explorador de Windows hasta AutoCAD. Al hacer esto, AutoCAD abrirá otro programa capaz de mostrar el archivo DWF. Esta función no surtirá efecto si no dispone de otro software en su ordenador capaz de mostrar archivos DWF.

Incrustación de un archivo DWF

Para permitir que otras personas puedan ver en Internet un dibujo DWF, deberá incrustar el archivo DWF en una página Web. Siga estos pasos para incrustar un archivo DWF en una página Web:

1. El siguiente código HTML (lenguaje de marcación de hipertexto) es el método básico para colocar un archivo DWF en una página Web:

   <embed src="nombrearchivo.dwf">

   La etiqueta **<embed>** incrusta un objeto en una página Web. La opción **src** es la abreviatura de "source" ("origen" en inglés). Reemplace **nombrearchivo.dwf** con el URL del archivo DWF. No olvide conservar las comillas.

2. El lenguaje HTML normalmente muestra una imagen lo más grande posible. Para controlar el tamaño del archivo DWF, añada las opciones **width** (anchura) y **height** (altura):

   <embed widht=800 height=600 src="nombrearchivo.dwf">

   Los valores de **widht** y **heigth** se miden en píxeles. Reemplace 800 y 600 por los valores que le resulten adecuados en cada caso, como por ejemplo 100 y 75 en el caso de una imagen en miniatura o 300 y 200 para una pequeña imagen.

3. Para acelerar la velocidad de carga de la página Web, algunos usuarios desactivan la visualización de imágenes. Por este motivo conviene incluir una descripción, que aparecerá en lugar de la imagen:

   <embed widht=800 height=600 name=descripción src="nombrearchivo.dwf">

   La opción **name** (nombre) muestra una descripción textual de la imagen cuando el explorador no carga las imágenes. Por ejemplo, indica el nombre del archivo DWF como descripción del mismo.

4. Cuando el dibujo original contiene vistas guardadas, creadas con el comando **VISTA**, éstas se transferirán al archivo DWF. Precise la vista inicial para el archivo DWF:

   <embed widht=800 height=600 name=descripción namedview="nombrevista"
   src="nombrearchivo.dwf">

La opción **namedview** (vista guardada) precisa el nombre de un nombre de vista válido. Cuando el dibujo contiene vistas guardadas, el usuario puede hacer clic con el botón derecho sobre la imagen DWF para obtener una lista de todas las vistas guardadas.

Como alternativa, puede precisar las coordenadas 2D de la vista inicial:

```
<embed widht=800 height=600 name=descripción view="0,0 180,240"
src="nombrearchivo.dwf">
```

La opción **view** (vista) precisa las coordenadas XY de las esquinas inferior izquierda y superior derecha de la vista inicial. Reemplace 0,0 180,240 por otras coordenadas. Como el formato DWF es tan sólo 2D, no podrá precisar un punto de vista 3D. Puede utilizar la opción **namedview** o **view**, pero no ambas.

5. Antes de que pueda mostrarse una imagen DWF, el explorador Web debe disponer del módulo de conexión DWF llamado "WHIP!". Si es usuario de Netscape Comunicator y dicho explorador carece del módulo de conexión WHIP!, deberá incluir una descripción acerca de dónde encontrar dicha conexión.

```
<embed pluginspage=http://www.autodesk.com/products/autocad/whip/whip.htm widht=800
height=600 name=descripción view="0,0 180,240" src="nombrearchivo.dwf">
```

La opción **pluginspage** (página de módulos de conexión) describe la página dentro del sitio Web de Autodesk desde la que puede descargarse la conexión WHIP!-DWF.

El código citado anteriormente funciona con Netscape Navigator. Los usuarios de Internet Explorer deben añadir el siguiente código HTML:

```
<object classid ="clsid:B2BE75F3-9197-11CF-ABF4-08000996E931" codebase =
"ftp://ftp.autodesk.com/pub/autocad/plugin/whip.cab#version=2,0,0,0" width=800
height=600>
<param name="Filename" value="nombrearchivo.dwf">
<param name="View" value="0,0 180,240">
<param name="Namedview" value="nombrevista">
<embed pluginspage=http://www.autodesk.com/products/autocad/whip/whip.htm widht=800
height=600 name=descripción view="0,0 180,240" src="nombrearchivo.dwf">
</object>
```

Netscape Navigator ignora las dos etiquetas **<object>** y las tres etiquetas **<param>**. Dichas etiquetas se requieren para compatibilidad con Internet Explorer. Las opciones **classid** y **codebase** informan a Explorer dónde encontrar el módulo de conexión. Recuerde que puede utilizar **View** o **Namedview**, pero no ambas.

6. Guarde el archivo HTML.

Preguntas de revisión

1. ¿Puede abrirse un explorador Web desde AutoCAD? (S/N)
2. ¿Cuál es el significado de DWF? ______________________________________.
3. ¿Cuál es el propósito de los archivos DWF? ____________________________.
4. ¿Cuál es el significado de las siglas URL? ____________________________.
5. ¿Cuáles de los siguientes URL son válidos?
   www.autodesk.com
   http://www.autodesk.com
6. ¿Cuál es el significado de las siglas FTP? ____________________________.
7. ¿Qué es un host local? ____.
8. ¿Los hipervínculos incluidos en un dibujo de AutoCAD 2000 son activos? (S/N)
9. Los URL tienen como misión crear __________ entre archivos.
10. Al enlazar un hipervínculo a un bloque, los datos del hipervínculo __________ al escalar el bloque desigualmente, al estirarlo o al descomponerlo.
11. ¿Es posible enlazar un URL a cualquier objeto? (S/N)
12. El comando **-HIPERVINCULO** permite enlazar un hipervínculo a __________ y __________.
13. Para ver la ubicación de los hipervínculos en un dibujo, utilice el comando __________.
14. Los vínculos de área rectangular se almacenan en la capa __________.
15. La compresión del archivo DWF trae consigo una transmisión más __________ en Internet.
16. El archivo DWF se crea a partir del archivo _____ por medio del comando __________.
17. ¿Cuál es la misión de los módulos de conexión en un explorador Web? ______________.
18. ¿Los exploradores Web pueden mostrar archivos de dibujo DWG en Internet? (S/N)
19. __________ es una etiqueta HTML para incrustar gráficos en una página Web.

Capítulo 16

Plantillas de dibujo

Objetivos del estudio

Tras completar este capítulo, será capaz de:

- *Crear plantillas de dibujo.*
- *Cargar plantillas de dibujo utilizando cuadros de diálogo y la línea de comando.*
- *Realizar una configuración inicial de la plantilla.*
- *Personalizar dibujos con capas y acotación.*
- *Personalizar dibujos con ventanas gráficas y espacio papel.*

CREACIÓN DE PLANTILLAS PARA DIBUJOS

Un método para personalizar AutoCAD consiste en crear plantillas de dibujo, las cuales contienen información acerca de la configuración inicial del dibujo, así como, si se desea, objetos y texto visible. Cuando el usuario inicia un nuevo dibujo, AutoCAD carga automáticamente los parámetros asociados con la plantilla de dibujo. Si inicia un nuevo dibujo desde el principio, AutoCAD utilizará valores por defecto. Por ejemplo, los límites por defecto son (0,0), (420,297) y la capa por defecto es la 0, de color blanco y tipo de línea continua. Generalmente, estos parámetros por defecto deben restablecerse antes de generar un dibujo en el ordenador con AutoCAD. Se requiere una considerable cantidad de tiempo para configurar las capas, los colores, los tipos de línea, los límites, el forzado del cursor, las unidades, la altura del texto y las variables de acotación, entre otros parámetros. En ocasiones, también pueden resultar necesarias las líneas de margen y un cuadro de rotulación.

En los dibujos de producción, la mayoría de los valores de configuración del dibujo no cambian. Por ejemplo, el cuadro de rotulación de la empresa, los márgenes, las capas, los tipos de línea, las variables de acotación, la altura de texto, **LTSCALE** y otros parámetros de dibujo permanecen constantes. Conseguirá ahorrar un tiempo considerable si guarda dichos valores y los carga al iniciar un nuevo dibujo. Las plantillas de dibujo permiten realizar esta tarea, pues pueden contener la información de configuración inicial de acuerdo con los requisitos de la empresa. También pueden contener márgenes, cuadro de rotulación, tabla de tolerancia, definiciones de bloque, ventanas gráficas en espacio papel y, quizá, algunas notas e instrucciones comunes para todos los dibujos.

PLANTILLAS DE DIBUJO ESTÁNDAR

El paquete de software de AutoCAD incorpora plantillas de dibujo estándar, como por ejemplo acad.dwt, acadiso.dwt, ansi_a.dwt, din_a.dwt, iso_a4.dwt o jis_a3.dwt. Las plantillas de dibujo ansi, din e iso están basadas en los estándares de dibujo desarrollados por ANSI (Instituto nacional americano de estándares), DIN (Alemán) e ISO (Organización internacional para la normalización). Al iniciar un nuevo dibujo, AutoCAD muestra en pantalla el cuadro de diálogo **Crear nuevo dibujo**. Para abrir la plantilla, haga clic en el botón **Utilizar una plantilla**. AutoCAD mostrará una lista de plantillas estándar para dibujos. Seleccione la plantilla que desee según sus necesidades. Si desea iniciar un dibujo desde el principio, haga clic en el botón **Valores por defecto** del cuadro de diálogo **Crear nuevo dibujo**. A continuación se indican algunas variables de sistema con sus valores por defecto, asignados a un nuevo dibujo:

Variable de sistema	**Valor por defecto**
BASE	0.0000,0.0000,0.0000
BLIPMODE	0 (DES)
CHAMFERA	10.0000
CHAMFERB	10.0000
COLOR	PorCapa
DIMALT	DES
DIMALTD	3
DIMALTF	0.0394
DIMPOST	Ninguno
DIMASO	ACT
DIMASZ	2.5000
DRAGMODE	2
ELEVATION	0.0000
FILLMODE	1 (ACT)
FILLETRAD	10.0000
GRIDUNIT	10.0000,10.0000
GRIDMODE	DES
LIMMIN	0.0000,0.0000
LIMMAX	420.0000,297.0000
LTSCALE	1.0000
MIRRTEXT	1 (ACT)
ORTHOMODE	0 (DES)
TILEMODE	1 (ACT)
TRACEWID	1.0000

Ejemplo 1

En este ejemplo crearemos una plantilla con las siguientes características. El nombre de la plantilla será **Proto1**.

Límites	450,300
Resolución	5
Rejilla	10
Altura de texto	3
Unidades de longitud	Decimales
	2 dígitos a la derecha del punto decimal.
Unidades de ángulo	Grados decimales
	2 dígitos a la derecha del punto decimal.
	Ángulo 0 a lo largo del eje X positivo (este).
	Ángulo positivo medido en sentido contrario a las agujas del reloj.

Inicie AutoCAD y haga clic en el botón **Valores por defecto** del cuadro de diálogo **Inicio** (figura 16.1). También puede abrir el cuadro de diálogo **Crear nuevo dibujo** eligiendo **Nuevo** en el menú **Archivo** o en la barra de herramientas **Estándar**, así como indicando **NUEVO** en la solicitud de comando de AutoCAD.

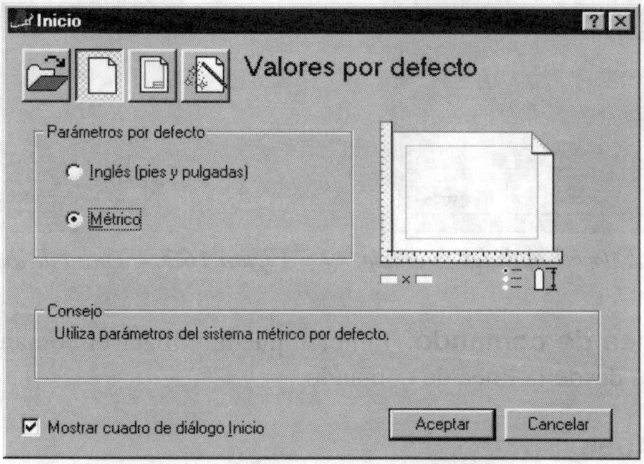

Figura 16.1. *Cuadro de diálogo* ***Inicio.***

Una vez abierta la ventana del dibujo, utilice los siguientes comandos de AutoCAD para configurar los valores indicados en el ejemplo 1.

Comando: **LIMITES**
Redefina límites de Espacio modelo:
Precise esquina inferior izquierda o [ACT/DES] <0.0000,0.0000>: **0,0**
Precise esquina superior <420.0000,297.0000>: **450,300**

Comando: **FORZCURSOR**
Precise distancia de resolución o [ACT/DES/asPecto/Rotación/Estilo/Tipo] <10.0000>: **5**

Comando: **REJILLA**
Precise intervalo(X) de la rejilla o [ACT/DES/Forzcursor/asPecto] <10.0000>: **10**

Comando: **MODIVAR**
Indique nombre de variable o [?]: **TEXTSIZE**
Indique nuevo valor para TEXTSIZE <2.5000>: **3**

Utilización del cuadro de diálogo. Puede utilizar el cuadro de diálogo **Unidades de dibujo** (figura 16.2) para configurar las unidades. Para abrir este cuadro de diálogo, indique **UNIDADES** en la solicitud de comando de AutoCAD o elija la opción **Unidades** del menú **Formato**.

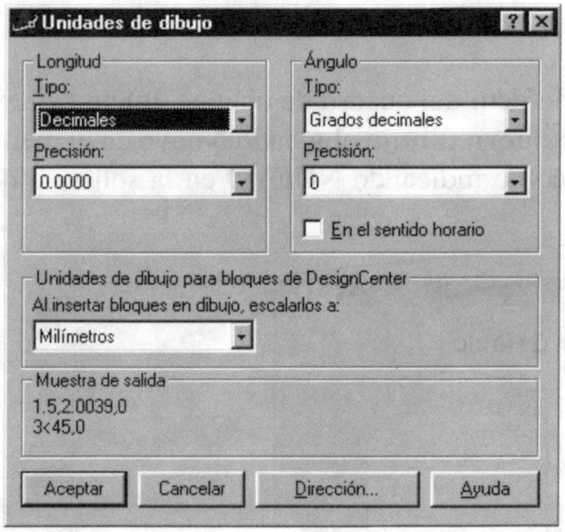

Figura 16.2. Cuadro de diálogo ***Unidades de dibujo.***

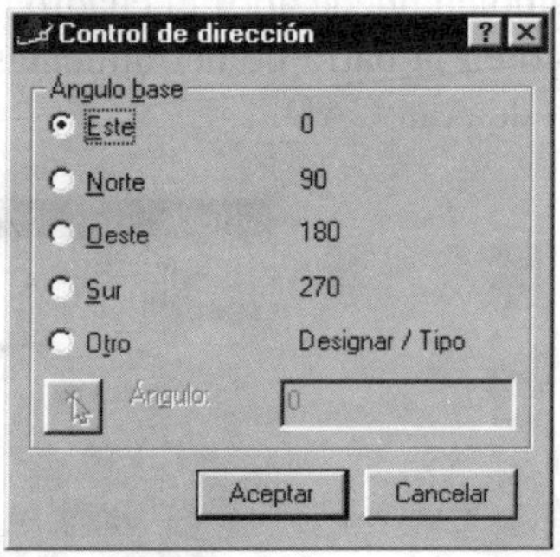

Figura 16.3. Cuadro de diálogo ***Control de dirección.***

Utilización de la línea de comando. También puede utilizar el comando **-UNIDADES** para configurar las unidades desde la línea de comando.

Comando: **-UNIDADES**

Formatos de informe:	(Ejemplos)
1. Científicas	1.55E+01
2. Decimales	15.50
3. Pies y pulgadas I	1'-3.50"
4. Pies y pulgadas II	1'-3 1/2"
5. Fraccionarias	15 1/2

A excepción de los formatos Pies y pulgadas I y Pies y pulgadas II, estos formatos se pueden utilizar con una unidad básica de medida. Por ejemplo, modo Decimal es perfecto para unidades métricas así como para unidades inglesas

Indique una opción del 1 al 5 <2>: **2**
Indique el número de dígitos a la derecha del punto decimal (de 0 a 8) <4>: **2**

Sistemas de medida angular:	(Ejemplos)
1. Grados decimales	45.0000
2. Grados/minutos/segundos	45d0'0"
3. Grados	50.0000g
4. Radianes	0.7854r
5. Unidades topográficas	N 45d0'0" E

Indique una opción del 1 al 5 <1>: **1**
Indique el número de fracciones para visualización de ángulos (de 0 a 8) <0>: **2**

Dirección del ángulo 0.00:

Este	3 en punto	= 0.00
Norte	12 en punto	= 90.00
Oeste	9 en punto	= 180.00
Sur	6 en punto	= 270.00

Indique la dirección del ángulo 0 <0>: **0**
Medir ángulos en sentido horario? [Sí/No] <N>: **N**

A continuación, guarde el dibujo como **Proto1.dwt** utilizando los comandos **GUARDAR** o **GUARDARCOMO**. En el cuadro de lista desplegable **Guardar como archivos de tipo** debe seleccionar **Plantilla de dibujo (.dwt)**. AutoCAD guardará la plantilla como Proto1.dwt en la unidad predeterminada. Si lo desea, precise una ubicación distinta en la que guardar la plantilla.

APERTURA DE UNA PLANTILLA DE DIBUJO

Utilización del cuadro de diálogo

Puede utilizar la plantilla de dibujo siempre que desee iniciar un nuevo dibujo. Si desea utilizar los valores predefinidos de la plantilla, inicie AutoCAD o indique el comando **NUEVO** para iniciar un nuevo dibujo. Aparecerán, respectivamente, los cuadros de diálogo **Nuevo** o **Crear nuevo dibujo** (figura 16.4). Si lo prefiere, también puede elegir la opción **Nuevo** del menú **Archivo** o hacer clic en el botón **Nuevo** de la barra de herramientas **Estándar**. Para abrir la plantilla de dibujo, haga clic en el botón **Utilizar una plantilla**; AutoCAD mostrará una lista con todas las plantillas disponibles. Seleccione la plantilla **Proto1** y haga clic en **Aceptar**. AutoCAD iniciará un nuevo dibujo con la misma configuración que la establecida en la plantilla de dibujo **Proto1**.

Puede crear varias plantillas de dibujo, cada una con diferentes configuraciones. Por ejemplo, **ProtoA3** para dibujos de 297 x 420 mm, **ProtoA2** para dibujos de 420 x 594 mm, **ProtoA1** para dibujos de 594 x 841 mm y **ProtoA0** para dibujos de 841 x 1189 mm. Cada plantilla de dibujo puede crearse de acuerdo con los requisitos definidos por cada usuario. A continuación, y tal como se ha explicado antes, podrá cargar cualquiera de dichas plantillas.

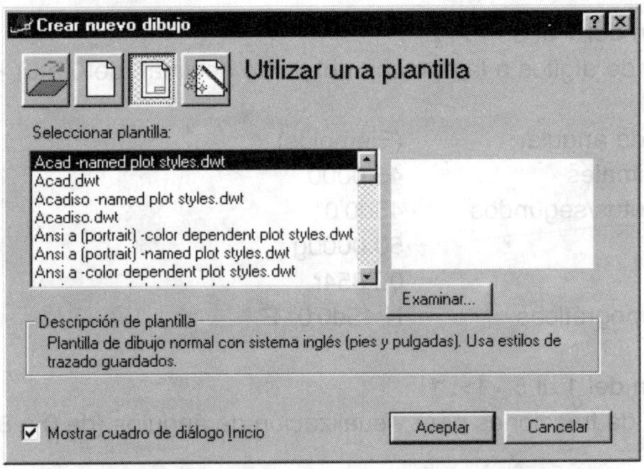

*Figura 16.4. Cuadro de diálogo **Crear nuevo dibujo**.*

Utilización del comando NUEVO

Si no desea utilizar ningún cuadro de diálogo para crear un nuevo dibujo, puede definir en 0 la variable de sistema **FILEDIA**. Para iniciar un nuevo dibujo, indique **NUEVO** en la solicitud de comando. AutoCAD solicitará que indique el nombre de la plantilla de dibujo. El formato para indicar el nombre de la plantilla es el siguiente:

Comando: **NUEVO**
Indique archivo de plantilla [o . (para ninguno)] *<actual>*: *Indique el nombre de la plantilla.*

PERSONALIZACIÓN DE DIBUJOS CON DATOS DE CAPAS Y ACOTACIÓN

La mayoría de los dibujos de producción requieren la agrupación de objetos en diferentes capas. Además de las capas, es una buena costumbre asignar diferentes colores a cada capa para controlar el grosor de las líneas al trazar. Así pues, puede generar una plantilla de dibujo que contenga el número deseado de capas, con tipos de línea y colores de acuerdo con los requisitos de la empresa. Después podrá utilizar dicha plantilla para realizar un nuevo dibujo. El siguiente ejemplo describe el procedimiento utilizado para personalizar un dibujo con capas, tipos de línea y colores.

Ejemplo 2

Deseamos crear una plantilla de dibujo (**Proto2**) con un margen y el cuadro de rotulación de la empresa, tal como muestra la figura 16.5. Además, deseamos configurar los siguientes parámetros iniciales:

Límites	1220,915
Resolución	20
Rejilla	80

Altura del texto	6
Grosor de polilínea	0.5
LTSCALE	4

COTAS

DIMSCALE	4
DIMTAD	1
DIMTIX	ACT
DIMTOH	DES
DIMTIH	DES
DIMSCALE	25

(Guardaremos estos valores en el archivo de estilo de acotación **Micota1**.)

CAPAS

Nombre de capa	Color	Tipo de línea
0	Blanco	Continuous
OBJ	Rojo	Continuous
CEN	Amarillo	CENTRO
OCU	Azul	LÍNEAS_OCULTAS
ACO	Verde	Continuous
MAR	Magenta	Continuous

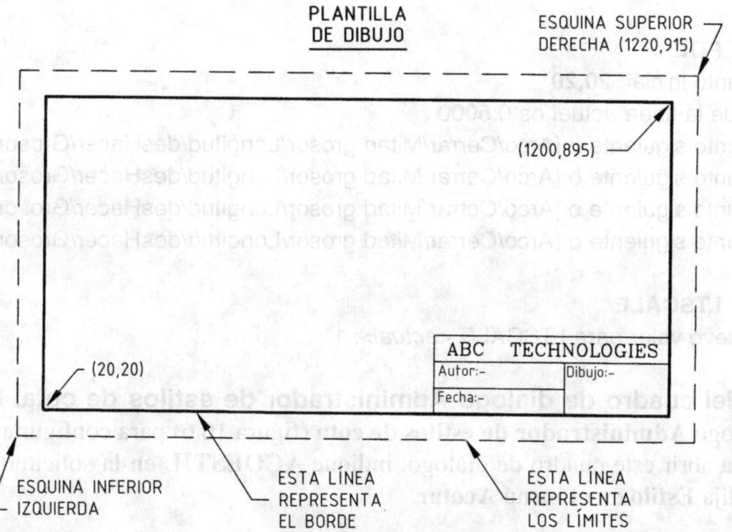

Figura 16.5. *Plantilla de dibujo para el ejemplo 2.*

Inicie un nuevo dibujo con valores por defecto. Puede lograrlo haciendo clic en el botón **Valores por defecto** del cuadro de diálogo **Crear nuevo dibujo**. Una vez dentro del editor de dibujo, utilice los comandos de AutoCAD para configurar los valores dados en este ejemplo. Dibuje, además, un margen y un cuadro de rotulación, tal como muestra la figura 16.5. En esta figura, las líneas ocultas indican los límites del dibujo. Las líneas de margen se sitúan a 20 unidades de los límites del dibujo, en el interior. Para las líneas del margen utilice una polilínea de 0.5 unidades de grosor. A continuación se indica la secuencia de comandos para generar el dibujo prototipo del ejemplo 2:

Comando: **LIMITES**
Redefina límites de Espacio modelo:
Precise esquina inferior izquierda o [ACT/DES] <0.0000,0.0000>: **0,0**
Precise esquina superior <420.0000,297.0000>: **1220,915**

Comando: **FORZCURSOR**
Precise distancia de resolución o [ACT/DES/asPecto/Rotación/Estilo/Tipo] <10.0000>: **20**

Comando: **REJILLA**
Precise intervalo(X) de la rejilla o [ACT/DES/Forzcursor/asPecto] <10.0000>: **80**

Comando: **MODIVAR**
Indique nombre de variable o [?] <*ACTUAL*>: **TEXTSIZE**
Indique nuevo valor para TEXTSIZE <2.5000>: **6**

Comando: **PLINEWID**
Indique nuevo valor para PLINEWID <0.0000>: **0.5**

Comando: **POL**
Precise punto inicial: **20,20**
El grosor de la línea actual es 0.5000
Precise punto siguiente o [Arco/Cerrar/Mitad grosor/Longitud/desHacer/Grosor]: **1200,20**
Precise punto siguiente o [Arco/Cerrar/Mitad grosor/Longitud/desHacer/Grosor]: **1200,895**
Precise punto siguiente o [Arco/Cerrar/Mitad grosor/Longitud/desHacer/Grosor]: **20,895**
Precise punto siguiente o [Arco/Cerrar/Mitad grosor/Longitud/desHacer/Grosor]: **C**

Comando: **LTSCALE**
Indique nuevo valor para LTSCALE <*actual*>: 1

Utilización del cuadro de diálogo Administrador de estilos de cota. Puede utilizar el cuadro de diálogo **Administrador de estilos de cota** (figura 16.6) para configurar las variables de acotación. Para abrir este cuadro de diálogo, indique **ACOESTIL** en la solicitud de comando de AutoCAD o elija **Estilo** en el menú **Acotar**.

Utilización del comando ACOTA. También puede utilizar el comando **ACOTA** para configurar las cotas. A continuación se indica la secuencia de comandos para configurar las variables de acotación y guardarlas en un archivo.

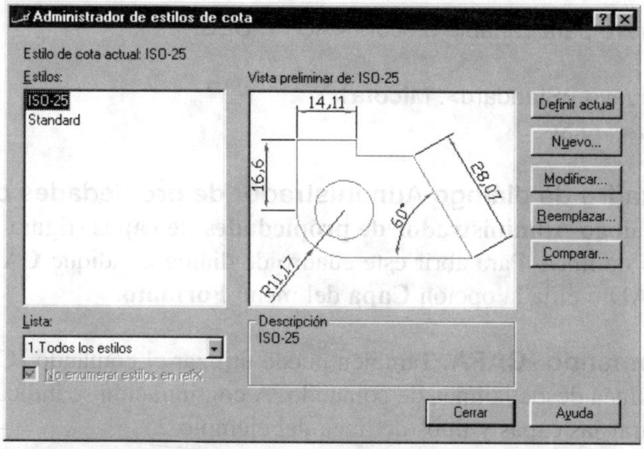

Figura 16.6. Cuadro de diálogo ***Administrador de estilos de cota.***

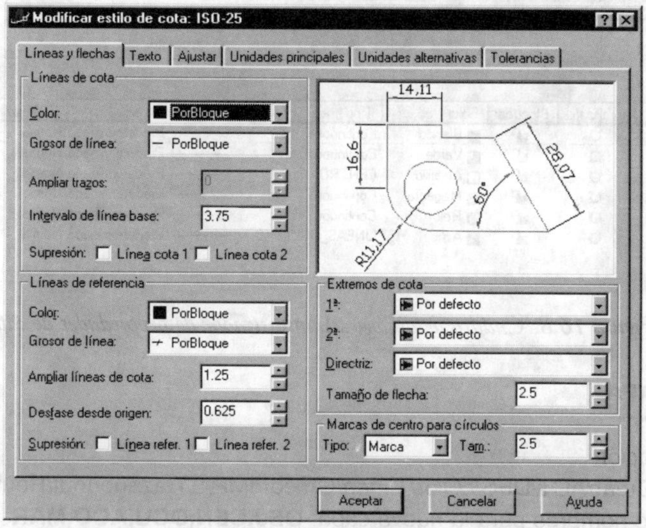

Figura 16.7. Cuadro de diálogo ***Modificar estilo de cota.***

Comando: **ACOTA**
Acotar: **DIMSCALE**
Indique valor nuevo para variable de cota <*actual*>: 1
Acotar: **DIMTIX**
Indique valor nuevo para variable de cota <DES>: **ACT**
Acotar: **DIMTAD**
Indique valor nuevo para variable de cota <0>: **1**
Acotar: **DIMTOH**
Indique valor nuevo para variable de cota <ACT>: **DES**
Acotar: **DIMTIH**

Indique valor nuevo para variable de cota <ACT>: **DES**
Acotar: **ESTILO**
Estilo de texto nuevo <Standard>: **Micota1**
Acotar: *Pulse la tecla ESC.*

Utilización del cuadro de diálogo Administrador de propiedades de capas. Puede utilizar el cuadro de diálogo **Administrador de propiedades de capas** (figura 16.8) para configurar las capas y los tipos de línea. Para abrir este cuadro de diálogo, indique **CAPA** en la solicitud de comando de AutoCAD o elija la opción **Capa** del menú **Formato**.

Utilización del comando -CAPA. También puede utilizar el comando **-CAPA** para configurar las capas y tipos de línea desde la línea de comando. A continuación se indica la secuencia de solicitudes para configurar las capas y tipos de línea del ejemplo 2.

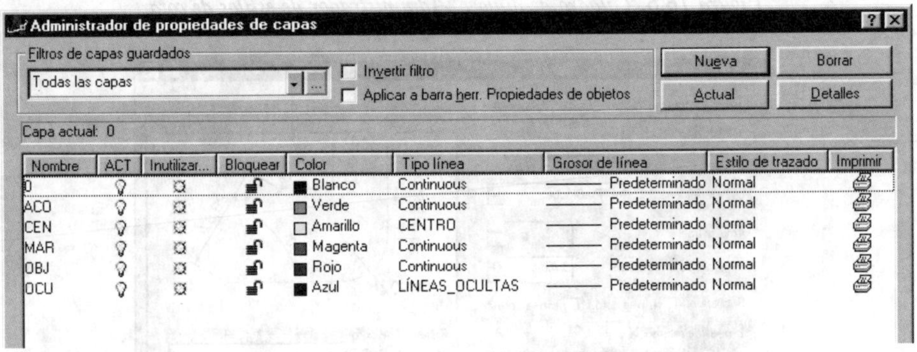

Figura 16.8. Cuadro de diálogo ***Administrador de propiedades de capas.***

Comando: **-CAPA**
Capa actual: "0"
Indique una opción
[?/Establ/Def/Crear/ACT/DES/cOlor/Tlínea/Grosor/IMP/ETrazado/Inut/Reut/Bloq/desbLoq]: **C**
Indique lista de nombres para la nueva capa: **OBJ,CEN,OCU,ACO,MAR**
Indique una opción
[?/Establ/Def/Crear/ACT/DES/cOlor/Tlínea/Grosor/IMP/ETrazado/Inut/Reut/Bloq/desbLoq]: **T**
Indique el nombre de tlínea cargado o [?] <Continuous>: **LÍNEAS_OCULTAS**
Indique la lista de nombres de capa para del tipo de línea "LÍNEAS_OCULTAS" <0>: **OCU**
Indique una opción
[?/Establ/Def/Crear/ACT/DES/cOlor/Tlínea/Grosor/IMP/ETrazado/Inut/Reut/Bloq/desbLoq]: **T**
Indique el nombre de tlínea cargado o [?] <Continuous>: **CENTRO**
Indique la lista de nombres de capa para del tipo de línea "CENTRO" <0>: **CEN**
Indique una opción
[?/Establ/Def/Crear/ACT/DES/cOlor/Tlínea/Grosor/IMP/ETrazado/Inut/Reut/Bloq/desbLoq]: **O**
Indique el nombre o número de color (1-255): **ROJO**
Indique lista de nombres de capa para el color 1 (rojo) <0>: **OBJ**

Indique una opción
[?/Establ/Def/Crear/ACT/DES/cOlor/Tlínea/Grosor/IMP/ETrazado/Inut/Reut/Bloq/desbLoq]: **O**
Indique el nombre o número de color (1-255): **AMARILLO**
Indique lista de nombres de capa para el color 2 (amarillo) <0>: **CEN**
Indique una opción
[?/Establ/Def/Crear/ACT/DES/cOlor/Tlínea/Grosor/IMP/ETrazado/Inut/Reut/Bloq/desbLoq]: **O**
Indique el nombre o número de color (1-255): **AZUL**
Indique lista de nombres de capa para el color 5 (azul) <0>: **OCU**
Indique una opción
[?/Establ/Def/Crear/ACT/DES/cOlor/Tlínea/Grosor/IMP/ETrazado/Inut/Reut/Bloq/desbLoq]: **O**
Indique el nombre o número de color (1-255): **VERDE**
Indique lista de nombres de capa para el color 3 (verde) <0>: **ACO**
Indique una opción
[?/Establ/Def/Crear/ACT/DES/cOlor/Tlínea/Grosor/IMP/ETrazado/Inut/Reut/Bloq/desbLoq]: **O**
Indique el nombre o número de color (1-255): **MAGENTA**
Indique lista de nombres de capa para el color 6 (magenta) <0>: **MAR**
Indique una opción
[?/Establ/Def/Crear/ACT/DES/cOlor/Tlínea/Grosor/IMP/ETrazado/Inut/Reut/Bloq/desbLoq]: [Intro]

PERSONALIZACIÓN DE DIBUJOS SEGÚN EL TAMAÑO Y LA ESCALA DE IMPRESIÓN

Puede generar una plantilla de dibujo de acuerdo con el tamaño y escala de impresión. Por ejemplo, si la escala es 1:192 y el dibujo debe trazarse en un área de 915 por 610 mm, puede calcular parámetros del dibujo tales como límites, **DIMSCALE** y **LTSCALE** y guardarlos en una plantilla de dibujo. De esta forma conseguirá ahorrar un tiempo considerable en la configuración inicial del dibujo, además de proporcionar uniformidad a los dibujos. El siguiente ejemplo explica el procedimiento a seguir para personalizar un dibujo de acuerdo con cierto tamaño y escala de trazado. (Observe que también puede utilizar el espacio papel para precisar el tamaño y la escala del papel.)

Ejemplo 3

En este ejemplo crearemos una plantilla (Proto3) con las siguientes características (se utilizan medidas inglesas):

Tamaño del papel impreso	36" por 24" (Figura 16.9.)
Escala	1/8" = 1'
Resolución	3'
Rejilla	6'
Altura del texto	1/4" en el dibujo impreso.
LTSCALE	A calcular.
DIMSCALE	A calcular.

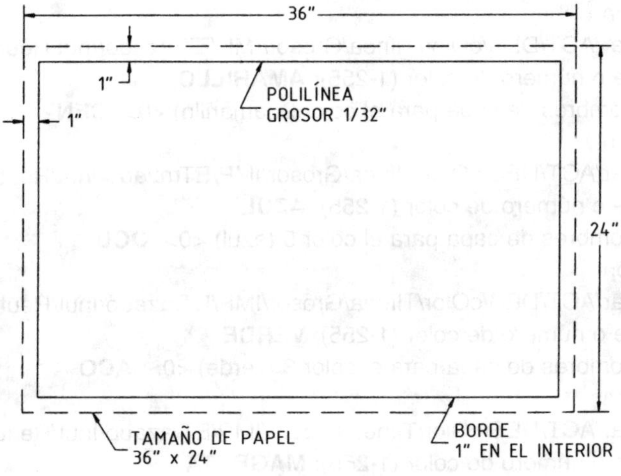

Figura 16.9. *Margen para el dibujo prototipo.*

Unidades	Pies y pulgadas II
	Denominador 16 o fracción menor.
	Ángulo en grados/minutos/segundos.
	Ángulos con 4 lugares decimales.
	Ángulo 0 a lo largo del eje X positivo.
	Ángulo positivo medido en sentido contrario a las agujas del reloj.
Margen	1" en el interior de los bordes de la hoja impresa; utilizar una polilínea de grosor 1/32" al trazar (figura 16.9).

En este ejemplo, debemos calcular algunos valores antes de configurar los parámetros. Por ejemplo, los límites del dibujo dependen del tamaño impreso del dibujo y de su escala. Los siguientes cálculos explican el procedimiento a seguir para determinar los valores de límites, **LTSCALE**, **DIMSCALE** y altura del texto.

LÍMITES

Dado

Tamaño del papel impreso: 36" x 24"

Escala: 1/8" = 1'

ó 1" = 8'

Cálculo

Límite X

Límite Y

Como la hoja de papel es de 36" x 24" y la escala es 1/8"=1',

Límite X = 36 x 8" = 288'

Límite Y = 24 x 8' = 192'

ALTURA DEL TEXTO

Dado

Altura del texto al imprimir: 1/4"
Tamaño del papel impreso: 36" x 24"
Escala: 1/8" = 1'

Cálculo

Altura del texto
Como la escala es 1/8" = 1'
ó 1/8" = 12"
ó 1" = 96"
Factor de escala = 96
Altura del texto = 1/4" x 96 =
= 24" = 2'

LTSCALE Y DIMSCALE

Dado

Como la escala es 1/8" = 1'
ó 1/8" = 12"
ó 1" = 96"

Cálculo

LTSCALE y DIMSCALE
Como el factor de escala = 96
LTSCALE = Factor de escala = 96
DIMSCALE = 96

(Todas las variables de acotación, como **DIMTXT** y **DIMASZ**, se multiplicarán por 96.)

GROSOR DE POLILÍNEA

Dado

Escala: 1/8" = 1'

Cálculo

Grosor de polilínea
Como la escala es 1/8" = 1'
ó 1/8" = 12"
ó 1" = 96"
Grosor de polilínea = 1/32 x 96 =
= 3"

Una vez calculados los parámetros, utilice los siguientes comandos de AutoCAD para configurar la plantilla; a continuación guárdela como **Proto3.dwt**.

Comando: **-UNIDADES**
Formatos de informe: (Ejemplos)
1. Científicas 1.55E+01
2. Decimales 15.50
3. Pies y pulgadas I 1'-3.50"

4. Pies y pulgadas II	1'-3 1/2"
5. Fraccionarias	15 1/2

A excepción de los formatos Pies y pulgadas I y Pies y pulgadas II, estos formatos se pueden utilizar con una unidad básica de medida. Por ejemplo, modo Decimal es perfecto para unidades métricas así como para unidades inglesas

Indique una opción del 1 al 5 <2>: **4**
Indique denominador de la fracción más pequeña que se va a mostrar
(1, 2, 4, 8, 16, 32, 64, 128 o 256) <16>: **16**

Sistemas de medida angular:	(Ejemplos)
1. Grados decimales	45.0000
2. Grados/minutos/segundos	45d0'0"
3. Grados	50.0000g
4. Radianes	0.7854r
5. Unidades topográficas	N 45d0'0" E

Indique una opción del 1 al 5 <1>: **2**
Indique el número de fracciones para visualización de ángulos (de 0 a 8) <0>: **4**

Dirección del ángulo 0d0'0":

Este	3 en punto	= 0d0'0"
Norte	12 en punto	= 90d0'0"
Oeste	9 en punto	= 180d0'0"
Sur	6 en punto	= 270d0'0"

Indique la dirección del ángulo 0d0'0" <0d0'0">: [Intro]
Medir ángulos en sentido horario? [Sí/No] <N> **N**

Comando: **LIMITES**
Redefina límites de Espacio modelo:
Precise esquina inferior izquierda o [ACT/DES] <0'-0",0'-0">: **0,0**
Precise esquina superior <101'-8",76'-3">: **288',192'**

Comando: **FORZCURSOR**
Precise distancia de resolución o [ACT/DES/asPecto/Rotación/Estilo/Tipo] <0'-1">: **3'**

Comando: **REJILLA**
Precise intervalo(X) de la rejilla o [ACT/DES/Forzcursor/asPecto] <0'-0">: **6'**

Comando: **MODIVAR**
Indique nombre de variable o [?] <*ACTUAL*>: **TEXTSIZE**
Indique nuevo valor para TEXTSIZE <*actual*>: **2'**

Comando: **LTSCALE**
Indique nuevo valor para LTSCALE <1.0000>: **96**

Comando: **ACOTA**
Acotar: **DIMSCALE**
Indique valor nuevo para variable de cota <1.0000>: **96**
Acotar: **ESTILO**
Estilo de texto nuevo <Standard>: **Micota2**
Acotar: *Pulse la tecla ESC.*

Comando: **POL**
Precise punto inicial: **8',8'**
El grosor de la línea actual es 0.0000
Precise punto siguiente o [Arco/Cerrar/Mitad grosor/Longitud/desHacer/Grosor]: **G**
Precise anchura inicial <0.00>: **3**
Precise anchura final <0'-3">: [Intro]
Precise punto siguiente o [Arco/Cerrar/Mitad grosor/Longitud/desHacer/Grosor]: **280',8'**
Precise punto siguiente o [Arco/Cerrar/Mitad grosor/Longitud/desHacer/Grosor]: **280',184'**
Precise punto siguiente o [Arco/Cerrar/Mitad grosor/Longitud/desHacer/Grosor]: **8',194'**
Precise punto siguiente o [Arco/Cerrar/Mitad grosor/Longitud/desHacer/Grosor]: **C**

Preguntas de revisión

1. AutoCAD incorpora tres tipos de plantillas estándar: __________, __________ y __________.
2. Para utilizar una plantilla de dibujo, haga clic en el botón ______________ del cuadro de diálogo **Crear nuevo dibujo**.
3. Para configurar un dibujo desde el principio, haga clic en el botón ______________ del cuadro de diálogo **Crear nuevo dibujo**.
4. El valor predeterminado para **DIMSCALE** es __________.
5. El valor predeterminado para **DIMTXT** es __________.
6. El valor predeterminado para **SNAPUNIT** es __________.
7. Las unidades Pies y pulgadas II pueden seleccionarse por medio de los comandos __________ y __________.
8. Si el tamaño de impresión es 36" x 24 " y la escala es 1/2" = 1', el Límite X será __________ y el límite Y será __________.

9. Si el tamaño de impresión es 610 x 457 mm y la escala es 1 = 20, el Límite X será ________ y el Límite Y será __________.

10. Si el tamaño de impresión es 200 x 150 mm y los límites son (0,0) y (600,450), el factor **LTSCALE** será __________. (Factor de escala=600/200=3; LTSCALE=3)

Ejercicios

Ejercicio 1 — *General*

Cree la plantilla de dibujo **ProtoE2** con las siguientes características:

Límites	1220,915
Resolución	10
Rejilla	40
Altura de texto	6
Grosor de polilínea	0.75
LTSCALE	A calcular.
DIMSCALE	A calcular.
Tamaño de impresión	265 x 200 mm

CAPAS

Nombre de capa	Color	Tipo de línea
0	Blanco	Continuous
OBJETOS	Verde	Continuous
CENTRO	Magenta	CENTRO
OCULTO	Azul	LÍNEAS_OCULTAS
ACOTACIÓN	Rojo	Continuous
MARGEN	Cián	Continuous

Ejercicio 2 — *General*

Cree una plantilla de dibujo (**ProtoE3**) con las siguientes características:

Tamaño del papel impreso	36" x 24" (Figura 16.10.)
Escala	1/2" = 1'
Altura del texto	1/4" en el dibujo impreso.
LTSCALE	A calcular.
DIMSCALE	A calcular.
Unidades	Pies y pulgadas II Denominador 32 o fracción menor. Ángulo en grados/minutos/segundos.

Ángulos con 4 lugares decimales.
Ángulo 0 a lo largo del eje X positivo.
Ángulo positivo medido en sentido contrario a las agujas del reloj.

Margen — 1-1/2" en el interior de los bordes de la hoja impresa; utilizar una polilínea de grosor 1/32" al trazar (figura 16.10).

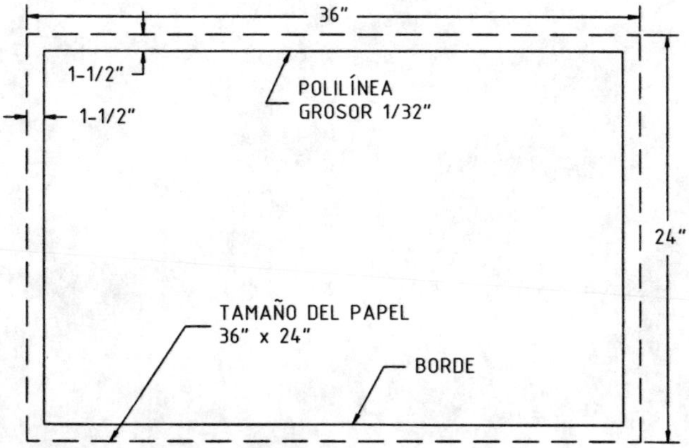

Figura 16.10. *Dibujo para el ejercicio 2.*

Capítulo 17

Archivos de comandos y demostraciones de fotos

Objetivos del estudio

Tras completar este capítulo, será capaz de:

- *Escribir archivos de comandos y utilizar el comando **SCRIPT** para ejecutarlos.*
- *Utilizar los comandos **RSCRIPT** y **RETARDA** en archivos de comandos.*
- *Ejecutar archivos de comandos al iniciar AutoCAD.*
- *Crear una demostración de fotos.*
- *Precargar fotos al ejecutar una demostración de fotos.*

¿QUÉ SON LOS ARCHIVOS DE COMANDOS?

AutoCAD incorpora una utilidad, los llamados **archivos de comandos**, que permite combinar diferentes comandos de AutoCAD y ejecutarlos en una secuencia predeterminada. Los comandos pueden escribirse como archivo de texto con cualquier editor de texto, como el Bloc de notas, o con el comando **EDIT** de AutoCAD (si el archivo **acad.pgp** está presente y **EDIT** está definido en dicho archivo). Este tipo de archivos, generalmente conocidos como archivos de comandos, tienen la extensión **.SCR**. El comando **SCRIPT** de AutoCAD permite ejecutar los archivos de comandos.

Los archivos de comandos pueden utilizarse para generar una demostración de fotos, realizar la configuración inicial del dibujo o trazarlo con determinadas especificaciones. También puede utilizarlos para automatizar secuencias de comandos de uso frecuente en la creación, edición o visualización de un dibujo. Los archivos de comandos no pueden acceder a cuadros de diálogo o menús. Cuando en un archivo de comandos aparece un comando que abre un cuadro de diálogo, AutoCAD ejecuta la versión correspondiente a la línea de comandos en lugar de abrir el cuadro de diálogo.

Ejemplo 1

Vamos a escribir un archivo de comandos que realice la siguiente configuración inicial de un archivo (nombre de archivo **Script1.scr**). Se supone que el dibujo se imprimirá en un papel de tamaño 305 x 229 (factor de escala para el trazado = 4).

Orto	ACT		Zoom	Todo
Rejilla	50		Altura del texto	3
Rejilla	DES		LTSCALE	4
Resolución	5		DIMSCALE	4
Límites	0,0	1220,915		

Antes de escribir un archivo de comandos, debe conocer los comandos de AutoCAD y las entradas requeridas en respuesta a sus correspondientes solicitudes. Para conocer la secuencia correspondiente a las entradas de solicitudes, puede escribir el comando desde el teclado y responder a las diferentes solicitudes.

A continuación se indica la lista de comandos de AutoCAD y sus correspondientes entradas para el ejemplo 1:

Comando: **ORTO**
Indique modo [ACT/DES] <DES>: **ACT**

Comando: **REJILLA**
Precise intervalo(X) de la rejilla o [ACT/DES/Forzcursor/asPecto] <10.0000>: **50**

Comando: **REJILLA**
Precise intervalo(X) de la rejilla o [ACT/DES/Forzcursor/asPecto] <50.0000>: **DES**

Comando: **FORZCURSOR**
Precise distancia de resolución o [ACT/DES/asPecto/Rotación/Estilo/Tipo] <10.0000>: **5**

Comando: **LIMITES**
Redefina límites de Espacio modelo:
Precise esquina inferior izquierda o [ACT/DES] <0.0000,0.0000>: **0,0**
Precise esquina superior <420.0000,297.0000>: **1220,915**

Comando: **ZOOM**
Precise esquina de ventana, indique un factor de escala (nX o nXP), o
[Todo/Centro/Dinámico/Extensión/Previo/Factor/Ventana] <tiempo real>: **T**

Comando: **MODIVAR**
Indique nombre de variable o [?]: **TEXTSIZE**
Indique nuevo valor para TEXTSIZE <2.5000>: **3**

Comando: **LTSCALE**
Indique nuevo valor para LTSCALE <1.0000>: **4**

Comando: **MODIVAR**
Indique nombre de variable o [?] <LTSCALE>: **DIMSCALE**
Indique nuevo valor para DIMSCALE <1.0000>: **4**

Una vez conocidos los comandos de AutoCAD y las entradas de solicitud requeridas, puede escribir el archivo de comandos con el comando **EDIT** de AutoCAD o con cualquier editor de texto. La siguiente lista corresponde al archivo de comandos para el ejemplo 1:

```
ORTO
ACT
REJILLA
50
REJILLA
DES
FORZCURSOR
5
LIMITES
0,0
1220,915
ZOOM
TODO
MODIVAR
TEXTSIZE
3
LTSCALE
4
MODIVAR
DIMSCALE
4
```

Puede comprobar que los comandos y las entradas siguen la misma secuencia anteriormente mencionada. También puede combinar varias instrucciones en una sola línea, tal como muestra la siguiente lista:

```
ORTO ACT
REJILLA 50 REJILLA DES
FORZCURSOR 5
LIMITES 0,0 1220,915 ZOOM TODO
MODIVAR TEXTSIZE 3
LTSCALE 4
MODIVAR DIMSCALE 4
```

Nota

En el archivo de comandos, el espacio en blanco se utiliza para terminar un comando o una entrada de solicitud. Por tanto, los espacios son muy importantes en estos archivos. Asegúrese de que no existen espacios extra, a menos que sea necesario pulsar INTRO más de una vez.

*Una vez modificados los límites, es una buena idea utilizar el comando **ZOOM** con la opción **Todo** para mostrar en pantalla los nuevos límites.*

AutoCAD ignora y no procesa ninguna línea que comience por punto y coma (;). Esto permite incluir comentarios en el archivo.

COMANDO SCRIPT

El comando **SCRIPT** de AutoCAD permite ejecutar un archivo de comandos. Para ejecutar el archivo de comando, escriba **SCRIPT** en la solicitud de comando y pulse INTRO. AutoCAD solicitará que indique el nombre del archivo de comandos. Puede aceptar el nombre de archivo por defecto o indicar otro nombre. El nombre de archivo de comandos por defecto coincide con el nombre del dibujo. Si desea indicar un nuevo nombre de archivo, escriba dicho nombre sin la extensión (**.SCR**). (AutoCAD presupone la extensión y, por tanto, no es necesario incluirla.)

Para ejecutar el archivo de comandos del ejemplo 1, indique el comando **SCRIPT** y pulse INTRO. AutoCAD mostrará el cuadro de diálogo **Seleccionar archivo de comandos** (figura 17.1). Seleccione el archivo Script1 y haga clic en el botón **Abrir**. Podrá apreciar los cambios que tienen lugar en la pantalla conforme se ejecutan los comandos definidos en el archivo.

Comando: **SCRIPT**

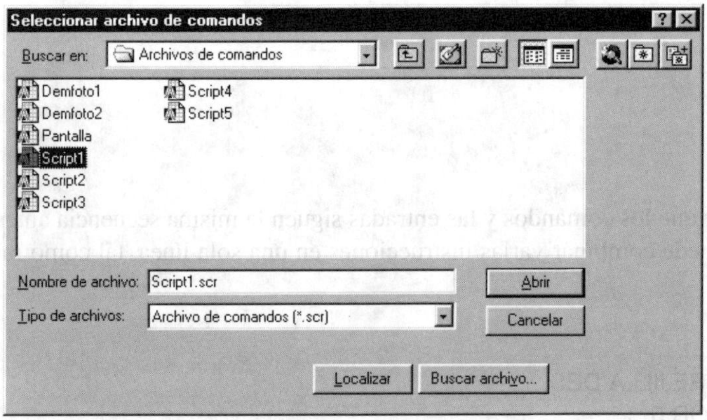

Figura 17.1. *Cuadro de diálogo* ***Seleccionar archivo de comandos.***

Si la variable de sistema **FILEDIA** está definida en 0, podrá indicar el nombre del archivo de comandos desde la línea de comando.

Comando: **FILEDIA**
Indique nuevo valor para FILEDIA <1>: **0**
Comando: **SCRIPT**
Indique nombre de archivo de comandos <*por defecto*>: *Precise el nombre de archivo.*

Ejemplo 2

En este ejemplo escribiremos un archivo de comandos para configurar las capas indicadas a continuación con sus correspondientes colores, tipos de línea y grosores de línea. El nombre del archivo será **Script2.scr**.

Nombre de capa	**Color**	**Tipo de línea**	**Grosor de línea**
Objetos	Rojo	Continuous	Predeterminado
Centro	Amarillo	CENTRO	Predeterminado
Oculto	Azul	LÍNEAS_OCULTAS	Predeterminado
Acotación	Verde	Continuous	Predeterminado
Margen	Magenta	Continuous	Predeterminado
Sombreado	Cián	Continuous	1.20

Tal como se ha mencionado anteriormente, en primer lugar debe conocer los comandos de AutoCAD y las entradas requeridas por las solicitudes. En el caso del ejemplo 2, deberá indicar los siguientes comandos para crear las capas con las propiedades indicadas:

Comando: **-CAPA**
Capa actual: "0"
Indique una opción
[?/Establ/Def/Crear/ACT/DES/cOlor/Tlínea/Grosor/IMP/ETrazado/Inut/Reut/Bloq/desbLoq]: **C**
Indique lista de nombres para la nueva capa:
Objetos,Centro,Oculto,Acotación,Margen,Sombreado
Indique una opción
[?/Establ/Def/Crear/ACT/DES/cOlor/Tlínea/Grosor/IMP/ETrazado/Inut/Reut/Bloq/desbLoq]: **T**
Indique el nombre de tlínea cargado o [?] <Continuous>: **CENTRO**
Indique la lista de nombres de capa para del tipo de línea "CENTRO" <0>: **Centro**
Indique una opción
[?/Establ/Def/Crear/ACT/DES/cOlor/Tlínea/Grosor/IMP/ETrazado/Inut/Reut/Bloq/desbLoq]: **T**
Indique el nombre de tlínea cargado o [?] <Continuous>: **LÍNEAS_OCULTAS**
Indique la lista de nombres de capa para del tipo de línea "CENTRO" <0>: **Oculto**
Indique una opción
[?/Establ/Def/Crear/ACT/DES/cOlor/Tlínea/Grosor/IMP/ETrazado/Inut/Reut/Bloq/desbLoq]: **O**
Indique el nombre o número de color (1-255): **ROJO**
Indique lista de nombres de capa para el color 1 (rojo) <0>: **Objetos**
Indique una opción
[?/Establ/Def/Crear/ACT/DES/cOlor/Tlínea/Grosor/IMP/ETrazado/Inut/Reut/Bloq/desbLoq]: **O**

Indique el nombre o número de color (1-255): **AMARILLO**
Indique lista de nombres de capa para el color 2 (amarillo) <0>: **Centro**
Indique una opción
[?/Establ/Def/Crear/ACT/DES/cOlor/Tlínea/Grosor/IMP/ETrazado/Inut/Reut/Bloq/desbLoq]: **O**
Indique el nombre o número de color (1-255): **AZUL**
Indique lista de nombres de capa para el color 5 (azul) <0>: **Oculto**
Indique una opción
[?/Establ/Def/Crear/ACT/DES/cOlor/Tlínea/Grosor/IMP/ETrazado/Inut/Reut/Bloq/desbLoq]: **O**
Indique el nombre o número de color (1-255): **VERDE**
Indique lista de nombres de capa para el color 3 (verde) <0>: **Acotación**
Indique una opción
[?/Establ/Def/Crear/ACT/DES/cOlor/Tlínea/Grosor/IMP/ETrazado/Inut/Reut/Bloq/desbLoq]: **O**
Indique el nombre o número de color (1-255): **MAGENTA**
Indique lista de nombres de capa para el color 6 (magenta) <0>: **Margen**
Indique una opción
[?/Establ/Def/Crear/ACT/DES/cOlor/Tlínea/Grosor/IMP/ETrazado/Inut/Reut/Bloq/desbLoq]: **O**
Indique el nombre o número de color (1-255): **CIAN**
Indique lista de nombres de capa para el color 4 (cián) <0>: **Sombreado**
Indique una opción
[?/Establ/Def/Crear/ACT/DES/cOlor/Tlínea/Grosor/IMP/ETrazado/Inut/Reut/Bloq/desbLoq]: **G**
Indique el grosor de línea (0.0mm - 2.11mm): **0.05**
Indique lista de nombres de capa para el grosor de línea 0.05mm <0>: **Sombreado**
Indique una opción
[?/Establ/Def/Crear/ACT/DES/cOlor/Tlínea/Grosor/IMP/ETrazado/Inut/Reut/Bloq/desbLoq]: Intro

A continuación se indica el contenido del archivo de comandos para crear las capas y asignarles los colores, tipos de línea y grosores de línea dados:

```
;Este archivo de comandos creará nuevas capas y
;les asignará diferentes colores, tipos de línea y grosores de línea.
CAPA
CREAR
Objeto,Centro,Oculto,Acotación,Margen,Sombreado
T
CENTRO
Centro
T
LÍNEAS_OCULTAS
Oculto
O
ROJO
Objetos
O
AMARILLO
```

Centro
O
AZUL
Oculto
O
VERDE
Acotación
O
MAGENTA
Margen
O
CIAN
Sombreado
G
0.05
Sombreado

*(Ésta es una línea en blanco para terminar el comando **CAPA**; fin del archivo de comandos.)*

Ejemplo 3

En este ejemplo vamos a escribir un archivo de comandos para girar, a incrementos de 45 grados, el círculo y la línea en torno al punto final inferior (tal como muestra la figura 17.2). El archivo de comandos debería ser capaz de producir una rotación continua del círculo y la línea. El retardo entre cada giro de 45 grados ha de ser de dos segundos. El nombre del archivo para este ejemplo será **Script3.scr**.

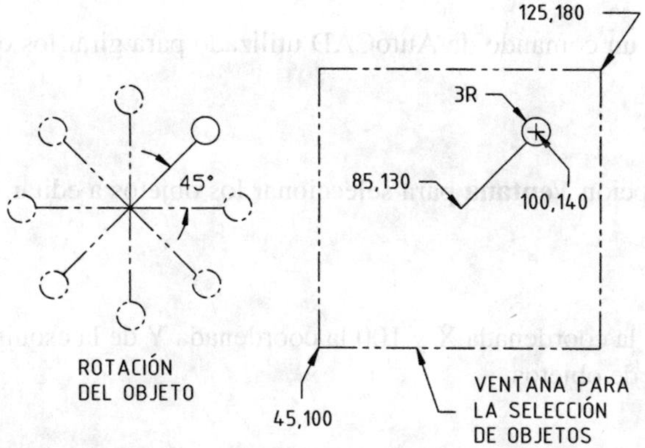

***Figura** 17.2. Línea y círculo girados a incrementos de 45 grados.*

Antes de escribir el archivo de comandos, indique los comandos necesarios con sus correspondientes entradas mediante el teclado. Escriba la secuencia exacta de entradas según fueron indicadas para ejecutar las operaciones dadas. La lista mostrada a continuación es la secuencia de comandos de AutoCAD utilizada para girar el círculo y la línea según el punto final de la línea:

Comando: **GIRA**
Ángulo actual positivo en SCP: ANGDIR=en sentido horario inverso ANGBASE=0
Designe objetos: **V** *(Opción **Ventana** para la selección de objetos.)*
Designe primera esquina: **45,100**
Designe esquina opuesta: **125,180**
Designe objetos: [Intro]
Precise punto base: **85,130**
Precise ángulo de rotación o [Referencia]: **45**

Una vez conocidos los comandos de AutoCAD, sus opciones y su secuencia, podremos escribir el archivo de comandos. Como se ha mencionado anteriormente, puede utilizar cualquier editor de texto para escribir el archivo. A continuación se indica el contenido del archivo de comandos utilizado para crear una rotación del círculo y la línea con un ángulo de 45 grados, como primer paso en la resolución del ejemplo 3:

```
1 GIRA
2 V
3 45,100
4 125,180
5 (Línea en blanco para INTRO.)
6 85,130
7 45
```

Línea 1
GIRA
En esta línea, **GIRA** es un comando de AutoCAD utilizado para girar los objetos.

Línea 2
V
En esta línea, **V** es la opción **Ventana** para seleccionar los objetos a editar.

Línea 3
45,100
En esta línea, 45 define la coordenada X y 100 la coordenada Y de la esquina inferior izquierda de la ventana de selección de objetos.

Línea 4
125,180
En esta línea, 125 define la coordenada X y 180 la coordenada Y de la esquina superior derecha de la ventana de selección de objetos.

Línea 5
La línea 5 es una línea en blanco para terminar el proceso de selección.

Línea 6
85,130
En esta línea, 85 define la coordenada X y 130 la coordenada Y del punto base para el giro.
Línea 7
45
En esta línea, 45 es el ángulo de incremento para el giro.

Nota
*Una limitación de los archivos de comandos consiste en que toda la información debe estar contenida en el archivo. Estos archivos no permiten indicar información exterior. En el caso del ejemplo 3, por ejemplo, si desea utilizar la opción **Ventana** para seleccionar objetos, el archivo de comandos deberá incluir tanto la opción **Ventana** como los dos puntos que definen sus esquinas opuestas. Lo mismo sucede con el punto base o con cualquier otra información incluida en un archivo de comandos. No hay forma alguna de conseguir que un archivo de comandos solicite determinada información durante su ejecución, a no ser que incruste comandos AutoLISP que soliciten entradas del usuario.*

COMANDO RSCRIPT

El comando **RSCRIPT** de AutoCAD permite repetir el archivo de comandos de forma ininterrumpida hasta que el usuario cancele su ejecución. Esta función resulta muy atractiva cuando el usuario desea ejecutar indefinidamente el mismo archivo. Por ejemplo, en el caso de una demostración de fotos para la presentación de un producto, el comando **RSCRIPT** puede utilizarse para ejecutar el archivo de comandos una y otra vez hasta que se termine por medio de la tecla ESC. De igual forma, según el enunciado del ejemplo 3, el comando **GIRA** debe repetirse indefinidamente para crear una rotación permanente de los objetos. Para lograrlo, añada el comando **RSCRIPT** al final del archivo:

```
GIRA
V
45,100
125,180
            (Línea en blanco para INTRO.)
85,130
45
RSCRIPT
```

El comando **RSCRIPT** de la línea 8 repetirá las instrucciones de las líneas 1 a 7 y, en consecuencia, provocará la repetición indefinida del archivo de comandos. Para detener el archivo puede pulsar la tecla ESC o BARRA ESPACIADORA.

Nota

En archivo de comandos no puede incluir instrucciones adicionales que permitan terminar el archivo al cumplirse una determinada condición, a menos que utilice las funciones AutoLISP.

COMANDO RETARDA

En los archivos de comandos, algunas de las operaciones se efectúan muy rápido y resulta difícil comprobarlas en pantalla conforme tienen lugar. Puede ser necesario incluir una pausa intencionada entre ciertas operaciones del archivo de comandos. Por ejemplo, en una demostración de fotos para la presentación de un producto, debe existir un tiempo de retardo que permita observar cada una de las fotos. A tal fin AutoCAD ofrece el comando **RETARDA**, el cual introduce un tiempo de espera antes de ejecutar el siguiente comando. El formato general para este comando es:

Comando: **RETARDA Tiempo**

donde	**Comando:**	Solicitud de comando de AutoCAD.
	RETARDA	Comando **RETARDA**.
	Tiempo	Tiempo de retardo en milisegundos.

El comando **RETARDA** debe ir seguido del tiempo de retardo en milisegundos. Por ejemplo, un retardo de 2000 milisegundos significa que AutoCAD hará una pausa de aproximadamente dos segundos antes de ejecutar el siguiente comando. Decimos aproximadamente porque la velocidad de procesamiento del ordenador varía. El retardo máximo admitido es de 32767 milisegundos (en torno a 33 segundos). En el ejemplo 3 debe introducirse un retardo de dos segundos, lo que puede lograrse introduciendo el comando **RETARDA** entre las líneas 7 y 8 del archivo de comandos:

```
GIRA
V
45,100
125,180
        (Línea en blanco para INTRO.)
85,130
45
RETARDA 2000
RSCRIPT
```

Las siete primeras líneas del archivo giran los objetos un ángulo de 45 grados. Antes de que se ejecute el comando **RSCRIPT** de la línea 8, se introduce un retardo de 2000 milisegundos (sobre dos segundos). El comando **RSCRIPT** repetirá el archivo de comandos que gira los objetos. De esta forma habremos creado una demostración de fotos con un retardo de dos segundos tras cada incremento de 45 grados.

COMANDO REANUDA

El comando **REANUDA** permite continuar un archivo de comandos previamente cancelado.

Comando: **REANUDA**

El comando **REANUDA** también puede utilizarse si el archivo de comandos encuentra un error que provoca su interrupción. AutoCAD saltará omitirá el comando que provoca el error y continuará el resto del archivo de comandos. Si el error tiene lugar mientras el comando estaba en curso, anteponga una comilla simple al comando **REANUDA ('REANUDA)** para ejecutarlo en modo transparente.

Comando: **'REANUDA**

PARÁMETROS DE LÍNEA DE COMANDO

Los parámetros de línea de comando pueden utilizarse como argumentos del archivo acad.exe que inicia AutoCAD. También puede utilizar el cuadro de diálogo Opciones para configurar el entorno o introducir un conjunto de variables de entorno en el archivo autoexec.bat. Los parámetros de línea de comando y las variables de entorno se superponen a los valores configurados en el cuadro de diálogo Opciones, tan sólo en la sesión actual. Estos parámetros no modifican el registro del sistema. La siguiente lista describe los parámetros de línea de comando.

Parámetro	**Función**
/c	Determina el lugar donde AutoCAD almacena y busca el archivo de configuración de hardware (acad14.cfg).
/s	Precisa las carpetas en las que buscar archivos de soporte en caso de que no se encuentren en la carpeta actual.
/d	Precisa en qué carpetas buscar controladores ADI.
/b	Designa un archivo de comandos a ejecutar tras iniciar AutoCAD.
/t	Precisa la plantilla a utilizar al crear un nuevo dibujo.
/nologo	Inicia AutoCAD sin mostrar primero la pantalla del logotipo.
/v	Designa una determinada vista del dibujo a mostrar tras iniciar AutoCAD.
/r	Reconfigura AutoCAD con el dispositivo señalador por defecto.
/p	Precisa el perfil a utilizar tras iniciar AutoCAD.

EJECUCIÓN DE UN ARCHIVO DE COMANDOS AL INICIAR AUTOCAD

Los archivos de comandos también pueden ejecutarse al abrir AutoCAD, sin entrar dentro del editor de dibujo. El formato del comando para ejecutar un archivo de comandos al iniciar AutoCAD es:

RUTA\ACAD [dibujo-exixtente] [/t plantilla] [/v vista] /b archivo-de-comandos

En el siguiente ejemplo, AutoCAD abrirá el dibujo existente (Midib1) y ejecutará el archivo de comandos (Config).

Ejemplo
C:\Archivos de programa\Acad2000\ACAD Midib1 /b Config

donde	**Acad2000**	Subcarpeta de AutoCAD, donde se encuentran los archivos de sistema de AutoCAD.
	ACAD	Archivo acad.exe para ejecutar AutoCAD.
	Midib1	Nombre de un archivo de dibujo existente.
	Config	Nombre del archivo de comandos.

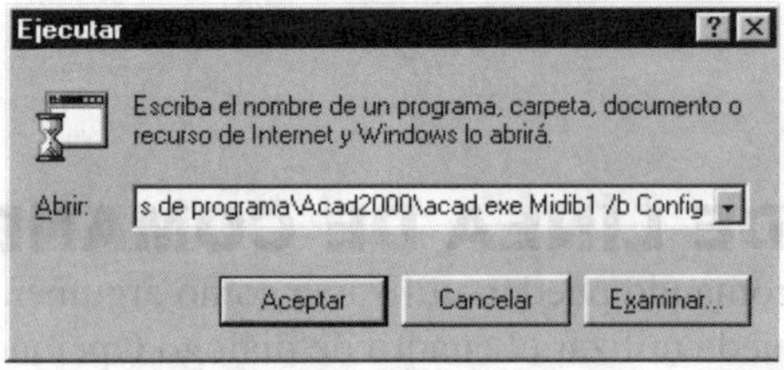

*Figura 17.3. Cuadro de diálogo **Ejecutar** con la instrucción para ejecutar un archivo de comandos al iniciar AutoCAD.*

En el siguiente ejemplo, AutoCAD iniciará un nuevo dibujo basado en la plantilla Plant1y utilizando el nombre predeterminado (S-nombre1). A continuación ejecutará el archivo de comandos Config.

Ejemplo
C:\Archivos de programa\Acad2000\ACAD /t Plant1 /b Config

donde	**Temp1**	Nombre de un archivo de plantilla existente.
	Config	Nombre del archivo de comandos.

o

C:\Archivos de programa\Acad2000\ACAD C:\A2000\Mis plantillas\Plant1 /b Config

donde	**C:\A2000\Mis plantillas**	Ruta del archivo de plantilla.

En el siguiente ejemplo, AutoCAD iniciará un nuevo dibujo utilizando el nombre predeterminado (S-nombre1). A continuación ejecutará el archivo de comandos Config.

Ejemplo
C:\Archivos de programa\Acad2000\ACAD /b Config

donde	**Config**	Nombre del archivo de comandos.

En todos estos ejemplos se ha supuesto que los archivos de sistema de AutoCAD se encuentran en la subcarpeta Acad2000, dentro de la carpeta Archivos de programa de la unidad C:.

Nota

Para ejecutar un archivo de comandos al iniciar AutoCAD, el archivo de dibujo o de plantilla precisado en el comando debe hallarse en la ruta de búsqueda. De no ser así, indique la ruta completa del archivo. No es posible iniciar un nuevo dibujo con un nombre dado.

*No conviene utilizar abreviaturas en los archivos de comandos para evitar confusiones. Por ejemplo, la letra **C** puede utilizarse para indicar la opción **Cerrar** al dibujar líneas; sin embargo, también puede utilizarse como alias para el dibujo de un círculo. La inclusión de ambos tipos de C en el archivo de comandos puede provocar confusión.*

Ejemplo 4

Vamos a crear un archivo de comandos que pueda ejecutarse al iniciar AutoCAD para crear un dibujo con la siguiente configuración (el nombre del archivo será **Script4.scr**):

Rejilla	100
Resolución	20
Límites	0,0
	915,610
Zoom	Todo
Altura del texto	6
LTSCALE	3
DIMSCALE	3

Capas

Nombre	Color	Tipo de línea
OBJ	Rojo	Continuous
CEN	Amarillo	CENTRO
OCU	Azul	LÍNEAS_OCULTAS
ACO	Verde	Continuous

En primer lugar, escribiremos un archivo de comandos y lo guardaremos con el nombre Script4.scr. La siguiente lista corresponde al archivo de comandos para realizar la configuración inicial de un dibujo:

```
REJILLA 100
FORZCURSOR 20
LIMITES 0,0 915,610 ZOOM TODO
MODIVAR TEXTSIZE 6
LTSCALE 3
MODIVAR DIMSCALE 3
CAPA CREAR
OBJ,CEN,OCU,ACO
```

T CENTRO CEN
T LÍNEAS_OCULTAS OCU
O ROJO OBJ
O AMARILLO CEN
O AZUL OCU
O VERDE ACO
(Línea en blanco para INTRO.)

Una vez escrito y guardado el archivo, cierre AutoCAD. Para ejecutar el archivo de comandos Script4, elija **Inicio > Ejecutar** en la barra de tareas e indique lo siguiente en el cuadro combinado **Abrir**:

C:\Archivos de programa\Acad2000\ACAD /t C:\Ejem4 b/ D:\Script4

donde	**ACAD**	Archivo acad.exe para iniciar AutoCAD.
	Ejem4	Nombre del archivo de plantilla.
	Script4	Nombre del archivo de comandos.

En este ejemplo se supone que el archivo de plantilla (ejem4) se encuentra en la unidad C: y el archivo de comandos (Script4) en la unidad D:.

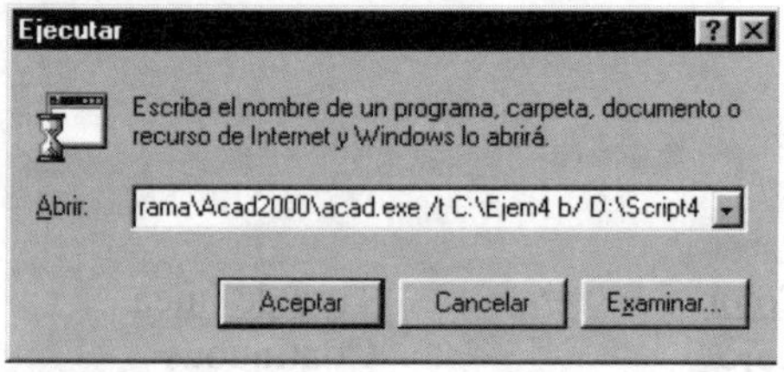

Figura 17.4. *Ejecución del archivo de comandos al iniciar AutoCAD por medio del cuadro de diálogo* ***Ejecutar.***

Haga clic en **Aceptar**. AutoCAD se iniciará y abrirá el archivo Ejem4.dwt. A continuación, el archivo de comandos Script4 se ejecutará automáticamente.

En el siguiente ejemplo, AutoCAD iniciará un nuevo dibujo utilizando el nombre predeterminado (S-nombre1) y ejecutará el archivo de comandos Script4.

Ejemplo
C:\Archivos de programa\Acad2000\ACAD /b Script4

donde	**Script4**	Nombre del archivo de comandos.

Se ha supuesto que los archivos de sistema de AutoCAD se encuentran en la subcarpeta Acad2000, dentro de la carpeta Archivos de programa de la unidad C:.

Ejemplo 5

Escribiremos un archivo de comandos que imprimirá a un tamaño de impresión máximo de 915 por 610 mm utilizando la impresora o el trazador del sistema. Utilizaremos la opción Ventana para seleccionar el dibujo a imprimir.

Antes de escribir un archivo de comandos para imprimir un dibujo, busque las especificaciones del trazador que deben indicarse en el archivo para obtener la salida deseada. Para determinar las entradas a las solicitudes y su secuencia, indicaremos el comando **-TRAZADOR** con el teclado. Anote las entradas realizadas y su secuencia (las correspondientes a su impresora o trazador pueden ser diferentes).

Comando: **-TRAZADOR**
Configuración de impresión detallada? [Sí/No] <No>: **Sí**
Indique nombre de presentación o [?] <Model>: [Intro]
Indique un nombre de dispositivo de salida o [?] <HP DraftMaster II>: [Intro]
Indique tamaño de papel o [?] < A (216 x 279 mm)>: [Intro]
Indique unidades de papel [pulgadas/milímetros] <Milímetros>: **M**
Indique la orientación del papel [Vertical/Horizontal] <Horizontal>: **H**
Imprimir con el anverso hacia abajo? [Sí/No] <No>: **No**
Indique área de impresión [Pantalla/Extensión/Límites/vIsta/ventana] <Pantalla>: **V**
Indique esquina inferior izquierda de ventana <0.000000,0.000000>: **0,0**
Indique esquina superior derecha de ventana <0.000000,0.000000>: **915,610**
Indique escala de impresión (Trazado Milímetros=Unidades de dibujo) o [Ajustar] <Ajustar>: **A**
Indique desfase de impresión (x,y) o [Centro] <0.00,0.00>: **0,0**
Imprimir con estilos de trazado? [Sí/No] <Sí>: **Sí**
Indique nombre de tabla de estilo de trazado o [?] (indique . para ninguna) <>: **.**
Imprimir con grosor de línea? [Sí/No] <Sí>: **Sí**
Suprimir líneas ocultas? [Sí/No] <No>: **No**
Escribir el trazado en archivo [Sí/No] <N>: **No**
Guardar cambios en ficha de presentación [Sí/No]? <N> **No**
¿Proceder a la impresión? [Sí/No] <S>: **Sí**
Área efectiva de trazado: 145.95 de anchura por 218.92 de altura
Imprimiendo ventana gráfica 2.

A continuación puede escribir el archivo de comandos indicando las respuestas a estas solicitudes. Los comentarios situados a la derecha en la siguiente lista no forman parte del archivo.

TRAZADOR
S
(Línea en blanco para INTRO; selección de presentación predeterminado.)
(Línea en blanco para INTRO; selección de impresora predeterminada.)
(Línea en blanco para INTRO; selección de tamaño de papel predeterminado.)
M

H
N
V
0,0
915,610
A
0,0
S
. *(Indique . para no utilizar tabla de estilos de trazado.)*
S
N
N
N
S

Nota

Puede utilizar una línea en blanco para aceptar el valor predeterminado de una solicitud. Una línea en blanco en el archivo de comandos equivale a la entrada INTRO. Sin embargo, quizá no desee aceptar las especificaciones de trazado predeterminadas, pues pueden haber sufrido algún cambio a causa de otro usuario o de otro archivo de comandos. Así pues, indique siempre los valores reales en el archivo de comandos para que, al ejecutar el archivo, no se tomen los valores predeterminados.

Ejercicio 1 — *General*

Escriba un archivo de comandos para imprimir un dibujo de 288' por 192' en una hoja de papel de 36" por 24". La escala del dibujo es 1/8" = 1'. El nombre del archivo de comandos será Script5.scr.

¿QUÉ ES UNA DEMOSTRACIÓN DE FOTOS?

AutoCAD permite utilizar archivos de comandos para combinar las fotos en un archivo de texto y mostrarlas en una secuencia predeterminada. De esta forma podrá generar una demostración de fotos para una presentación. También puede introducir un retardo de tiempo en la visualización y así disponer de tiempo suficiente para ver cada foto.

Los comandos de visualización de AutoCAD también pueden mostrar un dibujo o partes de un dibujo. Por ejemplo, puede utilizar **ZOOM**, **ENCUADRE** u otros comandos para mostrar los detalles deseados. Si el dibujo es muy complicado, puede llevar algo de tiempo mostrar la información deseada y puede resultar imposible obtener las vistas deseadas en la secuencia correcta. Sin embargo, con las demostraciones de fotos podrá organizar las fotos en cualquier orden y presentarlas en una secuencia apropiada. Así mismo, para ahorrar tiempo, también le será de ayuda reducir la distracción que puede provocar el cambio constante en la visualización del dibujo. Además, algunos dibujos son de por sí confidenciales y quizá no desee mostrar algunas partes o vistas de ellos. Las fotos permiten restringir la información presentada a través de ellas. Puede enviar una presentación de fotos a un cliente sin perder por ello el control del dibujo y de la información contenida en él.

¿QUÉ SON LAS FOTOS?

Una **foto** es la captura de una imagen mostrada en la pantalla; es como si tomara una foto con una cámara. A diferencia de los dibujos de AutoCAD, las fotos no contienen ninguna información vectorial, lo que significa que las entidades no tienen ninguna información relacionada con los dibujos. Por ejemplo, las fotos no conservan ninguna información referente a puntos de vista, capas, colores, tipos de líneas o puntos iniciales o finales de línea. Por tanto, las fotos no pueden editarse como los dibujos. Si desea realizar cualquier cambio en la foto, deberá editar el dibujo y, a continuación, sacar una nueva foto del dibujo editado.

COMANDO SACAFOTO

Las fotos se crean por medio del comando **SACAFOTO** de AutoCAD. Si **FILEDIA** está definida en 0, el comando solicitará que indica el nombre del archivo de foto.

Comando: **SACAFOTO**
Indique nombre de archivo de foto que se va a crear <*Predeterminado*>: *Indique el nombre del archivo de foto.*

Ejemplo
Comando: **SACAFOTO**
Indique nombre de archivo de foto que se va a crear <S-nombre1>: **Foto1**

donde	**S-nombre1**	Nombre de archivo de foto predeterminado.
	Foto1	Nombre del archivo de foto.

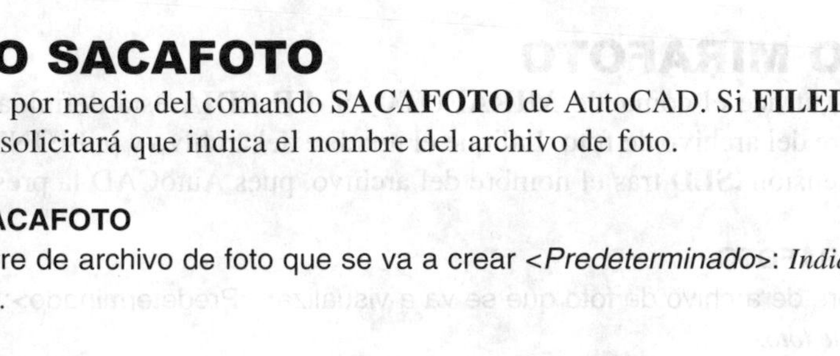

*Figura 17.5. Cuadro de diálogo **Crear archivo de foto.***

Si **FILEDIA** está definida en 1, el comando **SACAFOTO** mostrará en pantalla el cuadro de diálogo **Crear archivo de foto** (figura 17.5). Puede indicar el nombre del archivo de foto en este cuadro de diálogo.

Nota

En espacio modelo, puede utilizar el comando SACAFOTO para sacar una foto de la imagen existente en la ventana gráfica actual.

Si se encuentra en una ventana gráfica de espacio papel, podrá sacar una foto de la imagen en espacio papel, lo cual incluye todas las ventanas flotantes.

Cuando las ventanas gráficas no están activas, el comando SACAFOTO sacará una foto de la pantalla actual.

COMANDO MIRAFOTO

Para ver una foto, utilice el comando **MIRAFOTO**. Si **FILEDIA** está definida en 0, AutoCAD solicitará el nombre del archivo de foto. Indique el nombre del archivo y pulse INTRO. No es necesario añadir la extensión **.SLD** tras el nombre del archivo, pues AutoCAD la presupone.

Comando: **MIRAFOTO**
Indique nombre de archivo de foto que se va a visualizar <Predeterminado>: *Indique el nombre de un archivo de foto.*

Ejemplo
Comando: **MIRAFOTO**
Indique nombre de archivo de foto que se va a visualizar <S-nombre1>: **Foto1**

donde	**S-nombre1**	Nombre de archivo de foto predeterminado.
	Foto1	Nombre del archivo de foto.

Si **FILEDIA** está definida en 1, podrá utilizar el cuadro de diálogo **Seleccionar archivo de foto** (figura 17.6) para ver una foto.

Nota

Una vez vista la foto, puede utilizar el comando REDIBUJA para eliminar la foto y recuperar en la pantalla en dibujo existente.

Cualquier comando que implique un redibujo automático también mostrará el dibujo existente. Por ejemplo, los comandos REJILLA, ZOOM y REGEN mostrarán de nuevo en pantalla el dibujo existente.

Puede ver las fotos en monitores de alta resolución o de baja resolución. AutoCAD ajustará la imagen en función de la resolución del monitor. Sin embargo, si utiliza un monitor de alta resolución, será mejor sacar las fotos en dicho monitor para sacarle el máximo partido.

Figura 17.6. *Cuadro de diálogo **Seleccionar archivo de foto.***

Ejemplo 7

En este ejemplo vamos a escribir un archivo de comandos que genere una presentación de fotos con los siguientes archivos de foto. El tiempo de retardo tras cada foto será de 15 segundos.

Foto1, Foto2, Foto3, Foto4

El primer paso en una demostración de fotos consiste en crear las fotos. La figura 17.7 muestra los dibujos que se han guardado como archivos de foto (Foto1, Foto2, Foto3 y Foto4). El segundo paso será determinar la secuencia en la que dichas fotos deben mostrarse, junto con el retardo de tiempo necesario tras cada una de ellas. Después podrá escribir el archivo de comandos, de extensión **.SCR**, con cualquier editor de texto o con el comando **EDIT** de AutoCAD (si se dispone del archivo **acad.pgp** y **EDIT** está definido en él).

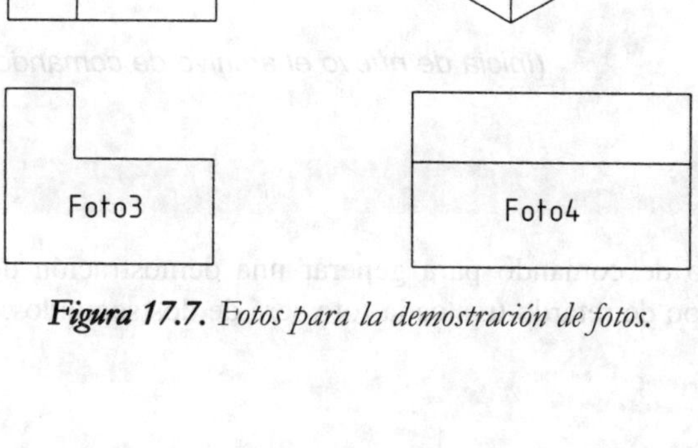

Figura 17.7. *Fotos para la demostración de fotos.*

La siguiente lista corresponde al archivo de comandos utilizado para crear una demostración de fotos con las fotos de la figura 17.7. El nombre del archivo de comandos es Demfoto1.

```
MIRAFOTO Foto1
RETARDA 15000
MIRAFOTO Foto2
RETARDA 15000
MIRAFOTO Foto3
RETARDA 15000
MIRAFOTO Foto4
RETARDA 15000
```

Para ejecutar esta demostración de fotos, indique **SCRIPT** en la solicitud de comando. Después, en el cuadro de diálogo **Seleccionar archivo de comandos**, seleccione el archivo **Demfoto1** y haga clic en **Aceptar**. Las fotos aparecerán en pantalla a intervalos de aproximadamente 15 segundos.

PRECARGA DE FOTOS

En el archivo de comandos del ejemplo 7, la línea 1 (MIRAFOTO Foto1) carga el archivo de foto **Foto1** y lo muestra en pantalla. Tras una pausa de 15 segundos, se inicia la carga del segundo archivo de foto, **Foto2**. Según el ordenador y el tiempo de acceso a disco, podrá apreciar que la carga del segundo archivo de foto lleva algún tiempo; lo mismo puede decirse del resto de las fotos. Para evitar el retraso en la carga de los archivos de foto, AutoCAD ofrece un método para precargar una foto mientras todavía se muestra la foto anterior. Para lograrlo, incluya un asterisco (*) delante del nombre del archivo de foto.

```
MIRAFOTO Foto1          (Muestra la foto Foto1.)
MIRAFOTO *Foto2         (Precarga la foto Foto2.)
RETARDA 15000           (Retardo de15 segundos.)
MIRAFOTO                (Muestra la foto Foto2.)
MIRAFOTO *Foto3         (Precarga la foto Foto3.)
RETARDA 15000           (Retardo de 15 segundos.)
MIRAFOTO                (Muestra la foto Foto3.)
MIRAFOTO *Foto4
RETARDA 15000
MIRAFOTO
RETARDA 15000
RSCRIPT                 (Inicia de nuevo el archivo de comandos.)
```

Ejemplo 8

Escribiremos un archivo de comando para generar una demostración de fotos continua de las siguientes fotos. El tiempo de retardo tras cada foto será de dos segundos.

Foto1, Foto2, Foto3

Los archivos de foto se encuentran en diferentes subcarpetas, tal como se indica a continuación. La subcarpeta Subcar1 es la carpeta actual.

C:\Archivos de programa\Acad2000\ Subcar1 (Foto1)
Subcar2 (Foto2)
Subcar3 (Foto3)

donde	**C:**	Letra de la unidad.
	Archivos de programa\Acad2000	Subcarpeta de AutoCAD.
	Subcar1	Subcarpeta de dibujos.
	Subcar2	Subcarpeta de dibujos.
	Subcar3	Subcarpeta de dibujos.
	Foto1	Archivo de foto en la subcarpeta Subcar1.
	Foto2	Archivo de foto en la subcarpeta Subcar2.
	Foto3	Archivo de foto en la subcarpeta Subcar3.

La siguiente lista corresponde al archivo de comandos que genera una demostración de las fotos:

```
1 MIRAFOTO Foto1
2 RETARDA 2000
3 MIRAFOTO C:\Archivos de programa\Acad2000\Subcar2\Foto2
4 RETARDA 2000
5 MIRAFOTO C:\Archivos de programa\Acad2000\Subcar3\Foto3
6 RETARDA 2000
7 RSCRIPT
```

Línea 1
MIRAFOTO Foto1
En esta línea, el comando **MIRAFOTO** de AutoCAD carga la foto **Foto1**. Como en este ejemplo hemos supuesto que la carpeta actual es **Subcar1** y la foto **Foto1** se encuentra en dicha carpeta, no es necesario indicar la ruta del archivo.

Línea 2
RETARDA 2000
En esta línea, el comando **RETARDA** crea una pausa de aproximadamente 2 segundos antes de que se cargue la siguiente foto.

Línea 3
MIRAFOTO C:\Archivos de programa\Acad2000\Subcar2\Foto2
En esta línea, el comando **MIRAFOTO** de AutoCAD carga la foto **Foto2**, situada en la carpeta **Subcar2**. Al encontrarse el archivo de foto en una carpeta diferente a la actual, se ha indicado la ruta del archivo.

Línea 5
MIRAFOTO C:\Archivos de programa\Acad2000\Subcar3\Foto3
En esta línea, el comando **MIRAFOTO** carga la foto **Foto3**, situada en la carpeta **Subcar3**.

Línea 7
RSCRIPT
En esta línea, el comando **RSCRIPT** ejecuta de nuevo el archivo de comandos y, por tanto, muestra de nuevo las fotos en pantalla. Este proceso continúa indefinidamente hasta que el archivo de comandos se cancela pulsando la tecla ESC o BARRA ESPACIADORA.

DEMOSTRACIONES DE FOTOS CON IMÁGENES MODELIZADAS

Las demostraciones de fotos también pueden contener imágenes modelizadas. De hecho, la utilización de imágenes modelizadas resulta mucho más recomendable a fin de crear presentaciones más dinámicas, entretenidas e interesantes. AutoCAD ofrece las siguientes funciones AutoLISP para la utilización de imágenes modelizadas durante una demostración de fotos.

(C:REPRODUCIR NOMBRE_ARCHIVO TIPO [<DESFASEX> <DESFASEY> <TAMAÑOX> <TAMAÑOY>])

donde:	**C:REPRODUCIR**	Función AutoLISP para llamar al comando **REPRODUCIR** de AutoCAD.
	NOMBRE_ARCHIVO	Nombre del archivo modelizado, sin la extensión. El nombre del archivo debe aparecer entre comillas. Incluya la ruta del archivo en el caso de estructuras de carpetas, pero en tal caso utilice la barra oblicua (/).
	TIPO	Tipo de archivo de modelizado (por ejemplo, BMP, TIF o TGA). El tipo de archivo también debe aparecer entre comillas.
	DESFASEX	Desfase X del archivo modelizado a partir de 0,0.
	DESFASEY	Desfase Y del archivo modelizado a partir de 0,0.
	TAMAÑOX	Tamaño en la dirección X (horizontal) del archivo modelizado a mostrar. Esta información puede obtenerse generalmente al crear el archivo de imagen modelizada con el comando **GUARDARIMG**.
	TAMAÑOY	Tamaño en la dirección Y (vertical) del archivo modelizado a mostrar. Esta información puede obtenerse

generalmente al crear el archivo de imagen modelizada con el comando **GUARDARIMG**.

AutoCAD incluye un archivo llamado biglake.tga como ejemplo de un mapa de textura de fondo (figura 17.8). Para mostrar esta imagen modelizada, indique lo siguiente en la solicitud de comando. Si no indica la ruta del archivo de modelizado, éste deberá encontrarse en la ruta de búsqueda de archivos de soporte de AutoCAD.

(C:REPRODUCIR "C:/Archivos de programa/Acad2000/Textures/biglake" "TGA" 150 50 320 200)

donde:	C:REPRODUCIR	Función AutoLISP para llamar al comando **REPRODUCIR** de AutoCAD.
	"C:/Arch.../BIGLAKE	Nombre del archivo de imagen modelizada, junto con su ruta (unidad y carpetas).
	"TGA"	Tipo del archivo de imagen modelizada.
	150	Desfase X de la imagen mostrada.
	50	Desfase Y de la imagen mostrada.
	320	Tamaño X (horizontal) de la imagen mostrada.
	200	Tamaño Y (vertical) de la imagen mostrada.

Figura 17.8. *Visualización, mediante un archivo de comandos, de una imagen modelizada*

Combinación de fotos e imágenes modelizadas

A continuación se muestra como ejemplo un archivo de comandos (reproducir.scr) que combina la utilización de fotos e imágenes modelizadas de AutoCAD dentro de una misma demostración de fotos. Los archivos "E_" corresponden a imágenes de estructura alámbrica, mientras que los archivos "M_" son imágenes modelizadas. Se supone que los archivos BMP se encuentran en la unidad A:.

```
MIRAFOTO A:\Fotos\E_ROLL
RETARDA 3000
(C:REPRODUCIR "A:/Modelizados/M_ROLL" "BMP" 0 0 944 564)
RETARDA 3000
```

```
MIRAFOTO A:\Fotos\E_BKCASE
RETARDA 3000
(C: REPRODUCIR "A:/Modelizados/M_BKCASE" "BMP" 0 0 944 564)
RETARDA 3000
MIRAFOTO A:\Fotos\E_MOUSE
RETARDA 3000
(C: REPRODUCIR "A:/Modelizados/M_MOUSE" "BMP" 0 0 944 564)
RETARDA 3000
MIRAFOTO A:\Fotos\E_TABLE2
RETARDA 3000
(C: REPRODUCIR "A:/Modelizados/M_TABLE2" "BMP" 0 0 944 564)
RETARDA 3000
MIRAFOTO A:\Fotos\E_MIC_3D
RETARDA 3000
(C: REPRODUCIR "A:/Modelizados/M_MIC_3D" "BMP" 0 0 944 564)
RETARDA 3000
MIRAFOTO A:\Fotos\E_BOX
RETARDA 3000
(C: REPRODUCIR "A:/Modelizados/M_BOX""BMP" 0 0 944 564)
RETARDA 3000
RSCRIPT
```

Preguntas de revisión

Archivos de comandos

1. AutoCAD incorpora una utilidad, los llamados ______________, que permiten combinar diferentes comandos de AutoCAD y ejecutarlos en una secuencia predeterminada.

2. Los archivos __________ pueden utilizarse para generar una demostración de fotos, realizar la configuración inicial del dibujo o trazar un dibujo con determinadas especificaciones.

3. Antes de escribir un archivo de comandos, debe conocer los __________ de AutoCAD y las __________ requeridas en respuesta a las solicitudes de comando.

4. Un archivo de comandos puede incluir varias instrucciones en una línea. (V/F)

5. En un archivo de comando, el __________ se utiliza para termina un comando o la entrada a una solicitud.

6. El comando __________ de AutoCAD permite ejecutar un archivo de comandos.

7. Al ejecutar un archivo de comandos, el archivo de comandos predeterminado coincide con el nombre del __________.

8. Cuando ejecute un archivo de comandos, escriba el nombre del archivo sin su __________.

9. Una de las limitaciones de los archivos de comandos consiste en que toda la información debe encontrarse __________ del archivo.

10. El comando __________ de AutoCAD permite volver a ejecutar un archivo de comandos de forma indefinida hasta su cancelación.

11. En archivo de comandos no puede incluir instrucciones adicionales que permitan __________ el archivo al cumplirse una determinada condición.

12. El comando __________ de AutoCAD introduce un retardo antes de que se ejecute el siguiente comando.

13. El comando **RETARDA** debe ir seguido del tiempo en __________.

14. El comando __________ de AutoCAD continua un archivo de comandos previamente cancelado.

Demostraciones de fotos

15. AutoCAD permite utilizar archivos __________ para combinar las fotos en un archivo de texto y mostrarlas en una secuencia predeterminada.

16. Puede introducirse un __________ en el archivo de comandos y así dar tiempo suficiente para ver cada una de las fotos.

17. Una __________ es la captura de una imagen mostrada en la pantalla.

18. Las fotos no contienen ninguna información __________, lo que significa que las entidades no tienen ninguna información relacionada con los dibujos.

19. Las fotos pueden editarse como los dibujos. (V/F)

20. Las fotos pueden crearse por medio del comando __________.

21. En espacio modelo, puede utilizar el comando **SACAFOTO** para sacar una foto de la imagen existente en la ventana gráfica __________.

22. Si se encuentra en una ventana gráfica de espacio papel, podrá sacar una foto de la imagen en espacio papel, lo cual __________ todas las ventanas flotantes.

23. Para ver una foto utilice el comando __________.

24. Si desea realizar cualquier cambio en la foto deberá __________ el dibujo y, a continuación, sacar una nueva foto del dibujo editado.

Ejercicios

Ejercicio 2 — *General*

Escriba un archivo de comandos que realice la siguiente configuración inicial para un nuevo dibujo:

Límites	0,0 610,457
Rejilla	20
Resolución	5
Orto	ACT
Resolución	ACT
Zoom	Todo
Grosor de polilínea	0.02
Polilínea	0,0 610,0 610,457 0,417 0,0
Unidades de longitud	Decimales 2 dígitos decimales.
Unidades de ángulo	Grados decimales 2 dígitos decimales. Dirección del ángulo 0 según el eje X positivo. Medida de ángulos en sentido contrario a las agujas del reloj.
LTSCALE	1.5

Capas

Nombre	Color	Tipo de línea
OBJ	Rojo	Continuous
CEN	Amarillo	CENTRO
OCU	Azul	LÍNEAS_OCULTAS
ACO	Verde	Continuous

Ejercicio 3 — *General*

Escriba un archivo de comandos que trace un dibujo dado de acuerdo con las siguientes especificaciones. (Utilice el trazador para el que esté configurado su sistema y ajuste los valores en concordancia.)

Trazado con la opción Ventana.
Tamaño de la ventana (0,0 24,18).
No imprimir en archivo.
Unidades de papel en pulgadas.
Origen de trazado (0,0).
Tamaño máximo de impresión (8.5,11 o el menor tamaño disponible en su impresora/trazador).

Rotación de 90 grados para el trazado.
Sin eliminación de líneas ocultas.
Escala de impresión (Ajustar).

Ejercicio 4 — *General*

Escriba un archivo de comandos que gire de forma continua una línea a incrementos de 10 grados según su punto medio (figura 17.9). El retardo de tiempo entre incrementos ha de ser de un segundo.

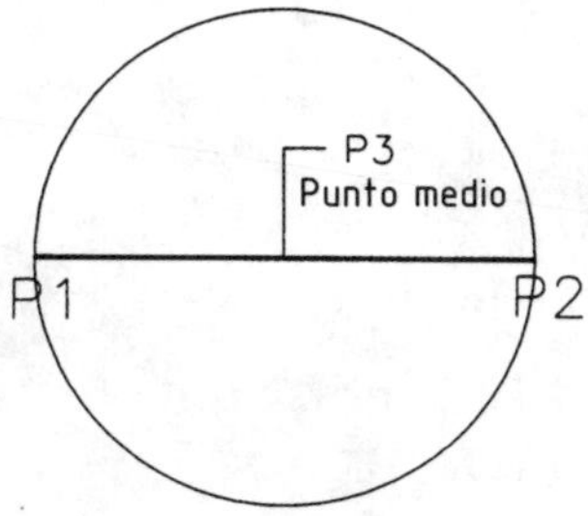

Figura 17.9. *Dibujo para el ejercicio 4.*

Ejercicio 5 — *General*

Realice las fotos mostradas en la figura 17.10 y escriba un archivo de comandos para una demostración de fotos continua. Configure un retardo de 3 segundos entre fotos. (No tiene por qué utilizar las fotos de la figura 17.10; puede utilizar las fotos que desee.)

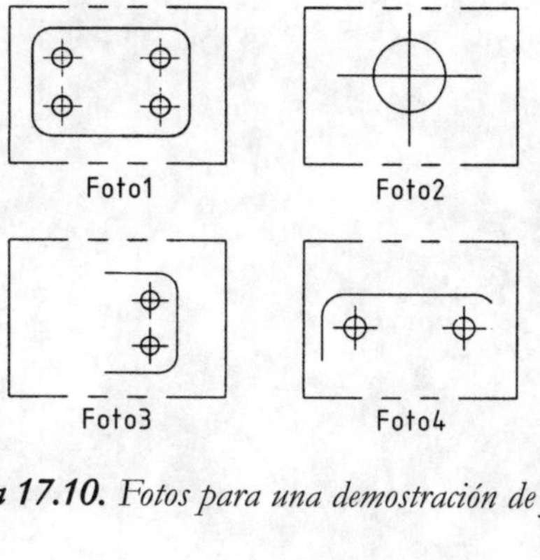

Figura 17.10. *Fotos para una demostración de fotos.*

Capítulo 18

Creación de tipos de línea y patrones de sombreado

Objetivos del estudio

Tras completar este capítulo, será capaz de:

Tipos de línea:

- *Escribir definiciones de tipo de línea.*
- *Crear diferentes tipos de línea.*
- *Crear archivos de tipo de línea.*
- *Determinar ESCALATL para imprimir el dibujo con las especificaciones dadas.*
- *Definir tipos de línea alternativos y modificar los tipos de línea existentes.*
- *Crear tipos de línea complejos con formas y con texto.*

Patrones de sombreado:

- *Comprender la definición de patrón de sombreado.*
- *Crear nuevos patrones de sombreado.*
- *Determinar el efecto del ángulo y del factor de escala en el sombreado.*
- *Crear patrones de sombreado con varios descriptores.*
- *Guardar patrones de sombreado en un archivo aparte.*
- *Definir un archivo de sombreado personalizado.*

TIPOS DE LÍNEA ESTÁNDAR

El paquete de software de AutoCAD incluye una biblioteca de tipos de línea estándar; un total de 38 tipos diferentes, incluyendo los tipos de línea ISO. Estos tipos de línea están almacenados en el archivo **acadiso.lin**. AutoCAD permite modificar los tipos de línea existentes o crear otros nuevos.

DEFINICIÓN DE TIPOS DE LÍNEA

Toda definición de tipo de línea consta de dos partes: línea de encabezamiento y línea de patrón.

Línea de encabezamiento

La **línea de encabezamiento** está formada por un asterisco (*) seguido del nombre del tipo de línea y su descripción. El nombre y la definición del tipo de línea deben separarse con una coma. Si no se incluye descripción, la coma que separa nombre y descripción puede omitirse.

El formato de la línea de encabezamiento es:

***Nombre de tipo de línea, Descripción**

Ejemplos

*LÍNEAS_OCULTAS,trazos medios __ __ __ __ __ __ __ __ __ __

donde	*	Signo de asterisco.
	LÍNEAS_OCULTAS	Nombre del tipo de línea.
	,	Coma.
	trazos medios __ __	Descripción del tipo de línea.

Todas las definiciones de tipo de línea requieren un nombre de tipo de línea. Cuando desee cargar un tipo de línea o asignar un tipo de línea a un objeto, AutoCAD reconocerá el tipo de línea por el nombre que se haya asignado a su definición. Los nombres elegidos deben facilitar el reconocimiento del tipo de línea. Por ejemplo, el nombre LINEAFCX no da al usuario ninguna idea sobre el tipo de línea. Sin embargo, un nombre como TRAZO_PUNTO permite comprender de forma más fácil el tipo de línea que el usuario puede esperar.

La descripción de tipo de línea incluye una representación textual de la línea. Esta descripción puede crearse por medio de trazos, puntos y espacios incluidos con el teclado. AutoCAD utiliza esta información cuando desee mostrar en pantalla los tipos de línea por medio de la opción **?** del comando **-TIPOLIN** o con el cuadro de diálogo **Administrador de tipos de línea**. La descripción de tipo de línea no puede exceder de 47 caracteres.

Línea de patrón

La línea de patrón contiene la definición del patrón de la línea. La definición del patrón de línea consta de un campo correspondiente a la alineación y de las especificaciones del tipo de línea. Ambos elementos aparecen separados por una coma.

El formato de la línea de patrón es:

***Nombre de tipo de línea, Descripción**

Ejemplos

*A,12,-6

donde	**A**	Campo de alineación.
	,	Coma.
	6,-3	Especificación de tipo de línea.

La letra utilizada para especificar el campo de alineación es la letra A. Éste es el único campo de alineación admitido por AutoCAD; por este motivo, la línea de patrón siempre comenzará con la letra A. La especificación de tipo de línea define la configuración del patrón de trazos y puntos que genera la línea. Puede indicar un máximo de 12 especificaciones de longitud de trazo para un mismo tipo de línea, siempre que la definición del patrón quepa en una línea de 80 caracteres.

ELEMENTOS EN LA ESPECIFICACIÓN DE TIPO DE LÍNEA

Todos los tipos de línea están formados por la combinación de elementos básicos según la configuración deseada. En la definición de un patrón de tipo de línea pueden utilizarse tres elementos básicos:

Trazo	(Plumilla bajada)
Punto	(Plumilla bajada, longitud cero)
Espacio	(Plumilla levantada)

Ejemplos

____ . ____ . ____ . ____ . ____

donde	**.**	Punto (plumilla bajada con longitud cero).
	Espacio en blanco	Espacio (plumilla levantada).
	____	Trazo (plumilla bajada con longitud dada).

Los trazos se generan al definir un número positivo. Por ejemplo, .5 generará un trazo de 0.5 unidades de longitud. De forma parecida, los espacios se generan por medio de un número negativo. Por ejemplo, -.2 generará un espacio de 0.2 unidades de longitud. El punto se genera al definir una longitud 0.

Ejemplos

A, 25.4, -12.7, 0, -12.7

donde	**0**	Punto (longitud cero).
	25.4	Longitud de trazo (plumilla bajada).
	-12.7	Longitud de espacio (plumilla alzada).

CREACIÓN DE TIPOS DE LÍNEA

Antes de crear un tipo de línea debe decidir qué tipo de línea desea crear. Dibuje la línea en un papel y mida la longitud de todos los elementos que constituyen el patrón de la línea. Basta con definir el patrón, pues éste se repite al dibujar la línea. Puede crear o modificar tipos de línea con alguno de los siguientes métodos:

Con el comando TIPOLIN de AutoCAD.
Con un editor de texto (como el Bloc de notas).

Consideremos el siguiente ejemplo para crear un nuevo tipo de línea. En primer lugar utilizaremos el comando **TIPOLIN** de AutoCAD y, a continuación, utilizaremos un editor de texto.

Ejemplo 1

Utilizando el comando **-TIPOLIN** de AutoCAD crearemos el tipo de línea TRAZO_Y_3PUNTOS (figura 18.1) con las siguientes especificaciones:

Longitud del primer trazo: 12.7
Espacio en blanco: 3.175
Punto
Espacio en blanco: 3.175
Punto
Espacio en blanco: 3.175
Punto
Espacio en blanco: 3.175

Utilización del comando TIPOLIN de AutoCAD

Para crear un tipo de línea por medio del comando **-TIPOLIN** de AutoCAD, asegúrese primero de que se encuentra en el editor de dibujo. Indique después el comando **-TIPOLIN** y seleccione la opción **cRear** para crear un tipo de línea.

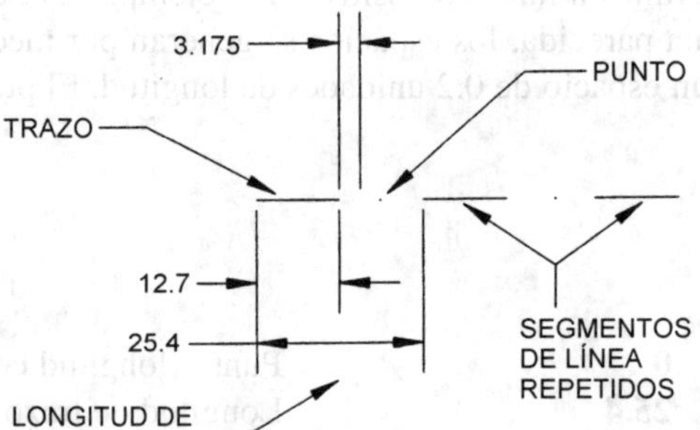

Figura 18.1. *Especificaciones de tipo de línea para* TRAZO_Y_3PUNTOS.

Comando: **-TIPOLIN**
Tipo de línea actual: "*Actual*"
Indique una opción [?/cRear/Cargar/Definir]: **R**

Tras la siguiente solicitud, indique el nombre del tipo de línea que desea crear:

Indique nombre de tipo de línea que se va a crear: **TRAZO_Y_3PUNTOS**

Si **FILEDIA** está definida en 1, aparecerá en pantalla el cuadro de diálogo **Crear o añadir archivo de tipo de línea** (figura 18.2). Si **FILEDIA** está definida en 0, tras la siguiente solicitud deberá indicar el nombre del archivo de biblioteca donde desea almacenar la definición de tipo de línea:

Indique nombre de archivo de tipo de línea para nueva definición de tipo de línea
<*Predeterminado*>: **acadiso**

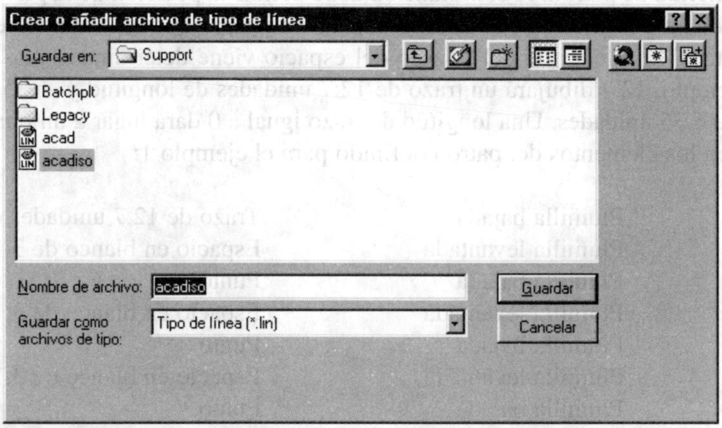

Figura 18.2. *cuadro de diálogo* ***Crear o añadir archivo de tipo de línea.***

Si el tipo de línea ya existe, aparecerá el siguiente mensaje en la pantalla:

Espere, se está comprobando si el tipo de línea ya está definido...
"*Tipo de línea*" ya existe en este archivo. La definición actual es:
Línea de encabezamiento
Línea de patrón
¿Desea reemplazarlo? <N>

Si desea definir de nuevo el estilo de línea existente, indique **S**. En otro caso, indique **N** o pulse INTRO; después podrá repetir el proceso con un nombre distinto para el tipo de línea.

Una vez indicado el nombre del tipo de línea y el archivo de biblioteca, AutoCAD solicitará que indique un texto de descripción y el patrón de la línea.

Texto de descripción: ____ . . . ____ . . .
Indique patrón de tipo de línea (en la siguiente línea):
A,12.7,-3.175,0,-3.175,0,-3.175,0,-3.175

Texto de descripción

La longitud de la descripción no puede exceder de 47 caracteres. En este ejemplo, la descripción está formada por trazos y puntos. Sin embargo, puede incluir cualquier texto o cadena alfanumérica. AutoCAD incluirá automáticamente la coma de separación entre el nombre y la descripción en la línea de encabezamiento. La descripción aparecerá en pantalla cuando liste los diferentes tipos de línea.

Patrón

El patrón de tipo de línea debe comenzar con una definición de alineación. Actualmente, AutoCAD sólo admite un tipo de alineación, llamada A. Por este motivo, el carácter A aparece automáticamente tras la solicitud de patrón. A continuación debe definir la posición de la plumilla. Los números positivos indican posiciones de "plumilla bajada", mientras que los valores negativos indican "plumilla levantada". La longitud del trazo o del espacio viene determinado por la magnitud del número. Por ejemplo, 12.7 dibujará un trazo de 12.7 unidades de longitud y -6.35 dejará un espacio en blanco de 6.35 unidades. Una longitud de trazo igual a 0 dará lugar a un punto. A continuación se describen los elementos del patrón definido para el ejemplo 1:

12.7	Plumilla bajada	Trazo de 12.7 unidades de longitud.
-3.175	Plumilla levantada	Espacio en blanco de 3.175 unidades.
0	Plumilla bajada	Punto.
-3.175	Plumilla levantada	Espacio en blanco de 3.175 unidades.
0	Plumilla bajada	Punto.
-3.175	Plumilla levantada	Espacio en blanco de 3.175 unidades.
0	Plumilla bajada	Punto.
-3.175	Plumilla levantada	Espacio en blanco de 3.175 unidades.

Una vez indicada la definición del patrón, AutoCAD guardará el tipo de línea (TRAZO_Y_3PUNTOS) en el archivo **acadiso.lin**. El tipo de línea puede cargarse utilizando la opción **Cargar** del comando **-TIPOLIN**.

Utilización de un editor de texto

También puede utilizar un editor de texto (como el Bloc de notas) para crear un nuevo tipo de línea. Si decide utilizar el editor de texto, abra el archivo e inserte las líneas que definan el nuevo tipo de línea. La siguiente lista corresponde a una parte del archivo **acadiso.lin** tras añadir un nuevo tipo de línea al archivo.

```
*MORSE_G,Morse G __ __ . __ __ . __ __ . __ __ . __ __ .
A, 12.7, -6.35, 12.7, -6.35, 0, -6.35
*MORSE_G2,Morse G (.5x) __.__.__.__.__.__.__.__.__.
A, 6.35, -3.175, 6.35, -3.175, 0, -3.175
*MORSE_Gx2,Morse G (2x) ____  ____  .  ____  ____  .  ___
A, 25.4, -12.7, 25.4, -12.7, 0, -12.7

*CENTRO,Centro ____ _ ____ _ ____ _ ____ _ ____ _ ____
```

```
A, 31.75, -6.35, 6.35, -6.35
*CENTRO2,Centro (.5x) ___ _ ___ _ ___ _ ___ _ ___
A, 19.05, -3.175, 3.175, -3.175
*CENTROx2,Centro (2x) _______ __ _______ __ _____
A, 63.5, -12.7, 12.7, -12.7

*PUNTOS,Puntos . . . . . . . . . . . . . . . . . . . . . . .
A, 0, -6.35
*PUNTOS2,Puntos (.5x) ......................................
A, 0, -3.175
*PUNTOSX2,Puntos (2x) . . . . . . . . . . . . . .
A, 0, -12.7

*LÍNEAS_OCULTAS,Líneas ocultas __ __ __ __ __ __ __ __ __ __ __ __ __ __
A, 6.35, -3.175
*LÍNEAS_OCULTAS2,Líneas ocultas (.5x) _ _ _ _ _ _ _ _ _ _ _ _ _ _ _ _ _ _ _ _
A, 3.175, -1.5875
*LÍNEAS_OCULTASX2,Líneas ocultas (2x) ____ ____ ____ ____ ____
A, 12.7, -6.35

*AGUA_CALIENTE,Agua caliente ---- HW ---- HW ---- HW ----
A,12.7,-5.08,["HW",STANDARD,S=2.54,R=0.0,X=-2.54,Y=-1.27],-5.08
*GAS,Gas ----GAS----GAS----GAS----GAS----GAS----GAS--
A,12.7,-5.08,["GAS",STANDARD,S=2.54,R=0.0,X=-2.54,Y=-1.27],-6.35
*ZIGZAG,Zigzag /\/\/\/\/\/\/\/\/\/\/\/\/\/\/\/\/\/\/\/\/\/\/\/\/\/\/\/\/\/\/\/\/\/\/\/\/\/\/\/\/\/\/\/\/\/\/\/\/\/\/\/\/
A,.00254,-5.08,[ZIG,ltypeshp.shx,x=-5.08,s=5.08],10.16,[ZIG,ltypeshp.shx,r=180,x=5.08,s=
5.08],-5.08
*TRAZO_Y_3PUNTOS, ___ . . . ___ . . . ___
A,12.7,-3.175,0,-3.175,0,-3.175,0,-3.175
```

Las dos últimas líneas de este archivo definen el nuevo tipo de línea, TRAZO_Y_3PUNTOS. La línea de encabezamiento incluye el nombre y la descripción. La siguiente línea contiene la alineación y la definición del patrón. Guarde el archivo y, a continuación, cárguelo con la opción **Cargar** del comando **-TIPOLIN**. La figura 18.3 muestra como ejemplo algunas líneas creadas con este tipo de línea.

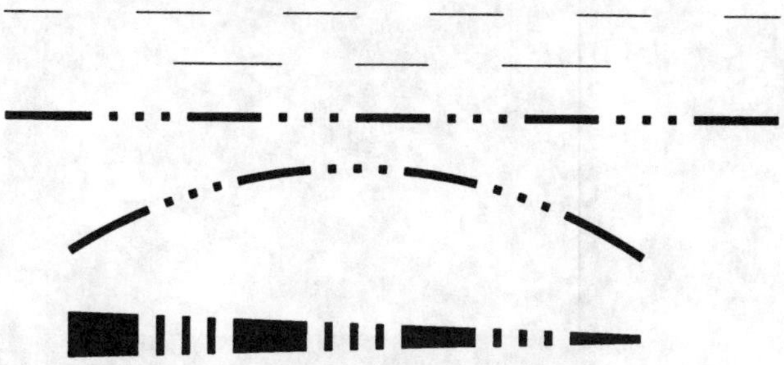

Figura 18.3. *Líneas creadas con el tipo de línea TRAZO_Y 3PUNTOS.*

Nota

Si modifica el factor ***LTSCALE****, todas las líneas del dibujo se verán afectadas por la nueva relación.*

CREACIÓN DE ARCHIVOS DE TIPO DE LÍNEA

Puede iniciar un nuevo archivo de tipo de línea y añadir las definiciones de línea en él. Utilice cualquier editor de texto, como el Bloc de notas, para iniciar un nuevo archivo (nuevotl1.lin). Para definir el tipo de línea TRAZO_Y_3PUNTOS, añada las siguientes dos líneas al archivo:

***TRAZO_Y_3PUNTOS, ___ . . . ___ . . . ___**
A,12.7,-3.175,0,-3.175,0,-3.175,0,-3.175

Puede cargar el tipo de línea TRAZO_Y_3PUNTOS por medio de la opción **Cargar** del comando **-TIPOLIN**.

Comando: **-TIPOLIN**
Tipo de línea actual: "*Actual*"
Indique una opción [?/cRear/Cargar/Definir]: **C**
Indique tipo(s) de línea que se va(n) a cargar: **TRAZO_Y_3PUNTOS**
Indique nombre de archivo de tipos de línea que se van a buscar: <*Predeterminado*>: **nuevotl1**

También puede cargar el tipo de línea con el botón **Cargar** del cuadro de diálogo **Administrador de tipos de línea** (figura 18.4). Para abrir este cuadro de diálogo, indique **TIPOLIN** en la solicitud de comando o elija la opción **Tipo de línea** del menú **Formato**.

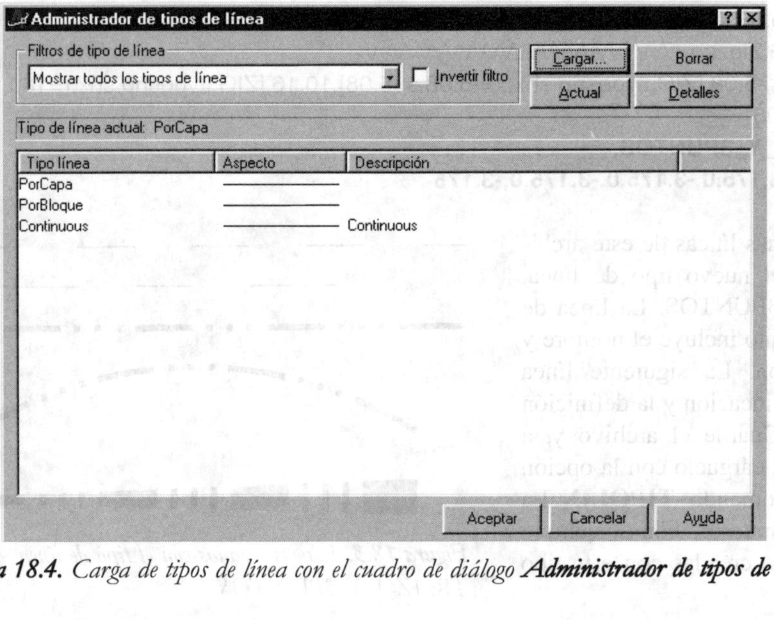

Figura 18.4. *Carga de tipos de línea con el cuadro de diálogo* ***Administrador de tipos de línea.***

ALINEACIÓN

La alineación determina la la disposición del patrón al inicio y al final de la línea, círculo o arco. En otras palabras, la línea siempre comenzará y terminará con un trazo. La definición de alineación A requiere que el primer elemento sea un trazo o un punto (plumilla bajada), seguido de un espacio en blanco (plumilla levantada). El número mínimo de segmentos de trazo para la alineación A es de dos. Si no hay espacio suficiente para la línea, AutoCAD dibujará una línea continua.

Por ejemplo, en el tipo de línea TRAZO_Y_3PUNTOS del ejemplo 1, la longitud de cada segmento de línea es 25.4 (12.7 + 3.175 + 3.175 + 3.175 + 3.175). Si la longitud de la línea es inferior a 25.4 unidades, la línea aparecerá como línea continua (figura 18.5). Si la longitud de la línea es 25.4 o superior, se dibujará de acuerdo con el tipo de línea TRAZO_Y_3PUNTOS. AutoCAD ajustará automáticamente la longitud de los trazos y la línea siempre comenzará y terminará con un trazo. La longitud de los trazos inicial y final tendrá como mínimo la mitad de la longitud definida en el archivo. Si, por ejemplo, la longitud del trazo precisada en el archivo es 12.7, la longitud de los trazos inicial y final será de al menos 6.35 unidades. A fin de ajustar una línea de forma que comience y termine con un trazo, la longitud de dichos trazos también aumentará (figura 18.5).

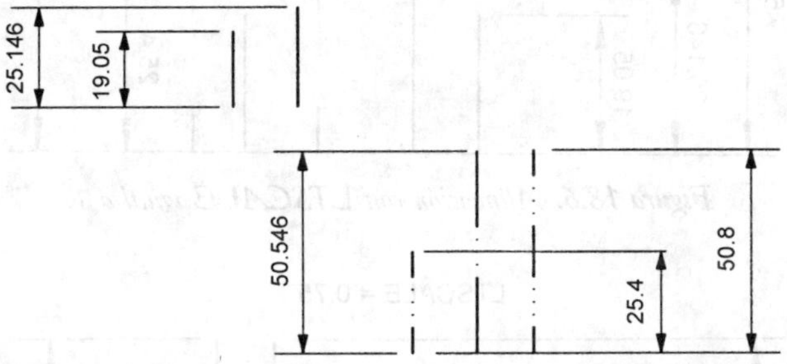

Figura 18.5. *Alineación del tipo de línea TRAZO_Y_3PUNTOS.*

COMANDO ESCALATL

Como ya hemos mencionado anteriormente, cada segmento de línea del tipo de línea TRAZO_Y_3PUNTOS tiene una longitud de 25.4 (12.7 + 3.175 + 3.175 + 3.175 + 3.175). Si dibuja una línea inferior a 25.4 unidades de longitud, AutoCAD dibujará un único trazo cuyo aspecto será el de una línea continua (figura 18.6). Este problema puede rectificarse definiendo en un valor menor la variable de sistema **LTSCALE**, que controla el factor de escala de tipo de línea. A tal fin puede utilizar el comando de AutoCAD **ESCALATL**:

Comando: **ESCALATL**
Indique nuevo factor de escala del tipo de línea <1.0000>: *Indique el nuevo valor.*

El valor predeterminado de **LTSCALE** es 0. Si define **LTSCALE** en 0.75, la longitud de cada segmento se verá reducida un 25 por ciento. En este caso, si por ejemplo dibuja una línea de 19.05 unidades (25.4 x 0.75 = 19.05) con el tipo de línea TRAZOS_Y_3PUNTOS, AutoCAD la dibujará de acuerdo con la definición del patrón (figuras 18.6 y 18.7).

La apariencia de las líneas también se ve afectada por los límites del dibujo. La mayoría de los tipos de línea de AutoCAD resultan adecuadas para un dibujo de límites 420,297. La figura 18.9 muestra una línea de tipo de línea TRAZOS_Y_3PUNTOS con una longitud de 101.6 mm dentro de los límites 420,297. Si incrementa los límites a 1680,1188 las líneas aparecerán como líneas continuas. Si desea que la línea aparezca tal como previamente aparecía **en la pantalla**, puede modificar la variable **LTSCALE**. Como los límites del dibujo se han aumentado cuatro veces, **LTSCALE** deberá aumentarse la misma cantidad. Si cambia el factor de escala a cuatro, los segmentos de línea también se multiplicarán por un factor de cuatro. Tal como muestra la figura 18.8, la longitud de los trazos inicial y final ha aumentado hasta 25.4 unidades.

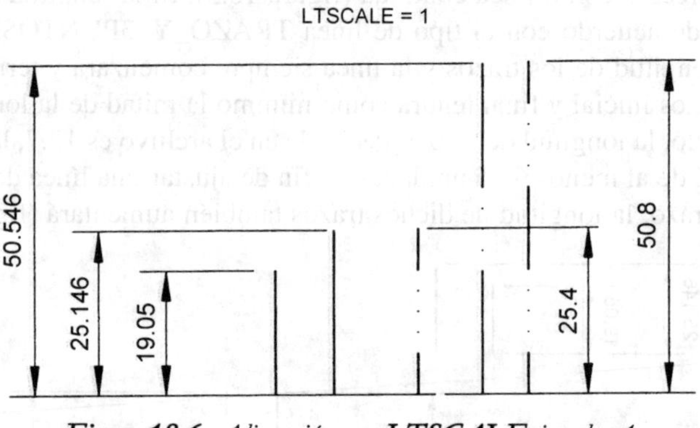

Figura 18.6. *Alineación con* ***LTSCALE*** *igual a 1.*

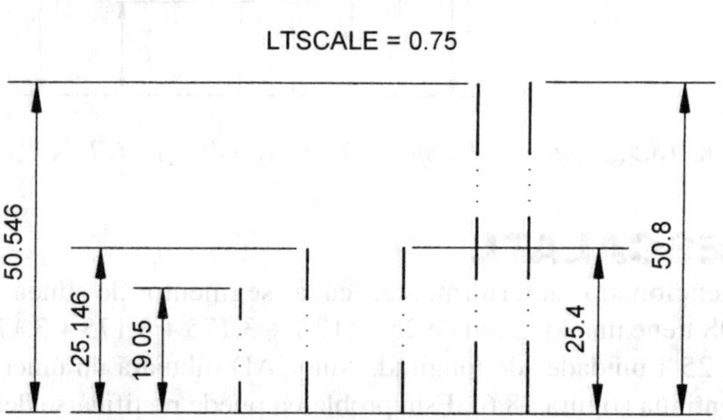

Figura 18.7. *Alineación con* ***LTSCALE*** *igual a 0.75.*

En general, el factor **LTSCALE** aproximado para la representación en pantalla puede obtenerse dividiendo el límite X del dibujo por el límite X predeterminado (420).

Factor LTSCALE para presentación de pantalla = Límite X del dibujo/420

Ejemplo

Los límites del dibujo son 1680,1188

Factor **LTSCALE** para presentación en pantalla = 1680/420 = 4

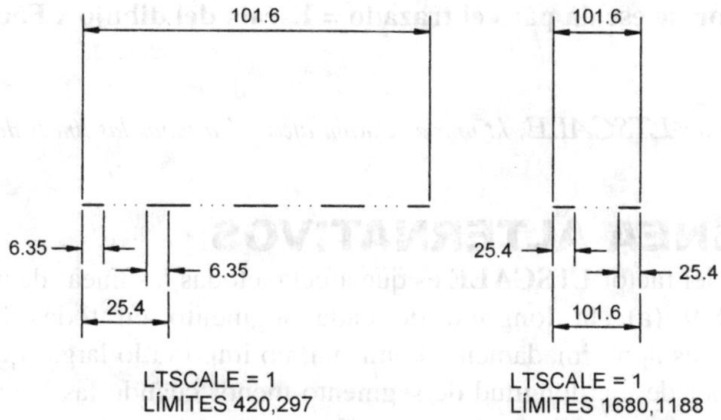

Figura 18.8. *Tipo de línea TRAZO_Y_3PUNTOS antes y después de cambiar LTSCALE.*

FACTOR LTSCALE PARA EL TRAZADO

El factor **LTSCALE** para el trazado depende del tamaño de la hoja de papel que utilice para imprimir el dibujo. Por ejemplo, si los límites son 420 por 297, la escala del dibujo es 1:1 y desea imprimir en una hoja de papel de 420 por 297 mm, el factor **LTSCALE** será 1. Si comprueba en el archivo acadiso.lin la especificación de una línea oculta, la longitud de cada trazo es 6.35. Por tanto, al imprimir un dibujo con escala 1:1, la longitud de cada trazo de la línea oculta será de 6.35 mm.

Sin embargo, si la escala del dibujo es 1:8 y desea imprimir el dibujo en un papel de 420 por 297 mm, el factor **LTSCALE** debe ser 8. La longitud de cada trazo de la línea oculta se multiplicará por 8, pues el factor **LTSCALE** es 8. Así pues, la longitud de cada trazo será de 50.8 unidades (6.35 x 8 = 50.8). A la hora de imprimir, el factor de escala para el trazado debe ser 1:8 con objeto de imprimir el dibujo de 3360 por 2376 en un papel de tamaño 420 por 297 mm. Cada trazo de la línea oculta que tenía 50.8 unidades de longitud, una vez impreso, tendrá una longitud de 6.35 mm (50.8/8 = 6.35). De igual forma, si el tamaño deseado para el texto en el papel es de 3 mm, su altura en el dibujo deberá ser de 24 unidades (3 x 8 = 24).

Factor LTSCALE para el trazado = Escala del dibujo

Puede suceder que el trazador no sea capaz de imprimir tamaños muy grandes o quizá desee reducir el tamaño de trazado para que el dibujo se ajuste dentro de cierto espacio. Para obtener el tamaño adecuado de los trazos en líneas ocultas, de centro o de otro tipo, deberá ajustar el factor **LTSCALE**. Por ejemplo, si desea trazar el dibujo mencionado antes en un área de 297 por 210 mm, el factor de corrección será:

Factor de corrección = 420/297
= 1.4141

Nuevo factor **LTSCALE** = Factor **LTSCALE** x Factor de corrección
= 8 x 1.4141
= 11.3131

Nuevo factor de escala para el trazado = Escala del dibujo x Factor de corrección

Nota

Si cambia el factor LTSCALE, la nueva relación afectará a todas las líneas del dibujo.

TIPOS DE LÍNEA ALTERNATIVOS

Uno de los problemas del factor **LTSCALE** es que afecta a todas las líneas de un dibujo. Tal como muestra la figura 18.9 (a), la longitud de cada segmento en todas las líneas de tipo TRAZO_Y_3PUNTOS es aproximadamente la misma, no importa lo largas que sean dichas líneas. Quizá desee disponer de una longitud de segmento menor cuando las líneas son cortas y una longitud de segmento mayor cuando las líneas son largas. Para lograrlo puede utilizar la variable de sistema CELTSCALE (explicada más adelante en este capítulo) o definir un tipo de línea alternativa con diferente longitud de segmento. Por ejemplo, puede definir dos tipos de línea, TRAZO_Y_3PUNTOS y TRAZO_Y_3PUNTOSX con diferentes especificaciones de patrón.

```
*TRAZO_Y_3PUNTOS, __ . . . __ . . . __
A,12.7,-3.175,0,-3.175,0,-3.175,0,-3.175
*TRAZO_Y_3PUNTOSX,____ . . . ____
A,25.4,-6.75,0,- 6.75,0,- 6.75,0,- 6.75
```

La longitud de segmento del tipo de línea TRAZO_Y_3PUNTOS es 25.4, mientras que en el caso de TRAZO_Y_3PUNTOSX es de 50.8. Puede disponer de varios tipos de línea alternativos para generar las líneas con diferentes longitudes de segmento. La figura 18.9 (b) muestra las líneas creadas con los tipos TRAZO_Y_3PUNTOS y TRAZO_Y_3PUNTOSX.

Nota

Aun cuando puede utilizar diferentes tipos de línea con diferentes longitudes de segmento, el factor ***LTSCALE*** *afectará por igual a todas las líneas. Por ejemplo, si el factor* ***LTSCALE*** *es 0.5, la longitud de segmento del tipo de línea TRAZO_Y_3PUNTOS será de 12.7 unidades y la de TRAZO_Y_3PUNTOSX será de 25.4 unidades.*

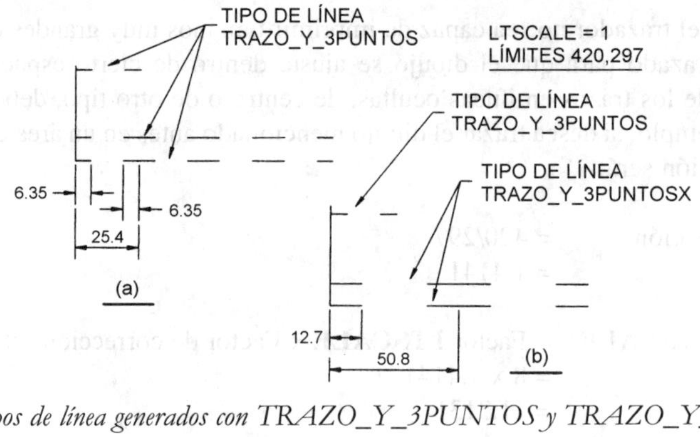

Figura 18.9. *Tipos de línea generados con TRAZO_Y_3PUNTOS y TRAZO_Y_3PUNTOSX.*

MODIFICACIÓN DE TIPOS DE LÍNEA

También puede modificar los tipos de línea ya definidos en el archivo acadiso.lin. Necesitará un editor de texto, como el Bloc de notas. También puede utilizar la función **EDIT** de DOS o el comando **EDIT** de AutoCAD (siempre que se disponga del archivo acad.pgp y **EDIT** esté definido en él). Por ejemplo, supongamos que desea cambiar la longitud de trazo del tipo de línea MORSE_G de 12.7 a 19.05. Abra el archivo y edite la línea de patrón del tipo de línea MORSE_G. La siguiente lista muestra el contenido del archivo acadiso.lin tras modificar los tipos de línea MORSE_G y CENTROx2.

```
;; Archivo de tipos de línea ISO de AutoCAD
;; Versión 1.0
;; Copyright (C) 1996 por Autodesk, Inc.
;;
;; personalizado para escalas ISO
;;
*MORSE_G,Morse G __ __ . __ __ . __ __ . __ __ . __ __ .
A, 19.05, -6.35, 19.05, -6.35, 0, -6.35
*MORSE_G2,Morse G (.5x) __.__.__.__.__.__.__.__.__.__.
A, 6.35, -3.175, 6.35, -3.175, 0, -3.175
*MORSE_Gx2,Morse G (2x) ____ ____ . ____ ____ . ___
A, 25.4, -12.7, 25.4, -12.7, 0, -12.7

*CENTRO,Centro ____ _ ____ _ ____ _ ____ _ ____ _ ____
A, 31.75, -6.35, 6.35, -6.35
*CENTRO2,Centro (.5x) ___ _ ___ _ ___ _ ___ _ ___ _ ___
A, 19.05, -3.175, 3.175, -3.175
*CENTROx2,Centro (2x) ________ __ ________ __ _____
A, 88.9, -12.7, 12.7, -12.7

*TRAZO_Y_PUNTO,Trazo y punto __ . __ . __ . __ . __ . __ . __
A, 12.7, -6.35, 0, -6.35
*TRAZO_Y_PUNTO2,Trazo y punto (.5x) _._._._._._._._._._._._._._.
A, 6.35, -3.175, 0, -3.175
*TRAZO_Y_PUNTOX2,Trazo y punto (2x) ____ . ____ . ____
A, 25.4, -12.7, 0, -12.7

*TRAZOS,Trazos __ __ __ __ __ __ __ __ __ __ __ __ __ _
A, 12.7, -6.35
*TRAZOS2,Trazos (.5x) _ _ _ _ _ _ _ _ _ _ _ _ _ _ _ _ _ _
A, 6.35, -3.175
*TRAZOSX2,Trazos (2x) ____ ____ ____ ____ ____ ___
A, 25.4, -12.7

*MORSE_D,Morse D ____ . . ____ . . ____ . . ____ . . ____
```

```
A, 12.7, -6.35, 0, -6.35, 0, -6.35
*MORSE_D2,Morse D (.5x) __..__..__..__..__..__..__..
A, 6.35, -3.175, 0, -3.175, 0, -3.175
*MORSE_DX2,Morse D (2x) ________ . . ________ . . _
A, 25.4, -12.7, 0, -12.7, 0, -12.7

*PUNTOS,Puntos . . . . . . . . . . . . . . . . . . . . . . . .
A, 0, -6.35
*PUNTOS2,Puntos (.5x) .......................................
A, 0, -3.175
*PUNTOSX2,Puntos (2x) . . . . . . . . . . . . . .
A, 0, -12.7

*LÍNEAS_OCULTAS,Líneas ocultas __ __ __ __ __ __ __ __ __ __ __ __ __ __
A, 6.35, -3.175
*LÍNEAS_OCULTAS2,Líneas ocultas (.5x) _ _ _ _ _ _ _ _ _ _ _ _ _ _ _ _
A, 3.175, -1.5875
*LÍNEAS_OCULTASX2,Líneas ocultas (2x) ____ ____ ____ ____ ____ ____ ____
A, 12.7, -6.35

*VALS,Vals ______ __ __ ______ __ __ ______
A, 31.75, -6.35, 6.35, -6.35, 6.35, -6.35
*VALS2,Vals (.5x) ___ _ _ ___ _ _ ___ _ _ ___ _ _
A, 15.875, -3.175, 3.175, -3.175, 3.175, -3.175
*VALSX2,Vals (2x) ____________ ____ ____ _
A, 63.5, -12.7, 12.7, -12.7, 12.7, -12.7

;;
;;  Se han añadido los tipos de línea ISO 128 (ISO/DIS 12011).
;;
;; El tamaño de los segmentos de cada línea ISO viene definido
;;  por el uso de un grosor de plumilla de 1 mm. Para utilizarlos con
;;  el resto de los grosores de plumilla ISO predefinidos, es necesario poner
;;  a escala la línea según el valor adecuado (p.e. grosor de plumilla de 0,5 mm -> escalalt 0.5).
;;
*ACAD_ISO02W100, ISO trazo __ __ __ __ __ __ __ __ __ __ __ __ __
A,12,-3
*ACAD_ISO03W100, ISO trazo, espacio __    __    __    __    __    __
A,12,-18
*ACAD_ISO04W100, ISO trazo largo, punto ____ . ____ . ____ . ____ . _
A,24,-3,0,-3
*ACAD_ISO05W100, ISO trazo largo, doble punto ____ .. ____ .. ____ .
A,24,-3,0,-3,0,-3,0,-3
*ACAD_ISO06W100, ISO trazo largo, triple punto ____ ... ____ ... ____
```

```
A,24,-3,0,-3,0,-3,0,-3
*ACAD_ISO07W100, ISO punto. . . . . . . . . . . . . . . . . . . .
A,0,-3
*ACAD_ISO08W100, ISO trazo largo, trazo corto ____ __ ____ __ ____ _
A,24,-3,6,-3
*ACAD_ISO09W100, ISO trazo largo, doble trazo corto ____ __ __ ____
A,24,-3,6,-3,6,-3
*ACAD_ISO10W100, ISO trazo, punto __ . __ . __ . __ . __ . __ . __ .
A,12,-3,0,-3
*ACAD_ISO11W100, ISO doble trazo, punto __ __ . __ __ . __ __ . __ _
A,12,-3,12,-3,0,-3
*ACAD_ISO12W100, ISO trazo, doble punto __ . . __ . . __ . . __ . .
A,12,-3,0,-3,0,-3
*ACAD_ISO13W100, ISO doble trazo, doble punto __ __ . . __ __ . . _
A,12,-3,12,-3,0,-3,0,-3
*ACAD_ISO14W100, ISO trazo, triple punto __ . . . __ . . . __ . . . _
A,12,-3,0,-3,0,-3,0,-3
*ACAD_ISO15W100, ISO doble trazo, triple punto __ __ . . . __ __ . .
A,12,-3,12,-3,0,-3,0,-3,0,-3

;; Tipos de línea complejos
;;
;;  Se han añadido tipos de línea complejos a este archivo,
;;  los cuales vienen definidos en el archivo LTYPESHP.LIN de la
;;  versión 13 y se han incorporado al archivo ACAD.LIN en la
;;  versión 14.
;;
;; Las siguientes definiciones de tipos de línea utilizan LTYPESHP.SHX.
;;
*LÍMITE1,Límite1 ----0-----0----0-----0----0-----0--
A,6.35,-2.54,[CIRC1,ltypeshp.shx,x=-2.54,s=2.54],-2.54,25.4
*LÍMITE2,Límite12 ----[]-----[]----[]-----[]----[]---
A,6.35,-2.54,[BOX,ltypeshp.shx,x=-2.54,s=2.54],-2.54,25.4
*VÍAS,Vías -|-|-|-|-|-|-|-|-|-|-|-|-|-|-|-|-|-|-|-|-|-|-|-|-|-|-|-
A,3.81,[TRACK1,ltypeshp.shx,s=6.35],3.81
*AISLAMIENTO,Aislamiento
SSSSSSSSSSSSSSSSSSSSSSSSSSSSSSSSSSSSSSSSSSSSSS
A,.00254,-2.54,[BAT,ltypeshp.shx,x=-2.54,s=2.54],-5.08,[BAT,ltypeshp.shx,r=180,x=2.54,s= 2.54],-2.54
*AGUA_CALIENTE,Agua caliente ---- HW ---- HW ---- HW ----
A,12.7,-5.08,["HW",STANDARD,S=2.54,R=0.0,X=-2.54,Y=-1.27],-5.08
*GAS,Gas ----GAS----GAS----GAS----GAS----GAS----GAS--
A,12.7,-5.08,["GAS",STANDARD,S=2.54,R=0.0,X=-2.54,Y=-1.27],-6.35
*ZIGZAG,Zigzag /\/\/\/\/\/\/\/\/\/\/\/\/\/\/\/\/\/\/\/\/\/\/\/\
A,.00254,-5.08,[ZIG,ltypeshp.shx,x=-5.08,s=5.08],10.16,[ZIG,ltypeshp.shx,r=180,x=5.08,s= 5.08],-5.08
```

Ejemplo 2

En este ejemplo crearemos un nuevo archivo, **nuevotl1.lin**, y definiremos el tipo de línea VARIOS_TRAZOS con las siguientes especificaciones:

Longitud del primer trazo	25.4
Espacio en blanco	6.35
Longitud del segundo trazo	19.05
Espacio en blanco	6.35
Longitud del tercer trazo	12.7
Espacio en blanco	6.35
Punto	
Espacio en blanco	6.35
Longitud del siguiente trazo	12.7
Espacio en blanco	6.35
Longitud del siguiente trazo	19.05
Espacio en blanco	6.35

Utilice un editor de texto e inserte las siguientes líneas que definen el tipo de línea VARIOS_TRAZOS. Guarde el archivo con el nombre nuevotl1.lin.

***VARIOS_TRAZOS, ____ ____ ___ . ___ ____**
A,25.4,-6.35,19.05,-6.35,12.7,-6.35,0,-6.35,12.7,-6.35,19.05,-6.35

La figura 18.10 muestra algunas líneas generadas con este tipo de línea.

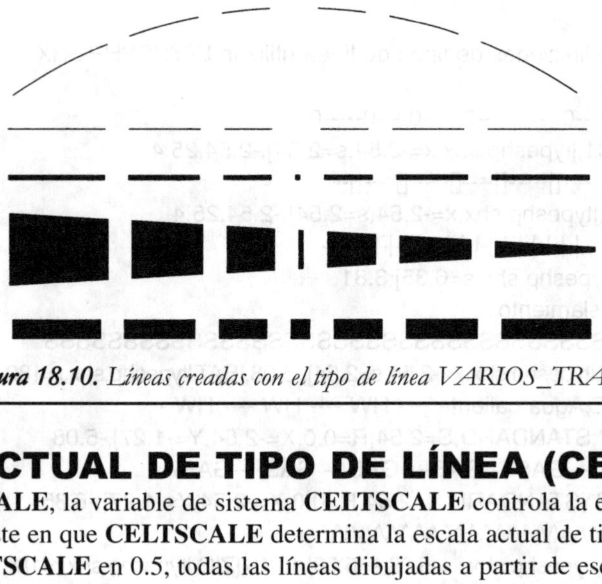

Figura 18.10. *Líneas creadas con el tipo de línea VARIOS_TRAZOS.*

ESCALA ACTUAL DE TIPO DE LÍNEA (CELTSCALE)

Al igual que **LTSCALE**, la variable de sistema **CELTSCALE** controla la escala de tipo de línea. La diferencia consiste en que **CELTSCALE** determina la escala actual de tipo de línea. Por ejemplo, si define **CELTSCALE** en 0.5, todas las líneas dibujadas a partir de ese momento tendrán un factor de escala de tipo de línea de 0.5. La primera línea (a) de la figura 18.11 se ha dibujado con un factor **CELTSCALE** de 1 mientras que la segunda línea (b) se ha dibujado con un factor **CELTSCALE** de 0.5. La longitud de los trazos se ve reducida a la mitad cuando **CELTSACALE** está definida en 0.5.

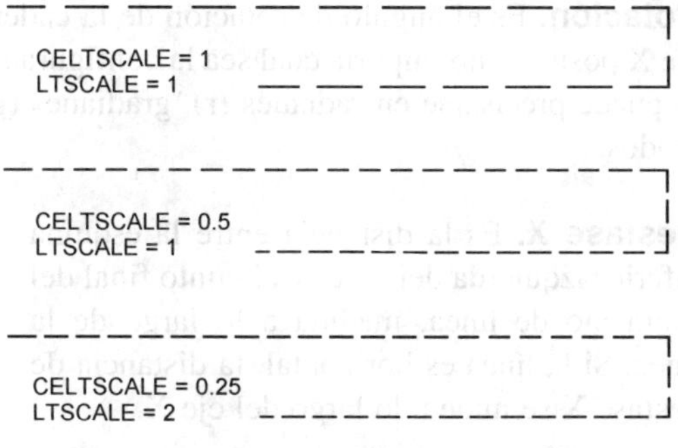

Figura 18.11. *Utilización de CELTSCALE para controlar la escala actual de tipo de línea.*

La variable de sistema **LTSCALE** controla el factor de escala global. Por ejemplo, si **LTSCALE** está definida en 2, todas las líneas del dibujo se verán afectadas por un factor de 2. El factor de escala neto es el producto de los valores de **CELTSCALE** y **LTSCALE**. La figura 18.11 (c) muestra una línea dibujada con **LTSCALE** igual a 2 y **CELTSCALE** igual a 0.25. El factor de escala neto es 2 x 0.25 = 0.5.

TIPOS DE LÍNEA COMPLEJOS

AutoCAD ofrece la posibilidad de crear tipos de línea complejos. Los tipos de línea complejos pueden clasificarse en dos grupos: con texto y con formas. La diferencia entre ambos consiste en que el tipo complejo con texto incluye una cadena de texto insertada en la línea mientras que el tipo complejo con formas incluye una forma insertada en la línea. La posibilidad de crear tipos de línea complejos incrementa la funcionalidad de las líneas. Por ejemplo, si desea dibujar una línea en torno a un edificio para indicar un vallado, puede definir un tipo de línea complejo que permita dibujar la línea deseada con la cadena de texto "vallado". De igual forma, puede definir un tipo de línea complejo que inserte una forma (símbolo) a distancias predefinidas a lo largo de la línea.

Creación de un tipo de línea complejo con formas

Al crear la definición de un tipo de línea complejo con texto, el texto y sus atributos deben incluirse en dicha definición. El formato a utilizar es el siguiente:

["cadena", Estilo del texto, Altura del texto, Rotación, Desfase X, Desfase Y]

Cadena. Es el texto en sí que se desea insertar a lo largo de la línea. La cadena de texto debe aparecer encerrada entre comillas.

Estilo del texto. Es el nombre del archivo de estilo de texto que se desea utilizar para generar la cadena de texto. Dicho estilo tiene que estar definido previamente.

Altura del texto. Es la altura real del texto, en caso de que la altura de texto definida en el estilo sea de cero. En otro caso, actuará como un factor de escala para la altura precisada en el estilo de texto.

Rotación. Es el ángulo de rotación de la cadena de texto. Dicho ángulo se mide con respecto al eje X positivo, no importa cuál sea la configuración de dirección establecida en AutoCAD. El ángulo puede precisarse en radianes (r), gradianes (g) o grados (d). La unidad predeterminada son los grados.

Desfase X. Es la distancia entre la esquina inferior izquierda del texto y el punto final del segmento de línea, medida a lo largo de la línea. Si la línea es horizontal, la distancia de desfase X se mide a lo largo del eje X.

Desfase Y. Es la distancia entre la esquina inferior izquierda del texto y el punto final del segmento de línea, medida en perpendicular a la línea. Si la línea es horizontal, la distancia de desfase Y se mide a lo largo del eje Y.

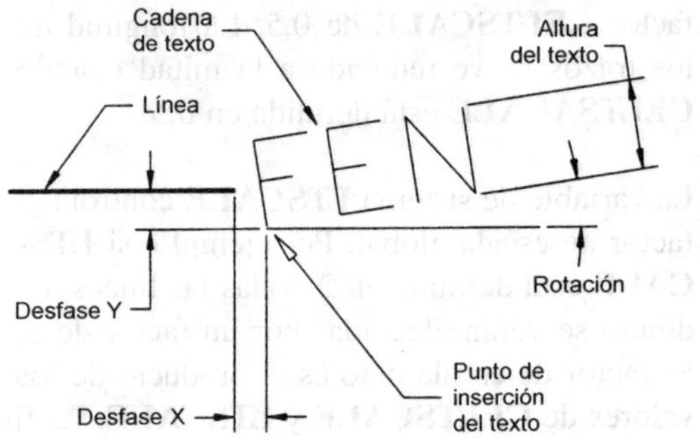

Figura 18.12. Atributos de un tipo de línea complejo con texto.

Ejemplo 3

En el siguiente ejemplo escribiremos la definición de un tipo de línea complejo con texto. La definición constará de la cadena de texto "Fence" y de segmentos de línea. La longitud de cada segmento de línea será de 19.05. La cadena de texto tendrá una altura de 2.54 unidades y la distancia entre el final de la cadena de texto y el siguiente segmento de línea será de 1.27 unidades (figura 18.13).

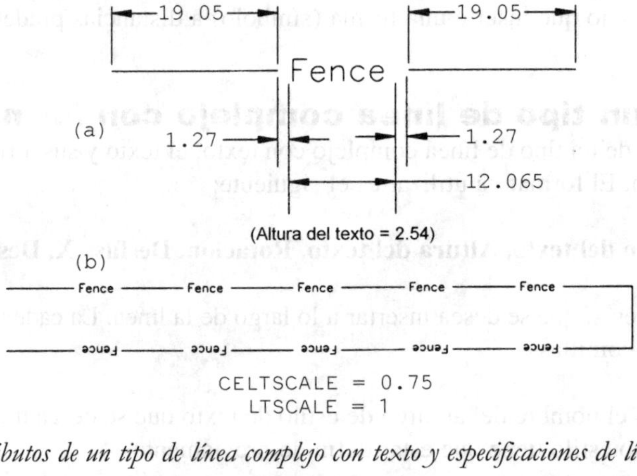

Figura 18.13. Atributos de un tipo de línea complejo con texto y especificaciones de línea para el ejemplo 3.

1. Antes de escribir la definición de un nuevo tipo de línea, es importante determinar las especificaciones de la línea. Una de las formas para hacerlo consiste en dibujar en un papel las líneas y el texto tal como desee que aparezcan. A continuación mida las distancias necesarias para determinar el tipo de línea complejo. En este ejemplo, los valores son los siguientes:

Cadena de texto	Fence
Estilo del texto	Standard
Altura del texto	2.54
Rotación del texto	0
Desfase X	1.27
Desfase Y	-1.27
Longitud del primer segmento de línea	19.05
Distancia entre segmentos de línea	14.605

2. Utilice un editor de texto para escribir la definición del tipo de línea complejo. Puede añadir la definición en el archivo **acad.lin** de AutoCAD o crear un archivo aparte. La extensión del archivo debe ser .LIN. La siguiente lista muestra el contenido del archivo **vallado.lin** para el ejemplo 3. El nombre del tipo de línea es NUEVO_VALLADO.

```
*NUEVO_VALLADO, Nueva línea de contorno para vallado
A,19.05,["Fence",Standard,S=2.54,A=0,X=1.27,Y=-1.27],-14.605
```

o

```
A,19.05,-1.27,["Fence",Standard,S=2.54,A=0,X=0,Y=-1.27],-13.355
```

3. Para comprobar el tipo de línea, cargue el tipo de línea con la opción **Cargar** del comando **-TIPOLIN** y asígnelo a una capa. Dibuje una línea o cualquier objeto para comprobar si la línea se dibuja con las características deseadas. Observe que el texto aparece siempre alineado con el eje X. Al dibujar una línea en ángulo, una polilínea, un círculo o una spline, la cadena de texto no se orienta según el objeto (figura 18.14).

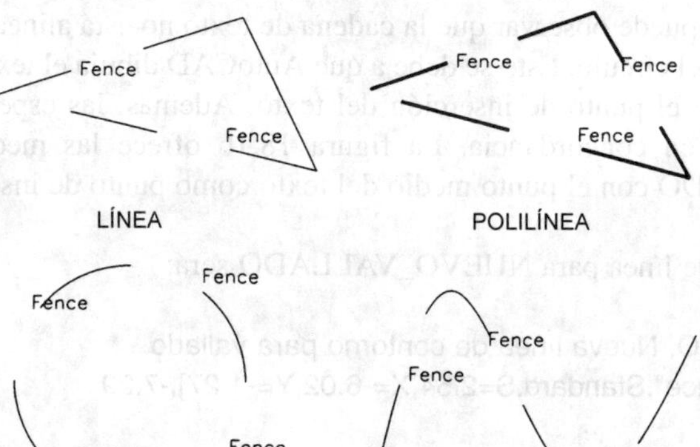

Figura 18.14. *Utilización de un tipo de línea complejo con un ángulo A=0.*

4. En la definición de tipo de línea NUEVO_VALLADO, el ángulo precisado es de cero grados (ángulo absoluto A = 0). Por tanto, al utilizar el tipo de línea NUEVO_VALLADO para dibujar una línea, círculo, polilínea o spline, la cadena de texto (Fence) se mantendrá a cero grados.

Si desea alinear la cadena de texto con la polilínea, spline, línea o círculo (figura 18.15), precise el ángulo como un ángulo relativo (R = 0) en la definición del tipo de línea. A continuación se indica la definición correspondiente al tipo de línea NUEVO_VALLADO con ángulo relativo R = 0:

```
*NUEVO_VALLADO, Nueva línea de contorno para vallado
A,19.05,["Fence",Standard,S=2.54,R=0,X=1.27,Y=-1.27],-14.605
```

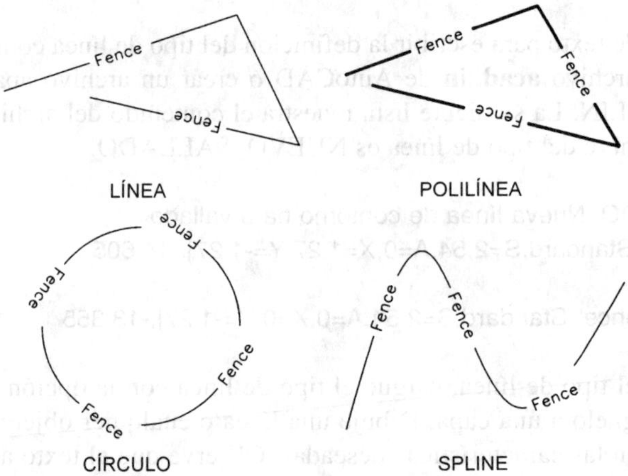

Figura 18.15. *Utilización de un tipo de línea complejo con un ángulo* R=*0.*

5. En la figura 18.15 puede observar que la cadena de texto no está alineada apropiadamente con la circunferencia del círculo. Esto se debe a que AutoCAD dibuja el texto en una dirección tangente al círculo en el punto de inserción del texto. Además, las especificaciones de la línea deberían medirse en concordancia. La figura 18.16 ofrece las medidas del tipo de línea NUEVO_VALLADO con el punto medio del texto como punto de inserción.

La definición de tipo de línea para NUEVO_VALLADO será:

```
*NUEVO_VALLADO, Nueva línea de contorno para vallado
A,19.05,-7.29["Fence",Standard,S=2.54,X=-6.02,Y=-1.27],-7.29
```

Nota

Si no se indica ningún ángulo en la definición del tipo de línea, AutoCAD presupone un ángulo R=*0.*

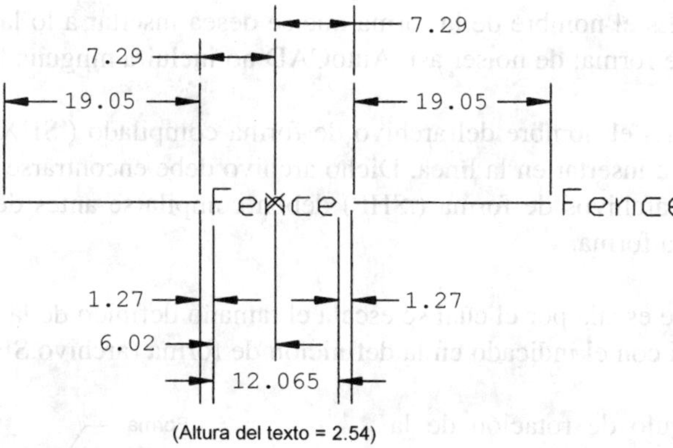

Figura 18.16. Especificaciones de un tipo de línea complejo; el punto de inserción del texto se sitúa en el punto medio de la cadena de texto.

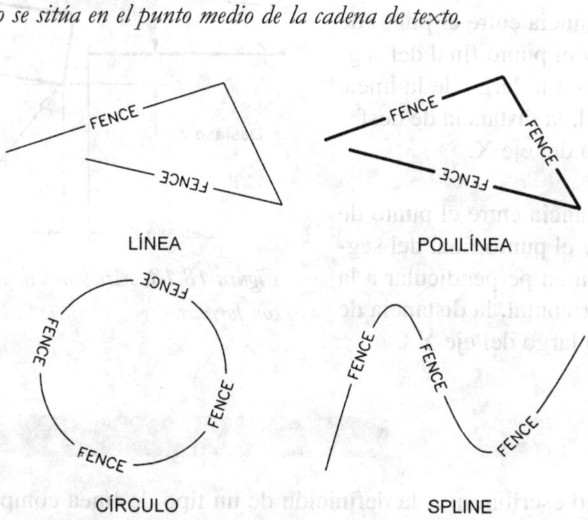

Figura 18.17. Utilización de un tipo de línea complejo con el punto de inserción del texto situado en el punto medio de la cadena.

Creación de un tipo de línea complejo con formas

Al igual que en los tipos de línea complejos con texto, la definición de un tipo de línea complejo con formas debe incluir el nombre de la forma, el nombre del archivo de forma y otros atributos de forma, como rotación, escala, desfase X y desfase Y. El formato es el siguiente:

[Nombre de forma, Archivo de forma, Escala, Rotación, Desfase X, Desfase Y]

Los atributos asignados a la forma de un tipo de línea complejo (figura 18.18) son:

Nombre de forma. Es el nombre de la forma que se desea insertar a lo largo de la línea. Debe indicarse un nombre de forma; de no ser así, AutoCAD no incluirá ninguna forma en la línea.

Archivo de forma. Es el nombre del archivo de forma compilado (.SHX), el cual contiene la definición de la forma a insertar en la línea. Dicho archivo debe encontrarse en la ruta de búsqueda de AutoCAD. Los archivos de forma (.SHP) deben compilarse antes de utilizar el comando **FORMA** para cargar la forma.

Escala. Es el factor de escala por el cual se escala el tamaño definido de la forma. Si la escala es 1, el tamaño coincidirá con el indicado en la definición de forma (archivo.SHP).

Rotación. Es el ángulo de rotación de la forma con respecto al eje X positivo.

Desfase X. Es la distancia entre el punto de inserción de la forma y el punto final del segmento de línea, medida a lo largo de la línea. Si la línea es horizontal, la distancia de desfase X se mide a lo largo del eje X.

Desfase Y. Es la distancia entre el punto de inserción de la forma y el punto final del segmento de línea, medida en perpendicular a la línea. Si la línea es horizontal, la distancia de desfase X se mide a lo largo del eje Y.

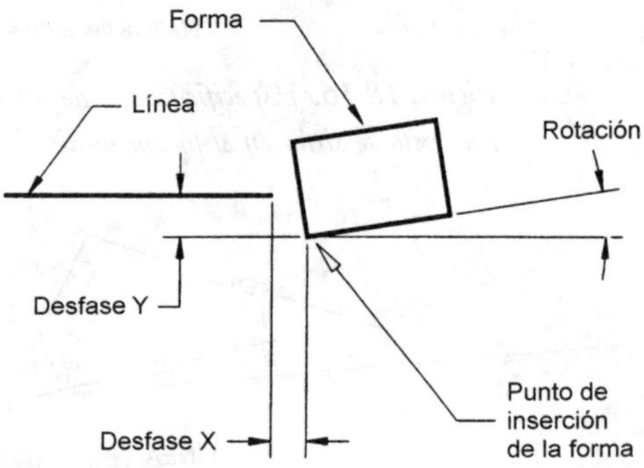

Figura 18.18. Atributos de un tipo de línea complejo con formas.

Ejemplo 4

En el siguiente ejemplo escribiremos la definición de un tipo de línea complejo con formas, consistente en una forma, llamada ET (escotilla), y una línea. La escala de la forma es 2.54, la longitud de cada segmento de línea es de 19.05 y el espacio entre segmentos de línea es 5.08.

1. Antes de escribir la definición de un nuevo tipo de línea, es importante determinar las especificaciones de la línea. Un método para conseguirlo consiste en dibujar en un papel las líneas y la forma tal como desee que aparezcan (figura 18.19). A continuación mida las distancias necesarias para determinar el tipo de línea complejo. En este ejemplo, los valores son los siguientes:

Nombre de forma	ET
Nombre de archivo de forma	escotilla.shx (Nombre del archivo de forma compilado.)
Escala	2.54
Rotación	0
Desfase X	5.08

Desfase Y	0
Longitud del primer segmento de línea	19.05
Distancia entre segmentos de línea	5.1

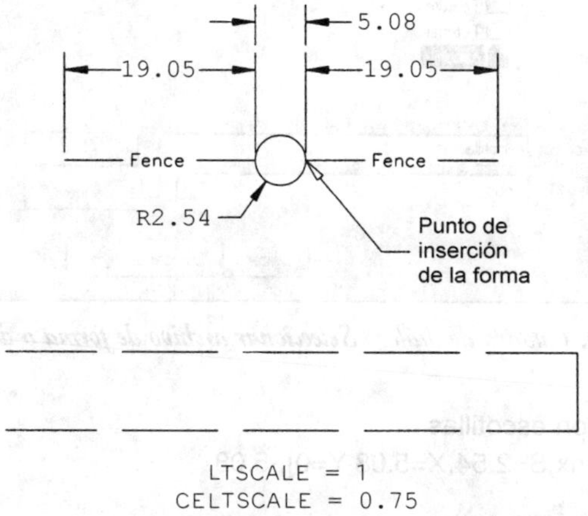

***Figura 18.19.** Atributos de un tipo de línea complejo con formas y especificaciones de línea para el ejemplo 4.*

2. Utilice un editor de texto para escribir la definición del archivo de forma. La extensión del archivo debe ser **.SHP**. La siguiente lista muestra el contenido del archivo **escotilla.shp** para el ejemplo 4. El nombre de la forma es ET.

```
*215,9,ET
001,10,(1,007),
001,10,(1,071),0
```

3. Utilice el comando **COMPILA** para compilar el archivo de forma (archivo **.SHP**). Al utilizar este comando, si **FILEDIA** está definida en 0, AutoCAD solicitará que indique el nombre del archivo de forma. Para este ejemplo, el nombre es escotilla.shp.

   Comando: **COMPILA**
   Indique nombre de archivo de forma (.SHP) o de tipo de letra PostScript (.PFB): **escotilla**

   Si **FILEDIA** está definida en 1, aparecerá el cuadro de diálogo **Seleccionar archivo de forma o de tipo de letra** (figura 18.20). Seleccione el nombre del archivo en este cuadro de diálogo y haga clic en **Abrir**.

4. Utilice un editor de texto para escribir la definición del tipo de línea complejo con formas. Puede añadir la definición en el archivo acadiso.lin de AutoCAD o bien crear un archivo aparte. La extensión del archivo debe ser .LIN. La siguiente lista muestra el contenido del archivo escotilla.lin para el ejemplo 4. El nombre del tipo de línea es ESCOTILLA.

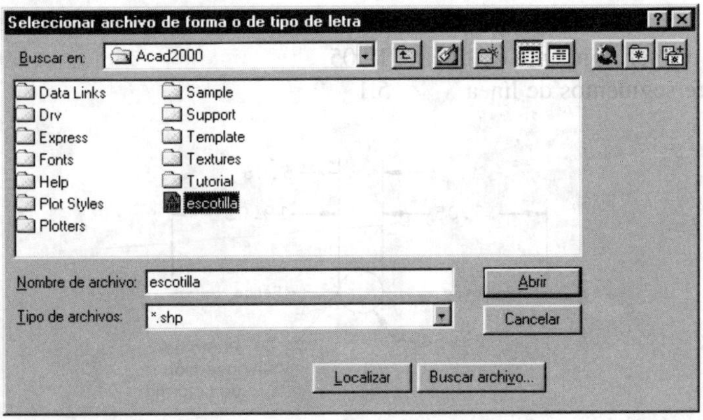

Figura 18.20. *Cuadro de diálogo* ***Seleccionar archivo de forma o de tipo de letra.***

```
*ESCOTILLA, Línea con escotillas
A,19.05,[ET,escotilla.shx,S=2.54,X=5.08,Y=0],-5.08
```

5. Para comprobar el tipo de línea, cárguelo con el comando **TIPOLIN** y asígnelo a una capa. Dibuje una línea o cualquier objeto para comprobar si la línea se dibuja con las especificaciones deseadas. La forma aparece boca abajo cuando la línea se dibuja de derecha a izquierda.

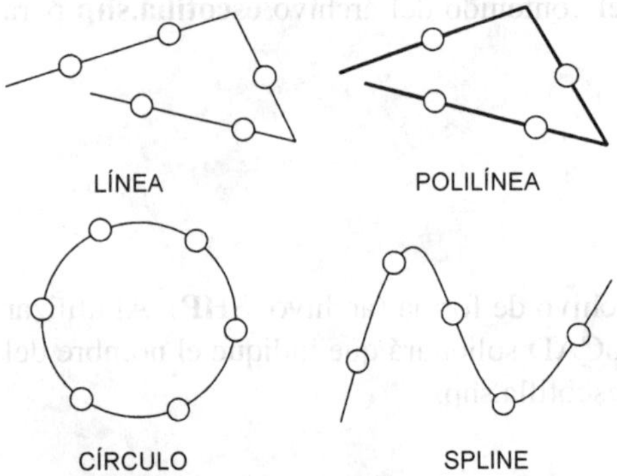

Figura 18.21. *Utilización de un tipo de línea complejo con formas.*

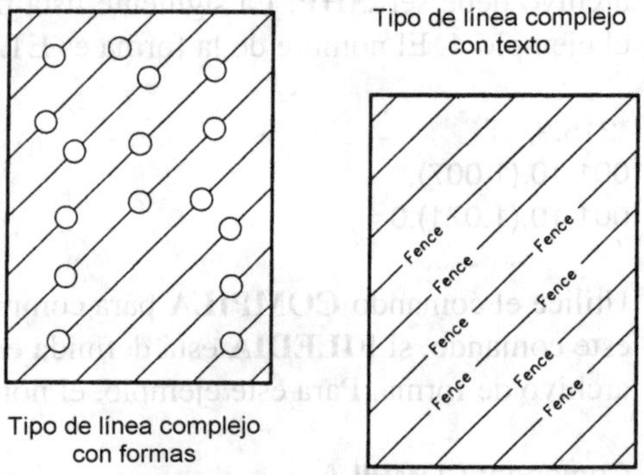

Figura 18.22. *Utilización de tipos de línea complejos con formas y con texto para crear sombreados personalizados.*

DEFINICIÓN DE PATRÓN DE SOMBREADO

El software de AutoCAD incluye un archivo de biblioteca de sombreados, **acadiso.pat**. Dicho archivo contiene 67 patrones de sombreado. Tal número de patrones resulta suficiente para un trabajo de propósito general. Sin embargo, si necesita un patrón de sombreado distinto, AutoCAD permite la creación de patrones personalizados. Puede crear tantas definiciones de patrón como desee.

Una vez definido un patrón de sombreado, puede añadirlo al archivo de biblioteca de patrones de sombreado, **acadiso.pat**. También puede crear un nuevo archivo de biblioteca de patrones de sombreado. La definición de un patrón de sombreado consta de dos partes: **línea de encabezamiento y descriptores de sombreado.**

Línea de encabezamiento

La **línea de encabezamiento** consta de un asterisco (*) seguido del nombre del sombreado. El nombre del sombreado se utiliza en el comando **SOMBREA** para sombrear un área. Tras el nombre puede incluir una descripción del sombreado, separada del nombre por una coma. El formato general es:

***Nombre de sombreado [, Descripción de sombreado]**

donde	*	Asterisco.
	Nombre de sombreado	Nombre del patrón de sombreado.
	Descripción de sombreado	Descripción del patrón de sombreado.

La descripción puede ser cualquier texto que permita comprender el patrón de sombreado. También puede omitirse, en cuyo caso la coma no deberá seguir al nombre del patrón de sombreado.

Ejemplo
***TRAZO_45, Líneas de trazos a 45 grados**

donde	**TRAZO_45**	Nombre del sombreado.
	Líneas de trazos a 45 grados	Descripción del sombreado.

Descriptores de sombreado

Los **descriptores de sombreado** constan de una o más líneas que contienen la definición de las líneas de sombreado. El formato general para un descriptor de sombreado es:

***Ángulo, Origen X, Origen Y, D1, D2 [,Longitud de trazo.....]**

donde	**Ángulo**	Ángulo de las líneas de sombreado.
	Origen X	Coordenada X de la línea de sombreado.
	Origen Y	Coordenada Y de la línea de sombreado.
	D1	Desplazamiento de la segunda línea (Incremento X).
	D2	Distancia entre las líneas de sombreado (Incremento X).
	Longitud de trazo	Longitud de los trazos y espacios (definición de la línea de patrón).

Ejemplo
45,0,0,0,12.7,12.7,-3.175,0,-3.175

donde	**45**	Ángulo de la línea de sombreado.
	0	Origen X.
	0	Origen Y.
	0	Incremento X.
	12.7	Incremento Y.
	12.7	Trazo (plumilla bajada).
	-3.175	Espacio (plumilla levantada).
	0	Punto.
	-3.175	Espacio (plumilla levantada).
	12.7,-3.175,0,-3.175	Definición de línea de patrón.

Ángulo de sombreado

Origen X y origen Y. El ángulo de sombreado es el ángulo que forman las líneas de sombreado con el eje X positivo. El ángulo es positivo si se mide en sentido contrario a las agujas del reloj (figura 18.23); si se mide en el sentido horario el ángulo es positivo. Al dibujar un patrón de sombreado, la primera línea de sombreado comienza a partir del punto definido por el origen X y el origen Y. Las líneas restantes se generan mediante un desfase de la primera, con una distancia determinada por el incremento X y el incremento Y. En la figura 18.24 (a), la primera línea de sombreado comienza en el punto de coordenadas X=0 e Y=0. En la figura 18.24(b), la primera línea de sombreado comienza en el punto de coordenadas X=0 e Y=6.35.

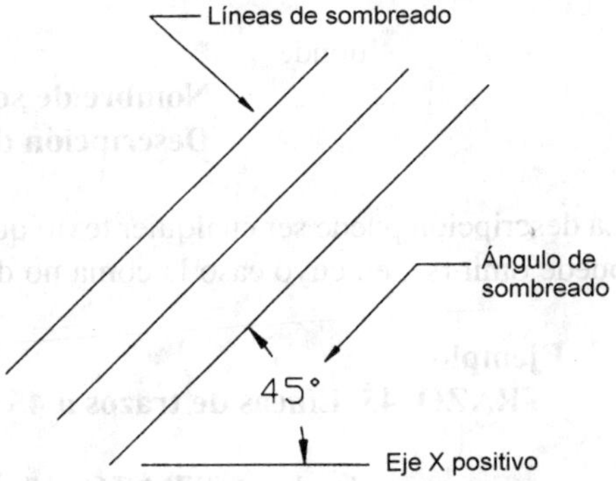

Figura 18.23. *Ángulo de sombreado.*

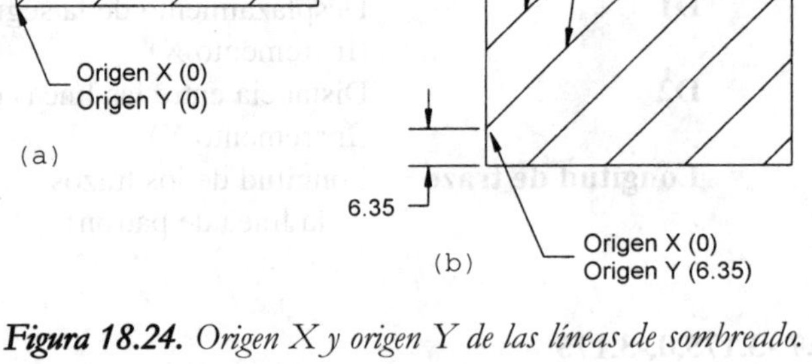

Figura 18.24. *Origen X y origen Y de las líneas de sombreado.*

Incremento X e incremento Y. El incremento X es el desplazamiento de la línea de desfase en la dirección en que se generan las líneas de sombreado. Por ejemplo, si las líneas se dibujan en un ángulo de 0 grados y el incremento X es 12.7, la línea de desfase se desplazará una distancia equivalente al incremento X (12.7) según la dirección de 0 grados. De igual forma, si las líneas de sombreado forman un ángulo de 45 grados, la línea de desfase se desplazará la distancia del incremento X (12.7) según la dirección de 45 grados (figura 18.25). El incremento Y es el desplazamiento de las líneas de desfase, medido en perpendicular a las líneas de sombreado. Por ejemplo, si el incremento Y es 25.4, el espacio entre dos líneas de sombreado será de 25.4 unidades (figura 18.25).

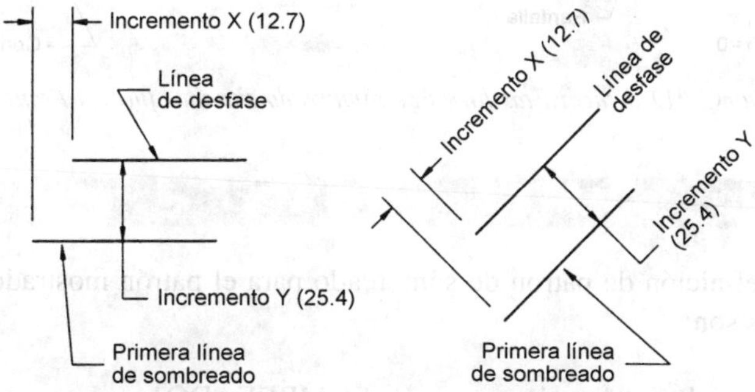

Figura 18.25. *Incremento X e incremento Y de las líneas de sombreado.*

¿CÓMO ACTÚA EL SOMBREADO?

Al sombrear un área, AutoCAD genera un número indefinido de líneas de sombreado con longitud también indefinida. La primera línea de sombreado siempre atraviesa el punto precisado por el origen X y el origen Y. Las líneas restantes se generan a partir del desfase de la primera línea en ambas direcciones. La distancia de desfase viene determinada por el incremento X y el incremento Y. Todas las entidades seleccionadas que constituyen en contorno del área de sombreado se comprueban para determinar su intersección con las líneas de sombreado. AutoCAD activa las líneas situadas dentro del contorno de sombreado definido y desactiva las situadas en el exterior, tal como muestra la figura 18.26. Como las líneas de sombreado se generan por medio de un desfase, las líneas de sombreado, que abarcan todo el dibujo, se alinean automáticamente con el origen de la resolución del dibujo. La figura 18.26 (a) muestra las líneas de sombreado tal como las calcula AutoCAD. Estas líneas no se dibujan en pantalla; tan sólo se indican en la figura para una mejor comprensión. La figura 18.26 (b) muestra las líneas de sombreado generadas en el círculo, definido como contorno de sombreado, tal como aparecerán en el dibujo.

PATRÓN DE SOMBREADO SIMPLE

Es una buena idea desarrollar la especificación del patrón de sombreado antes de escribir su definición. En el caso de patrones sencillos puede no ser importante, pero para patrones de sombreado más complejos debería conocer las especificaciones detalladas. El ejemplo 5 describe el procedimiento para desarrollar un patrón de sombreado simple.

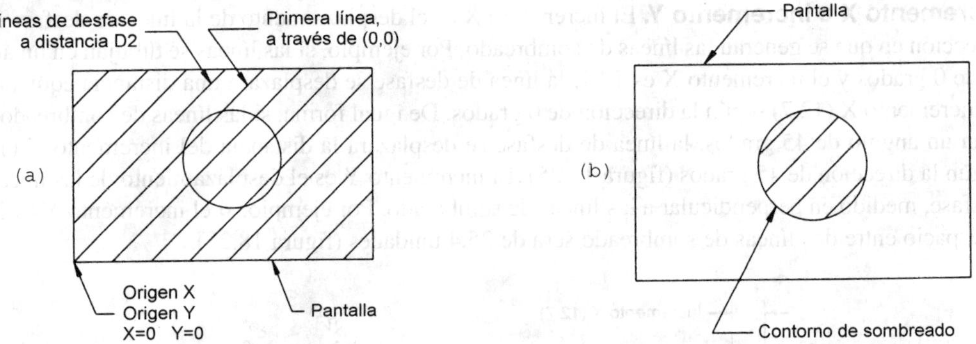

Figura 18.26. AutoCAD desactiva las líneas de sombreado situadas fuera del contorno de sombreado.

Ejemplo 5

Escribiremos una definición de patrón de sombreado para el patrón mostrado en la figura 18.27. Las especificaciones son:

Nombre del patrón de sombreado	SOMBREADO1
Origen X	0
Origen Y	0
Distancia entre líneas de sombreado	12.7
Desplazamiento de líneas de sombreado	0
Patrón de línea de sombreado	Continua

Esta definición de patrón de sombreado puede añadirse al archivo de sombreado existente **acadiso.pat**. Puede utilizar cualquier editor de texto (como el Bloc de notas) para escribir el archivo. Abra el archivo **acadiso.pat**, el cual se encuentra en la carpeta **Support** de AutoCAD. Inserte las dos siguientes líneas al final del archivo:

```
*SOMBREADO1,Sombreado en ángulo de 45 grados
45,0,0,0,12.7
```

donde	**45**	Ángulo de sombreado.
	0	Origen X.
	0	Origen Y.
	0	Desplazamiento de la segunda línea de sombreado.
	12.7	Distancia entre líneas de sombreado.

El primer campo de los descriptores de campo contiene el ángulo de las líneas de sombreado. Dicho ángulo es de 45 grados según el eje X positivo. Los campos segundo y tercero describen las coordenadas X e Y del origen de la primera línea de sombreado. La primera línea del patrón de sombreado atravesará dicho punto. Si los valores del origen X y del origen Y fueran 12.7 y 25.4, respectivamente, la primera línea pasaría por el punto de coordenada X igual a 12.7 y coordenada Y igual a 25.4 respecto al origen del dibujo (0,0). Las líneas restantes se generan desfasando la primera línea, tal como muestra la figura 18.27.

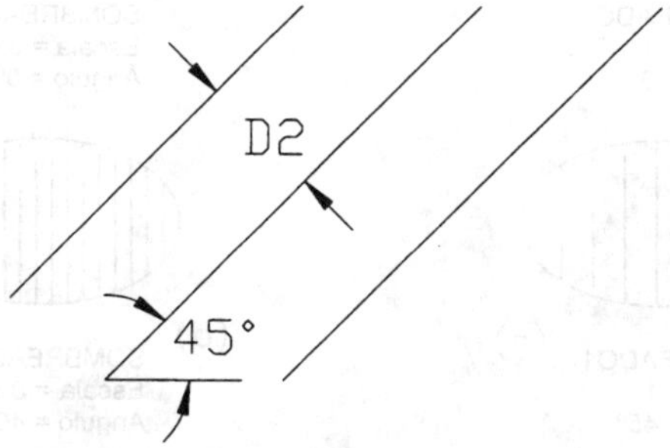

Figura 18.27. *Ángulo y desfase del patrón de sombreado.*

EFECTO DEL ÁNGULO Y LA ESCALA EN EL SOMBREADO

Al sombrear un área, es posible alterar el ángulo y el desplazamiento especificado para las líneas de sombreado y obtener así el espaciado deseado. A tal fin, indique un valor apropiado para el ángulo y para el factor de escala por medio del comando **SOMBREA**.

Comando: **SOMBREA**
Indique nombre de patrón o [?/Solid/definido por el Usuario] <*predeterminado*>: **SOMBREADO1**
Precise escala del patrón <*predeterminado*>: **1**
Precise ángulo del patrón <*predeterminado*>: **0**

Para comprender la forma de cambiar el ángulo y el desplazamiento, sombree un área con el patrón de sombreado SOMBREADO1 del ejemplo 5. Podrá observar que AutoCAD genera las líneas de sombreado en concordancia con la definición del patrón SOMBREADO1. Observe el efecto del ángulo y del factor de escala en el sombreado. La figura 18.28 (a) muestra un sombreado de ángulo 0 y factor de escala 1 generado con el comando **SOMBREA** de AutoCAD. Si el ángulo es 0, AutoCAD creará las líneas con el mismo ángulo indicado en la definición de l patrón de sombreado (45 grados en el ejemplo 5). Así mismo, si el factor de escala es 1, la distancia entre las líneas coincidirá con la indicada en la definición del patrón (12.7 en el ejemplo 5). La figura 18.28 (b) muestra un sombreado generado con un factor de escala de 0.5. Si mide la distancia entre las sucesivas líneas de sombreado, podrá apreciar que es 12.7 x 0.5 = 6.35. Las figuras 18.28 (c) y (d) muestran el sombreado con un ángulo de 45 grados y un factor de escala de, respectivamente, 1 y 0.5. Puede indicar cualquier valor en respuesta a las solicitudes del comando **SOMBREA**; de esta forma conseguirá crear líneas de sombreado con cualquier ángulo y separación.

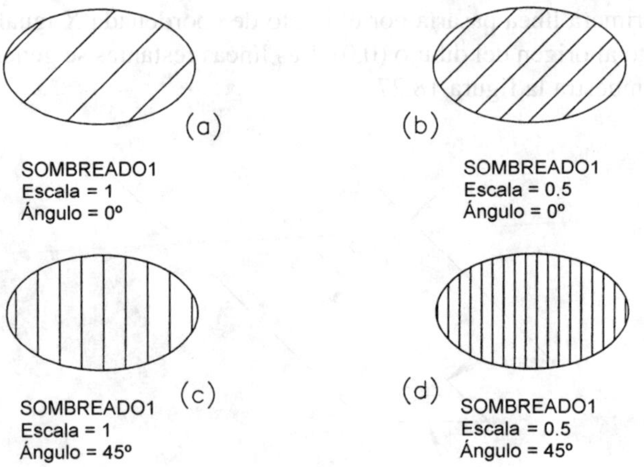

Figura 18.28. *Efecto del ángulo y del factor de escala en el sombreado.*

PATRÓN DE SOMBREADO CON TRAZOS Y PUNTOS

Las líneas que pueden utilizarse en un patrón de sombreado no tienen por qué ser sólo líneas continuas. Puede definir cualquier patrón de línea para utilizarlo en las líneas de sombreado. Las líneas pueden tener cualquier configuración de trazos, puntos y espacios. Sin embargo, el número máximo de trazos que pueden precisarse en la definición del patrón de línea está limitado a seis. El ejemplo 6 utiliza una línea de trazo-punto para crear un patrón de sombreado.

Ejemplo 6

Escribiremos una definición de patrón de sombreado para obtener el patrón mostrado en la figura 18.29. Las especificaciones son:

Nombre del patrón de sombreado	SOMBREADO2
Ángulo de sombreado	0
Origen X	0
Origen Y	0
Desplazamiento de las líneas (D1)	6.35
Distancia entre líneas (D2)	6.35
Longitud de cada trazo	12.7
Espacio entre trazos y puntos	3.175
Espacio entre puntos	3.175

Puede utilizar el comando **EDIT** de AutoCAD o cualquier editor de texto (como el Bloc de notas) para editar el archivo **acadiso.pat**.

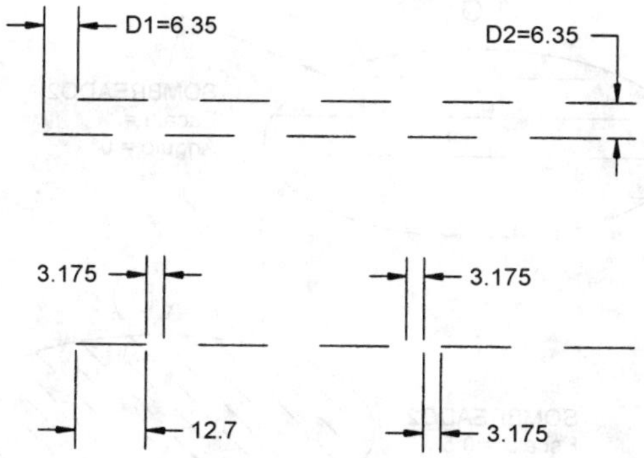

Figura 18.29. Líneas de sombreado formadas por trazos y puntos.

El formato general para la línea de encabezamiento y los descriptores de sombreado es:

***NOMBRE DEL SOMBREADO,Descripción del sombreado**
Ángulo, Origen X, Origen Y, D1, D2 [,Longitud del trazo.....]

Si sustituimos los valores del ejemplo 6 en los campos correspondientes del encabezamiento y del descriptor, el resultado será:

***SOMBREADO2,Sombreado con trazos y puntos**
0,0,0,6.35,6.35,12.7,-3.175,0,-3.175,0,-3.175

donde	**0**	Ángulo.
	0	Origen X.
	0	Origen Y.
	6.35	Incremento X.
	6.35	Incremento Y.
	12.7	Longitud de trazo.
	-3.175	Espacio.
	0	Punto.
	-3.175	Espacio.
	0	Punto.
	-3.175	Espacio.

La figura 18.30 muestra el sombreado resultante con esta definición de patrón de sombreado. La figura 18.30 (a) corresponde a un ángulo de 0 grados y un factor de escala de 1. La figura 18.30 (b) muestra el sombreado con un ángulo de 45 grados y un factor de escala de 0.5.

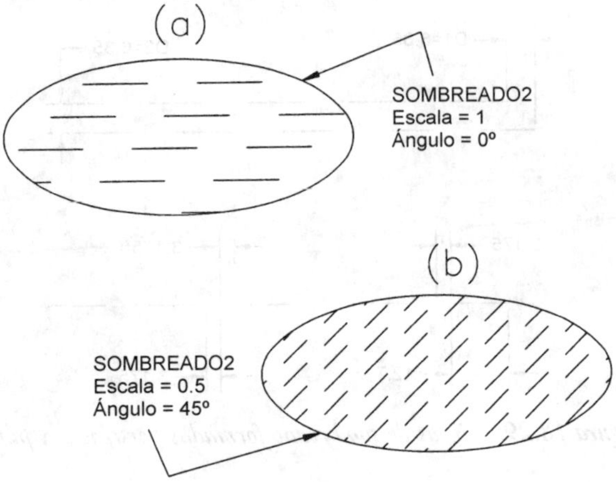

Figura 18.30. *Patrón de sombreado con diferentes ángulos y escalas.*

SOMBREADO CON VARIOS DESCRIPTORES

Algunos patrones de sombreado requieren varias líneas para generar una forma. Por ejemplo, si desea crear un patrón de sombreado para una pared de ladrillos, deberá definir un patrón con cuatro descriptores de sombreado a fin de crear una forma rectangular. Puede disponer de tantos descriptores como desee en una misma definición de patrón de sombreado. Sin embargo, hay algunas formas imposibles de crear. Las formas con elementos no lineales, como un arco, no pueden generarse con la definición de patrón de sombreado. No obstante, puede simular un arco definiendo segmentos de línea cortos, pues en la definición sólo pueden utilizarse segmentos de línea rectos. El ejemplo 7 utiliza tres líneas para definir un patrón de sombreado triangular.

Ejemplo 7

Escribiremos una definición de patrón de sombreado para obtener el patrón mostrado en la figura 18.31. Las especificaciones son:

Nombre del patrón de sombreado	SOMBREADO3
Altura vertical del triángulo	12.7
Longitud horizontal del triángulo	12.7
Distancia vertical entre triángulos	12.7
Distancia horizontal entre triángulos	12.7

Cada triángulo de este patrón consta de los siguientes elementos: una línea vertical, una línea horizontal y una línea inclinada 45 grados.

***SOMBREADO3,Triángulos**

Línea vertical. Para la línea vertical, las especificaciones son (figura 18.32):

Ángulo de sombreado	90 grados.
Origen X	0
Origen Y	0
Incremento X (D1)	0
Incremento Y (D2)	25.4
Longitud de trazo	12.7
Espacio	12.7

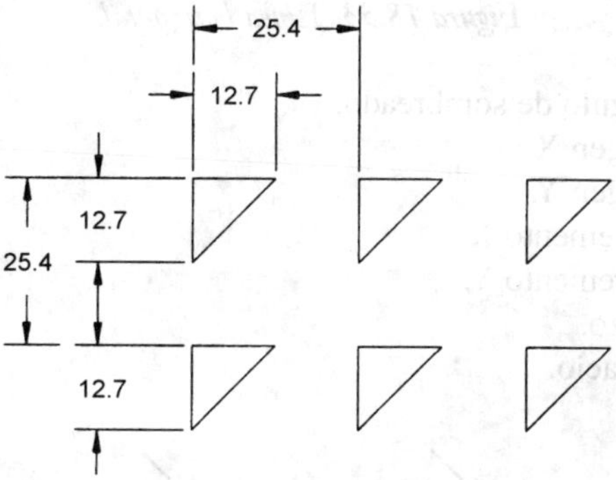

Figura 18.31. Patrón de sombreado.

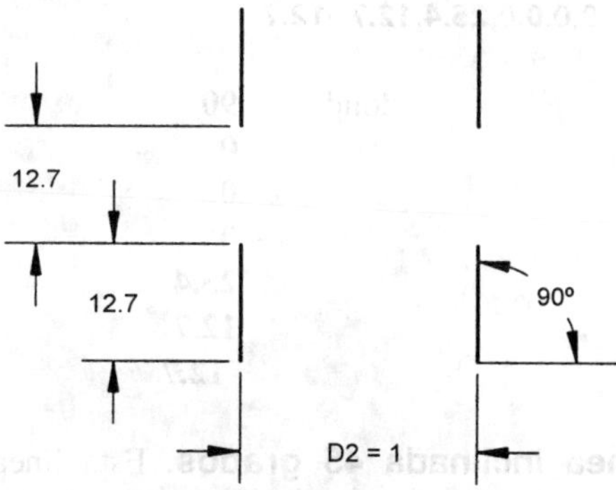

Figura 18.32. Línea vertical.

Si sustituimos las especificaciones de la línea vertical en los campos correspondientes del descriptor de sombreado, obtendremos la siguiente línea:

90,0,0,0,25.4,12.7,-12.7

donde	**90**	Ángulo de sombreado.
	0	Origen X.
	0	Origen Y.
	0	Incremento X.
	25.4	Incremento Y.
	12.7	Trazo.
	-12.7	Espacio.

Línea horizontal. Para la línea horizontal (figura 18.33), las especificaciones son:

Ángulo de sombreado	90 grados.
Origen X	0
Origen Y	12.7
Incremento X (D1)	0
Incremento Y (D2)	25.4

Longitud de trazo 12.7
Espacio 12.7

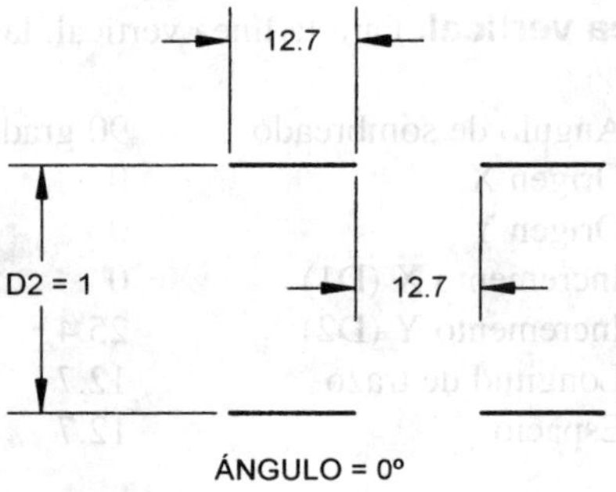

Figura 18.33. Línea horizontal.

La única diferencia entre la línea vertical y la línea horizontal es el ángulo. El ángulo de la línea horizontal es de 0 grados, mientras que el de la línea vertical es de 90 grados. Basta con sustituir dicho valor en la especificación de la línea vertical para obtener la siguiente línea:

0,0,0,0,25.4,12.7,-12.7

donde	**90**	Ángulo de sombreado.
	0	Origen X.
	0	Origen Y.
	0	Incremento X.
	25.4	Incremento Y.
	12.7	Trazo.
	-12.7	Espacio.

Línea inclinada 45 grados. Esta línea está en ángulo; por tanto habrá que calcular las distancias de incremento X (D1) e incremento Y (D2), la longitud del trazo y del espacio. La figura 18.34 muestra los cálculos necesarios para obtener dichos valores.

Ángulo de sombreado	45 grados.
Origen X	0
Origen Y	0
Incremento X (D1)	17.96
Incremento Y (D2)	17.96
Longitud de trazo	17.96
Espacio	17.96

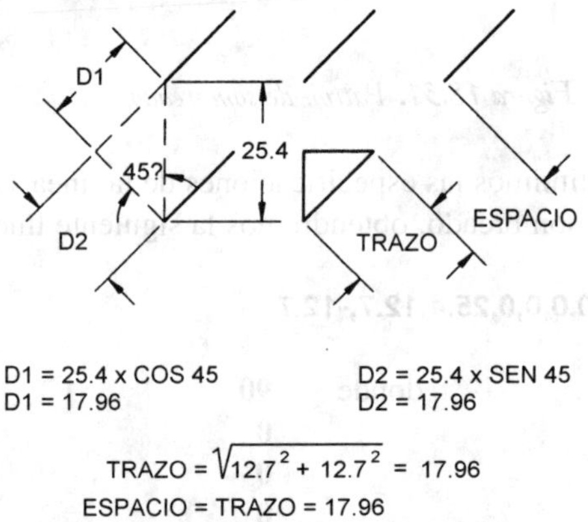

Figura 18.34. Línea inclinada 45 grados.

Una vez indicados estos valores en el formato general del descriptor de sombreado, obtendremos la siguiente línea:

45,0,0,17.96,17.96,17.96,-17.96

donde	**90**	Ángulo de sombreado.
	0	Origen X.
	0	Origen Y.
	0	Incremento X.

25.4	Incremento Y.
12.7	Trazo.
12.7	Espacio.

A continuación combine estas tres líneas e insértelas al final del archivo **acadiso.pat**. También puede utilizar el comando **EDIT** de AutoCAD para editar el archivo e insertar las líneas.

La figura 18.35 muestra el sombreado obtenido con el patrón SOMBREADO3. La figura 18.35 (a) corresponde a un ángulo de 0 grados y un factor de escala de 0.5. La figura 18.35 (b) muestra el sombreado con un ángulo de -45 grados y un factor de escala de 0.5.

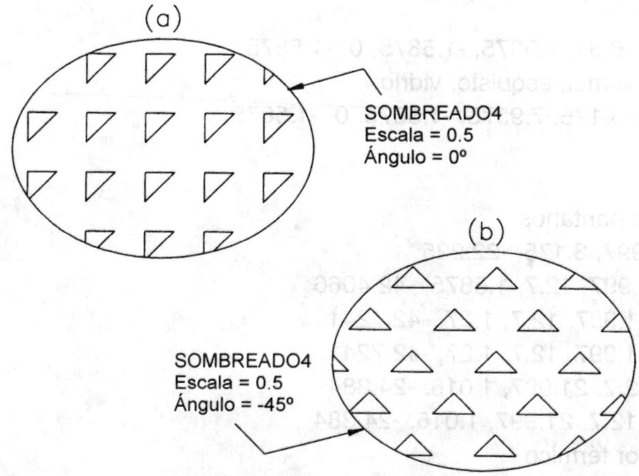

Figura 18.35. *Sombreado generado con el patrón SOMBREADO3.*

La siguiente lista muestra el contenido parcial del archivo acadiso.pat, una vez añadidas las definiciones de patrón de sombreado para los ejemplo 5, 6 y 7.

```
;;
;; Copyright 1996 por Autodesk, Inc.
;; Ver. 1.0 - Archivo de patrones de sombreado de AutoCAD
;; Personalizado para puesta a escala en ISO
;;
*SOLID, Relleno sólido
45, 0,0, 0,.125
*ANGLE, acero angular
0, 0, 0, 0, 6.985, 5.08, -1.905
90, 0, 0, 0, 6.985, 5.08, -1.905
*ANSI31, ANSI albañilería de acero, ladrillo, piedra
45, 0, 0, 0, 3.175
*ANSI32, ANSI acero
```

```
45, 0, 0, 0, 9.525
45, 4.49013, 0, 0, 9.525
*ANSI33, ANSI bronce, latón, cobre
45, 0, 0, 0, 6.35
45, 4.49013, 0, 0, 6.35, 3.175, -1.5875
*ANSI34, ANSI plástico, goma
45, 0, 0, 0, 19.05
45, 4.49013, 0, 0, 19.05
45, 8.98026, 0, 0, 19.05
45, 13.4704, 0, 0, 19.05
*ANSI35, ANSI ladrillo o material refractario
45, 0, 0, 0, 6.35
45, 4.49013, 0, 0, 6.35, 7.9375, -1.5875, 0, -1.5875
*ANSI36, ANSI mármol, esquisto, vidrio
45, 0, 0, 5.55625, 3.175, 7.9375, -1.5875, 0, -1.5875
|

*SWAMP,zona de pantanos
0, 0, 0, 12.7, 21.997, 3.175, -22.225
90, 1.5875, 0, 21.997, 12.7, 1.5875, -42.4066
90, 1.98438, 0, 21.997, 12.7, 1.27, -42.7241
90, 1.19062, 0, 21.997, 12.7, 1.27, -42.7241
60, 2.38125, 0, 12.7, 21.997, 1.016, -24.384
120, 0.79375, 0, 12.7, 21.997, 1.016, -24.384
*TRANS,conductor térmico
0, 0, 0, 0, 6.35
0, 0, 3.175, 0, 6.35, 3.175, -3.175
*TRIANG,triángulos equiláteros
60, 0, 0, 4.7625, 8.24889, 4.7625, -4.7625
120, 0, 0, 4.7625, 8.24889, 4.7625, -4.7625
0, -2.38125, 4.12445, 4.7625, 8.24889, 4.7625, -4.7625
*ZIGZAG,efecto de escalera
0, 0, 0, 3.175, 3.175, 3.175, -3.175
90, 3.175, 0, 3.175, 3.175, 3.175, -3.175
*SOMBREADO1,Sombreado en ángulo de 45 grados
45,0,0,0,12.7
*SOMBREADO2,Sombreado con trazos y puntos
0,0,0,6.35,6.35,12.7,-3.175,0,-3.175,0,-3.175
*SOMBREADO3,Triángulos
90,0,0,0,25.4,12.7,-12.7
0,0,0,0,25.4,12.7,-12.7
45,0,0,17.96,17.96,17.96,-17.96
```

GUARDADO DE PATRONES DE SOMBREADO EN UN ARCHIVO APARTE

Para cargar un determinado patrón de sombreado, AutoCAD busca su definición en el archivo **acadiso.pat** (o en **acad.pat** si el dibujo utiliza medidas inglesas). Por este motivo, las definiciones de patrón de sombreado deben encontrarse en este archivo. Sin embargo, puede añadir la nueva definición en un archivo diferente y, a continuación, copiarlo también en **acadiso.pat**. No olvide hacer una copia del archivo acadiso.pat original para así poder recuperarla cuando sea necesario. Supongamos que el archivo en el que se encuentran las definiciones de sus propios patrones de sombreado se llama sombpers.pat.

1. Copie el archivo acadiso.pat en orgacadiso.pat.
2. Copie sombpers.pat en acadiso.pat.

Si desea utilizar el archivo de patrones original, copie el archivo orgacadiso.pat en acadiso.pat.

ARCHIVO DE PATRONES DE SOMBREADO PERSONALIZADOS

Como ya se ha comentado anteriormente, puede añadir las nuevas definiciones de patrón en el archivo **acadiso.pat**. Dicho archivo puede contener tantas definiciones como desee. Sin embargo, si sólo dispone de una definición de patrón de sombreado, puede definir un archivo aparte. Deben cumplirse los siguientes requisitos:

1. El nombre del archivo debe de ser el mismo que el del patrón de sombreado.
2. El archivo sólo puede contener una definición de patrón de sombreado.
3. El nombre del patrón (y, por tanto, el nombre del archivo) debe ser único.
4. Si desea guardar el patrón de sombreado en la unidad A:, la letra de la unidad (A:) debe preceder al nombre del sombreado. Por ejemplo, si el nombre del sombreado es SOMBR3, la línea de encabezamiento será ***A:SOMBR3,Triángulos** y el nombre del archivo será **triangulos.pat**.

```
*SOMBR3,Triángulos
90,0,0,0,25.4,12.7,-12.7
0,0,0,0,25.4,12.7,-12.7
45,0,0,17.96,17.96,17.96,-17.96
```

Nota

Las líneas de sombreado pueden editarse una vez descompuesto el sombreado con el comando DESCOMP de AutoCAD. Tras descomponer el sombreado, cada línea pasará a ser un objeto independiente. No es buena idea descomponer un sombreado, pues hace aumentar el tamaño de la base de datos del dibujo. Por ejemplo, si un sombreado consta de 100 líneas, todas ellas se guardan como un único objeto. Sin embargo, tras descomponer el sombreado, cada línea pasará a ser un objeto independiente, por lo que habrá creado 99 objetos adicionales en el dibujo. Conserve las líneas de sombreado en una capa aparte para facilitar su edición.

Asigne un único color a las líneas de sombreado para poder así controlar su grosor al imprimir.

Preguntas de revisión

Creación de tipos de línea

1. El comando __________ de AutoCAD puede utilizarse para crear un nuevo tipo de línea.
2. El comando __________ de AutoCAD puede utilizarse para cargar un tipo de línea.
3. El comando __________ de AutoCAD puede utilizarse para cambiar el factor de escala de un tipo de línea.
4. AutoCAD guarda los tipos de línea en el archivo __________.
5. La descripción del tipo de línea no debe tener más de _____ caracteres de longitud.
6. Los números positivos denotan segmentos con plumilla _____.
7. La longitud de segmento _____ genera un punto.
8. AutoCAD sólo admite la especificación de campo de alineación _____.
9. La definición de un patrón de línea siempre comienza con _________.
10. La definición de línea de encabezamiento siempre comienza con _________.

Creación de patrones de sombreado

11. ¿Cuántas definiciones de patrón de sombreado contiene el archivo **acadiso.pat**? _____.
12. La línea de encabezamiento está formada por un asterisco, el nombre del patrón y una _________.
13. La primera línea del sombreado atraviesa un punto definido por el _________ y el _________.
14. La distancia perpendicular entre las líneas de sombreado de un patrón viene definida por el __________.
15. El __________ precisa el desplazamiento de la segunda línea de sombreado en una definición de patrón de sombreado.
16. El número máximo de trazos que pueden precisarse en la definición del patrón de una línea es _____.
17. El comando __________ de AutoCAD puede modificar el ángulo de sombreado definido en el patrón.

18. Al cargar un patrón de sombreado, AutoCAD busca su definición en el archivo _________.

19. Las líneas de sombreado pueden editarse tras _________ el sombreado con el comando _________ de AutoCAD.

Ejercicios

Ejercicio 1 *General*

Utilice el comando **-TIPOLIN** de AutoCAD para crear un nuevo tipo de línea, TRAZO3TRAZO, con las siguientes especificaciones:

Longitud del primer trazo	19.05
Espacio en blanco	3.175
Longitud de trazo	6.36
Espacio en blanco	3.175
Longitud de trazo	6.36
Espacio en blanco	3.175
Longitud de trazo	6.36
Espacio en blanco	3.175

Ejercicio 2 *General*

Utilice un editor de texto para crear un nuevo archivo, **nuevotl2.lin**, con la definición de un nuevo tipo de línea, TRAZO2TRAZO. Las especificaciones son:

Longitud del primer trazo	12.7
Espacio en blanco	2.54
Longitud de trazo	5.08
Espacio en blanco	2.54
Longitud de trazo	5.08
Espacio en blanco	2.54

Ejercicio 3 *General*

Utilice el comando **-TIPOLIN** de AutoCAD para crear un nuevo tipo de línea, TRAZO3PUNTO, con las siguientes especificaciones:

Longitud del primer trazo	19.05
Espacio en blanco	6.36
Punto	

Espacio en blanco	6.36
Punto	
Espacio en blanco	6.36
Punto	
Espacio en blanco	6.36

Ejercicio 4 *General*

a. Escriba la definición de un tipo de línea complejo con el texto HW (Línea de agua caliente), tal como muestra la figura 18.36 (a).

b. Escriba la definición de un tipo de línea complejo con el texto GAS (Línea de gas), tal como muestra la figura 18.36 (b).

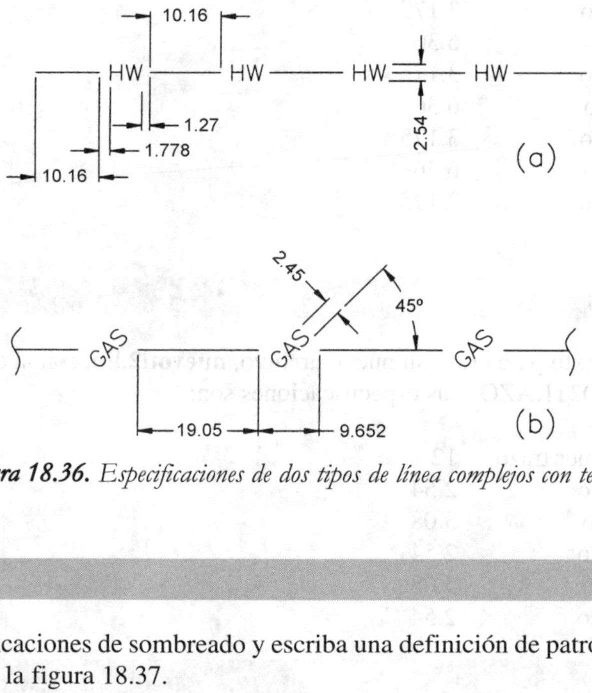

Figura 18.36. *Especificaciones de dos tipos de línea complejos con texto.*

Ejercicio 5 *General*

Determine las especificaciones de sombreado y escriba una definición de patrón de sombreado para el patrón mostrado en la figura 18.37.

Ejercicio 6 *General*

Determine las especificaciones de sombreado y escriba una definición de patrón de sombreado para el patrón mostrado en la figura 18.38. Utilice dicho patrón para sombrear un círculo o un cuadrado.

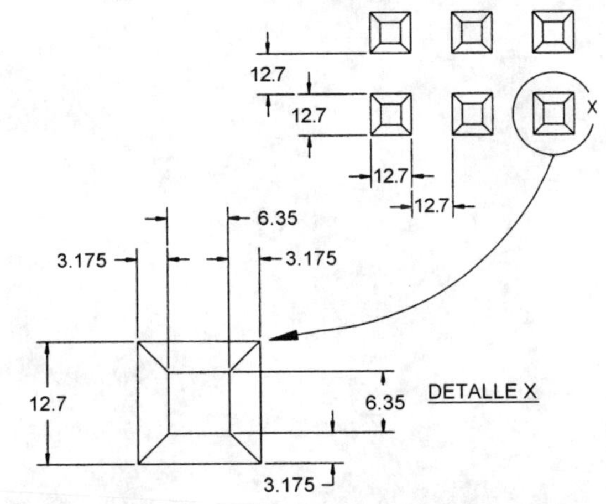

Figura 18.37. *Patrón de sombreado para el ejercicio 5.*

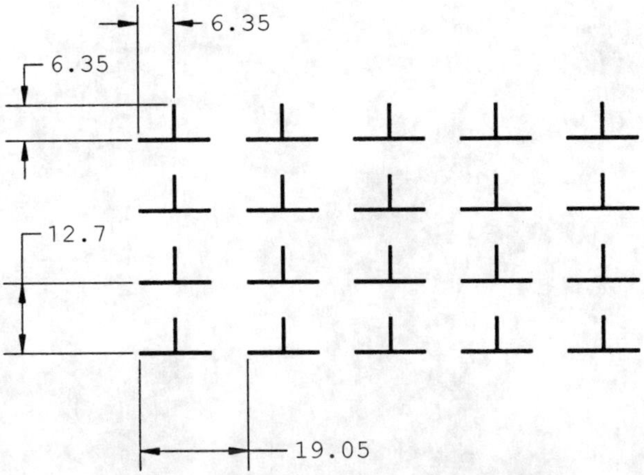

Figura 18.38. *Patrón de sombreado para el ejercicio 6.*

Capítulo 19

Personalización del archivo acad.pgp

Objetivos del estudio

Tras completar este capítulo, será capaz de:

- *Personalizar el archivo **acad.pgp**.*
- *Editar diferentes secciones del archivo **acad.pgp**.*
- *Abreviar comandos mediante los alias de comandos.*
- *Utilizar el comando REINICIA para reiniciar el archivo PGP.*

¿QUÉ ES EL ARCHIVO ACAD.PGP?

El software de AutoCAD incluye el archivo de parámetros de programa. Este archivo, llamado, **acad.pgp**, define los alias para los comandos del sistema operativo y de algunos de los comandos de AutoCAD. Al iniciar AutoCAD, este archivo se copia automáticamente en la subcarpeta Support de AutoCAD 2000. El archivo **acad.pgp** permite acceder a los comandos del sistema operativo desde el editor de dibujo. Por ejemplo, si desea borrar un archivo, basta con indicar **DEL** en la solicitud de comando (Comando: **DEL**); AutoCAD solicitará que indique el nombre del archivo a eliminar.

El archivo también contiene alias de comandos para los comandos de AutoCAD utilizados con más frecuencia. Por ejemplo, el alias para el comando **LINEA** es **L**. Si indica **L** en la solicitud de comando, AutoCAD iniciará el comando **LINEA**. El archivo **acad.pgp** también incluye líneas de comentarios que ofrecen alguna información respecto a las diferentes secciones del archivo.

A continuación se muestra parcialmente el contenido del archivo **acad.pgp**. Algunas de sus líneas se han eliminado para hacer más corto el archivo.

```
; Archivo de parámetros de programa para AutoCAD 2000
;  Comandos externos y definiciones de alias de comandos

; Copyright (C) 1997-1999 Autodesk, Inc.

; Cada vez que se abre un dibujo nuevo o existente, AutoCAD busca
; la ruta de soporte y lee el primer archivo acad.pgp que encuentra.
; -- Comandos externos --
; Mientras AutoCAD se esté ejecutando, puede iniciar otros programas o utilidades,
; como comandos de sistema, utilidades y aplicaciones de Windows.
; Para definir comandos externos, precise el nombre de comando que se utilizará
; desde la solicitud de comando de AutoCAD y una cadena de comando ejecutable
; que se transmite al sistema operativo.

; -- Alias de comandos --
; Puede abreviar los comandos de AutoCAD más comunes definiendo
; alias para ellos en la sección de alias de comandos de acad.pgp.
; Puede crear un alias de comando para cualquier comando externo, de AutoCAD o
; del gestor de dispositivos.

; Recomendación: realice una copia de seguridad de este archivo antes de editarlo.

; Formato de los comandos externos:
; <Nombre de comando>,[<solicitud de DOS>],<Indicador de bits>,[*]<Solicitud>,

; Los bits del indicador de bits poseen los siguientes significados:
; Bit 1: si se establece, no espera a que termine la aplicación
; Bit 2: si se establece, ejecuta la aplicación minimizada
; Bit 4: si se establece, ejecuta la aplicación en modo "oculto"
; Bit 8: si se establece, coloca la cadena del argumento entre comillas
;
; Rellena el campo de indicadores de bits con la suma de de los bits deseados.
; Los bits 2 y 4 se excluyen mutuamente; si se indican los dos, sólo se utiliza el bit 2.
; Los valores más útiles suelen ser 0 (iniciar la aplicación y esperar a que termine),
; 1 (iniciar la aplicación y no esperar), 3 (minimizar y no esperar) y
; 5 (ocultar y no esperar). Los valores 2 y 4 suelen evitarse, ya que hacen
; que AutoCAD no se encuentre disponible hasta que la aplicación haya finalizado.
;
; El bit 8 permite a los comandos como DEL funcionar correctamente con nombres de archivos
; que tienen espacios, como "nombre archivo largo.dwg". Tenga en cuenta que esto puede
; interferir al pasar listas de nombres de archivos delimitadas por espacios a dichos comandos.
; Si prefiere tener un soporte de varios archivos para usar nombres de archivos largos,
; desactive el bit "8" para dichos comandos.
```

```
; Ejemplos de comandos externos para ventanas de comandos

CATALOG,   DIR /W,        8,Especificación de archivos: ,
DEL,       DEL,           8,Archivo que se va a borrar: ,
DIR,       DIR,           8,Especificación de archivos: ,
EDIT,      START EDIT,    9,Archivo que se va a editar: ,
SH,        ,              1,*Comando del sistema operativo: ,
SHELL,     ,              1,*Comando del sistema operativo: ,
START,     START,         1,*Aplicación que se va a iniciar: ,
TYPE,      TYPE,          8,Archivo que se va a enumerar: ,
```

Sección de comandos externos

```
; Ejemplos de comandos externos para Windows
; Véase también la función STARTAPP de AutoLISP para un método alternativo.

EXPLORER,  START EXPLORER, 1,,
NOTEPAD,   START NOTEPAD,  1,*Archivo que se va a editar: ,
PBRUSH,    START PBRUSH,   1,,

; Formato de los alias de comandos:
;   <Alias>,*<Nombre completo del comando>

;  A continuación se ofrecen directrices para crear alias de comandos.
;  1. Un alias debería reducir un comando en al menos dos caracteres.
;     Los comandos que dispongan una tecla de control, un botón de la barra de estado o
;     tecla de función no precisan un alias de comando.
;     Ejemplos: Control N,  A,  I y  G para Nuevo, Abrir, Imprimir y Guardar.
;  2. Pruebe con el primer carácter del comando, después con los dos primeros y,
;     finalmente, con los tres primeros.
;  3. Una vez haya definido un alias, añada sufijos a los alias relacionados:
;     Ejemplos: RE para Redibuja, RT para Redibt, L para Linea o TL Tipolin.
;  4. Utilice un guión para diferenciar entre la línea de comando y los comandos de
;     los cuadros de diálogo.
;     Ejemplo: BQ para Bloque, -BQ para -Bloque.
;
; Entre las excepciones a las reglas se encuentran AA para Area, PE para Editpol, PR para
; Ddchprop.

;  -- Ejemplos de alias para comandos de AutoCAD --
;  Estos ejemplos reflejan los comandos utilizados más frecuentemente.

3A,     *3DARRAY
3DO,    *3DORBITA
3C,     *3DCARA
3P,     *3DPOL
```

Sección de alias para comados

```
TRASLADADC, *ADCNAVIGATE
A,        *ARCO
ADC,        *ADCENTER
AA,       *AREA
ALI,      *ALINEAR
APL,      *APPLOAD
MA,       *MATRIZ
AT,       *ATRDEF
-AT,      *-ATRDEF
ATR,      *ATREDIT
-ATR,     *-ATREDIT
BQ,       *BLOQUE
-BQ,      *-BLOQUE
SB,       *SOMBCONT
CN,       *CONTORNO
-CN,      *-CONTORNO
P,       *PARTE
EMPAQ,    *PACK
C,       *CIRCULO
PR,       *PROPIEDADES
-CM,      *CAMBIA
MODBLQ,   *BMOD
CH,       *CHAFLAN
COLOR,    *COLOR
COL,      *COLOR
DUP,      *COPIA
AES,      *ACOESTIL
ACOALI,   *ACOALINEADA
ACOANG,    *ACOANGULO
ACOLINE,  *ACOLINEABASE
CBD,  *CONEXIONBD
ACOCEN,   *ACOCENTRO
ACOCONT,   *ACOCONTINUA
ACODIA,   *ACODIAMETRO
AED,      *ACOEDIC
DI,       *DIST
DIV,      *DIVIDE

|
|

L,       *LINEA
CA,       *CAPA
-CA,      *-CAPA
DIRR,     *DIRECTRIZR
```

```
LG,       *LONGITUD
LS,       *LIST
GLINEA,   *GROSORLIN
PRES,     *-PRESENTACION
LT,       *LIST
TL,       *TIPOLIN
-TL,      *-TIPOLIN
TLINEA,   *TIPOLIN
-TLINEA,  *-TIPOLIN
EC,       *ESCALATL
GLIN,     *GROSORLIN
D,        *DESPLAZA
IP,       *IGUALARPROP
GD,       *GRADUA
SI,       *SIMETRIA
LNM,      *LINEAM
PROP,     *PROPIEDADES
EM,       *ESPACIOM
TXM,      *TEXTOM
VM,       *VMULT
EQ,       *EQDIST
OP,       *OPCIONES
ORBIT,    *3DORBITA
REF,      *REFENT
-REF,     *-REFENT
E,        *ENCUADRE
-E,       *-ENCUADRE
PA,       *PEGAESP
ABRIRP,   *-ABRIRPARCIAL
PE,       *EDITPOL
PL,       *POL
PU,       *PUNTO
PG,       *POLIGONO
OPC,      *OPCIONES
CPRO,     *CERPROP
PROPS,    *PROPIEDADES
PRE,      *PREVISUALIZAR
IMPR,     *TRAZADOR
EP,       *ESPACIOP
LI,       *LIMPIA
RE,       *REDIBUJA
RT,       *REDIBT
RG,       *REGEN
RGT,      *REGENT
```

REC, *RECTANG
REG, *REGION

|

SPE, *EDITSPLINE
EST, *ESTILO
DIF, *DIFERENCIA
EDITREF, *REFEDIT
-EDITREF, *-REFEDIT
CONJREF, *REFSET
CERREF, *REFCLOSE
T, *TEXTOM
-T, *-TEXTOM
TB, *TABLERO
TH, *THICKNESS
TM, *TILEMODE
BH, *BARRAHERR
TOL, *TOLERANCIA
TOR, *TOROIDE
RR, *RECORTA
SP, *DDSCP
UP, *DDUCSP

|

; A continuación se ofrecen alias alternativos y alias proporcionados con AutoCAD Versión 13.

VA, *VISTAEREA
CP, *COPIA
ACOALI, *ACOALINEADA
ACOANG, *ACOANGULO
ACOLINE, *ACOLINEABASE
ACOCONT, *ACOCONTINUA
ACODIA, *ACODIAMETRO
ACOED, *ACOEDIC
ACOTED, *ACOTEDIC
DIMLIN, *ACOLINEAL
ACOCOO, *ACOCOORDENADA
ACORAD, *ACORADIO
ACOEST, *ACOESTIL
ACOREMP, *ACOREMPLAZAR
DIREC, *DIRECTRIZ
TM, *TILEMODE

```
; Alias que se utilizan por compatibilidad con Hipervínculos/URL Release 14:
GUARDARURL, *GUARDAR
ABREURL, *ABRE
INSERTARURL, *INSERT

; Aliases de comandos que ya no se utilizan en AutoCAD 2000:
ASA,      *CONEXIONBD
ASE,      *CONEXIONBD
ASL,      *CONEXIONBD
ASQ,      *CONEXIONBD
ASR,      *CONEXIONBD
ASS,      *CONEXIONBD
AT,       *ATRDEF
AT,       *ATRDEF
DDCHPROP, *PROPIEDADES
DDCOLOR,  *COLOR
DDLMODES, *CAPA
DDLTYPE,  *TIPOLIN
DDMODIFY, *PROPIEDADES
DDOSNAP,  *OSNAP
DDSCP,    *SCP
```

SECCIONES DEL ARCHIVO ACAD.PGP

El contenido del archivo de parámetros de programa (**acad.pgp**) puede estructurarse en tres secciones. Estas secciones se limitan a clasificar la información definida en el archivo **acad.pgp**. La información contenida en el archivo no tiene por qué aparecer en ningún orden determinado y tampoco son necesarios los encabezamientos de sección. Por ejemplo, las líneas de comentario pueden incluirse en cualquier parte del archivo; lo mismo sucede con los comandos externos y los alias de comandos de AutoCAD. Las tres secciones en las que puede dividirse el archivo **acad.pgp** son: **comentarios, comandos externos** y **alias de comandos**.

Comentarios

El archivo acad.pgp puede incluir tantas líneas de comentario como desee y pueden aparecer en cualquier parte del archivo. Cada línea de comentario debe comenzar con un punto y coma (;). AutoCAD ignora cualquier línea que comience con punto y coma. Debería utilizar los comentarios para ofrecer cualquier información relevante, en relación con el archivo, que permita a los usuarios de AutoCAD comprender, editar y actualizar el archivo con mayor facilidad.

Comandos externos

En la sección de comandos externos puede definir cualquier comando externo válido, admitido por el sistema. La información debe indicarse con el siguiente formato:

<Nombre_comando>,[<Nombre_ comando_externo>],<Indicador_bits>,[*]<Solicitud>,

Nombre de comando. Es el nombre que desee utilizar para activar el comando externo desde el editor de dibujo de AutoCAD. Por ejemplo, puede utilizar **WORD** como nombre de comando para cargar el programa de textos (Comando: **WORD**). El nombre de comando no puede ser un nombre de comando o de variable de sistema de AutoCAD. Si un nombre de comando coincide con el de un comando de AutoCAD, se ignorará en el archivo PGP. Debería utilizar nombres de comando que reflejen el resultado obtenido con el comando externo al que hacen referencia. Puede indicar los nombres de comando en mayúsculas o en minúsculas.

Nombre de comando externo. El nombre de comando externo es el nombre de un comando externo válido, admitido por el sistema operativo. Por ejemplo, en DOS, el comando para borrar archivos es DEL; por tanto, el Nombre de comando externo utilizado en el archivo **acad.pgp** debe ser DEL. El archivo PGP puede incluir los siguientes tipos de comandos externos:

- Comandos DOS
- Comandos para iniciar programas, como un procesador o editor de texto.
- Nombre de programas definidos por el usuario y archivos de procesamiento por lotes.

Indicador de bits. Este campo debe contener un número, preferiblemente 8 o 1. A continuación se indican indicadores de bits y su significado;

Indicador de bits	Significado
1	No espera a que termine la aplicación.
2	Ejecuta la aplicación minimizada.
4	Ejecuta la aplicación en modo oculto.
8	Coloca la cadena del argumento entre comillas.

Solicitud. El campo de solicitud de la línea de comando precisa la solicitud que aparecerá en la pantalla. Éste es un campo opcional que debe sustituirse por una coma en el caso de no indicarse. Si el comando externo a utilizar contiene espacios, la solicitud debe ir precedida de un asterisco (*). Por ejemplo, el comando de DOS **EDIT nuevo.pgp** contiene un espacio entre EDIT y nuevo.pgp; por tanto, la solicitud utilizada es esta línea de comando debe ir precedida de un asterisco. Para terminar el comando puede pulsarse la tecla INTRO. Si el comando externo consiste en una única palabra (DIR, DEL, TYPE), el asterisco debe omitirse. En tal caso puede terminar el comando con las teclas BARRA ESPACIADORA o INTRO.

Alias de comandos

Indicar los comandos de AutoCAD con el teclado supone un gasto de tiempo, pues ha de escribirse el nombre completo del comando antes de pulsar INTRO. AutoCAD ofrece la posibilidad de abreviar los nombres de los comandos definiendo alias para ellos. El archivo de parámetros de programa (archivo acad.pgp) lo hace posible. Cada línea de alias de comando consta de dos campos (Por ejemplo, **L, *LINEA**). El primer campo (**L**) es el alias del comando; el segundo campo (***LINEA**) es el nombre del comando de AutoCAD. El comando de AutoCAD debe ir precedido de un asterisco para identificar la línea como la definición de un alias. Los dos campos deben ir separados por una coma. AutoCAD ignora las líneas en blanco y los espacios entre los dos campos. Además de con los comandos de AutoCAD, puede utilizar alias con los nombres de comandos AutoLISP, siempre que estén cargados los programas que contienen la definición de tales comandos.

Ejemplo 1

Añadiremos los siguientes comandos externos y alias de comandos de AutoCAD al archivo de parámetros de programa (**acad.pgp**).

Sección de comandos externos

Abreviatura	**Descripción de comando**
WORD	Este programa carga el procesador de textos (Winword.exe) desde la carpeta en la que se encuentre.
RN	Este comando ejecuta el comando **RENAME** de DOS.
CA	Este comando ejecuta el copando **COPY** de DOS.

Sección de alias de comandos

Abreviatura	**Comando**	**Abreviatura**	**Comando**
EL	**ELIPSE**	RCT	**RECORTA**
COP	**COPIA**	CHA	**CHANFLAN**
EQD	**EQDIST**	S	**SIMETRIA**
ESC	**ESCALA**	N	**NUEVO**

El archivo **acad.pgp** es un archivo de texto ASCII. Para editar este archivo puede utilizar el comando EDIT de AutoCAD (siempre que el comando EDIT esté definido en el archivo acad.pgp) o cualquier editor de texto (como el Bloc de notas o Wordpad). A continuación se muestran algunas de las líneas del archivo **acad.pgp** tras insertar las definiciones indicadas en este ejemplo. Los números de línea no forman parte del archivo; se han indicado como referencia. Las líneas añadidas aparecen resaltadas en negrita.

```
CATALOG, DIR /W,    8,Especificación de archivos: ,            1
DEL, DEL,           8,Archivo que se va a borrar: ,            2
DIR, DIR,           8,Especificación de archivos: ,            3
EDIT, START EDIT,   9,Archivo que se va a editar: ,            4
SH, ,               1,*Comando del sistema operativo: ,        5
SHELL, ,            1,*Comando del sistema operativo: ,        6
START, START,       1,*Aplicación que se va a iniciar: ,       7
TYPE,    TYPE,      8,Archivo que se va a enumerar: ,          8
WORD, START WINWORD,1,,                                        9
RN, RENAME,8, Archivo cuyo nombre se va a cambiar:,            10
CA, COPY,8, Archivo a copiar:,                                 11
```

```
12 TM,     *TILEMODE
13 BH,     *BARRAHERR
14 TOL,    *TOLERANCIA
15 TOR,     *TOROIDE
16 RR,      *RECORTA
17 SP,     *DDSCP
18 UP,     *DDUCSP
19 EL,     *ELIPSE
20 COP,    *COPIA
21 EQD,    *EQDIST
22 ESC,    *ESCALA
23 RCT,    *RECORTA
24 CHA,    *CHAFLAN
25 S,      *SIMETRIA
26 N,      *NUEVO
```

Explicación

Línea 9

WORD, START WINWORD,1,,

En la línea 9, **WORD** carga el programa de procesador de textos (Microsoft Word). El archivo Winword.exe se encuentra en las rutas de búsqueda del sistema.

Líneas 10 y 11

RN, RENAME,8, Archivo cuyo nombre se va a cambiar:,

CA, COPY,8, Archivo a copiar:,

La línea 10 define un alias para el comando **RENAME** de DOS. La siguiente línea define un alias para el comando **COPY** de DOS. El 8 es un indicador de bits. Las solicitudes Archivo cuyo nombre se va a cambiar: y Archivo a copiar: aparecerán en la línea de comando para que sepa el formato y el tipo de información que debe indicar.

Líneas 19 a 26

Estas líneas definen varios alias para diferentes comandos de AutoCAD. Los comandos de AutoCAD deben ir precedidos de un asterisco. Puede introducir tantos espacios en blanco como desee entre el alias y el nombre del comando de AutoCAD.

COMANDO REINICIA

Tras realizar cualquier cambio en el archivo **acad.pgp**, dispone de dos métodos para que AutoCAD actualice la nueva información. Un método consiste en salir de AutoCAD y entrar de nuevo. Al iniciar AutoCAD, el archivo **acad.pgp** se carga automáticamente.

También puede iniciar de nuevo el archivo **acad.pgp** por medio del comando **REINICIA** de AutoCAD. El comando **REINICIA** vuelve a iniciar los puertos de entrada/salida, el digitalizador, la visualización y el archivo de parámetros de AutoCAD (**acad.pgp**). Al ejecutar el comando

REINICA aparecerá el cuadro de diálogo mostrado en la figura 19.1. Para reiniciar el archivo PGP, active la correspondiente casilla de verificación y haga clic en **Aceptar**. Una vez reiniciado el archivo de parámetros de programa, podrá utilizar todos los alias definidos en el archivo.

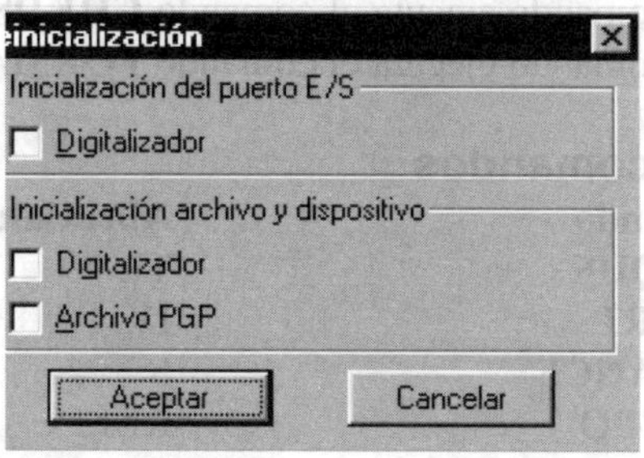

Figura 19.1. *Cuadro de diálogo* ***Reinicialización.***

Preguntas de revisión

1. El archivo PGP puede contener tantas líneas de comentario como se desee. (V/F)

2. AutoCAD ignora cualquier línea que comience con punto y coma. (V/F)

3. Los alias de comando no deben coincidir con ningún nombre de comando de AutoCAD. (V/F)

4. El campo de indicador de bits debe tener un valor de 8. (V/F)

5. En la sección de alias de comandos, los alias pueden ir precedidos de un punto y coma. (V/F)

6. No es posible utilizar alias con los comandos AutoLISP. (V/F)

7. El archivo acad.pgp no viene incluido en el software de AutoCAD. (V/F)

8. El archivo acad.pgp es un archivo ASCII. (V/F)

Ejercicios

Ejercicio 1 — *General*

Añada al archivo **acad.pgp** los alias indicados a continuación para los siguientes comandos externos y de AutoCAD.

Sección de comandos externos

Abreviatura	Descripción de comando
WORDPAD	Este programa carga el programa Wordpad, situado en la carpeta **Accesorios** de **Archivos de programa**.
CD	Este comando ejecuta el comando **CHKDSK** de DOS.
FORMAT	Este comando ejecuta el comando **FORMAT** de DOS.

Sección de alias de comandos

Abreviatura	Comando	Abreviatura	Comando
BL	**BLOQUE**	TL	**ESCALATL**
INS	**INSERT**	DC	**DESCOMP**
DIS	**DISTANCE**	S	**SIMETRIA**
TI	**TIEMPO**	REJ	**REJILLA**

Capítulo 20

Menús desplegables, contextuales y parciales; personalización de las barras de herramientas

Objetivos del estudio

Tras completar este capítulo, será capaz de:

- *Escribir menús desplegables.*
- *Cargar menús.*
- *Escribir menús en cascada dentro de menús desplegables.*
- *Escribir menús de cursor.*
- *Intercambiar menús desplegables.*
- *Escribir menús parciales.*
- *Definir teclas de aceleración.*
- *Escribir definiciones de barras de herramientas.*
- *Escribir menús para obtener ayuda en la línea de estado.*
- *Personalizar barras de herramientas.*

MENÚS DE ACUTOCAD

Los menús de AutoCAD suponen una poderosa herramienta para personalizar el programa. El paquete de software de AutoCAD incluye un archivo de menús estándar (plantilla de menús), llamado **acad.mnu**. Al iniciar AutoCAD, el archivo **acad.mnu** se carga automáticamente. El archivo de menús contiene comandos de AutoCAD separados por diferentes encabezamientos que facilitan su identificación. Los encabezamientos, además de utilizar nombres descriptivos, están ordenados para facilitar la localización y acceso a los comandos. Sin embargo, puede haber algunos comandos que el usuario nunca llegue a utilizar. Además, quizá desee reagrupar y reordenar los comandos para que resulte más fácil acceder a los que utiliza con más frecuencia.

AutoCAD permite que el usuario elimine del archivo de menús los comandos utilizados rara vez y en cambio defina otros nuevos. A tal fin puede editar el archivo **acad.mnu** o escribir un nuevo archivo de menús. No hay límite en el número de archivos que pueden crearse. Puede disponer de un archivo de menús diferente para cada aplicación. Por ejemplo, puede crear distintos archivos de menú para dibujos mecánicos, eléctricos y arquitectónicos. El comando **MENU** de AutoCAD permite cargar estos archivos de menú en cualquier momento. Los archivos de menús son archivos de texto con la extensión **.MNU**. Estos archivos pueden escribirse con cualquier editor de texto, como Wordpad o el Bloc de notas. El archivo de menús puede dividirse en diez secciones, cada una de ellas identificada con una etiqueta de sección. AutoCAD utiliza las siguientes etiquetas para identificar las diferentes secciones del archivo de menús:

*****SCREEN**	
*****TABLETn**	**n** varía de 1 a 4.
*****IMAGE**	
*****POPn**	**n** varía de 1 a 499. (Para menús contextuales, n=0 y de 500 a 999.)
*****BUTTONSn**	**n** varía de 1 a 4.
*****AUXn**	**n** varía de 1 a 4.
*****MENUGROUP**	
*****TOOLBARS**	
*****HELPSTRINGS**	
*****ACELERATORS**	

Los menús de tablero pueden tener hasta cuatro secciones diferentes. Los menús POP (menús desplegables y de cursor) pueden tener hasta 16 secciones. Los menús auxiliares y de botones pueden tener hasta cuatro secciones.

<u>**Menús de tablero**</u>
***TABLET1
***TABLET2
***TABLET3
***TABLET4

<u>**Menús de botones**</u>
***BUTTONS1
***BUTTONS2
***BUTTONS3
***BUTTONS4

<u>**Menús desplegables y de cursor**</u>

***POP0	***POP9
***POP1	***POP10
***POP2	⋮
***POP3	
***POP4	
***POP5	
***POP6	
***POP7	***POP998
***POP8	***POP999

<u>**Menús Auxiliares**</u>
***AUX1
***AUX2
***AUX3
***AUX4

MENÚS ESTÁNDAR

Los menús son una parte del archivo de menús estándar, **acad.mnu**. El archivo **acad.mnu** se carga automáticamente al iniciar AutoCAD, siempre y cuando no se haya modificado la configuración estándar de AutoCAD.

Los menús pueden seleccionarse desplazando el cursor hasta la parte superior de la pantalla, en el área de la barra de menús. Si desplaza el dispositivo señalador a izquierda y derecha, conseguirá resaltar los diferentes títulos de menús; para seleccionar el deseado pulse el botón de designación del dispositivo señalador. Una vez seleccionado el elemento, el correspondiente menú aparecerá justo debajo bajo su título (figura 20.1). El menú puede incluir hasta 499 secciones, llamadas POP1, POP2, POP3..., POP499.

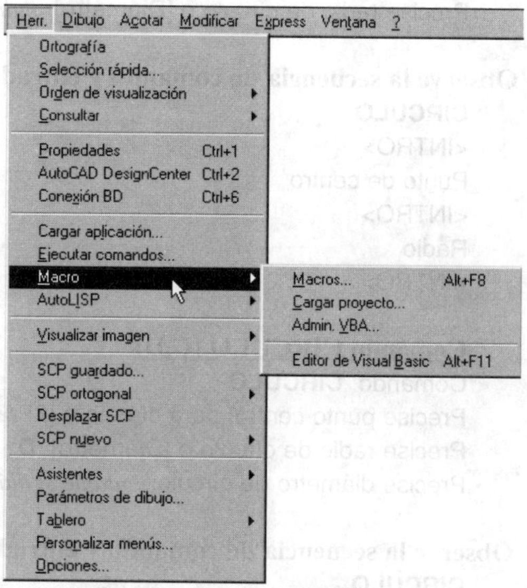

Figura 20.1. *Menús en cascada y desplegables.*

ESCRITURA DE UN MENÚ

Antes de escribir un menú, deberá diseñarlo y conocer la secuencia exacta de comandos de AutoCAD y las solicitudes asociadas con cada uno de ellos. El diseño del menú debería ser tal que facilitase el acceso a los comandos utilizados con más frecuencia. Un diseño cuidadoso puede suponer un importante ahorro de tiempo en una sesión de trabajo larga. Así pues, considere diferentes diseños posibles con diferentes combinaciones de comandos y elija aquella que mejor se adapte a su trabajo. Las sugerencias de otros operadores CAD pueden serle muy útiles.

La segunda cuestión de relevancia en el desarrollo de un menú consiste en conocer la secuencia exacta de los comandos y las solicitudes asociadas con cada uno de ellos. Para determinar de la mejor manera las entradas requeridas por un comando, debería indicar todos los comandos y las respuestas a sus solicitudes con el teclado. A continuación se ofrece una descripción de algunos comandos y de las entradas requeridas por sus solicitudes para el ejemplo 1.

<u>**Comando LINEA**</u>
Comando: **LINEA**

Observe la secuencia de comando y entradas:

LINEA
<INTRO>

Comando CIRCULO (C,R)

Comando: **CIRCULO**
Precise punto central para círculo o [3P/2P/Ttr (tangente tangente radio)]: *Precise el centro.*
Precise radio de círculo o [Diámetro]: *Indique el radio.*

Observe la secuencia de comando y entradas:

CIRCULO
<INTRO>
Punto de centro
<INTRO>
Radio
<INTRO>

Comando CIRCULO (C,D)

Comando: **CIRCULO**
Precise punto central para círculo o [3P/2P/Ttr (tangente tangente radio)]: *Precise el centro.*
Precise radio de círculo o [Diámetro]: **D**
Precise diámetro de círculo: *Indique el diámetro.*

Observe la secuencia de comando y entradas:

CIRCULO
<INTRO>
Punto de centro
<INTRO>
D
<INTRO>
Diámetro
<INTRO>

Comando CIRCULO (2P)

Comando: **CIRCULO**
Precise punto central para círculo o [3P/2P/Ttr (tangente tangente radio)]: **2P**
Precise primer punto final del diámetro del círculo: *Precise el primer punto.*
Precise segundo punto final del diámetro del círculo: *Precise el segundo punto.*

Observe la secuencia de comando y entradas:

CIRCULO
<INTRO>
2P
<INTRO>

Precise el primer punto del diámetro
<INTRO>
Precise el segundo punto del diámetro
<INTRO>

Comando BORRA
Comando: **BORRA**

Observe la secuencia de comando y entradas:
BORRA
<INTRO>

Comando DESPLAZA
Comando: **DESPLAZA**

Observe la secuencia de comando y entradas:
DESPLAZA
<INTRO>

La diferencia entre las opciones Centro-Radio y Centro-Diámetro del comando **CIRCULO** consiste en que la opción de Radio es la predeterminada, mientras que para elegir la opción Diámetro debe indicarse D. Esta diferencia, aunque mínima, resulta muy importante al escribir un archivo de menús. Así mismo, la opción 2P del comando **CIRCULO** es diferente a las otras dos opciones. En consecuencia, es importante conocer la secuencia correcta de los comandos de AutoCAD y las entradas realizadas en respuesta a sus solicitudes.

Puede utilizar cualquier editor de texto (como el Bloc de notas) para escribir el archivo de menús. También puede utilizar el comando **EDIT** de AutoCAD. AutoCAD solicitará que indique el nombre del archivo que desea editar. El nombre del archivo puede tener hasta ocho caracteres de longitud y su extensión ha de ser **.MNU**. Si el archivo ya existe, se cargará automáticamente; en caso contrario, se creará un nuevo archivo con el nombre indicado. Considere el siguiente ejemplo para comprender el proceso de desarrollo de un menú desplegable.

Nota
*Si el comando EDIT de AutoCAD no funciona, asegúrese de que esté definido en el archivo **acad.pgp**.*

Ejemplo 1

Escribiremos un menú para los siguientes comandos de AutoCAD:

LINEA	**BORRA**	**REDIBUJA**	**GUARDAR**
POL	**DESPLAZA**	**REGEN**	**QUITA**
CIRCULO C,R	**COPIA**	**ZOOM TODO**	**TRAZADOR**

CIRCULO C,D	**ESTIRA**	**ZOOM VENTANA**
CIRCULO 2P	**ALARGA**	**ZOOM PREVIO**
CIRCULO 3P	**EQDIST**	

El primer paso para escribir cualquier menú consiste en diseñarlo de forma que los comandos aparezcan en el orden deseado. La figura 20.2 muestra uno de los posibles diseños de este menú. El menú incorpora cuatro grupos diferentes de comandos; por este motivo deberá tener cuatro secciones: POP1, POP2, POP3 y POP4. Cada sección tendrá una etiqueta de sección. La siguiente lista es el contenido del archivo de menús desplegables para el ejemplo 1. Los números de línea no forman parte del archivo; se indican sólo como referencia.

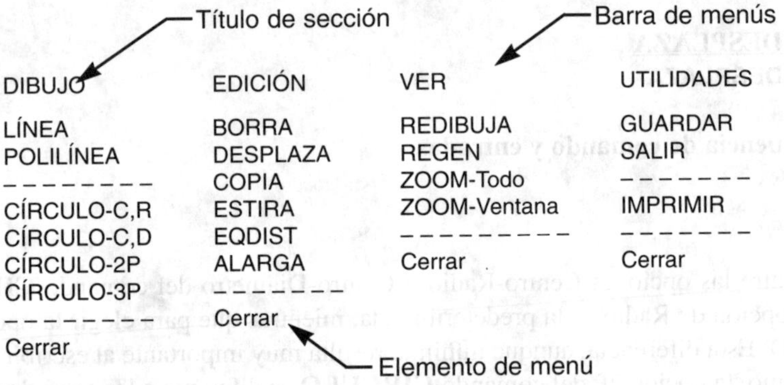

Figura 20.2. *Diseño del menú.*

```
***POP1
[DIBUJO]
[LÍNEA]*^C^CLINEA
[POLILÍNEA]^C^CPOL
[--]
[CÍRCULO-C,R]^C^CCIRCULO
[CÍRCULO-C,D]^C^CCIRCULO \D
[CÍRCULO-2P]^C^CCIRCULO 2P
[CÍRCULO-3P]^C^CCIRCULO 3P
[—]
[Cerrar]^C
***POP2
[EDICIÓN]
[BORRA]*^C^CBORRA
[DESPLAZA]^C^CDESPLAZA
[COPIA]^C^CCOPIA
[ESTIRA]^C^CESTIRA;C
[EQDIST]^C^CEQDIST
```

```
19 [ALARGA]^C^CALARGA
20 [—]
21 [Cerrar]^C
22 ***POP3
23 [VER]
24 [REDIBUJA]'REDIBUJA
25 [REGEN]^C^CREGEN
26 [—]
27 [ZOOM-Todo]^C^C'ZOOM T
28 [ZOOM-Ventana]'ZOOM V
29 ZOOM-Previo]'ZOOM P
30 [—]
31 [~Cerrar]^C
32 ***POP4
33 [UTILIDADES]
34 [GUARDAR]^C^CGUARDAR;
35 [SALIR]^C^CQUITA
36 [——]
37 [IMPRIMIR]^C^CTRAZADOR
38 [—]
39 [Cerrar]^C
```

Explicación

Línea 1

*****POP1**

POP1 es la etiqueta de sección para el primer menú desplegable. Todas las etiquetas de sección en los menús de AutoCAD comienzan con tres asteriscos (***), seguidos del nombre de etiqueta de sección (tal como POP1).

Línea 2

[DIBUJO]

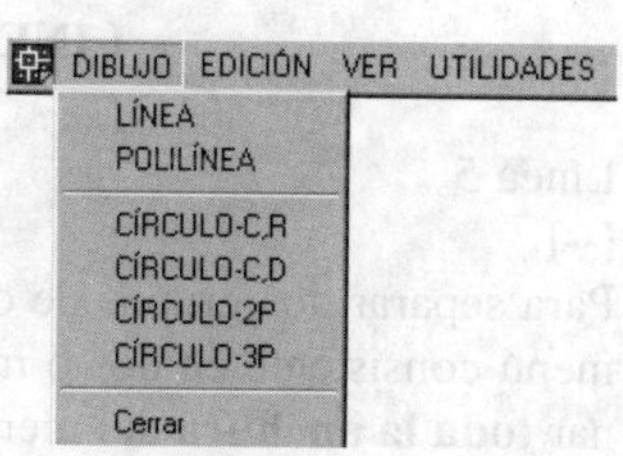

Figura 20.3. *Menú* ***DIBUJO.***

En este elemento de menú, **DIBUJO** es el título del menú tal como aparece en la barra de menús. Los nombres de título deberían permitir una fácil identificación de los comandos que cabe encontrar del correspondiente menú desplegable. En este ejemplo, todos los menús de dibujo aparecen bajo el título **DIBUJO** (figura 20.3), los de edición se agrupan bajo el título **EDICIÓN** y lo mismo puede decirse para el resto de los elementos. El título del menú en la barra puede tener cualquier longitud. Sin embargo, resulta recomendable utilizar nombres cortos para mantener el criterio con otros elementos de menú. Algunos dispositivos de visualización admiten un máximo de 80 caracteres; para disponer 16 secciones en una sola fila de la barra de menús, la longitud de cada título no debería exceder de cinco caracteres. Si la longitud de los elementos de la barra de menús excede los 80 caracteres, AutoCAD mostrará en la siguiente línea aquellos elementos que no tengan sitio en la primera. El resultado será una barra de menús con dos líneas de elementos de menú.

Si se deja en blanco la primera línea de una sección de menú, el título de dicha sección no aparecerá en el área de la barra de menús. Al no mostrarse el título del menú será **imposible** acceder a dicho menú. De esta forma podrá desactivar el menú. Por ejemplo, si reemplaza **[DIBUJO]** por una línea en blanco, AutoCAD desactivará la sección **DIBUJO** (POP1) del menú; la segunda sección (POP2) aparecerá en su lugar.

Ejemplo

***POP1	*Etiqueta de sección.*
	Línea en blanco *(desactiva POP1).*
[LÍNEA:]^CLINEA	*Elemento de menú.*
[POLILÍNEA:]^CPOL	
[CÍRCULO:]^CCIRCULO	

Los títulos de la barra de menús están justificados a la izquierda. Si no se muestra el primer título, los restantes títulos de menú se desplazarán hacia la izquierda. En el ejemplo 1, si no se muestra el título **DIBUJO** en el área de la barra de menús, las secciones **EDICIÓN**, **VER** y **UTILIDADES** se desplazarán a la izquierda.

Línea 3

***^C^CLINEA**

En este elemento de menú, la definición del comando comienza con un asterisco (*). Esta función permite que el comando se repita automáticamente hasta que se cancele con la tecla ESC o seleccionando otro comando de menú. **^C^C** cancela dos veces el comando existente; **LINEA** es un comando de AutoCAD para generar líneas.

***^C^CLINE**

donde	*	Repite el elemento de menú (comando).
	^C^C	Cancela dos veces el comando existente.
	LINEA	Comando **LINEA** de AutoCAD.

Línea 5

[--]

Para separar dos grupos de comandos dentro de cualquier sección, puede utilizar un elemento de menú consistente en dos o más guiones (--). Esta línea se expandirá automáticamente hasta rellenar **toda la anchura** del menú. Puede utilizar líneas en blanco dentro de la definición de un menú. AutoCAD ignora las líneas en blanco dentro de cualquier sección de un menú (sección ***POP).

Línea 11

[Cerrar]^C

En este elemento de menú, la definición de comando **^C** se ha utilizado para cancelar el menú. Este elemento ofrece una opción adicional para cancelar el menú. Esta posibilidad resulta especialmente útil para los nuevos usuarios de AutoCAD que no estén familiarizados con sus funciones. El menú también puede cancelarse con cualquiera de los métodos siguientes:

1. Haciendo clic en un punto.
2. Seleccionando un elemento en el área de menú de pantalla.
3. Eligiendo o indicando otro comando.
4. Pulsando la tecla ESC.
5. Seleccionando cualquiera de los títulos de la barra de menús.

Línea 28
[ZOOM-Ventana]'ZOOM V
En este elemento de menú, la comilla simple (') que precede al comando **ZOOM** hace que la opción **Ventana** del **ZOOM** se ejecute en modo transparente. Cuando un comando es transparente, el comando en curso no se cancela. Una vez terminado el comando **ZOOM** (figura 20.4), AutoCAD reanuda la operación actual.

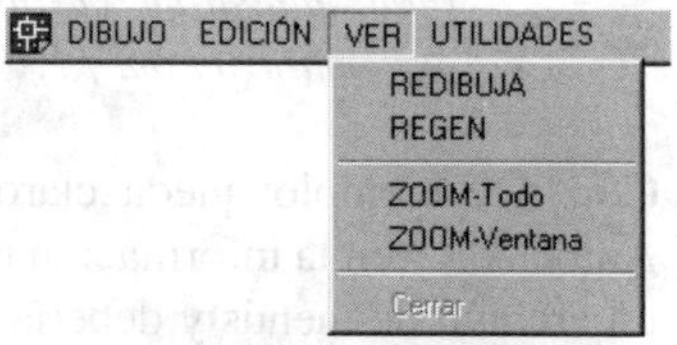

Figura 20.4. *Menú VER.*

```
[ZOOM-Ventana]'ZOOM V
```

donde	**V**	Opción **Ventana**.
	ZOOM	Comando **ZOOM** de AutoCAD.
	'	La comilla simple hace que el comando **ZOOM** sea transparente.

Línea 31
[~Cerrar]^C
Este elemento de menú es parecido al de la línea 11, salvo por la tilde (~). Como este elemento de menú incluye una tilde, no estará disponible (aparecerá atenuado, es decir, en gris) y, aunque intente seleccionarlo, no podrá cancelar el menú. Puede utilizar esta función para desactivar un elemento de menú o para indicar que dicho elemento no es una selección válida. Aunque haya una instrucción asociada con el elemento, no se ejecutará al seleccionarlo.

Línea 34
[GUARDAR]^C^CGUARDAR;
En este elemento de menú, el punto y coma (;) que sigue al comando **GUARDAR** indica INTRO. El punto y coma no es necesario; el comando funcionará aunque no se incluya el punto y coma.

```
[GUARDAR]^C^CGUARDAR;
```

donde	**GUARDAR**	Comando **GUARDAR** de AutoCAD.
	;	El punto y coma indica INTRO.

Línea 36
[----]
Este elemento de menú incluye cuatro guiones. La línea se extenderá hasta cubrir el ancho total del menú. Si sólo incluyera un guión, AutoCAD informaría de un error de sintaxis al cargar el archivo.

Nota

En cualquier menú, los elementos de menú se muestran justo bajo el título del menú y justificados a la izquierda. Si algún menú no dispone de espacio suficiente para mostrar todos sus elementos, el menú desplegable se expandirá hacia la izquierda para adaptar su anchura total a la del elemento de mayor longitud.

Puede utilizar dos barras oblicuas (//) para indicar líneas de comentarios. AutoCAD ignora las líneas que comienzan con //.

Con este ejemplo queda claro que cada instrucción del menú está basada en los comandos de AutoCAD y en la información necesaria para completarlos. Esto constituye la base para la creación de un archivo de menús y debería tenerse en consideración. A continuación se muestra un resumen con algunos de los comandos de AutoCAD utilizados en el ejemplo 1 y sus equivalentes en el archivo de menús.

Comandos de AutoCAD	Archivo de menús
Comando: **LINEA**	**[LÍNEA]^C^CLINEA**
Comando: **CIRCULO** Precise punto central para círculo o [3P/2P/Ttr (tangente tangente radio)]: Precise radio de círculo o [Diámetro]:	**[CÍRCULO-C,R]^C^CCIRCULO**
Comando: **CIRCULO** Precise punto central para círculo o [3P/2P/Ttr (tangente tangente radio)]: Precise radio de círculo o [Diámetro]: D Precise diámetro de círculo:	**[CÍRCULO-C,D]^C^CCIRCULO;\D**
Comando: **CIRCULO** Precise punto central para círculo o [3P/2P/Ttr (tangente tangente radio)]: **2P** Precise primer punto final del diámetro del círculo: Precise segundo punto final del diámetro del círculo:	**[CÍRCULO-2P]^C^CCIRCULO;2P**
Comando: **BORRA**	**[BORRA]^C^CBORRA**
Comando: **DESPLAZA**	**[DESPLAZA]^C^CDESPLAZA**

CARGA DE MENÚS

Al entrar en el editor de dibujo, AutoCAD carga automáticamente el archivo **acad.mnu**. Sin embargo, también puede cargar un archivo de menús distinto por medio del comando **MENU**.

Comando: **MENU**

Al indicar el comando **MENU**, AutoCAD muestra en pantalla el cuadro de diálogo **Seleccionar archivo de menús** (figura 20.5). Seleccione el archivo de menús que desee cargar y haga clic en el botón **Abrir**.

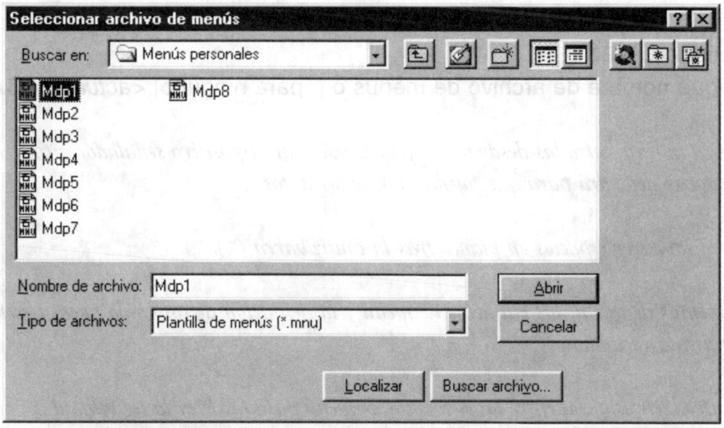

Figura 20.5. *Cuadro de diálogo* ***Seleccionar archivo de menús.***

También puede abrir el archivo de menús desde la línea de comando.

Comando: **FILEDIA**
Indique nuevo valor para FILEDIA <1>: **0**
Comando: **MENU**
Indique nombre de archivo de menús o [. para ninguno] <*actual*>: *Indique el nombre del archivo de menús.*

Si indica el comando **MENU** con la variable **FILEDIA** definida en 0, AutoCAD solicitará el nombre del archivo desde la línea de comando. Indique el nombre del archivo sin la extensión (**.MNU**), pues se presupone. AutoCAD compilará el archivo de menús para obtener los archivos **MNC** y **MNR**. Al cargar un archivo de menús en Windows, AutoCAD crea los siguientes archivos:

Archivos **.mnc** y **.mnr**	Al cargar un archivo de menús (.mnu), AutoCAD compila el archivo y crea dos archivos con extensión **.mnc** y **.mnr**. El archivo .mnc es un archivo de menús compilado. El archivo .mnr contiene los mapas de bits utilizados por el archivo.
Archivo **.mns**	Al cargar el archivo de menús, AutoCAD también crea un archivo con extensión **.mns** Éste es un archivo ASCII que coincide con el archivo **.mnu** al cargarlo inicialmente. Cada vez que realice un cambio en el contenido del archivo de menús, AutoCAD modifica el archivo **.mns**

Nota

*Una vez cargado el nuevo menú, no podrá utilizar el menú de pantalla, el menú de botones o el de tablero; esto se debe a que el menú original (**acad.mnu**) no está presente y el nuevo menú no contiene la definición de estos menús.*

*Para activar de nuevo el menú original, cargue otra vez el archivo **acad.mnu** con el comando MENU:*

Comando: **MENU**
Indique nombre de archivo de menús o [. para ninguno] <*actual*>: **ACAD**

Si necesita indicar entradas desde un teclado o desde un dispositivo señalador, utilice la contrabarra (\). El sistema se detendrá para que pueda indicar los datos.

No deben aparecer espacios en blanco tras la contrabarra (\).

Los elementos de menú, las etiquetas de menú y la definición de comando pueden escribirse en mayúsculas, minúsculas o ambos.

Puede introducir espacios entre los elementos de menú para facilitar la legibilidad del archivo. AutoCAD ignora las líneas en blanco y no se muestran en pantalla.

Si el menú incluye más elementos que espacios disponibles, AutoCAD no mostrará los elementos para los que no haya espacio. Si la pantalla actual limita el número de elementos a 21, los elementos a partir del 21 no aparecerán en pantalla y, por tanto, resultarán inaccesibles.

Si utiliza una tarjeta gráfica de alta resolución conseguirá aumentar el número de líneas que pueden mostrarse en pantalla. Algunos dispositivos pueden mostrar 80 líneas.

RESTRICCIONES

Los menús son fáciles de utilizar y permiten acceder rápidamente a los comandos de AutoCAD utilizados con más frecuencia. No obstante, la barra de menús y los menús permanecen desactivados durante los siguientes comandos:

Comando TEXTO
Una vez asignada la altura del texto y su ángulo de rotación por medio del comando **TEXTO**, los menús se desactivan automáticamente.

Comando BOCETO
Los menús se desactivan tras establecer el incremento con el comando **BOCETO**.

Comando PTOVISTA
Los menús se desactivan durante la utilización del trípode de ejes y la brújula.

Comandos VISTADIN y ZOOM

Los menús se desactivan durante la utilización de la vista o el zoom dinámicos.

Ejercicio 1 — *General*

Escriba un menú para los siguientes comando de AutoCAD.

DIBUJO	**EDICIÓN**	**VER/TEXTO**	**UTILIDADES**
LINEA	**EMPALME**	**TEXTO, Centro**	**NUEVO**
POL	**CHAFLAN**	**TEXTO, Izquirda**	**GUARDAR**
ELIPSE	**ESTIRA**	**TEXTO, Derecha**	**QUITA**
POLIGONO	**ALARGA**	**ZOOM, Ventana**	**DIR**
ARANDELA	**EQDIST**	**ZOOM, Previo**	**TRAZADOR**

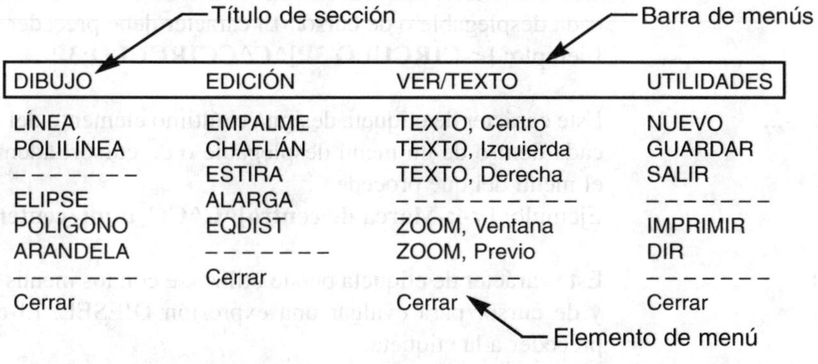

Figura 20.6. *Diseño del menú para el ejercicio 1.*

MENÚS EN CASCADA DENTRO DE MENÚS

El número de elementos en un menú desplegable o de cursor puede ser muy extenso; en ocasiones resulta imposible introducirlos todos en la pantalla. Por ejemplo, algunas pantallas con determinada resolución sólo pueden mostrar 21 elementos para cada menú. Si el menú desplegable o de cursor tiene más elementos, será imposible acceder a ninguno de los que queden fuera de la pantalla. Para evitar este problema puede utilizar menús en cascada, los cuales permiten definir grupos reducidos de elementos dentro de una sección de menú. Tras seleccionar un elemento, éste carga su menú en cascada y muestra en pantalla los elementos contenidos en él.

La función de cascada en AutoCAD permite mostrar los menús desplegables y de cursor en un orden jerárquico que facilita la selección de submenús. Para utilizar los menús en cascada dentro de los menús desplegables y de cursor, AutoCAD utiliza algunos caracteres especiales. Por ejemplo, -> define un menú en cascada y <- designa el último elemento del menú. La siguiente tabla ofrece una lista con algunos de los caracteres que pueden utilizarse con los menús desplegables y de cursor.

Carácter	Descripción
--	La etiqueta de elemento consistente en dos guiones se expande automáticamente hasta cubrir el ancho total del menú. Ejemplo: **[--]**
+	Utilizado para continuar el elemento de menú en la siguiente línea. Este carácter debe ser el último en el elemento de menú. Ejemplo: **[Triang:]^C^CLINEA;20,20+60,20;40,40;**
->	Este carácter de etiqueta define un menú en cascada; debe preceder al nombre del submenú. Ejemplo: **[->Dibujo]**
<-	Este carácter de etiqueta designa el último elemento del menú en cascada desplegable o de cursor. El carácter debe preceder a la etiqueta. Ejemplo: **[<-CÍRCULO 3P]^C^CCIRCULO;3P**
<-<-...	Este carácter de etiqueta designa el último elemento del menú en cascada dentro de un menú desplegable o de cursor; además, concluye el menú del que procede. Ejemplo: **[<-<-Marca de centro]^C^CC_dim;_center**
$(	Este carácter de etiqueta puede utilizarse con los menús desplegables y de cursor para evaluar una expresión DIESEL. El carácter debe preceder a la etiqueta. Ejemplo: **$(if,$(getvar,orthomode),Orto)**
~	Este carácter indica que el elemento de etiqueta no está disponible (aparecerá atenuado); el carácter debe preceder al elemento. Ejemplo: **[~Aplicación no disponible]**
!.	Al utilizarlo como prefijo, muestra el elemento con una marca de verificación.
&	Al situarlo justo delante de un carácter, dicho carácter aparecerá subrayado. Por ejemplo, [Bl&oque] se mostrará como Bloque. También define el carácter como tecla rápida en el menú desplegable o de cursor.
/c	Al situarlo justo delante de un elemento, junto con un carácter, conseguirá que dicho carácter aparezca subrayado en el elemento. Por ejemplo, [/oBloque] se mostrará como Bloque. También define dicho carácter como tecla rápida en el menú desplegable o contextual.

\t	El texto de la etiqueta situado a la derecha de \t aparece en el lado derecho del menú.

Algunos dispositivos de visualización proporcionan espacio para un máximo de 80 caracteres. Por tanto, si utiliza diez menús, la longitud media para los títulos de menú debe ser de ocho caracteres. Si la longitud total de todos los títulos excede los 80 caracteres, los elementos de menú que no quepan en la primera línea de la barra de menús pasarán a ocupar la siguiente línea. La siguiente lista describe algunas funciones adicionales de los menús:

1. Las etiquetas de sección de los menús van de ***POP1 a ***POP16. Los títulos de los menús aparecen en la barra de menús.

2. Para acceder a los menús puede seleccionarse el título del menú deseado en la barra de títulos, situada en la parte superior de la pantalla.

3. Puede definir un máximo de 999 elementos para cada menú, incluidos los elementos pertenecientes a los submenús. AutoCAD ignora todo elemento de menú que exceda al 999.

4. El número de elementos de menú que puede mostrarse en pantalla depende del dispositivo de visualización utilizado. Si el menú desplegable o de cursor contiene más elementos de los que pueden mostrarse en la pantalla, los elementos en exceso quedarán ocultos y no podrán seleccionarse. Por ejemplo, si su sistema sólo puede mostrar 21 elementos de menú, los elementos del 22 en adelante no aparecerán en pantalla.

Ejemplo 2

Escribiremos un menú para los comandos mostrados en la figura 20.7. El menú debe utilizar la función de cascada de AutoCAD.

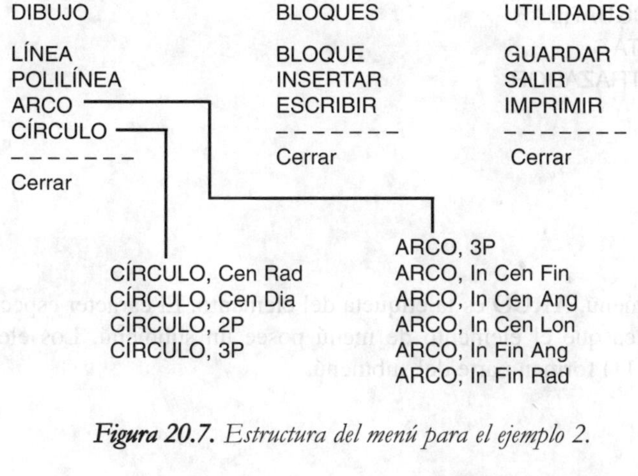

Figura 20.7. Estructura del menú para el ejemplo 2.

La siguiente lista muestra el contenido del archivo de menús para el ejemplo 2. Los números de línea no forman parte del archivo; se indican sólo como referencia.

```
1  ***POP1
2  [DIBUJO]
3  [LÍNEA]*^C^CLINEA
4  [POLILÍNEA]^C^CPOL
5  [->ARCO]
6    [ARCO, 3P]^C^CARCO
7    [ARCO, In Cen Fin]^C^CARCO;\C
8    [ARCO, In Cen Ang]^C^CARCO;\C;\U
9    [ARCO, In Cen Lon]^C^CARCO;\C;\L
10   [ARCO, In Fin Ang]^C^C;\F;\U
11   [<-ARCO, In Fin Rad]^C^CARCO;\F;\R
12 [->CÍRCULO]
13   [CÍRCULO, Cen Rad]^C^CCIRCULO
14   [CÍRCULO, Cen Dia]^C^CCIRCULO;\D
15   [CÍRCULO, 2P]^C^CCIRCULO;2P
16   [<-CÍRCULO, 3P]^C^CCIRCULO;3P
17 [—]
18 [Cerrar]^C
19 ***POP2
20 [BLOQUES]
21 [BLOQUE]^C^CBLOQUE
22 [INSERTAR]*^C^CINSERT
23 [ESCRIBIR]^C^CBLOQUEDISC
24 [—]
25 [Cerrar]^C
26 ***POP3
27 [UTILIDADES]
28 [GUARDAR]^C^CGUARDAR
29 [SALIR]^C^CQUITA
30 [IMPRIMIR]^C^CTRAZADOR
31 [—]
32 [Cerrar]^C
```

Explicación

Línea 5

[->ARCO]

En este elemento de menú, **ARCO** es la etiqueta del elemento. El carácter especial **->**, que precede a la etiqueta, indica que el elemento de menú posee un submenú. Los elementos de menú siguientes (líneas 6 a 11) forman parte del submenú.

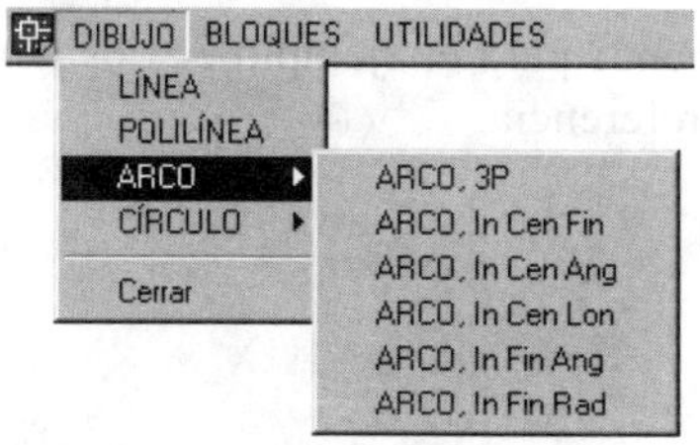

Figura 20.8. Menú DIBUJO.

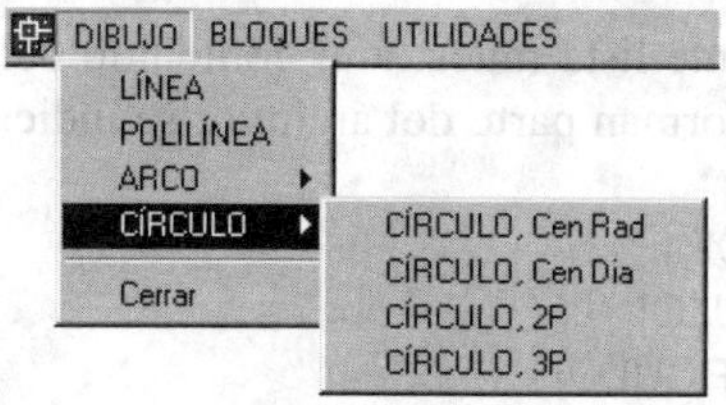

Figura 20.9. Submenú CÍRCULO del menú DIBUJO.

Línea 11

[<-ARCO, In Fin Rad]^C^CARCO;\F;\R

En esta línea, la etiqueta de elemento de menú (**ARCO, In Fin Rad**) aparece precedida por otro carácter especial, **<-**. este carácter de etiqueta indica el final del submenú. El elemento que contiene este carácter debe ser el último elemento del submenú.

Líneas 12 y 16

[->CÍRCULO]

[<-CÍRCULO, 3P]^C^CCIRCULO;3P

El carácter especial **->** que aparece como prefijo de **CÍRCULO** indica que dicho elemento de menú posee un submenú; el carácter **<-** que precede a **CÍRCULO, 3P** indica que éste es el último elemento del submenú. Al seleccionar el elemento **CÍRCULO**, aparece a su lado el correspondiente submenú.

Ejemplo 3

Escribiremos un menú con submenús en cascada según la estructura mostrada en la figura 20.10.

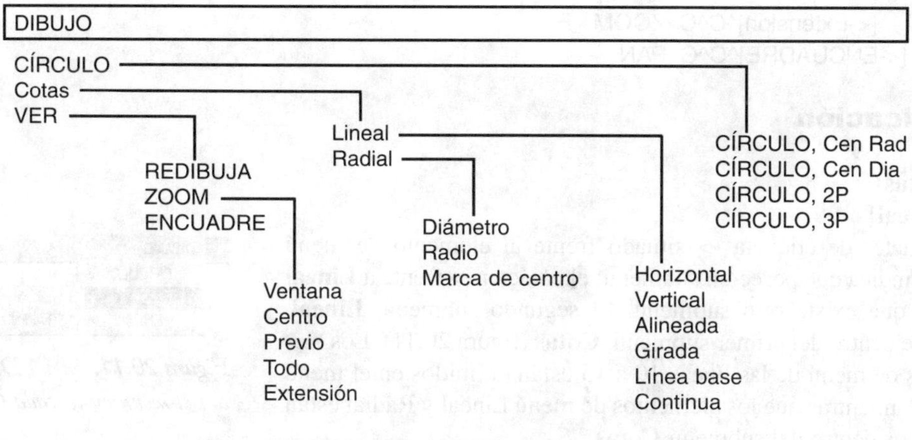

Figura 20.10. Estructura del menú para el ejemplo 3.

La siguiente lista muestra el contenido del archivo de menús para el ejemplo 3. Los números de línea no forman parte del archivo; se indican sólo como referencia.

```
1  ***POP1
2  [DIBUJO]
3  [->CÍRCULO]
4     [CÍRCULO, Cen Rad]^C^C_CIRCLE
5     [CÍRCULO, Cen Dia]^C^C_CIRCLE;\_D
6     [CÍRCULO, 2P]^C^C_CIRCLE;_2P
7     [<-CÍRCULO, 3P]^C^C_CIRCLE;_3P
8  [->Cotas]
9     [->Lineal]
10       [Horizontal]^C^C_dim;_horizontal
11       [Vertical]^C^C_dim;_vertical
12       [Alineada]^C^C_dim;_aligned
13       [Girada]^C^C_dim;_rotated
14       [Línea base]^C^C_dim;_baseline
15       [<-Continua]^C^C_dim;_continue
16    [->Radial]
17       [Diámetro]^C^C_dim;_diameter
18       [Radio]^C^C_dim;_radius
19       [<-<-Marca de centro]^C^C_dim;_center
20 [->VER]
21    [REDIBUJA]^C^C_REDRAW
22    [->ZOOM]
23       [Ventana]^C^C_ZOOM;_W
24       [Centro]^C^C_ZOOM;_C
25       [Previo]^C^C_ZOOM;_P
26       [Todo]^C^C_ZOOM;_A
27       [<-Extensión]^C^C_ZOOM;_E
28    [<-ENCUADRE]^C^C_PAN
```

Explicación

Líneas 8 y 9

[->Cotas]

[->Lineal]

El carácter de etiqueta **->** situado frente al elemento de menú **Cotas** indica que posee un submenú; el carácter **->** frente a **Lineal** indica que existe otro submenú. El segundo submenú, **Lineal**, aparece dentro del primer submenú, **Cotas** (figura 20.11). Los elementos de menú de las líneas 10 a 15 están definidos en el menú **Lineal**, mientras que los elementos de menú Lineal y Radial están definidos dentro del submenú **Cotas**.

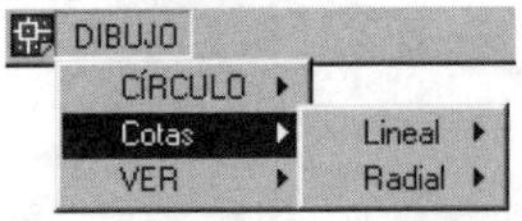

Figura 20.11. *Menú* ***DIBUJO*** *con el menú en cascada* ***Cotas.***

Línea 16
[->Radial]
Este elemento de menú define otro submenú; los elementos de menú de las líneas 17, 18 y 19 forman parte del submenú **Radial**.

Línea 19
[<-<-Marca de centro]^C^C_dim;_center
En este elemento de menú, el carácter de etiqueta <-<- concluye los submenús **Radial** y **Cotas** (submenú principal).

Líneas 27 y 28
[<-Extensión]^C^C_ZOOM;_E
[<-ENCUADRE]^C^C_PAN
El carácter de etiqueta situado frente al elemento de menú **Extensión** concluye el submenú **ZOOM** (figura 20.12); el carácter especial <- ,situado frente al elemento de menú **ENCUADRE**, concluye el submenú **VER**.

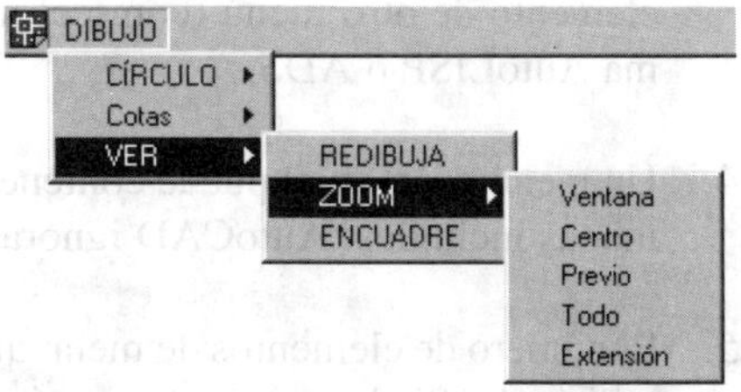

Figura 20.12. *Menú desplegable **DIBUJO** con el menú en cascada **ZOOM**.*

Nota

Si desea poder utilizar los archivos de menú con versiones de AutoCAD en otros idiomas, indique los comandos y sus opciones en inglés, precedidos de un carácter de subrayado.

*La variable AutoLISP **Getcname** permite obtener el equivalente inglés de un comando. Por ejemplo:*

```
Comando: (getcname "EQDIST")
"_OFFSET"
```

MENÚS CONTEXTUALES

Los menús contextuales son similares a los menús desplegables, a excepción de que un menú contextual sólo puede contener 499 elementos (en comparación con los 999 elementos de los menús desplegables). La etiqueta de sección del menú contextual puede ser ***POP0 y de ***POP500 a ***POP999. Los menús contextuales aparecen próximos a la ubicación del cursor. Por tanto, pueden utilizarse para disponer de un acceso cómodo y rápido a algunos de los comandos utilizados con más frecuencia. Los menús contextuales. A continuación se ofrece una lista con algunas de las características de los menús contextuales.

1. La etiqueta de sección de un menú contextual puede ser ***POP0 y de ***POP500 a ***POP999. El título de la barra de menú definido bajo esta etiqueta de sección no aparece en la barra de menús.

2. En la mayoría de los sistemas, el título de la barra de menús no aparece en la parte superior del menú contextual. A pesar de todo y por motivos de compatibilidad, debería definir un título.

3. Se puede acceder al menú POP0 por medio del comando de menú **$P0=***. Los menús contextuales POP500 a POP999 deben referirse por sus alias. Los nombres de alias reservados para el uso propio de AutoCAD son GRIPS (para menú de pinzamientos activos), CMDEFAULT (menú en modo Por defecto), CMEDIT (menú en modo Editar) y CMCOMMAND (menú en modo Comando). Por ejemplo, para referir el menú POP500 al utilizar pinzamientos activos, utilice la línea de comando **GRIPS bajo POP500. Puede accederse a estos menús desde un elemento de otro menú (como el menú de botones, auxiliar o de pantalla) o desde un programa AutoLISP o ADS.

4. Un menú contextual puede contener como máximo 499 elementos de menú, elementos de submenús incluidos. AutoCAD ignora los elementos de submenú que excedan al 499.

5. El número de elementos de menú que puede mostrarse en pantalla depende del sistema que esté utilizando. Si el menú incluye más elementos que espacios disponibles, AutoCAD no mostrará los elementos para los que no haya espacio. Si la pantalla actual limita el número de elementos a 21, los elementos a partir del 21 no aparecerán en pantalla y, por tanto, resultarán inaccesibles.

6. La variable de sistema **SHORTCUTMENU** controla la disponibilidad de los menús contextuales en modo Por defecto, Editar y Comando. Si su valor es 0, AutoCAD se comportará tal como lo hacía la anterior versión 14; se desactivarán los menús contextuales en modo Por defecto, Editar y Comando. El valor predeterminado para esta variable es 11.

Ejemplo 4

Escribiremos un menú contextual para los siguientes comandos de AutoCAD. Utilizaremos menús en cascada. El menú debe ser compatible con versiones de AutoCAD en otros idiomas. Utilizaremos el tercer botón del menú de botones para mostrar el menú de cursor.

<u>**Referencia a objetos**</u>	<u>**Dibujo**</u>	<u>**VER**</u>
Centro	**LÍNEA**	**REDIBUJA**
Punto final	**POLILÍNEA**	**ZOOM**
Intersección	**CÍRCULO, C,R**	Ventana
Punto medio	**CÍRCULO, 2P**	Centro
Cercano	**ARCO, I,C,A**	Previo
Perpendicular	**ARCO, I,C,L**	Todo
Cuadrante		Extensión
Tangente		**ENCUADRE**
Ninguno		

La siguiente lista muestra el contenido del archivo de menús para el ejemplo 2. Los números de línea no forman parte del archivo; se indican sólo como referencia.

```
1 ***AUX1
2 ;
3 $P0=*
4 ***POP0
5 [Ref. objetos]
6 [Centro]_Center
7 [Punto final]_Endp
8 [Intersección]_Int
9 [Punto medio]_Mid
10 [Cercano]_Nea
11 [Perpendicular]_Per
12 [Cuadrante]_Qua
13 [Tangente]_Tan
14 [Ninguno]_Non
15 [—]
16 [->Dibujo]
17    [LÍNEA]^C^C_Line
18    [POLILÍNEA]^C^C_Pline
19    [CÍRCULO, C,R]^C^C_Circle
20    [CÍRCULO, 2P]^C^C_Circle;_2P
21    [ARCO, In Cen Ang]^C^C_Arc;\_C;\_A
22    [<-ARCO, In Cen Lon]^C^C_Arc;\_C;\_L
23 [—]
24 [->VER]
25    [REDIBUJA]^C^C_REDRAW
26    [->ZOOM]
27       [Ventana]^C^C_ZOOM;_W
28       [Centro]^C^C_ZOOM;_C
29       [Previo]^C^C_ZOOM;_P
30       [Todo]^C^C_ZOOM;_A
31       [<-Extensión]^C^C_ZOOM;_E
32    [<-ENCUADRE]^C^C_Pan
33 ***POP1
34 [SHORTCUTMENU]
35 [SHORTCUTMENU=0]^C^CSHORTCUTMENU;0
36 [SHORTCUTMENU=11]^C^CSHORTCUTMENU;11
```

Explicación

Línea 1

*****AUX1**

AUX1 es la etiqueta de sección para el primer menú auxiliar; *** premite identificar a la sección de menú. Los elementos de menú que siguen hasta la segunda etiqueta de sección forman parte de este menú de botones.

Líneas 2 y 3
;
$P0=*
El punto y coma (;) corresponde al segundo botón del dispositivo señalador (el primer botón del dispositivo señalador es el botón de designación); el comando especial **$P0=*** está asignado al tercer botón del dispositivo señalador.

Líneas 4 y 5
*****POP0**
[Ref. objetos]
La etiqueta de menú POP0 es la utilizada para el menú contextual; **Ref, objetos** es el título del menú. Debe indicar un título, aunque no sea visible. De no hacerlo así, AutoCAD interpretará el primer elemento como si fuera el título y, por tanto, quedará desactivado.

Línea 6
[Centro]_Center
En este elemento de menú, **_Centre** es el modo de referencia a objetos Centro. Los archivos de menús pueden utilizarse con versiones de AutoCAD en otros idiomas. Los deberá indicar los comandos y opciones en su versión inglesa, precedidos de un carácter de subrayado.

Una vez cargado el menú, si pulsa el tercer botón de sus dispositivo señalador, el menú contextual (figura 20.13) aparecerá en la ubicación del cursor. Si el cursor está próximo a los límites de la pantalla, el menú contextual aparecerá lo más cercano posible a su posición. Al seleccionar un submenú, se desplegarán los elementos contenidos en él, aun cuando el menú contextual esté tocando los límites del área de visualización en pantalla.

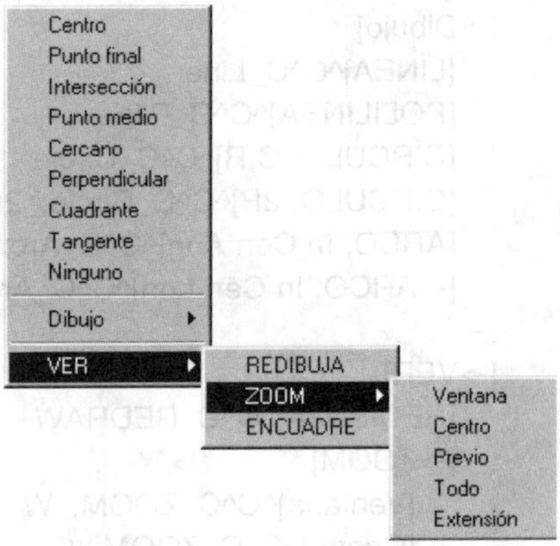

Figura 20.13. *Menú contextual para el ejemplo 4.*

Línea 33 y 34
*****POP1**
[SHORTCUTMENU]
*****POP1** define el primer menú desplegable. Si no se ha definido ninguna sección POPn o si la línea de estado no está activada, el menú contextual se desactiva automáticamente.

Ejercicio 2 — *General*

Escriba un menú para los siguientes comandos de AutoCAD. Utilice un menú en cascada para las opciones del comando **LINEA**. La figura 20.14 muestra el diseño del menú.

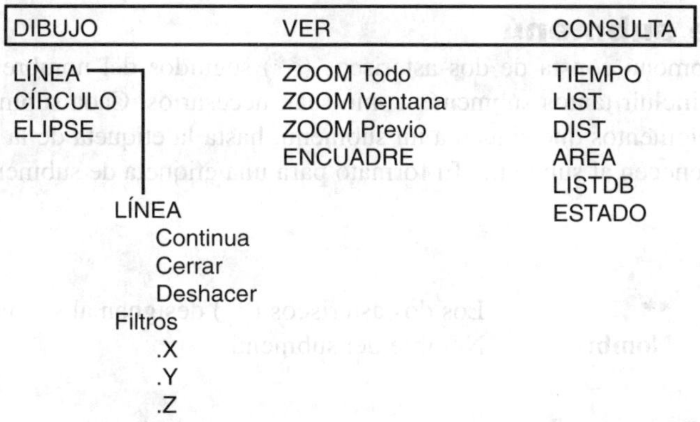

Figura 20.14. Diseño del menú para el ejercicio 2.

LINEA	**ZOOM, Todo**	**TIEMPO**
Continua	**ZOOM, Ventana**	**LIST**
Cerrar	**ZOOM, Previo**	**DIST**
Deshacer	**ENCUADRE**	**AREA**
.X		**LISTDB**
.Y		**ESTADO**
.Z		
CIRCULO		
ELIPSE		

SUBMENÚS

Los menús desplegables y contextuales pueden contener un número muy elevado de elementos y, en ocasiones, resulta imposible mostrarlos todos en la pantalla. Por ejemplo, el número máximo de elementos que pueden mostrarse en la mayoría de los dispositivos de visualización es de 21. Si el menú desplegable o contextual incluye más de 21 elementos, los elementos a partir del 21 no aparecerán en pantalla y, por tanto, resultará imposible acceder a ellos. Para evitar este problema, los submenús permiten definir grupos más reducidos de elementos dentro de una sección de menú. Al seleccionar un submenú, AutoCAD carga los elementos contenidos en él y los muestra en pantalla.

Los menús que utilizan la función de cascada propia de AutoCAD resultan más eficientes y fáciles de escribir. Los submenús siguen un patrón lógico y, por tanto, son fáciles de cargar y de utilizar sin causar ninguna confusión. Es muy recomendable utilizar los submenús en cascada siempre que se necesite escribir los menús desplegables o contextuales. Sin embargo, AutoCAD ofrece la opción de intercambiar los submenús contenidos en los menús. En ocasiones estos menús provocan la distracción del usuario, pues el menú original pues el submenú reemplaza completamente al menú al intercambiarlos.

Definición de submenú

La definición de submenú consta de dos asteriscos (**) seguidos del nombre del submenú. Un mismo menú puede incluir tantos submenús como sean necesarios. Cada submenú debe tener un nombre único. Los elementos que siguen a un submenú, hasta la etiqueta de la sección o del submenú siguiente, pertenecen al submenú. El formato para una etiqueta de submenú es:

****Nombre**

donde	**	Los dos asteriscos (**) designan al submenú.
	Nombre	Nombre del submenú.

Nota

El nombre del submenú puede ser de hasta 31 caracteres de longitud.

El nombre del submenú puede estar formado por letras, números y los siguientes caracteres especiales: $ (dólar), - (guión) y _ (subrayado). El nombre del submenú no puede incluir espacios en blanco.

Dentro de un archivo de menús, los nombres de submenú deben ser únicos.

Referencia a submenú

La referencia a submenú se utiliza para referir o cargar un submenú. Consiste en el signo $ (dólar) seguido de una letra que precisa la sección de menú. La letra utilizada para precisar una sección de menú es Pn, donde n designa el número de la sección. La sección de menú va seguida del signo = (igual) y, a continuación, el nombre del submenú que el usuario desea activar. El nombre del submenú debe indicarse sin los dos asteriscos (**). El formato de una referencia a submenú es:

$Sección=Submenú

donde	$	Signo $ (dólar).
	Sección	Indicador de la sección de menú.
	=	Signo =(igual).
	Submenú	Nombre del submenú.

Ejemplo
$P1=P1A

donde	**$P1**	P1 precisa la sección 1 de menú desplegable.
	P1A	Nombre del submenú.

Visualización de un submenú

Al cargar un submenú incluido en un menú, los elementos del submenú no se muestran en pantalla automáticamente. Por ejemplo, al cargar un submenú P1A que tiene DIBUJO-ARCO como primer elemento, el título actual de POP1 se reemplazará por DIBUJO-ARCO. Sin embargo, los elementos definidos bajo DIBUJO-ARCO no se mostrarán en la pantalla. AutoCAD utiliza el comando especial **$Pn=*** para forzar la representación de los elementos en la pantalla.

$Pn=*

donde	**P**	P para menú.
	Pn	Número de sección de menú (1 a 10).
	*	Asterisco (*).

CARGA DE MENÚS

Si utiliza los comandos de carga apropiados desde el menú, conseguirá cargar cualquier menú definido en las secciones de menú de pantalla o de imágenes. No tiene por qué ser necesario en la mayoría de las aplicaciones, pero también puede cargar los menús definidos en otras secciones de menú.

Carga de menús de pantalla

Utilice desde el menú el siguiente comando de carga para cargar cualquier menú definido en la sección de menú de pantalla:

$S=X $S=LÍNEA

donde	**S**	S precisa el menú de pantalla.
	X	Nombre del submenú definido en el menú de pantalla.
	LÍNEA	Nombre del submenú definido el menú de pantalla.

El primer comando de carga ($S=X) carga el submenú X, definido en la sección de menú de pantalla del archivo de menús. El submenú X puede contener 21 líneas en blanco, por lo que al cargarlo borra el menú de pantalla. El segundo comando de carga ($S=LÍNEA) carga el submenú **LÍNEA**, el cual también está definido en la sección de menú de pantalla del archivo de menús.

Carga de un menú de imágenes

También puede cargar un menú de imágenes en mosaico por medio del siguiente comando de carga:

$I=Imagen1 $I=*

donde	**$I=Imagen1**	Carga el submenú Imagen1.
	$I=*	Muestra el cuadro de diálogo.

Ejemplo 5

Escribiremos un menú para los siguientes comandos de AutoCAD. Utilice submenús para los comandos **ARCO** y **CIRCULO**.

LINEA
POL
ARCO
  ARCO 3P
  ARCO ICF
  ARCO ICA
  ARCO ICL
  ARCO IFA
  ARCO IFR
CIRCULO
  CIRCULO CR
  CIRCULO CD
  CIRCULO 2P

BLOQUE
INSERT
BLOQUEDISC

QUITA
GUARDAR
TRAZADOR

El diseño mostrado en la figura 20.15 es uno de los posibles para el menú. Los comandos **ARCO** y **CIRCULO** con sus diversas opciones forman parte de dos grupos separados que se definirán como submenús en el archivo de menús.

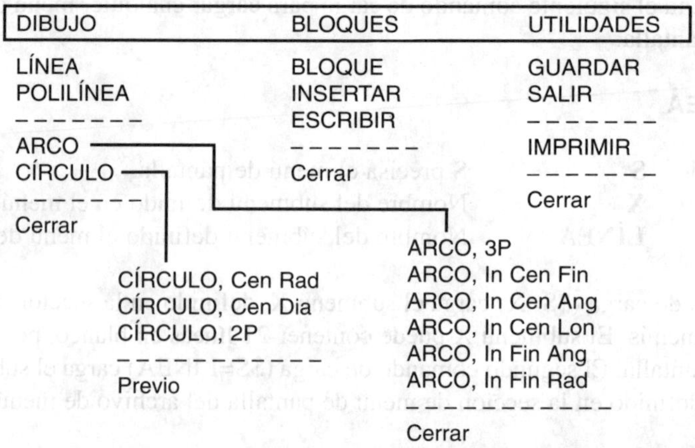

Figura 20.15. *Diseño del menú para el ejemplo 5.*

La siguiente lista muestra el contenido del archivo de menús para el ejemplo 5. Los números de línea no forman parte del archivo; se indican sólo como referencia.

```
***POP1                                   1
**P1A                                     2
[DIBUJO]                                  3
[LÍNEA]*^C^CLINEA                         4
[POLILÍNEA]^C^CPOL                        5
[—]                                       6
[ARCO]^C^C$P1=P1B $P1=*                   7
[CÍRCULO]^C^C$P1=P1C $P1=*                8
```

```
9  [—]
10 [Cerrar]^C
11
12 **P1B
13 [ARCO]
14 [ARCO, 3P]^C^CARCO
15 [ARCO, In Cen Fin]^C^CARCO;\C
16 [ARCO, In Cen Ang]^C^CARCO;\C;\U
17 [ARCO, In Cen Lon]^C^CARCO;\C;\L
18 [ARCO, In Fin Ang]^C^C;\F;\U
19 [ARCO, In Fin Rad]^C^CARCO;\F;\R
20 [—]
21 [Cerrar]^C
22
23 **P1C
24 [CÍRCULO]
25 [CÍRCULO, Cen Rad]^C^CCIRCULO
26 [CÍCULO, Cen Dia]^C^CCIRCULO \D
27 [CÍCULO, 2P]^C^CCIRCULO 2P
28 [—]
29 [Previo]$P1=P1A $P1=*
30
31 ***POP2
32 [BLOQUES]
33 [BLOQUE]^C^CBLOQUE
34 [INSERTAR]*^C^CINSERT
35 [ESCRIBIR]^C^CBLOQUEDISC
36 [—]
37 [Cerrar]$P1=P1A $P1=*
38
39 ***POP3
40 [UTILIDADES]
41 [GUARDAR]^C^CGUARDAR
42 [SALIR]^C^CQUITA
43 [~—]
44 [IMPRIMIR]^C^CTRAZADOR
45 [~—]
46 [Cerrar]^C
```

Explicación

Línea 2

****P1A**

**P1A define el submenú P1A. Todo submenú comienza con dos asteriscos (**) seguidos del nombre del submenú. Puede asignar al submenú cualquier nombre válido. En este ejemplo, se la elegido P1A porque resulta fácil identificar la ubicación del submenú. P indica que se trata de un submenú; 1 indica que es el primer submenú (POP1); A indica que es el primer submenú de dicha sección.

Línea 6

[--]

Los dos guiones encerrados entre corchetes se expandirán hasta rellenar el ancho total del menú. Este elemento de menú no puede utilizare para definir un comando. Si contiene una definición de comando, AutoCAD la ignorará. Por ejemplo, AutoCAD ignorará el comando del elemento [--]^C^CLINEA.

Línea 7

[ARCO]^C^C$P1=P1B $P1=*

En este elemento de menú, **$P1=P1B** carga el submenú P1B y lo asigna a la primera sección de menú (POP1). Sin embargo, no muestra el nuevo menú en la pantalla. **$P1=*** fuerza la visualización del nuevo menú en la pantalla.

Por ejemplo, si selecciona **CÍRCULO** en el primer menú (POP1), el título de barra de menús **DIBUJO** se reemplazará por **CÍRCULO**, aunque el nuevo menú no aparecerá en la pantalla. Si a continuación selecciona **CÍRCULO** en la barra de menús, AutoCAD mostrará el comando definido bajo el submenú **CÍRCULO**. Para forzar la visualización del menú asignado actualmente a POP1, puede utilizar el comando especial **$P1=***. Si selecciona **CÍRCULO** en el primer menú (POP1), AutoCAD cargará el submenú **CÍRCULO** y lo mostrará en pantalla.

Línea 21

[Cerrar]^C

AutoCAD cancela el menú actual al seleccionar este elemento de menú. No regresará al submenú anterior (**DIBUJO**). Si comprueba la barra de tareas, mostrará **ARCO** como título de sección, no **DIBUJO**. Por tanto, no es buena idea cancelar un submenú. Resulta más adecuado regresar al primer menú antes de cancelarlo o bien definir un comando que, automáticamente, cargue el menú anterior y, después, lo cancele.

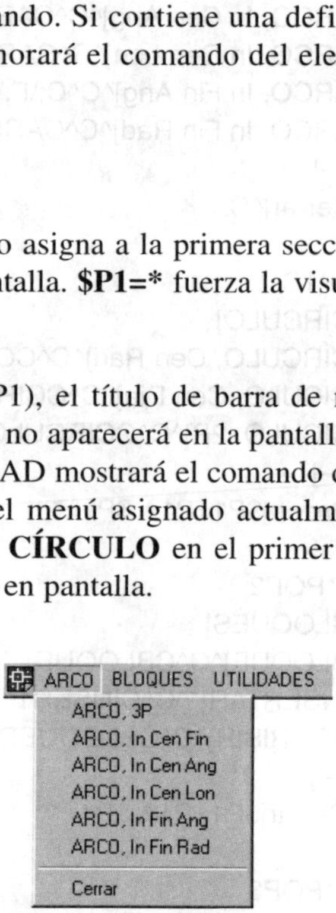

Figura 20.16. *El menú desplegable **ARCO** reemplaza al menú **DIBUJO**.*

Ejemplo

[Cerrar]$P1=P1A $P1=* ^C^C

Línea 29

[Previo]$P1=P1A $P1=*

En este elemento de menú, $P1=P1A carga el submenú P1A, que en este caso viene a ser el menú previo. También puede utilizar $P1= para cargar el menú anterior. $P1=* Fuerza la visualización del submenú P1A.

MENÚS PARCIALES

AutoCAD ofrece la posibilidad de que los usuarios puedan escribir sus propios menús y, a continuación, cargarlos en la barra de menús. En Windows, por ejemplo, pueden escribirse menús parciales, barras de herramientas y definiciones para teclas rápidas. Una vez escrito el menú, AutoCAD permite cargarlo y utilizarlo junto al menú estándar. Por ejemplo, podría cargar un menú parcial y utilizarlo como un menú. También puede descargar los menús que no desee utilizar. Estas funciones facilitan la utilización de menús desarrollados por usuarios y creadores de AutoCAD.

Etiquetas de sección de menú

La siguiente lista describe las etiquetas de sección de menú adicionales para Windows.

Etiqueta de sección	**Descripción**
***MENUGROUP	Nombre de grupo de archivo de menús.
***TOOLBARS	Definición de barra de herramientas.
***HELPSTRINGS	Ayuda en la línea de estado.
***ACCELERATOS	Definiciones de teclas rápidas.

Escritura de menús parciales

El siguiente ejemplo explica el procedimiento a seguir para escribir un menú parcial para Windows.

Ejemplo 6

En este ejemplo escribiremos un menú parcial para Windows. Tal como muestra la figura 20.17, el archivo de menús incluye dos menús: POP1 (MiDibujo) y POP2 (MiEdición).

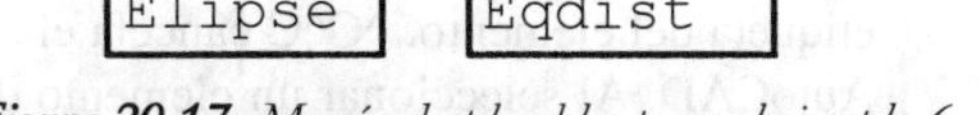

***Figura 20.17**. Menús desplegables para el ejemplo 6.*

1. Utilice un editor de texto para escribir el siguiente archivo de menús. El nombre del archivo es **mimenu1.mnu**. La siguiente lista corresponde al contenido del archivo para este ejemplo:

```
***MENUGROUP=Menú1
***POP1
[/MMiDibujo]
[/LLínea]^C^CLinea
[/CCírculo]^C^CCirculo
[/AArco]^C^CArco
[/EElipse]^C^CElipse
***POP2
[/EMiEdición]
[/BBorra]^C^CBorra
```

```
11 [/CCopia]^C^CCopia
12 [/DDesplaza]^C^CDesplaza
13 [/EEqdist]^C^CEqdist
```

Explicación

Línea 1

*****MENUGROUP=Menú1**

MENUGROUP es la etiqueta de sección y Menú1 es el identificador para el grupo de menús. La etiqueta MENUGROUP debe preceder a todas las definiciones de sección de menú. El nombre del MENUGROUP (Menú1) puede tener hasta 32 caracteres (alfanuméricos) de longitud, incluidos espacios y signos de puntuación. Cada archivo de menús incluye un único grupo. Todas las etiquetas de sección deber ir precedidas de *** (***MENUGROUP).

Línea 2

*****POP1**

POP1 es la etiqueta de sección de menú. Los elementos de las líneas 3 a 7 pertenecen a esta sección. De igual forma, los elementos de las líneas 9 a 13 pertenecen a la sección **POP2**.

Línea 3

[/MMiDibujo]

/M define a la tecla mnemotécnica que puede utilizar para activar el elemento de menú. Por ejemplo, /M mostrará un subrayado bajo la letra M en la cadena de texto siguiente. Si indica la letra M, AutoCAD ejecutará el comando definido en dicho elemento de menú. MiDibujo es la etiqueta del elemento de menú. La cadena de texto contenida entre los corchetes, a excepción de /M, no tiene ninguna misión especial. Se utiliza para que el usuario pueda reconocer el comando que se ejecutará al seleccionar dicho elemento.

Línea 4

[/LLínea]^C^CLinea

En esta línea, /L define la tecla mnemotécnica; el texto Línea que aparece entre corchetes es la etiqueta del elemento. ^C^C cancela el comando dos veces y Linea es el comando **LINEA** de AutoCAD. Al seleccionar un elemento del menú, AutoCAD ejecuta la parte de la instrucción situada fuera de los corchetes. Así, cuando seleccione Línea en el menú (lo que corresponde a la línea 4), AutoCAD ejecutará el comando **LINEA**.

2. Guarde el archivo. Utilice después el comando **CARGARMENU** para cargar el archivo de menús parciales.

   Comando: **CARGARMENU**

   Tras indicar este comando, AutoCAD mostrará el cuadro de diálogo **Personalización de menús** (figura 20.18). Indique el nombre del archivo de menú a cargar (**mimenu1.mnu**) en el cuadro de texto **Nombre de archivo**. También puede hacer clic en el botón **Examinar** para abrir el cuadro de diálogo **Seleccionar archivo de menús**. Seleccione el archivo y haga clic en

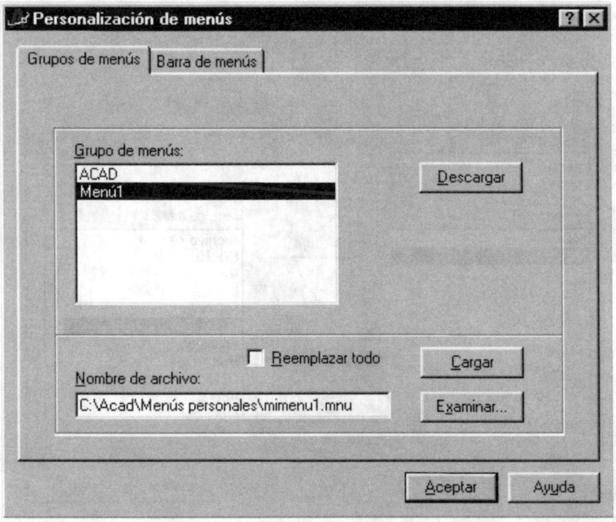

*Figura 20.18. Cuadro de diálogo **Personalización de menús** (ficha **Grupos de menús**).*

Aceptar para regresar al cuadro de diálogo **Personalización de menús**. Haga clic en **Cargar** para cargar el archivo de menú seleccionado. El nombre del grupo de menús (Menú1) aparecerá en el cuadro de lista Grupo de menús.

Si lo desea, también puede cargar el archivo de menús desde la línea de comando:

Comando: **FILEDIA**
Indique nuevo valor para FILEDIA <1>: **0** *(Desactiva los cuadros de diálogo de archivos.)*
Comando: **CARGARMENU**
Indique el nombre del archivo de menús a cargar: **mimenu1.mnu**

También puede utilizar las funciones AutoLISP para definir en cero la variable de sistema **FILEDIA** y para cargar a continuación el menú parcial.

Comando: **(Modivar "FILEDIA" 0)**
Comando: **(Command "CARGARMENU" "mimenu1")**

3. En el cuadro de diálogo **Personalización de menús**, seleccione la ficha **Barra de menús** para acceder a las opciones de la barra de menús (figura 20.19). Seleccione **Menú1** en el cuadro de lista desplegable **Grupo de menús**. El cuadro de lista **Menús** mostrará todos los menús definidos en el grupo de menús Menú1. Seleccione el menú **MiDibujo** en esta lista para insertarlo en la barra de menús. En el cuadro de lista Barra de menús, seleccione la posición en la que desee insertar el nuevo menú. Por ejemplo, si desea insertar el nuevo menú justo delante de Formato, seleccione el menú **Formato** en el cuadro de lista **Barra de menús**. Haga clic en **Insertar** para insertar el menú seleccionado (MiDibujo) en la barra de menús. El nuevo menú aparecerá en la barra de menús, situada en la parte superior de la pantalla.

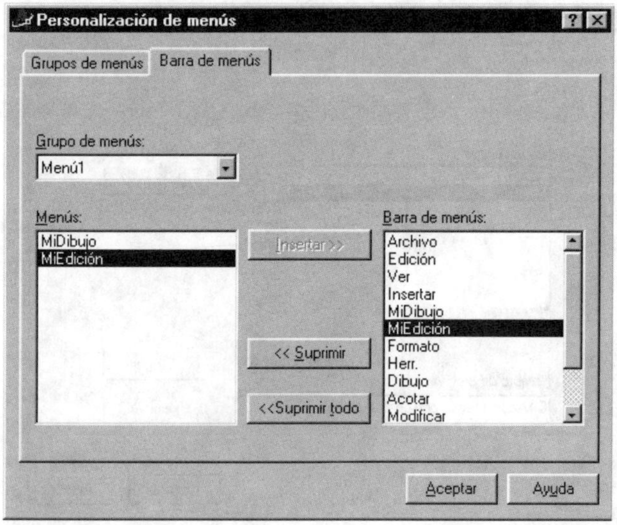

Figura 20.19. *Ficha **Barra de menús** del cuadro de diálogo **Personalización de menús**.*

También puede cargar el menú desde la línea de comando. Una vez cargado el menú, utilice la función AutoLISP **MENUCMD** para mostrar los menús parciales:

Comando: **(Menucmd "P5=+Menú1.POP1")**
Comando: **(Menucmd "P6=+Menú1.POP2")**

Una vez indicados estos comandos, AutoCAD mostrará los títulos de menú en la barra de menús, tal como muestra la figura 20.20. Si selecciona MiDibujo, AutoCAD mostrará en la pantalla el correspondiente menú, tal como se ha definido en el archivo de menús.

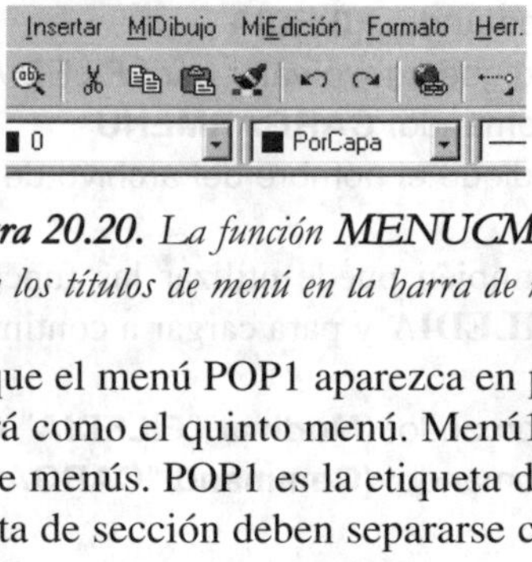

Figura 20.20. *La función **MENUCMD** sitúa los títulos de menú en la barra de menús.*

MENUCMD es una función AutoLISP y P5 determina que el menú POP1 aparezca en pantalla. En este ejemplo, el menú POP1 (MiDibujo) aparecerá como el quinto menú. Menú1 es el nombre de grupo tal como se ha definido en el archivo de menús. POP1 es la etiqueta de sección de menú. El nombre del grupo de menús y la etiqueta de sección deben separarse con un punto (.).

4. Si desea descargar un menú, acceda a la ficha **Barra de menús** del cuadro de diálogo **Personalización de menús**. Seleccione el menú que desee descargar en el cuadro de lista **Barra de menús**. Haga clic en **Suprimir** para eliminar el menú seleccionado.

5. También puede descargar los grupos de menús (Menú1) por medio del cuadro de diálogo **Personalización de menús**. Ejecute el comando **CARGARMENU** o **DESCARGARMENU** para abrir el cuadro de diálogo (figura 20.18). AutoCAD mostrará los nombres de los archivos

de menús en el cuadro de lista **Grupo de menús**. Seleccione el menú a descargar (Menú1) y haga clic en el botón **Descargar**. Haga clic en **Cerrar** para salir del cuadro de diálogo. También puede descargar el archivo de menús desde la línea de comando de la siguiente manera:

Comando: **FILEDIA**
Indique nuevo valor para FILEDIA <1>: **0**
Comando: **DESCARGARMENU**
Indique el nombre del MENUGROUP a descargar: **menu1.mnu**

El comando **DESCARGARMENU** descarga todo el grupo de menús. También puede descargar un menú individual sin descargar todo el grupo. Utilice para ello el siguiente comando:

Comando: **(Menucmd "P5=-")**

Este comando descargará el menú situado en la quinta posición desde la izquierda (MiDibujo). El grupo de menús seguirá cargado, si bien el menú MiDibujo no resultará visible. También puede reiniciar el menú por medio del comando **MENU**, el cual permite cargar de nuevo la plantilla de menú **acad.mnu**. Esta acción eliminará todos los menús parciales y los identificadores definidos para ellos.

Teclas rápidas

AutoCAD para Windows también admite teclas rápidas definidas por el usuario. Por ejemplo, si indica **C** en la solicitud de comando, AutoCAD dibujará un círculo, pues tal como aparece definido en el archivo acad.pgp, **C** es un alias utilizado por el comando **CIRCULO**. No puede utilizar la tecla C para indicar el comando **COPIA**. Si desea utilizar esta tecla con el comando COPIA deberá definir las teclas rápidas. En el archivo de menús, puede combinar la tecla MAYÚS con la C para que AutoCAD ejecute el comando **COPIA** al pulsar la tecla C mientras mantiene pulsada la tecla MAYÚS. El siguiente ejemplo explica cómo utilizar las teclas rápidas.

Ejemplo 7

En este ejemplo añadiremos las siguientes teclas rápidas (o de aceleración) al menú parcial del ejemplo 6.

CONTROL-E	Para dibujar una elipse (comando ELIPSE).
MAYÚS-C	Para copiar (comando COPIA).
CONTROL-Q	Para cerrar AutoCAD (comando QUITA).

La siguiente lista muestra el contenido del archivo de menús parciales que utiliza las teclas rápidas arriba indicadas.

```
***MENUGROUP=Menú1
***POP1
```

```
**Alias
[/MMiDibujo]
[/LLínea]^C^CLinea
[/CCírculo]^C^CCirculo
[/AArco]^C^CArco
ID_Elipse [/EElipse]^C^CElipse

***POP2
[/EMiEdición]
[/BBorra]^C^CBorra
ID_Copia [/CCopia]^C^CCopia
[/DDesplaza]^C^CDesplaza
[/qEquidistancia]^C^Ceqdist

***ACCELERATORS
ID_Elipse [CONTROL+"E"]
ID_Copia [SHIFT+"C"]
[CONTROL"Q"]^C^CQuita
```

Este archivo de menús define tres teclas rápidas. La tecla rápida ID_Copia [MAYÚS+"C"] consta de dos partes. ID_Copia es el nombre del identificador; debe coincidir con el utilizado anteriormente en la definición del elemento de menú. MAYÚS+"C" es la etiqueta que contiene el modificador (MAYÚS) y el nombre de la tecla (C). El nombre de la tecla, como por ejemplo "ESCAPE", debe aparecer entre comillas. Una vez cargado el archivo, la combinación MAYÚS-C ejecutará el comando **COPIA**. De igual forma, CONTROL-E iniciará el dibujo de una elipse y CONTROL-Q permitirá cerrar AutoCAD.

Las teclas rápidas pueden definirse de dos formas. Un método consiste en indicar el identificador seguido de la etiqueta que contiene a dicho identificador. El modificador irá seguido de un solo carácter o de una tecla virtual especial, siempre entre comillas; por ejemplo, [CONTROL"E"] o ["ESCAPE"]. También puede utilizar el signo más (+) para enlazar los modificadores; por ejemplo, [MAYÚS+CONTROL+"L"]. El otro método para definir la tecla rápida consiste en indicar el modificador y la tecla o cadena seguido de una secuencia de comando; por ejemplo, [CONTROL"Q"]^C^CQuita.

Teclas virtuales especiales. La siguiente lista describe las teclas virtuales especiales. Estas teclas deben aparecer entre comillas al utilizarlas en el archivo de menús.

Cadena	Descripción	Cadena	Descripción
"F1"	Tecla F1	"NUMPAD0"	Tecla 0
"F2"	Tecla F2	"NUMPAD1"	Tecla 1
"F3"	Tecla F3	"NUMPAD2"	Tecla 2
"F4"	Tecla F4	"NUMPAD3"	Tecla 3

"F5"	Tecla F5	"NUMPAD4"	Tecla 4
"F6"	Tecla F6	"NUMPAD5"	Tecla 5
"F7"	Tecla F7	"NUMPAD6"	Tecla 6
"F8"	Tecla F8	"NUMPAD7"	Tecla 7
"F9"	Tecla F9	"NUMPAD8"	Tecla 8
"F10"	Tecla F10	"NUMPAD9"	Tecla 9
"F11"	Tecla F11	"UP"	Tecla FLECHA ARRIBA
"F12"	Tecla F12	"DOWN"	Tecla FLECHA ABAJO
"INSERT"	Tecla INSERT	"LEFT"	Tecla FLECHA IZDA
"SUPRIMIR"	Tecla SUPRIMIR	"RIGHT"	Tecla FLECHA DCHA
"ESCAPE"	Tecla ESC		

Modificadores válidos. A continuación se indican los modificadores válidos.

Modificador	Descripción
CONTROL	Tecla CONTROL del teclado.
SHIFT	Tecla MAYÚS (izquierda o derecha).
COMMAND	La tecla Manzana en teclados Macintosh.
META	La tecla Meta en teclados UNIX.

Barras de herramientas

La sección Barras de herramientas (***TOOLBARS) del archivo de menús permite precisar el contenido de las barras de herramientas y su diseño predeterminado. Cada barra de herramientas debe definirse en un submenú aparte.

Definición de barra de herramienta. El formato general para la definición de barra de herramientas es el siguiente:

```
***TOOLBARS
**MISHERR
TAG1 [Toolbar ("nombre_barrah", orient, visible, valx, valy, filas)]
TAG2 [Button ("nombre_bot", id_pequeño, id_grande)]macro
TAG3 [Flyout ("nombre_icono_desp", id_pequeño, id_grande, icono, alias)]macro
TAG4 [Control (elemento)]
[—]
```

***TOOLBARS** es la etiqueta de sección de la barra de herramientas; **MISHERR** es el nombre del submenú que contiene la definición de una barra de herramientas. Cada barra puede tener cinco elementos para controlan diferentes aspectos de la barra de herramientas: TAG1, TAG2, TAG3, TAG4 y el separador ([--]). La primera línea de la barra de herramientas (TAG1) define las características de dicha barra. En esta línea, **Toolbar** es la palabra clave, tras la cual se indica una serie de opciones encerradas entre paréntesis. La siguiente lista describe las opciones disponibles.

nombre_barrah Es una cadena de texto que da nombre a la barra. La cadena de texto nombre_barrah debe consistir en un conjunto de caracteres alfanuméricos sin otros signos adicionales que no sean guión (-) o subrayado (_).

orient Determina la orientación de la barra de herramientas. Los valores aceptados son **Floating** (flotante), **Top** (superior), **Bottom** (inferior), **Left** (izquierda y **Right** (derecha). No se distingue entre mayúsculas y minúsculas.

visible Determina la visibilidad de la barra de herramientas. Los valores aceptados son Show (mostrar) y Hide (ocultar). No se distingue entre mayúsculas y minúsculas.

valx Es un valor numérico que precisa la coordenada X en píxeles. La coordenada X se mide desde el borde izquierdo de la pantalla hasta el lado derecho de la barra de herramientas.

valy Es un valor numérico que precisa la coordenada Y en píxeles. La coordenada Y se mide desde el borde superior de la pantalla hasta el lado superior de la barra de herramientas.

filas Es un valor numérico que precisa el número de filas.

La segunda línea de la definición (TAG2) permite definir un botón. En esta línea, **Button** es la palabra clave, tras la cual se indica una serie de opciones encerradas entre paréntesis. La siguiente lista describe las opciones disponibles.

nombre_bot Es una cadena de texto que da nombre al botón. La cadena de texto debe consistir en un conjunto de caracteres alfanuméricos sin otros signos adicionales que no sean guión (-) o subrayado (_). Esta cadena de texto aparece como información de herramientas cuando se deja reposar el cursor sobre el botón.

id_pequeño Es una cadena de texto que define el nombre de la cadena de identificación del recurso de imagen pequeña (mapa de bits de tamaño 16 x 16). La cadena de texto debe consistir en un conjunto de caracteres alfanuméricos sin otros signos adicionales que no sean guión (-) o subrayado (_). La cadena de texto id_pequeño también puede indicar un mapa de bits definido por el usuario. Ejemplo: ICONO_16_CIRCLE.

id_grande Es una cadena de texto que define el nombre de la cadena de identificación del recurso de imagen grande (mapa de bits de tamaño 32 x 32).

La cadena de texto debe consistir en un conjunto de caracteres alfanuméricos sin otros signos adicionales que no sean guión (-) o subrayado (_). La cadena de texto id_grande también puede indicar un mapa de bits definido por el usuario. Ejemplo: ICONO_32_CIRCLE.

macro La segunda línea (TAG2), la cual define un botón, va seguida de una cadena de comando (macro). Por ejemplo, la macro puede consistir en ^C^CArco. Se utiliza la misma sintaxis que en la definición de cualquier elemento estándar de menú.

La tercera línea de la definición (TAG3) permite definir un control desplegable. En esta línea, **Flyout** es la palabra clave, tras la cual se indica una serie de opciones encerradas entre paréntesis. La siguiente lista describe las opciones disponibles.

nombre_icono_desp Es una cadena de texto que da nombre al desplegable. La cadena de texto debe consistir en un conjunto de caracteres alfanuméricos sin otros signos adicionales que no sean guión (-) o subrayado (_). Esta cadena de texto aparece como información de herramientas cuando se deja reposar el cursor sobre el botón desplegable.

id_pequeño Es una cadena de texto que define el nombre de la cadena de identificación del recurso de imagen pequeña (mapa de bits de tamaño 16 x 16). La cadena de texto debe consistir en un conjunto de caracteres alfanuméricos sin otros signos adicionales que no sean guión (-) o subrayado (_). La cadena de texto id_pequeño también puede indicar un mapa de bits definido por el usuario.

id_grande Es una cadena de texto que define el nombre de la cadena de identificación del recurso de imagen grande (mapa de bits de tamaño 32 x 32). La cadena de texto debe consistir en un conjunto de caracteres alfanuméricos sin otros signos adicionales que no sean guión (-) o subrayado (_). La cadena de texto id_grande también puede indicar un mapa de bits definido por el usuario.

icono Ésta es una palabra clave booleana que determina si el botón muestra su propio icono o el del último icono seleccionado. Los valores aceptados son **OwnIcon** (icono propio) y **OtherIcon** (otro icono). No se distingue entre mayúsculas y minúsculas.

alias El alias precisa el nombre del submenú de barra de herramientas, el cual ha de estar definido con la sintaxis estándar ****nombre_alias**.

macro La tercera línea (TAG3), la cual define un control desplegable, va seguida de una cadena de comando (macro). Por ejemplo, la macro puede consistir en ^C^CArco. Se utiliza la misma sintaxis que en la definición de cualquier elemento estándar de menú.

La cuarta línea de la definición (TAG4) permite definir un elemento de control especial. En esta línea, **Control** es la palabra clave, tras la cual se indica el tipo de elemento de control encerrado entre paréntesis.

elemento — Este parámetro puede tener alguno de los siguientes tres valores:

Layer	Precisa un elemento de control de capas.
Linetype	Precisa un elemento de control de tipos de línea.
Color	Precisa un elemento de control de colores.

La quinta línea ([--]) define un separador.

Ejemplo 8

En este ejemplo escribiremos un archivo de menús para una barra de herramientas que incluya los comandos **LINEA**, **POL**, **CIRCULO**, **ELIPSE** y **ARCO**. El nombre de la barra de herramientas es MiDibujo1 (figura 20.21).

La siguiente lista muestra el contenido del archivo de menús.

```
***MENUGROUP=M1
***TOOLBARS
**TB_MiDibujo1
ID_MiDibujo1[_Toolbar("MiDibujo1",_Floating,_Hide,10,200,1)]
ID_Línea[_Button("Línea",ICON_16_LINE,ICON_32_LINE)]^C^C_Line
ID_Polilínea[_Button("Polilínea",ICON_16_Pline,ICON_32_Pline)]^C^C_Pline
ID_Círculo[_Button("Círculo",ICON_16_CirRAD,ICON_32_CirRAD)]^C^C_Circle
ID_Elipse[_Button("Elipse", ICON_16_EllCEN,ICON_32_EllCEN)]^C^C_Ellipse
ID_Arco[_Button("Arco", ICON_16_Arc3Pt,ICON_32_Arc3Pt)]^C^C_Arc
```

Utilice el comando **CAGARMENU** para cargar el grupo de menús M1, tal como se explicó anteriormente. Para mostrar en pantalla la nueva barra de herramientas (MiDibujo1), elija la opción **Barras de herramientas** del menú **Ver**. Aparecerá el cuadro de diálogo Barras de herramientas (figura20.21). Seleccione **M1** en el cuadro de lista desplegable **Grupo de menús**. Active después la casilla de verificación correspondiente a **MiDibujo1**; la barra de herramientas **MiDibujo1** aparecerá en la pantalla.

También puede cargar la nueva barra de herramientas desde la línea de comando. Utilice primero el comando **CARGARMENU** para cargar el grupo de menús M1. A continuación utilice el comando **-BARRAHERR** para mostrar la barra de herramientas **MiDibujo1**.

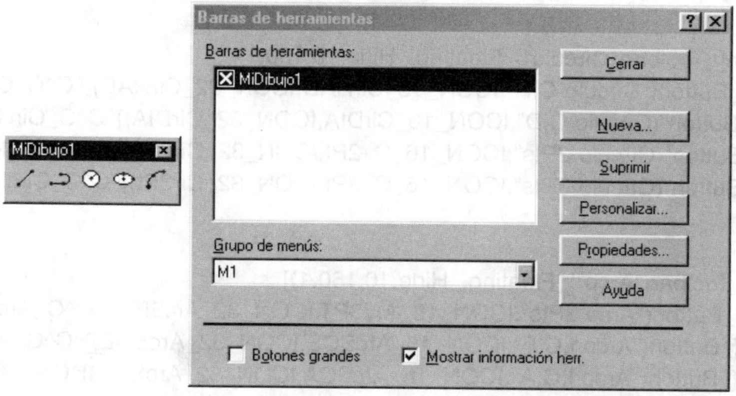

*Figura 20.21. Barra de herramientas **MiDibujo1** y cuadro de diálogo **Barras de herramientas**.*

Comando: **-BARRAHERR**
Indique nombre de barra de herramientas (o TODAS): **MiDibujo1**
Indique una opción [Mostrar/Ocultar/Izquierda/Derecha/Arriba/aBajo/Flotante] <Mostrar>: **M**

Ejemplo 9

En este ejemplo escribiremos un archivo de menús para una barra de herramientas con dos botones desplegables. El nombre de la barra es **MiDibujo2** (figura 20.22) e incluye dos botones: **Círculo** y **Arco**. Al pulsar el botón **Círculo** debe aparecer un desplegable con las opciones de Radio, Diámetro, 2P y 3P. De igual forma, el botón **Arco** debe incluir las opciones de 3 puntos, In Cen Fin e In Cen Lon.

Figura 20.22. Barra de herramientas del ejemplo 9.

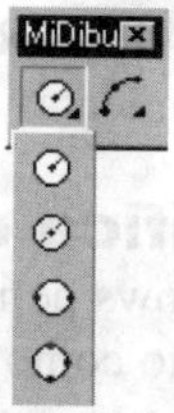

Figura 20.23. Barra de herramientas con desplegable.

La siguiente lista muestra el contenido del archivo de menús.

```
***MENUGROUP=M2
***TOOLBARS
**TB_MiDibujo2
ID_MiDibujo2[_Toolbar("MiDibujo2",_Floating,_Show,10,100,1)]
ID_TbCírculo [_Flyout("Círculo",ICON_16_Circle,ICON_32_Circle,_OtherIcon,M2.TB_Círculo)]
ID_TbArco [_Flyout("Arco",ICON_16_Arc,ICON_32_Arc,_OtherIcon,M2.TB_Arco)]
```

```
**TB_Círculo
ID_TbCírculo[_Toolbar("Círculo",_Floating,_Hide,10,150,1)]
ID_CirRAD[_Button("Círculo C,R",ICON_16_CirRAD,ICON_32_CirRAD)]^C^C_Circle
ID_CirDIA[_Button"(Círculo C,D",ICON_16_CirDIA,ICON_32_CirDIA)]^C^C_Circle;\_D
ID_Cir2Pt[_Button"(Círculo 2Pts",ICON_16_Cir2Pt,ICON_32_Cir2Pt)]^C^C_Circle;_2P
ID_Cir3Pt[_Button"(Círculo 3Pts",ICON_16_Cir3Pt,ICON_32_Cir3Pt)]^C^C_Circle;_3P

**TB_Arco
ID_TbArco[_Toolbar("Arco",_Floating,_Hide,10,150,1)]
ID_Arco3Pt[_Button("Arco 3Pts",ICON_16_Arc3PT,ICON_32_Arc3PT)]^C^C_Arc
ID_ArcoICF[_Button("Arco I,C,F",ICON_16_ArcSCE,ICON_32_ArcSCE)]^C^C_Arc;\_C
ID_ArcoICA[_Button("Arco I,C,A",ICON_16_ArcSCA,ICON_32_ArcSCA)]^C^C_Arc;\_C;\_A
```

Explicación

ID_TbCírculo[_Flyout("Círculo",ICON_16_Circle,ICON_32_Circle,_OtherIcon,M2.**TB_Círculo**)]

En esta línea, M2 es el nombre de grupo de menús (***MENUGROUP=M2) y TB_Círculo es el nombre del submenú de barra de herramientas. **M2.TB_Círculo** carga el submenú TB_Círculo, el cual se ha definido en el grupo de menús M2. Si M2 no está presente, AutoCAD no mostrará el desplegable al pulsar el botón Círculo.

ID_CirDIA[_Button"Círculo CD",ICON_16_**CirDIA**,ICON_32_**CirDIA**]]^C^C_Circle;_D

CirDIA es un mapa de bits definido por el usuario utilizado para mostrar el botón Círculo CD. Si indica cualquier otro nombre AutoCAD no mostrará el botón deseado.

Utilice el comando **CARGARMENU** para cargar el archivo de menús. AutoCAD mostrará en pantalla la barra de herramientas MiDibujo1.

Ayuda específica de menú

AutoCAD para Windows permite obtener ayuda en la línea de estado. Por ejemplo, si desea definir una cadena de texto como ayuda para los comandos COPIA y ARCO, la sintaxis es:

```
***HELPSTRINGS
ID_Copia [Este comando copiará los objetos seleccionados.]
ID_Elipse [Este comando dibujará una elipse.]
```

***HELPSTRINGS es la etiqueta de sección para la ayuda en la línea de estado. Las líneas definidas en esta sección comienzan con un identificador (ID_Copia), seguido de la etiqueta encerrada entre corchetes. Si deja reposar el cursor sobre el elemento, la barra de tareas de AutoCAD mostrará la etiqueta informativa.

PERSONALIZACIÓN DE LAS BARRAS DE HERRAMIENTAS

Las diversas barras de herramientas proporcionadas por AutoCAD son suficientes para el común de las tareas. Sin embargo, quizá en alguna ocasión necesite personalizar las barras de herramientas a fin de agrupar los comandos de uso más frecuente en una sola barra. Esto le permitirá ahorrar tiempo en la selección de comandos. Así mismo dispondrá de mayor espacio para el área de dibujo, pues no tendrá por qué abrir distribuir menús en la pantalla. El siguiente ejemplo explica el proceso de crear y editar las barras de herramientas.

Ejemplo 10

En este ejemplo crearemos una nueva barra de herramientas (MisHerramientas) con las opciones Línea, Polilínea, Círculo (opción Centro, Radio), Arco (opción Centro, Inicio, Final), Spline y Párrafo de texto. También cambiaremos la imagen y la información de herramientas. Además, llevaremos a cabo otras operaciones, como borrar barras de herramientas, borrar botones y copiarlos entre barras de herramientas.

1. Elija la opción **Barras de herramientas** del menú **Ver**. Aparecerá en pantalla el cuadro de diálogo **Barras de herramientas**. Si lo prefiere, puede abrir este cuadro de diálogo con el comando **BARRAHERR**.

2. Haga clic en el botón **Nueva**. AutoCAD mostrará el cuadro de diálogo **Nueva barra de herramientas** sobre el cuadro de diálogo anterior (figura 20.24).

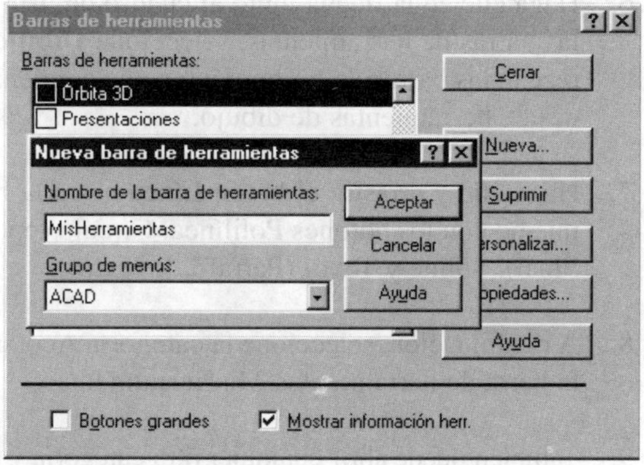

*Figura 20.24. Cuadro de diálogo **Nueva barra de herramientas**.*

3. Indique el nombre de la barra en el cuadro de texto Nombre de la barra de herramientas (para este ejemplo indique MisHerramientas). Haga clic en **Aceptar** para regresar al cuadro de diálogo **Barras de herramientas**, donde aparecerá indicado el nombre de la nueva barra (MisHerramientas).

4. Si no estuviera seleccionada todavía, seleccione la nueva barra de herramientas. Active para ello la casilla de verificación situada a la izquierda del nombre de la barra (MisHerramientas). La nueva barra de herramientas aparecerá en la pantalla.

5. Haga clic en el botón **Personalizar** del cuadro de diálogo **Barras de herramientas**. Aparecerá el cuadro de diálogo **Personalizar barras de herramientas** (figura 20.25).

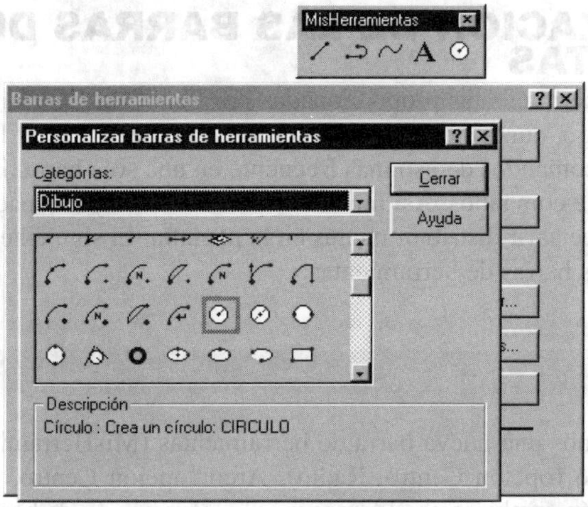

*Figura 20.25. Barra de herramientas **MisHerramientas** junto al cuadro de diálogo **Personalizar barras de herramientas**.*

6. Haga clic en la flecha junto al cuadro de lista desplegable **Categorías** para verla lista de todas las barras de herramientas; seleccione **Dibujo** (también puede pulsar la tecla D para que aparezcan las barras de herramientas que comienzan con la letra D). AutoCAD mostrará los botones de herramientas de dibujo.

7. Haga clic y arrastre el botón Línea hasta la barra de herramientas MisHerramientas. Haga lo mismo con los botones Polilínea, Círculo (opción Centro, Radio), Arco (opción Centro, Inicio, Final), Spline y Texto (Párrafo de texto).

8. A continuación, seleccione la categoría Acotar. Haga clic y arrastre alguno de los botones hasta la barra de herramientas MisHerramientas.

9. También puede abrir cualquier otra categoría y añadir comandos a la nueva barra de herramientas.

10. Una vez terminada la definición de comandos para la nueva barra de herramientas, haga clic en el botón **Cerrar** del cuadro de diálogo Personalizar barras de herramientas. Haga clic de nuevo **Cerrar** para salir del cuadro de diálogo **Barras de herramientas** y regresar a la pantalla de AutoCAD.

11. Pruebe los botones de la nueva barra de herramientas (MisHerramientas).

Creación de nueva imagen e información de herramientas para un botón

1. Elija la opción **Barras de herramientas** del menú **Ver**. Aparecerá en pantalla el cuadro de diálogo **Barras de herramientas**. Si lo prefiere, puede abrir este cuadro de diálogo con el comando **BARRAHERR**.

2. Asegúrese de que el botón con la imagen que desea editar aparece en la pantalla. En este ejemplo vamos a editar la imagen del botón **Línea** en la barra de herramientas **MisHerramientas**.

3. Haga clic con el botón derecho en el botón **Línea** de MisHerramientas. Aparecerá el cuadro de diálogo **Propiedades del botón** con la imagen del botón **Línea** seleccionada (figura 20.26).

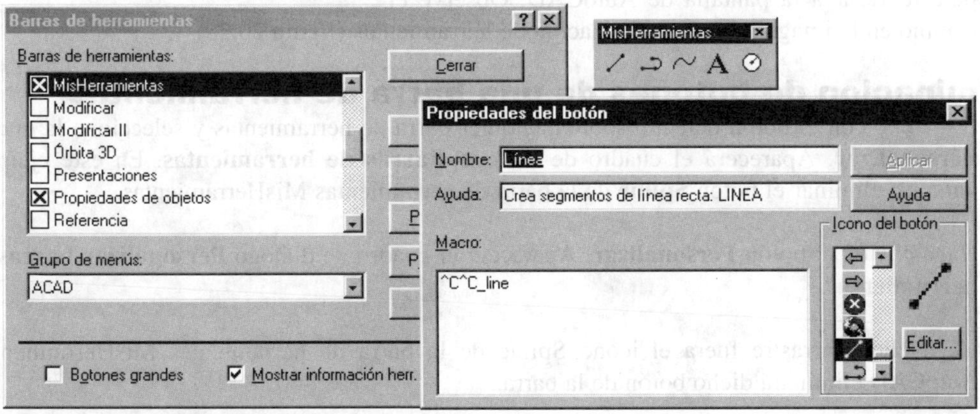

*Figura 20.26. Barra de herramientas **MisHerramientas** y cuadros de diálogo **Barras de herramientas** y **Propiedades del botón**.*

4. Haga clic en el botón **Editar** para acceder al **Editor de botones** y así poder editar la forma de la imagen. Active la casilla de verificación **Rejilla** para mostrar las líneas de rejilla.

El **Editor de botones** ofrece varias opciones para editar la forma de la imagen. El botón **Línea** permite dibujar una línea entre dos puntos. Puede utilizar el botón **Círculo** para dibujar un círculo o una elipse. El botón **Lápiz** permite dibujar de forma libre y el botón **Borrar** permite borrar partes de la imagen.

*Figura 20.27. Cuadro de diálogo **Editor de botones**.*

5. En este ejemplo vamos a cambiar el color de la imagen Línea. Para lograrlo, borre la línea existente, seleccione el color y dibuje una línea. Además, cree la forma L en la esquina inferior derecha (figura 20.27).

6. Haga clic en el botón **Guardar como** y guarde la imagen como **MiLínea** en la carpeta **Tutorial** de AutoCAD. Haga clic en **Cerrar** para salir del **Editor de botones**.

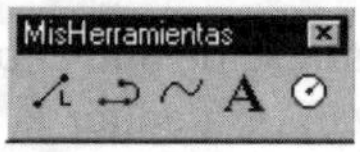

Figura 20.28. Barra de herramientas MisHerramientas.

7. Indique **MiLínea** en el cuadro de texto **Nombre** del cuadro de diálogo **Propiedades del botón**. De esta forma habrá cambiado la información de herramientas del botón. Después haga clic en **Aplicar** para aplicar los cambios a la imagen. Cierre los cuadros de diálogo para regresar a la pantalla de AutoCAD. Observe el cambio en la imagen y en la información de herramientas (figura 20.28).

Eliminación de botones de una barra de herramientas

1. Haga clic con el botón derecho sobre cualquier barra de herramientas y seleccione la opción **Personalizar**. Aparecerá el cuadro de diálogo **Barras de herramientas**. En este ejemplo vamos a eliminar el botón **Spline** de la barra de herramientas MisHerramientas.

2. Haga clic en el botón **Personalizar**. Aparecerá el cuadro de diálogo **Personalizar barras de herramientas**.

3. Haga clic y arrastre fuera el icono Spline de la barra de herramientas MisHerramientas. AutoCAD eliminará dicho botón de la barra.

4. Repita el paso anterior para borrar otros botones.

5. Cierre los cuadros de diálogo para regresar a la pantalla de AutoCAD.

Eliminación de una barra de herramientas

1. Elija **Barras de herramientas** en el menú **Ver**.

2. Seleccione la barra de herramientas a eliminar y haga clic en el botón **Suprimir**. AutoCAD suprimirá la barra de herramientas seleccionada.

Copiado de botones entre barras de herramientas

En este ejemplo vamos a copiar el botón **Cotas por coordenadas** de la barra de herramientas **Acotar** en la barra de herramientas MisHerramientas.

1. Seleccione la opción **Barras de herramientas** del menú **Ver** o haga clic con el botón derecho sobre cualquier barra de herramientas y elija **Personalizar**.

2. En el cuadro de diálogo **Barras de herramientas**, active las casillas de verificación correspondientes a Acotar y a MisHerramientas.

3. Haga clic en el botón **Personalizar** del cuadro de diálogo **Barras de herramientas**. Aparecerá el cuadro de diálogo **Personalizar barras de herramientas**.

4. Mantenga pulsada la tecla CONTROL mientras arrastra el botón **Cotas por coordenadas** hasta MisHerramientas. AutoCAD creará una copia de dicho botón en MisHerramientas.

Nota

Si no mantiene pulsada la tecla CONTROL, AutoCAD desplazará el botón seleccionado desde la barra de herramientas Acotar hasta MisHerramientas.

AutoCAD guarda en los archivos acad.mns y acad.mnr cualquier cambio efectuado en las barras de herramientas. Las siguientes líneas forman parte del archivo acad.mns:

```
**MISHERRAMIENTAS
ID_MisHerramientas_0 [_Toolbar("MisHerramientas", _Floating, _Show, 400, 50, 1)]
ID_Línea_0    [_Button("MiLínea", "ICON.bmp", "ICON_24_LINE")]^C^C_line
ID_Círculo_0  [_Button("Círculo", "ICON_16_CIRRAD", "ICON_24_CIRRAD")]^C^C_circle
ID_Polilínea_0 [_Button("Polilíea", "ICON_16_PLINE", "ICON_24_PLINE")]^C^C_pline
ID_Inicio_Cen_Fin_0 [_Button("Inicio Cen Fin", "ICON_16_ARCSCE", "ICON_24 _ARCS-
CE")]^C^C_arc \_c
```

Creación de barras de herramientas personalizadas con botones desplegables

En este ejemplo crearemos una barra de herramientas personalizada con botones desplegables.

1. Seleccione la opción **Barras de herramientas** del menú **Ver** o haga clic con el botón derecho sobre cualquier barra de herramientas y elija **Personalizar**. Aparecerá el cuadro de diálogo **Barras de herramientas**.

2. Haga clic en el botón **Nueva**. Aparecerá el cuadro de diálogo **Nueva barra de herramientas**. Indique el nombre de la nueva barra de herramientas (por ejemplo MisHerramientas2) y haga clic en **Aceptar** para regresar al cuadro de diálogo **Barras de herramientas.**

3. Seleccione el nombre de la nueva barra de herramientas (MisHerramientas2) y haga clic en **Personalizar**. Aparecerá el cuadro de diálogo **Personalizar barras de herramientas**. En el cuadro de lista desplegable **Categorías** seleccione **Personalizar**. Arrastre el botón desplegable hasta la nueva barra de herramientas.

4. Haga clic con el botón derecho sobre el botón desplegable de la nueva barra de herramientas. Aparecerá en la pantalla el cuadro de diálogo **Propiedades de los iconos desplegables** (figura 20.29). Para asociarlo con una barra de herramientas predefinida, seleccione en la lista el nombre de dicha barra (por ejemplo, ACAD.Dibujo).

5. Si activa la casilla de verificación **Mostrar el icono de este botón**, el botón desplegable mostrará siempre el icono seleccionado en la sección **Icono de botón** del cuadro de diálogo **Propiedades de los iconos desplegables**.

6. Haga clic en el botón **Aplicar** y cierre los cuadros de diálogo. Si hace clic en el botón desplegable de la nueva barra de herramientas, aparecerán los correspondientes iconos desplegables. A continuación puede añadir nuevos botones a la barra de herramientas o suprimir los que desee.

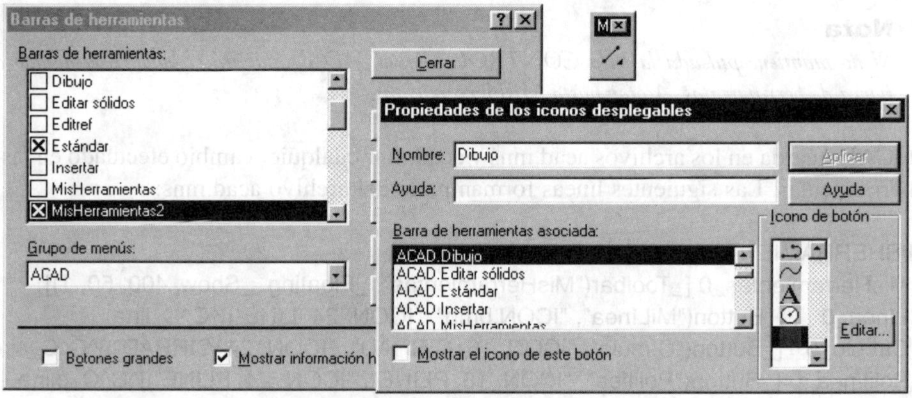

*Figura 20.29. Cuadro de diálogo **Propiedades de los iconos desplegables** junto con la nueva barra de herramientas.*

Preguntas de revisión

1. Un menú desplegable puede tener __________ secciones.
2. La longitud del título de sección no debe exceder de __________ caracteres.
3. Los títulos de sección en un menú desplegable están justificados __________.
4. En un menú desplegable, la línea consistente en dos guiones ([--]) se expande automáticamente hasta abarcar __________ del menú.
5. Si el elemento de menú comienza con una tilde, dicho elemento aparecerá __________.
6. Los menús desplegables están desconectados cuando el zoom dinámico está en curso.
7. Cada menú en cascada contenido en el archivo de menús debería tener un nombre __________.
8. El nombre de menú en cascada puede tener un máximo de __________ caracteres de longitud.
9. Los nombres de menú en cascada no pueden incluir ningún __________.
10. En Windows pueden escribirse definiciones de menús parciales, barras de herramientas y teclas rápidas. (V/F)
11. Cada archivo de menús sólo puede contener un grupo de menús. (V/F)
12. El comando __________ permite cargar el archivo de menú parcial.

13. Una vez cargado el menú, puede utilizar la función ____________ de AutoLISP para mostrar los menús parciales.

Ejercicios

Ejercicio 3 — *General*

Escriba un menú para los siguientes comandos de AutoCAD. La figura 20.30 muestra el diseño del menú.

LINEA	**ACOTA HORIZONTAL**	**TEXTO Izquierda**
CIRCULO Cen Rad	**ACOTA VERTICAL**	**TEXTO Derecha**
CIRCULO Cen Dia	**ACOTA RADIO**	**TEXTO Centro**
ARCO 3P	**ACOTA DIAMETRO**	**TEXTO Alinear**
ARCO In Cen Fin	**ACOTA ANGULO**	**TEXTO Medio**
ARCO Cen In Fin	**ACOTA DIRECTRIZ**	**TEXTO Ajustar**

DIBUJO	ACOTAR	TEXTO
LÍNEA	ACOTA-Horizontal	TEXTO-Izquierda
CÍRCULO Cen Rad	ACOTA-Vertical	TEXTO-Derecha
CÍRCULO Cen Dia	ACOTA-Radio	TEXTO-Centro
ARCO 3P	ACOTA-Diámetro	TEXTO-Alinear
ARCO In Cen Fin	ACOTA-Angulo	TEXTO-Medio
ARCO Cen In Fin	ACOTA-Directriz	TEXTO-Ajustar

Figura 20.32. *Diseño del menú para el ejercicio 3.*

Ejercicio 4 — *General*

Escriba un menú para los siguientes comandos de AutoCAD.

LINEA	**BLOQUE**
POL	**BLOQUEDISC**
CIRCULO Cen Rad	**INSERT**
CIRCULO Cen Dia	**ATRDEF**
ELIPSE Centro	**ATREDIT**

Ejercicio 5 — *General*

Escriba un menú parcial en Windows. El archivo de menús debe incluir dos menús: POP1 (MiArco) y POP2 (MiDibujo). El menú MiArco debe contener todas las opciones del comando **ARCO** y debe aparecer en la sexta posición. Por su parte, el menú MiDibujo debe incluir los comandos **LINEA**, **CIRCULO**, **POL**, **TRAZO**, **TEXTO** y **TEXTOM**; su posición en la barra de menús debe ser la novena.

Ejercicio 6 *General*

Escriba un archivo de menús para una barra de herramientas con un botón desplegable. El nombre de la barra de herramientas ha de ser **Mi dibujo**. Debe incluir dos botones: **Polígono** y **Elipse**. El botón **Polígono** debe mostrar un desplegable con las opciones **Rectángulo** y **Polígono**. El botón **Elipse** también ha de mostrar un desplegable, con las opciones **Elipse-Centro** y **Elipse-Arco**.

Ejercicio 7 *General*

Escriba un menú para los siguientes comandos de AutoCAD. La figura 20.31 muestra el diseño del menú.

-CAPA Crear	**FORZCURSOR 5**	**SCP Universal**
-CAPA Configurar	**FORZCURSOR 10**	**SCP Previo**
-CAPA Lista	**REJILLA 20**	**-VENTANAS 2**
-CAPA Activar	**APERTURA 5**	**-VENTANAS 4**
-CAPA Desactivar	**PICKBOX 5**	**-VENTANAS Única**

CAPA	PARÁMETROS	SCP-VENT
CAPA-Crear	RESOLUCIÓN 5	SCP-Universal
CAPA-Configurar	RESOLUCIÓN 10	SCP-Previo
CAPA-Lista	REJILLA 20	2 VENTANAS
CAPA-Activar	APERTURA 5	4 VENTANAS
CAPA-Desactivar	PICKBOX 5	1 VENTANAS

Figura 20.31. *Diseño del menú para el ejercicio 7.*

Capítulo 21

Menús de tablero

Objetivos del estudio

Tras completar este capítulo, será capaz de:

- *Comprender las ventajas de los menús de tablero.*
- *Escribir y personalizar menús de tablero.*
- *Cargar menús configurar menús de tablero.*
- *Escribir menús de tablero con diferentes tamaños de bloque.*
- *Asignar comandos a la superficies de un tablero.*

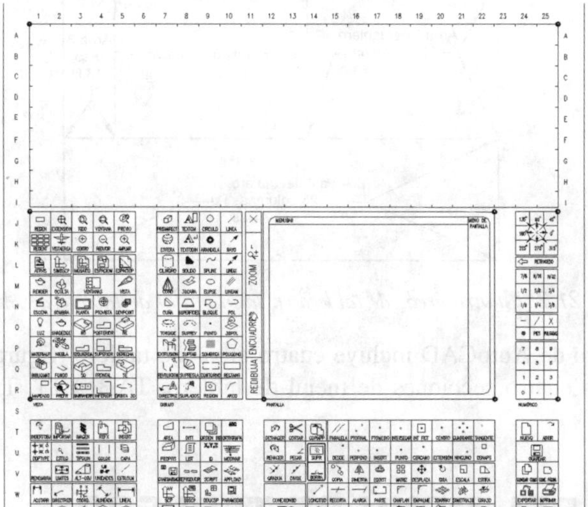

Figura 21.1. *Ejemplo de plantilla de tablero.*

MENÚ DE TABLERO ESTÁNDAR

El menú de tablero supone una importante alternativa para la indicación de comandos. En un tablero digitalizador, los comandos se indican a partir de una plantilla fijada en su superficie. Para utilizar un menú de tablero deberá disponer de un tablero digitalizador y un dispositivo señalador. También necesitará una plantilla de tablero (figura 21.1), la cual contiene comandos de AutoCAD ordenados en varios grupos para su fácil identificación.

El archivo de menús estándar de AutoCAD incluye cuatro secciones para menús de tablero: TABLET1, TABLET2, TABLET3 y TABLET4. Al iniciar AutoCAD y entrar en el editor de dibujo, se cargan automáticamente las cuatro secciones de menú de tablero. AutoCAD asigna los comandos definidos en dichas secciones a diferentes bloques de la plantilla.

La primera sección de menú de tablero (TABLET1) incluye 255 bloques en blanco; puede utilizar estos bloques para asignar hasta 255 elementos de menú. Las secciones restantes contienen comandos de AutoCAD; los comandos están ordenados en grupos funcionales para facilitar su identificación y el acceso a ellos. En la sección TABLET2 encontramos comandos de modelizado, modelado sólido, visualización, consulta, dibujo, zoom y espacio papel. La sección TABLET3 incluye números, fracciones y ángulos. En la sección TABLET4 podemos encontrar comandos de texto, acotación, referencia a objetos, edición, utilidades referencias externas y configuración.

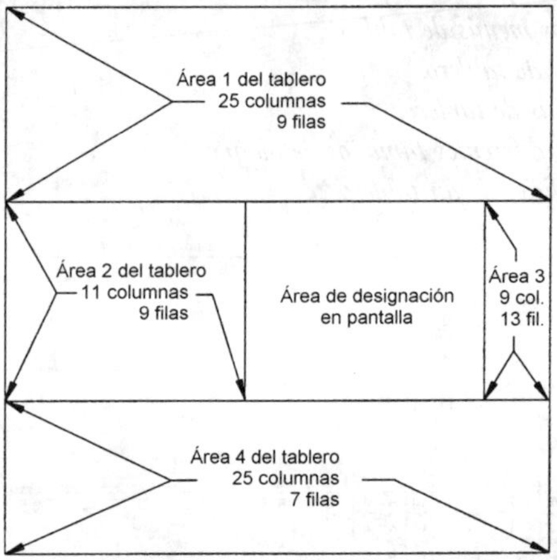

Figura 21.2. *Cuatro áreas de tablero en la plantilla de tablero de AutoCAD.*

La plantilla de tablero de AutoCAD incluye cuatro áreas de tablero (figura 21.2); dichas áreas se corresponden con las cuatro secciones de menú de tablero, TABLET1, TABLET2, TABLET3 y TABLET4.

VENTAJAS DEL MENÚ DE TABLERO

El menú de tablero ofrece las siguientes ventajas frente al menú de pantalla, desplegable, de imágenes o al teclado.

1. En el menú de tablero los comandos pueden ordenarse de forma que el usuario pueda acceder directamente a aquellos que utilice con más frecuencia. De esta forma podrá ahorrar un tiempo considerable en la indicación de comandos de AutoCAD. En los menús de pantalla o desplegables no puede accederse directamente a algunos comandos. Por ejemplo, para generar una cota horizontal deberá seguir varios pasos. En primer lugar habrá de seleccionar **Acotar** en la barra de menús y, a continuación, **Lineal**. Con el menú de tablero puede seleccionarse la acotación lineal directamente desde el digitalizador. Conseguirá ahorrar tiempo y evitará la distracción que supone buscar el comando entre distintas pantallas.

2. La plantilla de tablero puede tener dibujados los símbolos gráficos de los comandos de AutoCAD. Así podrá reconocer y seleccionar los comandos con mayor facilidad. Por ejemplo, si no es un experto en la acotación con AutoCAD, quizá la acotación continua y de línea base le resulte confusa. Pero si el comando se va apoyado por un símbolo que ilustre su función, las posibilidades de cometer un error al elegir un comando se reducen al mínimo.

3. Puede asignar a la superficie del tablero tantos comandos como desee. Su número sólo está limitado por el tamaño del digitalizador y por el de los bloques rectangulares.

PERSONALIZACIÓN DE UN MENÚ DE TABLERO

Los menús de tablero de AutoCAD pueden personalizarse. Así podrá sacar mejor partido de AutoCAD. Los menús de tablero pueden incluir un máximo de cuatro secciones: TABLET1, TABLET2, TABLET3 y TABLET4. Cada sección representa un área rectangular en el tablero digitalizador. Estas áreas rectangulares pueden dividirse a su vez en un conjunto de bloques rectangulares. El tamaño de cada bloque depende de cuántos comandos se hayan asignado al área de tablero. Además, las áreas rectangulares de tablero pueden ubicarse en cualquier posición del digitalizador y pueden organizarse en cualquier orden. El comando **TABLERO** de AutoCAD configura el tablero. El comando **MENU** carga y asigna los comandos a los bloques rectangulares de la plantilla de tablero.

Antes de escribir un archivo de menús de tablero es muy importante realizar el diseño de la plantilla de tablero. Un diseño bien ideado puede suponer a la larga un importante ahorro de tiempo. A la hora de diseñar una plantilla de tablero debe tener en consideración los siguientes puntos:

1. Aprenda los comandos de AutoCAD que ha de utilizar en su trabajo.

2. Agrupe los comandos según su función, su utilización o su relación con otros comandos.

3. Dibuje un rectángulo dentro de la plantilla de forma que sea fácil desplazar el dispositivo señalador en su interior. El tamaño de este área ha de ser el adecuado para su aplicación. No debe ser ni demasiado grande ni demasiado pequeño. Así mismo, el tamaño de la plantilla depende de la superficie activa del digitalizador.

4. Divida la superficie restante en cuatro áreas rectangulares de tablero; una para cada una de las secciones TABLET1, TABLET2, TABLET3 y TABLET4. No es necesario utilizar todas las

secciones; puede establecer, por tanto, menos áreas de tablero. En cualquier caso, cuatro es el máximo.

5. Determine el número de comandos necesita asignar a cada área del tablero. Calcule a continuación el número de filas y de columnas a generar en cada área. El tamaño de los bloques no tiene por qué ser el mismo en todas las áreas del tablero.

6. Utilice el comando TEXTO para imprimir los comandos en la plantilla y, si fuera posible, dibuje los símbolos de cada comando.

7. Imprima la plantilla en un papel de buena calidad. Si lo desea, puede hacer que el lado impreso del papel quede en el lado interior, tocando la superficie del digitalizador. Para lograrlo, cree una imagen en espejo de la plantilla e imprima dicha imagen.

ESCRITURA DE UN MENÚ DE TABLERO

Para escribir un menú de tablero debe conocer los comandos de AutoCAD implicados y las entradas de comando requeridas para cada comando. De igual importancia es realizar el diseño de la plantilla y la ubicación de los comandos en ella. No dude en estudiar detenidamente el diseño de la plantilla y, si fuera posible, consulte la opinión de otros usuarios de AutoCAD. El ejemplo 1 explica el procedimiento a seguir para desarrollar y escribir un menú de tablero.

Ejemplo 1

Escribiremos un menú de tablero para los siguientes comandos de AutoCAD. El nombre del archivo será **mt1.mnu**. Los comandos deben adoptar la disposición mostrada en la figura 21.3. Así mismo realizaremos una plantilla de menú de tablero.

LINEA	**CIRCULO**	**POL**
CIRCULO C,D	**BORRA**	**CIRCULO 2P**

La figura 21.3 representa uno de los posibles diseños para la plantilla. Los comandos de AutoCAD ocupan una fila en la parte superior de la plantilla, mientras que el área de designación en pantalla se sitúa en el centro. Esta plantilla tan sólo incluye un área. Por lo tanto, puede incluir todos los comandos bajo la etiqueta de sección TABLET1. Para escribir el archivo de menús puede utilizar cualquier editor de texto, como el Bloc de notas.

El nombre del archivo es **mt.mnu**. Los números de línea no forman parte del archivo; se indican sólo como referencia.

```
***TABLET1
^C^CLINEA
^C^CPOL
```

```
^C^CCIRCULO              4
^C^CCIRCULO;\D           5
^C^CCIRCULO;2P           6
^C^CBORRA                7
```

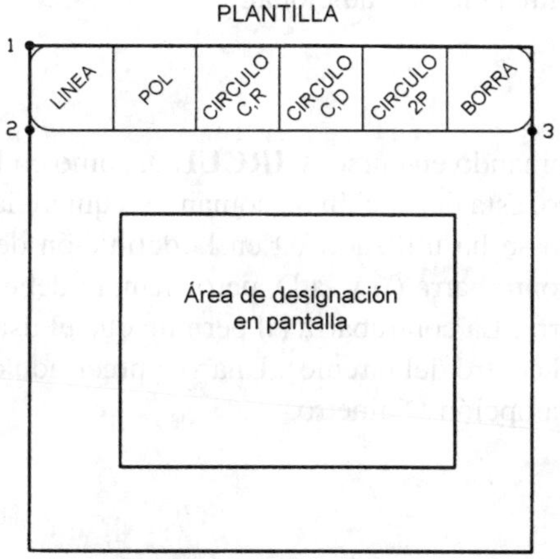

Figura 21.3. *Diseño de la plantilla de tablero para el ejemplo 1.*

Explicación

Línea 1
*****TABLET1**
TABLET1 es la etiqueta de sección de la primera área de tablero. Toda etiqueta de sección debe ir precedida de tres asteriscos (***).

*****TABLET1**

donde	***	Tres asteriscos que designan la etiqueta de sección.
	TABLET1	Etiqueta de sección para TABLET1.

Línea 2
^C^CLINEA
^C^C cancela dos veces el comando en curso; **LINEA** es un comando de AutoCAD. No debe incluirse ningún espacio entre el segundo ^C y **LINEA**.

^C^CLINEA

donde	**^C^C**	Cancela dos veces el comando en curso.
	LINEA	Comando **LINEA** de AutoCAD.

Línea 3
^C^CPOL
^C^C cancela dos veces el comando en curso; **POL** es un comando de AutoCAD.

Línea 4
^C^CCIRCULO
^C^C cancela dos veces el comando en curso; **CIRCULO** es un comando de AutoCAD. Las entradas predeterminadas para el comando **CIRCULO** son el centro y el radio del círculo; por este motivo la línea 4 no necesita ninguna entrada adicional.

Línea 5
^C^CCIRCULO;\D
^C^C cancela dos veces el comando en curso; **CIRCULO**, como en la línea anterior, es un comando de AutoCAD. Sin embargo, esta definición de comando requiere la opción Diámetro del comando **CIRCULO**. Para lograrlo se ha utilizado \D en la definición del comando. No deben existir espacios en blanco entre la contrabarra (\) y la D, pero siempre debe haber un espacio (o un punto y coma) antes de la contrabarra. La contrabarra (\) permite que el usuario efectúe una entrada (que en este caso podrá precisar el centro del círculo). Una vez precisado el centro, la letra D, que sigue a la contrabarra, selecciona la opción Diámetro.

^C^CCIRCULO;\D

donde	**CIRCULO**	Comando **CIRCULO**.
	;	Indica INTRO.
	****	Pausa para que el usuario efectúe una entrada.
	D	Opción Diámetro.

Línea 6
^C^CCIRCULO;2P
^C^C cancela dos veces el comando en curso; **CIRCULO** es un comando de AutoCAD. El punto y coma (;) indica INTRO. 2P selecciona la opción 2P (2 puntos) del comando **CIRCULO**.

Línea 7
^C^CBORRA
^C^C cancela dos veces el comando en curso; **BORRA** es un comando de AutoCAD que suprime los objetos seleccionados.

Nota
En el menú de tablero, la parte del elemento de menú encerrado entre corchetes se utiliza tan sólo para la visualización en pantalla. Por ejemplo, en el siguiente elemento de menú, T1-6 se ignora y no tiene ningún efecto para la definición del comando.

[T1-6]^C^CCIRCULO:2P

donde	**[T1-6]**	Utilizado sólo como referencia; no tiene efecto en la definición del comando.
	T1	Área 1 del tablero.
	6	Elemento número 6.

La información de referencia puede utilizarse para designar el área de tablero y el número de línea. Debe configurar y cargar el menú de tablero antes de poder utilizar los comandos definidos en él.

CONFIGURACIÓN DE TABLERO

Para poder indicar comandos con la nueva plantilla, en primer lugar tendrá que configurar el tablero; así AutoCAD podrá conocer la ubicación de la plantilla de tablero y la posición de los comandos asignados a cada bloque. A tal fin AutoCAD ofrece el comando **TABLERO**. Asegure la plantilla de tablero (figura 21.3) en el digitalizador; los bordes de la plantilla han de ser paralelos a los del digitalizador. Indique el comando **TABLERO** de AutoCAD, seleccione la opción **CFG** (Configuración) y responda a las siguientes solicitudes. La figura 21.4 muestra los puntos que debe precisar para configurar el tablero utilizado en el ejemplo 1.

Indique una opción [ACT/DES/CAL/CFG]: **CFG**
Número de menús de tablero que desea (0-4) <*actual*>: **1**
¿Desea realinear los menús del tablero? [Sí/No] <N>: **S**
Señale la esquina superior izquierda del área de menú 1: *Designe el punto P1.*
Señale la esquina inferior izquierda del área de menú 1: *Designe el punto P2.*
Señale la esquina inferior derecha del área de menú 1: *Designe el punto P3.*
Número de columnas para el área de menú 1: **6**
Número de filas para el área de menú 1: **1**
¿Desea precisar una nueva área fija de designación en pantalla? [Sí/No] <N>: **S**
Señale esquina inferior izquierda del área de designación: *Designe el punto P4.*
Señale esquina superior izquierda del área de designación: *Designe el punto P5.*
¿Desea precisar el área flotante de designación en pantalla? [Sí/No] <N>: **N**

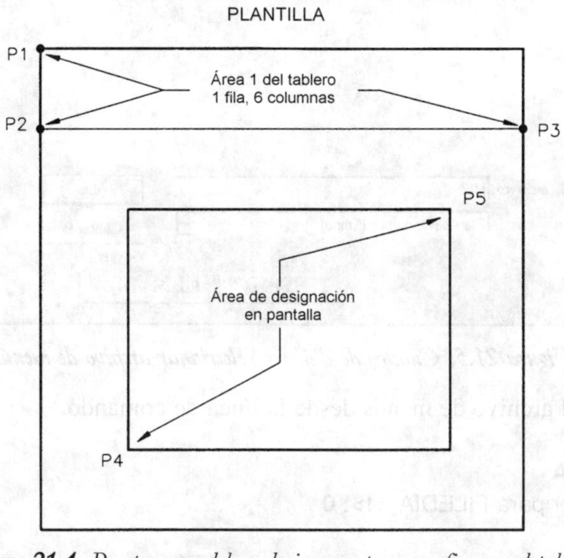

Figura 21.4. *Puntos que deben designarse para configurar el tablero.*

Nota

Los tres puntos P1, P2 y P3 deben formar un ángulo de 90 grados. Si estos tres puntos no cumplen dicha condición, AutoCAD solicitará de nuevo los puntos hasta que formen un ángulo de 90 grados.

Las áreas de tablero no deben solaparse con el área de designación en pantalla.

El área de designación en pantalla puede tener cualquier tamaño, así como ubicarse en cualquier posición del tablero, siempre y cuando se halle siempre en la zona activa del digitalizador. El área de designación en pantalla que seleccione se corresponderá con el área de visualización en el monitor. Por este motivo, la relación altura/anchura de área de designación en pantalla ha de coincidir con la del monitor, a menos que utilice el área de designación en pantalla para digitalizar un dibujo.

CARGA DE MENÚS

Al entrar en el editor de dibujo, AutoCAD carga automáticamente el archivo **acad.mnu**. Sin embargo, también puede cargar un archivo de menús distinto por medio del comando **MENU**.

Comando: **MENU**

Al indicar el comando **MENU**, AutoCAD muestra en pantalla el cuadro de diálogo **Seleccionar archivo de menús** (figura 21.5). Seleccione el archivo de menús que desee cargar y haga clic en el botón **Abrir**.

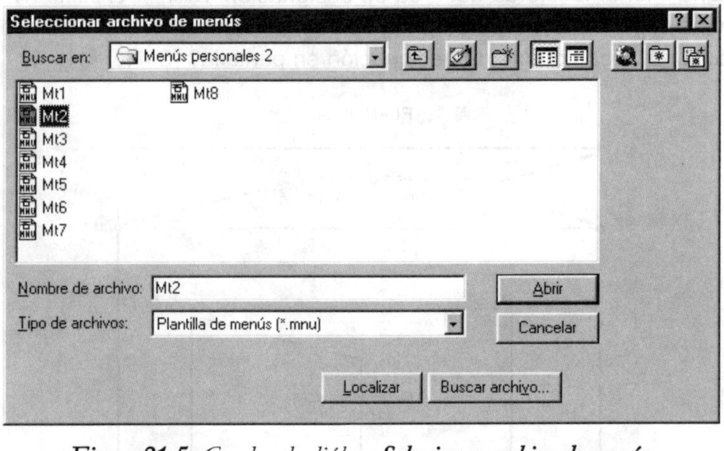

Figura 21.5. *Cuadro de diálogo* ***Seleccionar archivo de menús.***

También puede abrir el archivo de menús desde la línea de comando.

Comando: **FILEDIA**
Indique nuevo valor para FILEDIA <1>: **0**
Comando: **MENU**
Indique nombre de archivo de menús o [. para ninguno] <*actual*>: *Indique el nombre del archivo.*

Si indica el comando **MENU** con la variable **FILEDIA** definida en 0, AutoCAD solicitará el nombre del archivo desde la línea de comando. Indique el nombre del archivo sin la extensión (**.MNU**), pues se presupone. AutoCAD compilará el archivo de menús para obtener los archivos **MNC** y **MNR**.

Ejercicio 1

General

Escriba un menú de tablero para los siguientes comandos de AutoCAD. El nombre del archivo ha de ser **mt2.mnu**. Realice **también** una plantilla para la selección comandos.

LINEA
CIRCULO C,R
ARCO C,I,F
ELIPSE
ARANDELA

TEXTO Centro
TEXTO Izquierda
TEXTO Derecha
TEXTO Alinear

Tal como muestra la figura 21.6, los comandos de dibujo y de edición deben ocupar dos áreas de tablero distintas.

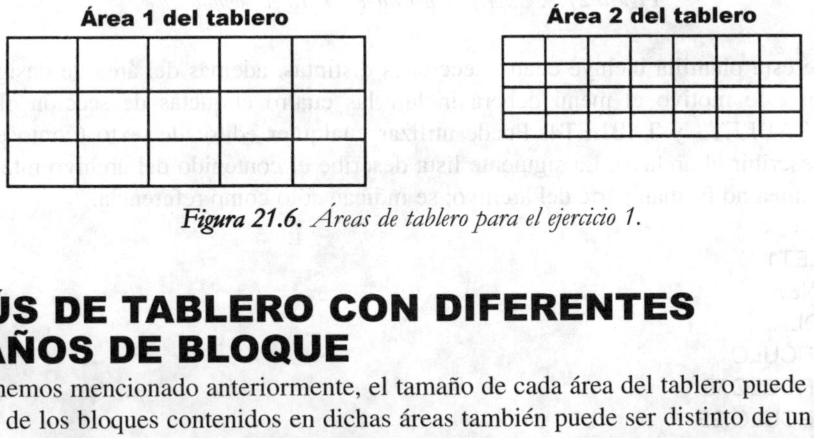

Figura 21.6. *Áreas de tablero para el ejercicio 1.*

MENÚS DE TABLERO CON DIFERENTES TAMAÑOS DE BLOQUE

Como ya hemos mencionado anteriormente, el tamaño de cada área del tablero puede ser distinto. El tamaño de los bloques contenidos en dichas áreas también puede ser distinto de un área a otra. Sin embargo, todos los bloques de una misma área deben tener el mismo tamaño. Así pues, el diseño de la plantilla puede ser muy flexible. Por ejemplo, quizá prefiera utilizar bloques de menor tamaño con números, fracciones o letras y otros bloques de mayor tamaño con comandos de dibujo. Además, puede organizar estas áreas del tablero para diseñar una plantilla con diferentes formas, como por ejemplo en L o en T. El siguiente ejemplo describe la utilización de varias áreas de tablero con diferentes tamaños de bloque.

Ejemplo 2

Escribiremos un menú de tablero para el diseño mostrado en la figura 21.7. El nombre del archivo será **mt3.mnu**. La figura 21.8 muestra el número de filas y de columnas para cada área de tablero.

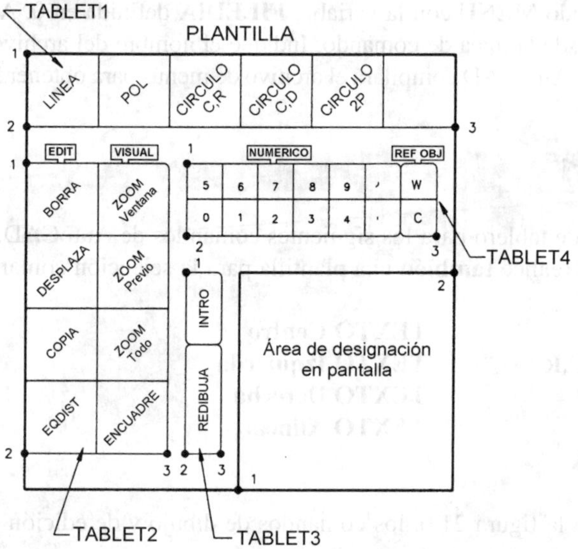

Figura 21.7. Superficie del tablero para el ejemplo 2.

Observe que esta plantilla incluye cuatro secciones distintas, además del área de designación en pantalla. Por este motivo el menú deberá incluir las cuatro etiquetas de sección: TABLET1, TABLET2, TABLET3 y TABLET4. Puede utilizar cualquier editor de texto (como el Bloc de notas) para escribir el archivo. La siguiente lista describe el contenido del archivo mt3.mnu. Los números de línea no forman parte del archivo; se indican sólo como referencia.

```
***TABLET1
^C^CLINEA
^C^CPOL
^C^CCIRCULO
^C^CCIRCULO;\D
^C^CCIRCULO;2P
***TABLET2
^C^CBORRA
^C^CZOOM;V
^C^CDESPLAZA
^C^CZOOM;P
^C^CCOPIA
^C^CZOOM;T
^C^CEQDIST
^C^CENCUADRE
***TABLET3
;
;
```

```
19 'REDIBUJA
20 'REDIBUJA
21 'REDIBUJA
22 ***TABLET4
23 5\
24 6\
25 7\
26 8\
27 9\
28 ,\
29 _WINDOW
30 0\
31 1\
32 2\
33 3\
34 4\
35 .\
36 _CROSSING
```

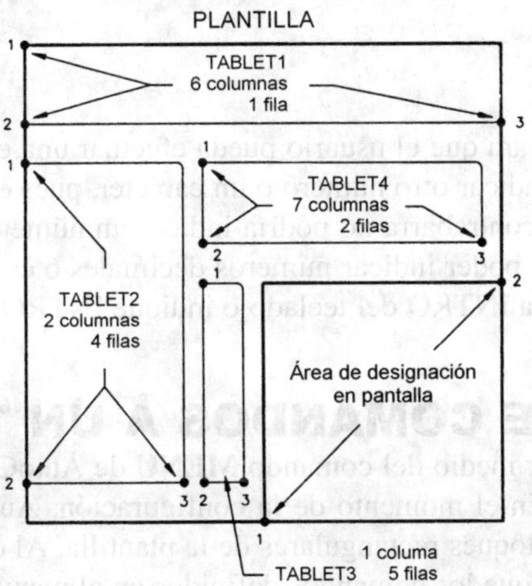

Figura 21.8. Números de filas y columnas en cada área del tablero.

Explicación

Líneas 1 a 6

Las primeras seis líneas son idénticas a las del menú de tablero del ejemplo 1.

Línea 9

^C^CZOOM;V

^C^C cancela dos veces el comando en curso; **ZOOM** es un comando de AutoCAD. V es la opción Ventana del comando **ZOOM**.

^C^CZOOM;V

donde	**CIRCULO**	Comando **CIRCULO**.
	;	Indica INTRO.
	D	Opción Diámetro.

Este elemento de menú también podría haberse escrito como **^C^CZOOM V**, donde el espacio entre ZOOM y V equivale a INTRO.

Líneas 17 y 18
El punto y coma (;) es para INTRO. Equivale a indicar INTRO con el teclado.

Línea 19 a 21
'REDIBUJA
REDIBUJA es un comando de AutoCAD para redibujar la pantalla. Observe que en esta línea no aparece ^C^C frente al comando. Si se indicara ^C^C, AutoCAD cancelaría el comando en curso antes de redibujar la pantalla. En muchas ocasiones resulta deseable poder redibujar la pantalla sin cancelar el comando en curso. Por este motivo, en lugar de indicar ^C^C, la comilla simple (') permite ejecutar el comando **REDIBUJA** en modo transparente.

Línea 23
5
La contrabarra (\) se utiliza para que el usuario pueda efectuar una entrada antes de proseguir. Sin la contrabarra es imposible indicar otro número o un carácter, pues el carácter 5 iría seguido de un INTRO. Por ejemplo, sin la contrabarra no podría indicar un número como 5.6 ó 52. Así pues, la contrabarra es necesaria para poder indicar números decimales o cualquier otro carácter. Para terminar la entrada pulse la tecla INTRO del teclado o indique INTRO con el digitalizador.

ASIGNACIÓN DE COMANDOS A UN TABLERO

Una vez cargado el menú por medio del comando **MENU** de AutoCAD, el siguiente paso consiste en configurar el tablero. En el momento de la configuración, AutoCAD genera y almacena la información referente a los bloques rectangulares de la plantilla. Al cargar el menú AutoCAD distribuye entre los distintos bloque los comandos definidos en el menú de tablero.

Por ejemplo, tras designar los tres puntos para el área de tablero 4 (figura 21.7) e indicar el número de filas y columnas, AutoCAD genera una rejilla de siete columnas por dos filas. Al cargar el nuevo menú, AutoCAD toma los comandos definidos en la sección TABLET4 y comienza a rellenar los bloques de izquierda a derecha y de arriba abajo. Esto significa que "5", "6", "7", "8", "9", "," y "Ventana" ocuparán la fila superior. Los siete comandos restantes se emplazarán en la siguiente fila, de izquierda a derecha.

De igual forma, el área de tablero 3 se ha dividido en cinco filas y una columna. En un principio, tal como muestra la figura 21.7, parece que esta zona tiene sólo dos filas y una columna. Tras designar los tres puntos de esta área e indicar el número de filas y de columnas, AutoCAD asignará las dos primeras casillas a INTRO (;) y las otras tres a **REDIBUJA**, tal como se ha definido en la sección TABLET3 del menú. De esta forma, aun siendo una estructura de cinco bloques, al asignar los comandos parecen ser dos bloques de distinto tamaño: si designa un punto en los primeros dos bloques conseguirá indicar INTRO. Si designa un punto en los tres bloques restantes, indicará el comando **REDIBUJA**.

AutoCAD utiliza este procedimiento de asignación de comandos con todas las áreas del tablero; esta información se almacena en el archivo de configuración de AutoCAD, **acad.cfg**. Si por cualquier motivo la configuración no es correcta, el menú de tablero no se comportará del modo esperado.

CONMUTACIÓN AUTOMÁTICA DE MENÚS

Los menús de pantalla pueden intercambiarse automáticamente por medio de la variable de sistema **MENUCTL**. Si la variable de sistema **MENUCTL** está definida en 1, AutoCAD ejecuta el comando **$S=nombre_comando**, donde **nombre_comando** es el nombre del comando que carga el submenú. Por ejemplo, si selecciona el comando **LINEA** con el digitalizador, con el menú o desde la línea comando, el comando **nombre_comando** cargará el submenú **LINEA** y lo mostrará en el área de menú de pantalla. Para utilizar esta función de AutoCAD, el nombre del comando y del submenú ha de ser el mismo. Por ejemplo, si el nombre del submenú de arco es **ARCO** y ejecuta el comando **ARCO**, el submenú de arco se cargará automáticamente en la pantalla. Pero si el nombre del submenú es distinto, AutoCAD no cargará en pantalla dicho submenú. El valor predeterminado para **MENUCTL** es 1. Si define **MENUCTL** en 0, AutoCAD no utilizará la función de comando **$S=nombre_comando** para cargar submenús.

Preguntas de revisión

1. Un menú de tablero puede tener como máximo __________ secciones.

2. Un área de menú de tablero siempre tiene forma __________.

3. Los bloques de un área de menú de tablero tienen forma __________.

4. Es posible asignar el mismo comando a más de un bloque en una plantilla de menú de tablero. (V/F)

5. El comando __________ de AutoCAD permite configurar la plantilla de un menú de tablero.

6. El comando __________ de AutoCAD se utiliza para cargar un nuevo menú.

Ejercicios

Ejercicio 2 *General*

Escriba un menú de tablero para los comandos que muestra la plantilla de la figura 21.9. Cree la plantilla de menú mostrada en la figura.

Figura 21.9. *Plantilla del menú de tablero para el ejercicio 2.*

Capítulo 22

Menús de imágenes, de botones y auxiliares

Objetivos del estudio

Tras completar este capítulo, será capaz de:

- *Escribir menús de imágenes.*
- *Referir y mostrar submenús.*
- *Crear fotos para menús de imágenes.*
- *Escribir menús de botones.*

MENÚS DE IMÁGENES

Los menús de imágenes, también conocidos como **menús de iconos**, resultan francamente cómodos a la hora de insertar un bloque, seleccionar un tipo de letra o dibujar un objeto 3D. También puede utilizar los menús de imágenes para cargar una rutina AutoLISP o una macro predefinida. Así pues, los menús de imágenes suponen una valiosa herramienta para personalizar AutoCAD.

Puede accederse a los menús de imágenes desde un menú desplegable, de tablero, de botones o de pantalla. No obstante, los menús de imágenes **no pueden** cargarse indicando un comando con el teclado. Al seleccionar un menú de imágenes, aparece en pantalla un cuadro de diálogo con 20 casillas para imágenes (figura 22.1). Los nombres de los archivos de foto asociados a cada icono aparecen a la izquierda del cuadro de diálogo. Una barra de desplazamiento permite desplazarse entre todos los nombres. En la barra de título del cuadro de diálogo se sitúa el título del menú de imágenes (figura 22.1). Al activar el menú de imágenes, aparece una flecha con la que puede seleccionarse cualquiera de las imágenes. Para elegir una opción, seleccione el nombre del archivo de foto y haga clic en el botón **Aceptar** del cuadro de diálogo; también puede hacer doble clic en el nombre del archivo de foto.

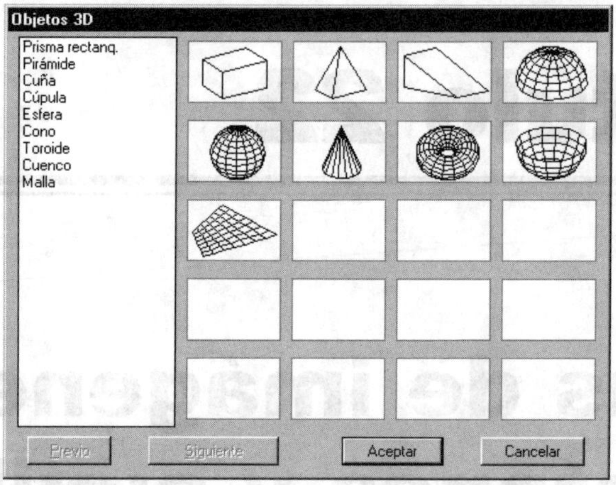

Figura 22.1. *Ejemplo de un menú de imágenes.*

Una vez seleccionado el archivo de foto, AutoCAD resalta la imagen correspondiente por medio de un rectángulo que la rodea (figura 22.1). También puede seleccionar cualquiera de las imágenes llevando la flecha hasta la imagen deseada y haciendo clic con el botón de designación del dispositivo señalador. AutoCAD resaltará el nombre del correspondiente archivo de foto. Si hace clic en el botón **Aceptar** o doble clic en una imagen, se ejecutará el comando asociado a dicho elemento del menú. Para cerrar un menú de imágenes, utilice la tecla ESCAPE, haga clic en **Cerrar** o elija alguna de las imágenes del cuadro de diálogo.

SUBMENÚS

Un menú de imágenes puede incluir la definición de un número ilimitado de elementos de menú; sin embargo, sólo podrá ver simultáneamente 20 imágenes. Si el número de elementos excede a 20, podrá utilizar los botones Anterior y Siguiente del cuadro de diálogo para tener acceso a diferentes páginas de imágenes. También puede crear submenús, con cuales permiten definir grupos más reducidos de elementos dentro de una sección del menú de imágenes. Al seleccionar un submenú, AutoCAD carga y muestra en pantalla los elementos del submenú.

Definición de submenú

La etiqueta de un submenú consta de dos asteriscos (**) seguidos del nombre del submenú. Un menú de imágenes puede incluir tantos submenús como sean precisos; cada submenús debe tener un nombre único. Los elementos que siguen a un submenú, hasta la siguiente etiqueta de sección o de submenú, pertenecen a dicho submenú. El formato para la etiqueta de un submenú es el siguiente:

****Nombre**

donde	**	Los dos asteriscos designan un submenú.
	Nombre	Nombre del submenú.

Nota

El nombre de submenú puede tener una longitud máxima de 31 caracteres.

Los nombres de submenú pueden incluir letras, números y los caracteres especiales $ (dólar), - (guión) y _ (subrayado).

Los nombres de submenú no pueden incluir espacios en blanco. Además, deben ser únicos dentro de un archivo de menús.

Referencia a submenú

La referencia a submenú se utiliza para referir o cargar un submenú. Consiste en el signo $ (dólar) seguido de una letra que identifica la sección del menú. La letra I es la que identifica a una sección de menú de imágenes. La sección de menú va seguida de un signo igual (=) y del nombre del submenú que se desea activar. El nombre del submenú no debe incluir los dos asteriscos (**). El formato de una referencia a submenú es el siguiente:

$Sección=Submenú

donde	**$**	Signo de dólar ($).
	Sección	Identificador de la sección de menú.
	=	Signo igual (=).
	Submenú	Nombre del submenú.

$I=IMAGE1

donde	**I**	La letra "I" identifica una sección de menú de imágenes.
	IMAGE1	Nombre del submenú.

Visualización de un submenú

No basta con cargar un submenú para que aparezca el nuevo cuadro de diálogo con los iconos. Por ejemplo, si carga el submenú IMAGE1, los elementos definidos en él no aparecerán en la pantalla. Para forzar la visualización del nuevo menú de imágenes, AutoCAD utiliza el comando especial $I=*.

$I=*

donde	**I**	La letra "I" identifica una sección de menú de imágenes.
	*****	Asterisco (*).

ESCRITURA DE UN MENÚ DE IMÁGENES

El menú de imágenes consiste en la etiqueta de sección (***IMAGE), seguida de títulos de imagen o de submenús de imágenes. El archivo de menús sólo puede contener una sección de menú de imágenes (***IMAGE); por tanto, todas las imágenes deben estar definidas en esta sección.

*****IMAGE**

donde	***	Los tres asteriscos designan una sección.
	IMAGE	Etiqueta de sección para un menú de imágenes.

Puede definir tantos submenús como desee dentro de un menú de imágenes. Todos los submenús tienen dos asteriscos seguidos del nombre del submenú (como por ejemplo **IMAGE1).

****IMAGE1**

donde	**	Los dos asteriscos designan un submenú.
	IMAGE1	Nombre del submenú.

El primer elemento del menú de imágenes es el título del menú; dicho título aparecerá en la parte superior del cuadro de diálogo. El título del cuadro de diálogo de menú de imágenes debe encerarse entre corchetes (por ejemplo, [SÍMBOLOS PLC]) y no debe contener ninguna definición de comando; AutoCAD ignorará la definición. Los elementos restantes del archivo de menú de imágenes están formados por los nombres de las fotos entre corchetes y, a continuación, fuera de los corchetes, la definición del comando asociado.

***IMAGE	Sección de menú de imágenes.
**TORNILLOS	Submenú de menú de imágenes.
[CABEZA HEXAGONAL]	Título del cuadro de diálogo.
[TORNILLO1]^C^CINSERT;T1	T1 es un nombre de bloque.

Ejemplo 1

Escribiremos un menú de imágenes con el que poder insertar en un dibujo los bloques mostrados en la figura 22.2. Para insertar cualquiera de los bloques bastará con seleccionar la correspondiente imagen en el cuadro de diálogo. Utilice el comando **MENU** para cargar el archivo de menú de imágenes.

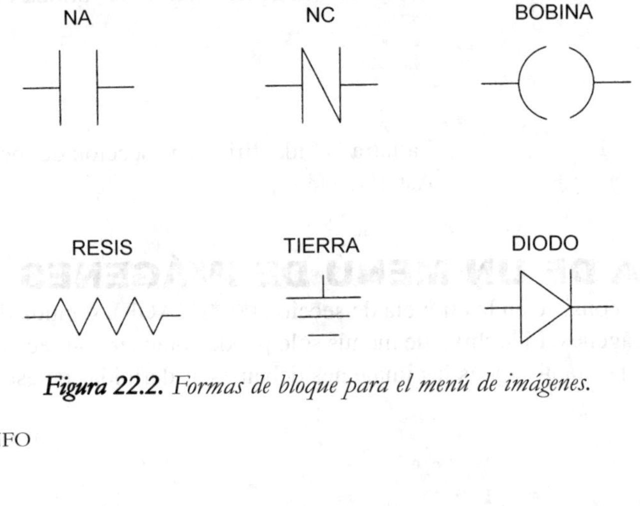

Figura 22.2. *Formas de bloque para el menú de imágenes.*

SÍMBOLOS PLC
NA (NORMALMENTE ABIERTO)
NC (NORMALMENTE CERRADO)
BOBINA

SÍMBOLOS ELÉCTRICOS
RESIS (RESISTENCIA)
DIODO
TIERRA

Como ya se ha mencionado en capítulos anteriores, el primer paso a la hora de escribir un menú consiste en diseñar dicho menú para organizar los comandos en la configuración deseada. La figura 22.3 muestra un posible diseño para el menú de imágenes del ejemplo 1.

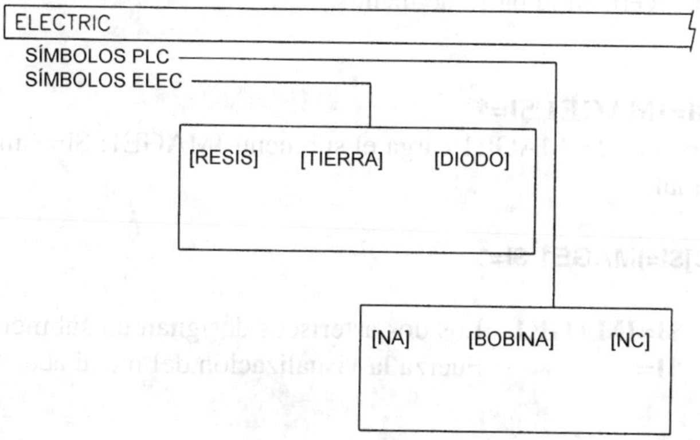

Figura 22.3. *Diseño del menú y del cuadro de diálogo para el ejemplo 1.*

Puede utilizar el comando **EDIT** de AutoCAD para escribir el archivo. Los números de línea no forman parte del archivo; se indican sólo como referencia.

```
***POP1                                   1
[ELECTRICIDAD]                            2
[SÍMBOLOS PLC]$I=IMAGE1 $I=*              3
[SÍMBOLOS ELEC]$I=IMAGE2 $I=*             4
***IMAGE                                  5
**IMAGE1                                  6
[SÍMBOLOS PLC]                            7
[NA]^C^CINSERT;NA;\1;1;0                  8
[NC]^C^CINSERT;NC;\1;1;0;                 9
[BOBINA]^C^CINSERT;BOBINA                 10
[ Sin imagen]                             11
[blank]                                   12
**IMAGE2                                  13
[SÍMBOLOS ELÉCTRICOS]                     14
[RESIS]^C^CINSERT;RESIS;\\\\              15
[DIODO]^C^CINSERT;DIODO;\1;1\             16
[TIERRA]^C^CINSERT;TIE;\1.5;1.5;0;;       17
```

Explicación

Línea 1
*****POP1**
En este elemento de menú, ***POP1 es la etiqueta de sección y define la primera sección del menú.

Línea 2
[ELECTRICIDAD]
En este elemento de menú, [ELECTRICIDAD] es la etiqueta de barra de menús para el menú POP1. Dicho título aparecerá en la barra de menús.

Línea 3
[SÍMBOLOS PLC]$I=IMAGE1 $I=*
En este elemento de menú, $I=IMAGE1 carga el submenú IMAGE1; $I=* muestra en pantalla el menú de imágenes actual.

[SÍMBOLOS PLC]$I=IMAGE1 $I=*

donde	**$I=IMAGE1**	Los dos asteriscos designan un submenú.
	$I=*	Fuerza la visualización del menú actual.

Línea 5
*****IMAGE**
En este elemento de menú, ***IMAGE es la etiqueta de sección para el menú de imágenes. Todos los menús de imágenes deben definirse dentro de esta sección; de no hacerlo así, AutoCAD no podrá localizarlos.

Línea 6
****IMAGE1**
En este elemento de menú, **IMAGE1 es la etiqueta del submenú de imágenes.

Línea 7
[SÍMBOLOS PLC]
Si selecciona la línea 3 ([SÍMBOLOS PLC]$I=IMAGE1 $I=*), AutoCAD carga el submenú IMAGE1 y muestra el título del conjunto de imágenes en la barra de título del cuadro de diálogo (figura 22.4). Dicho título está definido en la línea 7. Si dicha línea no aparece, AutoCAD mostrará la siguiente línea en la barra de título del cuadro de diálogo. El título puede tener cualquier longitud, siempre y cuando pueda adaptarse al ancho total del cuadro de diálogo.

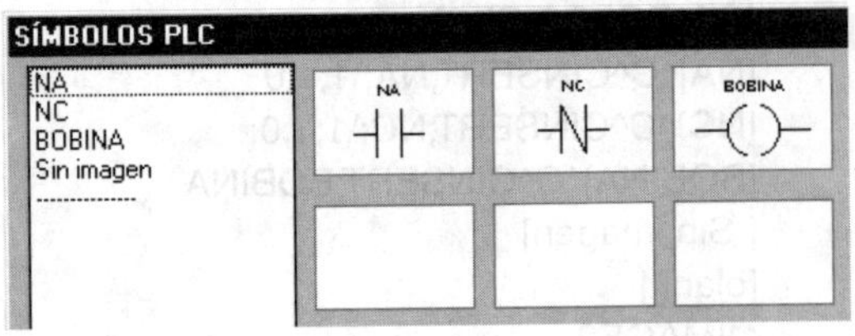

Figura 22.4. *Cuadro de diálogo con las imágenes para **SÍMBOLOS PLC**.*

Línea 8

[NA]^C^CINSERT;NA;\1;1;0

En este elemento de menú, el primer NA es el nombre de la foto y debe aparecer encerrado entre corchetes. El nombre no debe ir precedido ni seguido de ningún espacio en blanco. Si AutoCAD no puede encontrar las fotos no mostrará ningún símbolo gráfico para las imágenes. No obstante, los elementos de menú se cargarán y, si selecciona cualquiera de ellos, AutoCAD ejecutará su comando asociado. El segundo NA es el nombre del bloque que debe insertarse. La contrabarra (\) permite que el usuario efectúe una entrada; en este caso es el punto de inserción del bloque. El primer 1 se refiere al factor de escala X; el segundo 1 es el factor de escala Y; el siguiente 0 define la rotación.

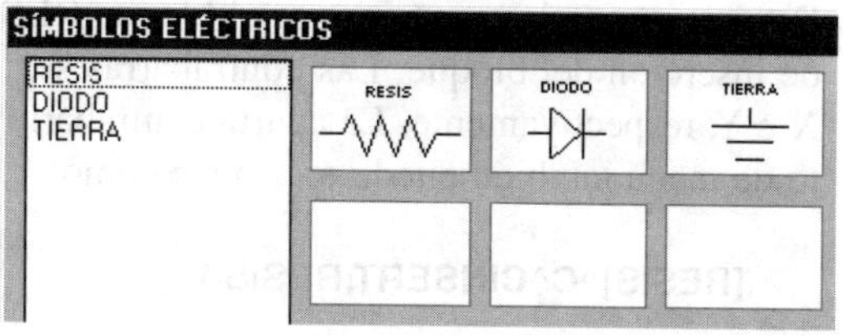

Figura 22.5. *Cuadro de diálogo con las imágenes para* ***SÍMBOLOS ELÉCTRICOS.***

[NA]^C^CINSERT;NA;\1;1;0

donde	**NA**	Nombre del bloque.
	****	Pausa para precisar el punto de inserción del bloque.
	1	Factor de escala X.
	1	Factor de escala Y.
	0	Ángulo de rotación.

Al seleccionar este elemento, accederá a todas las solicitudes del comando **-INSERT** y podrá insertar el bloque NA en la ubicación deseada. La única entrada que deberá efectuar será el punto de inserción del bloque.

Línea 10

[BOBINA]^C^CINSERT;BOBINA

En este elemento de menú se da el nombre del bloque, pero deberá definir el resto de parámetros al insertarlo.

Línea 11

[Sin imagen]

Observe el **espacio en blanco antes del texto Sin imagen**. Si introduce un espacio en blanco tras el primer corchete, AutoCAD no busca una foto. En su lugar, AutoCAD muestra el texto (el que aparece encerrado entre los corchetes) dentro del cuadro de lista que muestra los archivos de foto en el cuadro de diálogo.

Línea 12

[blank]

La línea 12 consiste en un espacio en blanco ("blank", en inglés); AutoCAD mostrará una línea separadora en el cuadro de lista y una imagen en blanco (sin imagen) en el conjunto de iconos.

Línea 15
[RESIS]^C^CINSERT;RESIS;
Este elemento de menú inserta el bloque RESIS. La primera contrabarra (\) corresponde al punto de inserción del bloque. Las contrabarras segunda y tercera corresponden a los factores de escala X e Y, respectivamente. La cuarta contrabarra hace referencia al ángulo de rotación. Este elemento de menú también puede escribirse como:

```
[RESIS]^C^CINSERT;RESIS;\
```
o
```
[RESIS]^C^CINSERT;RESIS
```

Línea 16
[DIODO]^C^CINSERT;DIODO;\1;1
Si selecciona este elemento de menú, AutoCAD solicitará que indique el punto de inserción y el ángulo de inserción para el bloque DIODO. La primera contrabarra corresponde al punto de inserción. La segunda contrabarra es para el ángulo de rotación.

```
[DIODO]^C^CINSERT;DIODO;\1;1\
```

donde	\	Pausa para precisar el punto de inserción del bloque.
	\	Pausa para precisar el ángulo de rotación.

Línea 17
[TIERRA]^C^CINSERT;TIE;\1.5;1.5;0;;
Este elemento de menú incluye dos puntos y coma (;) al final. El primer punto y coma, tras el 0, equivale a pulsar INTRO y, de este modo, completar el proceso de inserción del bloque. El segundo punto y coma indica un nuevo INTRO y, de esta forma, repite el comando **INSERT**. Sin embargo, al repetir el comando deberá responder a todas las solicitudes. AutoCAD no aceptará por segunda vez los valores definidos en el elemento de menú.

Nota

La función de repetición del elemento de menú no puede utilizarse con los menús de imágenes. Por ejemplo, a diferencia de lo que sucede con los menús desplegables, aunque la definición del comando comience con un asterisco ([TIERRA]^C^CINSERT;TIE;\1.5;1.5;0;;), AutoCAD no repetirá el comando automáticamente.*

Si introduce una línea en blanco en el menú de imágenes, AutoCAD terminará el menú y cerrará las imágenes.

*Si desea cancelar o salir de un menú de imágenes, pulse la tecla ESCAPE. AutoCAD ignora cualquier otra entrada con el teclado. También puede hacer clic en **Cerrar**.*

La sección de menús de imágenes puede contener tantas definiciones de menús y submenús como desee.

FOTOS PARA MENÚS DE IMÁGENES

Las fotos para el menú de imágenes se crean con el propósito de que aparezcan como símbolos gráficos en el cuadro de diálogo. Estos símbolos permiten distinguir más fácilmente la finalidad de cada opción. En cualquier caso, tenga presente los siguientes consejos a la hora de crear fotos para el menú de imágenes:

1. Cuando piense sacar una foto para un menú de imágenes, dibuje el objeto de forma que ocupe toda la pantalla. El comando **SACAFOTO** saca una foto de la pantalla actual. Si el objeto es pequeño, la imagen también será pequeña en el menú. Utilice las opciones Extensión o Ventana del comando **ZOOM** para ampliar el objeto antes de sacar la foto.

2. AutoCAD tarda algún tiempo en cargar las fotos que mostrará en las casillas de imágenes. Cuanto más compleja sea la foto, más tiempo llevará cargarla. Por tanto, las fotos deben ser tan sencillas como sea posible y, al mismo tiempo, deben ofrecer el máximo de información acerca del objeto.

3. No rellene el objeto, pues lleva mucho tiempo cargar y mostrar un objeto sólido. Si hay algún área sólida en la foto, AutoCAD no mostrará dicha zona en la imagen.

4. Si los objetos son demasiado largos o demasiado anchos, conviene centrar la imagen con el comando **ENCUADRE** de AutoCAD antes de sacar la foto.

5. El espacio disponible en pantalla para las imágenes es limitado. Haga el mejor uso de dicho espacio y limítese a sacar la foto de tan sólo aquella información que sea relevante.

6. Las imágenes mostradas en el cuadro de diálogo tienen una relación anchura/altura de 1.5:1. Si el área de dibujo tiene una relación de aspecto de 1.5 y si, al sacar la foto, el objeto está centrado en el área de dibujo, el objeto también aparecerá centrado en la imagen.

CARGA DE MENÚS

Al entrar en el editor de dibujo, AutoCAD carga automáticamente el archivo **acad.mnu**. Sin embargo, también puede cargar un archivo de menús distinto por medio del comando **MENU**.

Comando: **MENU**

Al indicar el comando **MENU**, AutoCAD muestra en pantalla el cuadro de diálogo **Seleccionar archivo de menús** (figura 22.6). Seleccione el archivo de menús que desee cargar y haga clic en el botón **Abrir**.

También puede abrir el archivo de menús desde la línea de comando.

Comando: **FILEDIA**
Indique nuevo valor para FILEDIA <1>: **0**

Comando: **MENU**
Indique nombre de archivo de menús o [. para ninguno] <*actual*>: *Indique el nombre del archivo.*

Si indica el comando **MENU** con la variable **FILEDIA** definida en 0, AutoCAD solicitará el nombre del archivo desde la línea de comando. Indique el nombre del archivo sin la extensión (**.MNU**), pues se presupone. AutoCAD compilará el archivo de menús para obtener los archivos **MNC** y **MNR**.

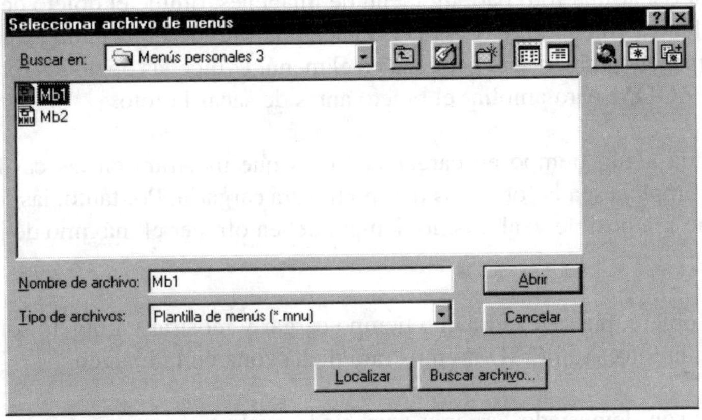

Figura 22.6. *Cuadro de diálogo* ***Seleccionar archivo de menús.***

Nota

Al cargar el menú de imágenes, algunos comandos aparecerán desactivados en el área de menú de pantalla. Esto se debe a que el área de menú de pantalla está vacía. Si el archivo de menús también contiene algún menú de pantalla, AutoCAD nos mostrará los menús desplegables en el área de menú de pantalla.

Al cargar un menú, AutoCAD desactiva el menú original para dar paso al nuevo. No podrá seleccionar comandos del menú de pantalla, desplegable, del dispositivo señalador o del digitalizador a menos que dichas secciones estén definidas en el nuevo archivo de menús.

Para cargar el menú original, utilice de nuevo el comando **MENU** e indique el nombre del menú anterior.

RESTRICCIONES

Los menús desplegables y de imágenes son muy fáciles de utilizar y permiten acceder rápidamente a los comandos de AutoCAD utilizados con más frecuencia. No obstante, la barra de menús, los menús desplegables y los de imágenes permanecen desactivados durante los siguientes comandos:

Comando TEXTO

Una vez asignada la altura del texto y su ángulo de rotación por medio del comando **TEXTO**, los menús se desactivan automáticamente.

Comando BOCETO
Los menús se desactivan tras establecer el incremento con el comando **BOCETO**.

Comando PTOVISTA
Los menús se desactivan durante la utilización del trípode de ejes y la brújula.

Comando ZOOM
Los menús se desactivan durante la utilización del zoom dinámico.

Comando VISTADIN
Los menús se desactivan durante la utilización de la vista dinámica.

Ejercicio 1 *General*

Escriba un menú de imágenes para insertar los bloques mostrados en la figura 22.7. Organice los bloques en dos grupos de forma que disponga de dos submenús en el menú de imágenes.

AJUSTE DE TUBERÍAS	**SÍMBOLOS ELÉCTRICOS**
GLOBO-P	BATERÍA
GLOBO	CONDENSADOR
REDUCTOR	CONECTOR
CONTROL	DISRUPTOR

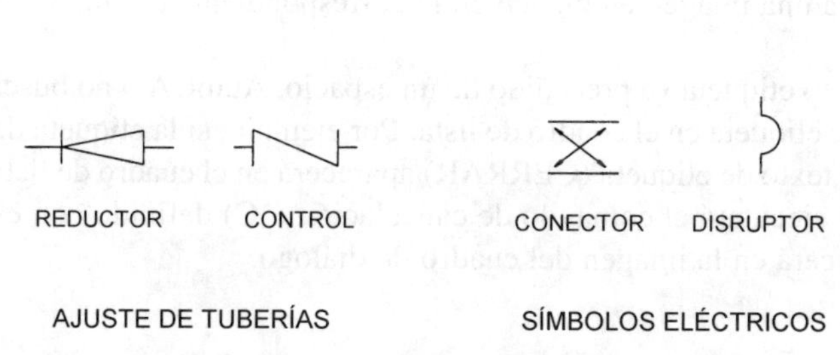

Figura 22.7. *Formas de bloque para el ejercicio 1.*

ETIQUETAS DE ELEMENTO DE MENÚ

Al igual que con los menús desplegables y de pantalla, puede utilizar etiquetas de elemento de menú con los menús de imágenes. Sin embargo, las etiquetas de elemento en los menús de imágenes utilizan varios formatos, cada uno de los cuales desempeña una tarea determinada en el menú. Las etiquetas de elemento aparecen en el cuadro de lista de fotos que incluye el cuadro de diálogo.

Este cuadro puede mostrar un máximo de 23 caracteres. Los caracteres 24 en adelante no podrán observarse en el cuadro de lista. De todos modos, esto no afecta al comando definido con el elemento de menú.

Formatos de etiqueta para elementos de menú

[nombre_foto]. En este formato de etiqueta para elementos de menú, **nombre_foto** es el nombre de la foto mostrada en el cuadro de diálogo. Este nombre también aparecerá en el cuadro de lista de dicho cuadro de diálogo.

[nombre_foto,etiqueta]. En este formato de etiqueta para elementos de menú, **nombre_foto** es el nombre de la foto mostrada en el cuadro de diálogo. Pero, a diferencia del formato anterior, el nombre de la foto no aparece en el cuadro de lista. El cuadro de lista muestra el texto correspondiente a **etiqueta**. Por ejemplo, si la etiqueta es **[TORNILLO1,1/2-24UNC-3LG]**, **TORNILLO1** es el nombre de la foto y **1/2-24UNC-3LG** es la etiqueta que AutoCAD mostrará en el cuadro de lista.

[biblio_fotos(nombre_foto)]. En este formato de etiqueta para elementos de menú, **nombre_foto** es el nombre de la foto ubicada en el archivo de biblioteca **biblio_fotos**. La foto se muestra en el cuadro de diálogo, mientras que su nombre (**nombre_foto**) también aparece en el cuadro de lista de dicho cuadro de diálogo.

[biblio_fotos(nombre_foto,etiqueta)]. En este formato de etiqueta para elementos de menú, **nombre_foto** es el nombre de la foto ubicada en el archivo de biblioteca **biblio_fotos**. La foto se muestra en el cuadro de diálogo, mientras que el texto de **etiqueta** aparece en el cuadro de lista de dicho cuadro de diálogo.

[blank]. Este elemento de menú dibujará una línea que se extenderá al ancho del cuadro de diálogo. También mostrará una imagen en blanco en la correspondiente casilla del cuadro de diálogo.

[etiqueta]. Si el texto etiqueta va precedido de un espacio, AutoCAD no busca una foto. Tan sólo se muestra el texto de etiqueta en el cuadro de lista. Por ejemplo, si la etiqueta de elemento de menú es [CERRAR]^C, el texto de etiqueta (CERRAR) aparecerá en el cuadro de lista. Si selecciona este elemento, AutoCAD ejecutará el comando de cancelación (^C) definido con el elemento. El texto de **etiqueta** no aparecerá en la imagen del cuadro de diálogo.

MENÚS DE BOTONES

Un dispositivo señalador con varios botones puede utilizarse para precisar puntos, designar objetos y ejecutar comandos. El número de botones varía según el dispositivo señalador, si bien los de cuatro y doce botones son muy comunes. Además de designar puntos y objetos, los dispositivos señaladores con varios botones pueden utilizarse para disponer de un fácil acceso a los comandos de AutoCAD utilizados con más frecuencia. Para seleccionar cualquiera de esos comandos basta con pulsar el correspondiente botón; AutoCAD ejecutará el comando o la macro asignada a dicho botón. La figura 22.8 muestra uno de estos dispositivos señaladores, con doce botones.

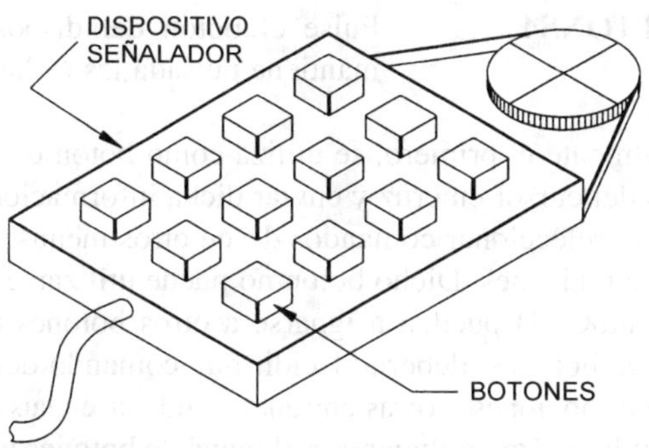

Figura 22.8. Dispositivo señalador con doce botones.

El paquete de software de AutoCAD incluye un menú de botones estándar, el cual forma parte del archivo **acad.mnu**. AutoCAD carga automáticamente el menú estándar al iniciar el programa y entrar en el editor de dibujo. Puede escribir un menú de botones personalizado y asignar a cada botón del dispositivo señalador el comando o la macro deseada.

MENÚS AUXILIARES

Un archivo de menús puede incluir hasta cuatro secciones de menú auxiliar (AUX1 hasta AUX4). Las secciones de menú auxiliar (***AUXn) son idénticas a las secciones de menú de botones. La diferencia radica en el hardware. Si su ordenador utiliza de un ratón del sistema, automáticamente empleará el menú auxiliar.

ESCRITURA DE MENÚS DE BOTONES Y AUXILIARES

En un archivo de menús puede disponer, como máximo, de cuatro menús de botones (de BUTTONS1 a BUTTONS4) y de cuatro menús auxiliares (de AUX1 a AUX4). Los menús de botones y auxiliares son idénticos. En cualquier caso, ambos dependen del sistema operativo. Por ejemplo, en la versión 14, el ratón del sistema utilizaba menús auxiliares. Si su sistema posee un dispositivo señalador (cursor de tablero digitalizador), AutoCAD asignará automáticamente los comandos definidos en las secciones BUTTONS del archivo de menús a los botones del dispositivo señalador. Al cargar el archivo de menús, los comandos definidos en la sección BUTTONS1 se asignarán al dispositivo señalador (cursor de tablero) y, si el ordenador también tiene un ratón del sistema, el ratón utilizará los menús auxiliares. Además puede acceder a otros menús de botones (BUTTONS2 a BUTTONS4) por medio de las siguientes combinaciones de teclado y botones del dispositivo señalador-cursor de tablero.

Menú auxiliar	Menú de botones	Combinación de teclado y botón
AUX1	BUTTONS1	Pulse el botón del dispositivo señalador.
AUX2	BUTTONS2	Pulse el botón del dispositivo señalador mientras mantiene pulsada la tecla MAYÚS.
AUX3	BUTTONS3	Pulse el botón del dispositivo señalador mientras mantiene pulsada la tecla CONTROL.

AUX4	**BUTTONS4**	Pulse el botón del dispositivo señalador mientras mantiene pulsada las teclas MAYÚS y CONTROL.

Uno de los botones, generalmente el primero, se utiliza como botón de designación para precisar en pantalla las coordenadas del cursor en cruz y enviar dicha información a AutoCAD. Este botón también puede utilizarse para seleccionar comandos desde otros menús, como el menú de tablero, de pantalla, desplegable o de imágenes. Dicho botón no puede utilizarse para indicar un comando, aunque los comandos de AutoCAD pueden asignarse a otros botones del dispositivo señalador. Antes de escribir un menú de botones, debería decidir qué comando desea asignar a los distintos botones, así como las posibles opciones y otras entradas a indicar en sus correspondientes solicitudes. El siguiente ejemplo explica cómo trabajar con el menú de botones y el procedimiento a seguir para asignar comandos a los diferentes botones.

Ejemplo 2

Escribiremos un menú de botones para los siguientes comandos de AutoCAD. El dispositivo señalador tiene 12 botones (figura 22.9) y el botón número 1 se utiliza como botón de designación. El nombre del archivo es **mb1.mnu**.

Botón	Función	Botón	Función
2	INTRO	8	Punto final, Intersección
3	Cancelar	9	LINEA
4	Menú de cursor	10	CIRCULO
5	Modo Forzcursor	11	ZOOM Ventana
6	Modo Orto	12	ZOOM Previo
7	AUTO		

Puede utilizar el comando **EDIT** de AutoCAD o cualquier otro editor de texto para escribir el archivo de menús. La siguiente lista muestra el contenido del archivo de menú de botones para el ejemplo 1. Los números de línea no forman parte del archivo; se indican sólo como referencia.

```
***BUTTONS1
;
^C^C
$P0=*
^B
^O
AUTO
INT,FINAL
^C^CLINEA
^C^CCIRCULO
'ZOOM;Ven
'_ZOOM;Pre
```

Explicación

Línea 1

*****BUTTONS1**

***BUTTONS1 es la etiqueta de sección para el primer menú de botones. AutoCAD compila el archivo de menú al cargarlo y asigna los comandos a los botones del dispositivo señalador.

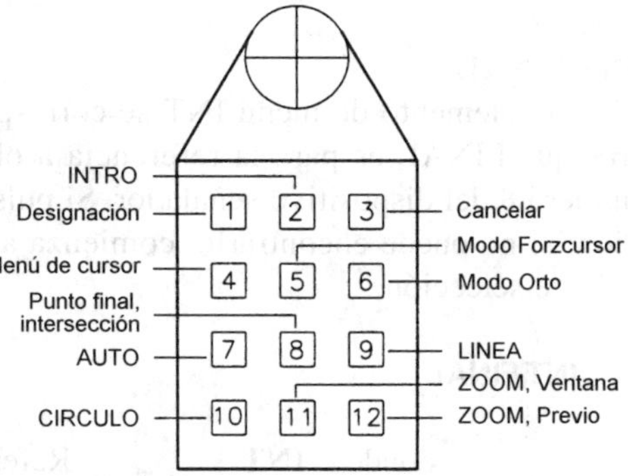

Figura 22.9. *Dispositivo señalador.*

Línea 2

;

Este elemento de menú asigna un punto y coma (;) al botón número 2. Cuando pulse el segundo botón del dispositivo señalador, éste indicará un INTRO. Equivale a pulsar INTRO con el teclado.

Línea 3

^C^C

Este elemento de menú cancela dos veces el comando en curso (^C^C). Este botón se asigna al botón número 3 del dispositivo señalador. Si pulsa el tercer botón, conseguirá cancelar dos veces el comando en curso.

Línea 4

$P0=*

Este elemento de menú carga y muestra el menú de cursor POP0, el cual contiene varios modos de referencia a objetos. Se supone que el menú POP0 también se ha definido en el archivo de menús. Este comando se asigna al botón número 4 del dispositivo señalador. Si pulsa este botón, AutoCAD cargará y mostrará el menú contextual en la pantalla, próximo a la ubicación del cursor en cruz.

Línea 5

^B

Este elemento de menú cambia el modo de forzado del cursor. Se asigna al botón número 5 del dispositivo señalador. Si hace clic con el quinto botón del dispositivo señalador, conseguirá activar o desactivar el modo Forzcursor. Equivale a pulsar la combinación CONTROL-B.

Línea 6

^O

Este elemento de menú cambia el modo ortogonal. Se asigna al botón número 6 del dispositivo señalador. Si hace clic con el sexto botón del dispositivo señalador, AutoCAD activa o desactiva el modo Orto.

Línea 7

AUTO

Este elemento de menú selecciona la opción Auto para crear un conjunto de selección. Este comando se asigna al botón número 7 del dispositivo señalador.

Línea 8
INT,FINAL
En este elemento de menú INT se corresponde con la referencia a objetos Intersección, mientras que FINAL es para la referencia a objetos Punto final. Este comando se asigna al botón número 8 del dispositivo señalador. Si pulsa este botón, AutoCAD buscará el punto de intersección; si no puede encontrarlo, comienza a buscar el punto final del objeto situado dentro de la caja de selección.

```
INT,FINAL
```

donde	**INT**	Referencia a objetos Intersección.
	FINAL	Referencia a objetos Punto final.

Línea 9
^C^CLINEA
Este elemento de menú define el comando **LINEA**. Se asigna al botón número 9. Cuando designe este botón, AutoCAD cancelará el comando en curso e iniciará el comando **LINEA**.

Línea 10
^C^CCIRCULO
Este elemento de menú define el comando **CIRCULO**. Se asigna al botón número 10. Cuando designe este botón, AutoCAD cancelará el comando en curso e iniciará el comando **CIRCULO**.

Línea 11
'ZOOM;Ven
Este elemento de menú define la opción Ventana del comando **ZOOM** en modo transparente. Se asigna al botón número 11 del dispositivo señalador.

```
'ZOOM;Ven
```

donde	**'**	Comilla simple para utilizar el modo transparente.
	ZOOM	Comando **ZOOM** de AutoCAD.
	;	Punto y coma para INTRO.
	Ven	Opción Ventana del comando **ZOOM**.

Línea 12
'ZOOM;Pre
Este elemento de menú define la opción Previo del comando **ZOOM** en modo transparente. Se asigna al botón número 12 del dispositivo señalador.

Nota
Si el menú de botones define más botones de los que realmente dispone el dispositivo señalador, AutoCAD ignora las definiciones en exceso. Esto no incluye al botón de designación. Por ejemplo, si un dispositivo señalador tiene tres botones además del botón de designación, los tres primeros elementos del

menú se asignarán a los tres botones (botones 2, 3 y 4). AutoCAD ignorará las líneas restantes del menú de botones.

AutoCAD asigna comandos a los botones en el mismo orden en el que aparecen en el archivo de menús. Por ejemplo, el elemento de menú definido en la línea 4 se asignará automáticamente al cuarto botón del dispositivo señalador.

Preguntas de revisión

Menús de imágenes

1. Las imágenes aparecen recogidas en un cuadro de diálogo. (V/F)

2. Para cancelar un menú de imágenes puede pulsar __________ con el teclado.

3. El cuadro de diálogo de imágenes puede mostrar un máximo de _____ imágenes.

4. Si introduce una línea en blanco en el menú de imágenes, AutoCAD __________ el menú.

5. La función de repetición del elemento de menú puede utilizarse con los menús de imágenes. (V/F)

6. El dibujo a partir de cual crear una foto debería ocupar la pantalla completa antes de sacar la foto. (V/F)

7. No conviene rellenar un área sólida en una foto utilizada como símbolo en un menú de imágenes. (V/F)

8. Puede accederse a un menú de imágenes desde un menú de tablero. (V/F)

Menús auxiliares y de botones

9. Un dispositivo señalador con varios botones puede utilizarse para precisar __________, designar __________ y ejecutar __________ de AutoCAD.

10. Si el número de elementos de menú en el menú de botones es mayor al número de botones en el dispositivo señalador, AutoCAD __________ las líneas en exceso.

11. AutoCAD asigna comandos a los botones en el mismo orden en el que aparecen en el archivo de menús. (V/F)

Ejercicios

Ejercicio 2 — *General*

Escriba un menú de tablero y de imágenes para insertar los siguientes bloques. La figura 22.10 muestra el diseño de la plantilla para el menú de tablero.

B1	**B2**	**B3**	**C1**	**C2**	**C3**
B4	**B5**	**B6**	**C4**	**C5**	**C6**
B7	**B8**	**B9**	**C7**	**C8**	**C9**

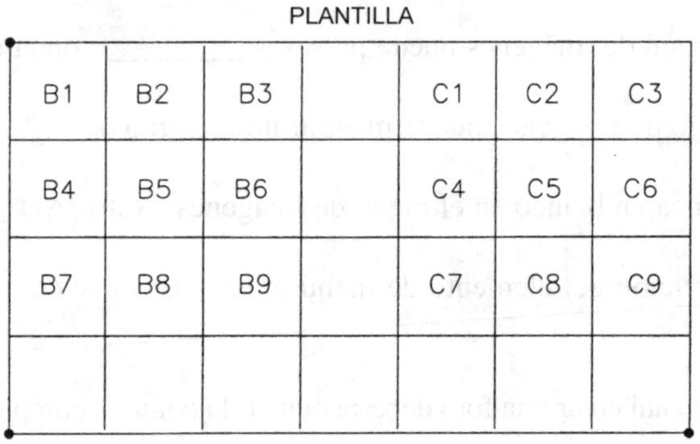

Figura 22.10. *Plantilla de tablero para el ejercicio 4.*

Ejercicio 3 — *General*

Escriba un menú de botones para los siguientes comandos de AutoCAD. El dispositivo señalador tiene 10 botones (figura 22.11). El botón número 1 se utiliza para designar puntos. Los bloques deben insertarse con un factor de escala de 1 y un ángulo de rotación de 0. El nombre del archivo ha de ser **mb2.mnu**.

1. Designación
2. INTRO
3. Cancelar
4. Ref. a objetos
5. INSERT B1
6. INSERT B2
7. INSERT B3
8. ZOOM Ventana
9. ZOOM Todo
10. ZOOM Previo

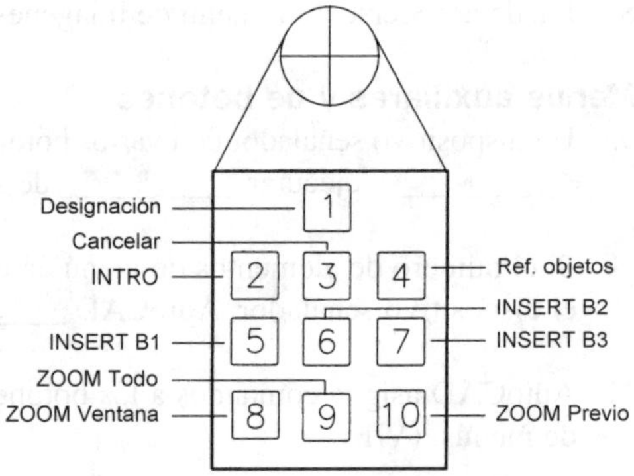

Figura 22.11. *Dispositivo señalador con 10 botones.*

Capítulo 23

Menús de pantalla

Objetivos del estudio

Tras completar este capítulo, será capaz de:

- *Escribir menús de pantalla.*
- *Cargar menús de pantalla.*
- *Escribir y referir submenús.*
- *Escribir archivos de menús con varios submenús.*
- *Escribir menús para otros idiomas.*

MENÚ DE PANTALLA

Mientras se halla en el editor de dibujo de AutoCAD, el menú de pantalla se sitúa a la derecha. En la parte superior del menú de pantalla aparece escrito AutoCAD y debajo una fila de asteriscos (****) y una lista de comandos (figura 23.1).

Según su propósito, el menú de pantalla tiene un tamaño que puede variar entre unas pocas líneas hasta varios cientos. Un archivo de menús consta de etiquetas de sección, submenús y elementos de menú. Un elemento de menú está constituido por una etiqueta de elemento y una definición de comando. La etiqueta del elemento va encerrada entre corchetes mientras que la definición del comando (macro de menú) se encuentra fuera de los corchetes.

La etiqueta del elemento de menú, que está encerrada entre corchetes, se muestra en el área de menú de pantalla del monitor. Dicha etiqueta no forma parte de la definición de comando. La definición de comando, es decir, la parte del elemento de menú situada fuera de los corchetes, es la parte ejecutable de dicho elemento. Considere el siguiente ejemplo para comprender el proceso de desarrollo y escritura de un menú de pantalla.

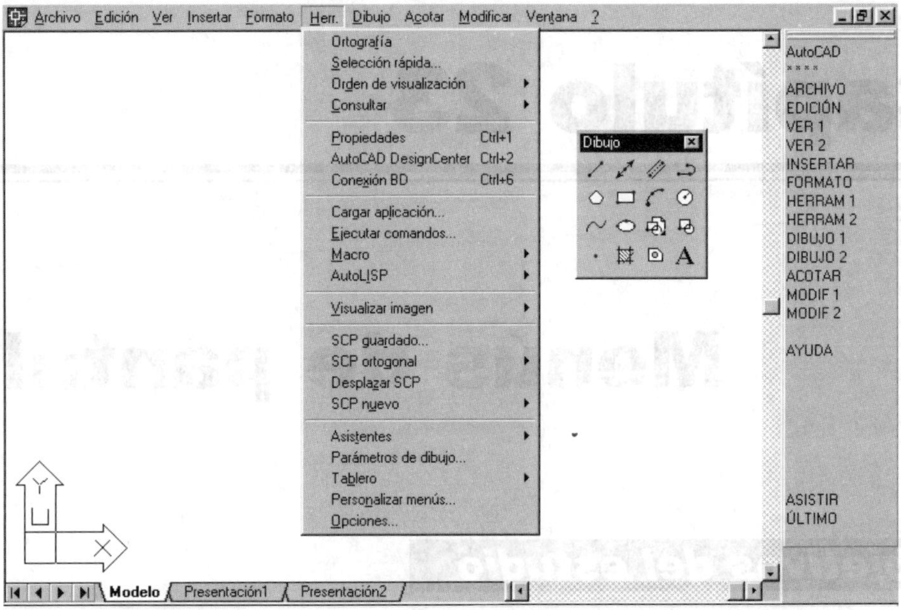

Figura 23.1. *Menú de pantalla de AutoCAD, junto a otros elementos.*

[LINEA] $=X $=S=LINEA ^C^CLINEA

donde	**[LINEA] $=X $=S=LINEA ^C^CLINEA**	Elemento de menú.
	[LINEA]	Etiqueta de elemento.
	$=X $=S=LINEA ^C^CLINEA	Definición del comando.

Ejemplo 1

Escribiremos un menú de pantalla para los siguientes comandos de AutoCAD. El nombre del archivo será **mp1.mnu**.

LINEA
CIRCULO C,R
CIRCULO C,D
CIRCULO 2P
BORRA
DESPLAZA

La figura 35.2 muestra el diseño para estos comandos. Vamos a llamar MENU-1 a este menú. Este nombre aparecerá en la parte superior del menú de pantalla, lo que permite saber qué menú estamos utilizando. Puede emplear cualquier editor de texto para escribir el archivo. El archivo debe tener la extensión **.MNU**. Por ejemplo, **mp1.mnu**. Todos los archivos de menús tienen la extensión **.MNU**.

La siguiente lista es el contenido del archivo de menús para el menú de pantalla de este ejemplo. Los números de línea no forman parte del archivo; se indican sólo como referencia.

```
1  ***SCREEN
2  [MENU-1]
3  [ ]
4  [ ]
5  [LINEA]^C^CLINEA
6  [ ]
7  [CIR-C,R]^C^CCIRCULO
8  [CIR-C,D]^C^CCIRCULO;\D
9  [CIR-2P]^C^CCIRCULO;2P
10 [ ]
11 [BORRA]^C^CBORRA
12 [DESPLAZA]^C^CDESPLAZA
```

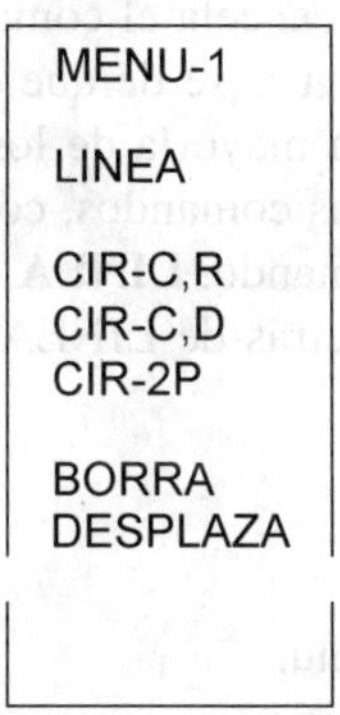

Figura 23.2. *Diseño del menú de pantalla.*

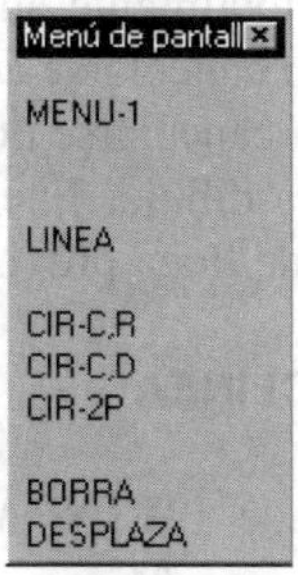

Figura 23.3. *Menú de pantalla tras cargar el archivo de menús.*

Explicación

Línea 1

*****SCREEN**

***SCREEN es la etiqueta de sección para el menú de pantalla. AutoCAD considera las líneas que siguen a esta etiqueta como parte del menú de pantalla. La definición del menú de pantalla termina al aparecer otra etiqueta de sección, como por ejemplo ***TABLET1 o ***POP1.

Línea 2

[MENU-1]

Este elemento de menú muestra MENU-1 en la pantalla. El contenido entre los corchetes se utiliza tan sólo para su presentación en pantalla y no tiene ningún efecto sobre el comando. Sólo puede mostrarse un número máximo de caracteres, debido a la anchura de la columna correspondiente al menú de pantalla. Si incluye entre los corchetes más caracteres de los que se pueden mostrar, los caracteres en exceso no aparecerán en pantalla y podrá utilizarlos para comentarios. Aunque la etiqueta del elemento de menú tenga una longitud superior a la anchura de la columna del menú de pantalla, la parte del elemento situada fuera de los corchetes se ejecuta normalmente.

Líneas 3 y 4

[ ]

Este elemento de menú inserta una línea en blanco en el menú de pantalla. Puede introducir varios espacios en blanco dentro de los corchetes o bien no incluir ninguno ([]). Cuando los espacios en blanco se inserten en el menú de pantalla, aparecerá una línea vacía. Este elemento de menú no contiene nada fuera de los corchetes; por tanto, AutoCAD no ejecutará ningún comando. Otro método para dejar una línea vacía dentro del menú de pantalla consiste en incluir una línea en blanco dentro del archivo de menús.

Línea 5

[LINEA]^C^CLINEA

Este elemento de menú muestra la etiqueta LINEA en la pantalla. El primer ^C (signo de intercalación seguido de C) cancela el comando en curso; el segundo ^C cancela el comando de nuevo. Los dos comandos de cancelación (^C^C) son necesarios para asegurarse de que el comando en curso se cancela totalmente antes de iniciar el nuevo comando. La mayoría de los comandos de AutoCAD pueden cancelarse con un único ^C. No obstante, algunos comandos, como **ACOTA** o **EDITPOL** deben cancelarse dos veces para salir totalmente del comando. **LINEA** es un comando de AutoCAD para dibujar líneas. Como no se ha indicado nada detrás de LINEA, el espacio en blanco o el salto de línea provocan un INTRO.

[LINEA]^C^CLINEA

donde	**[LINEA]**	Etiqueta del elemento de menú.
	^C	Primer comando de cancelación.
	^C	Segundo comando de cancelación.
	LINEA	Comando **LINEA** de AutoCAD.

Línea 7

[CIR-C,R]^C^CCIRCULO

La parte del elemento de menú que va encerrado entre corchetes tiene como única misión su visualización en pantalla. La parte del elemento de menú fuera de los corchetes se ejecuta al seleccionar esta línea. ^C^C cancela dos veces el comando en curso. **CIRCULO** es un comando de AutoCAD para dibujar un círculo. El espacio o el salto de línea tras el comando **CIRCULO** provoca un INTRO. Actúa como si pulsase la tecla BARRA ESPACIADORA.

[CIR-C,R]^C^CCIRCULO

donde	**[CIR-C,R]**	Etiqueta del elemento de menú.
	^C	Primer comando de cancelación.
	^C	Segundo comando de cancelación.
	LINEA	Comando **CIRCULO** de AutoCAD.

Línea 8
[CIR-C,D]^C^CCIRCULO;\D
La parte del elemento de menú que va encerrada entre corchetes tiene como única misión su visualización en pantalla. La parte del elemento de menú fuera de los corchetes se ejecuta al seleccionar esta línea. ^C^C cancela dos veces el comando en curso.

[CIR-C,D]^C^CCIRCULO;\D

donde	**^C^C**	Cancela dos veces el comando en curso.
	CIRCULO	Comando **CIRCULO**.
	;	Punto y coma (;) para INTRO.
	****	Pausa para que el usuario efectúe una entrada.
	D	Opción Diámetro del comando **CIRCULO**.

Al comando **CIRCULO** le sigue un punto y coma (;), una contrabarra (\) y una D para la opción Diámetro. El punto y coma que sigue al comando **CIRCULO** provoca un INTRO (tiene el mismo efecto que pulsar la tecla INTRO). La contrabarra hace una pausa para que el usuario efectúe una entrada. En este caso, el usuario deberá precisar el centro del círculo. La letra D indica la opción Diámetro del comando **CIRCULO** y va seguida automáticamente por un INTRO. En este ejemplo, el punto y coma puede reemplazarse por un espacio en blanco; ambos se utilizan para provocar un INTRO.

Línea 9
[CIR-2P]^C^CCIRCULO;2P
En este elemento de menú, ^C^C cancela dos veces el comando en curso. El punto y coma tras el comando **CIRCULO** indica un INTRO. 2P indica la opción 2P del comando **CIRCULO**. Puede comprobar que la secuencia del comando y entrada coincide con la del comando al indicarlo en la solicitud de comando. Por tanto, es fundamental conocer la secuencia exacta del comando y las entradas; de no ser así, el menú de pantalla no funcionará correctamente.

[CIR-2P]^C^CCIRCULO;2P

donde	**^C^C**	Cancela dos veces el comando en curso.
	CIRCULO	Comando **CIRCULO**.
	;	Punto y coma (;) para INTRO.
	2P	Opción 2P del comando **CIRCULO**.

El punto y coma que sigue al comando CIRCULO puede reemplazarse por un espacio en blanco. El espacio en blanco, al igual que el punto y coma (;), provoca un INTRO.

Línea 11
[BORRA]^C^CBORRA
En este elemento de menú, ^C^C cancela dos veces el comando en curso. **BORRA** es un comando de AutoCAD que suprime los objetos seleccionados.

[BORRA]^C^CBORRA

donde	**^C^C**	Cancela dos veces el comando en curso.
	BORRA	Comando **BORRA** de AutoCAD.

Línea 12
[DESPLAZA]^C^CDESPLAZA
En este elemento de menú, ^C^C cancela dos veces el comando en curso. **DESPLAZA** es un comando de AutoCAD que desplaza los objetos seleccionados.

[BORRA]^C^CBORRA

donde	**^C^C**	Cancela dos veces el comando en curso.
	DESPLAZA	Comando **DESPLAZA** de AutoCAD.

CARGA DE MENÚS

Al entrar en el editor de dibujo, AutoCAD carga automáticamente el archivo **acad.mnu**. Sin embargo, también puede cargar un archivo de menús distinto por medio del comando **MENU**.

Comando: **MENU**

Al indicar el comando **MENU**, AutoCAD muestra en pantalla el cuadro de diálogo **Seleccionar archivo de menús** (figura 23.4). Seleccione el archivo de menús que desee cargar y haga clic en el botón **Abrir**.

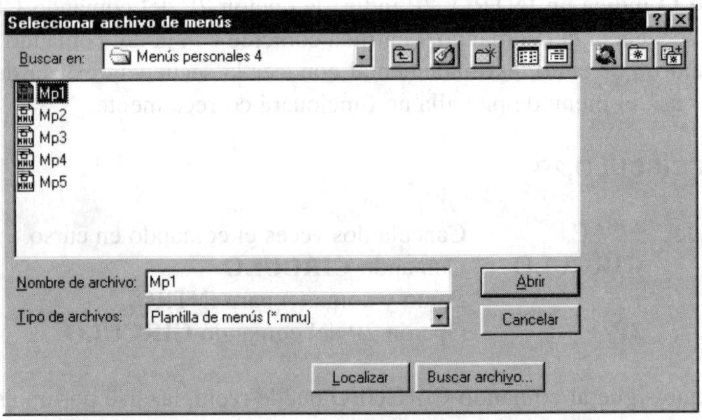

Figura 23.4. *Cuadro de diálogo* ***Seleccionar archivo de menús.***

También puede abrir el archivo de menús desde la línea de comando.

Comando: **FILEDIA**
Indique nuevo valor para FILEDIA <1>: **0**

Comando: **MENU**
Indique nombre de archivo de menús o [. para ninguno] <actual>: *Indique el nombre del archivo.*

Nota

*Una vez cargado el nuevo menú, no podrá utilizar el menú de pantalla, el menú de botones o el de tablero; esto se debe a que el menú original (**acad.mnu**) no está presente y el nuevo menú no contiene la definición de estos menús.*

*Para activar de nuevo el menú original, cargue otra vez el archivo **acad.mnu** con el comando MENU:*

Comando: **MENU**
Indique nombre de archivo de menús o [. para ninguno] <*actual*>: **ACAD**

Si necesita indicar entradas desde un teclado o desde un dispositivo señalador, utilice la contrabarra (\). El sistema se detendrá para que pueda indicar los datos.

No deben aparecer espacios en blanco tras la contrabarra (\).

Los elementos de menú, las etiquetas de menú y la definición de comando pueden escribirse en mayúsculas, minúsculas o ambos.

Puede introducir espacios entre los elementos de menú para facilitar la legibilidad del archivo. AutoCAD ignora las líneas en blanco y no se muestran en pantalla.

Si el menú incluye más elementos que espacios disponibles, AutoCAD no mostrará los elementos para los que no haya espacio. Por ejemplo, si la pantalla actual limita el número de elementos a 21, los elementos a partir del 21 no aparecerán en pantalla y, por tanto, resultarán inaccesibles.

Si utiliza una tarjeta gráfica de alta resolución conseguirá aumentar el número de líneas que pueden mostrarse en pantalla. Algunos dispositivos pueden mostrar 80 líneas.

Ejercicio 1 — *General*

Diseñe y escriba un menú de pantalla para los siguientes comandos de AutoCAD. El nombre del archivo ha de ser **mp2.mnu**.

POL
ELIPSE (Centro)
ELIPSE (Punto final de eje)
GIRA
EQDIST
ESCALA

SUBMENÚS

El menú de pantalla puede contener un número muy elevado de elementos y, en ocasiones, resulta imposible mostrarlos todos en la pantalla. Por ejemplo, el número máximo de elementos que puede mostrarse en la mayoría de los dispositivos de visualización es de 21. Si el menú de pantalla incluye más de 21 elementos, los elementos a partir del 21 no aparecerán en pantalla y, por tanto, resultará imposible acceder a ellos. Para evitar este problema, los submenús permiten definir grupos más reducidos de elementos dentro de una sección de menú. Al seleccionar un submenú, AutoCAD carga los elementos contenidos en él y los muestra en pantalla. En cualquier caso, según cuál sea la resolución del monitor y de la tarjeta gráfica, el número de elementos con cabida en la pantalla puede ser mayor y quizá no necesite utilizar submenús.

Definición de submenú

La definición de submenú consta de dos asteriscos (**) seguidos del nombre del submenú. Un mismo menú puede incluir tantos submenús como sean necesarios. Cada submenú debe tener un nombre único. Los elementos que siguen a un submenú, hasta la etiqueta de la sección o del submenú siguiente, pertenecen al submenú. El formato para una etiqueta de submenú es:

****Nombre**

donde	**	Los dos asteriscos (**) designan al submenú.
	Nombre	Nombre del submenú.

Nota

El nombre del submenú puede ser de hasta 31 caracteres de longitud.

El nombre del submenú puede estar formado por letras, números y los siguientes caracteres especiales: $ (dólar), - (guión) y _ (subrayado).

El nombre del submenú no puede incluir espacios en blanco.

Dentro de un archivo de menús, los nombres de submenú deben ser únicos.

Referencia a submenú

La referencia a submenú se utiliza en un elemento de menú para referir o cargar un submenú. Consiste en el signo $ (dólar) seguido de una letra que precisa la sección de menú. La letra utilizada para precisar una sección de menú es S. La sección de menú va seguida del signo = (igual) y, a continuación, el nombre del submenú que el usuario desea activar. El nombre del submenú debe indicarse sin los dos asteriscos (**). El formato de una referencia a submenú es:

$Sección=Submenú

donde	$	Signo $ (dólar).
	Sección	Indicador de la sección de menú.

=	Signo = (igual).
Submenú	Nombre del submenú.

Ejemplo
$S=Edición

donde	**S**	Indicador para la sección de menú de pantalla.
	P1A	Nombre del submenú.

Nota

$	*Carácter especial utilizado en un archivo de menús para cargar un submenú.*
$M=	*Se utiliza para cargar una macro DIESEL desde un elemento de menú.*

Los indicadores de sección utilizados por AutoCAD son:

S	*Precisa el menú de pantalla.*
P0 - P16	*Precisa los menús desplegables, de POP0 a POP16.*
I	*Precisa el menú de imágenes.*
B1 - B4	*Precisa los menús de botones, de B1 a B4.*
T1 - T4	*Precisa los menús de tablero, de T1 a T4*
A1 - A4	*Precisa los menús auxiliares, de A1 a A4.*

Submenús anidados

Al activar un submenú, el menú actual se copia en una pila. Si selecciona otro submenú, el submenú que era actual se copia o pasa a la parte superior de la pila. AutoCAD puede apilar un máximo de ocho menús. Si el tamaño de la pila aumenta por encima de ocho, AutoCAD suprime de la pila el submenú inferior y, por tanto, lo olvida. Puede acceder consecutivamente a menús anteriores efectuando una llamada. El formato de la llamada es:

$S=

donde	**$**	Signo $ (dólar).
	S	Indicador para el menú de pantalla.
	=	Signo = (igual).

El número máximo de llamadas a submenús es de ocho. Cada vez que llame a un submenú (con $S=), AutoCAD toma el último elemento introducido en la pila y lo reactiva.

Ejemplo 2

En este ejemplo diseñaremos y escribiremos un menú de pantalla para los siguientes comandos:

LINEA	**BORRA**
POL	**DESPLAZA**

ELIPSE C	**GIRA**
ELIPSE Final de eje	**EQDIST**
CIRCULO C,R	**COPIA**
CIRCULO C,D	**ESCALA**
CIRCULO 2P	

Como se ha mencionado anteriormente, el primer y más importante punto para escribir un menú consiste en diseñar el menú y conocer los comandos con sus correspondientes solicitudes. Debe establecer la apariencia deseada para el menú, así como la forma de organizar los comandos para una eficiencia máxima. Escriba el menú en un papel y compruebe el resultado hasta que esté satisfecho con la ordenación de los comandos. Utilice submenús para agrupar los comandos según su utilización, función o relación con otros submenús. Procure un acceso fácil a otros comandos frecuentemente utilizados sin necesidad de pasar de nuevo por el menú raíz.

La figura 23.5 muestra una de las posibles estructuras para los comandos dentro del diseño del menú de pantalla. Uno de los submenús agrupa los comandos de dibujo y mientras que el otro agrupa los comandos de edición. No es obligatorio incluir dos puntos (:) tras cada comando. Lo hemos utilizado en este ejemplo para distinguir los comandos de aquellos otros elementos que no son comandos. Por ejemplo, PREVIO es el menú raíz y no un comando; por este motivo no incluye dos puntos. Por otro lado, si selecciona BORRA en el menú EDITAR, AutoCAD ejecutará el comando **BORRA**; por tanto, hemos añadido dos puntos al final del comando.

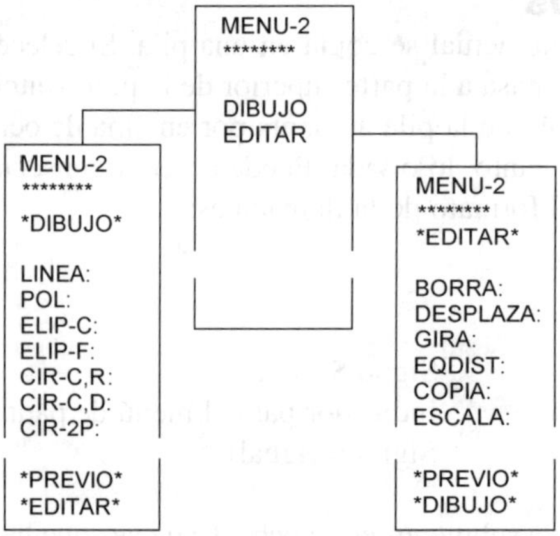

Figura 23.5. *Diseño del menú de pantalla.*

```
***SCREEN
[MENU-2]
[********]
[ ]
[ ]
[ ]
[ ]
```

```
[DIBUJO]^C^C$S=DIBUJO
[EDITAR]^C^C$S=EDITAR

**DIBUJO
[MENU-2]^C^C$S=SCREEN
[********]
[ ]
[*DIBUJO*]
[ ]
[LINEA:]^C^CLINEA
[POL:]^C^CPOL;\G;0.1;0.1
[ELIP-C:]^C^CELIPSE;C
[ELIP-F:]^C^CELIPSE
[CIR-C,R:]^C^CCIRCULO
[CIR-C,D:]^C^CCIRCULO;\D
[CIR-2P:]^C^CCIRCULO;2P
[ ]
[ ]
[ ]
[ ]
[ ]
[ ]
[*PREVIO*]^C^C$S=
[*EDITAR*]^C^C$S=EDITAR

**EDITAR
[MENU-2]^C^C$S=SCREEN
[********]
[ ]
[*EDITAR*]
[ ]
[BORRA:]^C^CBORRA
[DESPLA:]^C^CDESPLAZA
[GIRA:]^C^CGIRA
[EQDIST:]^C^CEQDIST
[COPIA:]^C^CCOPIA
[ESCALA:]^C^CESCALA
[ ]
[ ]
[ ]
[ ]
[ ]
[ ]
[ ]
```

```
[*PREVIO*]^C^C$S=                                   52
[*DIBUJO*]^C^C$S=DIBUJO                             53
```

Explicación

Línea 1

*****SCREEN**

***SCREEN es la etiqueta de sección para el menú de pantalla.

Línea 2

[MENU-2]

Este elemento de menú muestra MENU-2 en la parte superior del menú de pantalla.

Línea 3

[********]

Este elemento de menú muestra ocho asteriscos (********) en el menú de pantalla.

Línea 4 a 7

[ ]

Estos elementos de menú insertan cuatro líneas en blanco en el menú de pantalla. Los corchetes no son necesarios. Podrían ser líneas en blanco, sin más.

Línea 8

[DIBUJO]^C^C$S=DIBUJO

[DIBUJO] muestra DIBUJO en la pantalla, lo que permite saber que al seleccionar este elemento se accede a los comandos de dibujo. ^C^C cancela el comando en curso. $S=DIBUJO carga en pantalla el submenú DIBUJO.

[DIBUJO]^C^C$S=DIBUJO

donde	**^C^C**	Cancela dos veces el comando en curso.
	$S=	Carga un submenú.
	DIBUJO	Nombre del submenú a cargar.

Línea 9

[EDITAR]^C^C$S=EDITAR

[EDITAR] muestra EDITAR en la pantalla. ^C^C cancela el comando actual. $S=EDITAR carga el submenú EDITAR.

Línea 10

Las líneas en blanco entre submenús no son necesarias. Tan sólo facilitan la lectura del archivo.

Línea 11

****DIBUJO**

**DIBUJO es el nombre del submenú: las líneas 12 a 31 definen este submenú.

Línea 15
[*DIBUJO*]
Este elemento de menú hace que *DIBUJO* aparezca en la parte superior del menú de pantalla, lo que permite saber que los comandos mostrados a continuación son comandos de dibujo.

Línea 18
[POL:]^C^CPOL;\G;0.1;0.1
[POL:] muestra POL: en la pantalla. ^C^C cancela el comando en curso. **POL** es un comando de AutoCAD que crea una polilínea. Cada punto y coma (;) provoca un INTRO; pueden reemplazarse por un espacio en blanco. La contrabarra (\) permite que el usuario efectúe una entrada. En este caso, deberá precisar el punto inicial de la polilínea. G selecciona la opción Grosor del comando **POL**. El primer 0.1 es el grosor inicial de la polilínea; el segundo 0.1 es el grosor final. Este comando dibujará una polilínea con grosor e 0.1.

[POL:]^C^CPOL;\G;0.1;0.1

donde	**POL**	Comando **POL** (polilínea).
	;	INTRO
	****	Pausa para poder efectuar una entrada.
	G	Opción Grosor del comando **POL**.
	;	INTRO
	0.1	Grosor inicial.
	;	INTRO
	0.1	Grosor final.

Línea 19
[ELIP-C:]^C^CELIPSE;C
[ELIP-C:] muestra ELIP-C: en el menú de pantalla. ^C^C cancela el comando en curso. **ELIPSE** es un comando de AutoCAD que crea una elipse. El punto y coma provoca un INTRO. C selecciona la opción Centro del comando **ELIPSE**.

[ELIP-C:]^C^CELIPSE;C

donde	**ELIPSE**	Comando **ELIPSE**.
	;	INTRO
	****	Pausa para poder efectuar una entrada.
	C	Opción Centro del comando **ELIPSE**.

Línea 20
[ELIP-F:]^C^CELIPSE
[ELIP-F:] muestra ELIP-F: en el menú de pantalla. ^C^C cancela el comando en curso. **ELIPSE** es un comando de AutoCAD utilizado para crear una elipse. El punto y coma provoca un INTRO. En esta línea, el comando **ELIPSE** utiliza su opción predeterminada, Punto final de eje, en lugar de Centro.

Línea 30
[*PREVIO*]^C^C$S=
[*PREVIO*] muestra *PREVIO* en el menú de pantalla. ^C^C cancela el comando en curso. $S= recupera el menú anterior, aquel que aparecía en pantalla antes de cargar el menú actual.

[*PREVIO*]^C^C$S=

donde	**$S=**	Recupera el menú de pantalla anterior.

Línea 31
[*EDITAR*]^C^C$S=EDITAR
[*EDITAR*] muestra *EDITAR* en el menú de pantalla. ^C^C cancela el comando en curso. $S=EDITAR carga en la pantalla el menú EDITAR. De esta forma podrá acceder a los comandos de edición sin necesidad de retroceder al menú raíz para seleccionar EDITAR.

[*EDITAR*]^C^C$S=EDITAR

donde	**$S=**	Carga un submenú de pantalla.
	EDITAR	Nombre del submenú a cargar.

Línea 33
***EDITAR**
**EDITAR es el nombre del submenú. Las líneas 34 a 53 definen este submenú.

Línea 34
[MENU-2]^C^C$S=SCREEN
[MENU-2] muestra MENU-2 en el menú de pantalla. ^C^C cancela el comando en curso. $S=SCREEN carga el menú raíz SCREEN en el menú de pantalla.

Línea 39
[BORRA:]^C^CBORRA
[BORRA:] muestra BORRA: en el menú de pantalla. ^C^C cancela el comando en curso. BORRA es un comando de AutoCAD que suprime los objetos seleccionados.

Línea 53
[*DIBUJO*]^C^C$S=DIBUJO
$S=DIBUJO carga el submenú DIBUJO en la pantalla. Permite cargar este menú sin pasar por el menú raíz. El menú raíz es el primer menú que aparece en la pantalla al cargar un menú o iniciar AutoCAD.

Cuando seleccione DIBUJO en el menú raíz, AutoCAD cargará el menú DIBUJO. Los elementos de menú del submenú DIBUJO reemplazarán por completo a los elementos del menú raíz. Si, a continuación, selecciona MENU-2, AutoCAD cargará el menú raíz en la pantalla, pero algunos elementos permanecerán en el menú de pantalla (figura 23.6). Esto se debe a que el menú raíz no tiene suficientes elementos como para reemplazar totalmente a los elementos del submenú DIBUJO.

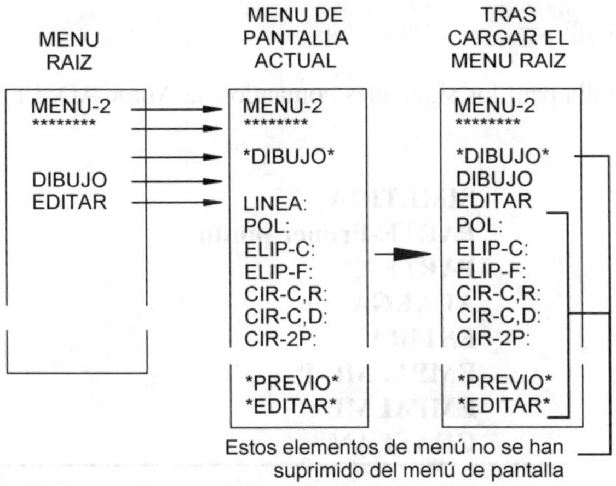

Figura 23.6. Menú de pantalla tras cargar el menú raíz.

Uno de los métodos para limpiar la pantalla consiste en definir un submenú con tantas líneas en blanco como líneas puedan mostrarse en el menú de pantalla. Este submenú, al cargarlo, limpia la pantalla. Si, a continuación, carga otro submenú, éste no se superpondrá con ningún elemento anterior, pues el menú de pantalla ya estará limpio (figura 23.7). El ejemplo 3 explica cómo utilizar un submenú de este tipo.

Otro método para evitar la superposición de los elementos de menú consiste en definir cada submenú de forma que todos ellos tengan el mimo número de elementos. Como desventaja de este método, el archivo de menús será más extenso, pues todo submenú tendrá un número elevado de líneas.

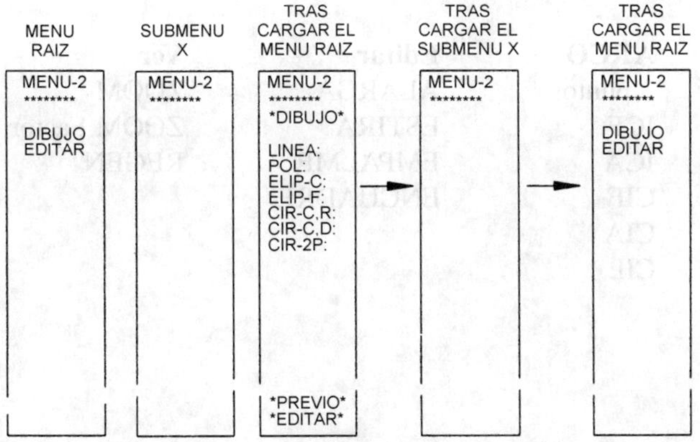

Figura 23.7. Menú de pantalla tras cargar el menú raíz.

Ejercicio 2

General

Escriba un menú de pantalla para los siguientes comandos de AutoCAD. El nombre del archivo será **mp3.mnu**.

ARCO	**SIMETRIA**
-3P	**PARTE-Primer punto**
-ICF	**PARTE-@**
-ICA	**ALARGA**
-ICL	**ESTIRA**
-IFA	**EMPALME-P**
POLIGONO-C	**EMPALME**
POLIGONO-L	**CHAFLAN**

SUBMENÚS MÚLTIPLES

Un archivo de menús puede tener tantos submenús como sean necesarios. Todos los nombres de submenú incluyen delante dos asteriscos (**), incluso aunque se trate de un submenú dentro de un submenú. Además, con una única instrucción pueden cargarse varios submenús. Si un elemento de menú hace referencia a más de un submenú, deberán ir separados por un espacio. El ejemplo 3 explica la utilización de submenús múltiples.

Ejemplo 3

Diseñaremos la estructura del submenú y, después, escribiremos un menú de pantalla para los siguientes comandos de AutoCAD.

Dibujo	**ARCO**	**Editar**	**Ver**
LINEA	3 puntos	ALARGA	ZOOM
Continua	ICF	ESTIRA	ZOOM Factor
Cerrar	ICA	EMPALME	REGEN
Deshacer	CIF	ENCUADRE	
.X	CIA		
.Y	CIL		
.Z			
.XY			
.XZ			
.YZ			

Existen varias posibilidades para organizar los comandos, según cuáles sean las necesidades del usuario. El siguiente diseño es uno de los posibles para los comandos de AutoCAD arriba indicados (figura 23.8).

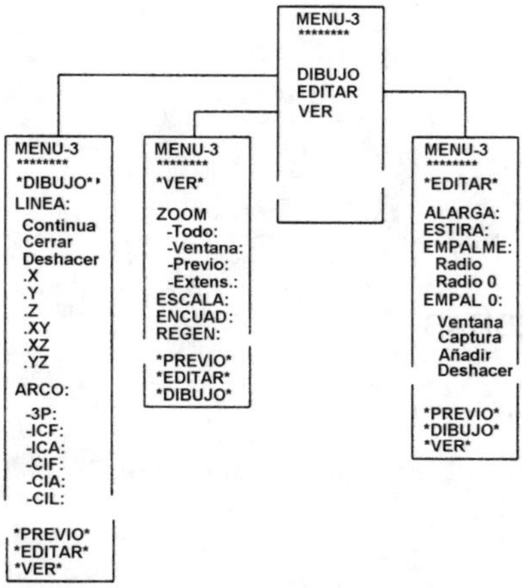

Figura 23.8. *Diseño del menú de pantalla con submenús.*

El nombre del archivo de menús es **mp4.mnu**. Puede utilizar un editor de texto para escribir el archivo. La lista mostrada a continuación es el contenido del archivo **mp4.mnu**. Los números de línea no forman parte del archivo; se indican sólo como referencia.

```
***SCREEN
**S
[MENU-3]^C^C$S=X $S=S
[********]$S=REFOBJ
[ ]
[DIBUJO]^C^C$=X $S=DIBUJO
[EDITAR]^C^C$=X $S=EDITAR
[VER]^C^C$=X $S=VER
**DIBUJO 3
[*DIBUJO*]
[ ]
[LINEA:]^C^CLINEA
[Continua]^C^CLINEA;;
[Cerrar]CERRAR
[Deshacer]DESHACER
[.X].X
[.Y].Y
[.Z].Z
[.XY].XY
[.XZ].XZ
[.YZ].YZ
[ ]
[ARCO:]^C^CARCO
[   -3P:]^C^CARCO
```

```
[   -ICF:]^C^CARCO \C
[   -ICA:]^C^CARCO \C \U
[   -CIF:]^C^CARCO C \\
[   -CIA:]^C^CARCO C \\U
[   -CIL:]^C^CARCO C \\L
[ ]
[*PREVIO*]$S= $S=
[*EDITAR*]^C^C$S=X $S=EDITAR
[*VER*]$S=X $S=VER
**EDITAR 3
[*EDITAR*]
[ ]
[ALARGA:]^C^CALARGA
[ESTIRA:]^C^CESTIRA;C
[EMPALME:]^C^CEMPALME
[ Radio]RA;\EMPALME
[ Radio 0]RA;0;EMPALME
[EMPAL 0:]^C^CEMPALME;RA;0;;
[  Vent.]V
[  Capt.]C
[  Añadir]A
[  Desh.]H
[ ]
[*PREVIO*]$S= $S=
[*DIBUJO*]^C^C$S=X $S=DIBUJO
[*VER*]$S=X $S=VER
**VER 3
[*VER*]
[ ]
[ZOOM:]'ZOOM
[  -Todo]T
[  -Vent]V
[  -Prev]P
[  -Exten]E
[ ]
[ESCALA:]'ZOOM;F
[ENCUAD:]'ENCUADRE
[REGEN:]^C^CREGEN
[ ]
[*PREVIO*]$S= $S=
[*EDITAR*]^C^C$S=X $S=EDITAR
[*DIBUJO*]$S=X $S=DIBUJO
**X 3
[ ]
```

```
 [ ]
 [ ]
 [ ]
 [ ]
 [ ]
 [ ]
 [ ]
 [ ]
 [ ]
 [ ]
 [ ]
 [ ]
 [ ]
 [ ]
 [ ]
 [ ]
 [ ]
 [ ]
 [ ]
 [ ]
 [ ]
 [ ]
 [ ]
**REFOBJ 2
[REF OBJ]
[ ]
[Centro]CEN $S=
[Pt final]FIN $S=
[Inserc]INS $S=
[Intersec]INT $S=
[Pt medio]MED $S=
[Cercano]CER $S=
[Punto]PTO $S=
[Perpend]PER $S=
[Cuadran]CUA $S=
[Tangente]TAN $S=
[Ninguno]NIN $S=
[ ]
[ ]
[ ]
[ ]
[ ]
[*PREVIO*]$S=
```

Explicación

Línea 3

[MENU-3]^C^C$S=X $S=S

En este elemento de menú, [MENU-3] muestra MENU-3 en la parte superior del menú de pantalla. ^C^C cancela el comando en curso. $S=X carga el submenú X. De igual forma, $S=S carga el submenú S. El submenú X, definido a partir de la línea 67, consta de 24 líneas en blanco. Por tanto, al cargar este submenú el área de menú de pantalla se limpia por medio de líneas en blanco. Una vez cargado el submenú X, AutoCAD carga el submenú S; los elementos definidos en este submenú aparecerán en el menú de pantalla.

[MENU-3]^C^C$S=X $S=S

donde	**^C^C**	Cancela dos veces el comando en curso.
	$S=X	Carga el submenú X (limpia la pantalla).
	$S=S	Carga el submenú S.

Línea 4

[********]$S=REFOBJ

Este elemento de menú inserta ocho asteriscos en el menú de pantalla. $S=REFOBJ carga el submenú REFOBJ. El submenú, definido a partir de la línea 92, consiste en una serie de referencias a objetos.

Línea 6

[DIBUJO]^C^C$=X $S=DIBUJO

Este elemento de menú muestra DIBUJO en el área del menú de pantalla. ^C^C cancela el comando en curso. $S=X carga el submenú X (el submenú X limpia menú de pantalla). A continuación, $S=DIBUJO carga el submenú DIBUJO, definido a partir de la línea 11.

Línea 9

****DIBUJO 3**

Esta línea es la etiqueta de submenú para DIBUJO; el número 3 indica que los elementos definidos en el submenú DIBUJO se insertarán, desde el primero, a partir de la línea 3 del menú de pantalla. Todos los submenús, excepto S y REFOBJ, incluyen un 3 al final de su etiqueta. Así pues, las dos primeras líneas (MENU-3 y ********) nunca se suprimirán y aparecerán en la pantalla todo el tiempo. Si selecciona MENU-3 en cualquier menú, AutoCAD cargará el submenú S. Si selecciona ********, cargará el submenú REFOBJ.

****DIBUJO 3**

donde	**DIBUJO**	Nombre del submenú.
	3	Inserta los elementos a partir de la tercera línea.

Línea 12

[LINEA:]^C^CLINEA

^C^C cancela el comando en curso. LINEA es el comando **LINEA** de AutoCAD.

Línea 13

[Continua]^C^CLINEA;;

En este elemento de menú, el comando **LINEA** va seguido de dos punto y coma para continuar el comando **LINEA**. Para entenderlo, indique el comando **LINEA** en la solicitud de comando y vea cómo se utiliza la opción de continuación:

Comando: **LINEA**
Precise primer punto: [Intro] **(Continua)**
Precise punto siguiente o [desHacer]: *Precise un punto.*

A continuación se indica la secuencia de comando y entradas a las solicitudes para iniciar la línea desde el último punto:

LINEA
INTRO
INTRO
Precisar un punto

Por este motivo, en el archivo de menú de pantalla, el comando **LINEA** va seguido de dos punto y coma (dos INTRO) para continuar la línea desde el punto anterior.

Línea 16

[.X].X

En este elemento de menú, .X extrae la coordenada X de un punto. Esta línea puede consistir tan sólo en **.X** (sin los corchetes ni su contenido). Lo mismo puede decirse de las líneas 17 a 21.

Línea 31

[*PREVIO*]$S= $S=

Este elemento de menú llama dos veces el menú anterior. AutoCAD recuerda los submenús cargados anteriormente en la pantalla. El primer $S= cargará el anterior menú cargado; el segundo $S= cargará el menú cargado antes de aquel.

[*PREVIO*]$S= $S=

donde	**$S=**	Carga el último menú.
	$S=	Carga el menú anterior al último.

Línea 31

[*VER*]$S=X $S=VER

En este elemento de menú, $S=X carga el submenú X y $S=VER carga el submenú VER. Observe que no hay ningún comando de cancelación (^C) en esta línea. En ocasiones conviene cargar algunos menús sin cancelar los comandos en curso. Por ejemplo, mientras está dibujando una línea, quizá desee modificar el zoom sin cancelar el comando **LINEA** actual. Puede seleccionar la opción *VER* del menú de pantalla, elegir la opción de zoom apropiada y, después, continuar el dibujo de la línea.

En la línea 32 ([*EDITAR*]^C^C$S=X $S=EDITAR), ^C^C cancela el comando actual, pues no puede llevarse a cabo ninguna operación de edición sin cancelar previamente el comando en curso.

Línea 38
[ESTIRA:]^C^CESTIRA;C
^C^C cancela el comando en curso. **ESTIRA** es un comando de AutoCAD. La C indica la opción Captura para la selección de objetos.

[ESTIRA:]^C^CESTIRA;C

donde	**ESTIRA**	Comando **ESTIRA** de AutoCAD.
	;	INTRO
	C	Opción Captura para selección de objetos.

Línea 40
[Radio]RA;\Empalme
Este elemento de menú selecciona la opción Radio del comando **EMPALME**. Después espera a que usuario indique un valor para el radio. Tras indicar el radio, AutoCAD ejecuta de nuevo el comando **EMPALME** para crear el empalme deseado entre dos objetos seleccionados.

[Radio]RA;\EMPALME

donde	**RA**	Opción Radio del comando **EMPALME**.
	;	Punto y coma (o espacio en blanco) para INTRO.
	****	Pausa para la una entrada del usuario.
	EMPALME	Comando **EMPALME** de AutoCAD.

Línea 41
[Radio 0]RA;0;EMPALME
Este elemento de menú selecciona la opción Radio del comando **EMPALME** y le asigna un valor de 0. Después ejecuta de nuevo el comando **EMPALME** para crear un empalme de radio 0 entre dos objetos seleccionados.

[Radio 0]RA;0;EMPALME

donde	**RA**	Opción Radio del comando **EMPALME**.
	;	Punto y coma (o espacio en blanco) para INTRO.
	0	Radio 0.
	;	Punto y coma (o espacio en blanco) para INTRO.
	EMPALME	Comando **EMPALME** de AutoCAD.

Línea 42
[EMPAL 0:]^C^CEMPALME;RA;0;;
Este elemento de menú define el comando **EMPALME** con radio 0.

[EMPAL 0:]^C^CEMPALME;RA;0;;

donde	**EMPALME**	Comando **EMPALME** de AutoCAD.
	;	Punto y coma (o espacio en blanco) para INTRO.
	RA	Opción Radio del comando **EMPALME**.
	;	Punto y coma (o espacio en blanco) para INTRO.
	0	Radio 0.
	;	Punto y coma para INTRO.
	;	Repite el comando **EMPALME**.

Línea 54
[ZOOM:]'ZOOM
Este elemento de menú define el comando **ZOOM** en modo transparente.

[ZOOM:]'ZOOM

donde	**'**	Comilla simple (') para hacer el comando transparente.
	ZOOM	Comando **ZOOM** de AutoCAD.

Línea 95
[Centro]CEN $S=
En este elemento de menú, CEN indica la referencia a objetos Centro. Una vez seleccionado el objeto, $X= carga el menú de pantalla anterior

[Centro]CEN $S=

donde	**CEN**	Referencia a objetos Centro.
	$S=	Carga el menú anterior.

Nota
Si cualquier elemento de un menú de pantalla incluye uno o más comandos de carga, tales comandos deben ir separados por un espacio en blanco.

Ejemplo
[LINEA:]$S=X $S=LINEA

Así mismo, si un elemento de menú incluye tanto un comando de carga como un comando de AutoCAD, también deben ir separados por un espacio en blanco.

Ejemplo
[LINEA:]$S=LINEA ^C^CLINEA

CONMUTACIÓN AUTOMÁTICA DE MENÚS

Los menús de pantalla pueden intercambiarse automáticamente por medio de la variable de sistema **MENUCTL**. Si la variable de sistema **MENUCTL** está definida en 1, AutoCAD ejecuta el comando **$S=nombre_comando**, donde **nombre_comando** es el nombre del comando que carga el submenú. Por ejemplo, si selecciona el comando **LINEA** con el digitalizador, con el menú o desde la línea comando, el comando **nombre_comando** cargará el submenú **LINEA** y lo mostrará en el área de menú de pantalla. Para utilizar esta función de AutoCAD, el nombre del comando y del submenú ha de ser el mismo. Por ejemplo, si el nombre del submenú de arco es **ARCO** y ejecuta el comando **ARCO**, el submenú de arco se cargará automáticamente en la pantalla. Pero si el nombre del submenú es distinto, AutoCAD no cargará en pantalla dicho submenú. El valor predeterminado para **MENUCTL** es 1. Si define **MENUCTL** en 0, AutoCAD no utilizará la función de comando **$S=nombre_comando** para cargar submenús.

VARIABLE DE SISTEMA MENUECHO

Si la variable de sistema **MENUECHO** está definida en 0, los comandos seleccionados con el digitalizador o con los menús de pantalla, desplegables o de botones aparecerán indicados en la ventana de comandos. Por ejemplo, si selecciona el comando **CIRCULO** desde el menú, AutoCAD mostrará _circle Precise punto central para círculo o [3P/2P/Ttr (tangente tangente radio)]:. Si define la variable **MENUECHO** en 1, AutoCAD no mostrará los comandos del elemento de menú; en el ejemplo anterior, sólo mostrará Precise punto central para círculo o [3P/2P/Ttr (tangente tangente radio)]:. Como puede comprobar, _circle no aparece en la ventana de comandos cuando **MENUECHO** está definida en 1. Puede utilizar **^P** en el elemento de menú para activar o desactivar la visualización. La variable de sistema **MENUECHO** puede adoptar también los valores 2, 4 y 8 (o la suma de cualquiera de estos valores). Sus funciones respectivas son suprimir las solicitudes del sistema, desactivar la opción ^P y activar la ayuda de depuración para macros DIESEL.

MENÚS PARA OTROS IDIOMAS

Además del español, AutoCAD dispone de varias versiones para otros idiomas; entre ellas, por supuesto, la versión original en inglés. Si desea escribir un menú compatible con versiones de AutoCAD en cualquier idioma, deberá indicar los comandos y las entradas del teclado en su versión inglesa; además, deberá preceder cada uno de ellos con un carácter de subrayado.

Ejemplos

```
[Nuevo]^C^C_NEW
[Abrir]^C^C_OPEN
[Linea]^C^C_LINE
[ARCO-ICA]^C^CARC;\_C\_A
```

AutoCAD, en cualquiera de sus versiones para otros idiomas, puede comprender y traducir los comandos y las entradas en inglés precedidos de un carácter de subrayado. Si comprueba el contenido del archivo **acad.mnu**, podrá apreciar que AutoCAD hace uso de esta función.

Nota

La variable AutoLISP ***Getcname*** *permite obtener el equivalente inglés de un comando en español. Por ejemplo:*

Comando: **(getcname "EQDIST")**
"_OFFSET"

Preguntas de revisión

1. El nombre del archivo de menús incluido con el software de AutoCAD es __________.

2. El archivo de menús de AutoCAD puede incluir un máximo de _____ secciones principales.

3. El menú de tablero puede tener un máximo de _____ secciones principales.

4. La etiqueta de sección se designa por medio de __________.

5. Un submenú se designa por medio de __________.

6. La parte de un elemento de menú encerrado entre corchetes sólo se utiliza para __________.

7. El menú de pantalla sólo puede mostrar un número limitado de caracteres. (V/F)

8. El comando del elemento no funciona si el número de caracteres entre corchetes supera el máximo que puede mostrarse en el menú de pantalla. (V/F)

9. En un archivo de menús, puede utilizar __________ para cancelar el comando en curso.

10. El comando __________ de AutoCAD se utiliza para cargar un archivo de menús.

11. El carácter _____ se utiliza en la definición de un menú de pantalla para que el usuario pueda efectuar una entrada.

Ejercicios

Ejercicio 3 — *General*

Escriba un menú de pantalla para los comandos de la figura 23.9. Utilice el elemento de menú ******** para cargar un submenú con referencias a objetos. Utilice el elemento MENU-4 para cargar el menú raíz. El nombre del archivo es **mp5.mnu**.

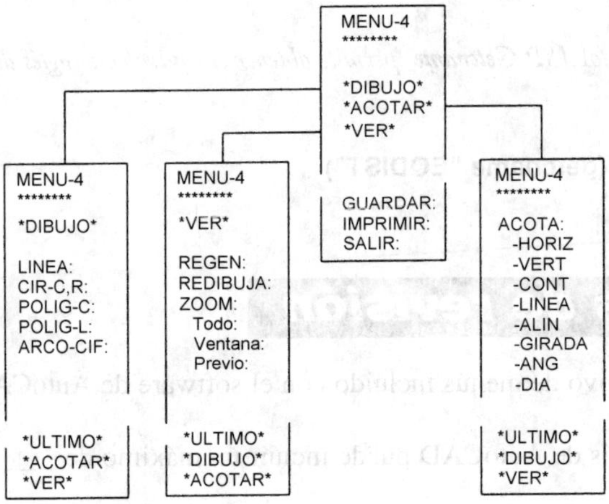

Figura 23.9. *Diseño del menú de pantalla.*

Capítulo 24

AutoLISP

Objetivos del estudio

Tras completar este capítulo, será capaz de:

- *Efectuar operaciones matemáticas con AutoLISP.*
- *Utilizar funciones trigonométricas en AutoLISP.*
- *Comprender las funciones básicas de AutoLISP y sus aplicaciones.*
- *Cargar y ejecutar programas AutoLISP.*
- *Utilizar el cuadro de diálogo Cargar/Descargar aplicaciones.*
- *Utilizar diagramas de flujo para analizar problemas.*
- *Comprobar una situación por medio de funciones condicionales.*

ACERCA DE AUTOLISP

Desarrollado por AutoCAD, **AutoLISP** es una implementación del lenguaje de programación **LISP**. Salvo excepciones como **FORTRAM** y **COBOL**, la mayoría de los lenguajes desarrollados a comienzos de la década de los 60 han quedado obsoletos. Sin embargo, LISP ha sobrevivido y ha pasado a ser un lenguaje de programación pionero para la inteligencia artificial (AI). Entre las diferentes versiones del lenguaje LISP encontramos Common LISP, BYSCO LISP, ExperLISP, GCLISP, IQLISP, LISP/80, LISP/88, MuLISP, TLCLISP, UO-LISP, Waltz LISP y XLISP. XLISP es un intérprete LISP de dominio público. Common LISP es la versión LISP que más se asemeja a AutoLISP. El paquete de software de AutoCAD incorpora el intérprete de AutoLISP. No obstante, tanto AutoCAD LT como las versiones 2.17 y anteriores de AutoCAD carecen del intérprete de AutoLISP. Así pues, puede utilizar el lenguaje de programación AutoLISP con AutoCAD a partir de la versión 2.18.

El software de AutoCAD incluye la mayoría de los comandos utilizados para generar un dibujo. Pero hay algunos comandos que AutoCAD no ofrece. Por ejemplo, AutoCAD no tiene ningún comando para dibujar un rectángulo o para realizar cambios globales en los objetos de texto del dibujo. El lenguaje de programación AutoLISP permite escribir un programa que dibuje un rectángulo o efectúe cambios en todos o en parte de los objetos de texto de un dibujo. De hecho, puede utilizar AutoLISP para escribir cualquier programa o incrustarlo en el menú y, de esta forma, personalizar el sistema para hacerlo más eficiente.

Cientos de personas que desarrollan software han utilizado el lenguaje de programación AutoLISP para escribir aplicaciones de AutoCAD con diversos propósitos. Por ejemplo, el autor de este texto ha desarrollado un paquete de software que genera presentaciones planas varias formas geométricas. Existe una demanda de programadores AutoLISP para el desarrollo de software de aplicación y menús personalizados.

Este capítulo presupone que el lector está familiarizado con los comandos y variables de sistema de AutoCAD. No obstante, no es necesario ser un experto en programación o en AutoCAD para comenzar el aprendizaje de AutoLISP. Este capítulo también supone que el lector no dispone de conocimientos previos de programación. Si está familiarizado con cualquier otro lenguaje de programación, quizá le sea sencillo aprender AutoLISP. La minuciosa explicación de las diversas funciones y la descripción paso a paso de los ejemplos pueden hacer de este capítulo un método sencillo para aprender AutoLISP. En este capítulo encontrará información acerca de las funciones AutoLISP utilizadas con más frecuencia, así como su aplicación a la hora de escribir un programa. Si desea conocer otras funciones no descritas en este capítulo, utilice el manual de referencia de AutoLISP en la Ayuda de AutoCAD. AutoLISP no requiere ningún software especial. Si su sistema puede ejecutar AutoCAD, también podrá trabajar con AutoLISP. Para escribir los programas AutoLISP puede utilizar cualquier editor de texto.

OPERACIONES MATEMÁTICAS

Las operaciones matemáticas constituyen una función importante en cualquier lenguaje de programación. AutoLISP ofrece la mayoría de las funciones matemáticas habitualmente utilizadas en cálculos matemáticos y de programación. También puede utilizarlas para calcular el seno, coseno y arcotangente de ángulos expresados en radianes. Hay un buen número de cálculos que pueden llevarse a cabo con AutoLISP. Esta sección describe las funciones matemáticas admitidas por el lenguaje de programación AutoLISP y normalmente utilizadas.

Suma

Formato: **(+ num1 num2 num3 ...)**

Esta función (+) calcula la suma de todos los números situados a la derecha del signo más (num1 + num2 + num3 + ...). Los números pueden ser enteros o reales. Si los números son enteros, el resultado también será un número entero. Si los números son reales, el resultado será real. Si algunos números son enteros y otros son reales, el resultado será siempre un número real. Todos los números utilizados en los dos ejemplos siguientes son enteros; por ese motivo el resultado es también entero. En el tercer ejemplo, uno de los números es real (50.0) y, por tanto, la suma da como resultado otro número real.

Ejemplos

Comando: (+ 2 5)	devuelve 7
Comando: (+ 2 30 4 50)	devuelve 86
Comando: (+ 2 30 4 50.0)	devuelve 86.0

Resta

Formato: **(- num1 num2 num3 ...)**

Esta función (-) sustrae el segundo número del primero (num1 - num2). Si hay más de dos números, se suman los números del segundo en adelante y el resultado se sustrae del primer número [num1 - (num2 + num3 + ...)]. En el primero de los siguientes ejemplos, 14 se sustrae de 28 y el resultado es 14. Como ambos números son enteros, el resultado también es entero. En el tercer ejemplo, se suman los números 20 y 10.0; el resultado (30.0) se resta de 50, dando como resultado el número real 20.0.

Ejemplos

Comando: (- 28 14)	devuelve 14
Comando: (- 25 7 11)	devuelve 7
Comando: (- 50 20 10.0)	devuelve 20.0
Comando: (- 20 30)	devuelve -10
Comando: (- 20.0 30.0)	devuelve -10.0

Multiplicación

Formato: **(* num1 num2 num3 ...)**

Esta función (*) calcula el producto de todos los números situados a la derecha del signo más (num1 x num2 x num3 x ...). Si los números son enteros, su producto es también un entero. Si alguno de los números es real, el producto será un número real.

Ejemplos

Comando: (* 2 5)	devuelve 10
Comando: (* 2 5 3)	devuelve 30
Comando: (* 2 5 3 2.0)	devuelve 60.0
Comando: (* 2 -5.5)	devuelve -11.0
Comando: (* 2.0 -5.5 -2)	devuelve 22.0

División

Formato: **(/ num1 num2 num3 ...)**

Esta función (/) divide el segundo número por el primero (num1 / num2). Si hay más de dos números, el primer número se divide por el resultado de multiplicar los números del segundo en adelante [num1 / (num2 x num3 x ...)]. En el cuarto de los siguientes ejemplos, 200 se divide por el producto de 5.0 y 4. [200 / (5.0 * 4)].

Ejemplos

Comando: (/ 30)	devuelve 30
Comando: (/ 3 2)	devuelve 1
Comando: (/ 3.0 2)	devuelve 1.5
Comando: (/ 200.0 5.0 4)	devuelve 10.0
Comando: (/ 200 -5)	devuelve -40
Comando: (/ -200 -5.0)	devuelve 40.0

NÚMEROS INCREMENTADOS, DECREMENTADOS Y ABSOLUTOS

Número incrementado

Formato: **(1+ número)**

Esta función (**1+**) suma 1 (entero) a **número** y, por tanto, devuelve dicho número incrementado en una unidad. En el segundo ejemplo, se ha sumado 1 al número -10.5, lo que da como resultado -9.5.

Ejemplos

Comando: (1+ 20)	devuelve 21
Comando: (1+ -10.5)	devuelve -9.5

Número decrementado

Formato: **(1- número)**

Esta función (**1-**) resta 1 (entero) a **número** y, por tanto, devuelve dicho número decrementado en una unidad. En el segundo ejemplo, se ha restado 1 al número -10.5, lo que da como resultado -11.5.

Ejemplos

Comando: (1- 10)	devuelve 9
Comando: (1- -10.5)	devuelve -11.5

Número entero

Formato: **(abs número)**

La función **abs** devuelve el valor absoluto de un número. Dicho número puede ser entero o real. En el segundo ejemplo, esta función devuelve 20, pues el valor absoluto de -20 es 20.

Ejemplos

Comando: (abs 20)	devuelve 20
Comando: (abs -20)	devuelve 20
Comando: (abs -20.5)	devuelve 20.5

FUNCIONES TRIGONOMÉTRICAS

sin

Formato: **(sin ángulo)**

La función **sin** calcula el seno de un ángulo expresado en radianes. En el segundo ejemplo, la función **sin** calcula el seno de pi radianes (180 grados); el valor devuelto es 0.0.

Ejemplos

Comando: (sin 0)	devuelve 0.0
Comando: (sin pi)	devuelve 0.0
Comando: (sin 1.0472)	devuelve 0.866027

cos

Formato: **(cos ángulo)**

La función **cos** calcula el coseno de un ángulo expresado en radianes. En el tercer ejemplo, la función **cos** calcula el coseno de pi radianes (180 grados); el valor devuelto es -1.0.

Ejemplos

Comando: (cos 0)	devuelve 1.0
Comando: (cos 0.0)	devuelve 1.0
Comando: (cos pi)	devuelve -1.0
Comando: (cos 1.0)	devuelve 0.540302

atan

Formato: **(atan num1)**

La función **atan** calcula el arcotangente de **num1**; el ángulo calculado se expresa en radianes. En el segundo ejemplo, la función **atan** calcula el arcotangente de 1.0 y devuelve 0.785398 (radianes).

Ejemplos

Comando: (atan 0.5)	devuelve 0.463648
Comando: (atan 1.0)	devuelve 0.785398
Comando: (atan -1.0)	devuelve -0.785398

También puede precisar un segundo número en la función **atan**:

Formato: **(atan num1 num2)**

Si precisa un segundo número, la función devuelve el arcotangen de num1/num2, expresado en radianes. En el primero de los siguientes ejemplos, el primer número (0.5) se divide por el segundo número (1.0) y la función **atan** calcula el arcotangente del cociente (0.5/1.0 = 0.5).

Ejemplos

Comando: (atan 0.5 1.0)	devuelve 0.463648
Comando: (atan 2.0 3.0)	devuelve 0.588003
Comando: (atan 2.0 -3.0)	devuelve 2.55359
Comando: (atan -2.0 3.00)	devuelve -0.588003
Comando: (atan -2.0 -3.0)	devuelve -255359
Comando: (atan 1.0 0.0)	devuelve 1.5708
Comando: (atan -0.5 0.0)	devuelve -1.5708

angtos

Formato: **(angtos ángulo [modo [precisión]])**

La función **angtos** devuelve el ángulo expresado en radianes utilizando un formato de cadena. Los parámetros **modo** y **precisión** controlan el formato de la cadena.

Ejemplos

(angtos 0.588003 0 4)	devuelve "33.6901"
(angtos 2.55359 0 4)	devuelve "146.3099"
(angtos 1.5708 0 4)	devuelve "90.0000"
(angtos -1.5708 0 2)	devuelve "270.00"

Nota

*En **(angtos ángulo [modo [precisión]])**,*

ángulo *es un ángulo en radianes*

modo *es el modo angtos, que se corresponde con la variable de sistema AUNITS de AutoCAD. AutoCAD ofrece los siguientes modos:*

Modo Angtos	***Formato de edición***
0	*Grados decimales*
1	*Grados/ minutos/ segundos*
2	*Gradianes*
3	*Radianes*
4	*Unidades geodésicas*

precisión *es un número entero que controla el número de lugares decimales. La precisión se corresponde con la variable de sistema AUPREC de AutoCAD. El valor mínimo de **precisión** es 0 y el máximo 4.*

En el primero de los ejemplos anteriores, el ángulo son 0.588003 radianes, el modo es 0 (ángulo en grados) y la precisión es 4 (cuatro lugares decimales). La función devolverá 33.6901 (grados decimales).

FUNCIONES RELACIONALES

Los programas generalmente deben comprobar una determinada condición. Si la condición es verdadera (si se cumple), el programa efectúa cierta función; si la condición no es verdadera, el programa lleva a cabo otras funciones. Por ejemplo, la instrucción relacional (< x 5) comprueba si el valor de la variable x es inferior a 5. Las comprobaciones de este tipo de condiciones resultan frecuentes en los programas. La siguiente sección describe las diversas funciones relacionales utilizadas en la programación AutoLISP.

Igual a

Formato: **(= elem1 elem2 ...)**

Esta función (=) comprueba si los dos elementos son iguales. Si son iguales, la condición es cierta y la función devuelve **T**. Así mismo, si los elementos precisados no son iguales, la condición es falsa y la función devuelve **nil**.

Ejemplos

(= 5 5)	devuelve T
(= 5 4.9)	devuelve nil
(= 5.5 5.5 5.5)	devuelve T
(= "sí" "sí")	devuelve T
(= "sí" "sí" "no")	devuelve nil

Distinto de

Formato: **(/= elem1 elem2 ...)**

Esta función (/=) comprueba si los dos elementos son distintos. Si son distintos, la condición es cierta y la función devuelve **T**. Así mismo, si los elementos precisados son iguales, la condición es falsa y la función devuelve **nil**.

Ejemplos

(/= 50 4)	devuelve T
(/= 50 50)	devuelve nil
(/=50 -50)	devuelve T
(/= "sí" "no")	devuelve T

Menor que

Formato: **(< elem1 elem2 ...)**

Esta función (<) comprueba si el primer elemento (**elem1**) es menor que el segundo elemento (**elem2**). En caso de que sea cierto, la función devuelve **T**. De no ser así, la función devuelve **nil**.

Ejemplos

(< 3 5)	devuelve T
(< 5 3 4 2)	devuelve nil
(< "x" "y")	devuelve T

Menor o igual que

Formato: **(<= elem1 elem2 ...)**

Esta función (<=) comprueba si el primer elemento (**elem1**) es menor o igual que el segundo elemento (**elem2**). En caso de que sea cierto, la función devuelve **T**. De no ser así, la función devuelve **nil**.

Ejemplos

(<= 10 15)	devuelve T
(<= "c" "b")	devuelve nil
(<= -2.0 0)	devuelve T

Mayor que

Formato: **(> elem1 elem2 ...)**

Esta función (<) comprueba si el primer elemento (**elem1**) es mayor que el segundo elemento (**elem2**). En caso de que sea cierto, la función devuelve **T**. De no ser así, la función devuelve **nil**. En el primero de los ejemplos mostrados a continuación, 15 es mayor que 10. Por tanto, la condición es cierta y la función devuelve **T**. En el segundo ejemplo, 10 es mayor que 9, pero este número no es mayor que el segundo 9; por tanto, la función devuelve **nil**.

Ejemplos

(> 15 10)	devuelve T
(> 10 9 9)	devuelve nil
(> "c" "b")	devuelve T

Mayor o igual que

Formato: **(>= elem1 elem2 ...)**

Esta función (>=) comprueba si el primer elemento (**elem1**) es mayor o igual que el segundo elemento (**elem2**). En caso de que sea cierto, la función devuelve **T**. De no ser así, la función devuelve **nil**.

Ejemplos

(<= 78 50)	devuelve T
(<= "x" "y")	devuelve nil

FUNCIONES DEFUN, SETQ, GETPOINT Y COMMAND

defun

La función **defun** se utiliza para definir una función en un programa AutoLISP. El formato de la función **defun** es:

(defun nombre [argumento])

donde	**nombre**	Nombre de la función.
	argumento	Lista de argumentos.

Ejemplos

(defun ADNUM ()

Define una función ADNUM sin argumentos o símbolos locales. Esto significa que todas las variables utilizadas en el programa son variables globales. Las variables globales no pierden su valor tras terminar el programa.

(defun ADNUM (a b c)

Define una función ADNUM que dispone de tres argumentos: **a**, **b** y **c**. Las variables **a**, **b** y **c** reciben su valor desde fuera del programa.

(defun ADNUM (/ a b)

Define una función ADNUM que dispone de dos variables locales: **a** y **b**. Las variables locales son aquellas que conservan su valor durante la ejecución del programa, pero no al terminar. Estas variables sólo pueden utilizarse dentro del programa.

(defun C:ADNUM ()

Con **C:** frente al nombre de la función, dicha función puede ejecutarse indicando su nombre en la solicitud de comando de AutoCAD. Si no se utiliza **C:**, el nombre de la función deberá encerrarse entre paréntesis.

Nota

AutoLISP incluye algunas funciones propias. No utilice ninguno de estos nombres como nombres de función o de variable. La siguiente lista muestra algunos de los nombres reservados para funciones propias de AutoLISP. (Vea la referencia de AutoLISP en la Ayuda de AutoCAD para obtener una lista completa de las funciones propias de AutoLISP.)

abs	ads	alloc
and	angle	angtos
append	apply	atom
ascii	assoc	atan
atof	atoi	distance
equal	fix	float
if	length	list
load	member	nil
not	nth	null
open	or	pi
read	repeat	reserve
set	type	while

setq

La función **setq** permite asignar un valor a una variable. El formato de la función **setq** es:

(setq nombre valor [nombre valor]...)

donde	**nombre**	Nombre de la variable.
	valor	Valor asignado a la variable.

El valor asignado a una variable puede ser cualquier expresión (numérica, cadena o alfanumérica). Si el valor es una cadena, su longitud no puede exceder de 100 caracteres.

```
Comando: (setq X 12)
Comando: (setq X 6.5)
Comando: (setq X 8.5 Y 12)
Comando: (setq respuesta "SI")
```

En la penúltima expresión, el número 8.5 se asigna a la variable **X** y el número 12 a la variable **Y**. En la última expresión, el valor de cadena "SI" se asigna a la variable **respuesta**.

La función **setq** también puede utilizarse en colaboración con otras expresiones para asignar un valor a una variable. Tal es el caso de los siguientes ejemplos:

```
(setq pt1 (getpoint "Indique el punto inicial: "))
(setq ang1 (getangle "Indique el ángulo incluido: "))
(setq respuesta (getstring "Indique SI o NO: "))
```

Nota

AutoLISP utiliza algunos nombres y símbolos de función propios. No asigne valores a ninguna de estas funciones. Las siguientes funciones son válidas, pero nunca deben utilizarse, pues las variables pi y angle, que son variables reservadas, cambiarán su valor.

```
(setq pi 3.0)
(setq angle (...))
```

getpoint

La función **getpoint** detiene la ejecución del programa para poder indicar las coordenadas XY o XYZ de un punto. Las coordenadas del punto pueden indicarse con el teclado o por medio del cursor de pantalla. El formato de la función **getpoint** es:

(getpoint [punto] [solicitud])

donde	**punto**	Indique o precise un punto.
	valor	Solicitud a mostrar en pantalla.

Ejemplos

(setq pt1 (getpoint))

(setq pt1 (getpoint "Indique el punto inicial: "))

Nota

No es posible indicar e nombre de otra rutina AutoLISP como respuesta a la función getpoint.

Los puntos 2D y 3D se definen siempre con respecto al actual sistema de coordenadas personales (SCP).

command

La función **command** se utiliza para ejecutar comandos estándar de AutoCAD dentro de un programa AutoLISP. El nombre del comando de AutoCAD y sus opciones deben ir encerrados entre comillas. El formato de la función **command** es:

(command "nombre_comando")

donde	**command**	Función de AutoLISP.
	nombre_commando	Comando de AutoCAD.

Ejemplo

(command "linea" pt1 pt2 "")

donde	**"linea"**	Comando LINEA de AutoCAD.
	pt1	Primer punto.
	pt2	Segundo punto.
	""	Indica INTRO.

Nota

*En versiones de AutoCAD anteriores a la 12, la función **command** no podía utilizarse para ejecutar el comando **TRAZADOR**. Por ejemplo, (command "trazador"...) no era una instrucción válida. En AutoCAD 2000, así como en las versiones 14 y 13, sí puede utilizarse la función **command** con el comando **TRAZADOR**.*

*La función **command** no puede utilizarse para indicar datos con el comando **TEXTO** o **TEXTODIN**. (Es posible utilizar el comando **TEXTO** o **TEXTODIN** con la función **command**. También puede indicarse la altura y la rotación del texto. Sin embargo, no es posible indicar el texto cuando **TEXTO** o **TEXTODIN** así lo solicitan.)*

*La función **command** no permite utilizar las funciones de entrada de AutoLISP. Las funciones de entrada son **getpoint**, **getangle**, **getstring** y **getint**. Por ejemplo, (command "getpoint"...) o (command "getangle"...) no son instrucciones válidas. Si el programa contiene alguna instrucción de este tipo, aparecerá un mensaje de error al cargarlo.*

Ejemplo 1

Escribiremos un programa que solicite la precisión de tres puntos, a partir de los cuales dibujará un triángulo, tal como muestra la figura 24.1.

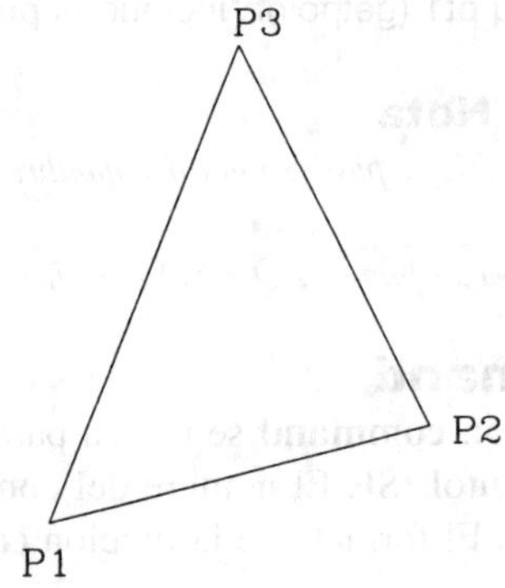

Figura 24.1. Triángulo de vértices P1, P2 y P3.

La mayor parte de los programas constan de tres partes básicas: **entrada**, **salida** y **proceso**. El **proceso** incluye todo lo necesario para generar la salida deseada a partir de la entrada disponible (figura 24.2). Antes de escribir un programa deben identificarse estas tres partes. En el ejemplo que nos ocupa, la **entrada** del programa son las coordenadas de los tres puntos. La **salida** deseada es un triángulo. El **proceso** necesario para generar el triángulo consiste en dibujar tres líneas de P1 a P2, de P2 a P3 y de P3 a P1. Si distingue entre estas tres partes básicas del programa, su estructura resultará más clara.

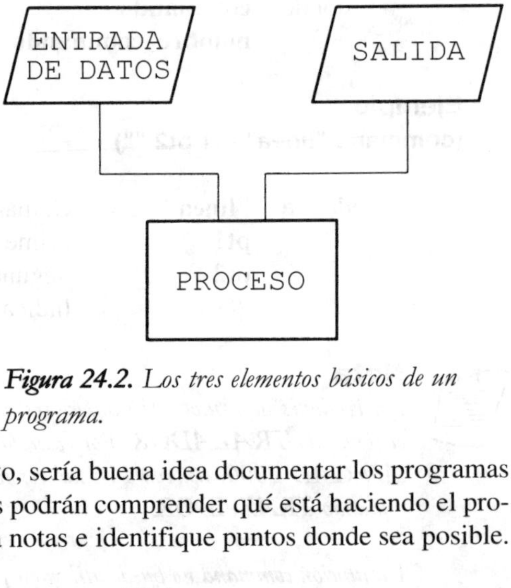

Figura 24.2. Los tres elementos básicos de un programa.

La sección de proceso en el programa es clave para obtener los resultados esperados. En ocasiones resulta sencilla, pero a veces implica complicados cálculos. Si el programa exige muchos cálculos, divídalo en varias secciones (e incluso quizá subsecciones) organizadas en una estructura lógica y sistemática. Recuerde, además, que los programas deben editarse de vez en cuando y a veces son otros programadores los que deben desarrollar esta tarea. Por este motivo, sería buena idea documentar los programas de la forma más clara posible; así otros programadores podrán comprender qué está haciendo el programa en las diferentes fases de su ejecución. Ofrezca notas e identifique puntos donde sea posible.

Entrada
Ubicación del punto P1
Ubicación del punto P2
Ubicación del punto P3

Salida
Triángulo P1, P2, P3

Proceso
Línea de P1 a P2
Línea de P2 a P3
Línea de P3 a P1

La siguiente lista muestra el contenido del archivo para el ejemplo 1. Los números de línea que aparecen a la derecha no forman parte del programa; se han indicado sólo como referencia.

```
1  ;Este programa solicitará que indique tres puntos de
2  ;un triángulo con el teclado o bien que los designe
3  ;por medio del cursor de pantalla. Los vértices del
4  ;triángulo son los puntos P1, P2 y P3.
5
6  (defun c:TRINAG1()
7     (setq P1 (getpoint "\n Indique el primer punto del triángulo: "))
8     (setq P2 (getpoint "\n Indique el segundo punto del triángulo: "))
9     (setq P3 (getpoint "\n Indique el tercer punto del triángulo: "))
10    (command "LINEA" P1 P2 P3 "C")
11 )
```

Explicación

Líneas 1 a 4
Las primeras cuatro líneas son líneas de comentarios que describen la función del programa. Estas líneas son importantes, pues facilitan la edición del programa. Los comentarios deben utilizarse allí donde sean necesarios. Las líneas de comentarios deben comenzar con un punto y coma (;). Estas líneas se ignoran al cargar el programa.

Línea 5
Ésta es una línea en blanco que separa la sección de comentarios del programa en sí. Las líneas en blanco pueden utilizarse para separar diferentes módulos de un programa. Así resulta más fácil distinguir las diversas secciones que constituyen un programa. Las líneas en blanco no tienen efecto alguno en el programa.

Línea 6
(defun c:TRINAG1()
En esta línea, **defun** es una función AutoLISP que define la función **TRIANG1**. **TRIANG1** es el nombre de la función. La **c:** situada frente al nombre de la función, **TRIANG1**, permite ejecutarla como un comando de AutoCAD. Si no incluye c:, el comando **TRIANG1** sólo podrá ejecutarse si se indica entre paréntesis, (TRIANG1). La función TRIANG1 posee tres variables globales (P1, P2 y P3). Al escribir por primera vez un programa AutoLISP, no es mala idea utilizar variables globales, pues una vez cargado y ejecutado el programa, podrá comprobar el valor de dichas variables. Indique para ello, en la solicitud de comando de AutoCAD, un signo de cerrar exclamación (!) seguido del nombre de la variable (Comando: !P1). Una vez probado el programa y tras comprobar que funciona, las variables deberían definirse como locales: (defun c:TRIANG1 (/ P1 P2 P3)).

Línea 7
(setq P1 (getpoint "\n Indique el primer punto del triángulo: "))
En esta línea, la función **getpoint** hace una pausa para que el usuario pueda indicar el primer punto del triángulo. La solicitud Indique el primer punto del triángulo: aparecerá en la línea de

comando. Puede indicar las coordenadas de este punto con el teclado o bien designando un punto con el cursor de pantalla. La función **setq** asignará dichas coordenadas a la variable P1. **\n** se utiliza para efectuar un salto de línea de forma que la próxima instrucción quede reflejada en la siguiente línea.

Línea 8 y 9
(setq P2 (getpoint "\n Indique el segundo punto del triángulo: "))
(setq P3 (getpoint "\n Indique el tercer punto del triángulo: "))
Estas líneas solicitan que indique los vértices segundo y tercero del triángulo. Dichas coordenadas se asignarán a las variables **P2** y **P3**. **\n** se utiliza para efectuar un salto de línea de forma que cada solicitud ocupe una línea nueva.

Línea 10
(command "LINEA" P1 P2 P3 "C")
En esta línea, la función **command** ejecuta el comando **LINEA** de AutoCAD y dibuja una línea de P1 a P2 y de P2 a P3. "C" (para la opción Cerrar) une el último punto, P3, con el primer punto, P1. Todos los comandos de AutoCAD y sus opciones, al indicarse en un programa AutoLISP, deben encerrarse entre comillas. Las variables P1, P2 y P3 van separadas por un espacio en blanco.

Línea 11
Esta línea contiene un signo de cerrar paréntesis, con el que se da por concluida la definición de la función TRIANG1. Este paréntesis podría haberse combinado con la línea anterior. No obstante, si lo indica en una línea aparte, otros programadores podrán identificar fácilmente el final de una definición. En este programa sólo se ha definido una función, por lo que no es difícil localizar el final de su definición. Pero algunos programas pueden contener un número elevado de definiciones o módulos de forma que su clara identificación resulta importante. Los paréntesis y las líneas en blanco ayudan a identificar el principio y el final de cada definición en un programa.

CARGA DE UN PROGRAMA AUTOLISP

Generalmente hay dos nombres asociados con un programa AutoLISP: el nombre del archivo correspondiente al programa y el nombre de la función. Por ejemplo, triang.lsp es un nombre de archivo, no un nombre de función. Todos los archivos AutoLISP utilizan la extensión **.LSP**. Un mismo archivo AutoLISP puede incluir una o más funciones definidas en él. En el ejemplo 1, por ejemplo, TRIANG1 es el nombre de una función. Para poder ejecutar una función, en primer lugar debe cargarse el archivo de programa AutoLISP en el que se encuentra definida. Indique lo siguiente en la solicitud de comando de AutoCAD para cargar un archivo AutoLISP:

(load "[ruta]nombre_archivo")

donde	**load**	Carga un archivo de programa AutoLISP.
	ruta	Ruta del archivo a cargar.
	nombre_archivo	Nombre del archivo AutoLISP a cargar.

El nombre del archivo AutoLIPS, opcionalmente junto con la ruta del archivo, debe ir encerrado entre comillas. La función **load** y el nombre del archivo deben aparecer encerrados entre paréntesis. No es necesario incluir un espacio en blanco entre **load** y el nombre del archivo. Si AutoCAD consigue cargar correctamente el archivo, mostrará el nombre de la función en la ventana de comando.

Para ejecutar el programa, escriba el nombre de la función en la solicitud de comando de AutoCAD y pulse INTRO (Comando: **TRIANG1**). Si el nombre de la función no incluye **C:** en su definición dentro del programa, tendrá que ejecutar dicho programa indicando el nombre de la función entre paréntesis: Comando: **(TRIANG1)**.

Nota

Utilice la barra oblicua (/) cuando defina la ruta para cargar un programa AutoLISP. También puede utilizar una doble contrabarra (\\). Por ejemplo, si el archivo AutoLISP triang.lsp se encuentra en la subcarpeta LISP de la unidad D:, utilice el siguiente comando para cargar el archivo: ***(load "d:/lisp/triang")*** *o* ***(load "d:\\lisp\\triang")****.*

También puede cargar una aplicación por medio de la habitual técnica Arrastrar y colocar de Windows. Para cargar un programa LISP, seleccione el archivo en el Explorador de Windows y arrástrelo hasta la ventana gráfica de AutoCAD. El programa seleccionado se cargará automáticamente. Otro método para cargar un programa AutoLISP consiste en utilizar el cuadro de diálogo **Cargar/Descargar aplicaciones** (figura 24.3). Este cuadro de diálogo puede abrirse con la opción **Cargar aplicación** del menú **Herramientas** o bien indicando **APPLOAD** en la solicitud de comando de AutoCAD.

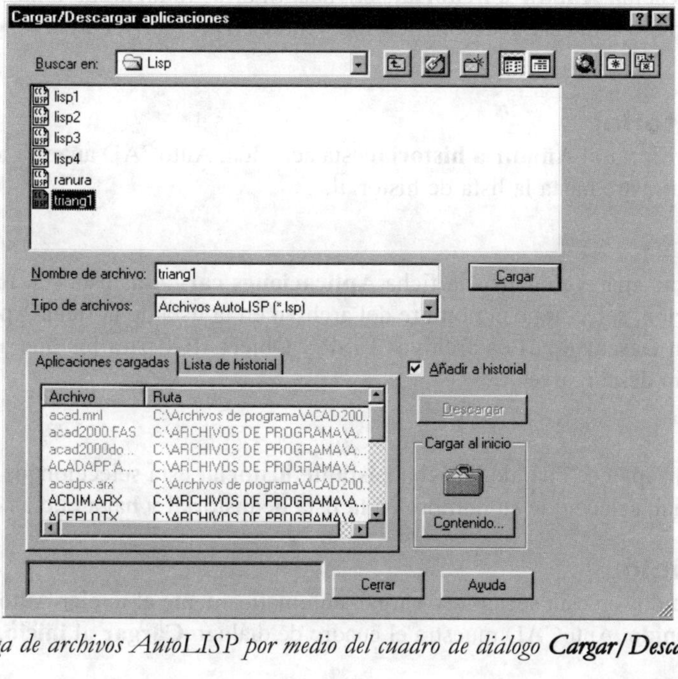

Figura 24.3. Carga de archivos AutoLISP por medio del cuadro de diálogo ***Cargar/Descargar aplicaciones****.*

Cuadro de diálogo Cargar/Descargar aplicaciones

El cuadro de diálogo **Cargar/Descargar aplicaciones** (figura 24.3) permite cargar aplicaciones LSP, VLX, FAS, VBA, ObjectDBX y ObjectARX. Los archivos VBA, ObjectDBX y ObjectARX pueden cargarse inmediatamente al seleccionar un archivo. Los archivos LSP, VLX y FAS se cargan tras cerrar el cuadro de diálogo **Cargar/Descargar aplicaciones**. La parte superior de este cuadro de diálogo muestra una lista con los archivos en la carpeta seleccionada. El tipo de archivo puede modificarse indicando el tipo deseado en el cuadro de lista desplegable **Tipo de archivos**. Para cargar alguno de los archivos, selecciónelo y haga clic en el botón **Cargar**. A continuación se describen los restantes elementos del cuadro de diálogo **Cargar/Descargar aplicaciones**.

Cargar

El botón cargar permite cargar y recargar los archivos seleccionados. Los archivos pueden seleccionarse en el cuadro de lista superior, en la ficha **Aplicaciones cargadas** o en la ficha **Lista de historial**. Los archivos ObjectARX no pueden recargarse; para cargar de nuevo un archivo ObjectARX primero debe descargarlo.

Ficha Aplicaciones cargadas

En la ficha **Aplicaciones cargadas**, AutoCAD muestra las aplicaciones actualmente cargadas. Para añadir archivos a esta lista, puede arrastrar los nombres de los archivos desde el cuadro de lista principal hasta la lista mostrada en esta ficha.

Ficha Lista de historial

En la ficha **Lista de historial**, AutoCAD muestra una lista que incluye los archivos cargados con la casilla de verificación **Añadir a historial** activada. Si arrastra un archivo hasta la lista de historial sin activar primero esta casilla de verificación, AutoCAD cargará el archivo, pero no lo incluirá en el historial.

Añadir a historial

Si la casilla de verificación **Añadir a historial** está activada, AutoCAD añadirá los archivos al historial cuando los arrastre hasta la lista de historial.

Descargar

El botón **Descargar** aparece cuando la ficha **Aplicaciones cargadas** está seleccionada. Para descargar una aplicación, seleccione el nombre del archivo en la lista de la ficha **Aplicaciones cargadas** y haga clic en **Descargar**. Los archivos LISP y ObjectARX para los que no esté prevista su descarga no podrán descargarse.

Suprimir

El botón **Suprimir** aparece cuando la ficha **Lista de historial** está seleccionada. Para suprimir un archivo del historial, seleccione su nombre en la lista de historial y haga clic en **Suprimir**.

Cargar al inicio

Los archivos incluidos en esta sección se cargan automáticamente al iniciar AutoCAD. Si hace clic en el botón **Contenido**, AutoCAD muestra el cuadro de diálogo **Cargar al inicio**, en el que aparece una lista de archivos. Puede añadir archivos a la lista por medio del botón **Añadir**. También puede arrastrar los archivos directamente desde el cuadro de lista principal hasta el icono de la cartera. Para añadir archivos desde la lista de historial, haga clic con el botón derecho sobre el archivo y, en el menú contextual, elija **Añadir a Cargar al inicio**.

Ejercicio 1 *General*

Escriba un programa AutoLISP que dibuje una línea entre dos puntos (figura 24.4). El programa debe solicitar del usuario la indicación de los puntos P1 y P2.

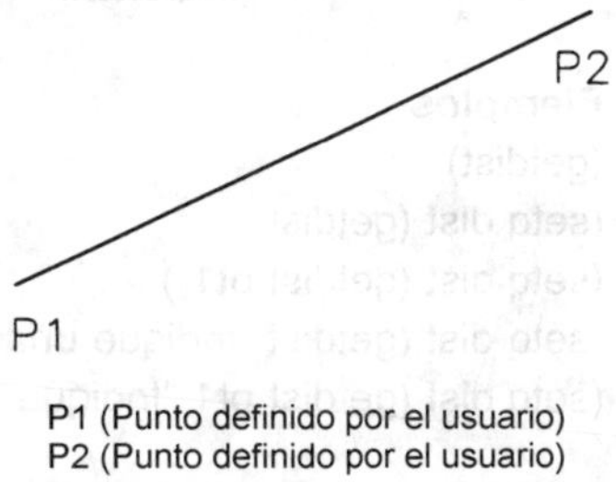

Figura 24.4. *Dibujo de una línea entre los puntos P1 y P2.*

FUNCIONES GETCORNER, GETDIST Y SETVAR

getcorner

La función **getcorner** efectúa una pausa para que el usuario pueda indicar las coordenadas de un punto. Las coordenadas del punto pueden indicarse con el teclado o utilizando el cursor en cruz de pantalla. La función requiere un punto base; conforme se desplaza el cursor en cruz, la función muestra un rectángulo a partir del punto base indicado. El formato de la función **getcorner** es:

(getcorner [punto] [solicitud])

donde	**punto**	Punto base.
	solicitud	Cualquier solicitud que deba mostrarse en pantalla.

Ejemplos

```
(getcorner pt1)
(setq pt2 (getcorner pt1))
(setq pt2 (getcorner pt1 "Indique un segundo punto: "))
```

Nota

*El punto base y el punto precisado en respuesta a la función **getcorner** se ubican con respecto al SCP actual.*

Si el punto precisado es un punto 3D con coordenadas X, Y y Z, la coordenada Z se ignora. El punto adopta la elevación actual como coordenada Z.

getdist

La función **getdist** efectúa una pausa para que el usuario pueda indicar una distancia. Esta función devuelve la distancia como un número real. El formato de la función **getdist** es:

(getdist [punto] [solicitud])

donde	**punto**	Primer punto para la distancia.
	solicitud	Cualquier solicitud que deba mostrarse en pantalla.

Ejemplos

```
(getdist)
(setq dist (getdist))
(setq dist (getdist pt1))
(setq dist (getdist "Indique una distancia: "))
(setq dist (getdist pt1 "Indique un segundo punto para distancia: "))
```

La distancia puede precisarse designando dos puntos en la pantalla. Por ejemplo, si la instrucción es **(setq dist (getdist))**, podrá indicar un número o designar dos puntos. Si la instrucción es **(setq dist (getdist pt1))**, donde el primer punto (pt1) ya está definido, tan sólo tendrá que designar el segundo punto. La función **getdist** siempre devuelve la distancia como un número real. Por ejemplo, si la configuración actual es Fraccionarias e indica la distancia como fracción, la función **getdist** devolverá, pese a todo, un número real.

setvar

La función **setvar** asigna un valor a una variable de sistema de AutoCAD. El nombre de la variable de sistema debe ir encerrado entre comillas. El formato de la función **setvar** es:

(setvar "nombre_variable" valor)

donde	**nombre_variable**	Variable de sistema de AutoCAD.
	valor	Valor a asignar a la variable de sistema.

Ejemplos

```
(setvar "cmdecho" 0)
(setvar "dimscale" 1.5)
(setvar "ltscale" 0.5)
(setvar "dimcen" -0.25)
```

Ejemplo 2

Escribiremos un programa AutoLISP que genere un chaflán entre dos líneas dadas; el usuario deberá indicar el ángulo de chaflán y la distancia de chaflán.

Para crear un chaflán, AutoCAD utiliza los valores asignados a las variables de sistema **CHAMFERA** y **CHAMFERB**. Al ejecutar el comando **CHAFLAN**, las distancias primera y segunda de chaflán se asignan, respectivamente, a las variables de sistema **CHAMFERA** y **CHAMFERB**. El comando **CHAFLAN** utiliza después estos valores para generar el chaflán. Sin embargo, en la mayoría de los dibujos de ingeniería, el método habitual para generar el chaflán consiste en indicar su longitud y su ángulo, tal como muestra la figura 24.5.

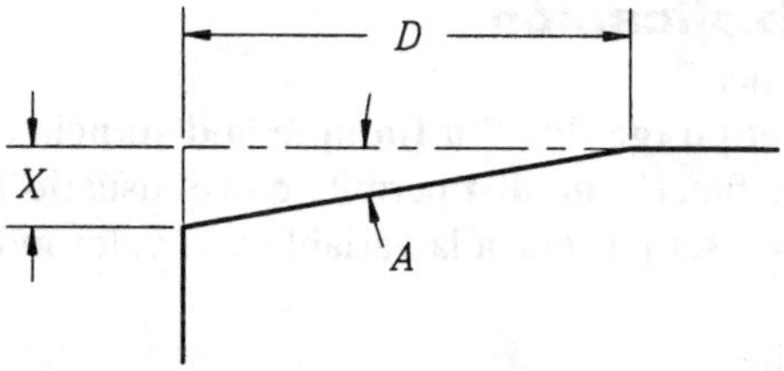

Figura 24.5. *Chaflán con ángulo A y distancia D.*

Entrada
Primera distancia de chaflán (D).
Ángulo de chaflán (A).

Salida
Chaflán entre dos líneas.

Proceso
1. Calcular la segunda distancia de chaflán.
2. Asignar estos valores a las variables de sistema CHAMFERA y CHAMFERB.
3. Utilizar el comando CHAMFER de AutoCAD para generar el chaflán.

Cálculos

$x/d = \tan a$

$x = d * (\tan a)$

$x = d * [(\sin a) / (\cos a)]$

La siguiente lista muestra el contenido del archivo para el ejemplo 2. Los números de línea que aparecen a la derecha no forman parte del archivo; se han indicado sólo como referencia.

```
1  ;Este programa genera un chaflán a partir
2  ;del ángulo y la distancia de chaflán.
3  ;
4  (defun c:chaf (/d a)
5  (setvar "cmdecho" 0)
6     (graphscr)
7     (setq d (getdist "\n Indique la distancia de chaflán: "))
8     (setq a (getangle "\n Indique el ángulo de chaflán: "))
9     (setvar "chamfera" d)
10    (setvar "chamferb" (* d (/ (sin a) (cos a))))
11    (command "chaflan")
12    (setvar "cmdecho" 1)
13    (princ)
14 )
```

Explicación

Línea 7

(setq d (getdist "\n Indique la distancia de chaflán: "))

La función **getdist** permite que el usuario indique la distancia de chaflán. A continuación, la función **setq** asigna a la variable **d** el valor indicado.

Línea 7

(setq a (getangle "\n Indique el ángulo de chaflán: "))

La función **getangle** permite que el usuario indique el ángulo de chaflán. A continuación, la función **setq** asigna a la variable **a** el valor indicado.

Línea 9

(setvar "chamfera" d)

La función **setvar** asigna el valor de la variable **d** a la variable de sistema **CHAMFERA** de AutoCAD.

Línea 10

(setvar "chamferb" (* d (/ (sin a) (cos a))))

La función **setvar** asigna el valor obtenido de la expresión **(* d (/ (sin a) (cos a)))** a la variable de sistema **CHAMFERB** de AutoCAD.

Línea 11

(command "chaflan")

La función **command** utiliza el comando **CHAFLAN** de AutoCAD para generar un chaflán.

Ejercicio 2

General

Escriba un programa AutoLISP que genere el dibujo mostrado en la figura 24.6. El programa debe solicitar del usuario la indicación de los puntos P1 y P2 y de los diámetros D1 y D2.

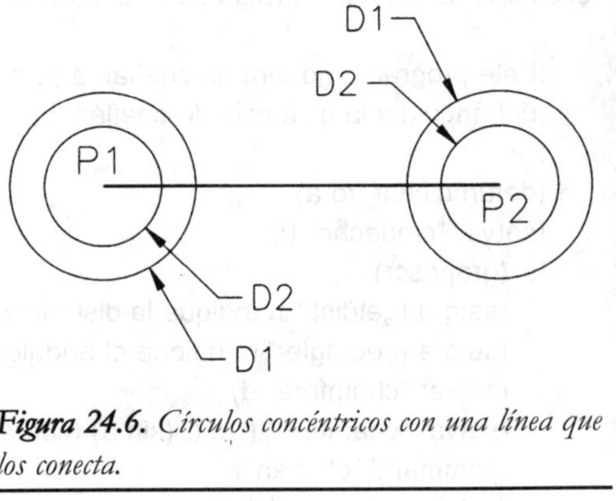

Figura 24.6. *Círculos concéntricos con una línea que los conecta.*

FUNCIÓN LIST

En AutoLISP, la función **list** se utiliza para definir un punto 2D o 3D. La función **list** también puede designarse por medio de una comilla simple (') cuando la expresión no incluye ninguna variable o elementos indefinidos.

Ejemplos

(setq x (list 40.5 60.56))	devuelve (40.5 60 56)
(setq x '(40.5 60.3))	devuelve (40.5 60.3)

FUNCIONES CAR, CDR Y CADR

car

La función **car** devuelve el primer elemento de una lista. Si la lista no contiene ningún elemento, la función devolverá **nil**. El formato de la función **car** es:

(car lista)

donde	**car**	Devuelve el primer elemento de una lista.
	lista	Lista de elementos.

Ejemplos

(car '(40.5 60 56))	devuelve 40.5
(car '(x y z))	devuelve X
(car '((15 20) 56))	devuelve (15 20)
(car '())	devuelve nil

La comilla simple designa una lista.

cdr

La función **cdr** devuelve una lista de la que se ha suprimido el primer elemento. El formato de la función **cdr** es:

(cdr lista)

donde	**cdr**	Devuelve una lista con el primer elemento suprimido.
	lista	Lista de elementos.

Ejemplos

(cdr '(40 60 56))	devuelve (40 56)
(cdr '(x y z))	devuelve (Y Z)
(cdr '((15 20) 56))	devuelve (56)
(cdr '())	devuelve nil

cadr

La función **cadr** realiza dos operaciones: **cdr** y **car**. La función **cdr** suprime el primer elemento de la lista y la función **car** devuelve el primer elemento de la nueva lista. El formato de la función **cadr** es:

(cadr lista)

donde	**cadr**	Realiza dos operaciones: **cad** y **cdr**.
	lista	Lista de elementos.

Ejemplos

(cadr '(2 3))	devuelve 3
(cadr '(2 3 56))	devuelve 3
(cadr '(x y z))	devuelve Y
(cadr '((15 20) 56 24))	devuelve 56

La función **cadr** combina las funciones **cdr** y **car** de la siguiente manera:

(cadr '(x y z)) = (car (cdr '(x y z)))
= (car (y z)

Nota

*Además de las funciones **car**, **cdr** y **cadr**, existen algunas otras funciones con las que pueden extraerse elementos de una lista. A continuación se indican estas funciones; se ha definido una función f, consistente en la lista '((x y) z w).*

(setq f '((x y) z w))

(caar f) = (car (car f))	devuelve X
(cdar f) = (cdr (car f))	devuelve Y
(cadrar f) = (car (cdr (car f)))	devuelve Y
(cddr f) = (cdr (cdr f))	devuelve W
(caddr f) = (car (cdr (cdr f)))	devuelve W

FUNCIONES GRAPHSCR, TEXTSCR, PRINC Y TERPRI

graphscr

La función **graphscr** cambia de la ventana de texto a la ventana gráfica, suponiendo que el sistema tenga sólo una pantalla. Si el sistema dispone de dos pantallas, esta función se ignora.

textscr

La función **textscr** cambia de la ventana gráfica a la ventana de texto, suponiendo que el sistema tenga sólo una pantalla. Si el sistema dispone de dos pantallas, esta función se ignora.

princ

La función **princ** muestra en pantalla el valor de la variable. Si la variable se encierra entre comillas, la función muestra la expresión encerrada entre las comillas. El formato de la función **princ** es:

(princ [variable o expresión])

Ejemplos

(princ)	Muestra en pantalla un espacio en blanco.
(princ x)	Muestra en pantalla el valor de la variable x.
(Princ "Bienvenido")	Muestra Bienvenido en la pantalla.

terpri

La función **terpri** inserta una nueva línea en la pantalla, al igual que lo hace **\n**.

Ejemplo

```
(setq p1 (getpoint "Indique el primer punto: "))(terpri)
(setq p2 (getpoint "Indique el segundo punto: "))
```

La primera línea (Indique el primer punto:) aparecerá en la línea de comando de AutoCAD. La función **terpri** provoca un salto de línea, por lo que la segunda línea (Indique el segundo punto:) aparecerá justo debajo de la primera. Si no se hubiese incluido la función terpri, las dos líneas aparecerían una a continuación de la otra (Indique el primer punto: Indique el segundo punto:).

Ejemplo 3

Escribiremos un programa que dibujará en pantalla un rectángulo; para ello, el usuario deberá indicar dos esquinas opuestas de dicho rectángulo (vea la figura 24.7).

Entrada
Coordenadas del punto P1.
Coordenadas del punto P3.

Salida
Rectángulo.

Proceso
1. Calcular las coordenadas de los puntos P2 y P4.
2. Dibujar las siguientes líneas:
   Línea de P1 a P2.
   Línea de P2 a P3.
   Línea de P3 a P4.
   Línea de P4 a P1.

Las coordenadas X e Y de los puntos P2 y P4 pueden calcularse por medio de las funciones **car** y **cadr**. La función **car** extrae la coordenada X de una lista dada; la función **cadr** extrae la coordenada Y.

Coordenada X del punto P2
x2 = x3
x2 = car (x3 y3)
x2 = car p3

Coordenada Y del punto P2
y2 = y1
y2 = cadr (x1 y1)
y2 = cadr p1

Coordenada X del punto P4
x4 = x1
x4 = car (x1 y1)
x4 = car p1

Coordenada Y del punto P4
x4 = y3
x4 = cadr (x3 y3)
x4 = cadr p3

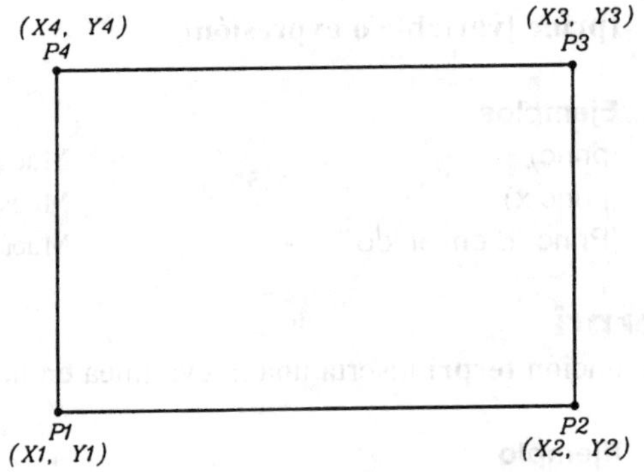

Figura 24.7. *Rectángulo de vértices P1, P2, P3 y P4.*

Por tanto, los puntos P2 y P3 son:
p2 = (list (car p3) (cadr p1))
p4 = (list (car p1) (cadr p3))

La siguiente lista muestra el contenido del archivo para el ejemplo 3. Los números de línea que aparecen a la derecha no forman parte del programa; se han indicado sólo como referencia.

```
1  ;Este programa dibujará un rectángulo. El usuario
2  ;deberá indicar dos esquinas opuestas del mismo.
3  ;
4  (defun c:RECT1 (/ p1 p2 p3 p4)
5      (graphscr)
6      (setvar "cmdecho" 0)
7      (prompt "El comando RECT1 dibuja un rectángulo")(terpri)
8      (setq p1 (getpoint "Indique la primera esquina: "))(terpri)
9      (setq p3 (getpoint "Indique la esquina opuesta: "))(terpri)
10     (setq p2 (list (car p3) (cadr p1)))
11     (setq p4 (list (car p1) (cadr p3)))
12 (command "LINEA" p1 p2 p3 p4 "c")
13 (setvar "cmdecho" 1)
14 (princ)
15 )
```

Explicación

Líneas 1 a 3
Las tres primeras líneas son líneas de comentarios que describen la función del programa. Las líneas de comentarios comienzan con un punto y coma (;) y se ignoran al cargar el programa.

Línea 4
(defun c:RECT1 (/ p1 p2 p3 p4)
La función **defun** define la función **RECT1**.

Línea 5
(graphscr)
Esta función, en caso de que la pantalla actual sea la pantalla de texto, cambia a la pantalla gráfica. Si la pantalla actual ya es la pantalla gráfica, esta función no tiene ningún efecto.

Línea 6
(setvar "cmdecho" 0)
La función **setvar** asigna el valor 0 a la variable de sistema **CMDECHO** de AutoCAD. De esta forma se desactiva la visualización de comandos y entradas de datos en la línea de comando.

Línea 7
(prompt "El comando RECT1 dibuja un rectángulo")(terpri)
La función **prompt** muestra en pantalla la información encerrada entre comillas (El comando RECT dibuja un rectángulo). La función **terpri** provoca un salto de línea para que el texto siguiente aparezca en una línea aparte.

Línea 8
(setq p1 (getpoint "Indique la primera esquina: "))(terpri)
La función **getpoint** permite que el usuario indique un punto (la primera esquina del rectángulo). La función **setq** asigna a la variable p1 el valor indicado por el usuario.

Línea 9
(setq p3 (getpoint "Indique la esquina opuesta: "))(terpri)
La función **getpoint** permite que el usuario indique un punto (la esquina opuesta del rectángulo). La función **setq** asigna a la variable p3 el valor indicado por el usuario.

Línea 10
(setq p2 (list (car p3) (cadr p1)))
La función **cadr** extrae la coordenada Y del punto p1 y la función **car** extrae la coordenada X del punto p3. Estos dos valores forman una lista; la función **setq** asigna este valor a la variable p2.

Línea 11
(setq p4 (list (car p1) (cadr p3)))
La función **cadr** extrae la coordenada Y del punto p3 y la función **car** extrae la coordenada X del punto p1. Estos dos valores forman una lista; la función **setq** asigna este valor a la variable p4.

Línea 12
(command "LINEA" p1 p2 p3 p4 "c")
La función **command** utiliza el comando **LINEA** de AutoCAD para dibujar líneas entre los puntos p1, p2, p3 y p4. La c (Cerrar) une el último punto (p4) con el primero (p1).

Línea 13
(setvar "cmdecho" 1)
La función **setvar** asigna un valor de 1 a la variable de sistema **CMDECHO** de AutoCAD, lo que activa la visualización de comandos y entradas de datos en la línea de comando.

Línea 14
(princ)
La función **princ** inserta un espacio en blanco en la pantalla. Si no se incluye esta línea, AutoCAD mostrará el valor de la última expresión. Este valor no afecta al programa, pero puede provocar confusión. La función **princ** se ha utilizado para evitar la visualización de la última expresión en la ventana de comando.

Línea 15
El signo de cerrar paréntesis completa la definición de la función **RECT1** y concluye el programa.

Nota

*En este programa, el rectángulo se genera tras definir sus dos esquinas. El rectángulo no se arrastra en la pantalla con el cursor en cruz para indicar la segunda esquina. Si desea poder arrastrar el rectángulo, utilice la función **getcorner**, tal como se indica en el siguiente programa:*

```
;Este programa dibujará un rectángulo con modo
;de arrastre y utilizando la función getcorner.
(defun c:RECT2 (/ p1 p2 p3 p4)
    (graphscr)
    (setvar "cmdecho" 0)
    (prompt "El comando RECT2 dibuja un rectángulo")(terpri)
    (setq p1 (getpoint "Indique la primera esquina: "))(terpri)
    (setq p3 (getcorner "Indique la esquina opuesta: "))(terpri)
    (setq p2 (list (car p3) (cadr p1)))
    (setq p4 (list (car p1) (cadr p3)))
(command "LINEA" p1 p2 p3 p4 "c")
(setvar "cmdecho" 1)
(princ)
)
```

FUNCIONES GETANGLE Y GETORIENT

getangle

La función **getangle** efectúa una pausa para que el usuario pueda indicar un ángulo; después devuelve el valor de dicho ángulo en radianes. El formato de la función **getangle** es:

(getangle [punto] [solicitud])

donde **punto** Primer punto del ángulo.
solicitud Cualquier solicitud que deba mostrarse en pantalla.

Ejemplos
(getangle)
(setq ang (getangle pt1))
(setq ang (getangle "Indique el ángulo de inclinación: "))
(setq ang (getangle pt1 "Indique el segundo punto del ángulo: "))

El ángulo indicado se ve afectado por la configuración de ángulo actual. La configuración de ángulo puede modificarse con el comando **UNIDADES** de AutoCAD o cambiando el valor de las variables de sistema **ANGBASE** y **ANGDIR**. A continuación se indican los parámetros predeterminados para medir un ángulo:

- El ángulo se mide con respecto al eje X positivo. El valor de este parámetro se guarda en la variable de sistema **ANGBASE**.

- El ángulo es positivo si se mide en sentido contrario a las agujas del reloj; si se mide en el sentido de las agujas del reloj, el ángulo es negativo. El valor de este parámetro se guarda en la variable de sistema **ANGDIR**.

Si, como sucede en la figura 24.8 (a), el ángulo utiliza la configuración predeterminada, la función **getangle** devolverá 2.35619 radianes para un ángulo de 135 grados.

Ejemplo
(setq ang (getangle "Indique un ángulo: ")) devuelve 2.35619 para un ángulo de 135 grados.

La figura 24.8 (b) muestra una configuración distinta para los ángulos; el eje Y positivo corresponde a cero grados; los ángulos positivos se miden en el sentido de las agujas del reloj. La función **getangle** devolverá 3.92699 para un ángulo de 135 grados. Tal como muestra la figura 24.9 (b), la función **getangle** calcula el ángulo en la dirección contraria a las agujas del reloj (ignorando la dirección definida en la variable de sistema **ANGDIR**) y según el ángulo base definido en la variable de sistema **ANGBASE**.

Ejemplo
(setq ang (getangle "Indique un ángulo: ")) devuelve 3.92699 para un ángulo de 135 grados.

getorient

La función **getorient** efectúa una pausa para que el usuario pueda indicar un ángulo; a continuación devuelve el valor de dicho ángulo en radianes. El formato de la función **getorient** es:

Figura 24.8 (a)

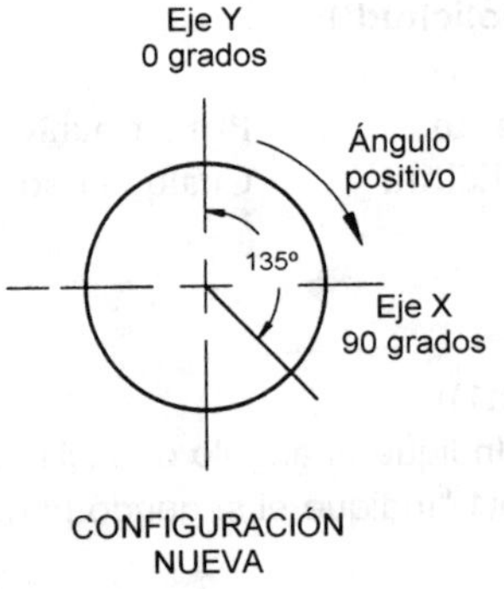

Figura 24.8 (b)

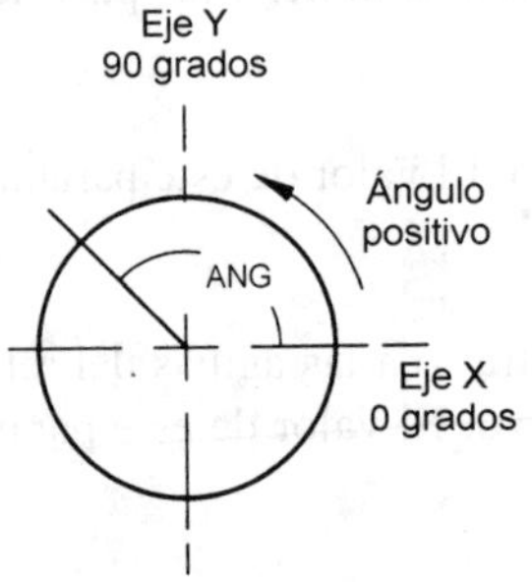

Figura 24.9 (a)

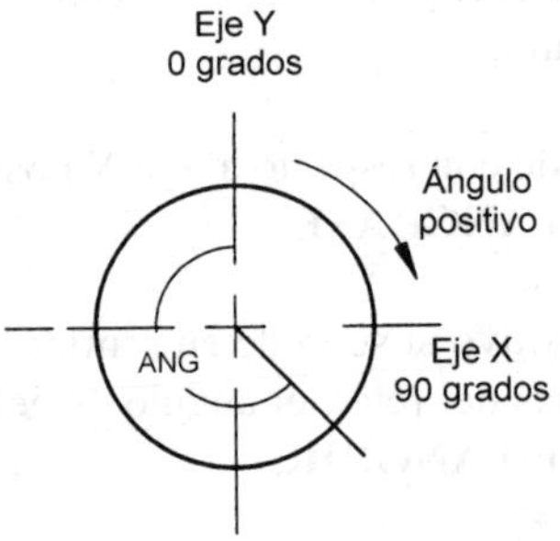

Figura 24.9 (b)

(getorient [punto] [solicitud])

donde	**punto**	Primer punto del ángulo.
	solicitud	Cualquier solicitud que deba mostrarse en pantalla.

Ejemplos
(getorient)
(setq ang (orient pt1))
(setq ang (getorient "Indique el ángulo de inclinación: "))
(setq ang (getorient pt1 "Indique el segundo punto del ángulo: "))

La función **getorient** es como la función **getangle**. Ambas devuelven el valor de un ángulo en radianes. Sin embargo, la función **getorient** siempre mide el ángulo a partir del eje X positivo y en la dirección contraria a las agujas del reloj. Así pues, ignora el valor de las variables de sistema **ANGBASE** y **ANGDIR**. Si la configuración no se ha modificado, tal como muestra la figura 24.10 (a) (valores predeterminados para **ANGDIR** y **ANGBASE**), la función **getorient** devolverá 2.35610 radianes para un ángulo de 135 grados. Si la configuración ha cambiado, tal como sucede en la figura 24.10 (b), para un ángulo de 135 grados la función **getorient** devolverá 5.49778 radianes. Aunque los parámetros hayan cambiado, la función **getorient** ignora los nuevos parámetros y mide el ángulo desde el eje X positivo en dirección contraria a las agujas del reloj.

Nota

*Tanto en la función **getangle** como en **getorient**, puede indicar el ángulo con el teclado o designando dos puntos en la pantalla. Si la instrucción es (setq ang (getorient pt1)), donde pt1 se ha definido previamente, deberá indicar un segundo punto. Puede indicar este punto con el teclado precisando sus coordenadas o designándolo en pantalla.*

180 grados equivale a pi (3.14159) radianes. Para calcular un ángulo en radianes, utilice la siguiente relación:

Ángulo en radianes = (pi x ángulo)/180

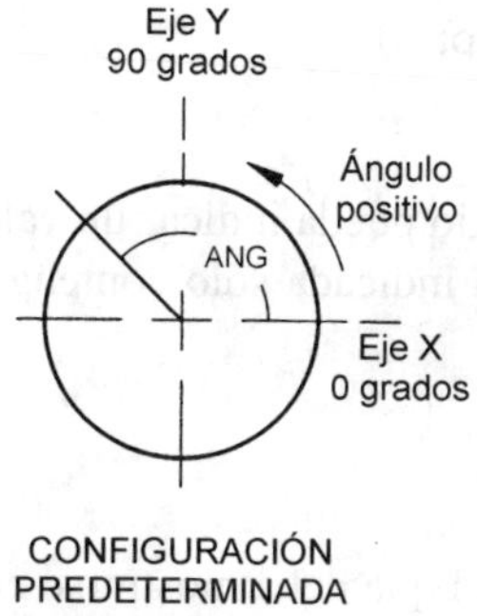

Figura 24.10 (a)

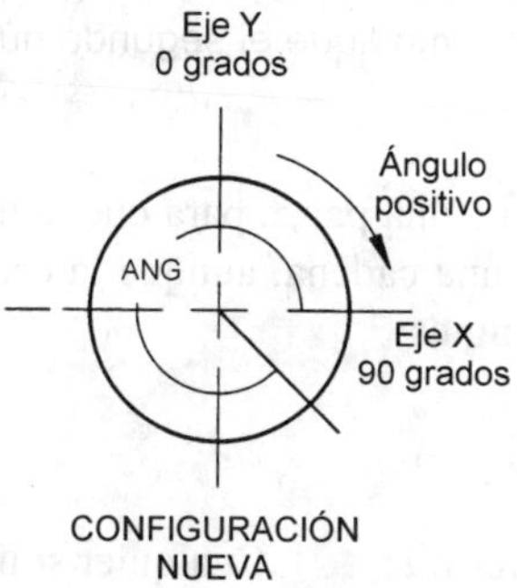

Figura 24.10 (b)

FUNCIONES GETINT, GETREAL, GETSTRING Y GETVAR

getint

La función **getint** efectúa una pausa para que el usuario pueda indicar un entero. Esta función siempre devuelve un entero, aun cuando el número indicado sea real. El formato de la función **getint** es:

(getint [solicitud])

donde **solicitud** Cualquier solicitud que deba mostrarse en pantalla.

Ejemplos

```
(getint)
(setq numx (getint))
(setq numx (getint "Indique el número de filas: "))
(setq numx (getint "\nIndique el número de columnas: "))
```

getreal

La función **getreal** efectúa una pausa para que el usuario pueda indicar un número real. Esta función siempre devuelve un número real, aun cuando el número indicado sea entero. El formato de la función **getreal** es:

(getreal [solicitud])

donde **solicitud** Cualquier solicitud que deba mostrarse en pantalla.

Ejemplos

```
(getreal)
(setq numrealx (getreal))
(setq numrealx (getreal "Indique el primer número: "))
(setq numrealx (getreal "\nIndique el segundo número: "))
```

getstring

La función **getstring** efectúa una pausa para que el usuario pueda indicar un valor de cadena. Esta función siempre devuelve una cadena, aunque la cadena indicada sólo contenga números. El formato de la función **getstring** es:

(getstring [solicitud])

donde **solicitud** Cualquier solicitud que deba mostrarse en pantalla.

Ejemplos

```
(getstring)
(setq respuesta (getstring))
(setq respuesta (getstring "Indique S para sí o N para no: "))
(setq respuesta (getstring "\n Indique S para sí o N para no: "))
```

Nota

La longitud máxima de la cadena es de 132 caracteres. Si la cadena excede este valor, se ignoran los caracteres sobrantes.

getvar

La función **getvar** permite recuperar el valor de una variable de sistema de AutoCAD. El formato de la función **getvar** es:

(getvar "variable")

donde **variable** Nombre de la variable de sistema de AutoCAD.

Ejemplos

```
(getvar "dimcen")
```

```
(getvar "ltscale")
(getvar "limmax")
(getvar "limmin")
```

Nota

El nombre de la variable de sistema debe ir siempre encerrado entre comillas.

Sólo puede recuperarse el valor de una variable de sistema en cada instrucción. Si desea recuperar el valor de varias variables, utilice una instrucción para cada una de ellas.

FUNCIONES POLAR Y SQRT

polar

La función **polar** define un punto con cierto ángulo y a cierta distancia de un punto dado (figura 24.11). El ángulo se expresa en radianes y se mide con valor positivo en el sentido contrario a las agujas del reloj (suponiendo que **ANGBASE** y **ANGDIR** estén definidos en sus valores predeterminados). El formato de la función **polar** es:

(polar punto ángulo distancia)

donde	**punto**	Punto de referencia.
	ángulo	Ángulo que forman el punto y el punto de referencia.
	distancia	Distancia entre el punto y el punto de referencia.

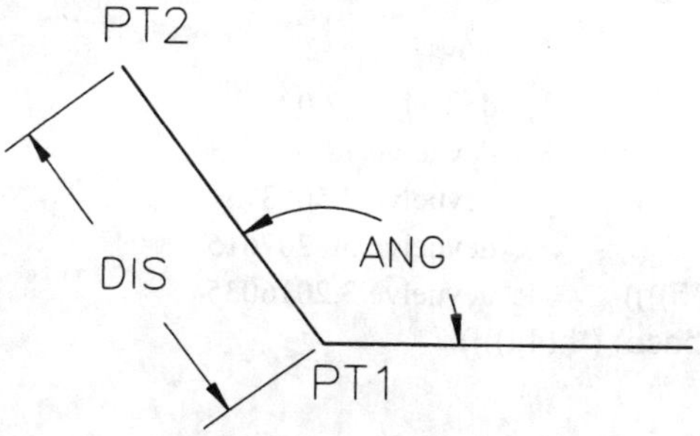

Figura 24.11. *Utilización de la función **polar** para definir un punto.*

Ejemplos

```
(polar pt1 ang dis)
(setq pt2 (polar pt1 ang dis))
(setq pt2 (polar '(40.0 60.5) ang dis))
```

sqrt

La función **sqrt** calcula la raíz cuadrada de un número; el valor devuelto por esta función es siempre un número real. El formato de la función **sqrt** es:

(sqrt número)

donde **número** Número para el que se desea calcular la raíz cuadrada (puede ser real o entero).
ángulo Ángulo que forman el punto y el punto de referencia.
distancia Distancia entre el punto y el punto de referencia.

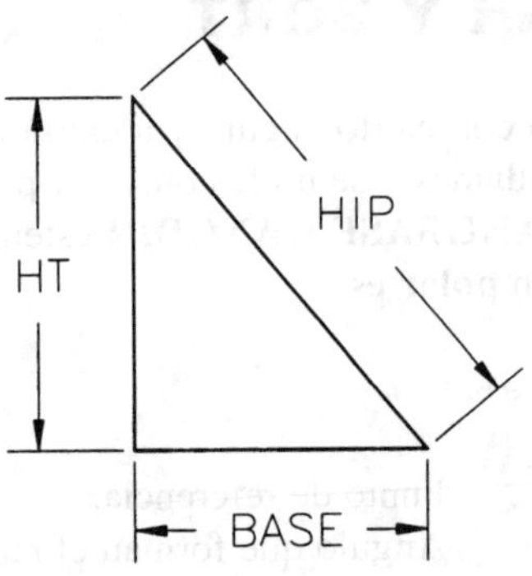

(setq hip (sqrt (+ (* base base) (*ht ht))))
Figura 24.12. Aplicación de la función sqrt.

Ejemplos

(sqrt 144)	devuelve 12.0
(sqrt 144.0)	devuelve 12.0
(setq x (sqrt 57.25))	devuelve 7.566373
(setq x (sqrt (*25 36.5)))	devuelve 30.207615
(setq x (sqrt (/7.5 (cos 0.75))))	devuelve 3.2016035
(setq hip (sqrt (+ (* base base) (*ht ht))))	

Ejemplo 4

Escribiremos un programa AutoLISP que dibuje un triángulo circunscrito en un círculo (figura 24.13). Los lados del triángulo son tangentes al círculo. El programa debe solicitar la indicación del radio y el centro del círculo.

La siguiente lista es el contenido del programa AutoLISP para el ejemplo 4.

```
;Este programa dibujará un triángulo
;circunscrito en un círculo.
```

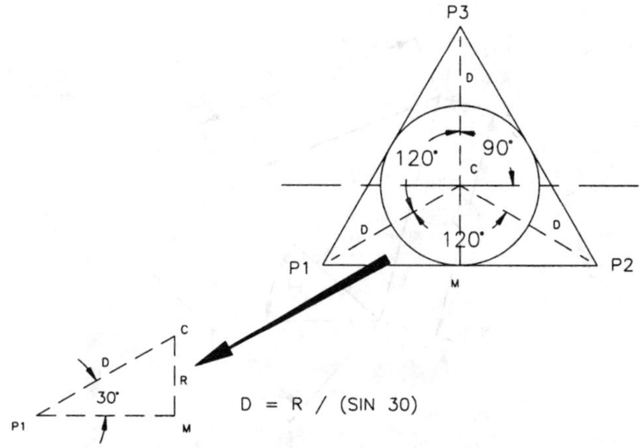

Figura 24.13. *Triángulo equilátero circunscrito en un círculo.*

```
;
(defun dtr (a)
    (*a (/ pi 180.0))
)
(defun c:trgcir(/ r c d p1 p2 p3)
    (setvar "cmdecho" 0)
    (graphscr)
    (setq r(getdist "\nIndique el radio del círculo: "))
    (setq r(getpoint "\nIndique el centro del círculo: "))
    (setq d(/ r (sin(dtr 30))))
    (setq p1(polar c (dtr 210) d))
    (setq p2(polar c (dtr 330) d))
    (setq p3(polar c (dtr 90) d))
    (command "circulo" c r)
    (command "linea" p1 p2 p3 "c"
    (setvar "cmdecho" 1)
    (princ)
)
```

Ejercicio 3 — *General*

Escriba un programa AutoLISP que dibuje un triángulo isósceles con vértices P1, P2 y P3. La base del triángulo (P1,P2) forma un ángulo B con el eje X positivo (figura 24.14). El programa debe solicitar la indicación del punto inicial del triángulo (P1), la longitud L1 y los ángulos A y B.

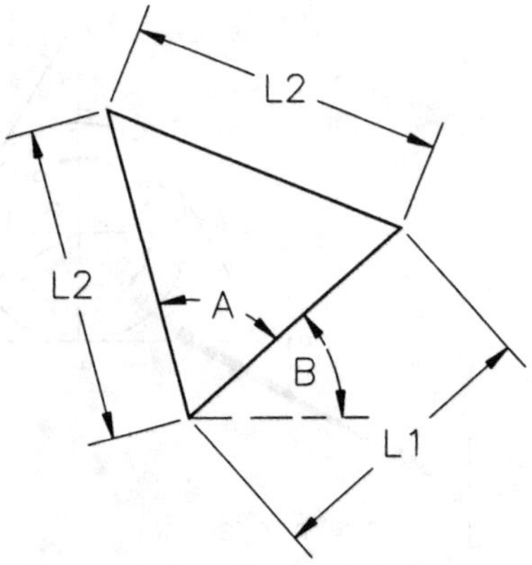

Figura 24.14. Triángulo isósceles inclinado.

Ejercicio 4 *General*

Escriba un programa AutoLISP que dibuje una ranura con líneas de centro. El programa debe solicitar del usuario la longitud L, la anchura de la ranura y el nombre de la capa para las líneas de centro (figura 24.15).

Figura 24.15. Ranura de longitud L y radio R.

FUNCIONES ITOA, RTOS, STRCASE Y PROMPT

itoa

La función **itoa** transforma un entero en una cadena; la función devuelve el entero como cadena. El formato de la función **itoa** es:

(itoa número)

donde	**número**	Número entero a convertir en cadena.

Ejemplos

(itoa 89)	devuelve "89"
(itoa -356)	devuelve "-356"
(setq nument 7)	
(itoa nument)	devuelve "7"
(setq nument 345)	
(setq cadenaent (itoa nument))	devuelve "345"

rtos

La función **rtos** transforma un número real en una cadena; la función devuelve el número real como cadena. El formato de la función **rtos** es:

(rtos numreal)

donde	**numreal**	Número real a convertir en cadena.

Ejemplos

(rtos 50.6)	devuelve "50.6"
(rtos -30.0)	devuelve "-30.0"
(setq numreal 75.25)	
(setq cadenareal (rtos numreal))	devuelve "75.25"

La función **rtos** también puede incluir modo y precisión. El formato de la función **rtos** con modo y precisión es:

(rtos numreal [modo] [precisión])

donde	**numreal**	Número real a convertir en cadena.
	modo	Modo de unidades, como decimales o científicas.
	precisión	Número de lugares decimales o denominador en fracciones.

strcase

La función **strcase** convierte los caracteres de una cadena en mayúsculas o en minúsculas. El formato de la función **strcase** es:

(strcase cadena [Verdad])

donde	**cadena**	Cadena que debe convertirse a mayúsculas o minúsculas.
	Verdad	Si no es **nil**, todos los caracteres pasan a minúsculas.

Ejemplos

```
(strcase "Bienvenido a casa")          devuelve "BIENVENIDO A CASA"

(setq t 0)
(strcase "Bienvenido a casa" t)        devuelve "bienvenido a casa"

(setq respuesta (strcase (getstring "Indique Sí o No: ")))
```

prompt

La función **prompt** se utiliza para mostrar un mensaje en la ventana de comando. El contenido del mensaje debe ir encerrado entre comillas. El formato de la función **prompt** es:

(prompt mensaje)

donde	**mensaje**	Mensaje a mostrar en la pantalla.

Ejemplos

```
(prompt "Indique el diámetro del círculo: "))
(setq d (getdist (prompt "Indique el diámetro del círculo: ")))
```

Nota

*En un sistema de dos pantallas, la función **prompt** muestra el mensaje en ambas pantallas.*

Ejemplo 5

Escribiremos un programa que dibuje dos círculos de radios r1 y r2 para representar dos poleas separadas una distancia d. La línea que une los centros de los dos círculos forma un ángulo con respecto al eje X positivo (figura 24.16).

Entrada

Radio del círculo menor: r1.
Radio del círculo mayor: r2.
Distancia entre círculos: d
Ángulo de la línea de centro: a
Centro del círculo menor: c1

Salida

Círculo menor de radio r1.
Círculo mayor de radio r2.
Líneas tangentes a los círculos.

Proceso

1. Calcular la distancia x1,x2.
2. Calcular el ángulo ang.

3. Localizar el punto c2 respecto al punto c1.
4. Localizar los puntos p1, p2, p3 y p4.
5. Dibujar el círculo menor con radio r1 y centro c1.
6. Dibujar el círculo mayor con radio r2 y centro c2.
7. Dibujar una línea de p1 a p2 y otra de p3 a p4.

<u>Cálculos</u>

x1 = r2 - r1
x2 = sqrt [d^2 - (r2 - r1)^2]
tan ang = x1 / x2
ang = atan (x1 / x2)
a1a = 90 + a + ang
a1b = 270 + a - ang
a2a = 90 + a + ang
a2b = 270 + a - ang

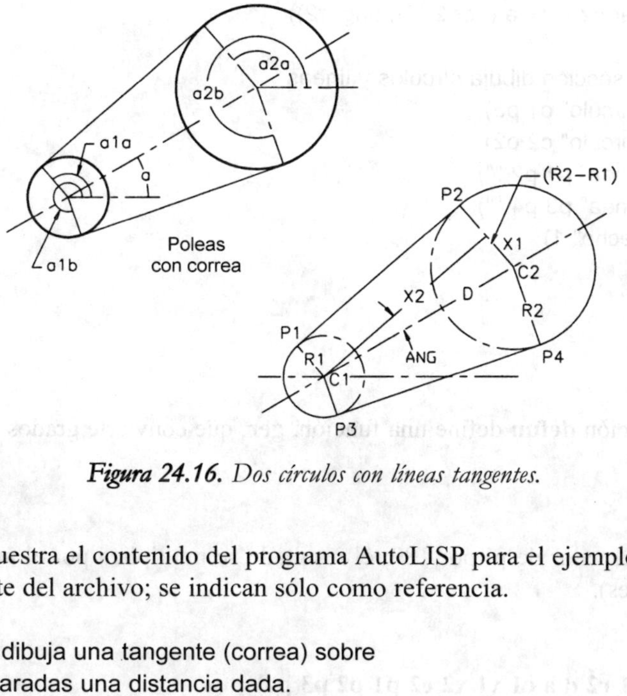

Figura 24.16. *Dos círculos con líneas tangentes.*

La siguiente lista muestra el contenido del programa AutoLISP para el ejemplo 5. Los números de línea no forman parte del archivo; se indican sólo como referencia.

```
;Este programa dibuja una tangente (correa) sobre
;dos poleas separadas una distancia dada.

;La función ger cambia grados en radianes.
(defun ger (a)
   (*a (/ pi 180.0))
)
;Fin de la función ger
```

```
9  ;La función correa dibuja líneas tangentes a los círculos
10 (defun c:correa(/ r1 r2 d a c1 x1 x2 c2 p1 p2 p3 p4)
11   setvar "cmdecho 0"
12   (graphscr)
13   (setq r1 (getdist "\nIndique el radio de la polea menor: "))
14   (setq r2 (getdist "\nIndique el radio de la polea mayor: "))
15   (setq d (getdist "\nIndique la distancia entre poleas: "))
16   (setq a (getangle "\nIndique el ángulo de las poleas: "))
17   (setq c1 (getpoint "\nIndique el centro de la polea menor: "))
18   (setq x1 (- r2 r1))
19   (setq x2 (sqt (- (* d d) (* (- r2 r1) (- r2 r1)))))
20   (setq ang (atan (/ x1 x2)))
21   (setq c2 (polar c1 a d))
22   (setq p1 (polar c1 (+ ang a (ger 90)) r1))
23   (setq p2 (polar c1 (- (+ a (ger 270)) ang) r1))
24   (setq p3 (polar c2 (+ ang a (ger 90)) r2))
25   (setq p4 (polar c2 (- (+ a (ger 270)) ang) r2))
26
27   ;La siguiente sección dibuja círculos y líneas
28   (command "circulo" c1 p3)
29   (command "circulo" c2 p2)
30   (command "linea" p1 p2 "")
31   (command "linea" p3 p4 "")
32   (setvar "cmdecho" 1)
33   (princ))
```

Explicación

Línea 5

(defun ger (a)

En esta línea, la función **defun** define una función, **ger**, que convierte grados en radianes.

Línea 6

(*a (/ pi 180.0))

(/ pi 180.0) divide el valor de **pi** por 180; el resultado se multiplica por el ángulo **a** (180 grados equivale a **pi** radianes).

Línea 10

(defun c:correa(/ r1 r2 d a c1 x1 x2 c2 p1 p2 p3 p4)

En esta línea, la función **defun** define una función, **correa**, que genera dos círculos con líneas tangentes.

Línea 18

(setq x1 (- r2 r1))

En esta línea, la función **setq** asigna un valor de r2 - r1 a la variable **x1**.

Línea 19
(setq x2 (sqt (- (* d d) (* (- r2 r1) (- r2 r1)))))
En esta línea, **(- r2 r1)** resta el valor de r1 a r2; **(* (- r2 r1) (- r2 r1))** calcula el cuadrado de **(- r2 r1)**. **(sqt (- (* d d) (* (- r2 r1) (- r2 r1))))** calcula la raíz cuadrada de la diferencia, mientras que **setq x2** asigna el resultado de esta expresión a la variable **x2**.

Línea 20
(setq ang (atan (/ x1 x2)))
En esta línea, **(atan (/ x1 x2))** calcula el arcotangente de x1 / x2. La función **setq ang** asigna el valor del ángulo en radianes a la variable **ang**.

Línea 21
(setq c2 (polar c1 a d))
En esta línea, **(polar c1 a d)** utiliza la función **polar** para localizar el punto c2 con respecto al c1, a una distancia **d** y un ángulo **a** según el eje X positivo.

Línea 22
(setq p1 (polar c1 (+ ang a (ger 90)) r1))
En esta línea, **(polar c1 (+ ang a (ger 90)) r1)** localiza el punto p1 con respecto a c1, a una distancia **r1** y con un ángulo **(+ ang a (ger 90))** según el eje X positivo.

Línea 28
(command "circulo" c1 p3)
En esta línea, la función **command** utiliza el comando **CIRCULO** de AutoCAD para dibujar un círculo con centro c1 y un radio definido por el punto p3.

Línea 30
(command "linea" p1 p2 "")
En esta línea, la función **command** utiliza el comando **LINEA** de AutoCAD para dibujar una línea de p1 a p2. Las dos comillas que aparecen al final de la línea indican un INTRO para terminar el comando **LINEA**.

Ejercicio 5 — *General*

Escriba un programa AutoLISP que dibuje dos líneas tangentes a dos círculos, tal como muestra la figura 24.17. El programa debe solicitar los diámetros de los círculos y la distancia entre sus centros.

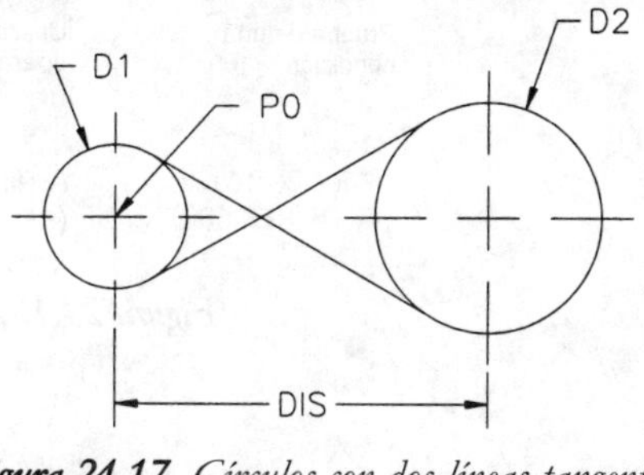

Figura 24.17. *Círculos con dos líneas tangentes.*

DIAGRAMAS DE FLUJO

Un **diagrama de flujo** es la representación gráfica de un algoritmo. Puede utilizarse para analizar un problema sistemáticamente. Así podrá comprender mejor el problema, especialmente si el algoritmo incluye alguna instrucción condicional. Los diagramas de flujo constan de símbolos estándar que representan ciertas funciones en el programa. Por ejemplo, el rectángulo se utiliza para representar un proceso que se lleva a cabo al ejecutar el programa. Los bloques se conectan mediante líneas que indican la secuencia de operaciones. La figura 24.18 describe los símbolos normalizados que pueden utilizarse en los diagramas de flujo.

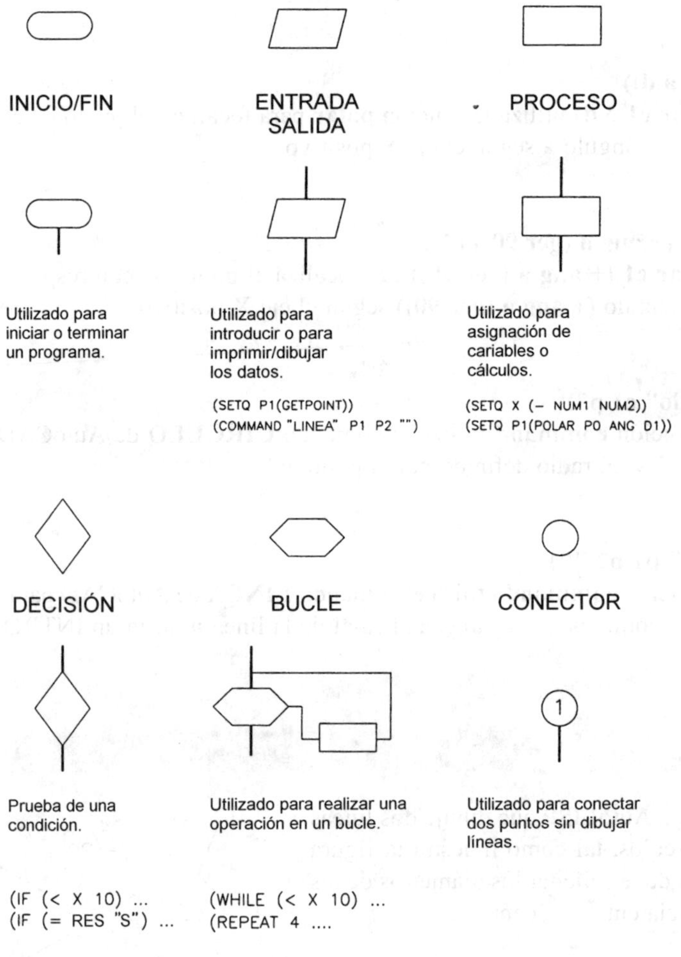

Figura 24.18. *Símbolos en los diagramas de flujo.*

FUNCIONES CONDICIONALES

Las funciones relacionales, ya descritas anteriormente en este capítulo, establecen una relación entre dos elementos. Por ejemplo, (< x y) describe una condición de prueba para una operación. Para utilizar apropiadamente funciones de este tipo, deben combinarse con las funciones condicionales. Por ejemplo, (if (< x y) (setq z (- y x)) (setq z (- x y)) describe la acción a efectuar cuando la condición sea cierta (T) y cuando la condición sea falsa (nil). Si la condición es cierta, z tomará el valor y - x. Si la condición es falsa, entonces z será x - y. Así pues, las funciones condicionales son muy importantes en cualquier lenguaje de programación, incluido AutoLISP.

if

La función **if** (figura 24.19) evalúa la primera expresión (**entonces**) si la condición precisada devuelve "T" (del inglés "true", "verdadero"). Si la condición precisada devuelve "nil" ("nulo" en español), la función **if** evalúa la segunda expresión (**si_no**). El formato de la función **if** es:

(if condición entonces [si_no])

donde	**condición**	Expresión condicional.
	entonces	Expresión evaluada si la condición devuelve T.
	si_no	Expresión evaluada si la condición devuelve nil.

Ejemplos

(if (= 7 7) "verdadero") devuelve "verdadero"
(if (=5 7) "verdadero" "falso") devuelve "falso"

(setq res "sí")
(if (= res "sí") "Sí" "No") devuelve "Sí"

```
(setq num1 8)
(setq num2 10)
(if (> num1 num2)
    (setq x (- num1 num2))
    setq x (- num2 num1))
)
```
devuelve 2

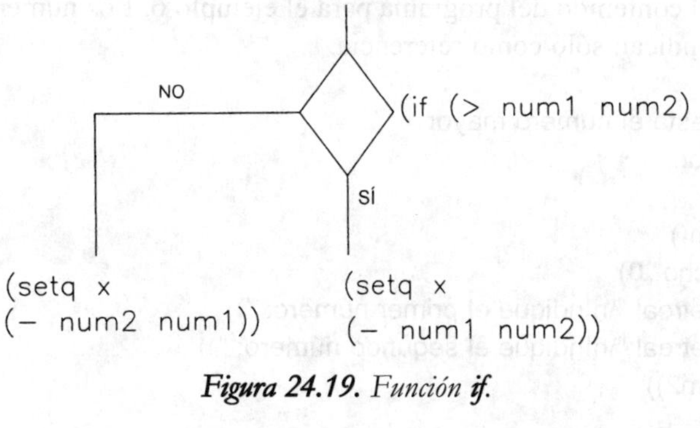

Figura 24.19. Función if.

Ejemplo 6

Escribiremos un programa AutoLISP para, a partir de dos números indicados por el usuario, obtener el resultado de restar al mayor el número menor.

Entrada
Primer número: num1
Segundo número: num2

Salida
x = num1 - num2
ó
x = num2 - num1

Proceso
Si num1 > num2, entonces x = num1 - num2
Si num1 < num2, entonces x = num2 - num1

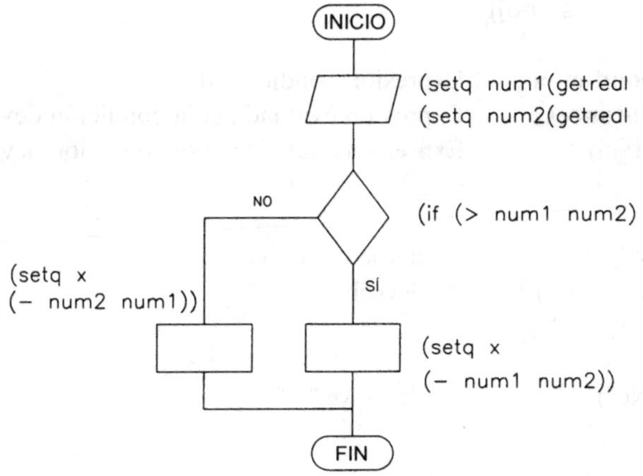

Figura 24.20. Diagrama de flujo para el ejemplo 6.

El diagrama de flujo mostrado en la figura 24.6 describe el algoritmo correspondiente al programa mediante símbolos normalizados.

La siguiente lista es el contenido del programa para el ejemplo 6. Los números de línea no forman parte del archivo; se indican sólo como referencia.

```
;Este programa resta el número mayor
;del número menor.
;
(defun c:restanum()
   (setvar "cmdecho" 0)
   (setq num1 (getreal "\nIndique el primer número: "))
   (setq num2 (getreal "\nIndique el segundo número: "))
   (if (> num1 num2))
```

```
9         (setq x (- num1 num2))
10        (setq x (- num2 num1))
11        )
12     (setvar "cmdecho" 1)
13     (princ)
14  )
```

Explicación

Línea 8
(if (> num1 num2))
En esta línea, la función **if** evalúa la expresión de prueba **(> num1 num2)**. Si la condición es cierta, devuelve T; si la condición no es cierta, devuelve nil.

Línea 9
(setq x (- num1 num2))
Esta expresión se evalúa si la expresión de prueba **(if (> num1 num2)** devuelve T. El valor de la variable num2 se restará de num1 y el resultado se asignará a la variable x.

Línea 10
(setq x (- num2 num1))
Esta expresión se evalúa si la expresión de prueba **(if (> num1 num2)** devuelve nil. El valor de la variable num1 se restará de num2 y el resultado se asignará a la variable x.

Línea 11
)
El signo de cerrar paréntesis completa la definición de la función **if**.

Ejemplo 7

Escribiremos un programa AutoLISP que permita multiplicar o dividir dos números (figura 24.21). El programa debe permitir elegir al usuario entre multiplicar o dividir. También debe mostrar un mensaje apropiado si no elige una opción correcta.

La siguiente lista muestra es el contenido del programa AutoLISP para el ejemplo 7:

```
;Este programa multiplica o divide dos números.
;
(defun c:mdnum()
   (setvar "cmdecho" 0)
   (setq num1 (getreal "\nIndique el primer número: "))
   (setq num2 (getreal "\nIndique el segundo número: "))
   (prompt "¿Desea multiplicar o dividir? Indique M o D: ")
   (setq res (strcase (getstring)))
```

```
(if (= res "M")
   (setq x (* num1 num2))
)
(if (= res "D")
   (setq x (/ num1 num2))
)
(if (and (/= red "D")(/= res "M"))
   (prompt "Lo siento, entrada incorrecta. Pruebe de nuevo.")
)
(setvar "cmdecho" 1)
(princ))
```

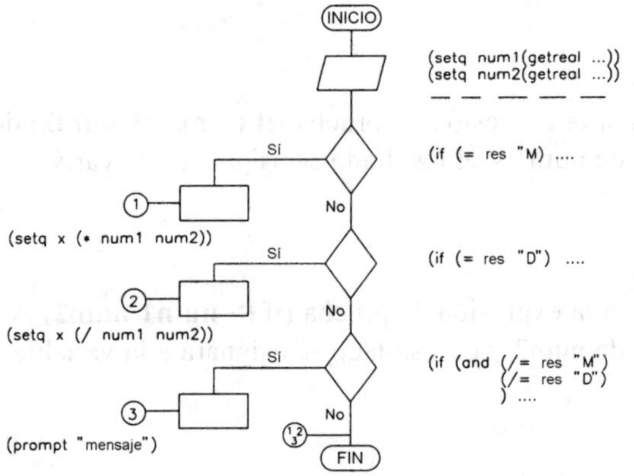

Figura 24.21*. Diagrama de flujo para el ejemplo 7.*

progn

La función **progn** puede utilizarse con la función **if** para evaluar varias expresiones. El formato de la función **progn** es:

(progn expresión expresión ...)

La función **if** sólo evalúa una expresión si la condición de prueba devuelve T. La función **progn** permite, en combinación con la función **if**, evaluar varias expresiones.

Ejemplo

```
(if (= res "sí")
   (progn
      (setq x (sin ang))
      (setq y (cos ang))
      (setq tanang (/ x y))
))
```

while

La función **while** (figura 24.22) evalúa una condición de prueba; si la condición es cierta (cuando la expresión no devuelve nil) se ejecutan las operaciones que siguen a la función **while**; después vuelve a evaluarse la condición de prueba. Este ciclo se repite continuamente hasta que la condición de prueba devuelve nil. El formato de la función **while** es:

(while expresión_de_prueba operaciones)

donde	**expresión_de_prueba**	Expresión que prueba una determinada condición.
	operaciones	Operaciones a realizar mientras la expresión de prueba no devuelva nil.

Ejemplos

```
(while (= res "sí")
   (setq x (+ x 1))
   (setq res (getstring "Indique sí o no: "))
)

(while (< n 3)
   (setq x (+ x 10))
   (setq n (1+ n))
)
```

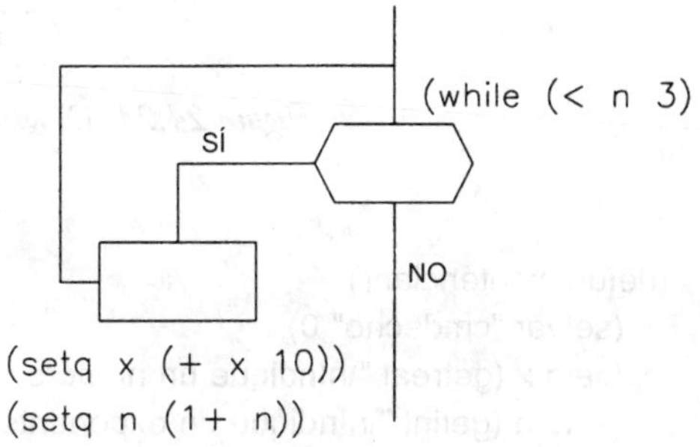

*Figura 24.22. Función **while**.*

Ejemplo 8

Escribiremos un programa AutoLISP para calcular la potencia n de un número dado. El exponente es un número entero. El programa debe solicitar la base y el exponente (figura 24.23).

Entrada
Base: x
Exponente: n

Salida
producto x^n

Proceso
1. Configurar t = 1 y c = 1.
2. Multiplicar t * x y asignar dicho valor a la variable t.
3. Repetir el proceso hasta que el contador c sea inferior o igual a n.

La siguiente lista es el contenido del archivo para el programa AutoLISP del ejemplo 8:

```
;Este programa calcula la potencia n
;de un número dado.
```

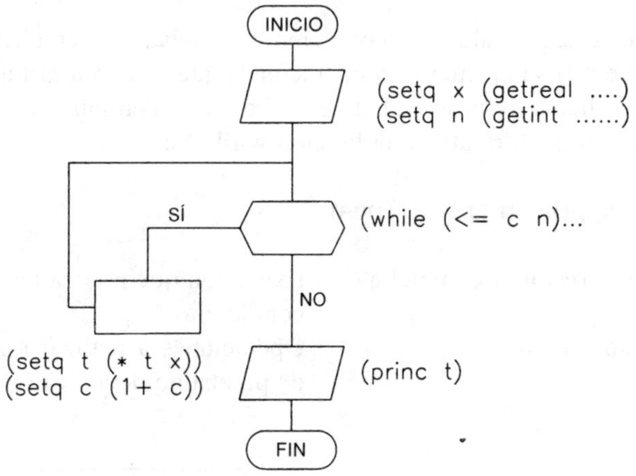

Figura 24.23. Diagrama de flujo para el ejemplo 8.

```
;
(defun c:potencian()
   (setvar "cmdecho" 0)
   (setq x (getreal "\nIndique un número: "))
   (setq n (getint "\nIndique un exponente entero para el número: "))
   (setq t 1) (setq c 1)
   (while (<= c n)
      (setq t (* t x))
      (setq c (1+ c))
   )
   (setvar "cmdecho" 1)
   (princ t)
)
```

Ejemplo 9

Escribiremos un programa AutoLISP que dibuje una serie de círculos uniformemente distribuidos en una circunferencia (figura 24.24). El programa debe solicitar el punto de centro de la circunferencia, así como el diámetro de los círculos, el número de ellos y el ángulo inicial.

La siguiente lista es el contenido del archivo para el programa AutoLISP del ejemplo 9:

```
;Este programa crea una serie de círculos
;en una circunferencia.
;
(defun c:ct1()
```

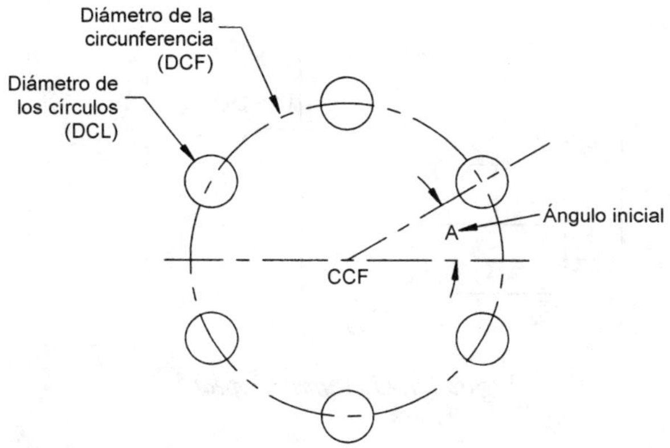

Figura 24.24. Circunferencia con seis círculos.

```
    (graphscr)
    (setvar "cmdecho" 0)
    (setq ccf (getpoint "\nIndique el centro de la circunferencia: "))
    (setq dcf (getdist "\nIndique el diámetro de la circunferencia: "))
    (setq n (getint "\nIndique el número de círculos en la circunferencia: "))
    (setq a (getangle "\nIndique el ángulo inicial: "))
    (setq dcl (getdist "\nIndique el diámetro de los círculos: "))
    (setq inc (/ (* 2 pi) n))
    (setq ang 0)
    (setq r (/ dcl 2))
    (while (< ang (* 2 pi))
        (setq p1 (polar ccf (+ a inc) (/ dcf 2)))
        command "circulo" p1 r)
        (setq a (+ a inc))
        (setq ang (+ ang inc))
    )
    (setvar "cmdecho" 1)
    (princ)
)
```

repeat

La función **repeat** lleva a cabo una o más operaciones **n** número de veces (figura 24.25), donde **n** ha de ser un número entero. El formato de la función **repeat** es:

(repeat n operaciones)

donde	**n**	Número de veces que deben repetirse las operaciones.
	operaciones	Operaciones a repetir.

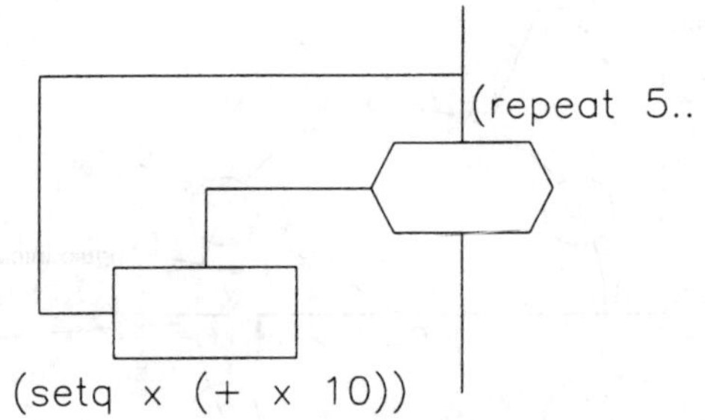

*Figura 24.25. Función **repeat**.*

Ejemplo

```
(repeat 5
   (setq x (+ x 10)
)
```

Ejemplo 10

Escribiremos un archivo AutoLISP que genere una serie de círculos concéntricos (figura 24.26). El programa debe solicitar el centro de los círculos, el número de círculos, el radio inicial y el incremento del radio.

La siguiente lista es el contenido del archivo para el programa AutoLISP del ejemplo 10:

```
;Este programa utiliza la función repeat para dibujar
;un cierto número de círculos concéntricos.
;
(defun c:circon()
   (graphscr)
   (setvar "cmdecho" 0)
   (setq c (getpoint "\nIndique el centro de los círculos: "))
   (setq n (getint "\nIndique el número de círculos: "))
   (setq r (getdist "\nIndique el radio del círculo menor: "))
   (setq d (getdist "\nIndique el incremento del radio: "))
   (repeat n
      (command "circulo" c r)
      (setq r (+ r d))
   )
   (setvar "cmdecho" 1)
   (princ)
)
```

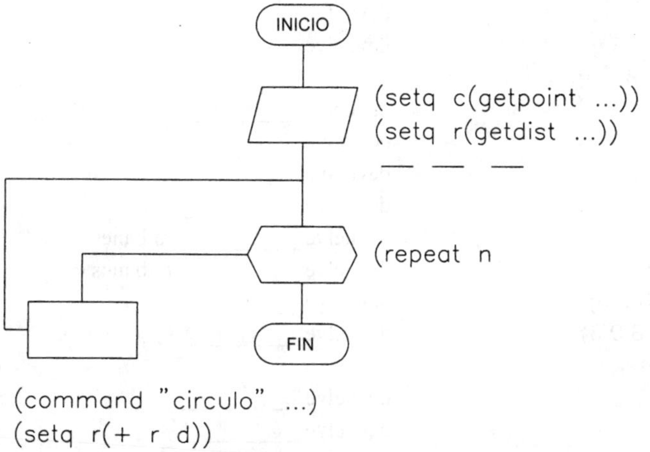

Figura 24.26. Diagrama de flujo para el ejemplo 10.

Nota

*AutoCAD permite cargar automáticamente al iniciar AutoCAD los programas AutoLISP deseados. Por ejemplo, si está trabajando en un proyecto y ha cargado un programa AutoLISP, puede conseguir que el programa se cargue automáticamente al iniciar otros dibujos. Para utilizar esta herramienta, añada el nombre del archivo a la lista de **Cargar al inicio**, en el cuadro de diálogo **Cargar/Descargar aplicaciones**. Para una explicación más detallada, vea la sección **Cuadro de diálogo Cargar/Descargar aplicaciones**, anteriormente en este mismo capítulo.*

Preguntas de revisión

1. Evalúe las siguientes expresiones de AutoLISP:

(+ 2 30 5 50) devuelve ________
(+ 2 30 5 55.5) devuelve ________

(- 20 40) devuelve ________
(-30.0 40.0) devuelve ________

(* 72 5 3 2.0) devuelve ________
(* 7 -5.5) devuelve ________

(/ 299 -5) devuelve ________
(/ -200 -9.0) devuelve ________

(1- 99) devuelve ________
(1- -18.5) devuelve ________

(abs -90)	devuelve __________	
(abs -27.5)	devuelve __________	
(sin pi)	devuelve __________	
(sin 1.5)	devuelve __________	
(cos pi)	devuelve __________	
(cos 1.2)	devuelve __________	
(atan 1.1 0.0)	devuelve __________	radianes
(atan -0.4 0.0)	devuelve __________	radianes
(angtos 1.5708 0 5)	devuelve __________	
(angtos -1.5708 0 3)	devuelve __________	
(< "x" "y")	devuelve __________	
(>= 80 90 79)	devuelve __________	

2. La función **setq** permite asignar un valor a __________.

3. La función __________ efectúa una pausa para que el usuario pueda indicar las coordenadas XY o las coordenadas XYZ de un punto.

4. La función __________ se utiliza para ejecutar comandos estándar de AutoCAD dentro de un programa AutoLISP.

5. En una expresión AutoLISP, el nombre del comando de AutoCAD y sus opciones deben ir entre comillas. (V/F)

6. La función **getdist** efectúa una pausa para que el usuario pueda indicar una distancia. Esta función devuelve la distancia como __________.

7. La función __________ asigna un valor a una variable de sistema de AutoCAD. El nombre de la variable de sistema debe ir entre __________.

8. La función **cadr** lleva a cabo dos operaciones: __________ y __________. Esta función devuelve el segundo elemento de la lista.

9. La función __________, al igual que \n, inserta una nueva línea en la pantalla.

10. La función __________ efectúa una pausa para que el usuario pueda indicar un ángulo. La función devuelve el valor de dicho ángulo en radianes.

11. La función __________ siempre mide el ángulo según el eje X positivo y en el sentido contrario a las agujas del reloj.

12. La función __________ efectúa una pausa para que el usuario pueda indicar un número entero. La función siempre devuelve un entero, aun cuando el número indicado sea real.

13. La función __________ permite recuperar el valor de una variable de sistema de AutoCAD.

14. La función __________ define un punto a cierto ángulo y distancia respecto a otro punto dado.

15. La función __________ calcula la raíz cuadrada de un número. El valor devuelto por esta función es siempre un número real.

16. La función __________ convierte un número real en una cadena. La función devuelve siempre el número real como cadena.

17. La función **if** evalúa una expresión de prueba. Si la condición es cierta, devuelve _____; si la condición es falsa, devuelve _____.

18. La función __________ puede utilizarse junto con la función **if** para evaluar varias expresiones.

19. La función **while** evalúa una condición de prueba; si la condición es cierta (cuando la expresión no devuelve nil) se ejecutan las operaciones que siguen a la función **while**; después vuelve a evaluarse la condición de prueba. Este ciclo __________ continuamente hasta que la condición de prueba devuelve _____.

20. La función **repeat** lleva a cabo una o más operaciones **n** número de veces, donde **n** ha de ser un número entero. (V/F)

Ejercicios

Ejercicio 6 — *General*

Escriba un programa AutoLISP que dibuje tres círculos concéntricos, de centro C1 y diámetros D1, D2 y D3 (figura 24.27). Este programa debe solicitar del usuario la indicación del centro y de los diámetros.

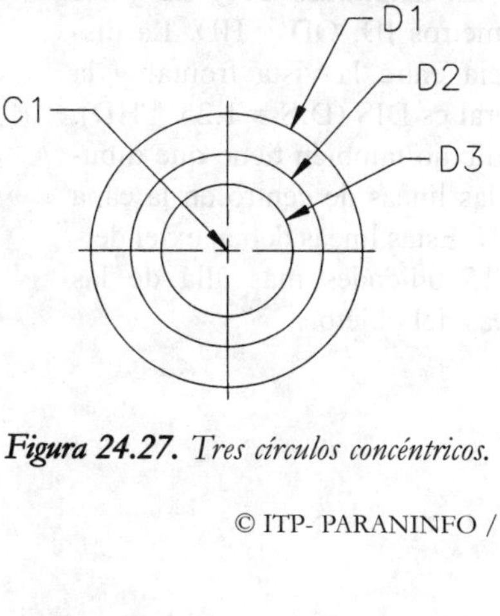

Figura 24.27. *Tres círculos concéntricos.*

Ejercicio 7 — *General*

Escriba un programa AutoLISP que dibuje una línea de P1 a P2 (figura 24.28). La línea P1,P2 forma un ángulo A con el eje X positivo. La distancia entre los puntos P1 y P2 es L. El diámetro de los círculos es D1 (D1 = L/4).

Ejercicio 8 — *General*

Escriba un programa AutoLISP que dibuje un triángulo isósceles de vértices P1, P2 y P3 (figura 24.29). El programa debe solicitar el punto inicial P1, la longitud L1 y el ángulo incluido A.

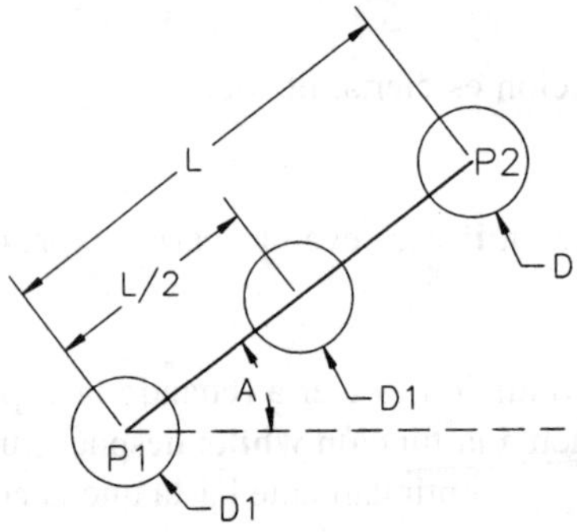

Figura 24.28. *Líneas y círculos en un ángulo A con el eje X positivo.*

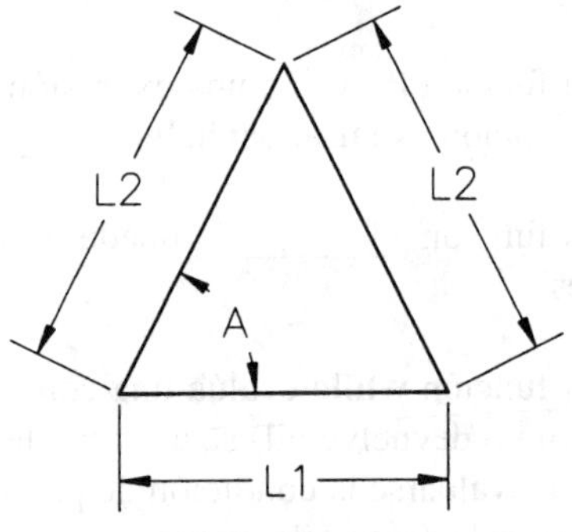

Figura 24.29. *Triángulo isósceles.*

Ejercicio 9 — *General*

Escriba un programa AutoLISP que dibuje las dos vistas mostradas en la figura 24.30. El programa debe solicitar el punto inicial P0, las longitudes L1 y L2 y los diámetros ID, OD y HD. La distancia entre la vista frontal y la lateral es DIS (DIS = 1.25 * HD). El dibujo también tiene que dibujar las líneas de centro en la capa CEN. Estas líneas deben extenderse 15 unidades más allá de las líneas del objeto.

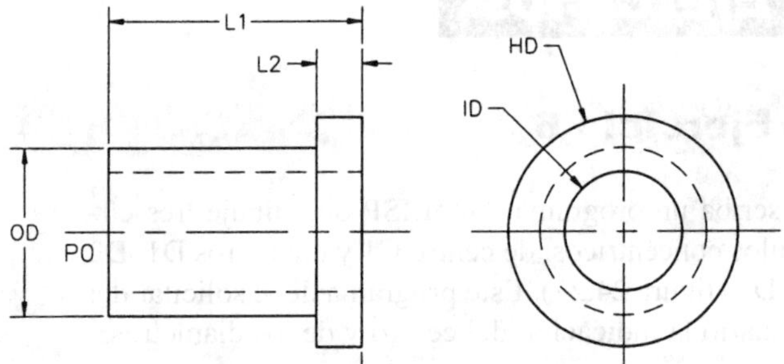

Figura 24.30. *Dibujo para el ejercicio 9.*

Capítulo 25

Visual LISP

Objetivos del estudio

Tras completar este capítulo, será capaz de:

- *Iniciar Visual LISP en AutoCAD.*
- *Utilizar el Editor de texto de Visual LISP.*
- *Cargar y ejecutar programas de Visual LISP.*
- *Cargar archivos AutoLISP ya existentes.*
- *Utilizar la Consola de Visual LISP.*
- *Utilizar el Formateador de Visual LISP y modificar las opciones de formato.*
- *Depurar un programa de Visual LISP y rastrear las variables.*

VISUAL LISP

Visual LISP supone un nuevo paso adelante para ampliar la capacidad de personalización de AutoCAD. Desde la versión 2.0 de AutoCAD, a mediados de los 80, los usuarios de AutoCAD han venido escribiendo programas AutoLISP para sus aplicaciones, tales como arquitectura, mecánica o electricidad entre otras muchas. El lenguaje AutoLISP tiene algunas limitaciones. Por ejemplo, si se escribe el programa con un editor de texto, resulta difícil localizar y comprobar los paréntesis, las funciones AutoLISP y las variables. Depurar el programa resulta igualmente problemático, pues no es posible saber qué está haciendo el programa en cada momento y dónde se halla el error. Generalmente, los programadores añaden algunas instrucciones para comprobar los valores de las variables en distintas etapas del programa. Una vez completado el programa de forma satisfactoria, tales instrucciones se suprimen o se cambian por comentarios. Emparejar los paréntesis y dar formato al código son algunos problemas añadidos que aparecen en la programación tradicional con AutoLISP.

Visual LISP se ha diseñado con el propósito de hacer de la programación una tarea más sencilla y eficiente. Incluye un potente editor de texto y un formateador. El editor de texto permite aplicar un código de colores a paréntesis, nombres de función, variables y a otros componentes del programa. El formateador aplica al código un formato fácilmente comprensible. Visual LISP incluye también una herramienta para inspeccionar los valores de las variables y expresiones. La Consola de Visual LISP, interactiva e inteligente, facilita la programación. También ofrece un sistema de ayuda contextual para las funciones AutoLISP y la oportuna posibilidad de buscar nombres de símbolos. Las herramientas de depuración permiten comprobar el código fuente y depurar el programa. Estas y otras características han hecho de Visual LISP el instrumento más utilizado para escribir programas LISP. Visual LISP está incluido en AutoCAD y utiliza un conjunto propio de ventanas. Para trabajar con Visual LISP, AutoCAD debe estar en funcionamiento.

Un vistazo a Visual LISP

En esta sección aprenderemos a iniciar Visual LISP, a utilizar el Editor de texto de Visual LISP para escribir un programa LISP y, finalmente, aprenderemos a cargar y ejecutar los programas. Conforme avance a través de los siguientes pasos, podrá apreciar que Visual LISP ofrece algunas funciones y capacidades que no estaban presentes en AutoLISP.

Inicio de Visual LISP

Menú:	Herramientas > AutoLISP > Editor de Visual LISP
Comando:	VLISP

1. Inicie AutoCAD.

2. Elija en el menú **Herramientas** la opción **AutoLISP > Editor de Visual LISP**. Si lo prefiere, también puede iniciar Visual LISP indicando **VLISP** en la solicitud de comando. AutoCAD mostrará la ventana de Visual LISP (figura 25.1). Si es la primera vez que carga Visual LISP durante la sesión de dibujo actual, la ventana Rastreo podría mostrar información relativa a la versión actual de Visual LISP, junto con cualquier error que pudiese haber acontecido durante la carga de Visual LISP. En la ventana de Visual LISP pueden distinguirse cuatro elementos: barra de menús, barras de herramientas, ventana de la consola y barra de estado (figura 25.1). A continuación se describen brevemente cada uno de estos elementos:

Barra de menús. La barra de menús se sitúa en la parte superior de la ventana de Visual LISP. Esta barra incluye diferentes elementos de menú. Si selecciona un menú, AutoCAD despliega los elementos contenidos en él. Así mismo, la función de cada elemento de menú aparece indicada con una breve descripción en la barra de estado, situada en la parte inferior de la ventana.

Barras de herramientas. Las barras de herramientas suponen un método rápido y fácil para ejecutar comandos de Visual LISP. Visual LISP incluye cinco barras de herramientas: **Estándar**, **Búsqueda**, **Herramientas**, **Depurar** y **Ver**. Las barras de herramientas disponibles dependerán de cuál sea la ventana actualmente activa. Si deja reposar el puntero del ratón sobre una herramienta, una información de herramientas indicará su función. La barra de estado mostrará también una explicación algo más detallada de la herramienta.

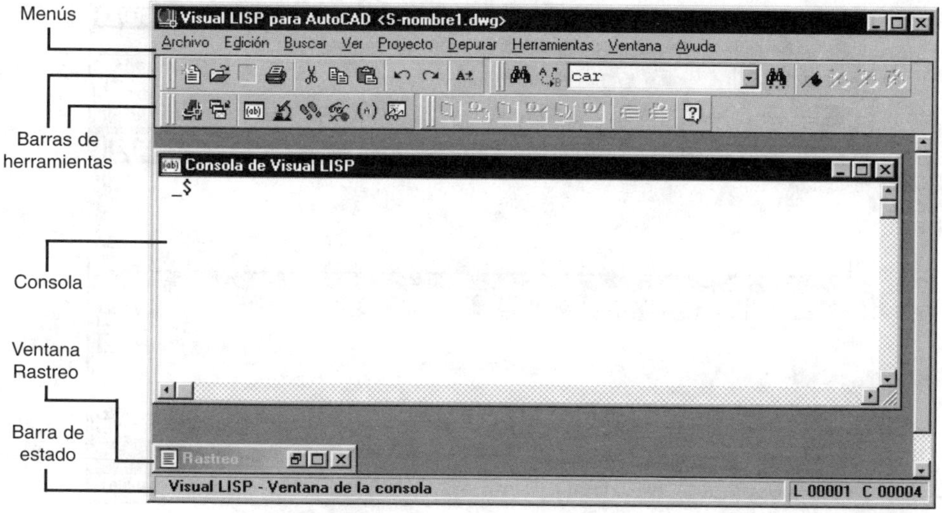

Figura 25.1. Ventana de Visual LISP.

Ventana de la consola. La Consola de Visual LISP aparece dentro de la ventana principal de Visual LISP. La consola puede utilizarse para indicar comandos de AutoLISP o de Visual LISP. Por ejemplo, si desea sumar los números 2 y 9.5, indique (+ 2 9.5) a continuación del signo $ y pulse INTRO. Visual LISP devolverá el resultado en la misma ventana de la consola.

Barra de estado. Si selecciona un elemento de menú o una herramienta de una barra de herramientas, Visual LISP ofrecerá una descripción de su función en la barra de estado. La barra de estado se sitúa en la parte inferior de la ventana de Visual LISP.

Utilización del Editor de texto de Visual LISP

1. Seleccione la opción **Nuevo archivo** en el menú **Archivo**. Aparecerá la ventana del Editor de texto de Visual LISP (figura 25.2). El nombre predeterminado para el nuevo archivo es Sin título-0, tal como se indica en la parte superior del Editor de texto.

2. Active el Editor de texto de Visual LISP haciendo clic sobre cualquier punto de su ventana.

3. Escriba el siguiente programa y observe las diferencias entre el Editor de texto de Visual LISP y cualquier otro editor de texto con el podría escribir programas AutoLISP (como por ejemplo el Bloc de notas).

```
;;;Este programa dibujará un rectángulo.
(defun tr1 ()
   (setq p1 (list 40 40))
   (setq p2 (list 120.0 60.0))
   (setq p3 (list 80.0 140.0))
   (command "linea" p1 p2 p3 "c"))
```

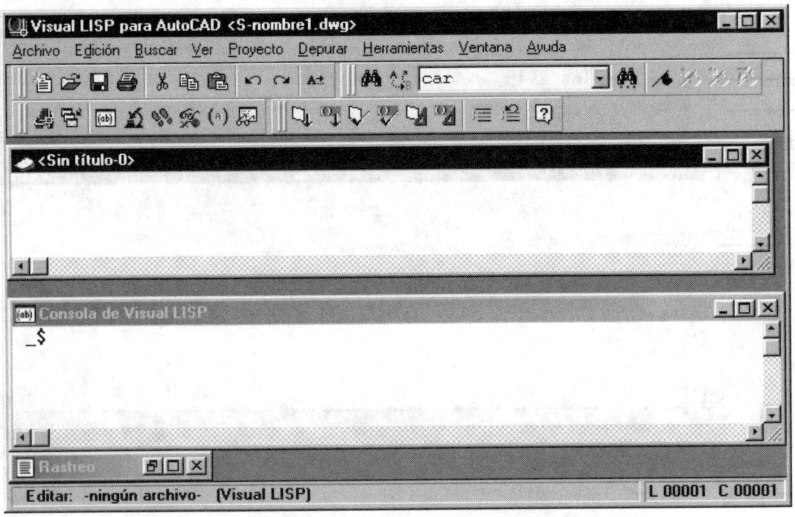

Figura 25.2. Editor de texto de Visual LISP.

5. Elija la opción **Guardar** o **Guardar como** del menú **Archivo**. Aparecerá el cuadro de diálogo **Guardar como**. Indique el nombre del archivo (**Triang1.lsp**) y haga clic en **Guardar**. Tal como muestra la figura 25.3, el nombre del archivo aparecerá en la barra de título del Editor de texto.

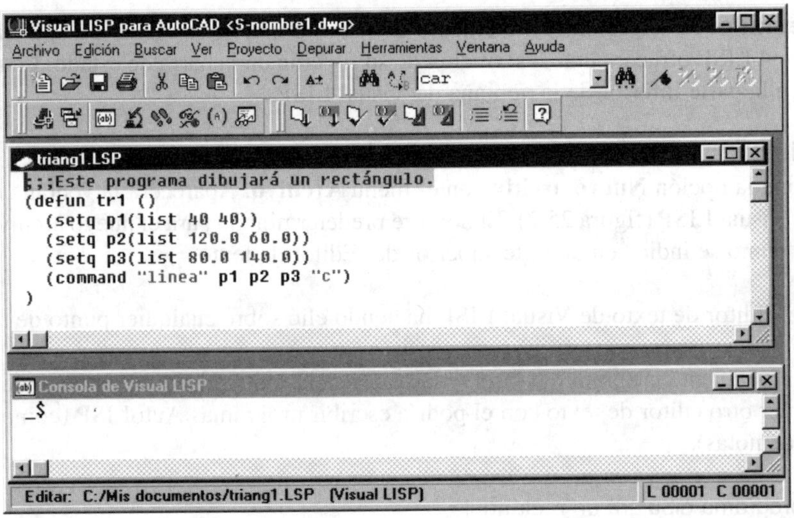

Figura 25.3. Escritura del código de un programa con el Editor de texto de Visual LISP.

Carga y ejecución de programas

1. Asegúrese de que la ventana del Editor de texto de AutoLISP está activa. De no ser así, haga clic sobre cualquier punto de esta ventana.

2. En el menú **Herramientas**, elija la opción **Cargar texto en editor**. Si lo prefiere, también puede cargar el programa con la opción **Cargar ventana de edición activa** de la barra **Herramientas**. Visual LISP mostrará un mensaje en la consola para indicar que el programa se ha cargado. Si hubiera algún problema al cargar el programa, aparecería un mensaje de error.

3. Para ejecutar el programa, indique el nombre de la función (**tr1**) en la solicitud de la consola (el signo _$). El nombre de la función debe ir encerrado entre paréntesis. El programa dibujará un triángulo en AutoCAD. Para comprobar la salida del programa, cambie a AutoCAD con el botón **Activar AutoCAD** de la barra de herramientas **Ver**. También puede ejecutar el programa desde AutoCAD; cambie a AutoCAD e indique el nombre de la función (**tr1**) en la solicitud de comando. AutoCAD ejecutará el programa y dibujará un triángulo en la pantalla (figura 25.4).

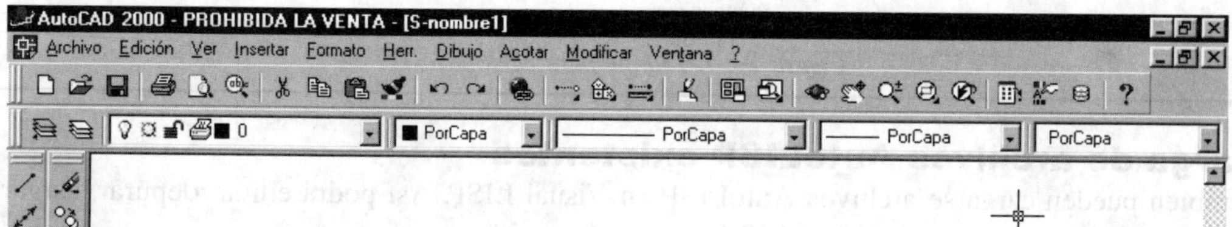

Figura 25.4. *Salida del programa en AutoCAD.*

Ejercicio 1 *General*

Escriba un programa LISP que dibuje un triángulo equilátero. El programa debe solicitar al usuario que indique el punto inicial y la longitud de lado (figura 25.5).

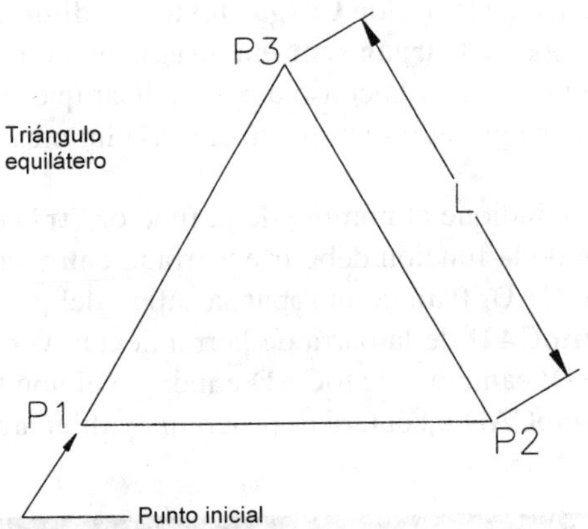

Figura 25.5. Dibujo para el ejercicio 1.

Carga de archivos AutoLISP existentes

También pueden cargarse archivos AutoLISP en Visual LISP. Así podrá editar, depurar, cargar y ejecutar tales programas con Visual LISP.

1. Inicie AutoCAD. Elija en el menú **Herramientas** la opción **AutoLISP > Editor de Visual LISP**. También puede iniciar Visual LISP indicando **VLISP** en la solicitud de comando.

2. En el Editor de texto de Visual LISP, seleccione la opción **Abrir** archivo del menú **Archivo**. Aparecerá en la pantalla el cuadro de diálogo **Abrir archivo a editar/ver**.

3. Seleccione el programa que desee cargar y haga clic en **Abrir**. El programa se cargará en el Editor de texto de Visual LISP.

4. Para dar formato al programa en el Editor de texto, haga clic en el botón **Formatear ventana de edición** de la barra **Herramientas**. Visual LISP dará formato automáticamente al programa.

5. Para cargar el programa, haga clic en el botón **Cargar ventana de edición activa** de la barra **Herramientas**. También puede elegir la opción **Cargar texto en editor** del menú **Herramientas**.

6. Para ejecutar el programa, indique el nombre de la función en la solicitud de la Consola de Visual LISP (_$).

Consola de Visual LISP

La mayor parte de la programación en Visual LISP se lleva a cabo en el Editor de texto. Sin embargo, también puede indicar el código en la Consola de Visual LISP y comprobar los resultados de inmediato. Por ejemplo, si indica (sqrt 37.2) en la solicitud de la consola (el signo _$) y pulsa INTRO, Visual LISP evaluará la instrucción y devolverá el valor 6.09918. Pruebe a indicar, por ejemplo, las siguientes expresiones y vea el resultado: **(setq x 99.3)**, **(+ 38 23.44)**, **(-24.786 35)**, **(abs –37.5)** y **(sin 0.333)**. Cada instrucción debe indicarse tras el signo $, tal como muestra la figura 25.6.

Características de la Consola de Visual LISP

1. Es posible indicar más de una instrucción en una línea de la consola. Tras pulsar INTRO, Visual LISP evaluará todas las instrucciones y devolverá sus valores. Indique la siguiente instrucción tras el signo $:

   (setq x 37.5) (setq y (/ x 2))

   Visual LISP mostrará en la consola los valores de las variables X e Y (figura 25.7).

2. Si desea conocer el valor de una variable en el código que está desarrollando, indique el nombre de la variable tras el signo $; Visual LISP mostrará su valor en la consola. Por ejemplo, si desea conocer el valor de la variable X, indique X en la solicitud de la consola y pulse INTRO.

3. Visual LISP permite escribir una o varias expresiones AutoLISP en más de una línea antes de proceder a evaluarlas; pulse para ello la combinación CONTROL-INTRO al final de cada línea. Por ejemplo, si desea escribir las dos expresiones siguientes en dos líneas, indique la primera línea y pulse CONTROL-INTRO. Podrá apreciar que Visual LISP no muestra el signo $ en la siguiente línea, lo que indica que se trata de la continuación de la instrucción anterior. Indique la segunda línea y pulse INTRO (figura 25.7).

   (setq n 38)
   (setq contador (- n 1))

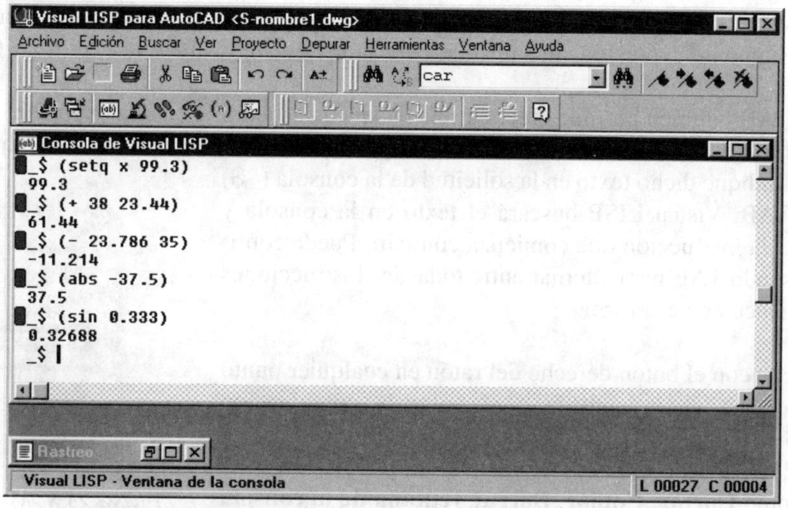

Figura 25.6. Indicación de código LISP en la Consola de Visual LISP.

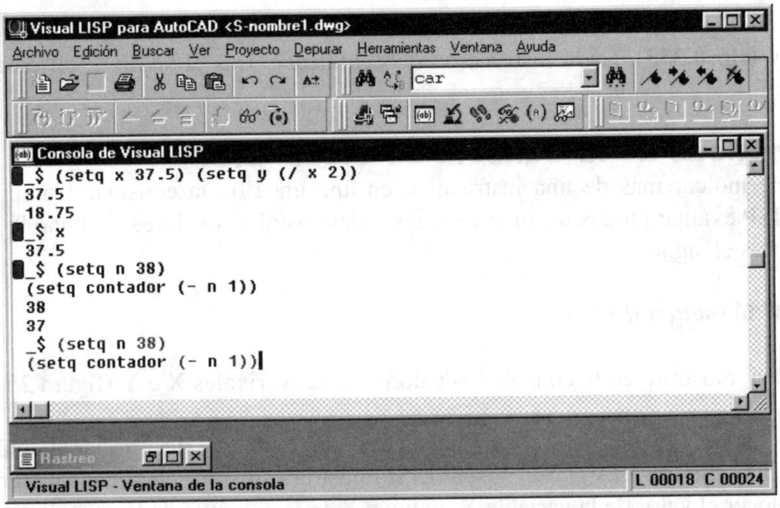

Figura 25.7. *Indicación de una instrucción en varias líneas de la Consola de Visual LISP.*

4. Pulse la tecla TAB en la solicitud de la consola (_$) para recuperar el texto indicado en la instrucción anterior. Cada vez que pulse TAB irá apareciendo el texto indicado anteriormente. Puede continuar pulsando TAB para alternar entre todo el texto indiciado en la Consola de Visual LISP. Si una misma instrucción se ha indicado varias veces, sólo mostrará dicha instrucción una vez; si vuelve a pulsar TAB aparecerá la instrucción anterior. Si pulsa MAYÚS-TAB conseguirá mostrar recuperar el texto en la dirección contraria.

5. Si pulsa la tecla ESC, Visual LISP suprimirá el texto indicado en la solicitud de la consola (_$). Si pulsa MAYÚS-ESC, el texto no se evaluará, pero continuará indicado. El punto de inserción del texto saltará a la siguiente solicitud de la consola. Por ejemplo, si indica la expresión **(setq x 15)** y después pulsa ESC, el texto desaparecerá. Pero si pulsa MAYÚS-ESC, Visual LISP saltará a la siguiente expresión sin suprimir, pero tampoco sin evaluar, la expresión **(setq x 15)**.

6. La tecla TAB también permite efectuar una búsqueda asociativa para la expresión que comienza con la cadena de texto precisada. Por ejemplo, si desea buscar una expresión que comienza con **(sin**, indique dicho texto en la solicitud de la consola (_$) y pulse TAB. Visual LISP buscará el texto en la consola y devolverá la instrucción que comienza con **(sin**. Puede continuar pulsando TAB para alternar entre todas las instrucciones que comiencen de esa forma.

7. Si hace clic con el botón derecho del ratón en cualquier punto de la ventana de la consola o si pulsa la combinación MAYÚS-F10, Visual LISP mostrará un menú contextual (figura 25.8). Puede utilizar este menú para realizar diversas tareas, como **Cortar**, **Copiar**, **Borrar ventana de la consola** o **Inspeccionar**, entre otras.

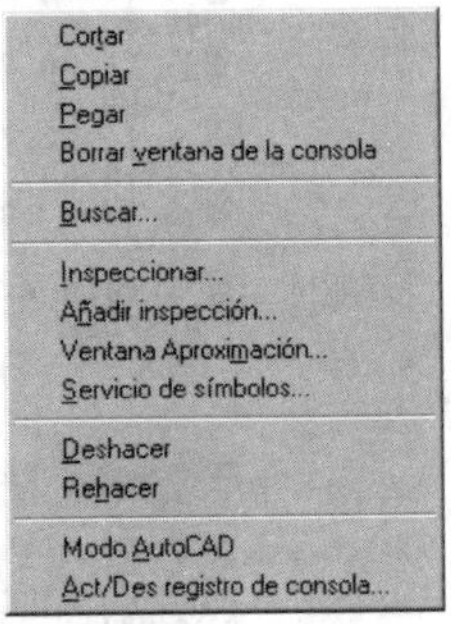

Figura 25.8. *Menú contextual en la Consola de Visual LISP.*

8. Una de las principales características de Visual LISP es la ayuda contextual disponible para las funciones de Visual LISP. Si necesita ayuda con cualquier función de Visual LISP, indique o seleccione la función y pulse el botón **Ayuda** de la barra **Herramientas**. Visual LISP mostrará la ayuda correspondiente a la función seleccionada.

9. Visual LISP también permite mantener un registro de las acciones en la consola por medio de un archivo guardado con la extensión **.LOG**. Para crear un archivo de registro, elija la opción **Act/Des registro de consola** en el menú **Archivo** o en el menú contextual. Para poder crear un archivo de registro, la ventana de la Consola de Visual LISP debe estar activa.

10. Conforme indique el texto, Visual LISP le asigna automáticamente un color. Los colores se asignan según la naturaleza de la cadena de texto. Si, por ejemplo, el texto es una función propia o un símbolo protegido, el color asignado es el azul. De igual forma, las cadenas de texto tienen color magenta, los enteros son verdes o los paréntesis rojos.

11. Aun cuando originalmente AutoLISP y Visual LISP son entornos de trabajo distintos, puede transferir cualquier texto introducido en la consola a la línea de comando de AutoCAD. Para lograrlo, indique el código en la solicitud de la consola y elija después la opción **Modo AutoCAD** del menú contextual o en la barra **Herramientas**. La solicitud de la consola (_$) pasará a ser solicitud de comando (Comando:). Pulse la tecla TAB hasta mostrar un texto indicado anteriormente en la solicitud de la consola. Pulse después INTRO para cambiar a la pantalla de AutoCAD. El texto aparecerá en la solicitud de comando de AutoCAD.

Ejercicio 2 — *General*

Indique las siguientes instrucciones en la solicitud de la Consola de Visual LISP (_$):

```
(+ 2 30 4 38.50)
(- 20 39 32)
(* 2.0 -7.6 31.25)
(/ -230 -7.63 2.15)
(sin 1.0472)
(atan –1.0)
(< 3 10)
(<= -2.0 0)
(setq variable_a 27.5)
(setq variable_b (getreal "Indique un valor: "))
```

Utilización del Editor de texto de Visual LISP

El Editor de texto de Visual LISP puede utilizarse para indicar el código del programa. Ofrece varias funciones no disponibles en otros editores de texto. Por ejemplo, el editor asigna automáticamente al texto un color basado en la naturaleza de cada cadena de texto. Si el texto es un paréntesis, toma el color rojo. Si el texto es una función de Visual LISP, se le asigna el color azul. El

Editor de texto de Visual LISP también permite ejecutar una función AutoLISP sin abandonar el editor de texto, además de comprobar si los paréntesis están emparejados. Estas características hacen del editor una herramienta ideal para escribir programas de Visual LISP.

Código de colores

El Editor de texto de Visual LISP ofrece un código de colores para aquellos archivos reconocidos por Visual LISP. Entre los archivos reconocidos se encuentran los LISP, DCL, SQL y los archivos de fuente de lenguaje C. Al introducir el texto en el editor de texto, Visual LISP determina automáticamente el color para cada cadena en el texto (figura 25.9).

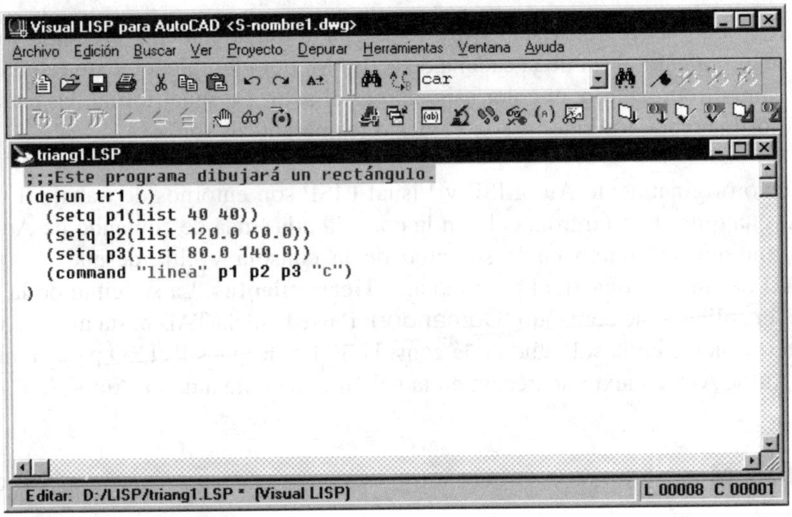

Figura 25.9. *Código de colores para los elementos de texto de Visual LISP.*

La siguiente tabla muestra el esquema de colores predeterminado:

Elemento de texto de Visual LISP	**Color**
Paréntesis	Rojo
Funciones propias	Azul
Símbolos protegidos	Azul
Comentarios	Magenta con fondo gris
Cadenas	Magenta
Números reales	Aguamarina
Enteros	Verde
Elementos no reconocidos (como variables)	Negro

Palabras en el Editor de texto de Visual LISP

En la mayor parte de los editores de texto, las palabras con conjuntos de caracteres separados unos de otros con espacios. En el Editor de texto de Visual LISP, las palabras tienen otro significado. Una palabra es un conjunto de caracteres separados por uno o más de los siguientes caracteres especiales:

Descripción del carácter	Carácter especial de Visual LISP
Espacio	
Tabulador	
Comilla simple	'
Abrir paréntesis	(
Cerrar paréntesis	)
Comillas dobles	"
Punto y coma	;
Nueva línea	\n

Si, por ejemplo, indica el texto **(command"linea"P1 P2 P3"c)**, Visual LISP considerará **command** y **linea** como palabras distintas, pues están separadas por comillas dobles. En un editor de texto normal, **(command"linea"** habría sido tratado como una única palabra. De igual forma, en **(setq p1**, **setq** y **p1** son palabras distintas, pues están separadas por un espacio. Si no hubiese espacio, Visual LISP consideraría **setqp1** como una única palabra.

Ayuda contextual

Una de las importantes características de Visual LISP es la posibilidad de disponer de ayuda contextual para las funciones de Visual LISP. Si necesita ayuda con cualquiera de las funciones de Visual LISP, indique o seleccione dicha función en el editor de texto; después haga clic en el botón **Ayuda** de la barra **Herramientas**. Visual LISP ofrecerá ayuda para la función seleccionada.

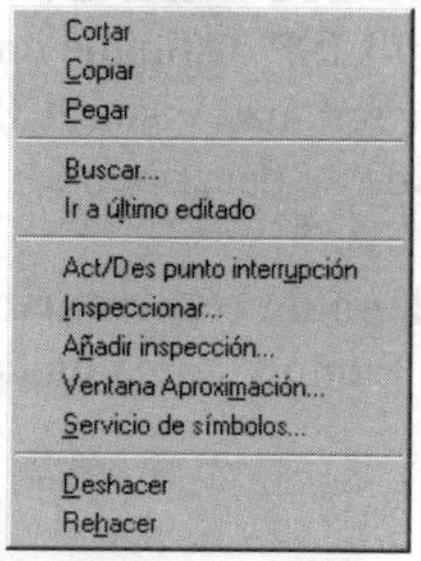

Figura 25.10. *Menú contextual del editor de texto.*

Menú contextual

Si hace clic con el botón derecho del ratón sobre el Editor de texto de Visual LISP o si pulsa MAYÚS-F10, Visual LISP abrirá el menú contextual mostrado en la figura 25.10. Puede utilizar este menú contextual para realizar diversas tareas, descritas en la siguiente tabla:

Opción del menú contextual	Descripción
Cortar	Desplaza el texto al Portapapeles.
Copiar	Copia el texto en el Portapapeles.
Pegar	Pega el contenido del Portapapeles en la posición del cursor.
Buscar	Busca el texto precisado.
Ir a último editado	Desplaza el cursor hasta la última posición editada.
Act/Des punto interrupción	Establece o suprime un punto de interrupción en la posición del cursor.
Inspeccionar	Abre el cuadro de diálogo **Inspeccionar**.
Añadir inspección	Abre el cuadro de diálogo **Añadir inspección**.
Ventana Aproximación	Abre el cuadro de diálogo **Opciones de aproximación**.
Servicio de símbolos	Abre el cuadro de diálogo **Servicio de símbolos**.
Deshacer	Revierte la última operación.
Rehacer	Revierte la última operación Deshacer.

Formateador de Visual LISP

El Formateador de Visual LISP permite dar formato al texto indicado en el editor de texto. El formateador organiza automáticamente las expresiones de Visual LISP a fin de facilitar la comprensión del código. Depurar el programa se hace también una tarea más sencilla en los casos en que el programa no se comporte como se esperaba.

Inicio del formateador

El formateador puede dar formato a todo el texto contenido en el Editor de texto de Visual LISP o bien al texto seleccionado. Para dar formato al texto, la ventana de edición debe estar activa. De no ser así, haga clic sobre cualquier punto de dicha ventana para activarla. Para dar formato a todo el texto, haga clic en el botón **Formatear ventana de edición** de la barra **Herramientas** o elija la opción **Formatear código en editor** del menú **Herramientas**. La figura 25.11 muestra el menú **Herramientas** y la barra **Herramientas**.

Formateo de comentarios

Visual LISP distingue entre cinco tipos de comentarios. Según cuál sea el comentario en el código del programa, Visual LISP le aplicará cierto formato y lo situará en determinado lugar. A continuación se describen los distintos tipos de comentarios disponibles en Visual LISP:

Tipo de comentario	Descripción
; Punto y coma único	Si la línea comienza con un solo punto y coma, su sangría será la indicada en **Sangría de comentario con punto y coma**, dentro de las opciones de formato de Visual LISP.
;; Comentario de columna actual	El comentario se sitúa en la misma posición que la línea anterior del código del programa.

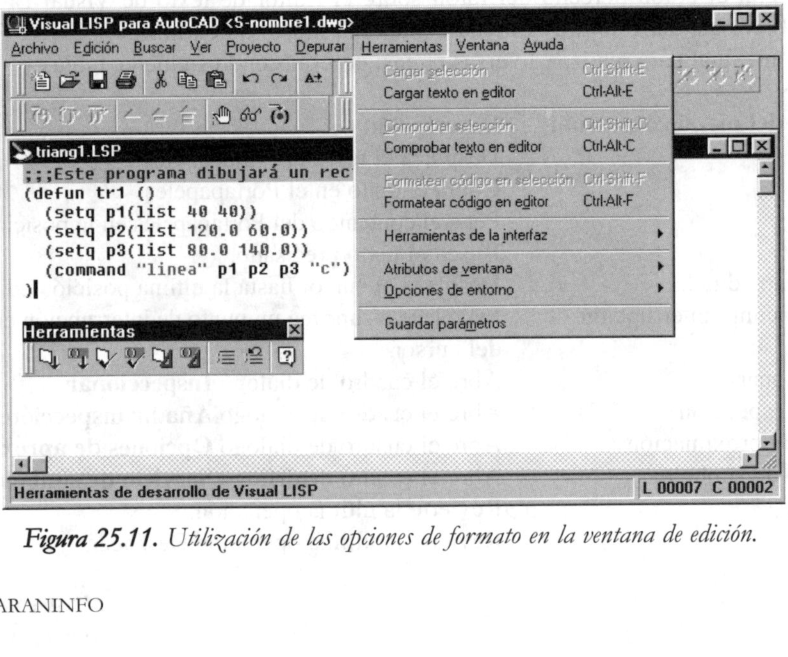

Figura 25.11. Utilización de las opciones de formato en la ventana de edición.

;;; Comentario de encabezamiento	El comentario aparece sin sangría.
;| Comentario en línea |;	Los comentarios en línea aparecen como cualquier otra expresión.
;_ Comentario de cierre de función	El comentario de cierre de función aparece justo detrás de la función anterior, siempre que la casilla **Insertar comentario de cierre de formulario** esté activada en las opciones de formato de Visual LISP.

La figura 25.12 muestra dos ventanas de edición de texto. En la ventana de arriba no se ha aplicado formato al texto. En la ventana inferior sí se ha aplicado formato al código del programa. Si compara las dos ventanas, podrá apreciar los distintos formatos aplicados.

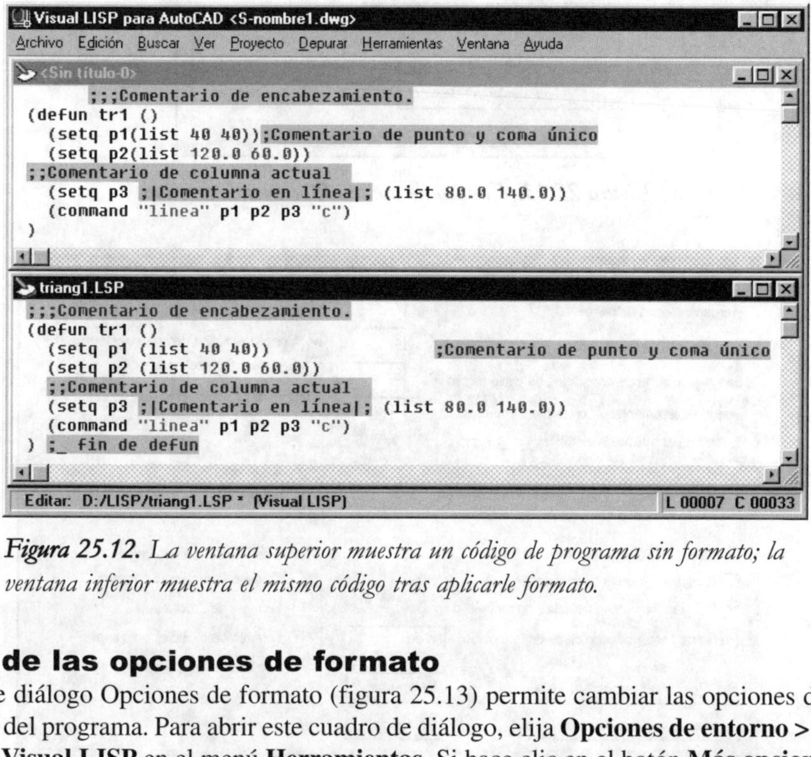

Figura 25.12. *La ventana superior muestra un código de programa sin formato; la ventana inferior muestra el mismo código tras aplicarle formato.*

Cambio de las opciones de formato

El cuadro de diálogo Opciones de formato (figura 25.13) permite cambiar las opciones de formato en el código del programa. Para abrir este cuadro de diálogo, elija **Opciones de entorno > Opciones de formato Visual LISP** en el menú **Herramientas**. Si hace clic en el botón **Más opciones**, Visual LISP ampliará el cuadro de diálogo para dar cabida a más opciones de formato (figura 25.14).

Depuración del programa

Rara es la ocasión en que nada más escribir un programa éste funciona correctamente. Aun cuando se ejecute, quizá no lleve a cabo la tarea para la que ha sido creado. Los problemas pueden deberse a un error de sintaxis, a paréntesis olvidados, a nombres de función no indicados o, sencillamente, a meras equivocaciones tipográficas. Localizar la fuente del problema puede llevar tiempo y, en ocasiones, se convierte en una ardua tarea. Visual LISP incluye varias herramientas que permiten loca-

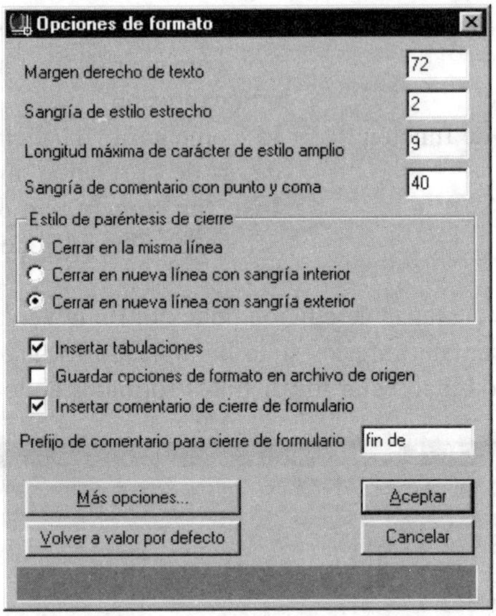

Figura 25.13. Cuadro de diálogo ***Opciones de formato.***

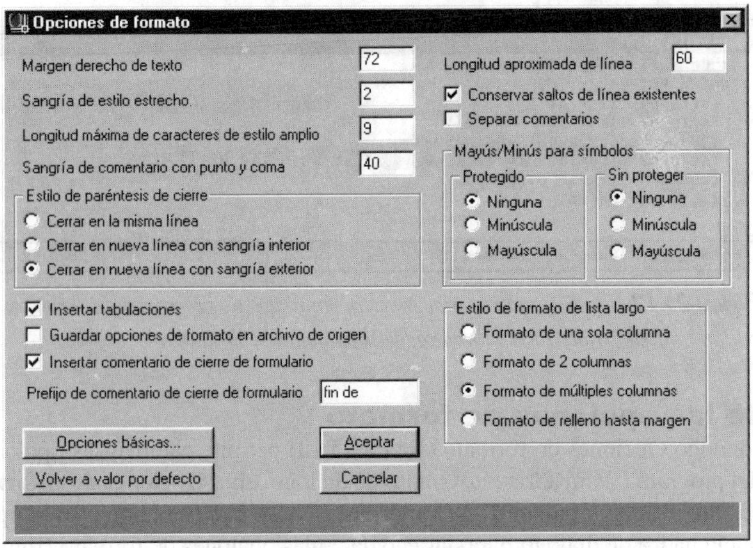

Figura 25.14. Cuadro de diálogo ***Opciones de formato*** *ampliado.*

lizar fácilmente el problema y depurar el código. Asegúrese de que la barra de herramientas **Depurar** aparece en pantalla. De no ser así, elija **Barras de herramientas** en el menú **Ver** de Visual LISP. Aparecerá el cuadro de diálogo **Barras de herramientas**. Active la casilla de verificación **Depurar**, haga clic en **Aplicar** y, después, en **Cerrar**. La figura 25.15 muestra la barra de herramientas **Depurar** con la información de herramientas de cada uno de sus botones.

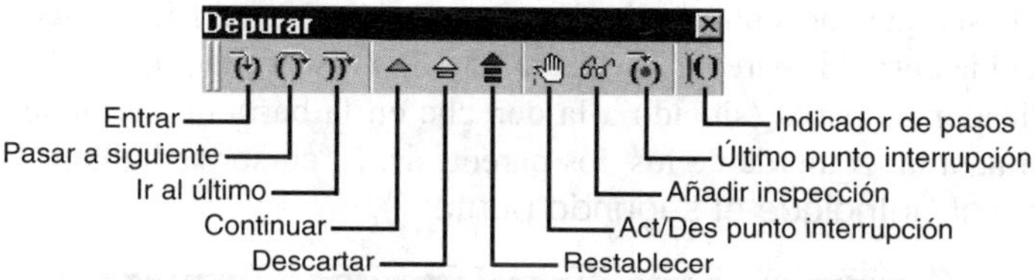

Figura 25.15. Barra de herramientas Depurar.

1. A fin de probar algunas de las herramientas de depuración, introduzca el siguiente programa en el Editor de texto de Visual LISP. Guárdelo con el nombre **triang2.lsp**.

```
;;;Este programa dibujará un triángulo y un arco.
(defun tr2 ()
   (setq p1 (getpoint "\nIndique el primer punto: "))
   (setq p2 (getpoint "\nIndique el segundo punto: "))
   (setq p3 (getpoint "\nIndique el tercer punto: "))
   (command "arco" p1 p2 p3)
   (command "linea" p1 p2 p3 "c"))
```

2. Para dar formato al código, haga clic en el botón **Formatear ventana de edición** de la barra **Herramientas**. También puede aplicar el formato con la opción **Formatear código en editor** del menú **Herramientas**.

3. Cargue el programa con el botón **Cargar ventana de edición activa** de la barra **Herramientas**. También puede cargar el programa con la opción **Cargar texto en editor** del menú **Herramientas**.

4. En el Editor de texto de Visual LISP, sitúe el cursor frente a la línea (setq p2 (getpoint "\nIndique el segundo punto: ")). A continuación haga clic en el botón **Act/Des punto interrupción** de la barra de herramientas **Depurar**. Visual LISP insertará un punto de interrupción en la posición del cursor.

5. En la solicitud de la Consola de Visual LISP, indique entre paréntesis el nombre de la función y pulse INTRO para ejecutar el programa.

   _$ **(tr2)**

   Aparecerá la ventana de AutoCAD y la línea de comando mostrará la primera solicitud del programa. Una vez designado el primer punto, aparecerá de nuevo la ventana de Visual LISP. Podrá observar resaltada la línea que sigue al punto de interrupción.

6. Haga clic en el botón **Entrar** de la barra de herramientas **Depurar** o elija **Entrar** en el menú **Depurar**. También puede pulsar la tecla F8 para ejecutar esta opción. El programa iniciará la

ejecución hasta que encuentre la siguiente expresión. Visual LISP resaltará la siguiente expresión contenida entre los paréntesis (figura 25.16). Observe la posición de la barra vertical en el icono indicador de pasos (situado a la derecha en la barra de herramientas **Depurar**). Dicha barra se sitúa a la izquierda de los dos paréntesis. El cursor se halla justo delante de la expresión (getpoint "\nIndique el segundo punto: ").

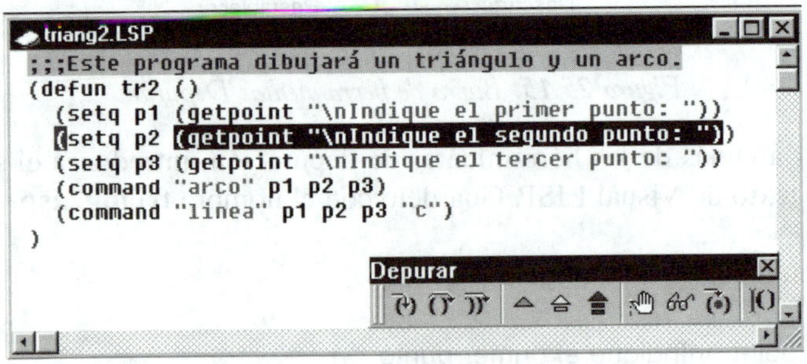

Figura 25.16. *Utilización de la opción Entrar para continuar la ejecución hasta encontrar la siguiente expresión.*

7. Haga clic de nuevo en el botón **Entrar**. Aparecerá la ventana de AutoCAD y la línea de comando mostrará ahora la segunda solicitud (Indique el segundo punto:). Una vez designado el segundo punto, aparecerá de nuevo la ventana de Visual LISP (figura 25.17). Observe la posición de la barra vertical en el icono indicador de pasos (situado a la derecha en la barra de herramientas **Depurar**). Dicha barra se sitúa a la derecha de los dos paréntesis. El cursor se halla justo detrás de la expresión (getpoint "\nIndique el segundo punto: ").

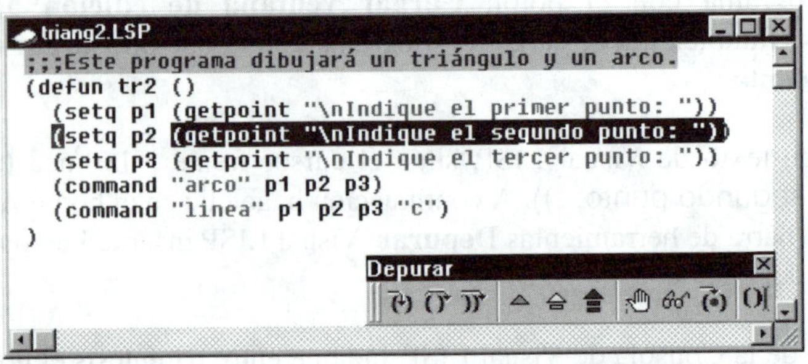

Figura 25.17. *Tras utilizar por segunda vez la opción Entrar, la barra vertical se sitúa a la derecha en el icono indicador de pasos.*

8. Haga clic de nuevo en el botón **Entrar** para avanzar a través del programa. Visual LISP resalta la línea completa (setq p2 (getpoint "\nIndique el segundo punto: ")). El cursor se desplaza hasta el final de la línea. Observe la posición de la barra vertical en el icono indicador de pasos de la barra de herramientas **Depurar**.

9. Haga clic de nuevo en el botón **Entrar**. Visual LISP resaltará la siguiente línea del programa. El cursor se situará al comienzo de la instrucción.

10. Para avanzar paso a paso a través de las instrucciones resaltadas, seleccione la opción **Pasar a siguiente** en la barra de herramientas **Depurar** o en el menú **Depurar**. También puede pulsar MAYÚS-F8 para ejecutar esta opción. Aparecerá la ventana de AutoCAD y la línea de comando mostrará ahora la solicitud Indique el tercer punto:. Una vez designado el tercer punto, aparecerá de nuevo la ventana de Visual LISP.

11. Haga clic de nuevo en el botón **Pasar a siguiente**. Visual LISP resaltará la siguiente línea. Si vuelve a pulsar el botón **Pasar a siguiente**, se ejecutará la expresión completa.

12. Continúe pulsando el botón **Pasar a siguiente** para avanzar a través de cada instrucción y resaltar finalmente todo el programa.

Rastreo de variables

En ocasiones se hace necesario rastrear los valores de las variables utilizadas en un programa. Por ejemplo, supongamos que el programa falla o no se comporta de la forma esperada. En tales casos deberá localizar el origen del problema. Un método para lograrlo consiste en hacer un seguimiento de las variables utilizadas en el programa; siga estos pasos:

1. Abra en el Editor de texto de Visual LISP el archivo que contenga el código del programa. Puede utilizar la opción **Abrir archivo** del menú **Archivo**.

2. Cargue el programa, bien con el botón **Cargar ventana de edición activa** de la barra **Herramientas**, bien con la opción **Cargar texto en editor** del menú **Herramientas**.

3. Ejecute el programa indicando el nombre de la función, como por ejemplo **(tr2)**, en la solicitud de la Consola de Visual LISP (_$). El programa ejecutará las operaciones tal como se hayan definido en el programa. En el caso del programa triang.slp, utilizado como ejemplo, se dibujará un triángulo y un arco entre los puntos precisados por el usuario. A continuación deseamos conocer las coordenadas de los puntos p1, p2 y p3. Para lograrlo podemos utilizar la opción **Ventana Inspección** de la barra de herramientas **Ver**.

4. Seleccione la variable **p1** en el editor de texto y haga clic en el botón **Ventana Inspección** de la barra de herramientas **Ver**. También puede elegir la opción **Ventana Inspección** en el menú **Ver**. Visual LISP mostrará la ventana **Inspección**, en la que se indicarán las coordenadas X, Y y Z del punto p1.

5. Sitúe el cursor próximo a la variable p2 (al principio, al final o en el interior) y haga clic en el botón **Añadir inspección** de la ventana **Inspección**. Haga clic en el botón **Aceptar** del cuadro de diálogo **Añadir inspección**. El valor de la variable seleccionada aparecerá en la ventana **Inspección** (figura 25.18). Puede utilizar este mismo método para rastrear el valor de otras variables del programa.

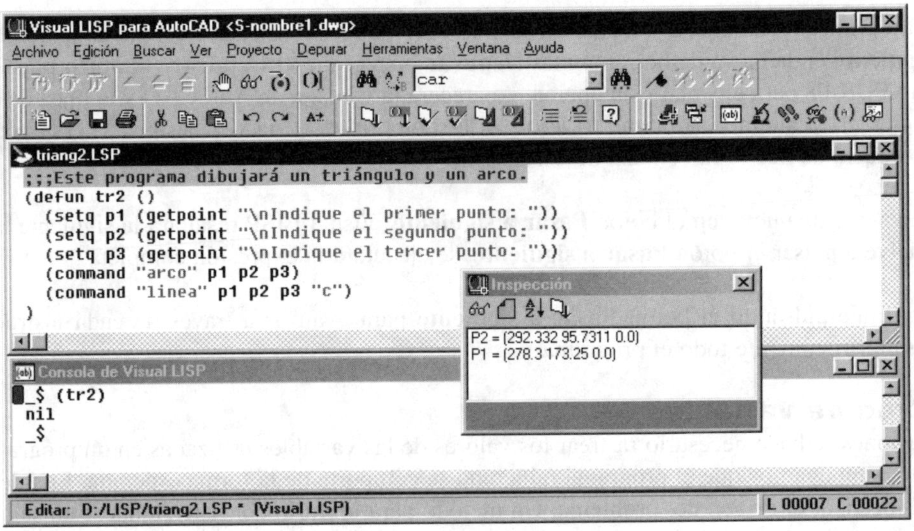

Figura 25.18. Utilización de la ventana ***Inspección*** *para rastrear el valor de variables en un programa.*

Preguntas de revisión

1. ¿Cuáles son los dos métodos para iniciar Visual LISP?
   1. ____________________ 2. ____________________

2. Nombre los cuatro elementos que componen la ventana de Visual LISP:
   1. ____________________ 2. ____________________
   3. ____________________ 4. ____________________

3. Nombre las barras de herramientas disponibles en Visual LISP.
   1. ____________________ 2. ____________________
   3. ____________________ 4. ____________________
   5. ____________________

4. ¿Cuáles son los dos métodos para cargar un programa de Visual LISP?
   1. ____________________ 2. ____________________

5. ¿Cómo puede ejecutarse un programa de Visual LISP? ____________________
   ____.

6. Los archivos de Visual LISP pueden abrirse en el Editor de texto de Visual LISP. (V/F)

7. Explique el funcionamiento de la Consola de Visual LISP. ____________________
   ____.

8. En la consola de Visual LISP pueden indicarse varias instrucciones antes de proceder a ejecutarlas. De ser cierto, indique un ejemplo. ____
____.

9. En la Consola de Visual LISP, ¿cómo puede indicarse una instrucción LISP en más de una línea?
____.

10. ¿Qué son los menús contextuales y cómo puede accederse a ellos? ____________________
____.

11. En el Editor de texto de Visual LISP, ¿cuál es el color asignado a cada uno de estos elementos?
Paréntesis ________________ Funciones LISP ________________
Comentarios ______________ Enteros ______________________

12. ¿Cuál es la misión del Formateador de Visual LISP y cómo puede aplicarse formato al texto?
____
____.

13. ¿Cómo pueden obtenerse los comentarios de encabezamiento y los comentarios de cierre de función? ____
____.

14. ¿Cómo pueden modificarse las opciones de formato? ____________________________
____.

15. ¿De qué forma puede depurarse un programa de Visual LISP? _______________________
____.

16. ¿Cómo se efectúa un rastreo de las variables en un programa de Visual LISP? ____________
____.

Ejercicios

Ejercicio 3 *Arquitectura*

Escriba un programa LISP que dibuje la escalera mostrada en la figura 25.19. El programa debe solicitar la altura y profundidad del escalón, así como el número de ellos. El usuario deberá indicar también la longitud L del rellano.

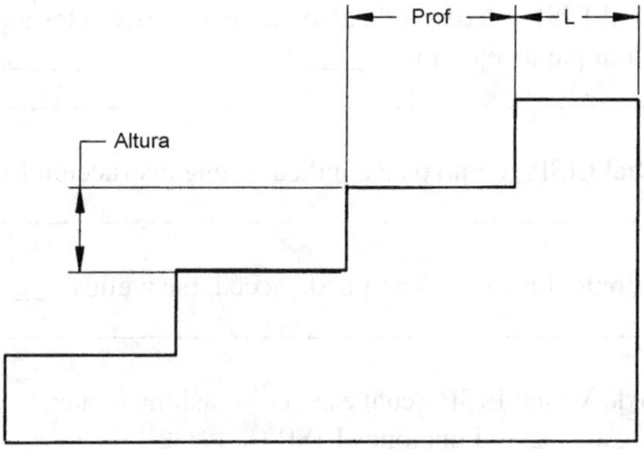

Figura 25.19. Dibujo para el ejercicio 3.

Ejercicio 4 — *Arquitectura*

Escriba un programa LISP que dibuje un marco para un cuadro, tal como muestra la 25.20. El programa debe solicitar la anchura y altura total, así como el grosor del marco.

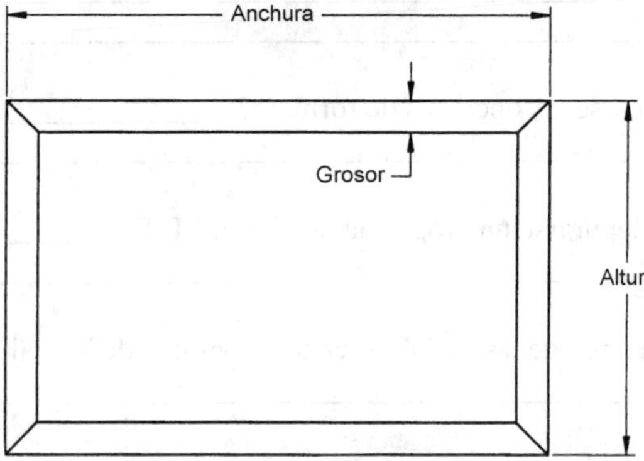

Figura 25.20. Dibujo para el ejercicio 4.

Capítulo 26

DIESEL: lenguaje de expresiones de cadenas

Objetivos del estudio

Tras completar este capítulo, será capaz de:

- *Utilizar DIESEL para personalizar la barra de estado.*
- *Utilizar la variable de sistema MODEMACRO.*
- *Escribir expresiones de macro con DIESEL.*
- *Utilizar AutoLISP con MODEMACRO.*

DIESEL

DIESEL es un lenguaje de expresiones de cadenas. Puede utilizarse para mostrar en la barra de estado una cadena de texto definida por el usuario (expresión de macro) al modificar el valor de la variable de sistema **MODEMACRO** de AutoCAD. El valor asignado a **MODEMACRO** ha de ser una cadena; la salida generada será también una cadena. Resulta bastante sencillo escribir una expresión de macro en DIESEL. Este lenguaje constituye una importante herramienta para la personalización de AutoCAD. Sin embargo, DIESEL es lento y no está pensado para funcionar como AutoLISP o DCL. Puede utilizar AutoLISP para escribir y asignar un valor a la variable **MODEMACRO** o bien puede escribir la definición de la expresión de **MODEMACRO** en los archivos de menús. Más adelante en este capítulo encontrará una explicación detallada de las funciones DIESEL y la utilización de este lenguaje para escribir expresiones de macro.

BARRA DE ESTADO

AutoCAD incluye una barra de estado en la parte inferior de su ventana (figura 26.1). Esta barra ofrece algunas informaciones de interés, así como herramientas que permiten cambiar fácilmente el estado de algunas funciones de AutoCAD. Para cambiar su estado, basta con pulsar el correspondiente botón en esta barra. Si, por ejemplo, desea mostrar las líneas de la rejilla en la pantalla, haga clic en el indicador **REJILLA**. De igual forma, si desea cambiar a espacio papel, haga clic en **MODEL**.

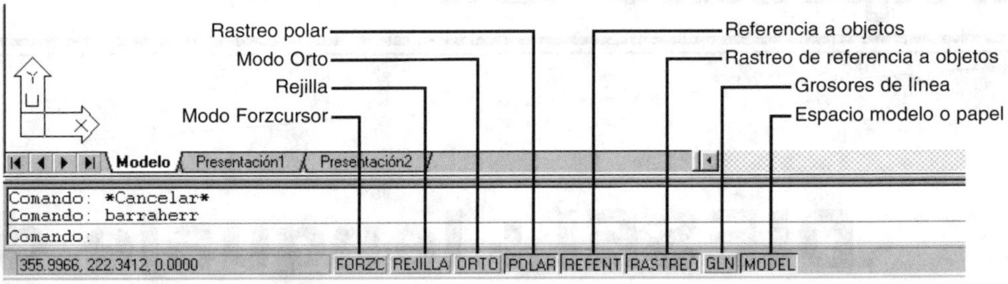

Figura 26.1. *Barra de estado de AutoCAD.*

La barra de estado contiene la siguiente información:

Visor de coordenadas. La información de coordenadas mostrada en la barra de estado puede ser estática o dinámica. Si la representación es estática, los valores de coordenadas mostrados en la barra de estado sólo se actualizan al precisar un punto. En representación dinámica (configuración por defecto), AutoCAD muestra continuamente las coordenadas absolutas del cursor gráfico respecto al origen del SCP actual. AutoCAD también puede mostrar las coordenadas polares (longitud <ángulo) durante la ejecución de un comando.

FORZC. Cuando el modo Forzcursor está activado, el cursor se verá forzado a las posiciones de la resolución.

REJILLA. Si la rejilla está activada, sus líneas aparecerán en pantalla.

ORTO. Si el modo Orto está activado, conseguirá dibujar líneas horizontales o verticales.

POLAR. Cuando el rastreo polar está activado, el cursor se ve forzado a los ángulos polares tal como se haya definido en la ficha **Rastreo polar** del cuadro de diálogo **Parámetros de dibujo**.

REFENT. Si REFENT está activado, podrá utilizar las referencias a objetos en ejecución. El estado de REFENT no impide la utilización de las referencias a objetos habituales.

RASTREO. Cuando el rastreo de referencia a objetos esté activado, podrá desplazarse según determinadas direcciones a partir de puntos en objetos.

GLN. Cuando este indicador está activado, los objetos aparecen en pantalla con el grosor de línea que se les haya asignado.

MODEL y PAPEL. AutoCAD muestra MODEL en la barra de estado mientras trabaja en el espacio modelo. Si está trabajando en espacio papel, AutoCAD mostrará PAPEL en su lugar.

VARIABLE DE SISTEMA MODEMACRO

La variable de sistema **MODEMACRO** de AutoCAD puede utilizarse para mostrar una nueva cadena de texto en la barra de estado. También puede mostrar el valor devuelto por una expresión de macro con el lenguaje DIESEL, descrito en una sección posterior de este capítulo. **MODEMACRO** es una variable de sistema a la que puede asignarse un valor; a tal fin, indique su nombre en la solicitud de comando o utilice el comando **MODIVAR**. Por ejemplo, si desea mostrar "Personalización de AutoCAD" en la barra de estado, indique **MODIVAR** en la solicitud de comando y pulse INTRO. AutoCAD solicitará que indique el nombre de la variable de sistema a modificar. Escriba **MODEMACRO** y pulse INTRO de nuevo. A continuación escriba **Personalización de AutoCAD** y pulse INTRO. La barra de estado mostrará el nuevo texto.

Comando: **MODIVAR**
Indique nombre de variable o [?]: **MODEMACRO**
Indique nuevo valor para MODEMACRO, o . para ninguno <"">: **Personalización de AutoCAD**

También puede indicar **MODEMACRO** en la solicitud de comando. Después escriba el texto que desee mostrar en la barra de estado.

Comando: **MODEMACRO**
Indique nuevo valor para MODEMACRO, o . para ninguno <"">: **Personalización de AutoCAD**

Una vez modificada la variable **MODEMACRO**, su valor se mantendrá hasta que indique un nuevo valor, comience un nuevo dibujo o abra un archivo existente. Si desea mostrar el texto predeterminado en la barra de estado, indique un punto (.) tras la solicitud Indique nuevo valor para MODEMACRO, o . para ninguno <"">:. El valor asignado a la variable de sistema de sistema **MODEMACRO** no se guarda con el dibujo; tampoco se almacena en ningún archivo de configuración o en cualquier otra parte del sistema.

Comando: **MODEMACRO**
Indique nuevo valor para MODEMACRO, o . para ninguno <"">: **.**

PERSONALIZACIÓN DE LA BARRA DE ESTADO

La información contenida en la barra de estado puede dividirse en dos partes: visor de coordenadas e indicadores. Los indicadores son el conjunto de botones que permiten activar y desactivar el modo Forzcursor, la rejilla, el modo Orto, el rastreo polar, las referencias a objetos en ejecución, el rastreo de referencia a objetos, los grosores de líneas y los espacios modelo y papel (figura 26.1). El visor de coordenadas muestra las coordenadas X, Y y Z del cursor. La barra de estado puede personalizarse según las necesidades del usuario asignando un valor a la variable de sistema **MODEMACRO**. El valor asignado a esta variable aparece justificado a la izquierda en la barra de estado (parte inferior de la ventana de AutoCAD). El número de caracteres visibles varía según la configuración de pantalla del sistema y del tamaño de la ventana de AutoCAD. El área del visor de coordenadas no puede modificarse.

La barra de estado es una valiosa fuente de información. Por tanto, debe seleccionar cuidadosamente el texto a mostrar en esta barra. Por ejemplo, si está trabajando en un proyecto, quizá desee mostrar el nombre de tal proyecto en la barra de estado. Si utiliza varios estilos de acotación, podría mostrar el nombre del estilo actual en la barra de estado. De igual forma, si dispone de varios estilos de texto con diferentes tipos de letra, el nombre del estilo puede mostrarse en la barra de estado junto con la altura del texto. Mientras trabaja en tres dimensiones, si desea conocer en todo momento la dirección de mira, la línea de estado puede mostrar las coordenadas de la cámara. Así pues, la información mostrada en la barra de estado depende de las necesidades particulares en cada dibujo. AutoCAD permite personalizar esta barra y disponer en ella cualquier información que considere apropiada para su trabajo.

EXPRESIONES DE MACRO CON DIESEL

Para asignar un valor a la variable de sistema **MODEMACRO** también puede escribirse una expresión de macro utilizando el lenguaje DIESEL. Las expresiones de macro son similares a las funciones AutoLISP, con algunas diferencias. Por ejemplo, el nombre del dibujo puede obtenerse con la instrucción AutoLISP **(getvar dwgname)**. En DIESEL, la misma información puede obtenerse con la expresión de macro **$(getvar,dwgname)**. Sin embargo, a diferencia de lo que sucede con AutoLISP, las expresiones de macro DIESEL sólo devuelven valores de cadena. El formato de una expresión de macro es:

$(nombre_función,argumento1,argumento2,...)

Ejemplo
$(getvar,dwgname)

En la expresión anterior, **getvar** es el nombre de la función de cadena DIESEL y **dwgname** es el argumento de la función. No deben incluirse espacios entre los diferentes elementos de una expresión de macro. Por ejemplo, no están permitidos los espacios entre el signo $ y el signo de abrir paréntesis. Tampoco deben aparecer espacios entre la coma y el argumento, **dwgname**. Toda expresión macro comienza con el signo $.

El siguiente ejemplo explica cómo asignar un valor a la variable de sistema **MODEMACRO** mediante una expresión de macro con DIESEL.

Ejemplo 1

Mediante la variable de sistema **MODEMACRO**, modificaremos la barra de estado para que muestre la siguiente información:

Nombre del proyecto (Person-Acad).
Nombre del dibujo.
Nombre de la capa actual.

Observe que, en este ejemplo, el nombre del proyecto es Person-Acad, el nombre del dibujo es Demo y la capa actual es OBJ.

Antes de indicar la variable **MODEMACRO**, debe determinar la forma de extraer la información requerida de la base de datos del sistema. Por ejemplo, en este caso el nombre del proyecto (Person-Acad) es un nombre definido por el usuario y no está guardado en la base de datos del dibujo. El nombre del dibujo puede obtenerse con la función de cadena DIESEL **getvar**: **$(getvar,dwgname)**. La función getvar también puede utilizarse para obtener el nombre de la capa actual: $(getvar,clayer). Una vez conocida la forma de recuperar del sistema la información necesaria, puede utilizar la variable de sistema **MODEMACRO** para obtener la nueva barra de estado. Para el ejemplo 1, la siguiente expresión DIESEL define la barra de estado requerida:

Comando: **MODEMACRO**
Indique nuevo valor para MODEMACRO, o . para ninguno <"">: **Person-Acad N:$(getvar,dwgname) C:$(getvar,clayer)**

Explicación

Person-Acad
Person-Acad es el nombre del proyecto que desea mostrarse en la barra de estado.

N:$(getvar,dwgname)
N: se ha utilizado como abreviatura para reflejar que lo mostrado a continuación es el nombre del dibujo. La función **getvar** recupera y muestra en la línea de estado, a continuación de N:, el nombre del dibujo actual, contenido en la variable de sistema **DWGNAME**.

C:$(getvar,clayer)
L: se ha utilizado como abreviatura para reflejar que lo mostrado a continuación es el nombre de la capa. La función **getvar** recupera y muestra en la línea de estado, a continuación de L:, el nombre de la capa actual, contenido en la variable de sistema **CLAYER**.

La figura 26.2. muestra la nueva línea de estado.

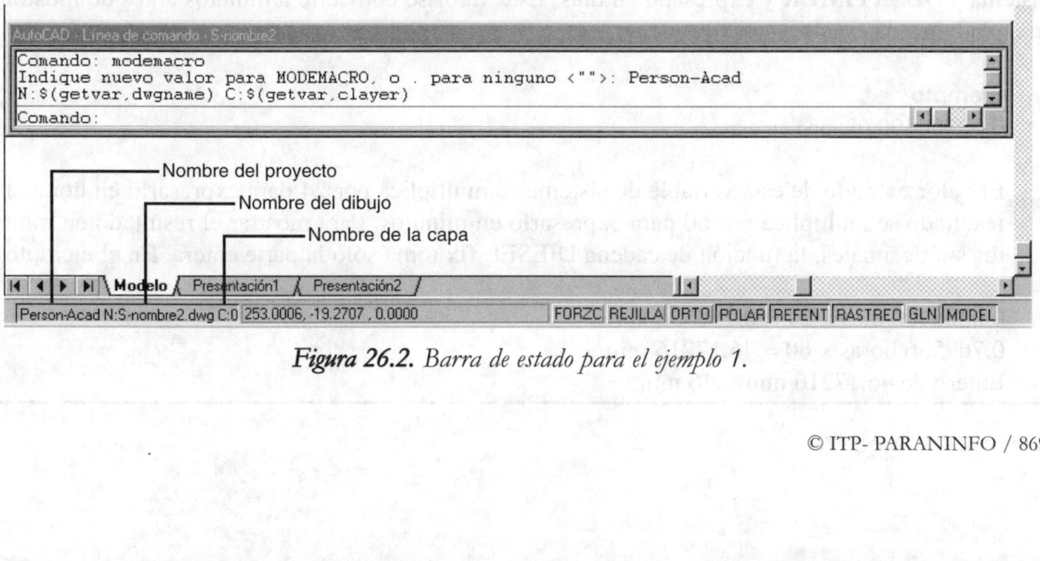

__Figura 26.2.__ Barra de estado para el ejemplo 1.

Ejemplo 2

Mediante la variable de sistema **MODEMACRO**, modificaremos la barra de estado para que muestre la siguiente información:

Nombre del estilo de texto actual.
Altura del texto.
Minutos transcurridos en el cronómetro de usuario.

En este ejemplo, las abreviaturas utilizadas para el estilo de texto, la altura de texto y el tiempo transcurrido en el cronómetro son, respectivamente, ESTILOT:, ALTURAT: y CRONO:.

Comando: **MODEMACRO**
Indique nuevo valor para MODEMACRO, o . para ninguño <"">: **ESTILOT:$(getvar,textstyle) ALTURAT:$(getvar,textsize) CRONO:$(fix,$(*,60,$(*,24,$(getvar,tdusrtimer))))**

Explicación

ESTILOT:$(getvar,textstyle)
La función **getvar** recupera y muestra en la línea de estado, a continuación de ESTILOT:, el nombre del estilo de texto actual, contenido en la variable de sistema **TEXTSTYLE**.

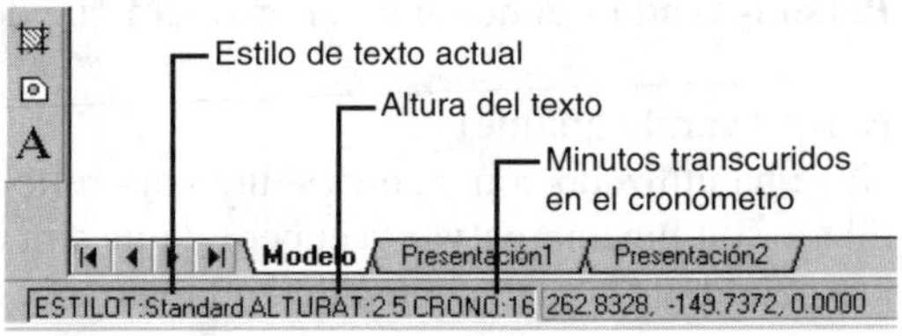

Figura 26.3. *Barra de estado para el ejemplo 2.*

ALTURAT:$(getvar,textsize)
La función **getvar** recupera y muestra en la línea de estado, a continuación de ALTURAT:, la altura de texto actual, contenida en la variable de sistema **TEXTSIZE**.

CRONO:$(fix,$(*,60,$(*,24,$(getvar,tdusrtimer))))
La función **getvar** recupera el tiempo transcurrido en el cronómetro, contenido en la variable de sistema **TDUSRTIMER** y expresado en días. Este valor se convierte a minutos antes de mostrarlo en la barra de estado.

Ejemplo
0.03206400 (tiempo en días)

El valor extraído de esta variable de sistema se multiplica por 24 para expresarlo en horas. El resultado se multiplica por 60 para expresarlo en minutos. Para mostrar el resultado en minutos sin decimales, la función de cadena DIESEL **fix** toma sólo la parte entera. En el ejemplo:

0.0326400 días x 24 = 0.769536 horas
0.769536 horas x 60 = 46.17216 min
Entero de 46.17216 min = 46 min

UTILIZACIÓN DE AUTOLISP CON MODEMACRO

En ocasiones, las expresiones DIESEL pueden ser tan largas como las mostradas en los ejemplos 1 y 2. Escribir una expresión DIESEL lleva de por sí cierto tiempo, pero si se equivoca al indicarla deberá escribirla de nuevo. Además, si necesita distintas barras de estado, deberá escribir una expresión DIESEL cada vez que desee cambiar de barra. Esto supone un gasto de tiempo y dificulta el trabajo.

Como método más cómodo de cambiar la barra de estado, puede escribir una expresión diesel utilizando el lenguaje AutoLISP. Cargar un programa AutoLISP resulta más fácil; además, así evitará cualquier equivocación eventual producida al teclear la expresión diesel. El siguiente ejemplo describe la utilización de AutoLISP para escribir una expresión DIESEL y asignarla a la variable de estado **MODEMACRO**.

Ejemplo 3

Escribiremos un programa AutoLISP para asignar un nuevo valor a la variable **MODEMACRO** y así mostrar la siguiente información en la barra de estado:

Nombre del estilo de texto actual.
Altura del texto.
Minutos transcurridos en el cronómetro de usuario.

En este ejemplo, las abreviaturas utilizadas para el estilo de texto, la altura de texto y el tiempo transcurrido en el cronómetro son, respectivamente, ESTILOT:, ALTURAT: y CRONO:.

La siguiente lista muestra el contenido del programa AutoLISP para el ejemplo 3. El nombre del archivo es **crono.lsp**. Los números de línea no forman parte del archivo; se indican sólo como referencia.

```
1 (defun c:crono ()
2    (setvar "MODEMACRO"
3       (strcat
4          "ESTILOT:$(getvar,textstyle)"
5          " ALTURAT:$(getvar,textsize)"
6          " CRONO:$(fix,$(*,60,$(*,24,$(getvar,tdusrtimer))))"
7       )
8    )
9 )
```

Explicación

Línea 3
(strcat
La función **strcat** de AutoLISP vincula el valor de cadena de las líneas 4 a 6 y devuelve una única cadena que pasa a ser una expresión DIESEL para la variable de sistema **MODEMACRO**.

Línea 4
"ESTILOT:$(getvar,textstyle)"
Esta línea es una expresión DIESEL. Dentro de esta expresión, **getvar** es una función DIESEL que recupera el valor de la variable de sistema **TEXTSTYLE**. **$(getvar,textstyle)** se reemplaza en la barra de tareas con el nombre del estilo de texto actual. Por ejemplo, si el estilo de texto es Standard, la línea devolverá "ESTILOT:Standard". Las comillas indican que se trata de una cadena.

Línea 6
" CRONO:$(fix,$(*,60,$(*,24,$(getvar,tdusrtimer))))"
Esta línea devuelve CRONO: y el tiempo en minutos como una cadena. La función DIESEL **fix** cambia un número real en entero al descartar la parte decimal.

Utilice los siguientes comandos para cargar este archivo AutoLISP (crono.lsp). En este ejemplo, el nombre del archivo y el de la función coinciden. El archivo debe encontrarse en la ruta de búsqueda de archivos de soporte de AutoCAD. De no ser así, indique también la ruta del archivo utilizando la barra oblicua (/).

Comando: **(load "crono")**
C:CRONO
Comando: **CRONO**

EXPRESIONES DIESEL EN MENÚS

Las expresiones DIESEL también pueden definirse en los menús de pantalla, de tablero, desplegables y de botones. Al seleccionar el elemento de menú, éste asignará automáticamente el valor correspondiente a la variable de sistema **MODEMACRO** y mostrará la nueva barra de estado. El siguiente ejemplo muestra cómo utilizar las expresiones DIESEL en el menú de pantalla.

Ejemplo 4

Escribiremos una macro DIESEL para el menú de pantalla. La barra de estado debe mostrar la siguiente información (figura 26.4):

Macro-1	**Macro-2**	**Macro-3**
Nombre del proyecto	Grosor de polilínea	DIMTAD
Nombre del dibujo	Radio de empalme	DIMTIX
Capa actual	Distancia de desfase	DIMSCALE

La siguiente lista muestra el archivo de menú de pantalla que incluye la definición de tres macros para el ejemplo 4. Para cargar este menú, puede indicarse el nombre del archivo tras la primera solicitud del comando **MENU** de AutoCAD. Si selecciona el primer elemento, DIESEL1, aparecerá automáticamente la nueva barra de estado.

```
***SCREEN
[*DIESEL]
[DIESEL1:]^C^CMODEMACRO;$M=Person-Acad,N:$(getvar,dwgname)+
,C:$(getvar,clayer);
[DIESEL2:]^C^CMODEMACRO;$M=GROSPOL:$(getvar,plinewid),+
RADEMP:$(getvar,filletrad),DESF:$(getvar,offsetdist),+
ESCTL:$(getvar,ltscale);
[DIESEL3]^C^CMODEMACRO;$M=DUMTAD:$(getvar,dimtad),+
DIMTIX:$(getvar,dimtix),DIMSCALE:$(getvar,dimscale);
```

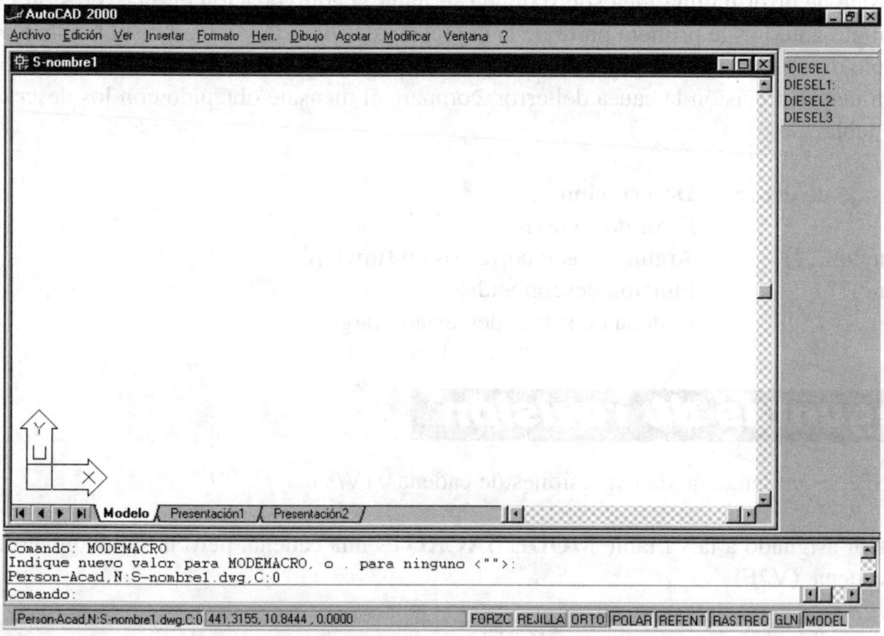

Figura 26.4. *Barra de estado para el ejemplo 4.*

VARIABLE DE SISTEMA MACROTRACE

La variable **MACROTRACE** de AutoCAD es una variable de sistema que permite depurar una expresión DIESEL. El valor predeterminado de esta variable es 0 (desactivada). Para activarla, asígnele un valor de 1. La variable **MACROTRACE** evaluará todas las expresiones DIESEL y mostrará los resultados en la ventana de comandos. Por ejemplo, si ha definido varias expresiones DIESEL en una sesión de dibujo, se evaluarán todas ellas al mismo tiempo y los mensajes, de haberlos, aparecerán en la ventana de comandos.

Ejemplo

Comando: **MODEMACRO**

Indique nuevo valor para MODEMACRO, o . para ninguno <"">: **$(getvar,dwgname),$(getvar clayer)**

Puede apreciar que en esta expresión se ha introducido un espacio en lugar de una coma entre getvar y clayer. Si la variable de sistema **MACROTRACE** está activada, aparecerá el siguiente mensaje en la ventana de comandos:

```
Eval:  $(GETVAR, dwgname)
===>   Ejemplo.dwg
Eval:  $(GETVAR CLAYER)
Err:   $(GETVAR CLAYER)??
```

Este mensaje de error da una idea sobre dónde se halla la equivocación en la expresión DIESEL. En el ejemplo anterior, la primera parte de la expresión es correcta y devuelve el nombre del dibujo (Ejemplo.dwg). La segunda parte de la expresión provoca un mensaje de error. Si desea determinar con mayor precisión la causa del error, compare el mensaje obtenido con los descritos en la siguiente tabla:

Mensaje de error	Descripción
$?	Error de sintaxis.
$(función,??)	Argumentos incorrectos en **función**.
$(func)??	Función desconocida.
$(++)	Cadena de salida demasiado larga.

Preguntas de revisión

1. DIESEL es un lenguaje de expresiones de cadenas. (V/F)

2. El valor asignado a la variable **MODEMACRO** es una cadena, pero la salida generada no es una cadena. (V7F)

3. No es posible definir expresiones DIESEL en el menú de pantalla. (V/F)

4. La información de coordenadas mostrada en la barra de estado sólo puede ser dinámica. (V/F)

5. Una vez modificado el valor de la variable **MODEMACRO**, se conserva hasta indicar un nuevo valor, iniciar un nuevo dibujo o abrir un archivo de dibujo existente. (V/F)

6. El área del visor de coordenadas no puede modificarse. (V/F)

7. Es posible escribir una expresión de macro con DIESEL para asignar un valor a la variable de sistema **MODEMACRO**. (V/F)

8. En DIESEL, el nombre del dibujo puede obtenerse con la expresión de macro **$(getvar,dwgname)**. (V/F)

Ejercicios

Ejercicio 1 — *General*

Utilice la variable de sistema **MODEMACRO** para que la barra de estado muestre la siguiente información:

Nombre del dibujo.
Nombre del autor.

Apéndice A

Requisitos del sistema e instalación de AutoCAD

REQUISITOS DEL SISTEMA

A continuación se indican los requisitos mínimos del sistema para utilizar AutoCAD 2000:

1. Sistema operativo: Windows 95, Windows 98 o Windows NT 4.0.
2. 32 MB de RAM.
3. Pentium 133 (o compatible) y superiores.
4. 130MB de espacio libre en el disco duro.
5. 64MB de espacio en disco para intercambio (como mínimo).
6. 10MB de memoria RAM adicional para cada sesión de dibujo simultanea en AutoCAD.
7. 2.5MB de espacio libre adicional en disco para archivos temporales que se suprimirán una vez terminada la instalación.
8. CD-ROM 4x o superior para la instalación inicial.
9. Pantalla de vídeo VGA de 800 por 600.
10. Ratón o dispositivo señalador de digitalizador (con el controlador Wintab).
11. Puerto paralelo compatible IBM y llave de hardware para las versiones educativas y de usuario internacional.
12. Puerto serie (para digitalizadores y algunos trazadores).
13. Tarjeta de sonido para el aprendizaje multimedia.

El siguiente hardware es opcional:

1. Impresora.
2. Trazador
3. Tablero digitalizador.

INSTALACIÓN DE AUTOCAD

El proceso de instalación de AutoCAD se ha visto simplificado, de forma que ahora resulta mucho más fácil y rápido. Además, el procedimiento de instalación se asemeja al de otros programas de Windows. Los siguientes pasos describen el proceso de instalación de AutoCAD 2000:

1. En primer lugar, inserte el CD de AutoCAD en la unidad de CD-ROM de su ordenador.

2. Si la autoejecución está activada, aparecerá automáticamente el cuadro de diálogo **Menú de instalación**. (La autoejecución es una función de Windows 95, Windows 98 y Windows NT que inicia automáticamente un archivo ejecutable. Para desactivarla, mantenga pulsada la tecla MAYÚS al insertar el CD o cambie la configuración de reproducción del CD-ROM.) Seleccione la opción **Instalar AutoCAD 2000** y haga clic en **Aceptar**. Una vez instalado el Asistente InstallShield, y si el sistema cumple los requisitos mínimos de hardware, aparecerá el cuadro de diálogo **Bienvenido**, que es la primera página del asistenta para la instalación de AutoCAD.

3. Haga clic en **Siguiente** de la página **Bienvenido** para dar paso al acuerdo de licencia de software.

4. Una vez leído el acuerdo de licencia, haga clic en **Aceptar** para continuar la instalación. Aparecerá la página **Número de serie**.

5. Indique el número de serie y la clave del CD. Haga clic en **Siguiente**. (Puede encontrar el número de serie y la clave del CD en la parte posterior de la caja que contiene el CD de AutoCAD 2000.) Si los números indicados son correctos, aparecerá la página **Datos personales**.

6. Indique la información solicitada y haga clic en **Siguiente**. Para poder avanzar a la siguiente página, cada campo debe contener al menos un carácter. La siguiente página vuelve a mostrar los datos recién indicados. Haga clic en **Siguiente** para confirmar la información personal. Aparecerá en pantalla la página **Ubicación de destino**.

7. En la página **Ubicación de destino**, utilice el botón **Examinar** para seleccionar la carpeta en la que desea instalar AutoCAD. Haga clic en **Siguiente** para avanzar a la siguiente página del asistente.

8. En el cuadro de diálogo **Tipo de instalación**, seleccione el tipo de instalación que prefiera (**Característica**, **Completa**, **Reducida** o **Personalizada**). Si selecciona **Personalizada**, aparecerá la página **Componentes a personalizar**; desactive las casillas de verificación de aquellos componentes que no desee instalar y haga clic en **Siguiente**. Si su ordenador tiene suficiente espacio libre en disco, aparecerá la siguiente página.

9. En la página **Nombre de la carpeta**, acepte la carpeta predeterminada para AutoCAD 2000 o indique cualquier otra. Haga clic en **Siguiente**. A continuación, puede indicar un editor de texto diferente al predeterminado (Bloc de notas) para editar archivos de texto. Haga clic en **Siguiente**.

10. En la página **Confirmación**, si todas las opciones indicadas previamente son correctas, haga clic en **Siguiente**. El asistente procederá a instalar los archivos de AutoCAD en su sistema.

Apéndice B

Herramientas Express

HERRAMIENTAS EXPRESS

Las **herramientas Express** son un conjunto de programas, dibujos de ejemplo, controladores y tipos de letra que permiten mejorar AutoCAD. Con las herramientas Express, el usuario puede desarrollar su trabajo de forma más rápida; estas herramientas adoptan el formato de aplicaciones AutoLISP y ARX.

HERRAMIENTAS DE CAPAS

Barra de herramientas:	Herramientas de capas Express
Menú:	Express > Capas

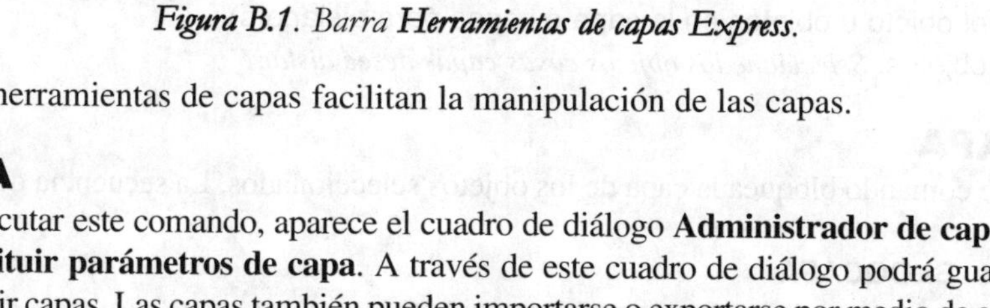

Figura B.1. Barra Herramientas de capas Express.

Las diferentes herramientas de capas facilitan la manipulación de las capas.

ADMCAPA

Al ejecutar este comando, aparece el cuadro de diálogo **Administrador de capas: Guardar y restituir parámetros de capa**. A través de este cuadro de diálogo podrá guardar, editar y restituir capas. Las capas también pueden importarse o exportarse por medio de archivos LAY.

CAPACT

Este comando cambia los objetos seleccionados de las capas en las que se encuentran a la capa actual. La secuencia de solicitudes es:

Comando: **CAPACT**
Designe los objetos que se cambiarán en la capa actual:
Designe objetos: *Seleccione los objetos que desee cambiar a la capa actual.*
Designe objetos: Intro
n encontrado(s).
n objetos cambiados en la capa *CAPA* (la capa actual).

INUTCAPA

Este comando inutiliza las capas de los objetos seleccionados. La secuencia de solicitudes para este comando es:

Comando: **INUTCAPA**
Designe un objeto en la capa que se inutilizará u [Opciones/desHacer]: *Seleccione los objetos cuyas capas desee inutilizar o indique **O**.*

Si indica **O** en la solicitud anterior, aparecerá la siguiente solicitud:

Indique una opción [anidación de nivel de Entidad/Sin anidación/]<anidación de nivel de Bloque>: *Indique una opción.*

La opción **Sin anidación** inutiliza la capa de los objetos seleccionados. Si selecciona un bloque o una referencia externa, también se inutilizará la capa en la que estén insertados. La opción **anidación de nivel de Entidad** inutiliza las capas de los objetos seleccionados, incluso aunque tales objetos estén anidados en un bloque o una refx. Si selecciona un bloque con la opción **anidación de nivel de Bloque** activada, se inutilizará la capa en la que esté insertado el bloque; en cambio, si selecciona una refx, la capa del objeto se inutilizará, pero no ocurrirá así con la capa de la refx.

AISLACAPA

Este comando aísla las capas de los objetos seleccionados al desactivar todas otras capas. La secuencia de solicitudes es:

Comando: **AISLACAPA**
Designe el objeto u objetos en la capa o capas para aislarlo(s).
Designe objetos: *Seleccione los objetos cuyas capas desee aislar.*

BLOQCAPA

Este comando bloquea la capa de los objetos seleccionados. La secuencia de solicitudes es:

Comando: **BLOQCAPA**
Designe un objeto en la capa que se bloqueará. *Seleccione el objeto cuya capa desee bloquear.*

IGUALCAPA

Este comando modifica las capas correspondientes a los objetos seleccionados para igualarlas con la del objeto de destino. La secuencia de solicitudes es:

Comando: **IGUALCAPA**
Designe los objetos que se cambiarán:
Designe objetos: *Seleccione los objetos cuyas capas desee modificar.*
Designe el objeto en la capa de destino o [Tecléelo]: *Designe un objeto con cuya capa se igualaran las capas de los objetos seleccionados.*

DESCAPA

Este comando desactiva la capa del objeto designado. La secuencia de solicitudes es:

Comando: **DESCAPA**
Designe un objeto en la capa que se desactivará u [Opciones/desHacer] *Designe un objeto o indique **O**.*

Si indica **O**, aparecerá la siguiente solicitud, ya descrita anteriormente en el caso del comando **INUTCAPA**:

Indique una opción [anidación de nivel de Entidad/Sin anidación/]<anidación de nivel de Bloque>: *Indique una opción.*

Si el objeto designado se encuentra en la capa actual, aparecerá la siguiente solicitud:

¿Está seguro de querer desactivar la capa *CAPA* (la capa ACTUAL)? [Sí/No] <No>: *Indique **S** o **N**.*

HERRAMIENTAS DE TEXTO

Barra de herramientas:	Herramientas de bloques Express
Menú:	Express > Bloques

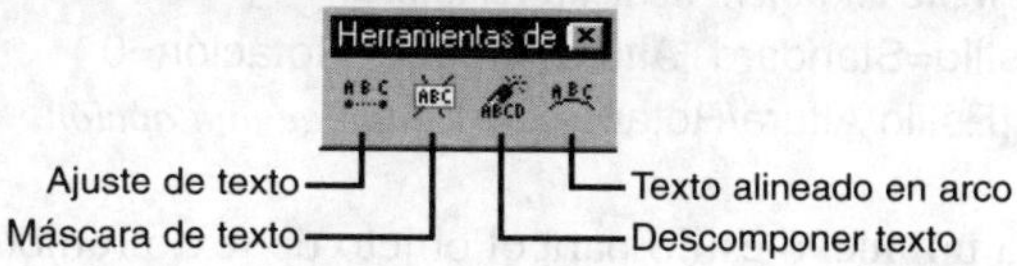

Figura B.2. *Barra **Herramientas de bloques Express**.*

Los comandos Express de texto permiten modificar el texto y los atributos.

TEXTOARCO

Este comando sitúa el texto a lo largo de un arco. La secuencia de solicitudes es:

Comando: **TEXTOARCO**
Seleccione un Arco o Texto alineado en arco: *Designe un arco o un texto.*

Aparecerá el cuadro de diálogo **Taller de texto alineado en arco - Crear**. Puede indicar el texto en el cuadro **Texto**; elija un estilo de texto y un tipo de letra en los respectivos cuadros de lista desplegable. Si ha seleccionado un texto alineado en arco, podrá modificar sus diferentes propiedades con este cuadro de diálogo. En la sección **Propiedades** del cuadro de diálogo podrá cambiar la altura, la anchura y el desfase desde el arco. Una vez efectuados los cambios, haga clic en **Aceptar**.

DESCTEXTO

Este comando descompone texto o textoM en geometría (líneas y arcos) y permite asignarle una altura y elevación. La secuencia de solicitudes es:

Comando: **DESCTEXTO**
Designe el texto que se va a DESCOMPONER: *Designe el texto a descomponer.*

TEXTOR

Los objetos de **texto remoto (TEXTOR)** aparecen como cualquier otro objeto de texto o textoM. Sin embargo, el origen de un texto remoto es, bien un archivo de texto ASCII, bien una expresión DIESEL. El comando **TEXTOR** permite editar este tipo de objetos. La secuencia de solicitudes es:

Comando: **TEXTOR**
Parámetros actuales Estilo=Standard Altura= 2.5000 Rotación=0
Indique una opción [Estilo/aLtura/Rotar/Archivo/Diesel] <File>: *Indique una opción o un archivo de origen.*

EDITTR

Con el comando **EDITTR** podrá editar objetos de texto remoto existentes. La secuencia de solicitudes para este comando es:

Comando: **EDITTR**
Designe objetos: *Designe un objeto de texto remoto.*
Valores actuales: Estilo=Standard Altura=2.5000 Rotación=0
Indique una opción [Estilo/Altura/Rotar/Editar]: *Indique una opción.*

La opción **Estilo** precisa un nuevo estilo para el objeto de texto remoto. La opción **Altura** permite cambiar la altura del texto. La opción **Rotar** permite indicar un nuevo ángulo de rotación para los objetos de texto remoto. Con la opción **Editar** podrá editar el texto remoto.

AJUSTEXTO

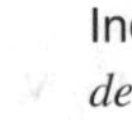

Este comando contrae o estira los objetos de texto a fin de ajustarlos entre los puntos inicial y final precisados. La secuencia de solicitudes es:

Comando: **AJUSTEXTO**
Designe Texto para estirar o comprimir: *Designe el texto.*
Precise punto final [Punto inicial]: *Precise un nuevo punto final o indique **I** para precisar el punto inicial.*

Si indica **I**, la secuencia de solicitudes será:

Precise nuevo punto de inicio: *Precise un nuevo punto inicial.*
punto final: *Precise el punto final.*

MASCTEXTO

Este comando oculta los objetos situados por detrás del texto seleccionado. **MASCTEXTO** trabaja en colaboración con el comando Express **COBERTURA**.

Comando: **MASCTEXTO**
Parámetros actuales: Factor de desfase = 0.3500, Tipo de máscara = Wipeout
Designe los objetos de texto para la máscara o [Tipo de máscara/Desfase]: *Seleccione el texto o indique una opción.*

Si desea eliminar la máscara de un texto al que se le ha aplicado el comando **MASCTEXTO**, puede utilizar el comando **ELIMASCTEX**. La secuencia de solicitudes es:

Comando: **ELIMASCTEX**
Designe el texto o TextoM del cual se va a suprimir la máscara.
Designe objetos: *Designe un objeto de texto enmascarado.*

TXTATXTM

Este comando convierte una o más líneas de texto en textoM. La secuencia de solicitudes es:

Comando: **TXTATXTM**
Designe los objetos de texto o pulse Intro para [Opciones]<Opciones>:
Designe objetos: *Seleccione los objetos de texto a convertir.*

HERRAMIENTAS ESTÁNDAR

Barra de herramientas: Barra de herramientas Estándar Express

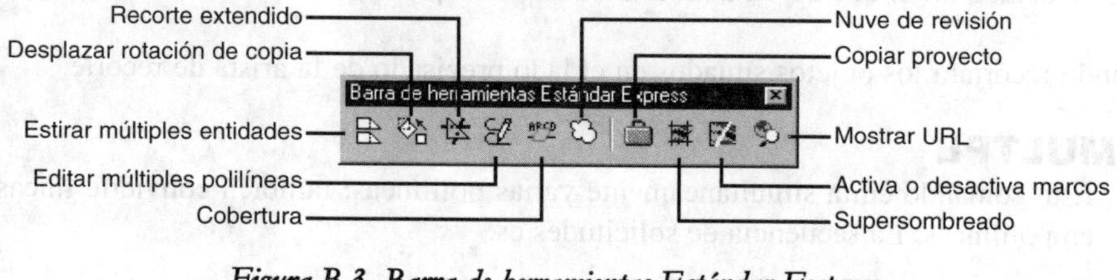

Figura B.3. Barra de herramientas Estándar Express.

Los comandos estándar Express están basados en los comandos de modificación de AutoCAD.

ESTIRARM

Este comando se utiliza para estirar varios objetos simultáneamente. Si el objeto está completamente seleccionado, **ESTIRARM** actuará como el comando **DESPLAZA**. La secuencia de solicitudes es:

Comando: **ESTIRARM**
Defina la ventana de captura o los polígonos intersecantes...
Opciones: Polígono o primer punto que interseca
Precise una opción [P/PR] <Primer punto intersecante>: *Precise la primera esquina de una ventana de captura.*
Precise otra esquina: *Precise la segunda esquina de la ventana de captura.*
Opciones: Polígono que interseca, primer punto que interseca o desHacer
Precise una opción [P/PR/desHacer] <Primer punto intersecante>: Intro
Definición de ventanas para estirar terminada...
Precise una opción [Suprimir objetos] <Punto base>: *Precise un punto base.*
Segundo punto base: *Precise un nuevo punto base.*

TRASCORO

Con un único comando puede trasladar, copiar, rotar y escalar los objetos seleccionados. La secuencia de solicitudes es:

Comando: **TRASCORO**
Designe objetos: *Seleccione los objetos a modificar.*
Punto base: *Precise un punto base.*
[Desplazar/Copiar/Girar/Escala/Base/desHacer]<Salir>: *Indique una opción.*

RECAA

Este comando permite recortar objetos con una arista de recorte que puede ser una polilínea, línea, círculo o arco. La secuencia de solicitudes es:

Comando: **RECAA**
Designe una POLILÍNEA, LÍNEA, CÍRCULO, ARCO, ELIPSE, IMAGEN o TEXTO para la arista de recorte...
Designe objetos: *Designe el objeto a utilizar como arista de recorte.*
Precise el lado en el que se va a recortar: *Designe un punto para determinar el lado a recortar.*

El comando recortará los objetos situados en el lado precisado de la arista de recorte.

EDITMULTPL

Este comando edita simultáneamente varias polilíneas; también convierte líneas y arcos en polilíneas. La secuencia de solicitudes es:

Comando: **EDITMULTPL**
Designe objetos: *Seleccione objetos a editar.*
¿Convertir líneas y arcos en polilíneas? [Sí/No] <Sí>: Intro
Indique una opción
[Abrir/Cerrar/Juntar/Grosor/curVar/SPline/estadoPreviocurva/generarTlínea/Salir] <Salir>:
Indique una opción.

COBERTURA

Este comando cubre el área seleccionada con el color de fondo, como si la ocultara. El área debe definirse en primer lugar como una polilínea cerrada. La secuencia de solicitudes es:

Comando: **COBERTURA**
Precise el primer punto o [Marco/Nuevo desde polilínea] <Nuevo>: *Pulse INTRO para crear una nueva cobertura.*
Precise una polilínea: *Designe la polilínea cerrada.*
¿Borrar polilínea? [Sí/No] <No>: *Indique una opción.*

El comando ocultará cualquier objeto contenido en el área de la cobertura. También puede indicar **M** tras la solicitud Precise el primer punto o [Marco/Nuevo desde polilínea] <Nuevo>:. Aparecerá la siguiente solicitud:

Seleccione una opción [DES/ACT] <ACT>:

La opción **ACT** muestra el marco de cobertura en todas las entidades de cobertura. La opción **DES** desactiva los marcos de cobertura en todas las entidades de cobertura.

NUBEREV

Este comando permite crear la forma de una nube de revisión a partir de una polilínea compuesta de arcos consecutivos. La secuencia de comandos es:

Comando: **NUBEREV**
Longitud de arco = 15.0000, Estilo de arco = Normal
Precise el punto inicial de nube o [Salir/Opciones] <Salir>: *Precise el punto inicial o indique **O**.*

Si indica **O**, AutoCAD mostrará el cuadro de diálogo **Opciones de NubeRev**, donde podrá decidir el estilo de arco y la longitud de cuerda. Conforme desplace el cursor, se irán creando arcos consecutivos con la configuración indicada en las opciones. Cuando el cursor en cruz se halle próximo al punto inicial, el último arco se unirá con él para cerrar la nube y terminar el comando.

EMPAQ

Este comando copia en una determinada ubicación todos los archivos asociados a un dibujo determinado.

Comando: **EMPAQ**

Aparecerá el cuadro de diálogo **Copiar proyecto**, en el que se indican todos los nombres de archivo junto con su tamaño, fecha, versión y ruta. Los archivos pueden mostrarse como una lista o en árbol jerárquico. Si hace clic en **Examinar**, podrá precisar con el cuadro de diálogo **Buscar carpeta** una ruta en la que copiar los archivos. El botón **Copiar** copia los archivos en la ruta indicada. El botón **Informe** muestra información referente a los archivos asociados.

SUPERSOMBR

El comando **SUPERSOMBR** es muy parecido al comando **SOMBREA** de AutoCAD, pero en este caso permite utilizar imágenes, referencias externas, bloques y objetos de cobertura como patrones de sombreado. Una vez seleccionado el archivo y suponiendo que decide precisar toda la información en pantalla, la secuencia de solicitudes será:

Para **imágenes**:

Punto de inserción <0,0>: *Precise un punto de inserción.*
Tamaño de la imagen de base: Anchura: *anchura*, Altura: *altura* <Milímetros>
Precise factor de escala <1>: *Precise el factor de escala par ala inserción.*
Precise ángulo de rotación <0>: *Precise el ángulo de rotación.*
¿Es aceptable la colocación de esta IMAGEN? [Sí/No] <Sí>: Intro

Para **bloques y referencias externas**:

Punto de inserción: *Precise un punto de inserción.*
Indique factor de escala X, precise esquina opuesta, o [Esquina/XYZ] <1>: *Precise el factor de escala X.*
Indique factor de escala Y <usar factor de escala X>: *Precise el factor de escala Y o pulse INTRO.*
Precise ángulo de rotación <0>: *Precise el ángulo de rotación.*
¿Es aceptable la colocación de este XREF? {Sí/No} <Sí>: Intro
Designe una ventana alrededor de xref para definir las distancias de mosaico en columnas y filas.
Modos de rectángulo actuales: Grosor=0.8804
Precise xref [Extensiones] Primera esquina <rectáng. magenta>: *Precise un marco mosaico y pulse INTRO cuando haya terminado.*

Una vez seleccionado el patrón de sombreado, la siguiente secuencia de solicitudes será:

Seleccionando objetos visibles para identificar contorno...Terminado.
Precise una opción [Avanzadas] <Punto interno>: *Precise un punto interior para determinar el contorno de sombreado, indique A para acceder a las opciones avanzadas o pulse INTRO.*
Preparando objetos de sombreado para visualización...
Terminado.

CCUADROS

El comando **CCUADROS** puede utilizarse para activar o desactivar los marcos en objetos de cobertura y de imagen.

Comando: **CCUADROS**

MOSTURL

Este comando muestra todos los URL (Localizador uniforme de recursos) incrustados en el dibujo. **MOSTURL** también permite editar los URL asociados.

HERRAMIENTAS DE BLOQUES

Barra de herramientas: Herramientas de bloques Express

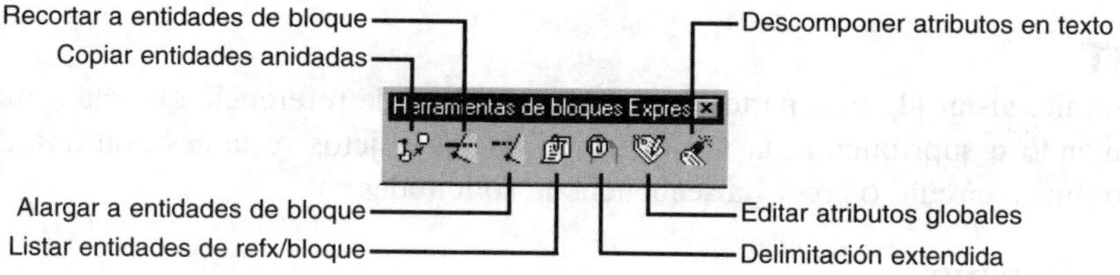

***Figura B.4**. Barra **Herramientas de bloques Express**.*

Los comandos de bloques Express permiten editar los bloques y referencias externas de un dibujo.

COPIARE

Este comando se utiliza para copiar objetos anidados en una refx o en un bloque. La secuencia de solicitudes es:

Comando: **COPIARE**
Designe objetos anidados para copiarlos: *Seleccione los objetos.*
Precise punto base o de desplazamiento [Múltiple]: *Precise el punto base o indique **M**.*
Precise segundo punto del desplazamiento o <usar primer punto como desplazamiento>: *Precise el segundo punto de desplazamiento.*

RECBLQ

Este comando recorta los objetos seleccionados con una determinada arista de corte. La arista de corte puede ser un bloque o una refx. La secuencia de solicitudes es:

Comando: **RECBLQ**
Designe aristas de corte: *Seleccione objetos a utilizar como aristas de corte.*
Designe objeto a recortar o [Proyección/Arista/desHacer]: *Designe objeto a recortar o indique una opción.*

EXTENBLQ

Este comando alarga un objeto hasta una determinada arista. La arista puede ser un bloque o un objeto de refx. La secuencia de solicitudes es:

Comando: **EXTENBLQ**
Designe aristas para extensión: *Seleccione objetos a utilizar como aristas de contorno.*
Designe objetos a alargar o [Proyección/Arista/desHacer]: *Designe el objeto que desee alargar o indique una opción.*

LISTEX

Este comando ofrece en un cuadro de diálogo información acerca del tipo de objeto, capa, color y tipo de línea correspondiente a un objeto anidado en un bloque o en una refx.

Comando: **LISTEX**
Designe refx u objeto de bloque anidados para enumerarlos: *Designe el objeto.*

DELIMIT

Permite aislar algunas partes de bloques, dibujos de referencia externa o imágenes delimitando o suprimiendo la visualización de los objetos restantes con una definición de polilínea, círculo o arco. La secuencia de solicitudes es:

Comando: **DELIMIT**
Designe un objeto de POLILÍNEA, CÍRCULO, ARCO, ELIPSE o TEXTO para la arista delimitadora...
Designe objetos: *Designe un objeto a utilizar como arista de corte.*
Designe una IMAGEN, COBERTURA o una REFX/BLOQUE que se delimitará...
Designe objetos: *Designe el objeto.*
Indique la distancia de error máxima permisible para resolución de segmentos de arco <0.86373054>: *Precise un valor de resolución.*

En el caso una arista de corte curva, se ve atravesada por segmentos de arco con una serie de segmentos rectos y cortos. La resolución de segmentos de arco es la distancia entre el punto medio del segmento dado y el arco. En consecuencia, valores de resolución mayores dan lugar a un menor número de segmentos y, por tanto, a una mayor velocidad a costa de un corte menos suave.

ATRGLOB

Este comando modifica globalmente los valores de atributo para todas las inserciones de un determinado bloque. La secuencia de solicitudes es:

Comando: **ATRGLOB**
Designe bloque o atributo [Nombre bloque]: *Indique **N** para utilizar el nombre del bloque o designe un bloque insertado en el dibujo.*
Nombres de indicadores conocidos para bloques: *Identificador*
Designe atributo o indique nombre de atributo: *Designe un atributo o indique su identificador.*

Bloque: *bloque* Identificador de atributo: *Identificador*
Escriba nuevo texto: *Indique un nuevo valor para el atributo.*
Número de inserciones en dibujo = *n* ¿Desea procesar todas? [Sí/No] <Sí>: *Indique S o N.*

DESCBLQ

Este comando descompone un bloque de forma que los atributos pasan a ser entidades de texto. La secuencia de solicitudes es:

Comando: **DESCBLQ**
Designe objetos: *Designe un bloque que contenga atributos.*

HERRAMIENTAS DE COTAS

EXCOTA

Este comando exporta a un archivo con extensión .DIM los estilos de cota guardados y todos sus parámetros.

Comando: **EXCOTA**

Aparecerá el cuadro de diálogo **Exportar estilo de cota**. En el cuadro de texto **Exportar nombre de archivo** puede indicar el nombre de archivo DIM que desee. El cuadro de lista **Estilos de cota disponibles** recoge todos los estilos de cota existentes en el dibujo actual. Seleccione el estilo o estilos que desee guardar en el archivo ASCII. La sección **Opciones de estilo de texto** ofrece dos opciones: **Sólo nombre de estilo de texto** e **Información completa de estilo de texto**.

IMCOTA

Con este comando podrá importar en el dibujo actual estilos de cota previamente exportados a un archivo DIM.

Comando: **IMCOTA**

Aparecerá el cuadro de diálogo **Importar estilo de cota**. En el cuadro de texto **Importar nombre de archivo** puede indicar el nombre del archivo DIM que contiene los estilos que desea importar. También puede seleccionar el archivo en el cuadro de diálogo **Abrir**, que aparece al hacer clic en el botón **Examinar**. La sección **Opciones de importación** ofrece la posibilidad de conservar los estilos de cota existentes en el dibujo actual o bien sobrescribirlos.

ENLAZARDR

Este comando se utiliza para enlazar la línea directriz a un objeto de anotación, como textoM, tolerancia u objeto de referencia de bloque. La secuencia de solicitudes es:

Comando: **ENLAZARDR**
Seleccione directriz: *Designe la directriz.*
Seleccione anotación: *Designe la anotación.*

ENLAZCONDR

Este comando se utiliza para enlazar globalmente la línea directriz a un objeto de anotación, como textoM, tolerancia u objeto de referencia de bloque. La secuencia de solicitudes es:

Comando: **ENLAZCONDR**
Designe objetos: Designe la directriz y los objetos de anotación.
Designe objetos: [Intro]
Número de directrices desbloqueadas = *n*.
Número con anotación enlazada = *m*.

DESENLAZCONDR

Este comando se utiliza para desenlazar la línea directriz de un objeto de anotación, como textoM, tolerancia u objeto de referencia de bloque. La secuencia de solicitudes es:

Comando: **DESENLAZCONDR**
Designe objetos: Designe la directriz y los objetos de anotación.
Designe objetos: [Intro]
Número de directrices desbloqueadas = *n*.
Número con anotación enlazada = *m*.

HERRAMIENTAS DE SELECCIÓN

OBTSEL

Este comando crea un conjunto de selección temporal con los objetos de determinado tipo en la capa precisada.

Comando: **OBTSEL**
Designe un objeto en la capa de origen <*>: *Designe un objeto o pulse INTRO para todas las capas.*
Designe un objeto del tipo deseado <*>: *Designe un tipo de entidad o pulse INTRO para todas.*
Recuperando todos los objetos *TIPO_OBJETO* de la capa *CAPA*...
n objetos colocados en el conjunto de selección activo.

HERRAMIENTAS DE CONJUNTO DE SELECCIÓN

Los comandos de selección aquí descritos crean conjuntos de selección inversos. El método de selección de conjunto debe ir precedido por **EX**. Se seleccionarán todos los objetos de dibujo excepto aquellos que formen parte de la selección normal efectuada. Por ejemplo, si se desea utilizar el método de ventana de selección (letra **V**), **EXV** creará conjuntos de selección excluyentes con el método de ventana (se seleccionarán todos los objetos excepto los contenidos en la ventana).

Los comandos posibles son: **'EXV** (ventana), **'EXC** (captura), **'EXP** (previo), **'EXF** (línea de selección), **'EXWP** (polígono de ventana) y **'EXCP** (polígono de captura)

COMANDOS DE HERRAMIENTAS

Menú: Express > Herramientas

Los comandos de herramientas desarrollan diversas tareas en el entorno de AutoCAD.

VENTCOMPL

El comando **VENTCOMPL** puede ampliar al máximo el tamaño de la pantalla de AutoCAD. También oculta la barra de título y la barra de menús de la ventana de AutoCAD. Si vuelve a ejecutar el comando **VENTCOMPL**, conseguirá desactivar este modo.

CREARTIPOLIN

El comando **CREARTIPOLIN** crea un nuevo tipo de línea basado en los objetos seleccionados. Éste es un método fácil y rápido de crear tipos de línea listos para utilizar. La secuencia en la línea de comando es:

Comando: **CREARTIPOLIN**
CREARTIPOLIN - Seleccionar archivo de tipo de línea <n*ombre_dibujo.lin*>: *Indique el nombre del archivo LIN en el que guardar la definición.*
Indique un nombre de tipo de línea: *Indique un nombre para el nuevo tipo de línea.*
Indique la descripción del tipo de línea: *Indique una descripción.*
Precise el punto inicial para la definición de línea: *Precise el punto inicial para la definición.*
Precise el punto final para la definición de línea: *Precise el punto final.*
Designe objetos: *Precise objetos del dibujo con los que definir el tipo de línea.*

CRFORMA

El comando **CRFORMA** crea una nueva definición de forma basada en los objetos seleccionados. La secuencia en la línea de comando es:

Comando: **CRFORMA**
CRFORMA - Seleccionar archivo de forma <*nombre_dibujo.shp*>:
Indique el nombre de la forma: *Indique un nombre para la forma.*
Indique la resolución <*n*>: *Indique una resolución (entre 8 y 32767).*
Precise punto base de inserción: *Precise un punto base.*
Designe objetos: *Designe objetos de dibujo para la definir la forma con ellos. Se considerarán todos ellos como de tipo de línea continua.*
Determinando extensiones de geometría...Terminado.
Elaborando listas de coordenadas...Terminado.
Formateando coordenadas..-Terminado.
Escribiendo nueva forma...Terminado.
Compilando archivo de descripción de forma/tipo de letra
Compilación terminada. El archivo de salida *Ruta\archivo.shp* contiene *n* bytes.
Forma "*nombre_forma*" creada.
Utilice el comando FORMA para incluir formas en el dibujo.

REDIR

El comando **REDIR** redefine rutas codificadas en referencias externas, imágenes, formas, estilos y textoR. La secuencia de solicitudes es:

Comando: **REDIR**
MODOREDIR actual: Estilos,refX,Imágenes,textoR
Busca y reemplaza los nombres de directorios
Indique el directorio antiguo (use '*' para todos) o ? <opciones>: *Indique el nombre de la carpeta a reemplazar o pulse INTRO para acceder a opciones.*
Reemplazar "*" por: *Indique el nombre del directorio a reemplazar por el anterior.*

MODOREDIR

El comando **MODOREDIR** configura las opciones para el comando **REDIR** precisando los objetos que se van a redefinir. Si indica **MODOREDIR** en la línea de comando, aparecerá en pantalla el cuadro de diálogo **MODOREDIR**, donde podrá seleccionar los tipos de objetos a redefinir. La secuencia de solicitudes en la línea de comando es:

Comando: **-REDIRMODE**
MODOREDIR actual: Estilos,refX,Imágenes,textoR
Reemplazar directorios en referencias externas,Estilos,Imágenes,TextoR. <actual>: *Indique las opciones (tipos de objetos).*
MODOREDIR actual: *Tipos_indicados*

DATOSEX

Este comando permite enlazar datos de entidad extendidos (datosex) a una entidad seleccionada.

Comando: **DATOSEX**
Designe objeto: *Designe un objeto.*
Indique el nombre de la aplicación: *Indique el nombre de la aplicación.*
Indique una opción
[3Real/DIR/DESP/DIST/Identif/eNtero/CAPa/Largo/Pos/Real/Escala/CAD/Salir] <Salir>:
Indique una opción para enlazar los datos de entidad extendidos.

LISTDEX

Este comando ofrece una lista de todos los datosex asociados con un objeto.

Comando: **LISTDEX**
Designe objeto: *Designe el objeto.*
Indique el nombre de la aplicación <*>: *Indique el nombre de la aplicación o pulse intro para listar todas.*

COMANDOS ADICIONALES

Los siguientes comandos sólo pueden ejecutarse a través de la línea de comando.

BLOQUE?

Este comando lista las diferentes entidades en una definición de bloque.

Comando: **BLOQUE?**
Indique el nombre del bloque <Retorno para seleccionar>: Intro
Designe un bloque: *Designe el bloque.*
Indique un tipo de entidad <Retorno para todos>: *Indique un tipo de entidad o pulse INTRO para precisar todas.*

TOTALBLQ

Este comando contabiliza el número de inserciones de cada bloque en el dibujo o en los objetos seleccionados. Después muestra esta información en forma de tabla.

Comando: **TOTALBLQ**
Pulse Intro para seleccionar todo o...
Designe objetos: *Pulse INTRO o seleccione objetos.*

MENUEXPRESS

Este comando carga el menú de herramientas Express y lo incluye en la barra de menús de AutoCAD. Como AutoCAD no puede mostrar más de 24 menús al mismo tiempo, asegúrese de que dispone de 23 menús o menos antes de ejecutar el comando **MENUEXPRESS**.

Comando: **MENUEXPRESS**

HERREXPRESS

Este comando carga las bibliotecas de herramientas Express de AutoCAD, coloca la carpeta Express en la ruta de búsqueda. Así mismo, carga el menú Express y lo incluye en la barra de menús de AutoCAD. **HERREXPRESS** incluye el grupo de menús EXPRESS en el cuadro de diálogo **Barras de herramientas**, desde el que podrá mostrar las barras de herramientas Express.

Comando: **HERREXPRESS**

FECHA

Este comando contiene las funciones AutoLISP necesarias para realizar la conversión entre fecha juliana y fecha de calendario.

Comando: **FECHA**
Mié 2000/4/12 10:25:52.022

LSP

Este comando muestra una lista con todos los comandos de AutoLISP disponibles desde la solicitud de comando. La secuencia de solicitudes es:

Comando: **LSP**
Indique una opción [?/Comandos/Funciones/Variables/cArga]: *Indique una opción.*

SSX

Este comando crea un conjunto de selección.

Comando: **SSX**
Designe objeto <Ninguno>: *Designe un objeto de plantilla.*
Indique opción de filtro
[Nombre de bloque/Color/Entidad/Indicador/CApa/TipoL/Designar/EStilo/Alt-objeto/Vector]:
Indique una opción.

El comando SSX crea un conjunto de selección exactamente igual a la entidad designada o muy parecido según cómo haya ajustado la lista de filtros.

COMANDOS DESDE EL SISTEMA OPERATIVO

TTC2TFF

El comando **TTC2TFF** convierte un archivo TTC (consistente en un archivo de colección de tipos de letra TrueType que contiene uno o más tipos de letra) en archivo TTF. Este comando sólo es válido con la sintaxis propia de los comandos de DOS.

Línea de comando de DOS: **TTC2TFF**

Índice alfabético

B

D

E

F

J

L

M

N

O

P

T

¿Desea recibir información
sobre los nuevos productos Autodesk?
¿Desea recibir gratuitamente una versión operativa
de AutoCAD 2000 válida por 30 días?

OBRAS COMPLEMENTARIAS

publicadas por

Paraninfo
Thomson Learning™